盐城市交通运输志

(1988～2010)

《盐城市交通运输志》编纂委员会编

图书在版编目（CIP）数据

盐城市交通运输志 / 《盐城市交通运输志》编纂委员会编.
—北京：方志出版社，2015.6
ISBN 978-7-5144-1642-8

Ⅰ.①盐… Ⅱ.①盐… Ⅲ.①交通运输史—盐城市—
1988~2010 Ⅳ. ①F512.9

中国版本图书馆CIP数据核字（2015）第159420号

盐城市交通运输志

编　　者：《盐城市交通运输志》编纂委员会
责任编辑：徐　宏
出 版 人：冀祥德
出 版 者：方 志 出 版 社
地址　北京市朝阳区潘家园东里9号（国家方志馆4层）
邮编　100021
网址　http://www.fzph.org
发　　行：方志出版社发行中心
（010）67110500
经　　销：各地新华书店
印　　刷：南京四彩印刷有限公司
开　　本：889 × 1194　　1/16
印　　张：38.5
字　　数：1120千字
版　　次：2015年6月第1版　　2015年6月第1次印刷
印　　数：0001 ~ 2000册

ISBN 978-7-5144-1642-8　　定价：288.00元

《盐城市交通运输志》编纂委员会

《盐城市交通运输志》编纂人员

序

盛世修志，是中华民族的优良传统。江泽民曾指出："编撰社会主义新方志是两个文明建设的重要组成部分，是社会主义建设的系统工程，是承上启下、继往开来、服务当代、有益后世的千秋大业。"此次续修《盐城市交通运输志（1988～2010）》，不仅是盐城市交通运输事业发展的实际需要，也是时代赋予我们的神圣使命。

盐城地处江苏沿海中部，苏北里下河地区，海盐历史悠久，生态环境优美，是江苏省面积最大、人口第二、海岸线最长、滩涂面积最广的省辖市，享有"东方湿地之都，仙鹤神鹿世界"之美称。作为"京沪东线"的重要节点和"北上海经济区"的重要成员，交通便捷。

1988～2010年，是盐城交通事业发展速度最快、发展成果最为显著的23年，是盐城交通面貌发生巨大变化的23年。这23年盐城交通从水路时代跨入公路、铁路、航空、海港时代。特别是近年来，在盐城市委、市政府的正确领导和省交通运输厅的关心支持下，盐城交通实现超常规、跨越式发展。截至2012年年底，全市拥有公路总里程1.88万公里，其中高速公路322.50公里，阜建高速公路全面开工建设，通往大丰港高速公路即将开工建设；全市新建成一级公路1200公里，在建600公里，全市7条通海一级公路全部建成通车，临海高等级公路今年也将建成通车。新长铁路盐城站开通客运列车22列次，连盐铁路即将开工建设。全市内河航道总里程4486公里，大丰港疏港航道建成通航，连申航道东台段今年也将建成并投入使用，滨海港疏港航道即将开工建设。江苏区域性重要港口盐城港"一港四区"加快建设，大丰港在2006年被国务院批准为一类开放口岸后，建设步伐进一步加快，货物吞吐量已突破2000万吨。航空一类开放口岸盐城南洋机场，已开通至韩国首尔、泰国曼谷、香港、台北、北京、广州、武汉、昆明等国际（地区）国内航线，共同构成全境公路、铁路、航空、水运"四位一体"的立体化交通网络。

经济发展，交通先行。当前盐城交通正以跨越的步伐开启新的征程，以交通运输现代化为目标，加快实现"公路网络化、铁路高速化、航道等级化、港口规模化、航空国际化、城乡客运一体化"，沿海交通基础设施建设、交通行业管理、投融资改革、交通服务业等都将有新的突破，为盐城实现全面小康提供坚强的交通运输保障。

以史为鉴，可晓得失；以志为鉴，可知兴衰。察昔知今，推今知明。是非成败，了然于胸。1990年11月，第一部《盐城市交通志》问世。弹指一挥间，飞逝二十多年。根据国务院每20年修一次地方志的要求，续修《盐城市交通运输志（1988～2010）》，从2009年1月启动至今，耗时五载，数易其稿，始成此志。可喜可贺，弥足珍贵。

《盐城市交通运输志（1988～2010）》立足盐城交通实际，充分借鉴兄弟市局交通运输志的经验，精益求精，一丝不苟。全志观点正确、资料翔实、体例完备、文表俱全，语言朴实、信息量大，具有鲜明的时代特色、地方特色和专业特色，是社会了解盐城市交通的重要窗口，也是今后盐城市交通工作科学决策的得力助手。在交通事业发展的征程中，必将发挥它应有的资政、存史、教化作用。

盐城市交通运输局局长、党委书记 [signature]

二〇一三年九月

凡　例

一、本志是继首部《盐城市交通志》之后，由盐城市交通运输局组织续修的，旨在真实科学地记载改革开放以来盐城市交通发展的历史进程，是第二部交通专业志。

二、本志遵循辩证唯物主义和历史唯物主义的基本原理，以马列主义、毛泽东思想、邓小平理论和“三个代表”重要思想为指导，深入贯彻落实科学发展观，力求思想性、科学性和资料性的统一。

三、本志上限接前志下限，为1988年，下限断至2010年。大事记延至2011年，著作书目延至2012年，干部任职延至2013年10月（领导名录同等职务按任职时间先后顺序排列），卷首照片、模范人物、先进个人、集体荣誉延至2013年。卷首照片中，市委、市政府以上领导视察盐城交通的照片，原则上按时任职务高低顺序排列，同等职务按视察时间先后顺序排列。市交通运输局领导工作照片同等职务按照片时间先后顺序排列。

四、现盐城市所辖二区七县（市）为本志记述范围。1983年前，用“境内”、“全境”指代。1983年后，用“盐城市”、“全市”指称。

五、全志由卷首、卷末和13章60节组成，卷首设序、凡例、图照、目录、综述、大事记，卷末设附录、编纂始末。章下设节、目、分目、子目等层次，在相关章节后附有专记。

六、全志以志为主，述、记、志、图、表、录并用；图文并茂；表随文出；文字采取现代规范语体文；述而不论。

七、大事记以编年体为主，间以记事本末体。

八、本志设“人物·荣誉”专章。“人物”部分集中收录市以上党代表、人大代表、政协委员，市（厅）以上劳动模范和五一劳动奖章获得者，受省部级以上表彰的先进个人以及高级职称以上专业人才等。其中省部级以上劳动模范和五一劳动奖章获得者逐一撰写人物简介，其余均以表格列出；“荣誉”部分以表格形式集中收录受省部级以上表彰的先进单位（集体）名单。

九、本志历史纪年、计量单位、数据书写按国家统一标准或规定。本志中的数据，五位数及以上的用“万”或“亿”计，小数点后保留两位数字。

十、本志所用资料，主要来源于《盐城市交通运输综合资料汇编》《盐城交通年鉴》《盐城年鉴》和各县（市、区）交通运输局、市直交通企事业单位、市高速公路建设指挥部办公室、市港口管理局及各港区、市铁路建设办公室、市交通控股集团有限公司、市交通投资有限公司以及市交通运输局机关各处室报送的资料，并已经过认真的考证核校。

十一、本志中照片由《盐城交通》报纸提供。

1999年10月21日，中共中央政治局委员、国务院副总理吴邦国（上图前左二，下图左二）视察新长铁路盐城北站施工现场。江苏省副省长陈必亭（上图前右二，下图右二），盐城市委书记林祥国（上图前右一，下图右一），市委常委、副市长袁世珠（上图前左一）等陪同

2010年4月16日，中共中央政治局委员、上海市委书记俞正声（前左）视察大丰沿海开发。盐城市委常委、大丰市委书记丁宇（前右）等陪同

2005年10月28日，江苏省委书记李源潮（前左二）视察大丰港。副省长李全林（前右二）、盐城市委书记张九汉（前左一）、大丰市委书记丁宇（前右一）、盐城市交通局局长刘长青（后中）等陪同

1997年10月28日，国务院副总理邹家华（前左）在江苏省委书记陈焕友（前右）、省交通厅厅长徐华强（后右）陪同下，视察盐城交通

2007年5月11日，上将朱文泉（前中）视察S326响水段东延工程。响水县委书记潘道津（前左），县政协副主席、交通局局长糜世湘（前右）等陪同（右为2006年，南京军区司令员、上将朱文泉为沈海高速公路灌河特大桥建成通车题词）

祝賀响水灌河特大橋建成通車

東通瀛海南接江脈

西達徐淮北連岳岱

丙戌初秋書於金陵 朱文泉

1997年10月1日，交通部部长黄镇东（前左二）视察大丰港。大丰市委书记郭健生（前左三）等陪同

2007年6月19日，交通部部长李盛霖视察盐城交通

1996年12月17日，省委、省政府、南京军区领导陈焕友（前中）、郑斯林（后左三）、郑炳清（后左二）等出席宁盐一级公路通车典礼

2006年11月2日，沿海、盐徐两条高速公路通车仪式在响水灌河特大桥举行。省委副书记、省长梁保华（右三）、省交通厅厅长潘永和（左一）、盐城市委书记赵鹏（右二）、淮安市委书记丁解民（左三）、连云港市市长刘永忠（左二）、江苏交通控股有限公司董事长沈长全（右一）在主席台，梁保华为通车仪式剪彩

2008年8月16日，省委副书记、省长罗志军（前右二）视察S231建设现场。省交通厅厅长游庆仲（前右一）向罗志军汇报有关交通情况，市委书记赵鹏（前左二）、市交通局局长管亚光（前左一）等陪同

2011年10月18日，省委副书记、省长李学勇（前右一）在省政府秘书长樊金龙（前左一）、省有关部门负责人和市委书记赵鹏（前左二）、代市长魏国强（后左二）、常务副市长陈正邦（后左一）等陪同下，视察盐城港射阳港区

1997年8月8日，省委常委、副省长季允石（前右一）视察新长铁路盐城先行试验段，市委书记林祥国（前右二）等陪同

2005年8月26日，省委常委、常务副省长蒋定之（前左二）在省交通厅厅长潘永和（前右二）、省交通厅副厅长钱国超（前右一）、市长赵鹏（前左一）、市交通局局长刘长青（后左一）等陪同下视察连盐高速公路盐城段施工现场

2007年4月21日，省委常委、组织部长王国升（前左）视察盐城火车站。副市长周古城（前右），市交通局局长、党委书记管亚光（后中）等陪同

2008年8月5日，省委常委、常务副省长赵克志（前中）在省发改委主任毛伟明（前右）、市委书记赵鹏（后左一）、常务副市长陈正邦（后左三）、盐城民航站站长崔花（前左）等陪同下视察盐城南洋机场

2012年2月18日，省委常委、常务副省长李云峰（前右二）视察盐城港滨海港区。滨海县委书记王斌（前右一）、县长李逸浩（前左一）等陪同

2005年11月1日，盐通高速公路建成通车。副省长李全林（前中）、省交通厅厅长潘永和（前左）、市委书记张九汉（前右）等领导出席通车仪式

2006年10月25日，副省长张九汉（前左）视察盐淮高速公路盐城南互通连接线。市委书记赵鹏（前中）、市交通局局长刘长青（前右）、市交通局党委书记管亚光（后左三）等陪同

2010年4月1日，外交部原副部长吉佩定（前中）到盐城视察交通并参观交通展示馆。市交通运输局局长、党委书记管亚光（前左），市交通运输局副局长、党委副书记、市铁路建设办公室主任潘进山（前右）等陪同

2011年8月16日，副省长史和平（右三）在省发改委主任陈震宁（右一）、省交通厅副厅长王昌保（左三）、市委书记赵鹏（右二）、副市长丁建奇（右四）、市交通运输局局长管亚光（左二）、副局长葛春宽（左一）陪同下视察S234盐城段改扩建工程

1995年1月，省交通厅厅长徐华强（左）到盐城检查交通工作。副市长袁世珠（右）介绍盐城公路建设情况

2005年7月16日，全省高速公路质量工作现场会在盐城召开。省交通厅厅长潘永和（前左二）出席会议并现场考察了盐淮、盐通高速公路盐城段建设情况。副市长周古城（前左一）、市交通局局长刘长青（后右二）、副局长周忠（前右一）等陪同

2008年8月5~6日，国家发改委牵头组织19个国家部委的领导和专家，到盐城实地调研沿海开发情况。调研组由交通部综合规划司副司长任建华（右二）、江苏省交通厅厅长游庆仲（右一）以及国家发改委、铁道部等部委专家组成。调研组在副市长丁建奇（左一）、市交通局局长管亚光（左二）等陪同下，先后到滨海港、大丰港等察看调研

2009年1月22日，省交通厅党组书记刘大旺（前中）、副厅长汪祝君（后左二）率省厅调研组到盐城调研交通工作，副市长丁建奇（前左）、市交通局局长管亚光（前右）等陪同

1995年1月12日，省交通厅副厅长汤干奇（右二）到射阳县检查渡口安全情况。市交通局副局长姜海昆（左一）等陪同

2006年3月2日，省交通厅副厅长蒋华年（中）到盐城指导交通工作，市委副书记袁世珠（右）、市交通局局长刘长青（左）陪同

2008年2月1日，省交通厅副厅长张晓铃（前中）带领检查组到盐城检查春运安全生产工作。市交通局局长管亚光（后右二）等陪同

2008年5月22日，省交通厅党组副书记、副厅长杨根林（中）率交通厅交通综合执法专题调研组到盐城调研。市交通局局长、党委书记管亚光（右一）等陪同

2008年9月28日，省交通厅副厅长李先友出席盐城汽车客运站正式运营仪式并讲话

2009年7月7日，省交通运输厅副厅长钱国超（前中）到盐城视察干线公路建设。副市长丁建奇（前右二）、省公路局局长张立早（前右一）、市交通局局长管亚光（前左二）、市公路管理处主任葛春宽（前左一）等陪同

2009年11月11日，省交通运输厅副厅长王昌保（左四）在响水灌河口和滨海港专题调研盐城市沿海港口建设推进情况。市港口管理局副局长裴义婷（左二）、响水县副县长樊玮（右二）、县政协副主席、交通局局长糜世湘（左一）等陪同

2012年5月28日，省交通运输厅副厅长王永安（前中）一行到盐城督查保安全促稳定工作

2013年1月6日，省交通运输厅副厅长梅正荣（右二）率省厅第七综合督查组在市交通运输局局长管亚光（右一）、副局长薛华（左二）陪同下，督查盐城综合交通工作

2010年9月29日，盐城市城市快速路网工程举行开工典礼，市委书记赵鹏为工程奠基

2010年9月29日，市委、市人大、市政府、市政协领导在开工典礼现场听取城市快速路网工程情况介绍

2013年4月30日，市委书记朱克江（左二）在市委常委、秘书长潘道津（左四），副市长王荣（左三），市交通运输局局长、党委书记管亚光（右一），市公交总公司总经理、党委书记王文法（左一）陪同下，到市公交总公司火车站停车场慰问公交一线职工

2013年10月30日，市长魏国强（左二）在市政府秘书长何素成（左一）、市交通运输局局长管亚光（右一）、市城乡建设局局长姜华（右二）陪同下，视察市区快速路网工程范公路施工现场

2005年12月，市委副书记袁世珠（前右二）到盐淮高速公路检查施工情况。市交通局局长刘长青（前右一）、副局长周启兆（前左三）等陪同

2009年10月26日，市委副书记李驰（左一）到S331建设工地，视察工程进展情况。市交通局局长管亚光（左二）、亭湖区区长陈红红（右二）、市交通局副局长葛春宽（右一）等陪同

2008年6月6日，盐城南洋机场航空一类口岸对外开放省级验收会议在盐城举行。市委常委、常务副市长陈正邦（前左）、市人大常委会副主任周古城（前中）、市政府副秘书长张洪达（前右），市交通局局长管亚光（后右二）等陪同验收

1993年2月17日，副市长王智新（右）到滨海港调研，市交通局副局长孙志宏（中）等陪同

1996年11月8日，市人大常委会副主任耿敖齐（中）为盐金线（S331）盐城段黑色化道路建成通车剪彩

2006年8月1日，副市长周古城（右）慰问奋战在火车站“四路一广场（青年路、范公路、大庆路、跃进路、火车站广场）”工地上的交通建设者

2006年11月28日，副市长周古城（右四）陪同市人大常委会代主任张炳贤（右三），副主任林成立（左四）、徐昆荣（左三）、季克诚（左二）、叶守民（右二）、曹桂英（左一）、戴元素（右一）视察沿海高速公路响水灌河特大桥

2008年3月4日，副市长徐进（左一）率队督查全市公路绿化工作。市交通局局长管亚光（左二）等陪同

2010年7月22日，副市长丁建奇（左）带着夏季防暑降温用品，来到市区南环路三期工程建设工地，看望和慰问了顶着高温施工的工人

2012年11月1日，副市长王荣（前左二）在市交通运输局局长管亚光（前右二），市交通运输局总工程师、市公路管理处主任陈日晓（前左一）陪同下，视察临海高等级公路射阳段、滨海段建设情况

1991年4月24日，市交通局局长、党委书记奚惠康出席全市交通系统安全工作会议

2005年8月24日，市交通局局长、党委书记刘长青在全市交通系统文明创建动员大会上讲话

2010年3月4日，市政府召开临海高等级公路建设推进会，市交通运输局局长、党委书记管亚光在会上讲话

2010年11月25日，市交通运输局副局长、党委副书记、市铁路建设办公室主任潘进山在连盐铁路建湖县冈东镇安置小区建设调研会上讲话

2010年11月11日，市港口管理局局长朱新龙向到盐城港调研的省交通运输厅领导汇报盐城港情况

2006年11月2日，市交通局领导参加沿海高速公路、盐徐高速公路通车仪式。自左至右：副局长周忠、党委副书记王长年、副局长周益国、副局长唐登国、局长刘长青、督导员张明生、副局长周启兆、工委主任陈志超

2005年5月19日，市交通局副局长周忠（中）在盐通高速公路绍林桥工地督查工程施工质量和进度

2006年1月26日，市交通局党委副书记王长年（前中），市纪委驻交通局纪检组组长仇筱云（前右）组织机关干部参观廉政书画展

2008年9月26日，市交通局副局长薛华（左）、滨海县副县长姚兆春（右）为滨海县交通局获得的全市交通系统依法行政示范点铜牌揭牌

2009年7月19日，市交通局工委主任陈志超（右二）在市航道管理处直属航道站检查指导工会工作

2010年9月，市交通运输局副局长周启兆（右）在《中国盐城》网站在线访谈中，与网民互动交通工程质量等问题

2010年12月，市交通运输局副局长、市公路管理处党委书记、主任葛春宽（前左）接受省市媒体关于盐城市干线公路建设情况的采访

2013年2月10日，市交通运输局副局长、盐城民航站站长崔花（前右一）在南洋机场空管调度设备室查看设施、设备保障运行情况

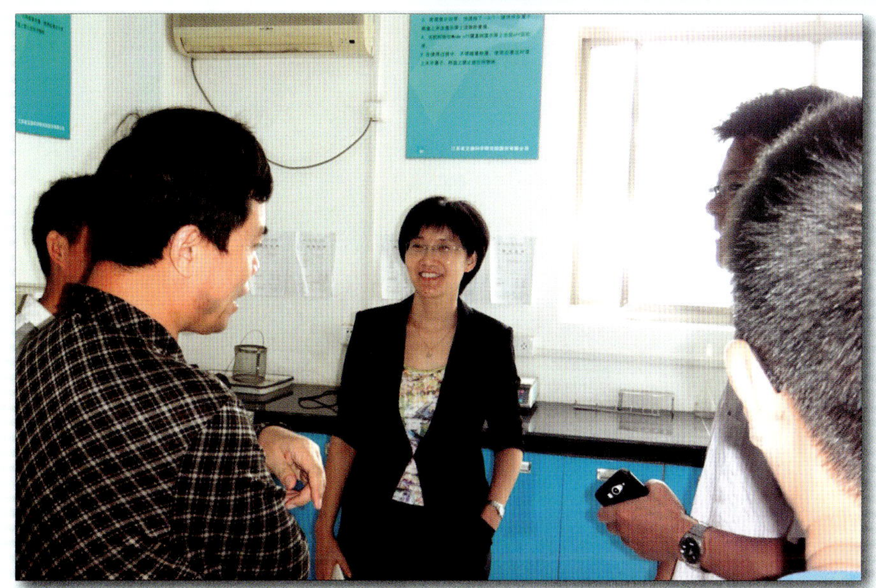

2013年9月6日，市交通运输局副局长裴义婷（中）带领盐丰高速公路项目办人员现场检查工地试验室

2013年10月，市交通运输局总工程师、市公路管理处主任陈日晓（中）在市区快速路网工程范公路新洋港特大桥工地了解工程建设情况

2013年10月7日，市铁路建设办公室副主任周正雄（左二）在滨海县正红镇与中铁十局，正红镇、村干部协调征用土地交地等事宜

2013年11月15日，市纪委驻市交通运输局纪检组组长赵明（中）代表市交通运输局领取省委、省政府颁发的2010–2012年度江苏省文明单位标兵奖牌

2013年12月18日，市铁路建设办公室副主任王铮（左二）在连盐铁路盐城段中铁十局施工现场了解施工情况

2009年7月1日，市交通局隆重召开纪念中国共产党成立88周年大会。局党委书记、局长管亚光（主席台中）作纪念讲话

2010年3月23日，全市交通运输系统工会工作会议在市交通大厦召开，总结2009年工会工作，部署2010年工会工作任务

2007年12月28日，共青团盐城市交通局第五次代表大会在盐召开

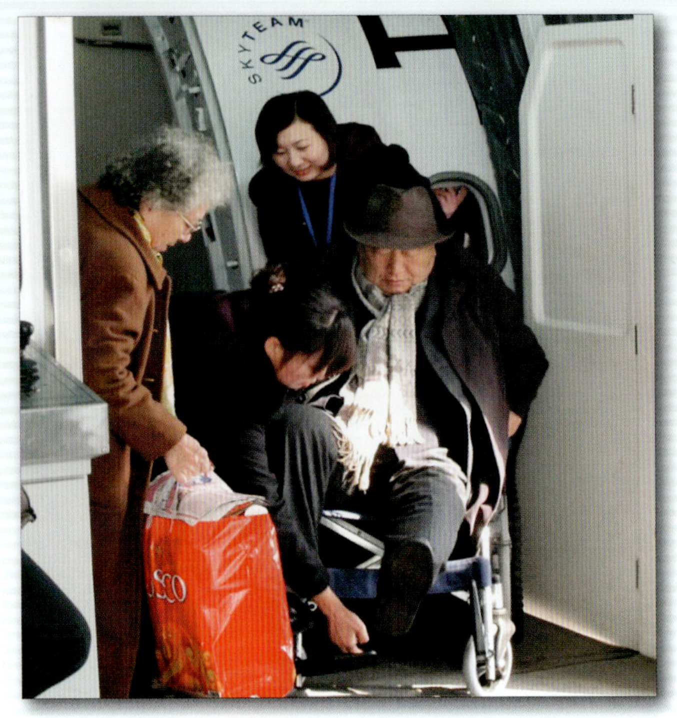

盐城民航站“飞燕班组”成员护送残疾旅客登机。该班组成立于2004年1月，由售票、运输、安检等岗位25名女职工组成。该班组秉承“微笑、亲情、无差错”服务理念，先后荣获全国“三八”红旗集体、全国交通运输行业文明窗口等荣誉

阜宁汽车客运总站“学雷锋小组”成员背送残疾旅客出站。该小组成立于1989年4月，成员由成立初的售票、检发、装卸等岗位8名员工发展到2010年23名员工。20多年坚持“立足岗位学雷锋，面对旅客做雷锋”，先后荣获全国安康杯竞赛先进班组、江苏省学雷锋活动先进集体等荣誉

盐城汽车客运站“沙惠林服务班”班长沙惠林和职工为旅客排忧解难做好事。该班成立于2002年，由17名员工组成。她们始终坚持“服务零缺陷、满意百分百”的优质服务理念，积极推进“五星之旅”服务品牌工程，先后荣获全国“巾帼示范岗”、省级“青年文明号”、省级“创新工程示范岗”等荣誉。沙惠林也多次被表彰为省劳模、省优秀共产党员、省“十大杰出青年”并光荣当选为省人大代表

G15（沈海高速公路）
盐城东互通

G15（沈海高速公路）
响水灌河特大桥

20世纪80年代G204

2010年按一级公路标准（中间设分隔带）改建后的G204盐城便仓段

S29（宁靖盐高速公路）盐城西互通

S18（盐淮高速公路）与S29（宁靖盐高速公路）盐城西枢纽

S331亭湖段

S226射阳段

海堤公路

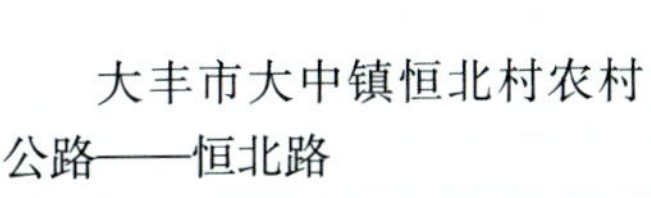

大丰市大中镇恒北村农村公路——恒北路

灌河响水段（三级航道）

通榆河盐城段（三级航道，省级文明航道）

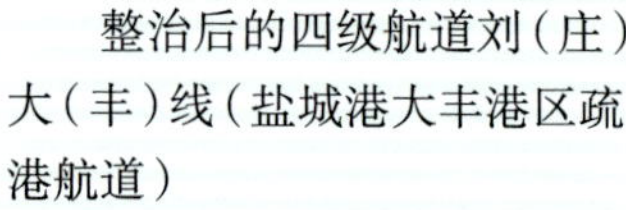

整治后的四级航道刘（庄）大（丰）线（盐城港大丰港区疏港航道）

2010年3月29日，国家一类开放口岸盐城港大丰港区二期工程5万吨级（兼靠7万吨级）码头正式投入运营

国家二类开放口岸盐城港射阳港区

盐城港射阳港区深水航道北导堤施工现场

国家二类开放口岸盐城港滨海港区10万吨级航道北坡挡沙堤

2010年3月，国家二类开放口岸盐城港响水港区小蟒牛作业区2×2万吨级（兼靠3.5万吨级）公用码头正在施工

国家二类水路口岸阜宁港（内河港）

20世纪80年代盐城机场候机楼

20世纪90年代盐城机场候机楼

2008年建成的国家航空一类开放口岸盐城南洋机场候机楼

2009年7月30日，南航、东航、国航三大航空公司飞机齐聚盐城南洋机场

2005年建成的盐城火车站

2007年改建后的盐城火车站

1999年6月22日，新长铁路铺轨进入盐城市境内，结束了盐城地无寸铁的历史

首次客运列车行驶在盐城大地上，盐城人从此在市内就可以坐上火车

20世纪80年代的盐城汽车客运站

20世纪90年代的盐城汽车客运站

2008年建成的盐城汽车客运站（一级汽车客运站）

盐城市交通图

灌　河
326省道
响水港区铁路支线
通榆河
204国道
337省道
327省道
328省道
329省道
淮河入海水道
小中河
348省道
中山河
淮滨高速
滨海港区铁路支线
226省道
连盐铁路
沈海高速
射阳河-盐益线
通洋河
射阳港区铁路支线
通合线
建口线-黄沙港
349省道
响水县
滨海县
射阳县
阜宁县
新滩盐场
双港镇
南河镇
小尖镇
运河镇
黄圩镇
天场镇
通榆镇
正红镇
三灶镇
羊寨镇
郭墅镇
新沟镇
陈集镇
芦蒲镇
板湖镇
古河镇
东沟镇
益林镇
陈良镇
沟墩镇
宝塔镇
海河镇
新坍镇
兴桥镇
洋马镇
合德镇
海通镇
千秋镇
四明镇
五汛镇
蔡桥镇
临海镇
陈涛镇
八巨镇
八滩镇
界牌镇
滨淮镇
滨海港镇
东坎镇
省滨淮农场
省淮海农场
省临海农场
省新洋农场
省黄海农场
大有镇

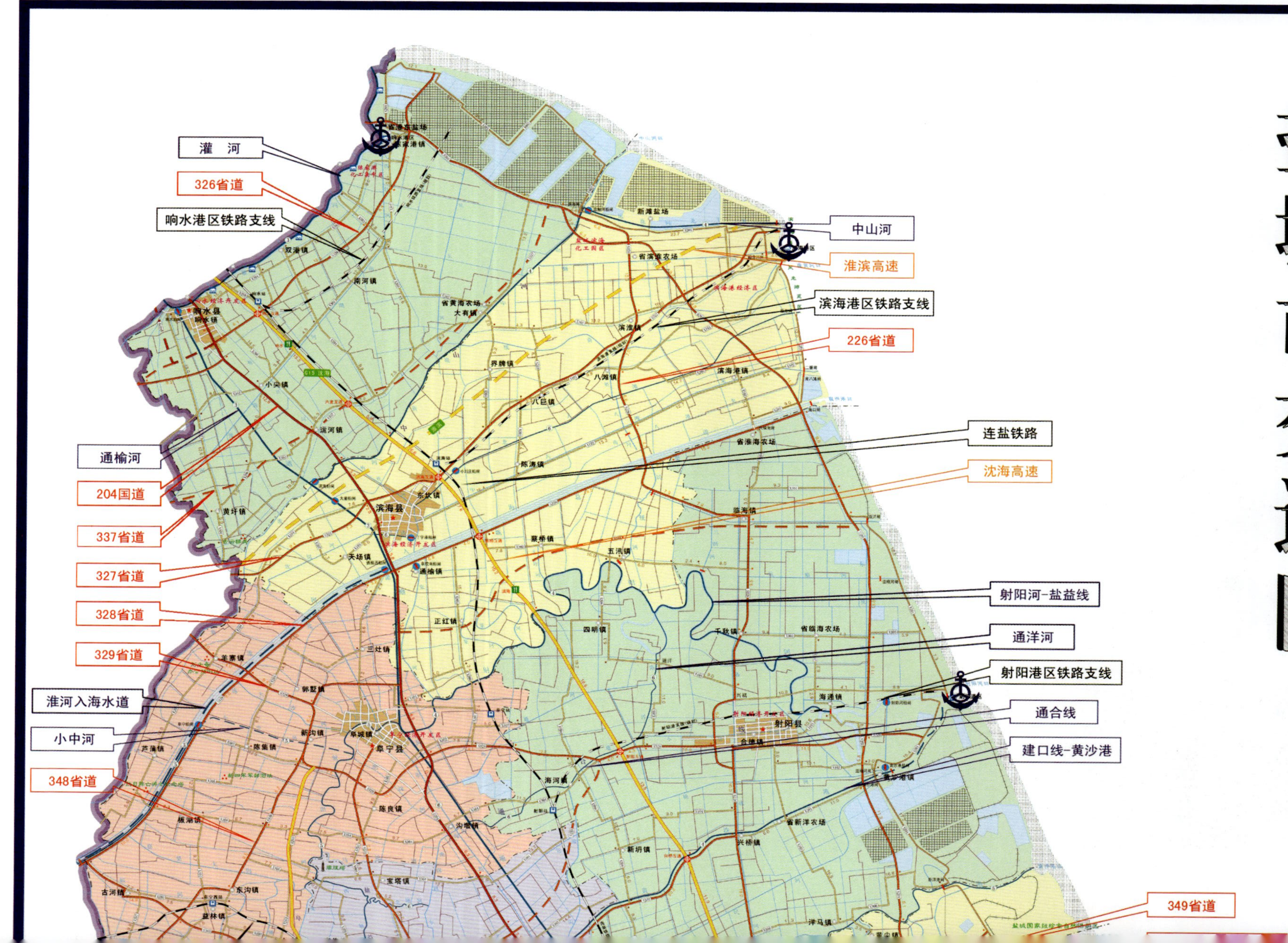

图中内容截止2013年

目　录

综　述

盐城市地处江苏省沿海中部，东濒黄海、西毗淮扬、南临通泰、北接连云港。全境为平原地貌，湿地风光——西部河湖密布，东部滩涂辽阔，水乡特色显著，生态环境优美，海盐历史悠久，文化积淀深厚，享有“东方湿地之都，仙鹤神鹿世界”之美称。作为“京沪东线”的重要节点和“北上海经济区”的重要成员，盐城交通便捷。纵贯全市南北的新长铁路，G15（沈海高速公路，其中连云港至南通称沿海高速公路）、G204（烟沪公路），S29（宁靖盐高速公路）、S226（陈李线）等6条省道和串场河、通榆河；横穿全市东西的S18（盐淮高速公路）、S331（丹宝明线）等8条省道和灌河、射阳河等，与大丰港、南洋机场这两个一类开放口岸的海空港一起，共同构成全市公路、铁路、航空、水运立体化交通网络。

2010年全市辖5县2市2区，有99个镇13个街道办事处1849个村民委员会和583个居委会，总人口816.12万，总面积1.70万平方公里，海岸线长582公里，滩涂面积4553平方公里，是江苏省面积最大、人口第二、海岸线最长、滩涂面积最广的省辖市。为江苏省沿海新兴临港工业城市、长三角产业北拓承接基地、西太平洋国际湿地生态城市。曾先后荣获中国优秀旅游城市、全国科教兴市先进市、全国综合实力百强市、全国双拥模范城、中国投资环境百佳城市、中国最佳管理城市、中国十佳和谐发展城市等称号。实现地区生产总值2266.26亿元，财政收入516.72亿元。

独特的地理位置、优越的自然环境和巨大的发展潜力，为新中国建立后盐城交通事业的恢复和发展提供了有利条件。1978年中共十一届三中全会后，盐城交通进入新的发展时期。至1988年，全市拥有公路总里程2716.90公里，内河航道总里程4142.10公里，全社会拥有客运车辆3422辆、5.64万个座位，货运车辆6561辆、2.64万吨，各类船舶3.49万艘、86.09万载重吨。全市的交通状况较1978年改革开放前又有较大改善，但总体上仍处于不发达状态。进入20世纪90年代以后，着力实施交通先行战略，按照“主攻公路、快上铁路、突破海港、提高内航、完善路网、强化管养、拓展民航、整合站场”的发展思路，全力推进交通快速发展、科学发展、和谐发展，全市交通发展一年比一年快，投资额一年比一年高。“九五”期间，宁靖盐高速公路盐城段和新长铁路盐城段的相继开工建设，实现了盐城历史上高速公路和铁路“零”的突破，民航建成4C级飞行区。“十五”期间，盐通、连盐、盐淮3条高速公路又相继开工建设，公路网从此前的“三纵六横”增加到“六纵十二横”，实现村村通四级以上等级公路目标，公路总里程达1.37万公里，比“九五”末增加8984公里，民航开通了盐城—首尔国际航班，大丰港一期工程两个5000吨泊位码头相继建成并投入生产，船型标准化、农村客运班车通达化、客运站标准化、乡镇交管所规范化得到全面实施。

“十一五”是盐城交通11个五年计划中发展最快最好的5年，交通基础设施建设投资总量、干线网化工程数量和质量、港航枢纽一类口岸建设、投融资平台多元化建设、智能交通信息化建设等均实现历史性突破。其中交通基础设施建设投资287.53亿元，超过前10个五年计划投资的总和，占1988～2010年交通基础设施建设投资总额520.36亿元的55.26%。公路总里程1.84万公里，比“十五”末增加4662.56公里，其中一级公路增加477.50公里，净增数为全省最多，S333安弶段为2006年全国最长的节能环保型公路；盐城港大丰港区和南洋机场相继建成一类对外开放口岸，使盐城市成为全省唯一、全国第十家同时拥有海、空港两个一类开放口岸的地级市。与此同时，新的盐城火车站和盐城汽车客运站相继建成并投入使用,盐城客运站北站等一批客运站和盐城交通技师学院新校区先后建成,大市区“田”字型城市快速路网亦开工建设。至2010年,全市已基本建成了以高速公路为主骨架、以国省干线公路为支撑、以农村公路为脉络,公铁水空相衔接、市县乡村相通达的现代综合交通运输体系,初步形成了适应盐城经济和社会发展需求的统一、开放、竞争、有序的运输市场体系。

——公路路网形成体系,通达能力显著增强 1988年起,盐城公路建设主要围绕国道省道改扩建、农村公路新改建和高速公路兴建而展开。在干线公路的改扩建上,抓住1998年全省开展的干线公路网化工程建设机遇,加大投资、加速建设,至2010年全市国省道干线公路里程1521.33公里(比“十五”末增加379.83公里),其中G204盐城段在“八五”和“九五”改造的基础上,“十一五”再次进行大规模改造并全部建成了有分隔带的标准一级公路。在农村公路的新改建上,根据市政府相继出台的《盐城市农村公路建设实施意见》和《盐城市农村公路建设管理实施意见》,在1998年已基本实现县乡公路黑色化的基础上,“十五”“十一五”期间继续开展大规模农村公路建设,新建农村公路1.22万公里,农村公路累计达1.68万公里,基本上解决了农民出行难、孩子上学难、货物运输难的问题。在大力开展普通干线公路网化工程和农村公路建设的同时,兴建高速公路的步伐亦日益加快,宁靖盐、盐通、连盐、盐淮4条高速公路盐城段建设于1998年后相继开工,至2008年共建成高速公路322.50公里,其中沿海(盐通、连盐)高速公路盐城段,质量达国内领先、国际先进水平(优良率100%),成为21世纪初江苏省高速公路建设现代化水平品牌工程。4条高速公路盐城段的建成,使盐城市区形成84公里的环城高速公路圈,圈内面积达420平方公里。针对境内乡村渡口多、农民出行难、渡运事故频发的现状,盐城市委、市政府作出了“一手抓现有渡口的安全管理,一手抓建桥撤渡”的重大决策,1988~2010年,结合农村公路建设,共建各类代渡桥461座,撤并渡口844道,加上渡口布局调整减少的渡口,使全市渡口从1988年的1199道减少到196道。至2010年,全市公路总里程1.84万公里,是1988年的6.78倍。公路密度108.50公里/百平方公里、22.67公里/万人。一个由高速公路网、普通干线公路网和农村公路网所构成的路网体系已基本形成,由市到县或高速公路或一级公路、县到乡二级公路、乡到乡三级公路、乡到村四级公路,以及市区20分钟、县城30分钟、乡镇40分钟进入高速公路的通达目标已基本实现。

——铁路交通从无到有,百年梦想终成现实 筹建铁路是数代盐城人的梦想和追求。20世纪80年代中期,在经过多方调研论证和一系列前期准备的基础上,盐城地方铁路的规划和筹建工作被摆上位置,提上日程。1996年12月,新长铁路盐城先行试验段开工建设,1998年7月盐城段全线开工,2000年4月全线贯通,盐城地无寸铁的历史至此结束。2002年12月,新长铁路通过部省验收并投入运营,2004年7月1日盐城段客运正式开通,2005年4月1日货运并入全国路网。2006年,完成盐城火车站改扩建及站前“四路一广场”(青年路、大庆路、范公路、跃进路、火车站广场)工程,同时,新长铁路盐城至海安段复线电气化改造工程被列入国家“十一五”发展战略。新长铁路盐城境内全长157.15公里,经市境6个县(市、区)25个乡镇,沿途有8个客运站,均为中途停靠站,始发站分别为南京、扬州、南通、泰州。2010年,盐城火车站客运量达205.15万人,是2005年的2.10倍,货运量34.20万吨,是2006年的1.29倍。新长铁路盐城段作为盐城综合交通运输体系的重要组成部分,在开拓盐城向东北、西南、西北及沿海港口便捷通道的同时,极大地方便了盐城及其周边地区老百姓的出行。2010年12月,境内第一条准高速铁路连盐铁路盐城段建设正式启动,这将改变响水、滨海、射阳3县尚无铁路的状况,实现全市各县(市、区)铁路交通的全覆盖。盐城人的百年梦想终成现实。

——民用航空加速升级,一类口岸建成开放 盐城民航始于1959年的军民合用机场,此后时断时续直至1988年江苏盐城联合航空公司成立。1996年盐城民航站恢复筹建后,加快了改扩建步伐并加速升级,1999年10月4C级飞行区改扩建竣工,2000年1月通过国家验收,并由南方航空公司波音737－500型飞机试飞成功,2000年3月29日正式开航。为策应韩国现代起亚汽车集团在盐投资年产30万辆轿车的东风悦达起亚第二工厂的建设,2004年4月8日开通盐城—汉城(首尔)临时包机,次年12月22日开通盐城至首尔国际航空货运业务。这是全省地级市中第一家开通的民航国际航班。2007年7月,盐城机场经国务院批准为航空一类对外开放口岸后,全面启动一类口岸建设,加快候机楼、商检海关联检综合楼、边防小区及国际货运仓库等工程项目建设步伐,次年相继通过由国家口岸办组织的口岸验收和民航华东地区管理局组织的行业验收。至2009年,已相继开通北京、南京、上海、南通、徐州、温州、佛山、惠州、广州、桂林、大连、哈尔滨、昆明、长沙、三亚、香港、首尔等国内国际(地区)航班,其中北京航班由初期的每周3班增加到每周7班,实现大飞机天天飞的目标,首尔国际航班则由初期的临时包机改为定期航班。4月,南洋机场正式对外开放,外籍飞机可以在该机场起降。2010年,盐城民航旅客吞吐量为19.13万人,分别是1988年的102.04倍、2000年正式开航时的7.90倍、2005年的5.01倍;货邮吞吐量1615吨,是2005年的14.60倍。与此同时,盐(城)台(湾)直航谈判亦于当年取得成功,次年9月正式开通盐城—台北直航航班。盐城民航站国际(地区)航班的开通和一类对外开放口岸的建成,极大地促进了盐城的对外开放和经济发展,特别是汽车工业的发展。

——港口建设快速发展,“一港四区”形成体系 作为江苏省沿海中部大市,盐城市虽拥有全省最长的582公里海岸线,但历史上一直与大海相背,港口建设相对滞后,仅有的响水港还是建于民国年间的简易码头的老港。改革开放后,盐城开始调转身躯,面向大海,港口建设快速发展。先是1978年经省政府批准的射阳港建港工程启动,1983年建成500吨级码头,1994年被批准为二类开放口岸;接着是“具备建设特大型、多功能、综合性大港充分条件”的滨海港,采取“小港起动”建设方针,1999年建成1000吨级码头3座。2000年、2001年响水港、滨海港被分别批准为二类开放口岸。与此同时,“具有建设大型码头必备条件”的大丰港建设步伐不断加快,一期工程1座两个5000吨级泊位码头于2005年竣工并投入运营;2006年6月被国务院批准为一类开放口岸后,二期工程1座1个2万吨级(兼靠4万吨级)泊位和1个5万吨级(兼靠7万吨级)泊位通用码头于2007年开工建设,2010年工程竣工并投入运营,与台湾基隆的直航也正式开通。至此,盐城港“一港四区”(即盐城港,大丰港区、射阳港区、滨海港区、响水港区)的格局已经形成。至2010年,盐城港拥有码头29座,泊位48个,码头长度4266延米,货物综合通过能力1816万吨/年,有国内国际(地区)航线28条,各类装卸设备248台(套),货物堆场78.02万平方米,仓库容积26.04万立方米;货物吞吐量1316万吨,其中大丰港达531万吨,是开港后第二年的10.14倍,充分显示了大丰港的巨大发展潜力。上述“一港四区”除已建成的48个生产性泊位外,2010年正在建设中的大丰港区1座2个5万吨级(兼靠8万吨级)石化泊位和1个5000吨级化工泊位码头、响水港区2万吨级航道、射阳港区5万吨级航道和滨海港区10万吨级航道整治等工程项目,也都取得重大进展。盐城港“一港四区”是区域性重要港口,是上海国际航运中心的喂给港和连云港组合港,它的快速发展,为盐城“东向出海”发展战略打下了坚实基础。

在海港迅速发展的同时,“十一五”期间内河港也有新的发展,2008年4月,国家二类水路口岸盐城港阜宁港区东港作业区(简称阜宁港)开工建设,2010年7月正式开港,码头靠泊能力3000吨级以上,是苏北地区规模最大、功能最全的内河港口。2010年全市内河港口码头泊位达559个,货物吞吐量3054.30万吨,是1988年的2.81倍。

——航道状况日臻完善,通航能力稳步提升 盐城地处里下河地区,河网密布,航道干支相连,水路交通一向比较发达。新中国建立后,饱受创伤的各类航道经建国初期的开坝拔桩、拓浚河床、清除浅滩和水利建设,迅速得到恢复和发展。1960年,航道里程由1949年的1253公里增加到4557公里。自此,航道养护整治和航道管理工作摆上重要位置。20世纪80年代,主要是集中整治重点航段;90年代,为适应城市建设开始成规模地建设市河驳岸;进入21世纪,在2002年完成纵贯盐城南北的三级航道通榆河盐城段（境内全长202.80公里，因其替代了串场河—张家河—坎响河而成为盐城水运主动脉，并成为长三角网连申线主体）主体工程后，为配套盐城港“一港四区”的集疏运，重点建设疏港航道，其中总投资13.20亿元、全长55.70公里的刘大线四级航道（大丰港疏港航道）2009年年底开工建设，计划3年内完成。1988～2010年，累计完成航道整治土方907.74万立方米，拆除、改建碍航桥189座，建成驳岸7.06万米；设置航标85座（其中发光标65座），航道标牌134块。全市共有航道288条（在24条省、市干线航道中，有6条达到6级以上水平），通航里程4486.50公里（其中干线航道1207.20公里），其航道数量、里程和密度占全省各市之首；全市9个县（市、区）的99个镇，通航率达96%。

——水陆运输持续发展，保障能力不断提高 河网密布的水乡湿地，纵横交错的干支航道，使得盐城的水路运输十分发达。1988年，全市有各类营业性船舶3.49万艘、86.09万载重吨、29.48万千瓦、8212个座位，客运量412.93万人、周转量9544.40万人公里，占水陆客运量、周转量的10.10%和4.10%，货运量2344.08万吨、周转量37.93亿吨公里，占水陆货运量、周转量的77.96%和90.22%。20世纪90年代，公路客运逐步替代水路客运，20世纪末，水路客运基本退出市场，但水路货运的主体地位并未改变。2001年起，为提高水路运输效率，保障水路运输安全，开始推行船型标准化工作，共拆解、改造挂桨机船8055艘、29.94万载重吨。至2010年，全市有各类营业性船舶1.54万艘、350.77万载重吨、136.30万千瓦，完成货运量7707万吨、153.95亿吨公里，占水陆货运总量的52.71%和72.88%，比1988年增长2.29倍和3.06倍。

随着公路和客货站场建设的不断发展，公路运输发展迅速。1988年起，全市公路客运量和货运量以年均4.60%和22.50%的速度增长，2005年分别达到6544万人、58.39亿人公里和3198万吨、19.77亿吨公里；2005年后，公路客运量和货运量又以年均16.51%和23.24%的速度增长，2010年分别达到1.19亿人、125.37亿人公里和6914万吨、57.29亿吨公里。2010年，全市有等级汽车客运站64个，占地面积54.11万平方米，车场面积24.46万平方米，客运线路1391条，符合通班车条件的行政村班车通达率达100%。各类货运站场20个，占地面积28.24万平方米，车场面积12.40万平方米。有营运客车3682辆、10.15万个座位，营运货车2.69万辆、20.89万吨。全市县际班车公司化经营率79.50%，危险品运输公司化经营率100%，城乡客运一体化率65.10%，行政村居民一次换乘到县城、二次换乘到地市的目标基本实现。在运输保障能力方面，2010年全市有各类机动车维修业户1119户，年维修各类机动车97.09万辆（次）；有驾驶员培训企业55户，教练车1768辆，教练员2002人，年培训学员12.24万人；有汽车综合性能A级检测站8个，年检测车辆9.22万辆（次）。在物流业方面，物流园区、物流中心、物流站点的建设也取得了长足发展，其中大丰港物流园区、盐城市现代物流中心、江苏里下河物流中心、阜宁港物流中心，被列入江苏省交通物流园区布局方案规划；江苏悦达物流有限公司、江苏河海有限公司、江苏神龙控投集团，被评为AAAA级物流企业；农村物流项目培育站点已发展到8个。在运输经济方面，“十一五”期间全市道路、水路运输服务业增加值达349.70亿元，是“十五”的1.91倍，年均增长13.80%。

——交通改革扎实推进，行业管理日趋规范 发展需要改革，改革促进发展。盐城的交通改革，涉及行政管理体制、企事业单位人事用工和分配制度、企业产权制度、交通投融资体制以及交通运输和交通建设施工市场等各个方面。1988年后，交通行政管理体制历经几次改革，行政职能已从过去的企业微观经济的直接管理转向宏观运输经济的调控管理，从过去的部门管理转向行业管理，着力履行政策调控、行业规划、组织协调、检查督促和信息服务职能，加大对市直交通单位综合目标管理责任制的考评和对重大交通项目、重大投资的调控。交通事业单位实行管理与生产经营实体分离，中层以上干部由部门任命改革为竞争上岗，实行行政职务竞岗制、技术职务聘任制和职工合同制。交通直属国有企业实行产权制度改革，或国有资本退出转为民营企业、或国有资本参股由经营者和职工持股组建有限责任公司、或被兼并、或依法破产。至2010年，全市76户交通企业

(含县属)全部改制到位(其中国有参股2家、民营45家、独资合资3家、破产关闭歇业26家)。交通建设投融资体制,由原来单一的政府投资改革为政府和社会集资、中外合资、股份制或转让经营权等多种形式筹资,引导社会资金、企业资金和国外资金的投入,形成全社会兴办交通的格局。“十一五”期间市本级及七个县(市)均成立了交通投融资公司,累计融资63亿元。按照国家统一部署,“十一五”期间盐城市交通部门稳妥应对成品油税费改革,完成了养路费、航养费等稽征人员的转岗、培训安置,随后全市撤销5个政府还贷二级公路收费站。交通建设施工单位的确定和长途客运线路的审批,一律实行招投标制度。在扎实推进交通事业各项改革的同时,加大管理力度,加强行业监督,至2010年全市有交通行政执法人员1800多人,坚持依法行政,公平、公正、文明执法,有效地维护了公路、航道畅通,水上交通安全和运输市场秩序。1988~2010年依法征收各种交通规费和收费公路通行费93.72亿元。高度重视交通基础设施建设工程质量监管,全市交通重点工程质量合格率达100%,优良率从“十五”末的94%提高到“十一五”的96%。“十五”以来,盐城市交通运输局以管理规范化、执法文明化、服务优质化为抓手,着力打造政治合格、业务熟练、装备精良、作风过硬、清正廉洁、为民服务的交通管理队伍,强化水上交通安全、运输和交通工程建设市场的监管工作,全面推行阳光、便捷、安全、智能管理,精心打造盐城交通行业管理品牌。

——文明创建硕果累累,先进模范不断涌现　加强行风建设、创建交通文明,是提升交通品牌形象的基础工程。1988年后,特别是进入21世纪以后,通过岗位争先创优、评选交通之星等系列活动,营造行业内、系统内的比学赶超氛围,通过连续举办交通文化节,锻造并弘扬“崇尚精神文明,构建和谐交通”的盐城交通精神。盐城市交通运输局多次受到市委、市政府和省交通运输厅、交通运输部的表彰奖励。2007~2010年连续四年被市委、市政府表彰为全市目标任务绩效考核综合先进奖。2009年1月被交通运输部评为“2008年度全国交通依法行政示范单位”。至2010年,全市交通系统创建市(厅)以上文明单位63个(其中省、部文明单位26个),市(厅)以上文明行业49个(其中省、部文明行业18个),市交通运输局,市公路、航道、运管、地方海事系统和东台等3个县(市)交通运输局建成省文明行业。公路、航道、海事部门先后建成部省级文明样板路986.74公里,建成文明航道515.50公里(其中通榆河盐城段成为“江苏省文明样板航道”),建成文明渡口196道。在创建文明行业的过程中,不仅涌现出“全国城镇妇女巾帼示范岗”“全国交通文明行业示范窗口”“全国五一劳动奖状——盐城市航道管理处直属管理站、盐城民航站”“全国三八红旗集体——盐城民航站‘飞燕班组’”“省级青年文明号——96196交通服务热线”“阜宁汽车站学雷锋小组”等一批模范典型,还涌现了一大批先进单位和先进模范人物。1988~2013年,先后荣获全国、省(部)、市(厅)劳模和五一劳动奖章称号的111人。其中全国劳模3人、全国五一劳动奖章获得者5人,省(部)劳模19人、省(部)五一劳动奖章获得者7人;市(厅)劳模53人、市五一劳动奖章获得者24人。获省部级以上表彰的先进单位(集体)179个(次),先进个人111人(次)。1988~2010年全市交通系统当选市以上中共党代表、人大代表、政协委员51人(次),入选省交通行业“100人才”12人,享受政府特殊津贴5人,有突出贡献的中青年专家4人,具备高级以上职称的各类专业技术人才291人。

23年的奋发与努力,23年的建设和发展,不仅使盐城的交通基础设施建设取得跨越式、超常规发展,全市交通运输经济、城乡客运一体化建设、运输结构转型升级、各项事业综合配套改革、交通安全、文明创建以及党风廉政建设等各项工作都取得了骄人业绩。盐城交通事业已步入快速发展、科学发展、和谐发展轨道。然而,在23年的改革发展进程中也遇到过诸多矛盾、困难和问题;未来的发展,一些不容忽视的制约因素仍须准确把握、科学面对。一是交通基础设施总量不足,交通路网规模偏小。2010年,盐城市的公路密度比全省平均密度低37.59公里/百平方公里,比密度最高的扬州市低145.43公里/百平方公里,其中尤以沿海地区道路密度偏低,通达深度不够;起步较晚的铁路交通,对外通达能力弱,与周边大中城市无城际铁路连接;沿海港口的集疏运尚未建成铁路专用线。二是结构性矛盾凸显。由于铁路路网尚未完善，航运等级偏低，一些适合铁路和水路运输的大宗货物只能通过公路运输，运输成本高。三是资源和环境的刚性约束加大。未来的交通发展，将越来越受土地、环保、能源以及资金等诸多因素的制约。

长风破浪会有时，直挂云帆济沧海。面对这些制约因素和难点问题，未来盐城交通的发展，将按照"十二五"规划和2020年远景规划，继续以科学发展观为指导，以服务沿海开发战略为总揽，以加快转变交通发展方式为主线，以完善现代综合运输体系为目标，按照"育强港口、主攻铁路、提升公路、突破两航、强化枢纽"的发展思路，努力构建公路网络化、铁路高速化、航道等级化、港口规模化、航空国际化、城乡交通一体化的大交通格局。

大 事 记

1988 年

1 月 7 日　市交通局增设安全科。

2 月 5 日　成立“中国联合航空公司盐城公司”，副县级建制，隶属市交通局领导。

3 月 5 日　建立“盐城市汽车维修行业管理处”，相当于科级事业机构，隶属市交通局领导，核定事业编制 10 人。

3 月 9 日　盐政复〔1988〕18 号文，公路管理体制调整为公路管理处负责管理；成立盐城市交通工程处负责建设，明确两处为相当于副县级全民事业单位。

3 月 23 日　徐世春兼任中国联合航空公司盐城公司经理。

3 月 29 日　“盐城市航政管理处”更名为“盐城市航道管理处”。

3 月　交通部副部长黄镇东到盐城市视察交通工作。

4 月　市政府颁布了《盐城市汽车维修行业管理办法》（盐政发〔1988〕67 号文），该办法计列 10 章 35 条。

5 月 1 日　市汽车公司东台营业处仲爱萍荣获“全国五一劳动奖章”，被中华全国总工会授予“全国优秀服务员”称号，被评为江苏省劳动模范。

6 月 10 日　盐市交委〔1988〕16 号文，王金坤任盐城市运输管理处党支部书记。

6 月 24 日　盐政发〔1988〕106 号文，聘任徐振声为市公路管理处主任。

10 月 30 日　盐城市交通工程处增挂盐城市交通工程公司牌子。

11 月 11 日　盐城—北京飞机航班首航。

11 月 15 日　杨四海任盐城市交通局副局长（列奚惠康后）。

12 月　全市全年完成交通基础设施建设投资 1356 万元，比上年下降 12.85%，其中公路建设 226 万元，港口（码头、仓库，下同）建设 497 万元，公路客货运站场建设 633 万元。

1989 年

4 月 1 日　盐市交委〔1989〕8 号文，经局党委研究决定，并报市委组织部同意，沈金芝任盐城市航道管理处党总支书记。

▲　盐市交政〔1989〕16 号文，经市委组织部同意，吴传宝任盐城市航道管理处主任。

▲　盐市交政〔1989〕20 号文，陆进任盐城市汽车维修行业管理处主任。

▲　盐市交组〔1989〕9 号文，刘达浪任盐城市轮船运输公司党委委员、党委书记。

4月12日 盐城市港口协会成立。

5月25日 市公安局、交通局、工商局联合发布《盐城市中小型客车营运管理规定》,当年6月1日起试行。

6月12日 盐城市运输市场治理整顿领导小组成立,副市长王德超任组长,韦顺广、奚惠康、尤俊凯等任副组长。

7月17日 全国第一辆高地板客车在市汽车公司客车厂研制成功,市政府领导为样车剪了彩,并于21日在南京接受了省政府、省交通厅等领导和有关部门的初检,评价较好。

9月22日 市交通局以盐市交监〔1989〕2号文印发了《盐城市小船管理暂行办法》。

9月 国务院授予射阳县公路站黄沙河工区主任周健“全国劳动模范”称号。

11月26日 省干线航道串场河新兴——阜宁段建成省级文明航道。

11月 东台汽车站被评为全国公路运输业“文明车站”;经阜宁县政府推荐并报市政府批准,阜宁汽车站被授予“公共场所专项治理先进集体”称号。

12月16~17日 省交通厅在盐阜宾馆召开JS6991HG型高地板客车技术鉴定会,有38个单位的76名代表出席会议。省交通厅副厅长任齐清、省计划与经济委员会(以下简称省计经委)科技处处长顾小林、市交通局局长奚惠康到会。经过有关专家评审,高地板客车通过了省级技术鉴定。

12月 阜宁县汽车运输公司率先对农村公共汽车实行内部变卖承包经营。

▲ 全市全年完成交通基础设施建设投资1944万元,比上年增长43.36%。其中公路建设918万元,港口建设549万元,公路客货运站场建设477万元。

1990年

1月16日 市交通局局长奚惠康赴坦桑尼亚考察。

4月10日 盐市交委〔1990〕14号文,杨文忠任盐城市交通技工学校党支部书记。

4月27日 盐城市交通运输协会第二届理事会议在盐城召开,会议聘请王德超为名誉会长,选举宋寿珍为会长,奚惠康、王泉道、杨四海为副会长,唐兆宏为秘书长。

5月26日 省苏中片交通系统先模报告团(由来自南通、扬州、镇江和盐城四个市的八位省级以上劳动模范组成,其中盐城市参加先模报告团作专题报告的是周健、仲爱萍)在市交通局会堂作专题报告。

6月19日 市客车厂研制的JS6990HG型高地板客车,进京参加1990年度北京国际汽车及工艺装备展览会,市交通局局长奚惠康、局党委委员徐世春赴京参加展览会。

6月25日 省交通厅苏交计〔1990〕139号文《关于盐城市西出口公路建设补助经费的批复》,同意西出口公路按二级公路标准立项,全长28公里,分3年建成。

7月28日 根据盐政发〔1990〕152号文《关于成立市区西出口工程领导小组的通知》,成立了西出口工程领导机构,副市长王德超任组长,陆树臻、杨焕文、奚惠康任副组长。下设办公室,由奚惠康任主任、孙志宏任副主任。

8月6日 徐维林任盐城市交通工程处党委书记。

▲ 盐委组〔1990〕134号文,李世航任盐城市轮船运输公司经理;焦彤存任盐城市航道管理处主任。

8月9日 陶超任盐城市交通局副局长、党委副书记,王胜凡任市交通局纪委书记、党委委员。

8月29日 盐市交委〔1990〕45号文,徐振声任盐城市公路管理处党总支书记。

9 月中旬 市交通局组织为灾区捐款,共捐现金 1.25 万元,衣裤鞋帽共 495 件。

10 月 10 日 市东郊一级公路三期工程试通车。市委、市政府、市人大、市政协及有关部委办局的负责人出席了试通车仪式。东郊一级公路,北起郊区新兴镇甘露小学,南至南新河大桥,全长 18 公里,是盐城市当年最高等级公路,也是盐城通向各地的一条重要运输线。

11 月 8 日 市交通局党委召开市直交通系统民主评议党员总结表彰大会,参评的有 15 个企事业单位及局机关的 123 个党支部、2231 名党员,其中 13 个先进党支部、9 名优秀党务工作者、102 名优秀党员受到表彰奖励。

11 月 28 日 盐城市交通系统在参加全省交通系统水运职工安全生产知识竞赛中,荣获第一名。

12 月 全市全年完成交通基础设施建设投资 3966 万元,比上年增长 104%。其中公路建设 1816 万元,港口建设 1725 万元,公路客货运站场建设 425 万元。

1991 年

1 月 8 日 唐玉华任盐城市运输管理处党支部书记。

1 月 17 日 盐政发〔1991〕17 号文,孙桂聪任盐城市交通局副局长。

1 月 25 日 市政府召开全市春运工作会议,成立了春运工作领导小组,耿敖齐任组长,樊明、宋寿珍、奚惠康、尤俊凯等任副组长。市交通局计划投入春运客车 819 辆 4.10 万个座位,客船 68 艘 6705 个座位。

1 月 29 日 盐市编〔1991〕6 号文,同意盐城市交通局设置企业管理科,同时撤销盐城市交通局体改办公室。

2 月 21 日 盐城市船厂兼并盐城市第二船厂。

3 月 5 日 盐城—佛山航线正式开通,班期为每周 1 班。

3 月 21 日 副市长耿敖齐召集市计划与经济委员会(以下简称市计经委)、交通局、铁路筹建办公室(以下简称铁路办)会办,明确铁路办划归市计经委管理,暂为副处级建制,由市计经委副主任吴道明兼任铁路办主任。

4 月 4 日 为进一步加强对全市交通系统纠正行业不正之风的组织领导,促进廉政建设,市交通局决定成立纠正行业不正之风领导小组,由奚惠康任组长。

6 月 29 日 市交通局党委决定对市直交通各单位党组织评选出的 14 个先进党支部,117 名优秀共产党员和 12 名优秀党务工作者进行表彰。

7 月 16 日 市交通局党委召开防汛救灾、生产自救会议。市直交通单位党政工及机关科室负责人参加会议,奚惠康通报了市直交通系统前一阶段抗洪救灾情况,部署下阶段生产自救措施,要求各单位把工作重点迅速转移到恢复生产上来,夺取抗洪救灾全面胜利。

7 月 22 日 副省长季允石视察盐城汽车公司和盐城汽车站、汽车分流站,对广大干部职工和机驾人员在抗洪救灾中尽心尽职搞好客运工作表示满意。他还察看了 G204 郊区(后改为盐都区)段水毁情况、市轮船公司受淹仓库和水毁严重的码头,勉励广大交通干部职工发扬抗洪救灾精神,群策群力,迅速启动和恢复生产。

8 月 5 日 市交通局党委向市直交通单位全体党员发出号召,缴纳特别党费,向灾区人民再献一份爱心。共缴纳特别党费 2.66 万元,其中局机关 1.14 万元、粮票 90 公斤。

8 月 8 日 市交通局成立定向募捐领导小组,要求各单位压缩支出,挤出资金,用实际行动支援灾区人民重建家园,恢复生产。市直交通单位共捐款11.50万元,个人共捐款2.81万元、粮票6838.50斤。

8月19日 市区西出口公路工程开工。西出口公路从市区南新河桥桥北通榆路起经潘黄、马沟、郭猛、北蒋接通高兴盐公路,全长27.75公里,全线将在1993年底建成通车。

8月22日 市交通局在交通会堂召开全市交通系统抗洪救灾总结表彰大会。会议表彰了在抗洪救灾斗争中涌现出来的先进集体和先进个人。向10个记大功的先进单位(集体)、18名记大功的先进个人、38个记功的先进单位(集体)、98名记功的先进个人颁发了证书、奖品和奖金。

▲ 盐市编〔1991〕98号文,同意建立盐城市交通工程设计室,该室为全民事业单位,科级建制,核定事业编制35人。

9月14日 省汽盐城分公司举行电视剧《今夜没有单行道》首映式。这部电视剧是由市交通局、省汽盐城分公司和南京电影制片厂联合摄制的。

▲ 市政府、市财政局、市劳动局、市交通局及市电视台为市交通技工学校举行"江苏省重点技校"授牌仪式。

9月24日 副市长耿敖齐召开办公会议,决定成立盐宝线航道改善工程领导小组,组长耿敖齐,副组长奚惠康、沙国华、黄利山、董金奇,办公室主任焦彤存。

9月23~25日 市委、市人大、市政府、市政协领导视察交通工作。对当前水运企业严重亏损、职工吃饭难、住房难、生产启动难和交通体制上存在的一些突出矛盾深为关切,现场拍板帮助解决了一些实际问题。

9月25日 全市交通系统劳模代表座谈会在盐城召开,市领导出席会议。座谈会上,局长奚惠康向劳模汇报了全市交通"七五"发展情况,"八五"交通发展规划及1991年1~8月份各项任务完成情况,劳模代表发言并宣读了倡议书。

10月17日 盐城市交通代表队在全省交通行业节能知识竞赛中荣获第一名,并获得20吨平价油计划的奖励。

10月22日 市区通向盐城机场的新公路建成通车,该路全长3.24公里,总投资250万元,是市政府年内20件实事之一。

10月26日 全省交通系统抗洪救灾先进事迹报告团在盐城举行报告会,全市9个县(市、区)、12个市直交通单位1100多名交通干部职工听取了报告。副市长耿敖齐发表了讲话,7位抗洪救灾英雄模范人物中的代表作了生动感人的事迹报告。

11月 盐宝线航道整治一期工程开工,按6级航道标准实施,龙冈、新河庙两个弯道计1864.10米,实行人工裁弯,计挖土方8198万立方米。

12月1日 盐城市水上联合检查监督站成立。

12月28日 盐市交政〔1991〕47号文,钱士能任盐城市交通工程规划设计室主任。

12月30日 市人大主任会议听取交通工作情况汇报,奚惠康、陈少全、王金坤、徐振声、焦彤存五人参加。汇报内容主要是1991年交通工作情况、贯彻执行交通法规情况和1992年春运安排意见。

12月 全市全年完成交通基础设施建设投资4651万元,比上年增长17.27%。其中公路建设783万元,航道(船闸,下同)建设70万元,港口建设1093万元,公路客货运站场建设2705万元。

1992 年

1 月 21 日　市交通局召开春运工作会议，对 1992 年春运工作全面部署：春运 40 天，确保安全无事故“四连冠”。

1 月　盐宝线航道整治工程机械疏浚全面开工，市航道管理处疏浚队、各县站疏浚组和大丰、建湖水利局疏浚船参加施工。水下疏浚计 90.48 万立方米。

3 月 26 日　全市交通工作会议在盐城召开，局长奚惠康作了题为《高起点、高速度，加快全市交通事业发展》的工作报告。

4 月 9 日　G204 盐城以南段技术改造工程分别在东台、大丰举行开工典礼。省交通厅原厅长丁子钢、市人大常委会副主任彭正柱、市政府副市长耿敖齐、市政协副主席陆树臻、市交通局局长奚惠康和其他部、委、办、局及大丰、东台的有关领导出席。该工程为交通厅批复立项改造，包括水泥路面 63 公里、桥梁 54 座、涵洞 114 道，概算约 9000 万元。

5 月 12 ~ 15 日　河海大学严恺教授一行对江苏沿海港口布局规划研究报告进行评审，确认王港西洋深槽具有建设深水大港的优越条件。

6 月　由大丰县人民政府委托河海大学、南京大学和交通第三航务工程勘察设计院共同对王港开发进行了可行性研究。

6 月 30 日　盐城汽车配件器材公司成立，为集体所有制企业，隶属市交通局领导，经济上独立核算，自负盈亏。

▲　市交通局在建湖县交通局召开全市交通系统“创三优”和“纠风”工作会议。

7 月 18 日　盐城交通物资公司成立，系全民所有制企业，具有法人资格，隶属市交通局领导，经济上独立核算，自负盈亏。

8 月 20 日　盐城机场改扩建工程开工建设，12 月 28 日竣工。市政府筹资 2600 万元用于改扩建。

8 月 27 日　国务院正式批准兴建新（沂）长（兴）铁路。

9 月 5 日　省公路局交公计〔1992〕229 号文，同意千秋汽渡改渡建桥工程。拟建设的千秋大桥采用中孔为系杆拱、边孔为梁式桥、下部为双桩式、钻孔灌注桩基础的桥型结构。桥面宽度为净 12 米，荷载汽—20，挂—100，人群荷载 3KN/平方米。工程总投资控制在 1400 万元内，计划 1994 年上半年竣工通车。

9 月 11 日　中国科学院测量与地球物理研究所和河海大学对王港 550 平方公里水下地形进行测量，河海大学和南京大学共同进行七条垂直线的水文测验，南京大学进行地质采样和浅地区探测，交通部上海航道设计研究所协助建立潮位站，河海大学进行当地自然条件、社会经济条件资料的收集和分析以及风浪要素推算和潮流数学模型计算，三航设计院、河海大学对港口总体布局进行研究。

9 月 12 日　市交通局成立盐城市公路网规划工作办公室，奚惠康任办公室主任，孙志宏、刘善一任副主任，办公室设在市局工程科。

9 月 14 日　“盐城市交通局职工培训中心”在市交通技工学校举行挂牌仪式。

9 月 24 日　市交通局党委对市直交通各单位党组织评选出的 16 个先进党支部、110 名优秀共产党员和 13 名优秀党务工作者进行了表彰。

9 ~ 12 月　交通部水运规划设计院和省交通厅联合组织技术人员，开展江苏沿海空白带布局规划前期工作。市交通局程玉林副局长、工程科项晓晴副科长、计财科裴义婷参加了前期工作。

10 月 4 日　市人大常委会副主任彭正柱、市政府副市长耿敖齐、市政协副主席陆树臻视察 G204 建设工地。

10 月 6 日　市交通局在大丰召开单车承包现场会，各县（市、区）交通局分管企业的局长、各县（市、区）汽车公司经理、省汽盐城分公司经理及营业处主任参加会议。单车承包，即将公司的车子（国有的或集体的）承包给个人（驾驶员）经营，个人向公司缴纳线路经营费，实行所有权与经营权分离。

10 月 8 日　由市交通局、市水利局联合对射阳港自筹资金建设的北港区千吨级码头进行竣工验收，定为合格工程，同意交付使用。

10 月 15 日　市交通局党委印发局纪委、监察室《关于支持保护交通企业搞活经营的意见》。

10 月 31 日　江苏省盐城市中级人民法院交通巡回法庭成立，交通巡回法庭是市中级人民法院派出的审判组织，由市中级人民法院直接领导，在市交通局具体配合和支持下开展工作，其业务隶属于市中级人民法院行政审判庭，办公地点设在市公路管理处。

12 月 7 日　省长陈焕友视察王港（后称为大丰港），要求加快做好建港前期准备工作，先建千吨级码头，促进电厂尽快上马。

12 月 10 日　市交通局根据省交通厅苏交安〔1990〕12 号文件精神，结合本系统实际情况，制定颁发了《盐城市交通局交通运输安全奖惩办法》，该办法计列 15 条。

12 月 22 日　盐市计经〔1992〕789 号文，同意成立盐城盛东工贸实业总公司，系全民所有制法人企业，隶属市交通局领导，经济实行独立核算，自负盈亏。

12 月　全市全年完成交通基础设施建设投资 3364 万元，比上年下降 27.67%。其中公路建设 1644 万元，航道建设 421 万元，港口建设 727 万元，公路客货运站场建设 572 万元。

1993 年

1 月 9 日　盐委组〔1993〕17 号文，姜海昆任市交通局副局长、党委委员。

1 月 30 日　根据省交通厅航务局“关于接管江苏省射阳港船闸的通知”精神，在省交通厅航务局、市交通局、射阳县人民政府的监证下，射阳县港务局将射阳港船闸移交市航道管理处管理。

2 月 17 日　副市长王智新到滨海港调研，市交通局副局长孙志宏等陪同。

3 月 3 日　晚 10 时 57 分盐城客货汽车运输公司一辆大客车载着 44 名乘客从南京开往盐城，在离高邮 7.70 公里处坠入北流子河中，20 名乘客不幸遇难。

3 月 5 日　盐城至金湖国防公路开工建设。盐金公路途经淮阴的金湖、扬州的宝应县城，沿宝射公路进入市境建湖县的沿河、郊区的北龙港、楼王、学富、义丰、秦南、北蒋等乡镇，与盐宁公路相接，全长 116 公里，其中盐城段 27 公里，按二级公路设计施工，投资 13 亿元。

3 月 9 日　市交通局被市政府评为 1992 年为市区人民办实事先进单位。

3 月 25 ~ 26 日　空军工程质量监督总站、南京军区空军、南京军区空军司令部作战处、航行处等单位对盐城机场改造工程进行竣工验收。

4 月 2 日　盐委组〔1993〕88 号文，陶超任市交通局局长。盐委组〔1993〕93 号文，陶超任市交通局党委书记。

4 月 14 日　北京—盐城—佛山航线复航。

5 月 3 日　盐政发〔1993〕92 号文，决定从十种渠道筹集部分交通重点工程建设资金。

5月12日　副市长王智新在市交通局召开座谈会,座谈交通如何超常规发展。

5月29日　王港建港条件研究报告在南京通过评审。专家一致认为,大丰王港区位条件优越,有利于苏北经济腹地物资集散。王港西洋深槽潮差大,潮流强,在深槽外有一沙脊作为天然屏障,是一条稳定和防浪条件较好的出海通道。副市长王智新主持会议,副省长季允石、省政府副秘书长陈必亭出席会议并讲话,中国科学院学部委员严恺、任美锷和交通部等44个单位的102位专家以及大丰县领导顾竞成等参加了评审。

6月4日　市审计局同意成立盐城市审计师事务所交通分所,在系统内依法开展咨询、验证等审计和咨询业务。

6月18日　盐市交政〔1993〕34号文,吴胜年任盐城市交通道路稽查总队队长(正科级)。

6月29日　国家计委以计交通〔1993〕1099号文批复了新长铁路(含海安至南通铁路)可行性研究报告。根据此批复新长铁路全长537公里,为国铁一级,由铁道部与江苏、浙江二省合资兴建。

7月6日　盐城市交通道路稽查总队挂牌成立。

▲　盐城市"九五"交通重点工程项目前期工作会议在盐城召开,王智新副市长出席会议并讲话。

7月6~8日　盐城市1982~1992年度交通史志编写工作总结表彰大会暨江苏省公路史审稿会议在盐城召开。

7月19日　盐市编〔1993〕61号文,同意成立盐城市交通工程质量监督站,科级建制。

7月23日　盐市计经〔1993〕818号文,同意成立"盐城市交通开发公司"。该公司为独立核算、自负盈亏的全民所有制法人企业,隶属市交通局领导。

8月13日　副省长姜永荣在盐城视察G204、西出口工程建设情况及高地板客车。

8月21日　《腾飞的盐城交通》专题片开拍,全片6个部分:盐城市情况简介,盐城交通概况,交通基础设施建设、交通工业企业建设和交通行业管理,交通精神文明建设,盐城交通发展规划、措施与面临的困难,交通发展的美好前景。

8月30日　盐委组字〔1993〕210号文,周纯明任市交通局局长助理。

9月28日　盐宝线航道盐城段整治工程通过省航道局工程竣工验收,质量合格。整治后千吨级船队航行畅通无阻,工程总投资817.66万元。

10月4日　射阳县海河镇海关渡口发生一起特大恶性责任事故,射渡4190号渡船沉没,死亡21人。

10月13日　宁盐一级公路盐城市郊段工程经市计经委(盐市计经字〔1993〕307号文)批复立项,该段长27.30公里,其中17.40公里与市区西出口路共线。工程总投资8537万元。

10月29日　市政府在阜宁县召开G204北段土方开工动员会议,沿线县(区)长、分管县(区)长,沿线县(区)交通局长、分管局长,沿线乡镇长,市土管、邮电、交通部门主要负责人出席会议。11月25日改建土方工程全面动工,沿线五县(区)近40万民工上阵,至12月15日共完成土方520万立方米。

10月30日　盐城市政府在东台市二女桥口举行G204盐城南段技改工程竣工通车仪式。投资1.40亿元的南段技改工程于1992年4月动工,经过18个月的苦战,提前2个月完成全线技改任务,经验收合格率100%,优良品率80%以上。

11月24日　射阳河千秋大桥正式开工兴建,桥长420米、宽12.80米,总造价1800万元。

11月28日　市人大常委会副主任耿敖齐、副市长王智新率领市级机关24个部门负责人,前往建湖县施工现场慰问参加G204改建会战的近8万民工。

12月3日　市领导带领市级机关慰问团及市直各有关单位领导24人,慰问郊区、阜宁段改建G204的民工。

12 月　全市全年完成交通基础设施建设投资 7044 万元，比上年增长 109.39%。其中公路建设 2951 万元，航道建设 329 万元，港口建设 3523 万元，公路客货运站场建设 241 万元。

1994 年

1 月 8 日　盐市交政〔1994〕3 号文，王庚喜任市船务实业总公司总经理。

1 月 10 日　副市长李之渭主持召开全市春运安全工作会议，市、县公安局、交通局及有关部门负责人计 120 余人出席会议，会议明确了春运夺取安全优质“六连冠”的具体要求和措施。

1 月 12 日　全国人大常委会委员、原全国总工会副主席章瑞英在省总工会负责人陪同下，到市华通实业总公司访问特困户职工，分别送给长病职工张长林、退休职工严如淦各 200 元，以示关怀。

1 月 26 日　副市长王智新率部分春运领导小组成员到车站及运输企业检查春运，慰问职工。

1 月 27 日　市政府根据省政府批复，对 1993 年 10 月 4 日发生在射阳县海河镇海关渡口沉船事故的责任人，分别作出处理决定，其中被依法追究刑事责任 3 人。

1 月 31 日　盐委组〔1994〕4 号文，王延虎任市华通实业总公司总经理、党委书记，刘达浪任公路管理处督导员，李世航任市交通工程处督导员。

2 月 16 日　盐市交政〔1994〕8 号文，项晓晴任市交通工程质量监督站站长。

2 月 21 日　盐城—惠州航线首航仪式在盐城机场举行，市政府主要领导出席首航式并讲话，盐城—惠州航班空中航距 1300 公里，使用图—154 飞机，可乘坐 140 人。

3 月 4 日　市政府召开市交通重点工程建设捐资动员大会，要求市级、县级、科级、科以下所有职工分别按 200 元、150 元、100 元、70 元标准捐资，市直各单位自愿捐资，与会者一次捐资共 50 万元。

3 月 11 日　盐市交政〔1994〕4 号文，接盐委组〔1994〕38 号文，徐世春任市交通局督导员。

3 月 12 日　在捐资建路活动中，市天虹集团向市公路交通重点工程捐资 40 万元，市政府发文决定，将 G204 盐城北段大潭口桥命名为“天虹桥”。

3 月 15 日　市政府决定成立“盐城市交通基础设施建设体制改革领导小组”，由副市长王智新任组长，副秘书长张守敬等任副组长。

3 月 18 日　由市交通局拨款 300 万元在市船厂制造的 1 轮 12 拖 B 级航区 1920 载重吨船队赠送华通实业总公司，以缓解该公司运力紧张的状况。该船队命名为“华达号轮队”。副市长王德超出席命名及首航仪式。

3 月 30 日　全市港监工作会议在建湖召开，市港航监督处和各县港航监督所签订了目标责任书，明确了考核奖惩措施，并进一步落实了加强船舶和船员证照管理等问题。

4 月 4 日　在捐资建路活动中，盐城供电局和市汽车运输总公司分别捐资 30 万元和 10 万元，市政府决定将 G204 建湖境内利群河上的公路桥命名为“供电大桥”，郊区境内小潭口桥命名为“盐汽桥”。

4 月 8 日　市交通局印发《关于全市交通系统整治行风工作实施计划》，明确了行风整治重点：(1)、狠刹公路、航道上的乱设卡、乱收费、乱罚款。(2)、狠刹交通执法部门以权谋私、以岗谋私。(3)、狠刹交通工程招投标中的不正之风和施工中的偷工减料。(4)、狠刹交通规费征收工作中的少收、坐支、挪用等问题。

4 月 20 日　以省人大财经委主任白云为首的省人大视察组一行 6 人，到盐城视察内河交通，并就加快《江苏省内河管理条例》的立法工作，召开了货主和航运企业座谈会。

4月26日 市政府颁布了《盐城市搬运装卸业管理实施细则》(盐政发〔1994〕88号文),该细则计列7章36条款。

4月27日 市政府在阜宁沟墩召开全市路政工作会议,动员全市各级党政组织和广大干群,突击开展交通秩序整治,市委常委、副市长王德超出席并主持了会议。

4月27日 市华通实业总公司总经理王延虎作为盐城市赴京参加劳模表彰大会代表团团长,率全市劳模代表一行20人,赴北京参加庆祝"五一"国际劳动节暨全国劳模表彰大会,其中包括市汽车运输总公司驾驶员朱贤才等人。

5月3日 市政府王智新副市长和市政协陆树臻副主席在视察建设中的盐宁一级公路后,在郊区郭猛镇召集市公路管理处、郊区交通局和郭猛镇负责人进行现场会办,要求加快速度、强化质量、加强领导。

5月6日 盐城市交通工程质量监督站(以下简称市交通质监站)挂牌成立。

5月7日 市政协主席、常委和部分省、市政协委员视察G204盐城以北段改造及盐宁一级公路和西出口工程施工情况。

5月15日 省交通厅批准市交通局《关于G204盐城北段养护技术改造工程可行性研究报告》。

5月25日 市政府决定对在G204盐城南段改造工程建设中做出突出贡献的先进集体和先进个人予以表彰,其中包括建湖县公路管理站等7个先进施工单位,大丰县草堰镇等5个先进乡镇、孙成干等162名先进个人。

6月6日 盐宁公路盐城市郊段17.40公里(半幅)暨盐城市区西出口公路10.40公里建成通车。

6月22日 盐体改〔1994〕109号文,同意市交通局等17家发起单位共同筹资1.13亿元,成立盐城市新阜公路有限责任公司。

▲ 盐市交政〔1994〕37号文,周启兆任市交通工程规划设计室主任。

6月23日 曹义广任市交通开发总公司总经理。

7月2日 市交通局发文表彰在全省首次开展的"安全生产月"活动中,安全工作成绩突出,被评为先进的盐城汽车运输总公司等34个单位(集体)和张志明等59名个人。

▲ 市交通局决定,给予1993年度在安全管理工作中作出显著成绩的东台市交通局等25个单位(集体)和焦彤存等58名先进个人表彰奖励。

7月18日 盐市交政〔1994〕46号文,提名邵明任市新阜公路有限责任公司经理。

7月22日 市政府颁布了《盐城市公路两侧非交通标牌及其管理的规定》(盐政发〔1994〕146号文)。

8月2日 市政府办公室转发《关于对新增营运汽车实行宏观调控和借资建路的暂行办法》。

▲ 盐市交政〔1994〕48号文,提名朱克林任市新阜公路有限责任公司董事长。

8月9日 市交通局制发《盐城市市、县、乡公路分级建设实施意见》。

8月13日 盐城市新阜公路有限责任公司正式挂牌成立,该公司成为全省首家公路股份制企业,承担G204盐城北段新兴至阜宁段全长40.70公里公路改造工程的筹资、建设、管理、经营、设站收费、偿还贷款的任务。

▲ 经市计经委批复,同意成立"盐城交通工程咨询监理公司",为独立核算、自负盈亏的全民所有制法人企业。盐市交政〔1994〕49号文,周启兆任市交通工程咨询监理公司经理。

▲ 由市政府见证,中国农业银行盐城市分行与市交通局签订建立信贷关系协议书。由农行投入垫付性贷款3000万元,承建G204新兴至阜宁路段。

8月23日 上午5点40分,响水县汽车运输公司江苏11—10272(663型)50个座位大客车,车载52人由昆山回响水，当车行至滨海县坎南乡七里村境内与滨海县八滩福利厂10吨半挂货车交会时相撞，造成死亡4人、重伤2人、轻伤6人的特大行车事故。

9月　市交通局制定《盐城市交通重点基础设施建设"九五"规划及2010年发展规划纲要》。

9月28日　市交通局授予东台市三仓交管所等10个交管所为"十佳交管所"，奖嘉陵125型摩托车各1辆；授予东台市五烈交管所许康中等10名交管员为"十佳交管员"，奖凤凰18型自行车各1辆。

10月17～18日　全市渡口管理工作会议在阜宁县召开。市政府、省港监局领导，各县(市、区)分管县(市、区)长，各乡镇分管乡镇长及有关部门、单位负责人300余人出席了会议。与会代表参观了该县北沙乡建桥撤渡现场，会议提出通过建桥撤渡等措施，用五年时间，使全市渡口减少一半的奋斗目标，即从1010道减少到505道。会上，王智新副市长作讲话，市交通局副局长姜海昆作题为"加强渡口管理，加快建桥撤渡步伐，为确保渡运安全而努力奋斗"的工作报告。

11月1日　由中国人民银行、交通部、国家旅游总局等国家10部、委联合举办的1994年中国500家最大服务业企业及行业评价中，盐城市汽车运输总公司以年营业收入7452万元的实绩荣列中国最大服务业企业公路运输业第35名。

11月23日　市政府批准制定了《1994年县(市、区)政府交通责任目标考核办法》，并授权市计经委、交通局下发。

11月30日　由交通部水运规划设计院承担编制的《江苏中山港总体部局规划》在北京通过专家评审。至此，滨海县境内废黄河尾闾三角洲岸段兴建大型海港的条件已经成熟。副省长张怀西以及交通部、电力部的有关负责人出席评审会。

12月5日　盐委组〔1994〕147号文，秦成高任市港航监督处主任。

12月7日　市公路交通重点工程建设指挥部召开G204盐城新阜段改建工程开工动员大会，建湖、阜宁县的分管县长，县交通、公安局长及沿途乡(镇)负责人出席会议。

12月12日　中共盐城市委通知，张明生任盐城市交通局党委副书记(列陶超后)。

12月13日　市体改委同意以盐城市港埠实业总公司为核心，组建"盐城港口集团"。

12月19日　市机构编制委员会同意成立"盐城市车辆购置附加费征收管理办公室"。为相当正科级全民事业单位。

12月23日　市体改委同意以盐城市交通工程处为核心，以盐城市交通工程处汽车运输训练大队等7家企业为半紧密层，组建"盐城交通建设集团"。

12月29日　大丰县航运股份有限公司继去年，今年又获全国运输企业先进集体称号。

12月　经省政府批准，射阳港为国家二类开放口岸。

▲　国家计委将新长铁路列入当年预备开工计划。

▲　全市全年完成交通基础设施建设投资6360万元，比上年下降9.71%。其中公路建设5616万元，港口建设460万元，民航建设130万元，公路客货运站场建设154万元。

1995年

1月3日　市政府抽调市交通、公安局的有关人员，组成4个检查组，分赴各县(市、区)和市直有关单位检查春运安全等工作情况。

1月11日　市政府颁发《盐城市干线公路网的规划和实施意见》，明确了"九五"及2010年全市干线公路建设的指导思想和任务目标，公路建设实行统一规划、分级建设、定额补助的办法，拓宽公路建设资金的筹集渠道等。

1 月 12 日　省交通厅副厅长汤干奇到射阳县检查渡口安全情况,市交通局副局长姜海昆陪同。

1 月 13 日　交通部、人事部授予江苏河海运输股份有限公司“全国交通系统先进单位”称号,该公司 36 号船队亦被交通部评为全国水上交通安全先进班组。

1 月 17 日　市交通局表彰 1994 年度全市交通系统大丰县交通局等 9 个排头兵单位、东台市交通局等 20 个先进单位、盐城汽车站等 64 个先进集体、104 名先进个人。

1 月　省交通厅厅长徐华强到盐城检查交通工作,副市长袁世珠陪同并介绍盐城公路建设情况。

2 月 13 日　副省长俞兴德在盐城盐阜宾馆召集省财政厅施学道厅长、资金管理局薛健局长、省政府办公厅赵长林秘书,副市长王德超、王智新,副秘书长韦顺广、张守敬,市财政局局长张炳贤、市交通局副局长程玉林和汽车运输总公司总经理李曙光等,对总公司上海汽车站与上海江苏饭店的股权纠纷问题进行了专题会办,会办结果:①确认总公司拥有上海江苏饭店 80 股中的 14 股股权,其中 2 股已由总公司投入,另 12 股由省财政厅资金管理局划拨;②由上海江苏饭店牵头负责征地 0.27 公顷、建 3000 平方米房屋给总公司,现上海汽车站相应移交给饭店。同时俞兴德答复给总公司 50 万元补偿费。至此,盐城汽车总公司拥有上海江苏饭店的合法权益得到解决。

2 月 25 日　为加强协调,加快建桥进度,经市长办公会议研究决定,成立“大有渡桥建设协调小组”,副市长王智新任组长。

3 月 24 日　市政府授予市船务实业总公司为 1994 年度盐城市一星级企业。

3 月 27 日　盐委组〔1995〕46 号文,唐登国任市交通局副局长、党委委员。孙志宏任市交通局督导员。

3 月 28 日　盐城港口集团公司在市交通局会堂举行成立大会。

3 月 29 日　市交通局在盐城召开全市运管工作会议,总结去年运管和今年春运工作,全面部署 1995 年运管工作的各项任务。

4 月 5 日　盐委组〔1995〕52 号文,陆进任盐城汽车运输总公司总经理,党委委员、书记。

4 月 6 日　为确保 1995 年全市公路重点工程各项建设任务优质、快速、高效完成,市交通局召开全市公路重点工程质量管理工作会议,交流了重点工程建设情况和经验。

4 月 13 日　盐市交委〔1995〕13 号文,徐国炎任盐城市运输管理处主任。

4 月 14 日　盐市交委〔1995〕20 号文,夏正贵任盐城市交通规划设计室党支部书记。

4 月 17 日　市交通局成立以张明生为主任、徐世春为副主任,蔡松阜等 7 人为委员的关心下一代工作委员会。

▲　市政府颁布了《盐城市建桥代渡实施办法》(盐政发〔1995〕28 号文),该办法计列 7 章 30 条。

4 月 25 日　市交通局在建湖县召开全市交通企业工作会议,传达省交通厅交通企业工作会议精神,总结近几年交通企业工作经验,对全市交通“星月型”企业和先进工作者进行了表彰,探讨了全市交通企业的发展思路、目标和具体措施。

5 月 4 日　上午,全国劳动模范、盐城汽车运输总公司 92 车队驾驶员朱贤才赴北京出席全国劳动模范表彰大会载誉归来;下午,汽车运输总公司举行欢迎仪式,市交通局、汽车运输总公司负责人出席,听取了朱贤才赴京情况的专题汇报。

5 月 15 日　为贯彻中共中央和省、市关于反腐败斗争的部署,协助交通系统把治理公路、河道“三乱”和纠正行业不正之风的工作不断引向深入,市交通局聘请成星群等 44 名同志为交通行风监督员。

5 月 16 日　盐委组〔1995〕52 号文,李曙光任市铁路筹建办公室副主任(副处级)。

6月12日 市交通局党委发出《关于在"学习孔繁森,争当好公仆"主题教育活动中,搞好对照排查的实施计划》,借以提高学习效果,深化认识,净化思想,并使其见诸于实际行动。

7月25日 副省长季允石、省交通厅及部分市的领导,在市委书记林祥国等陪同下,视察黄沙港大桥建设工程。

8月4日 盐城市客货运输公司驾驶员孙为祥驾驶江苏11/91145大货车装载龙虾皮由盐城沿G204往苏州,途径东台市梁垛北300米处,因发电机不发电,靠右停车修理。5时40分左右南通建安公司双排座客货两用车由青岛开往南通。由于驾驶员疲劳开车,打瞌睡,撞上大货车尾箱,造成死亡4人、重伤1人的特大行车事故。

8月17日 市交通局党委制发关于《市直交通企事业单位工作人员和交通局机关工作人员不准接受可能对公正执行公务有影响的宴请和参加用公款支付的营业性场所娱乐活动的规定》,该规定计列3项17条。

8月21日 盐城汽车站迁出市建军中路1号,与位于通榆北路的盐城汽车分流站合并,成立盐城汽车总站。

8月23日 江苏悦达股份有限公司香港分公司出资2000万美元与盐城市交通局合作兴建G204新(兴)阜(宁)段47公里一级公路合同签字仪式在盐城举行。悦达股份有限公司、市交通局主要负责人在合同书上签字。

8月31日 自去年3月4日市公路交通重点工程建设捐资动员大会之后,至今年8月底,全市共捐资2758.26万元,美元200元,其中城区120.50万元、郊区260万元、响水县133.05万元、滨海县160万元、阜宁县210万元、射阳县210万元、建湖县259万元、大丰县280万元、东台市300万元,市直单位825.71万元、美元200元。

9月1日 射阳河千秋大桥建成通车。该桥于1993年12月25日破土动工,历时1年9个月又5天。为3孔3向预应力、系杆拱桥,全长420.70米,净宽12米,荷载汽车—20,挂车—100,总造价2220万元。

9月19日 盐市交政〔1995〕40号文,方仁和任盐城市汽车维修行业管理处主任;盐市交委〔1995〕51号文,方仁和任盐城市汽车维修行业管理处党支部书记。

9月 市交通局与盐阜大众报社联合举办了社会投票评选"十佳交通行风标兵"活动。经广大群众踊跃投票和有关部门认真统计,评出的"十佳交通行风标兵"是:G204刘庄收费站站长丁桂祥、市港监处船检科科长马荣飞、东台市运管所所长邓有才、盐城港口集团四公司经理刘兆凤(女)、市汽车运输总公司驾驶员朱贤才、建湖县近湖乡交管所交管员吕以珍(女)、大丰县裕华镇交管所所长杭永香、市郊区伍佑镇交管所所长唐诚、市汽车运输总公司盐城分流站服务部主任郭立菊(女)、东台市汽车维修所所长袁加才。

11月5日 陈李线改造工程(合德—兴桥段)一级路建成通车。该线全长12.50公里,沥青砼路面,路基宽23米,其中快车道宽15米,两侧慢车道宽各2.50米,绿化带宽各1.50米,荷载汽车—20,挂车—100,桥梁8座,涵洞17道,总造价2300万元。

11月15~17日 市政府主持召开全市公路建设现场会,会议贯彻落实了省委、省政府在徐州召开的全省奔小康经验交流会议精神,学习和推广徐州市和盐城市大丰县公路建设的经验,进一步明确了全市"九五"规划和1996年公路建设目标。

11月19日 副省长季允石视察响水、滨海、阜宁三县境内的G204施工现场,并对陪同视察的市委书记林祥国说:"盐城经济要腾飞,一定要加快公路基础设施建设"。

12月4日 盐城市交通技工学校在今年11月19日被省政府批准为省(部)级重点技工学校的基础上,经国家交通部规范化技校的评估检查,被命名为"全国交通系统规范化技工学校"。

12月12日 经市编委批准,原"盐城市交通工程规划设计室"更名为"盐城市交通设计科研所”。

12月 阜宁县低压开关厂研制的JKZ系列铸造生产线微机控制设备,自6月获“1995年中国高新技术博览会”金奖后,又被国家计委、中国工商银行、国家劳动部、国家外国专家局、国家技术监督局联合授予“国家级新产品”称号。

▲ 省政府召开苏北沿线分管市长会议,实质性启动新长铁路建设。

▲ 全市全年完成交通基础设施建设投资3亿元,比上年增长371.70%。其中公路建设2.91亿元,航道建设548万元,港口建设34万元,公路客货运站场建设360万元。

1996年

1月4日 盐委组〔1996〕154号文、盐政人〔1996〕8号文,王胜凡任市交通局督导员。徐维林任市交通工程处督导员。

1月9日 省交通厅在南京组织召开“盐城西绕城公路路线方案审查会”。省交通厅厅长徐华强、盐城市政府主要领导出席会议,与会人员讨论通过了由交通部二院与市交通设计科研所共同设计的路线方案。

1月11日 盐委组〔1996〕3号文,焦彤存任市交通工程处党委书记。盐委组〔1996〕9号文,陈少全任市航道管理处主任。

1月16日 为加强对1996年春节运输的领导,组织民工有序流动,市政府成立春运工作领导小组。组长袁世珠,副组长张守敬、宋寿珍、刘汉昌、王景浩、刘士荣、周海宁、姜海昆,市直有关单位领导人包金义等10人为成员,领导小组下设办公室,负责日常工作。

1月17日 市政府(盐政发〔1996〕8号文)根据国务院、省政府有关文件精神,对机动车驾驶员培训行业管理工作职责进行了划分:市交通局负责机动车驾驶员培训的行业管理;市公安局负责对持有市交通局驾培管理部门核发的培训结业证的学员考核发证,机动车驾驶员培训实行社会化。

1月24日 市计经委同意对空军盐城机场进行二期改造,该项目总投资2890万元,资金由市自筹解决。

1月26日 市政府在郊区召开全市第二次渡口管理工作会议。副市长袁世珠作讲话,市交通局副局长姜海昆作题为“全面落实监督管理责任,加快实施建桥撤渡战略”的工作报告。

1月30日 为确保春运安全,落实各项准备工作,副市长袁世珠率市交通、公安、劳动、工商局负责人,对市华通实业总公司、汽车运输总公司等交通单位的春运安全准备工作进行了全面系统的检查。

2月8日 全市交通工作会议在盐城召开。会议总结了1995年交通工作情况,部署了1996年工作和“九五”工作任务。会议表彰了两个文明建设先进单位和个人,签订1996年目标责任书。

2月14日 市委书记林祥国,市委常委、组织部长陶培荣,副市长顾竞成率市有关部门负责人到市华通实业总公司慰问职工,并看望了3家特困户。

2月19日 市人大常委会主任沙金茂,副市长冯永农、李之渭,在市交通局负责人陪同下,来到盐城汽车总站,检查春运安全工作,慰问春节值班的企业职工。

2月28日 苏政复〔1996〕13号文,同意G204响水段中外合资建成后设立响水收费站,对过往车辆征收通行费。

3月28日 省交通厅、财政厅、计经委、物价局发文同意设立射阳河千秋大桥收费站,于1996年5月1日起对过往车辆征收通行费。

4月8日　为搞好G204盐城北段建设工程,市交通部门抽调24名干部,进驻阜宁沟墩工地。

4月10日　省交通厅通报表彰盐城市交通局为1995年度审计工作先进单位。

4月12日　市政府成立G204盐城北段一级路工程指挥部,副市长袁世珠任指挥,指挥部下设办公室和阜响段、新阜段两个工程管理处。

4月14日　市交通局荣获市政府颁发的“基础设施建设目标管理奖”。

4月24日　市计经委根据省政府批复,同意兴建宁盐公路郭猛收费站,总投资640万元。

5月1日　千秋大桥收费站正式组建,并开征车辆通行费。

5月7日　副市长袁世珠率市纪检、监察、交通部门负责人,到G204盐城北段一级路改建工程施工现场督促检查,帮助解决公路施工中的矛盾和问题,以确保国道施工的顺利进展。

5月10~25日　市交通局成立市水运检查领导小组,副局长姜海昆任组长,对全市通航水域内航行、停泊作业的营业性运输船舶进行了证照、票据、规费检查,重点检查了无证照营运船舶。

5月28日　副市长袁世珠对市河整治工程进行专题会办,对串场河整治提出了具体要求。

6月10日　市长办公会议纪要规定:凡实施村村通公路的乡镇,由市交通局给予每个乡镇1万元的奖励。

6月13日　G204黄沙港大桥提前合龙。

6月20日　经市政府、省建立现代企业领导小组办公室批准同意盐城汽车运输总公司改制为国有独资企业,定名为“江苏盐阜公路运输集团有限公司”。

7月1日　市交通局党委决定表彰江苏盐阜公路运输集团建湖有限公司总支委员会等12个先进党支部(总支)、市交通技工学校党支部书记杨文忠等12名优秀党务工作者、陆进等126名优秀共产党员。

7月16日　市委通知,建立中共盐城市纪委派驻市交通局纪检组,撤销中共盐城市交通局纪委。

8月1日　副省长季允石、副秘书长何权、省交通厅厅长徐华强等视察宁盐公路建设工程。

8月6日　市政府邀请京、津、宁、连等地以中科院窦国仁院士为首的19名国内著名港口专家汇集南京,对滨海县“中山港淤泥特性试验研究”“中山港规划岸段水下地形稳定性分析”等5项专题报告进行了认真评审,并一致审查通过了“中山港3座千吨级码头工程建设施工图”。

8月20日　盐委组〔1996〕118号文,王长年任市纪委派驻市交通局纪检组组长。

8月22日　中山河大有桥(建桥撤渡)建成,该桥全长140米,净宽7米,总造价300万元(由大有镇、凡集乡、黄海农场、盐城市港监处出资)。该桥建成通车标志着全市汽车渡历史的结束。

8月26日　市编委发文同意建立“盐城市机动车驾驶员培训管理处”,正科级建制,全民事业单位,隶属市交通局管理,核定人员编制12名。

8月　省政府正式批准大丰港建设总体布局规划。该规划由交通部水运规划设计院编制,1995年3月通过评审。

9月5日　由南京军区空军勘察设计院编制的《盐城民航站建设工程可行性研究报告》通过评审,市委书记林祥国出席评审会议。

9月18日　经国务院批准,盐城市郊区改称盐都县,原郊区交通局更名为盐都县交通局。

9月19日　盐市交政〔1996〕32号文,根据市编委〔1996〕56号文批复,同意成立“盐城市水上交通稽查支队”,副局长姜海昆兼任支队长,与市港监处合署办公,两块牌子,一套班子。

9月24日　盐委组〔1996〕46号文、市政府人〔1996〕12号文,周益国任盐城市交通局副局长、党委委员。

10月16日　响港公路二期工程竣工通车,该路段贯穿灌河沿线的响南、双港、南河、海安集、陈港5个乡镇,全线长28.50公里,总投资1217万元。

10 月 18 日　G204 新兴至施庄段一级公路举行通车典礼,省委副书记曹克明、市委书记林祥国等省、市领导出席并剪彩。

10 月 19 日　省交通厅、财政厅、计经委、物价局同意设立宁盐公路盐城收费站。站址设于宁盐公路 17.5K 与盐金国防公路交叉处,设 3 个方向单向进口收费,1996 年 11 月 26 日起,对过往车辆征收通行费。

10 月　滨海县交通局副局长、滨海县公路站站长、党支部书记蒋峰,东台市公路站养路工张连友分别被省政府授予“江苏省劳动模范”称号。

11 月 8 日　盐金国防公路盐都县段暨汞北线、洪楼线、吴抬线共 70 公里黑色化道路建成通车,总投资 7200 万元,省交通厅及市、县有关领导和近万名干部群众参加通车典礼。

11 月 15 日　盐委组〔1996〕135 号文,曹兆祥任盐城港口集团总经理。

11 月 18 日　宁盐公路盐城段半幅一级路工程建成通车。

12 月 2 日　省政府召开全省先进集体、劳动模范表彰大会,市华通实业总公司总经理王延虎被授予“江苏省劳动模范”称号。

12 月 3 日　盐委组〔1996〕197 号文,周启兆任市交通局副局长,试用期一年。

12 月 9 ~ 10 日　省计经委、省交通厅和盐城市政府,在南京联合主持召开滨海港总体布局规划(挖入式方案)和万吨级码头预可行性研究报告审查会。

12 月 17 日　省、南京军区、省军区领导陈焕友、郑斯林、郑炳清、顾浩、俞兴德、梁保华、凌启鸿、段绪申等亲切接见并慰问宁盐一级公路的建设功臣,林祥国等市领导参加接见。省委书记陈焕友代表省委、省政府向为宁盐一级公路付出辛勤劳动的建设者表示亲切的慰问。他勉励大家继续努力,为把江苏早日建成经济繁荣、科技发达、生活富裕、法制健全、社会文明的省份而努力奋斗。

12 月 27 日　省计经委、民航华东管理局,同意建设盐城机场民航站工程,新建航管楼 2000 平方米、各种业务用房 2800 平方米、站前停车场及道路 6000 平方米、新建 10 千伏中心配电站 1 座,配套相应供水系统。该项目总投资 5000 万元,工期 1 年。

12 月 29 日　G204 滨响段一级公路快车道通车。该路段南起滨海县城人民路,北讫响水县灌河大桥,全长 34.80 公里,其中新线 15.40 公里,利用老路拓宽 19.40 公里。市委、市政府举行通车典礼暨新阜段在建工程视察慰问活动。

12 月 30 日　江苏盐阜公路运输集团有限公司召开成立大会。该公司是省政府确定的 127 家建立现代企业制度试点企业。

12 月　全市全年完成交通基础设施建设投资 7.49 亿元,比上年增长 149.67%。其中公路建设 7.19 亿元,航道建设 1256 万元,港口建设 1196 万元,公路客货运站场建设 555 万元。

1997 年

1 月 16 日　江苏省铁路有限责任公司在宁成立,公司注册资本为 6 亿元,其中盐城市出资 9000 万元。

1 月 30 日　省交通厅副厅长蒋华年到盐城慰问交通企业的困难职工,分别走访了市航运实业总公司、市华通实业公司、第二航运公司等企业,发放慰问金 18 万元。

2 月 12 日　盐城至广州客运班车开通。江苏盐阜公路运输集团有限公司职工李士超个人出资 120 万元,投入 4 辆盐城中威客车制造有限公司生产的豪华型卧铺车,配有空调、彩电、电话等设施,班线全长 1942 公里,盐城为隔日上午 10 时,广州为隔日 12 时发车。

2 月 22 日　市委、市政府、市人大、市政协四套班子领导成员视察盐海线城区段交通工程建设。

2 月 26 日　盐市编〔1997〕96 号文,同意市交通局财务科增挂“审计科”牌子。

3 月 6 ~ 7 日　交通部总工程师杨赤福到盐城考察大丰港、G204 及盐淮线阜宁段工程建设,省交通厅负责人等陪同。

3 月 18 ~ 20 日　江苏省 1996 年施工企业资质年检和安全资质审定工作会议在盐城召开,市交通局作了工作汇报和经验介绍。

3 月 27 日　市交通局被评为全省春运工作先进单位,荣获春运一等奖第一名,从而夺得春运安全优质“九连冠”。

4 月 3 日　盐委复〔1997〕1 号文,同意成立“中共盐城市公路管理处委员会”。

4 月 12 日　市中威客车制造有限公司 YCK6991HGW 型卧铺客车在南京通过省级鉴定。

4 月 20 日　第一艘 1600 吨级近洋国际货轮“盛阳’号驶进射阳港。

4 月 22 日　盐委组〔1997〕60 号文,明确市铁路筹建办公室升格为正处级事业单位。李曙光、吴树堂、徐修俊任市铁路筹建办公室副主任。

4 月 24 日　市政府主要领导率市直有关单位负责人检查 G204 通榆河堆段工程,慰问施工人员,解决工程欠缺土方、灌溉渠大桥接线方案和公路交叉等问题。

4 月 25 日　盐委组〔1997〕64 号文,项晓晴任盐城市公路管理处主任;徐振声任党委书记。

4 月 28 日　省计经委正式批复盐城西绕城公路可行性研究报告(含项目建议书)。

4 月 30 日　盐政发〔1997〕107 号文,曹兆祥任盐城港口集团董事长、总经理。

5 月 5 日　副市长袁世珠主持宁靖盐高速公路盐城段走向方案论证会,市人大、市政协及市直有关部门和盐都县有关乡镇负责人出席论证会议。

5 月 23 日　市政府批复同意盐城市华通实业总公司与盐城市航运实业总公司合并组建省级企业集团:江苏华通航运集团有限公司。

▲　市交通局连续 4 年被市计经委评为资源节约综合利用先进单位。

5 月　大丰港 800 公顷滩涂框围和 2. 50 公里导堤竣工。

6 月 6 日　盐市交政〔1997〕20 号文,邵明任市交通开发总公司总经理。

6 月 9 日　射阳港 3000 吨级集装箱件杂货码头开吊运作。全国政协副主席孙孚凌、中华全国工商联合会常务副主席张绪武、国家外经部部长助理孙广湘、市委书记林祥国、市有关领导参加开吊运作典礼。

6 月 20 日　省建委在南京全福宾馆召集有关部门负责人、专家对交通部二院提交的《盐城市西绕城公路(一级公路)初步设计》进行评审。副市长袁世珠、副秘书长张守敬、市交通局有关领导出席了会议。

6 月 24 日　省交通厅运输管理局(以下简称省运管局)在盐城召开全省检测站管理工作会议,总结推广盐城市车辆综合性能检测站的经验。

7 月 4 日　市交通局召开全市交通系统创建文明行业再动员大会,确定盐城汽车总站、盐城市交通道路稽查总队、东台市交通局运输管理所、盐城市港航监督处、新阜公路有限责任公司新阜段公路、射阳航运公司 99 号轮队、市航道管理处建口航线、G204 刘庄收费站、盐都县公路管理站、市东港港务公司为创建文明行业单位。次日,市交通局公布上述单位服务承诺。

7 月 11 日　沙金茂、彭淦泉、袁世珠等市人大、市政协、市政府领导及部分人大代表、政协委员、常委视察大丰市王港(大丰港)。

7 月 17 日　盐城港口集团大件运输公司承运的 100 吨价值 3000 多万元的进口化工设备,从响水盐化总公司运至青海省西宁市,历时 9 天 9 夜,途经 7 省 20 个市县,行程 2200 公里,安全运抵目的地,创盐城大件货物运输新记录。

7月21日 盐海一级公路全面开工,市领导葛绍林、袁世珠实地察看了城区、射阳两地施工现场。盐海一级公路由市区至射阳珍禽保护区,全长43公里。该路段建设,是全市实施建设“海上苏东”“海上盐城”战略的需要。

7月24日 盐市交组〔1997〕30号文,陶杰任市交通工程质量监督站站长。

7月 市交通技工学校被省交通厅授予“江苏省交通系统教育先进单位”荣誉称号。

8月8日 省委常委、副省长季允石,在市委书记林祥国等市领导陪同下,视察了G204盐城北段改建工程等交通设施建设情况。在省铁路建设办公室主要负责人、市委书记林祥国、副市长袁世珠陪同下,视察新长铁路盐城先行试验段。

▲ 滨海县连接G204与滨海港之间的全沥青公路——八滩至滨海港公路正式通车。全长24公里,路宽7米,双向两车道,总投资950万元。

8月22日 盐委组〔1997〕96号文,张明生任盐城市交通局副局长。

9月6日 市政府分别向东台市、盐都县发出贺信,祝贺东台市、盐都县通乡公路黑色化。东台市3年共投入资金1.80亿元,动用民力120多万工日,积土350万立方米,拆迁房屋20多万平方米,铺设黑色路面340公里和G204东台市区段一级公路2公里,配套公路桥35座,接长涵洞250道。盐都县3年共建黑色公路103公里,全县20个乡镇全部实现通乡公路黑色化。

9月6~7日 铁道部工程设计鉴定中心副主任张承育和省铁路建设办公室主要负责人,带领铁道部和省有关专家一行20多人,现场踏看拟建的新长铁路盐城段。在此期间,市委书记林祥国等市领导同专家交换了意见,副市长袁世珠陪同踏看现场,其中包括盐城段中的益林公路立交、宋楼交汇点、盐城火车站、盐城先行试验段和泰东引江河桥的选点地址。

9月14日 由铁道部、江苏省、浙江省政府联合召开的新长铁路技术设计专家审定会决定,在盐城北站(新兴镇)新建机务段一处,近期开设阜宁、建湖、庆丰、盐城北、盐城、大丰、东台、富安8个车站,阜宁、建湖、盐城北、大丰、东台5个站新设货场。其中盐城站为中型客运站,预留货场建场条件。

9月26日 盐市交委〔1997〕43号文,陶杰任盐城市交通工程质量监督站党支部书记。

9月27~28日 省交通厅和盐城市政府在北京召开了“江苏大丰港初步设计评审会”。以中科院院士窦国仁为主任委员的13名专家学者组成的专家委员会,对交通部水规院编制的《大丰港5000吨级码头工程初步设计》进行了科学严谨的评审,专家们认为:港口初步设计已达到交通部关于港口工程设计的要求。

10月1日 中共中央委员、交通部部长黄镇东,在市人大、市政府主要领导陪同下,视察盐城市公路交通建设情况。在视察了G204盐城北段的改造情况后,黄镇东对家乡人民在公路交通建设上表现出的巨大热情倍加赞许。在盐城期间,还视察了中大集团和悦达集团盐城汽车总厂。

▲ 阜宁县横跨苏北灌溉总渠的羊蒲大桥建成通车,至此,该县“九线一桥”工程全面竣工,改造公路全长150公里,提前一年实现县乡道路黑色化。

10月10日 中国人民解放军总参谋部正式批复,同意盐城机场建设民航站。

10月28日 国务院副总理邹家华在江苏省委书记陈焕友、交通厅厅长徐华强陪同下,视察盐城交通工作。

▲ 市委组织部、宣传部、市纪委联合发文,表彰盐城港口集团为“1994~1997年盐城市党员‘双学’”活动先进单位。

▲ 投资1700多万元兴建滨海港一期工程3座千吨级码头,今天正式开工。省委常委、常务副省长季允石、市政府主要领导出席开工典礼。滨海港3座千吨级码头主体工程位于临淮乡境内翻身河闸外北岸1公里处,其附属工程包括码头对岸的驳岸及码头前沿土石方挖送等。整个工期约需7个月时间。

11 月 26 日　盐市交组〔1997〕40 号文,张从喜任市交通开发总公司总经理。

12 月 2 日　市政府发出通报,对全面完成县乡公路黑色化工程建设任务的盐都县、东台市和城区进行表彰、奖励。市政府分别奖励盐都县、东台市政府及交通局 10 万元,奖励城区政府及交通局 5 万元。

12 月 9 日　全市汽车维修行业管理工作会议在盐城召开,市计经委、工商、国税、地税、财政、劳动、物价、技术监督局负责人、各县(市、区)交通局分管局长、维修所长、检测站长和 166 家一、二类汽车维修企业的厂长共 260 余人出席会议,会议就建立统一、开放、竞争、有序的汽车维修市场体系,争创全市汽车维修行业为文明行业进行了部署。

12 月 10 日　盐金国防公路建成通车。该路东起盐城、西止金湖,全长 165.6 公里,盐城市境内长 59 公里,其中东段工程 28 公里于 1994 年年底按一级路标准建成通车,西段 31 公里按二级路标准于 1995 年 6 月开工,今年 12 月建成,全路工程质量优良率达 100%。参加盐金路通车典礼的有省军区司令员蒋文郁、省政府副秘书长何权,南京军区交通战备办公室副主任赵士勇,省交通厅厅长徐华强、副厅长蒋华年以及沿线市、县的党、政、军负责人。

12 月 25 日　盐城民航站工程初步设计方案通过审查。该工程由民航华东机场建筑设计院按 4C 级标准、年吞吐量 30 万人的规模设计。预计工程总投资 1.20 亿元。市政府代市长李全林,市委党委、副市长袁世珠出席审查会。

12 月 27 日　G204 盐城北段 100.78 公里一级路改造工程通过验收。至此,贯穿全市南北的 G204 改造工程全部完成。

12 月 28 日　江苏华通航运集团有限公司(以下简称华通集团)挂牌成立。该公司共有干部职工 4579 人,固定资产总额 1.40 亿元。

12 月　新长铁路盐城段全线开始征地拆迁,共征地 780 公顷,拆迁房屋 1255 户,14.15 万平方米。

▲　全市全年完成交通基础设施建设投资 6.55 亿元,比上年下降 12.55%。其中公路建设 6.01 亿元,航道建设 1374 万元,港口建设 3721 万元,民航建设 95 万元,公路客货运站场建设 210 万元。

1998 年

1 月 4 日　市委、市政府在盐城召开 G204 盐城北段一级公路建设总结表彰大会,市委书记林祥国在会上讲话,代市长李全林宣读市政府表彰决定:授予市交通局等 8 个单位为“G204 盐城北段一级公路工程建设有功单位”,授予刘善一等 8 人为“建设功臣”,授予市交通工程处等 17 个单位为“G204 盐城北段一级公路工程建设先进集体”,授予陶杰等 110 人为“先进工作者”。

▲　盐市交委〔1998〕01 号文,蔡保佑任盐城市交通技工学校党总支部书记。

1 月 5 日　G204 盐城北段一级公路全线通车。代市长李全林主持通车典礼,省委书记陈焕友为通车典礼剪彩,省委常委、常务副省长季允石、省交通厅厅长徐华强、市委书记林祥国出席并讲话,市领导葛绍林、冯永农、沙金茂、彭淦泉、林成立、袁世珠及有关部门负责人参加典礼活动。

▲　被列为国家“九五”港口发展规划和省“九五”重点建设项目的大丰港一期引堤工程 5 日下午开工建设,省委常委、常务副省长季允石,省交通厅厅长徐华强参加了开工仪式。至 9 月中旬土方及护坡工程全部结束,共完成土方 49.33 万立方米,灌砌石方 6.5 万立方米。11 月 8 日经大丰港开发公司与设计、监理及施工单位对 2000 米长引堤联合验收,整个工程符合要求,同意交付

使用。

1月9日　盐城民航站工程正式开工。市委、市政府在盐城机场候机楼举行盐城民航站工程开工仪式。预计1999年10月1日投入使用。

1月10日　原S310(阜益线)改造工程开工。该线北接G204,南接盐淮公路,串联阜宁县12个乡镇,该段按一级路标准规划控制,二级甲型实施,桥梁设计荷载为汽车—20、挂车—100,总投资7000万元。

1月13日　苏交公〔1998〕5号文、苏财综〔1998〕5号文、苏价费〔1998〕14号文,同意设置盐淮新线建湖收费站,并于1998年1月18日开始对过往车辆征收车辆通行费。收费管理工作由省交通厅公路局统一管理,盐城市公路管理处具体组织实施。所收资金全额解交省财政专户,其中20%为代省征收的省重点交通工程建设资金,80%用于偿还盐淮线建湖段工程建设贷款(集资)的本息和收费站管理开支,不得挪作他用。

1月14日　盐市交委〔1998〕4号文,建立中共江苏盐阜公路运输集团有限公司委员会,陆进任书记。撤销中共盐城汽车运输总公司委员会。

2月17日　盐阜公路运输集团有限公司6000余名职工自发捐款10万元,支持华通集团困难职工。

2月20日　召开全市交通工作会议,会议号召全市交通系统广大干部职工高举旗帜、深化改革、突出重点、奋力开拓,把盐城交通现代化事业全面推向21世纪。

2月23日　盐政办发〔1998〕19号文,成立盐城市高速公路工程建设指挥部(以下简称市高指),市委常委、副市长袁世珠任指挥。

2月28日　苏交公〔1998〕9号文、苏财综〔1998〕18号文、苏价费〔1998〕57号文:(1)、同意设置G204响水收费站,并于1998年3月1日起,对过往车辆征收车辆通行费,同时撤销响水灌河大桥收费站;(2)、G204响水段改造建设总投资1.6亿元,同意按中外合作方式经营、管理,收费年限22年。所收资金的20%为代省征收的重点交通工程建设资金,80%为合作公司的企业收入;(3)、根据省政府办公厅〔1996〕12号文的精神,G204响水收费站由市公路管理处参照行政事业收费的管理办法实施收费管理;(4)、响水灌河大桥收费站撤销后,其人员可择优录用,资产统一移交市公路管理处使用。

3月2日　省委副书记、代省长季允石,省长助理、省政府秘书长张长胜及省交通厅领导到盐城视察指导工作。先后视察宁靖盐高速公路盐城段马沟施工现场,季允石对盐城交通基础设施建设取得的成绩给予充分的肯定。

3月25日　盐委组〔1998〕23号文,周启兆任盐城市交通局副局长。

4月7日　1998年度的春节运输工作在组织指挥、安全运输、文明服务等方面取得了出色成绩,实现了安全优质“十连冠”,被省交通厅评为一等奖。

4月13日　盐城联合航空公司被评为全国联航系统先进单位。自1994年以来,该公司已连续4年获此殊荣。

5月11日　盐市交组〔1998〕8号文,提名铁步昌任市新阜公路有限责任公司总经理;盐市交组〔1998〕9号文,秦永宏任市车辆购置附加费征管办公室主任。

5月25日　市汽车维修行业管理处自4月下旬至5月25日,对全市境内营运车辆进行技术管理专项检查,共检查车辆1.10万辆(次),其中查出违反车辆技术管理规定的车辆1844辆,占16.70%,查补各种交通规费87万多元,收缴罚款24万多元。

5月26日　市公路管理处在法院、公安部门的支持配合下,依法强制拆除G204盐城北段新兴镇圩洋村境内7户违章建筑300多平方米。

6月4日　从5月25日至6月4日,市运输管理处对全市1997年以来新进运(交)管所的163

名人员分两批进行培训。培训内容包括军事训练、职业道德教育和运输管理、路(航)政管理、规费征收等基本知识。经考核,163 人全部领取了结业证书。

6 月 11 日 为保证宁靖盐高速公路盐城段提前开工,省交通厅于今日组织设计单位——交通部第二公路勘察设计院到盐城设置中心线桩,接着组织专家对该段工程进行初步设计审查,工程建设的前期征地、拆迁工作于月内启动。

6 月 12 日 G204 新兴收费站、盐宁公路盐城收费站、交通道路稽查总队和阜坎南闸管理所操作一班被省交通厅、团省委联合表彰为省级"青年文明号"。

6 月 16 日 市政府正式批准射阳港拦门沙治理工程可行性研究报告。射阳港因受河口拦门沙的制约,仅能满足 1500 吨级浅吃水船舶涨潮进港,射阳县政府、射阳港电厂和丹东边境经济合作区水陆工程公司三方决定共同投资,治理射阳港拦门沙。治理后,3000 吨级浅吃水、2000 吨级集装箱船舶可全天候进出港口。

6 月 26 日 苏政复〔1998〕66 号文,同意盐海公路及陈李公路千秋大桥至新洋段按一级公路建设改造并符合收费条件后,在两路交叉处设置盐海公路陈李公路新洋收费站,实行一站三点单向收费。

7 月 1 日 根据国务院规定,全市汽车客票附加费征收标准在原每人公里 0.02 元的基础上,调至每人每公里 0.03 元,即日起实行。

▲ 经交通部批准,射阳港与南京通海水运公司联合开辟的射阳港到上海港、射阳港到连云港的集装箱内支线开通,内支线班轮每周二、五停泊射阳港,周一停靠连云港,周四抵达上海港,与美国"总统"、泰国宏海、日本川崎、中国外运等多家航务公司干线班轮衔接,转达东南亚、南美、北美、澳洲、中东、非洲、欧洲地中海等世界各大海运港口。

7 月 2 日 在市交通局党委召开的市直党建工作会议上,受到市交通局党委表彰的 11 名优秀党务工作者和 128 名优秀党员,主动将市局党委奖励他们的 1.45 万元奖金,全部捐赠给市直交通企业的困难职工。

▲ 连日来,阜宁县遭受特大暴雨袭击,仅 7 月 1 日夜间降雨量即达 214 毫米,造成正在施工的原 S310 和县乡道益马线损失近 200 万元,县境大部分公路受到不同程度的损坏。为确保公路安全畅通,县政府动员沿线各乡镇民工 3 万余人,突击抢修水毁公路。

7 月 15 日 经省计经委批准,建湖县交通局直属单位建新公路实业公司,委托盐城市信托投资公司向社会代理发行企业 5 年期融资公路建设债券 3000 万元,债券年收益率为 9.30%,主要用于省道盐淮线建湖段 35.60 公里一级公路的建设、管理、维护、收费及开发。该债券自购买之日起,按对年、对月、对日,定期 5 年到期兑付,一次还本付息。

7 月 17 日 交通部质监总站、省质监站领导一行 4 人,专程到盐城对市交通工程咨询监理公司申报乙级资质进行检查考核。考查期间除听取资质申报的专题汇报外,还实地考查了该公司的硬、软件设施。并于当年 9 月经交通部公路管理司监字〔1998〕156 文批复,核准该公司为乙级资质。

7 月 20 日 江苏盐阜公路运输集团有限公司成立 40 周年。40 年来,固定资产增加 280.25 倍,总额达 2.27 亿元。客运量和客运周转量增加 12.17 倍和 46.95 倍,达到 1095 万人 13.80 亿人公里;货运量和货运周转量增加 4.50 倍和 7.78 倍,达到 18 万吨 2070 万吨公里;营运收入增长 178.57 倍,达到 1.50 亿元,利税费增长 115.79 倍,达到 4400 万元。

7 月 28 日 宁靖盐高速公路盐城段一期工程开工建设,全长 31.18 公里,总投资概算 9 亿元。

8 月 6 日 江苏华通集团所属盐城市客货汽车运输公司,开通盐城到沈阳客运班车,成为全省首家开行沈阳客班。该班线全长 1100 公里。

8 月 17 日 盐政办发〔1998〕95 号文,成立新长铁路盐城段工程建设指挥部,指挥:袁世珠,副指挥:张守敬、李曙光。指挥部办公室设在市铁路办,李曙光兼任办公室主任。

8月18日　盐委组〔1998〕71号文，李曙光任铁路筹建办公室主任，孙其康任副主任。

9月1日　新长铁路东台段工程开工。东台段全长38公里。

9月16日　全国政协副主席李贵鲜，在省、市、县有关领导陪同下，专程视察了射阳港，对射阳港的建设成就予以充分肯定，希望射阳港及早成为拉动苏北中部经济发展的重要海上通道。

9月17日　盐淮新线建湖收费站与香港百亿国际控股集团有限公司，合资经营盐淮线建湖段一级公路的合同正式签字生效。该路段全长35.60公里，总成本造价1.20亿元，百亿集团入股80%计9600万元，资金在8个月内分期分批全部到位，并成立“盐城百亿公路集团有限公司”，共同经营、管理，合营期限为22年。

9月25日　接省政府苏政复〔1998〕1126号文，同意在建宝公路建湖至黄土沟大桥一段内适当地点设置建宝公路建湖收费站，所收资金80%留地方，用于还贷。

9月29日　射阳县实现县到乡（镇）公路黑色化。该县共建成三级以上县乡（镇）黑色化公路328公里，全县公路通车里程516公里。

10月5日　东台市唐洋镇全面实现镇通村骨干道路黑色化。该镇近年来先后投资近千万元，修造了180多公里的乡村沙石路面，实现了乡村道路硬质化，今年以来，又投资780万元，使20公里的镇通村骨干公路全部建成了三级标准的黑色化路面，并配套建设桥梁5座。

10月16日　全市召开公路建设工作会议，市领导葛绍林、袁世珠在会上分别讲话。

10月26日　盐城市第二座大型股份制朦胧渡桥建成通车。该桥全长130米，宽9米，主体工程造价190万元，其中市港监处、公路管理处各出资30万元，市航道管理处出资20万元，高作、永兴镇各出资50万元，市交通局无偿支持10万元，成立渡桥股份有限责任公司，设收费站。该桥建成后，结束了高作镇13个村不通公路的历史。

10月28日　响水县全面实现县通乡（镇）公路黑色化，自1996年以来，该县先后对公路建设投入1.16亿元，挖土418.50万立方米，新建和改造县乡骨干道路126.20公里，改造国道、省道59公里，全县已拥有等级公路439.14公里，硬化、黑色化公路175.05公里，沙石公路264.09公里。

10月　省铁路办发布《江苏省铁路网规划（“九五”至2020）》，连云港至盐城铁路为省内区域性路网干线，上冈至射阳港铁路、大丰港疏港铁路、阜宁至益林铁路、滨海港铁路支线、建湖港口专用线、东台热电厂专用线、盐城发电厂专用线、盐城油库专用线列入规划。

11月2日　省委副书记、代省长季允石，省长助理、省政府秘书长张长胜及省交通厅领导，在市委书记林祥国等陪同下，视察了宁靖盐高速公路盐城段马沟施工现场，听取了市领导关于全市公路建设情况的汇报。

11月11日　香港扬子集团董事长杨栋，代表全体股东自愿捐款50万美元折合人民币400多万元，支持省道盐淮线建湖段改造工程，这是建湖公路工程建设史上首次获得的大额捐款。

11月23日　省重点工程盐金国防公路建湖段通过竣工验收并被评为优良工程。该路段全长6公里，路面宽15米，油路面宽9米，桥梁设计荷载为汽车—20，挂车—100，工程总投资1807万元。

12月4日　省铁路办决定，新长铁路盐城试验段工程和盐城站路基土方工程的管理工作改由新长铁路公司负责。

12月9日　盐市交组〔1998〕26号文，李洪安任市交通设计科研所主任。

12月10～11日　建军东路立交桥初步设计审查会在盐城举行。会议确定桥长1414米，宽22.50米，总造价控制在7500万元之内。

12月12日　省交通厅在宁召开盐城市公路枢纽总体布局规划汇报会，蒋华年副厅长主持会议。会议听取了市交通局副局长姜海昆关于规划编制过程和公路枢纽总体布局的汇报。

12月16日　盐市编〔1998〕28号文，同意在市航道管理处疏浚工程队、航道维护队分别增挂“盐城市航道工程公司”“盐城市航道打捞公司”牌子，分别实行两块牌子，一套班子。原隶属关系、级别建制和人员编制均不变。

12月18日 盐政复〔1998〕40号文,同意江苏盐阜公路运输集团有限公司采取资产经营方式托管市船务实业总公司。托管后,市船务实业总公司的法人资格不变,债权债务不变;托管期间,盐阜公路运输集团有限公司负责市船务实业总公司安置分流、下岗职工再就业和离退休职工工资、医疗保险以及管理服务工作;托管期暂定五年,从1999年1月起于2003年12月31日止(1998年12月20日至12月31日为托管磨合期)。

12月19日 苏政复〔1998〕189号文,同意G204新兴收费站纳入盐城通达公路有限公司,按中外合资(合作)收费站进行管理;收费标准按中外合资(合作)收费站标准执行,所收资金留盐城通达公路有限公司80%,交省20%。

12月20日 盐淮线建湖段三期改造工程竣工,经验收正式通车。总投资1600万元。

12月21日 全市1320名交通行政执法人员正式启用全国交通系统统一制式的交通执法证。

12月28日 上午,大丰港两个5000吨级码头开工仪式在大丰港港区正式举行,中科院院士、交通部顾问窦国仁,副省长陈必亭、副秘书长何权,交通部总工程师曹右安、凤懋润,水规院党委书记孟庆生,一航局副局长吴业科,国家口岸办副司长胡安漳,省交通厅和盐城市党政负责人出席开工仪式。大丰港是江苏省"九五"计划和2010年规划的重点工程,两个5000吨级码头工程总投资1.98亿元。

12月 全市全年完成交通基础设施建设投资12.02亿元,比上年增长83.51%。其中公路建设10.44亿元,航道建设1233万元,港口建设1.08亿元,民航建设3116万元,公路客货运站场建设677万元。

1999年

1月8日 市委副书记、市长李全林,市委常委、副市长袁世珠,市政府副秘书长张守敬视察市高指、指挥部中心试验室、在建的宁靖盐W标段。慰问了指挥部工作人员和施工一线干部职工,要求他们继续发扬拼搏精神,加强管理,高标准、高质量地将高速公路工程建设好。

1月26日 盐委组〔1999〕22号文,姜海昆任市交通局督导员。

1月28日 经全国联航工作会议评议,授予江苏盐城联合航空公司1998年度全国联航系统先进单位,这是该公司连续第五次获此殊荣。1998年该公司通过强化内部管理,安全飞行152架次,旅客进出港2.49万人,航班实载率高于全国联航系统平均水平12个百分点,完成航班收入680万元,超计划4.40%,各项工作名列全国各联航公司前列。

▲ 经省公安厅批准,盐城汽车总站经济民警分队成立,即日挂牌。

1月 江苏盐阜公路运输集团滨海有限公司特困旅客助行资金会正式成立,全体员工自发捐资2200元,主要用于春运期间途经滨海的旅客遇有特殊困难而不能返程者。

2月1日 市交通局与市计经委共同研究制订印发了《盐城市交通类企业星级评比试行办法》。该《办法》针对公路运输、内河航运、港口装卸、联合运输、公路收费、工程施工等交通类企业的具体情况,规定星级评价由主要指标(营业收入、实现利润、利税额、人均创利税)、附加指标(技改投入、企业管理状况、外向开发、运输质量、安全质量)、否决指标(重大质量事故和重大恶性交通事故或亏损)三部分组成。

2月8日 射阳县老屋基代渡桥建成。该桥由射阳县交建公司下岗职工魏进、戴明荣合资建设,桥为3×16米钢架拱,全长60米,净宽4.5米,净高6米,通航净宽13.5米,总造价100万元。

2 月　市航道管理处对全市 24 条干线航道和 120 座跨河桥梁进行了全面检查,查出危桥、险桥 4 座,立即与有关部门落实了加固、修复和改建措施。

2 月　市交通局成立"盐城市公路工程专家咨询委员会",委员会由 23 名工程师以上职称人员组成。

3 月 17 日　中国民主建国会盐城直属支部成员一行 40 人,视察了全市交通基础设施建设情况。视察组对全市近年来交通建设取得的成就给予充分肯定。

4 月 16 日　盐市交组〔1999〕8 号文,蔡保佑任市技工学校校长、仇爱培任市交通稽查总队队长。盐市交委〔1999〕10 号文,薛锋任市运输管理处党支部书记,仇爱培任市交通稽查总队党支部书记。

4 月 21 日　市航道管理处出台《盐城市航道管理处航道护岸工程创优办法》,《办法》对材料供应、工程监理、施工单位提出了具体要求。

4 月 26 日　省交通厅陈小桐副厅长在市委常委、副市长袁世珠等有关负责人陪同下,全程视察了宁靖盐高速公路盐城段建设工程,对 X 标段的整改情况和 W 标段的工程建设予以充分肯定。

4 月 29 日　新长铁路盐城段 157.15 公里的征地拆迁工作全部完成。

4 月　由省计经委、交通厅联合举办的《滨海港万吨级码头(挖入式)工程可行性研究报告》评审会于南京召开。中科院院士窦国仁、华东师范大学教授虞志英等和来自天津、上海、成都、南京的 12 名著名港口、水利、电力、交通工程专家,就交通部天津第一航务工程勘察设计院提供的工程可行性研究报告展开了评议和审查,一致通过了这一可行性研究报告。

5 月 7 日　市人大常委会副主任陆立新及部分人大常委会委员,在市交通局负责人陪同下,视察了正在建设中的民航站、盐海一级公路、宁靖盐高速公路盐城段工程和盐金国防公路。委员们对全市近年来全面加快交通基础设施建设决心大、投入大及所取得的成绩感到满意,对交通工程建设管理水平提高、质量监督体系进一步健全和完善表示肯定。

▲　盐城市航道管理处被省交通厅命名为江苏省交通系统"文明航道管理处"。

5 月 8 日　由市路桥港航工程公司投资建设的城区一座大型沥青混合料拌和楼建成投产,总投资 600 万元。投产后的拌和楼每小时生产沥青混合料 90 吨 ~ 120 吨,是全市目前生产能力最大的沥青拌和设备。

5 月　市公路管理处制发了《盐城市公路网化工程质量管理办法》,该办法计列 12 条,具体明确了网化工程建设、设计、施工、监理、监督、试验等单位和人员的质量责任,以及在网化工程建设中必须切实履行的工作职责,并由各级纪检、监察部门对网化工程建设进行全过程监督。

6 月 1 日　省交通厅交通建设督查组,先后至大丰港、盐海线、冈合线、宁靖盐高速公路盐城段、原 S310(阜益线)等施工现场,实地督查工程建设情况,听取了陪同督查的市委常委、副市长袁世珠等负责人的情况汇报。

6 月 16 日　在全市各级运输管理部门的精心组织下,至今日全市共审验公路运输经营许可证 1.58 万本,换证率为 100%,共换发公路运输营运证 3.44 万本。审验货车 8528 辆,计 2.92 万吨,审验率为 98%;审验客车 4572 辆(其中出租车 1222 辆),计 8.82 万个座位,审验率为 99%;审验运输服务业 100 户,大件运输、危险品运输 21 户。经审验共有省、市际客运班线 632 条,641 对,其中专业公司 527 条,521 对,分别占 83%、81.30%。

6 月 22 日　盐城市在阜宁县凤谷乡邓郎村举行新长铁路盐城段铺架典礼。市领导林祥国、李全林、彭淦泉、周侃、袁世珠,阜宁县领导沈德林、周古城,老同志祝斌、徐植,新长铁路有限公司封昌玉副总经理等参加了典礼。

6 月 25 日　新长铁路盐城先行试验段工程自 1996 年 12 月 20 日开工至今日顺利完成,历时 30 个月零 5 天。

7月6日 淮海经济区汽车维修行业联席会议第九届年会在盐城召开，出席会议的有淮海经济区4省16个地、市交通局分管局长、维管(运管)处处长、维修管理科科长及省内的苏州、镇江、泰州等市的特邀代表共100余人。会议收到有关汽车维修行业管理、汽车维修及检测等方面的学术论文23篇，并就如何加强行业管理，确保维修质量，改革维修市场的联动机制等展开了探讨，取得了共识。

7月18日 建宝线公路建湖段改造工程正式通车，并开始征收车辆通行费。该路段由省政府批准设站，由苏交公〔1999〕49号文、苏财综〔1999〕133号文和苏价费〔1999〕252号文，批准开征车辆通行费，该站所收资金的80%留给地方用于偿还该路段借贷本息，20%为省代征重点工程建设资金。

8月4日 市委、市人大、市政府、市政协四套班子领导人林祥国、李全林、林成立、袁世珠、周侃、陆树臻等来到宁靖盐高速公路W标段马沟互通工地，看望施工一线的干部职工，勉励他们发扬成绩，积极响应省委书记陈焕友提出的“质量第一，质量第一，还是质量第一”号召，紧紧围绕质量创优主题，狠抓进度管理，精心组织，科学施工，为实现“超沪宁，创国优，争一流”的目标努力奋斗。

8月4日 盐海一级公路新洋收费站开征车辆通行费。该路段由省政府批准设站，苏交工〔1999〕47号文、苏财综〔1999〕135号文和苏价费〔1999〕258号文批准开征车辆通行费。

8月15日 经市政府法制局批准，全市各县(市、区)交通工程质量监督工程师已全部领到盐城市政府颁发的交通工程质量监督执法证，工程师在执行公务过程中，将持证上岗，亮证监督。

8月17日 在盐城参加全省航道工作座谈会的会议代表一行50余人，在省交通厅航道局局长陆维让的率领下，专程参观了阜宁县射阳河驳岸工程，一致认为：射阳河驳岸建设规划科学、布局合理，形成阜宁“外滩”风景带，对航道部门与地方共同筹资、共同管理航道设施，改善通航条件的做法给予充分肯定。

8月26日 市交通工程质量监督站被交通部授予全国交通系统先进质监站称号。站长陶杰荣获全国交通系统优秀工程质量监督工程师称号。

8月30日 市盐政复〔1999〕23号文，同意成立盐城民航站，暂与盐城联合航空公司合署办公，两块牌子，一套班子。

9月1日 省公路网化工程建宝线建湖段工程质量达优良级，顺利通过交工验收。该段工程全长46公里，总投资7700万元，由建湖县建新公路实业公司投资建设，于1999年5月10日建成投入营运。

9月14日 驻盐城的部分省人大代表驱车近200公里，先后视察了盐海一级公路、机场路，盐城民航站、冈合路、宁靖盐高速公路盐城段等在建交通工程，并听取了有关建设情况的汇报。

9月16日 大丰市沥青拌和站投产运行。该站是大丰市公路站、路桥公司联合投资420万元兴建的，日产拌和沥青660吨。

9月25日 新长铁路顺利铺架至盐城火车站。

9月26日 千秋大桥工程通过市交通局组织的竣工验收，评为优良工程。

9月 在全省精神文明创建工作表彰大会上，盐都县公路管理站被省委、省政府表彰为江苏省文明单位。

10月10日 原S310(阜益线)、S309阜宁段的改造工程均通过交工验收，正式通车，总投资5000余万元。

10月16日 全市地市级老干部80余人在盐城第一次坐上火车参观盐城北站。

10月17日 盐城市人民政府会同省交通厅，在盐城召开了《盐城市公路主枢纽总体布局规划》审查会。省计划经济委员会(以下简称省计经委)、省城乡建设委员会(以下简称省建委)、省交通厅综计处、运管局，市计划经济委员会(以下简称市计经委)、市城乡建设委员会(以下简称市建委）、市交通局、市规划局、市国土局等单位的领导和代表及特邀专家参加了审查并通过了审查纪要。

10月20日　国家战备公路射阳段建成通车。该路段从射阳八大家至炮兵靶场全长20公里，路基宽7米，油路面宽5米，由国家战备办投资400万元兴建。

10月21日　国务院副总理吴邦国视察新长铁路盐城北站施工现场，副省长陈必亭、盐城市委书记林祥国等陪同。

10月30日　中国民航飞行校验中心“国王－350”飞机首次进入盐城空域，对盐城民航站进行为期3天的校飞。此次校飞的通信、导航、助航灯光等系统，具备国际先进水平。经过校飞，有关数据精确、可靠，达到了预期效果。

11月10日　全市交通道路稽查系统，自1997年年底至1999年11月10日，市总队和各县（市、区）稽查队，相继被省、市、县政府命名为“文明单位”“文明稽查队”，按照考核要求，该系统已成为全市交通系统首家“文明子行业”。

11月13日　凌晨4时，宁靖盐高速公路新兴互通A匝道跨线桥半幅浇箱浇筑完毕。至此，宁靖盐高速公路“北大门”主体工程竣工。

11月30日　江苏省陈家港二类对外开放口岸评审会在响水县召开，与会省、市领导及专家、学者通过评审，一致同意陈家港为二类对外开放口岸。

12月4日　全省公路系统建筑养路操作手比赛在盐城举行。全省13个直辖市的78名选手参加压路机、装载机、推土机等3个项目的比赛，盐城市公路管理处有6名选手参加。通过角逐，该处获团体第二名，并获推土机压路机两个单项第一和四、五、六名各一个。单项状元、获奖人数均列全省之首。

12月8日　来自市各有关单位、部门和兄弟学校100余名嘉宾出席盐城市交通技工学校20年校庆。20年来，该校共向社会输送了近4000名毕业生，培训A、B型驾驶员5800人，承担各类岗位培训4600人，办学规模不断扩大，办学水平不断提高，社会影响日增。目前，已跻身“部级规范化技工学校”“省级重点技校”的行列。

12月9日　市委、市政府领导李全林、葛绍林、袁世珠等视察盐城民航站工程，在听取汇报和实地考察后市领导对工程建设和通航准备工作给予好评。

12月10日　省交通厅1995年航道专项工程射阳河阜城段1500米护岸工程竣工。该工程依照拼盘投资的模式，总投资300万元，其中省厅补助150万元，工程质量达优良级。

12月23日　响水县全县254个行政村提前一年实现村村通公路。

12月28日　盐海一级公路建成通车。盐海一级公路是市政府1997年开始实施的交通重点工程之一，西起城区南洋镇北新河桥，东至沿海珍禽自然保护区，全长42.67公里，总投资1.60亿元。市四套班子领导出席了28日的通车典礼。

12月　全市全年完成交通基础设施建设投资12.95亿元，比上年增长7.74%。其中公路建设11.35亿元，航道建设1255万元，港口建设8560万元，民航建设5653万元，公路客货运站场建设501万元。

2000年

1月10日　原S306线通榆河大桥动静载试验成功。该桥全长140米，主跨60米，1998年11月开工建设，1999年10月建成，为全省单跨最大的公路桥梁，并为全省公路桥梁中首次使用钢混组合梁结构，科技含量高。日前，通过了清华大学10名资深教授组织的动静载试验，一次性获得成功，并在荷载加大50%的情况下，仍满足设计质量需求。

1月18日 由南方航空公司B－737－500型飞机首次到盐城对盐城民航站工程进行试飞，获得圆满成功。市委常委、副市长袁世珠等出席试飞仪式。

▲ 盐委组〔2000〕12号文，周炳学任盐城市港航监督处主任，秦成高任市港航监督处督导员。盐组干〔2000〕2号文，周炳学任市港航监督处党支部书记。

1月28日 阜宁县交通局荣获省交通厅授予的江苏省"99交通工程质量年"活动先进集体荣誉称号。

1月31日 盐阜公路运输集团南方有限公司收到市见义勇为基金会对该公司92车队职工王正勤、殷绍利、李文清、张伟的见义勇为奖励，其中奖王正勤现金1000元，余各为800元。

2月10日 根据《港口工程质量检验评定标准》，市专家评审组对滨海港一期工程的工程现场和技术资料进行考察和评估，对各分部、分项工程进行了单项评分和综合评分，评分结果均达90分以上，一致确认达到优良工程标准。

2月29日 全市交通专业客运企业春运期间共发运旅客215.13万人，比上年同期增长14.20%，40天春运期间未发生交通责任死亡事故，取得了明显的经济效益和良好的社会效益。

3月29日 下午2时53分一架中国南方航空公司的波音737－500型飞机，从装扮一新的盐城站起飞，这标志着盐城民航航班正式开航，进入全国网络。首航北京、广州，航线为广州—盐城—北京，班期为每周三、六。

4月12日 射阳县港务局连续15年无刑事案件，所有海轮安全航行百万公里无事故，出入全国沿海40多个港口无一起船员违纪违规事件，受到射阳县委、县政府表彰。

▲ 盐委组〔2000〕50号文，市委决定成立市铁路筹建办公室党组，李曙光任党组书记，吴树堂、徐修俊、孙其康任党组成员。

4月19日 下午1时许，新长铁路盐城段最后一根枕木于东台市富安境内铺就，这标志新长铁路盐城段正线157.15公里铺设工程全部结束。

▲ 原S311（冈合线）改造工程开工建设，11月建成通车。该工程长26公里，路基宽12米，路面宽9米，总投资1500万元，同步实施GBM工程。11月29日市交通局、市公路处、市交通质监站对该工程进行了检查验收，评定为优良级工程。

5月3日 中威客车公司与中大集团为联合经营事宜，经过反复磋商，于今日达成协议，并举行了协议书签字仪式，协议明确合资企业总股本为1000万元，中大集团以现金490万元出资，待办理工商手续后一个月内协助解决流动资金1000万元，并在4年内完成6000万元扩股投入，届时中威公司的注册资本将达到1.15亿元。

5月8日 中共中央总书记江泽民到盐城视察，途经铁路建军东路道口，江总书记讲："老区有铁路了，老区要改变面貌，一定要抓基础设施建设，一定要打好这个基础"。

5月18日 市交通局在盐城组织召开了《盐城市公路网规划》初审会，会议听取了编制单位东南大学交通学院关于《盐城市公路网规划》的汇报，审阅了规划文本。市计经委、国土局、水利局、环保局、规划局、铁路办、市公路管理处、航道管理处、各县（市、区）交通局负责人和技术人员出席初审会。规划的5纵10横市级公路骨架网及建设序列等得到会议认可，市政府常务会议对公路网规划予以肯定。

5月26日 市政府颁布了《盐城市汽车配件经营行业管理办法》（盐政发〔2000〕125号文），该办法计列6章31条。

5月29日 由国家海关总署牵头组织的全国二类港口口岸整顿领导小组，专程到射阳港进行检查验收，在现场查看和听取汇报后，同意保留射阳港二类开放口岸。

5月31日 盐城民航站开通盐城至广西桂林航班(在原盐城至广州航线上延伸);班期为每周三、六。

▲ 省重点网化工程高兴东公路,日前通过设计审查。该公路是江苏省中部和里下河腹地东西向联系的主要通道。全长36.80公里,其中东台市境内10.42公里,设计等级为二级甲,桥梁设计荷载为汽—20,挂—100,路基宽17米,路面宽14米。工程概算总投资3.98亿元。

▲ 经过两年多的筹建和准备,响水陈家港经省政府苏政复〔2000〕129号文件批复,为国家二类开放口岸。陈家港对外开放后,口岸综合管理协调工作由连云港市口岸委和响水县口岸委共同负责,其口岸查验监管工作,海关和出入境检验检疫工作分别由盐城海关和盐城出入境检验检疫局负责;边防检查和水上安全监督工作由连云港边防检查站和连云港海监局负责。

6月5日 全市公路主枢纽规划和"十五"期间规划建设的全市最大的客运站——五星客运站通过省交通厅评审。该项目工程概算3000万元,计划分年度、分期实施。该项目建成后,将在一定程度上缓解盐城市区客运站的客运压力,适应铁路集散要求,方便旅客出行。

6月10日 市公路管理处邀请2000年公路收费行风监督员一行9人在市人大常委会副主任季克诚的带领下,行程200多公里,检查了宁盐、盐宝、盐淮公路和G204的5个公路收费站,监督员对所查公路收费站行风表示满意。

6月15日 盐委组〔2000〕68号文、盐组干〔2000〕30号文,沈金芝任市航道管理处督导员;焦彤存任市公路管理处督导员。

6月18日 经交通部批准,射阳港与中国外运连云港公司联合开通了连云港和青岛港的集装箱内支线。该内支线班轮与连云港集装箱公司、中国海运集团总公司联合开通至美国西海岸的美西线及连云港外运开通至韩国的东南亚国际干线班轮相连接。

6月 副省长陈必亭视察宁靖盐高速公路,常务副市长葛绍林等陪同。

▲ 盐城市交通技工学校被市委宣传部、市教委授予"1999年度德育先进单位",被省交通厅授予"九五"江苏交通教育先进单位。

7月2日 由江苏河海集团、上海华东监理所、上海航道设计院、南通港质量监督站组成的工程联合组,对大丰港二期引堤工程(河海段)的整个工程资料、现场进行了认真负责的检查,一致认为整个工程达到了设计要求,顺利通过了竣工验收。

7月4日 宁靖盐高速公路盐城段最后一座构造物——张庄互通A匝道跨线桥主体工程竣工。该桥长350米,宽15.50米,1999年10月23日开工建设,历时247天,完成投资1300余万元。经检验,该工程成为盐城段工期、质量、效益全优的样板工程。

7月5日 盐市交组〔2000〕7号文,王勤任市交通局机关服务中心主任。

7月30日 市四套班子领导葛绍林、袁世珠、裴日昌和陆树臻等分别代表市委、市政府、市人大、市政协,冒着高温来到宁靖盐高速公路盐城西互通建设工地,向在持续高温天气下坚持战斗在施工一线的广大工程建设者表示亲切的慰问,向各施工、监理单位送上防暑降温慰问品,并要求建设者牢固树立"质量第一、质量第一、还是质量第一"的观念,努力实现"超沪宁、创国优、争一流"的目标。

7月 建湖县交通局辖属的交通运输管理所、盐淮新线建湖收费站被共青团江苏省委授予省级"青年文明号"。

▲ 滨海县新港乡新胜渡口,56岁的老渡工、共产党员颜立坠,自17岁那年接手乡渡任务后,至今年7月,一干就是40年。40年来,他热心为当地群众服务,严格安全管理,从未发生过一起事故。为报效社会,他为自己定下了"四不收"的"土政策",即:现役军人、残疾人、"五保"老人、小学生过河不收费,深受当地群众好评。

8月7日 经省政府同意,省交通厅在东台市召开全省渡口安全工作现场会,会上省政府副秘书长韩庆华作了讲话。会议交流了渡口安全工作情况和经验，研究、讨论了《乡镇渡口安全管理考核标准细则》，实地参观了东台市建桥撤渡和乡镇渡口管理现场。

8 月 18 日 新长铁路有限责任公司在盐城北站举行袁庄——东台段临管运营典礼，临管运营由铁一局新长铁路运输承包公司负责，为期二年。

8 月 28 日 响水县政府举行了陈家港二类开放口岸新闻发布会，并在陈家港举行了二类口岸开港首航仪式，一艘满载 500 吨外贸物资的远洋货轮起锚航行，开往韩国釜山港。

8 月 31 日 受今年第 12 号台风影响，8 月 30 日至 31 日，响水、滨海、阜宁县普降特大暴雨，持续近 30 个小时，特别是响水县降雨量高达 812 毫米，超过历史上平均年降雨量，同时遭受龙卷风袭击，不仅使滨海、响水两县农作物受灾，交通设施损失亦十分严重。据统计：G204 响水、滨海段防护工程，排水设施多处被冲毁，路肩、边坡塌方随处可见，部分地段板块被冲空，直接危及行车安全。原 S204、S307 线有 7 公里地段被水淹没；原 S306、S308、S309、S215 线的路肩、边坡、路基被水冲毁 10 公里。其他在建公路、县乡公路、航道等水毁现象也很严重，经估算，响水、滨海、阜宁三县交通设施直接经济损失达 3000 万元。同时，上述三县交通系统的生产设备、职工生活等方面的直接损失亦达 500 万元以上。

9 月 5 日 省交通战备办公室于 4～5 日在盐城召开江苏省海上民船动员准备工作现场会。与会人员有国家和南京军区战备办公室领导、省军区领导、省交通厅及全省各市交通战备办负责人，共 40 余人。盐城市、大丰市战备办和大丰市渔业乡民船动员准备工作开展情况在会上作了经验介绍，与会代表参观了盐城海上民船动员总指挥部和大丰市大队部建设现场。

9 月 19 日 盐委组〔2000〕91 号文，束必专任市航道管理处党委委员、书记。

9 月 28 日 大丰市政府举行盐淮线大丰段改造工程实现全线贯通庆祝仪式。该工程西起大丰刘庄，东止大丰港，全长 55 公里。省交通厅于 1998 年 12 月 4 日批复立项，1999 年 7 月 28 日正式开工建设，工程总投资 1. 10 亿元。全线按二级公路标准改造，路面均为沥青砼，改建桥梁 13 座，涵洞 28 道，中小桥与路基同宽，同步实施 GBM 工程，该工程是发挥盐城市港口资源优势，加快东部经济发展的一条重要通道。

9 月 30 日 盐委组〔2000〕106 号文，杨汉平任市交通局助理调研员。

9 月底 宁靖盐高速公路盐城段 W 标主线 17. 20 公里路面工程沥青混凝土下面层开始试铺，10 月下旬正式施工，平均每天摊铺单幅长度 1150 米，共用沥青混凝土料 5. 80 万吨，摊铺质量规范。12 月 6 日摊铺结束。

10 月 5 日 原 S306 响水段改造工程通过市交通局组织的交工验收，并被评为优良工程。改造工程全长 9. 74 公里，设计标准为二级，路面宽 12 米，该工程于 1997 年 3 月开工建设，2000 年 8 月竣工。

10 月 8～10 日 市人大常委会副主任裴日昌率人大城建环保委、部分人大代表及市交通局、公路管理处的负责人一行，连续 3 天对建湖、射阳、阜宁县公路基础设施建设情况进行视察调研。通过视察，充分肯定了上述 3 县公路建设所取得的成就。

10 月 11 日 由市交通设计科研所编制的《盐城市新兴货运站工程可行性研究报告》，经省交通厅组织专家审查论证后正式批准实施。该货运站是全市公路主枢纽货运系统的重要组成部分，站址位于新兴镇中坝路与通榆河交叉口，东为通榆河港区，西为 G204，新长铁路有专用线直入站内，工程占地 7. 33 公顷，港地岸线 800 米，预算投资 3400 万元，计划 2002 年建成。

10 月 13 日 由市老干部局组织的市直地市级老干部 100 多人，在市委常委、副市长袁世珠的陪同下，视察了盐城民航站、宁靖盐高速公路盐城段、市区东立交桥建设工程。并听取了全市交通基础设施建设的情况汇报，老同志对近年来交通基础设施建设所取得的成就感到由衷高兴，并给予较高评价。

10月21日　省教育厅在市交通设计科研所主持召开了粉煤灰在沥青混凝土中的应用成果省级鉴定会。鉴定会上,市交通局副局长周启兆作了《粉煤灰在沥青混凝土中的应用研究》成果汇报。经来自省教育厅、交通厅、东南大学、化工大学、南京建筑工程学院、盐城工学院等单位的30余位专家论证,一致认为:推广应用该项目研究成果,既可进行废料回收,有利于环境保护,提高粉煤灰的综合利用价值,又保证工程质量,降低工程成本,有着良好的社会与经济效益。鉴定委员会一致通过该应用成果项目的鉴定。

10月　省航道局副局长夏伟等一行6人组成的验收小组,对盐宝线盐城段34公里文明航道创建进行验收,查看了该航段的通航状况和创建资料、测量了航宽、检查了航标、访问了船民等活动,以综合评分955分通过验收。

11月11日　盐阜公路运输集团有限公司直开长沙的豪华中威卧铺车于今日始发,全程1403公里,全程票价328元/人。

11月16日　被列为2000年市航道疏浚养护工程项目的串场河盐城开发区段和射阳河阜城段两岸护岸墙前土疏浚工程,通过了由省航道局和市交通局工程质量监督站联合组织的验收。两项工程完成工程量分别为4.20万立方米和3.60万立方米。经验收人员现场桩号断面和中间断面任意抽验,两项工程优良断面率均为100%,综合得分99.80分和99.60分,均被评为优质工程。

11月19日　大丰市委、市政府召开"大丰港建设与发展"研讨会,交通部、省政府及有关部门领导、专家和香港、上海企业界人士百余人参加了会议。

▲　为贯彻落实市政府颁布的《盐城市汽车配件经营行业管理办法》,市汽车维修行业管理处于28、29日对首批审验合格的22家一、二类汽车配件经营业户进行了发证。

12月13日　中国民航江苏省管理局组织的安全检查团和空防安全评估小组来盐检查盐城民航站的安全工作,通过听汇报、查资料、看现场和空防演练,认定该站的安全机制健全,安全保障有力,台账齐全,管理规范,空防措施到位,应急反应迅速灵敏,空防评估得分85分,被评为优良。

12月15日　根据苏交政〔2000〕63号文、盐市编〔2000〕20号文精神,"盐城市交通道路稽查总队"更名为"盐城市交通局运政稽查支队",各县(市、区)交通道路稽查队更名为"运政稽查大队"。今日举行了更名授牌仪式,更名后的印章从2001年1月1日启用。

12月29日　S331盐海线射阳段工程顺利通过交(竣)工验收。该工程全长25.75公里,按二级路标准实施,路基宽12米,路面宽9米,于1997年7月开工建设,1999年10月竣工,2000年12月29日市交通局组织市交通质监站、市交通设计科研所、市公路管理处和施工单位,进行工程的交(竣)工验收,通过质量鉴定,该段工程为优良工程。

▲　在资金极度紧张的情况下,经多方筹措,盐城市2000年度最后一期资本金618.80万元解缴汇省,成为全省高速公路工程第一家完成本年度第四期资本金解缴任务的省辖市。至此,全市圆满完成了2000年度全部资本金解缴任务。

12月31日　全市全年完成交通基础设施建设投资10.76亿元,为省交通厅下达年度建设投资计划9.82亿元的109.67%,比上年下降16.91%。其中公路建设10.15亿元,航道建设1151万元,港口建设4350万元,公路客货运站场建设593万元。

2001年

1月5日　滨海港万吨级航道开发和维护技术研究项目在南京召开省级鉴定会。并通过了鉴定验收。

1月20日 北京—盐城—广州CZ8962航班22时46分降落盐城机场，正准备23时10分起飞时，机械员杨云峰在检查中发现前起落架减震支柱镜面高度不符合规定要求，即“无镜面”安全隐患。为避免航空事故发生，盐城民航站立即通报南航广西公司，经协商，由广西公司调机到盐城进行故障排除，第二天凌晨2时20分被调飞机波音737CZ993飞抵盐城机场，经抢修于2时30分排除故障，2时50分两机双双直飞广州，从而避免了一起可能发生的航空安全事故。

1月22日 省政府批复，撤销千秋大桥收费站，同意在陈李公路、射阜淮公路交叉处设射阳收费站，实行一站四点单向收费。市交通局明确千秋大桥收费站人员、物资、债权、债务全部移交射阳收费站。

1月31日 盐市交委〔2001〕3号文，接盐委组〔2001〕22号、24号文，刘长青任市交通局党委委员、书记，并提名担任市交通局局长，陶超任市交通局督导员。

2月22日 市交通局召开市直属单位负责人和局机关全体人员会议，认真贯彻落实市委工作会议精神，局长刘长青作再跨新台阶的工作报告，提出强化四个意识，即强化全局意识、竞争意识、管理意识、落实意识，以推动交通工作。

3月22日 交通部创建文明检查组一行对盐城汽车总站的站容站貌、营运秩序、安全管理、优良服务等工作进行检查验收，决定授予“文明汽车客运站”称号，这是该站自1992年以来，连续第四次获此殊荣。

3月24日 市政府颁布了《盐城市航道管理办法》（盐政发〔2001〕5号文），该办法计列7章32条。

3月25日 盐城民航站与南航（集团）广西股份公司协商确定：从3月25日开始，盐城至广州班期由原每周二、六调整为每周二、四、六。

3月 射阳县政府和国家海洋局东海分局签订了在射阳港建立海洋环境监测站的协议。该站将提供科学的水文、气象资料，对射阳港的开发建设具有十分重要的作用。

▲ 射阳港至连云港内贸集装箱支线与中国海运集团开辟的国内外集装箱航线相连，为盐阜地区大量内贸集装箱货物转运到广州、佛山、泉州、海口、湛江等南方沿海港口开辟了一条便捷、价廉的海上运输线。

4月24日 市政府召开全市公路网化工程建设会议。各县（市、区）分管县（市、区）长、交通局长、公路站长、市公路网化工程建设领导小组成员单位和二级以上施工企业负责人共90多人出席会议。市委常委、副市长袁世珠到会并作讲话，对公路网化工程提出三点要求：一是迅速形成会战、决战强烈氛围；二是突出重点，坚持质量第一；三是加强领导，协调配合，保证工程建设顺利进行。

5月4日 上午10时30分，在建湖县境内黄沙港沿河口处，一艘建湖开往冈西的客轮和一艘油轮相撞沉没，死亡5人。省政府副秘书长韩庆华和市领导陶培荣等迅速赶赴事故现场，指挥抢救工作。当晚市政府发出紧急通知，要求各地立即开展以水上交通安全为重点的节日安全突击检查工作。

5月23日 常务副省长梁保华视察新长铁路盐城北站，市长陶培荣等陪同。

5月24日 常务副省长梁保华、省政府副秘书长吴经起，在省交通厅副厅长丁建奇以及市长陶培荣等陪同下，视察了宁靖盐高速公路盐城段。

▲ 为期一个月的对全市汽车维修和汽配市场进行集中检查整治活动结束。共查出违章经营业户339户，纠正违章68起，取缔非法修理摊点53个，拆毁收缴不规范广告牌111块，清除非法地沟及洗车台10条。

6月6日 省交通厅副厅长蒋华年等，视察了射阳战备公路——临海至炮兵靶场公路、沿海的“猫耳洞”等军事设施。接着视察正在建设中的原S309战备公路工地，仔细询问了该路建设的有关情况，要求一定保证施工质量，把战备公路建设好。

6月10日　1128名三峡移民，以及1000立方米货物，在东台市交通局的通力协助下，分乘34辆大客车，安全有序地来到他们的新家——东台市11个乡镇安家落户。

6月26日　大丰、建湖、阜宁、城区交通局获省交通厅创建文明行业工作先进单位称号。

6月　省政府正式决定将滨海港辟为国家二类口岸。省政府在批复中明确：滨海港对外开放后，其海关和出入境检验检疫工作由盐城海关和盐城市检验检疫部门承担；边防检查和水上安全监督工作由连云港口岸检验部门负责。

7月2日　盐城—北京航班复航。班期为每星期一、四，北京09:45起飞，11:20到达盐城，盐城14:20起飞，16:15到达北京。

▲　盐淮线阜宁段、大丰段工程通过市交通局交工验收委员会交工验收，被评定为优良工程。

7月25日　来自三峡库区重庆市云阳县盘石、巴山、栖霞三个乡镇，共235户1086名三峡移民，分乘30辆大客车和中巴车，安全抵达大丰市落户。

7月28日　盐通高速公路先导试验段在大丰奠基，试验段长6.40公里，4车道，估算投资2.2亿元。

7月30日　下午3:30分，建湖一艘由蒋营开往阜宁益林镇的个体小客船，行至建湖县建阳镇李庄村西闸口附近被龙卷风刮翻，6人死亡。

8月18日　根据省编办、省交通厅《关于调整我省地方海事机构设置、人员编制的通知》和市编办、市交委〔2001〕11号文精神，原盐城市港航监督处更名为盐城市地方海事局，原盐城市船舶检验处更名为盐城市船舶检验局。各县（市）的港航监督所和船舶检验所同时更名为地方海事处和船舶检验处。

8月21日　市政府颁布了《盐城市交通建设工程质量监督规定》（盐政发〔2001〕173号文），该规定计列6章30条。

▲　盐政发〔2001〕172号文，成立盐城市交通控股集团有限公司，企业性质。成员有：江苏盐阜公路运输集团有限公司、盐城市新阜公路有限责任公司、盐城市交通工程处（集团）、盐城市高速公路有限公司。并受市交通局委托，管理江苏华通航运集团有限公司和盐城港口集团公司。

8月27日　市航道管理处在响水县召开全市航道系统“水上运输安全管理年”工作会议，市交通局副局长唐登国到会讲话，对深入开展这一活动提出具体要求。

8月　经交通部批准，南京海关发文同意，射阳港开通青岛港外贸集装箱支线，标志着射阳港国际集装箱中转运输进入一个新的发展阶段。

▲　新长铁路东台以北段投入货运临管运营。

9月2日　上午9时许，一艘3500吨级海运货轮“福州吉祥旺号”缓缓驶进响水县陈家港港口，这是该港自新中国成立以来，接待的最高吨位级的一艘海运货轮。

9月5日　下午4点35分左右，一辆从大丰市区开出的车号为苏JV1708的中巴车行驶至该市大刘公路新团小街西侧2公里处，与一辆迎面而来的车号为DD5024的卡车相撞，造成5人当场死亡，多人受伤的特大交通事故。

9月12日　经省人大常委会许可，原省九届人大代表，盐城市原交通局局长、党委书记陶超因大肆收受贿赂被执行逮捕。

9月20日　建军东路立交桥建成通车，该桥于1999年12月28日开工，全长1480米，总投资7643万元，其中铁路部门投资2860万元，桥宽22.50米，双向四车道。跨越站前路、新长铁路、通榆河。

9月24日　盐委组〔2001〕152号文，成立盐城市高速公路建设指挥部办公室（以下简称市高指办），刘长青兼任办公室主任。

9月27日　盐政办发〔2001〕125号文，盐城市交通局内设6个职能处（室）：办公室、组织人事处、政策法规处、财务审计处、综合计划处、安全监督处,均为科级。

9月28日 新长铁路全线贯通,新长铁路有限责任公司在江阴举行通车典礼。

10月15日 市委书记张九汉,市纪委书记计高成,市委秘书长林成立,市委常委、副市长袁世珠等领导在市交通局局长刘长青陪同下,全程视察了宁靖盐高速公路盐城段工程。

10月28日 盐城民航站即日起开通盐城至上海航班,班期为每周四、日,由中国国际航空公司BAE146飞机承运。

11月20日 宁靖盐高速公路盐城段通过由省交通厅、省高速公路建设指挥部(以下简称省高指)、省计委、省建设厅、省国土厅等部门的领导和有关专家组成的宁靖盐高速公路一期工程交工验收委员会的交工验收。验收委员会确认盐城段工程优良率100%,质量等级优良,工程建设处于国内领先水平。

11月22日 经江苏省检验检疫局、盐城市检验检疫局同意,射阳港口设立检验检疫站。

▲ 市交通技工学校通过国家级重点技工学校验收。

11月30日 宁靖盐高速公路盐城段于下午5时正式通车,并开征通行费,盐城告别了“零”高速公路历史。

▲ 市编委〔2001〕27号文,同意将原与“盐城联合航空公司”合署办公的“盐城民航站”机构单列,为全民事业单位性质,原副处级建制不变,隶属市交通局领导,经费由市财政差额补贴,原“盐城联合航空公司”撤销。

12月4日 市政府颁布了《盐城市乡镇船舶安全管理规定》(盐政发〔2001〕234号文),该规定计列5章21条。

12月8日 经市政府批准,盐城市交通控股集团有限公司第一届董事会由刘长青任董事长,陆进任副董事长、总经理,人、财、物与市交通局脱钩。

12月15日 省交通厅副厅长蒋华年、厅办公室主任董文虎等,在市交通局和射阳县政府、交通局有关领导陪同下,视察了原S309战备公路。

12月20~21日 省航道局和市交通质监站联合组织对冈合线、新洋港线、射阳河阜城段、建口线建湖县城段四项航道疏浚、护岸等工程进行验收,四项工程经评审均被评为优质工程。

12月22日 苏政复〔2001〕213号文,同意设置陈李公路大丰收费站、滨海收费站。

12月29日 S331盐海线射阳段通过竣工验收。该段全长25.75公里,1997年7月开工,二级路标准实施。通过质量评定,该工程评为优良工程。

12月 全市全年完成交通基础设施建设投资12.43亿元,比上年增长15.52%,超省交通厅下达计划4.70%。其中公路建设11.50亿元,航道建设643万元,港口建设5105万元,公路客货运站场建设3523万元。

2002年

1月17日 市政府颁布了《盐城市公路路政管理办法》(盐政发〔2002〕11号文),该办法计列7章36条。

1月24日 市交通局召开全市交通安全暨春节运输工作会议,会上部署了2002年安全工作和春运工作的各项任务。会议对全市2001年度的交通安全工作和“水上运输安全管理年”活动进行了总结表彰。

3月3日 全市今年“第一号实事工程”盐金线盐城段(宁靖盐高速公路马沟互通立交至G204

段)拓宽改造工程正式开工。该路段全长9公里,改造完成后不仅成为高速公路连接线、城市主干线,还成为市区出行的主要通道。

3月6日　市交通局在盐城召开全市交通工作会议。出席会议的有各县(市、区)交通局、大丰港务局、市直单位的代表180多人。市委常委、副市长袁世珠到会并讲话,局长刘长青作题为《以高速公路建设为重点,全面推进交通事业发展新跨越》工作报告。会议还表彰了2001年全市渡口管理、建桥撤渡、两个文明建设先进集体和先进个人。

3月18日　经国务院批准,国家海关总署发文,大丰港被列为国家新开放的四个水运口岸之一,这是今年江苏省被列入国家"十五"口岸发展规划的港口。

3月25日　盐市编〔2002〕16号文,交通局等单位设立人武部。

3月31日　从今日起盐城—北京、盐城—广州航班由每周4班增加至每周6班。

▲　交通部公监督字〔2002〕288号文,盐城市交通监理公司为乙级监理资质单位。这是盐城市迄今唯一一家具有乙级监理资质的单位,可在全国范围内承担二、三类公路、桥梁工程施工监理。

4月1日　盐委组〔2002〕41号文,陆元良任市交通局副局长、党委委员。

4月11日　省政府在盐城召开G204江苏段部级文明样板路创建动员大会,副省长吴瑞林作讲话,省交通厅领导对创建工作进行动员部署。标志G204江苏段创建文明样板路活动在盐城正式启动。

4月18日　副省长姜永荣在市委书记张九汉,市委常委、大丰市委书记李驰等陪同下,视察了盐城市海堤公路大丰段。

4月25日　盐市交委〔2002〕9号文,接盐委组〔2002〕35号文、盐组干〔2002〕2号文通知,蒋敬列任盐城民航站站长、党支部书记;周炳学任市地方海事局局长、党支部书记。

4月26日　市交通局党委召开全市交通系统"行业树新风,满意在交通"活动动员大会,局长刘长青作动员报告。会上颁布了交通执法人员"十项禁令",窗口单位"十项服务承诺"。

5月29日　G204盐城大桥改建工程举行开工典礼。市委书记张九汉,市长陶培荣,市委副书记计高成,市委常委、副市长袁世珠出席开工仪式。盐城大桥位于G204盐城市区段。改建后盐城大桥全长297米,桥面总宽36米,项目总投资3500万元。

6月7日　省铁路工作会议在盐城召开,省委副书记、常务副省长梁保华到会并讲话。

6月18~19日　省计委、省交通厅在盐城召开盐淮高速公路工程可行性研究报告审查会。

6月20~21日　省计委、省交通厅联合在盐城召开了盐通高速公路工程可行性研究报告预审会。省交通厅副厅长丁建奇,省计委处长李玉琦,盐城市市委常委、副市长袁世珠,市政府副秘书长张守敬及郭永琛等七位专家出席会议并讲话。

7月5日　中央委员、省人大常委会主任陈焕友视察大丰港建设工地,在听取大丰港经济开发区负责人关于港口建设进展情况汇报后,他要求有关方面进一步加大港口建设力度,早日为地方经济发展发挥作用,为省委、省政府"海上苏东"战略的实施做贡献。

7月8日　盐委组〔2002〕65号文、66号文,盐组干〔2002〕7号文,束必专任市公路管理处党委书记;陈少全任市航道管理处党委书记;周忠任市航道管理处主任、党委副书记;陈红旗任市运输管理处主任、党支部书记;王金东任市航道管理处督导员。

7月11日　盐市编〔2002〕30号文,明确盐城市运输管理处(盐城市交通局运政稽查支队)承担全市行业管理、运政管理、培训管理等工作。内设8个职能科室,均为副科级。人员编制核定为79名。经费供给渠道为财政全额拨款。

7月30~31日　省计委、交通厅在南京联合召开盐淮高速公路初步设计审查会,并通过了初步设计审查。

7月31日　市运输管理处首次举行县际客运线路招投标开标会议,确定4条12个班次的县际线路(川东—东台、洋马—益林、钟庄—阜宁、大尖—射阳)作为首批县际线路招投标的标的,经营期限为四年。全市共有11家客运企业参加了投标。

8月26日 盐城—上海民航航班正式开通,班期为每周两班。

▲ 东台市境内串场河大桥合龙。桥长320米,投资近1000万元,它的建成标志着高兴东公路已经全线贯通。

8月28日 省政府在淮安隆重举行宁淮、盐淮高速公路开工典礼,省委副书记、省长季允石出席开工典礼并为奠基石揭牌。

8月29日 原S309战备公路射阳段建成通车。该线西起与滨海县北坍乡交界处,东至扁担港,长15.27公里,为沥青混凝土路面,宽7米,总投资900万元,其中省交通厅公路局补助750万元。

9月5日 市政府召开G204创建部级文明样板路工作现场会,市长陶培荣作讲话。

9月9日 省计委在南京召开盐通高速公路初步设计审查会,同意该项目通过初步设计审查。该路全长167.90公里,其中盐城市境内95.48公里,全线采取双向四车道,路基宽28米,设计行车速度120公里/小时。

9月23日 盐市交委〔2002〕33号文,建立市运输管理处党总支部委员会,陈红旗任党总支书记。盐市交委〔2002〕34号文,方仁和任市交通设计科研所党支部书记,夏春柏任市交通设计科研所主任。

10月1日 G204盐城南段沥青混凝土路面技改工程竣工。该工程起点为市区南新河桥北,终点为东台与海安交界处,全长97.64公里,利用老路走向,按二级路标准,沥青砼路面,路基宽15米,路面宽12米,全线拓宽改造桥梁103座,整个工程于2001年7月开工,工程投资3亿元。

10月8日 盐委组〔2002〕108号文,王铮任市铁路筹建办公室助理调研员。

10月15日 盐政发〔2002〕174号文,张明生任市交通局调研员(正处级)。

10月28日 市委书记张九汉检查G204创建文明样板路工作。

10月29日 省政府在连云港举行"连徐""汾灌""宁靖盐"高速公路通车典礼。

11月12~13日 省计委在连云港召开连盐高速公路工程可行性研究报告审查会,一致同意通过审查。

11月20日 盐阜公路运输集团南方公司92车队始终坚持"安全第一、预防为主"的方针,从1998年6月1日至2002年11月20日安全行车4000余万公里,受到各相关部门表彰。

11月 盐城市地方海事局,通过交通部文明达标验收,被交通部海事局确定为"全国海事系统文明达标单位"。

12月24日 G204盐城段部级文明样板路创建全面竣工,顺利通过部、省验收。全长215公里,重点实施了97公里养护改造,沿线拆除违章建筑3.1万平方米,取缔马路市场132处,总投资2.62亿元。

12月26日 盐政复〔2002〕53号文,同意取消盐城市港口集团公司、江苏华通航运集团有限公司的托管形式,直接由市交通控股集团有限公司管理。

12月 全市全年完成交通基础设施建设投资13.88亿元,占年度调整计划的114%,比上年增长11.67%。其中公路建设13.20亿元,航道建设400万元,港口建设4030万元,公路客货运站场建设2383万元。

2003 年

1 月 8 日　省政府在盐城城区南洋镇东 1 公里处召开连盐高速公路先导段开工典礼，省委副书记、代省长梁保华，盐城、连云港两市主要负责人及省交通厅、省高指负责人出席了会议。盐城市委副书记、代市长赵鹏等作了表态发言。连盐高速公路全长 151.4 公里，盐城境内长 108.66 公里。

1 月 21 日　盐市交组〔2003〕4 号文，给予市交通局原局长陶超开除公职处分的决定。陶超在市交通局任职期间，利用职务上的便利为他人谋取利益，受贿 96.65 万元，其家庭财产 67.58 万元，陶超不能说明其来源合法，陶超的上述行为已严重触犯刑律。2002 年 9 月 9 日盐城市中级人民法院以受贿罪、巨额财产来路不明罪依法判处陶超有期徒刑十七年。

2 月 18 日　经省委、省政府批准，盐通、连盐高速公路按全线预留六车道建设，即设计标准提升为双向六车道，按四车道建成，中间预留两个车道，待建成且车流量饱和后恢复成六车道。

▲　国家海事局在大丰港投资建设航道航标检测站和灯浮、灯标、雷达感应器等助航设施。

3 月 5 日　全市交通工作会议在盐城召开，出席会议的有副市长周古城、副秘书长葛传华；各县(市、区)分管县(市、区)长、政府办分管主任；市交通局领导班子全体成员、机关工作人员；各县(市、区)交通局、市直交通各单位领导班子成员。会议由副秘书长葛传华主持，局长刘长青作交通工作报告。会上市交通局与各县(市、区)交通局、市直交通各单位签订了目标责任书。副市长周古城作讲话。

3 月 21 日　市政府下达市公路管理处两项改建任务，即 G204 快车道 6.50 公里技改工程，盐海西路 2 公里慢车道拓宽技改工程，经过 84 天奋斗，于 6 月 12 日提前竣工，为建市 20 周年献礼。

3 月 28 日　市交通局在盐城召开全市交通工程工作会议。各县(市、区)交通局、大丰港务局主要领导，工程科长；市高指各项目办负责人；市直各单位主要领导、工程科长，并邀请市交通控股集团分管领导出席会议。会议由市交通局副局长周启兆主持，副局长陆元良作全市交通重点工程工作报告。市公路管理处、东台、响水交通局作交流发言，会上周启兆宣读了表彰决定，市交通局局长刘长青作讲话。

3 月　春运实现安全运送旅客 580 余万人，较上年同期略有上升。春运期内，运输部门开展了“一路春风伴我行”“文明与春运同行”等活动。

4 月 9 日　下午市交通局在盐城召开全市水上交通安全及船舶管理专项整治动员大会，全面部署落实水上交通专项整治工作，明确水运市场准入、乡镇船舶管理、乡镇渡口管理、乡镇船厂管理、通航秩序和通航环境、船舶检验质量、船舶污染防治等整治内容。

4 月 14 日　市委书记张九汉，副书记袁世珠视察 G204、盐海公路技改工程施工现场。要求把盐海公路、机场路建成盐城市迎宾大道。

4 月 25 日　市交通系统防治“非典”采取六项措施：(1)、市局成立防“非典”领导小组，下设防“非典”办公室。(2)、各单位成立相应组织，及时汇报情况。(3)、对各汽车站、轮船码头设立流感预防点，配备人员和药物，及时处理相应问题。(4)、对全系统的客运驾驶员进行防“非典”的全面教育和培训。(5)、制作健康登记表，分发至每位机驾人员，要求对每位乘客进行健康登记。(6)、制订客车一旦发现非典型肺炎的紧急处置和疏散预案措施并落实到驾乘人员。

5 月 23 日　市交通局在盐城召开了全市海堤公路工程建设质量管理工作会议。副局长陆元良作“强化管理、狠抓落实，优质高效地推进海堤公路工程建设”的讲话，东台市交通局、海堤公路大丰段 A 标项目经理部、响水县交通工程有限公司负责人在会上作了交流发言。

▲ 市人大常委会副主任季克诚以及部分市人大常委会委员，视察了盐通、盐淮高速公路盐城段在建工程部分建设工地。

5月 市委书记张九汉等市领导视察了市高速公路建设，要求在防“非典”期间，市高速公路建设：一要坚守阵地，确保安全；二要保证质量，加快建设；三要合力支持，不误工时；四要过细工作，保证工期。

5月28日~6月2日 市区进行沟河杂船整治，市交通局承担的市区串场河、新洋港河、越河三条主航道20多公里水域内杂船整治任务，共清理杂船768艘，清除河坡垃圾962吨，拆除沿岸与杂船有关的违章建筑36处，并顺利通过市区沟河杂船整治领导小组验收。

5月 省委书记李源潮，省委常委、秘书长赵少麟在市委书记张九汉、市长赵鹏等领导的陪同下，视察了海堤公路射阳段建设工程现场。

6月2日 市航道管理处召开全市航道工作会议。市交通局局长刘长青到会讲话。

6月10日 盐委组〔2003〕103、105号文，王长年任市交通局党委副书记，周忠任市交通局副局长、党委委员。张明生任市交通局督导员。杨汉平任市交通局督导员。

6月 经劳动和社会保障部批准，盐城市交通技工学校被确认为国家交通高级技工学校。

7月1日 市政府颁发了《盐城市高速公路建设征地拆迁和现场协调暂行办法》（盐政发〔2003〕106号文），该办法计列5章25条。

7月上中旬 盐城市遭受自1991年以来最大的洪涝灾害，全市交通基础设施建设遭受重大损失。盐通、盐淮、连盐高速公路被迫停工，三条高速公路共有数十万土方被水冲刷，近600台套机械受淹，100多根钻孔桩因成孔后无法浇筑而被迫回填，80%的便道被水冲毁，数万吨水泥、石灰受潮失效，高速公路直接经济损失达8000万元以上。一般公路水毁损失达2500多万元。

7月7日 市政府颁布了《盐城市高速公路建设征地拆迁补助资金使用管理暂行规定》（盐政发〔2003〕147号文），该规定计列5章20条。

7月17日 盐市交组〔2003〕27号文，接盐市编〔2003〕34号文通知，同意盐城市交通设计科研所更名为“盐城市交通规划设计院”。主要职责、机构级别、人员编制和经费渠道等均保持不变。

▲ 盐市交组〔2003〕28号文，接盐市编〔2003〕35号文通知，同意“盐城市交通技工学校”更名为“盐城市交通高级技工学校”。主要职责、机构级别、人员编制和经费渠道等均保持不变。

7月20日 盐市交委〔2003〕13号文，经市委组织部同意，陆元良代理盐城市公路管理处主任职务，党委委员。

8月4日 市委副书记、市长赵鹏，市委副书记袁世珠、副市长戴元湖一行，在市交通局局长刘长青陪同下，到盐淮高速公路盐城十三标通榆河特大桥大梁预制场，慰问了高温季节奋战在建设一线的广大施工人员。

9月8日 海堤公路东台段57.37公里路面工程顺利建成通车。

9月28日 全市交通重点工程建设现场会在响水召开。与会人员察看了响水境内的原S308、原S307、S226、S326等一批网化工程建设现场。市交通局局长刘长青在会上对高速公路、网化工程、海堤公路、农村公路建设分别提出了具体要求，响水、射阳、盐都交通局在会上作了交流发言。

10月18日 海堤公路大丰段全线贯通，该段长97.23公里（不含川东闸至麋鹿场10公里），总投资4180万元。

10月28日 S226线中山河大桥顺利合龙。

11月18日 江苏省乡镇船舶管理会议在盐城召开，副市长周古城在会上介绍了盐城市乡镇船舶安全管理的做法和经验。

11月23~24日 盐城市农村公路建设现场观摩会在东台市召开。会议由副市长周古城主持，各县（市、区）主要领导、分管领导、交通局长和农办主任出席了会议。市交通局局长刘长青在会上介绍了全省、全市农村公路建设的总体形势和公路建设进展情况,各县(市、区)领导表态发言。市委副书记、市长赵鹏到会并讲话。与会人员沿 G204 由南向北观摩了有关县(市、区)农村公路建设的施工现场。

11 月 26 日　上海港驻盐城代表处暨大丰集丰物流公司正式成立,标志着大丰港正式成为上海港的配套港口。

11 月 28 日　盐城市辖区无主沉船打捞工作任务全面完成,并已通过各县(市、区)交通局和地方海事处验收。盐城市航道管理处打捞无主沉(弃)船 329 艘 1.31 万载重吨。

11 月　连盐高速公路盐城段全线开工。盐城段长 108.66 公里,北起响水县灌河大桥、南止亭湖区南洋镇与盐通高速公路相接处。

12 月 9 日　市政府在盐城召开全市水上安全专项整治工作会议。各县(市、区)分管县(市、区)长、交通局长、安监局长、海事处长等有关单位负责人参加了会议。副市长周古城作全市水上交通安全专项整治工作讲话,市交通局在会上宣读了《全市水上交通安全专项整治工作实施意见》的通知,建湖县人民政府、市安监局在会上作了发言。

12 月 29 日　盐市交组〔2003〕43 号文,给予市交通局原副局长孙桂聪开除公职处分的决定。孙桂聪 1995 年下半年至 2001 年春节期间,利用职务之便,在安排工程项目承包等方面为他人谋利,收受贿赂计 24.45 万元,其行为已构成受贿罪,2003 年 7 月 11 日被省高级人民法院二审判处有期徒刑 11 年。

▲　盐市交组〔2003〕44 号文,给予市交通工程处原主任王金东开除公职处分的决定。王金东 1994 年至 1999 年 12 月间,利用职务之便,在安排工程和提拔使用干部过程中,为他人谋利,收受贿赂 10.60 万元,其行为已构成受贿罪。2003 年 8 月 26 日被省高级人民法院二审判处有期徒刑 10 年。

12 月　省计委正式下达批准射阳港铁路支线立项的文件。支线全长 63.20 公里。总投资 4.8 亿元。

▲　S226(陈李线)升级改造全线建成通车。盐城段长 257.91 公里,起于响水县陈家港,迄于东台市唐洋镇。

▲　全市全年完成交通基础设施建设投资 32.40 亿元,占年度计划的 122%,较上年增长 133.43%。其中公路建设 31.64 亿元,航道建设 665 万元,港口建设 4794 万元,公路客货运站场建设 2140 万元。

2004 年

1 月 17 日　市长赵鹏、副市长周古城率相关部门负责人,深入春运工作第一线,实地察看了盐城汽车总站春运工作。

2 月 3 日　民主建国会盐城交通支部举办的交通建设与发展研讨会在市交通局召开。省人大常委会副主任赵龙,市委副书记冯永农,市人大常委会副主任李之渭,市政协副主席、市民建主委孙夕初等省市领导出席了会议,市交通局领导和相关部门负责人参加了会议。会议由民建盐城交通支部主任、市运输管理处副主任王鸣鸣主持。

2 月 10 日　经省政府批准,S226 大丰收费站开征通行费。

2 月 12 日　省劳动和社会保障厅(苏劳培函〔2004〕2 号文)同意盐城市交通高级技工学校增挂“盐城交通技师学院”牌子。

2 月 15 日　历时 40 天春运圆满结束，共完成旅客发运量 603.58 万人，比去年同期增加 3.92%。

3 月 1 日　因盐都县、城区分别更名为“盐都区”“亭湖区”，原盐都县交通局、城区交通局分别更名为“盐城市盐都区交通局”“盐城市亭湖区交通局”。

3 月 10 ~ 11 日　省发展和改革委员会（以下简称省发改委）在宁召开盐通高速公路（六车道）初步设计审查会，通过了盐通高速公路按六车道一次性实施的调整初步设计审查。

3 月 21 日　市交通局在盐城召开全市交通工作会议。会议总结了 2003 年全市交通工作完成情况，部署了 2004 年交通工作目标任务。市委副书记袁世珠、副市长周古城到会并讲话。

4 月 2 日　市区黄海路和黄海桥拓宽工程正式开工，该工程为 2004 年市区实事十大重点工程项目之一，市交通局为项目责任单位，拓宽改造工程总价约 1650 万元。

4 月 8 日　盐城民航站开通盐城——韩国汉城（首尔）临时包机，是江苏省地级市民航第一家开通的国际航班。

▲　省交通厅副厅长钱国超，省公路局局长张立早到盐城市盐都、建湖、滨海三县（区）检查农村公路建设工作，市交通局局长刘长青陪同，并在滨海县召开了检查情况通报会。

4 月 18 日　连盐高速公路灌河特大桥正式开工建设。该桥为双塔双索面斜拉桥，桥长 1818.90 米，桥宽 36.60 米，主塔高 121.63 米，主跨 340 米，概算总投资 2.60 亿元，计划工期 25 个月。

4 月　省发改委在南京召开宁靖盐高速公路盐城北段工程可行性研究报告审查会，通过了该工程可行性研究报告。宁靖盐高速公路盐城北段全长 16.30 公里，全线按双向四车道标准建设，路基宽度 26 米，将设置新兴、盐城北枢纽两处互通。它西接宁靖盐高速公路，东连在建的连盐高速公路。

5 月 13 日　盐委组〔2004〕62 号文，苏用任市交通局副局长。

5 月 26 日　盐委组〔2004〕70 号文、71 号文、盐组干〔2004〕33 号文，葛春宽任市公路管理处党委委员、书记、副主任（主持工作），束必专任市高指办副主任。

5 月　盐城市高速公路建设指挥部获“江苏省五一劳动奖状”，是全省高速公路建设指挥部中唯一获此殊荣的单位。

6 月 15 日　大丰港 1540 米栈桥桩基工程已全部完成，该工程由海军华东工程局施工。

6 月 16 ~ 28 日　市运输管理处圆满完成了三峡移民到东台、大丰、射阳三县（市）落户的运输任务。此次运送共安排客车 49 辆 1086 个座位，货车 45 辆 538 吨，安全运送三峡移民 1900 名。

6 月 17 日　盐城市治理汽车超限超载（以下简称治超）工作领导小组成立。副市长周古城任组长，市政府副秘书长张洪达、市交通局局长刘长青、市公安局局长戴苏生任副组长。

6 月 24 日　市政府召开治超工作会议，副市长周古城对治理超限超载工作作了全面部署，重点清理“大吨小标”车辆和非法改装行为，建立 8 个限超限载检测点和停车驳载场地，组建近 200 名交通、公安执法人员参加的执法检查队伍。

6 月 25 日　由省交通厅副厅长钱国超为组长的省治超工作检查组到盐城市检查治超工作。副市长周古城、市交通局局长刘长青、公路管理处党委书记葛春宽等领导陪同检查市域内治超检查站。

6 月 26 日　盐城市委、市政府召开平安创建流动现场会，市航道管理处作为市级机关单位的唯一代表出席并被现场观摩，受到市四套班子领导的高度评价。

6 月 30 日　在市委、市政府、市文明委召开的 2003 年度精神文明建设电视表彰大会上，市航道管理处被市委市政府表彰为“盐城市 2003 年度文明标兵单位”，获此殊荣的单位全市仅十家。

7 月 1 日　新长铁路南通至淮安区间客运开通。

▲ 盐委组〔2004〕82号文，仇筱云任市纪委派驻市交通局纪检组组长、党委委员。

7月8日　市委书记、市人大常委会主任张九汉、市委副书记袁世珠等一行，视察了盐淮高速公路通榆河特大桥、盐城西枢纽互通立交桥、射阳湖特大桥等施工现场，对施工一线工人进行了亲切的慰问。

7月28日　盐通高速公路YC21标K23+960~K24+220段与YC23标K24+200~K24+500段，分别进行了水稳碎石基层试铺，标志该高速公路盐城段路面工程正式启动。

8月1日~9月20日　大丰市首次采取桥梁整体下降技术，将S332大丰段主要桥梁劲力桥整体下降2.75米。该桥上部构造自重2500吨。由于桥面和路面落差大，不利于车辆通行，引发了大量交通事故。整体降桥技术不仅缩短了改造工期，也节约了建设资金，是该市建桥史上的一大创举，为今后此类工程施工积累了宝贵经验。

8月18日　全长3.87公里的盐淮高速公路射阳湖特大桥1032片30米预制箱梁安装全部结束。

8月20日　大丰港疏运主通道引堤公路工程竣工通车，该工程为栈桥、堆场、码头至港区中央大道的连接线工程，全长4.30公里，宽17米，按国家二级路标准实施。

9月23日　盐委组〔2004〕142号文，蒋敬列任市总工会交通工作委员会主任，市交通局党委委员。

10月25日　市委常委会专题听取市交通局关于高速公路建设情况汇报。市委充分肯定全市高速公路建设取得的成绩。市委书记张九汉对今后工程建设提出三点要求：一要进一步加强质量管理；二要营造良好的外部环境；三要继续抓紧工程的廉政建设。

10月28日　原隶属于盐城地方海事机构管理的沿海及响水灌河水域移交给新成立的中华人民共和国盐城海事局管理。

11月5日　盐委组〔2004〕43号文、盐组干〔2004〕49号文，崔花任盐城民航站站长（试用期一年）、民航站党总支委员、书记。

11月7日　总投资130万元的通榆河盐城段23座航标设置工程全部竣工，彻底结束该段航道无航标的历史。

11月10日　省高指在盐城召开盐通高速公路路肩浅碟式排水沟滑模施工（试验段）设计交底及现场施工协调工作会议。路肩浅碟式排水沟施工是盐通高速公路对路面边坡排水系统的一次革新试验，即改传统的路坡明沟排水为窨井暗沟排水，同时对路面边坡进行绿化处理。

12月10日　盐城市委、市政府举行海堤公路通车仪式。盐城海堤公路北起响水陈家港，南迄东台市与海安县交界处的新川港闸，全长354公里，总投资5.80亿元。

12月16日　横跨通榆河、串场河、G204和新长铁路的盐淮高速公路通榆特大桥全幅合龙贯通，这是盐淮全线第一座全幅合龙的特大型桥梁，全长2.70公里，工程造价1.20亿元，其“箱梁预制数量、悬浇挂篮长度、主桥跨径长度、跨越交通工程构造物数量”四项指标均列盐淮高速公路全线之首。

12月22日　盐委组〔2004〕69号文，陈少全任市航道管理处督导员。

12月31日　市航道管理处实施的盐邵线盐城市区段1000米护岸专项工程、射阳河阜宁县阜城段1000米护岸专项工程和盐邵线盐城段12.41万立方米的疏浚工程通过省交通厅检查组验收，均被评为优质工程，获连续六年创省优的佳绩。

▲ 陈家港化工园区在灌河南岸园区内兴建3000吨级和5000吨级码头各一座。

▲ 全市全年完成交通基础设施建设投资49.55亿元，占年度计划的129%，较上年增长52.93%。其中公路建设48.71亿元，航道建设516万元，港口建设6725万元，公路客货运站场建设1160万元。

2005年

1月25日　盐工组〔2005〕1号文,蒋敬列任市总工会交通工作委员会主任。

2月15日　历时40天的春运结束,全市共完成旅客发运量584.11万人,比去年同期下降3.32%,其中完成公路旅客发运量达583.76万人,同比下降3.20%,民航完成旅客发运量3500人,同比增长45.83%。春运期间,日均投放客运车辆3570辆,8.39万个座位,日均投放班次1.02万个,分别比去年同期增长3.52%、2.54%和6.12%。

3月28日　盐城民航站开通盐城—温州航班,班期为每周三班。

4月1日　新长铁路货运正式并入全国路网。

4月6日　沿海高速公路盐城开发区连接线一期工程开工建设,该工程是市政府2005年重点工程项目,由市公路管理处组织实施。起于盐通高速公路盐通段市开发区互通C匝道,止于市开发区中心大道,长5.70公里,按城市功能一级公路标准设计,双向六车道,路基宽28.50米,沥青砼路面宽22.50米。总投资1.02亿元,11月18日建成通车。

4月14~19日　由市纪委、监察、审计、财政、国土、交通等部门以及省派驻纪检组、市高指联合组成的市高速公路建设督察组,对全市高速公路建设征地拆迁补偿资金管理使用情况进行了专项检查。结果显示,全市高速公路建设征地拆迁补偿资金管理使用情况良好,该兑付的资金均按程序已经到位,有效地减少了地方矛盾,为全市高速公路建设的快速推进提供了有效保障。

4月25日　盐委组〔2005〕28号文,束必专任市航道管理处党委委员、书记。

5月10日　盐市交委〔2005〕41号文,蔡保佑任市交通规划设计院党支部书记。

5月11日　市政府召开电视电话会议,部署开展以打击"黑车"为重点的客运市场专项整治行动。市政府副秘书长张洪达宣读"关于对'黑车'进行专项整治的通告",市交通局、公安局作了专题发言,副市长周古城对专项整治工作作了动员讲话。

5月12日　响水县政府委托江苏伟信工程咨询公司对境内灌河港口作总体规划,标志着响水县陈家港港口开发、码头岸线使用步入规范化轨道。

5月16日　盐市编〔2005〕11号文,同意成立"盐城市交通档案馆"。

5月26日　盐委组〔2005〕42号文,葛春宽任市公路管理处党委委员、书记、主任。

6月3日　总建筑面积2万多平方米的盐城交通大厦正式落成并投入使用。市交通局机关和部分直属单位迁入新址。新大楼位于市区青年中路8号,G204、串场河西侧。

6月5日　市公路管理处下属的G204刘庄收费站荣获"全国模范职工之家"称号,为全省公路系统唯一一家获此殊荣的单位。

7月1日　新长铁路首发泰州途经盐城往哈尔滨(经北京)的T156次旅客列车,至此新长铁路正式开通全国客运。

7月15日　《盐城交通》创刊。该报由盐城市交通局主办(苏新出准印JS-J001号),每周一期。

7月16日　全省高速公路质量工作现场会在盐城召开,省交通厅厅长潘永和、副厅长丁建奇、钱国超,市长赵鹏、市委副书记袁世珠、副市长周古城等领导出席会议。会前,与会代表现场观摩了盐通、盐淮高速公路盐城段。

▲　南京经泰州、盐城至连云港火车客班开通。

7月19日　省交通厅副厅长李先友率省厅检查组检查盐城交通夏季安全生产工作。

7月22日　全省公路精细化养护现场会议在盐城市召开。市公路管理处党委书记、主任葛春宽作了经验介绍,与会领导给予高度评价。精细化养护和“八化”标准在全省推广。

8月4日　盐市交委〔2005〕64号文,刘必仁任市交通高级技工学校校长(试用期一年)。

8月6日　省高指通知,盐通、连盐高速公路建成后更名为沿海高速公路,全长320公里,盐城境内长204.14公里。

8月15日　市交通局出台公路、航道、运输、海事、工程施工等五类25项未造成危害后果,并及时纠正的轻微交通违法行为免于处罚的规定。

8月21~23日　由市交通局、市总工会、市劳动和社会保障局共同主办,来自全市一、二类汽车维修企业90多名优秀修理工参加的全市汽车维修行业修理工技能大比武竞赛活动在盐城开发区隆重举行。这次活动是全市汽车维修行业技能竞赛活动规模最大的一次。

8月26日　省委常委、常务副省长蒋定之,在省发改委、省政府办公厅、省交通厅等部门和盐城市政府负责人陪同下,视察盐城市在建的连盐高速公路工地,要求交通建设者们加快建设进度,打造一流的优质精品工程。

9月22日　市委副书记袁世珠视察盐通高速公路建设工程时,要求交通部门将沿海高速公路盐城段精心打造成人文景观带。

9月　由江苏裕廊化工集团有限公司委托交通部第二工程勘察设计院编制的灌河双星河段的港口规划,通过专家审查。

10月1~2日　省交通厅副厅长钱国超在副市长周古城和市交通局局长刘长青、南通市交通局长屈宝贤陪同下,视察沿海高速公路盐通段,并召开现场办公会。

10月8日　盐委组〔2005〕100号文,蒋敬列任市交通局督导员。

▲　盐市交委〔2005〕69号文,接盐委组〔2005〕97号文,周益国任市交通局督导员。

10月9日　全国人大代表、省交通厅厅长潘永和,率全国人大代表省直三组到盐城调研扶持三农政策贯彻落实情况,并现场考察盐通高速公路、大丰港和海堤公路建设情况。

10月11日　到盐城参加“十运会”比赛的广东男子篮球队员一行27人乘广州——盐城航班来到盐城。为做好“十运会”的服务保障工作,盐城民航站为“十运”嘉宾开辟了“绿色通道”,安排专人为嘉宾分拣和提取行李以及物品,专设运动员、教练员候机专座,提供热情、周到、耐心和温馨的服务。同时,采取了严格的安全保障措施,保障“十运会”期间往返航班安全正点。

10月18日　大丰港两个5000吨级泊位码头建成,并于当日开港试通航。

10月28日　省委书记李源潮视察大丰港,副省长李全林、市委书记张九汉等陪同。

▲　沿海高速公路盐城段交工验收委员会对盐通段进行全面检查评定。评定意见:工程优良率100%,工程质量评定96.60分,质量等级为优良,实现建成“代表二十一世纪初江苏省高速公路现代化建设水平品牌”工程的目标,总体建设达到了国内领先、国际先进水平。

11月1日　盐通高速公路(全长166.76公里,其中盐城市境内长95.48公里)建成通车,副省长李全林、省交通厅厅长潘永和、市委书记张九汉等出席通车仪式。

11月5日　宁靖盐高速公路盐城北段正式开工建设,全长16.30公里,投资概算约8.5亿元,双向四车道标准,计划2008年建成通车。

11月9日　盐委组〔2005〕123号文,崔花任盐城民航站站长。

11月21日　铁道部工程设计鉴定中心在北京召开盐城火车站初步设计审查会。

11月　江苏裕廊化工集团有限公司3000吨级液体管道码头及5000吨级散装化工专用码头建设项目通过省级审查。该工程项目拟建在灌河南岸大湾河段,概算总投资7600万元,设计年吞吐能力75万吨。

12月3~4日　交通部船型标准化工程现场会在盐城召开。盐城市积极推进船型标准化工程,

2004~2005年共拆解挂桨机船4831艘,占省下达年度计划的111.10%,发放政府补贴资金1.50亿元,盐城市船型标准化工作走在全省前列。

12月12日　盐委组〔2005〕135号文,陈志超任盐城市总工会交通工作委员会主任、市交通局党委委员。

12月22日　盐城民航站盐城—首尔国际临时包机带货业务顺利开通,打破了盐城国际航空货运零的记录。

12月30日　S329合德至射阳港段竣工通车。该线全长30.23公里,其中一级公路4.93公里,二级公路25.30公里,项目总投资1.17亿元。该工程于2003年开工建设。

▲　市委副书记袁世球到盐淮高速公路检查施工情况,市交通局局长刘长青等陪同。

▲　S326响水段改造工程主体工程竣工。该线全长25公里、二级公路、路基宽17米、路面宽12米,工程总投资6000万元。

▲　省交通厅组织的陈家港电厂灌河航道、码头可行性研究报告专家评审会在南京举行。南科院、河海大学、中交三院等单位60多位国内一流航道、码头工程专家,一致认为灌河航道、码头的可行性研究方案技术上可行,通过评审,过过化养护现场会议在我驳载场地,成立了建议加快实施。

▲　全市全年共完成交通基础设施建设投资49.55亿元,与上年持平,占年度计划110.70%。其中公路建设47.74亿元,航道建设1514.50万元,港口建设6133万元,公路客货运站场建设1.05亿元。

2006年

1月9日　盐政发〔2006〕16号文,成立盐城市港口管理局,副处级建制,隶属市交通局管理。

1月19日　盐市编办〔2006〕2号,撤销车辆购置附加费征收管理办公室。

1月25日　市交通局成功举办了以"崇尚精神文明、构建和谐交通"为主题的交通系统首届文化艺术节。此活动从2005年12月28日开始。

2月13日　全市交通工作会议在盐城召开。副市长周古城出席会议并讲话。市交通局党委书记、局长刘长青作题为《加快发展,科学发展,和谐发展,奋力推进盐城交通实现新跨越》的工作报告。

2月15日　全市召开高速公路建设"新世纪杯"建功立业劳动竞赛动员大会。市委副书记袁世珠、副市长周古城出席并讲话。

2月17日　省交通厅在南京主持召开G204改扩建前期工作会议。G204盐城南段改扩建工程长99公里。由市公路管理处负责前期准备工作。

2月24日　副省长、市委书记张九汉对大丰港建设作出批示:"大丰港是'十一五'盐城发展重点,必须寻求大资金投入,加快港口码头的建设,这项工作抓好了,不仅有利于招商,更加促进大丰的经济发展后劲。"

3月2日　省交通厅副厅长蒋华年率省运管、航道、省海员工会等部门的负责人就工程建设、行业管理、行政执法、事企改革、机关作风建设等方面问题到盐城调研。市委副书记袁世珠、副市长周古城、市交通局局长刘长青等陪同。

3月16日　全市交通建设工程质量暨招投标工作会议在盐城召开。会议明确:20万元以上的所有交通建设项目必须公开招标,会议要求切实加强招投标监管,全面推行合理低价中标,坚决减少人为因素,严把施工队伍入口关。

3 月 23 日 省交通厅副厅长丁建奇视察盐淮高速公路建设工程并在盐城召开厅长现场会办会。市委副书记袁世珠陪同视察,副市长周古城,市交通局局长、党委书记刘长青参加会办会。

3 月 28～29 日 省交通厅副厅长钱国超视察连盐高速公路建设工程。副市长周古城陪同。市交通局局长、党委书记刘长青参加在连云港召开的厅长会办会。

3 月 30 日 市政府举行盐城火车站、盐城汽车客运站(五星汽车客运站)暨"四路一广场"(范公路、大庆路、跃进路、青年路及火车站广场)工程开工典礼,副省长、盐城市委书记张九汉出席典礼并宣布工程正式开工。盐城火车站、盐城汽车客运站(五星汽车客运站)和"四路一广场"工程概算总投资 7.61 亿元。由市交通局组织实施。

4 月 13 日 副市长周古城等专程赴泰州、扬州考察火车站工程建设情况,并召开市长会办会,专题研究会办盐城火车站、盐城汽车客运站和站前广场及配套交通工程建设工作。市交通局局长、党委书记刘长青参加会办会。

4 月 25 日 盐组干〔2006〕20 号,薛华任市交通局局长助理(正科级、试用期一年)。

4 月 28 日 盐城市航道管理处直属站被中华全国总工会授予"全国五一劳动奖状"。

5 月 2 日 盐城火车站站房扩建工程桩基开工。

5 月 19 日 市交通行政许可服务大厅启用,副市长周古城出席并揭牌。

5 月 31 日 射阳港船闸自建闸以来,认真贯彻"安全第一,预防为主"的方针,已连续安全运行 5500 天(15 年)。

6 月 13 日 大丰港一类口岸获国务院批准。

6 月 14 日 盐委组〔2006〕79 号文、盐政发〔2006〕153 号文,潘进山任市交通局党委副书记、副局长(列刘长青后)。

6 月 16 日 市委书记赵鹏在市委常委、秘书长李驰陪同下视察盐城火车站地段建设改造工程,并现场召开会办会。

▲ 市交通建设工程有限公司国有股权转让签约仪式在盐举行。此举标志南京建工集团收购市交通建设工程有限公司程序正式启动。

6 月 23 日 省交通厅厅长潘永和在副厅长丁建奇、市委副书记袁世珠等陪同下,视察盐淮高速公路盐城段建设工程。

6 月 30 日 市委、市政府在大丰召开推进大丰港加快建设现场办公会,帮助解决大丰港加快建设中遇到的困难和问题,研究制定更快更好地推进大丰港建设的具体措施。

7 月 13 日 市委、市政府在南京召开座谈会,邀请省交通厅领导共商沿海交通基础设施建设大计。省交通厅厅长潘永和,市领导赵鹏、周古城等出席座谈会,省港口管理局和盐城市交通局负责人参加座谈。盐城市一批沿海交通建设项目得到省交通厅支持。

7 月 18 日 沿海高速公路灌河特大桥胜利合龙。

7 月 21 日 省发改委和省交通厅在南京主持召开 S327 滨海段工程可行性研究报告审查会,审查并通过该报告。

7 月 27 日 全市交通安全工作会议在盐城召开,副市长周古城出席会议并讲话。

7 月 31 日 盐委组〔2006〕08 号,明确潘进山为正处级。

8 月 1 日 由市公路管理处投资 103 万元兴建的"双拥桥"正式建成交付使用,该桥为盐城首座"双拥桥"。桥名由南京军区司令员朱文泉上将题写。

▲ 副市长周古城慰问奋战在火车站"四路一广场"工地上的交通建设者。

8 月 8 日 省交通厅副厅长钱国超检查连盐高速公路建设情况,并在盐召开厅长办公会。

8 月 17 日 省政府领导到盐城就该市沿海交通建设情况进行专题调研。先后视察了沿海高速公路连盐段建设情况,滨海港、响水港的开发情况。在调研时强调,沿海要开发,交通基础设施建设必须先行。省政府副秘书长张大强、省交通厅厅长潘永和随同。市委书记赵鹏等陪同。

8月23日 盐工组〔2006〕03号文，陈志超任市总工会交通工作委员会主任。

8月24日 市委书记赵鹏在市委常委、秘书长李驰，副市长周古城等陪同下，到盐城火车站地段改造工程建设工地调研督查工程建设情况。

8月25日 盐委组〔2006〕155号文，管亚光任市交通局党委委员、书记。

9月11～15日 市委书记赵鹏在大丰、射阳、滨海、响水、东台等地调研时强调，加快沿海港口建设步伐，努力变交通末梢为交通前沿。市交通局党委书记管亚光随同调研。

9月28日 S226海滨特大桥建成通车，桥长1011米，横跨淮河入海水道、苏北灌溉总渠和S328，是S226线上唯一一座特大型桥梁；项目总投资为3500万元。该桥于2005年7月18日开工建设。

10月5日 省政府领导在省政府副秘书长张大强，省交通厅副厅长钱国超陪同下，到盐城亲切慰问高速公路工程建设者。省政府领导指出，一定要将沿海高速公路建设成为沿海开发和经济发展的主轴，建成生态走廊和景观走廊，充分展示盐城东方湿地之都的风采。市委书记赵鹏、副市长周古城、市交通局局长刘长青、党委书记管亚光陪同慰问。

10月16日 盐淮高速公路以工程质量评定96.31分、质量等级优良通过交工验收。工程建设突破一个"禁区"、创新两项施工工法、获得三项国际水平科研成果。

10月17日 连盐高速公路以工程优良率100%、工程质量评定96.58分、质量等级优良顺利通过交工验收。

10月18日 连盐高速公路建成通车。

▲ 全省渡口渡船安全管理专项整治工作会议在盐城召开，省交通厅副厅长李先友、省安监局副局长陆贯一等出席会议。

10月24日 省交通厅党组副书记、副厅长杨根林率调研组到盐城召开作风建设对口调研座谈会，副市长周古城及市交通局领导出席座谈会。

10月25日 副省长张九汉在省政府副秘书长于利中、市委书记赵鹏等陪同下，视察盐淮高速公路盐城南互通连接线。

10月31日 中国交通部水运规划设计院到盐城进行大丰港疏港航道资料收集和现场勘测工作，大丰港疏港航道工程前期工作进入预可行性研究阶段。

11月2日 纵贯南北的沿海高速公路和横贯东西的盐徐高速公路通车仪式，在沿海高速公路响水灌河特大桥隆重举行。省长梁保华出席通车仪式并剪彩，省政府副秘书长张大强主持通车仪式。

11月17日 通榆河盐城段，被省交通厅和省文明办联合表彰为"江苏省文明样板航道"，成为盐城市首条获此殊荣的航道。市境内全长178公里(已开挖部分)。

11月27日 全市交通系统第二届"交通文化节"开幕式暨交通原创文艺节目调演在盐城举行。

11月28日 市人大常委会代主任张炳贤，副主任林成立、徐昆荣、季克诚、叶守民、曹桂英、戴元素等视察沿海高速公路灌河特大桥。

11月底 市交通公路部门圆满地完成了S233和S23493.80公里省级文明样板路创建任务。

12月6日 省政府领导在省交通厅厅长潘永和，市委书记赵鹏等陪同下，视察盐城火车站地段改造工程建设现场。

▲ 市交通水上救助技能培训中心建成正式投入使用。

12月7日 G204盐城南段改扩建工程通过省发改委立项审批。该项目全长99公里，全线按一级公路标准建设改造，项目总投资15亿元左右。

12 月 25 日 盐市交委〔2006〕40 号文,刘必仁任市交通高级技工学校校长。

12 月 26 日 盐城汽车总站、东站、盐都客运站,各县(市、区)所有二级客运站实现联网售票。

12 月 31 日 全市全年完成交通基础设施建设投资 45.76 亿元,较上年下降 7.65%,占省下达计划的 126%。其中,公路建设 44.84 亿元,航道建设 870 万元,港口建设 2580 万元,公路客货运站场建设 5754 万元。

▲ 全市征收航养费 9133 万元,占省下达年度计划 6100 万元的 149.70%,连续十年全省第一。

2007 年

1 月 13 日 省委书记李源潮到盐城市考察经济社会发展情况,走访慰问了盐阜公路运输集团响水有限公司交通部劳模和省优秀共产党员、驾驶员于广善,并视察了响水港,市委书记赵鹏等陪同。

1 月 16 日 全市航道系统首次信息化工作会议在射阳港船闸召开。自此,拉开了全市航道系统打造“数字化”盐城航道的序幕。

1 月 17 日 沿海高速公路盐通段以 96.66 分质量评定高分,通过项目竣工验收。

1 月 24 日 全市交通工作会议在交通大厦 302 会议室召开,局长刘长青作工作报告,副市长周古城出席并讲话。市公路管理处,东台市、射阳县、响水县交通局在会上作了交流发言。

1 月 29 日 交通部东海救助局和大丰港在上海举行设立东海救助局大丰港救助站签约仪式。

2 月 4 日 盐委组〔2007〕17、18、20 号文,刘长青任市交通局党委书记,管亚光任市交通局局长、党委副书记,兼任市铁路筹建办公室主任。

2 月 8 日 在盐城电视台金色演播大厅,市委、市政府隆重举行盐通、盐淮、连盐高速公路建成通车颁奖大会,刘长青等 41 名建设功臣受到表彰,市委书记、市人大常委会主任赵鹏为功臣颁奖。

2 月 15 日 盐委组〔2007〕39 号文,裴义婷任市港口管理局局长(试用期一年)。

2 月 24 日 副市长周古城到盐城汽车总站检查春运工作。

2 月 26 日 盐委组〔2007〕4 号文,唐登国任市交通局督导员,孙其康任市铁路筹建办公室督导员。

2 月 27 日 盐委组〔2007〕41 号文,王长年任市交通局督导员。

3 月 27 日 盐城至北京航班改由国际航空公司波音 737 飞机执飞,班期为每周二、四、六。

3 月 29 日 盐城市港口管理局正式挂牌成立,省交通厅副厅长王昌保、副市长周古城出席了揭牌仪式。

4 月 18 日 市政府举行 G204 盐城市区绕城段改建工程开工典礼,市委书记赵鹏宣布工程开工。新建 G204 盐城市区绕城段起于 G204 新兴收费站,讫于 G204 刘庄收费站,全长 44.50 公里,为双向四车道一级公路标准,工程概算投资 12 亿元。

▲ 盐城新火车站建成,正式投入运营,铁道部副部长陆东福到场祝贺。新火车站改扩建工程总投资 2.10 亿元。

4 月 19 日 市交通局召开全市中心交管所规范化建设现场推进会,观摩了盐都区秦南中心交管所、建湖县颜单中心交管所、亭湖区新兴中心交管所。

4 月 21 日 省委常委、组织部长王国生,在市领导陪同下,视察盐城火车站。

4 月 盐城民航站被中华全国总工会授予“全国五一劳动奖状”。

5月1日 市航道管理处盐邵线二期疏浚工程开工,疏浚土方49.80万立方米,投资800万元。12月3日,通过省交通厅航道局组织的竣工验收,被评为省航道局优质工程,得分97.68分。

5月6日 宁靖盐高速公路盐城北段通榆河特大桥主桥,完成了中跨最后18立方米混凝土浇筑,实现合龙。该桥全长2172米,于2006年3月开工建设,历时14个月实现全幅贯通。

5月11日 南京军区司令员、上将朱文泉视察响水县交通工程。

5月18日 沿海高速公路阜宁连接线工程全面开工建设。该工程东起沿海高速公路陈洋互通,西止G204,概算投资3.20亿元,路线全长24公里,其中阜宁县境内12.50公里,射阳县境内11.50公里,按双向四车道一级公路标准设计,路基顶宽26米,设计行车速度100公里/小时,阜宁段计划于2008年5月建成通车。

5月20~21日 全省农村公路工作会议在盐城召开,与会代表到东台市观摩该市农村公路管养现场。东台市农村公路建设管养的做法在会上推广。

5月28日 盐城民航站候机楼改扩建工程开工建设,扩建面积达8760平方米,工程概算总投资9041.50万元。

▲ 盐淮高速公路建湖连接线工程全线建成。路线全长8.22公里,按双向六车道一级公路标准建设,路基顶宽26米,工程概算总投资9800万元,于2006年5月18日开工建设。

5月29日 S326响水段东延工程全面开工建设,该工程全长13.08公里,按一级公路标准实施,路基宽24.50米、路面宽23米,沿线有大桥2座,中小桥7座,工程总投资约1.70亿元。

5月30日 G204改扩建工程大丰段和S332大丰段改造工程开工。G204改扩建工程大丰段全长33公里,按一级公路、双向四车道标准建设,路基顶宽26米,总投资5.56亿元;S332大丰段改造工程全长52.33公里,按一级公路、双向四车道标准建设,工程概算3.90亿元。

6月2日 盐城市沿海综合交通体系规划评审会在盐城召开。

6月19日 交通部部长李盛霖,在省交通厅厅长潘永和、市委书记赵鹏陪同下,视察大丰港建设和东风悦达起亚有限公司等。

6月25日 全市交通行业"安全管理基础年"活动现场会在市航道管理处响水航道管理站召开,响水航道管理站实实在在抓好安全工作的做法、经验和所取得的成绩,受到与会的25个单位50多名代表交口称赞和市交通局领导的充分肯定。

7月4日 国务院国函〔2007〕66号文,同意江苏盐城航空口岸对外国籍飞机开放。盐城机场成为江苏第二家对外国籍飞机开放的机场。

7月25日 盐委组〔2007〕142文,薛华任市交通局副局长、党委委员。试用期一年。

7月26日 全省道路客运班车公司化改造推进会暨第九批客运线路经营权招投标开标评标会在盐城召开,省交通厅副厅长李先友、省运管局局长汪学君等领导以及各市运输管理处长、分管副处长、客运科长和全省三级以上客运企业及投标人代表等300多人参加了会议,市交通局管亚光局长代表市交通局致辞。

7月27日 市委、市政府领导赵鹏、李驰、周古城等在南京和省交通厅潘永和厅长等座谈盐城沿海交通基础设施建设大计,形成共识。总的规划是:每个沿海县(市)均要有一条横向一级公路通向沿海经济节点。

8月3日 省交通厅副厅长钱国超到盐城,对宁靖盐高速公路盐城北段建设工程进行考察,并召开现场会办会。

8月6日 市交通局举行盐城机场航空一类口岸国际候机楼扩建工程奠基仪式。

8月22日 市港口集团公司危险货物作业资质通过评审,该集团成为盐城市首家申领港口码头危险货物作业资质的港口企业。

▲ 盐市编〔2007〕41号文,同意将盐城市铁路筹建办公室更名为"盐城市铁路建设管理办公

室”,并入市交通局,保留原单位性质和级别。

9月5日　省交通厅副厅长、港口管理局局长王昌保到盐城专题会办盐城港建设事宜。

9月15日　《盐城港总体规划》审查会在盐城召开,交通部专家委员会委员刘鹏等到盐城出席审查会。

9月20日　盐城港大丰港区一类口岸国际航线开通暨大丰港区二期5万吨级(兼靠7万吨级)深水码头开工典礼隆重举行,省政府领导到场祝贺并为大丰港区国际航线开通剪彩。

9月23日　注册地为巴拿马的“向达”号货轮缓缓地停泊在大丰港区码头,首次开通了外轮通航业务。

9月　市交通局首次在射阳县金舟船厂举行98艘新造钢质渡船集中发送仪式。

10月1日　盐城市与省内12个二级以上客运站全部实现联网售票,在全市任何一个二级客运站及其联网售票点,都可以购买到全省各地的汽车票。

10月30日　市委书记赵鹏视察盐城火车站地段,要求大力推进车站地段交通工程建设。

11月1日　省交通厅和市政府在市交通局专题会办盐城到连云港铁路线型走向方案设计等事项。

11月7日　市人大常委会副主任张炳贤、季克诚,率省市部分人大代表视察盐城民航站、盐城市客运站等交通重点工程。

11月8日　省发改委在南京主持召开盐城交通技师学院新校区总体规划评审会。

11月15日　民航总局民航函〔2007〕1136号文,“盐城机场”更名为“盐城南洋机场”。

11月29日　省发改委在南京召开刘大线航道整治工程预可行性研究报告审查会。原则同意该工程预可行性研究报告。

▲　省发改委在南京组织对沿海高速公路到盐城港射阳港区的连接线、S333东台段两处技改工程预可行性研究报告进行审查。

12月14日　滨海港区10万吨级航道工程通过江苏省港口局行业审查,滨海港区具有建设深水港区的良好条件。

12月31日　全市全年完成交通基础设施建设投资44.06亿元,较上年下降3.72%,占省交通厅下达计划的119.70%。其中公路建设40.67亿元,航道建设1600万元,港口建设1.55亿元,民航建设1.10亿元,公路客货运站场建设5800万元。

▲　截至本月底(2004~2007年),为推行船型标准化工作,共拆解、改造挂桨机船8055艘29.94万载重吨,政府补贴2.48亿元。

2008年

1月3日　全市交通工作会议在盐城召开,市交通局局长管亚光作“为建设新盐城提供强有力的支撑和保障”的报告,副市长周古城出席会议并讲话。

1月6日　宁靖盐高速公路盐城北段青墩互通连接线新洋港大桥正式开工。连接线全长9.60公里,总投资1.80亿元。

1月19日　市交通局召开运输管理工作会议,并部署2008年春运工作。

1月22日　市政府主要领导在察看盐城南洋机场国际候机楼工程建设和会办民航工作时提出:2008年要确保盐城—北京民航航班实现大飞机天天飞;确保开通盐城至香港直飞航班;确保加密盐城至韩国首尔航班。

1月28日　一早,市交通局局长管亚光、副局长薛华就带领相关人员到盐城火车站、盐城汽车总站、盐城民航站、G204、亭湖区、盐都区的部分省道和县乡道路检查抗雪保畅通工作。

2月1日　省交通厅副厅长张晓铃到盐城检查春运安全,市交通局局长管亚光陪同。

2月15日　大丰港疏港航道建设工程项目(预可行性研究)获省发改委批准立项。

2月16日　夜22点30分,市交通局春运办公室接到市政府春运办公室电话,紧急调运车辆,疏运盐城火车站滞留的往北京的旅客82名,于17日下午1时30分安全抵达北京。

2月26日　省交通厅厅长潘永和随同省委书记梁保华到盐城调研时,强调要把盐城建成苏东沿海地区重要的交通枢纽。

▲　市交通局举行滨海县东罾村村镇道路建设工程开工典礼,市委组织部副部长刘海受市委常委、组织部长章大李的委托讲话并宣布工程开工,市交通局局长管亚光,滨海县县长李逸浩出席并讲话,市交通局副局长、党委副书记潘进山主持。中共十七大代表、滨淮镇党委副书记、东罾村党总支书记薛正红发言。

2月28日　盐城交通技师学院新校区正式开工,市政协主席冯永农出席开工典礼并宣布工程开工。新校区占地33.33公顷,建筑面积19万平方米,总投资约3亿元。

3月3日　全市交通系统工会工作会议在盐城召开。

3月4日　副市长徐进率队督查全市公路绿化工作,市交通局局长管亚光等陪同。

3月6日　副市长徐进察看G204绕城段公路施工现场,要求加快推进工程建设进度,确保实现年底通车目标。

3月7日　盐城港大丰港区与韩国釜山港签订两港合作协议,双方约定今年上半年开通两港间国际班轮航线,这是大丰港区继开通韩国仁川港后第二条集装箱班轮航线。

3月20日　市委副书记李驰、副市长丁建奇、陈还堂、徐进等在市交通局局长管亚光,响水县委书记潘道津、县长马俊健等陪同下,视察了沿海高速公路响水段、S326响水段、双港镇农村公路以及G204与沿海高速公路响水连接线平交道口的公路绿化建设情况。

▲　省交通厅副厅长、省港口管理局局长王昌保在连云港市委常委、市港口管理局局长丁军华,响水县委书记潘道津,以及市交通局、市港口管理局领导的陪同下,对盐城港响水港区的建设及灌河开发利用情况进行了调研指导。

3月21日　盐委组〔2008〕44号文,吴树堂任市铁路建设管理办公室副调研员。盐委组〔2008〕46号文,管亚光任市铁路建设管理办公室党组书记、李曙光任调研员。

▲　盐委组〔2008〕46号文,管亚光任市交通局党委书记。

3月28日　盐城交通服务热线"96196服务你我他"开通。

3月30日　市交通局举办盐城—北京大飞机天天飞仪式,盐城北京一日回的梦想成为现实。

4月7日　市委书记赵鹏带队察看阜宁港和S231阜宁段公路施工现场,在听取阜宁县委负责人汇报后指出,要大力推进新一轮交通基础设施建设,完善交通网络,又好又快地推进交通重点工程进度,为促进经济发展提供强有力的交通保障。

4月9日　省交通厅副厅长钱国超,在市交通局局长管亚光的陪同下,察看了宁靖盐高速公路盐城北段现场,并在盐城召开了厅长现场办公会议。

4月18日　盐城港滨海港区10万吨级航道工程项目获得省发改委核准,该项目将于今年8月开工建设,滨海港的港口、港城、临港产业区也将同步启动建设。

4月25~28日　市交通局局长、党委书记管亚光率市直交通系统相关单位主要负责人,到广州、深圳等地学习考察,并开展招商引资活动。

4月30日　省交通厅副厅长钱国超在盐城现场会办宁靖盐高速公路盐城北段建设工程,要求加快推进工程建设,确保优质精品工程。

▲ 中铁第五勘测设计院在盐城开展盐城—连云港铁路路线的测量工作，编制工程可行性研究报告。

5月5日 盐城汽车客运站试运营，新站占地面积约9.13公顷，主体建筑总面积2.81万平方米，总投资1.76亿元，该站是盐城重要的对外窗口和交通枢纽。

5月13日 盐淮高速公路上，全长600多米的跨宁靖盐高速公路立交桥160片箱梁全部安装结束，桥面实现贯通。

5月18日 市委书记赵鹏在市委常委、秘书长戴元湖，阜宁县委书记王锦胜，阜宁县委常委、常务副县长魏伏银等陪同下，冒雨视察了沿海高速公路阜宁连接线工程。

5月20日 省港口管理局在盐城召开"加快沿海港口发展"调研会。省交通厅副厅长、省港口管理局局长王昌保主持了会议，省交通厅相关部门，盐城市交通局、港口管理局，南通、连云港、如东、大丰港务局等单位有关负责人出席了会议，市交通局局长管亚光到会致辞。

5月20~22日 受国家发改委委托北京华协交通咨询公司对连盐铁路项目建议书进行评估，专家组20日从盐城出发，察看了盐城市境内的射阳、阜宁站位和苏北灌溉总渠桥位。

5月22日 省交通厅党组副书记、副厅长杨根林率交通厅交通综合执法专题调研组到盐城调研，市交通局局长、党委书记管亚光陪同。

5月23日 市委常委、常务副市长陈正邦、市人大常委会副主任周古城，到盐城民航站调研并会办航空一类口岸报验工作。

5月25日 中国民航运输协会正式批准盐城南洋机场国际航空客货服务有限公司为一类(国际)客、货航空销售代理资质。

▲ 建湖县率先建成S231境内段34公里。

5月 盐城汽车客运站竣工，工程总造价1.76亿元，设计日均旅客发运量2.50万人。

6月6日 由江苏省口岸办牵头组织，南京军区、济南军区空军司令部、南京海关、江苏出入境检验检疫局、江苏省公安边防总队、民航江苏安全监督管理办公室及机场各联检单位参加的盐城南洋机场航空一类口岸对外开放省级验收会议在盐城举行。市委常委、常务副市长陈正邦，市人大常委会副主任周古城等陪同验收。

6月16日 盐城南洋机场盐城—首尔国际航班承运国际货物7.2吨，是开航以来国内国际航空货运量最多的一次，创下了盐城民航航空货运单班运量历史记录。

6月18日 市委、市政府在大丰市举行S332大丰段扩建工程竣工通车仪式。

▲ 阜宁县委书记、县人大常委会主任王锦胜率阜宁县四套班子主要负责人专程到省交通厅汇报阜宁县交通发展情况。省交通厅厅长游庆仲、副厅长李先友、办公室主任朱培德、综合计划处处长惠先宝和省公路局局长张立早等领导出席汇报会。市副市长丁建奇、市交通局局长管亚光应邀参加。

6月19日 市委书记、市人大常委会主任赵鹏带队专程到阜宁视察交通工程建设，并听取了阜宁县"交通突破年"实施情况的汇报。

6月20日 市政府及相关部门领导视察沿海高速公路至盐城港射阳港区连接线工程，要求射阳在方案优化确定后，抓紧组织施工，尽快建成通车。

7月2日 市政府颁布了《盐城市内河交通安全管理办法》(盐政发〔2008〕122号文)，该办法计列6章42条。

▲ 盐城—桂林、盐城—大连两条空中航线正式开通，由南方航空公司波音737飞机执飞，班期为每周三、六。

7月16日 全市农村客运站(亭)标准化建设推进会暨客运管理工作会议在阜宁召开。

7月17日 由盐城市政府、省高速公路建设指挥部、省绿化委员会办公室、省林业局、南京林业大学等有关单位的领导和专家组成的盐城市高速公路绿色通道建设工程验收委员会，对盐淮、沿海高速公路盐城段绿色通道建设工程进行了验收。

7 月 28 日　S226 射阳千秋大桥拓宽改造建成通车。该桥长 420 米，宽 25 米，设计荷载汽—20、挂—100，造价 2100 万元。

7 月 31 日　市政府出台“农村公路养护管理达标考核办法和标准”，并对农村公路改建工程实行定量保质责任制。

8 月 1 日　全市建立水上高效应急救援体系 9 个，覆盖 4500 公里盐城通航水域。

8 月 5 日　省委常委、常务副省长赵克志在省发改委主任毛伟明、市委书记赵鹏陪同下，视察盐城南洋机场。

8 月 5 ~ 6 日　国家发改委牵头，组织 19 个国家部委专家到盐城调研沿海开发情况，提出交通应当在沿海开发中先行。调研组由交通部规划司副司长任建华、省交通厅厅长游庆仲以及国家发改委、铁道部等部委的专家组成。在副市长丁建奇、市政府副秘书长张洪达、市交通局局长管亚光陪同下先后到滨海港、大丰港察看调研，听取了盐城市交通情况专题汇报。

8 月 6 日　副市长丁建奇、市公安局局长石为斌到盐城汽车客运站检查奥运安保工作。

8 月 14 日　盐市交委〔2008〕12 号文，李翔任市交通高级技工学校党总支书记、副校长、市交通汽车驾驶员培训中心主任。

8 月 15 ~ 16 日　省长罗志军专程到盐城调研沿海综合开发，视察 S231 阜宁段建设情况，罗志军要求盐城交通要加快基础设施建设步伐，为沿海开发战略创造良好条件。副省长史和平、省交通厅厅长游庆仲随同考察。

8 月 19 日　宁靖盐高速公路盐城北段工程顺利通过交工验收，质量等级为优良。省交通厅副厅长钱国超、副市长丁建奇参加验收。

8 月 24 日　市委书记赵鹏察看交通重点工程项目，亲切慰问广大工程建设者，要求各有关方面瞄准既定目标，抢抓当前有利时机，在保证安全和质量的前提下，科学组织施工，确保按期完成工程建设任务。市交通局局长管亚光，市公路管理处主任葛春宽等陪同察看。

8 月 25 日　市交通规划设计院通过建设部核准，升格为甲级资质，成为苏北地区唯一拥有设计、监理双甲级资质的综合交通科研单位。

8 月 26 日　市区通向沿海的 S331 改扩建工程开工。同日，宁靖盐高速公路盐城北段建成通车。市领导和市交通局局长管亚光等出席开工和通车仪式。环绕盐城市区长 84 公里，覆盖面积 420 平方公里的高速公路圈正式形成。

9 月 1 日　至今日全市五年来投入建设资金 34 亿元，改造农村公路一万多公里，惠及 600 万农民，全市 138 个乡镇、1927 个村，实现了村村通公路。

9 月 6 日　盐城市地方海事局、盐城市船舶检验局和江苏科技大学联合举办盐城市首次大型海船检验人才培训班。自此，盐城市地方海事局、盐城市船舶检验局正式开展大型海船检验业务。

9 月 8 ~ 9 日　省交通厅副厅长钱国超率组到盐城检查 G204 盐城南段改造工程建设情况，并召开现场会办会，副市长丁建奇、市交通局局长管亚光参加。

9 月 22 日　大丰港疏港航道刘大线技改工程可行性研究报告，通过省发改委审查。

9 月 28 日　盐城汽车客运站正式运营。省交通厅副厅长李先友、副市长丁建奇、市政协副主席陈云华，市交通局局长管亚光等出席运营仪式。

9 月 29 日　国庆长假第一天，市委书记、市人大常委会主任赵鹏，在市交通局局长、党委书记管亚光、市安监局局长谷洪彬等陪同下，检查了盐城老城西大桥、新洋港大桥及连接线工程等处安全生产工作，对今年以来交通安全生产工作给予充分肯定。

10 月 2 日　沿海高速公路盐城港射阳港区连接线开工建设，该工程全长 26.50 公里，双向四车道,概算总投资4.60亿元。

10月12日　市交通局召开全市交通行风建设暨行政执法工作会议,奖励全市“十佳中心交管所”各一辆执法车。

10月23日　市委书记、市人大常委会主任赵鹏等领导察看G204市区绕城段、沿海高速公路开发区连接线、S331射阳至盐城段改扩建工程现场。

10月26日　市委、市政府隆重举行沿海高速公路阜宁连接线通车典礼。市委书记赵鹏宣布通车,市交通局局长管亚光介绍建设情况,阜宁县委书记、射阳县委书记发言。

10月27日　盐城港滨海港区10万吨级航道建设工程正式启动。

11月4日　海峡两岸关系协会与海峡交流基金会签署《海峡两岸海运协议》,协议明确双方现阶段相互开放的港口,台湾方面有基隆、高雄、台中等11个港口,大陆方面有:丹东、大连、连云港、大丰、上海、宁波等48个港口。

11月5~6日　连盐、盐淮高速公路盐城段分别以95.50分和95.90分的质量评定高分,通过项目竣工验收。

11月6日　苏政复〔2008〕55号文,同意设立盐城港阜宁港区国家二类水路口岸。

11月27日　盐城港大丰港区四级疏港航道工程可行性研究报告获得省发改委批准。

12月1日　中国电力投资总公司(以下简称中电投)与盐城市政府签署盐城港滨海港区综合开发合作协议,签字仪式在盐城举行,中电投与盐城市携手共建滨海港区10万吨级航道工程和储配煤中心等临港产业项目。

12月2日　盐市交委〔2008〕19号文,陆建平兼任市交通综合服务信息中心主任;陈剑明兼任市交通局机关服务中心主任。

▲　盐政发〔2008〕217号文,薛华任市交通局副局长,裴义婷任市港口管理局局长。

12月25日　盐城民航站航空一类口岸通过国家验收。

▲　市交通运输协会召开第五届理事会,管亚光当选为协会会长,周古城为名誉会长。姜海昆当选为常务副会长,王金坤当选为秘书长。

12月29日　盐城南洋机场一类口岸建设工程通过国家级验收。

12月31日　盐市交委〔2008〕25号文决定陈惠民任市交通规划设计院党支部书记。

▲　全市全年完成交通基础设施建设投资50.88亿元,占省交通厅下达计划的139%,比上年增长15.48%。其中公路建设47.82亿元,港口建设2.41亿元,民航建设5000万元,公路客货运站场建设1500万元。

2009年

1月6日　新开辟的哈尔滨—盐城—昆明航线首航,12时55分东方航空云南公司波音737-700飞机从盐城起飞。

1月10日　S234新洋港大桥接线工程建成通车,总投资6300万元。副市长丁建奇出席通车典礼并讲话。

1月11日　市交通局隆重举行纪念改革开放30周年暨第四届交通文化节,同时表彰“交通之星”和“交通服务之星”各10名。

1月21日　市交通局召开全市交通安全工作专题会议。市交通局局长、党委书记管亚光到会讲话,副局长薛华对2008年度全市交通安全工作做了回顾,并对2009年度的工作做了部署,会议对去年交通安全工作先进单位和个人进行了表彰。

▲ 根据市政府统一部署,市交通局成立《盐城市志·交通卷》编纂委员会,管亚光任编纂委员会主任(盐市交办〔2009〕1 号文)。

1 月 22 日 省交通厅党组书记刘大旺和省厅直属部门的负责人到盐城调研交通及春运工作。副市长丁建奇、市交通局局长管亚光等陪同调研。在盐城期间,刘大旺一行先后赴盐城汽车客运站、盐城火车站、盐城民航站、城西大桥实地检查春运工作,详细了解盐城春运情况,并听取了全市交通工作和春运情况的汇报。

▲ 盐国资〔2009〕1 号文,盐城民航站国有资产划归盐城市交通投资有限公司。市国资委持有的江苏盐阜公路运输集团有限公司 37. 12% 股权一并划归盐城市交通投资有限公司持有。

2 月 4 日 市交通局召开了 G204 盐城北段第二轮改造动员会,市交通局局长管亚光、副局长周启兆出席会议。盐城北段长 99. 07 公里。

2 月 6 日 市政府领导带领市交通局和有关县(市)负责人专程去省交通厅拜会游庆仲厅长、钱国超、王昌保副厅长等,与省交通厅共谋盐城市交通发展大计,达成共识。省交通厅表示将全力支持沿海开发战略中所涉及盐城的交通发展规划项目。

2 月 11 日 市交通局召开全市 2008 年度交通工作总结表彰大会,副市长丁建奇到会讲话,局长管亚光作题为“保增长、促发展,为全市交通做出新的更大贡献”的工作报告。

2 月 23 日 市委、市政府召开全市交通工作会议,市委书记赵鹏在讲话中要求,抢抓新机遇,应对新挑战,奋力实现交通新一轮跨越发展。副市长丁建奇在会上作了“加快构建综合交通运输体系,努力实现盐城交通又好又快发展”的工作报告。

2 月 28 日 自当日 0 时起,盐城全市范围内政府还贷二级公路停止收费。具体是:宁盐公路收费站、建宝线建湖收费站、陈李公路新洋收费站东收费点,盐淮公路阜宁收费站、陈李公路大丰收费站。

3 月 9 日 市交通局召开交通重点项目推进会,市交通局局长管亚光要求,要加快工程进度,加大组织力度,确保全市 39 项交通重点工程按时序进度实施到位。

3 月 17 日 省委书记、省人大常委会主任梁保华,专程到阜宁考察指导工作。梁宝华说,阜宁是全省三个没有通高速公路的县份之一,省里将立即安排交通部门帮助规划,让阜宁早日通上高速公路。

3 月 19 日 市交通局副局长周忠在大丰主持召开盐城港大丰港区疏港航道工程初步设计工作协调会。市航道管理处负责人以及承担该航道和桥梁工程初步设计工作的江苏省交通规划设计院有限公司项目组成员参加了会议。

3 月 20 日 市交通局召开《盐城市志·交通卷》编纂工作动员部署会,市交通局副局长、党委副书记、《盐城市志·交通卷》编纂委员会副主任潘进山作动员,市方志办公室副主任茆贵鸣作专题讲座。

3 月 26 日 由温州市打私与海防口岸办、温州机场边防检查站、温州海关、出入境检验检疫局和永强机场等单位组成的温州市空港口岸考察团到盐城考察。

▲ S326 自沿海高速公路至陈家港段改扩建工程开工建设,全长 23. 45 公里,双向四车道一级公路标准,概算总投资 4. 20 亿元。

3 月 27 日 市交通局召开全市交通工会工作会议,市总工会副主席周新民,市交通局副局长、党委副书记潘进山到会讲话,市交通局工委主任陈志超作工作报告。

3 月 31 日 江苏国信资产管理集团党委书记、董事长董启彬一行考察了盐城港大丰港区。董启彬表示,大丰港区发展前景广阔,投资环境优越,此行目的就是寻求合作。

3 月 中电投与盐城市政府在北京人民大会堂签订了投资 100 亿元建设中电投滨海港 5000 万

吨储煤中心项目。

4月1日　市政府召开“盐城市内河航道网规划”评审会,省交通厅、省航道局、省发改委等单位领导和专家出席会议,对规划进行评审,并原则通过。

4月5日　晚10:20市委书记赵鹏来到S331工地进行视察,激励工程建设者争分夺秒推进交通工程建设,实现全市交通建设新一轮大发展。

4月8日　市委、市政府在亭湖区新行政中心举行S331通榆河特大桥暨G204盐城北段改扩建工程开工仪式,市委书记赵鹏宣布工程开工。市政府成立S331建设指挥部,副市长丁建奇任指挥。G204盐城北段改扩建工程,全长99.07公里,其中新建工程11.26公里,其余为老路改造。全线按一级公路标准建设,概算总投资12.4亿元。

4月9日　自即日起,盐城南洋机场航空一类口岸正式对外开放。外国籍飞机可以在盐城南洋机场起降。

4月10日　市交通局举行G204跨世纪大道立交桥工程开工仪式。该桥将为盐城市区西大门开辟一条新的交通快速干道。

▲　盐委组〔2009〕17号文,徐修俊任市铁路建设管理办公室副调研员。

4月13日　宁靖盐高速公路盐城北段青墩连接线上的新洋港大桥实现全幅合龙。该桥全长282米,宽26.5米,投资2400万元。

4月16日　省委副书记、省委组织部长王国生,副省长史和平到盐城港大丰港区检查学习实践科学发展观活动开展情况和大丰港区二期工程沿海开发工作。市委书记赵鹏等陪同。

4月19日　由中共中央组织部等国家八部委组织的院士专家服务团,到盐城港大丰港区进行考察,在实地考察的基础上,提出了港区和沿海开发工作的意见和建议。

5月4日　盐城市政府组织召开盐城市内河航道网规划审查会议。

5月6日　副市长丁建奇在市政府副秘书长张洪达、市交通局局长管亚光等陪同下,督查了G204盐城绕城段、S331盐城东段改扩建及沿海高速公路盐城开发区连接线二期工程等交通重点工程建设情况。

5月8日　市委书记赵鹏视察盐城汽车客运北站建设前期准备情况。盐城汽车客运北站建设列入今年市政府为民办实事工程,目前已完成征地拆迁及地面建筑物拆除任务。

5月12日　省总工会副主席杨星云到市航道管理处直属站进行调研,重点了解基层工会组织建设、安全和劳动保护、学习型组织创建、职工之家活动开展等方面工作情况。

5月13日　市委书记、市人大常委会主任赵鹏专程到阜宁调研考察交通基础设施建设工作。

5月16日　S329阜宁县城段跨越射阳河上的新兴大桥建成通车,该桥全长308米,宽22.50米,主跨88米,独塔斜拉,塔高51.60米,总投资8000万元。

5月18~19日　民航华东地区管理局局长夏兴华到盐城南洋机场进行调研。市委书记赵鹏会见夏兴华一行。

5月20日　市航道管理处直属站被交通运输部和中国海员建设工会全国委员会联合表彰为“全国水运系统安全优秀班组”。

5月26日　滨海县疏港大道S327公路建成通车。大道全长71.30公里,总投资11.20亿元,是当年省里投资最大的单项县级交通工程。

6月4日　省长罗志军到盐城调研港口开发和风电产业发展情况。省政府秘书长樊金龙、副秘书长张大强和省交通厅副厅长、省港口局局长王昌保及省有关部门负责人随同到盐城调研。

6月11日　省委常委、副省长赵克志到盐城港滨海港区视察港口开发建设工程。

6月15日　北京振兴盐城咨询委员会主任王俊到盐城考察通榆河航道,希望进一步加强航道管理,更好地为地方经济服务。

6 月 19 日　开通盐城—香港航班剪彩仪式在香港香格里拉酒店隆重举行,江苏省省长罗志军为盐城—香港航班开通剪彩。在港期间,市领导陪同罗志军拜会了香港特别行政区行政长官曾荫权、香港贸发总裁林天福、香港恒基地产公司主席李兆基等各界人士。

6 月 20 日　下午,盐城—香港航班开通,市委、市政府在盐城南洋机场候机大厅隆重举行了盐城—香港航班首航仪式。盐城市委书记赵鹏、市委副书记李驰、市人大常委会副主任周古城等为盐城—香港航班开通剪彩。市交通局局长管亚光介绍航班有关情况。下午 2:50 东方航空公司空客 320 客机载着 116 名旅客,腾空而起,飞向国际金融商贸中心香港。

6 月 23 日　中电投与江苏滨海港务有限公司协议签约仪式在盐城成功举行,市领导赵鹏、戴元湖、丁建奇、曹友琥,中电投集团总经理周世平出席签约仪式。

6 月 26 日　市内河航道网规划获得市政府批准。

7 月 1 日　市交通局隆重召开纪念中国共产党成立 88 周年大会,局党委书记、局长管亚光作纪念讲话。

7 月 3 日　市政府成立刘大线航道整治工程(大丰港疏港航道工程)建设指挥部,丁建奇任指挥,张洪达、管亚光、倪峰任副指挥。

7 月 7 ~8 日　全省干线公路建设工作会议在盐城召开,省交通厅副厅长钱国超、副市长丁建奇出席会议,市交通局局长管亚光介绍了盐城干线公路建设情况,出席会议的全省 100 多名代表,观摩了 S329(射阳段)在建现场。

7 月 15 日　盐城—温州—桂林民航航班恢复通航。

7 月 23 日　盐城南洋机场迎来来自新加坡航班号为 VPCKD 香港公务包机,这是自 4 月份宣布机场对外籍飞机开放后起降的首架外籍飞机。

7 月 29 日　S231 阜宁段竣工通车。阜宁县境内长 14. 66 公里,双向四车道一级公路标准,共投资 3. 2 亿元。

7 月 31 日　市文明办、市公安局、市建设局、市交通局和市总工会等五个部门联合在盐城汽车客运站站前广场举行“迎国庆讲文明树新风’”活动启动仪式,全市二级以上客运站代表 300 多人出席。

8 月 3 日　盐城市 351 艘危险化学品运输船全部装上 GPS,遇有危险航行时,可及时向盐城海事 12395 报警。

8 月 8 日　总投资 20 亿元的盐城港射阳港区深水航道整治工程正式开工。市委书记赵鹏宣布开工,中国 · 星宝集团高层及诚邀的国内外客商参加了开工仪式。

8 月 17 日　盐委组〔2009〕82 号文,管亚光兼任盐城港港口局党组成员、书记。

8 月 28 日　宁靖盐高速公路青墩互通连接线建成通车。

9 月 4 日　省发改委在南京组织召开了“大丰港疏港航道建设工程初步设计审查会”。

9 月 5 ~6 日　省委书记梁保华就加快实施沿海发展规划到盐城考察调研,在响水陈家港听取有关灌河开发利用规划情况的汇报。

9 月 17 日　盐城汽车客运站荣获“中国道路运输百强诚信站场”荣誉称号。

9 月 18 日　由市交通局局长管亚光、副局长周忠、市公路管理处主任葛春宽、盐城民航站站长崔花等组成的市交通局慰问团,在市人大常委会副主任周古城带领下,赴绵竹慰问援建四川地震灾区的省市援建指挥部。

10 月 16 日　盐委组〔2009〕89 号文,王铮任市铁路建设管理办公室副主任、党组成员。盐委组〔2009〕92 号文,葛春宽任市交通局副局长、党委委员。盐委组〔2009〕101 号文,郭东成任市铁路建设管理办公室副主任、党组成员(试用期一年)。

10 月 26 日　铁道部和江苏省政府向国家发改委上报了《关于报送连云港至盐城铁路可行性

研究报告的函》。

▲ 市委副书记李驰视察S331建设工地，检查工程进展情况，市交通局局长管亚光、副局长葛春宽、亭湖区区长陈红红陪同。他指出：S331公路是名副其实的临海城市内的公路，今后在国家沿海大开发中，将担当中心枢纽作用。

10月31日 盐城—连云港铁路路线测定工作结束。

11月6日 江苏省临海高等级公路盐城—南通段建设工程方案设计会在盐城召开。

11月11日 省交通厅副厅长王昌保到盐城调研沿海港口建设推进情况。

11月15日 盐城南洋机场开通盐城—三亚航班，至此，盐城开通国内、国际和地区航班33个。

11月18日 盐城港大丰港区二期工程5万吨级(兼靠7万吨级)码头建成试通航。

11月24日 省交通运输厅厅长游庆仲、副厅长王昌保带领厅直单位、部门的相关领导，在盐城就2010年交通工作进行调研。游庆仲一行还考察了盐都区华晓医药物流有限公司。

12月2日 沿海高速公路盐城开发区连接线建成通车。该线全长9.20公里，总投资2亿元。

12月22~23日 省十届人大常委会代理主任、党组书记王寿亭等，在市委书记、市人大常委会主任赵鹏等陪同下视察了盐城港响水港区和大丰港区、江苏宏铭船舶有限公司、江苏国华陈家港发电有限公司、大丰港区二期工程建设情况，听取了响水县、大丰市和盐城市沿海开发工作情况汇报，对盐城市推进沿海开发取得的明显成效给予充分肯定。

12月23日 盐城交通技师学院隆重庆祝建校30周年。

12月25日 S331下穿新长铁路隧道工程正式开工。工程全长566米，其中下穿新长铁路正投影长度56.15米，断面布置为4孔8.75米箱型立交；路面全宽40.10米，双向六车道，两侧另设宽3.50米人行道和非机动车道。工程总投资1.20亿元。

12月31日 刘大线航道(大丰港疏港航道)整治工程举行开工典礼。该航道全长55.67公里，总投资13.20亿元，是盐城市航道史上投资最大的工程。市委书记赵鹏出席开工典礼。

▲ 全市全年完成交通基础设施建设投资70.96亿元，占市政府下达计划的114.50%，比上年增长39.47%，创历史新高。其中公路建设60.25亿元，航道建设4500万元，港口建设9.14亿元，公路客货运站场建设1.12亿元。

2010年

1月1日 在全市目标任务考核表彰会上，市交通局荣获2009年度全市目标任务绩效考核综合先进奖(连续四年获此殊荣)，同时获得7个单项工作先进集体奖。

▲ S234阜宁改线段和盐淮高速公路阜宁连接线举行开工典礼。S234阜宁县境内全长24.16公里，全线按双向四车道一级公路标准建设，概算投资6.20亿元，计划2011年竣工通车。

1月8日 S234建湖段37公里技改工程开工，省交通运输厅副厅长钱国超，市委副书记李驰出席开工仪式。

1月22日 省委、省政府苏委〔2010〕20号文，关于印发《盐城市人民政府机构改革方案》的通知。通知明确组建市交通运输局，将市交通局、市铁路建设管理办公室的职责、市港口管理局的内河港口管理职责、市建设局的城市客运(含出租车行业)管理职责，整合划入市交通运输局，挂市铁路建设办公室牌子，不再保留市交通局、市铁路建设管理办公室。市港口管理局由市交通局管理调整为市政府工作部门。

1月28日 市交通运输局召开全市交通运输系统2010年春运工作会议，全面部署全系统春运工作。全市拟投入春运营运客车3476辆9.45万个座位。旅游包车92辆3723个座位,安排应急备用运力88辆4093个座位。

1月30日　亭湖区自主实施的宁靖盐高速公路青墩互通连接线通过市有关部门交工验收,该互通连接线全长10.69公里,为一级公路,总投资1.80亿元。

1月　盐城市交通运输协会被民政部表彰为全国先进社会组织。全市自建协会以来,获此殊荣的仅此一家。

2月2日　市政府领导视察S333东台弶港至沿海高速公路段改扩建工程,该线全长37公里,为一级公路。

▲　全长28.30公里的灌河口航道整治工程项目可行性研究报告通过省政府立项审批,灌河口航道整治工程由江苏国华陈家港发电有限公司投资5.28亿元。

2月4日　盐委组〔2010〕35号文,潘进山任市铁路建设办公室主任。

2月6日　全市交通工作会议在盐城召开,副市长丁建奇出席会议并讲话,局长、党委书记管亚光作工作报告。各县(市、区)交通运输局党政主要负责人、市直交通各单位领导班子、中层以上干部、市局机关全体工作人员200多人参加了会议。

2月10日　盐委组〔2010〕83号文,周炳学任市地方海事局副调研员。

2月21日　市城市规划委员会召开会议,围绕沿海特大城市发展目标,就构建铁路、公路、航空、水运和市区轨道交通等多层次综合交通体系进行研究会办。市长李强听取汇报并提出要求。

2月24日　副市长丁建奇带领有关部门负责人,到盐城汽车客运站、盐城火车站、东台汽车站、G204刘庄收费站检查春运道路交通安全工作。

3月4日　临海高等级公路建设推进会在盐城召开。市委副书记李驰、副市长丁建奇、市交通运输局局长管亚光出席会议。临海高等级公路全长526公里,总投资168亿元,其中盐城市境内长248公里(经过响水、滨海、射阳、亭湖、大丰、东台),总投资57亿元。盐城段全线按双向四车道一级公路标准建设,全线预留6车道,局部8车道,设计车速100公里/小时。

3月6~7日　副市长丁建奇等市领导专程赴北京向铁道部和交通运输部汇报盐城加快铁路建设和交通基础设施建设情况。

3月14~15日　市政府召开沿海发展重点项目推进会,市委书记赵鹏等与会领导视察了刘大线航道整治工程的施工现场。

3月19日　正式启用"盐城市交通运输局"印章。

3月23日　全市交通运输系统工会工作会议在市交通大厦召开。

3月28日　交通运输部部长李盛霖到盐城视察了南洋机场、通榆河和盐城BRT快速公交系统建设营运情况。市委书记赵鹏陪同考察。

3月29日　全市交通重点工程推进工作会议在盐城召开,市政府领导出席会议并讲话。市人大常委会副主任何桂英、市政协副主席葛传华出席了会议。

▲　大丰港二期工程5万吨级码头(兼靠7万吨级)正式投入运营。该工程总投资13.80亿元。

4月1日　外交部原副部长吉佩定一行在市交通运输局领导管亚光、潘进山陪同下,参观了交通展示馆。

▲　市委书记赵鹏、副市长丁建奇,在市交通运输局和亭湖区政府领导陪同下,冒雨视察S331盐城东段建设情况。

4月5日　中电投副总经理苏力到滨海县,视察滨海港开发建设工作,市委常委、常务副市长陈正邦陪同考察,并就滨海港储配煤中心、海上风电等重大项目进一步沟通,加强合作。

4月9日　市政府发文成立连盐铁路盐城段建设指挥部,副市长丁建奇任总指挥,市交通运输局局长、党委书记管亚光,市铁路建设办公室主任、市交通运输局副局长、党委副书记潘进山任副总指挥。

4 月 13 ~15 日 民航华东地区管理局组织对盐城南洋机场进行航空保安审计,审计初步结论为“符合”。

4 月 16 日 中共中央政治局委员、上海市委书记俞正声到大丰视察沿海开发,省、市委负责人陪同视察。

4 月 17 日 市政府召开全市农村公路工作会议,会议要求农村公路建设要由速度规模型向质量效益型转变。

4 月 18 日 市运输管理处召开“全市运输企业上海世博会安保工作会议”,全市主要客运企业和道路危货运输企业负责人出席了会议。

4 月 20 日 全长 45 公里,概算总投资 23 亿元的阜宁至建湖的高速公路工程预可行性研究报告通过省级审查。

4 月 21 日 市交通运输局机关(含离退休老干部)和市公路管理处、航道管理处、运输管理处 280 人向玉树地震灾区捐款 4.39 万元。

4 月 26 日 全市沿海第一条双向八车道大丰市通港大道改扩建工程举行开工仪式。工程概算总投资 9.75 亿元,其中道路扩建 7.4 亿元,BRT 系统建设 2.35 亿元。

4 月 30 日 在盐城市第七届劳动模范表彰大会上,市交通运输行业崔花、宋伟宏、徐爱华、肖广和、陈竹祥被授予市劳动模范称号。

5 月 5 日 市交通运输局局长、党委书记管亚光在廉政论坛上发表文章,题为:贯彻实施《廉政准则》,全面打造“廉政交通”。

▲ 铁道部发展计划司在北京召开盐城到海安铁路扩能预可行性研究审查会、市铁路建设办公室主任潘进山、副主任王铮参加会议。

5 月 6 日 市委副书记李驰到响水督查 S326 响水—陈家港段改扩建工程建设进展情况。

5 月 9 日 中华全国总工会授予江苏河海股份有限公司“职工书屋示范点”铜牌,这在江苏内河水运企业中属首家。

5 月 14 日 射阳县海河镇陡港村收到原村民薛学军先后从南京汇来的捐款 210 万元,资助家乡修建道路。薛学军从射阳到南京,打拼出一片事业新天地,身在他乡,心系故土,捐巨资修建家乡道路的感人事迹,为世人称颂。

5 月 24 日 盐政办发〔2010〕60 号文,盐城市交通运输局内设机构为:办公室、政策法规处(行政许可服务处)、综合计划处(招投标办公室)、安全监督处(科技处、应急办公室)、财务审计处、组织人事处、机关党委、市国防动员委员会交通战备办公室,行政编制 40 名。派驻纪检(监察)机构行政编制 3 名。市铁路建设办公室内设机构:规划计划处、建设工程管理处、质量安全监督处(综合处),事业编制 10 名。

6 月 1 日 临海高等级公路开工仪式在盐城市举行。开工仪式由副省长史和平主持,常务副省长赵克志在仪式上讲话,罗志军省长为工程奠基揭牌,盐城市委书记赵鹏代表连云港、盐城、南通三市致辞。

6 月 6 日 民航华东地区管理局局长沈泽江到盐城调研,市委书记赵鹏会见沈泽江局长及调研组全体成员。

6 月 11 日 2010 年全国长江三等船员适任统考考生 300 多人在盐城交通技师学院开考。

6 月 12 日 S333 东台弶港至沿海高速公路段扩建工程建成通车。该路段全长 36 公里,一级公路标准,投资 8 亿多元。2008 年 8 月份开工。

6 月 18 日 省交通运输厅副厅长、省铁路办副主任张晓玲到盐城调研,并在盐城召开调研汇报会,要求进一步加大组织力度,加快推进连云港—盐城铁路建设。

6月29日 市交通运输局局长管亚光督查刘大线航道整治工程进展情况,要求7月份完成征地拆迁杆线迁移,确保8月份全线开工。

7月6日 省委书记梁保华及省委常委、省委秘书长李云峰带领省发改委、省财政厅、科技厅、交通运输厅、环保厅、省农委、商务厅、海洋渔业厅等部门领导,到盐城港大丰港区,就沿海开发进行调研,市领导赵鹏等陪同。

▲ 一艘巴拿马籍的6.70万吨级天华轮驶进盐城港大丰港区,这是大丰港区开港以来乃至盐城地区有史以来停泊的最大货轮。

7月10日 市发改委在盐城主持召开盐城市区范公路快速路工程初步设计审查会。

7月15日 国家二类水路口岸——盐城港阜宁港区(内河港)正式开港,市委书记赵鹏出席开港仪式。阜宁港区2008年4月开工建设,累计投入2.60亿元,码头靠泊能力3000吨以上。

7月22日 副市长丁建奇带着夏季防暑降温用品到市区南环路三期工程建设工地慰问交通建设者。

7月25日 国家发改委批复同意连云港至盐城铁路可行性研究报告,年内开工建设。

7月28日 市交通运输局举办国防形势报告会,邀请原中国人民解放军出版社社长、《解放军生活杂志》创始人朱冬生大校作国防形势报告,市局机关和市直交通单位中层以上干部数百人聆听了报告。

8月6日 盐城港大丰港区二期码头对外开放通过省级验收。

▲ 全市交通工程质量监督、安全监管工作会议在盐城召开,局长管亚光出席会议并作讲话,要求交通战线职工要始终把质量、安全作为实现交通建设目标的重中之重,切实抓好,抓出成效。

8月8日 盐市编〔2010〕33号文,同意在市航道管理处增挂"盐城市内河港口管理处"牌子,并增设内设机构内河港口管理科。

8月27日 盐委组〔2010〕142号文,商颖任市铁路建设办公室副调研员。

8月31日 市政府在盐城召开连盐铁路盐城段建设指挥部组成人员会议,副市长丁建奇出席会议并讲话,要求当前要抓好四项重点工作:(1)健全组织机构;(2)严格执行政策;(3)完成资本金筹集;四、明确工作职责。

▲ 盐城南洋机场边防检查站正式成立,揭牌仪式在机场举行。

9月3日 S331盐城东段服务区开工,建筑面积1589平方米,绿化面积6260平方米,工程造价约700万元。

9月5日 盐城南洋机场空管SMS建设通过民航华东地区管理局评审。

9月20日 副市长丁建奇带领市政府办、交通、公安、公路部门负责人以及G204沿线县(市、区)政府领导就盐城市G204迎检(迎接交通运输部检查)工作进行专项督查。

9月25~29日 民航华东地区管理局组织对盐城民航站进行安全审计。民航华东地区管理局副局长胡亚明、民航江苏安全监督管理局副局长张峰、副市长丁建奇等领导参加审计,在对1861个安全项目审计后,确认合格,顺利通过安全审计。

9月26日 盐城港总体规划正式通过省政府批复。

9月29日 市区快速路网工程正式开工。市委书记赵鹏等领导出席开工典礼,大市区快速路网由12条,总长89公里干线和9处互通立交枢纽组成,由市交通运输局负责建设。

10月19日 大丰港与台湾基隆港直航典礼在大丰港区举行,市委书记赵鹏,台湾世邦集团、中国诚通集团负责人等出席直航典礼。

10月22日 市铁路建设办公室主任潘进山一行专程到南京,向省铁路建设办公室主任张晓玲等领导汇报连盐铁路建设前期工作。

10月27日　S234亭湖段改扩建工程正式开工,该段长20公里,概算投资6亿元。

10月29日　市政府召开临海高等级公路建设工作推进会,东台等沿线六个县(市、区)主要领导及建设工程指挥部各成员单位的负责人出席了会议。

11月4日　长江干线航道船舶标准化推进会在盐城召开。盐城市进入长江航线的船舶有1.52万艘。

▲　盐市交计〔2010〕63号文,成立江苏省交通运输招标评标中心盐城分中心。

11月11~12日　省交通运输厅在盐城召开江苏省沿海及苏北地区交通运输局局长座谈会,省交通运输厅厅长游庆仲、副巡视员惠先宝出席会议。与会人员围绕当前交通运输和"十二五"规划议题,相互交流,互相学习,拓展了视野,促进了工作。盐城市委副书记李驰、副市长丁建奇出席会议。

12月2日　市政府在阜宁召开连盐铁路盐城段征地拆迁前期重点工作推进会,市政府副秘书长陈峰出席会议并讲话。沿线各有关县(区)政府和市有关部门分管负责人、各县(区)铁路办主任、沿线各县(区)有关乡镇负责人出席了会议。

12月9日　江苏悦达集团、东风悦达起亚汽车有限公司与盐城交通技师学院在盐城举行校企合作签约仪式。该公司向学院赠送了2辆汽车和1台发动机,价值32万元,作为教学设备使用。

12月16日　副市长丁建奇等市领导检查了S331下穿铁路隧道工地,市交通运输局局长管亚光和相关部门负责人陪同检查。

12月22日　G204盐城段改扩建工程全线通车典礼在阜宁举行。副市长丁建奇、省公路局局长张立早、市交通运输局局长管亚光等出席会议并为通车剪彩。改造后的G204全长198.07公里,总投资37.40亿元。

12月26日　连盐铁路建设动员大会在连云港举行,铁道部领导,省委书记罗志军、代省长李学勇、市委书记赵鹏及沿线县(区)负责人参加。

12月29日　东台市举行临海高等级公路东台段开工典礼,市交通运输局局长管亚光、东台市市委书记祁彪、市长葛启发等参加了开工典礼。

12月30日　盐市交委〔2010〕33号文,接盐委组〔2010〕226号文,陈正华任市地方海事局局长,试用期一年。

▲　市交通运输局召开《盐城市志·交通卷》评审会,市方志办公室主任徐诚生、副主任茆贵鸣,市交通运输局副局长、党委副书记、《盐城市志·交通卷》编纂委员会副主任潘进山等出席会议。专家一致意见通过评审。

12月31日　全市全年完成交通基础设施建设投资75.87亿元,比上年增长6.92%,创历史新高。其中公路建设53.30亿元(含大市区"田"字型快速路1亿元),航道建设3.76亿元,港口建设17.59亿元,民航建设2810万元,公路客货运站场建设9400万元。

2011年

1月1日　响水县隆重举行临海高等级公路响水段开工暨S326等四条公路通车仪式。市领导陈正邦出席仪式并致贺辞,盐城军分区领导宋修明、市交通运输局局长管亚光、副局长周启兆、响水县县委书记潘道津、县长马俊健等参加通车仪式。临海高等级公路响水段全长26.05公里,全线按一级公路标准建设。

▲　临海高等级公路滨海段开工典礼在滨海港镇裕众村举行。市领导陈正邦,市交通运输局

领导管亚光、周启兆，县领导王斌、姚兆春，中城建二局总裁孙斌等出席开工典礼。临海高等级公路滨海段全长34.84公里，全线按一级公路标准建设。

1月17日　市交通运输局召开全市交通运输系统2011年春节运输工作动员大会，副局长薛华作动员讲话。

1月22日　S331盐城东段全线通车。市领导赵鹏、冯永农、周古城、顾春芳，以及市有关部门负责人出席通车仪式，市领导陈正邦主持仪式，市领导丁建奇讲话。

1月25日　盐市交委〔2011〕3号文，刘新春任市交通技师学院院长（市交通高级技工学校校长），试用期一年。

2月3日　市领导赵鹏、陈正邦、戴元湖等到盐城汽车客运站亲切看望慰问奋战在春运一线的干部职工。

2月16日　在交通大厦302会议室召开全市交通运输工作会议。副市长丁建奇出席会议并讲话，局长管亚光作工作报告。

3月1日　盐委组〔2011〕2号文，周启兆任市交通运输局副调研员。

3月23日　中电投党组成员、副总经理余德辉率公司高管到滨海港考察，该公司准备在煤电化工及物流等方面加强与滨海港的合作。

3月24日　盐市交委〔2011〕16号文，接盐委组〔2010〕198号文通知，郭东成任市铁路建设办公室副主任。

▲　盐市交委〔2011〕17号文，接盐委组〔2011〕4号文通知，陈红旗任市运输管理处副调研员。

3月30日　盐城市连盐铁路建设指挥部办公室（简称"市铁指办"）主任潘进山率市铁指办相关人员和各县（市、区）铁路办主任、征地拆迁业务骨干一行30人，赴扬州、镇江两市考察学习铁路拆迁安置及内业资料整理工作。

3月31日　全市铁路工作会议在盐城召开。省铁路办连盐项目部、市铁指办相关人员，各县（区）铁路办征地拆迁业务骨干出席会议。省铁路办连盐项目部盐城组组长高剑敏出席会议并作了具体的业务指导，市交通运输局副局长、党委副书记、市铁路办主任潘进山出席会议并讲话。

4月6日　盐市交委〔2011〕15号文，刘红任市交通档案馆馆长。

4月8日　市交通运输局2010年度综合平安创建工作总结表彰会议在盐城民航站召开。市局副局长、党委副书记潘进山，市局相关处室负责人，市直交通各单位分管领导和职能科室负责人共30多人出席会议。

4月11日　连申线东台段航道整治工程顺利开工，标志着整个连申线东台段航道整治工程拉开建设大幕。

4月14日　省交通运输厅副厅长李先友、省公路局副局长徐铁昆等一行到盐城督查指导迎检工作。听汇报、查资料、看养护，对盐城迎检工作给予充分肯定，并就下一步迎检工作提出指导意见和要求。

4月19日　市区城市快速路网工程范公路BT项目正式签约。市政府领导及江苏国信集团董事长董启彬出席签约仪式并致辞。

4月22日　市政府组织干线公路"迎国检"工作专项督查，副市长丁建奇要求各县（市、区）及有关部门进一步加大工作力度，努力为江苏迎检夺冠作贡献。

4月26日　市航道管理处直属站获全国企事业单位班组建设最高荣誉—"全国工人先锋号"。

4月29日　至今日连盐铁路盐城市境内29条市、县管辖骨干河道30座桥梁防洪评价工作圆满完成，发放了行政许可决定。

5月1日　市交通运输局机关办公自动化系统建成启用，实现无纸化办公。

5月13日　一艘7.70万吨级美国"托姆斯卡恩"货轮满载7万吨焦化煤炭，靠泊大丰港二期码头卸货,再一次刷新了大丰港乃至盐城地区有史以来停泊最大货轮的记录。

5月17日 临海高等级公路射阳段夸套河大桥开工建设。

5月20日 副市长曹友琥就航空物流发展问题到南洋机场调研。

5月22~23日 交通运输部检查组对全市干线公路养护管理工作进行检查。检查组在听取全市干线公路养护管理工作情况汇报的基础上,查看了规范化管理台账、G204“数字”公路示范段、有关桥梁和盐城服务区、S233“精细化”养护现场、一个大中修工程、滨海公路站(路政大队)、东坎养护工区和G204响水治超站;检查了沿海高速公路上的盐东收费站、射阳服务区、路政三大队、养护中心及两座管养桥梁,并对G204响水到盐城段、沿海高速公路东台至响水段路况进行全程检测。

5月27日 副市长曹友琥等市领导在台湾访问期间拜会了台湾“交通部民用航空局”局长尹承蓬,就开通盐城与台湾的定期航班事宜进行了商谈。市交通运输局局长管亚光等有关人员随同参加。

▲ 全市内河交通安全管理观摩会在盐都区召开,来自全市基层地方海事部门的负责人及航监管理人员一行40人参加了会议。

5月29日 大丰港煤炭集散中心被省发改委列为“国家煤炭战略储备中转基地”。

6月3日 市临海高等级公路射阳段、亭湖段施工图设计通过省公路局的审查,至此该项目前期设计工作全部结束,进入施工实施阶段。

6月8日 东风悦达起亚、盐城交通技师学院校企合作签约仪式在市交通技师学院举行。

6月14~15日 省口岸办主任徐斌带领相关查验部门负责人到建湖县,调研建湖港区二类水运口岸建设情况。

6月15日 临海高等级公路东台段建设工程指挥部召开预防职务犯罪工作会议,东台市检察院主动派员就预防职务犯罪进行法律法规辅导,为交通重点工程建设保驾护航。

6月21日 大丰市委书记倪峰、市长陈平率全体党代表到通港大道现场,大丰市交通重点工程建设指挥部副总指挥、副市长范大玉向全体党代表详细汇报了通港大道的建设情况。通港大道为盐城市第一条双向八车道出海大通道。

6月27日 省交通运输厅在南京召开全省交通运输行业纪念中国共产党成立90周年大会,盐城民航站“飞燕班组”党小组被表彰为“全省交通运输行业创先争优活动十大先进典型”。

6月28日 盐城大市区快速路网范公路快速通道建军路立交工程开钻。工程范围北起黄海路南,南至建军路南,全长1.66公里,计划工期2年。

▲ 市直交通运输系统隆重召开庆祝建党90周年大会,会上,表彰了党史知识竞赛获奖单位和个人,观看了红色经典影片《建党伟业》。市直交通运输系统200名党员干部参加了庆祝大会。

7月1日 《公路安全保护条例》正式施行。

7月7日 省发展和改革委员会(以下简称发改委)正式批复盐淮高速公路大丰港至盐城段项目建议书(苏发改基础发〔2011〕1048号文)。

7月15日 省发改委召开“阜宁至建湖高速公路初步设计审查会”,通过了阜宁至建湖高速公路初步设计审查。阜宁至建湖高速公路起自阜宁城西南接S329,止于盐淮高速公路,全长36.26公里,全线采用双向四车道高速公路标准建设,工程概算总投资21.7亿元,建设工期4年。

7月28~30日 为期三天的苏北片区徐州、淮安、连云港、宿迁、盐城五市道路客运企业联办的首届“城际杯”站务技能操作竞赛在盐城汽车客运站圆满落幕。盐阜公路运输集团有限公司、徐州公路运输集团有限责任公司、连云港汽车运输有限公司分别荣获团体一、二、三等奖。

8月1日 省交通运输厅临海高等级公路建设管理办公室、省交通重点工程纪检监察领导小组驻临海高等级公路建设项目办公室在盐城省临海项目办驻地正式揭牌。

8月3日 市委组织部长庄兆林,市总工会主席陈卫国在市交通运输局领导管亚光、葛春宽陪同下，带着夏季慰问品，到城市快速路网建设工地慰问广大建设者。

8 月 5 日 省交通运输厅副厅长钱国超到盐城视察 S234 亭湖段建设情况。亭湖区领导李东成、陆达成、沈政，市交通运输局副局长葛春宽等陪同。

8 月 16 日 副省长史和平带领省相关部门负责人到盐城考察调研。其间，史和平一行察看了 S234 盐城段改扩建工程亭湖段与通榆河大桥建设情况。省交通运输厅副厅长王昌保等省有关部门负责人，市领导赵鹏、戴元湖、丁宇、丁建奇、谷家栋等陪同调研。

8 月 24 日 市委常委、常务副市长陈正邦率市沿海办、发改委、国土局、交通运输局等相关部门和江苏银宝集团负责人视察临海高等级公路射阳段工程建设情况。射阳县县委、县政府主要负责人陪同视察。

8 月 26 日 市政府召开连盐铁路盐城段建设指挥部组成人员会议。连盐铁路盐城段建设指挥部总指挥、副市长丁建奇就如何做好连盐铁路盐城段建设工作作了讲话。

9 月 7 日 下午 3 点 15 分，从台北桃园机场起飞的华信航空 AE095 航班满载 158 名乘客，经过约两小时飞行，跨越台湾海峡，平稳降落在盐城南洋机场。两小时后，由东方航空公司执飞的 MU971 航班，从盐城南洋机场飞往台北。至此，盐城至台北直航航班正式开通，成为江苏省第 4 个且唯一不受航权和航季限制的直航台湾的空港城市。盐城至台北航班由台湾“中华航空公司”、台湾长荣航空公司和东方航空公司执飞，台北桃园机场为直航机场，航程 1500 公里，飞行时间约两小时，航班为每周 6 班。

9 月 8 日 市交通运输局领导管亚光、潘进山等一行专程到交通技师学院庆祝教师节并慰问了广大教职工。

9 月 14 日 《盐城南洋机场（民用部分）总体规划》（以下简称《总规》）评审会在盐城召开。省发改委副主任林一峰，市委常委、常务副市长陈正邦到会并讲话。民航华东地区管理局机场处副处长保卫国主持会议。会议同意《总规》提出的盐城南洋机场近、远期规划目标年分别为 2020 年和 2040 年，其民用部分在民航机场分类中近远期均为中型机场。近期规划跑道延长 600 米，即由现有的 2200 米增加至 2800 米；两侧道肩分别加宽 2.50 米，即由现有的 2.50 米增加至 5 米；扩建停机坪，增加机位 14 个（10C4D）；规划航站区向东北扩建。

9 月 22 日 省发改委组织专家对 S331 盐城西段进行工程可行性研究审查。S331 西段位于盐都区、建湖县境内，长 43 公里，按一级公路标准设计，概算投资 13.80 亿元。

9 月 23 日 省交通运输厅副厅长钱国超，在省公路局副局长、省临海高等级公路办公室常务副主任宋国森和盐城市、亭湖区交通运输部门负责人的陪同下，视察了临海高等级公路亭湖段。

10 月 16 日 盐城港大丰港区二期工程 5 万吨～10 万吨级石化码头暨大件码头试通航仪式在大丰港区举行。省政府副秘书长徐立，市委书记赵鹏、代市长魏国强等出席仪式。

10 月 18 日 省长李学勇、省政府秘书长樊金龙以及省有关部门领导在市委书记赵鹏、代市长魏国强、常务副市长陈正邦等陪同下，先后实地察看了盐城港响水港区、滨海港区和射阳港区。李学勇强调指出，港口建设是沿海开发的重要基础，要以港口码头建设推进沿海开发。

10 月 24 日 市委书记赵鹏主持召开全市交通重大基础设施项目会办会，对新长铁路盐城至海安段扩能项目、阜宁至建湖高速公路项目、盐城南洋机场扩建项目、“田”字型快速路网项目等全市交通重大基础设施项目逐一过堂。

10 月 28 日 S333 东台北绕城段工程通榆河大桥开工。通榆河大桥全长 733.20 米，主跨 110 米，一孔跨越通榆河；概算投资 8000 万元，计划 2013 年 6 月 30 日建成通车。

▲ 东台市召开连申线东台段航道整治工程拆迁动员大会，全面启动房屋拆迁及土地征用工作。

10 月 31 日 市委书记赵鹏、市委组织部长庄兆林等在市交通运输局局长管亚光的陪同下，考察了盐城交通技师学院新校区。

11月7日 截至本日，大丰港货物吞吐量近1100万吨，同比增长14%。已接卸各类船舶1342艘（次），预计到年底货物吞吐量将突破1200万吨。

11月8日 盐城南洋机场客运量达20.09万人，首次突破年客运量20万人大关，比去年全年增长5%，这标志着盐城民航发展又迈上了一个更高的台阶。

11月11日 全市干线公路建设现场会在射阳召开，市交通运输局副局长、公路处主任葛春宽、射阳县政府有关负责人出席。与会代表观摩了临海高等级公路射阳段LQ3标、LQ6标施工现场，会议传达了全省干线公路建设工程现场会精神，通报了2011年全市干线公路建设工程质量督查情况。

11月15日 市妇联举行了“岗位建新功，巾帼展风采”巾帼文明岗风采展示活动，在这次文艺演出活动中，盐城民航站《燕翔蓝天》荣获一等奖，96196盐城交通服务热线《您好，96196》荣获二等奖。

11月16日 市交通运输局副局长、党委副书记，市铁路建设办公室主任潘进山在市航道管理处书记束必专、东台市交通运输局副局长朱殿明等陪同下检查连申线东台段航道整治工程的拆迁工作。

11月19～21日 盐城交通技师学院第二十七届田径运动会隆重举行。

11月22日 盐城市委常委、东台市委书记张礼祥到临海高等级公路东台段，检查指导工作。

11月23日 市第六届交通文化节在交通技师学院隆重举行。局领导管亚光、潘进山、陈志超参加了开幕式。

11月30日 盐城汽车客运北站正式启用。

12月13日 盐城23名省市人大代表在市政协主席冯永农、市人大常委会副主任陈卫国等率领下视察盐城农村交通基础设施建设。

12月23日 盐市交委〔2011〕34号文，接盐委组〔2011〕200号文通知，薛峰任市运输管理处主任、党总支书记。

12月29日 盐市编办〔2011〕101号文，同意在盐城市亭湖地方海事处、盐城市盐都地方海事处增挂“盐城市亭湖水上执法大队”“盐城市盐都水上执法大队”牌子，在各自辖区行使水上统一上航执法职责。

12月31日 盐委组〔2011〕223号文，陈正华任市地方海事局局长。

12月 盐城民航站被中央精神文明建设指导委员会授予“全国文明单位”。

▲ 全市全年完成交通基础设施建设投资84.81亿元，比上年增长11.78%。其中公路建设55.71亿元，航道建设5.80亿元，港口建设22.54亿元，公路客货运站场建设7590万元。

第一章 交通环境

盐城市东濒黄海，面向浩瀚的太平洋，海域辽阔，海岸线漫长，有优良的海湾海港和丰富的海产品，且海岸外缘孕育着巨大的辐射状沙脊群，是现今世界上特有的自然景观。

境内沟河纵横，水网密布，长50公里以上的大型河流有12条，湖、荡、塘亦较多。河流主要为淮河水系，地下水在地域分布上较为广阔，浅层地下水基本无开采利用价值，深层地下水开采比较困难。

全境为平原地貌，西北部和东南部高，中部和东北部低洼，大部分地区海拔不足5米，最大相对高度不足8米。

在这样的自然环境中，交通基础设施建设一方面要充分利用现有的地理地貌，一方面又要克服自然环境带来的不利因素。几十年来，盐城交通人从实际出发，因地制宜，克服了一个又一个困难，在盐城大地上画出了最新最美的图画。

第一节 区位人口

一、区 位

盐城市位于江苏省沿海中部，在北纬32°34′－34°28′，东经119°27′－120°54′之间。最北端为响水县陈家港镇，最南端为东台市唐洋镇，最东端为东台市弶港镇，最西端为阜宁县古河镇。据1987年航测，按至老海堤的外坡脚计算，南北长，最大直线距离213公里；东西窄，最大宽度为143公里。市境东临黄海，南与南通市、泰州市接壤，西、西南与淮安市、扬州市相连，北、西北隔灌河与连云港市相望。市境老海堤内总面积14983平方公里，至2010年市区建成区面积118平方公里。市境东部沿海海岸线长582公里，约占江苏省海岸线总长的60%。沿海滩涂面积45万多公顷，占全省滩涂面积的3/4，现每年仍以0.27万公顷～0.33万公顷的成陆速度向大海淤长。

2003年9月，《盐城市总体规划纲要(2003～2020)》通过专家论证，明确盐城市城市性质为：江苏省沿海中心城市、新兴工业城市、海洋经济服务基地。2006年8月，市第五次党代会明确盐城市城市性质为：江苏省沿海中心城市、长江三角洲新兴的工商业城市、湿地生态旅游城市。盐城市辖5县、2市、2区，2010年全市共有99个乡镇、13个办事处、1855个行政村、577个居委会。

二、人 口

1987年年底，全市人口739.01万人。23年来，人口总量保持低速增长，至2010年年末，全市户籍人口816.12万人，其中城镇人口303.82万人，比上年末增加20.53万人。全年人口出生率为10.82‰，死亡率为6.13‰，人口自然增长率为4.69‰。

盐城市是江苏省第二人口大市，城乡劳动力供给总量为392万人，其中农村劳动力285万人。农村劳动力转移就业157万人，其中劳务输出106万人，出国劳务2万人。现有富余劳动力84万人，可供输出50万人，其中有一技之长的21万人。可供输出的劳动力资源中，具有大专以上文化程度的2.60万人，高中（含中专、技校、职高）文化程度的26.50万人，初中文化程度的20.90万人；具备中级以上职业技能的有5.80万人，初级职业技能的专业人员14.80万人。

第二节 自然环境

一、地 貌

1. 里下河平原区

位于苏北灌溉总渠以南，串场河以西。地势东高西低，整个里下河地区是一个大的碟型洼地，但洼中有高，内有若干小的碟形洼地。据考古工作者的考证，这里6000～7000年前曾是一片汪洋，是一个大浅海湾。后来因长江和淮河搬运来的泥沙沉积于海湾底部，并在其东部形成岸外沙堤，封闭了里下河地区的浅水海，成为泻湖。这是距今3000～4000年前的事。随后泻湖继续受长江、淮河泥沙的充填，原来的水面被分割成大大小小的湖荡、沼泽，其中最大的就是射阳湖。加之人们的围垦利用，这里逐渐形成为一片平原。

盐阜人民在汉代以前已能利用沼泽滩地种植水稻了。处于范公堤西侧的小“海滩”，明代时是一处泻湖区盐滩，丛生蒲苇，可通盐船。春冬季节滩露出，经开垦后成为农田。清康熙（1662～1722年）年间，鞍湖曾是一片汪洋，如今是沃壤平衍，良田阡陌。勤劳的盐阜人民为防止洪涝灾害，在地势相对高起的部位，就地取土培高，修成四周环水的小块高地，种植庄稼，可以旱涝保收。今天的里下河地区，物产丰饶，为著名的商品粮、油料和水产品基地之一。

2. 滨海平原区

位于苏北灌溉总渠以南，串场河以东，直至黄海之滨。这里形成平原是2000～3000年以前的事，至今仍在不断向海延伸。这里也是因黄河和淮河搬运来的泥沙沉积而成。尤其是黄河全流夺淮（1494～1855年）时期，巨量的泥沙夹带，对平原的形成产生深刻影响。1494年时，盐城距海仅30华里。明朝末，距海又增至50华里，清朝中叶竟达100华里以上，到清咸丰五年（1855年）黄河北归时，距海又越出150华里。1855年黄河北徙之后，这里沿海大量泥沙来源断绝，使海岸和陆地又产生了调整性的变化。射阳县大喇叭口向北，由淤涨变为蚀退。但大喇叭口以南的海岸线，却在不断淤涨之中，主要是因为南面的长江，仍继续挟带大量泥沙入海，北面被蚀退的泥沙被南下的沿岸流携带南下，逐渐在岸边沉积而成。淤涨速度较快的是大丰、东台一带，每年以200米～300米的速度向海淤涨，使这里成为滨海平原最宽的地方。

整个滨海平原地势低平，其中有一些是由海湾、古泻湖、古河道的遗迹形成的地势相对低落的洼地，当地居民称之为洼、荡、滩、洋。一些由于受海潮顶托泛滥而形成的自然岸堤地势相对高起，当地居民称之为坎、墩、圩等。滨海平原正开发为农、林、牧、副、渔、工综合发展基地。

3. 黄淮平原区

位于苏北灌溉总渠以北，因受黄河和淮河合力冲积而形成，故称黄淮平原区。盐城市地处淮河尾闾，原为淮河三角洲，后因黄河南徙，带来巨量的泥沙，使三角洲逐渐扩大而形成。黄河带来的泥沙，一方面沿河床和河口不断沉积，使海岸逐步向东延伸，另一方面又经常以决堤、漫堤的方式向两边漫溢和沉积。所夹带的泥沙，通过水力的洗选，粗细沙粒，依次沉淀，粗沙粒沉积于河道两侧附近，而细沙粒沉积于较远处，所以靠近黄河故道都是沙质土，远一点为夹沙土，更远一点的则为油泥土。整个黄淮平原区地势大致以废黄河为中轴，向东北、东南缓慢低落，废黄河海拔高达8.50米，而东北侧海拔迅速下降为2米多，东南部海拔只有1米多。黄淮平原正开发为果树和粮食生产基地。

二、地　　质

1. 地　　层

盐城市位于国家东部滨海平原区，均被松散沉积物覆盖，松散层（Q + N）厚度北部达 1000 米以上，南部亦多在 200 米以上。仅第四系厚度也均大于 150 米，因此，前第四纪地层对拟建公路影响甚微，在此对其不作赘述。

2. 地质构造

盐城市境内基底主要构造体系有东西向构造、华夏系及华夏式构造，主要断裂带有：刘家埝—龙王庙断裂、陈家堡—小海断裂。两处断裂属苏北坳陷区晚白垩世至现代华夏式构造，这些基底构造对区内基岩和松散沉积物的埋藏、分布起了一定的控制作用。

3. 水文地质

盐城市境地层 10 米 ~ 15 米范围内以高含水量、高压缩性的淤质黏性土、淤质粉土为主，就允许承载力而言，可满足五层及五层以下民用建筑及荷载相当的工业建筑作为天然地基使用。从采用天然地基的已有建筑物看，沉降量普遍偏大，甚至出现倾斜和裂隙。第四层和第六层土层较为稳定，可满足多层和高层建筑物对地基的要求，但这两层土厚度及物理学参数变化较大，进行城市建设和工程建设项目设计时需根据具体情况使用。

4. 工程地质

盐城市境地势平坦，地貌形态简单，属堆积平原，串场河以西为古泻湖平原区，串场河以东为滨海平原区。本区地貌形态与新构造运动关系密切，北、西的构造线不但控制了本区的海岸形态，而且两个区的分界也是受这一方向的构造控制。第四纪以来，由于古气候的影响，导致海进海退的往复出现，古地理面貌的改变，控制和影响了第四系土层的沉积。

三、气　　候

1. 气候特征

盐城地处北亚热带向暖温带气候过渡地带，一般以苏北灌溉总渠为界，渠南属北亚热带气候，渠北属南暖温带气候，具有过渡性特征。气候受海洋影响较大，与同纬度的江苏省西部地区相比，春季气温低且回升迟；秋季气温下降缓慢且高于春温；年降水量也比本省西部明显偏多。季风气候明显，冬季受欧亚大陆冷气团影响，盛行偏北风且多寒冷天气；夏季受太平洋副热带高压影响，盛行偏南风且多炎热天气，空气温暖而湿润，雨水丰沛。

2. 气候要素

（1）**气温**　1987 ~ 2010 年全市年平均气温为 14. 40℃ ~ 15. 80℃。冬季（每年 12 月至次年 2 月）平均气温为 3℃ ~ 4. 70℃。春季（3 ~ 5 月）平均气温为 14℃ ~ 15. 20℃。夏季（6 ~ 8 月）平均气温 25. 10℃ ~ 26. 30℃。秋季（9 ~ 11 月）平均气温 15. 60℃ ~ 17. 10℃。

（2）**降水量**　1987 ~ 2010 年全市年平均降水总量为 904. 60 毫米 ~ 1505. 10 毫米。冬季（每年 12 月至次年 2 月）总降水量为 45. 40 毫米 ~ 69. 70 毫米。春季（3 ~ 5 月）总降水量为 142. 90 毫米 ~ 262. 80 毫米。夏季（6 ~ 8 月）总降水量为 546. 40 毫米 ~ 890. 70 毫米。秋季（9 ~ 11 月）总降水量为 169. 90 毫米 ~ 281. 90 毫米。

（3）**日照**　年日照平均时数为 1944 小时。

（4）**风**　年平均风速 3. 40 米/秒，全年大风天数 13 天。

（5）**气压**　年均极端低压 988 百帕，年均极端高压 1046 百帕，年均气压约 1017 百帕。

（6）**地温**　年均极端高温 57. 70℃，年均极端低温 – 9. 30℃。

(7)**雪**　初雪出现日期12月6日,终雪日期3月5日。

(8)**霜**　初霜出现日期10月27日,终霜日期3月28日,无霜日年平均约243天。

(9)**雾**　年平均天数约48天,呈东部多西部少,南部多北部少。

3. 灾害性天气

(1)**龙卷风**　盐城市平均每年有两三次,主要发生在6月至8月。1989年9月16日,大丰县在受第23号台风影响的同时,又遭龙卷风的袭击,普降暴雨,局部出现大暴雨,树倒、房毁、电线断,损失较重,受伤人员达百余人。

(2)**台风**　每年7月至9月,是太平洋台风侵袭盐城市的盛期,1950年以来,平均每年有一二次,危害程度市域东南部沿海重于西北部地区。1965年,第13号强台风8月20日在福建省福清县登陆北上,21、22日盐城市遭正面袭击,出现了8级~10级的北到东北大风,东南部沿海和市区达11级~12级,普降暴雨和大暴雨,使几百万亩农田被淹,数万间房屋倒塌、损坏。

(3)**涝灾**　盐城涝灾主要是因梅雨或强大的台风所造成,常发生在6月至9月,北部多于中、南部。射阳河以北地区,二三年一遇,其他地区四五年一遇。1965年出现的夏涝,7、8月份累计雨量约达871毫米~1507.30毫米。7、8两个月暴雨连续13场,雨水过于集中,数百万亩农田受淹,粮棉产量下降,经济损失严重。

(4)**连阴雨**　1971年梅雨来得早而丰沛,6月1日至7月11日连续阴雨,使大量小麦、蚕豆等夏熟作物霉变,甚至连生长在田间的小麦也发了芽。

(5)**冰雹**　影响盐城市域的冰雹有三个特征:一是地方性,北部多于中、南部,以响水县最多,平均每年两次;二是季节性,春末夏初最多,5月至6月占全年一半以上;三是时间性,通常以下午到上半夜居多,中、强冰雹则都发生在这一时间。如1974年6月2日下午,响水、滨海、阜宁、射阳、大丰等县,50多个乡镇,800多个村,4000多个组都遭到强烈的冰雹袭击。冰粒一般如白果或鸡蛋大小,最大的直径达17厘米,降雹时间5分钟~10分钟,最长20多分钟,积雹最深有15厘米~20厘米,并伴有8级~11级的大风和雷雨。冰雹造成的灾害较严重。

(6)**寒潮**　如1968年11月8至9日,一次强寒潮侵袭,市区24小时降温14.30℃,48小时降温21℃,最低气温降至零下6.30℃,出现严重的冰冻,原来还是"阳春"天气,一夜间就进入了严冬季节。

(7)**霜冻**　是指日最低气温≤0℃的低温。对盐城春季拔节后的三麦、油菜以及稻棉幼苗等均有杀伤作用。对秋季水稻、棉花、甘薯等秋熟作物会使茎叶受冻,甚至造成死亡。

四、水　　文

1. 地表水

(1)**主要河流**　射阳河、黄沙港、新洋港、斗龙港、串场河、东台河、梁垛河、川东港、苏北灌溉总渠、废黄河、灌河、通榆河等河流(详见第四章第一节航道)。

(2)**主要湖荡**

射阳湖　位于北纬33°21′-33°31′,东经119°31′-119°36′,黄河夺淮以后,泥沙逐渐在湖中淤积。但射阳湖范围一般仍有"方圆三百里"。此后,上游洪泽湖、高宝湖业已淤填抬高,修筑的洪泽湖大堤和运河大堤,使洪泽湖、高宝湖和射阳湖形成三级台阶状的地势,一遇洪水盛期,上游二湖皆不能纳,加上淮河故道业已垫高,出海之路不畅,黄淮之水的出路一是人工启放运河堤上的归海坝,放水入射阳湖;二是洪水自行冲破黄河堤岸或运河堤,汇储于射阳湖,二者的结果都引起射阳湖的迅速淤垫。

大纵湖　位于盐都区西南与兴化县交界处。形成距今已有800多年。湖略呈圆形,东西长6公里,南北宽5.50公里,总面积26.67平方公里,盐城境辖14.14平方公里,占大纵湖总面积的

53%。汛期时水深 2 米左右,最大水深可达 3.09 米,而枯水期水深仅 0.80 米左右。湖盆浅平,地势由东北向西南微倾,深水区位于湖的西南部。

九里荡　建湖县境西部最大的塘,面积约 6.30 平方公里。沙村荡(塘)亦是古射阳湖的一部分。现射阳湖在建湖县境的湖面有南、北二塘和诸多荡名,尤其是蒋营、荡中、恒济、颜单等乡镇荡面较多。

马家荡　位于阜宁县西南端,现在水域面积 2 万多亩,是古射阳湖的一部分。

2. 地下水

(1)**浅层地下水**　受地表水的影响,多年平均埋藏深度 1 米 ~2 米。黄河故道及阜宁县至盐都区大冈镇的古沙堤内含有淡水,里下河地区的浅层地下水为微咸水,沿海垦区及其他地区的浅层地下水均为咸水,无开采价值。

(2)**深层地下水**　埋藏深度一般在 80 米以上,有的深达 300 米,水质好,分布很广泛,大多数为淡水。但在深层地下水的淡水中,有的也夹有咸水和微咸水,开采不当,易引起咸淡串混。近期只有少数高亢地区和沿海垦区少量开采,作为居民生活用水和部分农业用水,工业较发达的城镇少量开采,作为工业用水的补充。

五、海　　洋

1. 海　　岸

盐城市境内外缘海岸漫长,北与连云港市交界的灌河口隔河相望,南与南通市的新港闸分界,标准海岸线长 582 公里,约占江苏省标准海岸线总长度的 60%。沿海五个县市标准海岸线长短各异,自北向南为响水县标准海岸线长度为 43.14 公里,滨海县长度为 44.24 公里,射阳县长度为 109.58 公里,大丰市长度 204.45 公里,东台市长度为 180.61 公里。

海岸类型均为粉砂淤泥质海岸,以射阳县大喇叭口为界,其北段为侵蚀型粉砂淤泥质海岸,其海岸地貌上的明显特点是有贝壳堤发育,其规模以废黄河口附近为最小,向南逐渐变大。其南段为淤泥型粉砂淤泥质海岸,为堆积岸段,沿岸潮间带浅滩宽度约 10 公里 ~13 公里,岸外有一片主体部分在市海域的辐射状沙脊群,该段海岸仍不断向外延淤长。

据 20 世纪 80 年代初期实测资料显示,平均高潮位外延淤长速度:大丰港外为 275 米/年,四卯西河北为 150 米/年,射阳新洋港外为 400 米/年左右。

盐城市域内古海岸自然演变历史颇具特色,如市区附近的三列沙岗分别是 6000 年前、4600 年前和 3600 年前的古平原海岸的残留沙岗,距海约 65 公里。市域北部响水县境内的古云梯关是公元 1128 年黄河夺淮前淮河入海口,今离海约 90 公里,是古黄河口向外海拓展延伸的重要标志。而东台市三仓镇的太平墩是清朝顺治年间即公元 1644 年前后建造的海防墩台,今已离海 20 余公里,也是当时古海岸东延的重要标志。

2. 海　　港

沿海港口主要有:响水港、滨海港、射阳港、大丰港、弶港等(详见第七章第二节海港)。

3. 辐射状沙脊群

市域境内射阳河口以南直至启东县吕泗港之间的海岸外围,分布着辐射状沙脊群,又称辐射沙洲群。其沙脊群范围南北长达 200 多公里,东西宽约 90 公里,主体部分在市境内,少部超出市境,沙脊群的形态之特殊,规模之大,以及在此沙脊群海区内水动力及地质地貌之多变,在国内及国外沿海国家所罕见。

沙脊群所在的海区水深在 0 米 ~25 米之间,多数沙脊群的近岸部分,在低潮时露出海平面,成为规模大小不等的沙洲,0 米线以上的沙洲总面积为 2125 平方公里(有部分与大陆海滩相连或界限不十分清楚),辐射状沙脊群的中心位置在东台市弶港镇以东约 15 公里的条子沙滩面上,此即为沙脊群顶点，由此顶点向北、东、东南方向伸展着8条形态较为完整的大型沙脊，长度约100公里，宽度约10公里。在盐城市域比较完整显露的有：东沙沙脊、麻莱珩沙脊、毛竹沙沙脊、外毛竹沙沙脊、蒋家沙沙脊、太阳沙沙脊、冷家沙沙脊、乌龙沙沙脊等八处。

辐射状沙脊群开发利用，主要是捕采贝类和鱼类，产量较高，其中经济效益较好的品种有文蛤、竹蛏、海蜇、大小黄鱼、长臂虾等。

六、资　源

1. 土地资源

盐城市沿海滩涂总面积4550平方公里（含辐射沙洲），占全省总面积的69.9%。隶属于东台、大丰、射阳、滨海、响水五县（市）的沿海滩涂，可供开发利用的面积达1300平方公里，且每年仍向大海淤涨，是全省最具有开发潜力的后备土地资源。全市耕地面积1164.89万亩，人均占有耕地947平方米。

2. 水资源

盐城市分属淮河水系和沂沭泗水系，年均地表径流深272.10毫米，沿海地下水资源丰富。

3. 矿产资源

已探明石油天然气蕴藏量达800亿立方米，预计总储量达2000亿立方米，为中国东部沿海地区陆上最大的油气田。沿海和近海有约10万平方公里的黄海储油沉积盆地，居全国海洋油气沉积盆地第2位。全市已探明的矿产有石油、天然气、还有砖用黏土、建筑用砂、地热水和高硅土。地处市区东郊盐东镇境内天然气储量约74亿立方米，正在计划大规模开发。地热水主要集中在市区，已开发利用。盐都区郭猛镇高硅黏土储量丰富，为耐温耐火原料，具有较好的开发利用前景。

4. 海洋资源

盐城市沿海滩涂广阔，自然植被茂盛，10多条大河流经滩涂入海，近海水质肥沃，是各类植物生长和各种动物栖息、索饵、繁殖、生长的良好场所。鳗鱼苗捕捞量居全国之首。滩涂上建有丹顶鹤和麋鹿两个自然保护区。

沿海共有12个通海港口，经专家论证，大部分港口近岸线水域宽而深，航槽顺直底质好，常年不冻，波浪小，泊稳条件好，台风和海雾影响不大，岸段陆域广阔，建港库场用地富足，集散条件较好，多处可建3万吨~5万吨泊位。主要港口有陈家港、滨海港、射阳港、大丰港。

盐城是全国重要的海产品基地。海盐资源十分丰富，海盐在全国占有重要地位，沿海五县（市）均有盐场分布，2000年产原盐72.14万吨，有开发盐化工的广阔前景。

第三节　环境与交通

盐城市境内地势平坦，利于公路建设；河网纵横，利于水上运输；海岸线长达582.02公里，利于港口开发和海上运输。但不利的因素也很多。冲积平原，松软土层较厚，湖荡水网地区面积较大，给公路建设带来不少难题；河流虽多，但干线航道比重不高，仅占26.70%，通航能力低；沿海港口有的受拦门沙影响，海上避风难度较大，给建深港大港带来了困难；自然灾害时常发生，道路、桥梁等常遭毁坏，如2000年8月和2003年7月洪涝灾害给交通基础设施建设分别造成3000万元和1.05亿元的损失。

这样的自然环境，交通基础设施建设必须与之相适应，区别地域特点，采取应对措施，才能确保质量。

里下河地区,地下水位高,水稻田分布面广,公路建设中区别不同情况,采用"深挖沟、降水位"和"生石灰吸湿、饱和水充分闷料"的措施,对软土特殊地段则采用"湿喷桩、粉喷桩、砂垫层、碎石垫层、塑料排水板、堆载预压"等方法,使路基的质量达到应有的标准。如 S18 盐城段全长 70.88 公里,软土处理地段占线路长度 1/2 左右。为防止水泥混凝土路面层裂缝的产生,该线在施工中,从材料的选择、基层强度控制、道路排水、后期管理等方面,严格按照国家有关规范、技术标准实施,确保工程质量。该线路以工程质量评定 96.31 分、质量等级优良于 2006 年 10 月通过交工验收,通车 4 年来质量稳定,路面没有出现任何问题。

河网纵横,需要建造大量的桥梁才能保证公路畅通。至 2010 年,全市公路总里程达 1.84 万公里,各种桥梁多达 1.48 万座 38.05 万延米。平均每 1.20 公里一座桥,每座桥长仅 25.70 米。盐淮高速公路平均每一公里就要造 1.45 座桥。为确保桥梁质量,在每座桥梁的建造过程中,针对河流所处的地形、水下土质、地基地质差异等特点,从桥梁设计、施工工艺、材料选择、上部结构与下部结构关系等方面,充分考虑水网地区特点,严格控制、按照标准、精心施工。已建成的 1.48 万座公路桥梁至今没有一座因质量问题而跨塌。

航道建设针对航线弯多、滩大、河窄、河底淤塞、河岸坍塌、沙土质河床、垃圾较多等问题,采取裁弯、深挖、清淤等措施,抓好岸线整治和疏浚。在建设中重点加强对主要干线航道的管理与养护,及时扫床,清除沉石、沉船、暗桩、临河网簖等水下、水上碍航物,维护航标发光率,强化船闸、护岸养护,定期清除闸口、护岸墙前的积土,确保干线航道安全畅通。

海港建设根据岸线的特点,面对地质、水文、拦门沙、潮汐、波浪等不利因素,分别用石块护坡、清除泥沙、砌防汛墙,建内港池等方法,码头内外筑导堤,建平台和栈桥,利于船舶的停靠和货物的装卸。经过几年的努力,先后建成二类开放口岸响水港、滨海港、射阳港,一类开放口岸大丰港。从北向南形成了对外开放的港口群。

盐城市是自然灾害频发地区,这对交通基础设施危害较大,为此,各地均制定了应急预案,应对自然灾害,减少损失,保证交通安全。2000 年 8 月 30 日至 31 日,受第 12 号台风影响,响水、滨海、阜宁等县普降特大暴雨 30 个小时,G204 响水、滨海路段的防护工程排水设施多处被冲毁,路肩、边坡塌方随处可见,部分地段板块被冲空,直接经济损失达 3000 万元。灾后,响水、滨海、阜宁三县迅速采取措施,及时修复相关的交通基础设施,使 G204 正常通行。

第二章　交通规划

盐城市交通规划是制定每个五年计划期间交通基础设施建设、交通运输、文明创建、企业改革、行业管理要实现的目标和完成的任务。实施过程中,随着国民经济发展的需要,进行必要的调整,以进一步加快交通建设的步伐,发挥交通在经济社会发展中的"先行官"作用。根据盐城市政府的要求,结合交通实际,编制了"七五"(1986~1990年)、"八五"(1991~1995年)、"九五"(1996~2000年)、"十五"(2001~2005年)、"十一五"(2006~2010年)交通发展规划。

第一节　"七五"规划

一、水路运输

水上客运每年仍要递减5%左右,到1990年年末,预计只有360万人,客运工具不宜增加。预测到1990年年末货运量将达到710万吨,年均递增率约4.56%,货运周转量20.42亿吨公里,年均递增率约11.25%。

二、陆路运输

陆运工具既要有普通型客车,也要发展空调车、出租车等,车型齐全,大小配套,每年拟增客车50辆~60辆。"七五"期间的客运量和周转量预测年均递增分别为8%和8.50%左右,到1990年末,客运量将达到5340万人,客运周转量达18.77亿人公里。

三、内河港口

各县的港口建设要相应的发展,内河港口的吞吐量将达到1000万吨,操作量将达到1400万吨,在"七五"期间搞好新洋港港区的建设,以适应内河运输的需求。

四、交通工业

以三个骨干厂为主,市船厂主要生产钢质货驳和拖轮,每年制造机动船1102.5千瓦~1470千瓦,驳船5512.5千瓦。市船舶二厂、东台船厂生产钢质拖轮货驳1.50万载重吨~2万载重吨。市交通机械制造厂,主要为港口服务,生产浮动吊车、电瓶铲车、粮食起舱机和散货自卸车,以适应港口发展的需要。

五、民用航空

新建民航营业楼、机场站房、指挥塔台、油库、停机坪、宿舍楼,购置专用客车等设备,以适应航空客货运输的需要。

六、海港建设

射阳海港扩建三千吨级泊位码头一座及有关配套设备，吞吐量达到150万吨。陈家港兴建三千吨级泊位码头一座及附属配套设备，吞吐量达到100万吨。响水港兴建千吨泊位码头一座，以及必要的装卸机械和附属设备，年吞吐量达20万吨。

七、公路建设

改造G204(通榆公路)，一是对原路基进行改造，使之成为二级公路；二是结合通榆河的开挖，兴建通榆路为一级公路。两个方案均可缩短里程7公里，待上报省政府批准后按方案实施；盐城市区进出口道路16.67公里，结合城建改建为一级公路；改建及大修高级、次高级路面100公里；改建和扩建公路桥梁287座，长约8500延米；将干线公路上的千秋、庆丰、斗龙、大有四处渡口改建为桥梁；接通市属主要干线公路上断头路：东台先烈—海安白甸，东台台南、溱东—泰州，东台新街—海安角斜，建湖—宝应，大丰三圩—兴化，5条计55公里；盐城市域内尚不通车的9个乡(东台2个、阜宁4个、建湖3个)实现通车，新建改建公路90公里。到“七五”期末公路里程达4500公里，为建市初期的1.93倍。预计总投资1.52亿元。

八、航道建设

盐城—邵伯线，境内长39.50公里，按高于六级航道标准全线进行拓浚。盐城—宝应线，境内长34公里，按六级以上航道标准予以改善提高。盐城市河，是串场河的组成部分，主要是石砌驳岸和疏浚航道，同时改善小洋河。通榆运河，交通部门将会同有关部门，结合南水北调和运输统筹开发，按五级航道标准扩浚。响坎河，按六级航道标准进行改善。预计总投资4700万元。

第二节 “八五”规划

一、公路建设

重点抓好“三纵一横”，即改造G204(重点在盐城南段及北段部分城镇出口，北段干道改造前期准备工作)；接通盐靖线；改造陈李线；建成盐城西出口。新增公路650公里。突出解决市和各县(市、区)的进出口通道和瓶颈区段，改善卡脖子现象，沟通县际交通。

二、航道建设

主要项目是“一改二治”。即改造“盐宝线”，疏通盐城市连接大运河的最短航线；继续治理串场河，进一步提高通航能力；在通榆河尚未开通前，对响坎河、张家河进行改善性治理，改善全市主要水运进出口航段和连接沿海港口与南下北上的经济航道。

三、港口建设

结合通榆河疏浚，新建内河港区5个，地方港口泊位20个，3000吨泊位海港码头2个，扩建陈家港千吨级码头、货场、仓库3500平方米，完成“七五”续建项目射阳海港万吨级海上过驳平台系统工程，新增吞吐能力340万吨。

四、民航建设

在巩固南京、上海、北京航线的基础上，加强北京一盐城一佛山航线；设法改善机场基础设施条件，改换机型，每周争取开出两个航班，拓宽盐城市与国家南大门的空中桥梁。

五、站埠建设

重点新建改建市县客货运站埠，主要是新建大丰、射阳、滨海、阜宁汽车站；完善市汽车分流站和东台、建湖、响水汽车站；新建改建主要干线乡镇客运站点40个；各县建成一个年中转运输能力达15万吨~20万吨的联运库场；新建市货运水、陆集装箱库场各一个。

六、铁路立项

积极争取盐淮通铁路分段立项。

七、交通工业

重点研制开发JS6990HG型高底板客车、海洋捕捞渔轮等拳头产品，计划到“八五”末，高底板客车形成一定批量生产能力，投放市场。建成市渔轮生产、修理基地。

八、行业管理

加强交通法制建设，建立和完善运输市场行为规则，使经营者进入、退出市场和经营竞争秩序化、规范化，改善和加强运输行业管理工作，进一步健全和完善运输管理体制，理顺关系，建立起有效的市场监督管理体系。

九、科技教育

紧密围绕全市交通发展目标和任务，针对市交通工程建设和重大技改项目开展科技攻关研究；通过引进国内外先进技术，消化、吸收、创新，逐步形成生产能力；积极推行集装箱等新型运输方式，对运输工具起重机械换装衔接及计算机管理调配系统组织研制和开发；注重智力投资和人才开发，狠抓业务技术教育和文化知识教育，多层次、多渠道地加速人才培养和人才引进，大力加强精神文明建设，逐步使各类交通专门人才达到4000人。

第三节　“九五”规划

一、公路建设

五年内公路建设以国道、省道、疏港公路和市区西部出入境公路为主骨架，形成“三纵七横”矩阵式的公路骨架，至规划期末新建公路1600公里，公路总量达到4500公里，使公路密度达到30公里/百平方公里，基本达全省平均水平。

宁盐一级公路，自G204（桩号）673K处引出，经潘黄、马沟、郭猛、大冈，跨越兴盐界河进入兴化市境内，境内33.3公里，“九五”建成一级路，需投资约7500万元；G204盐城北段二级甲型公路，改建工程全长101公里，北起灌河大桥北堍，南至新兴镇甘露桥北出口一级公路终端，按一级路标准建设，1998年建成，需投资约3.94亿元；金湖至盐城战备公路，金盐公路系国防公路，总长116.31公里，盐城市境内长30.2公里，该路按一级路规划控制，二级路实施，1995年10月开工，1997年8

月完成新建任务，需投资约6200万元；盐淮一级公路，境内长71.74公里，按一级公路标准进行技改，1998年建成，需投资约1.1亿元；陈李线，境内全长276.62公里，按一级公路规划，二级公路标准改造，部分县城出入口按一级公路标准建设，2001年建成，需投资约1.60亿元；五条疏港公路，按一级公路规划，二级公路标准建设，陈家港、中山港、射阳港、王港（大丰港）、弶港五条疏港公路，总长度为252.15公里，按二级公路标准（局部一级）实施建设206.50公里，2000年建成，需投资约5.07亿元；G204市区分流线，自G204（桩号）655K附近的新兴镇龙桥村引出，斜向西南跨越串场河、皮岔河、蟒蛇河后，至马沟西接宁盐公路10K处，全长14.50公里，2000年建成，需投资约8600万元。

二、航道建设

串场河航道整治工程，境内全长155公里，"九五"期间拟分段进行整治，优先改善繁忙航段的通航条件，重点整治市河段，需投资约3000万元。盐邵线、盐宝线、建口线航道疏浚改造工程，首先实施盐邵线改造工程，达5级航道标准，需投资约2500万元；冈合线航道拓宽改道工程，上冈—合德航道长47.50公里，结合射阳港开发，按五级航道标准进行改造，需投资约5000万元；刘大线（刘庄至大中集、王港），西起串场河畔大丰刘庄镇，东至大丰大中集，全长17公里，按五级航道标准拓宽改造，需投资约6000万元。王港疏港航道利用现有王港河进行拓宽浚深，全长45.10公里，该航道的拓宽工程逐步展开，计划在2000年前后与港口建设同步进行，整治标准为五级，需投资约3700万元。

三、港口建设

陈家港，灌河南岸岸线属盐城市，长44公里，沿线均可建造千吨级以上码头，计划与电厂同步，重点整治拦门沙，疏浚进出港航道，建设万吨级泊位码头一座，新增年吞吐能力180万吨，需投资约2.50亿元；射阳港，计划2000年完成拦门沙整治工程和电厂二期工程配套，建设5000吨级煤码头一座，新增吞吐能力100万吨/年，需投资约2亿元；王港、中山港，"九五"期间完成数理模型试验和总体布局规划以及工程设计等前期工程，以港引电，以电促港，争取同步建设中大型泊位，大丰王港力争开工建设；新建通榆河沿线3个内河港区，即滨海港区、阜宁港区和盐城港区，建成4个300吨级泊位，新增吞吐能力60万吨/年，需投资约2000万元。

四、民航建设

按国家二级机场标准，加长主跑道300米，达2500米，健全地面保障系统和其他配套设施，拥有独立的航空管制和灯光起降系统，培训专业技术人员，建成民航站，争取新开通厦门、海口二条航线，需投资约1亿元。2000～2010年，争取建成国际机场，跨出国门，飞向世界。

五、铁路建设

新长铁路自阜宁县凤谷乡引进，经益林、建湖、盐城、刘庄、东台，在富安以南进入海安县境内，盐城市境内长157.15公里。需铺设1435毫米准轨铁路169.40公里，建设市级站一座，益林、建湖、刘庄、东台县级站4座和区间小站11座，以及一个机务段，需投资约13亿元。力争2000年完成盐城段全线铺轨通车任务。

第四节　“十五”规划

一、公路建设

“十五”期间，全市公路总里程1.80万公里以上，路网密度达1.20公里/平方公里。

高速公路联网化。省规划的三条高速公路和市区高速公路连接线基本建成，市际间通道出入畅通。

市县公路快速化。市到县之间的公路完全建成一级或高速公路，达到标准化、美化的要求。各县能争取在20分钟左右进入高速公路网，盐城市到全省各市实现当日往返，大幅度地缩短区域间的时空距离。

县乡公路路面高级化。县到县、县到乡公路达到二级以上公路标准，建成水泥混凝土或沥青混凝土路面，高级路面铺装率达到道路总里程的55%以上，绝大多数乡镇可在45分钟左右进入高速公路网。

乡村公路黑色(灰色)化。实现村村(行政村)通公路，达到四级公路以上标准，部分路面建成沥青或水泥混凝土路面，省内村镇之间当日直达。

省级公路主枢纽基本建成，物流速度加快，质量提高，运时缩短，费用降低，能耗减少，旅客获得经济、快捷、舒适、安全的服务，实现枢纽效益与社会效益同步增长。

二、水运建设

1. 航　道

按照盐城市生产力布局，以及国民经济发展要求，在航道技术定级的基础上，对五级以上航道进行标准化重点整治。

2. 港　口

重点加快建设大丰港，配套完善射阳港；以电兴港，与电厂同步建设陈家港；积极引进项目，以小港启动，开发建设滨海港。

三、公路养护

1. 理顺公路管理体制

将现有的管理和养护合一的公路管理机构，改革为管理与养护分开，实行养护工程招投标制度，并全面落实分级管养。

2. 建立科学、统一、高效的路政管理体制

对高速公路和国省道干线公路，实行有效的动态控制和快速反应，保证干线畅通。

3. 建立完善的现代化路网交通调度系统

建立现代化的收费道路管理、监控、通讯系统，基本建立全市公路智能管理系统，使公路网运输系统动态营运科学化。

4. 公路养护高度机械化

干线公路好路率达85%，在国省道干线公路上消灭所有的危桥、窄桥，提高公路通行能力、服务水平和抗灾能力。

四、运输管理

坚持依法行政、依法治交通，进一步深化交通运输业改革，扩大运输市场开放程度，加快运输行业的健康发展，维护运输市场秩序，规范、完善和建设统一开放、竞争有序的社会主义运输市场，基本实现运输管理现代化。

五、支持系统

1. 科　技

（1）逐步实施智能运输系统建设和环保专项技术开发以提高道路通行能力、节约资源和保护环境；

（2）重点开展交通舒适性与安全技术的研究；

（3）提高道路施工和养护质量，促进新材料、新工艺、新管理系统的开发与应用；

（4）交通高技术产业的发展规模不断扩大，交通管理实现网络信息化，科研开发能力和竞争力大大提高，整体科技水平达到全省的平均水平。

2. 教　育

（1）以素质教育为核心，高层次、高质量、开放式培养各级各类人才，基本实现中等以上教育大众化，接受高等教育的职工达到30%以上；

（2）教育内容反映现代科学文化先进水平，教育教学模式具有明显的时代特征；

（3）教育机构基础设施和教育技术装备达到全省平均水平；

（4）各级各类教师均具有本科以上学历；

（5）建立现代化交通教育体制和运行机制。

3. 港　监

（1）进一步提高水上安全监督工作的信息化程度；

（2）指挥系统决策科学，指令畅通，执行系统反应快速，管理有效；

（3）法规体系合理完善，执法到位；

（4）业务系统管理规范，办事高效。

4. 通　信

围绕现代化指挥管理系统的要求，加快高速公路、国省道、枢纽等指挥、监控系统的建设，充分发挥网络的综合效益和经济效益，着手按信息高速公路要求进行通讯建设。

六、交通企业

1. 运输企业

进一步深化企业改革，实现政企分开。遵照循序渐进的原则，积极有效地实施“国退民进”的战略。将规模较小、实力不强、竞争能力较弱的企业中的国有资本全部退出，对已具有一定经营规模、经济实力和竞争能力的企业实行优良资产重组。

2. 施工企业

积极引导施工企业由粗放经营向集约经营转变；由劳动密集型向技术密集型转变；由小型、分散、低效向规模化、专业化、高效益型转变。

第五节　“十一五”规划

一、公路路网

1. 加快高速公路主骨架形成

重点建设“一纵一横一联”高速公路主骨架和环城高速圈，实现高速公路联网畅通。要继续加快高速公路建设步伐，确保2006年连盐、盐淮高速公路建成通车，2007年宁靖盐高速公路盐城北段建成通车。

2. 加快国省道干线公路的建设和改造

建设和完善与高速公路和乡村公路相配套的国省干线公路和地方干线公路，要全面完成12条高速公路连接线建设，完成G204改造，提升干线公路等级，使全市所有的开发区、工业园区、港口和重点乡镇都通二级以上公路，县（市、区）城至高速公路连接线全部建成一级景观路。

3. 继续开展农村公路建设大会战

按照中央提出的“十一五”期间“建设社会主义新农村”的总要求，加快建设和完善乡村道路网络。2006～2007年，建成县通乡公路1060公里，乡通乡公路491公里，乡通村公路1426公里，实现县镇通二级路、村村通水泥路目标。2008～2010年，按照农村公路联网畅通的总体要求，优化农村公路路网结构，提高通达深度，建成农村公路4704公里，全面形成完善的农村公路网络；使全市乡村道路总里程达到10000公里以上；实现所有行政村和规划建设的村民集中居住点全部通上等级水泥路，实现真正的“村村通”。

4. 加快对乡村道路危桥改造步伐

继续推进撤渡建桥工程，使全市渡口总数从345座减少到103座，再减少70%，为建设农村、造福农民服务。最终形成以高速公路网为主骨架，国省道公路网为干线，县乡农村公路为基础的沟通城乡，与其他运输方式有效衔接的、互通互补的公路网格局。

5. 重点项目

（1）高速公路建设　续建并完成“十五”期间开工的连盐高速公路盐城段108.66公里、盐淮高速公路70.88公里和宁靖盐高速公路盐城北段16.30公里。

（2）普通干线公路建设　“十一五”期间规划的干线公路主要以高速公路连接线、国省道干线公路和疏港通道为主。包括盐淮高速东枢纽至大丰港公路、盐通高速盐城开发区连接线、盐淮高速盐都连接线、盐淮高速建湖连接线、盐通高速大丰连接线、连盐高速阜宁连接线、连盐高速射阳连接线、盐通高速大丰南互通连接线、盐通高速富唐互通连接线、G204盐城段和阜宁段、S226射阳—大丰段、S231建湖—阜宁—盐都段、S233线G204—宋楼段、S233东延—海堤公路段、S234建湖—阜宁段、S234市区改线段、S326响水段、S326东延—海堤公路段、S327滨海段及东延段、S329射阳—阜宁段、S331马沟—黄土沟段、S331盐城东改线段、S332大丰市区—大丰港段、S333东台东段、S333东台西段及东延至海堤、盐都丁千公路、海堤公路改造工程、东台弶时公路改造工程。

二、航道建设

加快航道建设步伐，重点整治《江苏省干线航道网规划》中明确的盐城市境内通江达海的重要干线航道，以形成标准合理、网络畅通、运转高效的“一纵六横”干线航道网为总目标，加快高等级航道建设。

航道建设的主要任务是打通通榆河东台南段，实现通榆运河与通扬运河的沟通，力争在“十一五”期间开工建设大丰港疏港航道；全面开展盐宝线、盐邵线、小中河航道整治前期工作，使通榆河与苏北大运河连接线达到五级航道标准，保证各县（市、区）与通榆河之间有五级航道沟通、重点港口与腹地航道有等级航道相连、工业园区有等级航道进出，基本形成以五级以上干线航道为主骨架和六级航道为联络干线的市域干线航道网。

航道养护的主要任务是养护改善工程、日常维护工程、船闸维护、航政管理、创建文明航道、航道科研及设备添置等。

三、港口建设

1. 大丰港

规划建设1个3.50万吨多用途码头、1个万吨级集装箱码头和1个5000吨级油气码头，概算总投资5.20亿元。到“十一五”期末，使其发展成为年吞吐量达1500万吨~2000万吨的国际性中型商业港口。

2. 射阳港

规划建设500米长顺岸板桩码头1座，对港口拦门沙进行整治，两项工程概算总投资1.30亿元。到“十一五”期末，力争使其吞吐量达到700万吨。

3. 陈家港

根据响水县的港口建设规划，按照“深水深用”的原则，将灌河特大桥下游的新小黄河港区建成拥有5000吨级散货、件杂货码头，结合陈家港电厂和化工园区建设，规划5000吨级化工专用码头和5000吨级煤炭专用码头。上述规划实施有待于陈家港电厂建设的顺利实施和各级政府的支持与各方面的努力。

4. 滨海港

拟根据中国海洋石油总公司LNG项目的建设进度，与该项目相配套，规划建设10万吨级天然液化气码头1座，概算总投资10亿元。

5. 内河港口

重点建设东台港、盐城新兴物流中心、阜宁港和滨海丁字港。

四、民航建设

1.“十一五”期间，将盐城南洋机场等级由4C升级为4D级，力争建成一类开放口岸。完成国际候机楼和联检大楼建设，改、扩建飞机跑道和停机坪，新建供油系统，改造助航灯光系统等配套设施。在巩固现有国际国内航班的基础上，力争再开通2个国际航班和4个国内航班。

2. 累计投资1.60亿元，其中国际候机楼投资0.65亿元。

（1）新建国际候机楼10500平方米，估计投资6500万元。与现有候机楼配合使用，使候机楼内的布置更加符合民航工艺流程要求。

（2）新建联检单位办公用房、生活用房2000平方米。

（3）航站区停车场面积约需增加6000平方米。

（4）扩建停机坪，将现有停机坪向西延伸，由1万平方米增至2万平方米，由2个机位增至4个机位。

（5）货运监管仓库扩建到800平方米，国际国内货运分别建设。

（6）延长跑道600米，跑道总长可达到2800米，满足4D级标准，可供B757、B767、A310等飞机全载起降。

（7）新建供油系统，贮量为1500吨~2000吨。

（8）通信导航设施设备全面更新改造。

(9)改造现有助航灯光系统。

五、运输产业

1. “十一五”期间,全市建设 10 个货运站场。道路运输经营主体从 15203 户下降到 8000 户,现代物流企业从现在的 2 户,上升至 20 户。

2. 进一步加快推进“农村客运班车通达工程”的实施步伐,力争到 2010 年使全市所有乡镇和所有符合通车条件的行政村班车通达率达 100% 。

(1)建设五星客运站、盐城汽车北站。

(2)新建射阳、大丰、建湖、响水、滨海客运枢纽。

(3)标准化改造阜宁、东台等客运站。

(4)加快农村客运站场建设。

(5)加快货运枢纽站场建设。

六、信息建设

重点推进各类交通基础信息资源库建设,实现信息的高度共享,满足交通发展对信息源的需求。各级交通管理部门要重视对交通信息资源的整合、开发和利用,逐步建立和完善交通信息资源的采集、分析、处理、交换和共享机制,建立基本完备的交通信息资源体系,构建全市交通数据交换平台,实现全市范围内的信息资源交换和共享,充分发挥交通信息资源的社会和经济效益,为交通管理决策提供强有力的信息支撑和为政府部门、社会公众提供高质量的信息服务。信息资源平台建设主要包括数据库建设和数据中心建设。

第三章 公路交通

1983～2010年是盐城公路交通快速发展期。在江苏省交通厅的支持下,形成以高速公路为主骨架,以国、省道干线公路为支撑,以农村公路相配套的公路交通新格局,彻底改变了原来路况差、等级低、通达里程少的落后状况。一个技术等级起点高,高速公路、干线公路互通的现代化公路交通网络初具规模。

2010年全市公路总里程1.84万公里,按行政级别分:国道402.21公里、省道1119.12公里、县道2382.84公里、乡道5016.55公里、村道9400.21公里、专用公路93.50公里;按技术等级分:高速公路322.50公里、一级公路797.53公里、二级公路2252.10公里、三级公路1355.60公里、四级公路11607.20公里、等外级公路2079.50公里;按路面类型分:沥青路面4065.40公里、水泥路面10159.40公里、简易铺装路面(次高级路面)356.80公里、未铺装路面(中低级、无路面)3832.83公里。全市公路密度108.50公里/百平方公里,22.67公里/万人。

公路建设的快速发展,给公路运输业的迅速发展创造了条件。2010年客运车辆达3682辆10.15万个座位,比1988年增长7.60%和79.92%;货运车辆达2.69万辆20.89万吨,比1988年增长2.83倍和6.38倍。客运量1.19亿人125.37亿人公里,比1988年增长2.25倍和4.61倍;货运量6914万吨57.29亿吨公里,比1988年增长9.43倍和12.93倍。客货运输通达全国各地,老百姓出行由困难变得方便、快捷、安全。

第一节 公 路

一、国 道

1. G204(烟沪公路)盐城段

G204北起山东烟台,贯穿胶东半岛,自日照市进入赣榆县,纵贯江苏东部沿海地区,在南通过长江经常熟、太仓进入上海,简称烟沪公路,全长991.06公里。G204,历史悠久。1905～1933年土路基本成形;1952～1959年,铺筑碎砖路面;1971～1982年完成黑色渣油路面铺设。G204盐城段(1976年前称通榆公路)北自响水县灌河起,南至东台与海安交界处,全长214.79公里。2007～2010年实施第二轮改建后,全长198.07公里。

G204纵贯盐城市8个县(市、区)(响水县、滨海县、阜宁县、建湖县、亭湖区、盐都区、大丰市、东台市)、32个乡镇,是盐城市北达欧亚大陆桥东桥头堡连云港、南与南通相接的陆上交通大动脉。1983年前,盐城市境内道路状况较差,按技术等级划分:一级路17.67公里(市区过境段),占7.73%。二级路78公里,占35.45%。三级路以下125公里,占56.82%。125公里的三级路,路基宽度在8米～10米。平曲线最小半径40米～60米。路面结构为12厘米～25厘米石灰土基层或泥结碎砖(石)基层,3厘米沥青表面处理。原有表处油路超期服役,损坏严重。全线有桥梁135座,涵洞55座。均系20世纪六七十年代建设。部分损坏桥梁经加固拓宽,仍“带病工作”,桥梁净宽为6米～7米，荷载等级为汽—13、挂—15，荷载标准低，不适应交通量逐年增长的要求。部分路段、路线穿越场镇集市，交通拥挤，形成"卡脖子"现象；个别路段走向不合理，形成弓背状况；还有部分路段沿串场河河边通过，路堤受河流冲刷，倒堤毁路时有发生。道路狭窄，路线标准低，行车速度难提高。为了改进线型，提高路面质量，从1984年10月开始，进行了多次改造，至2002年10月盐城北段118.45公里按一级公路混凝土路面（中间无分隔带）和盐城南段96.34公里按二级公路沥青混凝土路面改造全部结束，为第一轮改造。2007～2010年，为第二轮改造。全程198.07公里，按一级公路标准（中间设分隔带）进行了改建。

（1）第一轮改建工程

①盐城东郊一级公路混凝土路面工程　G204盐城市区内路段，原线路走向从南新河桥经印染厂、肉联厂、汽车保养场、东闸桥，进入市区人民路，过北闸大桥，经电厂、兵团化肥厂、新兴镇全长20.70公里。为改变市区进出口交通环境，提高通过能力，1984年10月10日，江苏省交通厅工程局与盐城市政府会商协定，实施改线建设。路基土方工程由盐城市负责，桥梁、路面经费由省厅在养路费中逐年安排。

盐城东郊一级公路改线工程，位于盐城东郊G204（桩号）190K至210K之间，南起南新河桥，北至新兴甘露小学，改线全长17.67公里，改线工程缩短约3公里。市政府十分重视G204东郊一级公路进出口工程，组建G204盐城东郊一级公路工程建设领导小组，领导小组下设工程管理办公室，并将G204技改工程列为当年盐城市十大工程之一。

1984年市长办公会议决定，鉴于工程资金投入数额较大，改线工程分期实施。明确路面桥梁工程由盐城市公路管理处承建。

一期工程　南新河桥至盐阜饭店，长4.46公里，设计路基顶宽25米，桥梁荷载汽—20、挂—100。1984年开始前期测设工作，年底施工。由市公路管理处道路工程队、郊区公路管理站、郊区第二交通工程处承建，1986年竣工。

二期工程　盐阜饭店至盐城大桥，长4.01公里，道路由射阳县交建公司、市公路管理处道路工程队承建；桥梁由建湖县交通工程处、盐城市路桥港航工程公司承建，于1987年施工，1989年竣工。

三期工程　盐城大桥至新兴甘露桥，长9.20公里，1988年施工。道路、桥梁由市交通工程处承建。1990年竣工。

盐城市东郊一级公路改线工程，从1984年筹建，1990年10月建成通车，期间由于公路建设管理体制变化，致分期实施的部分桥梁工程和道路工程竣工后，一直未经工程交竣工验收，造成部分施工图失落。1995年7月，市长办公会议决定，G204南新河桥至明灶沟段全长9.49公里，移交城建部门养护管理，移交时间为1995年8月1日。

②盐城南段混凝土路面工程　1992年1月26日，省政府在扬州召开"加快苏北交通发展座谈会"，根据座谈会精神，省交通厅结合全省交通发展规划和盐城市要求，以苏交公〔1992〕8号文件下发《关于加快实施G204盐城南段改造工程的批复》，大丰、东台境内全长79.30公里，按二级公路标准改造，混凝土路面。穿越城镇街道段路面宽14米，按快、慢车及人行道三块板布置，路基宽23米，中间快车道混凝土路面宽度14米。其余路段中，路基顶宽15.50米，路面宽12米，两侧各1米沥青表处硬路肩和0.75米土路肩，路面横坡1%。设计行车时速80公里，技改路段有桥梁55座，其中新建19座，改建33座，拓宽3座，设计荷载为汽—20、挂—100，涵洞114道，所有桥、涵宽度与路基同宽，路面与桥涵竣工后，全线按"GBM"工程（公路标准化美化工程）实施配套，工程总投资1.43亿元。

省政府将G204盐城南段技术改造工程列为1993年度"二十六件实事"之一，省交通厅、省公路局将其列为重点交通工程项目管理。盐城市成立"盐城市交通重点工程建设领导小组"，市长亲自担任组长，领导小组下设办公室。整个工程由市公路管理处组织实施。从交通、水利、市政及公路系统组织21个施工队伍,参加G204盐城南段技改工程会战。在公路系统内部抽调精兵强将组建G204工程质检科、财务材料科、安全宣传科,组织安排22个监理人员,实行“业主自监”,部分参照“菲迪克条款”实行工地跟踪监理,严格质量管理。开工前,举办G204技改工程各施工单位负责人、技术负责人、试验员参加的施工管理培训班、技术管理培训班和材料检测业务培训班,制定《G204盐城南段技术改造工程管理办法》《路面工程施工要点及质量要求》《质量监理实施条例》《施工路段交通安全保障实施方案》等4个文件,为工程顺利进行奠定了基础。

G204盐城南段技术改造工程,于1992年4月正式开工,1993年年底全部建成,按省交通厅计划提前一个月完成任务。并分别于1994年2月和1995年1月通过交工验收和竣工验收,工程质量评定为优良级。1994年1月11日,省政府在东台市与海安县交界处举行了G204盐城至南通段通车典礼,省委书记、省长陈焕友,副省长季允石,交通厅厅长徐华强和盐城、南通两市市委、市政府主要负责同志等领导出席,盐城市全国劳模周健等同志为通车典礼剪彩。此前,全市公路建设资金都是“完全的计划经济”——省交通厅拨多少资金,就完成多少工作量。从1992年起,除争取省交通厅拨款外,采取“贷款修路,收费还债”的做法,加快了公路基础设施建设的进度。市公路管理处1993~1996年还发行短期融资债券6期7100万元,缓解了资金短缺的困难。

③盐城北段一级公路混凝土路面工程　G204盐城北段,原系二级公路,路面宽6米~8米,沥青表处。1993年10月,市政府在阜宁县召开路基土方开工动员大会,动员沿线五县区40万民工积土520万立方米,为改建前期工程奠定基础。1995年8月,省交通厅以苏交计〔1995〕120号文,对G204盐城北段改建工程批复,同意按一级公路标准实施改建。G204盐城北段南起新兴镇甘露桥,经建湖县上冈镇西铁丝湾、阜宁县沟墩镇、施庄乡黄舍村跨越串场河、射阳河,沿通榆运河东岸,往北跨越苏北灌溉总渠、排水渠、丁字港、中山河,经响水县运河乡、小尖镇三合村至灌河大桥止。全线100.78公里按一级公路标准建设(中间无分隔带)。根据交通量等实际情况,采用路基全宽24米,其中快车道16米,两侧各设3.50米宽慢车道,土路肩各0.50米。大中桥宽23米,小桥梁与路基同宽,桥涵设计荷载为汽—20、挂—100。

北段技改工程计划投资额为4.17亿元。整个工程按交通投资体制改革精神筹措建设资金。征地拆迁和路基土方由沿线政府投资投劳,快车道部分由省交通厅定额补助6600万元,并申请交通部补助,利用外资和银行贷款,吸引施工企业垫资和养路费配套,地方集资和群众捐资等措施,筹集资金。同时按“一路一公司”模式,利用新兴、灌河大桥收费站和规划中的施庄收费站,采取股份制,中外合资,合作方式筹资建设。

G204　盐城北段分两期进行技术改造。

一期工程　起于新兴镇甘露桥至阜宁县施庄乡,全长40.91公里,除新兴镇境内3公里为老路拓宽外,其余为新线,新建和改扩建桥梁81座。该工程分两段两个标准设计,第一段从新兴镇甘露桥(桩号650K+740)至盐淮新线接通G204接口处(桩号645K+800),段长4.94公里,按一级公路标准设计,路面行车道宽14米,不设分隔带,面层为5厘米沥青碎石,两边各设4米宽硬路肩。采用3厘米沥青表处,另加2×0.20米路缘石和2×1.3米土路肩。新建中小桥涵全宽23米,不设分隔带,拓宽路段小桥涵按原跨径在东侧加宽至23米。设计荷载为汽—20、挂—100。第二段从盐淮新线与G204接口处(桩号645K+800)至阜宁县施庄乡北(桩号609K+830),段长35.97公里,设计荷载,除上冈大桥按汽—20、挂—120设计外,其余桥涵按汽—20、挂—100设计。行车道宽16米,24厘米水泥混凝土面层,两边各设3.50米硬路肩,不设路缘石。大中小桥及明涵全宽23米,其中行车道宽22米,两侧各设0.50米护轮带。

二期工程　从阜宁县施庄乡北至响水县灌河大桥段,全长59.87公里。其中响水境内18公里为老路拓宽改造,其余均为新建。沿线新建、改建桥梁有射阳河阜宁大桥、排水渠和灌溉渠大桥、丁字港大桥、中山河大桥。桥梁设计荷载为汽—20、挂—100。路面行车道宽22米,采用24厘米水泥混凝土面层，两边各设1.50米土路肩。桥与路基同宽。

G204盐城北段工程1993年10月开工，1998年1月5日全线建成通车。改造后的G204盐城北段，南起新兴镇甘露桥，北至响水县灌河大桥，全长100.78公里，改扩建大、中、小桥梁120座，是盐城历史上投资多、等级高的公路工程。工程累计填筑路基土方462万立方米，征地490.07公顷，拆迁房屋966户、2754间、6.17万平方米，迁移电力、通讯、广播线路杆467根，拆迁其他小型建筑物273项。工程实际总投资7亿元（省投资1.71亿元，盐城市自筹5.29亿元）。建成通车后，对改善盐城交通基础设施落后状况，加快苏北地区发展起了重要作用。经省政府批准，在G204北段建G204新兴、施庄、响水收费站，收费经营还贷。

④盐城南段沥青混凝土路面工程

由于交通量逐年增长，导致G204盐城南段水泥混凝土路面出现较多病害，硬路肩损坏严重，加之原有路基路面形成与改造经历了不同时期，宽度不一，部分桥涵设计标准较低，且与路基不同宽，直接影响畅通和行车安全。为确保G204全线畅通，创建部级文明样板路，省交通厅以苏交公〔2001〕56号文下达G204盐城南段养护改善工程任务。由盐城市公路管理处负责该工程建设。整个工程从2001年7月开工，至2002年10月全部结束。工程投资3亿元，其中省补1.30亿元，其余由地方贷款自筹。

G204盐城段创建成部级文明样板路

方案设计　G204盐城南段养护改善工程，起点市区南新河桥北，终点东台市与海安县交界处，全长96.34公里，沿线途经盐城市开发区，盐都县伍佑镇、便仓镇，大丰市刘庄镇、白驹镇、草堰镇，东台市市区、梁垛镇、安丰镇、富安镇。

路线平面线型利用老路走向，按二级公路标准“白加黑”改造，沥青混凝土路面，设计行车时速80公里，路基宽度15米，路面宽度12米，南新河桥至伍佑杨桥段，处于市区南出口，设计路面宽度14米。盐城南段全线共拓建改造桥梁103座，改造后桥梁与路基同宽，设计荷载为汽—20、挂—100。道路两侧完善排水、防护工程和沿线绿化，全部更新安全设施、标志标线，全线同步实施GBM工程。

养护改善工程项目方案设计，路面结构层自上而下分别为：4厘米AC－13I型细粒式沥青混凝土上面层、6厘米AC－20I型沥青混凝土中面层、铺玻纤格栅、3厘米AC－10型沥青混凝土找平层、沥青下封层、18.50厘米二灰碎石基层。在加铺路面结构层前，对原水泥混凝土板块进行处理（部分凿除重浇、维修、板块压浆），局部路段和桥头加铺12%石灰土和二灰碎石底基层处理。

工程实施　2000年年初，市公路管理处提请省公路局将G204盐城南段养护改善工程纳入省公路养护改造计划，委托省交通科学研究院设计方案。

2001年6月20日，省公路局领导再次会同盐城市交通局、盐城市公路管理处、省交通科研院等单位领导和专业技术人员，就G204盐城南段养护改善工程项目实施有关问题进行专题会办，确定对南新河桥南至刘庄收费站27.40公里以及东台台城以南段至海安交界29.30公里，将原水泥混凝土路面改为沥青混凝土路面，刘庄收费站至东台台城段对原水泥混凝土路面维修（桥梁一并拓宽或改造）。同时要求省交通科研院根据会办精神抓紧修改、补充设计文件，2001年7月上旬提交施工图，组织招投标工作。

会后，市公路管理处即着手组织招投标工作。2001年7月13日，省交通厅以苏交公〔2001〕56号文下达《关于G204盐城南段养护改善工程方案设计的批复》，该文件对G204盐城南段养护改善工程线路走向、改造规模和标准、路面改造方案、投资估算和资金筹措、项目实施和工程管理、实施计划及完成时间等方面提出明确意见。

2001 年 7 月 17 日，东台以南段改善工程招投标工作结束。2001 年 7 月 23 日市公路管理处“G204 盐城南段养护改善工程管理办公室”和委托的社会监理正式进驻工地，各中标单位相继进驻开工。2001 年 7 月 26 日，省交通厅公路局又在南京主持召开 G204 盐城南段养护改善工程施工图设计中间审查会，对工程设计中有关细节作了再次明确要求，形成会议纪要。

2002 年 10 月盐城南段工程竣工。2003 年 4 月 16 日，省交通厅公路局组织 G204 盐城南段公路使用品质专家评审会，参加评审会的有：东南大学、省高速公路建设指挥部、省交通厅质监站等单位的专家。与会专家听取建设、设计、质监和检测的有关情况汇报，查阅了相关文件，察看了全线公路路况和工程设施，对 G204 盐城南段使用品质，科学、客观、公正地作出评价。认为“该路段改造工程设计、施工、检测符合国家二级公路工程规范要求，工程质量优良”。本项目被省交通厅列为 2002 年全省养护改善工程质量排序第 1 名，受到通报表扬。

（2）**第二轮新建和改建工程** 原 G204 盐城段在 1984～2002 年虽进行了全程改造，但技术标准偏低，城镇化现象比较突出，已难以适应日益增长的交通运输需要。为策应沿海开发，加强区域交通经济联系，促进沿海经济社会发展，根据江苏省交通厅苏交工〔2007〕15 号文批准方案设计，盐城市从 2007 年开始分期对 G204 盐城段全线 198.07 公里进行改造，并按“GBM”工程标准实施配套。

①G204 盐城南段改扩建工程

G204 盐城南段

该线北起 G204 新兴收费站，南止东台市与南通市海安县交界处，途径亭湖、盐都、大丰、东台四市（区），全长 99 公里，按双向四车道一级公路标准建设，设计速度 100 公里/小时，路基宽度 26 米，同步实施安保工程、绿色通道、服务设施、文化公路、数字公路，建成文明样板路，工程总投资 25.10 亿元。

东台段 线路总体呈南北走向，起于东台市与大丰市交界的串场河大桥南桥头，途径廉贻、五烈、广山、台南、梁垛、安丰六镇，止于东台市与海安县交界处，境内全长 26.01 公里，全部为改线新建路段。该工程由东台市交通运输局组织实施，于 2007 年 6 月开始征地拆迁，2007 年 8 月 20 日路基、桥涵开工建设，至 2009 年 5 月建成通车。项目总投资 6.35 亿元。

沿途共征用土地 105.55 公顷，拆迁房屋 256 户，约 4 万平方米，杆线迁移 302 道。主线共有特大桥 1 座（泰东河大桥），中小桥 21 座，箱涵 54 座，圆管涵 12 道。路基工程量为：挖方 33.57 万立方米，填筑土方 225.95 万立方米，湿喷桩处理 53.97 万延米。路面工程量为：石灰、粉煤灰稳定土基层 11.57 万立方米，水泥稳定碎石基层 20.20 万立方米，封层 62.30 万平方米，沥青混凝土 7.13 万立方米。

2009 年 8 月 6 日交工验收，对各合同段交工验收质量等级评定均为合格，同意通过交工验收，交付使用。

大丰段 起于 G204 刘庄收费站，途经刘庄、白驹、草堰三镇和兴化市合陈镇部分地段，止于串场河大桥西南侧的东台市界，境内全长 28.31 公里，全线为老路拓宽改建。该工程由大丰市交通运输局组织实施，于 2007 年 6 月开工，2008 年 12 月 30 日建成通车。项目总投资 6.10 亿元。

G204 数字公路项目信息自动采集系统

沿途征用土地112.20公顷，拆迁房屋86户，约6500平方米，杆线迁移3920道。路基工程量为：挖方38.25万立方米，填筑土方96万立方米，湿喷桩处理13.82万延米。路面工程量为：石灰、粉煤灰稳定土基层8.30万立方米，水泥稳定碎石基层23.40万立方米，封层59.46万平方米，沥青混凝土7.41万立方米。

2009年8月28日交工验收，对各合同段交工验收质量等级评定均为合格，同意通过交工验收，交付使用。

盐城市区绕城段　北起G204新兴收费站，向南经新兴镇、潘黄镇、伍佑镇、便仓镇，止于刘庄收费站，路线全长44.68公里，全部为改线新建路段。

该工程由盐城市公路管理处组织实施，于2007年6月开始征地拆迁，2007年8月20日路基、桥涵开工建设，于2009年12月26日建成通车。项目总投资8.60亿元。

G204 盐城市区绕城段

沿途征用土地211.16公顷，拆迁房屋413户，约6.79万平方米，杆线迁移317道。工程全线共有大桥7座，中小桥19座，箱涵93座，箱通2座，圆管涵61道。路基工程量为：挖方34.66万立方米，填筑土方182万立方米，湿喷桩处理95.97万延米。路面工程量为：石灰、粉煤灰稳定土底基层17.29万立方米，水泥稳定碎石基层35.39万立方米，封层89.44万平方米，沥青混凝土12.14万立方米。

2010年12月24日交工验收，对各合同段交工验收质量等级评定均为合格，同意通过交工验收，交付使用。

②G204 盐城北段改扩建工程　该段北起于响水县与连云港市灌南县交界处的灌河大桥，南止于新兴收费站，途经响水、滨海、阜宁、建湖、亭湖等五县（区），路线全长99.07公里，按一级公路标准建设，设计速度80公里/小时，其中阜宁县城段11.15公里为新建路段，其余87.92公里均为老路改造段。老路改造段路基宽23.50米，改线段路基宽26米，县城及集镇段为双向六车道，并实施快慢车道分离，路基宽36.50米~43米。该项目分别由响水、滨海、阜宁、建湖、亭湖交通运输局具体实施，盐城市公路管理处负责行业监管职能，于2009年4月开工建设，2010年12月建成通车，并通过验收，交付使用。工程总投资12.40亿元。

G204盐城北段老路改造段共改造桥梁50座，涵洞38道，阜宁新建段新建大桥4座，中小桥5座，涵洞36道。

路基工程量为：挖方54.02万立方米，填筑土方83.30万立方米，老路处理90.74万平方米。路面工程量为：石灰、粉煤灰稳定土底基层43.31万立方米，水泥稳定碎石基层57.09万立方米，封层212.54万平方米，沥青混凝土27.75万立方米。

2. G15(沈海高速公路)盐城段

G15连云港至南通称沿海高速公路,沿海高速公路由连盐高速公路和盐通高速公路组成,是国家重点干线沈阳至海口的重要组成部分,是江苏省首轮规划建设的"四纵、四横、四联"高速公路主骨架中"纵一"的一段,是沿海大通道的重要路段,全长530公里。

G15盐城段全长204.14公里,填挖路基土方2960.70万立方米,建桥梁197座/3.05万延米,通道156道,通讯、监控、收费设施13处,房建4.66万平方米,互通式立交13处,停车区、服务区5处,工程总投资为87.28亿元,其中盐通高速公路盐城段38.43亿元,连盐高速公路盐城段48.85亿元。2002年7月开工建设,2006年10月建成通车,工期历时4年。

(1)盐城—南通高速公路盐城段 全长95.48公里,北起盐城市亭湖区南洋镇与连盐高速公路相接,南讫东台市富安镇,途经亭湖区、大丰市、东台市14个乡镇,其中亭湖区21.37公里、大丰市38.36公里、东台市35.75公里。

盐通高速公路原设计采用全封闭、全立交双向四车道标准,路基宽28米,设计车速120公里/时,桥梁设计荷载为汽—20、挂—120。2003年年初,江苏省委、省政府根据全省经济发展的需要和该条高速公路的重要地位,决定将盐通高速公路由原四车道改为全线六车道建设,路基宽度增至35米。

2001年7月盐通高速公路大丰先导试验段正式开工。2002年下半年盐通高速公路盐城段全线开工,2005年11月建成通车,较原计划提前一年,实际工期三年。

G15(沈海高速公路)盐城段邵林分离立交桥

工程量 全线共征用土地683.47公顷,拆迁房屋23.80万平方米,移埋电力、电讯线2048道;填挖路基土石方1260.74万立方米,处理特殊地基25.42公里。路面二灰土底基层302.80万平方米,路面水泥稳定碎石基层244.80万平方米,沥青面层864.40万平方米。房屋建筑面积1.87万平方米。大桥23座/7737延米,中小桥91座/5099延米,互通匝道桥梁7座/1660.26延米,分离式立交18处/3771延米,通道66座/2471.39延米,涵洞182道。互通式立交8处(含盐城东枢纽1处),服务区2处,管理中心一处,收费站7处。全段同步建成安全、监控、通信、收费、供电、照明等设施以及景观绿化工程。

工程质量 经检测,软基处理中塑料排水板合格率100%;粉喷桩、深搅桩合格率100%;路基顶面弯沉代表值均小于60(10毫米-2毫米);桥梁钻孔桩经超声和小应变检测合格率100%,其中99%达到A类桩标准,其余为B类桩;结构物混凝土强度合格率100%;路基、路面合格率100%;道路总体及房建、交通安全设施、通信、监控、收费和绿化等工程质量各项指标均达到设计和规范要求,评定为优良。(盐通高速公路盐城段精品工程详见专记一)

(2)连云港—盐城高速公路盐城段 起于响水县灌河大桥,途经响水县、滨海县、射阳县,止于盐城市亭湖区南洋镇与盐通高速公路相接,穿越三县一区17个乡镇55个村,全长108.66公里,其中响水县26.89公里,滨海县27.25公里,射阳县54.40公里,亭湖区0.12公里。全线采用双向六车道高速公路标准,路基宽度35米,设计行车速度120公里/时,桥梁设计荷载为汽—20、挂—120,路基采用低路堤设计,平均填筑高度2.8米。

2003年元月,连盐高速公路特庸先导试验段开工。2003年11月全线开工。2006年10月18

日建成通车,较原计划提前一年,实际工期三年。

工程量　全线征用土地约953.73公顷,拆迁房屋约21.80万平方米,迁移杆线1850道;填筑路基土石方1700万立方米,处理特殊地基21.64公里,铺筑二灰土底基层271.98万平方米,水泥稳定碎石基层404.41万平方米,沥青路面面层1023.66万平方米,房屋建筑面积2.77万平方米。主线特大桥2座/3147.24延米,大桥42座/1.17万延米,中小桥39座/2768.60延米,支线上跨桥21座/478延米,涵洞227道(总长9927.86米),箱通90道(总长3393.36米),互通6处,收费站6处,服务区3处,枢纽1个。

工程质量　经检测,软基处理中塑料排水板合格率100%;粉喷桩、深搅桩合格率100%;路基顶面弯沉代表值均小于60(10－2毫米);桥梁钻孔桩经超声和小应变检测合格率100%,其中99%达到1类桩标准;结构物混凝土强度合格率100%;路基、路面合格率100%;道路总体及房建、交通安全设施、通信、监控和收费等工程质量各项指标均达到设计和规范要求,被评定为优良等级。

为保证质量,施工中针对深层软基搅拌难度大、效果差的问题,采用了湿喷桩为主体的施工方案,并辅以PTC、CFG、碎石桩、塑料排水板及真空预压等方法。针对灌溉总渠地下水位高、地面高程低等特点,采取"深挖沟、降水位"的措施,利用土体含水量饱和,以及生石灰吸湿的特点,采取"生石灰吸湿、饱和水充分闷料"的办法,推进了路槽施工的速度。

桥涵构造物的施工确立了"箱涵等同箱通做,背面等同正面做,隐蔽工程等同表面工程做,总体按照景观做"的目标定位。全线部分箱涵、人通采用了无拉杆施工,达到了尺寸准确,线型顺直,轮廓清晰,色泽均匀,内实外光的效果。

在路面施工中全面采用智能型沥青撒布车和掺配"消石灰""聚酯纤维"的施工工艺,优化和完成了改性沥青改进型AC－25Ⅰ、20Ⅰ,改性沥青AK－13,改性沥青SMA－13等的级配,经检测各项指标均符合国家规程及省高指施工指导意见要求。为改善沥青与石料黏附性,提高沥青路面的抗水损害能力,在AC结构沥青混凝土混合料中,以消石灰粉代替部分石灰岩石粉,取得了成功。改性沥青SMA－13和改性沥青AK－13(聚酯纤维AK－13)施工过程中,通过优化配合比,增加碾压功,实现了石料不碎、马蹄脂不上浮、路面致密均匀不渗水,孔隙率稳定在3.5%～5%,取得了钢轮压路机强振4～5遍以上不返油的可喜效果,有效降低了通车后车辙形成的概率。各标段采用了两台3000型以上的进口拌和楼,所有拌和设备都装备电子计量系统和监控系统,并在中下面层复压时采用多台限压力3吨/轮重的进口胶轮压路机和大于26吨的胶轮压路机,缩短了碾压时间。通过涂刷豆油代替油水混合物防粘轮,保证了路面质量,提高了碾压功效。

中央分隔带的植被选择,充分考虑到高速公路沿线各县(市、区)的地区气候、土质等自然条件,树种选用以蜀桧、法青、紫薇、红叶李、海桐球等为主,植被适当辅以花卉及灌木,做到"四季常青,三季有花"。边沟外侧以生态美化为主,本着"佳则纳之,俗则蔽之"的原则,吸纳遮蔽沿路的自然景观,并与高速公路两侧绿色通道的树种、形式、风格相协调。互通区的景观绿化以大树成林为特色,每个互通都有一个鲜明的主题,对于有鲜明地域特色、文化背景的地方,采用了绿化和标识物相结合的主题构成景观,结合自然地形,形成植物水景,四季均有变化。服务区、收费站房建区以美化为主,力求创造优美舒适的工作和生活空间以及适宜的游览休闲环境。

设计、施工、监理　设计单位:江苏省交通规划设计院、江苏省交通科学研究院。施工单位:中国路桥集团第一公路工程局、江苏恒基路桥总公司、中铁二十局集团第一工程有限公司、吉林省交通建设集团有限公司、中国路桥集团二公局六处、中铁四局集团有限公司、常州市交通工程总公司、宁波交通工程建设集团有限公司、中铁十四局集团有限公司、中铁十二局集团有限公司、中国路桥集团第一公路工程局三公司、溧阳市路桥工程有限责任公司、江苏捷达交通工程集团有限公司、南京交通工程有限公司、江苏省交通工程总公司、无锡交通工程总公司、胜利油田胜建集团、中国路桥集团第二公路工程局第四工程处、镇江市路桥工程总公司、盐城市交通建设工程有限公司、中国路桥集团第二公路工程局第三工程处、大庆油田路桥工程有限责任公司等。监理单位:武汉桥梁建筑工程监理公司、泰州市远通交通工程监理咨询有限公司、徐州市交通工程咨询监理有限公司、苏州市路达工程监理咨询有限公司、南通市交通建设咨询监理有限公司、江苏东南交通工程咨询监理有限公司、江苏旭方工程咨询监理有限公司、镇江润通监理公司、中国公路工程咨询监理总公司、上海华申工程建设监理有限公司、山东省交通工程监理咨询公司、江苏省交通工程咨询监理有限公司等。

(3)高速公路连接线工程

响水县城高速公路连接线　响水县城至 G15,长 7.20 公里,为 S326 改线段,全部新建。该项目 2003 年列入省交通厅养护改善工程建设计划,按一级公路标准建设,路面宽 21 米,工程总投资 9000 万元。2005 年开工建设,2006 年建成通车。

滨海县城高速公路连接线　滨海县城至 G15,长 2.50 公里,该连接线利用 S327 拓宽改造,S327 原为三级公路,路面宽 7 米,按一级公路标准改造,工程总投资 3725 万元。2005 年开工建设,2006 年建成通车。

射阳县城高速公路连接线　射阳县城至 G15,长 12.60 公里,利用现有 S329 改造。该段道路原为二级公路,路面宽 9 米,于 2001 年年底建成,后按一级公路标准改造,2004 年完成项目前期工作,2005 年开工,于同年 11 月建成通车。

阜宁县城高速公路连接线　起于 G204 施庄南,止于射阳县陈洋互通,长 24.29 公里,按一级公路标准新建,工程总投资 5.69 亿元。2004 年开工建设,2006 年建成通车。

大丰市城区高速公路连接线　大丰市城区至 G15,长 7.63 公里,其中新建 4.50 公里,其余为利用老路改造,按一级公路标准建设,工程总投资 1.10 亿元。项目前期工作于 2003 年完成,2004 年完成土地征用,2005 年开工建设,2006 年建成通车。

东台市城区高速公路连接线　东台市城区至 G15,长 12.44 公里,利用 S333 东台市东段按一级公路标准改造。该段 2003 年列入省交通厅养护改善工程建设计划,2005 年开工建设,2006 年建成通车。

G15(沈海高速公路)盐城段市开发区互通连接线

市开发区互通连接线　该工程为新建一级公路,起于 G15 盐城市开发区互通匝道出口,止于盐城市开发区中心大道,全长 5.70 公里,路基宽 28.50 米,路面宽 22.50 米,中桥 2 座,小桥 3 座,涵洞 7 道。2005 年年底建成通车,工程总投资 1.02 亿元。该线列入《盐城市 2005 年基础设施十大重点工程项目》。

二、省　道

2010 年江苏省省道在盐城市境内 14 条,1119.12 公里。1983 ~ 1998 年,盐城市境内的省道干线公路 700 多公里,大部分为三、四级公路和等外公路,线路技术等级低,由于超期服役,简易油路严重老化,路况差,通行能力较低。从 1998 年开始,对原来的老路实施线网调整和技术改造,同年 7 月 S29(宁靖盐高速公路)开工建设,至 2010 年,境内的 14 条省道先后进行了新建、技改和扩建。

1. S29(宁靖盐高速公路)盐城段

S29 是江苏省公路网规划“四纵、四横、四联”高速公路主骨架“一联”中的一段,盐城市境内长

47.48公里,南起于盐城市与兴化市交界处盐兴界河,北止于盐城市射阳县盘湾镇。该线分一期工程和二期工程(盐城北段)两期建设。

S29高速公路盐城段一期工程,是全市历史上第一条高速公路,1999年起向全市行政事业单位人员和金融、电讯、电力、烟草等企业职工筹集建设资本金共1.70亿元,上缴省高速公路公司。2002年3月29日市委、市政府召开筹措"十五"期间境内调整公路建设资本金动员大会,全市上下形成了人人踊跃认购资本金,个个支持高速公路建设的热潮。

(1)**一期工程** S29盐城段一期工程从盐都区大冈镇盐兴界河到亭湖区新兴镇龙桥村接G204,全长31.18公里。该工程按全封闭四车道高速公路标准建设,设计车速100公里/时,桥涵设计荷载为汽—20、挂—120,路基宽度25.50米。盐城境内桥梁61座/2928延米,约占路线总长度的9.39%。该段途经盐都区大冈镇、潘黄镇、张庄办事处和亭湖区新兴镇。

S29(宁靖盐高速公路)盐城段大冈互通

项目建设前期工作严格执行交通基础设施基本建设程序,优质、高效地完成了设计、招投标等工作。建设过程中,参建各方瞄准"超沪宁、创国优、争一流"的既定目标,吸取了省内已建成高速公路成功的建设管理经验,结合工程的具体情况,严格管理、科学施工、大力创新,经过省、市高指和广大建设者的艰苦拼搏,沿线各级政府和群众的大力支持和配合,优质按期完成了全线工程建设任务。

该路段于1998年7月28日开工,1999年12月底完成桥梁主体工程,2000年4月完成路基工程,2001年10月完成沥青混凝土面层施工,同时完成全线配套完善了通讯、监控、收费、安全设施、房建、绿化、供水供电等项工程,并投入试运营,2001年11月正式通车。实际工期为3年,工程总投资10.60亿元。

工程量 征用土地417.20公顷,拆迁房屋8万平方米;填挖路基土方454万立方米,软基处理30.26公里;互通4座,涵洞49道,通道24道,大桥9座/1750延米,中小桥52座/1178延米;路面底基层89.20万平方米,基层84.10万平方米;沥青混凝土面层80万平方米,水泥混凝土结构9万立方米;房建面积4706平方米。

工程质量 经检测,路基合格率100%,路面合格率100%,桥梁混凝土强度合格率100%,桥梁钻孔桩无破损检测合格率100%,沥青路面平整度平均值为0.52毫米,优于部颁规范1.80毫米的标准值。工程质量全部达到了设计要求。

(2)**二期工程(盐城北段工程)** S29盐城北段工程起于S29串场河大桥东桥头,向东跨越G204、新长铁路、通榆河,在盐城北枢纽与G15相接。该项目的建成通车使盐徐、沿海、宁靖盐三条高速公路联贯成网,形成环绕盐城市区长84公里、覆盖面积420平方公里的高速公路圈。

S29盐城北段全长16.30公里,途经盐城市亭湖区新兴、青墩两镇和射阳县盘湾镇,其中亭湖区境内长13.33公里、射阳县境内长2.97公里。该段全线采用全封闭、全立交双向四车道标准,路基宽度26米,设计车速100公里/时,桥涵设计荷载为公路Ⅰ级。

该路段于2005年11月开工建设,2008年8月建成通车,计划建设工期为四年,实际工期二年零九个月,工程总投资7.68亿元。

工程量 征用土地227.30公顷,拆迁房屋5.09万平方米,迁移各类杆线355道,填挖路基土石方

S29(宁靖盐高速公路)盐城北段

243万立方米,特殊路基处理4.76公里,三灰土底基层449.30万平方米;路面水稳碎石基层39.04万平方米,沥青混凝土路面42.61万平方米。特大桥1座/2172延米,中小桥5座/271.51延米,分离式立交3座/617.60延米,互通匝道桥梁3座/704.14延米。小型构造物共73道,其中通道20道/502.76延米,箱涵16道/473.66延米,盖板涵4道/149.05延米,圆管涵33道/1029.41延米。主线平均每公里设置构造物4.50道。全线同步建成安全、监控、通信、收费、供电、照明等设施以及景观绿化工程。

工程质量　该段连续跨越G204、新长铁路及通榆运河部分,采用连续高架桥,全桥长达2172米,其中跨G204为现浇箱梁,跨新长铁路采用两侧设墩柱式的装配式部分预应力混凝土连续箱梁,跨通榆运河主桥部分采用悬浇预应力混凝土连续箱梁,引桥部分均采用装配式部分预应力混凝土连续箱梁。

该段不良地质为灰色淤泥、淤泥质亚黏土、淤泥质亚黏土混粉砂,对该种不良地质,采用水泥搅拌桩进行地基处理,全线水泥搅拌桩总量达176.62万米。

在路基路面施工中,采用三灰土(水泥、石灰、粉煤灰稳定土)底基层,水泥稳定碎石基层采用了振动成型方法和使用SBS改性沥青施工的面层,从而提高了水泥稳定碎石基层抗裂性能和路面的压实度。

经检测,软基处理湿喷桩合格率100%;路基顶面经检测,弯沉代表值均小于50(10－2毫米);桥梁钻孔桩经超声和小应变检测合格率100%,其中100%达到A类桩标准,结构物混凝土强度合格率100%;路基、路面合格率100%;道路总体及房建、交通安全设施、通信、监控和收费等工程质量各项指标均达到设计和规范要求,评定为优良。

交工验收　2008年8月12日,该工程通过了档案专项交工验收,总体评价为:档案管理规范科学,手段先进,在全省重点建设项目档案管理中达到领先水平。2008年8月14日,该工程通过了房建及相关工程专项交工验收,总体评价为:工程质量均满足设计要求和验收标准,分项工程合格率100%,总体工程质量验收评定为优良,房建工程达到了现代化建设水平的品牌工程的目标。2008年8月15日,该工程通过了监控、通信、收费三大系统机电项目专项交工验收,总体评价为:工程质量优良,并在道路交通信息发布与控制等方面有了创新。2008年8月19日,该工程项目顺利通过了整体交工验收,工程质量得分96.30分,工程质量等级为优良。该工程项目体现了“以人为本”,可持续发展的要求,实现了“高速公路现代化建设水平的品牌工程”的目标。

(3)**设计、施工、监理**　设计单位:中国交通第二公路勘察设计研究院、江苏省交通规划设计院。施工单位:武进交通工程建设总公司、中国交通集团第二公路工程局、中地公司、铁道部第十一工程局、中江公司、盐城市交通工程处、铁路第十四局、铁路第十二局、中国路桥集团第一公路工程局天津工程处、南京交通工程有限公司、江苏江南路桥工程有限公司、江苏恒基路桥总公司、中国路桥集团第一公路工程局第三工程有限公司等。监理单位:镇江润通监理公司、江苏交通工程咨询监理有限公司。

2. S18(盐淮高速公路)盐城段

S18是国家重点公路天津至汕尾公路的支线,是江苏省规划建设的“四纵、四横、四联”高速公路主骨架“横二”中的一段。它直接沟通京沪、宁靖盐和沈海三条纵向高速公路，是横穿苏北腹地的一条重要的东西向交通要道。

S18（盐淮高速公路）盐城段路面

S18 盐城段西起建湖县蒋营镇，在建湖县城南 7 公里跨建宝公路，经颜单镇、沿河镇北、芦沟镇南跨过盐河进入盐都区，经盐都区秦南、龙冈、北蒋、郭猛、潘黄、大冈和亭湖区伍佑、步凤等乡镇，通过盐城西枢纽和盐城东枢纽，与 S29 和 G15 相连。盐城段全长 70.88 公里，全线采用双向四车道高速公路标准，路基宽度 28 米，设计行车速度 120 公里/时，桥梁设计荷载为汽—20、挂—120。工程总投资 32 亿元。

S18 盐城先导段于 2002 年 8 月 28 日开工建设，克服了连续阴雨、“非典”疫情、特大洪涝灾害和原材料市场价格突涨等诸多不利因素的影响，于 2006 年 10 月建成通车，比批准工期提前了 10 个月。

工程量　全线征用土地 602.52 公顷。路基土方 1164.34 万立方米，其中：填方为 972.22 万立方米，挖方为 192.12 万立方米。拆迁房屋 16.84 万平方米。迁移电力、电讯、广电三杆线路为 1287 道。桥梁 103 座/2.13 万延米，其中特大桥 3 座/7746.90 延米，大桥 28 座/9486.93 延米，中桥 63 座/3761.71 延米，小桥 9 座/286.66 延米。支线上跨分离式立交 4 处，通道 63 道，收费、通讯、监控设施系统各 1 套，综合电力监控系统 1 套，房建总面积 1.51 万平方米。盐城市境内设盐城西、盐城东枢纽各 1 处，建湖、龙冈和盐城南互通式立交 3 处，九龙口服务区 1 处，郭猛停车区 1 处。

工程质量　经检测、评定，路基单位工程合格率 100%，路面单位工程合格率 100%，桥梁钻孔桩无破损检测合格率 100%，桥梁混凝土强度合格率 100%，道路主体及房建、交通工程各项质量指标全部符合设计、规范和江苏省高指施工指导意见的要求。全线平纵组合良好，线型顺适，视野开阔，行车舒适，路容美观，与自然景观协调；混凝土结构物内实外光，色泽一致，表面平整，线型顺适；沥青路面均匀、密实、平整。

S18（盐淮高速公路）盐都段

该项目施工难度大、技术要求高。路线途经苏北里下河水网地区，河流密布，沟塘众多，穿越射阳湖荡区，跨越蔷薇河、西塘河、骨干河、盐河、蟒蛇河、朱沥沟、东涡河、冈沟河、大马沟河、串场河、通榆河等通航河流和建宝公路、建裴公路、S233、宁盐公路、步湖公路、G204 及 10 多条县乡公路以及新长铁路。桥梁构造物占路线长度的 1/3 左右，与沿线河流多为不垂直交叉，斜交桥涵占桥涵总座数的2/3左右。路线穿越古泻湖软土荡区、里下河重黏土区及滨海相软土区三个不同的构造带,地质条件十分复杂,软土特殊地基处理路段占路线长度的1/2左右。

软土地基处理　软基处理分为两个工程地质区:里下河古泻湖平原区和盐城—东台滨海平原区。在里下河古泻湖平原区,位于路线里程K157+100~101,该区上部上层为软塑状—流塑状黏性土;中部上层为灰黑色流塑—软塑状淤泥及淤泥质土,埋深和厚度变化大,最大软土层厚度达20米以上,该土质含水量较大(局部地段达80%以上),空隙比大,具有低强度高压缩性;下部土层为灰色软塑—流塑状亚粘土,土质较均匀,属于工程地质稳定性较差区。盐城—东台滨海平原区位于路线里程K101—终点,该区上部土层为软塑—硬塑状亚黏土,中部土层为流塑状淤泥质土,下部土层为灰褐色软塑—硬塑状亚黏土、亚砂土互层,该区亚砂土属于轻微可液化土。为保证路基、小型构造物的稳定,采取了多种地基处理措施,特别是针对不同的地质条件和路基,施工中采用湿喷桩、粉喷桩、砂垫层、碎石垫层、塑料排水板、堆载预压等多种方法进行处理,在跨沟塘及低填路段采取换填或增设土工织物的方法予以加强,确保路基稳定、工后沉降达到设计要求。

桥涵构造物　桥梁设计采用先进科技成果,大桥采用预应力混凝土连续箱梁和先简支后连续的上部结构,提高了行车舒适性。桥梁伸缩缝采用国内外高质量的毛勒缝,克服了板式伸缩缝易破坏和平整度较差的缺点,不仅提高了行车的舒适感,而且提高了使用寿命。为了保证基桩的质量,所有钻孔灌注桩均进行小应变检测,部分大直径,超长度桩还采用预埋检测管超声波检测,确保基桩的使用质量。

路面工程　按照工程质量全寿命新理论的要求,路面中、下面层均采用了Superpave新型路面结构,上面层采用了SMA13型结构,这是江苏省高速公路首次在一条路上全线大规模地采用全新路面结构的模式。集料粒径标准与国际先进水平接轨。此外为改善沥青与骨料间的黏结性能,提高路面抗剥落及低温抗裂性,掺入适量的沥青抗剥落剂。在基层施工层针对以往水稳基层裂缝较多的特点,采用了水稳基层合理强度及反射裂缝处理技术,大大减少水稳基层裂缝数。

交工验收　2006年10月16日,S18盐城段以工程质量96.31分、质量等级优良通过交工验收。工程建设突破一个"禁区"、创新两项施工工法、取得三项国际水平科研成果:突破了一个"禁区"——S18盐城段位于黄泛冲积平原和里下河古泻湖水网地区,穿越射阳湖、古泻湖软土荡区、里下河重黏土区及滨海相软土区,地质构造十分复杂,其中射阳湖荡洼地标高0.50米~1米,是江苏境内地势最低的地区,被权威人士判定为高速公路建设的"禁区"。创新两项世界级的施工工法——在国内首次提出了排水的粉喷桩复合地基法加固软土地基的"2D工法",并取得国家发明专利;在国内首次提出海积平原区软土地基处理采用塑料排水板排水固结法与水泥搅拌桩法的联合处理的"D-M工法"。取得3项国际水平的科研成果——"2D工法"是软土地基处理的一种新工法,该科研课题经以中国工程院院士吴中如为组长的鉴定委员会鉴定达到国际领先水平,"D-M工法"经鉴定达到国际领先水平;《CFG桩复合地基加固高速公路深厚软基技术研究》《高速公路超软基排水预压固结法试验研究》等课题的研究,经鉴定,总体达到国际先进水平。

设计、施工、监理　设计单位:中交第一公路勘察设计研究院。施工单位:中港第三航务工程局、东盟营造工程有限公司、镇江市路桥工程总公司、江苏东辰公路工程总公司、无锡路桥工程总公司、江苏省交通工程有限公司、中铁四局集团有限公司、江苏交通建设集团有限公司、中铁十四局集团有限公司、吉林省交通建设集团有限公司第一公司、中铁十九局集团第二工程有限公司、江苏润扬交通工程集团有限公司、中国路桥集团第一公路工程局第三工程公司、徐州市公路工程总公司、吉林省交通建设集团有限公司第二公司、常州交通工程有限公司等。监理单位:江苏东南交通工程咨询监理有限公司、中国公路工程咨询监理总公司、江苏交通工程咨询监理总公司、南京交通建设项目管理有限责任公司、镇江市润通交通工程监理咨询有限公司等。

高速公路连接线工程　S18盐城段南互通市区连接线　S18盐城南互通位于盐城市区南约13

公里,市区至南互通连接线,由市区西环路向南延伸新建6公里,按一级公路标准建设,设计速度80公里/时,征用土地46.67公顷,工程总投资1.50亿元。2005年1月开工,2006年10月与S18同步建成。

建湖县城高速公路连接线　建湖县城至S18,长9.15公里,利用县道建宝线拓宽改造,建宝线原为二级公路,路基宽15米,路面宽12米,按一级公路标准改造,工程总投资1.20亿元。2005年年初开工建设,2006年10月建成通车。

3. S226(陈李线)盐城段

S226,起于响水县陈家港,讫于南通市李堡,全线规划里程275.40公里。盐城段起自响水县陈港镇,途经滨海县滨淮镇、八滩镇,射阳县兴桥镇、盐东镇,大丰市裕华镇、万盈镇,东台市三仓镇、唐洋镇等,境内全长257.91公里,呈南北走向,是盐城市东部沿海地区南北交通主要干线。沥青混凝土路面,路基宽12米~25米,路面宽9米~23.50米。全段桥梁94座与路基同宽,桥梁总长5553.68延米,涵洞32道。1998~2001年,响水、滨海、东台、大丰、射阳段陆续改建成二级公路。

S226射阳县南段工程全长35公里,2005年2月按一级公路标准开工建设,2006年12月建成通车。工程总投资2.54亿元。

S226射阳县县城至临海段工程全长21公里,2006年6月按一级公路标准开工建设,2008年12月建成通车。

S226射阳县西绕城公路10.61公里为新建的一级公路,2008年3月开工建设,2010年11月建成通车。工程总投资2亿元。

S226大丰段大中修工程,全长16公里,包括南阳—万盈段大修,四岔河集镇段大修,裕华集镇段中修,大桥集镇段大修。该段是南北走向,工程地段涉及大丰市5个乡镇。该工程按二级公路标准修建,2005年6月初开工建设,主体工程于9月中旬全部完成,年底建成通车。

4. S229(盐锡线)盐城段

S229,起于盐城市区南新河大桥,讫于无锡市区北栅口(公铁立交),线路规划里程217.30公里。盐城段起自盐城市开发区南新河桥,经盐都区潘黄镇、郭猛镇、大冈镇,跨盐兴界河进入兴化市境内,再经东台市溱东镇出境,境内全长33.11公里,沥青混凝土路面,路基宽12米~55.30米,路面宽10米~23.50米。全线桥涵39座与路基同宽,总长1439.90延米。1994年改建完成。总体呈南北走向,全线二级公路标准,沥青混凝土路面。2000~2002年,从线路起点至马沟西12公里按城市道路三块板断面进行改造,快、慢车道、双向六车道、非机动车道用绿化带分隔。其余21.11公里路段为二级公路。

5. S231(阜扬线)盐城段

S231,起于阜宁县城迎宾路,讫于扬中县三茅镇,规划里程181.70公里。盐城市境内71.85公里,起自阜宁县县城,经建湖县至盐都区大纵湖盐兴界河桥,呈南北走向。一级公路标准,双向四车道,沥青混凝土路面。路基宽24.50米,路面宽21米。桥梁与路基同宽。2008年4月开工建设,

S231阜宁段建成通车

阜宁县阜南村一农户祖孙四代站在S231施工现场

2010年年底建成通车。

6. S233(射江线)盐城段

S233,起于射阳县兴桥镇(与S226交叉点),讫于江都市宜陵镇(与G328交叉点),规划里程185.80公里。盐城段起于射阳县兴桥镇,途经建湖县上冈镇,盐都区龙冈、鞍湖、尚庄镇,止于盐兴界河,境内全长75.79公里,沥青混凝土路面,路基宽8.50米~24米,路面宽7.50米~22米。桥涵42座与路基同宽,全长1552.79延米,涵洞62道。2001~2002年K31+536—K38+859改建成一级公路,水泥混凝土路面。2004~2005年龙冈镇至兴化市交界段27公里改建成二级路。

(1)**S233上冈兴桥段改建工程** 建湖县上冈镇至射阳县兴桥镇,全长25.89公里。该工程是按照江苏省交通厅苏交公〔1998〕121号文组织实施的,其中大部分路线已于1999年11月改造结束。由于当时通榆河桥正在建设中,加之上冈镇境内的住户、商店、工厂甚多,施工矛盾复杂,环境恶劣,不可预测的变故难以协调,故该路段西起204国道至通榆河桥之间的学滩桥、小洋河桥延缓至2000年5月份,由建湖县公路管理站负责施工。尽管困难重重,最终还是完成了施工任务,于2001年9月份摊铺了沥青混凝土路面,保证了全线畅通。

(2)**S233盐都段养护改善工程** 按照江苏省交通厅公路局苏公计〔2004〕117号文《关于下发233省道盐都段养护改善工程方案设计审查会纪要的通知》,S233盐都段养护改善工程,起于龙冈镇S233与S234交叉处,讫于盐城市与兴化市交界处界河桥,途经盐都区龙冈、秦南、北蒋、葛武、尚庄镇。此路段全部按照二级公路标准进行改造,设计行车速度为60公里/小时,路基宽8.50米,路面宽7.50米(其中一段路基宽为8米,路面宽为7米),桥梁设计荷载为公路Ⅱ级。路线全长26.87公里,为沥青混凝土路面,全线改建大桥1座、中桥3座、小桥涵50座。该工程于2004年10月开工,2005年12月竣工。工程总投资7000万元。

(3)**S233建湖段大修工程** S233建湖段K31+536~K38+859为一般路段,路基宽22.50米,路面宽21米,全长为7.32公里。该段老路由于交通量的增加,以及重载货车的通行,导致道路出现了大量的病害,通过对老路面使用状况的综合评定,该路段已不能满足交通量需要和交通运输要求,不能保证干线公路经常处于正常的运营状态。

根据省公路局《关于下达2008年国省干线公路养护专项工程调增计划项目的通知》(交公养〔2008〕367号),将S233 K31+536~K44+859段列入计划实施大修。改造方案为:对老路水泥混凝土板块碎石化,加铺水泥稳定碎石30厘米,沥青下封层后摊铺6厘米厚AC-20+4厘米厚AC-13沥青混凝土面层。对硬路肩进行原路面处理后,加铺水泥稳定碎石30厘米,沥青下封层后摊铺6厘米厚AC-20+4厘米厚AC-13沥青混凝土面层。沿线桥梁改造方案:串场河桥右半幅两侧边跨原T梁更换为20米后张法预应力箱梁,中跨部分抬梁更换支座,桥面铺装墙式护栏拆除重建;西冈河桥上部原13米空心板全部更换为先张法预应力空心板。其他小桥涵改造方案:更换预制板,凿除原背墙后进行加高,桥面铺装及墙式护栏拆除重建。

该大修工程项目批准经费3118万元,由省交通厅公路局全额补助。工程于2009年4月8日开工,至2009年9月10日顺利完工。

S234建湖段

7. S234(涟盐线)盐城段

S234,起于涟水县城南门,讫于盐城市区(与G204交叉点),规划里程110.30公里。盐城段起于阜宁县古河镇洋桥口,经阜宁县益林镇、建湖县城、盐都区龙冈镇，止于盐城市区，境内全长71.64公里，沥青混凝土路面，路基宽17米~38米，路面宽14米~29米，桥梁43座与路基同宽，总长2004.70延米，涵洞39道。1998~2000年全线按超二级公路标准进行改造，路基宽17米，沥青混凝土路面宽14米。建湖县建阳镇区至建湖县宋楼段为水泥混凝土路面宽21米，路基宽21米。2002~2004年对市区城西大桥—盐城汽车总站路段进行路面改造。

8. S326（**陈沭线**）**盐城段**

S326，起于响水县陈家港，讫于沭阳县东关转盘，规划里程136.60公里。盐城段起自陈家港，经响水县开发区、双港镇、响水县城至沙荡，境内全长52.77公里，沥青混凝土路面，路基宽15米~29.50米，路面宽12米~24米，26座桥梁与路基同宽，全长1632.50延米。2003年11月开工，2006年10月建成通车。其中：

（1）S326 **响水西段技改工程**　该线起于G204，向西止于灌南县交界处，全长9.87公里，路面宽12米，路基宽15米，技术标准为二级公路。沥青混凝土路面。沿线共有桥梁7座（其中通榆河桥作为一个建设项目单独验收），桥梁设计荷载为汽—20、挂—100。该工程于1998年7月10日开工，至2000年8月15日竣工。工程总投资4280万元。

（2）S326 **响水东段养护改善工程**　该线由陈家港至G204，全长42.90公里，其中按二级公路标准建设25公里，按一级公路标准建设7公里。工程建设单位为响水县人民政府，由响水县交通局组织实施，25公里二级公路中利用老路改造的21公里路段于2004年建成通车。4公里改线段于2005年7月开工建设，年底完成主体工程。7公里一级公路于2006年10月与G15同步建成通车。工程总投资2亿元。

S327 滨海段

9. S327（**八涟线**）**盐城段**

S327，起于滨海港镇三洪村，讫于涟水县东门，规划里程89公里。盐城市滨海段全长71.94公里，双向四车道一级公路标准，沥青混凝土路面，路基宽24.50米，路面宽21米，桥梁9座与路面同宽，全长834.50延米。2006年1月开工，2010年10月建成通车。工程总投资10.60亿元。

10. S328（**扁洪线**）**盐城段**

S328，起于射阳县扁担港，讫于洪泽县城进水闸，规划里程176.70公里。盐城段起自射阳县扁担港，经滨海县五汛、蔡桥、通榆镇，阜宁县郭墅、陈集、古河镇，境内全长97.14公里，三级公路标准，沥青混凝土路面，路基宽9米，路面宽7米，桥涵4座与路基同宽，全长476.50延米，涵洞2道。1998~2003年全线砂石路陆续拓宽改建成沥青混凝土路面。

（1）S328 **通榆至扁担港段改造工程**　该段沿老路进行改造，起于滨海县通榆镇，讫于射阳县扁担港。改造里程为47公里（内含滨海段37.02公里），按二级公路标准进行改造，路基宽10米，路面宽7米，为沥青混凝土路面，桥涵设计荷载为汽—20、挂—100，桥涵与路基同宽，同步实施GBM工程（公路标准化美化工程）。2000年1月开工，2003年12月建成通车。

（2）S328 **阜宁滨海段改建工程**　自阜宁县古河镇洋桥口经陈集、郭墅镇至滨海县通榆镇通榆河大桥，全长50.14公里，原系3.50米宽泥结碎砖路面，1998年按二级路面标准改建为路基宽9米，路面宽7米的沥青混凝土路面。工程总投资6500万元。

11. S329(射阜涟线)盐城段

S329,起于射阳港,讫于涟水县立交,规划里程140.30公里。盐城段起于射阳县射阳港,途经合德镇、陈洋镇、海河镇,阜宁县城、羊寨镇,境内全长98.22公里,沥青混凝土路面,路基宽17米~30米,路面宽14米~26米,桥梁与路基同宽。2003~2005年射阳港一合德段30.23公里改建为一、二级公路,其中一级公路4.93公里,二级公路25.30公里,该工程于2003年年初开工,2005年11月建成通车。工程总投资1.17亿元。

S329 阜宁段通榆河大桥

S329射阳县西绕城公路新建一级公路10.61公里(与S226共线),2008年4月开工,2010年11月建成通车。工程总投资2亿元。

S329阜宁县西段全长16.40公里,二级公路标准,2005年开工建设,2006年建成通车。工程总投资2500万元。从2009年年初开始,将该段改建为一级公路,2010年12月建成通车。工程总投资5.10亿元。S329从射阳港至S226段40.98公里,其中25.30公里为二级公路,15.68公里为双向四车道一级公路。

12. S331(丹宝明线)盐城段

S331,起于射阳县丹顶鹤保护区,讫于苏皖交界(裂山),毗连安徽省明光;规划里程288.20公里。盐城段起自射阳县丹顶鹤保护区,经亭湖区盐东镇,盐城市区,盐都区郭猛镇、北蒋镇、楼王镇,建湖县黄土沟,境内全长75.06公里,沥青混凝土路面,路基宽12米~55.30米,路面宽9米~38米,70座桥梁与路基同宽,全长3470.71延米,涵洞13道。

S331盐城段改扩建工程分两段实施

第1段　S331盐海一级公路,是盐城市政府1997年开始实施的交通重点工程之一。东起沿海珍禽自然保护区(射阳县国家级丹顶鹤自然保护区),西讫G204,全长35公里,全线贯穿亭湖区、射阳县3个乡镇,共有中、小桥梁48座,其中新洋(盐东镇)以西至亭湖区19公里为一级公路,道路全宽23米;新洋以东至丹顶鹤自然保护区16公里为一级路基,二级路面。桥涵设计荷载为汽—20、挂—100。1997年7月21正式开工,1999年12月8日竣工。

S331盐城东段改扩建工程(盐海一级公路)于2009年4月8日开工建设,沿线经黄沙港镇、盐东镇、南洋镇等。2010年年底建成通车,工程总投资10.10亿元。

第2段　S331盐金国防公路,是江苏省的一条重要国防公路,也是苏中地区一条重要的东西贯通的干线公路。该工程于1995年10月开工,1997年8月底全线贯通。盐金公路东起盐城市开发区南新河桥北,与G204相接,向西经盐都县的潘黄、郭猛、楼王等乡镇,至建湖县的黄土沟进入宝应县境内,讫于金湖县。盐城市境内全长40.06公里,除南新河桥至宁盐路收费站段17.30公里与宁盐一级公路共线外,其余路段按二级公路标准,路基宽12米,沥青混凝土路面宽9米,两侧土路肩各1.50米宽。全线桥梁64座(不含与宁盐路共线段34座桥梁),其中大桥2座、中桥10座、小桥涵52座。桥面行车道净宽9米,桥梁设计荷载为汽—20、挂—100。全线实施了GBM工程,设置标志标牌48块,防撞护栏1860米,道口桩330根。

S331盐金公路盐城段养护改善工程分两期进行:

一期养护改善工程,是江苏省交通厅在2000年网化工程追加计划项目。它是盐城市向西出口的一条重要公路。东起G204,西止盐都区北蒋镇,全长20.04公里。该工程于2000年7月25日开工建设,2001 年 9 月 10 日竣工。途经盐城开发区、盐都区潘黄、马沟、郭猛、北蒋等乡镇。该工程市区段,按一级公路标准进行改造,路基宽 25.50 米,路面宽 24 米,设计行车速度 100 公里/小时;其余路段按二级公路标准进行改造,路基宽 12 米,路面宽 9 米,设计行车速度 80 公里/小时。桥涵设计荷载为汽—20、挂—100。桥涵与路基同宽,同步实施 GBM 工程。

二期养护改善工程,从红九河桥到建湖县与宝应县交界,全长 20.02 公里。共有桥梁 28 座,其中大桥 2 座、中桥 7 座、小桥 19 座,涵洞 15 道。该工程于 2001 年 9 月 12 日正式开工,同年 11 月 30 日完成。全线均沿老路对路面进行改造,提高路面等级,不拓建、不改线。按二级路面标准建设,为沥青混凝土路面,设计行车时速为 80 公里,路基顶宽 14 米,路面宽 9 米,全线小桥均按叠合梁进行设计施工,设计荷载为汽—20、挂—100,全线同步实施 GBM 工程。

13. S332(大兴金线)盐城段

S332 省级文明样板路(大刘线)

S332,起于大丰港,讫于苏皖交界(铜城),规划里程 212.50 公里。盐城段起于大丰港,经裕华镇、大丰市区、刘庄镇、白驹镇,境内全长 46.32 公里,20 世纪 90 年代建成,沥青混凝土路面,路基宽 12 米 ~26 米,路面宽 9 米 ~23 米,桥涵 23 座与路基同宽,全长 818 延米,涵洞 3 道。2004 ~2005 年将大丰市区段 6.30 公里改建成一级公路。2007 ~2009 年大丰市境内 40.02 公里新扩建成双向四车道一级公路(另有 9.30 公里与 G204 共线)。工程总投资 6000 万元。

14. S333(曹邮仪线)盐城段

S333,起于东台市曹丿镇(与 S226 交叉点),讫于仪征市曹山立交,规划里程 206.6 公里。盐城段起于东台市曹丿镇,途经四灶乡、东台市区,境内全长 49.01 公里,沥青混凝土路面,路基宽 12 米 ~27 米,路面宽 9 米 ~24 米。桥梁 31 座与路基同宽,全长 1521.88 延米,涵洞 22 道。2000 年将其中四灶乡至东台市区 10.91 公里改建成二级公路。2001 ~2002 年,K34 +801 - K45 +768 改建为二级公路。2003 年开工建设东台城北 4 公里一级公路和东段 19.50 公里二级公路,2004 年建成通车。2005 年年初开工建设东台市区至 G15 段一级公路路基,桥涵工程,完成投资 8600 万元,年底累计完成工程总投资 1.42 亿元。2006 年年底建成通车。

S333 安弶一级公路东台段(2006 年全国最长的节能环保型公路)

S333 东台市弶港镇至 G204 段,新、改建 50.50 公里一级公路,2008 年 1 月开工;G15 以东段 36 公里于 2010 年 6 月建成通车。

15. 临海高等级公路(暂未列入省道统计)

临海高等级公路盐城段北起响水县陈家港镇与连云港市相接,南讫东台市黄海原种场与南通市相连，贯通响水县、滨海县、射阳县、亭湖区、大丰市、东台市六个县（市、区），全长约240公里，全线均采用双向四车道一级公路标准建设，并按6车道预留用地，路基宽26米，设计行车速度100公里/小时，工程总投资约65亿元，建设年限为2010～2013年。先导段位于大丰市（1标～3标），全长33.34公里，2010年6月开工建设。

三、农村公路

20世纪90年代以前，盐城市境内的农村公路（县道、乡道、村道）等级较低，多数为沙石路面，且线型弯曲，路面狭窄，有些是土路，晴通雨阻，加之养护资金不足，坑塘连片，交通运输、人的出行极不方便。为了改变交通落后面貌，从1990年起，根据盐城市委、市政府的部署，各级把农村公路建设放到重要议事日程上，想方设法，筹集资金，加大投入，先后实施了乡村公路"沙石化"和县乡公路"黑色化"工程，有的采取"自筹、自建、自管、自养"的方法，大力发展乡村公路，从而使农村公路有了初步的改善。至"九五"期末，东台、大丰、建湖、响水等县（市）实现了村村通公路，乡通县的公路质量也有了显著提高。到2002年年底，全市农村公路总里程已达4560.49公里，列入交通部门管养的977.91公里，其中按行政级别分：县道814.03公里，乡道2808.40公里，村道938.06公里；按技术等级分：二级公路761.37公里，三级公路997.00公里，四级公路1190.39公里，等外级公路1611.73公里。但仍有29个乡镇、640个行政村不通车，分别占乡镇数的21%和行政村的33.3%。

"十五"期间，江苏省政府作出了五年建设农村公路4万公里重大决策，盐城市抢抓机遇，制定了农村公路5－10年建设规划，市政府先后出台了《盐城市农村公路建设实施意见》和《盐城市农村公路建设管理实施意见》，从2003年起在全市大规模开展农村公路建设。在农村公路建设中，广大农民积极响应政府号召，支持征地拆迁，义务出工出力，无私踊跃捐资，做出了很大贡献。东台市原台南镇鹤西村村民王承润老人孤独一生，当他听说修公路的消息后，倾其所有，将自己的平时打零工、卖鸡蛋、卖蔬菜、当地政府给他生日慰问金和日常生活省吃俭用下来的3000元全部捐出。该市原广山镇女青年周琴，主动将准备结婚用的5000元彩礼捐给公路建设，她说：公路修好了就是最大的彩礼！。

在各级政府重视和广大干群的支持下，盐城市农村公路得到了前所未有的发展。至2010年，全市农村公路达到16799.50公里，其中2003年至2010年新改建农村公路12239.11公里。新建的12239.11公里，按行政等级分：县道1568.84公里，乡道2208.15公里，村道8462.12公里；按技术等级分：二级公路1453.11公里，三级公路358.48公里，四级公路10427.52公里（见表1）。总投资45.09亿元，其中补助资金23.13亿元，地方自筹资金21.96亿元。

农村公路选介

【东台市弶溱线】　弶溱线起自弶港镇，经三仓、南沈灶、安丰、梁垛、后港、时堰镇，止于溱东镇，全长86.28公里，按二级公路标准建设，路面宽7.50米～12米，沥青混凝土路面，是东台市境内东西走向的一条重要通道。2005年1月建成通车，总投资8628.30万元。

【大丰市大丰市区至沈灶线】　该线起自大丰市区，经大中、西团、小海、万盈等4个镇的20个行政村，全长27.80公里，是大丰市南北走向、交通量很大的干线道路。该路线按二级公路标准建设，路面宽7.50米～9米，沥青混凝土路面，2005年11月建成。总投资2780万元。

【盐都区伍沙线（步湖路）】　该线起自新区伍冈村，止于大纵湖镇振兴村，沿线经大冈、郭猛、葛武、尚庄、义丰、大纵湖等6个镇的19个行政村（居），全长45.80公里。该路行政等级为县道（县道网规划编号X308320903），技术等级二级，沥青混凝土路面，二灰碎石路面基层，2006年建成通车。总投资4660万元。

【建湖县永建线（原建宝线）】　该线起自朦胧大桥（与阜宁县永兴镇交界），讫于S331（丹宝明线）黄土沟大桥，全长40.60公里，建桥46座/1240延米，途经高作、近湖、颜单、沿河四镇17个行政村。1997～1998年,按二级公路标准实施改造,路面宽15米,沥青路面9米,左右各为3米硬路肩。1998年报请江苏省政府批准,设立建宝线建湖县收费站,1999年5月18日建成通车,收费站同时开通收费。总投资5564万元。

【射阳县海堤线(大喇叭—黄沙河段)】 该段北起盐城港射阳港区北外海堤大喇叭闸至黄沙港闸,沿线经射阳港电厂、金海岛大桥、黄沙港镇、临港工业区共6个村(管区、单位),全长24.50公里。全线按二级公路标准建设,沥青混凝土路面。沿线桥、涵设计荷载为公路Ⅱ级,路基全宽8.50米,行车道7.50米,土路肩为2×0.50米。2005年年底前做好前期准备工作,2008年8月建成通车。总投资2940万元。

【阜宁县阜益线】 该线起自阜城镇西园盘,讫于益林镇镇南村,全长30.02公里。途经阜城路光明村、郭墅镇章庄村、新沟镇新东村、东沟镇东方村、益林镇镇南村,道路行政等级县道,技术等级二级,水泥混凝土路面宽15米,路基宽18米,1999年建成通车。总投资1.60亿元。

农村公路通车,农民兴高采烈

【滨海县坎滩线】 该线起自滨海港海堤公路交界处,讫于东坎镇阜东中路,全长51.90公里。途经东坎、界牌、八巨、界牌镇及24个行政村。1998～2001年修建成通车,均为二、三级沥青混凝土路面。总投资994万元。

【响水县大石线(原308线)】 该线起自大有镇头罾,讫于涟水县石湖镇,全长59.30公里。途经省属黄海农场和大有、七套、六套、运河、张集、黄圩等乡镇及16个行政村。2003年年初,按二级公路标准进行改造,沥青混凝土路面宽9米,2005年年底建成通车。总投资5300万元。

2003～2010年盐城市新改建农村公路统计

表1　　单位:公里

县(市、区)别	总里程	按行政等级分			按技术等级分		
		县道	乡道	村道	二级	三级	四级
东台	1536.64	311.74	254.54	970.36	271.38	46.56	1218.70
大丰	1411.73	245.67	268.43	897.63	241.83	32.70	1137.20
盐都	1267.69	131.50	170.92	965.27	117.26	51.80	1098.63
亭湖	934.15	69.91	253.21	611.03	52.71	43.46	837.98
射阳	1572.56	254.35	386.47	931.74	281.33	13.50	1277.73
建湖	1447.83	202.47	117.80	1127.56	140.78	81.18	1225.87
阜宁	1248.49	183.67	202.53	862.29	175.36	33.70	1039.43
滨海	1537.97	84.43	435.40	1018.14	87.73	48.16	1402.08
响水	1282.05	85.10	118.85	1078.10	84.73	7.42	1189.90
合计	12239.11	1568.84	2208.15	8462.12	1453.11	358.48	10427.52

专记一

国内领先　国际先进

——盐通高速公路盐城段创精品工程纪实

盐通高速公路2005年11月建成通车。通过二年多的运营，在项目竣工验收时，经专家评议一致认为：盐通高速公路工程建设体现了"以人为本"，可持续发展的要求，实现了"代表二十一世纪初江苏高速公路现代化建设水平的品牌工程"的目标，工程建设总体达到了国内领先、国际先进水平。2008年5月27日，经交通部组织的国内知名专家现场察看和综合评审，沿海高速公路盐城至南通段荣获2007年度公路交通优质工程一等奖。

一、确立铸精品工程的目标

工程伊始，省、市指挥部就确立了以创优质精品工程为目标，以建立健全的质量保证体系为基础，以坚强有力的现场管理为措施，以严格高效的监管制度为保障，充分体现盐阜老区文化、生态、旅游、景观等地域特色，继续保持江苏省交通工程建设水平在全国的领先地位，力争全国第一，努力"把盐通高速公路建设成为代表新世纪初全省高速公路建设和管理最高水平的现代化高速公路"精品工程。

二、工程设计

盐通高速公路盐城段路基、桥涵、路面工程和安全设施由江苏省交通规划设计院承担设计，三大系统、房建、绿化景观等附属设施由专业设计单位承担设计。在设计过程中，经历了两次重大调整，2001年7月按照四车道实施，并在大丰境内进行了先导试验段的施工。2003年4月，省高指以苏高计〔2003〕81号文下发了"关于连盐通高速公路实施预留六车道桥梁实施方案意见的通知"。2004年，江苏省发展和改革委员会以苏发改交能发〔2004〕680号"关于盐城至南通高速公路盐城段调整初步设计的批复"，同意本项目由四车道实施、六车道预留调整为六车道一次实施。

为把盐通高速公路建设成为代表江苏二十一世纪初现代化建设水平的品牌工程，在勘察设计中，积极采用新技术、新材料、新工艺、新设备，全线首次使用莱卡公司生产的GPS测量系统，使全球定位系统技术第一次大规模运用于路线平面、高程三维控制测量中，加快了测量进度，提高了控制测量的精度。

在项目的总体设计中始终贯彻低路堤设计的先进理念，尽可能减少占用土地资源。通过对地方路网的综合分析研究，针对老百姓出行的现状，做到合理规划，尽量减少居民反复穿越高速公路，在有条件的地方设置支线上跨，并充分利用桥跨作为通道，既满足现状要求，又考虑长远发展。

沿线互通内的景观设计充分结合原有地形地貌，保持填挖方基本平衡，并保证一定的水面湿地，充分体现"盐城湿地"的特点，同时深入挖掘本土文化，大量使用乡土树种，每个互通都有各自的特点，并且通过主导树种相联系，从北向南，一路呈"玉堂富贵，金银四季"的动态变化。

盐通高速公路设计了多座风景亮丽的支线上跨桥，在亭湖区南洋境内建造的一座上跨桥采用丹顶鹤造型的母子塔斜拉桥，映在人们脑海中是一对亭亭玉立的仙鹤在夕阳西下的黄昏中，挺胸昂首，跳着欢快的芭蕾。

三、工程施工

盐通高速公路所有工程项目的施工和监理单位均采用公开招标择优选择。全线施工标主体工程分为10个路基、桥涵合同段,5个路面工程合同段。

在施工过程中,从指挥部到施工单位,积极采用新技术、新材料、新工艺,会同科研院所组织开展了一系列的科研攻关,取得了良好的效果。

1. 软基处理

针对大丰境内深层软基搅拌难度大、效果差的问题,指挥部加强对深层软基处理工艺的研究。对28米湿喷桩采取一次钻进、分段复搅的施工工艺;对30米塑插板通过小电流电阻测试仪测定塑插板长度,从而确保了深层软基搅拌均匀和塑插板深插长度达到设计要求,也为深厚软土地基的处理积累了宝贵的经验。积极开展混凝土薄壁筒桩(PCC)软基地基处理技术在高速公路的应用研究,通过实践摸索并制定完整的施工规范、规程和质量控制标准。2004年12月,受省科技厅委托,省交通厅主持对此科研项目进行了鉴定,鉴定委员会认为,该项成果取得了以下几方面创新:①创出了一种处理深厚软土地基新的实用方法,在控制软基变形这一点上成效显著,具有刚性桩的效果、柔性桩的成本;②探索总结了PCC桩处理软土地基的应力与沉降变形规律;③系统地提出了PCC桩加固机理、设计方法、施工工艺、工程检测、组织管理和质量控制措施;④研究出了PCC桩加固软土地基的工程实用计算方法。本科研项目施工工艺先进,桩身质量可靠,地基承载力明显增加,沉降得到有效控制,经济效益显著,达到了国际先进水平。

2. 路基施工

一是针对盐城段地下水位高、水稻田分布广的特点,认真抓好路槽处理。在路基清表后,采取“深挖沟、降水位”的措施,并利用土体含水量饱和,以及生石灰吸湿的特点,采取“生石灰吸湿、饱和水充分闷料”的综合措施,推进路槽施工的速度。二是根据不同的地质、土质和取土情况,进行标准试验和施工工艺研究(黏性土:取土坑生石灰砂化,异地翻晒,路拌机破碎;粉、砂性土:高含水量分阶段碾压,履带拖拉机稳压,胶轮压路机收光等),摸索出适合盐城段特点的路基施工的最优方法,制定了“路基施工技术要点”,指导盐通高速公路的路基填筑。三是路基施工全过程严格控制“四度二量”(路基的压实度、平整度、横坡度、厚度、灰剂量、含水量)。93区使用路拌机粉碎拌和,95区石灰过筛、路床顶采用地膜覆盖养护等措施,确保路床的板体性和弯沉值小于50(10毫米－2毫米),实现了路基工程达精品。四是认真做好路基施工阶段的标准化工作,做到了“五个统一”,即:统一使用玻璃钢急流槽、统一逐层刷坡、统一打格子备土布灰、统一标志标牌格式、统一逐层灰线放样,形成路基文明施工的良好秩序。

3. 桥涵构造物

桥涵构造物的施工确立了“箱涵等同箱通做,背面等同正面做,隐蔽工程等同表面工程做,总体按照景观做”的目标定位。一是认真处理好路基与桥涵施工,桥梁上部结构与下部结构施工的关系,采取定桥、定孔、定下部、定预制、定位、定员、定时间的“七定”措施,保证路基、桥涵工程的均衡推进。二是制定《构造物外观施工指导意见》,明确“三维尺寸准确,几何线条顺适,表面光洁无缝,色泽均匀一致”的外观质量要求,全面提高构造物的质量品位。三是在箱形构造物施工中,在模板制作与安装方面进行了一些尝试:改过去模板用元钉拼装为反绞螺丝拼装,取消了混凝土表面的钉印;立模改过去用对拉拉杆固定为内顶外撑,取消了拉杆孔洞,模板采用1.8厘米厚优质竹胶板并且不周转使用,力求清洁光亮,基本上达到了“尺寸准确,线型顺直,轮廓清晰,色泽均匀,内实外光”的效果。此工艺得到了省交通厅领导的充分肯定和赞赏,并要求在全省在建的高速公路建设中推广使用。四是狠抓梁板预制的工艺研究和质量控制,确定“二·三制”现场施工控制办法,即梁板预制着重控制钢绞线的应力(σ),应变(△l)和梁板的上拱值(△f),钢绞线的放张着重控制梁板的弹性模量(E),强度(R)和成型时间(T),确保梁(板)的实体质量。五是新团河大桥和绍林斜拉桥,是全线桥梁施工中的重点和难点。为确保桥梁结构受力达到设计要求,指挥部委托专业单位着重抓好三孔连续系杆拱新团河大桥和绍林斜拉桥的施工监控工作,并在交工验收时,对新团河大桥进行了动静载试验检验,确保了"两桥"的结构安全。

4. 路面工程

一是成熟沥青路面技术得到新延伸。全线沥青中、上面层均采用了 SBS 改性沥青,部分重交通路段下面层也使用了 SBS 改性沥青。黏层油和下封层均使用改性乳化沥青。为改善沥青与石料粘附性,提高沥青路面的抗水损坏能力,在部分标段沥青路面中下面层掺消石灰。二是为提高路基路面排水性能及沥青路面的抗水损害能力,解决路面渗水给路基带来的不良影响,在 YT - YC24 标铺筑了 12 公里的沥青碎石排水基层(ATPB),达到了预期的效果,也为指导今后的沥青路面施工提供了依据。三是按照省高指"沥青路面十年不坏"的要求,积极配合科研单位开展透水基层和 Superpave 施工工艺的探讨和研究,全面采用智能型沥青石料撒布车,保证撒布的均匀性。探索掺配"消石灰""聚酯纤维"的施工工艺。优化和完善了改性沥青改进型 AC - 251、201,改性沥青 AK - 13,改性沥青 SMA - 13 等的级配,经检测各项指标均符合国家规范及省高指施工指导意见要求。四是改性沥青 SMA - 13 和改性沥青 AK - 13(聚酯纤维 AK - 13)施工过程中,通过优化配合比,增加碾压功率,实现了石料不碎、马碲脂不上浮、路面均匀不渗水,孔隙率稳定在 3.50% ~5%,取得了钢轮压路机强振 4 遍 ~5 遍以上不返油的可喜成绩,有效降低了通车后车辙形成的概率。五是采用了 3000 型以上的进口拌和楼,所有拌和设备都装备电子计量系统和监控系统,并在中下面层复压时采用多台限压力 3T/轮重的进口胶轮压路机和大于 26T 的胶轮压路机,缩短了碾压时间。通过涂刷豆油代替油水混合物防粘轮,保证了路面质量,提高了碾压功效。

5. 排水防护工程

一是浅碟式排水沟创新了集中排水新形式。公路沿线粉砂性土路段多,为防止边坡冲刷,提高路基边坡稳定性,保障生态防护的效果,排水设计采用了浅碟式路肩边沟,使路面实施集中排水,边坡全生态防护。成形后的边沟,混凝土色泽一致,线形顺畅。二是在保证路基边缘线顺适、边坡稳定的情况下,根据实际情况减小削坡量,放缓路基边坡。非粉砂性土路段,以路基高度 4 米为临界高度,4 米以下段落全部采用植草全绿化防护,4 米以上段落采用衬砌拱加植草防护或(挂网)喷浆喷播等生态防护形式。三是桥头锥坡及台后边坡,除砂性土路段和台前溜坡采用实心六角块满铺防护外,其余均采用空心六角块加植草防护。对支线上跨桥头空心六角块防护段,采用客土喷播植草覆盖六角块。四是在满足高速公路排水功能要求的基础上,边沟上口原则上与整平后的标高一致,根据排水纵坡要求和周边地形,合理调整沟底标高,确保排水顺畅和线形顺适。边沟外侧的土方及时清理整平,保证高速公路隔离栅以内整体平顺。五是互通区范围内全部采用喷播植草防护。全线桥头高填土路段采用挂网喷浆喷播,一般高填土路段条件好的可直接喷浆喷播(砂性土段需挂网)。支线上跨桥在主线两侧 200 米内采用喷播技术,或栽植爬山虎、扶方藤、长春藤等爬藤植物。

6. 交通工程

一是在安全设施方面,道路沿线增设了旅游景观标志,如丹顶鹤、麋鹿自然保护区等,采用风格独特、格调高雅的图片和色彩,制成旅游风景区示意牌和人文地理标牌,充分吸引游客的注意力,使他们通过不同的图片和色彩,大致了解到当地的文化、历史、人文、旅游等特色。二是新型隔离栅造就沿线新视觉,为使盐通高速公路与周边景观环境协调一致,指挥部引进采用了法国德瑞克斯的新型无边框防盗隔离栅,改变了江苏省高速公路以往常用的片网隔离栅方案,采用了乳白色无边框隔离栅,设计高度由原来 1.80 米降低为 1.50 米,同时也使该项目工程成本有了明显的降低。三是门架新型式带来沿线新景观,鉴于全线标志门架和情报门架分属十家施工单位加工安装,可能对全线门架质量的保证和统一性带来问题,省、市高指对此采取相应措施,通过样品加工、比价采购方式,选择一家专业厂家承担全线所有84个门架的加工和安装，使全线门架的加工质量、外观处理都得到了很大提高。

四、质量管理和控制

1. 更新理念，增强全员质量创优意识

全体建设者在整个建设过程中做到：第一，树立一流目标，一流水平意识。将质量管理的新思想、新理念、新要求、新标准融入到盐通高速公路建设的管理中，创建了具有盐通特色的高速公路管理办法。第二，树立全员质量责任意识。对每道工序、每个环节进行严格控制，利用《信息简报》《盐通网页》等平台广泛宣传，利用每周例会、质量分析会、现场点评会、工地例会等管理环节，反复宣讲。第三，树立长效质量意识，争取沥青路面十年不大修。

2. 建立管理机构，完善各级质量保证体系

为确保工程的顺利实施，省、市高指建立了专门的管理机构，成立了工程实施领导小组，根据分项工程的管理需要，配齐专业技术人员，并对各部门进行工作职责划分，对每个工作人员进行了具体分工，定期、不定期地召开例会，相互了解、交流施工现场情况，明确下阶段质量工作重点。省、市高指和设计、施工、监理单位以责任状形式建立层层负责的行政、项目法人、监理质量责任制体系，落实各级、各参建单位领导责任制和质量终身保证体系，把工程责任人写进工程建设档案，建立完善了各级质量保证体系，并狠抓各级质保体系的良好运作，量化分解质量创优目标，制订创优对策措施，落实质量创优责任人，使工程质量始终处于良好的受控状态。

3. 建章立制，强化考核，扎实开展质量创优活动

(1)**实行严格的履约考核和请销假制度**　为了加强现场管理，确保各项指令落到实处，使管理没有盲区，总监办根据合同文件规定，制定了主要管理人员的请销假制度，并实行逐级请销假批准制度。规定了项目经理和监理组组长每月在施工现场不得少于25天，制度中明确了项目总工、试验室主任现场及监理组各专业工程师之间的请销假通报制度。并将请销假执行情况列入月底考核。

(2)**严格首件工程认可制度**　做到未经首件工程认可的分项工程，不得批量生产，首件工程不能满足设计规范要求的，必须推倒重来。将首件工程做细做精做实，认真做好总结推广，将首件工程真正成为后续施工的样板和典型。如桥梁下部结构中的立柱，指挥部要求先浇试柱，满足实体及外观要求后再正式浇筑。沥青路面施工必须要进行试铺，并在各标段的试验段完成后，召开全线的试验总结会，邀请专家教授现场点评，提出建议和意见，在总结的基础上再全面铺筑。

(3)**实行全过程监管制度**　市高指现场管理人员对质控重点、难点和制约点及时下发施工指导意见书，对防止质量通病起到了预警和指导作用；对质量管理上的薄弱点以“现场问题通知单”的形式及时督促整改；对夜间施工以及水泥搅拌桩、灌注桩、混凝土浇筑等隐蔽工程，将旁站监理、日常巡查和突击检查、夜间值班制度结合起来，以保证隐蔽工程的施工质量。

(4)**建立质量处理反馈制度**　省高指检测中心对所有各分项工程都进行了抽查，共抽查63次，发出质量通报63份。在工程管理中对检查不合格的工程项目和材料进行返工处理，不合格材料清场，并在规定时间内反馈处理情况和复检资料，通过反馈达到质量控制的目的。

(5)**建立会议制度，集中高效解决问题**　严格工地例会制，规范工地例会汇报材料，及时协调施工中碰到的各种问题；适时召开现场交流会，相互促进；制作幻灯开展质量点评会，有效遏制各种质量通病的发生；召集技术研讨会进一步优化工艺，全面提升施工质量。

(6)**建立信息网络平台，规范快速处理文档**　开工伊始，为迅速便捷地处理各种文档，建立了内部局域网，并与项目部、驻地监理组建立了互通网络，确保了省、市高指各项指令的快速下达。建立健全监理组、施工单位规范化的文档管理制度和资料上报制度，实现了文档管理的计算机化。

4. 源头控制，加强检测，确保原材料的质量

一是严把材料的源头关。严格执行省、市高指对材料准入的有关规定，在准入范围内择优选择供应商，同时对关键材料供应厂家提出了具体要求，如对水稳基层用水泥，要求必须是旋窑工艺、年产 50 万吨以上的厂家，重点控制缓凝时间和三天强度的指标；对路面用集料，要求必须采用反击式轧石生产工艺。二是针对不同的分项工程，采取不同的质量控制方法。路基桥梁施工过程中，企业自检，监理抽查，市高指巡检，对重点分项工程用材和供应紧张的材料加大频率抽检，从而确保工程的材料质量。在水稳碎石基层备料过程中，对不合格材料进行全线通报，即凡施工单位、监理组或市高指检查发现不合格的材料，将运输船号全线通报，杜绝不合格材料流入其他工地。对沥青面层的集料管理延伸到生产厂家，派员驻厂，省、市高指不定期地到宕口进行检查，提出整改要求。对沥青必须经检测合格后方可入库。为保证交通工程的材料质量，市高指会同监理组组织有经验人员深入厂家，了解施工工艺，提出改进方案，确保厂家提供优质材料，对到场检查发现的不合格材料就地封存。三是加强材料的进场管理。对集料场地做到硬化、平整、分仓、排水畅通，对沥青面层集料做到覆盖，细集料搭棚。对其他材料如钢筋、钢绞线、水泥等同样提出场地和防潮防污染的明确要求。采用这些办法对原材料质量进行了有效的控制。

5. 加强监理，强化监督，充分发挥监理现场监管作用

通过公开招标形式，择优选用了具有省级以上交通主管部门核发的资质高、信誉好和业绩佳的整建制的法人监理单位参与工程项目的监理。市高指加强对监理组按优监优酬严格考评、组织监理组之间进行交流总结提高、监理人员能力考核和能力验证试验，有效强化了监理的业务素质和管理技能。旁站监理是质量控制的前沿，对隐蔽工程、重要分项工程如水泥搅拌桩、桥梁灌注桩、水泥混凝土浇筑、基坑回填、二灰土、沥青路面、桥梁伸缩缝施工等环节需要全过程旁站，对各种数据按实及时记录，有效地控制了二灰土的施工质量。在沥青面层施工中，规定了聚酯纤维、木质素纤维、抗剥落剂的添加、温度链的控制、摊铺碾压的管理等一系列质量监督要点。

经检测盐通高速公路盐城段质量软基处理的塑料排水板合格率 100%；粉喷桩、湿喷桩合格率 100%；路基顶面弯沉代表值均小于 60（10 毫米 -2 毫米）；桥梁钻孔桩经超声检测和小应变检测，99% 达到 A 类桩标准，合格率 100%；桥梁混凝土强度合格率 100%；路基、路面合格率 100%；道路总体及房建、交通安全设施、通信、监控和收费等工程质量各项指标均达到设计和规范要求，评定为优良。

五、组织保障

本工程采用“省领导小组决策，省高指监管，市高指建设，公司筹资”的建设管理模式，省高指与市高指签订工程项目总承包协议书；盐城市高指在省高指的监管下，履行业主代表和总监办事机构的职责。在项目建设过程中，省、市高指严格遵守基本建设程序，依据国家规范，参照国际通用的 FIDIC 条款和交通部通用招标文件范本，制定了江苏省高速公路各项施工、监理招标文件，通过国内公开招标选择承包商和驻地监理组。同时，自上而下成立了高速公路建设纪检监察机构，实行纪检监察派驻制度，对重点工程建设起到监督和保驾护航作用。

本项目得到了省、市领导的高度重视和大力支持，地方各级政府也相应成立了高速公路建设管理机构，协调处理地方矛盾和征地拆迁工作，营造工程施工良好的建设环境。

（周正殿）

专记二

这是我们的“经济走廊”！

——畅谈沿海高速公路盐通段贯通

业内人士：将会带来商机无限

沿海高速公路盐城至南通段的贯通，会给盐城的运输行业带来什么样的利益？带着这个话题，记者于11月2日下午，先后来到车辆云集的新客站和招商场附近进行采访。

虽然沿海高速公路盐通段刚刚开通，作为盐城最大的汽车站盐城汽车总站却早已把开通客车的有关事宜列入议事日程，并将有关手续逐级报省审批。该站的一位耿姓站长介绍，不光是盐城开往南通方向，连尚未修通的盐淮高速公路上的客车班次，也已未雨绸缪，同时上报江苏省运管局。市际公路客运线归省里有关部门管辖，省里随后将来人核查、论证。看来，客车开上沿海高速盐通段，有一个过程，还须时日。当然，就汽车总站自身来讲，无论是从有利于生产的角度，还是从有利于发展的角度，他们都是希望早日开通的。

在新客站旁，记者看到一位正在打理车辆的杨佳平师傅。杨师傅说，他今年50出头，多年前，在港务处大件起重运输公司开平板车，后来由于公司不景气，于2001年下岗，下岗后，公司每月只发放生活费。随后，妻子又下岗，在一家纺织企业打工，每月只有三、四百元的工资收入。为了生活，杨师傅首先想到了自己的老本行，于是决定买辆货车跑运输。2001年，他四处筹钱，购买了一辆二吨的客货两用车，专门在新客站和招商场附近送货。由于时间和车型等因素的制约，平日里，他大多是在市区内给人家送家具、送家电等大件物品，跑长途的机会不是太多。杨师傅还告诉记者，原来他上南通，每次都是走204国道，如果车速保持在45到50码之间的话，就需要三四个小时才能到达南通，有时碰到一些急送的货物，也只有干着急。加上运输这一行竞争越来越激烈，如果时间得不到保证，在这个市场就很难立足，更谈不上发展。现在好了，沿海高速公路盐通段开通后，他打算多跑一些长途，不再局限于在市区内转。

在新客站门前的停车场，记者遇到一位家住合德镇的李师傅，看到记者走来，他便热情地打招呼，询问是否要送货。记者说明来意后，他不假思索地说：“要说盐通高速开通后，肯定是好处多，特别是对我们这些搞运输的群体来说，更是如虎添翼！”这位曾在供销口子跑供销的老“外交”，说起高速公路开通后给盐城运输带来的好处时，显得头头是道。他深有感触地说，无论哪个城市，交通这一块在经济发展中都起着举足轻重的作用，先别说其他方面，就拿两地人员的流动来说，显然是加快了两地之间人民的往来和沟通，这无形之中就带动了各方面信息的交流，让盐城人的思想更加开放，是一笔不小的财富。沿海高速公路盐通段的开通更重要的还是体现在运输行业，比如说，对当地的棉纺及制造企业，加工原料的购进，成品的销售都有着密切关系。目前，开通的盐通段高速一下子缩短了行驶的时间，为两地间的运输打开了一条捷径。大多加工企业的产品生产、加工不再固定在一个区域内完成。

有关专家:对接苏南更便捷

解读两小时经济圈

随着“盐通高速公路”建成通车,盐城和上海这两个血脉相连的城市,有史以来第一次显得如此之近。200多公里的路程,两个半小时车程所带来的“同城效应”,将进一步密切我市和上海,乃至和整个长三角地区的交流。

盐城工学院经济管理学院院长、教授王铁认为,随着我市融人上海2小时经济圈,上海对我市的经济辐射和带动效应将进一步增强,这有利于提升我市产业结构的整体水平,尤其可以做大做强我市的汽车、纺织、机械等支柱产业和电子信息、海洋技术、生物技术等新兴产业。

融入2小时经济圈为我市在长三角都市圈中的明确定位创造了有利条件,将有力地拓宽我市与长三角成员城市的合作范围,密切与其他区域的经济关联度,特别是可以为我市在产业合作和要素合作方面形成更多有区域特色的产业和企业集群提供条件,同时也为我市具有优势的农副产品产业集群创造了更大的市场容量。此外,我市日益凸现的区体优势,辅以丰富的土地资源和劳动力资源,将会有效提高我市承接上海和苏南等地产业转移的能力。

融入2小时经济圈将进一步增强我市在先进文化和制度文明方面接受长三角经济的辐射和溢出效应,促进我市解放思想、更新观念;加快与长三角地区在发展理念、运作机制等方面的接轨。

盐城建成交通枢纽

“盐通高速公路”是我省首轮规划建设的“四纵四横四联”高速公路主骨架中“纵一”的重要组成部分,是我国沿海大通道的重要路段。其建设缓解国家主干线的交通运输压力,有利于增强我省大江南北的沟通,密切苏南、苏中、苏北的联系,促进苏北地区发展。

市发改委的专家认为,“盐通高速公路”即将开通标志着我市境内四条高速公路干道基本形成,随着铁路功能的增强,内河航运体系的完善和航空线路的进一步开发,盐城已经形成对外联系的立体交通网络,成为区域性的交通枢纽,人流、物流因此聚集,从而为百万人口城市建设提供强大支撑。盐城还将把集聚的人流、物流发散到有相应需求的周边地区,有效发挥中心城市对周边中小城市的带动和辐射作用。同时,我市的陆运、海运、空运等综合物流业将有长足发展,特别是有效改善了我市沿海大丰港和射阳港的物资对外输送条件,增加港口腹地的容量,促进港口开发利用。

促进内外互补

作为我省未来的经济增长极,建设海上苏东,加快沿海开发,发展海洋经济,是我省提出的一个重要发展战略。但由于沿海道路等基础建设滞后,目前我省及我市的沿海开发、开放在全国沿海范围来讲仍然是个洼地。

盐城师范学院经济学教授李如鹏认为,“盐通高速公路”开通对于加快沿海开发、建设海上苏东具有十分重要的现实意义,是我市沿海经济迅速走出洼地的一个重要条件。

我市濒临黄海,有取之不竭的海盐资源,还有仅次于东海沉积盆地的丰富的石油、油气储量。而长期以来,我市沿海开发严重地受制于交通;交通的不发达,妨碍了沿海与内地的双向沟通,阻滞了与其他地区在生产要素上的流动配置。李如鹏说,如今,“盐通高速公路”这一南北大通道的开辟,使我市“走出去”与“请进来”的内外互动更为便捷,人流、物流、资金流、信息流更为通畅。我市也将凭借“盐通高速公路”,吸引更多的人才、资金投入沿海开发,我市得天独厚的海洋资源、滩涂资源、农业资源将被大规模地开发和利用。

同时,以建设“海上苏东”为契机,“盐通高速公路”将催化我市沿海产业结构的高速和优化,促进人们向海洋进军,开发“海洋产业”;促进人们走向绿色滩涂,利用高新科技,开辟经济增长点;促进人们开发生态旅游,建设多姿多彩的沿海风光带。

黄金效益已凸现

“盐通高速公路”的建成通车,对盐城快速接轨上海,融入“长三角”经济圈,改善投资环境,具有十分重要的意义,盐城人民称之为“经济走廊”和“黄金通道”。早在“盐通高速公路”建设过程中,其潜在的交通区位优势已经在招商引资过程中发挥了重要作用,沿盐城段95.48公里沿线,六个高速公路道口分布着盐城经济开发区、盐都新区、亭湖开发区、大丰经济开发区和东台经济开发区,这些开发区均因“盐通高速公路”的建设而成为商家投资兴业的热点地区。近年来,沿线经济开发区引进亿元以上的项目超过100个,特别是距“盐通高速公路”盐城互通仅6公里的盐城经济开发区吸引韩商投资,继15万辆汽车生产线建成投产后,10月28日又正式开工建设30万辆汽车生产线项目,总投资达60亿元。在不久的将来,一个年产45万辆汽车的东方汽车城将在“盐通高速公路”边崛起。距高速公路几十公里的江苏大丰海洋经济区也因距上海和苏南等经济发达地区时空距离的拉近而迅速崛起,目前进区发展的亿元以上的项目20多个。同时,由于“盐通高速公路”经过的盐城市区和亭湖、大丰、东台市(区)均为盐城经济发展较快地区,沿线分布众多的水产、粮食、生猪、禽蛋等农业综合生产基地,农副产品十分丰富,但过去由于交通“瓶颈”的制约,一直没有得到充分的开发和利用,农副产品外销成本加大,农民喜收愁卖,客商望而却步。高速公路建成后,为农副产品外销提供了快速运输通道。沿线地方政府围绕高速公路的“经济磁场”效应,正大力研究发展道口经济,推动产业聚集,以道口为突破点构筑沿路经济带,由据点式经济开始,由点成线,由线成网,由网成片。沿路扩张发展,促进和带动区域经济,促进人口向集镇集中,工业向园区集中,集镇、园区向道口集中,目前,沿线初具规模的农副产品生产加工基地和水产养殖基地就有20多个。预计不久的将来,它将成为盐城人真正的“经济走廊”。

(注:沿海高速公路现属沈海高速公路的一段)

(原载《东方生活报》2005年11月2日) (张 彪 张勇峰 赵 亮 戴红艳)

第二节 公路桥梁

随着公路建设的快速发展,盐城市桥梁建设突飞猛进,数量成倍增长,跨径越建越大,结构越来越先进。至2010年年末,全市共有公路桥梁1.49万座42.55万延米,分别为1987年的11.93倍、11.20倍。

一、高速公路桥梁

1998年7月,S29(宁靖盐高速公路)盐城段开工建设,标志着盐城市高速公路桥梁建设实现零的突破。2001年11月,S29(宁靖盐高速公路)盐城段竣工通车,共建成主线桥梁61座2928延米,支线上跨桥1座,互通式立交桥3处。2005年11月,盐通高速公路盐城段竣工通车,共建成主线桥梁114座1.28万延米,支线上跨桥18座,互通式立交桥7处。2006年10月,连盐高速公路盐城段竣工通车,共建成主线桥梁83座1.76万延米,支线上跨桥21座,互通式立交桥6处(连盐高速公路通车时,与盐通高速公路一起统称沿海高速公路,后又改称沈海高速公路)。同时,淮盐高速公路盐城段竣工通车,共建成主线桥梁103座2.13万延米,支线上跨桥4座,互通式立交桥3处(淮盐高速公路通车时改称盐徐高速公路,后又改称盐淮高速公路)。2008年8月,S29(宁靖盐高速公路)盐城北段竣工通车,共建成主线桥梁6座2443.50延米,支线上跨桥3座,互通式立交桥2处。至2010年年末,盐城市境内共有高速公路主线桥梁367座5.71万延米(其中特大桥5座8184延米,大桥103座3.56万延米,中桥209座1.24万延米,小桥50座1012.66延米),支线上跨桥47座,互通式立交桥21处。3条高速公路中有6座桥梁总跨径长、结构新颖、技术先进、景观独特,具有代表性,分别简介如下:

1. G15(沈海高速公路)新团河大桥

G15(沈海高速公路)新团河大桥

该桥位于大丰市境内,全长641.66米,双向六车道标准。设计荷载为汽—20、挂—120,桥面净宽35米。桥梁上部结构:北引桥为9×25米预制预应力箱梁,南引桥为13×20米现浇箱梁,主桥为三跨连续钢管系杆拱桥,长148.92米,跨越大刘一级公路和新团河四级航道,主桥采用刚性系梁刚性拱柔性吊杆体系,中拱计算跨径63.12米,矢高15.78米,矢跨比1/4,边拱计算跨径42.20米,矢高8.44米,矢跨比1/5,拱圈以二次抛物线变化。钢管拱肋为哑铃型断面,吊杆采用OVMDS成品吊索的组合型吊杆,主桥行车道板为预制钢筋混凝土空心板,板厚35厘米。下部结构为钻孔灌注桩基础。该桥于2002年9月正式开工建设,2004年12月建成贯通,投资4371万元。

2. G15(沈海高速公路)射阳河大桥

该桥位于滨海县与射阳县交界处,主要跨越射阳河,净空标准为38×5米。桥梁设计荷载为汽—20、挂—120。射阳河大桥桥长503.92米,桥面净宽为2×15.50米,共17墩2台,下部结构均采用钻孔灌注桩基础,上部桥跨组合为7×25米(预应力连续梁)+71.48米(系杆拱)+2×(5×25米)(预应力连续梁)。其中主跨位于7#-8#墩之间,为五级航道主航道。

主桥上部结构采用71.60米单跨预应力混凝土系杆拱,为刚性系杆拱,计算跨径L=70米,拱轴线为二次抛物线,矢跨比1/5,矢高14米。系杆采用等截面箱形,系杆高2米,宽1.20米,拱肋采用"工"字型截面,高1.40米,宽1.20米。每片拱片设间距为5米的吊杆13根,吊杆采用直径d=273毫米的无缝钢管,内放预应力筋束。风撑设置四道,采用直径d=500毫米的无缝钢管,钢管内灌注碎石混凝土。端横梁高度为1.67米~2米,宽1.24米,中横梁高度1.32米~1.65米,宽1米;桥面双向2%横坡通过横梁高度的变化调整。行车道板采用C40钢筋混凝土板,板厚25厘米,长度436厘米。该桥于2004年4月开工,2005年10月竣工,投资3880万元。

3. G15(沈海高速公路)响水灌河特大桥

沈海高速公路响水灌河特大桥是一座大型斜拉桥,地处连云港与盐城两市的交界处,位于盐城市响水县城东侧4公里,跨越三级航道灌河,距灌河入海口约40公里。该桥主桥采用32.90+115.40+340+115.40+32.90米钢—砼叠合梁双塔双索面斜拉桥方案;引桥除南岸最后一孔梁因受地质条件影响而变更成24米跨度外,其余36孔均采用30米跨径先简支后连续预应力砼箱梁;主桥和引桥之间有一孔32米预应力简支箱梁作为过渡孔。桥跨结构布置为(6×30)+(7×30)+(6×30)+32+32.90+115.40+340+115.40+32.90+32+(6×30)+(6×30)+(5×30+24)。桥梁全长为1818.96米,主桥总宽36.60米,引桥总宽33米,设计荷载为汽—超20、挂—120,横桥向6车道。工程总投资近4亿元。

(1)**规划设计** 2002年,江苏省交通厅航道局交航计〔2002〕370号文批复,同意江苏省规划院提出的连盐高速公路有关通航标准。江苏省发展计划委员会苏计基础发〔2002〕1493号文批复了连盐高速公路灌云至响水段项目可行性研究报告。年底,基本完成全线初步设计文件编制。2003

年元月,江苏省高速公路建设指挥部(以下简称省高指)组织召开会议明确连盐通高速公路全线初步设计按实施六车道预留方案重新编制。2月,响水县人民政府以响政函〔2003〕1号、盐城市交通局以盐市交函〔2003〕2号分别同意连盐高速公路灌河大桥净空设计。7月,江苏省发展计划委员会苏计基础发〔2003〕768号文批复连盐高速公路灌云至响水段项目可行性研究调整报告。11月,江苏省环境保护厅苏环管〔2003〕202号文批复连云港至盐城公路环境影响报告书。2004年8月,根据施工图审查会专家意见完成灌河特大桥施工图设计最终文件。2005年2月,根据钢结构施工图审查会专家意见完成灌河特大桥上部钢结构优化设计。7月通过专家会议的形式进一步明确灌河特大桥斜拉索及钢结构防腐方案。

该桥由江苏省交通规划设计院设计,施工图历经委托的中国市政工程西北设计研究院武汉分院的复查咨询、省高指委托的交通部公路规划设计院的复查咨询、省高指组织的桩基审查、全桥施工图审查、上部钢结构审查、斜拉索及钢梁防腐审查。复查咨询单位咨询意见及专家审查意见认为:灌河大桥施工图设计文件内容齐全,结构设计合理,深度较深,设计达到了国内先进水平。

(2)**工程建设** 该桥由中国路桥集团第一公路工程局第三工程公司中标承建,武汉桥梁建筑工程监理公司监理。于2004年4月18日开工,2006年10月18日建成通车。

①*主要工程量* 直径1.50米~1.80米,桩长46米~95米,钻孔灌注桩268根,承台14座,系梁52座,肋式桥台4座,墩柱156根,盖梁76个,主塔H式塔柱2座,引桥30米及31.15米预制箱梁390片,主桥砼桥面板560片,钢梁加工9995吨,斜拉索52对888吨,钢梁涂装10.70万平米,PTC管桩特殊路基处理50米。耗用混凝土12.34万立方米,钢筋1.42万吨,钢铰线815吨,环氧喷涂钢绞线888吨。

新建成的G15响水灌河特大桥成为当地一大风景,竣工后吸引附近群众赶来观赏

②*主要特点*

地质条件复杂 该桥桥位区地质以黏土、亚黏土夹粉砂、粉细砂为主,桥址区软土分布1~2层,部分为淤泥质(亚)黏土,高孔隙比,高含水量,高压缩性,埋深浅,强度低。灌河为潮汐河流,一天两潮,最大潮差4.98米,桩基及承台施工受地质及潮水影响较大,桥位处每年受台风影响较大。路线所经区域为北亚热带气候区,平均降水量1000毫米左右,降雨期集中在6~8月,雨量占全年降水量的40%~50%。

材料用量大,材料供应紧张 该桥整个工程施工期间,正是全国建筑材料处于极其不稳定的时间,且江苏宁淮、淮盐、连盐三条高速公路处于同一施工期,使得钢材、钢绞线以及施工用辅材供应十分紧张,施工材料处于卖方市场,施工单位采用蹲点抢购、提前进料等方法,花费高昂代价采购材料,满足施工生产的正常进行。

技术含量高、施工难度大 该桥为双塔钢—砼结构斜拉桥,此类型斜拉桥在江苏省是第一次采用,有大直径钻孔桩、大体积砼承台、钢梁栓接、钢板厚度大、焊接要求高、环氧喷涂钢绞线等技术难

点。施工单位大力推行技术革新，鼓励使用新工艺、新技术、新材料、新设备。在施工过程中采用多种先进施工技术，如直径2.50米桩二次成孔工艺、长距离砼泵送工艺、方抱箍盖梁施工技术等，攻克各种技术难题，圆满完成施工任务。

针对上述特点、难点，该桥施工单位自进场起，就提出“科技领先，质量创优，管理科学，文明施工”的管理目标，并按省高指提出的“六化”（质量控制标准化，进度控制科学化，投资控制制度化，现场管理信息化，档案管理规范化，周边环境景观化）要求严格管理，争创全线样板结构物、样板档案室，使本标段在质量、进度、安全、文明施工等各方面处于全线领先水平。

③施工情况

该桥在施工过程中，施工单位精心组织，一丝不苟。自进场至工程结束，克服了工期紧、任务重、设计变更频繁、以及“麦沙”台风影响、材料价格居高不下等诸多困难，始终以高标准，严要求进行工程施工。

桩基施工　桩基施工前期，项目进行成孔工艺试桩，通过试钻，摸清地层情况，为正式施工作好准备工作。引桥桩基为Ø1.70米钻孔桩，采用正循环回旋钻机一次成孔；主桥为Ø2.50米、长95米大直径钻孔桩，施工中采用GS－500型钻机二次分级成孔的方式成孔，扩孔系数小，成孔质量好。桩基砼浇筑采用砼卧泵泵送施工，实现砼浇筑无间断，克服了软土地基易塌孔，罐车灌注效率低、成桩质量不易保证等缺点，既降低成本，又保证成桩质量。

对于主桥Ø2.50米大直径钻孔桩，由于设计要求高，施工难度大，项目采用了JJC－1D桩基成孔检测仪、桩基承载力自平衡环形荷载箱等先进设备进行检测，最终达到桩基成孔合格率100%，所有桩基均达到Ⅰ类桩标准，取得了在地质条件复杂的海相沉积软土施工中超大直径超长桩的施工经验。

引桥下部及上部施工　项目自行设计方形抱箍进行盖梁施工，解决传统支架搭设工艺复杂、施工时间长的问题。同时，此方法的成功应用，也弥补了无支架施工中方形抱箍盖梁施工技术的空白。

主塔承台施工　索塔承台为哑铃形7747.20立方米大体积承台，承台一面临水，埋置较深。由于灌河为潮汐河流，每日潮水两涨两落，落差达到4米，荷载变化频繁、幅度大，且原地面覆盖黏土层下为10余米厚的淤泥层，力学性能很差，大大增加了主塔承台的施工难度。项目根据工程特点及现场施工条件，采用锁口钢管桩围堰、设立内支撑围囹的方法进行施工，解决了土层力学性能差的难题。索塔承台属大面积、多方量的大体积混凝土，为减轻或避免混凝土的温度应力裂缝，承台砼浇筑时间定于2004年11月至2005年1月期间，并采用分层浇筑法分两层进行浇筑，按要求布设冷却管，达到承台温控要求，承台砼成品无任何裂纹。

主桥索塔施工　主桥索塔为钢筋砼H型塔，包括上塔柱、中塔柱、下塔柱和上、下横梁，其中上塔柱高42米，中塔柱高61.80米，下塔柱高15.83米，在上塔柱内设斜拉索锚固结构—钢锚梁。其附属结构包括塔柱内爬梯、检修平台、防雷系统、照明系统及预埋件等。现场施工中将每个塔柱分为29个节段进行钢筋安装及砼浇筑。塔柱内竖向主筋连接全部采用直螺纹套筒机械连接，并采用劲性骨架进行钢筋的空间定位；砼浇筑采用长距离砼泵送。在中、上塔柱施工中，为满足施工要求，项目自行设计了爬模体系，其功能集爬架爬升、模板支立、钢筋绑扎、混凝土浇筑、预应力张拉、孔道压浆、施工平台于一体，其工作平台整体随塔柱施工逐步上升，为施工人员始终提供一个封闭的操作空间，能安全、快速地完成索塔施工，收到了很好的效果。

钢梁施工

【钢梁加工】　钢梁采用“工”字型钢纵梁、横梁、小纵梁通过节点板及高强螺栓连接而成，钢梁杆件由中铁山桥集团承建。钢结构总量共9995吨，主桥主要构件采用材料为强度级别较高的Q370qD和Q345qD，其中Q370qD的最大板厚为80毫米。为确保钢板下料精度，该桥所有钢板优先采用火焰精密切割下料，对于形状复杂的零件，如：锚拉板、中锚板、锚垫板及肋板、横梁腹板、钢锚梁等，用计算机1∶1放样，采用数控切割机精确下料。锚拉板作为主要传力构件，其质量至关重要，为此，施工中对于主梁盖板Q370qD－Z25钢板进行了Z向拉伸试验。选取板厚36毫米和50毫米的钢板制成拉伸试件，试验结果均满足GB5313中Z25级要求。对锚拉板熔透角焊缝的焊缝金属和热影响区进行温度冲击试验，锚拉板熔透角焊缝的焊缝金属及热影响区的冲击功均满足Q370qD钢板技术要求。为保证钢梁质量，项目按施工要求，对于板厚大于40毫米的钢板全部进行探伤实验；对焊缝进行无损检验，绝大部分焊缝隙进行100%超声波探伤，必要时进行磁粉、X射线探伤，最终使焊缝内部质量达到Ⅰ级焊缝要求，积累了厚钢板的焊接经验；对于钢梁锚拉板进行200万次疲劳试验，并顺利通过。

【钢梁运输】　钢梁由中铁山桥集团制造，根据设备情况、沿途道路及连云港港口的装卸、疏港能力情况，拟定运输方式为：由车运至山海关上船，经海运至连云港，再改由陆路运输到大桥工地，运输中经二次倒运，全部杆件共分8批运至工地场。由于有112件钢梁杆件超长、超宽、超重，给运输带来很大困难。为此，项目部对运输路线进行全线勘察，选择了首选和备用两条路线，以确保在首选路线出现特殊情况不能通行时，选择备用路线进行运输。并与有关高速公路管理处积极联系，取得支持配合，对于影响运输的障碍制定解决措施，确保钢梁全部安全顺利运至工地。

【钢梁现场安装】　在0#、1#、2#梁段支架下部设立临时支撑钢管，进行0#－2#钢梁安装，其他梁段在0#－2#钢梁的基础上进行悬拼施工。其中，在陆地侧采用120吨龙门吊安装，在灌河侧采用悬臂吊机安装。钢梁安装时，梁段构件全部由岸侧的大龙门单件吊装至支架的移位器上，拼装成整体，纵移落梁就位。在精确对位后，用高强螺栓进行栓接。由于钢梁单件最重杆件达108吨，项目部对龙门承重详细计算、精细设计，顺利完成大吨位钢梁吊装；钢梁采用高强螺栓连接，全桥12万套栓孔重合率为100%，无一扩孔现象发生。在进行主桥合龙段施工中，由于钢梁受温度影响伸缩性很大，项目提前一个月对气温进行实时记录，并对近十年温度进行统计分析，实现了主桥合龙一次性拼装成功，且误差控制在3毫米以内。

拉索施工　拉索钢绞线为高强低松弛7Øj15.24钢绞线构成，采用钢绞线环氧涂层、无黏结筋专用油脂、HDPE防护层、双螺旋线圆HDPE防护管四层防护。挂索采用循环牵引系统进行施工。采用等张拉值法进行单根拉索张拉控制，即每根绞线的拉力以控制压力表读数为准，传感器读数进行监测。单根挂索张拉全部结束后，现浇桥面混凝土，待混凝土强度达到设计强度后，进行横向预应力的张拉，之后进行拉索的第二次张拉。待全桥合龙、砼浇注结束后，进行全桥调索。拉索施工正处于多风季节，挂索及张拉均受风力影响较大，给施工带来了较大困难，项目部时时观测天气情况，抢无风天气加快挂索速度，及时张拉，并与监控单位密切配合，对全桥索力精心监控，完成单根钢绞线张拉、整体张拉及全桥调索，最终索力误差控制在控制索力的3%以内。

（3）**科研攻关与技术创新**　灌河特大桥工程坚持科技创新，开展了多项生产性科研，以解决重大技术难题。坚持以院士、专家作为强有力的技术后盾，对大桥施工的每一个重大方案进行充分论证和审查；坚持管理创新，落实“整体分解、由大化小、各个击破”的施工控制及技术实施原则，攻坚克难，拼搏奉献。大桥建设共取得了五大显著的技术创新成果。一是总结出在地质条件复杂的海相沉积软土中施工超大直径超长桩的施工经验，确保了所有桩基质量均达到Ⅰ类桩标准；二是采用先进技术及科学措施，通过混凝土浇注温度控制设计解决了一次性浇筑超大体积7747立方米混凝土而没有出现温度裂缝的施工难题；三是细致分析研究过去结合梁斜拉桥施工及运营过程中影响结构安全的问题，攻克了困扰国内工程界多年的结合梁斜拉桥桥面板易开裂的难题；四是对钢主梁与斜拉索及其锚固结构进行静载和200万次疲劳模型试验，有效地解决了锚拉板这一锚固构造的结构静力安全及疲劳问题；五是有效控制了大节段钢梁制作和拼装质量及精度，为江苏省推广运用钢砼结合梁桥积累了宝贵施工经验。该桥钢梁全部采用电脑控制精确加工及涂装,监测证明,钢梁拼装轴线偏差控制在5毫米以内,高程误差控制在10毫米以内,钢梁合龙两侧轴线偏位仅3毫米,高程偏差3毫米。

大桥设计的主要创新点:一是主桥为跨径列全国前列、桥面最宽、荷载标准最大的钢—砼组合梁斜拉桥;二是主桥采用钢—砼组合梁斜拉桥,比钢斜拉桥节省了大量钢材,同时解决了钢斜拉桥的桥面铺装问题,比混凝土斜拉桥大大缩短了施工工期、降低了施工风险;三是索、塔锚固采用了钢锚梁型式的锚固方式,索、梁锚固采用了锚拉板型式的锚固方式,此两种锚固方式受力明确、施工方便、质量易控制。钢锚梁损坏后可更换;四是斜拉索采用了新材料环氧喷涂钢绞线,四层保护,大大延长了斜拉索的使用寿命;五是主塔基础采用了2.50米桩径、95米桩长的超长大直径群桩基础;六是对全桥景观进行了认真研究,取消了索塔塔座,斜拉索采用了平行索面斜拉索,索塔及桥墩断面均进行了美化设计。

4. S18(盐淮高速公路)射阳湖大桥

该桥位于淮安楚州区流均镇永兴村与盐城建湖县蒋营镇城南村之间,走向为近东西向,横跨射阳湖荡区。桥梁全长3874.10米。平面位于R=9400米的左偏圆曲线及R=8000米的右偏圆曲线上,全桥桥面横坡均为2%,最大纵坡0.70%。设计荷载为汽车—超20、挂车—120。上部结构采用129×30米装配式部分预应力混凝土连续箱梁,下部结构采用柱式墩、肋式台,钻孔灌注桩基础。采用先简支后连续、预制安装的施工方法。该桥于2003年4月开工,2004年12月交工,工程投资1.53亿元。

S18(盐淮高速公路)射阳湖大桥

5. S18(盐淮高速公路)通榆特大桥

该桥位于亭湖区伍佑镇境内,走向为近东西向,先后跨越串场河(五级航道)、G204、新长铁路、通榆运河(三级航道)4条交通干线,与通榆运河呈79°交角。设计荷载为汽车—超20、挂车—120。该桥跨径组合为2×(6×30)+(40+60+40)+3×(6×30)+7×30+(20+5×30+20)+7×30+3×(6×30)+(45+80+45)+2×(6×30),桥梁全长2728.20米。主桥位于半径为R=20000米竖曲线上,全桥桥面横坡均为2%,最大纵坡2%。引桥位于直线段和半径R=9200米的左偏圆曲线上。

主桥上部结构为(45+80+45)米三跨预应力混凝土变截面连续箱梁,由上、下行分离的两个单箱单室箱型截面组成,箱梁采用纵、横、竖三向预应力体系。主桥下部结构主墩采用钢筋混凝土圆柱式桥墩,低桩承台,钻孔灌注桩基础;过渡墩采用双柱式桥墩,低桩承台,钻孔灌注桩基础。该桥于2003年4月开工,2004年12月交工,工程投资1.41亿元。

6. S29(宁靖盐高速公路)盐城北段跨G204、新长铁路及通榆运河特大桥

该桥位于亭湖区新兴镇、青墩镇之间,桥梁总长2172米,桥面净宽2×11.50米,设计荷载为公路-Ⅰ级。线路跨G204、新长铁路的上部结构为现浇部分预应力混凝土连续箱梁和装配式部分预应力混凝土连续箱梁,其中跨越G204部分采用独柱墩,双幅错孔布置,左幅为(25.90+28+36+28+21.92)+4×29.60+4×29.60+4×29.60+5×29.60+3×40米,右幅为(21.92+28+36+

S29(宁靖盐高速公路)盐城北段跨G204、新长铁路及通榆运河特大桥

28+25.90)+4×29.60+4×29.60+4×29.60+5×29.60+3×40米,下部结构为柱式墩,肋板式桥台,钻孔灌注桩基础。跨越通榆运河跨径布置为6×(5×29.60)+4×29.60+(51+85+51)+4×29.60+3×29.60米,主跨径(51+85+51)米,上部结构为三跨变截面预应力混凝土连续箱梁,采用悬臂浇筑施工方法,下部结构采用空心薄壁墩,低桩承台,钻孔灌注群桩基础。其余上部结构施工方法采用预制安装。该桥于2005年11月开工建设,2007年10月竣工,投资1.13亿元。

二、普通干线公路桥梁

20世纪80年代,盐城境内国省干线公路通达里程少,技术等级低,公路桥梁窄危桥多,通过能力差,不适应运输发展的要求,成了制约经济发展的瓶颈因素。至1991年年末,全市有国省干线公路桥梁464座1.58万延米。1993~1994年,对S229盐城段进行改建,新建桥涵39座。1998年1月,G204全线改造工程竣工通车,共改扩建桥梁175座。同年起,对国省干线公路实施网化工程,至2005年相继完成G204盐城南段沥青路面改造工程,S331等8条省道改扩建工程,共改扩建桥梁345座1.5万延米。2005年后,又相继开展G204盐城绕城段、大丰、东台段,S329等3条省道的改建工程,共改扩建桥梁96座1.51万延米。至2010年,全市共有普通干线公路桥梁775座5.15万延米(特大桥2座2442延米,大桥124座3.01万延米,中桥160座8309延米,小桥489座1.05万延米),其中有8座桥梁具有代表性,简介如下:

1. 淮河入海水道大桥

该桥位于滨海县境内G204K591+302处,桥梁全长720米,主桥全长360米,为10孔36米预应力连续箱梁,引桥全长360米,为20孔18米简支预应力空心板梁,下部构造为钻孔灌注桩基础。桥面净宽23.50米,设计荷载为汽—20、挂—100,设计行车速度为80公里/小时,于2000年10月开工,2002年9月建成通车,工程造价3723.40万元。

2. 范公桥

该桥位于东台市境内G204K738+677处,桥梁全长175米,主桥为35+55+35米三跨预应力变截面T型梁,引桥为2孔20米简支预应力T型梁,下部构造为钻孔灌注桩基础。桥面全宽17.55米,设计荷载为汽—20、挂—100,通航标准为四级航道,设计行车速度为80公里/小时,于1999年3月开工,2000年10月建成通车,投资1118万元。

3. 蟒蛇河大桥

该桥位于盐都区境内G204K657+627处,是盐城市干线公路中跨径最大的桥梁,跨越蟒蛇河,桥梁全长746.20米,全宽26米,主桥为72+115+72米三跨预应力混凝土悬浇变截面箱梁,长259米。引桥为16孔30米装配式预应力砼箱梁。主桥下部结构主墩采用钢筋混凝土空心墩,钻孔灌注桩基础,引桥采用柱式墩台,钻孔灌注桩基础。桥梁设计荷载为公路-I级,设计车速为100公里/小时。该桥于2008年7月开工,2009年8月建成通车,投资6443万元。

4. 海滨大桥

该桥位于滨海县境内S226K56+478米处,是盐城市二级公路上最长的特大桥。依次跨越淮河入海水道、苏北灌溉总渠、S328线。桥梁全长1010.85米,全宽12米,主桥为32+53+32米三跨预应力混凝土悬浇变截面箱梁,长117米。北侧引桥为6×35+(28+2×30+28)+5×35+6×35米装配式部分预应力砼连续箱梁,南侧引桥为5×35米装配式部分预应力砼连续箱梁。主桥下部结构主墩采用钢筋混凝土空心墩,钻孔灌注桩基础,引桥采用柱式墩台,钻孔灌注桩基础。桥梁设计荷载为公路—Ⅱ级,设计车速为80公里/小时。该桥于2005年7月18日开工,2006年9月28日竣工通车,工程总投资3500万元。

5. 千秋大桥

该桥位于射阳县境内,是S226撤渡建桥工程,其桥位在原千秋渡口上游500米处。该工程按二级公路标准,设计荷载为汽—20、挂—100。桥梁全长420.70米,净宽12米,其中行车道9米,人行道2×1.50米,基础及下部构造为钻孔灌注桩基础、双柱式墩台,上部构造主桥为3×60米下承式钢筋混凝土系杆拱,两端引桥各为6×20米钢筋混凝土T型梁。于1993年12月25日开工,1995年9月1日竣工通车,总投资2220万元(含接线工程)。2007年投资2100万元,在其右侧按同跨径、同结构拓宽至25米,使之成为上、下行一级公路桥梁。

S226千秋大桥

6. 羊蒲大桥

该桥位于阜宁县境内S329 K94+540处,跨越淮河入海水道,桥梁全长718米,桥面总宽度12米,主桥为36+60+36米三跨预应力混凝土变截面连续梁桥,引桥为先简支后连续部分预应力混凝土组合箱梁,下部结构为钻孔灌注桩。设计荷载为汽—20、挂—100,设计车速为80公里/小时,于2002年3月开工,2003年10月建成通车,投资2213万元。

7. 建军东路立交桥

该桥位于亭湖区境内S331 K42+785处,跨越通榆河与新长铁路,桥梁全长1361米,桥面总宽度21米,主桥为36+60+36米三跨预应力混凝土变截面连续箱梁,引桥为48孔装配式预应力箱梁,下部结构为钻孔灌注桩。设计荷载为汽—20、挂—100,设计车速为80公里/小时,于2000年3月开工,2001年8月建成通车,总投资7643万元。

8. S333串场河大桥

该桥位于东台市境内S333 K61+266处,跨越五级航道串场河,桥梁全长325.40米,桥面总宽度17米,主桥为35+55+35米三跨预应力混凝土变截面连续箱梁,引桥为10孔装配式预应力连续箱梁,下部结构为钻孔灌注桩。设计荷载为汽—20、挂—100,设计车速为80公里/小时,于2001年4月开工,2002年10月建成通车,总投资近1000万元。

三、农村公路桥梁

盐城地处里下河水乡,农村公路桥梁数量众多、质量较低,过去除大的桥梁为政府投资建造外,多为民建,比较简陋。从20世纪80年代后期,随着改革开放的深入,农村经济的发展,开始重视农村公路桥梁建设。1991年,全市县乡公路有桥梁924座2.45万延米。此后,各级政府更加重视农村公路桥梁建设,想方设法多渠道筹集资金,开展县乡公路黑色化工程,进一步带动农村公路桥梁建设。至2002年,全市县乡公路桥梁增加到2167座5.99万延米。从2003年起,盐城市充分利用国家和省政府扶持政策，开展大规模的农村公路建设，使农村公路桥梁的数量和质量都有了历史性飞跃。至2005年，全市共有农村公路桥梁1.23万座26.38万延米。2005年后，农村公路桥梁建设力度不减，3年时间新建、改扩建732座3.42万延米。至2010年，全市共有农村公路桥梁1.37万座31.66万延米（大桥203座2.82万延米，中桥2541座9.51万延米，小桥1.10万座19.32万延米）。农村公路和桥梁的建设，为农村提供了便捷交通，对农业增加了发展条件，给农民带来了最大的经济实惠。其中具有代表性的4座桥梁简介如下：

1. 龙庙大桥

该桥坐落于亭湖区新兴镇与青墩镇交界处通榆河上，设计荷载为汽—20、挂—100，全长166米，跨径总长160米（2×16+20+56+20+2×16），桥面宽为4米，上部结构主孔为下承式简支预应力桁架拱，边跨为混凝土简支T型梁，下部结构为埋置式桥台，柱式桥墩。该大桥于2001年2月开工，2002年5月竣工通车，工程总投资280万元。该大桥建成通车，连接了新兴、青墩两镇，使亭湖区乡道青龙线得以贯通。

2. 新农大桥

该桥位于东台市三仓镇境内，全长138米，跨径总长132米（16+20+20+20+20+20+16米），桩基础，T型梁。于2001年6月开工，2002年10月建成通车，总投资为255万元。

3. 风冈大桥

该桥位于盐都区潘黄镇，所在线路为港北公路，全长149.30米，跨径总长140米，单孔最大跨径40米，桥宽7米，于2005年2月开工，2006年7月建成通车，总投资209万元。

4. 阜滨大桥

该桥位于阜宁县合利镇合吴线上，全长250米，跨径总长240米，全宽8米。上部结构为20+20+30+40+30+20+20+20+20+20米T型板梁，钻孔灌注桩基础。于2007年8月开工，2008年5月建成通车，总投资582万元。

2010 年盐城市公路桥梁按道路行政级别划分情况

表 2

道别＼单位＼桥别	合计		合计中含危桥		合计中含互通式立交桥		按使用年限分						按跨径分							
							永久性		半永久性		临时性		特大桥		大桥		中桥		小桥	
	座	延米	座	延米	座	延米	座	延米	座	延米	座	延米	座	延米	座	延米	座	延米	座	延米
合计	14889	425523	4471	94333	24	8162	14535	416618	284	7217	70	1688	7	10626	430	93953	2916	116136	11536	204808
国道	368	50179			16	4339	368	50179					2	3147	112	35597	170	9642	84	1793
省道	774	58430	1	52	8	3823	774	58430					5	7479	115	30149	199	11067	455	9735
县道	1991	63206	225	6494			1959	62324	30	840	2	42			98	16043	439	20096	1454	27067
乡道	5593	121451	1883	39114			5466	118258	104	2644	23	549			62	6998	993	36895	4538	77558
专用公路	7	340					7	340									6	306	1	34
村道	6156	131917	2362	48673			5961	127087	150	3733	45	1097			43	5166	1109	38130	5004	88621

2010 年盐城市公路桥梁按行政区划分布情况

表 3

道别＼单位＼桥别	合计		合计中含危桥		合计中含互通式立交桥		按使用年限分						按跨径分							
							永久性		半永久性		临时性		特大桥		大桥		中桥		小桥	
	座	延米	座	延米	座	延米	座	延米	座	延米	座	延米	座	延米	座	延米	座	延米	座	延米
合计	14889	425523	4471	94333	24	8162	14535	416618	284	7217	70	1688	7	10626	430	93953	2916	116136	11536	204808
响水	586	25971	94	2354	2	500	433	21728	94	2739	59	1504	1	1819	26	7676	255	10011	304	6465
滨海	505	24755	125	3435	3	436	505	24755					2	2339	67	9339	248	9713	188	3364
射阳	1862	54429	949	19415	3	759	1862	54429							54	13392	179	9391	1629	31646
阜宁	1130	32949	360	7435			1127	32888	1	10	2	51			53	10669	227	8254	850	14026
建湖	2120	46003	843	13737			2095	45568	18	334	7	101	1	1431	39	7662	139	6901	1941	30009
盐都	2672	63948	306	6171	3	806	2670	63926	1	10	1	12	1	1144	48	12777	240	11016	2383	39011
亭湖	1442	41572	354	5952	7	3667	1442	41572					2	3893	38	10579	87	4603	1315	22497
大丰	1894	55471	505	11587	2	489	1891	55419	3	52					49	10216	278	13050	1567	32205
东台	2678	80425	935	24247	4	1505	2510	76334	167	4072	1	20			56	11643	1263	43197	1359	25585

2010 年 S29(宁靖盐高速公路)盐城境内百米以上桥梁情况

表 4

<table>
<tr><th rowspan="2">序号</th><th rowspan="2">桥梁名称</th><th rowspan="2">所在线路</th><th rowspan="2">桥长（米）</th><th rowspan="2">最大跨径（米）</th><th rowspan="2">桥宽（米）</th><th colspan="2">设计载重</th><th colspan="2">结构型式</th><th rowspan="2">建造年份</th><th rowspan="2">所在县市区</th></tr>
<tr><th>汽车</th><th>挂车</th><th>上部</th><th>下部</th></tr>
<tr><td>1</td><td>兴盐界河大桥</td><td rowspan="13">盐城段</td><td>100</td><td>20</td><td rowspan="2">23</td><td rowspan="21">超20</td><td rowspan="21">120</td><td>预制箱梁</td><td rowspan="21">桩柱式</td><td rowspan="13">1999~2000</td><td rowspan="10">盐都区</td></tr>
<tr><td>2</td><td>顶港河大桥</td><td>100</td><td>20</td><td>预制箱梁</td></tr>
<tr><td>3</td><td>大冈互通 G 匝道桥</td><td>312</td><td>20</td><td rowspan="2">12</td><td>现浇箱梁</td></tr>
<tr><td>4</td><td>大冈互通 A 匝道桥</td><td>232</td><td>20</td><td>现浇箱梁</td></tr>
<tr><td>5</td><td>团结河大桥</td><td>100</td><td>20</td><td rowspan="6">23</td><td>预制箱梁</td></tr>
<tr><td>6</td><td>冈中河大桥</td><td>320</td><td>20</td><td>预制箱梁</td></tr>
<tr><td>7</td><td>蔡中河大桥</td><td>100</td><td>20</td><td>预制箱梁</td></tr>
<tr><td>8</td><td>盐城西互通马沟分离式立交桥</td><td>412</td><td>20</td><td>预制箱梁</td></tr>
<tr><td>9</td><td>马沟大桥</td><td>120</td><td>20</td><td>预制箱梁</td></tr>
<tr><td>10</td><td>蟒蛇河大桥</td><td>280</td><td>40</td><td>预制 PC 箱梁</td></tr>
<tr><td>11</td><td>张庄互通 A 匝道跨线桥</td><td>272</td><td>26</td><td>12</td><td>现浇 PC 箱梁</td><td rowspan="11">亭湖区</td></tr>
<tr><td>12</td><td>皮岔河大桥</td><td>110</td><td>30</td><td>23</td><td rowspan="2">预制箱梁、预制 PC 箱梁</td></tr>
<tr><td>13</td><td>串场河大桥</td><td>120</td><td>40</td><td>23</td></tr>
<tr><td>14</td><td>新兴互通 C 匝道桥</td><td rowspan="8">盐城北段</td><td>208.60</td><td>22</td><td>15.50</td><td>现浇 PC 连续箱梁</td><td rowspan="8">2005~2007</td></tr>
<tr><td>15</td><td>主线跨 G204 及新长铁路大桥</td><td>767.30</td><td>40</td><td rowspan="2">25.50</td><td rowspan="2">现浇 PC 连续箱梁及预制 PC 箱梁</td></tr>
<tr><td>16</td><td>通榆运河特大桥</td><td>1404.70</td><td>85</td></tr>
<tr><td>17</td><td>青盘公路分离立交桥</td><td>291.92</td><td>19</td><td rowspan="4">15.50</td><td rowspan="2">现浇 PC 连续箱梁</td></tr>
<tr><td>18</td><td>青墩互通跨主线 C 匝道桥</td><td>161.16</td><td>22</td></tr>
<tr><td>19</td><td>青长公路分离立交桥</td><td>206.92</td><td>48</td><td>中承式钢管混凝土拱桥现浇 PC 连续箱梁</td></tr>
<tr><td>20</td><td>盐中村农汽支线上跨</td><td>118.76</td><td>20</td><td>现浇 PC 连续箱梁</td></tr>
<tr><td>21</td><td>盐城北枢纽 C 匝道跨连盐高速公路桥</td><td>334.78</td><td>28</td><td>25.50</td><td>现浇 PC 箱梁</td></tr>
</table>

2010 年 G15(沈海高速公路)盐城境内百米以上桥梁情况

表 5

<table>
<tr><th rowspan="2">序号</th><th rowspan="2">桥梁名称</th><th rowspan="2">所在线路</th><th rowspan="2">桥长(米)</th><th rowspan="2">最大跨径(米)</th><th rowspan="2">桥宽(米)</th><th colspan="2">设计载重</th><th colspan="2">结构型式</th><th rowspan="2">建造年份</th><th rowspan="2">所在县市区</th></tr>
<tr><th>汽车</th><th>挂车</th><th>上部</th><th>下部</th></tr>
<tr><td>1</td><td>灌河特大桥</td><td rowspan="24">连盐段</td><td>1818.96</td><td>340</td><td>35</td><td rowspan="24">超 20</td><td rowspan="24">120</td><td>斜拉桥 + 预制箱梁</td><td rowspan="24">桩柱式</td><td rowspan="24">2003 ~ 2005</td><td rowspan="13">响水县</td></tr>
<tr><td>2</td><td>新小黄河大桥</td><td>257.40</td><td>25</td><td>35</td><td rowspan="22">梁桥</td></tr>
<tr><td>3</td><td>响陈分离立交</td><td>382</td><td>25</td><td>11</td></tr>
<tr><td>4</td><td>省道 326 跨主线大桥</td><td>586.30</td><td>28</td><td>22.50</td></tr>
<tr><td>5</td><td>响水互通 C 匝道跨主线大桥</td><td>262.32</td><td>30</td><td>13.50</td></tr>
<tr><td>6</td><td>三新河大桥</td><td>146.16</td><td>20</td><td>35</td></tr>
<tr><td>7</td><td>中山河大桥</td><td>157.68</td><td>25</td><td>35</td></tr>
<tr><td>8</td><td>南潮河大桥</td><td>533.68</td><td>25</td><td>35</td></tr>
<tr><td>9</td><td>六套互通 C 匝道跨主线桥</td><td>237.32</td><td>30</td><td>15.50</td></tr>
<tr><td>10</td><td>桑庄农汽天桥</td><td>196.84</td><td>25</td><td>8.50</td></tr>
<tr><td>11</td><td>湾港农汽天桥</td><td>181.76</td><td>25</td><td>8.50</td></tr>
<tr><td>12</td><td>省道 308 分离式立交</td><td>307.32</td><td>25</td><td>17</td></tr>
<tr><td>13</td><td>废黄河大桥</td><td>126.41</td><td>20</td><td>35</td></tr>
<tr><td>14</td><td>跨省道 327 大桥</td><td>696.78</td><td>27.50</td><td>35</td><td rowspan="11">滨海县</td></tr>
<tr><td>15</td><td>中八滩大桥</td><td>383.21</td><td>25</td><td>35</td></tr>
<tr><td>16</td><td>益礼农汽天桥</td><td>156.76</td><td>25</td><td>7.50</td></tr>
<tr><td>17</td><td>滨海互通 C 匝道桥</td><td>212.32</td><td>30</td><td>13.50</td></tr>
<tr><td>18</td><td>盘洋农汽天桥</td><td>206.76</td><td>25</td><td>7.50</td></tr>
<tr><td>19</td><td>头层农汽天桥</td><td>156.76</td><td>25</td><td>7.50</td></tr>
<tr><td>20</td><td>入海水道、灌溉总渠特大桥</td><td>1328.24</td><td>50</td><td>35</td></tr>
<tr><td>21</td><td>蔡桥互通 C 匝道跨主线大桥</td><td>212.32</td><td>30</td><td>15.50</td></tr>
<tr><td>22</td><td>三层干渠大桥</td><td>257.93</td><td>25</td><td>35</td></tr>
<tr><td>23</td><td>纲要河大桥</td><td>146.12</td><td>20</td><td>35</td></tr>
<tr><td>24</td><td>射阳河大桥</td><td>503.92</td><td>71.48</td><td>35</td><td>预制箱梁 + 系杆拱</td></tr>
</table>

续表 5

序号	桥梁名称	所在线路	桥长（米）	最大跨径（米）	桥宽（米）	设计载重		结构型式		建造年份	所在县市区
						汽车	挂车	上部	下部		
25	習红分离式立交桥	连盐段	247.24	25	12.80	超20	120	梁桥	桩柱式	2003~2005	射阳县
26	洼南支线上跨桥		156.76	25	8.50						
27	串通河大桥		146.42	20	35						
28	射阜分离立交		358.16	25	35						
29	海河大桥		132.40	25	35						
30	运棉河大桥		106.32	20	35						
31	堆塘河大桥		158.16	30	35						
32	射阳互通 C 匝道桥		212.32	30	15.50						
33	S329 分离立交		510.40	28	13.50						
34	三洼农汽支线上跨桥		206.76	25	8.50						
35	开北农汽支线上跨桥		206.76	25	8.50						
36	横港农汽支线上跨桥		181.76	25	8.50						
37	黄沙港大桥		881.22	65	35						
38	长荡互通 C 匝道桥		212.32	30	15.50						
39	联盟农汽支线上跨桥		206.76	25	8.50						
40	盘黄分离式立交		106.31	20	35						
41	东盘农汽机耕天桥		189.20	30	8.50					2002~2005	
42	新洋港大桥		764.71	62	35						
43	特青线上跨桥		290.84	28	12						
44	特庸境内机耕天桥		262.92	28	8.50						
45	盐城东互通匝道桥	盐通段	258	25	15.50					2002~2004	亭湖区
46	盐城东互通主线桥		605.20	32	变宽						
47	上灶分离式立交桥		260	22	8						
48	前途分离式立交桥		160	20	8						
49	步强公路分离式立交桥		320	20	12						
50	绍林分离式立交桥		240	60	10			单斜拉+梁桥			
51	蔡墩分离式立交桥		174	25	8			梁桥			
52	开发区互通 C 匝道跨主线桥		211	25	15.50						
53	西潮河大桥		175	25	31						
54	新龙公路分离式立交大桥		132.60	25	31						大丰区
55	新斗龙港大桥		278.68	30	31						
56	新团河大桥		641	63.4	31			预制箱梁+系杆拱			

续表 5

序号	桥梁名称	所在线路	桥长（米）	最大跨径（米）	桥宽（米）	设计载重		结构型式		建造年份	所在县市区
						汽车	挂车	上部	下部		
57	大丰互通C匝道桥	盐通段	265	32	15.50	超20	120	梁桥	桩柱天	2002~2004	大丰市
58	七灶河大桥		480	25	31						
59	三中沟大桥		450	25	31						
60	赵尖分离式立交桥		240	22	8						
61	三十里河大桥		125	25	31						
62	黄浦分离式立交桥		284	25	8						
63	五十里河大桥		180	20	31						
64	新王港河大桥		188.55	30	31						
65	东中竖河大桥		186.16	20	31						
66	大丰南互通匝道桥		223.16	25	15.5						
67	大丰南互通主线跨小草公路特大桥		629.40	25	31						
68	三渣机耕天桥		174.76	22	8						
69	丁溪河大桥		146.16	20	31						
70	东渣分离式立交桥		306.32	25	12						东台市
71	天洋机耕天桥		174.76	22	8						
72	川东港大桥		106.30	20	31						
73	东台互通匝道桥		256.68	25	15.50						
74	东台互通主线桥		650.03	25	31						
75	河坝机耕天桥		174.76	22	8						
76	高丰机耕天桥		174.76	22	8						
77	国富机耕天桥		174.76	22	8						
78	梁垛河大桥		308.32	30	31						
79	庆丰景观桥		146.76	25	8						
80	安丰互通匝道桥		223.16	28	15.50						
81	安丰互通主线跨安弶公路特大桥		723.84	25	31						
82	十二沟大桥		101.70	16	31						
83	红安机耕天桥		174.76	22	8						
84	安弶河大桥		382.40	25	31						
85	小东机耕天桥		176.76	25	8						
86	七中沟大桥		140	25	31						
87	乘胜机耕天桥		168	22	8						
88	方塘河大桥		100	20	31						
89	富许路支线上跨分离式立交桥		300	25	12						

续表5

序号	桥梁名称	所在线路	桥长（米）	最大跨径（米）	桥宽（米）	设计载重		结构型式		建造年份	所在县市区
						汽车	挂车	上部	下部		
90	富安互通匝道桥	盐通段	217	25	15.50	超20	120	梁桥	桩柱天	2002~2004	东台市
91	富安互通主线跨富唐公路特大桥		800	25	31						
92	二中沟大桥		120	20	31						

2010年S18（盐淮高速公路）盐城境内百米以上桥梁情况

表6

序号	桥梁名称	所在线路	桥长（米）	最大跨径（米）	桥宽（米）	设计载重		结构型式		建造年份	所在县市区
						汽车	挂车	上部	下部		
1	射阳湖特大桥	盐城段	3874.10	30	24	超20	120	梁桥	桩柱式	2003~2005	建湖县
2	蔷薇河大桥		308.20	30	24						
3	太绪沟大桥		232.40	25	24						
4	建宝路跨线桥		182.40	25	24						
5	建湖互通立交A匝道桥		246.32	25	14						
6	西塘河大桥		478.20	60	24						
7	郑沟大桥		157.40	25	24						
8	骨干河大桥		557.40	25	24						
9	建裴公路跨线桥		638.20	30	24						
10	K59+275分离式立交桥		146.16	25	11						
11	盐河特大桥		598.20	80	24						盐都区
12	跃进河大桥		218.20	30	24						
13	反帝河大桥		278.20	30	24						
14	K62+293.39立交		146.16	25	11						
15	蟒蛇河大桥		678.20	30	24						
16	朱沥沟大桥		448.20	60	24						
17	秦南互通匝道桥		246.32	25	14						
18	六支河大桥		132.40	25	24						
19	东涡河大桥		278.20	30	24						
20	西干河大桥		106.60	20	24						
21	盐宁公路桥		578.20	30	24						
22	冈沟河大桥		158.20	30	24						
23	盐城西枢纽主线桥		1144.61	37	变宽						
24	盐城西枢纽A匝道桥		153.04	25	10.50						
25	盐城西枢纽B匝道桥		687.22	25	9.50						
26	盐城西枢纽E匝道桥		153.04	25	7.50						

续表6

<table>
<tr><th rowspan="2">序号</th><th rowspan="2">桥梁名称</th><th rowspan="2">所在线路</th><th rowspan="2">桥长（米）</th><th rowspan="2">最大跨径（米）</th><th rowspan="2">桥宽（米）</th><th colspan="2">设计载重</th><th colspan="2">结构型式</th><th rowspan="2">建造年份</th><th rowspan="2">所在县市区</th></tr>
<tr><th>汽车</th><th>挂车</th><th>上部</th><th>下部</th></tr>
<tr><td>27</td><td>盐城西枢纽F匝道桥</td><td rowspan="20">盐城段</td><td>123</td><td>18</td><td>7.50</td><td rowspan="20">超20</td><td rowspan="20">120</td><td rowspan="20">梁桥</td><td rowspan="20">桩柱式</td><td rowspan="20">2003～2005</td><td rowspan="14">盐都区</td></tr>
<tr><td>28</td><td>盐城西枢纽G匝道桥</td><td>201.04</td><td>18</td><td>7.50</td></tr>
<tr><td>29</td><td>盐城西枢纽H匝道桥</td><td>201.04</td><td>18</td><td>7.50</td></tr>
<tr><td>30</td><td>伍大特大桥</td><td>608.20</td><td>30</td><td>24</td></tr>
<tr><td>31</td><td>大马沟大桥</td><td>107.40</td><td>25</td><td>24</td></tr>
<tr><td>32</td><td>小新河大桥</td><td>146.40</td><td>20</td><td>24</td></tr>
<tr><td>33</td><td>红旗河大桥</td><td>132.40</td><td>25</td><td>24</td></tr>
<tr><td>34</td><td>中心河大桥</td><td>106.60</td><td>20</td><td>24</td></tr>
<tr><td>35</td><td>盐城南互通主线桥</td><td>666</td><td>32.84</td><td>29</td></tr>
<tr><td>36</td><td>盐城南互通A匝道桥</td><td>321.32</td><td>25</td><td>14</td></tr>
<tr><td>37</td><td>盐城南互通E匝道桥</td><td>271.32</td><td>25</td><td>14</td></tr>
<tr><td>38</td><td>冈中河大桥</td><td>157.40</td><td>25</td><td>24</td></tr>
<tr><td>39</td><td>伍佑特大桥</td><td>807.40</td><td>25</td><td>24</td></tr>
<tr><td>40</td><td>通榆特大桥</td><td>2728.20</td><td>80</td><td>24</td></tr>
<tr><td>41</td><td>德喜河大桥</td><td>106.60</td><td>20</td><td>24</td><td rowspan="6">亭湖区</td></tr>
<tr><td>42</td><td>十总河大桥</td><td>106.60</td><td>20</td><td>24</td></tr>
<tr><td>43</td><td>盐城东枢纽主线桥</td><td>513.18</td><td>34</td><td>变宽</td></tr>
<tr><td>44</td><td>盐城东枢纽B匝道桥</td><td>366.68</td><td>30</td><td>10.50</td></tr>
<tr><td>45</td><td>盐城东枢纽C匝道桥</td><td>147.54</td><td>18</td><td>7.50</td></tr>
<tr><td>46</td><td>步凤—斗龙港天桥</td><td>196.16</td><td>25</td><td>11</td></tr>
</table>

2010年盐城市普通干线公路百米以上桥梁情况

表7

序号	所在区域	路线代码	路线简称	桥梁名称	桥梁全长（米）	通车年份
1	盐都区	G204000000	烟沪线	串场河大桥	611	2009
2	盐都区	G204000000	烟沪线	跨宁靖盐高速公路大桥	609.16	2009
3	盐都区	G204000000	烟沪线	皮岔河大桥	217.20	2009
4	盐都区	G204000000	烟沪线	蟒蛇河大桥	746.20	2009
5	盐都区	G204000000	烟沪线	世纪大道立交桥	509.55	2009
6	盐都区	G204000000	烟沪线	跨淮盐高速大桥	743.20	2009
7	响水县	G204000000	烟沪线	灌河大桥	636	1987
8	滨海县	G204000000	烟沪线	中山河桥	145	1996
9	滨海县	G204000000	烟沪线	丁字港大桥	157	1996
10	滨海县	G204000000	烟沪线	淮河入海道桥	720	2002

续表 7

序号	所在区域	路线代码	路线简称	桥梁名称	桥梁全长(米)	通车年份
11	滨海县	G204000000	烟沪线	灌溉渠大桥	165	1996
12	阜宁县	G204000000	烟沪线	射阳河大桥	800.40	2003
13	阜宁县	G204000000	烟沪线	S329 跨线桥	585	2003
14	阜宁县	G204000000	烟沪线	通榆河大桥	812.20	2003
15	阜宁县	G204000000	烟沪线	串场河大桥	157.20	2003
16	建湖县	G204000000	烟沪线	上冈大桥	186	2000
17	东台市	G204000000	烟沪线	泰东河大桥	536.90	2009
18	大丰市	G204000000	烟沪线	斗龙港大桥	444.20	2009
19	大丰市	G204000000	烟沪线	串场河大桥(北)	773.20	2009
20	大丰市	G204000000	烟沪线	串场河大桥	426.40	2009
21	亭湖区	S226320000	陈李线	新洋港大桥	286.60	2005
22	滨海县	S226320000	陈李线	中山河大桥	185	2004
23	滨海县	S226320000	陈李线	海滨大桥	1010.85	2006
24	射阳县	S226320000	陈李线	运粮河桥	106.20	2006
25	射阳县	S226320000	陈李线	千秋大桥	420.70	2006
26	射阳县	S226320000	陈李线	黄沙港大桥	161.70	2005
27	大丰市	S226320000	陈李线	三龙大桥	141	2001
28	大丰市	S226320000	陈李线	大桥桥	110	2006
29	东台市	S229320000	盐锡线	泰东河大桥	156	1995
30	盐都区	S231320000	阜扬线	蟒蛇河桥	183.11	2010
31	盐都区	S231320000	阜扬线	兴盐界河桥	157.08	2010
32	阜宁县	S231320000	阜扬线	渔深河桥	107.12	2009
33	阜宁县	S231320000	阜扬线	沙岗大桥	467.38	2009
34	阜宁县	S231320000	阜扬线	上丹河大桥	107.12	2009
35	阜宁县	S231320000	阜扬线	下丹河大桥	107.12	2009
36	阜宁县	S231320000	阜扬线	中心河大桥	307.72	2009
37	阜宁县	S231320000	阜扬线	马泥沟大桥	108.60	2009
38	建湖县	S231320000	阜扬线	北塘河大桥	147.06	2009
39	建湖县	S231320000	阜扬线	黄沙港大桥	1431.08	2009
40	建湖县	S231320000	阜扬线	建港沟桥	217.08	2009
41	建湖县	S231320000	阜扬线	芦沟河桥	100	2009
42	建湖县	S231320000	阜扬线	盐宝河大桥	592.20	2009
43	盐都区	S233320000	射江线	洪渡大桥	125.48	2008
44	盐都区	S233320000	射江线	界河桥	105.48	2007
45	建湖县	S233320000	射江线	冈射大桥	169	2000
46	建湖县	S233320000	射江线	串场河大桥	126.20	1997

续表7

序号	所在区域	路线代码	路线简称	桥梁名称	桥梁全长(米)	通车年份
47	亭湖区	S234320000	涟盐线	新洋港大桥	145	2005
48	亭湖区	S234320000	涟盐线	黄海大桥	130	1982
49	阜宁县	S234320000	涟盐线	跨线桥	390	2003
50	阜宁县	S234320000	涟盐线	太平大桥	135	1999
51	建湖县	S234320000	涟盐线	嘎粮河桥	148	2000
52	建湖县	S234320000	涟盐线	宁湖大桥	140	2000
53	建湖县	S234320000	涟盐线	古基大桥	115.40	2000
54	响水县	S326320000	陈沭线	民生河桥	110	2009
55	响水县	S326320000	陈沭线	南潮河桥	131.40	2010
56	响水县	S326320000	陈沭线	沿海高速跨线桥	584	2006
57	响水县	S326320000	陈沭线	通榆河大桥	145	2003
58	滨海县	S327320000	八涟线	翻身河大桥	183.40	2008
59	滨海县	S327320000	八涟线	张弓干渠大桥	175	2008
60	滨海县	S327320000	八涟线	响坎河大桥	113.50	2008
61	滨海县	S327320000	八涟线	通榆运河大桥	493.40	2010
62	滨海县	S327320000	八涟线	引江济河大桥	131.89	2010
63	滨海县	S327320000	八涟线	废黄河大桥	181.40	2010
64	滨海县	S328320000	扁红线	张家河桥	184.80	2003
65	滨海县	S328320000	扁红线	通榆大桥	164.90	1995
66	阜宁县	S329320000	射阜涟线	通榆河大桥	663.96	2008
67	阜宁县	S329320000	射阜涟线	串场河大桥	462	2008
68	阜宁县	S329320000	射阜涟线	渔深河大桥	107.92	2010
69	阜宁县	S329320000	射阜涟线	金沙湖大桥	907	2010
70	阜宁县	S329320000	射阜涟线	射阳河大桥	547.28	2010
71	阜宁县	S329320000	射阜涟线	小中河大桥	387.20	2010
72	阜宁县	S329320000	射阜涟线	毛湾大桥	132	2010
73	阜宁县	S329320000	射阜涟线	致富大桥	164	2001
74	阜宁县	S329320000	射阜涟线	羊蒲大桥	718.60	2005
75	阜宁县	S329320000	射阜涟线	古黄河桥	145	2003
76	射阳县	S329320000	射阜涟线	射阳河大桥	518.40	2003
77	射阳县	S329320000	射阜涟线	地龙河桥	247.06	2005
78	射阳县	S329320000	射阜涟线	沿海高速陈洋上跨桥	512.40	2005
79	射阳县	S329320000	射阜涟线	海河大桥	288	2006
80	射阳县	S329320000	射阜涟线	公司河桥	106.12	2006
81	射阳县	S329320000	射阜涟线	阜中河桥	106.12	2005
82	亭湖区	S331320000	丹宝明线	通榆河大桥	787.20	2009

续表 7

序号	所在区域	路线代码	路线简称	桥梁名称	桥梁全长(米)	通车年份
83	盐都区	S331320000	丹宝明线	秦南西大桥	102	1996
84	建湖县	S331320000	丹宝明线	黄土沟大桥	110	2000
85	大丰市	S332320000	大兴金线	老斗龙港大桥	158.20	2009
86	大丰市	S332320000	大兴金线	新团河大桥	114.50	2009
87	大丰市	S332320000	大兴金线	大刘桥	201	2001
88	东台市	S333320000	曹邮仪线	网界河桥	134.10	2003
89	东台市	S333320000	曹邮仪线	东进大桥	204.30	2000
90	东台市	S333320000	曹邮仪线	二女桥	110	2006
91	东台市	S333320000	曹邮仪线	串场河桥	325.40	2002

2010 年盐城市农村公路百米以上桥梁情况

表 8

序号	所在区域	路线代码	路线简称	桥梁名称	桥梁全长(米)	通车年份
1	射阳县	X101320924	射海线	海都大桥	120	2006
2	建湖县	X101320925	建宝线	夹荡港桥	105.40	1990
3	亭湖区	X102320902	盐特线	盐青桥	180	2006
4	射阳县	X102320924	射黄线	运棉河闸桥	132	2005
5	滨海县	X103320922	坎场线	坎场大桥	100	1994
6	滨海县	X103320922	坎场线	徐丹桥	102	2000
7	射阳县	X103320924	射盐线	黄尖大桥	233.50	1980
8	射阳县	X104320924	射新线	新坍北高架桥	245	2005
9	亭湖区	X201320902	盘步线	新洋港大桥	280	2009
10	滨海县	X201320922	滨振线	头曾闸桥	110	1955
11	阜宁县	X201320923	合吴线	阜滨大桥	250	2002
12	射阳县	X201320924	海堤线	运粮河桥	165	2006
13	射阳县	X201320924	海堤线	金海岛大桥	545	2007
14	射阳县	X201320924	海堤线	运棉河大桥	132	2006
15	射阳县	X201320924	海堤线	黄沙港大桥	165.20	2006
16	射阳县	X201320924	海堤线	新洋港闸桥	266	2007
17	射阳县	X201320924	海堤线	西潮河闸桥	105	2005
18	建湖县	X201320925	冈庆线	石桥头大桥	145	1990
19	东台市	X201320981	川新线	川水港闸	140	1994
20	东台市	X201320981	川新线	梁垛河闸公路桥	150	1993
21	东台市	X201320981	川新线	梁垛河南闸桥	180	1993
22	大丰市	X201320982	海堤线	斗龙港闸公路桥	153	2003

续表8

序号	所在区域	路线代码	路线简称	桥梁名称	桥梁全长(米)	通车年份
23	大丰市	X201320982	海堤线	大丰闸	165	2001
24	大丰市	X201320982	海堤线	四卯酉河大桥	187	1993
25	大丰市	X201320982	海堤线	大丰港区海堤复河公路桥	133.40	1993
26	大丰市	X201320982	海堤线	王港闸	150	1984
27	大丰市	X201320982	海堤线	竹围港闸闸下公路桥	160	1993
28	滨海县	X202320922	八振线	入海道南桥	110	2003
29	滨海县	X202320922	八振线	入海道北桥	115	2001
30	射阳县	X202320924	千黄线	共青桥	570	1954
31	建湖县	X202320925	庆丰线	皮岔河大桥	100	1990
32	大丰市	X202320982	麋鹿保护区连接线	王港闸	150	1984
33	阜宁县	X203320923	硕公线	新公兴大桥	158	1999
34	建湖县	X203320925	近学线	建湖大桥	160	1990
35	建湖县	X203320925	近学线	芦北桥	105	1990
36	东台市	X203320981	新东线	新农大桥	120	2003
37	大丰市	X203320982	南草线	庆生桥	120	1987
38	盐都区	X204320903	龙乘线	凤凰桥	131	2000
39	东台市	X204320981	头富线	三仓河大桥	100	1981
40	大丰市	X204320982	万头线	川东港桥	130	1980
41	建湖县	X205320925	永建线	永兴渡桥	131.60	1990
42	大丰市	X205320982	方大线	斗龙桥	146	1989
43	大丰市	X205320982	方大线	王港河桥	105	1979
44	响水县	X206320921	小石线	月港大桥	169	1996
45	大丰市	X206320982	新草线	龙凤桥	113	1993
46	响水县	X207320921	响黄线	通榆河桥	660	2007
47	射阳县	X208320924	四长线	阜余高架桥	300	2010
48	射阳县	X208320924	四长线	海河大桥	155	2010
49	射阳县	X208320924	四长线	胜利桥	145	2006
50	响水县	X301320921	双三线	双园大桥	174	1999
51	响水县	X301320921	双三线	沿海高速公路跨线桥	436.50	2005
52	建湖县	X301320925	宝冈线	淤深河大桥	104	1990
53	建湖县	X301320925	宝冈线	通榆河大桥	140	1990
54	建湖县	X301320925	宝冈线	宝塔大桥	110	2010
55	响水县	X302320921	陈小线	周集大桥	165	1996
56	阜宁县	X302320923	射阜线	施吴公路桥	162	1999
57	大丰市	X302320982	海益线	一号桥	112.80	1997
58	大丰市	X302320982	海益线	二号桥	133.30	1997

续表 8

序号	所在区域	路线代码	路线简称	桥梁名称	桥梁全长(米)	通车年份
59	盐都区	X303320903	潘秦线	珠溪大桥	105	2002
60	响水县	X303320921	运张线	姜圩大桥	373.06	2009
61	响水县	X303320921	运张线	韩荡大桥	220.80	2007
62	建湖县	X303320925	冈高线	南庄大桥	146	1990
63	建湖县	X303320925	冈高线	马渡桥	107.60	1990
64	大丰市	X303320982	新便线	龙堤大桥	181	2001
65	亭湖区	X304320902	开发区高速接线	通榆德喜河桥	660	2009
66	响水县	X304320921	大石线	308 跨连盐高架桥	313	2004
67	响水县	X304320921	大石线	大通桥	146	2003
68	阜宁县	X304320923	东板线	硕陈大桥	254.60	1999
69	阜宁县	X304320923	东板线	新阜大桥	146	2000
70	射阳县	X304320924	陈海线	海关桥	290	2005
71	亭湖区	X305320902	步伍线	盐通上跨桥	330	2006
72	亭湖区	X305320902	步伍线	伍佑大桥	146	2006
73	阜宁县	X305320923	硕东线	朦胧大桥	135	1999
74	建湖县	X305320925	高速连接线	塘东大桥	445	2010
75	大丰市	X305320982	南白线	白驹大桥	160	1999
76	东台市	X306320981	弶张线	时堰大桥	210	1993
77	大丰市	X306320982	双草线	草堰大桥	176	1999
78	射阳县	X307320924	特青线	高架桥	310	2005
79	建湖县	X307320925	颜恒线	蔷薇河桥	145	1990
80	大丰市	X307320982	川大线	川东大桥	132	1988
81	建湖县	X308320925	芦沿线	沿河大桥	130	2007
82	东台市	X308320981	弶富线	新港大桥	110	1980
83	射阳县	Y001320924	特庸—阜余线	黄沙港桥	180	2005
84	东台市	Y001320981	廉贻线	廉贻大桥	100	1984
85	东台市	Y004320981	二线海堤北路	东台河闸	120	1956
86	东台市	Y004320981	二线海堤北路	海堤大桥	120	1971
87	东台市	Y005320981	二线海堤中路	方塘河大桥	120	1992
88	大丰市	Y006320982	海丰东线	四卯酉闸	125	1988
89	滨海县	Y106320922	环二路	中市桥	100	2010
90	建湖县	Y133320925	建尤线	东尤大桥	230	2010
91	射阳县	Y209320924	通洋 - 邵尖线	邵尖大桥	100	1994
92	亭湖区	Y211320902	青龙线	龙庙桥	170	2006
93	亭湖区	Y215320902	青才线	盐连高速上跨桥	122	2006
94	盐都区	Y253320903	楼姚线	姚烽大桥	105	2000

续表 8

序号	所在区域	路线代码	路线简称	桥梁名称	桥梁全长(米)	通车年份
95	滨海县	Y257320922	红大路	高速天桥	150	2002
96	东台市	Y305320981	新跃线	跨沿海高速二桥	300	2005
97	盐都区	Y370320903	秦大线	淮盐跨线桥	600	2006
98	东台市	Y391320981	灶港线	通榆河桥	110	2004
99	亭湖区	Y410320902	步伍线	黄巷渠上跨桥	160	2004
100	亭湖区	Y414320902	步蔡线	盐通高速上跨桥	180	2005
101	大丰市	Y492320982	刘三线	斗龙港河桥	125	1978
102	大丰市	Y495320982	刘高线	串场河桥	110	1999
103	东台市	Y501320981	开二线	开庄东大桥	190	2006
104	滨海县	Y502320922	岭大路	通榆河桥	163	1997
105	建湖县	Y504320925	高群线	钟高渡桥	106	1990
106	建湖县	Y511320925	高涔线	Y004－桥	106	1990
107	大丰市	Y534320982	白民线	通榆河白驹二桥	140	2001
108	建湖县	Y539320925	上榆线	黄沙港大桥	151	1985
109	东台市	Y576320981	中心线	跨沿海高速桥	300	2005
110	盐都区	Y601320903	大歧线	跨宁靖盐高速公路桥	318	2000
111	东台市	Y611320981	新港线	团结桥	100	2003
112	东台市	Y615320981	边闸线	方塘河桥	120	1991
113	滨海县	Y650320922	荡秉线	秉义桥	150	2001
114	盐都区	Y658320903	龙兴线	白荡大桥	120	2000
115	射阳县	Y703320924	盘湾－盘西线	高架桥	160	2004
116	东台市	Y808320981	许四线	连心桥	115	2007
117	盐都区	Y816320903	潘北线	凤冈大桥	150	2000
118	盐都区	Y828320903	潘张线	蟒南大桥	120	2000
119	响水县	C263320921	沿河公路黄河	姚湾闸	357	2000
120	东台市	C287320981	红安东路	跨沿海高速公路桥	300	2004
121	东台市	C621320981	国富路	国富桥	120	2004
122	建湖县	C920320925	永黄线颜单段	双湖大桥	106	2008
123	盐都区	C943320903	天津路	大范大桥	120	2000
124	东台市	C998320981	东蹲线	东进大桥	120	2000
125	滨海县	CA04320922	大关路一段	中山河桥	105	2004
126	亭湖区	CB04320902	龙凤路	龙凤桥	120	2000
127	盐都区	CB08320903	徐锋东路	荣泰大桥	106	2010
128	东台市	CD05320981	将红线	跨沿海高速公路桥	300	2005
129	东台市	CD38320981	乐意路	安乐大桥	110	2006
130	东台市	CD76320981	六中沟南路	跨沿海高速公路桥	300	2004

续表8

序号	所在区域	路线代码	路线简称	桥梁名称	桥梁全长(米)	通车年份
131	东台市	CE21320981	新双路	新港桥	105	2000
132	射阳县	CG29320924	老四长线阜余	海河大桥	157	2006
133	建湖县	CI18320925	双榆线	双榆大桥	158	1990
134	大丰市	CJ14320982	前进老三组机耕路	前进大桥	146	2000
135	射阳县	CK05320924	横港线	新坍南高架桥	320	2005
136	射阳县	CM02320924	安津线	高架桥	210	2004
137	亭湖区	CN11320902	镇东路支线	沿海高速公路上跨桥	254	2005
138	亭湖区	CN16320902	老机场路	黄海公路桥	176	2000
139	建湖县	CO06320925	西站线	东涝大桥	110	1990
140	射阳县	CR24320924	黄沙港南线	黄沙港桥	144.50	2005
141	滨海县	CT61320922	国道204接线	西坎桥	125	2010
142	射阳县	CZ01320924	丹顶鹤保护区	西潮河大桥	110	2006
143	滨海县	CZ98320922	合兴路支路	福黎桥	110	2001

第三节　养护　收费

一、养　　护

1988年，推行公路养护经济承包制，实行“四定(定路段、定人员、定资金、定时间)、三包(包好路率、包工程质量和工期、包安全生产)、一奖(对优胜单位和先进个人给予奖励)”，将养护成效与职工经济利益挂钩。当年，公路先后受到阴雨、高温、干旱等灾害天气威胁，病害严重，全市公路系统充分发挥道班承包养护的作用，及时采取阴雨排水、高温抗旱保路、铲除油路痈疱，随时修补坑塘等紧急措施，始终保持路况良好。1990年，全市公路养护里程增加到2822公里，其中国、省干线公路近1000公里，80%为沥青表处和沙石路面。由于经费不足，全市采取突出干线公路、突出桥梁、突出重点路段，实施重点养护。盐金国防公路郭猛至北蒋段，始建于1993年，由于当时设计等级低，加之1999年高兴盐线尖湖庄大桥断车抢修，使该路段车流量猛增，超过设计承受能力，路面出现弹簧、坑塘等病害。盐都县公路站集中人力物力，组织抢修养护，通过采取相应措施，控制病害扩展，保证该路段安全畅通。2000年G204盐城南段98公里混凝土路面板块损坏严重，多达12.90%，其中

养路工冒雨清排路面积水

公路站职工抗洪抢险

有15公里路段坏板率达25%。市公路处采用新型灌缝材料灌缝40公里，维修混凝土破碎板3.39万平方米，混凝土板下压浆21.60万平方米，维修桥面及处置桥头跳车63座次，总投资达854万元，从而改善了路况，保证了G204的安全畅通。8月，受12号台风影响，响水、滨海两县遭受特大暴雨，加之灌河潮水顶托，响水县城水电中断，公路交通严重受阻。G204两侧河水与路面平齐、部分路树倒伏、慢车道积水、多处路基塌方，响水县公路站3户职工住房倒塌。滨海境内陈李线振东至六垛5公里路段积水深达六七十厘米，交通中断。G204中山河桥至果林段、通榆桥南段路肩大部分被冲垮，坎振线路基被冲毁。面对灾情，市公路处和两县公路站领导一方面组织职工抗灾自救，安全转移职工家庭30多户；一方面上路上线查看灾情，组织600多名职工，连续奋战在抢险救灾第一线。响水县公路站组成桥梁、土方、路面、绿化4支抢险队伍，重点对水毁严重的G204、原307、308省道组织抢修。滨海县公路站组织4个工区，分片包干、突击抢修G204水毁土方440立方米，在陈李线积水严重路段填补砖块1540余立方米，修复水毁土方515立方米，及时保证车辆的安全通行。2002年通过全国第二次公路普查，建立了公路数据库系统，养护管理系统市级版、县级版相继开始推广使用。通过补充完善，公路基础数据库已正常运用，为养护管理决策提供了基础资料，提高了工作效率。同时，对全市交通量观测点进行自动化改造，减少人工观测工作量，提高了观测准确率。

2003年，各县（市、区）相继组建具备独立法人资格的养护公司，采取招投标制和合同管理制，实行专业公司养护。全市添制养护机械设备220多台（套），提高机械化作业程度和公路养护效率。开始推广应用阳离子乳化沥青稀浆封层技术，对延长沥青路面使用寿命、改善行车条件起到了重要作用。水泥路面平均每二三年作为一个周期进行灌缝处理，以减少雨水对路面基层的破坏。通过实施预防性养护，为实现公路可持续发展、挖掘公路自身潜力，盘活公路存量资产、提高公路养护效能，最大限度发挥建设投资效益做出了重要贡献。

随着交通重点工程建设和干线公路网化工程实施，全市公路等级大幅提高，在全面养护、日常养护的基础上，市公路管理处适时提出公路养护要精益求精，注重细节，达到路肩草坪化、边坡线条化、路田分隔化、路面清洁化、行车舒适化、道口标准化、养护机械化、管理信息化的“八化”要求，进一步规范养护管理行为，提升公路管养水平，展示公路部门的社会形象。通过精细养护，全市国省干线公路面貌大为改观，路况大为提升。2005年7月，全省公路养护现场会在盐城召开，推广了盐城公路精细

盐城市公路精细养护经验被省公路局在全省推广

养护的做法。与会人员观摩了G204、S331、S229、S333等4条国、省干线公路现场,一致认为盐城精细养护的做法体现了全面养护理念、规范养护理念、质量第一理念、以人为本理念,值得学习推广。

2006年春运期间,盐城市连续遭受阴雨风雪袭击,路面出现积水、冰冻。盐城市公路管理处组织直属公路站30多名养护工人对公路进行突击养护,共清除路面积水、冰冻15处,填补桥头及路面坑塘65平方米,疏通排水沟12处,并强化对G204新兴龙桥(一号桥)损坏桥梁的现场管理,安排专人执勤,确保公路春运安全畅通。2006年以后,开始建设公路养护应急处置体系,全市形成1个市级公路养护应急中心,9个县级公路养护应急分中心,12个二类养护工区的保障体系,为全市干线公路提供基本应急保障,确保公路畅通。全市17个交通量观测点陆续实现了全自动观测。2010年末,全市公路总里程达1.84万公里,养护里程1.58万公里,分别为1987年的6.74倍、5.91倍。全市干线公路MQI值为93.70(省考核指标为93),县道MQI值为84.65(省考核指标为80)、优良路率为75.19%(省考核指标为70%),乡村道好路率为75.55%(省考核指标为73%),均超省考核指标。

二、绿　　化

1. 高速公路绿化

1998年7月,宁靖盐高速公路盐城段开工建设,盐城市在抓好主体工程同时,抓好公路绿化、美化,至2001年11月,完成境内32.68公里路段的绿化。2002~2008年8月,按设计要求,相继完成沿海、盐淮、宁靖盐3条高速公路盐城段计291.40公里路段的绿化美化工作。

高速公路绿化充分利用沿线自然生态景观优美,资源丰富多彩,湿地、滩涂、森林、草地、各类植物俱全的优势,对于中分带的绿化主要以功能为主,适当辅以景观变化。对于植被选择,充分考虑到当地气候、土质等自然条件,树种选用以蜀桧、法青、紫薇、红叶李、海桐球等为主,植被适当辅以花卉及灌木。对于边坡,采用分阶(级)绿化的方法,形成层次感,边沟外侧以生态美化为主,本着"佳则纳之,俗则蔽之"的原则,吸纳或遮蔽沿路的自然景观,并与高速公路两侧绿色通道的树种、形式、风格保持协调。对服务区、停车区,在搞好绿化的同时,通过人工造景,改造地形地貌,为驾乘人员提供优美、舒适、雅静的小憩场所。对互通区的绿化,坚持重自然以大树成林为特色,同时采用绿化和标识物相结合的方法,使每个互通都有一个鲜明的主题景观。境内高速全线绿化工程植被种植覆盖率达到了95%以上,形成乔灌花草立体栽植,风景树和经济林互补,做到树下有花,花下有绿,三季有花,四季常青。

2. 普通公路绿化

普通公路绿化随着公路的改扩建,分年实施,逐段完善。1988年开始,公路绿化主要实行分级负责、突出重点、拾遗补缺、逐年完善的办法,不断提高绿化率。当年,盐城市公路管理处重点抓好G204、冈合线等7条公路绿化,共植树16.60万株,平均成活率达94.10%。1991年,完成公路植树916.50公里,平均成活率92.60%。1996年,S233上冈至射阳段、G204东台段被省交通厅表彰为公路绿化最佳路段。1998年,交通部公路管理司编印出版的《绿色纽带——中国公路绿化》登载了盐城冈合公路和黄沙河道班的绿化图片。2000年,盐城市公路管理处制定全市公路绿化"十五"规划,明确近期、远期目标。射阳县在全市率先实施公路林权改革,通过对县内两条公路两

冈合线公路绿化

侧林地和树木所有权公开招标拍卖，获得资金60万元，全部用于公路绿化，形成良性循环。该县除以“竞标拍卖”为主外，还辅以股份合作、租赁经营、招标承包等方式，解决公路绿化资金短缺，保证绿化成活率和成林率。在此基础上，该县还统筹规划，搞好县乡公路特色绿化，如洋马乡以菊花等中药材为主、海河镇以经济林为主、兴桥镇以景观林为主，形成乡镇特色、一路一景。与此同时，还动员沿线乡镇在乡道通（洋）四（明）线和陈（洋）海（河）线种植意杨、水杉和常绿树共1.30万多株，不仅美化了公路环境，还将带来一定的经济效益。2001年，全市开展“公路绿化年”活动。公路绿化里程由上年的2637公里增加到4913公里，公路绿化率由上年的80.70%提高到95%。2002年，按照分级管理、分级实施和“谁栽植、谁养护、谁受益”的原则，深化公路绿化产权制度改革，多方筹措公路绿化资金。2005年年末，完成G204绿化，建成215公里绿色通道，使绿化保存率达95%以上，并达到《江苏省公路绿化建设标准》，成为全市第一条公路绿化示范路；完成盐金路和盐宁路改建路段绿化，使境内全线绿化保存率达90%以上；完成其他11条省道宜林路段绿化任务，使绿化保存率达95%以上；全部完成县乡道路绿化，全市公路绿化里程达4719公里。2006年后，重点抓好农村公路绿化，至2010年年末，盐城市建成国省干线公路1440.40公里绿色通道，完成公路绿化里程达1.60万公里，为1987年的6.12倍；绿化率达87.10%，比2005年提高了26.20个百分点。

1988～2010年盐城市公路养护好路率情况

表9

年份	计划平均好路率（%）	实际完成（%）	其中		备注
			干线好路率计划（%）	实际完成（%）	
1988	80	74.17		77.70	
1989	73	73.60	76	77.58	
1990	73	76.20	76		国道70.70%　省道81.20% 县道80.60%　乡道61%（实绩）
1991	73	76.26		73.61	国道65%　省道79.30% 县道78.30%　乡道68.90%（计划）
1992	74	74.20	77	77.81	
1993	74	75	76.90		
1994	75	76.10	78		国省道76.80%　县乡道69%（实绩）
1995	75	78	78		
1996	60	62	65	66.40	
1997	66.60	64.90		干线66 支线64	
1998	66	72.30	县乡道60.90	72.10	
1999	67	70	77	78	
2000	71	75.60	71	77.30	
2001	71.50	72.40	75	79.20	重点养护线路80% 国省干线70%（实绩）
2002	73	75	75	76	

续表 9

年份	计划平均好路率（%）	实际完成（%）	其中		备注
			干线好路率计划（%）	实际完成（%）	
2003	73.40	75.70	75	79	
2004	73	75.80	79	80.40	
2005	74	76.80	80	85.60	
2006			81	85.20	省局未下达农路相应指标
2007			83	85.80	省局未下达农路相应指标
2008			85	85.20	省局未下达农路相应指标
2009			86	87.20	干线公路指标是优良路率；县道 MQI 值为 84.20，超计划指标 2.20 个百分点，优良路率为 72.11%，超计划指标 0.11 个百分点；乡村道综合好路率为 75.10%，超计划指标 0.12 个百分点。
2010			93	93.70	干线公路指标是 MQI 值；考核指标：县道 MQI 值为 80，优良路率 70%，乡村道好路率 73%。经考核评定，县道 MQI 值为 84.65，优良路率 75.19%，乡村道好路率为 75.55%，均超省考核指标。

1988～2010 年盐城市公路绿化情况

表 10　　单位：公里

年份	公路总里程	绿化里程	绿化里程占比（%）	年份	公路总里程	绿化里程	绿化里程占比（%）
1988	2716.90	2648.50	97.50	2000	3269	2637	80.70
1989	2817.80	2749.50	97.60	2001	5172	4913	95
1990	2836	2768	97.60	2002	5252	4997	95.14
1991	2867	2806	97.90	2003	5955	4086	68.60
1992	2881	2818	97.80	2004	7673	4623	60.30
1993	2891	2838	98	2005	7768	4719	60.75
1994	2989	2944	98.50	2006	16870.80	5480.60	32.50
1995	2989	2967	99.30	2007	16930.70	6372.40	37.60
1996	2989	2967	99.30	2008	17570.60	15301	87.10
1997	3123	3003	96.20	2009	17870.20	15487.30	86.67
1998	3196	3154	98.70	2010	18415.40	16012.60	86.95
1999	3296	2968	90				

三、收　　费

1987 年 9 月，G204 响水灌河大桥建成通车，经省政府批准，设置响水灌河大桥管理所，开征过桥费，这是全省第一个普通干线公路收费站，当年收取过桥费 12.70 万元。随后，全市掀起一个贷

款修路建桥的热潮。1998 年后，相继建成沿海、盐淮、宁靖盐 3 条高速公路盐城段及其收费站，均由省交通控股有限公司统一管理。至 2008 年年末，全市先后建成 11 个普通干线公路收费站，2009 年 2 月，根据交通部、省政府关于撤销二级公路收费站的统一要求，撤销建宝公路建湖收费站，阜益、盐淮公路阜宁收费站，陈李公路大丰收费站，宁盐公路盐城收费站及盐海、陈李公路新洋收费站东站点。至 2010 年，全市尚有 7 个普通干线公路收费站。1988 ~ 2010 年，全市共收取车辆通行费 19.72 亿元，实现年年超计划，比总计划超额完成 22.05%。

1987 ~2010 年盐城市收费公路车辆通行费收费站点设置情况

表 11

(一)

序号	站点名称	公路等级	收费公路起止桩号	收费公路里程（桥梁长度）	站点位置	主管单位
1	204 国道响水灌河大桥管理所	二级	灌河大桥	636 米	K546 +757	市公路管理处
	G204 响水收费站	一级	G204 K575 +600 ~ K614 +300	39 公里	K575 +700	市公路管理处
2	G204 刘庄收费站	一级	G204 K697 +850 ~ K769 +763	71.91 公里	K699	市公路管理处
3	G204 新兴收费站	一级	G204 K654 +970 ~ K697 +400	42.43 公里	K655 +300	盐城市新阜公司
4	射阳千秋大桥收费站	二级	千秋大桥	420.70 米	K87 +800	射阳县交通局
	陈李公路、射阜淮公路	二级	S226 K0 +000 ~ K61 +500	61.50 公里	K108 +500	射阳县交通局
	射阳收费站	一级	S329 K69 +398 ~ K164 +893	95.50 公里		
	陈李公路耦耕收费站	一级	S226 K69 +500 ~ K157 +000	87.50 公里	K95 +500	射阳县交通局
5	G204 施庄收费站	一级	G204 K614 +350 ~ K654 +350	40 公里	K609 +150	盐城通达公路有限公司
6	宁盐公路盐城收费站	一级	S229 K0 +000 ~ K27 +300	33.30 公里	K17	市公路管理处
			S229 K85 +400 ~ K91 +400			
7	盐淮新线建湖收费站	一级	S233 K31 +536 ~ K38 +859	35.50 公里	K69 +650	建湖县交通局
			S234 K53 +400 ~ K83 +262			
	盐淮新线建湖收费站	一级	S234 K53 +349 ~ K83 +143	29.79 公里	K73 +300	建湖县交通局
		二级	S234 K83 +143 ~ K89 +142	6 公里		
8	建宝公路建湖收费站	二级	S231 K10 +100 ~ K53 +323	43.23 公里	K37 +500	建湖县交通局
	建宝公路建湖收费站	二级	S231 K10 +100 ~ K53 +323	43.23 公里	K32	建湖县交通局
9	盐海、陈李公路新洋收费站	一级	S331 K0 +000 ~ K42 +675	42.68 公里	K22	盐城市新阜公司
			S226 K95 +000 ~ K143 +800	87.50 公里		

续表11

序号	站点名称	公路等级	收费公路起止桩号	收费公路里程（桥梁长度）	站点位置	主管单位
10	阜益、盐淮公路益林收费站	二级	X301 K0 +000 ~ K30 +400	30.40 公里	K39	阜宁县交通局
		二级	S234 K24 +800 ~ K53 +300	28.50 公里		
	阜益、盐淮公路阜宁收费站	二级	X301 K0 +000 ~ K30 +400	30.40 公里	K40	阜宁县交通局
		二级	S234 K24 +800 ~ K53 +400	28.60 公里		
11	陈李公路大丰收费站	二级	S226 K160 +400 ~ K231 +300	70.86 公里	K201 +300	大丰市交通局
			X305 K0 +000 ~ K26 +000			

续表11　　（二）

序号	站点名称	站点性质	收费方式	实际开征时间	核定收费截止日期	批准文号	站内人数	备　注
1	204 国道响水灌河大桥管理所	还贷性	一站一点四车道	1987.9.30		苏政复〔1987〕69 号	54	移站至响水收费站
	G204 响水收费站	经营性	一站一点四车道	1998.3.8	2020.3.8	苏政复〔1996〕13 号	64	
2	G204 刘庄收费站	还贷性	一站一点四车道	1993.5.20	2019.5.20	苏政复〔1992〕49 号	57	
3	G204 新兴收费站	经营性	一站一点四车道	1994.12.18	2018.12.18	苏政复〔1992〕60 号	75	
4	射阳千秋大桥收费站	还贷性	一站一点四车道	1996.5.1		苏政复〔1995〕115 号	86	移站至射阳收费站
	陈李公路、射阜淮公路射阳收费站	还贷性	一站四点十四车道单向收费	2001.12.28	2021.5.28	苏政复〔2001〕7 号	86	移站至耦耕收费站
	陈李公路耦耕收费站	还贷性	一站一点四车道	2008.7.29	2021.5.28	苏政复〔2008〕19 号	83	
5	G204 施庄收费站	经营性	一站一点四车道	1996.10.18	2017.10.18	苏政复〔1995〕108 号	78	
6	宁盐公路盐城收费站	还贷性	一站三点六车道	1996.11.26	2019.11.26	苏政复〔1995〕86 号	66	2009.2.28 撤站
7	盐淮新线建湖收费站	还贷性	一站一点四车道	1998.1.18	2019.1.18	苏政复〔1995〕19 号	66	移站至 K73 +300
	盐淮新线建湖收费站	还贷性	一站一点四车道	2006.3.7	2019.1.18	苏政复〔2004〕56 号	74	
8	建宝公路建湖收费站	还贷性	一站一点四车道	1999.7.18	2017.7.18	苏政复〔1998〕126 号	54	移站至 K32
	建宝公路建湖收费站	还贷性	一站一点四车道	2008.2.16	2017.7.18	苏政复〔2007〕60 号	65	2009.2.28 撤站
9	盐海、陈李公路新洋收费站	还贷性	一站三点六车道	1999.8.1	2017.8.1	苏政复〔1998〕66 号	66	2009.2.28　撤　东站点

续表 11

序号	站点名称	站点性质	收费方式	实际开征时间	核定收费截止日期	批准文号	站内人数	备　注
10	阜益、盐淮公路益林收费站	还贷性	一站三点六车道	1999. 12. 28	2019. 12. 28	苏政复〔1998〕68 号	86	移站至阜宁收费站
	阜益、盐淮公路阜宁收费站	还贷性	一站二点八车道	2007. 5. 1	2019. 12. 28	苏政复〔2006〕80 号	81	2009. 2. 28 撤站
11	陈李公路大丰收费站	还贷性	一站四点	2004. 2. 10	2024. 2. 10	苏政复〔2001〕213 号	78	2009. 2. 28 撤站

盐城市收费公路车辆通行费普通公路车型划分及收费标准

表 12

类　别	车型及规格		普通公路收费标准（元/车次）	施庄、响水、新兴收费站收费标准（元/车次）
	客车	货车		
		小型拖拉机、正三轮	5	10
第一类	≤7 座		10	10
		≤2 吨	12	12
第二类	8 座—19 座		12	12
		2 吨 ~5 吨（含 5 吨）	15	20
第三类	20 座—39 座		15	20
		5 吨 ~10 吨（含 10 吨）	25	25
第四类	≥40 座		15	20
		10 吨 ~15 吨（含 15 吨） 20 英尺集装箱车	30	40
第五类		>15 吨 40 英尺集装箱车	45	60

盐城市收费公路车辆通行费普通公路收费站计重收费标准

表 13

站　名	货车吨位	基本费率（元/车吨次）
G204 刘庄站	<10 吨	1. 50
	10 吨 ~40 吨	1. 50 - 1. 10
	>40 吨	1. 10
G204 响水站	<10 吨	2
	10 吨 ~40 吨	2 - 1. 47
	>40 吨	1. 47

1988～2010年盐城市收费公路车辆通行费收入情况统计

表14　（一）　单位:万元

序号	收费站	1988年	1989年	1990年	1991年	1992年	1993年	1994年	1995年	1996年	1997年	1998年	1999年
1	响水灌河大桥管理所	68.89	70.18	70.03	122.25	181.97	469.59	680.60	647.05	901.60	1296.87		
	G204响水收费站											1465.57	1871.16
2	G204刘庄收费站						510.31	1048.96	1227.33	1837.92	1884.33	1842.64	2200.76
3	G204新兴收费站								1160.44	1768.66	2332.96	2299.26	2431.58
4	射阳千秋大桥收费站									123.95	383.65	668.21	1004.26
	陈李公路、射阜淮公路射阳收费站												
	陈李公路耦耕收费站												
5	G204施庄收费站									423.04	2145.44	2051.32	2330.11
6	宁盐公路盐城收费站									45.12	588.48	849.43	1084.52
7	盐淮新线建湖收费站											1127.06	982.95
8	建宝公路建湖收费站												115.51
9	盐海、陈李公路新洋收费站												319.75
10	阜益、盐淮公路益林收费站												
	阜益、盐淮公路阜宁收费站												
11	陈李公路大丰收费站												
合计		69.89	70.18	70.03	122.25	181.97	979.92	1729.56	3034.82	5100.29	8631.73	10303.49	12340.60

续表14　（二）

序号	收费站	2000年	2001年	2002年	2003年	2004年	2005年	2006年	2007年	2008年	2009年	2010年	合计
1	响水灌河大桥管理所												4509.03
	G204响水收费站	1794.14	1776.79	1648.58	1879.48	3154.52	2643.23	2643.95	1529.37	1424.66	1500.78	2057.11	25389.34
2	G204刘庄收费站	2045.86	1854.41	1506.58	1558.90	1789.14	1670.51	1427.54	1176.80	844.17	1345.89	2238.98	28011.03
3	G204新兴收费站	2796.58	2189.53	2205.60	2375.67	3012.82	3395.64	2814.59	2113.81	2609.29	3015.11	3790.19	40311.73
4	射阳千秋大桥收费站	1335.90	1663.15										5179.12
	陈李公路、射阜淮公路射阳收费站			859.49	1045.33	1132.42	1052	1132.56	945.18				6166.98
	陈李公路耦耕收费站									2138.90	517.65	637.83	3294.38
5	G204施庄收费站	2362.22	2014.33	2004.98	2325.29	3136.70	3591.67	3742.91	2634.64	1909.70	741.17	747.72	32161.24
6	宁盐公路盐城收费站	1106.28	1234.15	1116.73	1156.56	1277.33	1194.62	882.05	644.77	787.45	131.05		12098.54
7	盐淮新线建湖收费站	804.28	952.05	1044.90	1176.86	1338.50	1355.07	1399.30	1304.30	1346.42	1590.23	2053.59	16475.51
8	建宝公路建湖收费站	392.39	421.91	420.34	488.68	400.40	409.39	469.45	548.01	334.98	72.73		4073.79
9	盐海、陈李公路新洋收费站	661.56	639.58	754.06	1054.80	1104.61	1040.06	1092.52	882.98	924.78	628.93	677.30	9780.93
10	阜益、盐淮公路益林收费站	606.17	734.65	781.60	767.78	885.97	991.38	1092.95	933.84				6794.34
	阜益、盐淮公路阜宁收费站									850.36	152.25		1002.61
11	陈李公路大丰收费站					267	348.27	407.74	401.97	455.39	68.60		1948.97
合计		13905.38	13480.55	12342.86	13829.35	17499.41	17691.84	17105.56	13115.67	13626.10	9764.39	12202.72	197197.54

第四节 市直交通建设施工企业

【盐城市交通建设工程有限公司】 该公司原为盐城市交通工程处，组建于1988年3月，是专业从事交通工程施工、副处级建制的全民事业单位，施工资质为公路二级，中心试验室为甲级。1989年，市交通工程处牵头组建盐城市交通建设联合会，下辖12个施工处。处直属建制单位有650人，其中具有高级职称4人，中级职称15人，初级职称82人，拥有固定资产3236万元，其中各类机械设备574台(套)，净值1600万元。1994年，以市交通工程处为核心，成立盐城交通建设集团，下辖道路工程、桥梁工程、机械化施工等专业工程公司，工程机械租赁、汽车运输培训、仓储物资供应等服务公司，共有干部职工1700余人，其中各类专业技术人员364人。银行资信等级为AAA级。1996年完成施工产值8397万元，比上年增长10.10%，在1993年的基础上翻了一番。1997年8月，市交通工程处被国家建设部核定为国家建筑业一级施工资质，成为全市唯一、全省仅有的6家一级施工资质企业之一。当年通过机构和分配制度改革，划小核算单位(二级法人资格)，搞专业化施工模式，调动职工生产积极性。在深化改革的同时，积极开拓高速公路建设市场，在淮江高速连中两标，总值达1.40亿元。1998年又中标承建南京长江二桥引线ND10标、宁宿徐高速公路SA标、宁高高速公路G1标及市境内施吴大桥、机场路改造等大中型工程，累计标的3亿多元，其中宁宿徐高速SA标标价2.28亿元，任务总量及单项工程规模均创历史记录。当年，该处被列为全市首批事业单位改革试点，对干部、劳动人事、分配及产权制度进行改革，实行企业化管理。管理层次由三级变为二级，处属独立核算单位由5个增至15个，增强了自我发展的功能和灵活性。1999年实现产值1.84亿元，利润637万元，新增机械设备88台(套)，包括2台沥青摊铺机、1台拌和楼及土方压实设备，使该处的总体装备水平跨入全省先进行列。继核定为国家一级施工资质、通过交通部一级资信登记、省建行AAA级银行资信和获得中国建筑业信誉AAA级单位后，又通过了ISO9002国际质量体系认证，基本完成了和国际接轨的跨越，具备了参与国际市场竞争的条件。2000年开展“交通工程质量年”和“质量创优”活动，全处在建工程全部实现优良，其中参与施工的宁高高速公路获得交通部优质工程二等奖。全年完成产值1.40亿元、利润350万元，继续保持了经济规模的稳步增长。1993～1996年市交通工程处连续4年被评为全市交通系统行业排头兵，1995年被评为江苏省交通事业发展建功立业有功单位，1997年被评为全市交通系统唯一一家“1995～1997年安全工作先进单位”。

2001年1月，市交通工程处改制重组为盐城市交通建设工程有限公司，由全民事业单位改为企业编制。同年12月划归新成立的市交通控股集团有限公司管理。企业下辖5个子公司，职工1700人，其中技术、管理人员545人，高级职称26人，中初级职称390人。拥有固定资产6134万元，各类路、桥施工机械539台(套)，总功率3.40万千瓦。年施工能力近2亿元。

2006年6月公司整体改制，转让给南京建工集团有限公司，名称仍为：盐城市交通建设工程有限公司。2008年9月更名为：中城建第二工程局，成为中国城建集团旗下的核心成员。2010年8月更名为：中城建第二工程局集团有限公司，注册地转到江苏省南京市(集团所在地仍在盐城)。

盐城市交通建设工程有限公司领导名录

表 15　　1988 年 6 月～2001 年 1 月(盐城市交通工程处)

职　　务	姓　　名
主　任	王金东
党委书记	徐维林　焦彤存
党委副书记	王金东　殷日昌　孙永林　刘军(主持工作)
副主任	黄志敏(主持工作)　邹必华　殷日昌　蒋连才　苏保亚　季友凯　赵信文　刘　军(主持工作)
纪检书记	杨汉宏
工会主席	杨汉宏　韦步才
总工程师	孙万生

续表 15　　2001 年 1 月～2006 年 6 月(改制后)

职　　务	姓　　名
董事长	张　翼
党委书记	张　翼
副总经理	刘　军　季友凯　颜仕林　仇成华　陈琪柱
党委副书记	孙永林
纪检书记	杨汉宏
工会主席	葛树义
总工程师	孙万生

【盐城市新阜公路有限责任公司】　该公司始建于 1994 年 7 月,是从事公路投资、经营、管理的股份制企业。下属单位有:盐城新阜投资置业有限公司、盐城发祥房地产开发有限公司、盐城市交通医院、204 国道新阜段养护工程分公司、盐城交通物资物业有限公司、204 国道盐城新兴收费站、204 国道施庄收费站、河南焦作黄河公路大桥、安徽鑫联矿业有限公司、江苏鑫达投资发展有限公司、江苏新阜矿业投资有限公司、江苏新天达工程有限公司。公司 2010 年有职工 311 人,总资产近 3 亿元,年实现利税近千万元。

公司在路桥经营的基础上,兼营房地产开发、物业管理、风险投资、医院经营。公司成立以来,经济效益稳步提升,精神文明建设成果显著,连续多年被评为省文明单位、省“AAA”级信用企业、市五星级企业、市优秀企业、市“重合同守信用”企业、市文明单位、市“劳动保障和谐企业”、市五十强创新企业,市“五一”劳动奖状。

公司的股东会、董事会、监事会、党总支、工会、共青团等组织健全,活动正常。

盐城市新阜公路有限责任公司领导名录

表 16 1994 年 7 月～2006 年 1 月(改制前)

职　　务	姓　　名
董事长	朱克林
总经理	邵　明　铁步昌
副总经理	铁步昌　叶　彪　刘　雄　李安全　陈贵高
工会主席	李安全　王　萍
党总支书记	朱克林
党总支副书记	叶　彪　铁步昌

续表 16 2006 年 1 月～2013 年 10 月(改制后)

职　　务	姓　　名
董事长	朱克林
总经理	铁步昌
副总经理	刘　雄　李安全　陈贵高　朱加飞
工会主席	李安全　王萍　叶　彪
党总支书记	朱克林
党总支副书记	叶　彪　铁步昌
党委书记	朱克林
党委副书记	叶　彪

第五节　公路运输

一、客　　运

20 世纪 80 年代初，市域内公路客运主要由国营盐城汽车运输公司承担。1988 年，随着市场经济的建立和发展，公路客运进一步放开，专业客运企业一统天下的格局被打破，很多非专业客运业户，纷纷加盟到客运行业中来，全市全社会共有大中型客运车辆 873 辆、3.93 万个座位(简记为:873 辆 3.93 万个座位，下同)，小型客车 2549 辆 1.71 万个座位，其中专业客运企业 66[illegible]辆 3.48 万个座位，城乡个体客运业户(含联户)162 辆 3489 个座位。年客运量 3674 万人、周转量 2[illegible]37 亿人公里(简记为:客运量 3674 万人 22.37 亿人公里，下同)，其中专业客运企业 3522.15 万人 [illegible]08 亿人公里，城乡个体客运业户(含联户)65.64 万人 1.20 亿人公里。1990 年，全市大中型客运车辆达 980 辆 4.45 万个座位，其中专业 695 辆 3.68 万个座位，城乡个体业户(含联户)459 辆 7521 个座位。经营线路 434 条，年客运量 3405.60 万人 24.57 亿人公里，其中专业客运企业 3016.06 万人 1[illegible]5 亿人公里，城乡个体 273.27 万人 3.92 亿人公里。1995 年，全市大中型客车 2218 辆 7.67 万个座位，年客运量达 4912 万人 38.68 亿人公里，其中专业客运企业 1500 万人 15.47 亿人公里，个体(含联户)1425 万人 11.87 亿人公里。开通北京、郑州、济南、温州等跨省线路 75 条，为盐城市经济的快速发展提供了快捷的服务。1996年,响水、建湖分别成立由个体户组成的大有客运有限公司和金祥客运有限公司。从2001年开始,市内各县(市、区)的运输管理部门,对个体客运经营业户,凡能并入到公路客运企业的就并入到所在地的公路客运企业,如大丰、亭湖、响水、射阳、东台等县(市)就将个体客运业户并入所属的公路客运企业。凡能组成线路专营公司的就组成专营的线路公司,如建湖、滨海、阜宁分别组建成到盐城的专营的线路公司或车队,实行规范经营。2003年根据交通部《道路旅客运输企业经营资质管理规定(试行)》和江苏省交通厅有关规定,市内个体从事跨省、市的长途客运业户由盐城市神龙运输有限公司并购,实行统一规范化、规模化经营。2005年,全市全社会拥有大、中型客车3363辆9.15万个座位,其中交通专业运输企业拥有营运客车2202辆6.04万个座位,个体客运1012户,车1161辆8289个座位。经营线路979条,其中省际线路193条、市际线路335条、县际线路285条、县内线路154条。交通运输企业开行的公交线路12条,线路总里程12.13万公里,从业人员4550人。全市全社会年客运量6544万人58.39亿人公里,其中专业运输企业3436万人35.86亿人公里,个体客运688万人4.38亿人公里,年营收总额2.90亿元。2008年全市营运客车4200辆9.69万个座位,其中大型客车1240辆5.10万个座位,中型客车1738辆3.52万个座位,经营客运线路1018条,线路总里程15.08万公里,从业人员4794人,年完成客运量9176万人77.56亿人公里,其中个体业户526户,客运量871万人6.09亿人公里,年营收4.56亿元。2010年全市共有营运客车3682辆10.15万个座位,其中大中型客车3107辆9.49万个座位,小型客车575辆6519个座位。有客运经营业户305户(个体客运业户256户),其中:经营班车客运254户,旅游客运6户(注:盐阜公路运输集团既经营线路客运,又经营旅游客运),经营线路944条,其中省际线路221条、市际线路295条、县际线路222条、县内线路206条,年完成客运量1.19亿人125.37亿人公里(其中个体客运1154万人11.13亿人公里),比1988年增长2.25倍和4.61倍。上海世博会期间,全市共发送入沪客运班车3.70万班,安全运送旅客105.80万人;共发送入沪旅游包车1702趟次,安全运送旅客6.85万人;共发送入沪危货运输车辆1037趟次,安全运输危险货物2.11万吨,圆满完成了上海世博会道路运输安保任务。2010年全市共有1855个行政村,通客运班车的有1781个,班车通达率96%。

2010年全市累计投入9000多万元,更新客车293辆,其中高级客车111辆、中级客车128辆、普通客车54辆。对26户道路客运企业质量信誉进行了考核,评为AAA级客运企业的有15户,AA级客运企业11户。

随着经济的发展,全市客运车辆车型也在不断地更新,由低档向高档转变,早期进入客运市场的普通型和大通道客车逐步淘汰,更新为扬州产663型、盐城产高地板型以及豪华型沃尔沃、大北方、凯斯鲍尔等高档车型,省际、市际客运线路豪华型客车占85%以上。

全市境内市、县两级客运业户,在经营机制上,随着改革的深入发展,也在不断变化,大体都经历指标责任制经营、个人单车承包经营、单车全额抵偿承包经营、公司化经营等。在经营形式上,有自主经营和挂靠经营。在客运线路配置上,从行政审批制到实行服务质量招投标制。在经营主体上,由分散单一向集中集约转变。

市区客运　1983年前盐城市区(含盐都、亭湖)公路客运主要由原盐城汽车运输公司(后为盐阜公路运输集团)和盐城第二汽车运输公司承担。1983年共投入营运客车171辆,经营59条线路,年运送旅客634.30万人2.14亿人公里。1988年投入客运车辆达261辆,客运线路增加到102条,年共发送旅客达709.30万人2.66亿人公里。随着客运市场的开放,从20世纪80年代中后期到1990年市区公路客运车辆增至492辆2.39万个座位。2000年客运车辆已发展到2247辆4.89万个座位。市区内除国营(盐阜公路运输集团)、集体(盐城市第二汽车运输公司、盐城汽车客运公司)三家客运单位外,陆续出现个体、联户和社会单位加入公路客运市场,如盐城长风、新征、飞达、捷达等客运站为个体联户,一些社会单位也加入客运,如盐石(盐城石油公司)、群星(盐城淮剧团)、新亚(盐城市体育服务公司),这些客运业户起初只拥有2～4辆扬州产663型和盐城中威客车厂生产的高底板大客车,经营盐城至上海公路客运线路。随着公路客运市场的逐步规范,有的客运公司(业户)陆续退出客运市场,如盐城飞达、群星、盐石客运站(公司)等。2002年,根据国家交通部《关于道路旅客运输企业经营资质管理规定(试行)》,盐城市运输管理处对盐城市区及各县(市)经营跨省、市长途客运班线的公路客运业进行整合,盐城市区公路客运业除盐阜公路运输集团有限公司外,新组建两家公路客运企业,即以全市各县(市、区)属客运企业经营跨省、市的客运线路联合组建成“盐城市星宇公路运输有限公司”(含盐城市第二汽车运输公司,盐城汽车客运公司,捷达、新亚公司)。以全市经营中长途客运的个体(联户)客运业户参加组成“盐城市神龙运输有限公司”(含市区个体联户客运),实现了经营主体从多而散到相对集中,经营手段从粗放到集约,经济效益从亏损到盈利,市场秩序明显好转。2005年市区年客运量达4282万人42.87亿人公里。2008年为6818万人62.72亿人公里。其中:交通专业企业完成客运量3994万人48.09亿人公里。2010年市区专业交通企业(含亭湖、盐都)拥有客车1014辆3.20万个座位(其中高级客车217辆9661个座位),开行客运线路266条(其中省际线路96条、市际线路57条、县际线路75条、县内线路37条、城市公交线路1条),年完成客运量4909.24万人57.75亿人公里。

县(市)客运　20世纪70年代后期至80年代初,盐城地区下辖8个县(市)的公路客运主要由当时的盐城汽车运输公司设在除盐城县以外的各县汽车站(队)承担。在此期间,各县(市)为了方便农民出行先后发展了农村公共汽车客运。

东台市于1982年由东台县陆上运输公司开办农村公共汽车业务,1991年10月更名为东台市汽车运输公司。2002年6月加入盐城市星宇公路运输有限公司,成为星宇的东台分公司。2008年该市共有客车698辆1.04万个座位,经营客运线路148条,其中省际线路33条、市际线路67条、县际线路27条,县内线路21条。年全社会完成客运量322.71万人4.19亿人公里。2010年完成客运量282.37万人4.75亿人公里。

大丰市1977年9月成立大丰县汽车运输公司,开办农村公共汽车客运。1981年8月与盐城汽车运输公司大丰站(队)联营,至1984年分开经营。2002年1月又与盐阜公路运输集团大丰公司实行资产重组成立盐阜公路运输集团大丰有限公司。2008年大丰市共有客运汽车313辆7929个座位,经营客运线路78条,其中省际线路11条、市际线路23条、县际线路18条、县内线路13条、城市公交13条,年完成客运量751.27万人4.63亿人公里,2010年有客运车辆300辆,年完成客运量786万人4.99亿人公里。

盐城县(后为盐都区)1976年10月由盐城县运输公司开办农村公共汽车客运,1983年随着盐城“地改市”更名为盐城市第二汽车运输公司,2002年加入盐城市星宇公路运输有限公司。2007年被盐阜公路运输集团兼并。

亭湖区1988年成立盐城市第三汽车运输公司,仅经营半年即倒闭,1990年出现个体运输业户,共有客车49辆348个座位,从事市区范围内的客运。1992年盐淮汽车运输公司成立,2000年全区有客运汽车74辆,到2010年全区有客车53辆1215个座位,年完成客运量58.40万人111.40万人公里。

射阳县1977年10月由射阳县水陆运输公司开办农村公共汽车客运,1989年实行水陆分营建立地方国营射阳县客运公司,2001年改制为民营企业,并更名为射阳县万里行客运有限公司,2002年加入盐城市星宇公路运输有限公司,为星宇射阳分公司。2005年9月与盐阜公路运输集团射阳公司资产重组建立江苏丹鹤客运有限公司。2008年1月县内的个体客运业户全部挂靠丹鹤公司,全县共有客运汽车217辆6307个座位,年完成客运量211.90万人3.17亿人公里。2010年,有客运车辆352辆8786个座位(客运量、客运周转量由盐阜公路运输集团统计)。

建湖县于1976年9月由建湖县陆运公司开办农村汽车客运,1984年更名为建湖县汽车运输公司,1996年10月改制为建湖县环宇陆运集团,2002年加入盐城市星宇公路运输有限公司,为星宇建湖分公司。2008年全县拥有客运汽车472辆1.19万个座位,开行省际线路34条,市际线路44条、县际线路39条、县内线路20条、城市公交9条,年完成客运量638万人4.03亿人公里。2010年有客运车辆350辆1.01万个座位,年完成客运量663万人3.87亿人公里。

阜宁县于1974年由地方国营阜宁县运输公司开办农村公共汽车客运。1977年实行水陆分营,成立阜宁县汽车运输公司,20世纪80年代初出现连年亏损,于1993年8月被盐阜公路运输集团阜宁有限公司整体兼并,2008年全县共有客车439辆1.13万个座位,经营117条客运线路,其中跨省29条、跨市40条、市内24条、县内24条,年完成客运量1153.58万人1.36亿人公里,2010年有客运车辆368辆9976个座位(年完成客运量、客运周转量由盐阜公路运输集团统计)。

滨海县于1976年10月成立滨海县汽车运输公司,开始经营公路客运业务,2002年加入盐城市星宇公路运输有限公司,为星宇滨海分公司。2008年滨海县汽车运输公司有客车117辆3144个座位,盐阜公路运输集团滨海公司,有客车155辆5364个座位,城乡个体有客车183辆4443个座位,经营客运线路共为185条,2010年有客运车辆455辆1.30万个座位,年完成客运量709.70万人10.38亿人公里。

响水县1984年成立响水县汽车运输公司,经营少量县内公路客运,2000年改制为股份合作制企业,2001年改制为民营企业,2002年加入盐城市星宇公路运输有限公司,为星宇响水分公司。2008年响水县境内共有客运汽车415辆9287个座位,经营省际客运线路20条、市际46条、县际18条,全县152个行政村全部通达客运班车,2010年有客运车辆384辆1.09万个座位,年完成客运量604.01万人4.82亿人公里。盐阜公路运输集团响水有限公司1988年有客车20辆1015个座位,到2008年增加到91辆3292个座位,到2010年共有客车81辆3512个座位,开行35条线路,完成客运量250万人3.75亿人公里。

春运　为了搞好春节运输,各级政府和各级交通运输主管部门及各交通运输企业都层层建立春运领导小组和办公室,层层签订春运安全责任状。各类运输企业,特别是客运企业,为了确保春节运输的安全、正点,对投入春节运输的交通工具都进行检查维修,对所有参加春运的机(务)、驾(驶)、乘(务)人员进行逐一筛选。为了适应春运时间紧(一般规定为40天,即节前15天,节后25天),旅客流动相对集中的特点,各类客运企业除了安排正常的运输工具和各项后勤保障外,还要备有一定数量的运力,用作增加班次和特殊的集团性运输。1989年全市开展"春运安全优质"活动,至1998年实现了安全优质"十连冠"的目标,被省交通厅表彰为全省春运一等奖第一名。1988～2010年春运全市公路累计完成客运量1.19亿人。(春节运输详见专记三)

军运　即每年的新兵运输。新兵运输工作的特点是时间紧(一般在7～10天),要求高(安全、准点)、衔接好(各种运输工具之间),因此在运输工具和机驾人员的配备上要求都是十分严格。盐城市新兵运输每年都由盐阜公路运输集团承担,1983～2010年的新兵运输从未出现任何差错。

二、货　　运

盐城地处苏北里下河地区,河网、沟渠纵横,历史上客、货运输都是以水运为主,特别是进出口的大宗物资,出口如粮食、棉花、生猪等,进口如煤炭、砂石、化肥都要靠水运完成。随着工业的发展,对原材料和产品运输速度的要求越来越高,具有速度优势的陆路汽车货运也就日益得到发展,除交通部门专业汽车运输公司拥有货运汽车外,社会各厂矿企事业单位也拥有自货自运的货运汽车。1984年交通部作出放开运输市场决定后,至1988年大型货车发展到4947辆、2.42万吨(简记为:4947辆2.42万吨,下同),大型特种车282辆,小型货车1614辆2261吨,小型特种货车107辆,汽车挂车471辆1884吨,货运三轮车321辆147吨,简易机动车1307辆,轮式拖拉机降至449辆,手扶拖拉机8754万辆。以上这些公路货运工具大都从事短途货物运输和部分长途货物运输。年货运量662.81万吨、周转量4.11亿吨公里(简记为:货运量662.81万吨4.11亿吨公里,下同)。

随着运输市场的进一步开放,过去由交通专业国营、集体的水陆货运企业独揽货运市场的局面也逐步被打破,城乡个体、联户的公路货运业户迅速发展,20世纪90年代后期城乡个体、联户的公路货运业户每年以20%的速度增长,社会企事业单位的自备车辆和个体业户车辆在公路货运市场中已占主要地位,交通专业公路货运则相对萎缩。20世纪90年代后期至21世纪初盐城市境内化工工业发展较快,响水、滨海、射阳、大丰、东台、阜宁等县(市)都建有化工园区,危险品运输也随之发展。2005年盐城市境内全社会营业性货运汽车已发展到2.32万辆10.63万吨,分别是1988年的3.29倍和3.75倍。其中大、中型货车1.21万辆8.85万吨,分别是1988年的2.46倍和3.66倍。而交通专业运输企业货车仅有130辆1192吨。轮式拖拉机和手扶拖拉机因不适应市场需求逐步退出货运市场。2005年全市全社会货物运输量完成3198万吨19.77亿吨公里,分别是1988年的4.82倍和4.81倍,交通专业货运量只有33.41万吨8649.73万吨公里。2005年全市境内有公路危险化学品运输单位30家,拥有危货运输车653辆5262吨,其中箱式货车139辆797吨,罐车199辆2037吨;其他车辆261辆2428吨,年运量158.34万吨9788.52万吨公里。危化品运输的从业人员中有从业资格证的驾驶员1056名、装卸押运管理人员1354名。2008年全市全社会营业性货运汽车1.82万辆10.39万吨(其中大、中型货车1.07万辆9.36万吨),年完成货运量4877万吨30.63亿吨公里。2010年全市全社会营业性货车2.69万辆20.89万吨,分别是1988年的3.83倍和7.38倍(其中大中型货车1.41万辆18.57万吨,分别是1988年的2.86倍和7.67倍),年完成货运量6914万吨57.29亿吨公里,分别是1988年的10.43倍和13.93倍。2010年全市有公路危险化学品运输单位38家,拥有危货运输车713辆1.03万吨,其中箱式货车189辆2027吨,罐车149辆1512吨,其他车辆375辆6798吨,年运量158.34万吨9788.52万吨公里。为保障行车安全和及时掌控车辆运行动态,车辆都装有全球卫星定位系统(GPS)。危化品运输的从业人员中有从业资格证的驾驶员1454名、装卸押运管理人员1562名。

市区货运(含盐都区、亭湖区) 1988年,市区专业公路货物运输企业有四家:一是江苏省运输公司盐城分公司九十九货运车队(现为盐阜公路运输集团货运公司);二是盐城市社会单位车队;三是盐城市联运公司;四是盐城市港务管理处(现为港口集团)。拥有货运汽车860辆,货挂车36辆4173吨,货运拖拉机56台,年完成货运量131万吨1.74亿吨公里。公路货物运输市场放开后,社会企事业单位的自备货运车辆和个体(联户)的货运车辆也随之进入公路货运市场。20世纪90年代后期企事业单位改革改制,大部分企事业单位和交通专业货运企业,实行单车承包或车辆全额抵偿承包,或出售转让,或挂靠经营,都为个人自主经营,自负盈亏。国营、集体专业公路货运企业基本不复存在。2010年市区全社会拥有货运汽车达7650辆4.85万吨,年货运量2838万吨19.12亿吨公里。

盐阜公路运输集团货运公司是市直唯一的一家经营货运的交通专业运输企业,1983年拥有货运汽车27辆、货运汽挂车40辆554吨。1988年为该公司的最兴旺时期,货运汽车达到95辆,货运汽挂车28辆,共1224吨。至20世纪90年代向后则成下降趋势。1993年8月经盐城市体改委批准,盐阜公路运输集团兼并了盐城市联运公司(盐城市联运公司名称予以保留)。由于社会运力和个体联户运力不断发展,交通专业货运业日趋萎缩,大部分货运车辆转让或出售给职工个人经营。至2005年货运公司仅有货运汽车30辆347吨。2010年货运汽车降到9辆121吨,年完成货运量1.54万吨370.50万吨公里。

县(市)货运 盐城市境内公路货运,20世纪80年代除社会企事业单位和厂矿企业自备车辆实行自货自运一大部分外,另一小部分是由各县(市、区)汽车运输公司和当时的盐城地区汽车公司99、93、95三个车队承担。各县(市)内城乡的短途货物运输则由人力板车、小型机动车、手扶拖拉机等民间运输业者承运。到1988年各县(市)交通专业公路运输企业共拥有载货汽车335辆2745

吨,货运挂车60辆252吨,货运拖拉机78台86吨,其他机动车24辆30吨;乡镇运输企业共拥有载货汽车194辆962.50吨,货运拖拉机123辆129吨,其他机动车52辆52吨;城乡个体运输业户共拥有货运汽车447辆2003.30吨,货运拖拉机9575辆9903吨,其他机动车615辆573.50吨。交通专业公路货运企业完成货运量122.74万吨1.02亿吨公里;乡镇运输企业完成货运量137.37万吨2240.50万吨公里,城乡个体完成货运量248.81万吨7712.70万吨公里。至2005年县(市)交通专业汽车运输公司货运汽车实行全额抵偿承包或转让给个人经营,加上乡镇个体(联户),全市各县(市)共拥有各类载货货车2.15万辆9.81万吨,拖拉机2.20万辆2.18万吨,其他机动车4722辆2452吨,年完成运量3198万吨19.77亿吨公里。2008年全市各县(市)共拥有各类载货货车1.17万辆7.15万吨,年完成货运量4299万吨29.40亿吨公里。2010年全市各县(市)共拥有各类载货汽车1.93万辆16.03万吨,年完成货运量6834万吨57.20亿吨公里。

联合运输　联合运输的主要特点是将陆路、水路、航空、铁路、管道五种运输方式相互联接,做到"人在家中坐,收发全国货",实行"一次托运,一票到底,分段计费,全程负责,取货上门,送货到家,迅速方便,安全优质"。

20世纪80年代初,大丰、建湖等县相继成立了联合运输服务公司,1986年5月市联运公司成立,除自备客、货运输车辆从事客货营运外,并与省际、省境内的相关交通企业签订联运业务约定,至1993年全市有市、县级联运企业9家,其中全民性质2家,集体性质7家,乡镇联运站36家。1995年盐城市完成零担联运量5.41万吨,整批联运量25.93万吨,其中:走铁路的2.46万吨,走公路的11.07万吨,走水路的17.82万吨,进口3.63万吨,出口27.72万吨。此外,还代理业务量货物80.44万吨,代售客票4392张。除上述9家专职联运企业外,较大的专业水陆运输企业也有经营联运业务的,如盐城华通运输集团(原盐城市轮船运输公司)、盐城市航运公司(后并入华通集团)、盐城市港口集团(原盐城市港务处)、盐城市盐阜公路运输集团货运公司及各县(市、区)相关交通运输企业等。20世纪90年代中期是市内联运业发展的全盛时期,90年代后期,随着运输市场的进一步开放,各种运输方式竞争越来越激烈,特别是长短皆宜的"门到门"既方便又快捷的公路货运的迅速发展,致联运业务逐步萎缩,联运企业也随之逐步萎缩,有的转产,有的被兼并,到2010年只有大丰市联运公司仍维持营运。

1988～2010年部分年份盐城市全社会各类车辆统计

表17

车型	单位＼年份	1988	1990	1995	2000	2005	2008	2010
大中型客车	辆/座位	873/39255	980/44460	1200/54000	2466/86821	3363/91484	2978/86201	3107/94942
小型客车	辆/座位	2549/17137	3736/26152	8872/62104	19145	3695/25146	1222/10735	575/6519
大型货车	辆/吨	4947/24182	6104/30520	6353/31765	11495/36104	12148/88483	10720/93642	14144/185671
大型特种货车	辆/吨	282/	84/	114/855	391/2838	389/3608	-	713/10337
小型货车	辆/吨	1614/2261	2376/3567	2607/39105	-	10620/14189	7996/10224	12047/12848
小型特种货车	辆/吨	107/	189/	31/46.50	719/	-	-	-

续表 17

车型＼单位＼年份		1988	1990	1995	2000	2005	2008	2010
三轮货车	辆/吨	321/147.1	606/282	9265/5095	–	–	11902/	–
汽挂车	辆/吨	471/1884	558/2232	639/6390	7/35	–	3539/	–
简易机动车	辆/吨	1307/	2008/	–	13752/	4722/2452	2113/1211	–
轮式拖拉机	辆/吨	449/	980/	8893/	119/	2195/21777	8735/8958	–
手扶拖拉机	辆/吨	8754/	11090/	32918/	39036/	–	–	–

1988～2010 年部分年份盐城市交通专业运输各类车辆统计

表 18

车型＼单位＼年份		1988	1990	1995	2000	2005	2008	2010
客 车	辆	661	695	808	1389	2202	2272	2688
	座位	34830	36774	33576	41866	60417	65872	84854
货 车	辆	335	359	393	235	130	65	48
	吨	2745	3138	3640	2245	1192	866	712
三轮汽车	辆	–	–	–	–	–	–	–
	吨	–	–	–	–	–	–	–
货挂车	辆	78	31	23	16	–	–	–
	吨	324	133	237	54		–	–
拖拉机	辆	78	81	100	90	44	–	–
	吨	86	93	115	71	30	–	–
其他机动车	辆	24	16	–	8	–	–	–
	吨	30	20	–	10	–	–	–

1988～2010 年部分年份盐城市乡镇个体运输(含联户)各类车辆统计

表 19

车型＼单位＼年份		1988	1990	1995	2000	2005	2008	2010
客 车	辆	162	459	1406	3264	1131	–	–
	座位	3489	7521	27878	36636	8289	–	–
货 车	辆	447	446		3170	10850	–	–
	吨	2003.30	1682.60		13820.10	33869	–	–

续表 19

车型＼单位＼年份		1988	1990	1995	2000	2005	2008	2010
拖拉机	辆	9575	12295		14801	21901	–	–
	吨	9903	12600		14774	21727	–	–
其它机动车	辆	615	930		3644	4722	–	–
	吨	573.50	537		3126.50	2452	–	–

1988～2010 年部分年份盐城市全社会客货运量统计

表 20

客货运＼单位＼年份		1988	1990	1995	2000	2005	2008	2010
客　运	万人	3674	3405.90	4912	5756	6544	9176	11946
	亿人公里	22.37	24.57	38.68	48.51	58.39	77.36	125.37
货　运	万吨	662.81	727.34	2573	2745	3198	4877	6914
	亿吨公里	4.11	53.75	15.66	16.71	19.78	30.63	57.29

1988～2010 年部分年份盐城市交通专业客货运量统计

表 21

客货运＼单位＼年份		1983	1988	1990	1995	2000	2005	2008	2010
客　运	万人	3279.71	3522.15	3016.06	1501	2367	4491.05	5375.98	6932.10
	亿人公里	11.17	20.08	18.85	15.48	26.09	49.41	59.31	78.37
货　运	万吨	111.73	122.74	136.25	130	736	33.41	29.22	27.68
	亿吨公里	0.72	1.02	0.97	1.25	5.14	0.86	0.73	0.68

1988～2010 年部分年份盐城市个体（含联户）客货运量统计

表 22

客货运＼单位＼年份		1988	1990	1995	2000	2005	2008	2010
客　运	万人	65.64	273.27	1425	793	688	871	1154
	亿人公里	11.99	3.92	11.87	5.32	4.38	6.09	11.13
货　运	万吨	248.81	329.42	1435	654	821	1202	3372
	亿吨公里	0.77	0.99	5.78	2.62	4.68	5.66	13.92

1988～2005 年部分年份盐城市非交通部门客货运量统计

表 23

客货运 \ 单位 \ 年份		1988	1990	1995	2005
客运	万人	23.33	38.62	3412	2420
	亿人公里	0.65	1.20	23.21	18.15
货运	万吨	113.80	195.62	3443	350
	亿吨公里	2.07	3.08	14.41	2.07

1988～2000 年部分年份盐城市联运业务情况

表 24　单位:吨

项目 \ 年份			1988	1990	1995	2000
零担			28443	32218	54149	24611
整批			197702	252730	259336	205526
集装箱			–	–	–	858
其中	铁路	零担	1980	3151	8149	1888
		整批	31642	90693	16464	10873
		集装箱	–	–	–	858
	公路	零担	14407	19309	46000	22723
		整批	25218	23831	64672	19356
	水路	零担	12056	9758	–	–
		整批	140842	138206	178200	175297
进口			26267	258294	36254	12625(含中转 3630 吨)
出口			199878	26654	277231	217512
代理业务		货物	345308	194693	204427	81355
		客票(张)	27681	15914	4392	1550

注:2000 年后无此统计项目

三、站　　场

1. 客运站

1980 年只有盐阜公路运输集团有限公司(原为盐城市汽车运输公司)在盐城境内设有公路客运站 29 个,其中盐城市区 2 个,东台、大丰、射阳、建湖、阜宁、滨海、响水 7 个县城各 1 个,重点乡镇 20 个。随着各县(市、区)属汽车运输公司的建立与发展,1988 年,市、县、国营、集体汽车运输公司均有各自的汽车客运站。全市有汽车客运站 60 个。20 世纪 90 年代初,盐城市各县城都建有两家汽车客运站,即盐阜公路运输集团某某县汽车公司客运站和某某县汽车公司客运站。随着个体客运业户进入客运市场和农村客运的发展,盐阜公路运输集团设立在有关重点乡镇的客运站逐渐被调整和撤销,各县属汽车运输公司则根据各自需要,会同有关重点乡镇设立了一批客运站,2000 年盐城市内拥有等级以上汽车客运站68个。进入21世纪,在全市经济社会的快速发展和人们出行频率提高的形势下,盐城市交通主管部门、各客运企业加大了对汽车客运站的建设力度。2005年市、县(市)、乡(镇)汽车客运站已达115个,其中一级汽车站1个,二级汽车站13个,三级汽车站9个,四级汽车站24个,简易站68个。全市汽车客运站总占地面积27.33万平方米,其中停车场占地16.32万平方米、售票厅占地2896平方米、候车厅占地1.46万平方米、行李房占地2451平方米、维修保养车间2.24万平方米、汽车加油站占地1.45万平方米。设有检票口103个,日发班车5999车次,日发送旅客8.31万人,日进出站12.15万人。2006年按照省交通厅汽车客运站和农村客运站标准化工程建设要求,全市累计投资3亿多元,对盐城汽车客运站、射阳汽车站、大丰汽车站按一级汽车客运站的标准要求进行新建,对其他县级客运站和重点乡镇客运站进行改扩建,有力地推动了全市汽车客运站的建设。到2008年全市拥有三级以上汽车客运站75个,其中一级站3个、二级站9个、三级站63个,总占地面积40.70万平方米,其中车场占地20.87万平方米、候车厅占地1.47万平方米,共设售票窗口111个,检票、修理、加油等附属设施齐全,平均日发班车6837个(对)、日发送旅客9.24万人。2009年,盐城市汽车客运北站(二级站)开工建设,建湖汽车客运站(一级站)完成4层主体建设,滨海汽车客运站(一级站)全面开工。建湖上冈站(二级站)完成主体建筑。2010年上述四个站已基本建成,响水、阜宁两站的工程可行性研究报告已通过省厅核准。新建农村客运站10个、候车亭120个,全市已有5个农村客运站实现联网售票。2010年全市有等级客运站64个,其中一级站5个、二级站7个、三级站17个、四级站13个、五级站22个,总占地面积54.11万平方米,其中车场占地24.46万平方米,候车厅占地2.05万平方米,售票窗口119个,日发班次7532次,日进出旅客人数16.43万。

(1)**市区汽车客运站**　20世纪80年代盐城市区仅有盐城地区汽车运输公司(后为盐阜公路运输集团)下属位于建军中路的一个汽车客运站(盐城汽车站)。随着公路客运市场的放开,驻城的其他交通专业运输企业、社会运输单位以及个体(联户)客运业户也建有自己的客运站点,如原盐城县汽车运输公司(即盐城市第二汽车运输公司)建立的客运站、市体育服务公司(体育馆)建立的客运站以及个体业户建立的新征、长风、捷达客运站等。1986年经江苏省交通厅批准建设盐城汽车分流站(市区黄海东路27号)。1988年市区共有4个汽车客运站,即盐城汽车站、盐城二汽停车场、一分场车站、新亚车站。1993年亭湖区盐淮汽车运输公司建设盐淮汽车站(市区开放大道82号)。1995年盐城汽车站(建军中路老车站)和新建的盐城分流站合并,同时撤销老车站,分流站改称为"盐城汽车总站"。1999年盐都汽车客运站立项,2000年盐城市区有盐城汽车总站、盐淮汽车站、招商场捷达汽车站、新亚汽车站、客运公司汽车站等五个车站,另有盐河、东闸、大星、双元、城区等五个停车场。2005年盐都汽车客运站建成正式投入使用(2005年前盐都区无固定汽车客运站点)。2006年盐城五星客运站(后改名为盐城汽车客运站)开工建设,2008年建成。2007年建成神龙汽车客运站。2009年盐城汽车北站开工建设,2010年建成。截至2010年市区有盐城汽车客运站、盐都汽车站、盐城汽车客运北站、神龙汽车站、新亚汽车站、捷达汽车站、盐淮汽车站7个车站。

【盐城汽车客运站】　该站隶属盐阜公路运输集团。20世纪80年代为盐城汽车站,位于盐城市区建军中路5号,1995年8月根据市政府创建省级文明卫生城市的要求,整体搬迁至市区黄海东路27号,定名为盐城汽车总站,又称新客站。总站占地面积4.80万平方米,建有停车场地2万平方米,候车厅2000平方米,售票厅800平方米,发车区5500平方米,下客区3100平方米,总站东临市区开放大道,南临黄海东路,站房成"V"字形,主体最高七层。

1999年,根据盐城市人民政府和江苏省交通厅联合批准的《盐城市公路主枢纽总体布局规划》中提出重新选址新建一个一级汽车客运站的构想。根据这个构想,盐城市发展计划委员会(盐市计经基〔1993〕331号文批准立项。经城市国土资源局批准,2002年12月在盐城市亭湖区五星村八组(市区青年东路22号)取得划拨土地6.49公顷,后于2005年又追加3.27公顷,共计9.76公顷。

2005年,由市交通局牵头,确定盐城市建筑设计研究有限公司设计方案。站址选择在范公路(站前路)与青年交叉处西南角(五星村八组境内),这一站址具有以下特点:一是与盐城铁路客运站仅一路之隔,便于旅客集散和相互换乘;二是站址面临范公路、青年路城市主干道,车辆流向合理,进出站场方便;三是具备有宽裕的场地,满足建站需要,略有发展余地;四是布局合理,站址已纳入城市总体规划和土地使用规划。

车站的总体布局　该站东西宽218米,南北长420米,呈长方形,东临范公路,北临青年路。汽车进站口放在站场东侧面临范公路,汽车出站口放在北侧面临青年路,以确保车辆进出安全。售票厅、候车厅、行包房、信息中心、服务台等服务用房,设在主楼裙楼内。候车厅高10米,售票厅高20余米,均为大面积玻璃幕墙。主楼位于青年路,共十三层,一层与经营服务用房连为一体,二层设信息监控中心和档案室,三层为餐饮,四至十三层为办公、会议、宾馆用房,总建筑面积为2.81万平方米。发车位与停车场连成一片,总面积达3.70万平方米,可停大小客车近300辆。

盐城汽车客运站停车场

车站主要功能划分为A、B、C三个区,A区主楼地下一层,建筑面积1056平方米,内设配电房、消防水池、空调机房、消防泵等设备。地面以上十三层,高50米,建筑面积1.14万平方米,其中一层建筑面积为1807平方米,设快客候车厅和残疾人专座等主要营运用房和厕所、消防值班室、办公、电梯间、门厅等辅助用房及沿青年路821平方米商业门面房,候车厅设检票口8个。二层建筑面积1640平方米,设电子监控、办公、档案室等主要营运用房和商场、厕所等辅助用房。三层以上为集团公司办公及商务用房,总建筑面积9841平方米。B区为中间大跨度、大圆弧设计,建筑面积7510平方米,一层设有旅客入口、前厅、售票厅、候车厅、总服务台、小件行李寄存等主要营运用房和票房、广播、治安、城管、厕所等站务用房,设旅客检票口12个,建筑面积4886.73平方米。二层设餐厅、商店、茶座、厕所等商业性辅助配套用房。建筑面积为2623平方米。C区建筑面积5312平方米,设有候车、车站办公、货物托运等主要营运用房和厕所、公用电话、吸烟室、茶水处等辅助用房及沿范公路436平方米的商业用房,设检票口20个。

该站场内设有加油站,建筑面积为114平方米;修理车间场地3520平方米,建筑面积为1465平方米,辅助工间及办公用房建筑面积为618.30平方米,洗车台及例保台建筑面积为139.50平方米,洗车台及例保台场地空间为1320平方米;客运站设南北值班室,北值班室面积为152.16平方米、南值班室面积为27平方米;停车场面积为3.70万平方米、进出口道路3930.80平方米、设停车位276个、发车位40个。

该站站前广场面积为1.30万平方米,设庭院照明灯、花池、绿化和自行车停车位等设施,其中场外绿化面积为5403平方米,停车场西侧设有面积为2035平方米的职工停车棚,在临范公路西侧设有公交站台和小型车停车位计5436.80平方米。

该站作为2006年盐城市政府一号实事工程,于当年7月开工建设,2008年5月竣工。工程总造价为1.76亿元。设计日均旅客发运量2.50万人,最高集散人数3万人。设计等级为一级汽车客运站。

新站于2008年5月正式投入运营。2009年发送旅客430万人,日均发班车1007辆,创营收

盐城汽车客运站以热忱的服务迎送过往旅客

1.46亿元。2010年发送旅客438万人，日均发班车1015辆，创营业收入1.75亿元。

盐城汽车客运站从20世纪80年代建军中路盐城汽车站到黄海东路盐城汽车总站，直至2008年新盐城汽车客运站建成运营，二十多年的经营服务中，始终坚持品牌意识的培育和开展QC全面质量管理活动，狠抓服务、经营、管理三条主线，积极打造“五星之旅”(“五星之旅”，“五星”代表服务五星级。同时“五星”又与“五心”谐音，即以真心服务赢得旅客欢心；以热心服务赢得旅客放心；以细心服务赢得旅客舒心；以爱心服务赢得旅客开心；以精心服务赢得旅客信心)服务品牌；不断延伸服务内涵，拓展经营空间，规范管理流程。从1991年起连续11年被评为部级“文明汽车客运站”，2009年被表彰为“中国道路运输百强诚信客运站”，2010年被表彰为“全国首届旅客最满意汽车客运站”，2011年荣获“全国优质服务示范车站”，两次荣获全国“安康杯竞赛优胜企业”，自2005年起，连续荣获部、省级“全面质量管理优秀单位”；两次荣获省“农民工返乡劳动竞赛先进集体奖”等殊荣；涌现出了省劳动模范、省“十大杰出青年”沙惠林，省级“青年岗位能手”、省“服务明星”张海霞等一批部、省、市级先进典型，“全国城镇妇女巾帼建功示范岗”沙惠林服务班、省级“青年文明号”站务一班、售票班等一批先进集体，以其各具特色的服务赢得了社会各界的广泛赞誉。

1988～2010年部分年份盐城汽车客运站经营情况

表25

年份	日均发班车（辆）	年均发送旅客（万人）	车站营业收入（万元）	春运完成运量（万人）	春运加班车（次）
1988	477	163	-	21.79	222
1990	517	174	-	23.58	291
1995	619	189	-	31.82	410
2000	628	258	3963	36	1045
2005	709	372	8413	39	1268
2008	928	421	13593.44	49	1362
2010	946	438	17506.84	52	1408

【盐淮汽车站】 该站隶属于盐淮汽车运输公司，位于市区开放大道东侧与黄海东路北侧交叉口(市区开放大道82号)。1993年自筹资金130万元建成投入使用，占地6350平方米，建有旅客候车室420平方米、停车场5480平方米、办公用房360平方米。建站初期平均日发70个班次，年进出站旅客约27万人。2000年～2010年平均日发250个班次，年进出站旅客约120万人。

【盐都汽车客运站】 该站隶属盐城市第二汽车运输有限公司，该公司1976年成立时，在原盐城县交通局宿舍区南首(迎宾北路)，盐城民航售票处后面。1977年迁至建军广场(铜马广场)西南侧，现为市新华书店地址处。1978年因建军广场扩建，迁至市政府原址对面盐城市外贸公司原址门口。1979年迁至盐城建军中路南侧曹家巷内，现在的中茵海华广场西南侧。1982年因曹家巷拆迁改造，迁回迎宾北路（原为环城东路20号）。1989年因迎宾路扩建，经市政府副市长杨任远牵头会办决定，“在新汽车分流站（黄海路）建成之前，二汽公司除长途车在原址发车，农共车发车点迁至建军东路盐阜饭店后边（建军东路与开放大道交叉路口西北角）和黄海路与小海路交叉口的东南角（原盐阜一分场对面）两地营运。待分流站建成后，全部进入分流站经营”。1995年7月，因创建卫生城市需要，经盐城市政府副市长王德超牵头会办决定：“迎宾北路长途车站迁至京都停车场（租用），现盐淮车站处，年租金20万元，市政府补助10万元，盐都区政府和盐都区交通局各补助5万元”。1998年经江苏省计划经济委员会〔1998〕2262号文批准，同意兴建盐都汽车客运站。1999年11月20日提出兴建盐都汽车客运站计划，盐城市国土局批复同意在盐马路西侧大庆路南侧交叉口（盐城市区盐马路116号），占地2.25万平方米，按国家二级汽车客运站标准兴建盐都汽车客运站，2004年年底建成，2005年1月正式投入使用，从此结束了该站多年来马路发车的历史。车站总建筑面积6711平方米，其中停车场1.30万平方米，候车厅600平方米，设检票口9个，售票厅300平方米，站前广场4660平方米，修理厂1300平方米，油库1430平方米，综合楼6750平方米。经营客运线路37条，平均日发班次483辆次，日发送旅客5050人，该站总投资2500余万元，资金来源除江苏省交通厅补助840万元外，其余部分由公司向银行贷款和向职工借资。2007年共发送旅客185万人，日发班车510辆，创营收1860万元。2010年，经营客运线路59条，共发送旅客192万人，日发班车520辆，创营收2110万元。

盐都汽车客运站

2005～2010年盐都汽车客运站投入营运运力情况

表26

年份	日发班车（辆）	日发送旅客（万人）	车站营业收入（万元）	春运完成运量（万人）	春运加班车（次）
2005	480	0.58	1590	17.30	380
2006	480	0.60	1620	17.80	390
2007	520	0.61	1690	18.60	410
2008	550	0.67	1810	21.90	520
2009	570	0.69	1860	22.80	560
2010	570	0.71	2110	23	580

【神龙汽车客运站】 该站隶属盐城市神龙运输有限公司。2002年前神龙公司在市区通榆中路94号、G204（开放大道）东侧，建有停车场，后被主管部门撤销，车辆转入盐淮客运站营运。2005年神龙公司在盐城市区世纪大道109号投资300万元兴建神龙汽车客运站。该站占地面积8461.70平方米，其中停车场6000平方米、候车室360平方米、售票厅150平方米，日发班车150班

次,1000多人,年运送旅客50万人。2007年平均日发班车46辆,年客运量6.20万人。2010年平均日发班车80辆,年客运量10万人。

盐城汽车客运北站

【盐城汽车客运北站】 该站坐落于盐城市开放大道359号新洋经济区境内,毗邻江苏白马商城,总占地面积3.15万平方米,投资总额为6000万元(含新增1.33万平方米修理厂),由江苏盐阜公路运输集团有限公司、盐城市盐淮运输有限公司、江苏白马商城有限公司三方按51%、26%、23%股比共同投资建设,建设标准为二级汽车客运站。2009年开工建设,2010年年底竣工,次年11月投入营运。

客运站总建筑面积1.34万平方米,框架五层,底层为候车厅、售票厅、快件运输、商业配套服务等生产用房和总服务台、行包寄存、消防值班室、配电房、站长值班室、广播室等辅助用房,其旅客服务系统、智能化系统、空调系统设施齐全。

站内停车场面积为2.33万平方米,站前广场面积6660平方米,内有停车位96个,设有检票口16个,售票窗口12个,日发旅客8000人。

2011年11月30日,代市长魏国强(右三)在市人大常委会副主任崔士明(右一),市交通运输局局长管亚光(右四),市城乡建设局局长姜华(右二),盐阜公路运输集团董事长、总经理陆进(左一)陪同下,视察盐城汽车客运北站

盐城汽车客运北站主要经营经G204向北方向的市际客运班车(主要包括盐城至新沂、沭阳、高沟、连云港境内的班车)及县际客运班车(主要包括盐城至响水、滨海、阜宁以及经冈合线往射阳、经G204往建湖境内的所有县际班车);盐湾停车场现有进站的全部班车;大丰方强、四岔河、兴化、北安丰、戴南等方向的班车;从盐城市区向北方向途径盐城北站的省际客运班车,在原客运站始发后一律进盐城汽车客运北站配载(与始发站联网售票)。共230辆,日发班次460辆,其中:始发班230辆,配载班28辆,市际以上的33辆,县际及农共197辆。

(2)**各县(市)汽车客运站** 1988年盐阜公路运输集团有限公司在东台、大丰、射阳、建湖、阜宁、滨海、响水7个县设汽车客运站,随着客运业务的发展,各县(市)属汽车运输公司都相继建起了自己的汽车客运站,基本形成每个县(市)都有两个汽车客运站。到2010年除东台、阜宁、响水仍保留盐阜公路运输集团和县(市)汽车运输公司汽车客运站外,其余各县(市)都新建盐阜公路运输集团和县(市)汽车运输公司共用汽车客运站,如大丰市汽车客运站、射阳县汽车客运站、建湖县汽车客运站、滨海县汽车客运站,全市县城共有10个客运站,其中:一级站5个,二级站5个。

(3)**乡镇汽车客运站** 至20世纪80年代后期,由于集体、个体客运业户的兴起,由市、县(市)两级交通主管部门主导,省交通主管部门支持,在一些重点乡镇设立共用型乡镇汽车客运站。其中

农村汽车客运候车亭

有东台市的安丰、大丰市的刘庄、射阳县的兴桥、建湖县的庆丰、阜宁县的益林、滨海县的八滩、响水县的小尖、陈港等。1990 年有乡镇汽车客运站 39 个。20 世纪 90 年代市内凡有客运班车始发点的乡镇基本都设有固定或临时的汽车客运站。2000 年全市有乡镇汽车客运站 56 个，2005 年全市有乡镇汽车客运站 75 个，2008 年全市重点乡镇汽车客运站就达 63 个，到 2010 年共有乡镇客站 79 个，其中：二级站 2 个，三级站 17 个、四级站 13 个、五级站 22 个、简易招呼站 25 个。

（4）**农村候车亭、站牌** 2004 年，盐城市交通主管部门投资 600 多万元，按照江苏省交通厅规定"形象标准化"要求的式样，对全市所有通班车的乡镇客运站和行政村统一制作农村公路客运站亭和行政村客运站牌。2010 年年底全市共建候车亭 394 个，客站牌 2836 块。

1985～2010 年部分年份盐城市公路客运站情况

表 27

年份	占地面积（平方米）	车场面积（平方米）	售票厅面积（平方米）	候车厅面积（平方米）	行李房面积（平方米）	检票口个数（个）	修理间面积（平方米）	加油站面积（平方米）	日发班次（班）	日发旅客人数（人）	日进出人数（人）
1985	124723	62800	1768	9226	1858	44	9526	8820	1589	20790	26650
1990	191505	96900	2580	13546	1993	76	16918	12240	2443	36979	49862
1995	184350	96870	2125	11248	1994	75	16588	10270	3204	36643	51381
2000	254353	135921	2382	12745	2172	90	19516	14080	4092	58618	90889
2005	273333	163150	2896	14601	2451	103	22416	14480	5999	83105	121465
2010	541126	244623	6603	20492. 80	1407	119	9770. 70	2440	7532	92260	164303

2. 货运站（场）

1988 年前全市有各类货运站场 20 多个。市、县汽车站都建有货运站（客货兼营），另外盐城汽车运输公司、市联运公司以及各县级运输公司等国营、集体专业道路运输企业都设立自身的货运站场。市区货运站场规模相对较大，县级货运站规模较小，功能不够健全。全市货运站主要是盐阜公路运输集团下辖的 7 个市县级货运站（客货兼营），其中以盐城货运站规模最大、效益最好。1988 年，全市货运站场占地面积 5. 32 万平方米，仓库面积 1. 21 万平方米，车场面积 3. 03 万平方米，日发班车 39 辆次。20 世纪 90 年代，随着货运市场迅速放开，市场竞争激烈，国营、集体运输企业效益快速下滑，市场份额大幅下降，其所辖的货运站场也陆续关停或改作他用，再加上货运点到点的便捷服务，货运站场功能逐步弱化萎缩，期间全市货运站场的建设处于停滞状态，明显落后于客运站建设。2000 年以后，随着经济快速发展和市场需求的变化，传统货运向现代物流发展，货运站基本退出市场，新型运输企业纷纷投资货运站场建设，全市货运站又逐步兴起。2005 年，全市各类专业货运站场占地面积达 20. 69 万平方米，其中仓库面积 5. 54 万平方米、车场面积 12. 47 万平方米，日发车数115辆次,全年站场建设投资达7546万元。2008年全市各类货运站(场)占地总面积达35.65万平方米,拥有货物仓库6.92万平方米、停车场地达15.93万平方米、日均发车134辆、年进库物资达35.60万吨。2010年全市共有货运站场20个,占地28.24万平方米,其中停车场12.40万平方米、仓库4.93万平方米。

(1)**市区货运站(场)(含盐都、亭湖区)** 20世纪80年代,市区公路货运企业主要是以江苏省汽车运输公司盐城分公司为主,1998年货运停车场地为500平方米,货物仓库1000平方米。主要经营零担货运。其次是盐城市港口集团和盐城陆运公司(后为盐城市路驰物流有限公司)。2005年,市区内有货运站(场)5个,占地11.35万平方米,其中:经营场地1.60万平方米,仓库面积2.05万平方米,停车场7.70万平方米。2008年市区各类货运站场增至8个,总占地面积15.73万平方米,其中经营用地2.30万平方米、仓库面积3.98万平方米、停车场地9.45万平方米。至2010年市区货运站占地面积13.50万平方米,其中停车场8.20万平方米、仓库8.18万平方米。其中规模较大的有:

【盐城货运站】 隶属盐阜公路运输集团,位于市区建军东路121号,承办集装箱、公铁联运业务。该站1980年建立,有车场200平方米、仓库100平方米。1983年第一次扩建,车场增至700平方米、仓库增至200平方米。1988年第二次扩建,占地1500平方米、仓库1000平方米、车场500平方米。1997年货运站部分场地改作盐城汽车客运东站。到2005年货运部分占地仅剩500平方米、仓库缩减为100平方米。2008年随着汽车东站撤销和公司业务转型,该站退出运输市场。

【盐城神龙万达物流有限公司货运站】 该站建于2004年,位于盐城市区世纪大道109号,主要经营仓储、分拨、配送。规划占地10万平方米,一期工程占地3.34万平方米,建筑面积7600平方米,场地面积1.50万平方米,总投资7200万元。初步形成集仓储、承运、信息服务为一体的多样化经营站场。2009年二期工程建设,占地6.67万平方米,建筑面积1.50万平方米,总投资1.50亿元,建成后将是市区较具规模的物流基地。

江苏神龙控股集团神龙万达物流车队

【盐城华建物流中心】 该中心建于2007年9月,位于市区开放大道边,东临新洋港河,西靠新洋工业园区,北经火车货运站,货物可出入宁靖盐与沿海高速公路,该站总占地4万平方米,建有专用仓库2000平方米,配载门市125间1.15万平方米,综合楼1幢7000平方米,投资达1.10亿元。2008年已进场经营客户达85家,平均日发近130车次。2010年,公司站场主要业务为仓储、运输,年货运量达15万吨,营业收入450万元,利润25万元。

【华通行(盐城)物流配载交易有限公司】 该公司成立于2006年3月,注册资本100万元,已建有配载交易用房90间,停车场地1.80万平方米,标准仓库2万平方米,配备小型叉车10台、直升叉车10台、手推车20辆。该公司运营至2008年终结,改行经营其他项目。

【江苏悦达物流有限公司货运站】 该站建于2005年6月,注册资本3000万元,主要经营范围是普通货物道路运输、商品汽车发送和货运代理。该站在盐城市经济开发区开放大道东路9号建设了1.50万平方米停车场。目前该站已逐步建立起有效的网络管理系统。该站还在开发区征用13.33公顷土地,启动建设较大规模的集整车运输、仓储、货运代理等业务的物流中心。2010年有自营汽车93辆577吨,完成货运量10万吨1200万吨公里,创营收2.26亿元,利润1774.36万元。

【江苏捷顺国际物流中心】 该中心组建于2006年,位于盐城经济开发区东区东环路内侧,注册资本1000万元,总占地5.4万平方米,建有货物仓库1万平方米、货物堆场1.20万平方米。2010年进出货物达41万吨,创营收620万元,利润40万元。

华晓医药物流有限公司

【江苏华晓医药物流有限公司】 该公司位于盐城市盐都新区开创路3号,系南京医药股份有限公司(上市公司)全资子公司,2008年元月建成并投入运营。2008年至2010年,公司实现营业收入28亿元,上缴税金3000万元。

公司现有在册员工300人,注册资本4100万元,占地6.87公顷,资产总值3亿元。主营中成药、化学药制剂、化学原料药、抗生素、生化药品、生物制品、精神药品(二类)、一、二、三类医疗器械、卫生材料、疫苗等。提供以国家基本药物、OTC、医保用药为主约10000个品种的医药商品。与国内外约2000家药品供应厂商建立了合作关系,服务于江苏省及其周边部分省份约8000家第二、第三医药终端用户及区域医药分销企业。

江苏华晓医药物流有限公司业绩排名跨入全国同行业百强,被盐城市人民政府授予“四星级企业”“和谐劳动关系先进企业”;被中国人民解放军海军选择为“海军药品储备基地”;被江苏省经济与信息化委员会评为“江苏省重点物流企业”;被江苏省医药行业协会评为“江苏省医药行业诚信企业”。

(2)县(市)货运站(场) 20世纪80年代前各县无专用货运站场,其货运业务均由各运输企业、港口企业、物资单位自行解决货物的堆存和仓储。1983年各运输企业、港口企业都拥有货运站场、货物仓库、停车场。20世纪90年代后期,运输市场全面开放,运输主体形成多元化,较有实力的民营、个体货运企业都建有自己的货运站(场)、仓库、车场等货运设施。2008年大丰市有8个货运站场,其经营用地920平方米、仓库3000平方米、停车场4900平方米;射阳县有各类货运站场4个,停车场地共8400平方米;建湖县有货运站场1个,仓库700平方米、停车场地2300平方米;阜宁县有货运站场2个,仓库1.30万平方米、停车场地2.80万平方米。较具规模的有:

【盐城浩瀚储运公司货运站】 位于大丰市海洋开发区,投资金额5000万元,是南阳镇镇政府招商引资项目。拥有3000平方米仓库,500平方米停车场,200平方米经营用房。站场于2001年投入正式运营,年运量0.50万吨,被评定为三级货运站(场)。

【江苏苏福现代物流有限公司货运站】 位于射阳县特庸镇红旗村八组(陈李线西侧),拥有5316平方米仓库,2400平方米停车场,办公用房8间。站场现有管理人员7名,其他工作人员22名,拥有称量地磅以及各种机械等,是一个为粮食等散装货物提供仓储、装卸、运输一条龙服务的综合货运站。

【建湖县振湖运输站】 成立于2005年,位于建湖县城湖东菜场,四级货运站(场)。现有普货运输车辆28辆350吨位,主要从事普通货物运输,年货运量1.68万吨504万吨公里。

【阜宁县通榆停车场】 成立于1999年6月,位于阜宁县通榆北路99号,占地14亩,拥有停车场6600平方米,年货运量2.50万吨,货运交易额120万元。

【阜宁县古河粮食仓储物流有限公司货运站】 拥有经营用房1000平方米、仓库1万平方米、停车场2000平方米。

四、市区运输企业(选介)

【江苏盐阜公路运输集团有限公司】 1983年前为盐城地区汽车运输公司,1983年4月更名为盐城市汽车运输公司,1983年7月,更名为江苏省汽车运输公司盐城分公司。1993年2月,经盐城市计划经济委员会和盐城市交通局批准,成立盐城市汽车运输总公司,江苏省汽车运输公司盐城分公司作为企业的第二名称予以保留。1996年6月,经盐城市人民政府、江苏省现代企业制度试点工作领导小组办公室批准,盐城市汽车运输总公司改制为国有独资的江苏盐阜公路运输集团有限公司。2004年10月,经盐城市人民政府批准,改制为国有资产存量入股、民营资本增量扩股,投资主体多元化的有限责任公司,下辖二级法人企业7个,全资法人企业7个,控股子公司9个,法人参股企业5个,其中从事客货运输企业有15个分、子和控股公司。

1988年以来,特别是改制以来,该公司客运运力、客运量、资产、效益逐年上升。到2010年,客运车辆1987辆6.20万个座位,分别比1988年增长4.30倍和2.70倍;经营线路652条6633.50班,分别比1988年增长1.33倍和9.27倍;年完成客运量4609.40万人55.79亿人公里,分别比1988年增长1.30倍和2.73倍。公司资产达9.50亿元,总营收3.50亿元,利润4700万元,分别比1988年增长18.79倍、6.45倍、8.40倍。

该公司除经营公路客运外,还经营整车货运和零担货运。整车货运1988年有货车231辆,年货运量19.60万吨5151万吨公里。此后由于市场等原因逐年萎缩。至2010年,货车仅有9辆,年货运量1.54万吨371万吨公里。1988年为零担货运最旺时期,线路达88条,日发57班,年运量达82.10万吨。从1988年开始零担货运逐年衰退,到2005年只剩1条线路,日发班0.50班,年运量仅有3000吨。在企业内部经营机制方面,该公司为适应市场经济发展出现的新情况,不断地进行改革。20世纪80年代中后期至90年初期,客运市场进一步放开,社会个体客运业户与日俱增,他们的税费负担仅占营收的10%左右,其余收入均归个体所有,收入相对较高,而国营客运企业各种税费高达21%,加之离退休人员较多,负担较重,职工收入偏低(人均月工资200元左右),因此产生心理上的不平衡,少数驾驶人员在运输途中私自带客,私自接揽货源,私收票款上腰包(俗称带"黄鱼")现象日趋严重。对此该公司在生产经营责任制的基础上,逐步推行单车承包,直到后来的单车全额抵偿承包。进入21世纪根据省、市交通主管部门的要求,开始逐步实行公司化经营改造。

2010年该公司内设机构有:工会、办公室、企业管理部、人力资源部、企业运行监督部、财务统计部、运输生产部、安全机务部。有7个分公司:盐城汽车客运站、南方公司、北方公司、联运公司、商贸公司、汽车技术服务公司、车辆修理公司。13个子公司:快鹿公司、第二汽车运输有限公司、白马汽车客运北站有限公司、通宇置业有限公司、劝业城房地产开发有限公司、通凯实业有限公司、响水有限公司、滨海有限公司、阜宁有限公司、建湖有限公司、射阳有限公司、大丰有限公司、东台有限公司。年末集团在册人员2917人。

多年来,该公司在优质服务和创建品牌方面做了大量的工作,如在盐城至上海、苏州、南京、无锡4条客运班线上成功创建"江苏快客"品牌,得到江苏省运输管理局认可。"盐城快鹿""盐阜快客"运输服务品牌,已得到广大旅客的一致好评。盐城汽车客运总站的"沙惠林服务班",阜宁汽车站的"学雷锋小组"被盐城市交通局推荐为全省交通服务品牌班组。"全面质量管理"得到省、市交通主管部门和质量监督部门认可,被交通部评定为"全国道路客运一级资质"企业,曾获得"全国500家最大服务企业"排名第35位、"全国质量、服务示范单位"等荣誉。连续多年被江苏省和盐城市质协、交通部和江苏省交通企协评为守合同、重信用企业,中国诚信品牌企业,质量管理活动优秀企业。

江苏盐阜公路运输集团有限公司领导名录

表28　1988年1月~1996年6月(改制前)

职　务	姓　　名
总经理	李曙光　陆　进
副总经理	孙仲喜　刘正成　卞敬友　李军　徐光耀　吴胜年　夏正贵　曹兆祥　张志明　姜福勇
党委书记	李曙光(兼)　裴成奎　李曙光(兼)　陆　进(兼)
党委副书记	李曙光　夏正贵　周炳学　曹义广
纪委书记	李曙光　金　钟　朱文彩　周炳学　曹义广
工会主席	张学华　金　钟　周炳学
副总会计师	刘训才　陈明华
总工程师	孙仲喜

续表28　1996年6月~2013年10月(改制后)

职　务	姓　　名
董事长	陆　进　邢健康
副董事长	卞敬友
总经理	陆　进　卞敬友　邢健康
副总经理	卞敬友　李　军　徐光耀　曹兆祥　姜福勇　孙亦波　蔡　禹　杨朝钧　张　翼　程　波 贾秀全　邢健康　王学军　汪　沛　陈建平
党委书记	陆　进
党委副书记	曹义广　李军　卞敬友　孙亦波　汪　沛　邢健康
纪委书记	曹义广　孙亦波　李　军　孙亦波
监事会主席	唐登国　李　军　吉曼青(女)　汪　沛　张晓政
工会主席	周炳学　吉曼青(女)　汪　沛
副总会计师	陈明华
总工程师	孙仲喜

1988~2010年部分年份江苏盐阜公路运输集团有限公司客、货运车辆情况

表29

年份	客　车		货　车	
	辆	座位	辆	吨
1988	375	16255	154+(83)=237	2091
1990	393	17463	142+(71)=213	1691
1995	695	22155	85+(67)=152	1318
2000	1100	33113	33+(26)=59	706
2005	1324	39814	28+(2)=30	347
2010	1987	60208	9	121

注:括号内为挂车数。

1988～2010年部分年份江苏盐阜公路运输集团有限公司客运班次情况

表30

年份	合计		其中									
	条	班	省际		市际		县际		县内		其他	
			条	班	条	班	条	班	条	班	条	班
1988	280	646	25	32	98	134	83	247	74	233		
1990	297	692	32	41	114	142	90	269	61	240		
1995	367	1011	49	60	142	183	103	311	63	401	10	56
2000	511	1322.5	138	113	202	256.5	112	398	49	432	10	123
2005	625	1613.5	177	132	228	283.5	131	599	75	473	14	126
2010	652	2634.5	191	139	251	306.5	167	1213	43	976		

1988～2010年部分年份江苏盐阜公路运输集团有限公司客、货运量情况

表31

年份	客运		货运	
	运量（万人）	周转量（万人公里）	运量（万吨）	周转量（万吨公里）
1988	1991.60	149658	18.50	4831.90
1990	1751.20	139727.40	15.40	4851.60
1995	672.90	100267.70	11.16	3523.77
2000	1223.80	190110	1.77	746
2005	2630.70	378930.10	4.40	1381
2010	4609.40	557900	1.54	371

1988～2010年部分年份江苏盐阜公路运输集团有限公司资产、营收、利润情况

表32

年份	总资产（亿元）	总营收（亿元）	利润（亿元）
1988	0.48	0.47	0.05
1990	0.71	0.69	0.04
1995	1.91	0.54	-0.02
2000	3.10	2.52	0.04
2005	4.72	1.73	0.04
2010	9.50	3.50	0.47

【盐城市星宇公路运输有限公司】　为了贯彻执行交通部2000年4月27日发布的《道路旅客运输企业经营资质管理规定（试行）》（交公路发〔2000〕225号）和江苏省交通厅有关规定，2002年5月10日经江苏省交通厅运输管理局批准，由东台市汽车运输公司、射阳县万里行客运有限公司（2006年10月转出）、盐城市第二汽车运输公司（2008年10月转出）、阜宁县第一汽车运输有限公司、建湖县环宇陆运集团有限公司、滨海县汽车运输公司、响水县汽车运输公司、盐城汽车客运公司、盐城鑫达实业有限公司、盐城市新亚实业总公司、盐城市盐淮运输有限公司、盐城市新征运输公

司、盐城市捷达客运站等13家企业，联合组建成盐城市星宇公路运输有限公司。该公司于2002年6月8日正式挂牌对外经营，各股东企业均为“星宇”的分公司。2002年以后又先后接纳了响水县大有汽车客运公司、建湖县金祥客运公司、盐城荣泰分公司。

公司对各股东单位主要是做好相关业务和安全生产管理，申请客运线路、班次，参加省、市客运线路招投标，反映各股东企业的意见和要求，传达贯彻政府和行业管理部门有关文件，督促各股东企业规范管理、优质服务、安全行车、遵章守法等。各股东单位的各项经营核算、人事安排、考核考勤、税费征缴等事务性工作仍由各股东企业自行负责。

该公司设有董事会、监事会和内设机构办公室、运务处、安（全）机（务）处、财务处。决策层设董事长（董事会选举产生）一人，董事若干人；经营层设总经理一人，副总经理若干人（由董事长任命）；执行层各处室负责人（由总经理提名、董事会通过）。

该公司2002年经营客运线路494条，其中省际线路69条、市际线路138条、县际线路287条。拥有客运车辆579辆，其中：按客车类型分有大型客车159辆、中型客车150辆、小型客车270辆；按客车等级分有高级客车33辆、中级客车224辆、普通客车322辆，全年完成客运量714.31万人21.95亿人公里。2005年经营客运线路442条，其中省际线路58条、市际线路121条、县际线路263条；拥有客运车辆544辆，其中：按车辆类型分有大型客车152辆、中型客车161辆、小型客车231辆；按客车等级分有高级客车42辆、中级客车216辆、普通客车286辆，全年完成客运量634.31万人20.18亿人公里。2010年拥有客车295辆1.04万个座位，其中大型客车118辆5900个座位、中型客车74辆2220个座位、小型客车103辆2266个座位。经营线路250条，其中省际线路53条、市际线路48条、县际县路149条。完成客运量339.80万人10.53亿人公里。

1988～2013年10月盐城市星宇公路运输有限公司领导名录

表33

职　务	姓　　名
董事长	戴启楼　徐爱国　李广左　陈必新
总经理	马志才　胡为中　凌长贵
副总经理	胡为中　王荣　罗善民　顾正寿　李银霞（女）

【江苏神龙控股集团】　1998年3月由三十几辆出租车和五辆大客车组成民营“盐城市神龙运输有限公司”，从事城市出租汽车和公路客运经营。2002年3月城市出租汽车和公路客运分立，成立“盐城市神龙出租有限公司”，专业从事城市汽车出租经营。根据2000年4月27日交通部发布《关于发布道路旅客运输企业经营资质管理规定（试行）》（交公路发〔2000〕225号）文件精神和江苏省交通厅有关规定，由盐城市神龙运输有限公司发起，对全市7个县（市、区）个体道路客运业户进行整合，2002年6月，经江苏省交通运输厅交通运输管理局批准“盐城市神龙运输有限公司”为盐城市客运市场整合后的第三家道路旅客运输企业。组建后半年就完成客运量95万人1.79亿人公里。2003年12月成立“盐城市神龙旅行社有限公司”，有高档旅游车30辆。随着物流产业的兴起，2004年成立“盐城神龙万达物流有限公司”，有各类货车120辆1080吨。2005～2010年又先后创办了“江苏神龙物流有限公司”“盐城神龙客运站有限公司”“江苏神龙置业有限公司”等五家实体企业。2010年8月经江苏省工商局批准成立“江苏神龙控股集团”。

2010年该集团总资产达2.20亿元，员工1500余人。拥有客货运输车辆500余辆，形成了以物流为主，集公路客运、出租客运、旅游客运、站场经营、房产开发及驾培修理、宾馆酒店等服务业为一体的综合性多元化产业集团。神龙物流有限公司是国家AAAA级综合服务型物流企业、江苏省重点物流企业，江苏省物流企业50强。该集团是盐城市重合同守信用企业，2010年实现利税1500万元。

1998～2013年10月江苏神龙控股集团领导名录

表34

职务	姓名	职务	姓名
董事长	潘书柏	总经理	潘书柏
党总支书记	潘书荣	副总经理	胡为中 潘书荣 徐佩生

专记三

春运回眸

“春运”被誉为人类历史上规模最大的、周期性的人类大迁徙。春运期间，全国形成约20多亿人的人口流动，占世界人口的1/3。中国春运入选了世界纪录协会“世界上最大的周期性运输高峰”，创造了多项中国之最、世界之最。

春运是我国农历春节前后发生的一种特有的大规模高压力交通运输现象。每年春运，由国家发展与改革委员会统一发布，各省、自治区、直辖市及计划单列市人民政府，国务院有关部门，包括铁道部、交通运输部、民航总局等，以及公安部、建设部、劳动保障部等部门共同采取措施，进行专门安排的全国性交通运输任务。春运以中国传统节日“春节”为中心，一般发生在节前15天及节后25天左右。

春运的起源及特点

1951年，中华人民共和国建国初期基本建设开始恢复，人民生活基本稳定，人员外出和返乡活动逐渐增加，交通运输能力紧张。为防止春节期间因旅客增多而形成的混乱拥挤现象，一些铁路局成立了“春节还乡旅客服务委员会”，以保证旅途安全。1953年，铁道部部长滕代远在1月31日召开的全路电话会议上提出要求，将所有备用客车全部投入旅客运输，采取以棚车代客车的办法开行短途客车，以应对激增数倍的旅客。9月，铁道部建立了全路统一管理的客运机构，制定了铁路客运91种统计报表。从此，正式奏响了春运序曲。有专家称，春运从1954年开始。从有全路性春运统计数字可查、能作定量分析的角度看，这种说法有其道理。

春节是我国一年中最重要的节日，无论离家多远，一般人都尽量在除夕赶回家乡，与家人团聚。自改革开放以来，开始鼓励自主就业，人员流动的限制也开始松动。因此有非常多的人从经济欠发达的地区到经济较发达地区就业，造成了人力资源的大量流动。这些离家外出就业的人员在春节前后集中返乡过年，即成为春运主要人群（民工流）。此外，这段时间是高等院校放寒假时期，在外地就读的学生返家也构成了春运运输的另一主要人群（学生流）。同时，部分选择春节期间旅游的人群，也加重了运输系统的压力。

春运交通特点主要有三个方面：一是城际交通压力剧增，城市交通与国际交通无明显变化。二是交通压力主要集中在陆路运输。三是春运交通压力有明显的时间性和方向性，一般节前压力主要集中在从较发达地区到欠发达地区，从周边城市到旅游景点的路线上；节后较节前运输压力互为逆转。

盐城市春节运输工作

在 1988 ~ 2010 年，盐城春运工作在市委、市政府、省交通厅的高度重视和正确领导下，经过全市交通系统广大干群的奋力拼搏和有关部门的密切配合，确保了各年度春运任务的顺利完成，据统计此期间，全市累计发运旅客 1.22 亿人，其中公路 1.19 亿人、铁路 91.13 万人、水路 207.30 万人、航空 5.30 万人；运输春运物资 733 万吨，保证了全市人民过上安定、祥和、快乐的春节。特别是在 1989 年 - 1998 年期间，实现了春运安全优质“十连冠”，获得了省交通厅 1998 年春运一等奖。2010 年被全国海员工会评为“春运农民工平安返乡（岗）安全优质服务劳动竞赛先进集体”，多次荣获省交通厅春运优胜称号等，取得了让人民群众满意、让社会各界满意、让各级政府满意的好成绩。

一、春运组织领导

盐城市委、市政府对春运工作十分重视，将春运工作作为“立党为公、执政为民”的一次具体实践，每年都专门成立以分管市长为组长，由市委宣传部、市经信委、交通运输局、公安局、劳动局、军分区、建设局、工商局、物价局、气象局、旅游局、卫生局、消防支队、地方海事局等部门领导参加的春运领导小组，下设由市经信委、公安交巡警支队、交通运输局为成员单位的春运领导小组办公室。各县（市、区）政府、各有关部门和运输企业均于春运前成立以主要负责人为组长、分管领导为副组长、各职能部门（室）负责人为成员的春运领导小组，实行一把手负责制和分管领导责任制，形成了“横向到边、纵向到底”的春运组织网络。

市春运领导小组负责全市春运工作的组织、指挥、协调和日常管理工作，提出全市春运目标和任务，明确各成员单位的职责，组织全市春运工作检查，听取各相关部门的春运工作汇报，及时发现和解决问题。市春运办还设立综合协调组、信息宣传组、统计分析组、后勤保障组等，具体落实春运各项工作，保证春运工作的顺利进行。

二、春运基础准备

1. **深入调查，制定方案**　春运前，市春运办联合劳动等部门，组织人员调查走访民工输出量大的乡镇和集中的县（市）等部门、单位。根据上级春运工作要求，以及旅客及民工的流量、流向、流时，综合当年春运有利条件和不利因素，制定全市春运工作方案和实施意见。

2. **全面部署，层层动员**　市政府提前召开全市春运工作会议，动员、部署春运工作。市公安局、交通运输局分别召开春运安全管理工作会议和全市交通系统春运工作会议，部署、落实春运工作。各运输企业也层层召开春运动员大会，把会议开到一线管理人员、机驾人员、站务人员，通过动员、宣传和学习，使参加春运的人员明确春运目标和要求，确保各项工作围绕春运、服务春运。

3. **车船过堂，持证参运**　全市参加春运的车船、渡口分别经公安车管、交通港监部门的严格检验，领取春运检验合格证，不符合要求的不得参加春运。汽车驾驶员都经过培训并领取市驾培管理处核发的营业性驾驶员上岗证。

三、春运运力调配

春运高峰期间，运力调配的压力主要集中在道路旅客运输上。其中，江苏盐阜公路运输集团有限公司根据春运特点，通过科学组织调配运力，规范加班包车管理，满足了春运客流高峰运力需求。

1. **严格监管投放运力**　对春节期间车站班次运休进行审核监督，对单车全额抵偿承包车辆和责任经营车辆严格管理监控，杜绝其擅自停班和站外组客现象发生，保证车站源头运力充沛、正班正点运行。

2. **现场指挥有序疏运**　客流高峰期间,公司主、分管领导均深入车站生产一线,设置驻站办公室,根据突发客流高峰的流向、流量,现场指挥安排运力,及时调配班次,有序疏运旅客。

3. **加强协调相互支援**　针对全市春运客流"节前返盐"和"节后返程"错时高峰单向性的特点,提前与省内有关运输公司联系,做好双方加班运力的对口支援,节前安排上海、苏州、无锡、南京等地回盐加班,节后请省内兄弟运输公司来盐支援加班。高峰期间更采取歇人不歇车、流水发车的形式,组织加班疏运旅客。

2009年1月9日下午,阜宁县交通局召开春运工作会议,全县公路、运管、海事、航道、收费站、客货运企业的相关人员参加了会议

4. **严格路牌发放程序**　坚持申请、审批和会签制度,确保加班包车路牌必须服从车站始发的班次和源头组织的客源,对手续不全、道路证未标注许可、车辆等级不达标的坚决不批。盐阜公路运输集团各下属运输单位还实行车队、职能科室、公司分管领导"三级会签"制度,从源头上规范了加班包车经营行为。

1988～2010年盐城市春运运力投放情况

表35

年份	日均投放客车		客船		年份	日均投放客车		客船	
	(辆)	(座位)	(艘)	(座位)		(辆)	(座位)	(艘)	(座位)
1988	–	–	–	–	2000	3442	68501	37	1816
1989	–	–	–	–	2001	3607	72902	26	1221
1990	812	36770			2002	3471	79211	–	–
1991	904	39182	69	5431	2003	3520	81544	–	–
1992	–	–	–	–	2004	3569	83877	–	–
1993	–	–	–	–	2005	3537	83240	–	–
1994	1750	52937			2006	3416	83348	–	–
1995	2234	62996	106	4591	2007	3411	83656	–	–
1996	2645	61395	87	3628	2008	3420	85189	–	–
1997	2775	64358	72	3188	2009	3429	86722	–	–
1998	2906	67321	58	2748	2010	3373	86737	–	–
1999	3080	69341	53	2364					

四、春运安全保障

安全是春运工作的核心,是贯穿春运始终的重中之重。

1. **签订春运责任状**　进入春运前,交通、公安、劳动等部门层层级级签订春运责任状,明确目标任务和职责考核。实行主要领导负第一责任，分管领导负主要责任，其他领导负配合责任，落实安全生产责任制和责任追究制，严格实行安全考核一票否决制，建立健全各项安全制度和岗位责任制，将安全责任，落实到车队、落实到班组、落实到每一位机驾、维修人员。

2. **确保车船技术状况优良** 所有营运车、船运输工具都必须经过公安车管或交通港监部门的严格检验，不符合要求的坚决停驶(航)。春运客运车辆未与定点修理厂签定维修协议的，不得参运。对一年内报废的客车不得从事市际及其以上班线运输。从事高速公路和800公里以上的客运班车，车辆的技术性能必须达到一级车标准，且车辆类型等级为中级以上。凡参加春运的车辆每天必须进行例保检查签证，实行"谁检修、谁签字、谁负责"，确保检查率、合格率均达100%。港监部门努力确保船舶适航、适渡，各水运企业在船舶隐患面前不侥幸，对船质较差，难以修复的船舶坚决报停。

3. **确保春运驾驶员素质优秀** 运输企业对机驾人员的思想素质、技术素质、身体素质进行综合排查，全面检查驾驶员的违法记分情况。凡不符合公安等上级部门春运条件的不得参加春运(包括：记满12分的；连续2次超载20%以上的；上年度发生同责以上重大交通事故的；驾驶证未年审、没有及时换证的；有妨碍驾驶疾病的)。春运中凡被公安交通执法部门检查出违法情节严重的，必须停班整顿，直至取消春运资格。夜班、长途车驾驶员要达5年驾龄、20万公里以上安全行车记录，且50周岁以下身体健康。对行驶里程在400公里以上、高速公路600公里以上的班车，强制配备两名或以上驾驶员，驾驶员一次驾车不得超过3小时，24小时内实际驾驶时间累计不得超过8小时，明确途中休息及换班地点，保证参运驾驶员精力充沛。

2008年1月12日建湖公路站机关工作人员和养护工冒着风雪清扫桥面，保证公路畅通

4. **保证公路、航道畅通** 春运前，组织专门技术人员对辖区公路桥梁进行全面安全检查，并在进出口地、高桥、陡坡、弯道等重要位置设置限速、限载、警示等标志，组织人员对路桥泄水孔、坡角、排水沟等进行清理、清扫；对公路用地范围内非交通标志(牌)、堆积物等进行清理。对全市航道进行突击检查清理，清除航道内沉船、沉石及碍航网簖等障碍物，对所有航标进行保养，使其正位率、发光率均达100%。为提高突发事件应急处理能力，公路、航道部门还组建抢险突击队，提前筹备防滑材料，购置铁铲、绳索等工具，配置清障车、清扫车、铲车、养护作业车、破冰船等专用机械设备，保证恶劣天气和突发情况下路桥、航道的安全畅通。

5. **水上安全监管** 市地方海事局在每年春运中，以重点水域、重点航线、重点码头、重点防范对象，强化现场监控。按照"错时巡航，弹性出航，交叉巡航，特殊时段巡航"的要求，提高现场监管的时效性和针对性，巡查码头、船舶、渡口、港区、锚地，宣传防冻、防滑、防火等安全常识和注意事项，营造安全氛围。严格载运危险品船舶审批，保证危险品船舶"适航、适运、适装"，增加随船巡查和明查暗访频次，杜绝运输剧毒危险品和超载、超客、"客危(旅客、危险品)"混装等违法行为。

6. **查堵危险品** 全市所有客运站(码头)配备了专职危险品检查人员，有的车站还请消防大队的官兵进行危险品检查专题培训。途中危险品查堵责任明确给机驾乘务人员，抓住"进站、候乘、登车"三个环节，通过危险品检查仪，侦测到可疑行李时，进行开包检查程序，结合安全员全天候现场巡视，做到不让危险品进站、进场、上车、上船。1997年城区港监所日夜为电化厂、液化气厂服务，春运期间监装监卸危险品9900吨；1998年，春运期间全市共查堵危险品170起，查获橡胶水150公斤，酒精50公斤，甲烷气37瓶，煤油20桶，油漆113公斤，烟花爆竹29万响。1999年查获橡胶水31公斤，液化气钢瓶26个，煤油汽油各一桶，油漆468公斤，烟花爆竹173.11万响。消除了安全隐患。

7. **客运站危险源(点)监控**　客运车站做到不出售超载票，不签发超载车，严禁旅客上下棚顶，落实各项禁烟禁火措施，按照"三关一监督"(严把市场准入关、严把车辆技术状况关、严把驾驶员从业资格关，加强对汽车客站的监督)和"三不进站(无关人员不进站、无关车辆不进站、危险物品不进站)、五不出站(客车超载不出站、证照不齐不出站、安全例保不合格不出站、驾驶员资格不符要求不出站、出站登记表未经签字审核不出站)"的要求，对每辆班车进行检查登记。保证各个重点场所消防器材在位、完好、有效、充足。综合治理重点做好"防火、防盗、防中毒、防治安灾害事故"等工作，夜间车场实行封闭管理，实行人员进出登记，停车场预留足够安全通道。

8. **春运检查监督**　市委、市政府和春运领导小组成员在春运期间深入第一线检查工作，公安、交通、劳动等市春运小组成员部门还分成安全工作、文明服务、车容车貌等专项检查组检查车站、码头，现场召开会议，提出具体指导意见，发现问题及时整改。各专业运输企业采取早送晚迎，发车前安全喊话，设置流动、固定检查点，班车签发制，例保签字卡等多种检查方式。对超速、超载、超时、疲劳驾驶、不按规定车道行驶、酒后驾车、不按规定让车、违法会车、强行超车等严重交通违法行为，坚决从严、从快、从重处理。

五、春运文明服务

春运期间，市交通运输局、公安局、文明办、团市委等部门，根据上级春运文明服务的精神和要求，以及省海员工会"农民工平安返乡"活动的号召，坚持"以人为本、服务人民、奉献社会"的服务理念，把做好春运工作作为提高交通服务能力和展示盐城和谐交通的窗口，积极在全市交通运输系统范围内组织开展不同主题的春运文明竞赛活动，让和谐文明之风温暖了春运的每一寸天地。

1. **文明竞赛形式多样**　在全市客货运输企业开展"比安全行车，赛不碰不擦；比职业道德，赛服务态度；比爱护车辆，赛车容车貌"为内容的"三比三赛"活动。盐城汽车客运总站向全市各客运站发出保证旅客走了走好、保证安全无事故、保证文明服务好、保证树立良好的窗口形象的"四个保证"倡议。射阳海河镇23名渡工向全市渡工发出思想上要重视、措施上要过硬、制度上要落实、服务上要文明"四要"倡议。此外，各专业运输车队采取"争当五好文明职工"、签订"文明服务公约"等举措，把"讲文明、树新风"的活动进一步落到实处。

2. **创优服务不断深化**　全市各客运企业大力推行规范化、人性化优质服务。各客运站坚持送票上门，增设售票网点，开足售票窗口，延长售票时间和预售天数，对团体旅客送票上门、送车上门，最大限度地满足旅客出行需求。各客运公司加大对站埠、车辆的硬件投入，积极改善候车、乘车环境。盐城汽车客运站"民工绿色通道"、阜宁汽车站学雷锋小组"宁愿自己千般苦，不让旅客一时难"、大丰汽车站"民工接待站"、东台车站"青年志愿者"等，成为春运一线上的靓丽风景。

3. **好人好事层出不穷**　盐阜公路运输集团十余年如一日在岗位上不断为旅客排忧解难的沙惠林(由其发起创建的爱心基金累计收到捐款共3万余元，已资助旅客约650人，无偿捐助钱物近2万元)；拾到2.50万元巨款交还失主的建湖驾驶员汤国昌；被旅客比作"亲闺女"的东台车站党支部书记仲爱萍；千方百计将数万元无主货送还失主的92车队驾驶员秦昌明、周永伟、袁成龙；如皋境内捍卫旅客财产安全而勇斗歹徒的苏J02284车驾乘人员；星宇公路运输有限公司将旅客丢失的内有2万余元的手提包专程送还失主的苏J15280客车驾驶员等，他们在春运中做的好事，充分展现了全市交通干部职工的高尚风格和良好精神风貌。

六、春运后勤保障

1. **后勤保障** 春运期间，各运输企业都能立足稳定，及时、细致地做好各类基层矛盾的排查摸底，并通过家访、召开驾驶员家属座谈会等形式，想方设法地处理好参运人员的实际困难，妥善购置春运所需各类生产、生活物资，组织为特困职工送温暖活动，保障春运的顺利进行。

2. **舆论宣传** 充分利用报纸、电台、电视台等新闻媒体，营造春运氛围。市运管处专门与盐阜大众报业集团联系开辟春运宣传专栏，发挥了春运信息宣传的舆论导向作用。全市还在车站、码头、火车站、机场悬挂横幅、张贴标语，使广大旅客深切感受到春运氛围。市春运办和各县(市、区)春运办、市直有关部门和运输企业均编发《春运简报》，及时反映春运动态和信息，为各级领导、有关方面提供了决策依据。

一年之季始于春。春天充满生机，孕育朝气。在历年春运的历练中盐城交通人不断成长。春运中的好经验、好作风和好传统将一直传承下去，盐城交通亦将迈入科学发展的和谐春天。

1988～2010 年盐城市春运客运量统计

表 36

年份	春运期间	总客运量（万人）	铁路客流量（万人）	公路客流量（万人）	水运客流量（万人）	民航客流量（万人）	运输物资（万吨）
1988	2 月 3 日—3 月 13 日	332	–	306	26	–	15
1989	1 月 23 日—3 月 3 日	464.33	–	426.78	37.55	–	15
1990	1 月 7 日—2 月 15 日	332	–	306	26	–	21.5
1991	1 月 31 日—3 月 11 日	356.10	–	338.29	17.81	–	15
1992	1 月 20 日—2 月 28 日	382.29	–	351.39	30.90	–	16.5
1993	1 月 8 日—2 月 16 日	420.95	–	420.95	–		20
1994	1 月 27 日—3 月 7 日	555.49	–	555.49	–		20
1995	1 月 11 日—3 月 1 日	575.60	–	575.60	–		70
1996	1 月 30 日—3 月 19 日	588.01	–	570.61	17.40	–	80
1997	1 月 18 日—3 月 8 日	609.20	–	593.60	15.60	–	90
1998	1 月 8 日—2 月 26 日	515.78	–	504.25	11.42	0.11	90
1999	2 月 1 日—3 月 12 日	523.77	–	514.47	9.18	0.12	90
2000	1 月 21 日—2 月 29 日	558.40	–	549.90	8.30	0.20	90
2001	1 月 9 日—2 月 17 日	589.03	–	581.67	7.19	0.17	100
2002	1 月 28 日—3 月 8 日	579.13	–	578.99	–	0.14	–
2003	1 月 17 日—2 月 25 日	591.37	–	591.18	–	0.19	–
2004	1 月 7 日—2 月 15 日	603.60	–	603.36	–	0.24	–
2005	1 月 25 日—3 月 5 日	584.11	–	583.76	–	0.35	–
2006	1 月 14 日—2 月 22 日	591.19	12.54	578.29	–	0.36	–
2007	2 月 3 日—3 月 14 日	601.06	16.41	584.14	–	0.51	–
2008	1 月 23 日—3 月 2 日	604.35	17.31	586.50	–	0.54	–
2009	1 月 11 日—2 月 19 日	621.94	20.99	599.93	–	1.02	–
2010	1 月 30 日—3 月 10 日	622.03	23.88	596.80	–	1.35	–

（王　璟　刘　涛）

第四章　水路交通

盐城市航道干支相连，水路四通八达；过船设施齐全，水系衔接贯通；船舶适航配套，满足社会需求；港口遍布城乡，装卸及时方便，水路运输得天独厚，久盛不衰。1988 年，盐城市有航道 284 条，4142.10 公里（其中干线航道 18 条，938.50 公里；支线航道 266 条，3203.60 公里），船闸 6 座，市、县属专业水运企业 10 家，各类社会运输船舶 3.49 万艘、29.48 万千瓦、8212 个座位、86.10 万载重吨（简记为：3.49 万艘 29.48 万千瓦 8212 个座位 86.10 万载重吨，下同），全年完成客运量 412.93 万人 9544.40 万人公里，货运量 2344.08 万吨 37.93 亿吨公里。其中货运量、货运周转量分别占同期水、陆运输货运量、货运周转量总量的 78.11% 和 90.22%。

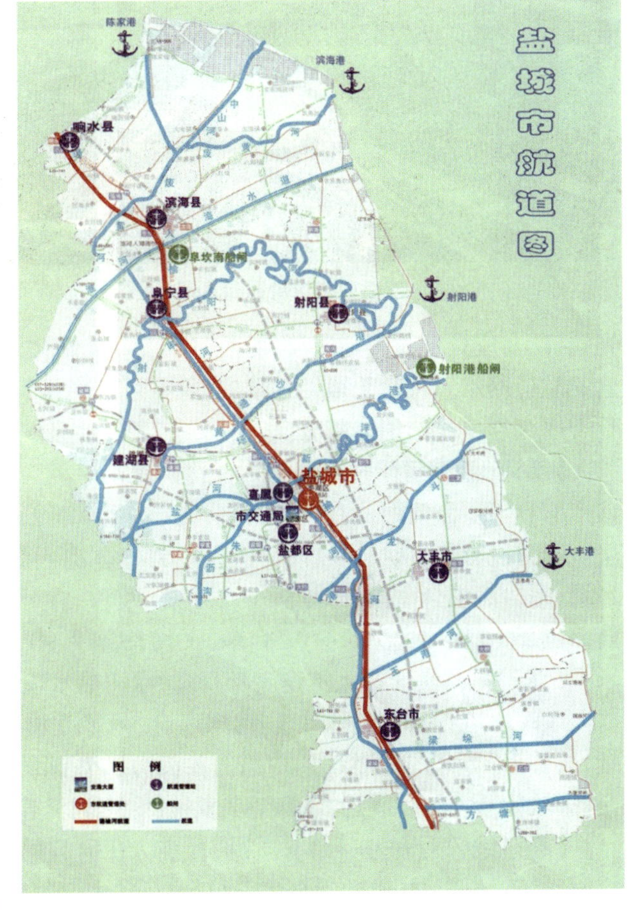

中共十一届三中全会以后，盐城市水路交通进入了新的发展时期。1989～2009 年，新建航道 344.40 公里，新造船闸 4 座、渡槽 1 座，新增货运运力 236.18 万载重吨，其中近海运力 5.61 万载重吨。至 2010 年，盐城市有航道 288 条，4486.50 公里，其中干线航道 24 条，1207.20 公里（省级干线航道 8 条，451.70 公里，市级干线航道 16 条，755.50 公里），支线航道 264 条，3279.30 公里。航道里程占江苏省航道总里程 2.39 万公里 18.80%，列全省各市第一。境内 99 个乡（镇）中 95 个通航，通航率达 95.96%。有各种过船设施 9 座。有各类营业性运输船舶 1.54 万艘 136.30 千瓦 350.77 万载重吨，其中近海运输船舶 34 艘 2.33 万千瓦 5.91 万载重吨。有大小民营水运企业 179 家，其中海运企业 7 家。其间，水路客运日渐萎缩。1990 年，完成客运量 233.65 万人 6256.90 万人公里，分别比 1988 年下降 43.42% 和 34.44%。2001 年，客运量减少到 13 万人 376 万人公里。2002 年，水路客运退出了运输市场。水路货运稳步向前。1990 年，完成货运量 2492.88 万吨 38.60 亿吨公里。1995 年，货运量上升到 4398 万吨 62.60 亿吨公里。2000 年，货运量减少至 2969 万吨，货运周转量增加至 79.03 亿公里。2005 年，货运量增加到 4802 万吨 89.99 亿吨公里，其中海运完成 63 万吨 5.22 亿公里。2010 年，货运量进一步跃升到 7707 万吨 153.95 亿公里，其中海运完成 350 万吨 31.88 亿吨公里。和 1988 年相比，货运量、货运周转量分别增长了 2.29 倍和 3.06 倍，占同期公路、水路货运量、货运周转量总量 52.71% 和 72.88%。

第一节 航 道

一、干线航道

1. 省级干线航道

【通榆河(南通—赣榆)】 北起连云港市赣榆县,南止南通市焦港,全长426.30公里,为人工河流。通榆河盐城段,1958年开工建设,至1959年春,完成土方量2800万立方米,间断开挖了阜宁至海安半幅146.50公里。因财力不足,工程中途下马。1992年冬,通榆河拓浚贯通续建工程启动。2002年10月,灌河至东台泰东河口段竣工。通榆河贯穿盐城市响水、滨海、阜宁、建湖、盐都、亭湖、大丰、东台,境内全长202.83公里,其中灌河至东台泰东河口长177.20公里为三级航道;东台至海安交界处25.60公里为七级航道。2010年12月,东台至海安段25.60公里,按三级航道标准进行续建,投资概算7.50亿元,计划于2013年年底竣工通航。通榆河盐城段设有滨海水利枢纽渡槽1座和大套、响水船闸2座,发光航标18座。通榆河与灌河、射阳河、黄沙港、新洋港、斗龙港、刘大线、泰东线贯通,形成了纵横通达的航道网络。待南北段工程建成,南下可抵上海,北上能达连云港,将成为长三角高等级航道网骨干航道连申线的主体部分。

通榆河滨海枢纽鸟瞰

【灌河(武障河闸—燕尾港)】 灌河又名潮河,位于海州湾东南,古黄河以北,是盐城市与连云港市的界河。灌河西从武障河闸起,流经灌南、灌云、响水3县,东至燕尾港入黄海,全长77.50公里。灌河盐城段,从响水境内一帆河口到燕尾港入海处,计46.14公里,为三级航道。灌河属淮河水系,是自然混合型潮汐河流,每天两涨、两落。响水点最高潮位3.80米、最低潮位-2.30米,平均高潮位2米、平均低潮位-0.90米,平均潮差2.90米、最大潮差6.10米。涨潮时最大流速1.70米~2米/秒、落潮时最大流速3米/秒。灌河响水境内设航标3座,均为发光标。灌河为江苏省第二大入海河道,河宽水深,岸线、河床稳定,是苏北沿海唯一没有建挡潮闸的河海直航通道,长年通航,被誉为“苏北的黄浦江”“中国的莱茵河”“亚洲的鹿特丹”。灌河通过盐河、通榆河与连云港、淮安、盐城相通,通过一帆河、唐响河、黄响河、南潮河连接流域乡镇。

【泰东线(泰州—东台)】 为明代前人工开挖的河道,始称运盐河,是盐城至扬州、泰州等地运盐的通道。泰东线,原起于东台三角圩,东台引江河并入后,起点移至通榆河口,向西经东台、时堰、溱东进入泰州市。泰东线盐城境内长32.44公里,其中引江河段7.50公里、时堰段5公里为三级航道;时堰以西段为六级航道。泰东线盐城段设有2座发光航标。

【淮河入海水道(洪泽湖二河闸—扁担港)】 西起洪泽湖二河闸,经清浦、楚州、阜宁、滨海、射阳5县(区)至扁担港入海,全长163.50公里,由水利部门投资于1999~2003年建成。入海水道北泓从二河闸至通榆河滨海枢纽为暂未通航的三级航道,其中盐城段从阜宁苏咀起至通榆河滨海枢纽止，长54.56公里。淮河入海水道，是江苏省干线航道网中骨干航道淮河出海航道的重要组成部分。

【盐邵线（盐城—邵伯）】　为连申线的联络干线，跨越盐城、泰州、扬州三市，是盐城市沟通宁镇扬及长江中游各省的水运主通道。盐邵线盐城段由蟒蛇河和朱沥沟组成，从通榆河口起，经九里窑、龙冈、泾口、秦南至古殿堡止，长38.25公里，为五级航道，境内设发光航标5座。

【盐宝线（盐城—宝应）】　东起盐城龙冈，西止宝应运河口，全长73.50公里。盐宝线盐城段由蟒蛇河、盐河、宝射河组成，从龙冈盐邵河口起，经新河庙、姚家墩、小黄土沟至大黄土沟止，全长34.50公里，为六级航道，境内设4座发光航标，是里下河地区通往京杭大运河的主要水路通道。

2010年6月29日，市交通运输局局长、党委书记管亚光（左三）在市交通运输局副局长周忠（左二）、市航道管理处党委书记束必专（右二）陪同下，督查刘大线航道整治工程进展情况

【刘大线（刘庄—大丰）】　原由二卯西河、新团河组成，长17公里。1994年航道定级，海堤复河并入刘大线。刘大线从刘庄镇串场河口起，经新团、大丰市区、裕华、东坝头、王港等乡（镇）和农场，至王港河闸止，全长39.44公里，其中六级航道16.50公里、等外级航道22.90公里。大丰港建成后，刘大线成了疏航港道。2009年12月，盐城市航道部门按底宽不小于40米、最小水深不少于2.50米、口宽不小于60米、最小弯曲半径320米，可通航500吨级船舶的四级航道标准对刘大线进行整治。新的刘大线起于刘庄镇东侧通榆河口，沿新团河、胜利河至灶圩村后，避开大丰市区，向北新开河道16公里，接北中心河、大丰干河与二卯西河相连至大丰港区内河港池，全长55.70公里，比原刘大线长出16.30公里。刘大线整治投资概算13.2亿元，至2010年年底已完成土方工程648万立方米，计划2012年年底竣工。刘大线横跨盐城市中部，与串场河、通榆河、老斗龙港、大四河、马路河、大丰干河贯通，是通往大丰市区和大丰港的重要水上通道。

【兴东线（兴化—东台）】　西起兴化兴轮站，东至东台通榆河口，全长46.20公里。兴东线盐城段从丁溪起至东台通榆河口止，长3.54公里，为等外级航道。

2. 市级干线航道

【黄沙港】　从建湖县城建口线起，由西向东，经建湖、射阳两县入海，全长65.50公里，其中五级航道37.70公里、七级航道27.80公里。黄沙港横跨盐城中部，是规划中的射阳港区疏港航道，也是建湖县连接通榆河的主要通道，担负着进出射阳港和建湖县物资运输任务。

【建口线】　自建湖经沙沟、兴化、江都、泰州，过口岸船闸，与长江连通，全长145.20公里。建口线盐城段由西塘河、南塘河、下官河组成，起点建湖镇至讫点薛家舍全长32.10公里，为五级航道。全线设航标9座，其中发光标1座。建口线是航运、灌溉、排涝的综合性河流。

【射阳河】　属淮河里下河水系，为天然河流，西起建湖县收成庄，向东北方向经阜宁县小河口、永兴集、阜城、双港至射阳县境，再沿滨海县界回行至鲍墩，转向东南，经千秋至射阳河闸，全长156.60公里，为二至六级航道，全线设航标7座，其中发光标1座。射阳河横跨盐城中部，西衔盐宝线、建口线，中联通榆河、盐益线、小中河，是建湖、阜宁、射阳等县的水运干线。

【阜宝线】　起于阜宁县城，终至宝应西射阳镇，由射阳河、蔷薇河、宝射河等河段组成，全长

73.70公里。自射阳河段从阜宝线中划出后,阜宝线起点移至建湖收成庄。阜宝线盐城段则从收成起,至建湖大溪口止,全长12.60公里,为等外级航道。阜宝线沟通盐宝线和射阳河,是连接京杭大运河的重要水路通道。

【海河】 西起阜宁县渔深河,东至射阳县海河镇与冈合线交汇,全长13.50公里,为七级航道。海河是射阳县连接通榆河的水上捷径。

【冈合线】 由廖家沟、海河、小洋河组成,从上冈镇小缺口起至射阳河边小庙口止,全长48.10公里,为七级航道,全线设航标9座,其中发光标3座。冈合线穿越建湖、射阳两县,是盐城市重要航道之一。

【新洋港】 从盐城市区九里窑起向东到射阳县新洋港闸止,全长67.30公里,为五级航道,全线设3座发光航标。新洋港横跨盐城中部,连接串场河、通榆河和盐邵线、盐宝线,是盐城市区联络外地的水上主要通道。

【小中河】 人工开挖河道,北起阜宁腰闸,南至射阳河边,全长17.40公里,为六级航道。小中河是盐城中部和北部地区连接京杭大运河苏北段重要水路通道,担负山东、安徽及徐州、宿迁、淮安进出盐城地区的货物运输任务。

【苏北灌溉总渠】 为1951年11月~1952年4月人工开挖的集灌溉、排洪、航运于一体的综合性河流。西起洪泽湖边高良涧,向东与京杭大运河相交,过淮安、阜宁、滨海至射阳扁担港入海,全长170公里。总渠盐城段从阜宁苏嘴到滨海六垛挡潮闸,全长91.30公里,为五级航道,境内阜宁建有三向三通船闸1座。总渠是洪泽、楚州、阜宁、射阳、滨海、响水县连接淮河、京杭运河的水运干线。因1993年通榆河滨海枢纽和2000年淮河入海道工程建设,总渠盐城段截断、阜坎北船闸拆除,航运受到很大影响。2005年,船舶流量仅为3.99万艘641.20万载重吨。

【中山河】 西起响坎河口,东至头罾,全长40.10公里,为等外级航道。中山河是滨海、响水两县东部地区重要水上通道,承担着滨淮农场、黄海农场、盐城沿海化工园区水路货物运输及未来滨海港水路货物集疏运任务。

【梁垛河】 人工开挖河流。西起梁垛船闸,向东至入海口梁垛河闸,全长53.30公里,为七级航道。梁垛河是东台范公堤以东地区防洪排涝和物资运输的重要通道。

【通洋河】 北起通阳环河,南至陈洋镇,全长10公里,为三级航道。通洋河与通洋环河东半环连接,贯通射阳河、海河、冈合线,是射阳县南北水上重要通道。

【盐益线】 西南起盐城电厂串场河口,西北至阜宁益林镇,全长76.20公里。其中七级航道45.30公里,等外级航道30.90公里。盐益线连接射阳河、黄沙港、串场河,是通往建湖、益林等地水上重要通道。

【冈沟河】 北起龙冈镇,南至大冈镇,全长22公里,为七级航道。冈沟河连接盐邵线与盐兴界河,贯穿盐都西区,是盐都区水运主要通道。

【何垛河】 西起东台市区谢家湾,东至东台、大丰交界处陈港,全长26.70公里,为等外级航道。何垛河连接通榆河与川东港,是东台市堤东地区和大丰市南部地区重要水上通道。

【川东港】 西起东台、大丰交界处殷灶,东至川东闸,全长22.80公里,为等外级航道。川东港通过何垛河连接通榆河,是大丰市南部地区水运通道。

二、支线航道

东台市35条,411.80公里。丁堡河(7.80公里)、安时河(22.60公里)、三仓河(44.50公里)、潘堡河(10.10公里)、串场河东台段(34.70公里)、东台市河(3.70公里)、梓辛河(10.20公里)、三合中沟(2公里)、十八里河(10.70公里)、志青河(7.30公里)、富安五中沟(2.70公里)、东潘堡河(17.50公里)、南北方塘河(8.50公里)、廉贻干河(7公里)、先进河(16.20公里)、广山河(4.20公里)、肝肠河(6.10公里)、唐坝河(6.20公里)、东姜堰河(4.90公里)、白米河(5.40公里)、南官河(14.30公里)、三灶河(2.70公里)、博镇河(6.30公里)、原种场河(0.70公里)、安云大沟(2.40公里)、头富河(18.50公里)、安弶河(12.70公里)、方塘河(40公里)、八里河(2.60公里)、曹丿河(3.90公里)、东风河(1.20公里)、东台河(48.20公里)、老串场河(3公里)、头灶中心河(11.40公里)、高东线(11.60公里)。

大丰市39条,622.90公里。马路河(34.10公里)、新斗龙港(52.40公里)、大四河(13.50公里)、兴盐界河大丰段(7公里)、串场河大丰段(41.40公里)、王港河(45.90公里)、大丰干河(38.20公里)、老斗龙港(27.80公里)、四卯酉河(23.20公里)、三十里河(12.60公里)、丁溪河(42.30公里)、一卯酉河(15.40公里)、三卯酉河(11.70公里)、潘大河(9.30公里)、江界河(48.60公里)、黄海复河(10.60公里)、万盈河(4.60公里)、龙须河(5.90公里)、五十里河(17.20公里)、七灶河(13.90公里)、北中心河(11.80公里)、新丰河(2.10公里)、陈家桑河(4.20公里)、幸福河(13.80公里)、方强河(3.20公里)、护龙河(9公里)、四中沟(4.40公里)、三十三总河(2.60公里)、龙干河(6.10公里)、古河(9.70公里)、通商河(1.60公里)、姚港河(6.70公里)、中子午河(8.80公里)、十总河(12.40公里)、五排河(1.70公里)、南直河(25.60公里)、五丰河(6.10公里)、三星河(11.70公里)、伍佑港大丰段(5.80公里)。

盐都区26条,270.70公里。蟒蛇河(28.20公里)、兴盐界河盐都段(37.80公里)、池沟(11.10公里)、横塘河(17公里)、三里河(3.30公里)、北龙港中心河(3.90公里)、楼江河(4.60公里)、学中河(2.20公里)、义丰朝阳河(5.70公里)、中兴跃进河(8公里)、反帝河(11.70公里)、红九河(14.20公里)、上涡河(8.10公里)、东涡河(16.70公里)、郭猛向阳河(6.50公里)、冈中河(13.50公里)、大马沟(10.70公里)、小马沟(11.20公里)、横字河(6.70公里)、楼王朝阳河(9.40公里)、仇垛河(3.80公里)、方向河(4.20公里)、塘港河(3公里)、顶冈河(10.80公里)、中心河(15.10公里)、样板河(3.30公里)。

亭湖区16条,212.90公里。伍佑港亭湖段(17.30公里)、伍龙河(12公里)、步凤河(3.90公里)、仁智河(12.90公里)、便仓胜利河(6.80公里)、串场河亭湖段(37.90公里)、新丰河(8.90公里)、新洋新民河(10.70公里)、新洋向阳河(15.20公里)、东子午河(9公里)、中路港中心河(5.20公里)、西潮河(45.60公里)、大新河(6.90公里)、南新河(2.60公里)、青墩中心河(10公里)、永丰河(8公里)。

射阳县44条,537.20公里。利黄河(1.20公里)、大舀港(5.10公里)、战备河(55.90公里)、通洋环河(15公里)、潭洋河(30.60公里)、八丈河(21.50公里)、三涧河(6.70公里)、东复堆河(21.40公里)、运料河(8.50公里)、芦渔港(7公里)、四中河(2.50公里)、四明环河(11.40公里)、串通河射阳段(17.20公里)、运粮河(20.10公里)、丁字河(5.30公里)、支渔河(12.30公里)、运棉河(33.80公里)、利民河(36.50公里)、条洋河(7.20公里)、北复堆河(10.80公里)、奋套河(7.10公里)、中五河(1.80公里)、闸北河(7.20公里)、塘河(17.30公里)、阜中河(8公里)、串四大沟(12.50公里)、陈洋地龙河(13.90公里)、牡丹十九河(4.30公里)、五丈河(3.10公里)、凤鸣河(5.90公里)、大兴河(8.70公里)、海通三丈河(4.80公里)、新坍三中沟(9.20公里)、江南河(9.20公里)、堆塘河(10公里)、长荡中心河(10.50公里)、大洋河(7.40公里)、西洋沙河(13.80公里)、六子河(8.80公里)、民生河(6.60公里)、东洋沙河(17公里)、跃进河(9公里)、海洋公社河(2公里)、公司河(9.10公里)。

建湖县44条,372.40公里。东塘河(27.90公里)、串场河建湖段(19.20公里)、鱼深河建湖段(5.90公里)、建港沟(14.10公里)、收成河(5公里)、鸽子河(13.70公里)、颜单新河(7.10公里)、向阳河(8.10公里)、裴崔新河(14.90公里)、芦沟河(11.40公里)、西尖河(4.60公里)、红旗河(5.30公里)、梁垛港(6.20公里)、北塘河(9.80公里)、港口河(2.60公里)、逍遥港(3.70公里)、华林港(6公里)、庆丰河(9.70公里)、草营河(7.70公里)、西冈河(9.90公里)、冈西河(11.70公里)、西十字河(7.30公里)、草堰河(7.50公里)、李夏沟(12.40公里)、太绪沟(11.50公里)、走马沟(9公里)、洗泥沟(11.10公里)、大陆沟(8.40公里)、粮棉河(4.50公里)、盂兰河(8.30公里)、塘沟河(3.10公里)、裴刘新河(2.40公里)、裴崔河(9.20公里)、尤家沟(5.60公里)、钟庄河(3.30公里)、高凤港(4.90公里)、白兔港(4.60公里)、三里半沟(2公里)、大港新河(13.10公里)、新西冈河(6.20公里)、社中河(7.90公里)、三星河(6公里)、中竖河(11公里)、射黄河(8.60公里)。

阜宁县38条,396.20公里。渔深河阜宁段(19.80公里)、恒河(20.30公里)、四通河(7.10公里)、潮河(20.30公里)、大沙河(18.50公里)、串通河阜宁段(11.60公里)、民便河(17.30公里)、驿马河(13.10公里)、海陵河(13.30公里)、跃进河(3公里)、阜坎河(11.40公里)、沿岗河(12.10公里)、川里河(12.80公里)、马河(8公里)、被泽沟河(16.40公里)、潮沟河(14.90公里)、薛梨大沟(18.60公里)、生产河(5.90公里)、硕集支河(1.50公里)、杨集河(11.90公里)、青杨河(10.80公里)、蟠龙河(4.40公里)、青沟河(5.10公里)、公兴中心河(11.40公里)、公兴河(3.80公里)、张吴河(4.90公里)、罗桥生产河(5.50公里)、马泥沟(14.90公里)、施庄中心河(13.90公里)、丹沟河(6公里)、马路圩河(11.90公里)、吴滩翻身河(7.60公里)、吴滩胜利河(5.70公里)、津浦河(5.40公里)、陈集支河(2.60公里)、陈吕支河(1.30公里)、新沟支河(2.30公里)、串场河阜宁段(20.90公里)。

滨海县24条,337.60公里。张家河(23.90公里)、丁字港(4.50公里)、篆河(22.20公里)、王圩河(4.80公里)、民便河(13.50公里)、新八河(12.90公里)、坎岗河(12.60公里)、北八滩渠(48.60公里)、中八滩渠(46.30公里)、排水渠(淮河入海水道36.80公里)、南八滩渠(28.80公里)、丁字河(8.60公里)、陶圩河(6.80公里)、陆集河(8.30公里)、八巨河(3.50公里)、淤西河(3公里)、獐沟河(7公里)、朝阳河(8.90公里)、梁桥河(4.60公里)、陈涛河(4公里)、大众河(9.20公里)、五汛中心河(7.30公里)、套坎河(2.30公里)、响坎河滨海段(9.20公里)。

响水县7条,133.80公里。一帆河(6.30公里)、唐响河(9.60公里)、黄响河(23.80公里)、民生河(21.90公里)、陈坎坷(15.70公里)、南潮河(31.60公里)、响坎河响水段(24.90公里)。

注:盐城市各县(市、区)支线航道累计273条,3295.50公里。其中,伍佑港跨大丰、盐都,串场河跨东台、大丰、亭湖、建湖、阜宁,鱼深河跨建湖、阜宁,盐兴界河跨大丰、盐都,串通河跨阜宁、射阳,响坎河跨滨海、响水,形成9条重复统计航道;串场河与黄沙港、丁溪河与马路河、盐宝线与建口线、盐益线与射阳河、盐益线与东塘河5个航段重叠,多计航道16.20公里。实际支线航道数是264(273-9)条,3279.30(3295.50-16.20)公里。

2010年盐城市各县(市、区)乡镇通航情况

表37

县(市、区)别	乡镇数	通航数	通航乡镇	不通航数	不通航乡镇
东台	14	14	东台 安丰 溱东 时堰 富安 头灶 许河 三仓 唐洋 新街 五烈 梁垛 弶港 南沈灶		
大丰	12	12	大中 南阳 草庙 大桥 小海 西团 刘庄 白驹 草堰 新丰 三龙 万盈		
盐都	8	8	大纵湖 秦南 尚庄 大冈 楼王 学富 龙冈 郭猛		
亭湖	6	6	新兴 步凤 便仓 南洋 盐东 黄尖		
建湖	12	12	近湖 上冈 建阳 颜单 恒济 庆丰 九龙口 高作 芦沟 沿河 冈西 宝塔		

续表 37

县(市、区)别	乡镇数	通航数	通航乡镇	不通航数	不通航乡镇
射阳	13	13	合德 新坍 兴桥 千秋 临海 特庸 盘湾 长荡 四明 海通 海河 洋马 黄沙河		
阜宁	14	12	阜城 东沟 益林 沟墩 陈良 三灶 新沟 陈集 板湖 古河 罗桥 郭墅	2	羊寨 芦蒲
滨海	12	10	天场 东坎 陈涛 八巨 八滩 界牌 正红 通榆 五汛 蔡桥	2	滨淮 滨海港
响水	8	8	响水 小尖 运河 南河 黄圩 大有 双港 陈家港		
合计	99	95		4	

第二节 设 施

一、助航设施

1. 航标

黄沙港示位标

1988 年,盐城境内有各类航标 72 座,其中发光标 54 座,航标维护里程 544.50 公里。1990 年灌河口航标 3 座由连云港划归盐城管辖。1994 年,建口线与盐宝线交叉口新建高 8.50 米玻璃钢左右通航标各 1 座。2004 年,通榆河 178 公里航道上新设航标 24 座,其中示位标 6 座、左右通航标 13 座、侧面标 1 座、横流标 3 座。此间,1995 年至 2003 年,盐城市境内航标材料全部由角钢改成玻璃钢。从 2004 年起,航标标体又逐步由玻璃钢改为热镀锌钢板;航标灯器淘汰了半导体闪光仪,代之以多功能 LED 电子闪光仪。2010 年,投资 20 万元,改制一体化航标 43 座,于当年 6 月份安装到位。截至 2010 年年底,盐城市共拥有各类航标 84 座,其中发光航标 65 座,航标维护里程 723.60 公里。

2. 航道标牌

1988 年以前,盐城境内干线航道主要河口共有指向牌 120 块。1985 年至 1988 年,盐城市航道部门在获得“文明航道”称号的航道上设置指向牌、地名牌、宣传牌 97 块。2005 年,在通榆河上新设面板为铝合金贴反光膜、标杆为热镀锌钢管各类牌标 108 块,其中指路牌 26 块、宣传牌 10 块、分界牌 6 块、桥名牌 66 块。至 2010 年,盐城市境内通合线、射阳河、黄沙港、通榆河、丁字港、盐邵线、新洋港、串场河、建口线、阜宝线、苏北灌溉总渠、盐宝线、泰东线 13 条航道共设航道标牌 134 块,其中指向牌 52 块,宣传牌 36 块,分界牌 18 块,桥名牌 28 块。

二、过船设施

1. 船闸

1988年,盐城市有船闸6座。1991年新建1座,1997年新建1座,2000年新建2座,拆除1座(阜坎北闸)。至2010年,盐城市共有船闸9座。其中市航道部门管理2座,县交通局管理1座,县水利局管理4座,通榆河枢纽工程处管理2座。

2010年盐城市船闸情况

表38

序号	船闸名称	所在航道	所在地点	建成时间	闸室尺度(长*宽*水深)(米)	设计年通过量(万吨)	投资额(万元)	管理单位	备注
1	阜坎南船闸	上游:灌溉总渠 下游:张家河	滨海县通榆镇	1954.12	100*12*2.50	300	151	盐城市航道处	2010.12.27关闭
2	坎响北船闸	坎响河	响水县运河镇	1971	120*12*3	150	98.50	响水县水务局	
3	东台船闸	梁垛河	东台市东台镇范公同心村	1972	105*11*2.50	200	100	东台市交通局	
4	坎响南船闸	上游:中山河 下游:张家河	滨海县东坎镇	1973.1	120*12*2.50	150	102	滨海县水利局	
5	阜宁船闸	上游:灌溉总渠 下游:灌溉总渠小中河	阜宁县陈集镇闸东村	1975.5	135*10*3	150	350	阜宁县水利局	三向
6	射阳港船闸	上游:黄沙港 下游:利民河	射阳县黄沙港西首	1991	120*10*2.60	150	495	盐城市航道处	
7	大套船闸	通榆河	滨海县大套乡	1997.12	220*16*3.30	1726	4579.60	盐城市通榆河枢纽工程管理处	
8	丁字港船闸	上游:张家河 下游:丁字港	滨海县东坎镇	2000.6	130*12.40*2.40	300	1287.60	滨海县水利局	
9	响水船闸	上游:通榆河 下游:灌河	响水县城	2000.12	220*16*3.30	1826	10359.60	盐城市通榆河枢纽工程管理处	

(1)**船闸管理** 按照国家交通部、江苏省交通厅关于《船舶管理办法》《江苏省船舶管理实施细则》及各船闸主管部门制定的《船舶过闸规定》《待闸船舶管理规定》《岗位责任制》《安全操作规程》等管理法规、制度,科学、严谨组织运行。1988年至2010年,阜坎南船闸和射阳港船闸累计通过船舶53.04万艘2508.57万载重吨,通过货物1444.67万吨。优良闸次保持在98%以上。

1988～2010年阜坎南船闸、射阳港船闸通过量

表39

年份	开放闸次		船舶通过量(万吨/艘)		货物通过量(万吨)	
	阜坎南船闸	射阳港船闸	阜坎南船闸	射阳港船闸	阜坎南船闸	射阳港船闸
1988	6996	–	198.70/65810	–	142.80	–
1989	6715	–	187.90/57347	–	137.30	–
1990	4246	–	118.30/34632	–	71.10	–
1991	4248	–	114.40/31338	–	69	–
1992	4318	–	114.40/32704	–	68	–
1993	5250	246	145/35763	1.80/496	85.20	0.97
1994	6008	285	175.10/40371	1.96/530	93.30	1.05
1995	5131	415	153.40/30814	3.24/853	78.40	1.26
1996	5691	382	170.10/37599	3.36/569	90.80	1.72
1997	5405	770	177.80/33660	6.26/1174	95.70	3.25
1998	3779	1064	136.20/20551	6.99/1424	71.30	3.81
1999	3952	973	132.40/19967	6.66/1209	64.40	3.54
2000	2193	1394	109.10/15539	13.75/2004	59.20	6.72
2001	4361	2036	145.10/19931	18.89/2977	92	9.90
2002	2982	1509	81.80/10537	21.26/2519	53.30	10.28
2003	589	1332	10/1063	20.16/2199	5.40	9.08
2004	513	2046	5.30/647	37.31/4226	2.60	18.58
2005	854	2149	7.90/766	35.79/3983	4.40	17.21
2006	502	2109	6.20/508	33.55/3964	3.80	14.75
2007	318	2291	2.80/284	36.50/3560	1.30	18.30
2007	124	2141	2.40/194	34.85/3410	1.10	17.31
2009	293	1766	2.20/230	22.45/4061	1.04	12.84
2010	–	675	–	7.29/889	–	2.66
合计	74168	23583	2196.50/490255	312.07/40047	1291.44	153.23

(2)**船闸大修**　盐城市航道处管理的两座船闸中射阳港船闸尚未到大修期,阜坎南船闸1982年以前已进行过5次大修。1989年11月至12月、1998年4月至5月,分别进行第6次和第7次大修,船闸始终在完好的状态下运行。

1989～1998 年阜坎南船闸大修情况

表 40

大修次数	大修起止时间	设计单位	大修主要项目	施工单位
第六次大修	1989 年 11 月 12 日至 12 月 30 日	省交通工程公司设计室	闸首、闸室空箱清淤；更换闸门曲轴及轴瓦；增设浮箱、防锈喷锌；阀门止水铜条、侧底止水铜条更换；增设系船装置；抓梯、水尺维修	省交通工程公司第五工程处
第七次大修	1998 年 4 月 25 日至 5 月 25 日	省交通工程公司设计室	水尺、闸首清理、机脚重新浇筑；侧止水包角、爬梯增设钢护木；变向滑轮总成更换、曲轴瓦更换、侧止水更换、导向轮更换、阀门止水铜片更换；压板螺栓重新配合加工、平衡铊增设挡板	省交通工程公司第五分公司

（3）**船闸使用**　过船闸的各类船舶、排筏和浮运物体的所有人或经营人，按照江苏省财政厅、交通厅、物价局等部门颁布的过闸费征收标准，足额解缴过闸费后过闸。过闸费收入，由江苏省财政厅专户管理，主要用于船闸运营、维护和建设。

（4）**船闸选介**

【阜坎南船闸】　位于滨海县通榆镇张家河与苏北灌溉总渠交汇处，1954 年 12 月建成。船闸闸室长 129.20 米（有效长度 100 米），宽 12 米，闸底标高：上游 -0.50 米，下游 -1.70 米，设计通过能力 300 万吨/年，总投资 151 万元。阜坎南船闸与阜坎北船闸配套，是滨海、响水二县水运通道的咽喉。1993 年，通榆河兴建滨海枢纽工程，苏北灌溉总渠滨海段被分割成东西两部分；2003 年，因淮河入海道建设需要，阜坎北船闸被拆除，船舶进不了张家河。从此，阜坎南船闸不见往日繁忙。2005 年，船闸通过量只有 766 艘 7.90 万载重吨，分别比 1983 年下降了 97.20% 和 90.22%。2010 年 12 月 27 日，经江苏省交通厅批准，盐城市航道处关闭了阜坎南船闸。

【射阳港船闸】　位于射阳黄沙港西侧，北连黄沙港，南接利民河，1991 年建成，总投资 595 万元，为射阳港的配套工程。闸室长 120 米、宽 8 米、闸底标高 -2.50 米，最高通航水位 1.80 米，最低通航水位 0.40 米。设计通过能力 150 万载重吨/年。1993 年，射阳县港务局将射阳船闸移交给盐城市航道处管理。

1988～2010 年阜坎南船闸、射阳港船闸过闸费收入统计

表 41　　单位：万元

年份	阜坎南船闸	射阳港船闸	合计
1988	16.23		16.23
1989	18.54		18.54
1990	16.60		16.60
1991	40.45		40.45
1992	46.40		46.40
1993	66.44		66.44
1994	72.10		72.10
1995	67.50	1.70	69.20
1996	75.91	1.37	77.28
1997	61.96	2.27	64.23

续表41

年份	阜坎南船闸	射阳港船闸	合计
1998	49.14	2.94	52.08
1999	46.17	3.10	49.27
2000	45.10	5.82	50.92
2001	47.96	10.13	58.09
2002	31.97	14.90	46.87
2003	3.53	14.02	17.55
2004	1.89	28.98	30.87
2005	2.97	49.61	52.58
2006	2.79	54.98	57.77
2007	2.19	64.01	66.20
2008	1.73	67.96	69.69
2009	1.79	44.35	46.14
2010	1.63	11.90	13.53
合计	720.99	378.04	1099.03

2. 渡槽

2005年，盐城市水利部门在苏北灌溉总渠与通榆河交界处建滨海枢纽1座。枢纽系上槽下洞结构。上为渡槽，用于通航，下为涵洞，用于排水。渡槽分南北两段：南段为苏北灌溉总渠段，长72.64米，宽58米，底部高程－4米，顶部高程8米，与通榆河同步建于1993年9月～1995年12月；北段为淮河入海道段，长165.12米，宽58米，底部高程－4米，顶部高程10米，与淮河入海道同步建于2000年10月～2003年6月。渡槽南北两段，均达3级航道标准，与通榆河配套。渡槽是通榆河滨海枢纽的重要组成部分，由水利部门负责管理。

3. 升船机（前轮《盐城市交通志》未作记述，本志特补记）

东台范公堤将境内一些河道切断，堤东、堤西两侧水路货运，只能靠卸驳翻堤进行，十分不便。对此，东台县交通局向江苏省交通厅申请获准，投资20万元，于1967年在安丰东坝兴建一座船、货可以整体过堤的升船机。通过能力为15吨/次，过堤一次，费时10分钟，收费0.40元/吨，有效地解决了范公堤两侧水路运输难的问题。1975年，新梁垛河上建了向东船闸，堤东堤西有了船舶进出通道。从此，靠升船机过堤的船舶日渐减少，升船机的运营难以维持。1980年，问世11年之久的安丰升船机停止了使用。

第三节　养　护

一、养护设备

航道养护设备，经历从手工工具、半机械化到机械化的发展过程。1988年，盐城航道部门有80立方米/小时绞吸式挖泥船1艘，0.75立方米/小时液压抓斗挖泥船1艘，40立方米/小时链斗挖泥船1艘，0.25立方米/小时反铲挖泥船5艘；非机动泥驳船24艘，机动泥驳船14艘；15吨非自航打捞船1艘,25吨自航打捞船1艘;15米、19米拖轮各1艘,12米钢质航政艇16艘,15米钢质航政艇2艘,航道养护机械化程度日渐提高。1996~1998年,盐城市航道处自筹资金78万元,新建6艘20立方米钢质机动泥驳船。1997年,江苏省航道局拨给盐城市航道处价值253万元308千瓦斗轮挖泥船1艘。1999~2000年,盐城市航道处利用江苏省航道局下达的50万元经费,对25吨自航式挖泥船进行技术改造,加装了19米长扒杆,同时将短扒杆接长到12.50米,长扒杆的起吊重量达30吨,短扒杆的起吊重量增加到40吨。2002年,江苏省航道局又调拨价值316.15万元50吨/0.75立方米打捞、疏浚两用船1艘给盐城市航道处。至此,盐城市航道养护实现了机械化。

2003年,盐城市航道部门改革改制,事企分离。1990年以前的老旧养护设备,都作报废处理。1990年以后投入使用的主要设备,全部有价转让给盐城市广远航道工程公司。盐城市航道部门不再拥有航道养护设备,航道养护工程面向社会公开招标,由中标单位负责施工。

二、养护工程

1. 疏浚工程

1988~2010年,盐城航道部门累计完成航道疏浚土方量907.74万立方米,共投入资金1.07亿元。其中,主要养护工程有:

(1)**盐邵线盐城段整治** 盐邵线弯多、滩大,影响航行。盐城市水利、航道部门连续多年进行整治。1993年5月~1994年6月,盐城市水利局对龙冈凤凰桥东段7.55公里,按底宽80米,标高-3米,边坡1:3的标准予以裁弯拓浚,共挖土方192.50万立方米,总投资484万元。2003年,盐城市航道处投资277万元,对盐城尚庄段进行疏浚,挖土方12.40万立方米。2006~2007年,投资1300万元,对秦南尚庄至龙冈泾口段连续实施挖浅,共完成土方80万立方米。

盐宝线航道整治施工现场

(2)**盐宝线盐城段整治** 盐宝线弯多、河窄,有些航段底宽只有16米,有碍船舶运行。1987年盐城市航道部门配合水利部门,在盐宝线、建口线交汇处方姚村,投资178万元,按口宽50米,底宽22米,边坡1:3,底部标高-2米标准,进行人工裁弯,开挖土方178万立方米,缩短航程400米。1991~1992年,盐城市航道部门投资818.40万元,对盐宝线盐城段进行全面整治。其中,龙冈、新河庙两处按底宽20米~25米,底部标高-2米,边坡1:3的6级航道标准,实施人工裁弯,共挖土方8.50万立方米。黄土沟至龙冈段,进行水下疏浚,共完成土方量86.73万立方米。

(3)**串场河整治** 串场河历史悠久,河底淤塞,河岸坍塌,航道不畅。盐城市航道部门曾实施丁溪段、铁丝湾段裁弯工程,伍佑段急弯切角及阜宁大码头弯道改善工程。接着,1988年在刘庄段,1990年在沟墩段,1991年在沟墩北段,1993年在农化厂段,1994年在伍佑南段,1995年在东台草堰段,1996年在安丰段及盐城开发区段,1997年在盐城南郊段,1999年在新兴段,2001年在沟墩至施庄段、兴化段分别进行机械化疏浚,共挖土方94.30万立方米,总投资710万元。(详见专记五)

(4)**响坎河维护** 响坎河为沙土质河床,其中与中山河交界处淤积严重,需经常疏浚。截至2005年,盐城航道部门在响坎河共组织21次疏浚,累计挖土方54.10万立方米,总投资达584.50

万元。2006～2007年，对响坎河滨海段进行挖浅，共投资64.93万元，完成土方4.50万立方米。

(5)**小洋河整治**　小洋河为串场河支流，从盐城市区东闸至新洋港河口，长3.80公里。因长期失养，垃圾充斥，河水黑臭，严重影响居民健康。1996年，盐城市政府决定对小洋河进行整治。市航道处组织6艘挖泥船施工，经过半年努力，共清理砖石垃圾、疏浚淤泥14.50万立方米。同时，在两边新砌直立式驳岸1388米。连同东闸桥改建，共投资668万元。

2. 护岸工程

1988～2010年，盐城市累计完成航道护岸7.06万米，共投入资金8435万元。主要护岸工程为：

(1)**盐城市区护岸**　1984年，盐城市河护岸工程起步，至1986年，共建驳岸3148米，投资208.80万元。1995～1997年，在市开发区、果林、热电厂及盐城电厂北新建驳岸4010米，总投资654.60万元。2003～2004年，在蟒蛇河盐城水厂西新建驳岸5000米，总投资845万元。2009年，在蟒蛇河大纵湖段新建驳岸300米，投资55万元。2010年，在蟒蛇河大纵湖段续建驳岸280米，投资48万元、在盐宝线龙冈至蒋营段新建驳岸408米，投资130万元。

(2)**阜宁护岸**　1996～2005年，航道部门和阜宁县政府共同出资2500万元，在射阳河阜宁大桥西，按顶高+2.70米，墙体标高-0.30米，底宽1.70米；基础标高+0.70米，宽2.20米标准，分8期施工，累计新建重力式驳岸6850米。2009年，在射阳河阜城段第八期驳岸工程基础上增建驳岸46.80米，投资10万元。2010年，在通榆河与射阳河交汇处阜宁海事所段新建驳岸60米，投资5万元。

(3)**建湖护岸**　1988～2008年，航道部门与建湖县政府拼盘投资1315万元，对建口线建湖缫丝厂至宁湖桥段，分期进行整治，共疏浚土方17.50万立方米，新建直立式驳岸5000米。2010年，在建口线建湖县城段(第五期护岸工程)新建驳岸530米，投资60万元。

(4)**大丰护岸**　1983～2005年，结合城市建设，航道部门、大丰市政府和沿河相关单位共同筹资631.93万元，对刘大线大丰市区河段进行整治改造，累计疏浚土方14万立方米，新建驳岸5423米。2006年，在新团河灶圩桥东1.30公里长船舶停泊区，新建驳岸50米，投资9.40万元。2009年，在航政艇停泊区新建驳岸30米，投资15万元、在老斗龙港大丰市区段新建驳岸175米，投资15万元。2010年，在刘大线刘庄振兴桥段新建驳岸260米，投资48万元。

(5)**东台护岸**　2009年，在串场河东台开发区段，新建驳岸100米，投资23万元。2010年，在通榆河东台市区段新建驳岸320米，投资96万元。

(6)**射阳护岸**　2009年，在新洋港洋马段新建驳岸250米，投资20万元。2010年，在射阳河耦耕段新建驳岸200米，投资20万元。

(7)**滨海护岸**　2010年，在中山河与响坎河交汇处新建驳岸130米，投资25万元。

1988～2010年盐城市航道养护工程完成情况

表42

年度	疏　浚		新建护岸		改建碍航桥		清障打捞	扫　床		航标维护
	土方(万立方米)	经费(万元)	长度(米)	经费(万元)	数量(座)	经费(万元)	经费(万元)	长度(公里)	经费(万元)	经费(万元)
1988	33.00	210.00	2200	75.00	15	35.00	4.00	938.50	23.00	8.00
1989	42.60	204.00	3800	140.00	13	30.00	6.00	938.50	28.00	9.00
1990	10.90	108.50	1000	41.00	5	32.50	4.00	938.50	22.50	9.50
1991	34.10	171.60	2169	136.00	25	109.40	10.00	2000.00	18.00	7.00

续表 42

年度	疏浚		新建护岸		改建碍航桥		清障打捞	扫床		航标维护
	土方（万立方米）	经费（万元）	长度（米）	经费（万元）	数量（座）	经费（万元）	经费（万元）	长度（公里）	经费（万元）	经费（万元）
1992	70.90	318.50	2924	172.50	14	44.50	4.00	1500.00	20.00	10.00
1993	92.70	459.00	4846	350.00	17	64.50	4.00	1021.00	20.00	21.50
1994	43.00	284.70	3413	307.00	15	62.20	5.00	1021.00	25.00	15.90
1995	30.10	359.40	3950	441.50	7	27.50	5.00	1056.00	30.00	25.00
1996	33.50	356.00	3950	424.50	11	158.50	6.00	1061.00	30.00	42.00
1997	18.00	261.50	2600	399.00	7	23.00	3.00	1061.00	31.00	23.00
1998	22.20	227.60	3722	610.00	8	92.70	2.00	1061.00	40.00	29.00
1999	23.30	278.00	2992	497.00	9	94.00	6.00	1746.30	50.00	40.90
2000	51.70	599.00	3930	608.00	8	60.00	5.00	1746.30	52.00	46.00
2001	16.00	260.00	1360	167.50	–	–	4.00	1746.30	50.00	19.00
2002	15.00	268.00	825	108.30	3	26.00	5.00	1797.80	51.00	20.90
2003	19.50	300.90	2512	205.40	–	–	145.40	1797.80	30.00	45.00
2004	16.50	80.00	4016	648.30	10	59.00	–	1797.80	73.60	47.20
2005	14.10	225.00	7180	814.50	5	21.00	–	1797.80	50.00	92.00
2006	44.80	792.70	2256	730.80	9	75.00	–	1997.80	30.00	168.70
2007	78.90	1264.00	1125	313.20	6	36.20	–	1997.80	30.00	109.20
2008	67.40	1210.70	2960	350.50	2	10.00	–	1997.80	30.00	59.60
2009	71.50	1282.60	5181	598.00	–	–	–	2048.00	30.00	110.50
2010	58.04	1114.00	1720	297.00	–	–	–	1893.80	30.00	118.00
总计	907.74	10635.20	70631	8435.00	189	1061.00	218.40	34961.80	794.10	1076.90

专记四

盐城母亲河——串场河

串场河——盐城母亲河，始建于唐代，从东台向北纵贯盐阜平原中部至阜宁，全长 153.40 公里，为盐阜地区历史上第一条人工河流。千百年来，串场河流淌不息，生命不止，为盐阜大地经济、文化、社会发展谱写了不朽的篇章，让一朝一朝社会进步，一代一代人受益，功可盖世。

串场河的诞生与发展变化

史料记载，唐大历元年（766 年）黜陟使李承任淮南节度使判官，“忧海潮浸漫，田畴尽废”，遂奏于楚州置捍海堰。获准后组织民夫修筑了北起阜宁沟墩，南抵大丰大团、刘庄的 71 公里海堤——李堤。筑堤取土形成的沟塘，即为串场河的前身。

北宋时，李堤倾圮不存。天圣年间（1023～1032 年），时任东台西溪盐仓监官范仲淹在李堤的基础上，集通、海、楚、泰 4 州 4 万余民工，花 4 年（1024～1028 年）多时间，新筑 90 公里新捍海堰——范公堤。至和年间（1054～1056 年），沈起又将范公堤续修至吕泗。沿堤沟塘连接各盐场，便成运盐通道，时名“典盐河”“运盐河”“官河”。

清嘉庆十八年（1813 年）捍海堰沟塘全线贯通，串连拼茶、角斜、海安、富安、安丰、梁垛、何垛、丁溪、草堰、小海、白驹、刘庄、伍佑、盐城、新兴、上冈、草堰口、沟墩、庙湾（阜宁）等十多处盐场，串场河因此而得名。

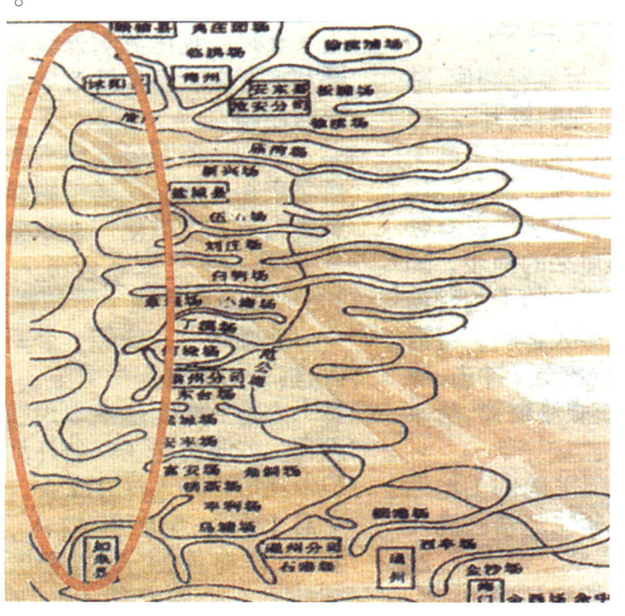

明代两淮盐场总图。图中红线标出部位，即为串场河，连通着画面右侧的众多盐场

串场河的主要参数，因历史上多次拓浚、改道、延伸而有所不同。

长度　唐大历元年（766 年），串场河长为 71 公里。宋天圣年间（1023～1032 年），串场河长为 90 公里。新中国成立后，1950 年串场河起点阜宁至终点丁溪，长 137.50 公里。1956 年串场河终点延至海安，长 182.50 公里，其中盐城段阜宁至仇湖北，长 153.50 公里。1962 年，串场河终点回移至肖家庄，长度减至 151.50 公里。1970 年、1973 年、1979 年经三次普查确定串场河长为 177.50 公里，其中盐城段阜宁至肖家庄长 156 公里。2003 年，全国航道普查，串场河长度修正为 176 公里，盐城段长度修正为 153.40 公里。

宽度　清代，串场河面宽平均 67 米。其中新兴段 53 米，上冈段 53 米～67 米，伍佑段 83 米。至 2010 年，串场河面宽，肖家庄至丁溪段 14 米～25 米，丁溪至上冈段 18 米～33 米，上冈至阜宁段 21 米～35 米。底部宽度，肖家庄至东台段 8 米～10 米，东台至阜宁段 15 米～20 米。

深度　2010 年，串场河正常水深：东台段 1.20 米，大丰段 1 米，盐城段 0.80 米，建湖至阜宁段 0.70 米。最高通航水位：丁溪南 2 米，丁溪至大团 2.50 米，大团至大潭口 2.30 米，大潭口至上冈 2.10 米，上冈以北 2 米。最低通航水位：丁溪南 0.80 米，丁溪至大团 0.70 米，大团至上冈 0.50 米，上冈以北 0.40 米。

1984 年 5 月先锋岛航拍图，右侧河流即为串场河

线型　2010 年，肖家庄至东台段有急弯 5 处，曲率半径大于 40 米。东台至盐城段有急弯 12 处，曲率半径大于 40 米。盐城至阜宁段有急弯 2 处，曲率半径大于 60 米。

水流　串场河水流平缓，最大流速为 0.20 米/秒。主体流向由南向北，其中盐城市区南段及与黄沙港共线部分流向由西向东。串场河全线都适宜船舶航行。

等级　自古以来，串场河一直是主要航道，中华人民共和国建国后列为省级干线航道。1994 年全国航道普查,串场河被定为五级航道,按六级标准进行养护。2008 年盐城市航道规划中,串场河被降为七级航道,其中盐城市区盐邵线(新洋港)至伍佑防洪闸段和泰东线河口至肖家庄段降为等外级航道。

串场河的维护与整治建设

历代都注重串场河的维护、治理与建设。

造闸挡潮　清代及清代以前,由北向南先后在串场河全线建了沟墩闸、草堰口闸、上冈闸、天妃越闸、天妃闸、石哒闸、大团闸、刘庄北闸、刘庄南闸、一里墩闸、白驹北闸(抗日战争期间,南下八路军与新四军会师地点狮子口,即为白驹北闸)、白驹中闸、北驹南闸、草堰北闸、草堰闸、草堰南闸、小海越闸、丁溪闸共 18 座 43 孔闸,净宽 239.50 延米。这些闸对防止海潮侵蚀,调节水位,保证航行和灌溉起到至关重要的作用。

整治航道　受雨水冲刷、海潮顶托及清末废灶兴垦等影响,串场河常被淤浅,影响灌溉、排涝与通航。因此,从古至今对串场河的整治一直没有停止过。明永乐九年(1411 年)、天顺元年(1457 年)及英宗时期各进行一次修堤浚河。清康熙至嘉庆年间(1662 ~ 1820 年)先后进行过 12 次浚深。其中主要的有:康熙三十七年(1698 年)、三十八年(1699 年)、四十四年(1705 年),河道总督张鹏翮主持挑浚伍佑至泰州段 120 公里。康熙四十五年(1706 年),郡统孙滓济主持挑浚便仓至盐城石哒闸段 21.80 公里。雍正七年(1729 年),郎中鄂孔再次浚深便仓至盐城 21.80 公里。乾隆三年(1738 年),大理寺卿汪龙浚深盐城至射阳段 55 公里。嘉庆十八年(1813 年),浚深草堰南闸至海道口段 13.80 公里。

中华人民共和国成立后,对串场河的整治继续进行,且力度逐步加大。1954 年,在江苏省航运厅支持下,动用人工挖泥船对串场河新兴场三灶、倪家灶等段进行疏浚,计用工 1486 个,挖土 41.60 万立方米,工程总耗资 37.50 万元。同年在梁垛至鳅鱼港、安丰等 11 公里河段实施人工疏浚,共挖土方 27 万立方米。1961 年 5 月,盐城干旱,串场河断航。盐城地区交通局请求省交通厅从外地急调挖泥船到盐城,并从各县抽调 18 艘运泥驳船,80 名卸船民工,突击挖泥 1.95 万立方米,解决了串场河复航的燃眉之急。1965 年,串场河刘庄段裁弯,拆迁房屋 57 间,开挖水上土方 1 万立方米,水下土方 0.40 万立方米,切掉 U 型弯道,其中水下工程耗资 2 万元。此间,还对南新河段,纱厂段,物资局段,草堰段进行挖浅,共完成土方 1.80 万立方米。1972 年,串场河新兴段裁弯,动用民工 5151 人,耗用 30 万个工日,挖废土地 4.67 公顷,填河还田 6 公顷,计完成土方 27 万立方米,其中水下土方 3.90 万立方米,含造桥 6 万元,总投资共 32.40 万元。1973 年,东台海道桥段裁弯,用工 2928 人,开挖水上土方 16.50 万立方米,水下土方 3.50 万立方米,切掉 6 个弯道,缩短航道 1.80 公里,连同新建 1 座桥梁,共投资 28 万元。1975 ~ 1981 年,在串场河 4 个河段进行疏浚,共挖土方 59.70 万立方米,总投资 183.90 万元。其中 1975 年东台三角圩疏浚工程挖土方 1.60 万立方米;1976 年盐城电厂至新兴段疏浚挖土方 37 万立方米,投资 47 万元;1978 年新兴、大潭口、草堰段疏浚,挖土方 7.40 万立方米,共投资 120.60 万元;1980 ~ 1981 年,串场河盐城市河段疏浚,计挖土方 13.70 万立方米,投资 116.90 万元。1982 年,串场河便仓段裁弯,用工 3000 人,切掉 3 个弯道共长 920 米,缩短航道 241 米。计开挖土方 14.70 万立方米,其中水上 10.40 万立方米,水下 4.30 万立方米,共投资 40 万元。1983 年,串场河丁溪段裁弯,切掉 5 个弯道,缩短航道 1.50 公里。共挖土方 10.30 万立方米,其中水下土方 3.40 万立方米,投资 27.80 万元。同年,在串场河伍佑至便仓段、白驹段,大潭口至小潭口段等 5 处实施挖泥船疏浚,计挖土方 5.20 万立方米,总投资 17 万元。1984 ~ 2001 年,先后在串场河 13 个河段上进行疏浚。其中投资超过 50 万元的工程有 6 个,分别是:1993 年盐城农化厂段疏浚,挖土方 6 万立方米,投资 58.10 万元。1994 年伍佑南北段疏浚,挖土方 16.70 万立方米,投资213万元。1995年东台草堰段疏浚,挖土方7.60万立方米,投资97万元。1996年安丰及盐城市开发区段疏浚,共挖土方17.40万立方米,总投资190万元。1998年盐城市南郊段疏浚,挖土方4.70万立方米,投资64万元。2001年沟墩至施庄、新兴段疏浚,共挖土方12.40万立方米,总投资203.50万元。

清障打捞　抗日战争期间,沿岸民众在串场河上筑坝栽桩,阻止日寇从水路下乡扫荡。中华人民共和国成立后,为恢复通航,地方政府对串场河进行了清障打捞。1949年6月,盐城县政府组织人力挖开大潭湾土坝;1950~1951年,在串场河上清除沟墩南砖坝1座,陆家灶暗坝1座,上冈七里庵土坝3座,新兴北土坝、新兴南砖坝各1座及上冈南北碍航桥各1座。1952年,东台航办处动员24名船民,在江苏省军区工兵参谋技术指导及公安部门一个班兵力的护卫下,花了6天时间,在东台南门石拱桥处对日寇遗留在串场河里的37枚每枚重700~1500磅炸弹进行了清除。1955~1956年,盐城航管所清障小组在便仓—伍佑—陈家港段拔桩1080根;1957年在新兴场段清除暗桩185根。1959年,建湖县航道部门在串场河建湖段拔除暗桩130根,清除水泥码头1座,打捞沉石40.60立方米;1963年在上冈大桥段拔除暗桩1222根,打捞沉石7.50立方米。串场河恢复通航后,航道部门每年春秋季节,正常对串场河各扫床一次,及时清除新产生的障碍物,保持航道通畅。

整修纤道　20世纪80年代以前,运输船舶绝大部分没有动力装置,有风时靠扬帆自航,无风时靠人力拉纤助航。新中国成立后,为方便船户,航道部门对串场河两岸纤道进行修缮,沟河港汊上都建了纤道桥和纤道涵洞。1971年,盐城县在串场河电厂至大潭口段建了18座纤道桥。1972年阜宁县在境内串场河段建了16座204延米纤道桥、13座40延米涵洞。1974年串场河全线整修了26座208延米纤道桥。同年东台县在境内串场河上建了7座104延米纤道桥。1975年建湖县在串场河上冈至大潭口段建了5座100延米纤道桥、42延米涵洞。同年东台县在境内串场河上建了8座118延米纤道桥。1977年东台县又在境内串场河上建了7座104延米纤道桥。

破冰保运　20世纪50~80年代,气候寒冷,每年都要封河,串场河需要破冰才能维持通航。1955年大寒时,气温降到零下13度,串场河封冻断航。盐城专署随即成立破冰办公室,组织43名干部,1033名船民,8艘轮船,86艘木船,日夜破冰保运输,及时运回救灾粮1000吨,生产生活物资1.04万吨,旅客1.86万人(其中转业军人1613人、学生1908人)。1956年1月封河时,大丰县组织7个乡民工750人,船民356人,在串场河和二卯酉河段破冰,保证了棉花、小麦、百杂货及旅客的运输。1957年,东台、大丰、盐城、阜宁把破冰任务分配落实到串场河沿线乡(镇),所需经费由江苏省交通厅补助解决。1973年,破冰经费下达至各县,按航道里程比例,补贴人员、船舶、油料开支。其中,串场河破冰任务由地区轮船公司铁壳轮船承担。1983年,串场河破冰任务作了调整,东台至白驹28公里由东台市航运公司负责,包干经费1800元。白驹至沟墩80公里由盐城市航运公司负责,包干经费6000元。沟墩至阜宁23公里由市轮船公司负责,包干经费1700元。1984年串场河东台至阜宁129公里破冰全部由市轮船公司承担,包干经费5000元。1986年以后,串场河封冻的现象逐步消失,破冰随之停止。

布设航标　唐代至中华人民共和国建国前,串场河没有航标。1955年以后,航道部门陆续在阜宁、沟墩、上冈、盐城电厂、盐城鸡鸭场、伍佑、大团、刘庄、白驹、草堰、东台海道桥、安丰等主要交叉河口设立航标21座。2010年航标数降至19座。其中示位标3座,左右通航标4座,侧面标8座,横流标1座,鸣笛标3座。同时,在串场河沿线设指路牌8块。航标在使用中不断创新。1970年灯器由煤油灯改为以空气甲电池为电源的电动闪光仪。1987年三角岸标更换成6米框架形和5.50米杆形岸标,灯器启用以硅太阳能和镉镍蓄电池为电源的半导体霓虹灯闪光仪。1990年示位标采用8米柱型,侧面标采用7.5米杆型结构,标体改用玻璃钢材料制作。2004年航标灯器全部采用LED多功能电子闪光仪。2008年航标管理引入遥控遥测技术,在办公室里用微机、电话、手机可对航标工作情况进行全天候准确无误地监测,为航行安全提供了有力的保障。

砌筑护岸 串场河,尤其盐城市区段,两岸厂矿企业密布、居民住户如织,各种垃圾不时倾入河中,造成河道变窄,河床变浅。为解决市区河段通航、污染问题,盐城航道处在盐城市政府支持下,于1983年在串场河太平桥至食品厂段投资17万元,试建了300米石驳岸。1984年,市政府决定结合城市建设,按六级航道通航标准,分期在市区串场河两岸建设直立式块石驳岸。当年在解放桥至太平桥之间折迁房屋217间、码头13座,建成北岸驳岸1000米、南岸驳岸200米,总投资70万元。1985年在南门桥至小西门桥建驳岸500米,投资38万元。1986年在市区及南郊段建驳岸3148米,投资208.80万元。1995~1997年,在城南开发区、果林、城北电厂建驳岸4010延米,总投资654.60万元。此间1995~2005年,东台市在境内串场河相关河段建驳岸1800延米,总投资250万元。

串场河的奉献与功能转换

串场河,慈爱的母亲河,古往今来,不辞辛劳,从灌溉上、从排涝上,特别是从航运上无微不至地呵护着沿岸一代又一代儿女。

盐运 盐城地处淮河尾闾,濒临黄海,古时"环城皆盐池",为淮盐主产地,产量居天下之半,"甲东南之富,边饷半出于兹"。明万历年间(1573~1620年),盐城10场产盐210296引(每引200公斤,下同)。清嘉庆七年(1802年),盐城10场产盐927152引,为历史鼎盛时期。各盐场产的盐通过支线航道——灶河,用10吨左右的驳盐船运送到串场河各场署码头验核集中。其中淮北盐(伍佑以北称淮北),经串场河运往清江浦(淮安)堆存后外运。淮南盐(伍佑以南称淮南),先经串场河运到高邮(高坝),后集中到泰州(泰坝)、扬州,再外运。串场河盐运,使灶民"无车运之劳","盐利大兴"。日本僧人园仁在《入唐求法巡礼记》中描述盐运盛况:"盐船积盐,或三四船,或四五船,双结续编不绝,数十里相随而行",场面非常壮观。串场河盐运走过辉煌,至清朝末年,因海岸线日渐东移,海远卤淡,盐城逐步废灶兴垦,淮盐日衰,盐运逐渐退出了串场河。

漕运 历代都非常重视漕粮运输。唐代,盐城漕粮由串场河向西入淮水运出。元代,因南北水路不畅,漕运选择海路。1282年上海总管万户府经盐城串场河、新洋港海运漕粮6000余担至京师。明代,盐城漕粮运输,串场河是必经之路。清代,雍正、乾隆、嘉庆年间(1723~1820年),先后在串场河沿岸建造便民仓、常丰仓、泾河仓、儒学仓、盐义仓、水运次仓、社仓等7座4000担至1万担漕粮储存仓库。这些漕粮,都通过串场河至新洋港、串场河至射阳河、串场河至淮水云梯关(响水境内)出海运往京师。

杂货运 中华人民共和国建国以后,串场河焕发青春,运输日渐繁忙。出口粮食、棉花、食盐、黄沙,进口工业品、百杂货、建材、化肥、煤炭等运输量不断上升,助推盐城经济得以较快恢复和发展。20世纪70年代,盐城地区在徐州建了9座小煤矿,每年生产的20万吨左右原煤都通过大运河—小中河—串场河源源运往盐城各地,满足社会生产、生活需求。阜宁施庄产的黄沙也是经由串场河运往外地。改革开放推动盐城经济节节攀升,水路运输愈显兴旺。1983年盐城市完成货运量889万吨,1985年货运量突破了1000万吨,其中的40%左右的运输量是通过串场河实现的。1989年,串场河新兴至射阳河44公里河段建成市级文明航道。

军运 1948年淮海战役,盐城地区组织木帆船3543艘,经串场河北上,运送粮食、弹药,支援前线。1949年渡江战役,盐阜老解放区组织3000艘民船,由串场河出发,日夜兼程,驶往泰州、南通地区各港口参加战斗,先后接送军人、伤员1.10万人,为全国解放做出了历史性贡献。

客运 古时,串场河客运始于以货为主,兼运客商的帮船和以客为主,兼运少量货物的快船。到了近代,客运在帮船、快船的基础上逐步发展成轮船。1908年,南通大达轮船公司在盐城设埠,其中以串场河为依托,开辟了盐阜、盐通、盐东泰、泰坎4条客运航线。1929年,江泰轮船公司,借助串场河经营盐东泰等客运线路。1940年,日军占领盐城后,建立上海轮船公司盐城出张所,利用串

场河运营盐东以及盐泰客运业务。1950年,国营华东内河轮船公司盐城分公司诞生,初营串场河盐城至阜宁航线,在阜宁设有营业处和中心站,沿途乡镇设了代办站。1952年,盐阜客运航线运送旅客1.63万人。1956年,运输业对私改造,国营轮船公司统揽水路客运资源。同年盐城轮船分公司与盐城专署交通局合并,成立盐城航运局,盐城水路客运进入新的发展时期。1961年新辟了滨海经串场河至邵伯长途客运航线。20世纪70年代,盐城以串场河为主的水路客运进入高峰期。1980年以后,串场河客运日趋式微,退出了历史。

20纪90年代,横跨串场河的迎宾桥刚刚建成

串场河历经千年重负,走到了今天,人们盼望可敬的母亲河能够轻装前行。20世纪末,盐城市政府陆续动迁了临近串场河边的厂矿企业。2002年,水利部门拓建了通榆河中段,形成了替代串场河的三级航道,大部分南来北往的船舶改走通榆河。同时,为了进一步发挥串场河的灌溉、排涝、防洪功能,盐城市水利部门于2007年、2008年,在市区串场河段建了2座防洪闸,加快了船舶退出串场河速度,2005年串场河的船舶流量只有5.77万艘。根据现实,盐城市政府计划对串场河进行全面改造,变航运功能为旅游观光功能,将其建成如南京秦淮河、南通濠河、高雄爱河一样的旅游观光河,一条风光秀丽的风景带。为此,盐城市政府1990年在城南串场河西岸建了黄海公园,2006年加以扩建并更名为盐渎公园。1991年在南门桥东侧串场河南岸移建了盐城10景之一“铁柱潮声”。2000年在解放桥东串场河北岸拆除油脂厂、粮库、鸡鸭场,建了迎宾公园。园中布设了盐城历史文化名人长廊、亭台楼阁、曲桥回廊等景点。2008年,在南新河串场河东岸建了海盐博物馆、水街仿古建筑群及40米宽、1500米长滨河风光带。2007年,在小西门桥至太平桥之间,串场河北岸建了金鹰商业区。2009年,在登瀛桥北串场河西岸开工建设先锋岛商贸观光景点。串场河明天会更美。 (郭阿宏 李世航)

第四节 渡 口

一、车 渡

1. 沿河渡口

位于建湖县沿河镇西塘河上。渡口河面宽120米。20世纪80年代初设渡,时配60吨木质渡船一艘,渡工6人,两班制工作,靠人工拉钢索渡运,每次渡40座客车一辆。1987年上半年,西塘河谷巷公路桥建成,沿河口车渡撤掉。

2. 庆生渡口

位于大丰县王港河与陈李线(S226)交汇处庆生村。渡口河面宽95米。1959年7月设渡,时有渡工4人,木质渡船一艘,靠人力拉钢索渡运,一次渡运汽车1辆。后改用长21米,宽7.50米,176.4千瓦钢质渡船渡运,渡工增加至19人,一次可渡汽车3辆。1988年1月,庆生公路桥建成通车,渡口停渡。

3. 斗龙渡口

位于大丰斗龙港与新丰至方强公路交界处。渡口河面宽110米。1971年设渡,时配无动力木

质渡船1艘,渡工4人,靠人力拉钢索渡运,一次渡汽车1辆。随着车流量的增加,木质渡船被水泥渡轮取代,后水泥渡轮又被钢质渡轮取代,渡车量由每渡1辆车增加到每渡4辆车。1988年1月,增加1艘钢质渡轮,渡运能力扩大了1倍。1989年,斗龙公路桥建成,渡口撤销。

4. **黄尖渡口**

位于射阳县黄海公路(226线)与新洋港交汇点黄尖镇北侧。渡口河面宽210米,水深12米。1964年6月设渡,配长21米、宽7米、66.15千瓦木质渡轮1艘,渡工20人,两班制工作,一次渡运汽车两辆。1989年9月,因筑坝、建旱桥、改河道而撤渡。

5. **夹荡港渡口**

位于建湖至钟庄公路与夹荡港交界处。1987年3月设渡,配江苏省交通厅调拨的1艘长15米,载重60吨无动力钢质渡船及渡工6人,靠人力拉钢索渡运,每次可渡大型客车1辆。1990年5月,夹荡港公路桥建成通车,渡口停运。

6. **千秋渡口**

位于射阳县千秋乡(镇)境内的射阳河上,渡口河面宽350米,水深5~8米。明朝中期设渡,时称"高家渡"。高氏执渡世代相传,直至中华人民共和国成立后。渡船由小木质船过渡到木质渡轮、水泥渡轮、钢质渡轮。渡运对象由渡人过渡到人车同渡。1995年5月,陈李线(S226线)千秋大桥建成通车,历时近千年古渡——千秋渡口被公路大桥取代。

7. **大有渡口**

位于响水县大有镇境内中山河上。渡口河面宽126米,水深3.70米。渡口由响水县大有镇、滨海县樊集乡共同管理。双方各投入长12米、宽5米、载重10吨木质渡船1艘,靠人力拉钢索渡运,既渡客又渡车。每次渡汽车1辆,平均每天渡大型汽车30辆。渡口先后划归滨海县交通局、盐城地区养路段(盐城市公路处)滨海养路工区(公路站)管理。1996年,大有代渡桥建成,渡口停运,盐城市车渡历史划上句号。

二、客　　渡

客渡,设在农村、集镇要道口,由乡(镇)村集体、联户或个体经营。客渡衔接其他客运方式,为水网地区人们出行及生产生活提供了方便。

1988年,盐城境内有客渡渡口1199道。1993年11月,江苏省港航监督局组织力量,花1个多月时间,对盐城境内渡口逐一进行核查,取缔无证无照私渡130道,确认合法渡口1010道,是全省渡口最多的一个市。1994年,盐城市实施建桥撤渡战略,渡口数量快速下降,至1999年,渡口数减少到527道(内含通榆运河开通后新增的27道渡口)。2005年,渡口数进一步减少到345道。2010年,渡口数尚剩196道,与1988年相比,下降了83.65%。其中,响水下降了68.18%、滨海下降了65.81%、阜宁下降了84.24%、建湖下降了87.07%、射阳下降了79.47%、大丰下降了89.36%、东台下降了91.97%、盐都下降了96.50%、亭湖因区划调整,地域不断扩大,渡口数上升了225%。

1988~2010年盐城市各县(市、区)渡口情况

表43　　单位:道

年份	响水	滨海	阜宁	建湖	射阳	大丰	东台	盐都	亭湖	合计
1988	22	155	203	147	190	141	137	200	4	1199
1989	20	155	203	147	190	141	137	200	4	1197
1990	19	153	203	147	190	137	137	194	4	1184

续表 43

年份	响水	滨海	阜宁	建湖	射阳	大丰	东台	盐都	亭湖	合计
1991	18	148	206	147	189	137	137	194	4	1180
1992	17	146	210	147	188	137	137	194	4	1180
1993－1994.10	23	143	202	134	146	101	126	107	28	1010
1994.11－1996	23	127	150	120	120	51	91	87	28	797
1997	23	113	114	110	105	48	68	78	24	683
1998	23	105	99	104	98	37	53	72	23	614
1999	20	98	40	102	92	41	33	73	28	527
2000	20	75	79	92	77	34	33	34	28	472
2001	20	73	46	44	67	37	31	14	38	370
2002	19	63	46	34	67	37	30	14	38	348
2003	19	61	44	32	65	36	29	14	37	337
2004	15	61	44	34	65	36	29	14	37	335
2005	19	61	46	34	67	33	29	18	38	345
2006	13	61	46	34	52	30	19	16	20	291
2007	13	55	40	29	42	26	19	13	18	255
2008	13	55	35	29	40	20	17	13	18	240
2009	7	53	32	19	39	15	11	7	13	196
2010	7	53	32	19	39	15	11	7	13	196

三、建桥撤渡

20 世纪 80～90 年代，盐城境内渡口运营的船舶，多为农用水泥船，载重吨位小，质量差；渡工很少经过专门培训，安全意识淡薄，常常违规渡运；渡口安全管理责任制落实不到位，安全隐患突出，大小事故时有发生。1992 年 10 月 30 日，阜宁县芦蒲乡童营渡口，渡船严重超载，进水沉没，导致 9 人死亡的重大事故。1993 年 10 月 4 日，射阳县海河镇海关渡口，渡工无证上岗，违章缆渡，人多超载，渡缆被途经的挂机船竖轴挂住，渡船被拖沉，造成 21 人死亡（其中小学生 20 人）的特大恶性事故。为吸取教训，根治渡运隐患，杜绝造成人民生命财产重大损失的恶性事故再度发生，盐城市委、市政府决定实施建桥撤渡战略。

1998 年 6 月 16 日，市政府在阜宁县永兴镇召开建桥撤渡工作座谈会，会议期间副市长袁世珠（左二）视察朦胧渡桥，市政府副秘书长张守敬（右一）、市交通局副局长姜海昆（右三）、市港监处主任秦成高（左一）、阜宁县委副书记王勤（后排左一）、副县长魏伏银（右二）陪同

1994 年 10 月，盐城市政府在阜宁县召开全市渡口管理工作会议，提出了建桥撤渡战略。明确 1995～1997 年盐城市境内：凡河

宽50米以下的渡口,所在乡(镇)3年内全部实现建桥撤渡;河面较宽、流量较大且不在主航道的渡口,5年内建代渡桥数量不少于10%;到20世纪末,撤掉全市渡口50%(505道)以上。

为确保建桥撤渡战略目标顺利实现,盐城市政府首先与各县(市、区)政府签订了建桥撤渡目标责任状。接着,盐城市政府于1995年8月在射阳县召开全市建桥撤渡现场会、1996年1月在市郊区召开全市第二次渡口管理工作会议、1996年8月在盐城召开建桥撤渡工作座谈会、1997年7月在响水召开建桥撤渡工作会议、1998年6月在阜宁永兴镇召开建桥撤渡工作座谈会,及时总结、推广撤渡成功经验,大力表彰在建桥撤渡中涌现出来的11个先进单位、2名功臣人员、5名先进个人,一步一步将建桥撤渡推向深入。

过河新、旧篇

盐城市建桥撤渡的举措,得到省交通厅、省政府和交通部的肯定。1995~1999年,在每年召开的全省交通工作会议和全省交通系统安全工作会议上,都有盐城市政府或市交通局或市港监处作典型经验介绍。2000年8月,江苏省政府委托省交通厅,在东台市召开全省渡口管理工作会议,总结推广盐城市建桥撤渡经验,将盐城全民参与建桥撤渡的创举推向全省。2004年年初,全国交通工作会议上,张春贤部长在讲话中明确提出,在公路建设过程中统一规划农村渡口建设,或撤渡建桥。

建桥撤渡需要大量资金,盐城市政府、江苏省物价局、江苏省交通厅适时出台了相关政策,全力给予支持。1995年2月17日,盐城市政府盐政发〔1995〕28号文件颁发了《盐城市建桥撤渡实施办法》。1997年4月25日,江苏省物价局苏价费函〔1997〕60号复函,批准了盐城市政府提请的有偿建设代渡桥的收费标准。1997年7月23日,盐城市政府盐政发〔1997〕186号文件颁发了《盐城市投资建设代渡桥实施办法》。2000年8月,江苏省交通厅苏交计〔2000〕179号文件颁布了《2000年撤渡建桥奖励办法》,通过这些扶持政策,建桥撤渡的资金得到了解决。

在政府重视、政策支持、社会拥护下,盐城市建桥撤渡进展顺利,成果显著。1994~1999年投入资金1.7亿元,建代渡桥258座,撤渡510道,渡口数降至527道,剔除1999年通榆河新增加的27道渡口,考核渡口数降到了500道,提前1年实现了盐城市政府提出的到2000年年底之前,用建桥撤渡和调整渡口布局的方式,将境内渡口削减50%、降到505道的战略目标。2000~2008年,累计又投入资金1.28亿元,建代渡桥185座,撤渡304道。2009~2010年再投入资金6630万元建代渡桥14座,撤渡17道。1988~2010年,盐城市共投入资金3.74亿元,建代渡桥461座,撤渡844道(其中从1994年11月份~2010年年底,通过集资、独资、合资、股份制及盐城地方财政配套资金、江苏省交通厅专项资金奖励等渠道,共筹资3.64亿元,建代渡桥457座,撤渡831道),加上渡口布局

调整减少的渡口,全市渡口数降到了196道,与1988年相比,下降了83.65%。(详见专记六)

1988～2010年盐城市建桥撤渡及投资情况

表44

年份	建代渡桥（座）	撤渡（道）	投资额（万元）	年份	建代渡桥（座）	撤渡（道）	投资额（万元）
1988	–	–	–	2001	90	105	3549.00
1989	–	–	–	2002	18	22	1702.00
1990	3	10	42.50	2003	9	11	1645.00
1991	–	–	–	2004	2	2	205.00
1992	–	–	–	2005	6	7	1610.05
1993－1994.10	1	3	993.25	2006	3	49	520.00
1994.11－1996	122	213	10984.70	2007	4	36	785.00
1997	53	114	1134.60	2008	5	20	951.00
1998	40	69	3268.80	2009	8	11	5434.00
1999	43	114	1601.00	2010	6	6	1196.00
2000	48	52	1821.40	合计	461	844	37443.25

专记五

建桥撤渡　历史抉择

从1994年11月份起,史无前例的群众性建桥撤渡活动,在盐阜大地迅速兴起。一座座渡桥陆续建成,一道道古渡告别历史。16个春秋过去,到了2010年,全市共筹措资金3.64亿元,建成各类代渡桥457座,撤掉渡口831道,渡口数由1994年的1010道快速降到196道,成绩之大,影响之深,为世人瞩目。

渡津遍布难出行

盐城市,位于黄海之滨苏北里下河水网地区,境内沟河如织,渡口密布。303条河流将众多道路切断,形成数以千计的渡口。

生活在水乡泽国的盐阜人,临河而居,世代过着“出门河断路,过河靠渡船”的日子。渡运成了他们通向外部世界的唯一交通方式,下田干活靠渡运;到集市交易买卖靠渡运;去外地打工、做生意靠渡运;亲朋好友往来、孩子读书上学还是靠渡运。如果遇到台风、洪水等灾害性天气,渡口停运,外出的人就动不了身,返回的人就到不了家。人们抱怨离开渡运就什么事情也别想干了。

渡运,作为人类祖先一项发明创造,历史上有过贡献。然而,随着社会进步,渡运成了人们出行和经济发展的障碍。

渡运费时误事　“隔河千里远”。水乡的人出门办事,往往要过几道渡口,而且渡口之间只能靠步行或骑自行车、摩托车、电动车，大部分时间都花在路上，一天甚至连一点小事也办不成。更为严重的是，有的人得了急病，因送医途中费时错过了有效治疗机会而丢了性命，造成家人终生遗憾。

渡运没有安全保障 长期以来，从事渡运的船都是一些木船和水泥农船，承载能力低，船体质量差，缺少必要的救生设备；渡口两岸多为自然岸坡，雨天乘客上下，极易滑倒受伤或跌落入水；渡工很少经过认真挑选和专业技术培训，安全意识也不强，经常冒险渡运；相关部门监管不力，责任制不落实，致使安全隐患滋生，事故时有发生。据有关资料记载，从新中国成立起至1993年，盐城地区就发生大小渡运事故近千起，造成200余人葬身渡口。其中1992年阜宁县芦蒲童营渡口、1993年射阳县海河镇海关渡口两起沉船事故，就夺去了包括20名小学生在内的30条人命，令人触目惊心。

渡运有碍经济发展 水网地区大量渡口存在，致使陆路交通处于闭塞状态，人流、物流、信息流、资金流受阻，社会发展缓慢，地方经济相对落后，人们长期过着相对贫困的生活。

面对现状，水网地区人们殷切期盼改变历史，尽快减少以至消灭渡口，将自己从封闭状态中解脱出来；期盼人生安全得到保障，结束渡口夺人性命的历史；期盼水乡变通途，地方经济得到发展，早日过上小康生活。

建桥撤渡铸新史

为改变水网地区乡村交通闭塞、经济落后面貌，协调城乡同步发展，加强偏僻农村小康社会建设步伐，1994年金秋10月，盐城市委、市政府作出建桥撤渡历史性决策。确定"凡河宽50米以下的渡口，所在乡镇三年内全部实现建桥撤渡，河面较宽、流量较大且不在主航道上的渡口，五年内建代渡桥数量不少于10%，到20世纪末，用建桥撤渡和调整布局的办法，将盐城市境内1010道渡口撤掉50%以上(505道)"。围绕这一战略目标，盐城市政府采取了一系列保障措施：

分别成立由市、县(市、区)、乡(镇)政府分管交通的副市长、副县(市、区)长、副乡(镇)长为组长，交通、安监、公安、工商、水利、民政、港监(海事)等部门负责同志参加的三级建桥撤渡领导小组，切实加强对建桥撤渡工作的组织领导；与县(市、区)、乡(镇)层层签订建桥撤渡目标责任状，列入奔小康考核目标，把建桥撤渡落实到实处；先后于1995年、1997年，分别出台《盐城市建桥撤渡实施办法》和《盐城市投资建设代渡桥实施办法》，为建桥撤渡提供强有力的政策支持；从1994年起至2010年，陆续召开建桥撤渡动员会、座谈会、现场会、交流会、汇报会、表彰会等会议10次之多，分管市长每次到会讲话，始终将建桥撤渡紧紧抓在手上。

领导重视、政策支撑、社会拥护，汇聚成经久不息的群众性建桥撤渡浪潮，各种投资形式建成的代渡桥不断涌现。

独资建桥 射阳县临海镇退伍残废军人、渡工吴崇生，对渡运给人们生产、生活及地方经济发展带来的不利影响深有感触。他抓住政策机遇，个人出资4万元，在南团渡口兴建了"吴家渡桥"，开创了江苏省乃至全国农民独资建桥办交通的先河，社会反响很大。1995年1月，盐城市、射阳县及有关乡(镇)政府领导为吴家渡桥通行剪彩；江苏省交通厅负责同志专程前往视察；

射阳县农民吴崇生全省第一个独资建代渡桥，图为1995年1月省交通厅副厅长汤千奇(前右)视察吴家桥，盐城市交通局副局长姜海昆(前左)陪同

《中国交通报》《新华日报》《江苏航运》《盐阜大众》等10家新闻媒体对吴崇生独资建桥撤渡的事迹作了报导。

在吴家渡桥的示范下，射阳县出现了单位、个人独资建设代渡桥的好势头。长荡乡水利站，积极为建桥撤渡出力，单位独资18万元，于1997年6月，在利民河上建了一座宽3.50米、长35米“水管”代渡桥，境内布设的4道渡口，一下子撤掉3道，两岸群众无不为之叫好。洋马乡潘墩村个体经营户张福涛，富了不忘乡亲。1996年他独自出资8万元，在新利渡口建了代渡桥，撤了附近3道渡口。

建湖县交通工程处退休职工周德旺捐资4万元，筹资3万多元自建两座便民桥，他的事迹被建湖县庆丰镇董徐村村民刻上了功德碑

捐资建桥　阜宁县陈良乡丹沟中学，隔河而建，许多学生上学、放学都靠摆渡过河，安全堪忧。1994年3月，发生了渡船进水事故，32名学生乘渡，23个落水，由于抢救及时有力，幸免遇难。学生渡口事故引起了社会的高度关注，乡政府决定举社会力量，捐资建桥撤渡。通过学校勤工俭学出一点、学生家长拿一点、施工单位献一点、乡财政拨一点的办法，很快筹集了4.88万元捐款。1994年10月，丹沟学生渡桥建成，解除了学生及家长怕过渡出事的后顾之忧。射阳县洋马乡张同村私营业主杨书群，靠党的富民政策发家后，打算以捐资建代渡桥的形式回报社会。他的想法得到家人一致赞同，连93岁的老母亲也主动拿出了多年积蓄的1.20万元压岁钱支持儿子的善举。1995年5月，耗资9.80万元的一座长55米、宽3米、净空高3.10米代渡桥竣工。

还有不少人，经济并不宽裕，但也尽其所能，为建桥撤渡添砖加瓦。阜宁县沟墩镇三合村村民、已故抗日民兵英雄李福举的姐姐李福平老人捐了1万元，大丰县金墩乡青年徐建捐了2.50万元，万盈乡女青年谢琴捐了2.50万元，六灶乡有45人每人捐了8000元，有20人每人捐了2.50万元。个人捐助的款项，都被有效地用到了各自所在地的渡桥建设上。

集资建桥　射阳县通洋乡邵尖岛内5个村，被射阳河环抱，交通闭塞，世代过着过河靠渡船的日子，经济落后。对此，邵尖岛所在地通洋乡党委、政府，看在眼里，急在心上。他们决定集资建桥，改写邵尖岛历史。号召发出后，岛内7000多名村民，立即行动起来，不少农户为交足每人50元建桥费，纷纷卖粮筹钱，连特困户也不甘落后。很快就筹到了30万元现金。邵尖人卖粮建代渡桥精神感动了岛外乡亲、企业职工、学校教师、驻乡国家单位工作人员，也感动了射阳县领导和城里人，人们纷纷解囊相助。江苏省、盐城市有关领导及部门也伸出了援助之手，终于筹足了120万元建桥资金。1995年4月，长105米、宽7米、承载能力10吨的等级公路桥建成，邵尖岛连接外部世界的3道渡口被撤掉。人们亲切地称邵尖大桥为“幸福桥”“致富桥”。东台县溱东镇草舍村，被泰东河阻隔，村民出门饱受渡运之苦，久盼建桥撤渡。1997年，村委会顺民意，发动全体村民、个体经营大户参加集资，并向相关企业、单位和部门求助，筹集了65.73万元，于1998年2月，建成一座长100米、宽4米、汽—15挂—80草舍泰东河大桥，结束了草舍村及附近居民祖辈靠渡运过日子的历史。

合资建桥　阜宁县吴滩乡合兴村，受渡口困挠，交通极其落后。村领导和群众化埋怨为力量，表示“宁愿过年不吃肉，不做新衣裳，也要把代渡桥建起来”。决心变成了行动，他们以民办公助的方式，筹钱合资建桥。直接受益的村民多掏一点，间接受益的村民少掏一点，剩下的部分由村、组公共积累解决。终于桥成渡撤，几代人的夙愿变成了现实。射阳县特庸乡潭洋河西村渡口，河面较宽,建代渡桥需要资金数额较多。本村村民袁国平和渡工林发余合作,共同出资 14 万元,于 1996 年 2 月,成功建成长 55 米、宽 3.50 米、净空高 3.50 米、栏杆齐全、两头带桥头堡的袁林代渡桥。西村渡口同时被撤掉。

股份制建桥 阜宁县北沙乡,多少代人都想在境内黄河故道上建桥撤渡,然而倡导者都带着梦想离去。直到 1993 年,以徐明环乡长为首的新一届政府,大胆地将企业实行股份制的做法移植到交通建设上来。通过宣传,发动,群众纷纷持款购股,仅用 3 天时间就募集了 32 万元股金和 3 万元捐款。1993 年,在北沙乡黄河故道上建成盐城市第一座过桥收费,按股分红的中山河股份制大桥,孟滩、张舍、张码 3 道渡口完成了历史使命,北沙乡交通旧貌换新颜。大有渡口,设在响水、滨海界河——中山河上,处于交通要道,人多、车多,尤其是节假日,来往过渡客流量高达上万人。而渡口长期一直由响水大有镇和滨海樊集乡分管,双方各投一船,争相抢渡,事故时有发生,地方政府和各有关部门都为之牵肠挂肚。建桥撤渡战略实施后,盐城市政府将大有渡口建桥列为重中之重。1995 年 2 月,专门成立了由盐城市政府分管副市长王智新为组长的"大有渡口建桥协调小组"。经过协商确定用股份制的形式建桥。由盐城市港监处(地方海事局)、大有镇、樊集乡、黄海农场分别按 20.83%、37.50%、25% 和 16.67% 的比例出资,筹集股金 300 万元。1996 年 8 月,一座长 140 米、宽 9 米钢筋混凝土大桥建成通车。

大有渡桥

大有渡桥通车典礼时的热烈场面

1997~1999 年,建湖境内建成钟高、朦胧、裴东股份制代渡桥;阜宁境内建成羊寨、童营、清沟、硕陈、蛤蜊股份制代渡桥;大丰境内建成龙凤、圩东股份制代渡桥。

桥连断路奔小康

1988~2010 年,盐城全市共建了风格各异的代渡桥 461 座,极大地改变了农村的交通,方便了老百姓出行和各种物资的运输,盐城农村面貌随之发生了很大变化。1993 年,阜宁县废黄河上中山渡桥建成,地处两市四县交界的北沙乡交通、经济落后的面貌得到了改观。来往的人多了,车多了,零星的摊点变成了系列商品一条街。1994 年,乡政府财政收入比 1993 年增长了 50%,银行存款从 300 万元增至 800 万元,人民的生活水平有了明显的提高。建桥撤渡以前,北沙九组村民只有 1 辆三卡运输车,1994 年增加到 15 辆,农民的致富速度可见一斑。1995 年,射阳县通洋邵尖渡桥竣工通车,邵尖岛内 5 个村与外界有了陆路联系,人们出行和生产、生活方便了;岛内农产品、水产品外销渠道便捷了,农民种田养殖的信心足了,劲头大了;不少外出打工的人回岛兴业,推动了农村经济的发展。2000年,岛内人均收入较前增加了800元,向小康目标迈进了一大步。1999年东台市串场河上甘港渡桥建成,撤掉3道渡口,路通人和,村里经济发展势头迅猛,群众生活水平大幅提高,村容村貌发生了翻天覆地的变化。建桥前全村工业产值7100万元,利税400万元,总收入9800万元,人均4060元,楼房农户125户,没有人拥有小汽车。建桥后至2010年,全村工业产值、利税猛增至5.31亿元、5000万元;总收入、人均收入猛增至5.52亿元、1.21万元;有楼农户猛增至980户,小汽车达310辆,村里人真正过上了小康生活。1993年,阜宁县首先开始建桥撤渡,至2008年,共建桥62座,撤渡133道,2010年,渡口由历史上210道(列盐城各县第一)降至32道,闭塞的乡村桥成路通,农业经济的潜力逐步被挖掘出来,农民的人均纯收入从"九五"期末的3258元增加到2010年的7000多元,过上比较富足的日子。不少农民感慨地说:"这多亏政府建桥撤渡的政策好啊。"

盐城市建桥撤渡的成果,凝聚着省、市、县(市、区)各级政府的重视、关心、支持与帮助。盐城市分管副市长王智新、袁世珠、周古城都把建桥撤渡作为兴市为民的大事,放在重要的位置上,认真筹划决策、及时排忧解难、全力督办推进,保证了建桥撤渡的顺利进行。建桥撤渡的主要职能部门盐城市交通局分管副局长姜海昆及盐城市港监处主任秦成高、盐城市地方海事局局长周炳学坚持在第一线抓布局方案制定,抓项目核准落实,抓矛盾协调解决,抓资金筹措安排,抓施工质量控制,抓经验总结推广,抓典型表彰激励,一步一个脚印,一步一份成绩,为盐城市建桥撤渡做出了可贵的贡献。

(陈玉年　赵树海　李世航)

第五节　运　输

一、内河运输

1. 船舶

(1)**木质船**　源于古代,20世纪70年代后,逐步走衰。1988年盐城境内县以上专业水运企业,仅存各类木质船66艘。其中客轮1艘275个座位、拖轮32艘2507千瓦、客驳11艘2243个座位、小马力客轮2艘170个座位、小马力货轮1艘13载重吨、小马力拖轮1艘29千瓦、帆船18艘200载重吨。1989年,小马力客轮、货轮、拖轮、帆船继驳船后消失。1990年,尚有客轮1艘、拖轮12艘、客驳8艘。到了1994年,客轮、拖轮消失,仅剩1艘客驳。1996年,最后1艘客驳消失,盐城市县属以上专业水运企业使用木质船时代结束。

(2)**水泥船**　是继木质船之后出现的新材质船种,具有工艺简单、制造容易、维修方便、价格便宜的优势,受到用户欢迎。1988年,盐城市专业水运企业拥有水泥客轮1艘107个座位、拖轮25艘1670千瓦、客驳3艘230个座位、驳船738艘4.15万载重吨、小马力客轮4艘339个座位、小马力货轮438艘9804载重吨、小马力拖轮36艘920千瓦、小驳船222艘5775载重吨、帆船600艘1.23万载重吨。各类水泥船合计2067艘,占同期船舶总量的59.65%。水泥船因存在船体笨重、操作不便、容易损坏、安全系数低等先天性缺陷,渐渐失去了用户,逐步离开了运输市场。1989年,客轮、客驳、小马力客轮退出。1992年,小马力拖轮、帆船退出。1994年,水泥船尚存820艘,比1988年下降了60.33%。1998年,水泥船进一步减少到335艘。1999年,随着拖轮、货驳、小马力货轮退出,专业水运企业使用水泥船的历史结束。

(3)**钢质船**　承载量大,操作灵便,安全系数高,用户青睐,很快取代了木质船和水泥船。1988年,盐城市专业水运企业拥有钢质客轮15艘2974个座位,货轮2艘74载重吨,拖轮151艘1.30万千瓦，货驳1126艘9.80万载重吨，小马力货轮32艘2148载重吨，小马力拖轮2艘59千瓦，帆船4艘214载重吨。各类钢质船合计1332艘，占同期船舶总量的38.44%。国民经济的迅猛发展，加速了船舶换代、更新、增量的步伐。1996年，水泥船、钢质船取代了木质船。2000年钢质船取代了水泥船，成为水运企业的唯一船种。交通专业水运企业退出市场后，钢质船都为个体业户和民营企业所有，且单船不断向大载重吨方向发展。截至2010年，盐城市水运业已拥有各类钢质船1.54万艘350.77万载重吨，平均单船载重量比1988年增加了8.23倍。

1988～1996年盐城市县以上专业水运企业船舶数量

表45

年份	客轮		货轮		拖轮		客驳		货驳		小马力货轮		小马力拖轮			帆船		油轮	
	艘	座位	艘	载重吨	艘	千瓦	艘	座位	艘	载重吨	艘	载重吨	艘	千瓦	载重吨	艘	载重吨	艘	载重吨
1988	15	2974	2	74	151	10036.43	–	–	1126	97963	32	2148	2	43.37	–	4	214	–	–
1989	14	2874	–	–	182	12076.05	–	–	1259	112326	34	2300	–	–	–	5	321	–	–
1990	14	2874	–	–	188	13107.99	–	–	1231	109792	107	3423	–	–	–	6	370	–	–
1991	12	2274	–	–	185	12989.66	–	–	1357	122788	67	3940	–	–	–	6	370	–	–
1992	–	–	–	–	194	13745.97	–	–	1446	133176	81	5317	–	–	–	–	–	–	–
1993	2	312	2	3000	194	13862.84	–	–	1490	141312	66	4673	–	–	–	–	–	–	–
1994	2	220	3	4500	193	18537.23	1	160	1991	183322	591	24934	–	–	–	–	–	–	–
1995	2	220	4	10000	207	15712.83	–	–	1778	186382	146	10971	–	–	–	–	–	2	135
1996	2	220	4	6000	201	14965.34	–	–	1690	178609	165	13320	–	–	–	–	–	2	135

1988～2010年盐城市全社会运输船舶数量

表46

年份	客轮(船)		货轮(船)		拖轮(船)		客驳		货驳		小马力机动船		帆船	
	艘	座位	艘	载重吨	艘	千瓦	艘	座位	艘	载重吨	艘	载重吨	艘	载重吨
1988	17	3356	25	2255	435	35203	14	2473	4354	256597	28672	575171	1936	26947
1989	15	3124	35	2973	382	31197	9	2003	4465	238760	29807	696112	543	12047
1990	15	3124	40	3516	415	34174	8	1850	4266	242665	28238	664546	442	10411
1991	13	2758	42	3404	395	33669	8	1727	3340	214529	23707	598122	–	–
1992	7	1635	39	2898	427	36794	8	1271	3689	209852	24700	581281	–	–
1993	1	234	53	4348	432	37563	5	877	3647	245468	28029	718912	–	–
1994	–	–	130	14968	455	40216	102	1989	3944	294814	26347	855029	–	–
1995	77	3612	21589	741735	471	42163	2	652	4028	322879	21666	741735	–	–
1996	233	7312	17189	892805	537	46576	11	812	4289	337058	13012	662625	–	–
1997	195	5507	15004	764332	454	39831	–	–	3722	278616	15002	724887	–	–
1998	51	2548	14064	753302	422	38761	–	–	3829	311007	13763	716433	–	–
1999	60	2603	12489	714161	459	43561	–	–	3817	404999	–	–	–	–

续表 46

年份	客轮(船)		货轮(船)		拖轮(船)		客驳		货驳		小马力机动船		帆船	
	艘	座位	艘	载重吨	艘	千瓦	艘	座位	艘	载重吨	艘	载重吨	艘	载重吨
2000	54	2219	12074	723738	524	53895	–	–	3828	410326	–	–	–	–
2001	–	–	12394	829713	570	60194	–	–	4163	571692	–	–	–	–
2002	–	–	12437	874657	383	38734	–	–	2070	335935	–	–	–	–
2003	–	–	11162	958270	397	48622	–	–	3162	501563	–	–	–	–
2004	–	–	9951	614737	454	57684	–	–	3400	504897	–	–	–	–
2005	–	–	8329	601654	353	46743	–	–	3055	599110	–	–	–	–
2006	–	–	7592	797400	268	14712	–	–	2419	335141	–	–	–	–
2007	–	–	9983	1672912	359	16627	–	–	2980	690813	–	–	–	–
2008	–	–	10363	1864455	416	56790	–	–	2578	527256	–	–	–	–
2009	–	–	10960	2348725	467	66209	–	–	2998	874102	–	–	–	–
2010	–	–	12106	2614282	477	72403	–	–	2789	893445	–	–	–	–

2. 客运

(1)**国营客运**　盐城地区国营水路客运,始于中华人民共和国建国初期,由苏北内河轮船公司盐城分公司(盐城轮船公司)独家经营。20 世纪 70 年代进入鼎盛时期,80 年代开始走下坡路。1988 年,完成客运量 166.20 万人 6096 万人公里,分别比历史最好水平的 1977 年下降了 72.22% 和 61.55%。党的十一届三中全会以后,乡镇企业及个体业户纷纷进入水路客运行列,加之陆路客运的迅猛发展,国营水路客运市场越来越小,不少航线相继缩短、合并、停运。1990 年,客运量下降到 95.34 万人 3004.73 万人公里,亏损现象严重。1991 年 3 月,盐城至无锡长途客运航线停航。在"旅客没有船员多"的情况下,1996 年仅完成客运量 0.71 万人 78.20 万人公里。1997 年,客运量进一步下降到 0.36 万人 40.75 万人公里。国营水路客运到了无法再继续生存下去的地步。1999 年 2 月 1 日,盐城至镇江最后一条客运航线撤销,宣告盐城地区运营半个世纪的国营水路客运正式结束。

1988～1997 年盐城市国营(轮船公司)水路客运运输量

表 47

年份	客运量(万人)	客运周转量(万人公里)	年份	客运量(万人)	客运周转量(万人公里)
1988	166.20	6096	1993	20.80	694.40
1989	136.78	4759.02	1994	1.75	240.10
1990	95.34	3004.73	1995	0.93	108.50
1991	71.89	1922	1996	0.71	78.20
1992	145.55	4178.86	1997	0.36	40.75

(2)**集体客运**　集体水路客运作为国营水路客运的补充,出现于 20 世纪 60 年代,当时只有盐城县、建湖县两个航运公司兼营水路客运。到了 1988 年,仅剩建湖县航运公司继续经营水路客运。改革开放后,一些乡镇因地制宜地开办了水路客运,集体水路客运得到了发展。

【建湖县航运公司水路客运】 1963年5月起步,不断发展,加上境内国营水路客运,1970年建湖县实现了社社(乡镇)通客船。经过鼎盛时期之后,逐渐步入了下坡路。1988年,建湖航运公司只完成客运量65.15万人752.10万人公里。1989年,旅客运输量进一步下降到48.71万人562.70万人公里,出现了较大幅度亏损。1995年5月,建湖县航运公司最后一条建湖至钟庄航线停运,建湖县集体水路客运历史划上句号。

【盐城地区乡镇企业水路客运】 1963年7月,盐城龙冈航运合作社首开盐城地区乡镇企业水路客运先河。党的十一届三中全会后,乡镇集体水路客运进一步在盐城、东台兴起。1988年,盐城市乡镇水路客运完成客运量6.66万人167.20万人公里。之后,发展速度加快。1990年,完成客运量21.67万人610.90万人公里。1991年,客运量上升到24.42万人696.10万人公里。公路客运崛起后,水网地区乡镇陆续通了客车,水路客运快速被公路客运取代;加之,乡镇企业改革改制的深入,产权发生转移,集体所有的船舶陆续出让给职工或社会个人,乡镇集体水运企业随之解体。截至1995年,盐城市乡镇集体水路客运全部退出客运市场。

1988~1991年盐城市乡镇企业水路客运运输量

表48

年份	客运量（万人）	客运周转量（万人公里）	其中			
			东台市(县)乡镇		盐都区(县)乡镇	
			客运量（万人）	客运周转量（万人公里）	客运量（万人）	客运周转量（万人公里）
1988	6.66	167.20	6.66	167.20	–	–
1989	4.58	71.90	4.58	71.90	–	–
1990	21.67	610.90	3.58	562.20	18.09	48.70
1991	24.42	696.10	–	–	–	–

(3)**个体客运** 1980年,盐城县大纵湖公社(镇)何吉大队(村)社员戚太林,利用挂桨机船改装成的12个座位客船,率先搞起了个体水路客运,受到社会的广泛好评。戚太林的事迹被《盐阜大众报》《新华日报》和江苏广播电台等新闻媒体报道之后,反响很大,不少人也跟着搞起个体水路客运。随着国家交通部"有水大家行船"的利民政策适时出台,个体水路客运迅速在盐城市的滨海、阜宁、建湖、盐城、东台五个县(市、区)兴起。1988年,个体水路客运进入高峰期,全市小马力客船达96艘3520个座位(其中郊区46艘1260个座位),全年完成客运量174.12万人2529.50万人公里。1989年,客运量进一步上升到200.33万人3224.70万人公里,客运量、客运周转量分别比1988年增长了15.05%和31.44%。从1990年起,个体水路客运开始萎缩。1994年,东台市个体水路客运退出客运市场。1995年,盐都区(郊区)小马力客船减少到20艘250个座位;滨海县仅有3艘小马力客船,从事两条短途航线客运。2000年,盐城市个体水路客运只完成客运量33万人890万人公里。2001年5月4日、7月30日,建湖县境内连续发生两起个体水路客运沉船死人事故,社会负面影响很大。为深刻吸取教训,杜绝类似的事故再度发生;同时,根据陆路客运完全可以取代水路客运的现实,盐城市港航监督处(市海事局)遵照中国交通部有关文件规定和江苏省、盐城市两级政府对两起事故处理的指示精神,依法对盐城市境内尚存的20条航线上运营的22艘866个座位个体小客班全部予以取缔,至此盐城市个体水路客运也是整个水路客运历史的宣告结束。

1988～1991年盐城市个体(联户)水路客运运输量

表49

年份	市直		盐都(郊区)		滨海		阜宁		建湖		东台		合计	
	客运量(万人)	客运周转量(万人公里)	客运量(万人)	客运周转量(万人公里)	客运量(万人)	客运周转量(万人公里)	客运量(万人)	客运周转量(万人公里)	客运量(万人)	客运周转量(万人公里)	客运量(万人)	客运周转量(万人公里)	客运量(万人)	客运周转量(万人公里)
1988	–	–	105.90	1404	0.34	8.10	28.80	432	34.43	614.80	4.65	70.60	174.12	2529.50
1989	0.77	159	111.30	1134	0.42	10.40	31.34	971.70	52.38	955.80	4.12	53.80	200.33	3284.70
1990	–	–	54.46	971.10	0.31	7.20	33.13	917.10	23.19	672.80	5.55	73.10	116.64	2641.30
1991	–	–	36.29	727	–		37.40	931.20	24.70	496	5.20	68.30	103.59	2222.50

1988～2001年盐城市全社会水路客运运输量

表50

年份	客运总量		其中			
			轮驳船		小马力机动船	
	运量(万人)	周转量(万人公里)	运量(万人)	周转量(万人公里)	运量(万人)	周转量(万人公里)
1988	412.93	9544.40	232.15	6847.70	180.78	2696.70
1989	390.40	8718.90	194.96	5607	195.44	3111.90
1990	233.65	6256.90	95.34	3004.70	138.31	3252.20
1991	199.88	4840.60	71.87	1922	128.01	2918.60
1992	284.76	7860.94	146.63	4245.81	138.13	3615.13
1993	86	2607	20.80	694.40	65.20	2402.70
1994	101	3370	1.75	204.10	99.25	3165.90
1995	26	1691	1	109	25	1582
1996	14.33	494.65	0.71	78.21	13.62	416.44
1997	15.02	512.12	0.36	40.75	14.66	471.37
1998	10	360	–	–	10	360
1999	58	1612	–	–	58	1612
2000	33	890	–	–	33	890
2001	13	376	–	–	13	376

(4)**水路客运轮船站**(补记)　1950～1970年,苏北内河轮船公司盐城分公司(盐城轮船公司)先后在境内27条客运航线经过的地、县、乡、镇及有关农村所在地兴建了41个自办轮船站、63个代办轮船站及110座轮船码头,为盐城地区水路客运的发展奠定了基础。1977年开始,盐城水路客运由盛转衰,一些轮船站停业,轮船码头移作他用或废弃。1983年,轮船站降至68个、轮船码头降至71个。随着农村公路客运的发展速度加快,水路客运进一步萎缩。至1990年,仅剩轮船站20个,轮船码头22座。1999年2月1日,盐城至镇江最后一条客运航线停运,盐城轮船公司经营的水路客运结束,轮船站、轮船码头的客运功能随之消失。

轮船站选介：

【盐城轮船站】 1950年建，时借用水街民用码头暂作轮船码头。1955年，苏北内河轮船公司盐城分公司在新丰油米厂北串场河东岸，新建两座客运码头和100米砖砌驳岸。20世纪60～70年代，盐城轮船站经营12条客运航线，码头人气兴旺，旅客往返不断，日发进出港航班24个，旅客运量多达8000至1万人。70年代中后期至80年代初，一些乡村水路客运被汽车取代，乘船的人渐渐减少。1983年，盐城轮船站日进出港客班降至16个，旅客日流量降至3000～5000人。1984年之后，盐城至新洋闸、葛武、楼王、尚庄、滨海、射阳等航线相继撤销。1990年，盐城轮船站日进出港航班只有2个。1999年，盐城至镇江最后一条航线停运，盐城轮船站、盐城轮船码头经营水路客运的使命就此结束。

【射阳轮船站】 1950年建于陈洋镇，时有轮船码头1座。1970年迁至合德镇西小洋河北岸，建有客运轮船码头2座，经营9条客运航线，日进出港航班18个班次，高峰时每天进出旅客流量达3000多人，节假日和春节期间，日进出旅客流量超过1万人。1977年后，水路客运开始萎缩。1983年，射阳轮船站经营的客运航线和进出航班数分别降到6条和12个班次。1990年之后，萎缩的速度加快。1999年，射阳轮船站客运航线减少到2条，每天出港只有2个航班。2000年，客运航线全部撤销，射阳轮船站及轮船码头移作他用。

【阜宁轮船站】 1950年6月建于阜城镇射阳河边，有木质轮船码头1座。1952年增建2座客运轮船码头。全盛时期，阜宁轮船站经营客运航线10条，年旅客运输量达31.30万人386.30万人公里。1977年之后，公路客运有所发展，水路客运逐步滑坡。到了1983年，客运航线减少到7条，客运量减少到26万人。1993年，阜宁境内客运航线全部撤销，阜宁轮船站、阜宁轮船码头客运功能也随之丧失。

3. 货运

（1）专业运输企业货运 盐城市从事专业水路运输的市、县（市、区）属水运企业共10家，其中市属2家，县（市、区）属8家。1988年，10家专业水运企业拥有拖轮208艘1.78万千瓦、货驳1846艘13.95万载重吨、小马力货轮471艘1.20万载重吨、小马力拖轮39艘1008千瓦、小马力拖带驳船222艘5775载重吨、木帆船622艘1.17万载重吨，全年完成货运量563.21万吨18.17亿吨公里，实现营收9442万元，盈利479万元。随着乡镇及个体（联户）水路运输业的快速发展，市场竞争日益剧烈，货源相对不足，船舶载重量利用率显著下降。1989年，10家专业水运企业只完成货运量530.96万吨。1990年，受国民经济调整的影响，10家专业水运企业货运量进一步减少到439.49万吨，比1988年下降了21.97%，出现10家专业水运企业9家亏损的局面，亏损总额达925万元，其中连续多年创利过百万元的江苏河海运输股份有限公司也亏损了159万元。从此，10家专业水运企业都程度不同地进入困境，面临着生存的考验。虽经多方努力，仍无力回天。关键时刻，国家推出了“国退民进”的改革改制政策。10家专业水运企业根据各自具体情况，有的以破产形式，有的以解体形式，有的以转换机制形式，相继退出了国营经济和集体经济，专业水路货运历史结束。

（2）乡镇企业货运 盐城地区乡镇企业水路货运船舶载重吨较小，机动灵活，能走村串户，集散物资方便及时，适应乡村经济发展需要。1977年初具规模。1988年，有拖轮17艘1512千瓦、货驳187艘1.10万载重吨、小马力货船5344艘11.76万载重吨、小马力拖带船60艘1.65万千瓦、小马力拖带驳船152艘3540载重吨、帆船29艘404载重吨，全年完成货运量591.96万吨6.50亿吨公里，分别占同期10家市、县属专业水运企业货运量、货运周转量的105.10%和35.79%。1989年，继续保持向好的势头，货运量增加到631.06万吨6.70亿吨公里。1990年，再创新高，货物运输量达到818.23万吨9.01亿吨公里。1991年，前进的步伐有所减缓，但仍完成运输量799.25万吨9.01亿吨公里。之后，企业改革改制，乡镇集体经济退出，船舶等资产以有偿转让的方式，出售给个人，乡镇水运企业或解体，或转换成民营企业。至此，乡镇集体水运企业及乡镇企业水路货运不复存在。

(3) **个体业户(联户)货运**　是改革开放中发展起来的一支新生水运力量。1985 年,盐城市个体水运业初具规模,经营业户多达 1.40 万户。1988 年,个体业户有小马力货船 1.30 万艘 26.20 万载重吨,帆船 133 艘 1501 载重吨,全年完成货运量 931.01 万吨 9.01 亿公里。1989 年,新增轮驳船 62 艘 3100 载重吨,新增小马力货船 2434 艘 7.51 万载重吨,货运量达到 966.36 万吨。从 1990 年开始,个体水路货运走了一段下坡路,有的业户因承受不起亏损的负担而弃运,个体运输队伍紧缩,运输量逐步下降。1995 年只完成货运量 384 万吨,仅占 1988 年货运量的 41.25%。1998 年货运量又下降到 104 万吨的新低。经过短暂的低潮以后,个体水路货运又趁国民经济的进一步向好和国营、集体水运企业退出的机遇,再现生机。2000 年,盐城个体业户拥有的各类船舶已扩展到 1.34 万艘 104.07 万载重吨,分别占全社会内河运输船舶数和载重吨数的 79.94% 和 89.01%。2002 年,相应的比例数又分别上升到 94.15% 和 94.17%,个体业户拥有的船舶几乎占领了全部水运市场。

2001 年后,经过运输市场整顿,绝大部分个体水运业户,都以私营、合资、股份、挂靠等形式,组建成民营企业,实行公司化管理。只有少数业户继续以个体形式从事水路货运,2002 年完成货运量 40 万吨 1411 万吨公里。2004 年,货运量上升到 43 万吨 4126 万吨公里。2010 年,货运量、货运周转量分别回落到 36 万吨和 1129 万吨公里。

1988～2010 年盐城市水路货物运输量

表 51

年份	水运货物总量		轮驳船		小马力机动船	
	运量(万吨)	周转量(万吨公里)	运量(万吨)	周转量(万吨公里)	运量(万吨)	周转量(万吨公里)
1988	2344.08	379294.30	707.87	218349	1636.21	160945.30
1989	2385.94	385303.70	647.94	200051.80	1738	185251.90
1990	2492.88	386021.60	699.94	197292	1792.94	188729.60
1991	2353.24	409503.70	–	–	–	–
1992	4287.57	592017.32	792.74	237131.47	3494.83	354885.85
1993	4306	803041	–	–	–	–
1994	4639	697490	–	–	–	–
1995	4398	625962	4398	625962	–	–
1996	6517	854075.71	6517	854075.71	–	–
1997	4304.32	826371.18	4304.32	826371.18	–	–
1998	4411	842898	4411	842898	–	–
1999	4029	798275	4029	798275	–	–
2000	3969	790292	3936	790292	–	–
2001	3929	783970	3929	783970	–	–
2002	3974	742105	3974	742105	–	–
2003	3981	783264	3981	783264	–	–
2004	4145	842280	4145	842280	–	–
2005	4432	899871	4432	899871	–	–
2006	4802	1015816	4802	1015816	–	–

续表 51

年份	水运货物总量		轮驳船		小马力机动船	
	运量(万吨)	周转量(万吨公里)	运量(万吨)	周转量(万吨公里)	运量(万吨)	周转量(万吨公里)
2007	5428	1147070	5428	1147070	–	–
2008	5909	1259445	5909	1259445	–	–
2009	6764	1336305	6764	1336305	–	–
2010	7707	1539503	7707	1539503	–	–

4. 企业

(1)市属企业

【盐城市华通实业总公司(盐城市轮船公司)】 始建于1950年6月21日,时称“苏北内河轮船公司盐城分公司”,国营性质。公司的名称曾多次变动。1983年更名为“盐城市轮船公司”。公司主要从事水路客、货运输。至1988年,公司有客轮15艘3149个座位、货轮2艘74载重吨、拖轮35艘2962千瓦、客驳11艘2243个座位、货驳236艘1.74万载重吨、小马力拖轮6艘174千瓦,全年完成客运量166.20万人6096万人公里,货运量81万吨3.10亿吨公里,实现营收1368万元、利润57.60万元。改革开放后,运输市场上各种力量相互竞争,国营运输处于劣势,经济效益每况愈下,加上供养退离休职工多及开办幼儿园、学校、医院等社会性负担重,公司处境艰难。面对挑战,公司加大包括推行经济责任制在内的一系列改革措施,力保主业稳定,同时想方设法,大力兴办汽车客、货运输,车船修理,内河船舶及海洋渔轮制造,水、公、铁联运以及沙石运销等其他产业,坚持一业为主,多种经营,以付辅主,主付并进,负重向前。尽管如此,仍没有扭转企业走弱的趋势。1991年,公司只完成客运量71.89万人1922万人公里,货运量57.30万吨1.89亿吨公里,营收1919万元,亏损了276.10万元。1993年9月8日,公司更名为“盐城市华通实业总公司”。1994~1996年时亏时盈。1997年形势未见好转,亏损额加大到1783万元,公司陷入了举步维艰的境地。1997年12月28日,在盐城市交通局的指导下,盐城市华通实业总公司与盐城市航运实业总公司联合,组建成盐城市华通航运集团有限公司,盐城市华通实业总公司进入了历史。

盐城市华通实业总公司

1988～1997 年盐城市华通实业总公司(轮船公司)领导名录

表 52

职　务	姓　名	职　务	姓　名
经　理	吴传宝　焦彤存　李世航	副经理	曹义广　张从喜　陈春盛
总经理	李世航　王延虎	副总经理	高亦祥　周宝贵　周训祥　陈春盛　殷长贵　张荣桂　黄福林
党委书记	焦彤存　刘达浪　王延虎	党委副书记	王开积　徐维林　曹义广　李世航
纪检书记	张汉秀　贾秀全　刘必仁	工会主席	周　芸　王成忠
总经济师	丛延明	总会计师	陈彦华

盐城市航运实业总公司

【盐城市航运实业总公司(盐城市航运公司)】 1965 年 7 月 1 日建立,名曰“盐城地区轮船联营社”。1983 年更名为“盐城市航运公司”,为市属集体企业。公司主营水路货运,兼营沙石购、运、销,水、公、铁联运及船舶修理等其他业务。1988 年,公司有拖轮 19 艘 1561 千瓦、货驳 127 艘 9691 载重吨、小马力货船 2 艘 120 载重吨,全年完成货运量 41.94 万吨 1.48 亿吨公里,实现营收 700.70 万元、利润 28.89 万元,连续 18 年盈利。在经济效益不断向好的基础上,公司及时提高职工福利和工资待遇。至 1989 年,接连盖了 3 幢宿舍楼,船上职工岸上都有住房。同时,两次提高职工工资水平,达到人均 157.19 元/月。当时住房及工资待遇领先市、县(市、区)属其他水运企业。1990 年受个体业户、乡镇水运企业的竞争挑战及国民经济调整的双重影响,货运量大幅减少到 27.89 万吨,比 1988 年下降了 33.50%,出现了 133.33 万元亏损。接着,又因求变心切,投资其他产业未能量力而行,造成公司的困难加重。1993 年,公司更名为“盐城市航运实业总公司”。1995 年,公司货运量继续下降,亏损扩大到 367 万元。1996 年,再度亏损 280 万元。1997 年 12 月,盐城市航运实业总公司加入华通航运集团有限公司,结束其 32 年经营历史。

1988～1997 年盐城市航运实业总公司(航运公司)领导名录

表 53

职　务	姓　名	职　务	姓　名
经理	李世航　吴传宝	副经理	王如元　王其彩　李世航　方国成　周宝贵　殷长贵
总经理	方国成	副总经理	王其彩　周宝贵　殷长贵　张从喜　高亦祥
党委书记	蔡治友　方国成	党委副书记	方国成　孙树林　高亦祥
纪检书记	张汉秀	工会主席	季永根

【盐城市华通航运集团有限公司】 1997年12月28日由盐城市华通实业总公司与盐城市航运实业总公司联合组建而成。时在职职工2824人,固定资产总值1.40亿元,净值5762万元。集团下辖19个分公司,有货运船队33个,机动船37艘、驳船106艘,计5万载重吨;有大中型客运汽车62辆,经营省内外50条线路,是个跨地区、跨行业、多元化经营的企业集团。1998年,通过拓展市场,力保水路货运;增车扩能,壮大陆路客运;精兵简政,压缩机构人员;深化内改,变更产权归属等一系列措施,集团有所起色,虽仍亏损586.90万元,但与1997年相比,减亏1196.10万元。1999年,没有继续向好,亏损额增加到799万元。2000年,亏损额进一步扩大到986万元,集团已无力支撑下去。对此,2001年7月9日,盐城市国有企业改革和发展领导小组会办研究,确定:华通航运集团按照"国退民进"要求,进行完全、彻底改制。遵照市发改委意见,华通航运集团向盐城市政府提出"歇业改制"申请,2001年8月1日获准。集团随即展开相关工作,到2001年年底,集团143艘船舶全部公开竞价拍卖,集团职工个人出资购买了80%的船舶,组建成两个民营公司,挂靠经营17个船队。集团的1078名水上职工也同时置换身份,解除了与集团的劳动关系。至此,华通航运集团短暂的历史随着改制成功而结束。

1997~2012年6月江苏华通航运集团有限公司领导名录

表54

职　务	姓　名	职　务	姓　名
董事长	王延虎		
总经理	王延虎　贾秀全	副总经理	周宝贵　殷长贵　周训祥　张荣桂　黄福林
党委书记	王延虎	党委副书记	贾秀全　刘必仁
纪检书记	张汉秀　刘必仁	监事会主席	张汉秀
工会主席	王成忠	总会计师	陈彦华

说明:2012年6月30日清算结束,该单位不存在。

(2)**县(市、区)属企业** 大部分都创建于20世纪50年代中期,均为县属集体性质。1988年,响水、滨海、阜宁、建湖、射阳、郊区、大丰、东台8个县(区)各有1家航运公司,共拥有拖轮170艘1.44万千瓦、货驳1624艘12万载重吨、小马力货轮465艘1.18万载重吨、小马力拖轮39艘1008千瓦、小马力拖带驳船222艘5775载重吨、帆船622艘1.17万载重吨,全年完成货运量429.54万吨13.65亿吨公里,实现营收8102万元、利润421万元。1989年,8家县(市、区)属水运企业货运量降到415.88万吨,利润降到328万元。1990年,货运量、营收大幅减少到348.86万吨和6752万元,分别比1988年下降了18.78%、16.67%,8家县(市、区)属水运企业中有7家亏损,亏损总额达747万元。1991年后,大部分县(市、区)属水运企业亏损数额继续扩大。虽经包括加大内改力度在内的多方努力,还是无法消除传统经营机制不适应市场经济发展的弊端,市场竞争能力难以提升;加之企业老、退休职工多、社会负担重,都陷入了极度艰难的境地。1998~2003年,建湖县航运公司、阜宁县航运公司、滨海县航运公司、盐城市第二航运实业总公司(盐城县航运公司)先后宣布破产;响水县航运公司、东台市航运公司船舶资产转移,职工分流,公司职能由船舶经营变为船舶代理;江苏河海运输股份有限公司(射阳县航运公司)、大丰市航运股份有限公司(大丰县航运公司),船舶卖给职工个人,改制成民营企业。至2003年盐城市、县(市、区)属水运企业全部完成了历史使命,退出了水运市场。

(3)**民营企业** 20世纪80年代中后期,随着民间资本介入水运市场,专业、乡镇水运企业公转民营,个体水运业户进入公司化经营轨道,盐城市民营水运企业得到快速发展。2005年,内河有大小民营水运企业120家，各类船舶9621艘55.98万千瓦136.30万载重吨，全年完成货运量4432万吨89.99亿公里。到了2010年，内河民营水运企业进一步增加到172家（其中拥有5万吨以上运力的有盐城市华川运输有限公司、盐城中川运输有限公司、盐城恒轩船务有限公司、盐都区第三航运有限公司、滨海县振航运输有限公司、东台市磊达运输有限公司、江苏第三航运有限公司、江苏河海运输股份有限公司等8家），共拥有各类运输船舶1.54万艘136.29万千瓦350.77万载重吨，全年完成货运量7707万吨153.95亿公里，和1988年盐城10家市、县（市、区）属水运企业同期货运量、货运周转量相比，分别增长了12.68倍和7.47倍。

2010年盐城市民营水运企业统计

表55　　单位：户

县（市、区）别	企业数	其中					
		1万吨以下运力企业	1万吨以上2万吨以下运力企业	2万吨以上3万吨以下运力企业	3万吨以上4万吨以下运力企业	4万吨以上5万吨以下运力企业	5万吨以上运力企业
响水	21	13	2	2	2	–	2
滨海	5	–	1	1	1	–	2
阜宁	32	17	8	4	2	–	1
射阳	6	1	2	2	–	–	1
建湖	40	19	6	9	3	1	2
市直	4	2	2	–	–	–	–
盐都	16	14	–	–	1	–	1
亭湖	10	9	1	–	–	–	–
大丰	13	10	2	1	–	–	–
东台	27	18	5	1	1	1	1
合计	174	103	29	20	10	2	10

二、近海运输

1. 船舶

20世纪80年代前，盐城境内海运船舶较少，且多为木质结构。之后，木质船逐步被钢质船取代，并不断壮大。1987年，射阳海运公司新建1轮2驳800载重吨海上顶推轮队1个、1600载重吨海轮1艘；1992年，新建1500载重吨海轮3艘；1994年，新建集装轮1艘。1994年，大丰航运公司购买5953载重吨海轮1艘。2000年，盐城市共有海运船舶7艘，其中拖船1艘600千瓦、驳船1艘800载重吨、货船5艘5654千瓦1.19万载重吨。2002年，驳船被淘汰。2003年，拖船被淘汰。2004年以后，货船成为海运唯一船种。2006年，海运船舶增加到18艘2.81千瓦5.41万载重吨。2010年，船舶上升至34艘2.33万千瓦5.91万载重吨，最大单船5100载重吨。和2000年相比，海运船舶数量、载重吨和功率各增长了3.86倍、2.73倍和3.67倍。

2000～2010 年盐城市全社会海运船舶统计

表 56

年份	合计			货船			拖船		驳船	
	艘	载重吨	功率（千瓦）	艘	载重吨	功率（千瓦）	艘	功率（千瓦）	艘	功率（千瓦）
2000	7	12650	6254	5	11850	5654	1	600	1	800
2001	7	12650	6254	5	11850	5654	1	600	1	800
2002	6	12300	6118	4	11500	5518	1	600	1	800
2003	9	12887	8409	8	12887	8159	1	250	–	–
2004	13	35200	15402	13	35700	15402	–	–	–	–
2005	16	36165	13171	16	36165	13171	–	–	–	–
2006	18	54147	28086	18	54147	28086	–	–	–	–
2007	17	43399	15867	17	43399	15867	–	–	–	–
2008	20	55964	19022	20	55964	19022	–	–	–	–
2009	34	56101	23336	34	56101	23336	–	–	–	–
2010	34	59093	23336	34	59093	23336	–	–	–	–

2010 年盐城市沿海运输船舶情况

表 57

船舶经营人	船名	船舶类型	船旗国	总长（米）	型宽（米）	吃水（米）	航速（节）	载重吨	总载重量（吨）	净载重量（吨位）	功率（千瓦）	建造年份
盐城市黄海海运有限责任公司	八菱2	散货船	中国	84	13.6	5	9	1782	2450	997	882	2000
盐城市黄海海运有限责任公司	八菱3			83.13	13.61	5	9	1782	2450	997	882	2002
盐城市黄海海运有限责任公司	兴阳			76.8	13.6	5	9	1578	2100	883	882	1993
盐城市远华海运有限公司	宋氏海运001			85.6	14.6	5.83	11	1356	2030	759	942	2005
盐城市远大水运有限公司	滨海运6			62.5	12.8	5.8	9	1504	2583	842	706	2004
盐城市远大水运有限公司	滨海运8			62.5	12.8	5.8	11	1504	2520	842	600	2005
盐城市远大水运有限公司	朗驰1			42.1	8.2	3.6	9	206	368	176.3	330	2009
盐城市远大水运有限公司	朗驰2			42.1	8.2	3.6	9	206	368	176.3	330	2009
盐城市远大水运有限公司	联合3			75.02	13.2	7.6	10.5	2298	4080	1287	1104	2004
盐城市远大水运有限公司	远大108			51	8.8	4.2	9	278	498	970	218	2008
盐城市远大水运有限公司	远大17			92.7	15.6	7.4	11	1655	2957	5300	1545	2009
盐城市远大水运有限公司	远大18			73	13.2	5.8	11	1813	2900	1015	706	2004
盐城市远大水运有限公司	远大188			51	8.8	4.2	10	856	1000	479	440	2006
盐城市远大水运有限公司	远大258			51	8.8	4.2	10	278	498	970	218	2008
盐城市远大水运有限公司	远大28			51	8.8	4.2	10	278	498	970	218	2008
盐城市远大水运有限公司	远大5			89.8	15.8	7.4	11	1664	2972	5020	1765	2008
盐城市远大水运有限公司	远大58			51	8.8	4.2	10	278	498	970	218	2008
盐城市远大水运有限公司	远大668			51	8.8	4.2	10	276	494	980	216	2008

续表 57

船舶经营人	船　名	船舶类型	船旗国	总长（米）	型宽（米）	吃水（米）	航速（节）	载重吨	总载重量（吨）	净载重量（吨位）	功率（千瓦）	建造年份
盐城市远大水运有限公司	远大 8	散货船	中国	89.8	15.8	7.4	11	1664	2972	5020	1765	2008
盐城市远大水运有限公司	远大 866			51	8.8	4.2	10	276	494	980	216	2008
盐城市远大水运有限公司	远大 88			51	8.8	4.2	10	278	498	970	218	2008
盐城市远大水运有限公司	远大 89			51	8.8	4.2	10.5	860	990	481	510	2007
盐城市远大水运有限公司	远大 898			51	8.8	4.2	10	276	494	980	216	2008
盐城市远大水运有限公司	远大 9			51	8.8	4.2	10	276	494	980	216	2008
盐城市远大水运有限公司	远大 918			51	8.8	4.2	10	276	494	980	216	2008
盐城市远大水运有限公司	远大 98			51	8.8	4.2	10	278	498	970	218	2008
盐城市远大水运有限公司	远大 988			76.8	13.6	5	10.5	1158	1167	648	600	2006
建湖县第二航运有限公司	海之光			78	13.98	5.3	10	1795	2200	1005	809	2005
建湖县第二航运有限公司	江海洋			78	13.98	5.3	10	1795	2200	1005	809	2005
建湖县第二航运有限公司	盛阳 3			85.6	14.6	5.5	10	2229	2000	1248	588	2004
射阳县海运公司	腾阳			76.8	13.6	5	10	1578	1618	883	1200	1994
射阳县海运公司	振阳			76.8	13.6	5	10	1578	1618	883	1200	1993
射阳县盛阳海运有限责任公司	盛阳 5			85.6	14.6	5.83	12	2335	2000	1308	588	2004
大丰市龙腾海运有限责任公司	正和 6			89.3	16.2	7.1	11	2986	5100	1672	1765	2005

2. 航线

盐城市海运船舶，运营的都是近海航线，主要的有：

［射连线］　起于射阳港，终至连云港港，全长 90 海里。

［射日线］　起于射阳港，终至日照港，全长 110 海里。

［沪营线］　起于上海港，终至营口港，全长 720 海里。

［广津线］　起于广州港，终至天津港，全长 960 海里。

［芜北线］　起于芜湖港，终至北仑港港，全长 385 海里。

［厦津线］　起于厦门港，终至天津港，全长 1182 海里。

［连防线］　起于连云港港，终至防城港港，全长 1132 海里。

3. 货运

1953 年，响水陈家港恢复了受抗日战争、解放战争影响而停止的近海运输。时响水县航运公司兼营从连云港进口的黄沙、石子、煤炭等物资海路运输，运输量有限。改革开放以后，盐城近海运输得到逐步发展。2001 年，完成货运量 50 万吨 3.47 亿吨公里。2004 年，货运量升至 156 万吨 8.75 亿吨公里。2006 年，货运量增加到 518 万吨 39.61 亿吨公里，分别比 2001 年增长了 9.36 倍和 10.41 倍。2007 年、2008 年，货运量有所下降。2009 年，货运量回升到 430 万吨 35.08 亿吨公里。2010 年，货运量减少至 350 万吨 31.88 亿吨公里，比历史最好水平 2006 年分别下降了 32.43% 和 19.52%。

2001～2010 年盐城市近海货运量统计

表 58

年份	货运量(万吨)			货运周转量(亿吨公里)		
	合计	货船	驳船	合计	货船	驳船
2001	50	45	5	3.47	3.02	0.45
2002	73	67	6	3.93	3.46	0.47
2003	95	86	9	5.52	5.05	0.47
2004	156	58	98	8.78	3.25	5.53
2005	63	50.50	12.50	5.22	3.82	1.40
2006	518	348	170	39.61	25.66	13.95
2007	343	227	116	33.52	20.89	12.63
2008	330	220	110	27.38	18.08	9.30
2009	430	430		35.08	35.08	
2010	350	350		31.88	31.88	

4. 企业

20 世纪 80 年代中后期，盐城市有响水、射阳两家海运企业。1998 年 8 月，响水县海运公司因经营不善而倒闭。进入 21 世纪，盐城市海运企业发展步伐加快。2002 年建湖县第二航运公司（海、河运输兼营）、2003 年江苏龙腾海运有限公司、2005 年盐城市黄海海运有限公司、滨海县远大水运有限公司（海、河运输兼营）等海运企业相继诞生。截至 2010 年，盐城市共有海运企业 7 家。主要的有：

【江苏龙腾海运有限公司】 1993 年成立，时名“江苏省大丰海运公司”。2001 年，改制成民营企业。2010 年，更名为“江苏龙腾海运有限公司”。公司主要从事国内沿海及长江中下游散杂货物运输和船舶代管、船货代理等业务。公司下设总经理室、办公室、海务部、财务部等职能机构。2003～2010 年吴友贵任公司总经理。

2003 年，公司有货船 1 艘 2989 千瓦 7500 载重吨，完成货运量 19 万吨 2.57 亿吨公里，实现营收 1045 万元、盈利 146 万元，上交利税 35 万元。2005 年，维持货船 1 艘，功率、吨位增加到 4000 千瓦、8300 载重吨，货运量增加到 23 万吨 3.10 亿吨公里，营收、利润、上交利税增加到 1493 万元、203 万元和 50 万元。2010 年，货船仍为 1 艘，功率、吨位降至 1750 千瓦、5100 载重吨，货运量降至 18 万吨 2.49 亿吨公里、营收降至 810 万元、利润降至 132 万元、上交利税降至 27 万元。

2003～2010 年部分年份江苏龙腾海运有限公司（海运营处）生产经营情况

表 59

年份	船舶（艘）	总载重量（吨）	功率（千瓦）	货运量（万吨）	货运周转量（亿吨公里）	营收（万元）	利润（万元）	上交利税（万元）
2003	1	7500	2989	19	2.57	1045	146	35
2005	1	8300	4000	23	3.10	1493	203	50
2008	1	5100	1750	12	1.67	960	46	32
2009	1	5100	1750	13	1.74	935	35	31
2010	1	5100	1750	18	2.49	810	132	27

【建湖县第二航运有限公司(海运营业处)】 2004年4月成立,为中国交通部批准从事沿海及长江中下游地区普通货物运输的民营水运企业。公司下设经理室、办公室、财务科、业务科、港闸科、安全科、征缴办公室等职能部门。2006年7月,增设海运营业处。2002～2010年,朱成龙任公司总经理。

2005年,公司有近海货船2艘1672千瓦5051载重吨,完成货运量1.21万吨232.56万吨公里,实现营收42.16万元、利润1.36万元,上缴利税2.76万元。2008年,海运船舶增到3艘2407千瓦8374载重吨,完成货运量2.94万吨551.25万吨公里,实现营收99.90万元、利润2.99万元,上缴利税6.55万元。2010年海运船舶增加到5艘3887千瓦1.50万载重吨,完成货运量2.87万吨538.13万吨公里,实现营收97.58万元、利润2.93万元,上缴利税6.39万元。

2005～2010年建湖县第二航运有限公司(海运营业处)生产经营情况

表60

年份	船舶(艘)	总载重量(吨)	功率(千瓦)	货运量(万吨)	货运周转量(亿吨公里)	营收(万元)	利润(万元)	上缴利税(万元)
2005	2	5051	1672	1.21	0.02	42.16	1.36	2.76
2006	2	5051	1672	3.59	0.07	122.06	3.66	7.99
2007	2	5051	1672	3.89	0.07	132.26	3.97	8.88
2008	3	8374	2407	2.94	0.06	99.96	2.99	6.55
2009	4	11697	3142	2.33	0.04	79.22	2.38	5.19
2010	5	15005	3877	2.87	0.05	97.58	2.93	6.39

【滨海县远大水运有限公司】 2005年4月成立,为中国交通部批准从事国内沿海及长江中下游地区普通货物运输的民营水运企业。时内设海务部、机务部、人事部、财务部4个职能部门。2007年,增设安全管理体系办公室。2005～2010年陈超任公司总经理。

2006年,公司有船舶16艘7356千瓦2.82万载重吨,完成货运量45万吨3200万吨公里,实现营收5850万元、利润2340万元,上缴利税342万元。2008年,船舶仍维持16艘7356千瓦2.82万载重吨,完成货运量85万吨6000万吨公里,实现营收1.02亿元、利润2040万元,上缴利税597万元。2010年,船舶增加到19艘1.27万千瓦4.32万载重吨,运输量增加到112万吨8000万吨公里,营收减少到5040万元,出现200万元亏损。

2006～2010年滨海县远大水运有限公司生产经营情况

表61

年份	船舶(艘)	总载重量(吨)	功率(千瓦)	货运量(万吨)	货运周转量(亿吨公里)	营收(万元)	利润(万元)	上缴利税(万元)
2006	16	28168.60	7356	45	0.32	5850	2340	342
2007	16	28168.60	7356	60	0.42	8100	3240	474
2008	16	28168.60	7356	85	0.60	10200	2040	597
2009	19	43228.60	12651	80	0.57	4800	0	281
2010	19	43228.60	12651	112	0.80	5040	-200	295

第五章 铁路交通

新长铁路是国家兴建的东北至长江三角洲地区陆海通道的重要组成部分,为国家Ⅰ级铁路,全长623.40公里,自东陇海线新沂站引出,经淮安、盐城、海安和靖江,过长江后经江阴,在无锡与沪宁铁路交叉相连,再向南经宜兴至浙江长兴与宣杭铁路接轨,总投资62.40亿元,为铁道部、江苏省、浙江省三方合资修建,资本金比例为铁道部65%、江苏省33%、浙江省2%。

新长铁路盐城段长157.15公里,由中铁第一和第四设计院设计,中铁一局、三局、四局、五局、十一局、十二局、十三局、十五局、十九局、二十局和江苏省铁路工程公司等多家单位承担施工。1997年12月全线征地拆迁,1998年7月全线开工,2000年4月全线贯通。2010年盐城市客运量达205.15万人,货运量达34.20万吨。是年,盐城至海安段复线电气化改造列入国家发展战略。

新长铁路盐城段建成运营后,盐城人接着建设第二条铁路—连(云港)盐(城)铁路,连盐铁路正线长234公里,其中盐城市境内正线长约105公里。2010年12月26日,铁道部和江苏省在连云港市联合举行了连盐铁路开工动员大会。

第一节 新长铁路盐城段

一、筹建

1. 争取立项阶段(1984~1992年)

1984年,新(沂)淮(阴)铁路在省里刚成为议题时,盐城市决策者看到了引"铁"入盐的历史机遇,时任市委、市政府领导金基鹏、秦兆桢、陈必亭和老同志徐植、祝斌开始为盐城铁路奔走。是年冬,江苏省党代会作出"七五"期间筹建苏北铁路的决定。

1987年6月17日,江苏省计划经济委员会以计经基〔1987〕405号文向国家计委上报《关于新建苏北铁路的请示》,请求批准苏北铁路列入"七五"计划准备项目,得到了时任国务院副总理朱镕基的肯定。10月,淮阴、盐城、南通三市联合提出兴建淮盐通铁路(苏北铁路)的构想,决定成立淮盐通地方铁路筹建协调委员会。1988年,淮盐通铁路筹建协调委员会先后三次召开协调会议,讨论淮盐通地方铁路项目建议书及预可行性研究报告,三市政府联合以盐政发〔1988〕27号文,请求省政府批准新建淮盐通地方铁路。1989年2月,淮盐通三市市长就修建淮盐通地方铁路向时任省长顾秀莲作了专题汇报。10月,淮盐通三市再次联合呈文,请求省政府批准新建淮盐通地方铁路。4月1日,淮盐通地方铁路协调委员会受三市政府委托,在盐城开会,一致拥护国家计委和铁道部对合资建设淮盐通地方铁路的意见。1991年4月4日,江苏省计划经济委员会向国家计委和铁道部呈报《关于请求批准合资建设苏北铁路的请示》,敦促批准苏北铁路立项。

1992年3月,江苏省铁路建设办公室在南通召开铁路工作座谈会,除盐淮通地方铁路外,会上有关市、县提出兴建海安至无锡石塘湾铁路(与沪宁线相通),兴建宜兴地方铁路等要求,于是省内提出新建新沂至浙江长兴铁路的构想。是年8月,新长铁路经国务院批准立项,主要技术指标为:

单线、内燃牵引，设计时速120公里/小时，预留电气化条件。

在争取新长铁路立项的过程中，时任盐城市四套班子的领导、从领导岗位上退下来的老同志、振兴盐城北京咨询委员会的老同志，时刻不忘为新长铁路立项奔走，原铁路第四工程局副局长陈如品是盐城阜宁人，他利用自己的关系，多次上北京为铁路立项奔忙，所花费用全部自己解决。

2. 设计对接阶段（1992～1997年）

（1）**线路走向的对接**　新长铁路盐城段的线路走向的确定，事关大局，牵涉到方方面面。为使线路走向的设计得到最大优化，市铁路筹建办公室组织协调市发展、规划、城乡建设、环保等部门与设计单位直接对接，介绍全市的经济和社会发展情况和未来发展的规划，提出对线路走向的建议和意见。设计单位根据设计的规范要求和盐城的实际，提出初步设计的几套方案。对初设的方案，经过反复和沿线的县、市、区政府沟通形成共识后，再经市委、市政府会办确定。随着时间的推移和经济社会发展及规划的修改，线路走向方案又数次修改，不断完善，最终确定了现有的走向。

（2）**道口、桥涵的对接**　盐城市公路四通八达，河网密布。新长铁路盐城段要穿越1条国道，数条省道，一百多条城市和乡村道路，以及数条等级航道和上百条中小河流。修筑这条铁路需修建道口187道，架设桥涵582座。为使道口、桥涵的设置不影响现有公路、航道的运输和泄洪通道的泄洪，不影响沿线群众的生产生活，在设计阶段，采取由公路、航道、水利主管部门与设计单位直接对接，在双方协商意见一致的基础上，按签订的协议对道口、桥涵进行设计。

（3）**重大项目的对接**

盐城站客、货站的分设　1993年新长铁路初步设计常州审定会上，为了压缩投资规模，按不过江方案确定盐城站客、货站合建。这既不利于盐城站客流的集聚，又不利于货物的运输，更不利于盐城市区环境的保护。为此，市委、市政府把争取盐城站客、货站的分设作为对接设计的一个重大项目，先后数次发文向省铁路建设办公室、新长铁路有限责任公司、铁道部第一设计院、铁道部设计鉴定中心和有关司局请求客、货站分设，时任市主要领导和分管领导也多次跑部、跑省向有关领导汇报，引起国家和省有关方面的重视。市铁路筹建办公室联合市环保局，根据铁路建设“不致使沿线环境质量恶化”，体现“三个效益”（经济、环保、安全效益）统一，以及与城市工业布局、中长期发展规划相协调的原则，多次向设计单位交涉，向铁路设计主管部门和铁路业主反映和汇报，并取得省和国家环保局的支持，终使盐城客、货站分设。

建军东路立交桥的扩设　东西走向的建军路东路是连接市区东、西部的主干道，与南北走向的新长铁路和通榆河交汇。原方案在新长铁路、通榆河上各造一座桥，因铁路中心线与通榆河西岸距离只有450米，上跨铁路的立交桥的东端，距通榆河西岸仅220米，这样两桥势必呈驼峰状，既不安全，也不美观。原设计方案上跨铁路的立交桥桥面宽仅9米，桥长1100米。当时建军东路正在实施拓宽，路幅由原来的12米拓宽到42米。上跨铁路的立交桥桥面宽9米，显然不符合建军东路拓宽的要求。1997年3月16日，市政府市长办公会议提出，建军东路立交桥路幅按21米与通榆河桥连成一体的方案修改设计。根据此一标准要求，市铁路筹建办公室不断往返在盐城到北京、南京、上海、兰州的路上，并请时任市委、市政府的主要领导同志和分管市长到省和国家有关部门请示汇报，争取支持，终于使建军东路立交桥路幅按21米与通榆河桥连成一体的方案得到圆满解决，该桥的铁路投资也由原来的420万元增加到2860.30万元。

机务段设放盐城的争取　为争取机务段设放盐城，经过市委、市政府及市有关部门的艰苦努力，铁道部和江苏省、浙江省政府1993年12月在常州召开的新长铁路初步设计联合审查会通过方案比选，最后确定机务段暂设放盐城。此后，出现数次反复。但经过努力，终于在1997年9月在锡山市召开的新长铁路设计审查会上再一次确认机务段设放盐城。

盐城火车站站房和站前广场的扩设　盐城火车站是盐城市的一个标志性建筑，也是盐城对外的一个重要窗口，初步设计站房规划为2000平方米，站前广场为120×60米。市政府认为该设计

方案站房及站前广场面积都偏小，请求站房按千人次标准 1∶3.3～1∶3.5 测算，增至 3300 平方米～3500 平方米，站前广场按 300×200 米修改设计。

1999 年 10 月 23 日，原盐城市委副书记徐植（右二）、祝斌（左二）、原淮阴地区副专员何希敬（中）视察盐城火车站，盐城市交通局原副局长、市铁路筹建办公室原主任孙志宏（左一）、市铁路筹建办公室副主任吴树堂（右一）陪同

3. **推动开工阶段**（1994～1998 年）

新长铁路立项之后，盐城市联合淮阴、扬州、南通三市，积极开展争取新长铁路早日开工的各项工作。

1994 年 12 月 30 日，四市政府以通政发〔1994〕258 号文向省政府请示，请求尽快启动新长铁路苏北段建设。1995 年 11 月 1 日，四市政府又以盐政发〔1995〕267 号文，再次向省政府请示，请求新长铁路苏北段从速开工。

为推动新长铁路苏北段尽快开工，盐城市还积极主动开展了以下两项工作：

一是提前超额完成盐城市铁路建设资金的筹集。自 1995 年 12 月 6 日，省政府下达盐城 9200 万元的筹资任务后，盐城市立即行动起来，12 月 25 日，市政府成立以时任市政府主要领导为组长的盐城市铁路建设资金筹资工作领导班子。12 月 28 日，市政府发出《关于筹建铁路建设资金的通知》，1996 年 1 月，盐城市委、市人民政府发出铁路借资的《告全市人民书》，并召开全市铁路借资动员大会。市领导以及曾经担任过地、市级领导的老同志和市直正处级干部当场借资 7.50 万元。几天之内，各县（市、区）也迅速召开了动员大会。至三月底，全市共完成铁路借资 11183.60 万元，同时收到社会各界捐资 60.70 万元，比省政府下达任务超额 2044.30 万元，是新长铁路沿线各市筹资最多完成任务最快的一家。

二是盐城铁路先行试验段的建设。为了推动新长铁路建设的尽快启动，并摸索在苏北软土地质和水网密集地域填筑铁路路基的经验，为铁路全面开工建设提供技术资料，盐城市积极主动请缨，承担盐城先行试验段工程的建设和管理。经省政府批准，1996 年 12 月 20 日，新长铁路盐城先行试验段开工典礼在盐都县便仓乡富仓村隆重举行，省有关领导同志、盐城市四套班子全体领导、部分老同志和市直属有关部门的负责同志、盐都县便仓乡的干部和群众，以及铁路局的职工约 2000 余人参加典礼。此为新长铁路全线首处开工地段，也是江苏省自中华人民共和国建国以来国家铁路建设首处开工地段。

1996 年 12 月 20 日，新长铁路盐城先行试验段开工典礼在盐都县便仓乡举行

盐城先行试验段位于盐都县伍佑镇伍佑村至便仓乡富仓村，长 11.70 公里，征地 21.96 公顷，拆迁 51 户、4319 平方米，工程填筑路基土方 24.80 万立方米，桥涵 30 座，取土用地 27.58 公顷，工程总投资 1394 万元。

1997 年 12 月新长铁路盐城段全线开始征地拆迁，共征地 780 公顷，拆迁房屋1255户、14.15万平方米；1998年9月新长铁路盐城段全线开工，1999年6月开始铺架轨道和桥梁。经过建设者22个月的艰苦奋战，于2000年4月157.15公里全线贯通，累计动用土方量为786.65万立方米，建特大桥3座、大桥11座、中小桥涵568座，工程总投资17亿元。

1999年6月22日，新长铁路盐城段铺架典礼在阜宁县凤谷乡举行

二、线　　路

新长铁路盐城段从淮安市楚州区博里镇引入盐城市阜宁县凤谷乡邓郎村，经阜宁县、建湖县、亭湖区、市开发区、盐都区、大丰市、东台市等7个县（市、区）25个乡镇，在东台市富安镇九里村出境，全长157.15公里，开设阜宁（益林）站、建湖站、庆丰站、盐城北站、盐城站、大丰站、东台站、富安站8个车站和伍佑无配线线路所。

2001年8月东台以北投入货运临管运营，2002年12月与新长线同步通过省部初验投入运营，2004年7月1日新长铁路南通至淮安区间客运开通，2005年4月1日新长铁路货运正式并入全国路网，同年7月1日新长铁路首发泰州途经盐城往哈尔滨（经北京）的T156次旅客列车，至此新长铁路正式开通全国客运业务。2010年12月铁道部和江苏省签订的铁路建设合作纪要中，将加快新长铁路盐城至海安段扩能项目（含大丰港铁路）列入其中。

新长铁路盐城段所经行政区域

表62

县（市、区）别	铁路里程（公里）	所经乡（镇）
阜宁县	23.25	凤谷乡　罗桥乡　公兴乡　益林镇　东沟镇　古河乡
建湖县	28.94	高作镇　建阳镇　近湖镇　庆丰镇　上冈镇
亭湖区	33.48	永丰镇　新兴镇　城郊　伍佑镇　便仓镇
开发区	7.10	
盐都区	0.30	盐都新区
大丰市	27.74	龙堤乡　刘庄镇　白驹镇　草堰镇
东台市	36.34	台东镇　范公镇　梁垛镇　安丰镇　富安镇
总　计	157.15	

三、站　　场

1. 盐城站

盐城火车站位于市区东部，亭湖区五星村和大星村地域内，车站中心里程为新长线DK233+200，2005年2月建成投入使用时，站房面积仅2500平方米。2006年年初，根据铁道部和江苏省会商意见，与南通、淮安站同时进行改扩建。改造后，设正线1条、到发线3条，股道布置采用2台夹4线的布置形式；基本站台为500×20×1.25米高站台，中间站台为500×11×1.25米高站台，新建8

米宽旅客进站天桥和出站地道各1座；增建无站台雨棚长509.20米，宽49.30米，建筑高度16米~13.70米，横向跨度30.70米，单侧悬挑18.05米，覆盖面积2.53万平方米，为空间正三角桁架结构形式。

站房改建后主体二层，局部三层，长195.20米，宽38.50米，主体高度为23米，中部檐口构架高35米，建筑面积1.06万平方米，其中站房建筑面积9706.40平方米，室外楼梯113.80平方米，出站厅660.90平方米，出站连廊122平方米。站房内设普通候车室2617平方米、母婴候车室172.70平方米、软席候车室398.40平方米、贵宾室315.90平方米，可容纳2000多人。配套用房设售票厅252.70平方米（共12个售票窗口）、行包库273平方米、小件寄存处20平方米、进站天桥等，结构形式为钢筋混凝土柱框架结构。站前设置旅客活动平台和车行高架平台，旅客活动平台净深23米，广厅长16米；站前车行高架平台，全桥长308.90米，桥宽8.50米，设计荷载为城市B级标准，平台行车速度为20公里/小时。该站为线侧平式站房，旅客流线高进低出，候车厅采用天雨自喷消防水炮系统和智能时控照明系统以及绿色无电网污染的绿色环保节电技术，旅客引导、广播、屏显等服务系统高度集成。站内设置两部扶梯和两部无机房垂直电梯。站房中央空调采用地源热泵技术，在单体面积超万平方米的大型公共设施中，国内尚属首次。

盐城火车站改扩建工程由新长铁路三站一线改造建设项目指挥部为建设单位，铁道部第四勘察设计院承担设计，上海华东铁路建设监理有限公司和南京苏宁建设监理有限公司分别担任站场、站房工程监理，中铁四局集团有限公司和中铁建工集团有限公司分别为站场、站房工程施工承包单位。工程总投资为2.10亿元。

盐城火车站依照《中华人民共和国铁道行业标准》和铁道部《铁路运输管理规则》等法规文件要求，结合实际，对治安保卫、卫生保洁、服务质量、应急措施等方面都制定了明确的实施细则，强化了内部管理，提升了文明窗口的水平。

2001年5月23日，江苏省常务副省长梁保华（前左二）视察新长铁路盐城北站，盐城市市长陶培荣（前右二）、盐城市铁路办主任李曙光（前左一）等陪同

2. 盐城北站

盐城北站位于市区北部，亭湖区新兴镇境内，车站中心里程为新长线DK223+100。该站占地面积34公顷，站房面积540平方米，货物仓库1376平方米，站内线路有正线1股，到发线4股，调车线3股，货物线3股。盐城北站为中间站，1998年9月开工建设，2005年2月建成投入使用，是盐城市区办理货运业务的车站，预留机务段等作为区段站的条件。

新长铁路盐城北站

3. 阜宁站

阜宁站位于阜宁县益林镇境内，车站中心里程为新长线DK172+700，该站占地面积11.13公顷，客运站房面积1050平方米，设计容纳同时候车人数400人，站内有正线1股，到发线2股。车站于2001年开工建设，2005年2月建成投入使用，办理客货运业务。

4. 建湖站

建湖站位于建湖县近湖镇境内，车站中心里程为新长线 DK192 +400，该站占地面积 14.60 公顷，客运站房面积 1050 平方米，设计容纳同时候车人数为 500 人，站内有正线 1 股，到发线 2 股。车站于 2001 年 8 月开工建设，2005 年 2 月建成投入使用，办理客货运业务。

5. 庆丰站

庆丰站位于建湖县庆丰镇境内，车站中心里程为新长线 DK202 +250，该站占地面积 5.30 公顷，客运站房面积 534 平方米，设计容纳同时候车人数 150 人，站内有正线 1 股，到发线 2 股。车站于 2001 年 8 月开工建设，2005 年 2 月建成，仅办理列车会让和越行等路内技术作业。

6. 大丰站

大丰站位于大丰市刘庄镇境内，车站中心里程为新长线 DK261 +100，该站占地面积 14.70 公顷，客运站房面积 1065 平方米，设计容纳同时候车人数 400 人，站内有正线 1 股，到发线 2 股。车站于 2001 年 8 月开工建设，2005 年 2 月建成，仅办理列车会让和越行等路内技术作业。

7. 东台站

东台站位于东台市台东镇境内，车站中心里程为新长线 DK295 +374，该站占地面积 36.27 公顷，客运站房面积 1000 平方米，设计容纳同时候车人数 400 人，站内有正线 1 股，到发线 3 股。车站于 2001 年 8 月开工建设，2005 年 2 月建成投入使用，办理客货运业务。2008 年进行改造，新建站前广场总面积 4.20 万平方米，其中，中心广场 2.04 万平方米，均为花岗岩铺装地面，绿化面积 4274 平方米。日停靠 10 对旅客列车，其中特快旅客列车 1 对，快速旅客列车 6 对，日发送旅客 1850 人、到达 1600 人、货物吞吐量 800 多吨。

新长铁路东台站

8. 富安站

富安站位于东台市富安镇境内，车站中心里程为新长线 DK318 +900，该站占地面积 9.13 公顷，客运站房面积 959 平方米，设计容纳同时候车人数为 200 人，站内有正线 1 股，到发线 2 股。车站于 2001 年 8 月开工建设，2005 年 2 月建成，仅办理列车会让和越行等路内技术作业。

9. 伍佑无配线线路所

由于盐城站和大丰站站间距达 28 公里，形成新长铁路盐城至海安段的控制区间，影响全区段通过能力，为此，新长铁路公司在伍佑预留站的位置，增设伍佑无配线线路所，线路所中心里程为 DK242 +260，主要办理列车会让等路内技术作业。

四、运　营

新长铁路资产权属新长铁路有限责任公司，主要股东为铁道部上海铁路局、江苏省铁路有限责任公司和浙江省铁路投资有限公司，公司办公地点设在扬州市。2005 年新长铁路由新长铁路有限责任公司自管运营，业务上受上海铁路局指导。

盐城境内各办理客运业务的车站（包括盐城站）均为途中停靠，始发站在泰州、扬州和南通。2005 ~2010 年，经过盐城境内在盐城站停靠的有 8 对 16 次旅客列车，其中：

1. T155 **哈尔滨至泰州** 盐城开车时刻 6:14,沿途停靠东台。

T156 **泰州至哈尔滨** 盐城开车时刻 19:47,沿途停靠建湖、淮安、沭阳、徐州、北京、沈阳北、长春。

2. K8505 **淮安至南通** 盐城开车时刻 10:11,沿途停靠东台、海安、如皋。

K8506 **南通至淮安** 盐城开车时刻 16:23,沿途停靠建湖、阜宁、淮安南。

3. 5100 **南通至淮安** 盐城开车时刻 10:57,沿途停靠建湖、阜宁、淮安南。

5099 **淮安至南通** 盐城开车时刻 16:15,沿途停靠东台、海安、如皋。

4. K414 **扬州至青岛** 盐城开车时刻 13:03,沿途停靠阜宁、淮安、沭阳、新沂、郯城、临沂北、沂南、莒县、五莲、诸城、胶州、蓝村。

K413 **青岛至扬州** 盐城开车时刻 17:20,沿途停靠东台、海安、泰州。

阜宁县邓郎村80多岁的两位老奶奶参观铁路

5. K247 **成都至扬州** 盐城开车时刻 3:57,沿途停靠东台、泰州。

K248 **扬州至成都** 盐城开车时刻 13:55,沿途停靠淮安、沭阳、新沂、徐州、商丘、开封、郑州、洛阳、渑池、三门峡、西安、咸阳、宝鸡、略阳、广元、江油、绵阳、德阳。

6. K563 **太原至南通** 盐城开车时刻 7:29,沿途停靠东台、海安。

老百姓第一次在家门口坐上火车的欢乐情景

K564 **南通至太原** 盐城开车时刻 15:08,沿途停靠淮安、新沂、徐州、顶山、商丘、荷泽、聊城、衡水、辛集、石家庄北。

7. K418 **泰州至兰州** 盐城开车时刻 18:43,沿途停靠建湖、阜宁、淮安、沭阳、新沂、徐州、顶山、商丘、开封、郑州、洛阳、潼关、渭南、西安、宝鸡、天水、甘谷、陇西、定西。

K417 **兰州至泰州** 盐城开车时刻 10:55。

8. Z52 **南通至北京** 盐城开车时刻 20:28,沿途停靠淮安、徐州。

Z51 **北京至南通** 盐城开车时刻 5:51,沿途停靠海安。

2010 年全市完成客运量 205.15 万人,其中发送旅客 109.24 万人,到达旅客 95.91 万人。

2010 年全市完成货运量 34.20 万吨,其中发送量 4 万吨,到达量 30.20 万吨。

新长铁路盐城段示意图
黄
海
响
水
县
滨海县
滨
海
县
阜宁县
阜
宁
县
阜宁站
建湖站
庆丰站
建湖县
建
湖
县
盐城北站
盐城站
盐城市
盐都县
盐
都
县
射阳县
射
阳
县
大丰市
大丰站
大
丰
市
东台市
东台站
东
台
市
富安站
海安县
海安站
新长铁路示意图
连云港市
宿迁市
淮阴市
盐城市
扬州市
泰州市
南京市
镇江市
常州市
无锡市
苏州市
南通市

2005～2010 年盐城市铁路客运量统计

表 63

单位：人

区间	发送旅客						到达旅客						合计					
	2005	2006	2007	2008	2009	2010	2005	2006	2007	2008	2009	2010	2005	2006	2007	2008	2009	2010
泰州—哈尔滨	39894	82546	84660	88975	92658	94023	8890	19356	22904	23078	24098	25889	48784	101902	107564	112053	116759	119912
扬州—成都	33124	69452	71246	74378	76346	78843	2010	4620	4839	5603	5904	6302	35134	74072	76085	79981	82250	85145
扬州—青岛	16380	38583	41234	44235	46010	47839	3580	9965	11004	14676	15686	16746	19960	48548	52238	58911	61696	64585
泰州—兰州	26572	55589	57801	60268	62889	65901	3686	8345	8783	8980	9112	9419	30258	63934	66584	69248	72001	75320
南通—太原	–	–	33232	48560	50556	53732	–	–	14890	29004	34657	33436	–	–	48122	77564	82213	87168
南通—北京	–	–	40598	57874	59987	63002	–	–	18908	8990	9368	9587	–	–	59506	66864	69355	72589
南通—淮安	102150	112013	113020	114092	117896	120290	102290	113082	112089	115004	118762	120103	204440	225095	225109	229096	236658	240393
南通—淮安	91356	93458	95674	98005	100101	105561	92090	93409	96001	99799	101013	104376	183446	186867	191675	197804	201114	209937
盐城—南京	–	–	–	–	81545	169965	–	–	–	–	–	–	–	–	–	–	81545	169965
哈尔滨—泰州	1808	3990	4203	4598	4781	4890	39780	81998	84459	88009	90256	93089	41588	85988	88662	92607	95037	97979
成都—扬州	1034	2102	2403	2045	2395	2587	32101	67898	69564	74502	78901	71923	33135	70000	71967	76547	81296	74510
青岛—扬州	3609	8037	8230	8803	8903	9056	16003	37690	40997	44298	46558	48924	19612	45727	49227	53101	55461	57980
兰州—泰州	4034	9938	10356	13590	14686	15864	26320	55001	57693	59978	62004	64905	30354	64939	68049	73568	76690	80769
北京—南通	–	–	1902	3457	4386	4409	–	–	40023	57346	59335	61863	–	–	41925	60803	63421	66272
太原—南通	–	–	13690	28956	29453	29886	–	–	33109	48238	50722	52356	–	–	46799	77194	80175	82242
淮安—南通	107890	115689	114590	110408	115866	116452	102303	110409	115698	113487	118903	119001	210193	226098	230288	223895	234769	235453
淮安—南通	99884	104560	107834	102901	109112	110076	100245	110050	115739	118902	120080	121235	200129	214610	223573	221803	229192	231311
合计	527735	695957	800673	861145	977570	1092376	529298	711823	846700	909894	945359	959154	1057033	1407780	1647373	1771039	1919632	2051530

2006～2010 年盐城火车站货运量统计

表 64　　　　单位：万吨

年　份	2006	2007	2008	2009	2010
到达量	21.90	22.20	28.90	29.10	30.20
发送量	4.60	5.10	2.70	3.10	4
合　计	26.50	27.30	31.60	32.20	34.20

专记六

“铁龙”来了

——写在新长铁路盐城段铺架至盐城站之际

提到新长铁路，人们不会忘记这样一段历史：1984 年冬，江苏省党代表大会作出了“七五”期间筹建苏北地方铁路的决定；1987 年，淮阴、盐城、南通三市决定联合兴建淮盐通地方铁路。当年 10 月，成立了铁路筹建协调委员会；1992 年，国家计委批准新长铁路立项；1993 年 6 月，国家计委对新长铁路可行性研究报告作出批复……

这些喜讯令老区人民振奋不已，人们翘首企盼“铁龙”早日贯通盐阜大地。然而，新长铁路前期筹备整整花了 10 年时间。1998 年 8 月，在国家实施基础设施建设拉动经济增长战略的宏观经济气候下，总投资 17 亿元，全长达 157.15 公里的新长铁路盐城段得以全面开工。

如今，盐城段线下工程已完成 98%。9 月 24 日，盐城段已按预定计划进度如期铺架到盐城站，创造铁路建设史上的奇迹。盐城站南北的沿线干群，已经看到了铺架路轨和装运大板桥梁的机车，听到了它那铿锵有力的“脚步声”。盐城段年底铺架到东台，明年实行临管运营，800 万老区人民在新世纪圆铁路之梦指日可待。

机车汽笛长啸，仿佛是当年老区干群企盼铁路的声声呼唤，又宛如对我市决策者、铁路筹建部门和铁路建设者辛勤劳作，高速度推进盐城段建设所取得的成就的欢呼与礼赞！

的确，新长铁路盐城段，凝聚着我市几届市委、市政府领导的智慧和心血。早在 1984 年，当沂（新沂）淮（淮阴）铁路在省里刚成为议事话题时，盐城市的决策者以敏锐的目光，看到了引“铁“入盐改善盐城交通条件的历史机遇，于是，金基鹏、秦兆桢、陈必亭等市领导和徐植、祝斌等老同志步履匆匆，为盐城市兴建铁路辛勤操劳，奔走呼号。于是，在国家和省计划的“盘子”里才有了淮盐通铁路的“户口”，才有了如今的新长铁路盐城段。1985 年 5 月，苏北地方铁路全线还处于酝酿阶段，当时的市委、市政府领导抽调人马，组建市铁路筹建办，准备协调保障盐城段铁路会战；1995 年，随着新长铁路进入技术设计和施工设计，铁路筹资等基础工作紧锣密鼓地进行，市委、市政府在交通发展战略中适时叫响了“快上铁路”的口号。为强化筹建铁路机构职能，将市铁办机构单设，行政体制升格。盐城段首次放线定桩、试验段路基土方开工，留下了市领导深沉的脚印。1998 年 6 月，铁道部 12 个铁路工程局近万人，从全国四面八方呼呼拉拉会集盐城段，举兵会战，铁路建设的责任历史地落到了这一届市委、市政府领导的肩上。林祥国、李全林、袁世珠等市领导从繁纷的公务政事中，挤出时间，迈开双脚，上路察看工程，协调矛盾，慰问铁军……

盐阜老区1.5万平方公里土地上地无寸铁,严重制约了经济的发展。多少年来,盐阜干群盼望兴建铁路发展经济奔小康。当盐城段进人筹资、征地拆迁后,勤劳朴实的老区干群全力支铁,再现了当年参军支前的奉献精神。

1994年初,省政府下达盐城市筹集铁路建设资金9000万元。市委、市政府立即召开铁路借资、捐资动员大会,各县(市、区)层层发动,机关干部、企事业单位职工、农民和青少年学生闻风而动、踊跃捐款借资。不少尚不富裕的农民捐出卖鸡蛋的钱,不少中小学生捐出自己的压岁钱,出现了上至八十三、下至手中搀,万众一心争为铁路建设做贡献的感人场面。至当年4月8日,短短的3个月,全市干群共捐款、借资1.12亿元,超额2044万元完成省下达指标,在新长铁路沿线各市带了好头。

新长铁路10年筹建不寻常,前年底决定尽快开工后,征地拆迁、队伍调集、开工建设等又忙得风风火火,刻不容缓。

1997年年底,省赋予我市首批征地402.53公顷,拆迁1004户居民住房计11.88万平方米,拆迁公用设施9197.25平方米的任务。尽管国家对铁路建设中拆迁户给予一定经济补偿,但沿线多数拆迁户确实作出了巨大的牺牲。阜宁县公兴乡是该县境内铁路过境路段较长的乡镇。去年2月底,根据市、县铁办要求,修筑境内5公里长的铁路,需一次性拆迁19户民房。结果,拆迁户接到拆迁通知后二话不讲,仅用3天就圆满完成了拆迁任务,受到省铁办和新长公司的表扬。东台市台东镇通海村一组村民陈国新,前年花14万元盖的220平方米楼房和厕所、猪圈等附房,去年8月楼房才完成室内装潢,11月就拆除了。政府按照标准补偿他4万元,实际损失10万元。陈国新对记者说:“损失再大也要想得开。修铁路是造福子孙的大事情,我们只有让路的义务,哪有拦路的道理?”凭着沿线各级党政组织强有力组织领导,依靠干群配合支持,盐城市在新长全线率先完成了铁路区间的全部征地拆迁任务。

市铁办主任李曙光讲述了沿线党政领导支铁的感人故事。在新长铁路大丰段施工的铁十三局第九标段总会计师罗朝成,家在哈尔滨,去年6月他那13岁的儿子罗滨川在哈刚读完3年级。妻子马晓春身体多病,体力不支。7月底,马晓春为支持丈夫在苏北建设铁路,萌发了把儿子临时转到大丰上学,自己随儿来照应儿子的想法。根据罗朝成家的实际情况,第九标段指挥长张全国向大丰市铁办副主任袁惠清提出了帮助协调解难的请求。袁惠清当天赶到大丰市教育局、大丰市实验小学,反映罗朝成家的特殊情况。局、校领导说:“人家打老远来为老区建设铁路,顾不上照顾病妻和孩子,我们应该让这位铁军的儿子到大丰最好的学校读书!”于是,去年8月底,大丰市实小专门召开了一次校长会办会,网开一面,特事特办,接收罗滨川转学入校。新长铁路城区段征地拆迁面广量大,而且城郊、大洋、五星、大星等村拆迁户又因住房靠近市区,不仅拆除的房屋造价高,而且住房户搞经营或出租的效益也很高。为保证如期完成任务,城区沿线乡镇出台了对按时完成清障的户主给予奖励的政策。永丰乡按规定完成拆迁任务的,每户奖励1000元;新兴镇奖励国家规定拆迁补偿费的10%;城郊大洋村除执行拆迁补偿标准和城郊工委制订的奖励办法外,还从村级积累中拿出50万元补偿本村拆迁户……

去年8月,盐城段全线开工,至今年9月下旬,全线完成路基土方近800万立方米,兴建各类桥涵1100座,24日铁路如期铺架至盐城站。参加盐城段会战的铁路建设大军,为早日结束盐阜老区地无寸铁的历史争分夺秒,顽强拼搏,施工速度在铁路建设史上创造了奇迹!

串场河一号特大桥,是新长铁路全线控制项目之一。承担第七标段工程建设任务的铁十一工程局新长指挥部,把这块“硬骨头”交给了敢打硬仗的二处。去年6月底,二处项目经理赵天元率500多名建设者云集串场河畔,安营扎寨。当时这里还是一片稻田,又适逢雨季,机械设备进场十分困难。干部职工发扬当年大庆人迎风斗雪征战荒原的创业精神,用枕木铺垫后,踩着泥泞打着号子,靠人拉一点一点地慢慢牵引,硬是将自重为103吨的大型打桩机等设备运到施工点上。大桥处于软基地带,23个墩、台桩基均为预应力混凝土管桩和钻孔灌注桩,桩基部分需打入79根灌注桩、

68 根管桩，总长度达 6915 延米。按照预定今年 10 月初铁路铺架到盐城站的计划，大桥必须在今年 4 月底合龙。工程开工不久，就已进入倒计时，这令参加过京九、南昆铁路建设的项目经理赵天元寝食难安。他与党委副书记段绪体、副经理王剑宏、总工王胜祖一合计，决定调度 4 台钻机、一台打桩机昼夜工作，人员 24 小时轮班作业。经过 50 多个昼夜鏖战，桩基工程提前 3 天完工。

8 月上旬，承担第六标段庆丰镇至永丰乡方明村 6.7 公里路基的铁十二工程局遇到“拦路虎”。该段路基土方含水量高，其中 300 多米路基杠了压，压了又塌。8 月 26 日天下着大雨，眼看铁路就要铺架到该路段，局指挥部决定用石灰、水泥拌和潮土强行施工压实。结果，200 多名职工，在暴雨中连续突击 8 个多小时，终于保证了铺架。

铁十九局新长铁路指挥部常务副指挥姜贵，是个从事铁路建设 30 年的“老铁”，已年过半百。去年 11 月初，标段内西塘河大桥正处桥墩灌注阶段，不巧他的糖尿病复发了。老伴得知情况后打电话要他回家治疗，指挥部领导劝他休息。但他总是说“老毛病没啥，在工地上打针吃点药行了呗。”看到姜指挥劲抖抖地奔波在工地上，不少职工说：“老姜真是个铁人啊！”

（原载《盐阜大众报》1999 年 10 月 12 日）　　　　（李德超　徐永生）

1997 年 12 月～1998 年 8 月新长铁路盐城段征地拆迁统计

表 65　　　　　　　　　　　　　　　　　　　　　　金额单位：万元

县别	乡别	拆迁金额	拆迁面积（户/平方米）	拆迁情况	附属物	公益		两特	零星项目	农改居	文护
				主房金额	金额	个	金额	金额	金额		
阜宁县	益林	79.15	19 2197.80	27.92	2.95	2	32.99	15.29	–	–	–
	公兴	27.63	17 1114.60	14.40	1.27	3	11.80	0.16	–	–	–
	风谷	34.95	1 78.50	0.75	–	8	34.20	–	–	–	–
	东沟	2.76	–	–	–	1	2.76	–	–	–	–
	县铁办	16.98	–	–	–	–	–	–	15.26	–	1.72
	合计	161.47	37 3390.90	43.07	4.22	14	81.75	15.45	15.26	–	1.72
建湖县	高作	78.24	32 3055.80	33.81	2.23	–	40.70	1.40	–	–	0.16
	建阳	16.25	17 1457.60	11.70	0.85	–	2	1.60	–	–	0.10
	近湖	169.25	44 5511.70	58.90	15	–	28.13	8	–	57	0.23
	庆丰	202.95	84 6099.80	105.10	8	–	52	37.56	–	–	0.29
	上冈	27.34	25 2341.10	13.95	0.81	–	10	2.50	–	–	0.08
	县铁办	13.22	–	2.60	0.27	–	–	–	8.66	–	1.68
	合计	507.25	202 18466	226.06	27.16	26	132.83	51.06	8.66	57	2.49

续表65

县别	乡别	拆迁金额	拆迁面积（户/平方米）	拆迁情况	附属物	公益		两特	零星项目	农改居	文护
				主房金额	金额	个	金额	金额	金额		
城区	永丰	130.94	57 6556.80	76.58	24.38	–	28.43	1.50	–	–	0.06
	新兴	335.73	148 15783	179.69	6.70	–	47.25	15.96	–	86	0.13
	城郊	210.35	71 10269	144.18	1	–	57.76	7.33	–	–	0.08
	区铁办	34.71	–	–	–	–	–	21.59	11.38	–	1.75
	合计	711.73	276 32608.80	400.45	32.08	35	133.44	46.38	11.38	86	2.02
悦达	五星	186.12	33 3284	40.31	3.16	6	20.64	70.80	0.21	50.50	0.51
市铁办	–	136.23	–	–	–	–	–	5	126	–	5.23
开发区	–	109.97	40 4249.60	51.76	6.55	8	45.46	0.15	3.90	–	2.16
盐都县	伍佑	94.02	44 4988.49	64.57	7.13	–	3.85	12.08	2.36	–	4.03
	便仓	17.42	15 951	10.90	0.85	–	1.87	0.39	1.18	–	2.23
	农机	17.12	–		–		17.12	–	–	–	–
	县铁办	–	–	–	–	–	–	–	–	–	–
	合计	128.56	59 5939.49	75.47	7.98	1	22.84	12.62	3.54	–	6.26
大丰市	龙堤	108.63	54 5417	65.42	4.81	–	32.95	5.45	–	–	–
	刘庄	263.24	117 13004	157.19	16.72	–	60.72	28.61	–	–	–
	白驹	33.80	18 2001	25.25	1.79	–	4.60	2.16	–	–	–
	草堰	122.07	65 6393	80.53	7.02	–	31.66	2.87	–	–	–
	二十局	36.11	–	33.11	–	–	3	–	–	–	–
	市铁办	58.71	–	0.09	–		19.80	25.22	11.22	–	2.39
	合计	622.56	254 26815	361.59	30.34	37	152.73	64.31	11.22	–	2.39

续表65

县别	乡别	拆迁金额	拆迁面积（户/平方米）	拆迁情况	附属物	公益		两特	零星项目	农改居	文护
				主房金额	金额	个	金额	金额	金额		
东台市	台东	280.38	83 16554	218.32	13.26	–	7.62	32.20	8.98	–	–
	范公	43.74	19 2282.80	30.22	3.05	–		9.47	1	–	–
	梁垛	51.09	57 3156.60	41.15	3.75	–	1.29	3.89	1	–	–
	安丰	137.65	101 8129.90	102.30	3.60	–	25.55	5.20	1	–	–
	富安	249.54	114 16475	198.98	10.08	–	17	22.18	1.3	–	–
	市铁办	40.05	–		–		–	30.90	6.08	–	14.70
	合计	802.45	354 46598	590.97	33.74	12	51.46	103.84	19.36	–	14.70
全市合计		3366.34	1255 141351.79	1789.68	145.23	139	641.15	369.61	199.53	193.50	37.48

新长铁路盐城段路基工程量

表66

类别 县(市、区)别	土方			桥涵														道口(道)			
	填方(立方米)	挖方(立方米)	小计(立方米)	特大桥		大桥		中桥		小桥		涵洞		小计		立交	平交	涵洞	小计
				数量(座)	长度(延米)	数量(座)	长度(延米)	数量(座)	长度(延米)	数量(座)	长度(延米)	数量(座)	长度(横延米)	数量(座)	长度(延米)				
阜宁	519576	–	–	–	–	1.50	206.50	7.50	527	3	31.40	85	687.65	97	1452.55	1	10	4	15
建湖	1295605	–	–	–	–	3.50	548.50	14.50	973	7	100.60	49	396.41	74	2018.51	11	9	11	31
城区	886782	–	–	2	1408	1	175	7	426	5	73	48	388.32	63	2470.32	6	10	7	23
开发区	208882	–	–	–	–	–	–	3	204	6	92.80	12	97.08	21	393.88	–	1	1	2
盐都	247932	–	–	–	–	–	–	4.50	256	9	114.80	26	210.56	39.50	581.36	–	4	1	5
大丰	1288385	–	–	1	792	3.50	729	4.50	353	5	73	59	477.31	73	2424.31	6	11	9	26
东台	1639497	–	–	–	–	1	983.50	18	1171.34	18	221.40	177	2996.87	214	5373.11	3	5	77	85
全市合计	6086659	–	–	3	2200	10.50	2642.50	59	3910.34	53	707	456	5254.20	581.50	14714.04	27	50	110	187

说明：(1)本表不含车站土方量；(2)桥涵座数中的“0.50”，表示位于县(市、区)交界处的桥涵各取一半。

新长铁路盐城段施工情况

表67

序号	标段	铁路里程	里程长度（公里）	县　城	施工单位	开工时间	完工时间
1	四	DK140 +600 – DK166 +700	26.10	淮安、阜宁	铁三局	1998.6	1999.3.1
2	五	DK166 +700 – DK190 +100	23.40	阜宁	铁四局	1998.6	1999.4.20
3	六	DK190 +100 – DK214 +200	24.10	建湖	第十九局	1998.6	1999.5.10
4	七	DK214 +200 – DK241 +000	26.80	城区、开发区	第十一局	1998.6	1999.5.30
5	八	DK241 +000 – DK252 +700	11.70	盐都	铁十五局	1996.12.20	1999.3.1
6	九	DK252 +700 – DK271 +000	18.30	大丰、兴化	铁十三局	1998.6	1999.7.10
7	十	DK271 +000 – DK291 +794	20.80	兴化、大丰	铁二十局	1998.6	1999.8.30
8	十一	DK290 +900 – DK318 +000	27.10	东台	江苏铁路工程公司	1998.6	1999.10.30
9	十二	DK318 +000 – DK339 +700	21.70	东台、海安	铁一局	1998.6	1999.10.30
10	铺架	DK159 +569 – DK272 +210 DⅡK283 +956 – DK294 +200	122.90	阜宁、建湖、城区、开发区、盐都、大丰、东台	第十九局	1999.6.22	1999.12.30
		DK294 +200 – DK327 +295	33	东台	铁一局	1999.12.30	2000.4.19
11	通讯	DK159 +569 – DK272 +210 DⅡK283 +956 – DK291 +750	120.40	阜宁、建湖、城区、开发区、盐都、大丰、东台	铁十三局	1999.5.1	2002.9.30
		DK291 +750 – DK327 +295	35.50	东台	铁四局	2000.11.1	2002.9.30
12	信号	DK159 +569 – DK272 +210 DⅡK283 +956 – DK291 +975	120.60	阜宁、建湖、城区、开发区、盐都、大丰、东台	铁二十局	1999.9.10	2002.9.15
		DK291 +975 – DK327 +295	35.30	东台	铁五局	2000.3.1	2002.9.15
13	电力	DK159 +569 – DK272 +210 DⅡK283 +956 – DK288 +050	116.70	阜宁、建湖、城区、开发区、盐都、大丰	铁十一局	1999.6.1	2002.9.15
		DK288 +050 – DK327 +295	39.20	大丰、东台	铁三局	2000.5.20	2002.9.15
14	给排水	阜宁车站： DⅠK172 +060 – DK173 +700	1.64	阜宁	铁四局	2000.1.1	2002.9.30
		建湖车站： DK191 +500 – DK193 +050	1.55	建湖	铁十九局	–	–
		庆丰车站： DK201 +550 – DK202 +750	1.20	建湖	铁十九局	–	–
		盐城北站： DK222 +000 – DK224 +200	2.20	城区	铁十一局	–	–
		盐城车站： DⅡK232 +200 – DⅡK234 +000	1.80	城区	铁十一局	–	–
		大丰车站： DⅠK260 +400 – DⅠK261 +850	1.45	大丰	铁十三局	2000.3.1	2002.9.30
		东台车站： DK294 +200 – DK295 +900	1.70	东台	省铁工程公司	–	–
		富安车站： DK318 +200 – DK319 +500	1.30	东台	铁一局	–	–

说明：铺架、通讯、信号、电力、给排水里程已扣除兴化段

第二节 连盐铁路盐城段

连盐铁路为沿海铁路大通道的重要组成部分，正线长234公里，设计速度为200公里/小时（平面预留250公里/小时）。全线主要的工程量包括11个车站，特大桥、大中桥90座，桥梁比63%，全线永久征地1006.67公顷，拆迁量约60万平方米，总投资约259.80亿元，计划2011年开工建设，建设工期为三年半。设计通过能力为：连云港至盐城段客车46对/日、货运8750万吨/年。连盐铁路可研报告于2010年7月30日获国家发改委批准，12月26日铁道部和江苏省联合举行了开工动员大会。盐城市境内正线长约105公里，总投资约105亿元。铁路经过响水、滨海、阜宁、射阳、建湖五县和亭湖区，在盐城北站与新长铁路接轨，在盐城市境内设响水、滨海、阜宁东、射阳四个车站，滨海、阜宁东两个车站还设有货场。新建连盐铁路为全立交、电气化，具备开行动车组条件。沿线征地拆迁前期工作已稳步向前推进。

2010年11月25日市交通运输局副局长、党委副书记、市铁路建设办公室主任潘进山（中）等一行在建湖县冈东镇调研连盐铁路拆迁户安置小区建设情况

第六章 民用航空

1984年,国务院和中央军委批准盐城机场(2007年11月改称盐城南洋机场)为军民合用机场。盐城市政府为发展盐城的航空事业,1985年12月成立盐城市民用航空营业处。1988年盐城市政府与中国联合航空公司合作,成立中国联合航空公司盐城公司,后更名为江苏盐城联合航空公司。1999年底建成盐城民航站。2000年3月29日正式开通民航国内航班,2004年4月8日开通至汉城(首尔)国际临时包机(2009年为定期航班)。2005年,盐城市委、市政府申报建设国家航空一类口岸,获准后,盐城市政府办公室成立了盐城机场航空一类口岸工程建设指挥部,具体负责工程建设,2008年12月建成,并通过竣工验收。2009年4月9日盐城南洋机场航空一类口岸对外开放使用。自1986年盐城市政府与南京军区空军合作,盐城民用航空恢复通航,至2010年,盐城相继开通北京、南京、上海、南通、徐州、温州、三亚、佛山、惠州、广州、长沙、昆明、桂林、大连、哈尔滨、香港和首尔等国内、国际和地区航线,为改善盐城投资环境促进经济社会发展起了重要作用。2010年盐城民航旅客吞吐量19.13万人,货邮吞吐量1615.20吨。

第一节 场 站

一、机 场

1984年6月2日,江苏省人民政府正式向国务院、中央军委呈报《关于要求在盐城市开辟民用航空线的请示报告》,同年8月30日,国务院、中央军委以国发〔84〕113号文件,批准盐城空军机场为军民合用机场。

1988年,盐城市政府筹集资金200万元,在盐城机场跑道北侧,征地0.67公顷,新建一座候机楼,建筑面积为1664平方米。候机大厅可供200人同时候机。

1991年又征地0.47公顷,在候机楼西侧新建停车场2000平方米、武警宿舍300平方米、特种车库200平方米,产权为地方政府所有,由盐城联合航空公司管理。为了便于联航运输机的停放,是年又在机场飞行区滑行道边新建4000平方米停机坪,水泥混凝土厚度为0.16米。因在机场飞行区区域内建设,所以产权为部队所有。盐城市政府筹资257万元,改建市区至机场道路专用线,改建段全长3.24公里,路基宽20米,路面宽9米。

1992年盐城市政府筹资2600万元对机场扩建改造,即:将原长2200米、宽50米、厚0.16米水泥混凝土跑道加厚0.26米~0.28米;拆除原滑行道东侧的一仓道面,贴其边新建宽18米、长2280米、厚0.32米的水泥混凝土滑行道和联络道。将原有联航停机坪水泥混凝土加厚0.26米,并由原4000平方米扩至9600平方米;原有滑行道及军用停机坪水泥混凝土加厚0.28米,新建部分厚0.32米;在跑道两端各增设长60米、宽50米、厚0.18米沥青混凝土过渡道面。整个扩建工程从1992年8月20日开工到12月28日竣工,至1993年盐城机场的航行保障设施基本完善。

二、航　　站

1996年12月27日，江苏省计划与经济委员会及民航华东管理局就盐城军民合用机场恢复筹建盐城民航站正式批准立项后，盐城市政府自筹资金1.2亿元，对盐城机场进行了部分改造。1997年12月1日，成立盐城民航站工程建设指挥部，负责项目建设工作。盐城民航站由民航华东机场建筑设计研究院按4C级标准、年旅客吞吐量30万人的规模设计。新征土地16.75公顷，拆迁40户。1998年上半年完成“三通一平”和工程建设的招投标。同年7月12日正式破土动工，经过400多天的紧张建设，共建造11个单体建筑，包括航站楼、航管楼、办公楼、消防楼、货运处、给水站、变电站、食堂浴室、特种车库、单身宿舍楼等，共1.20万平方米。候机楼建筑面积4340平方米，新建了比较完善的航管、通信、导航、气象、机务、运输、安检、供电、供水等系统。整个工程于1999年10月竣工，经盐城市政府组织预验，评定该工程为优良。嗣后由中国民航飞行校验中心“国王—350”飞机对全向信标台/测距仪、仪表着陆系统及助航灯光进行飞行校验，一次校验合格，并由民航江苏省管理局组织了初验，整体工程定为优良。随后由南方航空公司波音737—500型飞机进行试飞，也获得圆满成功。2000年1月25~26日，由民航华东管理局和江苏省建设委员会共同组织召开了盐城机场民航站工程国家验收会议，提交验收的21个单项工程全部合格。其中航站楼等17个单项工程质量优良，总体定为优良工程，同意投入使用，并颁发了国家验收证书，民航总局也颁发了军民合用机场民用部分使用批准书，27日举行了竣工典礼，2000年3月29日正式开通民航航班。2004年2月12日，中华人民共和国海关总署应盐城市政府申请下发署办函〔2004〕27号文，同意飞行盐城－汉城（首尔）的中国籍临时客包机在盐城机场出入境。此后对现有候机楼进行国际流程改造，由民航华东机场建筑设计研究院设计，建筑面积2172平方米，其中国际国内共用部分1107平方米，海关、边检、商检部门按规范要求驻场办公，3月31日，通过民航华东地区管理局和江苏省口岸办公室（以下简称口岸办）联合验收，于4月8日正式开通盐城—汉城（首尔）临时包机航班。

为进一步发挥盐城机场对地方经济和社会事业的拉动作用，自2005年起，市委、市政府申报建设国家航空一类口岸，2006年6月30日，盐城机场经过国家16个部委、38个司局的审核批准，最终由温家宝总理签字同意将盐城机场航空一类口岸列入国家“十一五”口岸发展规划，是年7月13日，中华人民共和国海关总署署岸函〔2006〕213号文件明确，盐城机场国家航空一类口岸项目正式列入《国家“十一五”口岸发展规划》，委托上海民航新时代机场设计研究院有限公司进行工程设计。2007年3月20日，盐城市政府办公室成立了盐城机场航空一类口岸工程建设指挥部（盐政办发〔2007〕32号），盐城市副市长周古城任总指挥，市政府副秘书长张洪达、市交通局局长管亚光任副总指挥，成员由市发展和改革委员会（以下简称发改委）、市财政局、市建设局、市规划局、市国土局、市公安局、盐城海关、盐城出入境检验检疫局、市交通局、市土地储备交易中心、盐城公安边防支队、亭湖区政府、南洋镇政府、驻场空军三团、盐城民航站的主要负责人组成。指挥部下设办公室，管亚光兼任办公室主任，仇筱云、崔花、张健兼任办公室副主任。2007年5月9日，民航华东地区管理局和市发改委正式批准候机楼改造工程初步设计；2007年6月13日，盐城机场航空一类口岸工程建设指

2004年4月8日，盐城—汉城首航仪式

挥部办公室决定（盐空指办〔2007〕4 号），设立工程建设处、招标投标处、财务审计处、综合处等职能机构，具体负责口岸建设各项工作。2007 年 7 月 4 日，中华人民共和国国务院以国函〔2007〕66 号函复，同意江苏盐城航空口岸对外国籍飞机开放。为加快口岸建设进程，2007 年 8 月 6 日全面启动盐城机场航空一类口岸工程建设，以候机楼改扩建工程为代表的口岸工程项目正式动工兴建。

口岸工程分为近期建设和中期建设两个阶段。近期建设主要完成以满足口岸开放条件为主的航站区项目，即：新扩国际候机楼 8760 平方米，改扩建后候机楼面积达 1.31 万平方米；新建联检综合办公楼 7448 平方米；新建边防小区 9800 平方米；新建国际货运仓库 2800 平方米，同时建设消防水池、泵房、车库、食堂、训练场地、污水处理等附属设施，并对站区绿化、亮化进行改造。工程总投资约 2 亿元。

候机楼改扩建工程　盐城南洋机场原有候机楼建筑面积 4340 平方米，新建候机楼在不改变原有候机楼建筑结构的基础上向四周扩建，新楼将旧楼囊括其中，外观设计风格一致。扩建长度分别为：东侧 80 米，建筑面积用于国际候机，西侧 10 米，陆侧 4.13 米，空侧 3.57 米。建成后候机楼总长度 150 米，总宽度 53 米，一层半式结构，屋顶最高点 17 米，候机楼扩建后总建筑面积 1.31 万平方米。候机楼采用全新的钢结构屋面和幕墙玻璃整体包装，呈现出简洁、明快、通透的外观效果。改扩建以后的候机楼国际国内候机完全分开，并形成各自独立的进出港流程。停机坪机位 3 个，机位组合 3C，其中近机位登机桥 1 座。上海民航新时代机场设计研究院有限公司和盐城市建筑工程设计院分别承担了本项目的初步设计和施工图设计工作。

2007 年 3 月 20 日、4 月 5 日民航华东地区管理局、盐城市发改委分别对候机楼初步设计进行了评审，并形成了行业审查意见和会议纪要；5 月 9 日，民航华东地区管理局和市发改委正式批准候机楼改造工程初步设计；7 月 18 日通过施工图审查，同时，组织工程总承包施工招标。盐城二建集团中标承担候机楼改造工程总承包施工。通过公开招标，浙江东南网架有限公司、深圳市瑞华建设有限公司、上海蓝天房屋装饰工程有限公司、民航成都第二设计院分别承担了候机楼改扩建工程的土建、钢结构、幕墙、内装修和弱电专业工程施工任务。8 月 6 日以候机楼改扩建工程为代表的口岸工程项目正式动工兴建。在土建施工期间，组织了钢结构屋面、幕墙、内装修的图纸设计，确定各大专业施工单位，落实施工方案，并对电梯、空调、灯具、洁具、民航专业设备设施进行公开招标和竞争性谈判。2007 年 12 月土建部分通过验收。

2008 年 3 月 10 日钢结构工程通过验收，5 月底候机楼改扩建工程国际流程全部竣工，6 月 6 日通过省口岸办组织的口岸开放省级预验收，6 月 17 日通过民航华东地区管理局质量监督总站组织的民航专业工程验收，6 月 19 日通过工程竣工验收和消防验收，7 月 1 日通过民航江苏安全监督管理办公室（以下简称监管办）组织的试运行行业验收，7 月 7 日正式试运行。11 月底国内流程内装修全面竣工，12 月 12 日国内流程改造全面完成并通过竣工验收，12 月 25 日通过民航华东地区管理局组织的行业验收。工程中标合同总价 1.10 亿元。改扩建后，候机楼业务流程合理流畅，查验及办公区域和办公设备设施满足民航规范和联检部门的查验需要。

联检综合楼

联检综合楼工程　联检综合大楼是盐城南洋机场口岸工程中主要设施之一，集海关、出入境检验检疫、国家安全、口岸和民航站办公区域于一体，主要为国际航班服务，实行报关、办证、检验检疫等现场办公。该楼为5层框架结构，建筑面积7448平方米。概算总投资3180万元。2007年6月11日，市发改委批复立项，由盐城市建筑设计研究院承担施工图设计，2007年11月27日通过施工图审查，2007年11月28日组织招投标报名，土建工程由盐城二建集团中标。2007年12月18日土建工程正式开工。2008年7月18日主体工程通过验收。2009年5月20日竣工，工程中标合同总价3200万元。

国际货运仓库工程　国际货运仓库是盐城南洋机场口岸工程中配套设施之一，该工程为2层框架结构，建筑面积2820平方米。2007年6月11日，市发改委批复立项，由上海民航新时代机场设计研究院有限公司承担施工图设计，2008年4月1日通过施工图审查，2008年3月26日组织招投标报名，土建工程由南通华新建工集团中标建设，2008年4月8日开工建设。2008年11月15日通过竣工验收，2008年12月25日通过民航专业工程验收。工程中标合同总价550万元。

国际货运仓库

边防小区工程　边防小区是盐城南洋机场口岸工程中主要设施之一，为边防总队勤务中队的营房和办公区，位于盐城市亭湖区南洋镇新洋村境内，营区面积占地约1.53公顷（规划用地1.67公顷），绿化率41%，容积率0.36，建筑密度为11.10%，主体建筑面积5948平方米，主要由边防办公楼、勤务中队综合楼等组成，其中边防办公楼为5层框架结构，建筑面积3373平方米，勤务中队综合楼为3层框架结构，建筑面积2675平方米，附属设施主要有营区围墙、道路、值班室、锅炉房、训练场等。2007年6月11日，市发改委批复立项，由盐城市第二建筑设计研究院承担设计。边防小区平面规划、营房和办公楼设计方案于2008年3月28日通过省边防总队的确认。6月，边防小区土建工程竣工，外墙装饰全部结束，内装工程全面启动，整个工程于2008年年底竣工。工程中标合同总价1822万元。

站区绿化亮化工程　在全面启动航空一类口岸工程建设的同时，市委、市政府对航站区绿化亮化设施及布局进行了局部调整，按照窗口服务形象和现代城市两个方面的要求，对机场绿化、亮化进行功能定位。在满足机场外部空间服务管理功能需要的基础上，以绿色植物景观为主体、以现代景观设施为亮点，着力打造环境空间疏朗自然、设计风格现代简约、景观设施配套齐全的机场环境。亮化工程在满足照明亮度的情况下，采用冷光源，辅以高杆路灯、庭院灯、草坪灯、树林射灯、地理投射灯等形式，按照变幻、有序的理念，诠释多元、活力的窗口形象。绿化面积9.70万平方米，绿化率57%。

盐城南洋机场航空一类口岸工程，2008年6月6日，通过了江苏省口岸办公室主持的盐城南洋机场航空一类口岸对外开放预验收，市委常委、常务副市长陈正邦，市人大常委会常务副主任周古城，市政府副秘书长张洪达，市交通局局长管亚光等陪同验收。7月7日盐城南洋机场候机楼改扩建工程国际部分投入试运行。12月11日，通过了由建设、规划、设计、承建、监理等单位组成的验收组对盐城南洋机场候机楼改扩建工程、国际货运仓库工程竣工验收。12月12日，盐城南洋机场候机楼改扩建工程国内部分（改建）投入试运行。12月25日，通过由国家口岸办、公安部、国家质检总局、民航总局、总参谋部、盐城市政府及相关部门、驻苏查验单位、驻场部队代表组成的国家验收组的口岸验收,盐城市市长介绍了盐城经济社会发展情况,国家验收组组长、国家口岸办常务副主任、海关总署办公厅副主任刘学新和市委常委、常务副市长陈正邦等分别在《江苏盐城航空口岸对外开放验收纪要》上签字。市人大常委会常务副主任周古城,省有关部门和部队负责同志参加验收。验收组认为:盐城南洋机场对外开放前的各项准备工作已经就绪,已具备对外开放的条件,同意盐城南洋机场对外开放,这标志着盐城南洋机场从此跻身一类对外开放航空口岸,盐城市就此成为江苏唯一、全国第十个同时拥有空港、海港一类开放口岸的地级市。12 月 25 ~26 日,通过由民航华东地区管理局、市政府及相关部门、民航江苏监管办、江苏省航空产业办公室及工程设计、建设、监理、质监、盐城民航站等单位组成的行业验收组对盐城南洋机场候机楼改扩建等工程进行行业验收,验收工作由民航华东地区管理局组织进行,民航华东地区管理局副局长肖立元,盐城市委常委、常务副市长陈正邦,副市长丁建奇等领导参加了会议并在会上作了重要讲话。民航江苏监管办、江苏省航空产业办公室以及工程建设、设计、监理、质监等方面的代表参加了验收。验收组听取了工程设计、施工、监理、质监单位的工程建设情况汇报,并根据国家的现行标准及规范进行了现场检验。验收组认为:盐城民航站候机楼改造及货运仓库工程建设符合批复的规模和国家及民航有关标准和规范要求,国内、国际进港、离港流程基本合理。各系统及设备试运行正常,工程档案资料基本齐全,满足运行使用条件,原则同意通过民航行业验收(民航华东函〔2008〕279 号)。这标志着盐城南洋机场按照国家航空一类口岸要求建设的候机楼、货运仓库等工程已得到民航行业的认定,为下一步对全世界宣布开放创造了必备的条件。

三、设　　施

盐城南洋机场由盐城供电局提供两路 10 千伏电源,电缆直埋引入机场中心变电站,两路电源同时供电互为备用,并配备一台 484 千瓦柴油发电机作为重要负荷的备用电源。由盐城电信局提供不同方向的双路有线通信线路,互为备用,以保证有线通信畅通。拥有地空甚高频 6 台、自动转报机 1 台、多声道语音记录机 1 台,内通调度系统 1 套,拥有有线和无线通信、民航数据 ATM、信息控制、宽带网络等通信系统,拥有仪表着陆系统、多普勒全自动信标等导航系统。机场设给水站,水源由南洋自来水厂供给,水压为 2. 50 千克/平方厘米,管径 200 毫米。给水站设有泵房、加氯间、配电间及贮水池,泵房为生活、消防合用,生活用水每天供水量为 97 立方米,消防供水量每秒为 100 升。根据航站规模和开航初期航班量较少的实际情况,盐城民航站自 2000 年 3 月 29 日开航至 2001 年底,与南京军区空军达成协议,航空煤油由南空代供,供油设施利用驻盐城空军现有设施,航站自备 8000 升和 2 万升加油车各一辆。从 2002 年 1 月开始,由中航油江苏分公司供油。2002 年 7 月,自建简易油库一座,储量 80 立方米,从中航油购油。2007 年 8 月 10 日航站供油系统划归中航油江苏分公司,由其直供。为保障民航班机的正常飞行,在现有跑道道面上配置民航助航灯光一套,包括跑道边灯、滑行道边灯、跑道中线灯、跑道入口末端灯、入口翼排灯等,在跑道主降方向(西侧)配置 1 类精密进近灯光系统一套(含顺序闪光灯〕,在跑道次降方向(东侧)配置简易进近灯光系统一套。跑道长 2200 米,滑行道 1700 米。停机坪 9600 平方米,停机位 2 个,许可维修机型 B737 –300/500、CRJ –200、DON –328,可保障波音 –737、麦道 –82、空客 320 及以下机型全载起降。

2008 年扩建后的候机楼拥有登机桥系统:旅客登机桥(接机部位)1 台,固定廊桥 1 座。行李处理系统:离港 2 套(国际厅 1 套、国内厅 1 套);进港 2 套(国际厅 1 套、国内厅 1 套)。X 射线安全检查设备:A、国际厅:X 射线安全检查设备 5 台,X 射线液态安检仪 1 台。B、国内厅:X 射线安全检查设备 4 台,X 射线液态安检仪 1 台。金属武器探测门:国际厅 4 台,国内厅 2 台。公共标识和标志:119 个标识灯箱,93 块标志牌,21 个显示屏支架,10 个电话亭,3 个龙门立柱架,10 个值机柜台。监控终端摄像机共 63 台(国际厅:球机 21 台、定焦机 8 台;国内厅:球机 11 台、定焦机 21 台、枪机 2

台)。显示终端为 PDP 显示屏 24 块(国际厅 11 块、国内厅 13 块)。航班信息显示 4 个频道分别为:国内和国际进港航班、国内和国际出港航班,自办节目 2 个频道。系统通过同航显系统的接口软件,可实时收到并发送楼内动态航班信息。自动语音播放和人工广播系统,采用汉语、英语、韩语 3 种语种,播音时可任意自由选择;广播终端扬声器共 128 个(国际厅 67 个,国内厅 61 个)。安检信息管理系统终端 14 台(国际厅 7 台、国内厅 7 台),摄像机 25 个(国际厅 14 个、国内厅 11 个),拾音器 10 个(国际厅 5 个、国内厅 5 个)。离港系统离港终端 18 台(国际厅 10 台、国内厅 8 台);盐城南洋机场货运仓库监控、安检系统主设备配置了矩阵主机 1 台、硬盘录像机 3 台、监视器 4 台,系统终端设备配置了球形摄像机 6 台、定焦摄像机 14 台、枪式摄像机 10 台。安装了国际双通道 X 光机(CMEX－D8380)1 台;国内双通道 X 光机(CMEX－D838O)1 台;金属武器探测门(CEIA HI－PE MULTIZONE)2 台。

第二节　航线网络

1986 年 4 月 29 日起,南京军区空军使用里 2 型飞机,开通南京—盐城—上海航线,每周二、五各飞 1 班。1988 年 10 月 1 日起因飞机陈旧缺少航材而停航。

1988 年 11 月 11 日起,中国联合航空公司用子爵号飞机(以后使用伊尔 18 型飞机),开通盐城—北京航线,每周五飞行 1 班。

1991 年 3 月 5 日起,中国联合航空公司使用伊尔 18 型飞机(以后使用过三叉戟、图 154 等型飞机),开通北京—盐城—佛山—盐城—北京航线。1994 年 2 月 21 日起,又开通盐城—惠州航线。2000 年 3 月 29 日起联航航班停飞。

2000 年 3 月 29 日盐城民航站正式通航,由南方航空(集团)公司广西航空有限公司(以下简称南航广西公司)波音 737－500 飞机执飞广州—盐城—北京航班。5 月 31 日,盐城—广州航线延伸至桂林,每周 2 班。

2001 年 3 月 5 日～10 月 28 日,盐城—广州航班中途加降南通,班期调整为每周二、四、六。盐城—北京航班为每周三、六;10 月 28 日后,广州—盐城—北京航班仍恢复为每周三、六。

2001 年 10 月～11 月,由中国国际航空公司内蒙古分公司 BAE—146 飞机执飞盐城一上海航班,班期为每周四、日,共飞 8 班,后因该公司运力调整及客源少等原因而停飞;2001 年 10 月 28 日～2002 年 3 月,由南航广西公司 B－737 飞机执飞广州—盐城—徐州—北京航班,班期每周三、六。

2002 年 4 月～10 月,由南航广西公司执飞的盐城—广州航班,中途加降南通。班期为每周二、五、日。2002 年 11 月～2003 年 3 月,班期调整为每周一、四、六。盐城—北京航班由山东航空公司 CRJ－200 飞机执飞,班期为每周二、四、日。2002 年 8 月～9 月,盐城—上海航班由新疆航空公司 ATR－72 飞机执飞,班期为每周一、四、六,后因客源少停航。

2003 年 4 月～10 月,盐城—南通—广州航班,仍由南航广西公司 B－737 飞机执飞,班期为每周二、四、六,11 月,改为每周三、五、日。盐城—北京航班仍由山东航空公司 CRJ－200 飞机执飞,5 月份因防"非典"停航一个月。11 月后改由海南航空公司 DON－328 飞机执飞,班期为每周一、三、五、日。

2004 年 4 月～10 月,盐城—南通—广州航班,仍由南航广西公司 B－737 飞机执飞。班期调整为每周二、四、六,11 月份后又改为一、三、五、日。2004 年 4 月 8 日起,开通盐城—汉城(首尔)临时包机航班,由东方航空公司江苏分公司 A－320 飞机执飞,班期为每周三、六。

2009年6月19日，江苏省省长罗志军（中）在香港出席开通香港—盐城航班剪彩仪式，并为香港—盐城航班开通剪彩

2005年3月28日，首开盐城—温州航班，由海南航空公司DON－328飞机执飞，班期为每周一、三、五。盐城—北京班期为每周二、四、六。盐城—广州航班改为每天1班。盐城—汉城（首尔）班期未变。是年12月22日，开通盐城至韩国汉城（首尔）国际航空货运业务。

2006年保持盐城—北京、盐城—南通—广州、盐城—温州航班未变，盐城—汉城（首尔）班期调整为每周一、四。

2007年3月27日，盐城—北京航班改由中国国际航空公司B－737飞机执飞，班期为每周二、四、六。盐城—广州航班每天1班。盐城—汉城（首尔）班期未变。

2008月3月30日，盐城—北京航班改为每天1班。盐城—广州航班每天1班。盐城—汉城（首尔）班期未变。7月2日～10月25日开通了桂林—盐城—大连季节性航班，由南航波音737飞机执飞，班期为每周三、六。

2009年1月6日，开通昆明—盐城—哈尔滨航班，由东方航空公司云南分公司波音737飞机执飞，班期为每周二、四、六。6月20日开通香港航班，由东方航空公司空客320飞机执飞，班期为每周一、五。7月23日，首架新加坡航班号为VPCKD的香港公务包机直航盐城南洋机场。

2009年7月23日，首架新加坡航班号为VPCKD的香港公务包机直航盐城南洋机场

2010年，盐城—北京航班每天1班，盐城—广州航班每天1班，盐城—首尔航班每周2班，盐城—香港航班每周2班，盐城—长沙—昆明航班每周3班。（盐城民航站发展纪实详见专记七）

第三节　安全保障

一、治安保卫

经盐城市机构编制委员会和江苏省公安厅批准，2000年3月8日盐城市公安局机场分局（以下简称公安机场分局）正式成立，正科级建制，为盐城市公安局派出机构，核定编制10人。机场通航初期实配4人，其中局长1人，副局长1人，干警2人。公安机场分局除履行地方县级公安机关的执法权限外，还履行以下职责：根据民用航空安全保卫方面的法律、法规、指示、命令，制定机场安全保卫方案并认真执行；负责机场范围内的治安管理工作；维护机场控制区秩序，制发、管理机场控制区通行证件；对机场安检部门业务工作实施指导、监督，依法审查处理安检查出的嫌疑人员和违禁物品；对机组送交的扰乱航空器内秩序的人员进行审查处理；负责指导机场内的消防工作；参与对

劫机等非法干扰事件和飞行事故的应急处理和调查;承办上级民航公安机关交办的其他有关航空安全事宜等。盐城民航站通航初期,业务量不大,人员相对较少,内部保卫工作设兼职保安员2名,门卫1名,隶属公安机场分局管理。2005年3月,根据市政府〔2005〕8号《专题会办纪要》精神,市公安局增派保安员8人专门值守飞行区4个道口,履行机场保安职能。2008年,航站成立治安保卫科,编制2人,履行内保职能。

二、安全检查

1999年12月,经民航华东地区管理局、民航江苏省管理局批准,设立盐城民用航空安全检查站(以下简称安检站)。安检站有X射线安检设备5台、金属武器探测门3台、手持金属探测器8个、防爆罐2个。根据民航江苏省管理局公安局的安排,安检站先后两次组织人员前往上海民航中专、南京禄口机场进行了安检理论的学习和现场操作实习,经考核全部通过,持证上岗。2001年1月21日,盐城民航站获民航总局颁发的民用航空安全检查许可证。为保障航空运输安全运行,安检站严格执行航空运输安全检查的有关法律、法规,认真履行安全检查的职责。2001年美国发生"9·11"事件后,为增强空防安全的可靠性,安检站采取多种措施,加大安检力度,调高安全门的灵敏度,增加开包(箱)检查率,强化道口的监护和隔离区的巡查,严格登机手续等。2006年完成安全专项Ⅰ类项目整治,累计投资391万元。2010年4月15日通过民航华东地区管理局组织的航空保安审计。2010年12月3日通过航空保安后续审计。

三、消防保障

盐城民航站在飞行保障区内设一座消防站,按五级消防配置,建有消防楼一座和训练场地及3个消防车位,并在消防站内设有消防报警装置;航站区消防系统含有消防泵房、消防水池、消防专用输水管线、站坪消防供水管线和消火栓;站区内航站楼、航管楼等重要设施,根据防火分区和主要功能的不同,分别设置感烟探头、火灾自动报警系统、自动喷水灭火系统和卤代烷(1301、1211)灭火系统,以及室内消火栓并配自救水喉、自动报警与消防联动控制系统等。盐城民航站拥有进口消防车和国产消防车各1辆,主要用于飞行区消防,配有5名专职消防人员,业务归机务科负责,公安机场分局指导。2008年配备登机桥1座、扫雪车1辆、行李拖车1辆、飞机牵引车1辆。

四、医疗救护

盐城民航站通航时即成立了医务室,地点先设在机务科,后移至候机楼内。根据当时航班少、旅客流量不大的实际需要,医务室暂配医务人员2名,其中医生1名,护士1名,与市港口集团医务室签订医务人员使用协议,在航班保障期间履行医务职责。医务室配有常用的急救药品和必须的急救器材及救护车1辆。遇有突发事件需医疗急救时,由该室先行处理,并按应急救援预案迅速与盐城市救护总站和有关协议医院取得联系,同时派员协助做好伤员救护工作。2001年1月,盐城民航站制订并上报了《盐城机场国内航空卫生检疫预案》,使之在盐城市人民政府宣布实行交通卫生检疫突发事件时,航空检疫能及时有效地开展。

五、应急救援

多年来,盐城民航站健全应急机制,完善制度体系,强化人员培训,开展实战演练,提升应急能力,机场应急管理取得长足进步。2000年12月4日,市政府办公室按照民航总局令第90号《民用运输机场应急救援规则》的要求,成立了由分管副市长为组长的盐城机场应急救援领导小组,领导小组下设盐城机场应急救援指挥中心,作为其常设办事机构,成员由盐城民航站和部队场站领导及相关部门负责人组成。2010年8月15日,市政府制定下发了《盐城市处置民用航空器飞行事故应急预案》,使机场应急救援实现了统一指挥、分级响应、资源共享、整体联动。盐城民航站进一步制定完善了消防管理手册、残损航空器搬移程序、危险物质处理程序等制度,并经多次修改,编写完成了《机场应急救援手册》。

机场的应急救援演练由各部门共同合作完成,而机场内部的应急救援人员,上至总指挥下至指挥中心指挥员、消防、急救、公安、安检、场务、灯光等部门的人员是机场实施救援的主要力量。航站每年定期组织应急救援、消防、医疗救护等人员参加专业培训,有效提高员工的专业技能。航站已建立起一支能应对各种突发事件、适应现代化建设需要的高素质、专业化的危机应对管理队伍。

坚持桌面演练和综合演练相结合,保持与救援协作单位的常态联系和沟通,时刻处于备战状态。2008~2009 年航站连续开展奥运、国庆安保应急救援综合演练,市公安局、卫生局、盐城军分区、驻盐空军部队、消防支队、武警支队、南京边检站驻盐城执勤点、公安机场分局、市医疗协作单位、机场各部门等共 300 余人、50 余辆救援保障车辆参加了演练。2008 年盐城南洋机场荣获民航华东地区管理局“奥运安保先进集体”荣誉称号。2010 年 7 月 31 日,结合上海世博会及广州亚运会期间机场安保工作,成功举行了课题为“航空器爆炸物威胁”桌面演练,公安机场分局、中航油盐城供应站、航站各部门参加了演练,并邀请市交通运输局、盐城南洋机场边防检查站、市医疗协作单位现场观摩了演练,通过演练,进一步锻炼和提高了全市各救援协作单位对机场突发事件的反应和处置能力。

第四节 运 营

盐城民航为全市老百姓出行带来了方便

盐城南洋机场由于受周边机场较近和地方经济欠发达等多种因素的制约,航班较少、客源不足,经济效益不理想,需由市政府财政补贴才能维持航线航班的正常运营。2000 年 4~12 月民航主营收入 105.41 万元,财政补贴 210 万元。2001 年主营收入 110.75 万元,其他业务利润 4.86 万元,财政补贴 300 万元。2002 年主营收入 133.23 万元,其他业务利润 4.58 万元,财政补贴 370 万元。2003 年主营收入 123.95 万元,其他业务利润 13.13 万元,财政补贴 390 万元。2004 年主营收入 222.87 万元,其他收益 24 万元,财政补贴 1378.23 万元。2005 年主营收入 271.20 万元,财政补贴 1600.15 万元。2006 年主营收入 330 万元,财政补贴 1950 万元。2007 年主营收入 433 万元,财政补贴 1520 万元。2008 年主营收入 530 万元,财政补贴 2280 万元。2009 年主营收入 717 万元,财政补贴 2841.50 万元。2010 年主营收入 843 万元,财政补贴 3978.90 万元。

第五节　客货运输

一、联　　航

1985 年 12 月 13 日，成立盐城市民用航空营业处。1986 年 4 月 29 日，盐城市政府与南京军区空军合作开通民用航线，盐城民用航空恢复通航。1988 年 2 月 5 日，盐城市民用航空营业处改称中国联合航空公司盐城公司，后又改称“江苏盐城联合航空公司”，先后开通了盐城至上海、南京、北京、佛山、惠州等航线，2000 年 3 月联航班机停飞。1986 ~ 2000 年 3 月累计客运量为 12.70 万人。联航时期没有货运。

二、民　　航

2000 年 3 月盐城民航站建成开航后，已先后开通了盐城至北京、广州、上海、桂林、温州、长沙、昆明、三亚、大连、哈尔滨、香港和首尔等国内、国际和地区航班。同时办理国内航空货运业务，随着航班的增加和业务的拓展，航空货运量逐年上升。2000 年 4 月 ~ 2010 年 12 月累计客运量 75.37 万人，累计货运量 479.38 万公斤。

1986 年 ~ 2000 年 3 月联航航班量、客运量、客座率

表 68

年份	航　　线	机型	飞行架次(架)	客运量(人)	平均客座率
1986	盐城—上海	里 2	49	894	92%
	盐城—南京		58	978	95%
	上海—盐城		49	650	81%
	南京—盐城		58	397	42%
1987	盐城—上海	里 2	51	852	98%
	盐城—南京		58	939	100%
	上海—盐城		51	670	87%
	南京—盐城		58	300	45%
1988	盐城—上海	里 2	27	501	100%
	盐城—南京		28	513	90%
	上海—盐城		27	254	50%
	南京—盐城		28	315	63%
	盐城—北京	子爵号	7	292	100%
1989	盐城—北京	伊尔 18	32	2124	83%

续表68

年份	航　线	机型	飞行架次(架)	客运量(人)	平均客座率
1990	盐城—北京	伊尔18	61	4632	89%
	南京—盐城	运七	31	184	12%
	上海—盐城		30	688	46%
	盐城—上海		30	869	58%
	盐城—南京		31	466	30%
1991	盐城—北京	伊尔18	101	7938	93%
	盐城—佛山		44	3204	86%
	上海—盐城	运七	58	1534	53%
	盐城—上海		58	1776	61%
	上海—南京		13	492	76%
1992	盐城—北京	伊尔18	22	1633	87%
	盐城—佛山		18	1374	90%
1993	盐城—北京	三叉戟	71	6727	78%
	盐城—佛山	图154	71	4258	43%
1994	盐城—北京	图154	60	6750	82%
	盐城—佛山		51	4578	65%
	盐城—惠州		9	693	56%
1995	盐城—北京	图154	87	9557	80%
	盐城—佛山		48	4802	72%
1996	盐城—北京	图154	100	10608	77%
	盐城—佛山		50	4900	71%
1997	盐城—北京	图154	112	9265	60%
	盐城—佛山		39	3377	63%
1998	盐城—北京	图154	101	8550	61%
	盐城—佛山		51	4016	57%
1999	盐城—北京	图154	100	7657	55%
	盐城—佛山		89	4749	39%
2000.1-3	盐城—北京	图154	20	1035	38%
	盐城—佛山		20	1004	36%
合　计			2157	126995	

2000 年 4 月 ~2010 年民航航班量、客运量、货运量、客座率

表 69

年份	航线	架次	机型	旅客(人)							货邮(公斤)			出港载运率
				过站	出港	客座率	进港	客座率	合计	客座率	出港	进港	合计	
2000	北京	80	B737	699	6233	65.60%	5255	49.80%	12187	57.70%	4859	5449	10308	69.90%
	广州	80	B737	285	5143	51.40%	4556	43.10%	9984	47.30%	75976	35715	111691	50.90%
	合计	160		984	11376	58.50%	9811	46.45%	22171	52.50%	80835	41164	121999	60.40%
2001	北京	182	B737	438	5227	49.30%	4287	41.10%	9952	46.30%	13155	3179	16334	45.80%
	广州	266	B737	4564	5664	34.04%	4433	27.37%	14661	37.37%	91228	102634	193862	59.20%
	上海	16	BAE146		82	11.65%	97	13.78%	179	12.71%	0	0	0	6.85%
	合计	464		5002	10973	39.25%	8817	32.28%	24792	40.01%	104383	105813	210196	52.12%
2002	北京	284	CRJ200	617	5627	67.74%	5011	60.70%	11255	64.20%	8285	2473	10758	70.20%
	广州	286	B737	7573	5616	32.86%	5651	32.73%	18840	32.78%	88105	85668	173773	40.53%
	上海	18	ATR72		147	29.05%	44	8.55%	191	18.80%	0	0	0	22.08%
	合计	588		8190	11390	49.59%	10706	45.51%	30286	47.54%	96390	88141	184531	54.31%
2003	北京	268	CRJ200		4214	67.24%	3847	59.50%	8061	63.40%	588	3711	4299	67.30%
	广州	284	B737	6442	4603	24.50%	4438	24.34%	15483	24.42%	53617	54872	108489	27.74%
	合计	552		6442	8817	45.25%	8285	41.41%	23544	43.33%	54205	58583	112788	46.97%
2004	北京	448	DON328		5249	80.55%	5416	83.30%	10665	81.90%	742	1033	1775	80.70%
	广州	306	B737	7801	5506	28.14%	5072	25.79%	18379	26.96%	46694	60334	107028	30.77%
	首尔	146	A320		3387	30.09%	3349	30.03%	6736	29.57%	0		0	29.95%
	合计	900		7801	14142	54.54%	13837	55.12%	35780	54.75%	47436	61367	108803	55.48%

续表69

年份	航线	架次	机型	旅客(人)							货邮(公斤)			出港载运率
				过站	出港	客座率	进港	客座率	合计	客座率	出港	进港	合计	
2005	北京	270	D0N328		2822	72.08%	2675	68.30%	5497	70.20%	323	355	678	70.60%
	广州	332	B737	8213	5595	26.96%	5737	27%	19545	47.10%	47131	62533	109664	30.11%
	温州	222	D0N328		1047	32.53%	1081	33.58%	2128	33.05%	40	209	249	36.32%
	首尔	200	A320		5571	35.94%	5409	34.90%	10980	35.42%	13	0	13	35.90%
	合计	1024		8213	15035	41.82%	14902	40.87%	38150	47.86%	47507	63097	110604	43.25%
2006	北京	274	D0N328		2711		3034	76.3%	5745	72.3%	1463	2908	4371	68.6%
	广州	474	A319	13371	8160	68.24%	8939	27.77%	30470	47.05%	90916	68744	159660	69.46%
	温州	174	D0N328		718	66.33%	802	31.79%	1520	30.12%	112	0	112	28.51%
	首尔	204	A320		5974	28.46%	6973	43.78%	12947	40.64%	8239	44532	52282	38.03%
	合计	1126		13371	17563	37.49%	19748	43.10%	50682	49.41%	100730	116184	216425	57.24%
2007	北京	278	B737		8335	55.72%	7871	60.6%	16206	61.1%	16071	5702	21773	62.4%
	广州	676	A319	18415	12372	61.59%	12948	28.88%	43735	48.70%	134457	99491	233948	71.95%
	首尔	208	A320		6441	68.52%	7402	45.92%	13843	42.94%	15671	25281	40952	41.04%
	其他				103	39.96%	0	–	103	–	0	0	0	–
	合计	1136		18415	27251	–	28221	39.53%	73887	50.64%	166199	130474	296673	64.12%
2008	北京	622	B737		21361	61.75%	18371	47.6%	39732	51.5%	34133	6369	40502	56.4%
	广州	698	A319	16990	13574	55.39%	14070	31.04%	44634	49.31%	88898	380245	469143	69.87%
	首尔	192	A320		3524	67.58%	4119	27.68%	7643	25.68%	79619	6728	86347	29.62%
	大连	53	B737	1130	1688	23.68%	1430	32.41%	4248	48.23%	20	0	20	64.04%
	桂林	53	B737	1551	1340	64.04%	1286	29.54%	4177	47.58%	0	0	0	65.61%
	其他	10		146	325	65.61%	373	–	844	–	4663	4142	8805	–
	合计	1628		19817	41812	57.15%	39649	36.79%	101278	46.97%	207333	397484	604817	59.21%

续表69

年份	航线	架次	机型	旅客(人)							货邮(公斤)			出港载运率
				过站	出港	客座率	进港	客座率	合计	客座率	出港	进港	合计	
2009	北京	702	B737		29984	68.89%	27256	62.62%	57240	65.76%	397512	39878	437390	78.76%
	广州	688	A319	18713	16599	70.99	17607	35.54	52919	53.26%	140023	426279	566302	74.15%
	首尔	206	A320		4339	27.18%	5116	32.05%	9455	29.61%	35224	31150	66374	29.63%
	香港	112	A320		4022	46.34%	4115	47.41%	8137	46.87%	0	0	0	46.34%
	昆明	278	B737	4547	6013	57.21%	5741	31.08%	16301	44.14%	100992	30893	131885	63.26%
	哈尔滨	154	B737	4660	1636	61.59%	1567	14.79%	7863	38.19%	1102	417	1519	62.07%
	三亚	28	A319		1461	77.30%	1429	75.61%	2890	76.46%	34	242	276	75.66%
	长沙	0	B737		2183	26.88%	2080	25.61%	4263	26.24%	7433	412	7845	26.46%
	桂林	28	B737		681	28.78%	594	25.11%	1275	26.94%	10	0	10	28.79%
	温州	0	B737		258	10.90%	202	8.54%	460	9.72%	0	0	0	10.90%
	其他	20		257	151	85.04%	471	90.17%	879	83.47%	96	66	162	70.15%
	合计	2216		28177	67327	62.30%	66178	43.26%	161682	52.74%	682426	529337	1211763	67.27%
2010	北京	718	B737		33812	75.35%	32528	72.49%	66340	73.92%	492724	81787	574511	86.82%
	广州	612	A319	18433	17031	77.19%	19041	41.43%	54505	59.31%	271444	383054	654498	83.77%
	首尔	206	A320		8194	51.32%	9283	58.15%	17477	54.74%	21148	71095	92243	52.80%
	香港	210	A320		9817	60.32%	10266	63.08%	20083	61.70%	239	0	239	60.34%
	长沙	290	B737		6343	33.39%	6136	32.30%	12479	32.85%	23096	7245	30341	34.67%
	昆明		B737		7987	42.05%	8083	42.55%	16070	42.30%	208804	35172	243976	54%
	三亚	24	A319		1098	63.54%	1224	70.83%	2322	67.19%	557	70	627	63.90%
	其他	32		599	566	60.31%	895	46.25%	2060	53.28%	18461	289	18750	63.74%
	合计	2092		19032	84848	70.74%	87456	60.24%	191336	65.49%	1036473	578712	1615185	78.58%

第六节 服 务

1986 年~2000 年 3 月联航时期，主要为旅客提供售票、旅客地面运输、候机等服务，航行、通信、安检、机务等专业保障由驻场空军部队负责。2000 年 3 月 29 日盐城民航站建成通航后，机场服务保障工作全部由该站承担。

飞燕班组

为了塑造盐城航空窗口形象，创名牌服务，盐城民航站始终坚持以“顾客至上、以客为尊”的服务宗旨，确立以人为本的服务理念，创新服务手段，丰富品牌内涵，拓展服务渠道，体现行业特色，提出“三化、三心”和“二三四五”服务标准。即服务内容多样化，让旅客省心；服务流程标准化，让旅客放心；服务质量全优化，让旅客舒心。服务理念“二定位”（把自己当作旅客、把旅客当作亲人），服务过程有“三声”（来有迎声、问有答声、走有送声），服务技巧讲“四式”（主动热情式、亲切自然式、不温不火式和不卑不亢式），服务态度保“五心”（热心、细心、耐心、虚心和诚心）。除按常规售票外，还开展电话订票、上门送票、联程售票、预约服务、网上订票等业务，做到 5 分钟之内出票，市区内送票到门。按民航规定标准流程规范操作，坚持使用普通话和文明用语，微笑服务，统一着装，挂牌持证上岗。实行《服务承诺制》《首问责任制》《差错赔偿制》和《一诉查实待岗制》，做到承诺一项，兑现一项。抓住售票服务、航班服务、办公服务等每一个环节，积极开展“文明城市”“全国优秀旅游城市”“文明单位”“安全单位”“文明机关”“诚信民航”等创建活动，评选服务岗位明星，把民航站优质服务的热情、耐心、周到和温馨送到每一位旅客的心里。设立贵宾厅，建立 VIP 通道，提供个性化服务，设置了旅客咨询中心、航班动态自动显示屏、旅客咨询触摸屏、流动宣传栏、书刊架、IC 电话、茶水供应间、军人专座、老弱病残孕专座等便民服务设施，专人接待咨询和投诉。保持生产区、办公区、生活区和卫生包干区特别是候机楼、售票大厅整洁明亮，环境优雅。包干区域实行联责联保责任制，每天一小扫，每周一大扫，对韩国航班产生的生活垃圾进行焚烧，日常垃圾袋装化，实行无害化处理，始终保持环境卫生、整洁优美、环保达标。

荣誉证书

授予江苏省盐城民航站飞燕班组：

全国三八红旗集体荣誉称号

中华全国妇女联合会

2009年9月

于2004 年成立由盐城民航站从事售票、客货运、值机、安检等服务岗位上 25 位女职工组成的“飞燕班组”，确立“微笑服务、亲情服务和无差错服务”的三服务理念，为中外旅客提供安全、快捷、舒适、温馨的空中之旅。在 2007 年“微笑盐城人物”大型电视评比活动中以总分第一的成绩当选为“盐城微笑大使”。多次获得盐城市和江苏省"巾帼示范岗""五一劳动标兵岗"等荣誉称号，其先进事迹先后被《新华日报》《中国民航报》《盐阜大众报》《民航政工》、盐城电视台等多家新闻媒体报道，成为江苏交通知名服务品牌。

2007 年 4 月，中华全国总工会授予盐城民航站"全国五一劳动奖状"称号。连续多年获得盐城市文明单位和江苏省文明单位等荣誉称号。2009 年"飞燕班组"获全国妇联"全国三八红旗集体荣誉称号"。

专记七

鹰击长空　志在云天

——盐城民航站发展纪实

2007 年 4 月底，当盐城民航站崔花站长从市领导手中接过了分量很重的"全国五一劳动奖状"奖牌时，盐城民航人真是感慨万千，盐城民航从无到有、从小到大，直至列入国家"十一五"口岸开放规划，这一路走向辉煌的不平凡历程，凝聚了盐城民航人太多的艰辛和汗水。鹰击长空，志在云天。穿过风雨，盐城民航人把传奇的乐章写在蓝天上。让我们循着各界人士对盐城民航站的评说，一起来体会盐城民航人服务地方经济发展的拳拳之心。

国家民航总局杨元元局长说："江苏的盐城机场，在促进和服务地方经济发展方面，做出了重要的贡献。"

2003 年，盐城市委书记张九汉在盐城机场调研时，曾语重心长对航站干部职工讲："盐城机场要与时俱进，开拓创新，团结拼搏，奋勇争先，为全面建设小康社会，努力实现'两个率先'担当'先行军'"。航站班子牢记领导的嘱托，努力把各项工作定位在服务盐城经济发展上。2003 年 9 月为配合悦达集团引进韩国现代起亚集团投资建设"汽车城"，扩大盐城招商引资的影响力，盐城民航站积极向市委、市政府提出开通盐城—汉城国际临时包机航班，建成一类开放口岸。

在市政府分管领导和市交通局领导的带领下，航站一班人瞄准目标，紧盯不放，锲而不舍，把老区人民求发展的渴望，无数次地向各级领导诉说。国家有关部委的一个领导曾经说过："盐城机场开口岸，你们怎么想得起来的？真是笑话"。领导这样说是有道理的，当时的盐城机场无论从哪个方面来看都不具备开放航空口岸的条件，更何况盐城尚属经济欠发达地区，这在全国也没有先例。

盐城机场的口岸申报工作就像李白《蜀道难》所描绘的那样，"蜀道难，难于上青天"。然而，精诚所至，金石为开。盐阜老区人发愤图强、振兴经济的拳拳之心感动了国家有关部委的领导，盐城至韩国首尔临时包机几年运营的实绩和对地区产业结构调整的推动作用也证明了盐城人开放航空口岸不是空想。2006 年 6 月 30 日，盐城机场经过国家 16 个部委、38 个司局的审核批准，最终由温家宝总理签字同意，正式列入国家"十一五"口岸发展规划。2007 年 7 月 4 日，国务院批准同意盐城机场航空口岸对外国籍飞机开放。2008 年 6 月 6 日盐城航空口岸开放通过省级预验收，2008 年 12 月 25 日通过国家口岸办组织的国家验收，2009 年 2 月 21 中国人民解放军总参谋部批准同意盐城机场对外开放，并新辟国际航路，2009 年 4 月 9 日国家民航总局对全球公布盐城南洋机场航空口岸正式开放。至此，盐城机场成为江苏除南京禄口机场外，唯一对外国籍飞机开放的一类航空口岸。盐城也成为全国第 10 家同时拥有空港、海港两个一类开放口岸的地级市。

2006 年底，省委书记李源朝到盐城视察，一见到市委主要领导时就问"盐城到韩国航班运行如何?”经过2年多的运行,盐城民航以崭新的业绩向省领导交上一份满意的答卷。更令人欣喜的是,2004年4月8日开通的盐城—汉城国际临时包机航班,为东风悦达起亚汽车项目落户盐城和打造韩资密集区创造了基础条件,实现了与韩国起亚的的战略合作和与现代起亚、东风集团的战略重组,形成了年产45万辆的规模。东风悦达起亚集团目前已经成为江苏最大的乘用车生产基地和中国汽车生产的主流企业,合资生产的千里马、赛拉图、远舰、嘉年华、狮跑等经济型轿车项目,成为支撑盐城工业发展的中坚力量。目前已形成年产28万辆规模,年均上缴税金16亿元,占全市GDP总额的1.30%。年产45万辆规模达产后,仅整车厂每年就可实现销售收入500亿元,直接上缴税收50亿元左右,带来的就业将超过10万人。此外,该航班开通以来,各类韩资企业呈现快速增长势头,到2008年年底,有261家韩资企业落户盐城,一个现代化韩资密集区正在形成。2007年1月23日国家民航总局杨元元局长在全国小型机场管理座谈会上动情的说“江苏的盐城机场,在促进和服务地方经济发展方面,做出了重要的贡献”。

国航新闻发言人、市场部总经理张春枝说:“盐城民航人十分简朴,他们为航线航班付出了不懈的努力,他们的执著感染了我们。”

航线航班是一个机场的生命,没有航线航班,再好的机场也是水中月,镜中花。在策应盐城汽车工业发展的同时,盐城民航站始终把航线航班作为生命线工程来抓,并为此倾注了大量的心血。

盐城北京航班原由海航多尼尔328机型执飞,32座,每周3班,不能满足盐城经济社会快速发展和广大人民群众出行的需要,也与百万人口的城市发展不相适应。随着盐城经济的迅猛发展,2006年年初,市领导明确要求盐城—北京航班更换大飞机执飞,并在每周三班的基础上实现每周七班运行。对一个客源不足、经济薄弱的支线机场来说,更换大机型已是十分困难的事,飞成每天一班,更是难上加难。面对困难,民航人没有止步不前,而是客观冷静地分析现状,权衡比较各航空公司利弊,认定在航班进京时刻空前紧张的情况下,只有选择基地航空公司——国航,才能同时解决更换大机型加密航班的难题。国航是国内航空公司知名品牌,在运力、时刻方面有明显的优势,如果由国航执飞盐城北京航班,对飞好这条航线,改善盐城投资环境、加快对外开放具有十分重要的意义。

小机场与大航空公司打交道难度很大,每一条航线都是求来的。要么就是天价的航班补贴,让地方政府承受不了,要么就以运力时刻紧张为由不给你任何协商的余地。如何既开通航班,又减少补贴,这是摆在盐城民航人面前一个几乎无解的命题。崔花同志带着航线办的同志,踏上了北去的行程。第一次来到国航营销委办公室门前,营销委领导的秘书得知来人是盐城机场的,连通报都不通报,告诉崔花:“我们领导很忙,多少个省市的省长、市长来也没有时间见面”。言下之意就是你们破格约见领导是根本不可能的。遭人白眼,委屈倒在其次,连国航领导的面都见不到。还谈什么北京航班更换大飞机?市政府下达的任务必须完成!此时的崔花抱定一个信念,就是等!用老区人民纯朴的感情去敲开国航的大门。

她们为了不影响国航有关领导的工作,就在办公室门外的走廊上耐心地等,饿了吃方便面,渴了喝矿泉水,国航上班她们上班,国航下班她们下班。连续几天的苦苦守候,一片诚心终于感动了国航领导。面虽然见上了,但见面的结果令人沮丧,国航领导说:“飞盐城?我们没有考虑,至少5年之内不可能,你们的客源情况我们都知道,32座多尼尔还坐不满,能支撑一架737吗?还每天飞,过几年再说吧!”一盆冷水从头浇到脚,但是,崔花不气馁,不放弃,从2006年到2007年年初,十数次跑国航,想尽一切办法沟通协调,终于使得国航在非常情况下,决定执飞盐城—北京航班,2007年3月27日,盐城人上北京实现了大飞机的梦想。这以后,崔花带领航站一班人,克服重重困难,紧紧依靠市交通局,举全市交通之力做好北京航班促销工作。2008年3月28日成功实现每天一班运行。至此,盐城人“大飞机、飞北京、天天飞”的夙愿终于实现。国航新闻发言人、市场部总经理张春枝在接受盐城媒体采访时说:“盐城民航人十分质朴,她们为航线航班做出了不懈的努力,她们的执著感动了我们。”

民航华东地区管理局夏兴华局长说“盐城民航站领导高度重视安全，安全责任落实、安全措施扎实，安全保障水平有了较大的提高。”

按照国家有关“全民安全素质工程”要求，盐城民航站坚持以人为本，大力推进航站安全文化建设，积极倡导先进的安全理念，倡导建立无惩罚报告制度，切实提高广大干部职工安全意识和做好安全工作的自觉性，让安全成为航站文化发展的主旋律。在大力发展安全文化的基础上，针对民航工作的特点，按照“三落实”（落实到基层、落实到岗位、落实到人头）的要求，细化飞行安全、航空地面安全和空防安全的各项措施，航站主要领导与各分管领导及各部门签订安全生产责任状，各部门负责人根据航站领导要求和相关规定，与每一个职工签订了安全生产责任状，把安全生产目标层层分解细化责任，真正做到安全工作三落实。在落实安全责任的同时，航站千方百计加大安全投入，改善硬件设施，近年来用于安全专项整治的资金高达2000万元。为了让硬件更硬，软件不软，该站积极开展“监控法”活动，对航站重点部位进行排查，共列出监控点89个，各点明确监控责任人，形成全站安全监控网络。此举大大增强了各级干部和广大职工安全生产的责任心和自觉性。航站也被省交通厅评为推广“监控法”先进单位。在2007年1月民航华东地区管理局召开的行业工作会议上，民航华东管理局夏兴华局长在讲话中指出：“盐城民航站领导高度重视安全，安全责任落实、安全措施扎实，安全保障水平有了较大的提高”。

韩国游客说；“从韩国到中国的航班很多，但我愿意乘坐到盐城的航班，因为你们的服务很好，你们的微笑让人觉得亲切温暖！”

盐城民航站始终视旅客为上帝，不断丰富服务内涵，力争让每一位旅客满意，并在此基础上努力打造服务品牌，充分展示盐城民航人的时代风采。服务内容多样化，让旅客省心。除按常规售票外，还开展电话订票、上门送票、联程售票、预约服务和日常旅客服务等业务，对电话订票，做到5分钟之内出票，市区内送票到门。让旅客省心，并享受全天候服务。服务流程标准化，让旅客放心。各部门、岗位按民航规定标准、流程进行规范操作，创品牌，树典型，坚持使用普通话和文明用语，微笑服务，统一着装，挂牌持证上岗。实行《服务承诺制》《首问责任制》《差错赔偿制》和《一诉查实待岗制》，除了航站向社会公开服务承诺外，各部门也有相应的服务承诺，做到承诺一项，兑现一项，未发生有效投诉。服务质量全优化，让旅客舒心。抓住售票服务、航班服务、办公服务等每一个环节，积极开展“文明城市”“全国优秀旅游城市”“文明单位”“安全单位”“文明机关”等创建活动，创明星服务品牌，评选服务岗位明星，把民航站优质服务的热情、耐心、周到和温馨送到每一位旅客的心里。

在追求“三化”的同时，推出“二三四五”服务标准，服务意识和服务质量明显提高，赢得了旅客的高度赞誉。2005年9月8日，一位韩国客商见到盐城民航站“微笑天使、交通系统服务明星”秦莉，激动地让随行翻译对她说：“真高兴又来到盐城，上次来盐城时你给我留下很深的印象，从韩国到中国的航班很多，但我愿意乘坐到盐城的航班，因为你们的服务很好，你们的微笑让人觉得亲切温暖”。

（原载《盐阜大众报》2007年5月26日）　　（潘　晓）

第七章 港 口

1988年盐城市境内有内河港8个，它们分别是盐城市港务管理处、东台市港务管理处、大丰县港务管理处、射阳县港务管理处、建湖县港务管理处、阜宁县港务管理处、滨海县港务管理处、响水县港务管理处。从名称上看，它们是行业管理机构，而实际上并未从事行业管理，只是港口装卸企业。1989年盐城市城区在原陆上运输公司的基础上增挂盐城市城区港务管理处牌子，自此除郊区外盐城市所属7个县城及城区都设立了港务处。从20世纪90年代港口企业实行体制改革，到2010年基本上都改制为民营装卸企业，或外(地)资企业。如阜宁县港务处出售给港商改为金港实业公司，滨海县港务处改制为汇中港务公司，东台市、大丰市、建湖县、射阳县港务处改制为本县港务公司，响水县港务处于2008年12月破产后，不良资产被响水县交通投资公司收购。城区(后为亭湖区)港务处改制为路驰物流公司，盐城市港务处改制为盐城市港口集团。上述装卸企业和全市各乡镇作业区1988年共完成货物吞吐量1088.70万吨，1995年完成货物吞吐量1045万吨，2000年完成货物吞吐量795.07万吨，2005年完成货物吞吐量2169.89万吨，2010年完成货物吞吐量3054.50万吨。内河港有码头泊位559个，泊位岸线长2.33万延米。

盐城东濒黄海，海岸线长582公里，滩涂资源丰富，东西向河流入海口，及深水贴岸处，适宜建设海港。1988年，盐城市沿海已形成响水、射阳两个港口，共有500吨级泊位码头4座，泊位岸线长195延米，1000吨级泊位码头3座，泊位岸线长128延米；堆场面积3.45万平方米、仓库容积8000立方米；国内航线5条；装卸设备73台套；全年完成货物吞吐量248万吨。1999年，滨海港3个1000吨级泊位码头建成。2005年，大丰港一期工程1座2个5000吨级泊位码头竣工。至2007年盐城港已形成一港四区格局，即盐城港大丰港区、射阳港区、滨海港区、响水港区。2009年，响水港区2万吨级航道(拦门沙治理)、滨海港区10万吨级航道、射阳港区5万吨级航道(拦门沙治理)和大丰港区1座2个5万吨级(兼靠8万吨级)液体化工和植物油泊位码头，相继开工建设。2010年，大丰港区1座2万吨级(兼靠4万吨级)件杂货泊位码头及1座5万吨级(兼靠7万吨级)散货泊位码头建成并投入运营。截至2010年盐城港共有各类码头29座，生产性泊位48个，泊位岸线总长4266延米，最大靠泊能力7万吨；货物堆场面积78.02万平方米，货物仓储容积26.04万立方米；运营航线28条；装卸、运输机械248台套；全年完成货物吞吐量1502万吨、集装箱3.7万标箱，与1988年相比，货物吞吐量增长了5.06倍。

第一节 内河港

一、发展概况

盐城市境内，河流纵横，水路四通八达，市区和各县(市、区)及绝大部分乡镇所在地，都建有内河港。1988年，全市内河港口企业共有货物仓库32.74万平方米，货物堆场43.39万平方米。全市有163个乡镇作业区，建有自然岸坡码头988座，可供100~300吨级船舶停靠、灌河沿线的码头可供3000吨级船舶停靠,进行货物装卸作业。全市从事港口货物搬运装卸职工为6891人,共有各类港口机械597台套,其中起重机272台,输送机218台3274米,搬运机械21台,汽车100辆875吨,挂车9辆45吨,机动板车19辆23.50吨、手扶拖拉机78台86吨、翻斗车58辆50.50吨,港驳船舶6艘630载重吨,人力板车2520辆1215.10吨,年完成货物吞吐量1068.57万吨,货物装卸操作量1819.63万吨,货物装卸工班效率为11.70吨,船舶平均在港时间为14.20小时,市内短途运输量190万吨。1995年,完成吞吐量893万吨,操作量1707万吨,实现营收7733.66万元,创利90.85万元,全市195个乡镇中,有186个乡镇滨水通航,皆建有泊船装卸码头,装卸运输能力及设备参差不齐,但为促进乡镇经济发展均起到了一定的作用。2001年,完成吞吐量1965.11万吨,2003年完成货物吞吐量1997.04万吨。至2005年全市内河港口企业,都实施民营化改制,从事搬运装卸职工也随之分流,由1988年的6891人减至2006人,年完成内河货物吞吐量2169.89万吨。2008年11月阜宁港被省政府批准为国家二类开放口岸,2009年12月通过省级验收。2010年全市内河港完成货物吞吐量3054.50万吨,其中亭湖23.30万吨、盐都119万吨、响水122.60万吨、滨海217万吨、阜宁240.60万吨、射阳330万吨、建湖330万吨、大丰452万吨、东台1100万吨、市港口集团120万吨。

1988~2010部分年份县(市、区)和市港口企业货物吞吐量情况

表70 单位:万吨

县(市、区)、市港 \ 项目 \ 年份	1988年		1990年		1995年		2000年		2005年	2010年
	货物吞吐量	装卸操作量	货物吞吐量	装卸操作量	货物吞吐量	装卸操作量	货物吞吐量	装卸操作量	货物吞吐量	货物吞吐量
响 水	30.54	45.00	54.38	63.40	23.00	32.00	33.00	46.02	22.10	122.60
滨 海	103.49	193.21	140.90	213.50	138.00	198.00	44.99	69.69	181.06	217.00
阜 宁	74.77	135.71	77.06	140.00	96.00	170.00	106.58	158.04	142.92	240.60
射 阳	188.52	323.92	186.28	324.20	89.00	147.00	72.47	95.57	279.70	330.00
建 湖	102.47	131.70	92.46	142.40	30.00	61.00	39.44	53.24	238.00	330.00
大 丰	107.64	164.80	94.75	147.20	104.00	148.00	101.29	143.92	286.91	452.00
东 台	182.38	253.00	131.74	185.10	139.00	172.00	132.92	141.92	423.51	1100.00
亭湖区	4.67	99.31	2.99	68.10	3.00	230.00	3.25	130.80	227.29	23.30
盐都区	–	–	–	–	–	–	–	–	125.00	119.00
市 港	274.09	472.98	300.04	555.20	271.00	549.00	262.11	590.95	243.40	120.00
合 计	1068.57	1819.63	1080.60	1839.10	893	1707.00	796.05	1430.15	2169.89	3054.50

二、市区港口(含盐都、亭湖)

1988年,盐城市区港口范围包括城区和郊区,港口作业区主要分布在串场河、新洋港、蟒蛇河、小洋河、盐(城)邵(伯)线,盐(城)宝(应)线,皮岔河、冈沟河线等主要航线上,是江苏省十三个地区级港口之一。市直在七里沟、面粉厂、食品厂、轧花厂、纺织厂、东闸综合物资仓库、电厂、化肥厂、水泥石灰厂、煤石公司、兵团化肥厂、联合仓库、亿斤粮库等处都建有货物装卸码头,设有作业区。郊区在24个乡镇设有作业区,有货物装卸码头85座,其中较具规模的有秦南、龙冈、马沟、伍佑、新兴、大冈等乡镇作业区。城区在市区设有6个作业区,有货物装卸码头6座。市区港口货物吞吐量

278.76 万吨,操作量 572.29 万吨,机械、半机械操作占 53%。1990 年完成货物吞吐量 303.03 万吨,操作量 623.30 万吨,船队在港时间 8.70 小时,装卸工作效率 16.31 吨,机械化半机械化水平达 80%,1995 年完成货物吞吐量 274 万吨,操作量 779 万吨。2000 年完成货物吞吐量 265.36 万吨,操作量 721.75 万吨。2005 年完成货物吞吐量 595.69 万吨。2010 年亭湖区有港口码头泊位 15 个 625 延米,盐都区有港口码头泊位 29 个 290 延米,共完成货物吞吐量 142.30 万吨,其中:亭湖区完成 23.30 万吨,盐都区完成 119 万吨。

三、市区企业选介

【盐城港口集团有限公司】 原名盐城县港务管理处,是全省 15 个重点内河港口之一。1983 年 3 月,盐城撤地建市后更名为盐城市港务管理处,隶属于市交通局领导,下设 8 个科室、8 个生产作业区(一、二、三、四、五、六、东港、西港作业区),拥有码头 90 座,305 个泊位,职工 1370 人,固定资产净值 316.2 万元。1988 年装卸工人 1282 人,有汽车 22 辆 213 吨,拖拉机 13 台 13 吨,人力平板车 509 辆 331 吨,完成货物吞吐量 226.89 万吨,装卸操作量 398.78 万吨,创营业收入 580.3 万元,利润 55.65 万元。1993 年经盐城市计划经济委员会批准改为盐城市港埠实业总公司。1995 年 3 月经盐城市体制改革委员会批准,在盐城市港埠实业总公司的基础上,加上交通机械厂等 5 个工业单位和盐城市汽车货运公司等 4 个运输单位。组建成盐城市港口集团,内设行政、政工、计财、劳资、安机、企管、审计、保卫、工业 9 个处及纪检、工会等职能机构,有装卸、运输、起重、仓储、港机、汽修等 21 个生产单位,46 个生产队,职工总数为 1326 人,固定资产 6000 万元,各种装卸机械 300 余台(套),仓库、堆场面积 3.5 万平方米。1995 年完成货物吞吐量 271 万吨,操作量 549 万吨,装卸日产量 25.26 吨,实现营业收入 2170 万元,利润 60 万元。2000 年职工总数为 1488 人,固定资产 5937 万元,各种装卸机械 560 台(套),最大起重能力达 100 吨,仓库、堆场 6.29 万平方米,完成货物吞吐量 262.11 万吨,操作量 590.95 万吨,实现营收 2996 万元,利税 116 万元。2005 年有职工 2532 人,其中在职职工 1566 人。2007 年 10 月改制成盐城港口集团有限公司。2008 年有在职职工 642 人。已形成搬运装卸、中转联运、仓储堆存、进出口货物运输和大件起重安装、港口工程建筑、港口机械制造、船舶修造、汽车修理等一条龙的服务体系,下设东港区(新洋港河南岸)、南港区(串场河市区西岸)、西港区(串场河市区中段西岸)、北港区(新兴港区)。2010 年,有职工 756 人,机关设置办公室、财务审计部、人力资源部、资产运营部、组织人事处、人武保卫部、工会、总经理室、书记室等职能部门。下辖 10 个装卸运输子公司:包括一至六公司、东港港务公司、西港港务公司,大件起重运输公司,新港装卸有限公司等。有码头泊位 248 个,泊位岸线长 8675 延米,货物堆场 8.89 万平方米,仓库 2.58 万平方米,各种装卸机械 261 台(套),其中:起重机 124 台,输送机 25 台,搬运装卸机械 106 台,其他装卸机械 6 台,装卸用汽车 5 辆,叉车、铲车 30 台(套)。完成货物吞吐量 120 万吨,操作量 341 万吨,实现营收 1265 万元。该集团下属的主要公司有:

东港港务公司 位于新洋港盐城大桥东侧南岸通港路 11 号,该公司专业从事港口搬运装卸。港区西接 204 国道(开放大道)、北临新洋港河、东连接通榆运河,新长铁路穿港而过,水陆交通方便,地理位置得天独厚。建有钢材、煤炭、矿石、建材交易市场、年交易量达 6 亿余元。

东港港务公司自 1987 年建成运营后,经过 20 多年的发展,已具较大规模。港区占地面积 11.67 公顷,拥有水泥货场 6 万平方米,仓库 8000 平方米,门面房 150 间,各类机械 90 台(套),1999 年又投资 200 万元,兴建 1 万平方米水泥场地,71 间钢材交易门面房。2000 年再次扩建,向东征地 20 公顷,建 4 个专业货场,建仓库 1 万平方米。并建成了市区最大的钢材、煤炭、沙石交易市场,已形成搬运装卸、中转运输、大件起重、仓储理货、代收代发、市场交易等全方位一条龙服务。常年在港口装卸中转物资及驻场经营的单位达 300 多家,1993 年完成吞吐量 31.4 万吨,实现营收 236 万元,2005 年完成吞吐量 51 万吨,实现营收 383 万元,2008 年共有码头 8 座,最大靠泊 1000 吨级驳船,年完成吞吐量57万吨,创营收427万元,是盐城市最大的内河港口和主要的物资集散地。2010年,有各类装卸机械103台(套),包括100吨级轨道吊机1台,输送机3台60延米,装卸用汽车5辆,叉车、铲车30台,固定资产总值为3233万元,码头总长为1685米,货物堆场7.43万平方米,货物仓库1.8万平方米。

多年来,东港港务公司在加大基础设施建设的同时,本着以诚为本、顾客至上,信誉第一的原则,狠抓服务质量,强化企业管理,使企业得到了长足的发展,赢得了较高的社会信誉。企业先后被评为盐城港口集团先进集体,盐城市交通系统先进单位,并被工商部门评为二星级市场,被《扬子晚报》《盐城晚报》等四家新闻媒体评为"盐城市公众信赖市场"。

西港港务公司　位于盐城西门外,小海滩小海路93号。是盐城港内河港吞吐煤炭、木材的最大作业区,有码头6座,泊位6个,泊位岸线长1100延米。最大靠泊能力1000吨,拥有各种机械设备64台套,码头前沿起吊能力7吨,主要承担燃料、煤炭、化肥、木材等装卸业务,年通过能力30万吨,是煤炭、木材、化肥、日杂物资的集散基地。

该公司自有土地存量2.53公顷,固定资产8万元,下设4个生产队,有职工111人,1993年完成吞吐量18万吨,比年计划16万吨上升11.56%,操作量42.77万吨,营收137万元,比年计划110万元上升23.23%,实现利润4.7万元,比年计划2.6万元上升80.70%,全员劳动生产率9700元。1995年实现营收140万元,完成货物吞吐量20万吨,公司有办公楼一幢两层474平方米,有工人休息室18间360平方米,职工宿舍320平方米。1996年改建货场为西港钢材市场,有38个摊位、59间门面房,市场年交易量过亿吨。2000年实现营收210万元,完成吞吐量30万吨。2005年实现营收170万元,完成货物吞吐量25万吨。2008年有专用码头3座,吊车3台,仓库1000平方米,货场1500平方米,实现营收120万元,完成货物吞吐量16万吨。2009年该公司歇业。由于市区城市建设发展规划,将市内河道上改建平桥,沿航道西侧建设绿化景观带,西港港区丧失原有功能和活力,业务终止,人员另作安排。

第三分公司(第三作业区)　2007年有码头1座,泊位岸线长57米,各类装卸机械10台(套),仓库338平方米,主要从事市烟草库、市江动集团的搬运装卸业务。2010年实现营收189万元。

第六分公司(第六作业区)　位于人民北路84号,主要为盐城发电厂、化肥厂、农药厂、磷肥厂、钢铁厂、水泥制品厂等单位服务,建有码头17座,最大靠泊能力为200~1000吨级,建有吊车14台,输送机24台,地龙3条,抓斗5台。2007年有码头泊位11座,泊位岸线长2350延米。随着城市建设和产业调整,除盐城发电厂仍有装卸任务外,其余厂矿大都转产或外迁或关闭,装卸业务也随之终止或被城郊失地农民所代替。盐城发电厂码头曾在1988年、2002年两次扩建,分别投资120万元和636万元,建有泊位3个,泊位岸线长160延米,最大靠泊能力1000吨,安装吊车3台30吨,输送机3台280延米,年进煤量从80万吨提高到150万吨。1988年、2002年、2005年市石油公司新兴场油库三次扩建石油码头,占地5.47公顷,建有泊位2个,泊位岸线长150延米,最大靠泊能力700吨,机泵4台,油罐12个,年吞吐量50万吨。1990年新阳春有限公司在新洋港岸边建粮食加工厂,六分公司在此建码头泊位3个,安装吊机1台,自动化吸粮机2台,1995年随着国家储备粮库的扩建,建有泊位10个,泊位岸线长360延米,输送机32台。2010年该公司实现营收422万元。

1988~2013年10月盐城港口集团有限公司领导名录

表71

职　务	姓　　名
董事长	曹兆祥　朱学源　张桂红
总经理(主任)	邵　明　周其渭　曹兆祥　朱学源　王　勇

续表 71

职　务	姓　　名
副总经理(副主任)	马以虎　许宗棣　金泽民　倪翔北　成春涛　程　童　严以俊　胡生祥　马文俊　陈金福　王　志　曹正开　王建荣
总经理助理	张中凯　张志军　潘　晓　杨立新
党委书记	梅步旺　曹兆祥
党委副书记	于广忠　朱学源　严以俊
纪委书记	祁玉友　倪翔北
纪委副书记	朱学源　章　勇
工会主席	徐桂勋　季永根　成春涛　章　勇
监事会主席	成春涛　王建荣

第二节　海港——盐城港

一、大丰港区

1. 港区优势

大丰港区地理位置适中，距上海港250海里、连云港港120海里、秦皇岛港490海里、日本长崎港430海里、韩国釜山港420海里；航道水深稳定，5万吨级海轮能全天候通航，10万吨级海轮可乘潮进出；泊稳条件好，港口东侧小阴沙防风、挡浪，成天然的避风港湾；气候温和，大的灾害性天气很少；土地资源丰富，大量滩涂可供开发使用；集疏运系统配套，进出港口物资快捷方便。

2. 港区建设

1992年5月～1997年12月，大丰港区完成建港前期准备。1998年年底，大丰港区一期工程围垦、引堤、栈桥、1座2个5000吨级泊位码头开工建设，2005年建成。2006年6月13日，国务院批准大丰港为一类口岸。2007年9月，大丰港区二期工程1座1个2万吨级(兼靠4万吨级)泊位和1个5万吨级(兼靠7万吨级)泊位杂货、散货码头开工建设，2010年3月建成。2009年，大丰港区二期工程1座2个5万吨级(兼靠8万吨级)石化泊位和1个5000吨级化工泊位码头动工兴建，计划2011年建成。

2005年10月28日，大丰港一期工程2个5千吨级(兼靠1万吨级)泊位码头开港试通航。图为码头引桥(长1540米)

3. 生产运营

2005年10月18日，大丰港开港生产，当年两个多月时间，完成货物吞吐量2.55万吨，实现营收27.50万元。2006年，完成货物吞吐量52.37万吨，实现营收202.85万元。2008年，货物吞吐量升至103.98万吨(其中集装箱1.43万标箱)，营收升至4250.85万元。2010年，随着二期码头投产，货物吞吐量猛增到531万吨(其中集装箱3.70万标箱)，营收猛增到6632.71万元。和2006年相比,货物吞吐量、营收各增长了9.14倍和31.70倍。

4. 港区产业

大丰港凭借一类开放口岸等优势,吸引众多国内外企业前来投资兴业。仅2008年,大丰港经济区新开工千万元以上项目就有28个。2009年、2010年,又有6个亿元以上产业项目入驻大丰港区,港口呈现一片兴旺景象。(详见专记八)

2005~2010年大丰港区生产经营情况

表72

指标名称	计量单位	2005年	2006年	2007年	2008年	2009年	2010年
旅客吞吐量	万人	-	-	-	-	-	-
货物吞吐量	万吨	2.55	52.37	75.34	103.98	191.00	531.00
其中:集装箱	万TEU	-	-	0.20	1.43	2.06	3.70
平均装卸千吨货物		-	-	-	-	-	-
在港停留时间	小时	3.00	3.00	3.00	3.50	3.00	2.80
全员劳动生产率	吨/人	797.00	5234.00	5707.00	7760.00	11369.00	20717.00
操作量	万吨	2.55	52.37	75.34	103.98	191.00	531.00
职工平均人数	人	32	84	132	134	168	251
操作量机械化程度	%	50.00	52.00	54.00	56.00	60.00	65.00
装卸千吨货物成本	元	4300.00	4300.00	4400.00	4500.00	1063.41	4017.44
固定资产原值	万元	1872.00	1872.00	2044.62	25845.17	1470.66	1560.45
固定资产净值	万元	1698.00	1698.00	1705.11	25327.78	1059.68	954.70
营业收入	万元	27.50	202.85	1398.66	4250.85	1432.04	6632.71
实现利润	万元	-	33.21	656.28	1.56	38.08	2245.75
上缴利税	万元	-	43.50	853.74	130.65	128.23	3208.43
资金利税率(原值)	%	-	-	-	-	-	-
百元营收利润	元	-	-	-	-	-	-
人均创利	元	-	3953.00	49718.00	116.40	2266.67	89472.11

二、射阳港区

1. 港区优势

射阳港区南导堤施工现场

射阳港区位于射阳河入海口,地理位置适中,距连云港港80海里、石臼港100海里、青岛港120海里、上海港280海里、日本长崎港460海里;港口岸线绵长,深水区域大,风浪影响小,船舶泊稳条件好;气候温和,灾害性天气少,常年不冻港,年作业时间可达300天以上;土地资源丰富,发展前景广阔;集疏运配套,水上经船闸与黄沙港、利民河、射阳河相连,形成四通八达水上通道;陆上经海堤公路、329省道,连接204国道和沿海高速公路,可进入全国公路网,水陆交通方便,满足港口货物及时集疏需要。

2. 港区建设

“文化大革命”后期,射阳县政府开始射阳港建港的可行性研究。在收集大量原始资料的同时,邀请并委托科研单位专家、教授,对射阳港的地质、水文、泥沙、潮汐、波浪,多次反复勘察、测量、测试、分析、研究,最后得出射阳港先期可建小港的科学结论。

1978年,经江苏省人民政府批准,射阳港区建港工程启动。1983年,建成泊位岸线长35米、500吨级泊位码头1座,货物堆场450平方米;配置装卸、运输机械2台。1986年,建成泊位岸线长42米、1000吨级泊位码头1座;增加装卸、运输机械7台;增加堆场面积8000平方米、仓库容积3500立方米。1989年、1992年,分别在南北作业区新建1000吨级码头各1座。1994年,江苏省人民政府批准射阳港为二类口岸。1995年新增场地吊车(50吨)、叉车、卡车等集装箱专用装卸设备,同时新建集装箱轮1艘。1997年,射阳电厂扩建,新建3000吨级泊位煤码头1座、200米长重力式码头1座、3000吨级泊位集装箱码头1座,小港日具规模。

射阳港区的进一步发展,受到“拦门沙”制约,大吨位海轮无法进出港口。射阳县政府决定招商引资,根治“拦门沙”,建设深水大港。于是委请中交部规划研究院、南京水利科学院、上海航道勘察设计院等多家科研院所,经充分研讨、勘测、试验、论证,编制了《盐城港射阳港区总体规划》。2007年,规划获得了江苏省人民政府批准。2008年4月港口基面论证通过评审;7月海岸稳定性、波浪推算、潮流泥沙数学模型通过评审;12月航道整治工程可行性研究通过评审。2009年8月,中国星宝集团参与射阳港开发,计划投资20亿元治理射阳港“拦门沙”。2010年9月,星宝集团因故退出,由射阳县人民政府接手继续建设。至2010年年底,已填土2.1万立方米,抛投石料14万吨,浇筑耗用“连锁块”和“扭王字”块75000件,北侧导堤向大海推进了1600米,当年完成投资5000万元。射阳港深水航道计划2012年建成。

截至2010年年底,射阳港区已建成码头7座,7个泊位,泊位岸线长457延米。其中500吨级码头1座(泊位1个、泊位岸线长35米),2000吨级码头2座(泊位2个、泊位岸线长66延米),3000吨级码头4座(泊位4个、泊位岸线长356延米);建成货物堆场3.80万平方米,仓库容积9000立方米;配置装卸机械57台(套)[其中起重机械7台、运输机械37台(套)、专用机械13台)]。

3. 生产运营

1983年,射阳港区投入生产。1988年,运营近海航线2条,完成货物吞吐量76万吨、操作量84万吨,实现营收270万元,利润12万元。1995年,航线增至6条,完成货物吞吐量152万吨、操作量166.60万吨,实现营收351万元、利润12万元。2000年,货物吞吐量、装卸操作量分别增至251万吨、274万吨,营收、利润分别增至1428万元、30万元。2005年,新辟国际航线2条。2008年,货物吞吐量、操作量、营收、利润分别上升到347万吨、403万吨、1374万元和59万元。2010年,完成货物吞吐量291万吨、货物操作量323万吨,实现营收1369万元、利润23万元。与最好年份2008年相比,货物吞吐量下降了16.14%,货物操作量下降了19.85%,营收基本持平,利润下降了61.02%。

1988~2010年部分年份射阳港区生产经营情况

表73

指标名称	计量单位	1988年	1990年	1995年	2000年	2005年	2008年	2010年
旅客吞吐量	万人	–	–	–	–	–	–	–
货物吞吐量	万吨	76.00	97.00	152.00	251.00	339.00	347.00	291.00

续表73

指标名称	计量单位	1988年	1990年	1995年	2000年	2005年	2008年	2010年
其中:集装箱	万TEU	–	–	–	0.10	1.10	–	–
平均装卸千吨货物	–	–	–	–	–	–	–	–
在港停留时间	小时	4.00	4.00	3.00	2.00	2.00	2.00	2.00
全员劳动生产率	吨/人	5230.00	7450.00	15100.00	19400.00	26230.00	28853.00	29570.00
操作量	万吨	84.00	110.00	166.60	274.00	390.00	403.00	323.00
职工平均人数	人	31	40	55	113	257	224	216
操作量机械化程度	%	53.00	60.00	74.00	77.00	81.00	87.00	87.00
装卸千吨货物成本	元	1140.00	1110.00	1086.00	1060.00	1010.00	979.00	1260.00
固定资产原值	万元	460.00	570.00	975.00	4513.00	3623.00	3820.00	3972.00
固定资产净值	万元	390.00	420.00	856.00	4070.00	2703.00	2314.00	2210.00
营业收入	万元	270.00	310.00	351.00	1428.00	1525.00	1374.00	1369.00
实现利润	万元	12.00	15.00	12.00	30.00	47.00	59.00	23.00
上缴利税	万元	–	–	–	–	–	–	–
资金利税率(原值)	%	3.40	3.70	2.40	1.10	1.60	2.80	1.90
百元营收利润	元	3.62	4.84	3.42	2.10	1.74	4.29	1.94
人均创利	元	2890.00	3750.00	2181.00	2655.00	1828.00	2634.00	2092.00

4. 港区产业

港区坚持以港口建设发展临港产业,以临港产业发展推动港口建设为主导,以区位优势、口岸开放、广阔腹地为引力,广纳中外企业参与港口综合开发。继20世纪80年代江苏射阳港发电厂有限责任公司(江苏射阳电厂)投资2.70亿元,兴建射阳港火力发电厂、90年代江苏、香港合资共建盐城亿阳玩具有限公司,射阳与台湾地区、日本三方合资兴办的盐城永恒木业有限公司相继落户后,2002年,江苏达胜双灯纸业有限公司投资1.20亿元,兴建了40万吨生活用纸生产线;2007年5月,中国星宝集团筑宝公司投资8000万美元,兴建了筑宝机械制造生产线。

三、滨海港区

1. 港区优势

滨海港区位于古黄河三角洲突出部。地理位置适中,北距连云港港50海里、青岛港90海里,南距上海港335海里,东距韩国木浦港360海里、日本长崎港420海里;港口深水贴岸,受南北两股潮流对撞产生的动力影响,部分岸线严重退蚀,实施人工护岸后,退蚀转为水底下蚀,深水区域越来越大,越来越贴近岸边,且水下泥沙逐渐粗化变异,形成相对稳定的1:85坡面的深水

滨海港区南北挡沙堤内的工程作业船,远处为北挡沙堤

岸线,负10米、负15米、负20米、负25米等深线距离岸边分别为2公里、3.95公里、43公里和51公里;海床稳定,深水区地形平坦,3500平方公里海域无暗礁和沙洲,地质紧密,每平方米承载能力达30吨以上,属于地震6度区,历史上未出现过4级以上地震,是我国东部沿海无震区之一;土地资源丰富,港区120平方公里可作工业用地,能承载众多入港产业项目;后方区域辽阔,盐淮经济带是港口的直接腹地,整个淮河流域是港口腹地的辐射区,沿江经济带和陇兰经济带是港口的间接腹地;气候温和,四季分明,年均气温13.07℃,常年不冻且少有强热带风暴袭击,年作业时间可达300天以上;集疏运系统基本形成,省道S327疏港公路于2010年拓宽,延伸到港口,经204国道、沿海高速,可进入国家公路网,疏港航道中山河整治后,可连接通榆河、淮河入海水道,进入外部航道网,建设中的连盐铁路,将有一条支线通往港口。

2. 港区建设

20世纪80年代末、90年代初,滨海县政府就着手收集滨海港建港有关资料,聘请交通部水利规划设计院、南京水利科学研究院、河海大学等20多个科学研究单位的上百名专家、教授,经过多年反复、深入、细致勘察、测试、考证、研究,最终得出了滨海古黄河口"具备建设特大型、多功能、综合性大港的充分条件"的科学结论。1996年12月,江苏省计划经济委员会、江苏省交通厅、盐城市人民政府在南京联合主持召开了20多个单位近百名领导、专家和代表参加的专题会议,审查通过了滨海港区总体布局规划和万吨级码头预可报告。1997年8月,盐城市政府邀请19位国内外知名港口专家汇聚南京,用两天时间,审查并一致通过《滨海港淤泥特性试验研究》《滨海港规划岸段水下地形稳定分析》等5项专题报告和滨海港3座1000吨级码头施工图纸。1997年10月28日,滨海港小港建设上马,3个1000吨级码头同时开工。1999年,泊位岸线长225延米的3个1000吨级泊位码头及配套的块石护坡、防汛墙、港池等附属工程一起竣工。同时配备了2台装卸机械,实现了小港起动的目标。与此同时,滨海港区大港建设的前期准备工作继续进行。1999年4月,江苏省计划经济委员会、江苏省交通厅在南京联合召开《滨海港万吨级码头(挖入式)可行性研究报告》评审会,中科院院士窦国仁、华东师范大学教授虞志英和来自天津、上海、成都、南京的12名港口、水利、电力、交通工程专家,对交通部第一航务工程勘察设计院提供的工程可行性研究报告进行评审,该报告获得了一致通过。2001年1月17日,滨海港区万吨级航道开发和维护项目通过了省级鉴定和验收。同年,江苏省人民政府批准滨海港区为二类口岸。

2008年4月,滨海港区10万吨级航道项目获江苏省改革和发展委员会批准。工程分防波挡沙堤和航道疏浚两部分,总投资13亿元。根据概算,防波挡沙堤投资约10亿元,航道疏浚投资约3亿元。2009年7月20日,防波挡沙堤工程开工。主体部分按照永久性建筑物、二级结构安全等级、50年使用年限设计标准建设(其中,标高-2.0米浅段,内侧护石按临时结构设计标准建设),工期为18个月。防波挡沙堤由相距2.3公里的南堤和北堤组成。其中南堤长1980米,北堤长4800米。防波挡沙堤需抛投石料265.51万立方米,充填沙袋被14.26万立方米,安装塑料排水板13.68万块,铺设土工格栅103.30万平方米,砌筑2吨、6吨、10吨、12吨、15吨"扭王字"护面块10.08万块(39.59万立方米)和联锁块排30.08万立方米。两堤之间为码头连接深海的航道。航道起步按10万吨级船舶单向乘潮通航标准建设,口门以内段航道有效宽度为190米、口门以外段航道有效宽度为240米,底部标高-14.5米,航道全长4130米。远期计划将航道拓宽至400米,满足10万吨级船舶双向乘潮通航要求。截至2010年年底,南北防波挡沙堤共抛石203万立方米,预制"扭王字"体23万立方米6.20万块。其中已安装扭王字块7800块、铺设软体排30万平方米,土工格栅、沙袋被、塑料排水板施工全部结束,累计完成投资7.50亿元。预计2011年防浪挡沙堤竣工,2014年滨海港10万吨级码头、航道将投入使用。

3. 生产运营

2001年年初,滨海小港投入试运行,全年完成黄沙、石子、块石等货物吞吐量15万吨。2003

年,货物吞吐量达到23万吨。2008年,货物吞吐量增加到35万吨,比2001年增长了133.33%。从2009年起,因10万吨级航道开工建设,3个1000吨级泊位码头停止使用。

4. 港区产业

滨海港区凭借国家二类开放口岸和可建10万吨级以上泊位码头深水大港的预期,引起国内大企业的关注,有的已先行入围。2001年5月,上海越都企业发展有限公司、美国隽峰国际贸易有限公司和滨海港区经济开发总公司,共同投资400万美元,新建了美越滨海港冷冻厂及海上加油项目。2008年12月1日,中国电力投资总公司和盐城市人民政府签订了联合开发滨海港区深水大港项目。2009年3月,中国电力投资总公司与盐城市人民政府在北京人民大会堂签订了投资100亿元建设中电投滨海港区5000万吨位储煤中心项目。

四、响水港区

1. 港区优势

响水港区位于灌河南岸陈家港镇。地理位置适中,距上海港385海里、连云港港23海里、日本长崎港510海里、韩国仁浦港330海里;港口岸线资源丰富,有18公里岸段可建码头泊位,其中7公里岸段宜建深水码头泊位;港区水域宽裕,航道宽度由灌河大桥处300米向下游逐步增加到入海口的1100米,船舶进出码头、锚地方便;航道地质稳定,河床平缓,冲、淤基本平衡,自然水深维持在6米~12米,低潮位3000吨级、高潮位5000吨级船舶可以自由进出港口;航道的凹湾处,风弱浪小,形成船舶自然避风区;灌河怀抱港口,上通内河,下达海洋,是江苏境内唯一没有建挡潮闸的入海通道,进出响水港区的河海联运物资,可在码头船舶直接过驳;集疏运系统配套,水路沿灌河向东入海,可进入南、北各近海港口,沿灌河向西,进入通榆河,可通达长江、大运河沿线目的港,疏港公路省道S326前连港口,后接沿海高速、204国道,通住全国各地。

2. 港区建设

响水港为天然良港,20世纪20~30年代,灌河沿岸就建有简易码头,亚、欧、美洲10多个国家商船经常进出陈家港和响水口,从事商贸活动,港口及灌河沿岸曾经有过繁荣。抗日战争、解放战争期间,港口码头被毁。1953年,恢复了响水港海运。1988年,有各类码头4座,5个泊位,泊位岸线长246延米(其中500吨级码头3座,泊位3个,泊位岸线长160延米;1000吨级码头1座,泊位2个,泊位岸线长86延米);有货物堆场2.20万平方米、仓库容积4500立方米;有装卸设备54台(套)〔其中起重机械20台、运输机械20台(套)、专用机械14台(套)〕。1995年,新建1000吨级、3000吨级码头各1座,泊位岸线各为120米和122米;新建堆场、仓库各为3.20万平方米和6000立方米;新增装卸运输设备15台(套)。2000年,江苏省人民政府批准响水港区为二类口岸。2004年各类码头达到8座9个泊位,泊位岸线长631延米;货物堆场、仓库达到20万平方米和3.37万立方米;装卸设备达到112台(套)。2007~2008年,新建5000吨级泊码头1座,泊位岸线长143米、2万吨级泊位码头1座,泊位岸线186米、3.50万吨级泊位码头1座,泊位岸线长

盐城港响水港区神华发电厂3.50万吨级码头

260 米。至 2008 年年底,响水港共有近海航线 12 条,各类码头 11 座 13 个泊位,泊位岸线长 1320 延米,货物堆场 32 万平方米、货物仓库 8.50 万立方米,各种装卸设备 137 台(套)。2009 年 5 月,江苏裕廊化工有限公司投资 4300 万元,兴建响水港区大湾作业区 5000 吨级液体化工泊位码头开工,同年 12 月份竣工。2009 年 4 月,北京国华电力集团投资 55 亿元整治响水港灌河口一期 2 万吨级航道工程开工。项目包括:新建疏航导堤 18.50 公里和疏浚航道 28.20 公里(其中口内航道 4.20 公里,口外航道 24 公里,航道有效宽度 140 米,底部标高 -7.40米)。至 2010 年年底,已完成导堤 12 公里,实现投资 2.80 亿元(整个工程预计 2012 年 6 月份竣工)。2010 年 4 月,江苏勤丰船业公司投资 6800 万元,兴建 1 座 2 万吨级(兼靠 3.50 万吨级)泊位杂货码头开工,同年 11 月份竣工。2010 年 10 月,响水宏海港务有限公司投资 2.60 亿元,兴建响水港区小蟒牛作业区 1 座 2 个 2 万吨级泊位码头开工,至年底,已完成投资 3000 万元(计划 2011 年、2012 年各建成一个泊位)。

灌河口 2 万吨级航道整治一期工程东导堤施工现场

截至 2010 年,响水港区已建成各类码头 14 座,15 个泊位,泊位岸线长 1649 延米(其中 500 吨级码头 3 座,泊位 3 个,泊位岸线长 160 延米;1000 吨级码头 3 座,泊位 4 个,泊位岸线长 281 延米;2000 吨级码头 1 座,泊位 1 个,泊位岸线长 68 米;3000 吨级码头 2 座,泊位 2 个,泊位岸线长 222 延米;5000 吨级码头 2 座,泊位 2 个,泊位岸线长 286 延米;2 万吨级码头 2 座,泊位 2 个,泊位岸线长 372 延米;3.5 万吨级码头 1 座,泊位 1 个,泊位岸线长 260 米);建成货物堆场 36.50 万平方米、仓库 9.20 万立方米;配置装卸机械 147 台(套)[其中起重机械 32 台,运输机械 103 台(套),专用机械 12 台]。

3. 生产运营

响水港于 20 世纪 50 年代初恢复海运。1988 年,港口运营 5 条近海航线,全年完成货物吞吐量 172 万吨、货物操作量 232 万吨,实现营收 756 万元、盈利 162 万元。1995 年,运营航线 8 条,完成货物吞吐量、操作量 249 万吨、326 万吨,实现营收、利润 823 万元、203 万元。2002 年,货物吞吐量、操作量升至 301 万吨、406 万吨,营收、利润升至 1105 万元、243 万元。2008 年,港口运营航线达到 12 条,货物吞吐量、操作量、营收、利润分别达到 456 万吨、612 万吨、1867 万元、286 万元。2010 年,货物吞吐量、操作量增加到 494 万吨和 626 万吨,营收、利润增加到 2214 万元和 381 万元,与 1988 年相比,货物吞吐、操作量分别增长了 1.87 倍、1.70 倍,营收、利润分别增长了 1.93 倍、1.35 倍。

1988～2010 年部分年份响水港区生产经营情况

表 74

指标名称	计量单位	1988 年	1995 年	2000 年	2002 年	2008 年	2009 年	2010 年
旅客吞吐量	万人	-	-	-	-	-	-	-
货物吞吐量	万吨	172.00	249.00	297.00	301.00	456.00	472.00	494.00

续表 74

指标名称	计量单位	1988 年	1995 年	2000 年	2002 年	2008 年	2009 年	2010 年
其中:集装箱	万 TEU	-	-	-	-	-	-	-
装卸千吨货物在港停留时间	小时	10.00	9.00	8.00	8.00	7.20	7.00	7.00
全员劳动生产率	吨/人	5044.00	4470.00	4730.00	4755.00	7070.00	7576.00	8098.00
操作量	万吨	232.00	326.00	401.00	406.00	612.00	620.00	626.00
职工平均人数	人	341	557	628	633	645	623	610
操作量机械化程序	%	34%	70%	75%	80%	88%	89%	90%
装卸千吨货物成本	元	982.00	1170.00	1230.00	1300.00	1610.00	1685.00	1713.00
固定资产原值	万元	1450.00	2800.00	2960.00	3195.00	4460.00	8760.00	15560.00
固定资产净值	万元	640.00	1542.00	1550.00	1623.00	2058.00	6258.00	12865.00
营业收入	万元	756.00	823.00	930.00	1105.00	1867.00	2079.00	2214.00
实现利润	万元	162.00	203.00	237.00	243.00	286.00	361.00	381.00
上缴利税	万元	26.00	30.00	32.00	34.00	38.00	45.00	48.00
资金利税率(原值)	%	1.80	1.07	1.08	1.06	0.85	0.51	0.31
百元营收利润	元	21.40	24.70	25.50	22.00	15.30	17.40	17.50
人均创利	元	4751.00	3645.00	3774.00	3839.00	4434.00	5795.00	6328.00

4. 港区产业

响水港区以国家二类开放口岸、入海航道无挡潮闸,河海直接联运以及境内盛产化工原盐等优势,引来众多企业落户。1995 年中国石油盐城分公司投资 6500 万元,在港区建立供油基地。2003 年,江苏联化科技有限公司投资 4.5 亿元,建设除草剂、杀虫剂、杀菌剂生产线。2004 年,江苏森达集团投资 2.2 亿元,建设江苏森达陈家港热电生产线;江苏裕廊化工有限公司投资 6.8 亿元,建设丙稀酸类生产线。2005 年,江苏国华陈家港电厂一期工程投资 70 亿元,建设火力发电生产线;江苏大和氯碱化工有限公司投资 4.3 亿元,建设液氯、烧碱生产线。2008 年,江苏歌得诺贝生物化工有限公司、江苏裕廊石油化工有限公司各投资 7 亿元、10 亿元,建设柠檬酸和石油液化气、轻重质燃油生产线。2009 年,响水船舶装备产业园有限公司投资 60 亿元,建设船舶动力、电力、甲舱机械、钢构件生产线;江苏成日钢铁集团投资 40 亿元,建设合金钢、铸钢(铁)、型钢生产线。2010 年,江苏隆亨纸业有限公司投资 57 亿元,建设涂布白板纸、白卡纸生产线;江苏富星纸业有限公司投资 45 亿元,建设高档再生包装纸生产线;江苏德龙镍业有限公司投资 147 亿元,建设镍铁合金、钢材、铸造件、不锈钢生产线。至 2010 年底,在响水港区落户的石油、热电、火电、化工、修造船、船舶配套、钢铁、造纸企业共 33 家,计划总投资 689 亿元。

2010年盐城市海港综合情况

表75

名称	项　目	大丰港区	射阳港区	滨海港区	响水港区	合计
码头	500吨级(座)	2	1	–	3	6
	1000吨级(座)	–	2	3	3	8
	2000吨级(座)	–	–	–	1	1
	3000吨级(座)	–	4	–	2	6
	5000吨级(座)	1	–	–	2	3
	20000吨级(座)	1	–	–	2	3
	35000吨级(座)	–	–	–	1	1
	50000吨级(座)	1	–	–	–	1
	合　计	5	7	3	14	29
泊位	500吨级泊位(个)	19	1	–	3	23
	泊位岸线长(延米)	1075	35		160	1270
	1000吨级泊位(个)	–	2	3	4	9
	泊位岸线长(延米)	–	66	225	281	572
	2000吨级泊位(个)	–	–	–	1	1
	泊位岸线长(米)	–	–	–	68	68
	3000吨级泊位(个)	–	4	–	2	6
	泊位岸线长(延米)	–	356	–	222	578
	5000吨级泊位(个)	2	–	–	2	4
	泊位岸线长(延米)	269	–	–	286	555
	20000吨级泊位(个)	1	–	–	2	3
	泊位岸线长(延米)	185	–	–	378	563
	35000吨级泊位(个)	–	–	–	1	1
	泊位岸线长(米)	–	–	–	260	260
	50000吨级(座)	1	–	–	–	1
	泊位岸线长(米)	400	–	–	–	400
	合　计	23	7	3	15	48
		1929	457	225	1655	4266
堆场面积(平方米)		377245.9	38000	–	365000	780245.9
仓库容积(立方米)		105408	9000	–	92000	260408
航线条数		5	11	–	12	28
出口货物量(万吨)		198.55	–	–	52	–
进口货物量(万吨)		332.08	–	–	437	–
货物吞吐量(万吨)		531	291	–	494	1316
集装箱吞吐量(万标箱)		3.70	–	–	–	3.70
装卸设备	起重机械(台套)	19	7	2	32	26
	运输机械(台套)	30	37	–	103	170
	专用机械(台套)	27	13	–	12	52

专记八

黄 海 明 珠

——国家一类开放口岸盐城港大丰港区发展纪实

2005年10月18日，大丰境内黄海滩头，红日东升，阳光普照，彩旗招展，鞭炮齐鸣，人们喜气洋洋，载歌载舞，热烈庆祝盐城港大丰港区（以下简称大丰港）一期工程竣工投产，纵情欢呼我国万里海疆又跃起一颗璀璨的明珠。

大丰港，地理位置适中，处于江苏省1040公里海岸线港口空白带中心；经济腹地广阔，后方货源集散基地含盖苏中、苏北和淮南三大区域[其中仅盐城、盐都、亭湖、东台、大丰、兴化、高邮、建湖、宝应、金湖等市、县（区），面积就达1.40万平方公里、人口2000多万]，经济成长快，物资流动量大；集疏运系统配套，沿海高速公路、204国道临近港区，南北穿过，S332疏港公路、刘大线疏港航道直通码头，陆上通过204国道、沿海高速可进入全国公路网，水上通过通榆河可南下长江，西进大运河，与国内主要内河港连接，港口物资集疏便捷；气候条件优越，四季温差不大，灾害性天气较少，港口全年作业时间可达300天，相对南方、北方易受天气影响的港口而言，大丰港的吞吐能力可得到充分的发挥。大丰港优势得天独厚，发展前景广阔。

自然神功造化大丰建港先机

江苏海岸线大丰段海域有一条长112公里与海岸平行的潮汐大通道——西洋深槽（其中-10米等深线长55公里，宽3-5公里，水域面积200平方公里；-20米等深线长10公里，宽2.5公里，水域面积25平方公里；-25米等深线水域面积6平方公里），-13米等深线与外部深海贯通，无拦门沙困扰。西洋深槽状况稳定，1963~1992年30年间，主槽的位置、走向、面积和水深均无明显变化，5万吨级海轮可以长年、全天候通行。

西洋深槽的外围有数十条沙脊组成的辐射沙洲，其中东沙是沙洲中最大、最高的沙脊，零米以上面积达94平方公里。东沙西北的小阴沙与西洋深槽平行，并一直延伸至外部海域，对西洋深槽东部和东北部起到挡风防浪的掩护作用。沙脊群中的条子泥、蒋家沙，能阻断来自南部、东南部大风、大浪。整个西洋深槽海域，风浪较小，常常有风无浪，平均波高只有0.7米，最大波高一般不超过2米，是天然船舶避风区。

洋流的作用，将无数泥沙推向岸滩，迫使海岸线不断向大海深处位移，由古至今，年复一年，日积月累，到20世纪末，大丰境内112公里海岸线已平均淤长10公里，形成了1000多平方公里可供开发利用的滩涂土地资源。

改革开放助推大丰港诞生

大丰西洋深槽海域独特的自然资源，勾起了几代大丰人建港的梦想。然而，由于受淤泥质海岸不能建港理论的禁锢和经济、技术条件的限制，人们建港的梦想也仅仅是个梦想。直到20世纪80年代的中后期，改革开放中迅猛发展的国民经济对港口建设提出了新的要求，且淤泥质海岸建不了港口的神话也早已被打破，社会期盼大丰建港的呼声渐高。各级政府顺应潮流，将大丰建港摆上了议事日程。

在大丰市（县）政府进行建港有关资料收集、研究的同时，1993年4月27日盐城市人民政府和江苏省交通厅在南京联合主持召开了大丰港(时称大丰县王港)选址审查会,河海大学名誉校长、两院院士严恺等8名教授、专家参加了审查。1995年3月盐城市人民政府和省交通厅在北京联合主持召开《江苏省大丰港总体布局规划报告》和《两个5000吨级泊位码头预可研报告》审查会,提出了建设以大丰港为中心的江苏省中部港口群的设想。大丰人的建港梦想可望成为现实。

1992~1995年,交通部、江苏省相关部门组织南京水利科学院、南京大学、河海大学、青岛海洋研究所等10多所高等院校和科研院所国际国内知名专家、学者,对大丰建港的可行性进行深入、持续、严谨、缜密的研究,先后组织多次水深测量、水文泥沙测验、海潮与泥沙物理模型和数学模型实验,并专门召开4次较大规模论证会议,共形成有关大丰港建港科研成果27项,得出了大丰可以建港而且是江苏沿海难得港址的科学结论。大丰建港不再是人们的梦。

1995年9月江苏省计划与经济委员会《关于大丰港5000吨级码头工程项目建议书的批复》、1996年8月,江苏省政府《关于大丰港总体布局规划的批复》、1998年3月,江苏省计划与经济委员会《关于同意大丰港5000吨级码头工程开工建设的批复》等文件陆续下发,大丰港一期工程正式开工进入了倒计时。

1998年12月28日,大丰港一期工程开工仪式在大丰港施工现场隆重举行,省政府及有关部门、交通部、盐城市委、市政府领导、专家等出席了开工典礼,人们盼望已久的大丰港建设终于正式上马了。

港区滩地匡围　临港地域,都是淤滩,地势低洼,部分还在水下,不适合港口配套设施及临港产业项目建设。为此,港口克服重重困难,采取围堰、拦水、冲沙、增高的办法,历时8个月,耗资2453万元,填土240万立方米,于1998年2月,在滩涂上人造了8.3平方公里陆域,既解决了港口配套设施和临港产业项目用地,又缩短了港区陆域与西洋深槽的距离,取得了港口建设的开局胜利。

码头导堤施工　陆域与引桥之间的浅水段,靠导堤连接。导堤施工在低滩面进行,受潮汐、风浪影响,难度较大。施工队伍不畏艰辛,想方设法,力克难关,日渐推进。导堤主体,先用袋装沙棱体围堰,而后吹沙填实堤心,如此一层一层加高直至达到设计标准为止。导堤终端水深,先抛块石打基础,再以沙袋围堰,吹沙冲填。导堤底部,用抛填块石加沙助软体排保护。导堤侧面,以浆砌块石护坡。从1998年1月8日起,至2000年元月20日止,经过2年多连续奋战,一条长4.30公里,真高7.50米,顶宽17米防风、抗浪、安全、可靠的导堤终于横空出世,港区建设又大大地向前迈进了一步。

引桥和码头平台建设　引桥和码头平台均为高桩板梁结构。引桥桩基采用B型Ø1000PHC、AB型Ø1200PHC直桩和C型Ø800PHC斜桩,桩尖持力层为粉沙或粉沙夹亚沙土。码头平台桩基采用C型Ø800PHC桩,桩尖持力层为亚沙土。平台梁板除轨道部位外,均为非预应力钢筋混凝土结构。

2001年7月4日,引桥中795米浅水段先行开工。受夏季季风、冬季寒潮影响,施工地域水浅、潮差大、海流强,无法用打桩船施工。工程技术人员开动脑筋,在海上搭建了钢结构平台,将陆上使用的打桩机移到平台上,用内冲、内排加震动的施工工艺,将引桥各型159根桩顺利沉到了预定位置。

在沉桩的同时,穿插进行桥桩横梁浇筑和桥面板安装。桥桩之间横排距离15米,桥桩靠横梁联接成一体。横梁为钢筋混凝土结构,分两次现浇。第一层砼浇筑达到强度后,再进行第二层浇筑,循序向前推进。桥面板安装与横梁浇筑套作进行。桥面板为预应力水泥板,每块重量达20吨,单台起重设备小马拉不了大车,施工人员用架桥机加汽车吊的办法破解了难题,一块一块桥面板被准确吊装到位,确保了施工进度。2年零3个月时间过去,施工人员用智慧和力量,于2004年7月20日建成了浅水段长795米、宽15米引桥。

2003年7月9日,深水区750米引桥和码头平台动工。整个沉桩任务由打桩船承担。起初用经纬仪定沉桩位置,不仅费时、费事,而且精度又不高,加上潮汐干扰,每天有效工作时间有限,日沉桩量只有3~4根,进度达不到要求。后来改变方案,换用GPS定桩位,速度大大提高,日沉桩量一下子翻了一番多,达到7~10根。引桥、码头平台面板采用路基箱与80吨级履带吊车拼装成的组合体进行安装,速度快,质量高。码头平台面层施工是关键,摆在人们面前的砼表层龟裂现象,是历史上难以解决的课题。建设部门组织设计、监理、施工单位的工程技术人员,进行反复、认真的研究、试验,在充分吸收同行施工经验的基础上大胆创新,采取在砼中掺拌聚丙烯网状纤维、严格控制砼塌落度和沙石连续级配比、增加磨面次数、精心细致养护等措施,有效地增强了砼的韧性和强度,较好地解决了码头平台面层龟裂的问题。

大丰港一期工程,从1998年开始,至2005年,花了8年时间,先后匡围滩涂8.3平方公里,建成导堤4300米、引桥1540米、2个5000吨级泊位码头1座及相关配套设施,累计完成投资3.4亿元。2005年10月18日,随着一期工程的全面竣工和投入运营,大丰港正式诞生了。

2007年9月,大丰港二期工程1座1个2万吨级(兼靠4万吨级)泊位、1个5万吨级(兼靠7万吨级)泊位杂货、散货码头开工建设,2010年3月竣工投产。2009年9月,大丰港二期工程1座2个5万吨级(兼靠8万吨级)泊位油品化工码头开工建设,计划2011年建成。

坚实基础托起大丰港腾飞翅膀

2005年10月18日,大丰港开始运营。

2006年6月13日,大丰港被国务院批准为国家一类开放口岸。

大丰港,有2个5000吨级泊位码头1座、1个2万吨级(兼靠4万吨级)泊位和1个5万吨级(兼靠7万吨级)泊位码头1座;有各种装卸设备76台(套),船舶装卸及时、快速;有堆场面积37.72万平方米、仓库容积10.54万立方米,满足货物储存需要;有主要运营航线5条,与国内沿海主要港口、国际有关港口链结,运输业务走向全国、走向世界;有完备的集疏运系统,水路、陆路四通八达,港口物流便捷、顺畅;有宽阔的陆域,近700公顷滩涂可供港口发展利用。

这些宝贵的资源,是托起大丰港起步、腾飞翅膀的坚实基础。

大丰港生逢盛世,如日中天。

港口运营逐步向好　2005年10月18日,大丰港起步运营,至年底,仅两个多月时间,就完成货物吞吐量2.55万吨。2006年,大丰港先后开辟了至大连、秦皇岛、连云港、福建、海南等国内航线,并与上海仁川国际渡轮有限公司、烟台海运公司分别签订开往韩国仁川港—大丰港—上海港—宁波港和日本门司博多港—韩国釜山港—大丰港的近海国际航线,进出港船舶161艘次,共完成粮食、饲料、建材、钢材和煤炭等货物吞吐量52.37万吨,全员劳动生产率达5234吨/人。2007年,进出港船舶增加到210艘次,最大船舶达1.5万吨(其中,外贸船舶23艘次,顺利通关运作了来自日本的废旧金属3船3074吨和来自俄罗斯的木材1船3700立方米),全年共完成各类货物吞吐量75.34万吨,比上年同期增长43.86%,集装箱运输实现了零的突破,达到1994TEU,港口装卸效率超过国内其他同类港口水平。2008年,1~6月份完成货物吞吐量48万吨(其中集装箱6000TEU),超过码头设计能力20%。至年底,共完成货物吞吐量103.98万吨(其中集装箱14256TEU),分别比2007年上升了38.01%和614.96%,全员劳动生产率比2007年上升了35.97%。2010年,进出口船舶猛升至1823艘次,其中外籍船舶307艘次,最大的"艾兰湖号"载货量达7.41万吨,货物吞吐量创531万吨新高,比2006年增长了8.93倍。

港区效益不断提高　2005年10月18日至年底,完成营业收入27.50万元。2006年,完成营业收入202.85万元,实现利润33.21万元,上缴利税43.50万元,人均创利3953元。2007年,利润、上缴利税分别达到656.28万元、853.74万元。2008年,营业收入升至4250.85万元。2010年,营收、利润再创新高,分别增加到6632.71万元、2245.75万元,和2006年相比,分别增长了31.70倍和10.07倍。港口效益好,港区财政收入随之年年递增。2005年,港区实现财政收入2630万元、2006年达到5018万元、2007年增至1.3亿元、2008年跃升到2.5亿元。港区财政收入翻番增长,为大丰港新的、更大、更快的发展提供了充裕的财力保障。

港口入驻企业日渐增多　大丰港凭借区位优势，和国家一类开放口岸的金字招牌，吸引国内外知名企业、财团争相投资兴业，抢占商机。

2000年，以色列艾森贝克公司率先入围，与大丰港开发有限公司合作，共同投资1200万美元，建成高级烹饪油生产线；江苏省滩涂开发总公司、盐城市水利局先后投资建设港口两侧8000公顷垦区。

2001年，上海中远汇丽建设有限公司、天津科技发展有限公司、厦门泛融投资有限公司联合投资1.2亿元，兴建大丰旅游渡假村；上海中远汇丽集团、大丰市滩涂局、大丰港管委会联合投资4600万元，创建大丰港区农业观光园。

2003年，盐城市东沙海洋食品有限公司、盐城富华食品有限公司，各投资5000万元，建设水产品冷冻、加工项目；江苏金羚纸业有限公司、盐城科非特生化技术有限公司、江苏北大荒米业有限公司、江苏兄弟维生素有限公司分别投资3亿元、1.5亿元、3.5亿元和2.4亿元，建设化学浆粕制造、化学农药制造、谷物磨制、生物生化制品制造生产线。

2004年，大丰凌云海热电、大丰天生化工、江苏天隆铸锻、江苏瑞达海洋食品、盐城海瑞食品等5个项目入驻，总投资8亿元。

2005年，泰和（大丰）金属材料制造有限公司、大丰艾文格林生物科技有限公司、江苏奥耐斯特医药工程有限公司等大企业进入港区。

2006年，在大丰港落户的千万元以上项目达到122个，其中工业项目93个，三产项目29个。

至2008年，进入港区项目涉及全世界20多个国家和地区，有来自美国、欧洲的全球500强企业；有来自北京的中央大型企业；有来自苏南、上海、浙江、香港、台湾的实力型企业，连地处东北边陲的黑龙江都有大型项目落户。其中亿元以上重特大项目累计开工38个，竣工22个。总投资22亿元的中电国际风力发电项目部分风机已并网发电；总投资30亿元的上海迪赛诺生物制药项目一期工程已竣工投产；总投资10亿元的人造纤维项目已部分竣工投产；中华集团石化新材料基地、明志石化、中国生物质柴油、倍恩达重型机械等10个重大项目正在抓紧开展报批前的相关工作。

2009年、2010年，又有6个亿元以上产业项目进入港区，分别是投资1.2亿元的盐城汇百实业有限公司精醌生产线、投资1亿元的江苏辉丰农化股份有限公司除草酶生产线、投资1.5亿元的大丰天生化学工业有限公司抗艾滋病原料药生产线、投资1.6亿元的大丰跃龙化学有限公司涂料防霉杀菌剂生产线、投资1亿元的大丰海嘉诺制药有限公司VB6生产线和投资1.41亿元的大唐大丰光伏发电有限公司5.8MW光伏发电生产线。

大丰港的建设与开发，倾注着各级领导的关心与支持。建港初期，江苏省委书记陈焕友、省长季允石参加建港可行性论证，并视察码头建设现场。2005年江苏省委书记李源潮亲临大丰港码头现场，指示大丰港要确立"以工兴港、以港兴海、集约开发、保护生态"的发展战略，抓住苏通大桥和沿海大通道建设带来的重大机遇，加快推进港口建设，进一步增强苏北、苏中地区发展的辐射带动能力。2007年，交通运输部部长李盛霖踏勘大丰港，充分肯定了大丰港的建设成就，同时指出：大丰港要按照已编制的计划，继续将码头建设好，让货进得来，出得去；要努力向港口腹地延伸，拓展货运市场；要在搞好码头营运的同时，大力发展临港产业，不断增强港口抵抗市场风险能力；要不断提高服务水平，合理收费，逐步提升港口竞争能力。江苏省委书记梁保华、省长罗志军先后莅临大丰港建设现场，并就有关问题现场会办，当场拍板解决问题。曾任交通部部长、重庆市委书记，现任全国人大常委会内务司法委主任黄镇东多次到大丰视察大丰港，对大丰港的建设给予极大的支持。盐城市委、市政府，大丰市委、市政府更是把大丰港开发建设作为重中之重，紧抓不放，尤其是分管领导，勇挑重担，恪尽职守，攻坚克难，开拓进取，为大丰港起步、腾飞做出了不可磨灭的贡献，他们的业绩应当载入史册。

黄海明珠，国家一类开放口岸大丰港，如展翅大鹏，向更加灿烂的明天飞去。

（王明丰　李世航）

第八章 交通工业

盐城市交通工业，泛指交通运输企事业单位办工业。全市交通运输企事业单位，除兴办与交通运输业相关的船舶修造、汽车修造、港口机械修造、交通工程机械修造外，还兴办了一些其他工业。船舶修造起于1958年，汽车修造起于1969年，到20世纪80年代中期，全市各县（市）属航运企业和汽车运输企业，基本都建有自己的船舶修理厂和汽车保养厂。1988年全市生产钢质客轮一条120座位，钢质拖轮近16条762.93千瓦，货驳船182条1.50万载重吨，水泥货驳493条2.20万载重吨，恢建汽车47辆，大修汽车156辆，生产吊机40台，生产石灰6.17万吨，工业总产值5000万元，其中：水运工业2518.06万元，公路工业570万元，其他工业1911.94万元。交通工业独立核算单位净资产936.40万元。20世纪80年代后期，水陆运输企业都采取“一业为主，多种经营”的策略，兴办一些工业项目。到20世纪80年代末，全市交通系统共有独立核算与非独立核算工业企业50余家。1990年全市交通工业县以上独立核算企业12家，非独立核算企业8家，总产值5002.1万元，其中：水运工业1447.17万元，公路工业931万元，其他工业2623万元。制造钢质货（客）轮4艘260座位，拖轮5艘559载重吨，货驳53艘4735载重吨，水泥质拖轮2艘72千瓦，货驳365艘7537载重吨，恢建汽车62辆，大修汽车144辆，制造吊机32台，生产石灰6042吨。到1993年年底，全市交通工业有县以上独立核算企业7家，其中全民2家，集体5家，共有职工2324人，其中全民709人，集体1615人，拥有固定资产1868万元，实现工业总产值1.82亿元，销售总收入7900万元，利润336万元。20世纪80年代，在交通工业企业蓬勃发展的同时，非交通部门和乡镇及个体船舶、汽车修理厂蜂起，全市计有船舶制造修理厂（场）1200余家。1997年，全市共有县以上船舶、汽车、港机、工程机械修造厂及其他交通工业企业10家，共有职工4192人。交通工业产值3.11亿元，其中公路工业5156万元，水运工业4641万元，其他工业2.13亿元，销售收入1.70亿元，除阜宁、建湖两县有利润外，其余全部亏损，亏损额达403万元。其中盐城市船舶实业公司（盐城市船厂）亏损281万元，处于停产半停产状态，东台市廉贻乡106家造船厂大部份停产或转产，1999年全市县以上交通系统工业产值4.20亿元，其中：水运工业5058万元、公路工业1.05亿元、其他工业2.65亿元。生产、改装汽车350辆，生产钢质船66艘100座位1475千瓦，修理船舶1157艘，固定起重机6台，浮式起重船1艘，各式抓斗8个。2000年全市县以上交通系统船舶、汽车、港机、工程机械修造及其他工业企业共17家，职工总数1635人。其中：国有工业企业5个、集体工业企业6个、其他类型工业企业6个。全年实现销售总产值5.4亿元，其中：国有工业企业1.22亿元、集体工业企业1.49亿元、其他经济类型工业企业2.69亿元。生产、改装汽车583辆，大修汽车75辆，生产钢质船10艘560载重吨320座位245千瓦，修理船舶781艘，生产起重机3台，浮吊船2艘，装船机5台，抓斗4个。2002年全市交通系统国有船舶制造业全部退出市场，被集体和私营个体船舶修造业所代替，汽车修造工业则有所发展。全市除汽车修理，船舶修理仍保留在交通运输企业内，其他工业企业均在企业改制中转为民营或破产关闭。

第一节　汽车制造

盐城交通系统汽车制造业始于20世纪80年代后期,1988年3月,经市政府批准,在盐城汽车公司修理厂的基础上成立盐城市客车厂(后更名为中威客车有限公司)。1989年7月17日,全国第一辆高地板客车在盐城市客车厂研制成功,市政府为样车剪了彩,并于21日在南京接受了省政府、省交通厅领导和有关部门的初检,评价较高。12月16~17日通过省级技术鉴定。1990年市客车厂研制的YCK6990HG型高地板客车,进京参加1990年度北京国际汽车装备展览。1993年在市通榆南路(开放大道)建新厂,初始占地面积6.5万平方米,建厂房2.8万平方米,拥有固定资产4800万元。1995年生产YCK6991HG型高地板客车近百辆。1996年中威客车有限公司生产客车150辆,销售率达100%。1997年4月12日,中威客车YCK6991HGW型卧铺客车在南京通过省级鉴定。1997年6月已研制中威系列客车6个,生产客车77辆,销售64辆,实现产值1340万元,销售收入1079万元,利润56.30万元,荣获江苏省客车改装行业产量第四名和省旅游客车十大畅销品牌。1998~2000年共生产8个系列20多个品种大客车,主要有大型卧铺车、大型座位客车、中型卧铺车、中型座位客车。内分长6.60米、7米、7.90米、8.50米、9.90米、10米、11米、12米系列客车,除新开发11米、12米型客车外,其余皆列入《全国汽车、民用改装车和摩托车生产企业及产品目录》,产品销售覆盖广东、广西、浙江、福建、上海、山东、北京、安徽、河北、江苏等20多个省市。1998年产量达376辆,产值5430万元,销售收入5430万元,创利税326.3万元,其中利润159万元。1998年3月15日,中威客车厂生产的"登赢牌"客车在首届江苏市场售后服务调查活动中获得售后服务消费者满意奖。1998年5月来自全国15个省、市的75家运输企业171名客商,出席中威客车销售业务恳谈会,会议期间共成交购车合同6辆,签订意向购车合同115辆,销售金额达2000多万元,1999年1~8月,共销售客车308辆,实现营收5400万元,创利税240万元。2000年,企业占地面积扩大至12万平方米,厂房扩建至6万平方米,职人数增至608人,年销售客车560辆,销售收入达1.01亿元,实现利税1169万元,其中利润460万元。2000年4月26日盐城中威客车有限公司在大连市举办"千喜龙年春季联谊会",共有19个省市210多个客户参加。会上当场签订销售协议800多辆,产值达1.50亿元,2000年5月份与盐城中大集团达成联营协议,至此中威客车生产不再纳入交通工业统计。

盐城中威客车有限公司生产的高地板客车

第二节　船舶修造

一、盐城市船务实业总公司

1958年成立，厂址：盐城南新河南岸，时为盐城专区机动车船修造厂，后相继更名为地方国营盐城专区车船制造厂，盐阜船厂，江苏省盐城地区船舶制造厂，1983年更名为盐城市船厂，以制造内河钢质船舶和海洋钢质渔轮为主。是年该厂资产总额171.89万元，净值75.76万元，年建造钢质拖轮6艘554.93千瓦，货驳61艘4475载重吨，水泥质拖(客)轮5艘240马力，货驳225艘8415载重吨，年总产值302.63万元，销售收入271.89万元，实现利润43.11万元，1986年固定资产213.37万元，净值107.71万元，生产不同型号钢质船177条17479载重吨，年产值2345.98万元，销售收入674.95万元，创利65.86万元。1988年12月因造船钢板严重短缺和价格猛涨，船厂一度停工待料，减少产值123万多元。1992年出厂各类船舶139艘，1.33万载重吨。20世纪90年代初更名为盐城市船务实业总公司。1993年，有职工520人，固定资产原值662.57万元，造船162艘1.69万载重吨，产值2345.98万元，销售2514.96万元，创利40.09万元。该厂从20世纪80年代后期至90年代初，先后开发生产的产品有：50吨级、200吨级货轮，20客位渡船，80客位渡轮，70吨级钢质驳船，12.50米、20米交通艇，80吨级集装箱、散货两用钢质驳船，70吨级、80吨级、100吨级、145吨级自航驳船、拖驳船，20吨级钢质机驳船，15吨级打捞船，40吨级散装水泥船，21米拖轮，45吨级油驳船，100吨级油轮，42客位海港交通艇，500吨级沿海货驳，400吨级采砂船，JS804、805、YC－818、YC－828钢质渔轮，RP－12舵桨机、XP2－A清洗机、3.20吨级汽车随车吊臂等。20世纪90年代后期由于水运市场出现多元化，船舶销售出现滑坡，1996年企业产值仅有955万元，销售收入1128.17万元，亏损49.11万元。1997年亏损达281万元，处于停产半停产状态，2002年该公司依法破产。从此结束盐城船务实业总公司历史。

二、盐城市造船二厂

成立于20世纪70年代后期，厂址：盐城新洋港河南岸南新河西岸，主要制造水泥质船舶。1979年固定资产37万元，工业产值59万元，销售收入93万元。1983年固定资产原值61万元，净值47万元，工业总产值125万元，销售收入114万元。1985年固定资产原值82万元，净值62万元，年工业总产值162万元，净产值67万元，销售收入222万元，实现利润16万元。1991年2月经盐城市体改委批准，被盐城市船厂(盐城市船务实业总公司)兼并。

三、东台县(市)船舶修造厂

成立于20世纪70年代后期，1980年固定资产原值34.50万元，净值20.04万元，工业总产值为74.34万元，销售收入76.52万元，实现利润5.72万元。1985年固定资产原值98.33万元，净值63.39万元，工业总产值227.10万元，销售收入299.88万元，实现利润14.94万元。1988年在职职工355人，工业总产值570.59万元。1986～1989年共制造钢质驳船30艘，1310载重吨，水泥质驳船587艘30290载重吨。到1994～1995年船舶制造产值为1857万元，销售收入1011万元。到20世纪90年代后期，呈下滑趋势，企业采取“一业为主，多种经营”的措施，兴办了水晶厂和从事船舶修理业务。1999年修造船舶75艘，收入60万元。船舶制造业务逐步停止。

四、乡镇造船

20世纪80年代，随着运输市场逐步放开，个体从事水路货物运输逐步增加，推动了船舶制造业的发展，盐城市境内除国营、集体交通系统的船舶修造企业外，部分乡镇也出现一些制造水泥质船舶的船舶制造业户，比较突出的是东台市廉贻乡。该乡境内到1993年造船业户已发展到106家，共有496个船台，年造船能力达4.50万吨，造船产值达2600万元。1997年以后这些造船厂(业户)大多转产或破产。

港机厂革新制造的矿石抓斗

第三节 港机修造

20世纪80年代中后期，盐城市有专业港口机械修理厂2家，分别是盐城市港口集团的港机厂和滨海县港务处的港口机械厂，主要是负责港口企业自身的机械修理改造和生产部分港口机械。如修理吊机，制造YLJ型系列液环式氯汽压缩机、废钢材抓斗、浮动吊机船、各式抓斗、港口用固定吊车装船机等产品。以上两家港口机械修造企业，20世纪90年代后期至21世纪初都改制或破产。

第四节 其他交通工业

全市其他交通工业企业主要有:(1)建湖县天捷集团。该集团主要产品有水泥、锆系列产品、甘油、对苯二甲酸等。1996年该集团经省计经委〔1996〕696号文件批准立项，扩产1500吨的锆系列产品技改项目，1997年12月开工建设，1998年试生产，经过一年多的试运行，各项技术指标达到设计要求。1999年4月该企业投资60万元，对水泥磨粉生产线进行技术改造，新增产能5万吨/年，使原来年产10万吨增加到15万吨，1999年收购建湖水泥三厂、四厂的生产设备，组建成建湖县天捷集团“天捷水泥厂”生产“古基”牌水泥，年产达45万吨。1999年7月该集团研制开发出锆铈产品，年产1000吨，可创汇1000万美元。(2)阜宁县低压开关厂，1991年该厂研制的“远红外多功能煤汽炉，被评为华东地区新产品银质奖。(3)阜宁县金鑫电控厂，该厂生产的“多功能理疗床”获省优质产品“金年”奖。(4)大丰市“京丰”太阳能有限公司，该公司生产的“京丰”牌太阳能真空管等工业产品。到21世纪初，这些工业企业有的改制成民营，有的关闭歇业。

1988～2010年盐城市交通系统工业企业情况

表76

单　位	工　业　企　业　名　称
市　直	盐城市船务实业总公司　盐城市中威客车厂　盐城市黄海渔轮厂　盐城市船舶制造二厂
华通集团	盐城市船舶修理厂　盐城渔轮厂
港口集团	盐城市港口机械厂　润滑油品厂　金港水泥砌块厂　天工硬材料厂　船舶修造厂
盐阜集团	汽车保养厂　汽车修理厂(大修厂)　服装厂
市航运公司	船舶保修厂　装璜材料厂　新民面粉厂　黄海内衣厂　生物制药厂
市公路处	公路工程机械修理厂　石灰厂
市航道处	航道工程机械修理厂
东台市	船舶修造厂　汽车修理厂
大丰市	船舶修造厂　汽车修理厂　水泥厂　石灰厂　太阳能真空管厂　申大电动工具厂　化工厂　拉丝厂　交通机械厂
盐都区	船舶修造厂　恒丰制服厂　建筑构件厂　华联油品分装厂　交通蓬布厂　船舶设备配件厂
射阳县	船舶修理厂　港式家具厂　荣昌汽车修理厂　混凝土拌和厂
建湖县	车船修造厂　汽车修理厂　天捷集团　水泥石灰厂　包装材料厂
阜宁县	低压开关厂　金鑫电控厂　电线电缆厂　天然果汁厂　船舶修理厂
滨海县	船舶修理厂　汽车修理厂　港口机械厂
响水县	船舶修理厂　建筑材料厂

第九章 交通改革

1988～2010年，随着国家经济体制、政治体制的改革，盐城交通改革不断深化。交通行政管理体制转变职能，从直接管理企业微观经济到经济运行的宏观管理，促进交通企业适应开放市场的良性发展。交通行政执法能力进一步加强，当事人的合法权益得到保护；交通事业单位实行管理与生产经营实体分离，改革了人事管理制度，实行全员聘任制，分配与绩效挂钩；交通企业在经营方式改革的基础上，深化产权制度的改革，按“国退民进”的原则，组建国有参股，经营者、职工持股的有限责任公司，产生了一批民营、合资企业。二十多年的改革，盐城交通在行政管理、基础设施建设、交通运输等方面发生了深刻变化。交通在促进经济社会又好又快发展中发挥了较好的作用。

第一节 国有(集体)企业改革

盐城市交通系统国有(集体)企业的改革，是随着国家经济体制改革的步伐而逐步深入的。改革之初，企业面临的问题较多：一是有的企业机制不活，冗员突出，债务复杂，负担沉重；二是有的企业职工人数较多，下岗分流压力大，担心改制后生活没有保障；三是企业的管理人员考虑自己的去留问题，不能集中精力抓改革。面对存在的问题，各单位从自身实际出发，精心制定方案，在做好思想工作的基础上，忍着“阵痛”，排除干扰，稳步分阶段实施。1988～2010年，改革大体分为四个阶段。第一阶段：20世纪80年代中期，实行“厂长(经理)负责制、党政分开”，解决“党政不分、权责不明、相互推诿”的弊端；第二阶段：实行“劳动、人事、分配制度”改革，解决“干部能上不能下、职工能进不能出、企业职工做多做少、做好做坏一个样”的问题；第三阶段：从1990年起，实行职工福利制度的改革，将职工退休、医疗等实行社会统筹，由企业和职工按比例缴纳费用。取消福利分房，企业为职工缴纳住房公积金和发放住房补贴；第四阶段：从1997年起，实行产权制度改革，分类分步实施，至2010年交通国有(集体)企业的改革按计划要求到位。

盐城市交通企业经过20多年的改革，部分企业从计划经济走向市场经济，顺应改革潮流，在改革中不断发展壮大；部分企业因经营不善或其他客观原因被淘汰。全市(含县一级)76家企业，至2010年年末都实行了改制。改制后的企业有国有参股企业2家、转为民营企业45家、独(合)资3家，破产、歇业26家。

市直属主要企业的改革：

【江苏盐阜公路运输集团有限公司】 原为江苏省汽车运输公司盐城分公司，1987年9月，根据盐城市政府意见，由市交通局具体组织实施，对苏汽盐城分公司实行承包经营责任制，向全市公开招标承包，择优选聘承包经营经理，实行上交利润递增包干，首轮承包期为四年。1988年上半年，公司陆续对客处、货处、各县营业处、保养厂等实行承包经营责任制。

1993年2月，成立盐城市汽车运输总公司。1996年6月，盐城市政府同意，盐城市汽车运输总公司按大集团模式、小核算体制、混合型经济设计“江苏盐阜公路运输集团”的主体框架。根据《公司法》的有关条款，将原“盐城市汽车运输总公司”改制为“江苏盐阜公路运输集团有限公司”，作为集团的母公司(集团核心层企业)，母公司以投资额为限承担有限责任，原“盐城市汽车运输总公司”下属有自主经营条件的法人企业和分支机构改制为全资子公司或控股、参股子公司；对不具备自主经营条件的二级经营单位予以保留。集团对全资子公司实施母子公司的资产运营管理体制。对控股、参股公司实施股权管理。

2004年，江苏盐阜公路运输集团有限公司组建国有资本参股、民营资本控股、股资主体多元化的有限责任公司，并承担原企业的债权、债务。改制后新公司注册资本为6362万元，其中国有股2362万元占37.12%的股权，公司的48位自然人和以工会社团法人注册的持股共同出资4000万元占62.88%的股权。公司原则上全部接受安置原企业在册职工，职工与新公司重新签订劳动合同，按规定续接社会保险关系。

2004年10月16日，公司董事会选举陆进为江苏盐阜公路运输集团有限公司董事长、卞敬友为副董事长。经董事长提名，全体董事一致同意聘任卞敬友为总经理。

至2010年，盐阜公路运输集团有限公司下辖20多个分、子公司，6000余名从业人员，集客、货运输、联运中转、旅游出租、城市公交、客车制造和修理、商贸开发、宾馆餐饮服务、房地产开发等多种经营的大中型企业。

【盐城市港口集团有限公司】 1983年5月，市管县后，由盐城县港务管理处升格为盐城市港务管理处，隶属于盐城市交通局。1993年经盐城市计划经济委员会批准，改为盐城市港埠实业总公司。1994年经盐城市体制改革委员会批准，在盐城市港埠实业总公司的基础上组建盐城市港口集团有限公司，为上国有下集体的二档企业，注册资金2000万元，职工总数1326人。公司实行总经理负责制。

2003年，集团公司做好整体改制的准备。一是清理资产和债务。以2003年9月30日为评估基准日，经会计师事务所评估并获市国资部门确认，企业总资产为8637万元(其中土地资产4865万元)，总负债6383万元(其中应付土地出让金2467万元)，净资产2254万元。二是查找存在的问题。主要是：机制不活，冗员突出，债务复杂，负担沉重，业务萎缩。三是建立组织，加强改制领导。四是制订计划，明确目标，有序推进。

2004年11月，集团公司整体改制正式启动。采取公开产权转让信息，公司挂牌转让的办法，公司征集受让人，国有资产一次性退出，组建民营的盐城港口(集团)有限责任公司，为多法人联合体。经过资产评估的确认，后续审计工作；制定改制方案；召开职代会，审议企业改制实施方案，通过职工安置方案并形成决议；材料报批；组织产权交易；募集出资，签订出资人协议书，办理验资手续；召开创立大会，办理变更登记；转换企业经营机制，建章立制等程序，至2007年6月，较顺利地完成改制工作。集团公司原领导班子朱学源等24人组成股东董事会，计出资521.90万元入股，董事会选举朱学源为董事长兼总经理。

新的盐城港口集团有限公司从2008年起开始运行。

【盐城市新阜公路有限责任公司】 盐城市新阜公路有限责任公司始建于1994年7月，是全省第一家从事公路投资、经营、管理的股份制企业。

2005年年底，经评估、剥离不良资产与改制成本后，国有出资尚余602万元，公司职工持股会增加出资至2860万元(占公司注册资本3591万元的79.60%)；302名职工由改制后的新企业全部接收重新上岗，兑现了公司领导集体向全体职工的承诺。改制以后的企业，在路桥经营的基础上，兼营房地产开发、物业管理、风险投资、医院经营，企业步入正常发展的轨道。

2006年1月，根据盐城市政府部署，公司进行“二次深化改革”，国有资本由绝对控股(78%)变为参股(16.80%)。在理顺产权关系的同时，进一步规范了公司的法人治理结构，建立了与企业规模相适应的经营、管理、发展体制机制。

公司成立 16 年来，经济效益稳步提高，文明建设不断取得新成绩。

公司设有健全的股东会、董事会、监事会、经营管理层，党总支、工会、共青团等组织，活动正常。

公司董事会选举朱克林为董事长，铁步昌为副董事长兼总经理。

【江苏华通航运集团有限公司】 集团公司组建于 1997 年，由原市轮船公司（自 1950 年成立至 1997 年）、原市航运公司（自 1965 年成立至 1997 年）合并组成，当时在职职工 2824 人、离退休职工 1755 人（退休 1708 人、离休 47 人），抚恤对象、20 世纪 60 年代精简下放人员、辅助工等 428 人。至 2001 年 3 月集团公司拥有总资产 1.40 亿元，其中流动资产 2627 万元，长期投资 442 万元，固定资产 8173 万元；负债总额 8982 万元，其中流动负债 7486 万元，长期负债 1496 万元。净资产总额 2258 万元。

王延虎任公司董事长、党委书记。

根据盐城市委、市政府〔2001〕11 号、24 号文件精神，集团公司为进一步深化改制，加快“国退民进”步伐，进行产权置换和人员身份置换。从 2001 年 3 月起至 2002 年 9 月，经过制订方案、上报审批、宣传发动、具体实施等阶段，较好地完成改制任务。

企业资产实施“国退民进”，职工全部调整劳动关系；企业关门歇业、条件成熟时破产清算。退休职工和内养职工按照社会化管理的要求移交市社会劳动保险中心，转至社区实行社会管理；离休干部应享受的经济待遇剥离至市社会劳动保险中心代发。

自 2009 年 10 月起，进行企业破产清算工作，清理企业债权债务，做好移交上级国资部门的前期工作。2012 年 6 月清算结束。

【盐城市交通建设工程有限公司】 1988 年 3 月，盐城市政府“盐政复〔1988〕018 号”批文批准盐城市公路管理处进行体制调整，将公路管理与建设分开，以原市公路处直属的桥梁工程队、道路工程队和公路机修厂、市石灰二厂、公路汽车运输队为基础，成立盐城市交通工程处，为副县级全民事业单位，隶属于盐城市交通局。时有职工 285 人，固定资产 1000 万元。

徐维林任工程处党委书记、王金东任工程处主任。

2001 年，盐城市机构编制委员会“盐市编〔2001〕18 号”文批准，工程处重组为盐城市交通建设工程有限公司，由全民事业单位改为企业单位。在人员管理上，实行“老人老办法，新人新办法”，即原有在编人员仍保留事业编制性质，调动和退休享受事业性质待遇不变。改制后在职和新进人员一律按企业人事管理办法进行管理。

张翼任公司总经理、党委书记。

2005 年，公司资不抵债，走入困境。2006 年 6 月，经盐城市政府“盐政复〔2006〕13 号”文同意，由南京建工集团出资收购盐城市交通建设工程有限公司。在职职工 702 人、计划内用工 108 人都实行身份置换，由新单位管理。

从 2006 年 7 月 1 日起原退休的 119 人的行政和党组织关系交由盐城市交通控股集团有限公司管理。从 2010 年 7 月 1 日起，原退休人员的生活费由盐城市机关事业单位劳动保险处发放。

第二节　事业单位改革

【盐城市公路管理处】 1986～1987 年，盐城市公路管理处（以下简称市公路处）机关实施改革。改革的重点是干部实行聘用任期制，改“任用”为“聘用”；职工实行合同制，改“固定工”为“合同制工”。1999 年，事业单位机关工作人员经盐城市人事局集中统一考试，合格人员实行“职员制”工资级别，中层干部实行竞聘上岗。

1988年3月,盐城市政府“盐政复〔1988〕018号”文批准盐城市公路管理处进行体制改革,将市公路处直属的桥梁工程队、道路工程队、公路机械修配厂、市石灰二厂、公路汽车运输队划出组建盐城市交通工程处。市公路管理处、市交通工程处均为副县级全民事业单位,各自独立,分别负责公路管理和建设。

1989年,市公路处对各县(市、区)公路管理站由垂直管理改为各县(市、区)公路管理站由市公路管理处和各县(市、区)交通局双重管理。

1998,盐城市交通局出台改革公路养护管理体制(管养分开)方案,公路工作实行统一领导,分级管理。盐城市公路管理机构不再承担乡道建设、养护工作。乡道建设、养护工作由各县(市、区)交通主管部门负责。改革后原来由市公路处负责养护的乡道和部分县道,分线路成建制移交给各县(市、区)交通局,共下放道路1007公里。下放道路的建设、养护资金来源为地方财政投入、社会集资、群众投资、五小车辆养路费和省专项乡道补贴等。按“人随路走”的原则,共下放职工251人,其中正式工95人,临时工、合同工156人。同时,因为部分公路等级的提升,由市公路管理机构接收原来为乡镇养护的公路共314.86公里。乡镇路政管理工作则由各县(市、区)交通局委托给公路管理机构负责。1998年6月,市公路处和各县(市、区)交通局签订了乡道移交协议书。改革后,市公路管理机构养护公路里程共1926.65公里。

2000年3月,按照“小机关、大社会”原则,盐城市公路系统将市、县公路部门的管理职能与生产职能分开。市公路处和各县(市、区)公路管理站只负责公路管理和服务工作,不再行使生产职能。市公路处所属的盐城市公路工程有限责任公司实行独立核算,自主经营,自我发展。

2003年5月,市公路处机关改革实施意见出台。改革的总体思路是:理清人员、理顺关系、明确职能、定职定编、公开选拔、竞争上岗、双向选择、合理流动、精简机构、压缩编制。对市公路处机关中层干部岗位实行公开选拔,竞争上岗;对一般工作岗位在核定编制范围内实行竞争上岗。

市公路处机关改革后,设职能科室11个:办公室、组织人事科、政策法规科、财务审计科、工程管理科、养护管理科、路政管理科、收费道路管理科、养路费征收管理科(征稽所)、信息技术科、试验检测中心。另设纪委、工会、团委。市公路处机关编制核批为89人。

全市公路系统严格控制进人。进地区级以上公路管理部门必须具有本科及以上相关专业学历,进县(区)级公路管理部门必须具有大专及以上相关专业学历。并冻结生产岗位事业编制,规范临时用工制度。

2005年12月,市公路处“试验检测中心”撤销,挂牌成立“盐城市公路工程试验检测中心”,经费自收自支,实行企业化管理,隶属盐城市公路管理处。

2006年7月,市公路处增设“农村公路管理科”“安全监督科”。

【盐城市航道管理处】 根据盐城市政府盐政发〔2001〕151号文《关于深化事业单位综合配套改革的意见》和江苏省交通厅苏交发〔2002〕29号文《关于印发〈全省公路、航道机构事企分开的指导意见〉的通知》精神,盐城市航道管理处(以下简称市航道处)的改革从2002年下半年开始,积极稳妥地进行。改革分三步走:

第一步 完成生产经营型单位的改革,实施事企剥离。市航道处所属的疏浚工程队、维护队、船舶修理厂均系生产型的单位。在改革中,首先在做好思想工作的基础上,分流人员。三个单位计有在职员工162人,调出1人,新进1人(退伍战士安排),到龄退休3人,提前离岗15人,离岗休养43人,自谋职业57人,辞退计划内临工12人,剩余32人同意转制。接着,搞好资产评估,按照“国退民进、民存民营”的要求,组建民营公司(盐城市广远航道工程有限公司),办理了疏浚工程队、维护队、船舶修理厂事业单位注销、新公司注册、人员关系转移、养老等社保关系衔接等手续,较好地完成了事企分离工作。

第二步 搞好管理型单位的内部配套改革。主要是航道处机关、各基层航道站、船闸管理所。

首先提请上级核定机构、编制。2002年10月29日和2003年2月19日,江苏省航道局和盐城市编制委员会分别发文,同意市航道处为副处级事业单位;各基层航道站、闸管所为副科级。核定编制处机关60人,9个航道站、2个闸管所280人,总计340人。

从2003年8月中旬开始,处机关中层干部、各基层单位正副职领导干部和正副股长均先后竞聘上岗。2004年3月应竞聘的岗位、人员全部到位。

第三步 办理完善改革的相关事宜。市航道处与参加改制的职工签订解除聘用合同手续,办理资产出售、租赁手续,依法制订并通过新公司章程等,完成生产型单位的剥离改制工作。

【盐城市运输管理处】 1987年11月,市编委同意将"盐城市交通运输处"更名为"盐城市运输管理处",负责营运、运价、票证、综合运输、汽车维修等方面的管理。1997年,随着乡镇撤并,全市交管所开始撤并整合,按片设立中心交管所,由原来的190个乡镇交管所,撤并成52个中心交管所。2001年12月根据盐城市政府《关于调整组建盐城市运输管理处的通知》(盐政发〔2001〕242号)精神,撤销原市运管处、驾培管理处、汽修管理处、市交通局运政稽查大队等单位建制,合并组建副处级建制、依照公务员法管理的全民事业单位——"盐城市运输管理处"(以下简称市运管处),同时增挂"盐城市交通局运政稽查支队"牌子,隶属盐城市交通局。

在机构调整的基础上,用人制度进行了改革。2002年7月,根据市交通局上报的《盐城市运输管理处职能配置、内设机构、人员编制方案》,盐城市机构编制委员会发文(〔2002〕30号)同意方案的要求,明确了市运管处职能配置、内设机构、人员编制及经费渠道,市运管处机关中层以上干部由任命制改为竞争上岗、实行聘任制,职工实行合同制。

随着机构的调整改革,各级运管部门积极向服务型运管机构转变,加大了运输市场的监管力度。2003年,根据国务院和省、市政府有关清理行政审批项目的规定,市运管处连续开展了三轮行政审批事项改革,先后取消"核发经营汽车配件技术条件合格证书"等10多项行政审批事项,对保留的审批量较大项目,全部纳入市行政审批中心交通窗口统一运作。2004年,《中华人民共和国行政许可法》和《中华人民共和国道路运输条例》相继颁布,全市运管部门全面规范了交通运输行政许可,建立"统一、规范、竞争、有序"的运输市场,加大了运输市场监管的力度,开展客运、货运、维修、驾培市场专项整治,切实维护经营者的合法权益。至2010年,市运管处根据法律、法规的有关规定和市交通局的委托,承担全市道路和水路运输业、运输服务业和汽车维修市场的行业管理;承担全市运政管理、机动车驾驶学校和驾驶员培训管理;承担全市汽车综合性能检测站、客货运站场的行业管理工作;组织实施重点物资运输和紧急运输等工作。

【盐城市地方海事局】 1987年9月,根据国务院国发〔1986〕94号文《关于改革交通管理体制的通知》、江苏省政府苏政发〔1987〕84号《关于改革我省道路交通体制若干问题的通知》、苏编办〔1987〕92号文《关于同意更改省、市、县(市)水上交通安全管理机构名称的批复》、苏交监〔1987〕26号文《关于更改水上交通安全管理机构名称的通知》精神,进行体制改革,成立"盐城市港航监督处",隶属市交通局。主要负责贯彻国家的水上交通法规,进行交通安全宣传教育,指挥水上交通,维护航行秩序,检查监督船舶安全航行,发布航行通告,督促清除航障,调查处理水上交通事故。按规定办理船舶和船用产品检验,办理船员和船舶电焊工考试,以及船舶的登记发证,办理船舶进出港口签证,征收船舶港务费,协助检查征收航养费、过闸费,对渡口进行安全监督,以及执行上级规定的有关水上交通管理工作。

1990年,根据江苏省编制委员会〔1988〕267号文《关于同意市、县港航监督处级别的批复》和盐城市政府盐政发〔1990〕20号文《关于明确市港航监督处级别的通知》精神,盐城市港航监督处提升为副县级,隶属关系不变。1996年,根据苏编办〔1996〕50号文件要求,成立盐城市水上交通稽查支队,负责盐城市的水上稽查工作。

2001年,根据苏编办〔2001〕79号文、盐市编办〔2001〕11号文的意见,盐城市港航监督处更名为盐城市地方海事局。

2004 年,江苏省交通厅、江苏省海事局(〔2004〕6 号文)决定组建中华人民共和国盐城海事局。负责管理原属盐城市地方海事局管理的沿海及响水灌河大桥以下水域。同年年底,盐城市地方海事局与中华人民共和国盐城海事局完成了盐城市沿海水域水监的人员、资产、业务和管辖水域的交接工作。

第三节　交通行政管理体制改革

一、行政职能改革

在行政管理体制改革中,市交通局的职能也随着转变。1996 年 8 月 31 日,经盐城市机构编制委员会审核、市政府批准,印发了《盐城市交通局职能配置内设机构和人员编制方案》。根据《中共盐城市委、盐城市人民政府关于印发(盐城市党政机构改革实施意见)的通知》的规定,市交通局为市政府工作机构,是市政府管理全市交通行业的职能部门。

为适应发展社会主义市场经济和进一步改革开放的要求,交通行政管理体制改革,主要是强化对全市交通工作的宏观管理和业务指导,统筹兼顾,协调发展全市交通事业,围绕交通工程战略重点,加强全市交通中长期规划、产业政策和行业规划的研究和制订,合理确定交通基础设施建设布局和比例关系,宏观控制交通资金的投入和投向;加强运输市场体系建设和供求关系的宏观调控以及信息引导;加强交通法规建设;加强运政、路政和水上交通安全监督管理及交通规费管理;加强对直属企事业单位国有资产保值增值的监督。

根据上述原则,全系统继续深化体制改革,进一步转变职能,使交通企事业单位逐步实现自主管理。市交通局在管理内容上,从微观管理为主转向宏观管理为主。主要实行政策调控、行业规划、组织协调、检查监督、信息服务,为市直交通单位创造良好的外部环境,确保自主行使内部管理权和经营权。在管理方法上,从直接管理为主转向间接管理为主。对市直交通单位实行综合目标管理责任制;对县(市、区)加强业务指导,弱化检查考核和评比达标等活动。在管理的范围上,从部门管理为主转向行业管理为主,侧重对交通重要项目、重大投资的调控。

1996 年市交通局机关行政编制为 38 名,机关服务中心事业编制为 12 名。内设机构:办公室、组织人事科、宣传法制科、财务科、工程科、安全管理科、企业工作科、外经科、战备办(与人武部合署办公)。设立机关服务中心,为自收自支科级事业单位。按照有关规定设纪检、监察、工会等机构。

2001 年 9 月 27 日,经市机构编制委员会第二次审核、市政府批准,重新确定市交通局职能配置内设机构和人员编制,并以市政府盐政办发〔2001〕125 号文予以印发。按照《盐城市机构改革实施意见》(盐发〔2001〕15 号文)的规定:保留市交通局,为市政府工作部门。职能调整为:实行政企分开,不再直接管理企业。根据盐城市人民政府《关于组建盐城市交通控股集团有限公司的通知》(盐城市人民政府盐政发〔2001〕172 号文)要求,为实现市直交通系统政企分开,完善交通国有资产的管理、监督和营运体系,经研究,决定以原隶属于盐城市交通局管理的江苏盐阜公路运输集团有限公司、盐城市新阜公路有限责任公司、盐城市交通建设工程有限公司、盐城市高速公路有限公司等企业为基础,组建以资本营运为核心,以产权关系为基础,以母子公司体制为框架的盐城市交通控股集团有限公司。该公司为企业性质,依照盐城市国有资产管理委员会制定的《盐城市国有资产授权经营暂行办法》(盐资委〔2001〕1 号文件)建立规范的法人治理结构,行使职责。并受市交通局委托(2001.8.21)管理江苏华通航运集团公司和盐城市港口集团公司。

2010 年 1 月 22 日，省委、省政府（苏委〔2010〕20 号文）批准《盐城市人民政府机构改革方案》，组建盐城市交通运输局。

二、投融资体制改革

20 世纪 90 年代之前，交通基础设施建设的资金实行计划经济的分配模式，公路、航道养护费收取后全额上缴省交通厅。然后根据每年计划需要，由省交通厅下拨资金，再分解下去。由于资金额度的限制，交通基础设施建设跟不上社会发展的步伐和人们生活水平不断提高的需求。

为了改变这一状况，从 1994 年起，盐城市交通局根据国家、省的有关规定，对投融资体制实行改革，采取集资、合资、股份制、股份金等形式，积极引导社会资金、企业资金和国外资金投入到公路、桥梁等交通基础设施建设中去，形成投资新机制。是年 7 月，组建了盐城市新阜公路有限责任公司，是全省第一家从事公路投资、经营、管理的股份制企业。该公司长期承担 204 国道盐城北段新兴到阜宁（40.7 公里）改造工程的筹资、建设、管理、经营、设站收费，偿还贷款的任务。1996 年 7 月 4 日，阜宁县交通局与美国美安国际贸易公司上海办事处签订《关于合作兴建公路项目的协议书》，由美安国际贸易公司上海办事处投资 1.33 亿美元，采用 BOT 方式，建造县乡水泥路面公路。1996 年 8 月 22 日，由响水县大有镇投股 37.5%、滨海县樊集乡投股 25%、市港监处投股 20.88%、黄海农场投股 16.67%，共建中山河大有渡桥，总造价 300 万元。1998 年 10 月 26 日，全市第二座股份制朦胧渡桥建成，其中，市公路处、市港监处各出资 30 万元、市航道处出资 20 万元、建湖县高作镇和阜宁县永兴镇各出资 50 万元、市交通局支持 10 万元，并成立渡桥股份有限责任公司，设收费站。1998 年 7 月 15 日，经省计经委批准，建湖县交通局直属单位建新公路实业公司委托盐城信托投资公司向社会代理发行企业 5 年期融资公路建设债券 3000 万元，债券年收益率 9.30%，主要用于省道盐淮线建湖段 35.60 公里（一级公路标准）建设、管理、维护、收费开发，定期五年，到期兑付，一次还本付息。2000 年 6 月 10 日，盐城市新阜公路有限责任公司与中地香港公司就盐海一级路收费经营权签署合作协议，总投资 1445 万元，外方投资 500 万元。

2006 年 3 月，经盐城市政府批准（2006 年第 16 号会议纪要），成立盐城市交通投资有限公司（国有独资企业），注册资本 10 亿元。负责公路、桥梁、站场、港口、航道、空港等基础设施项目的投资、建设、经营、管理。公司现有土地资源 176.67 公顷，其中政府划拨的土地经过价值量化达 21.70 亿元。至 2010 年年末，公司总资产达 44.04 亿元。公司成立以来，累计向金融机构直接融入资金 18.50 亿元，承担的项目主要有：204 国道盐城绕城段、火车站地段改造工程、盐城机场扩建工程、沿海高速公路开发区连接线一期拓宽及二期新建工程、S234 新洋港大桥接线、S331 盐城东段、城市快速路系统、盐城交通技师学院搬迁工程等。对外投资主要是参股滨海港开发有限公司 100 万元，占股份 10%。

新的投融资机制，较好地缓解了交通基础设施建设与资金不足的矛盾，推动了全市交通建设的快速发展。

三、税费改革

1. **车辆购置附加费改革为车购税**（详见第十章交通管理第七节规费征收：三、车辆购置附加费）

2. **成品油税费改革**

2008 年国务院《关于实施成品油价格和税费改革的通知》（国发〔2008〕37 号文）决定从 2009 年 1 月 1 日零时取消公路养路费、公路客货运附加费、公路运输管理费、航道养护费、水运客货运附加费和水路运输管理费等六项交通收费项目，以提高成品油消费税单位税额的方式进行替代，由中央财政通过规范的财政转移支付方式分配给地方，规定税费改革后形成的交通资金属性不变、资金用途不变、地方预算程序不变、地方事权不变，并要求妥善安置交通收费征稽人员。在省财政厅、省交通厅具体布置下，盐城市交通局高度重视这项工作，局长管亚光亲自主抓，多次开会研究并提出指导意见，由局财务审计处牵头具体落实。一是核定财政转移支付基数。根据2007年交通规费征收情况，市交通局和相关单位及时查找复印大量的原始资料，汇总各项规费的征收及拆分数据，协调财政、银行等部门提供相关证明材料，多次到省交通厅参加会审并根据情况完善证据，主动汇报盐城市现行规费征收和管理模式的历史成因以及行政区划调整情况，争取省厅的理解和认可，从而较圆满地完成了全市基数的核定工作。2009年省财政厅正式发文核定盐城市的成品油价格和税费改革公路养路费等六项费收入返还基数为2.83亿元。二是妥善安置人员。根据国办发〔2009〕9号文《国务院办公厅转发交通运输部等部门关于成品油价格和税费改革人员安置工作指导意见的通知》精神，坚持以人为本，按照“转岗不下岗”的要求和基本实现“人人有去向，不增加社会就业压力”的目标进行妥善安置，保证了职工队伍的稳定。其中，运管、航道部门的征稽人员全部实行内部转岗，充实到行业管理的相关岗位；公路部门规费征稽人员全市合计84人，考录到地税部门30人，考录到国税部门10人，内部转岗安置44人。

成品油税费改革彻底改变了交通资金的管理模式，即由过去的交通内部循环转变为财政省直管县体制，除专项工程资金外，市、县交通部门已没有直接的经济管理关系，全部通过地方财政部门预算运行及管理；同时使交通基层执法单位管理职能发生重大变革，即由过去主要偏向于抓交通规费征管工作转向运输市场的综合执法和源头管理。

第十章 交通管理

交通管理是交通部门的重要职责，是政府行政行为的组成部分。交通管理业务是实施交通管理的核心内容，包括路政管理、航政管理、运输管理、海事管理、交通工程质量管理、安全管理等。交通规费征收既是交通管理的重要内容，又是保障交通发展的重要支撑，主要费种有养路费、航养费、车辆购置附加费、运管费、客附费、货附费、五小车辆养路费、船舶港务费、船舶检验费、船舶港监费10种。其中2005年1月，车辆购置附加费实行费改税，由税务部门负责征收。2009年1月1日起，根据国务院国发〔2008〕37号《关于实施成品油价格和税费改革的通知》与国家财政部、发改委、交通运输部、监察部、审计署财综〔2008〕84号《关于公布取消公路养路费等涉及交通和车辆收费项目的通知》，交通部门停止征收养路费（含五小车辆养路费）、航养费、运管费、客附费、货附费，所需经费由财政部门逐级下拨。全市交通部门不断强化征收管理、努力做到应征不漏，经过广大征管人员的努力，1988～2010年共征收各种交通规费74亿元。所收规费按规定逐级上交至省交通厅，实行收支两条线。下拨经费主要用于公路、航道、港口、站埠等交通基础设施建设和行政管理，为交通建设、交通管理、交通事业的发展提供强有力的资金保障。

第一节 路政管理

一、产权维护

1988年后，路政管理工作主要是贯彻实施国务院发布的《中华人民共和国公路管理条例》（简称《公路管理条例》），重点转入维护路产路权，查处侵占公路和损坏公路设施个案上。当年，全市查处损坏路产案件134件，收回赔偿、罚款3.31万元，清除路边种植2076处。1989年，全市推行路政管理责任制，把维护路产路权列为道班全面养护内容，层层签订承包责任制，形成群管网络，受到省交通厅表扬。当年拆除违章建筑443户784间，清除路边种植5740处，查处损坏路产案件318起，收回赔偿、罚款56.10万元。当年5月，盐城市建委、交通局、土管局、工商局联合发出《关于在公路两侧建房搭棚必须执行有关规定的通知》，明确规定："各地房建部门审批公路两侧建筑物时，必须征得公路主管部门审查认可才能签发执照"，对于从源头上制止违章建筑起到积极作用。

1990～1996年，审批公路沿线建房147处1176平方米，查处挖掘占用公路用地53处869平方米；拆除违章建筑1.05万处1.41万间8.99万平方米，违章棚亭4394个，围墙1674米，猪圈厕所1689个，杂乱标牌2979块，其中申请法院强制执行164处294间；清除路边种植1754.50公里，路障杂物1.89万处8.74万立方米；查处损坏路产案件220起，收回赔偿费45.80万元。1997年10月开始集中2个月时间，对市境内180公里干线公路环境进行突击整治，共拆除违章建筑541间8289平方米，棚亭271个，非交通标牌525块，龙门架5处，清理摊点135处，杂乱标牌744块，公路横幅11处，违章设施2处，清除路边堆积物400多处，使公路环境大为改观。1998年1月1日，《中华人民共和国公路法》（简称《公路法》）颁布实施，使公路管理进一步走上法制化轨道。盐城市公路管理处(以下简称市公路处)加强公路沿线集镇、开发区、加油站建设规划控制,查处路政违法案件428起,收取路产赔(补)偿费108万元。5月26日,盐城市城区人民法院组织公安、路政、保安、市容监督等150余名执法人员,依法对G204盐城北段新兴镇圩洋村境内7户违章建筑进行强制拆除,共拆除26间307平方米。1999年6月,盐城市人民政府制定下发《关于进一步加强公路两侧小城镇和中心村建设规划管理的通知》,市公路处根据《通知》要求,进一步严格行政审批事项。2000年,市公路处对市境内G204、盐金国防公路等车流量较大的国、省道路段环境进行集中整治。全市共出动路政执法人员70多名,公路养护人员1000多名,车辆、机械20多辆(台),清除非交通标志牌2510多块,清理路边停车场2个,迁移沙石材料3150多立方米,砖头19万块,草堆80多个,垃圾、土堆2000多立方米。

市路政、交警部门联合检查,整治公路超限超载运输。

2001年,根据省交通厅统一部署,市公路系统从当年4月开始进行为期2年的"路政管理年"活动。全市共拆除违章建筑1116处8636平方米,清除障碍物1.33万处、摊点4132个、非标悬挂物425块,使境内公路基本达到标准要求。通过整治,共查处超限超载运输车辆7833辆,卸货2.34万吨,收取路产赔偿费326.76万元。全市查处路政案件2409件,其中申请法院强制执行4起,没有一起错案,建成"路政管理示范路"280公里,受到行风监督员和社会各界的好评。各县(市、区)公路管理站相继建立执法受理中心,推广应用路政管理系统,全面推行执法公示,规范执法行为。2004年,根据交通部等七部委联合发出的《关于在全国开展车辆超限超载治理工作的实施方案》。盐城市政府专门成立领导小组,下设办公室,各相关部门抽调人员在市公路处集中办公。根据省统一安排,全市设立8个治超检查点。至2005年,累计投入路面执法人员7.80万多人次,检查车辆14.07万辆次,其中超限超载车辆1.84万辆,卸驳载车辆5426辆,计3.49万余吨;"大吨小标"货车恢复标准吨位5936辆,增加吨位2.08万吨。遏制超限超载车辆行驶公路行为,干线公路载货汽车超限率下降至5%以下。2006年,完善治超检测站点建设,规范卸载环节和管理,按先检测、卸载,再处理、放行的程序,坚持不卸载不放行。同时开展治超"百日会战"行动。2007年,将定点治超与流动治超相结合,继续推进车辆超限超载治理工作,共检查车辆776辆,卸载90辆449.20吨。全市路政许可由交通行政审批中心集中受理、限时完成、内部联动审批,实行一站式服务。亭湖区便仓镇某建材公司擅设公路道口,盐城市交通局提请亭湖区人民法院作出行政裁定,强制其缴纳赔偿费20.96万元和罚款4000元。2008年,多次集中整治公路环境,全市对307处农村公路与国、省干线公路搭接的平交道口及时采取措施妥善处置,共增设警示桩1050根,警示标志52块。对干线公路中有立柱、突台的6个安全隐患点进行防护处置,增设12盏太阳能警示爆闪灯,提示过往车辆行人安全通过。清除公路桥梁隐蔽部位违章建筑及堆积物19处。同时,巩固扩大治超成果,以良好的公路环境,迎接奥运会在北京举办。2009~2010年,办理路政许可74件,查处路政案件3322件,其中处理1290件、处罚2032件,申请法院强制执行3件,结案率达100%,共收取路产赔(补)偿费1129万元。查处超限超载运输车辆3379辆(次),其中卸载305辆3228吨。清除障碍物5.69万立方米、非标悬挂物4821块,取缔摊点、马路市场3649处,有效地保护了路产路权。

1988～2010 年，盐城市公路部门共清除路障 11.33 万处，违章建筑 28.40 万平方米，路边种植 5062 公里，拆除违章标牌 1.85 万块、猪圈厕所 1609 处，拆除迁移摊点棚亭 1.37 万处，查处路政违章案件 6199 件，收取路产赔（补）偿费 1841.18 万元，有力地维护了路产路权，保障了公路安全畅通。

二、安全保障

1987 年 9 月，根据国务院《关于改革我国道路交通管理体制的通知》精神，盐城市交通局将原由交通部门管辖的道路交通管理工作和公路标志标线一道移交给公安部门，管理费用由省统一从养路费中划给公安部门。1989 年，G204 盐城段有 7.20 公里路面施工，公路部门指定专人负责管理，实行挂牌施工，与施工单位签订施工安全合同，保障施工路段安全畅通。1992 年，盐城市施工路段达 41 处，公路部门抽调路政人员专抓施工路段安全管理，投入资金 7 万多元，用于施工安全管理设施，使施工路段未发生人为堵车事故和安全责任事故。1997 年，根据国务院国阅办〔1993〕204 号文《关于研究道路交通管理分工和地方交通公安机构干警评授警衔问题的会议纪要》精神，江苏省公安厅将公路标志标线的设置连同原划拨的专项经费一并移交给省交通厅，各级公路部门又开始负责公路标志标线的设置和管理。1998 年起开展干线公路网化工程，建设任务繁重，施工路段点多线长，市公路处对施工路段实行按月检查考核管理制度，采取各种措施，保证施工路段安全畅通。

2004 年被省交通厅公路局列入公路安保工程实施计划的，主要有 S233 线 25.10 公里、S332 线 11.20 公里的安保工程的实施，纳入在建工程同步实施安保工程的有原 S308 线响水段 47.27 公里、S329 射阳段 14.93 公里、S234 线市区段 2.10 公里，以及对 G204 盐城南段部分特殊路段实施改善路面抗滑性能试点。市公路处根据省公路局要求，结合省级文明样板路创建，认真部署落实安保工程建设工作。在实施过程中，加强施工质量管理，针对线路具体隐患，采取相应的防护措施。特殊路段漆划标线，布设突起路标；较小交叉路口两侧、桥涵两头埋设道口标柱；临河路段、高路堤路段安装防撞护栏；标志进一步补充、完善和更新；学校、幼儿园、医院、养老院等处与标线配套增设警示标志；影响视线的路树等障碍物组织专门力量清除，改善行车视距。全年安保工程项目累计投入 350 万元，建成集镇段隔离花坛 3000 余米，砌筑排水沟 5650 米，硬化道口 1.07 万平方米，增设安全警示标志 15 块、道口警示桩 2200 余根、防撞护栏 2800 米，漆划标线 1.60 万平方米，安装反光道钉 1000 多只，完成稀浆封层施工 2 公里，提高 S233、S331、S332 和 G204 南段干线公路安全防护水平。2005 年，盐城市公路处直属站对辖区公路指示牌、警示桩、百米桩进行清洁油漆，清除桥梁栏杆、标线、路缘石表面灰尘，并用涂料刷白；组织公路桥梁技术检查，完成 G204 K655 塌方路段的抢修工作，并对盐海线、G204、S234 线等主干线上的障碍物进行清除，共清除碎砖、垃圾 4 处计 20 多吨。同时组织实施 G204 盐城大桥北段 20 座桥头病害的处治工作，为第十届全国运动会指令项目在盐城市举办，提供了“畅、洁、绿、美、安”的交通环境。

“十五”期间，市公路处先后举办 4 期公路系统施工路段安全管理干部培训班，系统学习施工路段管理办法，明确施工现场安全方案制定与审批、施工现场规范管理要求。在实际工作中强化施工安全管理，未发生因管理不善导致半小时以上堵车事故；施工路段工伤事故未突破 0.09% 的指标。2007 年，各路政大队组织公路施工人员、基层工区负责人、路政执法人员参加施工路段安全管理培训班，严把辖区内公路施工路段现场管理方案初审关，确保公路施工审批率达 100%。同时加大日常巡查和监管力度，保证施工路段安全畅通。2008 年，进一步规范施工路段安全方案审批，并针对 G204 改造工程任务重、时间紧的实际，密切注意施工路段动态信息，组织 2 次督查，未发生一起半小时以上堵车事故。与市公安交警部门联手对 G204 盐城北段、S333 等 10 个隐患路段进行有效处置。漆划标线 4.90 万平方米，完善标志牌 87 块，安装防撞护栏 1415 米，设置道口标柱 432 根，使公路安全设施完善，路基轮廓醒目，从而保证行车安全。安保工程实施五年来，至2008年，共设置防撞护栏3.13万米，埋设警示桩1.36万根，刷新警示桩3500根，新设置各类标志牌866块、导向标210块，辅助标志142块，漆划标线9.80万平方米，总投资930万元。根据对1936处、810公里实施安保工程路段调查，年均交通事故从266起降至93起，降幅达65%，重特大交通事故从22起降至6起，降幅达72%。年均亡人从35人降至7人，减少80%，伤人从452人降至131人，减少81%，共直接避免了126起重特大交通事故的发生。2009～2010年，审批施工路段安全方案67件，投入标志标线维护费1658万元，安保资金533万元，增设各类交通标志牌192块，道口警示桩1.18万根、防撞护栏8640米、导向标22块、辅助标志21块，漆划标线14.57万平方米。

三、文明创建

从1986年起，盐城市公路系统开展文明路创建活动。至1988年，通榆线、大刘线、冈合线全部建成文明路。2002年，根据交通部和省政府统一部署，开展G204部级文明样板路创建工作。市交通公路部门奋战半年多时间，按期完成盐城南段97公里改建工程，对全线63公里整治路段绿化更新7.70万株，砌筑公路沿线绿化池3.40万延米、农田边沟和挡土墙3万延米，新栽植路肩草坪26万平方米，维修损坏的混凝土板块1.30万平方米，新建防撞护栏1.20万米，共拆除违章建筑6.10万平方米，迁移各类杆线1046根。沿线集镇路段整治取得明显效果，同时收费站区和路政执法队伍建设得到加强，进一步规范了收费和路政执法行为。经交通部2002年12月组织检查验收，达标率超过99%，建成全市第一条部级文明样板路。2003年以后，在创建部级文明样板路的基础上，根据省交通厅统一部署，继续开展省级文明样板路创建工作。2006年后，继续推进文明样板路创建工作，巩固扩大创建成果，同时根据全省统一部署，开展“争先创优”竞赛活动，市公路处相继被评为全省公路系统竞赛活动先进单位、优胜单位。2009年后，加大文明样板路创建力度，两年共建成270.20公里。至2010年年末，盐城市境内国、省道共创建部省级文明样板路986.74公里，其中部级214.79公里、省级771.95公里。

2002年G204创建部级文明样板路

2002～2010年盐城市创建部省级文明样板路情况

表77

年份	线路编号	技术等级	起点桩号	终点桩号	里程(公里)	小计
2002	G204	一级公路	K552+752	K669+856	117.10	214.78
		二级公路	K669+856	K767+537	97.68	
2003	S331	一级公路	K48+635	K59+535	10.90	66.35
		二级公路	K59+535	K104+720	45.18	
	S333	二级公路	K60+758	K71+026	10.27	

续表 77

年份	线路编号	技术等级	起点桩号	终点桩号	里程(公里)	小计
2004	S233	二级公路	K0 +000	K24 +600	24.60	47.53
	S229	二级公路	K17 +000	K27 +332	10.33	
	S332	二级公路	K36 +500	K49 +100	12.60	
2005	S226	二级公路	K160 +391	K230 +151	69.76	182.78
	S326	二级公路	K36 +446	K45 +741	9.29	
	S328	二级公路	K0 +000	K48 +520	45.52	
	S331	二级公路	K3 +650	K34 +300	30.65	
	S332	二级公路	K1 +344	K25 +900	24.56	
2006	S233	一级公路	K31 +536	K38 +859	7.32	93.83
	S233	二级公路	K53 +400	K80 +056	26.66	
	S234	二级公路	K23 +292	K83 +143	59.85	
2007	S326	二级公路	K15 +600	K33 +480	17.88	77.37
	S329	二级公路	K84 +295	K100 +720	16.43	
	S333	一级公路	K22 +438	K38 +738	16.30	
	S226	一级公路	K117 +000	K143 +761	26.76	
2008	S226	一级公路	K80 +800	K102 +800	22	33.90
	S329	一级公路	K29 +490	K41 +390	11.90	
2009	G204	一级公路	K645 +271	K744 +868	99.60	196.10
	S231	一级公路	K31 +699	K48 +699	17	
	S327	一级公路	K0 +000	K54 +500	54.50	
	S332	一级公路	K30 +010	K55 +010	25	
2010	S231	一级公路	K0 +000	K31 +900	31.90	74.10
	S332	一级公路	K11 +510	K30 +010	18.50	
	S326	一级公路	K0 +000	K13 +100	13.10	
	S329	一级公路	K67 +338	K77 +938	10.60	
合计					986.74	986.74

四、队伍建设

1997 年 4 月,经盐城市编委批准,市公路处路政科增挂路政大队牌子。2001 ~ 2004 年,各县(市、区)公路管理站先后成立路政大队,副科级建制,与公路管理站两块牌子一套班子合署办公。全市路政管理队伍从原来的 20 多人增加到 90 多人,并通过岗位培训,提高了思想业务素质。2005 年全市 9 个路政大队全部通过省公路局标准化路政大队达标验收。“十五”期间,通过省公路局拨款、市公路处自筹、县公路站配套方式,投放 1500 余万元专项资金,用于增设、更新、改善路政管理装备。“十五”期末,市公路系统有路政检查执法、排除路障等专用汽车 72 辆,路政通信、勘察、调查取证设备 754 台(套),现代化办公设备 122 台(套),更新警灯、报警器 35 台,安装 GPS34 台。2006 年后,路政装

盐城举办公路路政执法业务培训班

备贯彻“适度超前”的原则,继续加大投入,除省公路局投资外,市公路处投资280多万元,至2008年年末,各种车辆增至81辆,路政通信、勘察、调查取证设备增至1192台(套),现代化办公设备增至135台(套),更新警灯、报警器38台,安装GPS27台。初步实现路政执法检查摩托化、调查取证科学化、办公设备现代化。与此同时,对路政装备实行分级管理、落实责任,使之保持良好的技术状况,充分发挥其使用效能。

第二节　航政管理

一、航政许可

根据航道管理法规规定,凡与通航有关的设施建设项目须申报航道部门审查批准,2004年7月,《行政许可法》实施后称为行政许可。2005年,盐城市政府建立行政服务中心,市航道管理处(以下简称市航道处)在该中心设立专门窗口,实行一站式受理航政许可服务。2006年,市交通局在市地方海事局办公楼一楼建立交通行政许可服务大厅,市航道处派员设立服务窗口,负责办理航政许可服务事项。

航道部门实施的行政许可事项共有两大项:第一项是建设与通航有关的临河、跨河、过河建筑物和其他工程设施。其许可范围为:建设或者设置桥梁、专用航道交叉口、隧道、渡槽、跨河或者过河缆线、管道、码头、水上服务区、驳岸、护坡、取排水口、栈桥、趸船、航道边坡、边坡外侧10米及航标周围20米范围内的船坞、滑道、装卸设施等临河、跨河、过河建筑物及与通航有关的其他设施的通航技术标准。许可权限分别不同情况为县、市、省级航道部门。第二项是在通航河流上专用航标的设置、撤除、移动以及其他状况改变。许可实施机构为市航道处。

1988年以来,市航道部门依据有关法规和技术标准,认真抓好航道行政许可工作和航道赔(补)偿费征管工作。2009年以后,市航道部门进一步加大航道管理法规和相关技术标准的宣传力度,规范航政许可行为。推行行政许可案卷评查制度,制定评查标准和评分办法,不断加大评查力度,使评查工作逐步走向制度化、规范化。同时认真抓好行政许可及许可后的监督管理工作,根据服务承诺和限时办结的要求,认真落实航道规划、航道技术规范、内河通航标准对各类临、跨、过河设备的技术和安全要求,严格执行《江苏省航道行政许可事后监督检查办法》。建立和完善重大涉航行政许可评价和重大行政处罚预警信息整改工作机制,认真防范和及时化解各类社会矛盾。对涉航重大事项、存有争议较大事项,始终坚持水运全面协调可持续发展的原则,坚持集体会办研究,实现重大涉航事项安全风险的预控、预防、预报、预警管理,综合运用法律的、经济的、行政的手段,加大对航产航权的保护力度。各级航道部门在明确巡航任务的基础上,进一步落实巡航责任,及时掌握航道动态,对辖区内航道上建设的临、跨、过河设施,积极主动地与地方交通主管部门联系,及时掌握辖区交通基础设施建设情况,对新(改)建桥梁按照航道规划和航道技术等级标准严格要求和管理,认真做好相关的服务工作和许可项目的审查工作,做到超前介入、超前预控、超前办理行政许可,及时发现和制止侵占、破坏航道及航道设施的苗头和行为,遏制各类违法违章行为的发生。

对恣意侵占、损坏航道及航道设施的行为,严格按照《江苏省航道赔(补)偿标准》,收取航道赔(补)偿费。两年来,共办理航道行政许可事项152项,收取航道赔(补)偿费519万元。在办好航政许可的同时,对航道整治等重大项目做到超前宣传,让有关部门和地方群众知晓,主动配合整治工程的实施。如通榆河东台南段整治工程早已列入“十一五”规划,但一直未能开工,给航道管理带来难度。2010年年初,东台市自来水公司根据东台市政府的要求,要在春节前给富安的居民送上自来水。为此,需要在通榆河航道上新建跨河管道,东台市航道站巡航时发现这一情况后,及时宣传,并通过东台市水务局、东台市交通运输局、盐城市航道处进行协调处理,将原来直径600毫米的水泥管道改成PVC软管的临时管道,这样既保障富安居民按时吃上自来水,又避免不久以后因航道整治而带来不必要的损失,得到了地方政府和相关部门的支持。1988~2010年,全市航道部门共办理航政许可事项1160件,既保证了地方经济建设的需要,又保证了航道通航条件。2007~2010年,市航道处共收取航道赔(补)偿费689.30万元,有效地保护了航产航权。

二、执法检查

航政管理的日常工作方式主要是使用航政执法艇巡航和执法车进行巡查,通过巡航(查)实施检查监督,及时掌握航道边坡塌陷,水位变化、碍航物(浅滩险段、渔网渔簖等)、违章建筑等情况和航道的实际运行状况。并根据航道实际情况,在需要时及时组织对重点航段进行破冰、清障、扫床疏导,确保航道安全畅通。

强化航道巡航检查,确保辖区航道安全畅通

航道巡航采用定期和不定期相结合的方式,市航道处按照有关规定,实行定期巡航,按每月省干线航道不少于8次,五级航道不少于6次,六至七级航道不少于3次进行巡航,等外级航道由县级航道管理部门按需自行组织实施。不定期巡航由基层航道站根据辖区实际情况安排,对违法违章行为多发的航段,对省、市、县际边界航段,对靠近城镇、村庄的航段,对重要工程设施,对在建的闸坝、桥梁、渡漕、架空电线、水下电缆、管道、隧道、码头、驳岸、栈桥、护岸矶头、滑道、房屋、涵洞、抽(排)水站、固定渔具、贮木场等拦河、跨河、临河建筑物进行随机性巡航。巡航的组织形式视情况而定,参加巡航的人员每次不得少于2人。航道巡航实行登记制度,由专人负责登记巡航日志并建立巡航档案。定期巡航均写出专题汇报,内容包括参加航道巡航人员组成、巡航时间、巡航方式、优化的巡航路线等。1999年2月,根据全省统一安排开展干线航道桥梁安全检查,全市共检查桥梁120座,发现东台北关桥等4座危桥,随即采取了有效防范措施。

航道部门检查发现或受理投诉涉航违法行为必须依法进行处置,包括行政处理与行政处罚。处理与处罚必须依据有关法规和法定程序办理,并实行执法依据、执法主体、执法程序、执法监督、处理结果“五公开”。航道行政处罚程序分简易程序、一般程序和听证程序。2009年后,全市航道部门进一步加大航政执法力度,继续抓好航道法规和《内河通航标准》的宣传贯彻,抓好航政执法人员文化素质达标工程,认真做好费改税后收费人员转岗培训,15名征收人员通过培训全部合格,顺利转入航政管理岗位。加强对执法人员的教育培训,建立健全领导干部学法制度和集中培训制度。除此,还抓好“五五”普法教育,积极参加省厅、市局和市政府法制办组织的执法业务培训、考试和执法业务竞赛活动。2010年,获全省执法技能竞赛三等奖。通过教育培训,不断提高执法队伍综合素质。继续推行执法责任制、公示制和错案追究制，加强执法监督，实行说理式执法，稳步推进航政管理信息化工作，使许可文书、执法文书、航标管理等全部实行信息化，不断提高执法水平和办事效率。扎实开展“水运管理规范年”活动，确保重点物资、重点时段水路运输安全畅通，制定和完善应急预案，提高航道应急保障和管理能力，加大航道检查频率和违章处罚力度，维护航产航权，保障航道安全畅通。1988～2010年，全市航道部门巡航达3.64万艘天，191.45万公里，共清除违章码头114座、栈桥45座、房屋1270.30平方米、堆弃废物1585立方米、渔网渔簖5781处、缆线124道、暗桩1672根，受理航道行政案件3737件，其中处理190件，处罚3547件（简易程序3457件、一般程序90件），收缴罚款133.15万元，未发生行政复议和行政诉讼案件。

三、清障扫床

巡航检查发现航道碍航物等情况后，由市航道处维护队配备的2艘打捞船进行清除。此外，每年春秋两季定期组织2次扫床，用打捞船拖环形铁链匀速扫查，遇有水下沉石、沉船、暗桩等物阻碍铁链，立即停船清除。1991年夏，盐城市遭遇特大洪涝灾害，水上事故骤增。市航道处积极投入抗洪抢险，从7月初到8月初，打捞船出巡11艘次，20天，巡航650公里，潜水16人次、46小时，打捞沉船8艘247吨，抢修水泵3台，清理水上障碍物164立方米，设置临时水标1座。为给市热电厂供热系统排险，潜水员连续潜入沉井8次。1997年夏全市大旱，6月中旬水位降至历史最低点，通航条件恶化。市航道处出动航政艇746艘次，打捞沉石1560吨、沉船728艘，维修驳岸1250延米，突击疏浚4.10万立方米，维持了干线航道通航。2002年市航道处在事业单位改革中，将疏浚队、维护队、修理厂剥离，组建盐城市广远航道工程有限公司，推向市场，实行事企分开。此后，航道部门清障扫床工作根据实际需要，雇请广远公司等社会力量组织实施。

2003年入梅后连续降雨，形成1991年以来最大的洪水，市航道处积极投入抗洪抢险，出动车艇进行巡航（查）250多次，行程8000多公里，清除渔网渔簖200多处，杂船600余艘，阻水垃圾1000多立方米，水草3000多平方米，保障行洪顺畅快速。根据江苏省交通厅〔2003〕120号通知，打捞救护工作在当年10月1日由航道部门转交给地方海事部门承担。市航道处在打捞救护工作移交前，经过几个月的不懈努力，普查、打捞并清理了无主沉（弃）船329艘1.31万吨。其中10吨以下29艘，10～20吨45艘，20～40吨86艘，40～60吨139艘，80～100吨30艘。拔除暗桩8根，共投入经费145.37万元，并建立完整的打捞资料，按时顺利地与地方海事部门进行了交接工作。2009年后，在航道扫床管理工作中，各航道站仍然安排专人跟踪扫床，发现障碍物及时清除。两年间，共打捞沉物18处174.60吨，确保扫床效果和航道畅通。

1988～2010年，全市航道部门共清除沉船1036艘、沉石2987吨、沉物174.60吨，未发生航道堵塞事故。

四、文明创建

1981年，建湖县航道管理站为了优化航道环境，率先提出创建“四无”航道口号，盐城地区航道处在总结建湖经验的基础上进一步提高完善，在全区开展创建“六无”航道活动（“六无”即无固定渔具，无“三水一萍”等水生植物，无沉石沉船、暗桩坝埂，无停放不当的排筏，无新建的碍航建筑物，无沙石料堆放在岸坡水边）。经过2年努力，建口线、泰东线等航道率先建成“六无”航道。1983年经江苏省航道局验收命名为文明航道。1999年12月，盐都县政府召开创建盐宝线（盐都段）文明航道动员大会，并组织各有关管理部门和乡镇联合整治，清除渔网渔簖89处，使该段航道环境大为改观。2000年3月，经省航道局组织验收，以955分（满分为1000分）的成绩一次通过，成为省级文明航道。通榆河是水利部门开挖的综合性运河，通航后交通部门将其纳入航道管理。2004年配齐了标志标牌，2006年，航道部门联合水利、公安、渔业、河道等部门开展专项整治，并得到环保、电

省级文明航道通榆河响水段

力、电信等部门的支持，共清理乱停乱靠船舶2500多艘、渔网渔簖400多处、违章码头45座，打捞沉船13艘，清除工业废弃物和生活垃圾6500余吨，整顿沙石场30多处，整改通信电缆15道，使通榆河盐城段建成省级文明航道，当年5月12日通过省交通厅验收达标。至2006年，盐城市共创建文明航道515.50公里。其中1983年12月建成泰东线三角圩—青蒲段27.50公里、建口线建湖—薛家舍段31.50公里；1986年12月建成刘大线刘庄—大中集段17公里、盐邵线龙冈—古殿堡段29.50公里；1989年11月建成串场河新兴—射阳河边44公里、苏北灌溉总渠苏嘴—腰闸段21公里；1992年11月建成新洋港九里窑—射阳闸段71公里；1995年10月建成黄沙港鸭蛋港—黄沙闸段62公里；2000年10月建成盐宝线龙冈—大黄土沟34公里；2006年12月建成通榆河灌河口—引江河口178公里。2007年后，继续巩固文明航道创建成果，使文明航道创建工作向更高层次发展。

1988～2010年盐城市航道系统航政管理情况

表78

年份	巡航检查		航政审批（许可）（件）	清除违章							行政案件			
	巡航（艘天）	巡航（百公里）		码头（座）	栈桥（座）	房屋（平方米）	堆、废弃物（立方米）	渔网簖（处）	缆线（道）	暗桩（根）	处理（件）	简易（件）	一般（件）	罚款（万元）
1988	1700	689	16	20	3	44	55	–	–	94	–	–	–	–
1989	1680	675.50	25	12	5	–	41	1976	–	11	–	–	–	–
1990	1677	699.70	45	–	–	–	12	–	–	21	–	–	–	–
1991	1590	700.80	50	7	–	5	7	–	–	115	–	–	–	–
1992	1670	688.70	78	4	–	2	15	866	–	–	–	–	–	–
1993	1655	677	71	6	–	25	12	537	–	34	–	–	–	–
1994	1647	705	63	5	2	85	–	365	–	–	–	–	–	–
1995	1700	700.60	50	7	2	5	7	18	–	–	–	–	–	–
1996	1724	800.40	65	–	–	–	–	–	–	–	21	4	6	0.32
1997	1688	700.90	44	–	–	–	11	610	–	–	16	–	–	–
1998	1731	688	28	–	–	–	–	523	–	–	11	–	–	–
1999	1670	699.80	32	4	–	121	71	203	124	–	–	53	–	0.80
2000	1711	700.40	38	19	–	–	–	495	–	–	31	2	6	0.91
2001	1700	1000.80	65	–	–	–	–	–	–	–	4	6	2	0.60
2002	1672	1003.80	25	–	–	–	–	–	–	–	9	243	22	12.50
2003	1765	1010.50	37	1	1	6	1016	188	–	–	17	287	13	31.27

续表 78

年份	巡航检查		航政审批（许可）（件）	清除违章							行政案件			
	巡航（艘天）	巡航（百公里）		码头（座）	栈桥（座）	房屋（平方米）	堆、废弃物（立方米）	渔网簖（处）	缆线（道）	暗桩（根）	处理（件）	简易（件）	一般（件）	罚款（万元）
2004	1931	1045.20	43	–	–	20	21	–	–	–	38	2599	26	81.60
2005	1968	1075.80	43	1	2	436	102	–	–	318	14	206	7	2.63
2006	2058	1080.90	38	17	28	430	176	–	–	668	9	21	1	0.13
2007	1656	835.90	75	–	–	–	–	–	–	–	8	24	3	1
2008	1797	881.50	77	5	2	2	39	–	–	161	11	8	2	0.22
2009	–	1119.30	66	4	–	62.40	–	–	–	200	1	3	1	0.17
2010	–	965.60	86	2	–	26.90	–	–	–	50	–	1	1	1
合计	36390	19145.10	1160	114	45	1270.30	1585	5781	124	1672	190	3457	90	133.15

说明：巡航（艘天）2009 年后不作统计

第三节　运输管理

一、行政许可

盐城市运输管理处（以下简称市运管处）自 1984 年成立以来，根据有关法律法规和规章以及受市交通局的委托实施交通运输行政审批、审核等行业管理职能。审批管理事项主要包括：道路、水路客货运输经营，危险品运输经营，客货站场、港口搬运装卸经营，零担货物运输等。原市汽车维修行业管理处（以下简称市汽修处）负责审批管理事项包括：汽车维修经营、汽车综合性能检测站认定、核发《经营汽车配件技术条件合格证》等。原市机动车驾驶员培训管理处（以下简称市驾培处）负责审批管理事项包括：机动车驾驶员培训业经营、核发营业性道路运输机动车准驾证等。

2001 年 11 月，经过行政审批事项清理，原市运管处、汽修处及驾培处无取消项目。原市运管处保留审批 8 项，核准 1 项，审核 10 项，下放 1 项；原市汽修处保留审批、核准和审核各 1 项；原市驾培处保留审批和核准各 1 项。2002 年，通过第二轮行政审批事项清理，原市运管处取消“省内市际水运企业增减船舶运力（客船、危险品船、进口二手船除外）”和“沿海、内河省际、省内市际水运企业（含合资、合作水运企业及服务企业）更名与注销许可”2 项，保留 17 项；原市汽修处和驾培处有关审批管理事项不变。6 月，由原市运管处、汽修处及驾培处合并后的市运管处审批管理事项，由原来的 17 项增至 22 项。2003 年，进行第三轮行政审批事项清理，取消核发“经营汽车配件技术条件合格证”，取消“省际、市际货运线路”“省际、市际零担货运班线”“外国水路运输企业常驻代表机构设立、延期、更换首席代表、终止业务活动”“道路旅客运输企业经营资质等级评定（四级）”“一、二级汽车客运站评定”和“三、四级客运站的评定”等审批环节，同时将“道路货物运输经营（含危货运输、集装箱运输）”“汽车客运站的开停业”“道路旅客运输经营”“汽车维修经营”“汽车综合性能检测站认定”“搬运装卸业经营”和“道路运输服务业经营”7 项审批合并至“道路运输经营许可”项目中，最后保留 8 大项。同年，市运管处将审批量较大的几项业务纳入市行政审批中心统一运作，并抽调人员设立专门窗口，实行“一站式”服务。2004 年，根据《中华人民共和国行政许可法》和《中华人民共和国道路运输条例》,市运管处开始全面实施交通运输行政许可制。当年通过第四轮行政审批项目清理,取消"道路旅客运输企业经营资质等级评定"项目,经过合并、修改,最终保留"道路运输经营许可(含汽车客运站开停业、道路旅客运输经营、道路货物运输经营等)""水路运输业及其运输服务业经营许可""普通机动车驾驶员培训经营许可""营业性道路运输驾驶员从业资格证书""港口(码头)、搬运装卸业审批""汽车维修经营许可"和"县际客运线路审批"7个行政许可项目。同时,积极探索客运班线经营权改革,率先在全省实施以经营资质、安全、服务为核心的服务质量招投标制度。

2005年,市运管处根据《中华人民共和国道路运输条例》规定,将从事道路运输站(场)经营、机动车维修经营、机动车驾驶员培训业务、从事县内客运经营、道路普通货物运输经营的审批权限下放县级运输管理机构。同年8月1日,交通部新颁布的《道路危险货物运输管理规定》开始施行,明确危险货物运输经营许可统一由设区的市级道路运输管理机构受理并审批,县级运管部门不再受理危险货物运输经营许可申请,运管部门不得许可一次性、临时性的道路危险货物运输。同时,市运管处为执行"三关一监督"(即运输市场准入关、从业人员资格关、客运车辆技术关、搞好汽车客运站监督)规定,对驾驶员培训和危险货物运输经营的许可实行专家评审制度。2006年8月,市运管处成立行政许可服务科,负责办理市区交通运输行政许可事项和全市危险品运输经营许可的审批。同时,将所有运输行政许可事项都进入市交通行政许可服务大厅办理。2007年,市港口管理局成立后,港埠经营许可由市运管处转交市港口管理局实施。至2010年,市运管处实施交通行政许可事项有:道路客货运输经营[包括道路客运经营、增加道路客运班线、道路货物运输经营、道路运输站(场)经营];机动车维修经营(含机动车维修企业变更经营范围、作业场所);机动车综合性能检测;机动车驾驶员培训经营(含道路客货运输经营驾驶人员从业资格,道路危险货物运输驾驶、装卸管理、押运人员从业资格);道路货物运输代理(代办、配载)经营;水路运输及其运输服务业经营(含新增营业性运输客船、危险品运输船)等6项。

二、价票管理

1. 运价管理

(1)旅客运输价格管理

【公路客运价格】 1996~2002年7月,执行《江苏省汽车客、货运价实施细则》,2002年8月起,执行《江苏省汽车运价行为规则》。省际的公路客运里程以交通部颁发的《中国交通营运里程图》为依据确定,省内的公路客运里程以省交通厅颁发的《江苏省公路营运里程册》为依据确定。基本运价为每人公里0.08元。春运期间可上浮20%。若超过20%,需组织价格听证。2003年根据有关规定,运输价格调控全部由市物价部门统一实施。

【水路客运价格】 1983年11月12日,江苏省交通厅通知,内河水路客运及长江部分客运价格调整为:客票基价0.05元,人公里单价0.015元,另加3%的保险费。1989年省交通厅通知,水路客运运价调整为:客票基价0.20元,人公里单价为0.029元,另加3%的保险费。同时规定市、县内加价不得超过50%。2001年5月1日起,全面放开水路客运价格,实行市场调节。

(2)货物运输价格管理

【水路货物运价】 1996年9月至2001年3月执行《江苏省水路货物运价规则》,实行国家定价、国家指导价、市场调节价三种价格形式。抢险、救灾、化肥、农药、粮食、电煤、军事运输实行国家定价;鲜活、贵重等对运输有特殊要求的货物运输,特种专用船舶(散油运输船除外)、挂机船和非机动船舶运输,船舶出租、机动船拖带以及竹木排运输(除国家定价的物资运输外)等实行市场调节价,即由承托双方协商定价,部分定期公布运价的作为参考价;其他货物或船舶运输实行国家指导价,即在省定价基础上在20%的幅度内由经营者自行定价。货物基本运价为:船舶吨位基价5元/

吨,200 公里(含 200 公里)以内的里程单价为 0.06 元/吨公里,200 公里以上里程单价为 0.05 元/吨公里。2001 年 5 月 1 日起,全面放开水运价格,实行市场调节价。政府指令性运输,如军事、防汛抢险救灾物资等运输价格,最高不超过每吨公里 0.50 元;其他货物运输价格实行市场调节价格。

【公路货物运价】 1985 年执行《江苏省汽车货物运价实施细则》,调整了运价结构,无论长途、短途运输均实行短途普通货物与特种货物、中型车与小型车的差别运价,整车货运价以元/吨公里为单位,零担货运价以元/公斤公里为单位,讲时运价以元/车吨小时为单位。长途与短途以运距25公里为界。1992 年执行省交通厅、省物价局《江苏省汽车货物运价实施细则》,规定货物运输的计费重量:整车货物运输以吨为单位,吨以下计至 100 千克,零担货物运输以千克为单位,起码计费重量为 10 千克,超过 10 千克的按实际重量计费,轻泡货物(每立方米不足 333 千克)整车装运,载重量不足车辆标记载重量的按车辆标记载重量计算;零担运输按货物包装体积每立方米折算 333 千克。普通车辆长途运输货物的基本运价每吨公里 0.26 元,跨县长途零担普通货物每吨公里 0.38 元,特种零担货物每吨公里 0.50 元,农村零担普通货物每吨公里为 0.50 元,特种零担货物每吨公里 0.65 元。2002 年 8 月 1 日,省、市物价部门修改了汽车运价行为规则,政府指令性,如军事、防汛抢险救灾物资运输价格每吨公里不超过 0.50 元,其他货物运输价格实行市场调节,由运输经营者根据运输成本、市场供求状况及社会承受能力等因素确定运价。

(3)**搬运装卸价格管理**。1987 年 11 月 30 日,省物价局、省交通厅颁发《江苏省装卸收费规则》,明确规定了普通物资装卸、笨重物资装卸费率和货物堆、拆高费率标准,全市遵照执行。

1992 年,市物价局和市交通局对全市搬运装卸收费标准进行了调高,货物等级也调整为 7 个等级。1993 年 6 月盐城市物价局、交通局出台了《盐城市搬运装卸规则》,从计费重量、装卸费计算、货物堆存保管费等方面对全市境内搬运装卸收费加以规范。1993 年以后,装卸费率标准在执行过程中常常出现不到位情况,市物价局发文要求,境内搬运装卸费率在不高于省定标准的情况下可适当下浮,具体由承托双方商定。2002 年省物价局公布了《江苏省定价目录》,放开了搬运装卸收费。

(4)**汽车维修价格管理**。1990 年 10 月,《江苏省汽车维修行业工时定额和收费标准(修订本)》蓝皮本下发,实行行业限价。1996 年 6 月为贯彻交通部 13 号令,配套实行汽车维修体制改革,推行新的二级维护制度,江苏省《汽车维修工时定额和收费标准》黄皮本施行,仍实行行业限价。2005 年起实行新版《江苏省机动车维修结算工时定额与收费指南》,实行行业指导价,企业价格实行备案制。

2. 票据管理

(1)**运输票据管理**。1998 年 7 月前,市交通部门会同市税务部门负责公路客货运输发票,水路货运发票,搬运装卸发票的管理、发放和核销,发放范围为从事运输经营的单位和个人。1998 年 8 月 1 日起全部交由税务部门管理。

(2)**规费票据管理**。运输规费票据由省交通厅统一印制,市运管处受市交通局委托进行票据的领、销、存管理。具体由市运管处统一到省运管局领取票据,下发给各县(市、区)运管处(所),再由各县(市、区)运管处(所)下发到乡镇交管所,每月结账一次,核销票据,每年组织两次以上票据互审互查活动,确保票据的规范使用。五小车辆养路费票据从 1998 年开始由市交通局委托市运管处在省公路局领取,下发至各县(市、区)运管处(所),每月结账核销一次,每年进行一次互审。从 2004 年起,根据省运管局要求,市运管处通过运政在线实行网上票据领用登记、使用及核销,进一步提高了票据的管理水平。2009 年 1 月实行燃油税改革后,停止使用规费票据。

三、客运管理

1. 客运线路行政许可

2001 年前,盐城市客运线路实行行政审批制度,由客运经营者提出申请,报当地运管部门审核，逐级呈报至有权运管部门审批。2001 年起，新增客运班线一律实施服务质量信誉招投标制度。2002 年 7 月，市运管处首次举行县际客运线路招投标开标会议，确定川东至东台、洋马至益林、钟庄至阜宁、大尖至射阳 4 条线路 12 个班次经营期为 4 年的中标单位。2004 年，根据《中华人民共和国道路运输条例》进一步明确客运管理职权。

2. 客运组织结构调整

从 1999 年起，对部分客运班线实施公司化经营，当年改造苏州线 1 辆车、2 个班次，无锡线 2 辆车、4 个班次。自 2002 年开始，全市客运企业通过资产重组，重新整合公路客运市场主体，形成以盐阜公路运输集团、盐城市星宇公路运输有限公司和盐城市神龙运输有限公司等客运企业为主体的市场新格局。同时对部分客运班线实施公司化改造，至 2006 年共改造 15 条省、市际线路、59 辆车、120 个班次。2007 年后，实施盐城至市内各县城班车公司化改造，至 2008 年年底，全市县际班车公司化率达到 70%。2009 年后，继续推进客运班车通达工程，至 2010 年通达率达 96%。同时，加快客运车辆结构调整，全市中、高级客车占营运客车的 40.96%，全市城乡客运一体化率达 65.05%。

3. 从业人员教育培训

20 世纪 90 年代，市运管处主要是通过举办培训班，定期召开客运例会，加强对道路客运从业人员的教育，增强从业人员的服务意识和安全意识。2003 年起，广泛开展“三优三化”（优质服务、优美环境、优良秩序，服务质量标准化、服务管理规范化、服务过程程序化）和文明客运班线、文明客运班车评比活动，盐阜公路运输集团经营的盐城至北京等 10 条班线，苏 J02862 等 100 辆文明客车受到表彰；与此同时先后举办 2 期道路客运从业人员培训班，对全市 187 名客运企业和站务管理人员进行了培训考核，合格率为 100%。通过客运行业文明创建和从业人员的培训考核，提升全市道路客运整体水平。

4. 客运站场建设管理

1996 年由市政府办公室牵头，交通、公安、工商等部门参加，成立车站综合管理办公室，具体负责车站及周边地区的营运秩序、社会治安、交通安全、商业经营管理等工作。2000 年 9 月，在盐城汽车总站成立运政驻站管理办公室，重点加强汽车站及周边营运秩序的现场监督和管理，使其跨入全省先进车站行列，2001 年被交通部表彰为“文明汽车客运站”。2002 年后，盐城市公路客运站场建设进入新一轮快速发展期，运管部门积极参与规划、协调和组织管理工作。2008 年 5 月 5 日，投资 1.76 亿元、占地 9.13 公顷、主体建筑面积 2.81 万平方米的盐城汽车客运站建成投入使用。并相继开展农村客运站、候车亭建设，至 2010 年，全市建成等级客运站 64 个、简易招呼站 25 个、农村公路客运站亭 394 个、客运站牌 2836 块。有 8 家客运站被评为 AAA 级客运站，5 家农村客运站实现联网售票，大大地方便旅客出行。

5. 重大旅客运输管理

按照各级政府要求，由交通部门牵头组织每年的春节运输工作，妥善应对民工潮、学生潮等客运高峰，确保旅客走了走好，走得安全满意，全市每年春节运送旅客三四百万人。自 1989 年开始至 1998 年连续 10 年夺得春运安全优质“十连冠”，以后每年春运都受到市政府和上级交通部门的表彰。交通部门每年还组织安全运送新老兵数千人次。

根据省交通厅运管局统一安排，市运管处于 2001 年、2004 年先后两次组织移民运输工作，接送从四川云阳经高港中转至盐城东台、大丰、射阳等地的三峡移民 4114 名。2010 年，世博会在上海举办，盐城市在世博会期间，共发送入沪客运班车 3.70 万班次，安全运送旅客 105.80 万人；发送入沪旅游包车 1702 辆次，安全运送旅客 6.85 万人，圆满完成上海世博会道路运输安保任务。

四、货运管理

1. 货物运输计划管理

1984 年 3 月，省政府改革运输计划管理办法，将运输计划分为一类指令性运输，二类指导性运输,三类市场调节性运输的管理措施。同时实行分级综合平衡和市场调节相结合的原则。省、市每季度召开运输计划平衡会,对需要进行综合平衡的重点物资、联运物资、外贸进出口物资下达运输计划。对综合平衡下达的运输计划,负责承运的运输企业、运输车辆船舶和负责装卸的港埠企业,必须按照先重点后一般,先计划内后计划外,先到先运的原则安排作业,并与托运人或其代理人根据《水路货物运输合同实施细则》及有关规定,签订货物运输合同,共同保证完成。至 20 世纪 90 年代初,随着市场经济体制的逐步建立,运输计划管理逐步弱化直至取消。

2. "水上运输管理年"活动

按照省交通厅统一部署,2001 ~ 2002 年,开展"水上运输管理年"活动。全市运管部门与 17 家港口企业签订了严禁为"三无"(无船名、无船舶证书、无营运证)船舶装卸和超装行为责任状。对 31 个港口(码头)、搬运装卸市场经营行为进行大检查,取缔无证经营港口码头、搬运装卸、水上浮吊业户,规范了经营行为。同时,还开展水路运输大检查,共检查船舶 4174 艘,处理各类违章船舶 1354 艘,有力地维护了水运市场秩序。市运管处按照水路运输企业资质管理要求,对全市水运企业经营资质进行重新核准,对个体水路运输户采取了委托管理、船舶租赁、参股经营等方式实行公司化经营,清理个体挂靠船舶,维护了正常的水运市场秩序。对在 20 条(县内 17 条,县际 3 条)航线上经营客运的 22 艘 866 客位的小客班,根据省交通厅的通知精神,经过调查、检测,因其不符合国家交通部规定的资质条件全部予以取缔,从而彻底杜绝了水上客运安全隐患。

3. 船型标准化工程

按照交通部和"五省一市"联合颁布的《京杭运河船型标准化示范工程行动方案》的统一部署,盐城市从 2004 年全面开展船型标准化改造工程。共拆解船舶 7795 艘 28.11 万载重吨,改造船舶 260 艘 1.83 万载重吨,共发放政府补贴资金 2.48 亿元。拆改量位居全省第一。2005 年,盐城市船型标准化工作被省交通厅评为一等奖。12 月,交通部京杭运河船型标准化推进工作会议在盐城召开。2006 年,盐城市被交通部表彰为先进单位。实施船型标准化工程后,船型结构得到明显改善,全市内河水运船舶达 233.10 万载重吨,较实施前增长 1.50 倍,船舶平均载重吨位由实施前的 113 载重吨/艘增长到 175 载重吨/艘,船舶航行速度平均提高了 62.50%,航道及船闸利用率提高了 55%,水运安全通行能力、船舶营运效益都得到了显著提升。

2005 年 12 月 3 ~ 4 日,交通部在盐城市召开京杭运河船型标准化推进工作会议

4. 危险货物运输管理

1996 ~ 2002 年,盐城市区道路危险货物运输以单位自货自运为主。2002 年,根据省交通厅的统一部署,对危险货物运输企业进行了优化整合,在加快货运结构调整的同时,运管部门严把危货运输企业的资质关、人员关和车辆技术关,所有危货运输车辆技术等级全部达到一级,从业人员持证上岗率达到 100%。2005 年 8 月 1 日起,根据交通部新的《道路危险货物运输管理规定》,盐城市对市场准入进行明确规定,同时建立分类管理制度,引入"车辆损害管制"概念,加强非经营性道路危货运输管理,统一从业资格证,进一步完善危险货物的安全管理。2006 年 12 月,根据盐城市政府下发的《盐城市道路危险货物运输安全管理办法》,设计下发 11 种道路危险货物运输管理台账、3 种管理档案,统一了全市道路危货运输管理基础台账。至 2008 年,全市 35 家道路危险货物运输企业实现公司化管理,704 辆危货运输车辆安装 GPS 和落实承运人责任险制度等六个方面都达

到100%。

水路危险货物运输通过资质审验、清理整顿、优化组合，全市所有散装液货危险品运输企业均具有与经营范围相适应的运输船舶，设有符合经营需要和安全管理要求的经营、海务、机务、船员管理等组织机构、固定办公场所和国家规定的注册资金，建立健全安全生产责任制度、规章制度和操作规程以及生产安全事故应急救援预案等安全管理与生产经营管理制度。至2010年，全市共有水路危物运输企业12家，运输船舶282艘9.53万载重吨，安全生产形势一直较为稳定，未发生过安全污染责任事故，有6家企业通过《中华人民共和国船舶安全营运和防止污染管理规则》安全管理体系验收合格。

五、汽修管理

1. 企业资质管理

20世纪80年代，盐城市汽车维修业逐渐兴起，1988年，全市有汽车维修企业199户（其中一类38户、二类40户、三类121户）。当年，盐城市政府印发《关于批转〈盐城市汽车维修行业管理暂行办法〉的通知》，进一步明确行业管理"规划、协调、服务、监督"八字方针。1990年起，按照省交通厅颁发的《汽车维修业开业技术条件》等文件和标准，加强汽修企业资质管理，建立汽修企业年度审验制度。对达不到开业条件的企业发出限期整改通知书，对整改不合格的企业注销其汽车维修许可证或降低其经营类别。1993年，上海大众汽车盐城特约维修站建立，并在盐城建立首家4S店（汽车销售、售后服务、零配件销售、汽车维修四位一体）。1997年起，按照国家标准《汽车维修业开业条件》（GB/T16739）和江苏省《汽车维修许可证审验办法》，一类企业由省交通厅运管局，二类企业由市汽修处，三类企业由县级维管部门负责审验，颁发汽车维修许可证和标志牌。2000年，根据盐城市政府颁发的《盐城市汽车维修与配件经营行业管理办法》，市汽修处对符合条件的22家配件经营户发放经营汽车配件技术条件合格证，将汽车配件经营行业纳入汽车维修行业管理。2004年，市运管处根据《江苏省汽车维修企业维修信誉管理办法》，在全市汽修行业开展诚信服务活动，建立考评制度。当年全市被省评定为A级信誉等级企业19家。2005年起，市运管处根据《中华人民共和国道路运输条例》规定，将从事机动车维修经营审批权限下放各县级运输管理机构。2006年，汽车维修企业年度审验制度取消，对企业的管理主要实施资质审查和质量信誉考核。2007年，在全市机动车维修企业开展"放心消费"活动，严格执行有关制度，增强维修消费透明度。2008年9月，以市交通综合服务信息中心96196服务热线建立的盐城市汽车维修救援服务网正式启动，全市有32家骨干企业加入服务网，随时实施救援服务。2009年后，加快汽修行业品牌建设，建成"江苏快修"品牌企业9家。至2010年，全市维修企业达到1119户，比1988年增长4.62倍。

1988～2010年盐城市汽车维修业户资质分类情况

表79　　单位：户

年份	一类	二类	三类	其中		年份	一类	二类	三类	其中	
				自修	4S店					自修	4S店
1988	38	40	121	29	–	1992	39	72	379	24	–
1989	32	57	170	28	–	1993	39	73	467	19	–
1990	34	60	269	21	–	1994	38	83	514	12	–
1991	39	72	334	23	–	1995	43	87	677	15	–
1996	59	92	771	22	–	2004	38	126	1373	13	5
1997	52	108	1065	17	–	2005	38	139	1621	13	10

续表 79

年份	一类	二类	三类	其中		年份	一类	二类	三类	其中	
				自修	4S 店					自修	4S 店
1998	61	112	1072	17	–	2006	45	145	1816	–	14
1999	62	123	1116	17	–	2007	44	142	959	–	16
2000	53	121	1097	16	1	2008	47	149	863	–	16
2001	39	129	1087	15	1	2009	49	165	782	–	26
2002	41	134	1075	15	1	2010	54	180	885	–	30
2003	35	142	1149	14	2						

2010 年盐城市汽车维修业户分布情况

表 80

县(市、区)别	维修业户(户)				经济性质(户)						占地面积(平方米)	厂房面积(平方米)	场地面积(平方米)	从业人员(人)	设备(台、套)
	一类	二类	三类	自修	全民	集体	股份	有限责任	私营	个体					
市直	17	28	8	–	2	1	12	19	12	7	45300	24900	28500	802	1520
亭湖	1	22	78	–	–	–	4	7	11	79	17750	9900	10200	339	1720
盐都	6	30	16	–	–	3	3	18	9	19	27245	10400	6890	520	1320
东台	6	26	78	–	4	6	–	12	13	75	28000	16980	9500	621	5500
大丰	5	23	480	–	–	–	3	10	321	174	57820	22600	37520	2120	7480
射阳	4	13	14	–	–	–	2	3	12	14	78000	13040	28900	510	1215
建湖	5	7	92	–	–	3	2	3	55	41	47900	25900	20500	1491	1870
阜宁	4	9	18	–	–	1	3	3	4	20	21200	16430	30580	430	1068
滨海	4	13	18	–	2	4	1	7	8	13	20200	12600	24220	298	1386
响水	2	9	83	–	1	1	–	2	21	69	29000	8560	26000	206	1014
合计	54	180	885	–	9	19	30	84	466	511	372415	161310	222810	7337	24093

1988～2010 年盐城市汽车维修成绩统计

表 81

年份	维修总辆次				维修总产值(万元)
	整车大修	总成大修	二级维护	小修	
1988	1824	9739	–	83972	823
1989	2197	9822	–	92390	918
1990	3321	10426	–	104875	1028
1991	4159	26313	–	298725	1093
1992	4159	25892	8893	291033	1092
1993	5387	26495	10127	282344	1128
1994	5160	28121	21146	272890	2534

续表 81

年份	维修总辆次				维修总产值（万元）
	整车大修	总成大修	二级维护	小修	
1995	6789	27926	26535	269721	3592
1996	6244	27325	27349	271453	4534
1997	6292	27187	28792	289232	5597
1998	7239	28396	41441	287971	7634
1999	8125	29746	49789	291469	12021
2000	7323	26479	51897	273340	12652
2001	9487	28221	57432	301454	14704
2002	9728	27397	54397	298946	15799
2003	15692	32294	56987	312364	19975
2004	17879	29123	73856	335479	23298
2005	18732	28729	87843	346935	26785
2006	26231	29670	90280	350720	27014
2007	12619	50909	127339	527391	28762
2008	11876	51782	60584	706758	29928
2009	18742	72246	73360	783652	34095
2010	18868	73153	76468	802411	36233
合计	228073	727391	1024515	7875525	311239

2. 车辆技术管理

1993 年，全市第一家检测站——东台市汽车综合性能检测站建成试运行，1994 年 7 月，正式开业。1995 年 12 月，盐城市机动车综合性能检测站取得 A 级站的资质并成为盐城市检测行业的中心站，承担全市营运车辆技术状况和汽车维修质量检测、评价和监督指导工作。随后其他各县（市）均相继建立汽车综合性能检测站，承担属地营运车辆检测工作。1997 年，市汽修处出台《盐城市汽车综合性能检测项目（试行）》，统一全市检测站检测项目及其收费标准，规范全市汽车检测站的检测、收费经营行为，并以此推进全市运输车辆的技术管理。1998 年，东台市汽车综合性能检测站经过 2000 多次试验，成功解决了检测站对汽油车燃油消耗检测的难题。当年 10 月，省交通厅运管局在东台市举办江苏省油耗检测培训班，向全省检测站推广东台站汽油车燃油消耗检测经验。2000 年后，贯彻执行 GB/T18344《汽车维护、检测、诊断技术规范》、GB18565《营运车辆综合性能要求和检验方法》和 JT/T325《营运客车类型划分及等级评定》“三项标准”，建立道路运输车辆进入和退出市场管理制度，加强对新进入运输市场的车辆技术状况的监督把关，完善客车等级评定制度，强化客车等级评定工作。2003 年，市交通局下发《整顿和规范汽车综合性能检测站实施方案》，加大对汽车综合性能检测站的监控力度，整顿经营资质，规范经营行为，提高服务质量，全市检测站全部达到 A 级资质，检测人员持证上岗率达到 100%。2004 年，建立检测站站长、技术负责人例会制度，每年召开二次例会，通过交流情况、会审《检测报告》，对带有普遍性的问题研讨解决方案并形成会议纪要，共同遵守。

2006 年，全市检测站按照《汽车综合性能检测站通用技术条件》（GB/T17993）和《汽车检测站计算机控制系统技术规范》（JT/T478），对检测设备、设施和联网控制系统进行升级改造，实现检测报告数据统一由电脑自动评判和打印。2007 年，在全省率先执行新的检测技术标准，使用新版《检测报告》。至2010年,全市共有汽车综合性能检测站8家,大小车型检测线10条,年检测车辆达9.22万辆次。

2010年盐城市汽车综合性能检测站基本情况

表82

检测站名称	资质级别	审批开业时间	经济类型	从业人员	
				总人数	持证人数
盐城站	A	1995.12	股份制	32	30
东台站	A	1994.7	全民事业	19	18
大丰站	A	1996.8	有限公司	21	16
射阳站	A	2002.11	股份制	16	12
建湖站	A	2003.10	有限公司	15	11
阜宁站	A	2003.10	有限责任公司	22	13
滨海站	A	2003.6	有限责任公司	24	14
响水站	A	1999.7	集体	16	12

1993～2010年盐城市汽车综合性能检测成绩统计

表83

年份	检测总产值(万元)	检测总辆次	其　中		
			维修竣工检测(辆次)	技术等级评定检测(辆次)	其他检测(辆次)
1993	38	2000	1206	420	374
1994	159	9020	6208	2328	484
1995	326	19865	12450	4500	2915
1996	450	34658	20487	12059	2112
1997	520	39782	23015	13595	3172
1998	603	43065	25064	15780	2221
1999	627	46232	26684	16320	3228
2000	681	48651	28965	17965	1721
2001	698	49852	29806	18078	1968
2002	718	50268	30179	18996	1093
2003	721	50635	30856	19098	681
2004	767	52686	32568	19868	250
2005	782	53792	29527	24123	142
2006	747	49542	28541	19980	1021
2007	795	62348	38748	23088	512
2008	920	80831	42909	20582	17340
2009	1074	88795	54197	28047	6551
2010	1123.40	92171	55281	27609	9281
合计	11749.40	874193	516691	302436	55066

3. 技能培训竞赛

1990 年起,市汽修处会同相关部门建立汽修工上岗培训制度。每年根据各工种情况,有针对性地组织培训,经培训考试考核合格后由市汽修处统一颁发资质证和上岗证。1996 年 6 月,市交通局组织全市汽车二级维护技能操作表演赛,规范二级维护技术操作,促进岗位练兵。2002 年 10 月,市交通局、市劳动和社会保障局联合举办“全市汽车维修行业修理工技能竞赛”。同年 11 月,组建盐城代表队参加全省汽车维修行业修理工技能竞赛决赛,荣获优秀组织奖。2005 年 8 月,市交通局、市总工会、市劳动和社会保障局联合举办盐城市汽车维修行业修理工技能选拔赛。同年 10 月,组建盐城代表队参加全省汽车维修行业修理工技能竞赛决赛,盐城市荣获优秀组织奖。至 2008 年年底,共组织各种培训 96 期,参加培训 6870 人次,全市一、二类汽修企业从业人员持证上岗率达 98%。2009 年后,通过培训,为 3100 多人换发了新的从业资格证书,换证率达 95%。举办交通运输部 11 号令宣传贯彻培训班,150 人参加培训。对 2100 余名汽修从业人员进行继续教育培训,以提高维修人员技术素质和职业道德。

2002 年 10 月,盐城市举行汽车维修行业修理工技能竞赛,图为竞赛动员会场

4. 汽修市场整治

1988 年 6 月,首次召开全市汽车维修行业管理工作会议,部署汽车维修行业整顿工作。当年,清理整顿汽车维修业户 286 家,取缔不合格维修业户 121 家,限期整改业户 42 家,发放汽车维修许可证 199 家。1990 年起,每年都定期开展维修市场整治活动,纳入长效管理,重点打击无证经营,非法占用道路或公共场所进行维修作业的行为以及超越许可证经营范围修车,促进维修市场秩序进一步规范。2004 年,针对少数汽修企业存在的维护项目不到位,甚至只收费不维护现象,市运管处加大管理和打击力度,实行末位惩处制度。2009 年,开展汽修企业制度执行情况联动检查专项行动,共取缔非法维修点 8 家,自行关闭 7 家,实施行政处罚 5 家,符合资质条件许可审批 2 家。2010 年,开展汽修企业资质核查及市场整治活动,全市共查处各类违章经营业户 186 户,取缔非法维修摊点 101 个,处理处罚超类别维修经营 16 户,通过法院强制执行 14 户,申请办理许可证件 39 户,注销许可证件 6 户,净化了维修市场,提高了行业整体形象。

六、驾培管理

1. 企业资质管理

1987 年,驾驶员培训管理工作,随着交通监理职能由交通部门移交公安部门后,考试发证在公安局交警支队车管所,事实上形成了驾培行业由公安部门管理的格局。至 1993 年,全市驾培单位发展到 23 户,拥有教练车 300 辆,年培训 1 万人。12 月,国务院下发《关于研究道路交通管理分工和地方交通公安机构干警评授警衔问题的会议纪要》,明确交通部门对驾校和驾驶员培训行业的管理职能。市交通局明确由市运管处具体负责全市驾培行业管理工作。1994 年,市运管处对驾培市场进行了全面调查,全市有驾培单位 31 家,教练车 520 辆(半数以上为报废车辆),教练员 560 人(半数以上为退休驾驶员),年培训量近 1 万人。1995 年 10 月,市运管处第一次组织对驾培单位实施资质审验,有 22 家驾培单位参加了审验。1996 年,盐政发〔1996〕8 号《盐城市人民政府办公室关于对机动车驾驶员培训行业管理工作职责划分的通知》进一步明确交通部门管理驾培行业的主要职责。8月,市机动车驾驶员培训管理处成立,具体负责辖区内驾培管理工作。1997年起,市驾培处组织对全市驾培机构进行审验,核发驾培经营许可证,至1999年,共有24家驾培机构获得省交通厅运管局颁发的驾培经营许可证,另有4家因不符合条件而停办。2005年,根据驾培机构需新增9个科目训练场地的要求,全市开展驾培机构达标活动,先后建成道路驾驶教练场19个,新增教练场地面积20.60万平方米,教学车辆437台,驾校的资质条件有了较大提升。

2007年,开展驾培机构达标重组工作,全市驾培机构由原来的62户,减少到45户,资质条件大为提升。同时,将不合格的驾校作为合格驾校下属的分支机构,有效地打击非法培训点,规范驾培市场秩序。2009年后,全面实施驾培智能化管理,安装车载培训记录仪1172台、理论培训机49台、网关16台、客户端22个,发放教练员CPU卡1600张。共实行科目送审12.56万人次。推进"十佳"品牌驾校创建工作,建成AA级信誉驾校1家,A级信誉驾校7家。至2010年,全市共有驾培企业55户,年培训能力12.80万人,分别为1993年的2.39倍、12.80倍。

1996～2010年盐城市驾培企业分级情况

表84

年份	驾培单位数(户)				年培训能力(万人)
	一级	二级	三级	合计	
1996	-	-	-	23	1
1997	1	5	18	24	1.10
1998	1	5	20	26	1.50
1999	1	5	20	26	2
2000	1	5	22	28	2.60
2001	1	7	22	30	3.20
2002	2	11	26	39	3.80
2003	2	28	15	45	4.10
2004	2	31	15	48	5.50
2005	2	41	11	54	6
2006	1	50	11	62	6.70
2007	-	40	5	45	6.90
2008	1	40	5	46	9
2009	1	48	4	53	11.50
2010	4	47	4	55	12.80

2010年盐城市驾培企业分布情况

表85

县(市、区)别	驾培企业(户)				经济性质分类(户)					教练员数(人)	教练车数(辆)	教练场面积(万平方米)
	一级	二级	三级	分支机构(培训点)	全民	集体	股份	有限责任	私营			
响水县	-	4	-	1	-	-	-	-	4	102	107	6.10
滨海县	1	1	-	3	-	-	2	-	-	169	149	6.30

续表 85

县(市、区)别	驾培企业(户)				经济性质分类(户)					教练员数(人)	教练车数(辆)	教练场面积(万平方米)
	一级	二级	三级	分支机构(培训点)	全民	集体	股份	有限责任	私营			
阜宁县	–	7	–	–	–	–	2	–	5	180	161	10.50
射阳县	–	6	1	–	–	–	3	–	4	220	132	9.30
建湖县	–	2	1	4	–	–	3	–	–	150	138	5.80
大丰市	1	6	–	–	–	2	3	–	2	216	211	10.30
东台市	1	6	–	3	–	1	–	2	4	258	265	11.75
亭湖区	1	4	–	–	–	–	–	–	5	201	173	9.45
盐都区	–	3	–	2	–	–	1	–	2	140	136	4.70
市　直	–	8	2	1	1	1	–	1	7	366	296	22.25
合　计	4	47	4	14	1	4	14	3	33	2002	1768	96.45

1996～2010 年盐城市驾培行业培训成绩统计

表 86

年份	汽车驾驶员培训(万人)			营运汽车驾驶员从业资格培训(万人)
	A 照	B 照	C 照	
1996	–	0.70	0.30	–
1997	–	0.70	0.40	0.21
1998	–	0.90	0.60	0.80
1999	–	1.30	0.70	0.41
2000	–	1.30	1.30	0.55
2001	–	1.20	1.20	0.63
2002	–	1.10	2.70	0.69
2003	–	1.10	3.00	0.72
2004	–	1.00	3.10	0.83
2005	–	0.90	3.70	0.96
2006	–	1.10	6.60	0.97
2007	–	1.20	5.70	0.90
2008	–	1.60	7.40	1.01
2009	0.0037	1.80	7.70	1.06
2010	0.14	2.30	9.80	1.32
合计	0.1437	18.20	54.20	11.06

2. 专业技术培训

1997 年，根据交通部《道路运输车辆驾驶员上岗证管理办法》，对营业性驾驶员进行培训，共有 1.80 万人领取了上岗证。1998 年，市驾培处组织对教练员进行培训、考试，共有 56 名理论教员、208 名操作教员考取教练员准教证。1999 年，根据交通部颁发的《中华人民共和国营业性道路运输机动车准驾证管理规定》,1.50万名驾驶员的上岗证直接换发准驾证。至2002年,通过培训考试合格,发放《准驾证》1.50万人。2002年后,根据交通部《营业性道路运输驾驶员职业培训管理规定》和《江苏省营业道路运输驾驶员从业资格证管理实施细则》,开展营业性驾驶员从业资格培训,原持有准驾证的从业人员可申请换发从业资格证。2003年,根据交通部和省交通厅的要求,盐城市驾培许可证、教练员准教证、学员证、从业资格证和教练车牌"四证一牌"落实到位,在全省领先。2005年后,根据交通部颁布的《中华人民共和国机动车驾驶员培训教学大纲》,市运管处对全市1055名教练员进行培训和换证考试,对134名理论教练员组织脱产培训。同时实施教练员黑名单制和教练员年度审核制度。2010年,举办驾培机构内部管理人员培训班,全市94人参加培训;组织168名教练员进行继续教育补训和考试;全面实施营运驾驶员诚信考核工作,完成2.50万名营运驾驶员考核评定工作。1996~2010年,全市共培训汽车驾驶员72.54万人,完成营运汽车驾驶员从业资格培训11.06万人,保证了道路运输和私家车发展的需求。

3. 经营行为管理

2004年,盐城市运管处与盐城市交巡警支队联合印发《关于做好机动车驾驶人培训与考试衔接工作的通知》明确各自职责,并从当年10月1日起,市车管部门一律凭运管部门核签过的《中华人民共和国机动车驾驶培训记录》进行考试;交通核发的教练员准教证与公安核发的教练证并用,经省运管局审核后统一换发教练员证,从而理顺驾培管理与考试发证的关系。2005年后,开展信誉驾校评定工作。2007年,根据交通部《道路运输从业人员管理规定》,盐城市道路运输从业人员考试中心投入运行,变分散考核为全市集中、统一考核,保证培训考试质量的提高。2008年,市运管处与交巡警支队联合出台《关于进一步加强机动车驾驶人培训与考试管理工作的通知》,实行统一教材,统一教练车标识,统一考试题库,建立每季度一次会商制度,加强沟通与合作。8月,市运管处制定出台《盐城市驾培机构内部管理工作规范(试行)》,对驾培机构的组织机构、经营管理、教学管理、教练员管理、教练车管理、教学设施设备管理、安全管理、档案管理八个方面的工作职责、流程、操作要求进行详细规范,推动全市驾培机构内部管理水平的提高,在全省属首创。2009年,在全市驾培行业推行驾驶员培训指纹IC卡智能计时管理系统,《培训记录》实行网上核签。同时,开展驾培机构内部管理规范化督查活动,制定出台《盐城市驾培管理工作规范》,对全市驾培市场组织专项稽查活动,至2010年,共查处非法设点培训60起,不规范教练车25辆,拆除非法广告牌65块,收缴罚款23.20万元。

七、运政稽查

1991年,市运管处增设市场管理科,负责运输市场监督检查和对运输违章行为进行处罚。1993年,市交通道路稽查总队成立,此后各县(市、区)交通道路稽查队也相继成立。稽查机构担负道路运输的动态检查职能,主要查验"五费三单证"(养路费、车辆购置附加费、运输管理费、客票附加费、货物附加费;道路运输证、客运线路标志牌、非营业性路单)。2002年,运管机构合并组建成立新的市运管处,增挂市交通局运政稽查支队牌子,内设稽查管理科,下辖3个稽查大队。行使运政稽查工作职能,重点在市区开展道路、水路稽查工作。

1. 运输市场整顿

1989年4月起,全市开展为期3年的道路、水路运输市场治理整顿工作,取得了明显成效。1989年年初,个体出租面包车持证率只有80%,大型客运班车持证率95%,水上客船持证率95%,到整治期末,全市线路营运大客车、个体出租面包车、水上个体客船持证率均达100%。公路运输许可证、营运证审验率达100%,并对10家个体运输户进行停业整顿。货运市场实现货畅其流。全市共组织路检航查4.60万人次,检查车辆船舶15万辆(艘),纠正违章3万辆(艘)。货车持证率由原来的80%提高到100%,专业和社会营运货船持证率由原来的70%提高到100%,个体营运货船的持证率由原来的70%提高到95%。清理公挂私、私挂公冒证营运户219户291辆(艘)车船。搬运装卸市场达到规范有序,维修市场实行归口管理。共查处违章案件152起,收缴非法收入35万元。2000年2月起,按照国家整顿经济秩序的总体要求和省统一部署,开展为期3年的全市运输市场清理整顿活动。市交通、公安、工商、城管等部门联合执法,共组织检查活动82次,参检人员5600人次。交通部门共检查车辆15万辆次,查处违章7000余起。其中查扣"黑车"3000余辆,取缔客货运输、车辆维修、驾驶员培训、配载服务等无证经营600余户。2001年起,开展"水上运输管理年活动",共检查船舶4174艘,处理各类违章船舶1354艘,较好地维护了水运市场秩序。2002年,开展"道路运输市场秩序整顿年"等专项活动,实现15项工作目标。6月份,全市运管部门联动开展清扫"六三"(三黑:黑线、黑班、黑车。三客:甩客、宰客、卖客。三差:服务态度差、站务秩序差、经营环境差。三车:农巴车、报废车、检测不达标车。三价:抬价、压价、刹价。三乱:乱设卡、乱收费、乱罚款)违规行动,在东台、响水、建湖设立3个整治点进行扎口检查,出动执法人员400多人次,查处各类违章案件700多起。在市区开展客运站点清理整顿,取缔8个擅自设立的客运站点,集中力量关闭东闸、双园停车场,所有客运车辆归点到位。同时,开展道路危险货物运输整顿,按照国家规定全面整合到位,将原有96户合并规范为22户,户均车辆数由2辆增加到12辆。2003年,结合防控"非典"加大客运市场整治力度,会同公安、卫生部门,在高速公路出入口、国省道收费站设立11个卡口,实行24小时监控,重点检查往返疫区车辆,共查处"三黑"车辆1126辆次,对客运车辆进入市区的一律实行进站证制度,市区客运秩序明显好转。对客运企业、客运站场、驾培机构、维修业户以及检测站的经营行为实施违章记分考核。全年共检查各类车辆22.30万辆次,查处各类违章近2.90万件,收缴罚款900万元。2004年后,全市实现网上运政稽查,开通省运管系统行业投诉服务专线96520,"运政在线"网上投诉举报系统全面投入使用,开展网上运政服务和稽查工作,网上稽查率达到100%。

交通道路稽查人员上路值勤

2006年,开展水路危险品运输专项整治工作,对13户危险货物水运企业逐一检查监督,及时消除事故隐患3起。共上航检查各类船舶300余艘,查处违章案件40余起,补征运输规费9万元。2008年,会同公安交巡警联手开展市区客运市场秩序整治,保证盐城汽车客运站按时启用和市区有关客运站点车辆搬迁。组织全市水路大检查,共检查各类船舶1232艘,查纠各类违章131起,补征运输规费16万元,行政罚款4万余元。2009年,参与南京、盐城、淮安三地联动,开展为期半个月的道路客运市场专项整治。2010年,协同泛长江三角地区联合稽查日活动,开展春运期间稽查活动。上海世博会期间,开展入沪客运班车、旅游包车的专项整治,全市共查处各类客运违章1597件,保证盐城旅客参观上海世博会安全有序。

2. 运输行政处罚

1993年,盐城市交通道路稽查总队成立以来,会同市运管处市场管理科共同担负起道路运政稽查工作。1996 年以后，随着《中华人民共和国行政处罚法》的颁布施行，进一步规范执法主体、执法行为和执法文书。1998 年开始，根据上级有关规定，道路稽查和违章处理实行查处分离。根据《道路运输行政处罚规定》，对违反道路运输行政管理的行为，只可以给予警告或罚款等行政处罚。2004 年 11 月开始，交通行政处罚罚款实行罚缴分离，所缴罚款统一到银行缴纳，除法律规定的情形外，执法人员不得现场收取罚款。同时在市法制局和市交通局的指导帮助下，市运管处对正常涉及到的 63 项处罚项目，制定了行政处罚自由裁量标准，定期将行政处罚结果和自由裁量理由进行公示。按照道路旅客运输经营行为记分考核办法和道路运输经营权使用合同制度，共对 648 辆次客运班车实施记分，举办违章业户（人员）培训班 3 期，对 14 辆次客车实施停班整顿的处罚。2008 年，全市 11 辆运政执法车辆安装车载监控系统，进一步规范违章取证和执法行为。

1992～2010 年，全市共查处违章车辆 27.47 万辆次，结案处理 23.13 万件，结案率 84.20%，收缴罚没款 1.17 亿元。

1992～2010 年盐城市交通道路稽查情况

表 87

年份	检查车辆	违章车辆	违章率	结案处理		适用程序			暂扣措施	中止运行车辆	吊销许可证	罚没款金额
				合计	2000 元以上罚款	简易程序	一般程序	其中听证程序				
	辆次	辆次	%	件	件	件	件	件	件	件	件	万元
1992	9699	420	4.33	408	–	–	–	–	150	23	–	6.35
1993	174400	47300	27.12	42570	2	–	–	–	210	46	–	41.37
1994	152061	56938	37.40	51244	2	–	–	–	230	55	–	83.95
1995	140818	17196	12.20	14108	10	–	–	–	192	60	–	131.36
1996	100844	11535	11.44	9469	82	5019	4450	–	172	78	–	170.65
1997	103593	12111	11.70	9817	123	5342	4475	–	167	42	–	231.68
1998	101273	11265	11.12	9710	210	5169	4541	–	166	45	–	310.03
1999	108600	11167	10.28	9403	323	5238	4165	–	168	40	–	425.08
2000	152840	9529	6.32	8123	390	4633	3490	–	154	46	–	599.12
2001	101178	10268	10.15	8637	598	4421	4216	–	169	85	–	687.86
2002	131350	10508	8	9449	734	3639	5810	–	210	55	–	738.97
2003	223000	29000	13	20102	948	8844	11258	–	230	60	–	1147.47
2004	117899	10318	8.75	8934	1378	3784	5150	–	144	66	–	1540.67
2005	95472	10555	11.06	8744	1954	1217	7527	–	158	132	–	1657.62
2006	75228	7776	10.33	6536	2162	–	6536	–	255	–	–	1399.10
2007	62635	5299	8.64	3778	1061	–	3778	–	258	–	–	786.48
2008	68221	3931	5.76	2978	1115	–	2978	–	180	–	–	666.45
2009	114101	4016	3.52	3184	637	1	2820	–	–	97	–	520.60
2010	151075	5578	3.69	4085	741	–	3993	–	–	108	–	583.94
合计	2184287	274710	12.58	231279	12470	47307	75187	–	3213	1038	–	11728.75

3. 执法人员培训

1993 年开始，市运管处每年都组织运政执法人员业务培训，培训中实行半军事化管理。对新进运(交)管队伍的执法人员实行考试准入制，取得省交通厅执法资格后方可从事运政执法工作。1998 年 7 月，对 163 名新进运(交)管人员集中组织封闭式培训，并开展军训。11 月，51 名运政执法人员组成的方队参加全省运管队伍检阅荣获二等奖。2002 年 9 月，举办全市运政执法仿真对抗赛。通过比赛组队参加全省决赛，获二等奖。2003 年，结合交通行政执法证换证和江苏省道路检查证年审工作，市运管处举办 2 期执法人员培训班，共培训 138 人。2004 年《中华人民共和国行政许可法》颁布后，根据市政府法制办和市人事局要求，市运管处先后组织 73 名在岗人员分 10 期参加市统一组织的专题培训，全部考核合格。同年，《中华人民共和国道路运输条例》颁布，市运管处专门举办《道路运输条例》培训班 3 期，共有 240 名运政执法人员参加培训。2005 年 5 月，为提高乡镇运政稽查中队执法水平，市运管处举办一期近 70 人参加的运政稽查中队长培训班。同年，为配合网上稽查工作的全面开展，还举办了 2 期网上稽查培训和网上稽查比武竞赛活动。2006 年，举办 2 期运政稽查中队长培训班，邀请省运管局和市政府的专家授课，参加培训达 168 人次。2007 年，开展交通基层基础建设年活动，市运管处举办 2 期全市运输管理行政许可骨干培训班，参培近 60 人。组织全市运政执法技能大比武，各县(市、区)共派出 30 余名选手参加比赛。2008 年，市运管处分别举办客、货运输，维修、驾培行政许可培训班，4 期参培 100 多人次。除此，还坚持领导干部学法制度，邀请律师为全市运管机构领导班子和市处中层以上干部授课，召开典型案例分析会，就证据效力、取证方式、执法难点疑点等方面与市中级法院行政庭的领导沟通交流，参会人员达 30 余人。

2007 年，市运管处举办全市运政稽查人员执法技能培训班

第四节　海事管理

1987 年，根据国务院、省政府关于交通管理体制改革的决定，道路交通管理划归公安部门，交通部门单独设置港监机构，对水上交通安全实施统一监督管理。9 月，盐城市港航监督处(盐城市船舶检验处)成立(以下简称市港监处)后，履行水上交通安全监督管理职能。2001 年，市港监处更名为盐城市地方海事局(挂盐城市船舶检验局牌子)。2004 年，根据国务院、交通部和省政府有关文件精神，江苏省交通厅与江苏海事局签订协议，明确盐城市沿海水域及二类以上开放港口水域划归国家海事监管，内河通航水域交通安全管理由地方海事监管。

一、船舶管理

1. 船舶检验

1987 年起，市港监部门开展乡镇船厂技术资质认可，并采取自培、委培等形式，每年都组织船

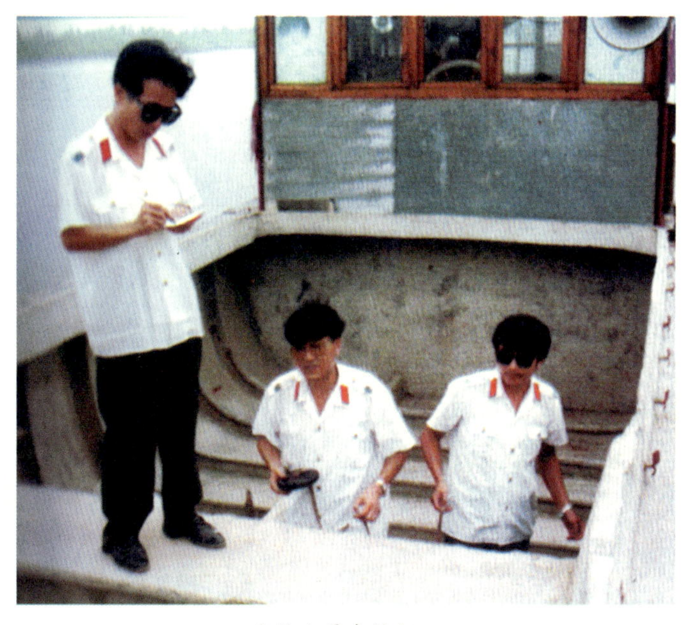
船检人员在检船

检人员学习新法规、新规范。1989年，市港监处出台《盐城市小船管理暂行办法》和《盐城市营运船舶管理办法》，加强船舶检验管理。1990年，组织13名验船师参加镇江船院大专专业证书班学习，提高船检人员专业技能。1992年，根据省港监局统一部署，在全市范围内开展船舶证照专项整顿。1993年，市港监处修订、印发船检机构、船检岗位内部管理制度、工作职责。并在东台市廉贻镇设立办事处，派出验船人员驻东台廉贻加强对船舶修造厂技术指导、搞好现场检验和发证。1993年起，按照交通部《焊工考试规则》，每年举办船舶电焊工培训班，加强乡镇船厂特殊工种技术人员培训考试。1995年，出台《盐城市人力渡船检验暂行办法》。2001年起，加大现代科学技术的应用，船检管理实现全省计算机网络发证。2003年，市船检部门组织开展“船检质量年”活动，通过强化乡镇船厂管理，加强建造和改建船舶的监督管理，统一船厂船舶修造出厂资料，建立船舶修造必检项目申报制度，提高船舶质量。同时，与江苏科技大学联合举办乡镇船厂质检技术人员大专专业证书班。2004年，全市有78名验船师通过交通部组织的验船师任职资格考试。同时，逐步建立船舶法定检验质量管理体系，保护产品质量，规范船检内部管理，每年组织船检执法检查监督工作。2005年起，根据交通部、省交通厅统一部署，连续两年开展低质量船舶专项整治行动。2007年6月，市船舶检验局出台《盐城市船检机构改革实施方案》，将县（市、区）船舶检验收费发证统一收归市船舶检验局直接管理。成立东台、阜宁、苏南和市船检局机关中心组4个船检组，年底增设响水灌河船检组。同时，根据省交通厅统一部署，开展外挂船舶回归工作，共办理外挂船回归2320艘次。2008年，与江苏科技大学联合举办大型海船验船人员培训班，参加培训的有56名验船师。当年，市船检局检验1艘1.35万吨级海船，填补了盐城船检史上检验大型海船的空白。2009年，根据《江苏省船舶检验局船舶初次检验管理规定》，推出内河船舶建造检验工作标准，制定《盐城市内河船舶建造检验各岗位验船人员工作要求》。对“临界总吨位船舶”总吨位进行复核。对东台辖区内河船舶建造检验组织调研，促进内河船舶建造检验环境的改善。与无锡市船检局合作，顺利完成1艘2.05万吨级海轮建造检验并下水。同时，开展船舶吨位丈量专项检查，进行自查自纠。从10月1日开始，对无硬质船台的船厂申请40米以上船舶建造检验，一律不予受理，促使造船企业建造硬质船台50余座，提高资质条件。2010年，推行“驻厂工作站”制度，加强对东台、市区和响水陈港等地船舶产业带发展的技术指导和扶持，确保造船质量。开展运输船舶吨位丈量专项检查活动，共对5463艘船舶进行实船丈量吨位，按规定纠正1390艘。制定《盐城市船舶检验局在岗验船人员管理办法》，送新进船检人员到盐城市大型船厂去实习培训，组织84名员工参加全国注册验船师的新考或升等，规模为全省之首。1988～2010年，全市共实施船舶建造检验2.63万艘次，船舶营运检验42.17万艘次。

1988～2010 年盐城市船舶检验情况

表 88 单位:艘

年份	船舶建造检验	船舶营运检验	年份	船舶建造检验	船舶营运检验
1988	2913	7962	2000	413	21965
1989	2726	11944	2001	440	21087
1990	2797	13435	2002	564	19381
1991	2432	20897	2003	660	13536
1992	2066	37153	2004	974	12035
1993	2078	26382	2005	889	12949
1994	1684	24223	2006	1312	13043
1995	809	24200	2007	343	13800
1996	485	23515	2008	168	13823
1997	589	22755	2009	395	11668
1998	406	21024	2010	525	12505
1999	678	22465	合计	26346	421747

2. 船舶登记

1995 年,根据交通部港务监督局港监字〔1995〕250 号文件和省港航监督局苏港监〔1995〕76 号文件,授权盐城市港航监督处及下属 7 个县(市)港航监督所开展船舶登记工作(市郊区、城区港航监督所 1997 年由省局授权)。县级港监机构负责挂桨机船、40 马力及以下拖轮和两柱间长未满 23 米驳船等内河船舶登记工作;市港监处负责其它未满 50 米内河船舶及沿海未满 200 总吨或 147 千瓦海船登记工作。1996 年,市港监处出台《盐城市船舶登记工作规程》,促进船舶登记工作规范有序开展。2001 年 10 月,根据交通部海事局海船电〔2001〕556 号和省地方海事局〔2001〕182 号文件精神,各级地方海事机构不再办理海船船舶登记工作,盐城市登记机关原登记发证的海船登记档案全部移交连云港海事局。2002 年 10 月,根据交通部、省地方海事局关于船舶登记业务授权的调整,县(市、区)地方海事机构不再承担船舶登记工作,全市辖区所有依法应登记的船舶全部由市地方海事局负责实施登记。至 2010 年,全市共办理船舶登记事项 6.33 万艘次。

1996～2010 年盐城市船舶登记情况

表 89 单位:艘

部门＼年份	1996	1997	1998	1999	2000	2001	2002	2003	2004	2005	2006	2007	2008	2009	2010	合计
响水处	135	167	144	113	151	163	224	–	–	–	–	–	–	–	–	1097
滨海处	174	181	201	223	214	197	209	–	–	–	–	–	–	–	–	1399
阜宁处	253	271	294	287	303	311	327	–	–	–	–	–	–	–	–	2046
建湖处	361	345	274	334	413	330	215	–	–	–	–	–	–	–	–	2272
射阳处	115	93	88	74	52	44	65	–	–	–	–	–	–	–	–	531
大丰处	65	39	40	34	37	36	31	–	–	–	–	–	–	–	–	282
东台处	304	336	371	314	353	301	274	–	–	–	–	–	–	–	–	2253

续表89

部门\年份	1996	1997	1998	1999	2000	2001	2002	2003	2004	2005	2006	2007	2008	2009	2010	合计
盐都处	451	432	401	384	371	229	305	–	–	–	–	–	–	–	–	2573
亭湖处	23	16	39	25	31	14	20	–	–	–	–	–	–	–	–	168
市　局	452	417	479	381	394	413	336	3536	3230	3148	8717	8291	7709	6028	7182	50713
合　计	2333	2297	2331	2169	2319	2038	2006	3536	3230	3148	8717	8291	7709	6028	7182	63334

3. 船舶签证

1987年港航监督机构成立后，开始实施船舶签证，市港监处港航监督科、各县（市、区）港航监督所分别设置签证点，负责船舶签证工作。1989年，苏交监〔1989〕第7号文件批复盐城市设立东台船闸、建湖黄土沟、阜宁腰闸、响水陈港、射阳陈洋和射阳海港、市郊区龙冈7个港航监督站（后于1992年增设城区北闸、滨海丁字港、大丰草堰3个港航监督站，1997年增设盐城市经济开发区港航监督站），各港航监督所、港航监督站分别设置签证点，实施船舶签证工作，各县港监所配备的港监艇也统一刻发签证印章，在水上交通安全检查中对船舶实施动态签证。1993年后，为方便船舶签证，由省港监局统一刻制印章下发，委托辖区内各乡镇交通管理所实施签证，船舶签证站点增加到97个。1998年后，通过整顿，船舶签证站点由原97个调整为86个。2004年，《中华人民共和国行政许可法》颁布实施以后，船舶签证作为一种行政许可行为，不再委托乡镇交通管理所实施，船舶签证工作统一由市、县（市、区）地方海事局、处、所及海巡艇实施。全市10个海事所实施全天候24小时为船民提供签证服务，39艘海巡艇主动实施流动签证，服务到船头。各签证站点还为船民提供航道、气象、水文等信息服务。1988～2010年，全市累计实施船舶进出港口签证187.06万艘（次），签证船舶货物量3.20亿吨。

二、船员管理

1987年开始，按照省交通厅明确的三级分工，市港监处负责内河三、四等船员，各县（市、区）港监所负责内河五等船员培训、考试、发证、审验工作。1995年，市港监处制订船员培训考试发证“两公开一监督”制度和“船员培训考试规程”等8项制度，并从航运企业聘请有一定专业理论知识和丰富实践经验的船长、轮机长担任船员培训考试的教员和监考，协助港监部门搞好船员培训考试发证工作。1997年，市港监处和市总工会联合在全市水运行业开展评选表彰“十佳明星船长”“十佳明星轮机长”活动。12月，为适应船员培训、考试、发证的新要求，成立“盐城市船员管理协会”（协会办公地点设在市港监处），负责三、四等船员培训工作，市港监处负责船员考试发证。2009年起，贯彻落实交通部海事局、省地方海事局关于船员培训、考试发证分离制度，盐城市三、四等船员培训工作统一由专业培训机构盐城交通技师学院负责，考试发证工作由市地方海事局组织实施。调整充实船务管理人员，辞退临时协管人员，制定、完善和执行三、四等船员适任考试资格审查、考试发证、档案管理等业务管理制度和工作程序，建立船员适任考试发证管理流程，强化和规范船员业务基础管理。印发《盐城市航运企业申请办理船员业务人员管理规定（试行）》，并举办全市航运企业船员业务经办人员培训班，发放船员业务经办人员证件106份，经办人员凭证件办理船员业务。为进一步规范船员培训考试发证工作，提高培训考试质量，市地方海事局加大投入，购置培训考试船1艘，建立大型船员电子考场，推行船员电子化考试。2010年，认真宣传贯彻实施新的《内河船舶船员适任考试和发证规则》，确保船员培训考试发证工作有序过渡、平稳推进。指导盐城交通技师学院积极申报船员适任培训资质，并获交通运输部海事局首批许可。同时加强对培训机构的监督管理，规范培训行为，提高培训质量。12 月，市地方海事局与全市 9 家县级以上医院签定内河船员体检责任状，确保身体合格人员从事船员工作。1988 ~ 2010 年，全市累计举办船员培训班 1930 期，培训船员 25.98 万人次。

1988 ~ 2010 年盐城市船员培训情况

表 90

年份	培训班期数（期）	培训船员人数（人次）	年份	培训班期数（期）	培训船员人数（人次）
1988	68	5938	2000	78	4144
1989	76	8810	2001	80	4126
1990	53	7146	2002	80	3854
1991	86	13067	2003	78	3199
1992	95	20685	2004	73	3197
1993	105	21194	2005	65	6204
1994	98	22083	2006	76	5823
1995	107	19781	2007	51	4251
1996	101	19685	2008	37	3947
1997	101	20258	2009	87	6826
1998	102	20426	2010	124	12719
1999	109	22397	合计	1930	259760

三、渡口管理

盐城市是全省的渡口大市，渡口安全监督管理一直是水上交通安全工作的重中之重。1991 年，《江苏省渡口管理办法》颁布后，盐城市以落实渡口“五定”（定渡口、定渡船、定渡工、定载额、定制度）为中心内容，全面开展渡口普查，初步把渡口管理纳入乡镇政府职责，使渡口管理工作有了良好开端。但是，还存在一些管理死角和事故隐患，连续发生了阜宁沟墩、童营等地渡口重大沉船亡人事故。1993 年，射阳海河海关渡口特大事故后，市政府高度重视，及时召开水上交通安全紧急会议，组织对全市渡口进行拉网式普查，逐步建立健全市、县（市、区）、乡镇、村组、渡工五级安全管理责任制，落实各级政府尤其是乡镇政府管理渡口安全的责任，渡口管理基本纳入制度化管理轨道。港监部门加大渡工培训力度，实行持证上岗；对渡船统一检验发证，不合格的渡船进行强制淘汰。1994 年起，市港监处坚持“月查重点、季查全部”制度，加强渡口安全检查，做到重大节日超前检查、恶劣天气突击排查、隐患渡口跟踪督查。发现渡运隐患，及时签发《整改通知书》，限期整改或责令停渡，并向当地政府、安监部门通报，实行综合治理。同时，在全

保障渡运安全，确保人民群众“乘上平安船、坐上放心船”，盐城市加大投资统一建造环保节能、安全系数高的钢质渡船

市开展渡口达标活动，坚决淘汰老旧破损水泥渡船。当年10月，市政府在阜宁召开全市渡口管理工作会议，明确提出一手抓渡运安全管理，一手抓建桥撤渡的重大决策，从源头上解决渡运安全问题。1996年1月，市政府在郊区召开第二次渡口管理工作会议，总结经验，表彰先进，进一步推动渡口管理工作。并首次提出创建文明渡口，先后有235道达到文明渡口标准。2000年开始，充分运用省交通厅水泥渡船更新奖励政策，扎实推进"渡船更新改造工程"，全市更新改造成标准钢质渡船161艘，乡镇渡船技术状况得到明显改善。当年8月，省政府委托省交通厅在东台召开全省渡口管理工作会议，总结推广盐城的经验做法。2005年11月，市政府在滨海召开全市渡口渡船专项整治工作会议，参观通榆镇王庄渡口标准化建设和现场管理，推动全市专项整治工作。2006年10月，省交通厅在盐城召开全省渡口渡船专项整治推进会。盐城市以此为契机，进一步推动渡口达标、安全文明渡口创建工作。投资210万元，对全市渡口码头、候船亭、道路、公示牌等按标准化、规范化要求实施改造，共更新改造渡口210道，并专门设计3种标准化钢质渡船图纸，通过公开招标，由5家船厂共同承担渡船建造，市船检部门全程跟踪服务，保证渡船建造工程实施。2007年，出台《盐城市渡口撤销奖励办法》，市地方海事局筹措资金40万元，对群众、渡工愿意撤渡的老旧水泥渡船进行赎买销毁，共赎买渡船75艘、撤渡75道。至2008年，全市246道渡口全部达到文明渡口标准。2009年，制定渡口渡船和游船安全事故应急救援预案，并创造条件组织演练。至2010年，全市累计培训渡工2.10万人次，连续17年未发生渡口沉船亡人事故，保证人民生命财产的安全。

四、港航监督管理

1. 航行秩序监督管理

1987年以来，全市地方海事（港监）部门始终将航行监督工作作为水上交通安全工作的中心任务来抓，通过宣传教育、突出重点，强化现场监管，查处纠正违章，保障航行安全。当年，开展市河秩序整治，经市政府批准，对市河纺织厂至面粉厂河段实施交通管制。1990年起，相继对新洋港城西大桥至市直属粮库水域实施交通管制，开展港监工作整顿、乡镇船舶安全工作整顿和船舶证照整顿工作。1995年起，开展集中清理取缔"三无"（无船名、无船籍港、无船舶证书）船舶行动和治理"三乱"（乱设卡、乱收费、乱罚款）工作，共清理取缔"三无"船舶5850艘次。成立市水上交通稽查机构，加强航行船舶动态检查。开展"99联合行动"，统一对船舶违法运输进行专项打击，净化通航环境。2000年起，连续三年开展"水上交通运输安全管理年活动""打击超载统一执法行动"等，对全市水上交通安全工作实施综合整治。2001年12月，市政府出台《盐城市乡镇船舶交通安全管理规定》，明确地方人民政府、交通主管部门和地方海事机构的各自职责，并在实施过程中实行奖惩兑现。2003年11月，江苏省乡镇船舶安全管理工作会议在盐城召开，推广了盐城市乡镇船舶安全管理的做法和经验。此后，市政府又召开乡镇船舶管理专题会议，部署乡镇农用自备船舶和乡镇渡口专项整治工作，全市对4.10万艘农用自备船进行登记造册，其中2.54万艘实施评估发证、挂（喷）船名牌，对2.57万名农用自备船操作人员进行培训发证。进一步完善乡镇农用自备船舶管理三项制度（安全教育培训制度、安全监督检查制度、事故责任追究制度），落实农用自备船舶管理责任。9个

市地方海事部门履行内河水上交通安全检查职能

县(市、区)、169 个有农用自备船的乡镇(办事处)、2042 个村(居委会)、2. 66 万名农用自备船所有人或操作人员层层签订安全管理责任书,形成乡镇农用自备船安全管理网络。2004 年 12 月,省安委会和省交通厅联合召开全省乡镇船舶安全管理交流推进会,盐城市政府、东台市政府、市安监局、市交通局、市地方海事局分别受到表彰。2005 年起,开展水上风景旅游区安全专项整治。通过安全宣传,突出重大节日和旅游旺季的安全检查,督促有关乡镇及责任单位落实防范措施。同时,对 12 艘游船严格按规范进行检验发证,对 16 名游艇操作人员进行技能培训,考试发证;督促帮助有关乡镇政府和旅游安全责任单位建立健全 38 项安全监督管理规章制度、操作程序,制订 2 套应急预案,并在建湖九龙口举行水上风景旅游搜救实战演习,提高水上搜救应急处置能力。2008 年,市政府出台《盐城市内河交通安全管理办法》,市地方海事部门进一步强化水上交通安全管理。2009 年起,对 15 个水上施工作业区及阜宁小中河航道实行水上交通管制,开展安全生产执法、安全生产治理、安全生产宣传教育"三项行动",对渡口渡船、危险化学品(以下简称危化品)水运、水工作业、船舶防污染等进行专项整治。开展创建平安水域平安单位示范点和安全管理提高年活动,整改事故隐患,保证水上交通安全。

2. 船舶防污染和危化品运输监督管理

1987 年起,全市港监部门重视抓好船舶防污染监督管理工作,经常检查船舶防污染装置情况及有效程度,督促机动船安装油水分离器、设置油水舱(柜)和生活污水处理装置。1993 年起,每年举办危化品管理人员、申报人员、特种船员培训班,加强考核发证工作。1997 年起,根据省港监局统一要求,全面落实挂桨机船安装防污染托盘。当年,市交通局在城区北闸港监站召开全市危化品管理现场会,总结推广城区港监所危化品管理经验。2001 年,开展危化品生产装卸码头、水上供油站点的专项整顿,清理整顿危险品生产装卸码头 28 家,水上供油作业点 122 个,取缔不符合安全条件的供油作业点 26 个。2004 年,开展危化品水路运输安全专项整治。制订出台《关于进一步加强危险化学品运输安全监督管理的若干意见》,举行危化品运输(装卸)应急预案会审,帮助指导修订运输企业(单位)、船舶、码头应急预案 217 件,促进全市危化品水路运输安全管理水平的提高。2007 年,市地方海事局筹措资金 20 余万元,设立 3 个应急设备库,购置冲锋舟、吸油机、围油栏、消油剂等一批船舶防污染专用器材,并组织操作演练,提高处理船舶污染突发事件能力。2008 年,市地方海事局制定《进一步加强市区饮用水源专项整治工作方案》和《船舶防污染应急计划预案》,并筹措资金 40 多万元,在市区水源保护区入口树立大型警示标牌 11 块、指示牌 14 块。2009 年,组织开展油船火灾和溢油搜救演练,全力预防和遏制水上重特大公共安全事故的发生。2010 年,举办内贸危险货物申报员培训班,102 人参加,进一步落实危险品运输安全防范措施。印发《盐城市水上交通安全和船舶污染防治隐患排查整治制度》和《盐城市饮用水源保护巡航工作制度》,抽调 2 艘海巡艇和 13 名海事人员分别在市区蟒蛇河、朱沥沟河段和冈沟河河口驻点,对一级水源保护区实施全天候巡航监控,禁止任何船舶在水源一级保护区停泊作业,对经过的危化品运输船舶实时护航,对在二级水源保护区内进行散装粉尘类装卸作业船舶加大查处力度,着力推进船舶污染防治工作制度化、规范化、长效化管理。

2006 年,市地方海事局组织水上救助演习

3. 乡镇小客班船舶管理

20 世纪 90 年代初,盐城市开始出现乡镇小客班船。1992 年,全市共有小客班船 96 艘,后随着公路运输的不断发展,小客班船逐步被淘汰,至 2000 年,还剩小客班船 54 艘。2001 年,建湖县相继发生小客班船"5 · 4"和"7 · 30"事故后,市政府办专门发出传真电报,

明确要求小客班船全部停运整顿，整顿后由县（市、区）政府验收合格并重新批准后方可营运。至2001年年底，小客班船停运整顿后被全部取缔。

4. 特殊年份安全保障

1991年和2003年，盐城市经受特大洪涝灾害袭击。港监（海事）部门，坚持抗洪救灾和水上交通安全两手抓，成立抗洪抢险突击队，实施泄洪航道的交通管制，清理泄洪河道船舶，责令相关渡口停渡，为抗洪救灾作出积极贡献。2003年防"非典"期间，地方海事部门将预防"非典"工作做到码头、船头、人头，调派艇力、人力，检查登记市河船舶1600多艘，为船民量体温2800多人。同时，加强通航水域秩序管理，精心打造水上绿色通道，全力保障防"非典"物资水路运输安全。抗"非典"期间，水上辖区无一船员感染"非典"病毒，防"非典"物资水路运输畅通无阻，把住了水上防"非典"关口。2008年，奥运会在北京举办，全市海事部门加强水上交通安全监管，保证奥运会期间，辖区水上安全形势稳定，未发生任何交通事故。2009年，市地方海事局成立上海世博会期间水上交通安全与保障工作领导小组，并着手抓上海世博会水上安保、安检、入沪船舶签证、安装AIS自动识别系统。至2010年，全市地方海事部门在上海世博会期间，共实船签证入沪船舶1408艘、安检入沪船舶1095艘，确保盐城籍入沪船舶适航、船员适任和货物适装，未发生任何事故，市地方海事局被省地方海事局表彰为世博水上安保工作先进单位。

5. 水上交通事故处理

水上交通事故由海事（港监）部门负责调查处理。1993年前，水上交通事故处理依据有关法规、规章进行。1993年3月起，按交通部颁布的《中华人民共和国内河交通事故处理办法》进行。2001年，交通部颁布《水上交通事故调查处理结案管理规定（试行）》（海安全字〔2001〕301号），明确水上交通事故结案实行分级管理原则。1988年以来，盐城市海事（港监）部门严格按照调查取证、责任认定、调解、处罚、报告、立案等步骤处理辖区内水上交通事故。至2010年，共实施水上接警救助3702次，救助遇险船舶521艘、汽车1辆，救助遇险船员563人，挽回经济损失1123万元。调查处理小事故943起，直接经济损失542万元；一般及以上事故6起，死亡50人，直接经济损失302万元。一般以上事故具体纪略如下：

（1）**阜宁县沟墩镇新建渡口"9·12"事故**　1990年9月12日中午放学后，通榆河沟墩镇新建村私设渡口由于严重超载，加之受正常航行的挂桨机船形成的泄浪影响，导致渡船摇晃倾斜进水，30名乘客（均为沟墩永胜初中学生）中25人落水，其中4人溺水身亡。

事故发生后，阜宁县相关部门在对每名死者家庭支付2000元用于善后的同时，对这起事故进行了严肃查处，非法渡工张某受到了刑事处罚，但在执行前张某畏罪自杀。

（2）**阜宁县芦蒲乡童营村废黄河渡口"10·30"事故**　1992年10月30日上午11时20分左右，淮阴市涟水县南集乡禹庄村与盐城市阜宁县芦蒲乡童营村交界的废黄河渡口，一艘无证无照的水泥农船，渡工1人，载客29人，因严重超载，在即将靠岸时翻沉，船上人员全部落水。经抢救，生还21人，死亡9人，直接经济损失29万元。事故主要原因：船舶无证无照，严重超载，违章渡运。省交通厅以苏交监〔1992〕20号文件发出事故通报。

（3）**射阳县海河镇海关渡口"10·4"事故**　1993年10月4日，射阳县海河镇海关渡口发生一起重大沉船事故，渡船上24人全部落水，其中21人死亡，直接经济损失137万元。事故原因：当日上午10时30分左右，严重超载的"射渡4190号"水泥渡船准备扎缆由北向南启渡之际，沉在河中的摆缆绳被由西向东违章行驶的滨海县蔡桥镇联运站"苏滨挂22705号"水泥挂桨机船的螺旋桨挂住，挂住后挂机船继续行驶，导致摆缆绳摆脱了固定在北岸码头大桩上的缆绳铁扣，渡船随缆绳被挂机船拖至河中心沉没。事故发生后，省、市、县有关部门领导亲临现场，组织营救工作，江苏省人民政府办公厅、省交通厅，盐城市人民政府、市交通局，射阳县人民政府、县交通局都发出了通报，并对事故善后事宜作了妥善处理，相关责任人受到党、政纪处分。

(4)**建湖县建口线航道"12·16"事故** 1998年12月16日6时许,建湖县境内建口线航道(市河向南1公里处)发生一起重大水上交通事故,造成5人死亡(其中2人为上岸后又下水救人而亡),直接经济损失19万元。事故发生的主要原因是:肇事一方驾驶无证无照的3吨农用挂机船,私自载运13名亲属送1名死者去殡仪馆火化,不懂水运法规,夜间违章航行。事故发生后,建湖县领导非常重视,交通(港监)、公安等有关部门密切配合,及时组织打捞和积极处理好善后工作;市领导作出重要指示,明确指出"加强交通安全,是各级政府的重要职责。各县(市、区)都要认真吸取这次事故教训,加强监督检查,杜绝事故发生"。

(5)**建湖县黄沙港航道"5·4"事故** 2001年5月4日10时30分,在建湖县庆丰镇境内黄沙港航道沿河口四岔河口附近水域,东台市兴港航运公司"东台石油贰号"油船与建湖县恒通航运公司"苏建湖挂3001"客船发生碰撞,"苏建湖挂3001"客船被撞倾覆后沉没,在船25名乘客全部落水,其中20人获救,5人死亡,直接经济损失62万元。事故原因:"东台石油贰号"油船在航行于十字河口复杂航段时,疏于瞭望,违章追越,是造成事故的主要原因;"苏建湖挂3001"客船未及早有效鸣放声号,疏于瞭望,对追越迫近的油船毫无准备,致使无法挽救危局,是事故的重要原因。事故发生后,省、市、县有关部门领导亲临现场,组织营救工作,省交通厅,盐城市人民政府、市交通局,建湖县人民政府都发出了通报,并妥善处理了事故善后工作,建湖县人民法院以交通肇事罪依法判处"东台石油贰号"油船驾驶员孙宏所有期徒刑3年。

(6)**建湖县建阳镇漕河航段"7·30"事故** 2001年7月30日15时10分左右,个体客船船主夏正军驾驶的"苏建湖挂03018"客船(核定载客30人,实载乘客28人,船员2人),从阜宁县益林镇开往建湖县蒋营镇,行驶至射阳河上游漕河建湖县建阳镇李庄村西闸口附近航段,被突发龙卷风刮翻沉没,在船30人全部落水,24人获救生还,6人死亡,直接经济损失55万元。灾情发生后,建湖县委、县政府主要领导、分管领导立即带领公安、交通、海事、民政等部门负责人赶赴现场,组织救助、打捞及善后工作。省交通厅副厅长蒋华年,省地方海事局局长王昌保、副局长方建华,市政府副市长沈德林以及市安监、交通等部门领导相继赶赴现场指挥打捞、搜救工作。此次事故的性质经省、市调查组认定为突发性龙卷风致客船沉没,属于不可预见性和人力不可抗拒性自然灾害所致。

1988～2010 年盐城市航行监督工作情况

表 91

项目	年份	1988	1989	1990	1991	1992	1993	1994	1995	1996	1997	1998	1999	2000
秩序管理	上航人次	11472	11618	11891	11860	14268	16046	17636	18109	19915	21230	22864	25456	26158
	出船、艇艘次	3963	3817	3820	3845	3760	3891	4447	5837	7731	8240	8626	8590	8896
	巡航里程(公里)	48584	48765	50683	52374	51312	51972	47904	79635	88471	90054	91592	92071	92038
	巡航时间(小时)	13142	15543	15665	16164	16382	18479	20428	12226	15756	14929	15032	14762	15194
	排除航道堵塞(次)	120	117	109	98	96	104	126	160	191	186	184	161	178
污、危货物运输监管	监装、卸危险货物船舶(艘次)	539	583	655	762	809	801	863	1205	1465	1689	1835	2519	2617
	监装、卸危险货物量(吨)	46939	47095	56795	59231	59907	64947	66933	40467	142143	157269	199520	229848	264736
	危险品码头安全检查(次)	156	171	179	199	201	194	218	232	312	303	356	348	452
	查处危险品码头安全隐患(次)	30	18	18	15	24	27	24	15	13	18	17	20	25
	查处船舶污染水域事件(起)	–	–	–	–	–	–	–	–	–	–	–	–	–
施工作业监管	施工安全维护次数(次)	48	65	108	98	134	123	101	132	57	102	111	66	57
	施工安全维护时间(天)	380	682	520	577	720	783	645	836	425	728	739	476	523
	实施处罚金额(元)	–	–	–	–	–	–	–	–	–	–	–	–	–
签证管理	签证船舶数(艘次)	83929	92111	101535	103804	105615	113273	113859	67073	67099	69444	70429	68872	68754
	签证船舶货物量(万吨)	516	530	548	609	642	739	751	869	950	1020	1109	1112	1252
	签证危险货物船舶数(艘次)	–	–	–	–	–	–	–	783	855	821	846	863	925
	签证危险货物量(万吨)	–	–	–	–	–	–	–	6.20	6.90	6.70	6.80	7.50	8
查处事故	一般以上事故(件)	–	–	1	–	1	1	–	–	–	–	1	–	–
	小事故(件)	45	25	33	21	34	24	36	44	56	25	35	78	44
水上搜救	12395 接警起数(起)	–	–	–	–	–	–	–	–	–	–	–	–	156
	挽回经济损失(万元)	14	31	45	33	45	35	29	36	24	78	22	69	29
	救助人员(人次)	14	22	12	24	15	10	21	21	23	15	25	22	36
	救助船舶(艘次)	10	23	19	22	14	14	9	21	28	23	19	41	25

续表 91

项目	年份	2001	2002	2003	2004	2005	2006	2007	2008	2009	2010	合计
秩序管理	上航人次	25323	28531	26002	58390	33582	35421	36779	35565	32583	26669	567368
	出船、艇艘次	9045	9308	10096	10309	10352	10493	10077	10818	9993	7734	173688
	巡航里程(公里)	92541	127053	129563	123870	132622	134231	127077	114036	136480	97676	2100604
	巡航时间(小时)	15254	18329	30271	17779	17879	20178	18399	17649	36664	27968	424072
	排除航道堵塞(次)	192	206	150	255	164	142	136	119	242	118	3554
污、危货物运输监管	监装、卸危险货物船舶(艘次)	2605	2336	2163	3110	2902	2141	2689	2433	1688	2270	40679
	监装、卸危险货物量(吨)	259048	252349	237945	307899	410067	445112	508453	452137	376615	510438	5195893
	危险品码头安全检查(次)	460	488	436	478	425	523	678	722	735	189	8455
	查处危险品码头安全隐患(次)	33	45	25	17	26	35	45	33	72	9	604
	查处船舶污染水域事件(起)	–	–	–	–	–	–	–	–	–	–	–
施工作业监管	施工安全维护次数(次)	91	88	72	63	86	87	102	112	82	3	1988
	施工安全维护时间(天)	642	603	495	436	552	547	693	769	153	16	12940
	实施处罚金额(元)	–	–	–	–	–	–	–	–	–	–	–
签证管理	签证船舶数(艘次)	69692	73203	69808	64191	60483	62610	61536	63097	116491	103711	1870619
	签证船舶货物量(万吨)	1452	1550	1699	2014	2261	2474	2658	2769	2112	2397	32033
	签证危险货物船舶数(艘次)	1026	1126	1325	1845	2555	3587	5487	5042	2541	2270	31897
	签证危险货物量(万吨)	15	19	23.60	28	35	46	88	79	64.86	51	3872.86
查处事故	一般以上事故(件)	2	–	–	–	–	–	–	–	–	–	6
	小事故(件)	39	52	34	55	58	56	47	102	–	–	943
水上搜救	12395 接警起数(起)	189	266	351	450	447	498	533	612	114	86	3702
	挽回经济损失(万元)	44	86	12	35	44	27	35	48	23	279	1123
	救助人员(人次)	78	54	12	14	26	24	35	44	5	11	563
	救助船舶(艘次)	25	37	28	19	28	39	44	27	2	4	521

说明:另救助汽车 1 辆

第五节 工程管理

一、质量监管

1993年前，交通工程质量监督由市交通局工程科负责。1994年3月，市交通工程质量监督站（以下简称市质监站）成立后，具体负责全市交通工程质量监督管理工作。当年，市质监站制定《盐城市公路重点工程质量监控规程》及施工、监理单位质量控制专用表格，对在建的重点工程进行全面检查，使质量监督覆盖面达100%。并召开G204新兴至上冈南段工程质量现场会，推动交通工程质量管理。1996～1997年，对15个工程进行质量评定，组织大规模质量检查20次，钻取砼芯样371个，制发质量检查通报68份、整改通知55份、质量评定意见书15份。1998～2000年，组织开展“99工程质量年”和交通工程质量创优活动，共组织各类工程大检查40多次，制发工程质量通报30余份，召开工程质量现场会10多次，对建宝线等8个工程组织验收，质量均达优良，全市网化工程总体质量达到历史最好水平，处于全省前列。2001年8月，盐城市政府印发《盐城市交通建设工程质量监督规定》，使全市交通工程质量监督工作有章可循。2003年起，全市继续开展“十五”后三年（2003～2005年）交通工程质量创优活动。当年10月，市交通局印发《盐城市农村公路建设质量管理办法》，明确管理职责与分工，推动农村公路建设质量管理。组织对G204盐城南段等8项工程进行交（竣）工验收，质量合格率达100%，优良率达90%以上；对全市农村公路近200个建设项目进行抽查验收；对养护改善工程、地方一般项目和海堤公路工程质量监督覆盖率达100%。对新开工的S234市区新洋港大桥等3个项目进行质量安全保证体系检查，对在建的S233盐都段等4个项目进行中间质量监督检查。

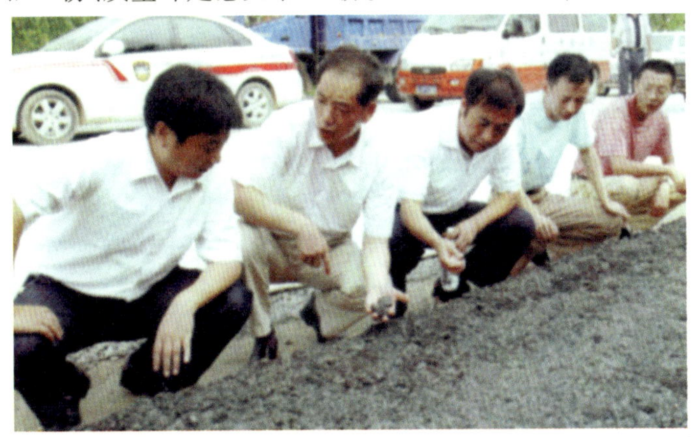
市交通工程质量监督人员到拌和场检测工程用料情况

2006年起，根据省交通厅统一部署，在全市交通工程建设中开展“两创三比”（质量创新、质量创优，比精细、比节约、比环保）活动。2007年，市交通局下发《关于公路建设项目施工许可有关问题的通知》，进一步规范交通建设工程项目管理，实施施工许可制度，实现依法建设。对在建的建湖县东尤大桥、大丰港区疏港公路等14个项目35个合同段进行质量监督检查。在全市交通重点工程中开展创“精细优质型工程、资源节约型工程、环境友好型工程”评比竞赛活动。对G204盐城南段改造工程建设项目现场7家施工单位、4家监理单位质量安全保证体系进行专项监督检查，并分别发出检查通报。会同亭湖区交通局对伍西大桥工程进行两次质量监督检查，发现该桥严重质量问题，对该桥施工、监理单位进行通报批评。2008年，市质监站对全市所有的交通重点工程项目、67个农村公路建设项目、198座农村公路大中桥梁、撤渡建桥和危桥改造项目，共352个合同段进行了7次大检查和122次专项检查。分别抽查路基、路面、结构物实体质量、外观质量、原材料质量，检测各类数据达4万多个，发出各种检查（检测）报告213份，提出质量整改意见100多条，查出有质量问题的桥梁砼构件41个（包括存在严重问题的亭湖区伍西大桥），凿除不合格桥梁砼构件21个，返工不合格路基、路面1.20万多平方米，清退不合格原材料5批1750吨。停工整顿项目3个，经济处罚施工单位6家，通报批评施工单位2家，通过有关部门降低信用等级施工单位2家，限制进入盐城市监理的监理单位1家。同时，对1754座运营桥梁质量状况进行检查，建立运营桥梁质量状况数据库。2009年，对全市干线公路和农村公路建设质量状况进行统计分析，从中找出带普遍性的问题，并研究解决办法。下发《关于加强粉煤灰质量管理的通知》，对粉煤灰质量管理提出明确要求。开展公路水运工程混凝土质量通病的治理活动，加强交通工程冬季施工质量安全管理。对20个工程建设项目进行质量监督检查，并分期下发检查通报，落实整改措施。2010年，制定下发《盐城市交通建设工程质量责任追究制度》，全年共3次对50个工程建设项目、21个项目经理部及部分驻地监理组进行质量监督检查。

1994～2010年，市质监站共办理公路建设项目施工许可365件，承担国省干线公路、地方一般公路工程质量监督任务100多项，总里程达2600多公里，质量合格率达100%，优良率90%以上；承担农村公路及危桥改造质量监督任务近1000项，质量合格率达100%，承担港口、航道工程质量监督任务10多项，质量合格率达100%，优良率达85%以上。

二、工程安全

2003年前，各类交通工程建设安全工作处于谁建设谁负责的状态，市建设局作为主管部门对交通建设工程实施松散型监管。2003年11月，国务院发布《建设工程安全生产管理条例》，对各类工程建设主管部门的安全管理予以专门的明确。2004年5月，市交通局下发《关于明确交通建设工程安全监督管理机构或部门的通知》，明确市质监站作为全市交通建设工程安全监督管理机构，负责对全市交通建设工程安全进行监督检查和指导。市质监站根据有关法律法规和上级文件，出台《关于加强全市交通建设工程安全生产管理的通知》和《盐城市交通建设工程安全检查评分办法（试行）》。同时成立了以站长为组长的考核工作分站，负责对全市交通施工企业安全生产管理人员和安全生产许可证进行考核。当年对在建养护改善工程、地方一般项目、海堤公路项目进行3次大检查，11次专项检查，安全检查覆盖率达100%。组织开展“安全生产月”活动，对500余名从业人员重点进行《建设工程安全生产管理条例》有关知识的培训，全年未发生安全监督责任事故。2005年，贯彻落实《江苏省安全生产条例》等文件精神，市质监站下发年度交通建设工程安全工作要点和任务分解意见，编印安全工作文件汇编。建立和完善覆盖全市交通工程建设各个方面的安全管理网络，进一步落实安全生产责任制。全市36家交通施工企业“三类人员”（企业负责人、项目经理、安全员）取得安全生产考核合格证的高达750人，为全省之最。对24家交通施工企业安全管理状况进行调研，33家施工企业发放安全生产许可证。组织开展以“遵章守法、关爱生命”为主题的“安全生产月”活动，9次下发安全检查意见通知书、2次印发安全检查通报，实现在建项目安全生产无事故目标。2006年，制定《盐城市交通工程质量监督站处理重特大事故应急救援预案》，开展以墩高10米以上且单孔跨径40米以上的桥梁和危桥拆除及大中型桥梁为主的安全专项整治。举办施工、监理从业人员安全教育培训班3期，有678人参加培训。举办交通工程安全暨桥梁拆除技术培训班。对S226滨海海滨大桥、市区西环路新洋港大桥等重点项目进行25次安全检查，所监督项目未发生安全事故。2007年，开展“平安交通”“安全管理基础年”活动，建立全市农村公路大、中桥梁、县道危桥改造、撤渡建桥三项工程质量安全责任体系，落实有关人员责任。采取走下去、请上来、送出去的办法进行安全教育培训，参加各类培训达1000多人次。对59个项目部、驻地监理组和现场进行安全检查，共发现安全隐患301条，市质监站及时下发27次安全检查意见书、2次安全通报。2008年，贯彻落实交通部《公路水运工程质量安全监督办法》，开展系列安全活动，推进全市交通建设安全监管工作。通过培训，使732人取得安全合格证延期资格，有33家施工企业一次性通过企业安全生产许可证的延期年检，通过率为100%。共检查73个项目部、12个监理组，其中部分重点工程检查频率达4至5次。共查出并消除安全隐患113条，下发3次全市安全检查通报、

27份安全检查意见书。2009年,围绕"深化平安交通建设暨安全管理推进年活动"和"事故隐患整改攻坚年"两条主线,深入开展安全生产执法、安全生产治理、安全生产宣传教育三项行动,共检查33个项目、77个项目部、39个监理组,查出安全隐患355条,下发安全检查意见通知书25份,安全通报2份。2010年,根据省交通运输厅统一部署,开展"创建平安交通示范点开展安全管理提高年"活动。至2010年年底,全市共举办各类安全培训班69期(其中参加省培训38期),培训4610人次,有1254人取得安全生产考核合格证,39家施工企业取得安全生产许可证。

三、行业管理

1994年起,由市质监站负责全市交通施工企业、监理单位、交通工程试验室和施工企业项目经理、监理人员的资质管理和考核。当年,举办2期《盐城市重点工程质量控制规程》学习班,对各施工单位的技术负责人、质检负责人、项目经理及监理人员进行培训。次年举办2期《公路工程质量检验评定标准》学习班,参加培训94人,考试合格83人。举办1期交通施工单位项目经理培训班,共68人参加学习,66人经考试合格发给结业证书。按要求完成施工企业资质预审、换证工作和项目经理资质审验工作。1996年,盐城市交通工程咨询监理有限责任公司获得丙级公路工程监理资质。有3个企业通过主营公路施工二级,1个企业通过兼营公路施工二级,3个企业通过主营公路施工三级,2个企业通过主营公路施工四级资质资信登记。1997年,举办"新规范"和"质量检验评定标准"学习班,参加培训的有施工单位项目经理和技术人员计45人。完成市交通建设集团一级施工资质申报工作和16个交通施工企业资质申报材料初审工作,帮助市路桥港航公司、盐都县交通工程处完成二级资质申报资料的初评和申报工作。协助省交通厅完成全市44名监理人员的年度考核工作和交通工程试验室的资质复查工作。1998年,举办交通重点工程施工技术培训班,参加培训66人。组织全市17个交通施工企业参加省资质年审并顺利通过。1999年4月,经部、省对盐城市资信登记施工企业复审,全市一级资信企业1家,二级资信企业及新登记的企业6家,三级资信企业2家,四级资信企业2家,三级项目经理4人,四级项目经理2人。2000年,经省交通厅审批,盐城市交通工程试验检测机构获得乙级、丙级资质各1家。市交通局印发《盐城交通建设工程监理工作考核办法》,市质监站进一步加强交通工程监理市场管理。盐城泰康公路咨询监理有限公司资信登记申请获得省交通厅批准。2001年,经省建设厅确认,盐城市有8人获得建设施工企业二级项目经理资质。并在全市交通施工企业推行项目经理动态管理。全市有9家二级以下施工企业通过省交通厅2001年资信登记年审,6家施工企业获得公路养护工程三级资质,3家施工企业获得公路养护工程四级资质。同时,推广应用公路工程监理工程师执业信息管理系统。2002年,对项目经理进行年检(复查),全市合格一级项目经理19人,合格二级项目经理64人。全市有6人获得交通部注册专业监理工程师,181人获得公路、水路工程省批专业(项)监理工程师,119人获得公路、水路工程省批监理员资格。2003年,市公路工程有限责任公司等8家、射阳县路桥工程有限公司等4家、东台市交通工程处等6家企业分别取得二级公路、航道养护、三级公路养护和三级公路养护(暂定)资质。全市有5人获一级、64人获二级项目经理资质。13家施工企业通过资质就位。2004年,开始组织全市交通工程监理人员参加交通部监理工程师考试。举办农村公路业务和安全生产管理基本知识培训班6期,参训近1000人次。2005~2008年,组织338人分3期参加全国交通检测工程师和检测员考试,提高检测人员的业务素质。2009年,在全市交通监理从业单位开展"监理企业树品牌、监理人员讲责任"行业新风建设活动,基本完成由项目经理向注册建造师的过渡,建立起近500人的一、二级建造师队伍,完成14家试验检测机构资质评审。组织全市交通桥梁工程试验检测比赛,并组队参加全省技能大赛,取得个人第五名。2010年,市质监站在全省交通监理工作座谈会上,作为质监机构唯一代表作了交流发言。对试验检测机构实行市县联动、分级负责、加强对工地试验室管理,实行备案工作全覆盖,积极推行第三方检测,同时开展试验检测机构信用评价工作,规范试验检测行为。市质监站在全省第一家建立安全网络信息平台,推进安全工作信息化管理。至2010年年末,全市有40个交通施工企业、2个监理单位、20个试验检测机构。质监部门办理公路建设项目施工许可365件。

市质监站自建站以来,每年都按省质监站要求,及时收集、整理、上报工程造价信息,对省质监站下发造价方面的文件、信息,都及时对建设、施工单位进行传达贯彻和发布,对相关单位提出的问题,给予认真解答。2003年,市交通局及时转发《江苏省交通工程定额测定费管理(暂行)办法》,对交通工程定额测定费的管理作了明确要求。至2010年年末,上报造价信息40多期。

2010年盐城市交通施工企业资质和建造师注册情况

表92 单位:人

序号	企业名称	主项资质	增项资质	注册建造师			
				一级	二级	三级项目经理	合计
1	中城建第二工程局	施工总承包一级	公路路面路基工程专业承包一级、桥梁工程专业承包一级、公路养护工程二级、市政工程总承包二级	28	–	–	28
2	江苏泓益交通工程有限公司	公路交通安全设施资质		3	2	–	5
3	江苏成盛交通工程有限公司	公路工程总承包三级	市政工程总承包三级	–	3	10	13
4	盐城市公路工程有限责任公司	公路工程施工总承包二级	公路路基路面工程专业承包二级,公路养护工程二级,公路交通安全设施三级,拆除三级	12	12	–	24
5	盐城市路桥建设工程有限公司	施工总承包一级	路面、路基、桥梁工程专业承包一级、公路养护工程三级、拆除三级	23	18	23	64
6	江苏蛟龙打捞航务工程有限公司	港口与航道工程施工总承包二级	港口与海岸、航道工程专业承包二级	–	15	–	15
7	江苏海洋航务打捞有限公司	港口与航道工程施工总承包二级		–	8	10	18
8	射阳县交通建筑工程有限公司	公路施工总承包二级	公路路基、路面工程专业承包二级、公路养护工程三级	16	18	–	34
9	东台市交通工程处	公路工程施工总承包三级	公路路基专业承包三级、公路养护工程(暂定)三级	1	8	–	9
10	盐城市第二交通工程处	公路工程施工总承包三级	公路路基专业承包三级	2	6	–	8
11	大丰市弘达路桥工程公司	公路路基专业二级	公路路面工程专业承包三级	–	10	–	10
12	响水县交通工程有限公司	公路路基专业二级	公路路面二级、公路养护工程(暂定)三级	1	11	5	17
13	盐城市广远航道工程有限公司	航道养护工程二级	航道工程专业承包三级	–	5	6	11
14	建湖县顺达公路养护工程有限公司	公路路面工程专业承包二级	公路路基专业承包二级、公路养护工程二级、拆除三级	3	9	–	12
15	响水县公路养护工程处	公路路面专业承包二级	公路路基专业承包二级、公路养护工程二级、拆除三级	1	8	3	12

续表92

序号	企业名称	主项资质	增项资质	注册建造师			
				一级	二级	三级项目经理	合计
16	东台市公路工程有限责任公司	公路养护工程二级	公路路基、路面工程专业承包二级、桥梁工程二级	–	12	6	18
17	大丰市路桥工程总公司	公路工程施工总承包二级	公路路基、路面工程专业承包二级	4	24	–	28
18	阜宁县公路养护工程有限公司	公路养护工程二级	公路路基、路面工程专业承包二级、拆除三级	–	10	5	15
19	滨海县道路桥梁工程有限公司	公路养护工程二级	公路路基、路面工程专业承包三级	–	10	12	22
20	盐城市宁盐公路有限责任公司	公路养护工程三级		–	–	6	6
21	盐城市苏星交通工程有限公司	公路养护工程三级		2	5	9	16
22	盐城市万祥公路工程有限公司	公路养护工程三级		1	5	8	14
23	射阳县路桥工程有限公司	公路路面专业承包二级	公路路基专业承包二级、养护工程二级	–	14	–	14
24	盐城稳强疏浚打捞有限公司	港口与航道总承包二级		–	10	–	10
25	江苏华源交通工程有限公司	市政总承包二级	公路施工总承包二级、航道总承包二级、	24	13	–	37
26	江苏东方交通工程有限公司	交通安全设施资质		–	3	–	3
27	盐城市国盛路桥工程有限公司	公路路基工程专业三级		–	–	6	6
28	盐城市鑫通路桥工程有限公司	公路路基工程专业三级		–	6	4	10
29	盐城市华泰建筑工程有限公司	公路路面专业承包二级	公路路基专业承包二级、公路桥梁工程二级、拆除三级	3	14	26	43
30	阜宁县县乡公路养护有限公司	公路养护工程三级		–	–	5	5
31	盐城市金阳交通设施有限公司	交通安全设施	公路养护工程二级	1	5	–	6
32	响水县交通建筑工程公司	公路路基工程专业三级		–	–	4	4
33	大丰市恒昌路面工程有限公司	公路施工总承包二级	航道工程专业二级，公路养护工程二级，公路交通安全设施三级，拆除三级	5	12	3	20
34	盐城市现代交通设施有限公司	交通安全设施		–	2	5	7
35	盐城市顺新疏浚工程有限公司	航道工程专业承包三级		–	–	5	5

续表 92

序号	企业名称	主项资质	增项资质	注册建造师			
				一级	二级	三级项目经理	合计
36	盐城鸿达建设工程有限公司	公路路基专业三级	公路养护专业三级	–	3	10	13
37	盐城通宇建设工程有限公司	公路施工总承包三级		–	5	10	15
38	盐城市绿洲建设工程有限公司	公路施工总承包三级		–	1	9	10
39	盐城市恒达路桥建设有限公司	公路路面专业三级		–	–	5	5
40	盐城金建交通工程有限公司	公路养护三级专业承包		–	4	–	4
合计				130	291	195	616

2010 年盐城市交通监理企业资质和监理工程师注册情况

表 93　　单位：人

序号	企业名称	资　质	部监理工程师	部专监理工程师	其他
1	盐城市交通工程咨询监理有限公司	公路工程甲级	29	22	40
2	江苏泰康工程咨询监理有限公司	公路工程甲级、水运工程丙级	40	28	122
合　计			69	50	162
备　注		2005 ~ 2010 年，组织 964 人参加交通部监理培训考试			

2010 年盐城市交通工程试验检测机构资质和试验人员情况

表 94　　单位：人

序号	机　构　名　称	资质等级（公路）	试验工程师	试验员	合计
1	中城建第二工程局有限公司试验检测中心	综合乙级	8	16	24
2	射阳县交通建设工程有限公司中心试验室	综合丙级	5	7	12
3	江苏乾丰工程建设有限公司中心试验室	综合丙级	3	5	8
4	江苏泰康工程咨询监理有限公司试验检测中心	综合丙级	5	11	16
5	大丰市恒昌交通建设工程有限公司中心试验室	综合丙级	3	10	13
6	射阳县交通工程中心试验室	综合丙级	4	7	11
7	盐城市公路工程有限责任公司检测中心	综合丙级	6	11	17
8	响水县公路养护工程处中心试验室	综合丙级	4	9	13
9	大丰市路桥工程总公司中心试验室	综合丙级	6	5	11
10	江苏华源建设集团有限公司试验检测中心	综合丙级	4	7	11

续表94

序号	机 构 名 称	资质等级（公路）	试验工程师	试验员	合计
11	盐城市交通规划设计院工程质量检测中心	综合丙级	10	8	18
12	东台市交通工程检测中心	综合丙级	5	5	10
13	滨海衡达工程检测有限公司	综合丙级	4	6	10
14	江苏顺达公路工程有限公司中心试验室	综合丙级	3	7	10
15	盐城市中舜交通工程检测有限公司	综合丙级	5	10	15
16	盐城至远交通工程检测有限公司	综合丙级	4	7	11
17	盐城百信工程检测有限公司	综合丙级	4	5	9
18	射阳县路桥公司中心试验室	综合丙级	4	5	9
19	滨海县道路桥梁工程公司中心试验室	综合丙级	3	6	9
20	阜宁县公路工程养护公司中心试验室	综合丙级	4	8	12
合计			94	155	249

说明：另有施工单位工地试验室667个，监理单位工地试验室159个

第六节　安全管理

一、工作体系

1. 安全生产责任体系

1987年起，建立安全生产责任体系，通过安全生产第一责任人签订《交通安全工作目标责任书》，明确安全目标任务、考核内容、奖惩办法。1988年，成立盐城市交通系统安全领导小组，管理模式以块为主，接受劳动部门内设的安全管理机构指导监督。1997年起，盐城市交通局对局属企业及交通行业安全生产全面履行综合、协调、指导、监督职能，管理模式条块结合，以块为主，接受市政府安全生产监督管理部门指导监督。进入21世纪以来，经过不断地探索实践，逐步实现“五个转变”，即从被动防范到源头管理的转变，从突击检查到检查制度化的转变，从事故查处到事前预控的转变，从单靠安管人员管理到依靠全员管理的转变，最终达到从人治到法制的转变。市交通局2003年印发《盐城市交通局安全生产委员会成员单位安全工作职责的通知》，2007年印发《关于盐城市交通系统推行“一岗双责”进一步完善安全生产责任制的意见》，2008年印发《盐城市交通系统安全生产责任制规定》，2009年印发《关于落实安全生产“一岗双责”制的补充规定》，不断明确安全生产责任，完善安全生产责任体系。

2. 安全监管制度体系

1993年以来，逐步建立安全监管制度体系。至2008年，共制定出台12类规章制度，包括会议、检查、教育培训、经费使用、人员管理、隐患举报、隐患整改、事故报告处理，责任追究、应急处置、奖励考核、台账资料。以制度建设为保障，推动安全监管机制和安全监管措施落实，做好安全信息资料收集和使用工作，促进安全监督工作开展。

3. 安全生产考核体系

20世纪80年代末，开始建立安全生产考核体系，每年市交通局都按《交通安全目标责任书》严

格考核，实行奖惩兑现。2002 年起，每年制定安全生产工作意见和安全生产目标任务，年终对照安全工作任务分解表进行千分制考核，考核分为目标考核、专项考核、专家考核。通过考核评出各类先进单位和安全生产先进个人，进行表彰奖惩。对单位还实行安全生产抵押金制度。2004 年，市交通局成立安全专家考核小组，负责综合安全和专项安全考核，使安全考核更加专业、科学、公平、公正，同时帮助解决交通系统安全管理中的重点、难点问题。

4. 安全生产责任追究体系

20 世纪 80 年代末，市交通系统就建立安全生产责任追究体系。对发生安全生产重特大事故的，依照有关规定，追究管理责任、许可责任、执法责任、工程勘察设计、建设监理责任。根据事故情节和责任大小，对当事人及负有领导责任者给予警告、降级、撤职、开除公职等处分，并直接与安全风险抵押金挂钩，坚持“四不放过”（事故原因未查清不放过、责任人员未处理不放过、整改措施未落实不放过、有关人员未受到教育不放过）原则进行处理。

在建立四项工作体系的同时，实行安全隐患分类管理、分级控制机制，把事故消灭在萌芽状态。

二、安全活动

1.“安全生产月”活动

1993 年，江苏省将 6 月定为第一个全省安全生产月。2002 年，国家将 6 月定为第一个全国安全生产月。盐城市交通系统每年组织开展“安全生产月”活动，通过广泛开展安全教育，健全安全生产制度，落实安全生产责任制，提高干部职工的安全意识和业务技术素质。充分发挥新闻媒体的宣传引导和舆论监督作用，将安全生产理念贯穿落实到每一位职工。每年“安全生产月”的第二个星期日为安全活动咨询日，市交通局组织各部门各单位在市区中心广场、人员密集场所，散发宣传材料，接受社会各界有关交通安全、交通运输等方面的咨询。

2010 年 6 月，市地方海事局开展“安全生产月”宣传日活动

2.“水上运输安全管理年”活动

2000～2002 年，市交通局组织开展“水上运输安全管理年”活动，通过整顿水上运输秩序，严把市场准入关；整顿船舶管理秩序，严把船舶检验发证关；整顿船员管理秩序，严把船员考试发证关；整顿通航秩序，严把现场监督检查关。达到安全生产意识进一步增强，安全规章制度进一步完善，安全管理责任进一步加强，安全管理水平进一步提高，实现“四个确保”：确保依法行政，文明执法，无行政执法有效投诉，群众满意率在 95% 以上；确保全市水上交通安全形势稳定，杜绝重、特大事故的发生，一般事故得到控制，四项安全考核指标稳中有降；确保全市辖区内水上不发生 48 小时以上责任堵塞事故；确保“水上运输安全管理年”活动取得明显效果。

3.“平安交通建设和安全基础管理年”活动

2001 年起，每年 4 月开展“安全基础管理月”活动，2005 年改为开展“平安交通建设和安全基础管理年”活动。通过活动，健全安全机构，完善安全机制，明晰安全责任，加强安全控制，严格安全考核，兑现安全奖惩，完善应急保障，实施安全教育培训，加强安全文明建设，规范安全基础台账，努力实现全市交通行业安全监管法治化、安全工作质量标准化、安全技防手段现代化、安全教育培训普及化、安全管理队伍专业化、安全应急救援高效化、安全预控监控有效化、安全创新工程品牌化的

“八化”安全质态指标。使事故总量、事故伤亡、事故损失、事故影响逐步下降，杜绝群死群伤恶性事故。

4.“深化平安交通建设暨安全管理推进年”活动

2009年，在全市交通系统开展“深化平安交通建设暨安全管理推进年”活动。一是形式多样，广泛开展安全生产宣传教育行动。全系统共张贴标语8000多张，悬挂横幅1227幅，出刊各类板报779块，发送安全短信息7万多条，把“安全生产年”和“三项行动”宣传到车站、码头、车头、船头、路头、人头，还通过新闻媒体、《盐城交通》报、上街设点、征文研讨、演讲比赛、家庭安全小品总动员等方式，宣传报道活动开展情况，营造交通安全文化氛围。二是突出重点，稳步推进安全生产治理行动。通过领导督察、专家抽查、单位排查、职工自查等形式，共查出安全隐患3869条，并逐一落实隐患整改措施。还借助市安委会的力量，确保7条重大安全隐患整改到位。三是注重实效，深入开展安全执法行动。市直各管理执法单位认真履行职责，分兵把口、协同作战，发挥整体合力。公路部门坚持巡查，随时清障，强化安保工程，保证公路安全畅通。航道、海事部门加强巡航，严查违章，及时清障，保证水上交通安全。运管部门严把“三关”（企业资质关、从业人员关、车辆技术关），强化监督，加强驻站管理和运输车辆动态管理，从源头上保证道路运输的安全。质监部门加强交通建设市场行为规范，时刻绷紧交通工程建设安全这根弦。

2006年6月22日，全省交通行业安全工作经验交流现场会在盐城召开，推广盐城交通安全管理经验做法

在开展安全活动、强化安全管理的同时，加强安全文化建设。市交通局相继印发《全市交通行业安全管理研讨论文集》《交通工程质量安全管理文件汇编》《道路危险货物运输押运员、装卸管理人员培训教材》。全市交通系统通过举办安全咨询日、安全演讲，“安康杯”安全知识、安全操作技能竞赛等方式，进一步强化安全生产法制观念，提高安全保护技能，形成安全环境氛围。借助报纸、电视、广播、网络等新闻媒体媒介，登载、播发调研文章、交通安全信息9700多篇，在《盐阜大众报》进行专题安全宣传，《盐城交通》报每期均开辟交通安全专栏，大力宣传交通安全法律法规和交通安全工作知识，争取社会各界对交通安全管理的理解、关心和支持。2010年，市交通运输局安全监督处宋长松处长编著的《交通安全讲座专辑》得到市安委会的充分肯定。在市安委会组织的“安全伴我行”文艺汇演中，市交通职工自编自演的小品《平安写真》获特等奖。

三、事故防范

1. 安全教育培训与持证上岗

1988年起，开始举办安全培训班，通过图片展览、板报等形式，对职工进行形象直观的安全教育。20世纪90年代后期，将安全培训当作一项基础的、长期的重要工作，始终贯穿于安全管理的全过程。2001年起，市交通局逐步形成覆盖全系统、环环相扣的教育培训体系。以强化提高职工素质为切入点，抓住培训过程中的“八个环节”，取得良好效果。通过培训，使全市危险品运输汽车驾驶员、押运员、搬运装卸人员、电工、电焊工等特种作业人员持证上岗率达100%，安全管理人员持证上岗率达100%，提高全员安全技能，促进安全文化建设，保证安全活动卓有成效。工会组织以“安康杯”竞赛和推广“监控法”活动为依托，发动职工积极投入到安全生产工作中去。连续多年被江苏省海员交通工会评为“安康杯”竞赛先进单位。开展应急预案演练，强化基层一线安全建设，使广大干部职工全面了解、自觉贯彻执行和维护各类安全制度，做好事故防范工作。2009～2010年，全行业共举办安全培训班653期，培训各类安全从业人员6.26万人次。

2. 安全隐患排查与治理

1996年起，逐步将安全隐患排查治理作为安全监管事故防范的重要内容来抓。2002年，建立安全隐患分类管理、分级控制机制，使之有了比较系统的标准规范。对全局重点安全部位进行普查登记，确定安全隐患部位。对能立即整改的安全隐患，立即整改直至消除；对不能立即整改的，确定整改措施及预防预控方案，限定整改时限；对时间跨度较长的安全隐患，制定详尽的整改计划。对安全隐患建立"一患一档"制度，对每一个安全隐患、安全审批（审验）事项，都设立一份单独的档案，并纳入台账管理。同时建立安全隐患公示牌公示制度，将安全隐患卡里的项目内容制作成公示牌，公示于隐患现场醒目位置，以加强管理力度，便于监督检查。2003年，市交通局印发《盐城市交通系统重大事故隐患整改责任追究规定》。2009年，全市交通行业组织9次安全大检查，查出安全隐患3869条，全部落实治理责任和整改措施。2010年，印发《盐城市交通行业安全生产隐患排查治理工作规范》等一系列文件，使事故隐患始终处于受控状态，确保全市交通安全形势稳定。当年，通过多次安全检查，发现1706条安全隐患，逐一落实了整改措施。

3. 应急预案的建立与演练

2003年，市交通局成立应急管理领导机构，组建全市交通系统应急管理指挥中心和应急系统，并针对交通可能发生的事故，整合现有资源，建立完善各类事故应急救援预案，形成各类应急预案体系。全系统共编制交通综合类预案3个，即《盐城市交通公路、水路交通突发公共事件应急预案》《盐城市交通运输系统防汛防旱交通运输应急预案》《盐城市交通系统防震减灾应急预案》。同时组织编制全市交通系统突发公共事件专项预案及子预案46个，其中公路、地方海事、运输保障各11个，航道船闸12个，交通建设工程重大质量安全事故应急预案1个。各级、各单位创造条件组织应急演练。2008年，结合举世瞩目的奥运安保，共组织15次应急演练，其中公路、运管、航道、地方海事、民航各3次。通过演练，有效增强交通部门的应急能力，初步形成"统一指挥、反映灵敏、协调有序、运转高效"的应急管理机制，实现全局统一指挥、行业条块结合、关口前移、预防在前的工作目标。2009年，大丰市港口局在大丰港举办规模大、等级高的港口安防演练。市航道处结合建宝线航道疏浚工程，开展消防和救生安全演练。盐城民航站在国庆60周年前夕，组织开展反恐应急演练。通过这些演练，锻炼职工心理素质，提高应急能力。2010年，世博会在上海举办，各部门、各单位齐心努力，圆满完成世博安保任务。

四、安全台账

1988年起，市交通部门根据上级要求，结合行业特点不断加强安全基础台账工作。2004年起，按照安全生产"四个体系一个机制"，结合三级安全管理实际，进一步建立完善规范安全台账。交通系统安全台账共有组织机构、管理职责、文化建设、基础管理、统计报表、其他6大类计50多种台账。做到台账资料统一名称、统一时间、统一标准、统一记录要求，定期进行归口、汇总、存档。规定台账、资料、报表必须专人保管、填写、登记、上报，字迹要端正，数据要准确，上下要对口，记录要及时，不搞回忆补记。当专人外出、调动时，要预先交待接替或派专人办理移交手续，保持台账资料的连续性和统一性，并作为上级安全检查、各类安全考核评比的重要依据。2009年，进一步修订完善安全管理基础台账，统一台账分类及格式，市直交通事业单位还结合各自业务特点，修订台账内容和格式。市交通局组织召开全行业安全基础台账资料观摩会，进一步规范安全台账，打牢安全基础。

第七节　规费征收

一、公路养路费

1988 年起，市公路处由养路费征稽所负责养路费征收工作。2003 年市公路处机关改革后，设养路费征稽管理科，专门负责养路费征收稽查工作。征收模式从手工开票到微机开票再到全省车辆档案联网贯通；核对方法从传统的按车辆顺序勾票，考核漏征情况，到全省联网微机记录现代化管理；稽查手段从上路拦车检查到微机点击检查。征收标准按国家和省有关规定执行，2000 年起，按苏财综〔2000〕145 号、苏交公〔2000〕85 号文件执行，直至 2008 年年末。进入 21 世纪，养路费征收开展争先创优竞赛活动、养路费征稽管理年活动，使养路费征收实绩年年攀升，从 1988 年的 3333.20 万元，到 2000 年的 1.20 亿元，再到 2008 年的 4.15 亿元，分别比 1988 年增长了 2.60 倍、11.46 倍。1988～2008 年共征收养路费 28.65 亿元。

2007 年 8 月 21 日，市交通局副局长薛华（左一）带领市公路处稽征人员开展养路费征收政策和车船外挂相关规定宣传活动

二、航道养护费

航道养护费（简称航养费）征收方式分自征和代征，自征又分坐征、走征。1994 年省航道局在兴化召开航养费代征工作现场会后，盐城市航道处委托乡镇交管所和航运公司管理人员代征规费。代征有效地扩展征收覆盖面，提高征收实绩，但也出现了不按船舶籍地征收、开票不规范等问题。1995～1996 年，盐城市各航道站代征费额达规费总收入的 60%，最高的站达 80% 以上。1997 年，盐城市航道处认真贯彻省交通厅制发的《江苏省航道规费代征管理规定》，对代征开展整顿、强化管理，严格执行必须具有行政执法职能的单位，持有行政执法证的人员方能代征的规定，取消 90% 以上代征点、代征人员，规范了代征行为。2001 年，省航道局采纳盐城市航道处征稽人员建议，将 1988 年起全省统一使用的船舶台账、航养费征收台账合并为船舶收费台账，一并登记船舶牌号、类型、总吨（千瓦）、逐月缴费或报停情况。并在 9 月取得省交通厅支持，出台《关于加强航养费征收稽查工作的通知》，重申航养费按船籍地征收的原则，规范征收行为，整顿征收秩序，扭转全省航养费收入滑坡的趋势。2002 年起，市航道处针对船舶外流现象严重的实际，统一抽调 4 名征收员常驻苏州长桥，负责外流到苏南、浙江、上海一带搞水运的盐城籍船舶的规费征收，年征收额达 1500 多万元。2003 年，市航道处所属各站利用计算机电子表格，按乡镇、分船型登记本辖区内船舶及各月缴费情况，严格费源管理。扎实的基础工作领先全省，为分析征收形势、查补漏缴、提高实征率发挥了良好作用。2004 年，市和各县（市、区）航道部门全部建立收费大厅，并规范管理，开展创建“文明诚信收费大厅”竞赛活动，当年就有 7 个大厅达标。同时，通过稽查，处理航养费违法行政案件 2588 件，查补规费 67.70 万元，收缴滞纳金 157.10 万元，罚款 81.30 万元。在船舶日益增多，特别是通过船型标准化改造而吨位大幅提高后，航养费收入迅速增长。2007 年起，市航道处与市地方海事局相互配合，采取有效措施，吸引外挂船舶回归。至 2008 年年末，计动员回归船舶 2713 艘 46.75 万

总吨，增收航养费2620.80万元。当年征收航养费1.02亿元，比1988年增长7.53倍。1988～2008年，共征收航养费9.83亿元。其中，1996年泰州从扬州市划出单设地级市至2008年，盐城市航养费征收实绩始终为全省之冠。除此，根据省有关文件规定，自1994年9月1日开征航道重点工程建设资金，至1998年年底停征，全市共征收航道重点工程建设资金2964.50万元。

1980～1998年盐城市航养费征收标准变动情况

表95

年份	专业航运企业	非专业运输单位					挂桨机船	农用船
		客轮	货轮	推拖轮	驳船	排筏		
1980	营收的5%	1.70元/吨月		1.70元/千瓦月	0.50元/吨月	02元/立方米公里	10元/艘月	0.30元/吨月
1985.5	营收的6.5%	2.20元/吨月			0.65元/吨月			
1992.8	营收的8%							
1994.3	营收的8%	7元/总吨月	12元/总吨月	10元/千瓦月	3.50元/总吨月	05元/立方米公里	12元/总吨月	
1998.9		3元/总吨月	10元/总吨月	9元/千瓦月	3元/总吨月	不征费	11.50元/总吨月	

三、车辆购置附加费

车辆购置附加费简称车购费，根据国务院国发〔1985〕50号《关于发布"车辆购置附加费征收办法"的通知》精神，于1985年5月开征，征收方法主要委托车辆生产厂家和海关代征。根据国务院国办通〔1993〕35号《国务院批复通知》，从1994年1月1日起，改两部门代征为由车辆落籍地交通征管部门直接向义务缴费人征收。盐城市车购费征收工作由市交通局计财科负责，实行统一征收、统一费率、统一票证、统一管理。当年12月，经市编委同意成立盐城市车辆购置附加费征收管理办公室（简称市车购办），全民事业单位，科级建制，定编14人。从1997年1月1日起，国家将车购费作为一项政府性基金纳入财政预算管理。当年5月，市交通局决定车购费征收办公室工作业务从财务科划出，独立建制，内设综合科、征收科，负责全市车辆购置附加费、交通重点工程建设基金的征收和管理。征收标准为国产车辆按购车价格的10%，进口车辆按购车价格的15%。市车购办不断加大征管力度，配合市交通道路稽查部门加强路头检查，通过多种渠道消除社会上对费改税的片面理解和误传，取得较好的征收实绩，1986～2004年，共征收车购费7.80亿元，其中1988～2004年，征收7.76亿元。市车购办1995年、2000年分别被交通部表彰为全国车购费征管工作先进单位。2005年1月，国家实行费改税政策，车购费改为车购税，由税务部门负责征收。2006年盐城市车购办撤销。

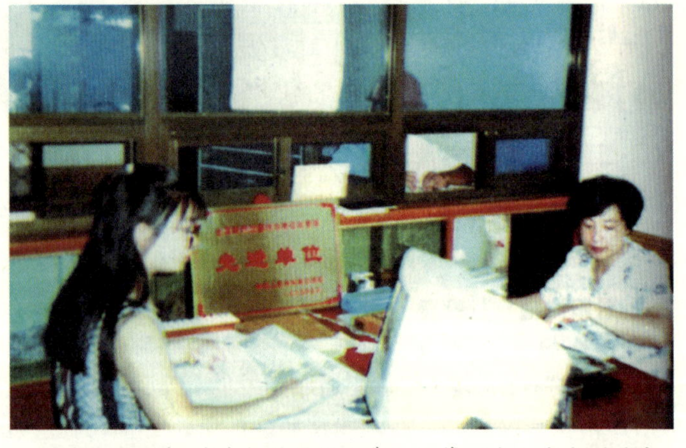

1995、2000年，市车辆购置附加费征收管理办公室分别被交通部表彰为先进单位

四、运输管理费

1983 年 7 月，根据国家经委、交通部经交〔1983〕594 号文件精神，盐城市交通部门开始征收公路运输管理费，征收标准为不超过营业额的 1%。1986 年根据交通部、财政部〔1986〕633 号文件，对搬运装卸、运输服务按营业额 1% 征收运输管理费。1988 年 10 月开始征收汽车维修行业管理费，按汽车维修企业营业额的 1% 收取，1998 年 5 月汽车维修行业管理费取消。1990 年根据交通部、财政部交运字〔1990〕136 号文件收取水路运输管理费，费率为营业收入的 1.50%。从 1995 年 1 月 1 日起，所有运输管理费全部实行定额征收，具体标准为：货车每辆每吨每月 15 元（20 吨以上平板车减半征收），载重不足半吨的按半吨计算；客车 5 座以下的每座每月 10 元，6 座～8 座每座每月 8 元，9 座～15 座每座每月 5 元，16 座～30 座每座每月 4 元，31 座以上每座每月 2 元，卧铺车每铺按 2 座计算；船舶按核定载重吨每吨每月 1.20 元，每座每月 0.30 元。2004 年根据有关规定停止征收出租车运输管理费。

五、客票附加费

简称客附费。根据省人民政府苏政发〔1986〕6 号文件规定，盐城市从 1986 年 3 月 1 日起开始征收客票附加费，标准为 1 公里～5 公里免征，6 公里～20 公里每人每票征收 0.05 元，21 公里～50 公里每人每票征收 0.10 元，51 公里～100 公里每人每票征收 0.15 元，101 公里～150 公里每人每票征收 0.20 元，151 公里以上的每人每票征收 0.25 元。出租、旅游、包车按车辆核定座位每次每座征收 0.25 元。征收方法是委托客运单位在售票时向乘客收取（即一客两票）。1991 年根据苏交财〔1991〕14 号文件规定，将客附费由定额征收改为按人公里征收，实行一票制，每人公里为 0.01 元。1993 年 3 月 1 日根据苏交财〔1992〕131 号文件要求，调整客附费费率为每人公里 0.02 元。1994 年 7 月 1 日起，盐城市根据苏价费〔1994〕174 号文件要求改客附费为统一定额征收，标准为：农共班车每座每月 48 元，其他班车及包车每座每月 72 元。1998 年 7 月 1 日，根据苏价费〔1998〕262 号文件要求，客附费征收标准调整为：农共班车、出租车（县内班线）每座每月 72 元，其他班车（县际、市际、省际）及包车、旅游车每座每月 108 元。2004 年根据省有关规定停止出租车客附费的征收。

六、货物附加费

简称货附费。根据省交通厅苏交运〔1988〕21 号文件精神，盐城市从 1988 年 7 月 1 日起开始征收水陆运输货物附加费，当时征收标准是不分水陆、不分长短运输均按运费 5% 计征，运费不能准确认定的可定额征收，车辆每吨每月 25 元，船舶每吨每月 2.50 元。根据苏财综〔1994〕228 号文件要求，自 1995 年 1 月 1 日起将货物附加费全部改为按定额计征，标准为车辆每吨每月 25 元（20 吨以上部分减半征收），船舶每吨每月 2.50 元。

七、五小车辆养路费

五小车辆是指小三轮客车、革新三轮机动车、摩托车（含侧三轮、二轮、轻便摩托车）、手扶拖拉机（含手扶拖拉机改成的拖拉机）、正三轮摩托车（柴油三轮机动车）五种小型机动车辆。1998 年前，五小车辆养路费和其他机动车辆一样由公路养路费征稽部门统一征收。从 1998 年起，省交通厅明确将五小车辆养路费征收职能转由运交管部门履行。盐城市充分发挥运交管系统管理网络点多面广的优势，加大路头检查征收力度；运用灵活奖励政策和法律手段，并在全省率先开发五小车辆养路费征收管理系统，使五小车辆养路费征收实绩每年都呈大幅度增长。

全市运（交）管部门不断加强规费征收管理，努力做到应征不漏。在征收实践中，市运管处总结出一个同步（票据核销、规费解缴同步）、二重核销（县核乡镇、市核县乡）、三级管理（市、县、乡三级齐抓共管规费征收)、四项制度(票据备用量、月度例会按季互审、定期审查、考评奖惩制度),五个统一(统一基础台账,统一票据领、销、结报手续,统一征收方法,统一票据使用要求,统一有关报表)的经验,得到省运管局的肯定,并在全省推广。1988~2008年,共征收运管费3.67亿元,客附费8.19亿元,货附费5.27亿元,五小车辆养路费5.08亿元。

八、船舶港务费

1987年8月1日起,盐城市港监部门开始征收船舶港务费。对船舶每进港或出港一次,分别计征进港或出港船舶港务费。货轮、货驳、挂桨机船按每载重吨(指核定的最大载重吨)计征;客轮、客驳、客货轮、车辆渡轮按每总吨计征;排筏及水上浮具按每立方米0.05元计征;从事港内航行和作业的船舶按每载重吨(总吨、马力、立方米)每月0.80元计征;本省交通系统国有、集体所有制的专业运输单位,根据其拥有的船舶载重吨(总吨、马力)每月0.50元或每季度1.50元计征。1993年4月,根据江苏省物价局苏价联〔1993〕20号文,对船舶港务费费率进行调整,零星缴纳为每进港或出港一次每总吨(千瓦、立方米)0.25元计征。从事港内(或县〈市〉范围内)航行和作业的船舶每月每总吨(千瓦、立方米)2.40元计证。江苏省交通系统县及县以上专业运输单位每总吨(千瓦、立方米)每月1.60元或每季度4.80元计证。

九、船舶、船用产品检验费

船舶检验费收取标准按《全国地方船舶检验计费规定》(中华人民共和国船舶检验局〔1982〕船检字第452号)执行,船用产品检验费收取标准按《船用产品检验计费规定》(中华人民共和国船舶检验局〔1980〕船检字380号)执行。1993年11月,国家船舶检验局颁布《船舶检验计费规定》《船用产品计费规定》,省交通厅、省物价局制定了《江苏省船舶和船用产品检验计费规定(1993)实施办法》。1996年2月,省船检局苏船检〔1996〕1号文件转发交通部"关于执行《船舶检验计费规定》有关问题的通知",统一按河船取0.85、海船取1的"K"值收取船舶检验费。

十、船舶港监费

船舶港监费包括船舶登记、船员培训与考试、水上特种秩序维护、海事调解、船厂电焊工培训与考试及审验、乡镇船厂技术认可与审验、船名牌、证书工本费等。海事(港监)部门的行政事业性收费项目、费率标准均由江苏省物价局、财政厅苏价涉字〔1991〕第195号、苏财综〔1991〕137号、苏价费联〔1992〕第24号文件审核确定。1992年1月1日起,根据省交通厅、省财政厅《关于加强全省船检港监费管理工作的通知》(苏财综〔1991〕146号),船检、港监费纳入省统一的交通规费收支轨道。2010年,根据国家和省清理行政收费有关规定,船舶港监费仅保留船舶登记、船员考试、水上特种秩序维护、海事调解及证书工本费等收费项目。1988~2010年,全市地方海事(港监)部门共收取船舶港务费1.45亿元,船舶检验费2.97亿元,船舶港监费1.11亿元。

1988~2010年盐城市交通规费征收实绩统计

表96 单位:万元

年份	养路费	航养费	车辆购置附加费	运管费	客附费	货附费	五小车辆养路费	船舶港务费	船舶检验费	船舶港监费	合计
1988	3333.20	1190.27	205.00	110.80	20.80	365.60	–	181.32	32.00	–	5438.99
1989	3938.50	1303.70	125.00	152.10	40.30	985.90	–	194.72	43.16	–	6783.38
1990	4415.30	1134.31	139.00	161.40	43.90	1008.80	–	200.31	25.44	–	7128.46

续表96

年份	养路费	航养费	车辆购置附加费	运管费	客附费	货附费	五小车辆养路费	船舶港务费	船舶检验费	船舶港监费	合计
1991	4957.20	1150.54	112.00	167.40	202.60	942.80	–	169.72	25.97	–	7728.23
1992	5480.30	1744.15	308.00	230.10	240.40	984.20	–	189.51	413.69	–	9590.35
1993	5777.30	3410.03	1149.00	659.70	601.90	1109.80	–	341.23	1046.50	298.71	14394.17
1994	6082.10	4021.67	3842.00	463.00	2609.70	1956.20	–	490.78	1631.13	604.96	21701.54
1995	6085.00	5975.50	3982.00	529.60	3222.90	2909.50	–	541.78	1716.36	607.21	25569.85
1996	7978.40	5480.13	3092.00	2565.20	3548.20	2594.90	–	549.78	956.00	714.18	27478.79
1997	9307.90	4777.74	4622.00	2331.90	3944.00	2526.30	–	788.43	969.53	787.78	30055.58
1998	8960.70	4509.69	5213.00	2474	4972.40	2566.60	1421.00	727.49	1006.81	679.48	32531.17
1999	9492.30	4489.76	4318.00	626.60	5336.60	1716.90	2182.00	633.09	1007.17	582.44	30384.86
2000	11992.00	4515.77	4513.00	2314.90	6371.70	2505.10	2482.00	688.16	929.03	500.98	36812.64
2001	12148.00	4537.10	6271.00	2264.80	6617.40	2560.80	3020.00	720.45	1083.56	565.01	39788.12
2002	14910.00	5837.72	9996.00	2475.40	6700.10	2831.90	3245.00	681.64	1314.83	633.97	48626.56
2003	15476.00	5833.04	13333.00	2377.90	4227.20	3142.20	3908.00	716.24	1320.80	630.15	50964.53
2004	21118.00	5836.55	16428.00	2878.20	6698.70	3694	4898.00	851.77	1839.28	666.48	64908.98
2005	26933.80	6366.90	–	3027.30	6132.20	3988.50	6223.00	851.07	1869.05	743.92	56135.74
2006	29672.00	6918.02	–	3188.50	6068.70	4157.40	6770.00	929.68	2590.85	659.65	60954.80
2007	36939.00	9133.22	–	3772.90	5971.80	4961.50	8146.00	922.43	1768.11	393.56	72008.52
2008	41539.00	10155.22	–	3911.40	8374.50	5190.40	8511.00	1001.10	1865.22	548.98	81096.82
2009	–	–	–	–	–	–	–	1049.82	2429.42	619.52	4098.76
2010	–	–	–	–	–	–	–	1099.21	3836.73	909.03	5844.97
合计	286536.00	98321.03	77648.00	36683.10	81946.00	52699.30	50806.00	14519.73	29720.64	11146.01	740025.81

说明:1. 车辆购置附加费自2005年1月改为车购税,由税务部门征收;2. 五小车辆养路费1997年前由公路部门统一征收,成绩已计入养路费征收实绩。3. 2009年1月实行燃油税后,养路费、航养费、运管费、客附费、货附费、五小车辆养路费停止征收;4. 船舶检验费中含船用产品检验费,船舶港监费自1993年开征。

第十一章　组织机构

本章从大交通角度记述了市交通运输局、市高速公路建设指挥部、市铁路建设办公室、市港口管理局、市交通控股集团、市交通投资有限公司和社会组织的基本情况，包括机构沿革、主要职责、历任领导、主要工作等。

第一节　盐城市交通运输局

一、行政

1. 机构沿革

盐城市交通运输局是盐城市人民政府主管交通运输的行政管理部门。1983 年 3 月盐城撤地建市，原盐城地区行政公署交通局更名为盐城市交通局。1987 年内设机构有办公室、计财科、工程科、安全科、运输科、政工科、宣教科 7 个科室和纪委、工会、交通战备办公室、团委、妇联。后运输科撤销，职能划归市运管处，妇联职能并入局工委，1991 年 1 月增设企业管理科，同时撤销市交通局体改办公室。1994 年 12 月，增设市车辆购置附加费征收管理办公室。1996 年 8 月，根据市委、市政府印发的《盐城市党政机构改革实施意见》，明确市交通局为市政府工作机构。经市编委审核，市政府办公室盐政办发〔1996〕109 号文印发了《盐城市交通局职能配置内设机构和人员编制方案》，明确市交通局内设机构为：办公室、组织人事科、宣传法制科、财务科、工程科、安全管理科、企业工作科、外经科、战备办（与人武部合署办公），设立机关服务中心，为自收自支科级事业单位，按照有关规定设纪检、监察、工会等机构。核定市交通局机关行政编制 38 名，机关服务中心事业编制为 12 名。后财务科更名为财务审计科，纪委改为市纪委派驻交通局纪检组。2001 年 9 月，根据《盐城市机构改革实施意见》，保留市交通局，为市政府工作部门。经市编委审核，市政府批准，市政府办公室盐政办发〔2001〕125 号文对市交通局职能配置内设机构和人员编制，进行重新确定。内设机构为办公室、组织人事处、政策法规处、财务审计处、综合计划处、安全监督处（挂科技处牌子），核定市交通局机关行政编制为 33 名，原战备办 5 名事业编制改为行政编制；行政附属编制 6 名（含为老干部服务人员 2 名），纪检（监察）、工会编制另核。据此，市交通局机关在机构改革中撤销企业工作科、外经科，其他 5 个科改称处，并通过公开竞争选拔，确定处（室）负责人。经市编委批准，2005 年 5 月，设立盐城市交通档案馆，科级建制；2006 年 1 月，市政府盐政发〔2006〕16 号文通知成立市港口管理局，为副处级建制，隶属市交通局管理。2008 年 5 月，设立盐城市交通综合服务信息中心，为正科级自收自支事业单位，隶属于市交通局管理。2010 年 2 月，根据《中共盐城市委盐城市人民政府关于印发〈盐城市人民政府机构改革方案〉的通知》（盐委〔2010〕8 号），组建盐城市交通运输局，将市交通局、市铁路建设管理办公室的职责、市港口管理局的内河港港口管理职责、市建设局的城市客运（含出租车行业）管理职责，整合划入市交通运输局，挂市铁路建设办公室牌子，不再保留市交通局、市铁路建设管理办公室。市港口管理局由市交通局管理调整为市政府工作部门。2010 年年末,市交通运输局机关设有办公室、政策法规处(行政许可服务处)、综合计划处(招投标办公室)、安全监督处(科技处、应急办公室)、财务审计处、组织人事处6个处(室)及机关党委、纪检组、监察室、市国防动员委员会交通战备办公室(人武部)、交通工委、团委等机构,共有干部职工45人(行政编制43人)。办公地址:1988年1月~2005年5月,在盐城市建军中路26号(1995年前门牌为建军中路22号);2005年6月搬迁至青年中路8号盐城交通大厦。(盐城交通大厦详见专记九)

2. 主要职责

一是贯彻执行国家有关交通运输的方针政策、法律法规,组织起草交通运输规范性文件,拟订交通运输行业有关政策并监督实施,指导全市交通运输行业体制改革工作。二是组织编制全市综合运输体系规划,组织拟订并监督实施公路、内河港口、航道、铁路、民用航空和交通物流业等行业规划。指导编制城市客运发展规划,参与城市客运有关设施的规划,指导交通运输枢纽规划。负责交通运输行业统计和信息发布工作。三是组织实施国家、省、市重点和大中型交通工程建设。负责全市交通运输基础设施建设和维护的行业管理。负责全市内河港口岸线、陆域、水域的统一管理工作。四是承担全市道路、水路运输市场监管责任。指导城市客运管理及出租汽车行业管理工作。指导交通运输枢纽管理工作。拟订有关物流业政策和标准并监督实施。五是指导全市路政、运政、航政、港政等行政执法工作。负责全市内河通航水域的水上安全监督、内河救助打捞工作。负责船舶检验和船舶防污监督管理工作。六是根据国家、省、市有关政策规定,拟订全市交通运输行业投融资和规费征收具体实施办法。协调并参与交通运输建设资金筹集,提出交通运输专项资金安排意见,负责交通运输预算资金的申请、拨付和监管。指导交通运输行业内部审计工作。七是拟订全市交通运输行业科技与信息化政策、规划和规范并组织实施,组织重大交通运输科技项目攻关。指导协调交通运输行业信息化项目的建设与管理。指导并监督交通运输行业质量、技术、环保和节能减排工作。八是负责全市交通运输行业安全生产的监督管理。承担并指导交通运输行业应急处置工作。组织实施重点物资运输和紧急运输。九是负责全市地方铁路、合资铁路有关建设和管理工作。组织引导全市航空产业发展。承担市国防动员委员会交通战备工作。十是指导全市交通运输行业队伍建设和精神文明建设。指导交通运输行业利用外资和国际交流合作工作。十一是承办市政府交办的其他事项。

盐城市交通运输局围绕市委、市政府中心工作,坚持改革开放、科学发展,坚持经济要发展、交通必先行,坚持三个文明一起抓,在交通建设、交通企业、交通管理、交通改革和精神文明建设等方面都取得了显著成绩,受到市委、市政府和省交通厅的多次表彰奖励,成为省市文明行业。2009年1月,盐城市交通局(机关)被交通部评为“2008年度全国交通依法行政示范单位”。

二、党委

1. 机构沿革

1983年,盐城撤地建市,交通局党的组织名称由中国共产党盐城行署交通局委员会改称为中国共产党盐城市交通局委员会。2010年,改称为中共盐城市交通运输局委员会。交通运输局党委为盐城市委下级党委,随市委换届而换届。交通运输局党委主要领导及成员,由市委选拔任用。2000年以前,交通局党委下辖市直交通系统企、事业单位所有党组织。2001年,政企分离,交通局党委只管直属事业单位党组织。交通局党委先后设政工科、宣教科、组织科、组织人事处等职能部门,负责处理党委的日常工作。

2. 职责范围

认真贯彻执行党的路线、方针、政策及上级党委的指示、决定、决议;组织审定盐城市交通系统发展规划,基本建设、交通科技项目,年度工作计划,财务预决算,所属单位经济责任制及向上级党委呈递重大问题的请示、报告;按职权负责交通系统干部选拔、任用、管理和申报工作;抓好交通系统机构编制、人事安排、人事变动、人事管理、人才交流及干部职工奖惩等事宜；加强党员干部党风党纪、勤政廉政教育，树立全心全意为人民服务公仆形象；积极慎重发展党员，壮大党的队伍，及时处理党员违纪案件及受理党员申诉复议、甄别案件；搞好交通系统工会、共青团、妇联等群团组织建设；完成上级党委布置的其他突击性工作任务。

3. 主要工作

（1）**组织建设　选贤用能**　盐城市委对市交通运输局党委建设非常重视，1989～2010年先后发了37个文件，及时对交通运输局党委人事进行调整、充实、提高，党委成员的年龄结构、文化结构、能力结构不断得到调整，始终处于优化状态。**纳新吐故**　交通局党委注重党员发展工作，按照“坚持标准、保证质量、改善结构、慎重发展”的方针，不断吸纳工人、知识分子、科技人员及干部队伍中的优秀者到党的队伍中来。1992年，市交通局及直属单位机关共有党员171人，其中在岗党员142人。2002～2009年，每年发展新党员20人左右。至2010年年底，机关党员总数增加至707人，在岗党员增加到550人，其余157人为离退休党员。交通运输局党委在发展党员，增加党的新鲜血液同时，对不尽党员义务，违反党的纪律，丧失党员条件的党员予以劝退；对触犯法律的犯罪党员陶超、孙桂聪开除党籍，从而保持了党员队伍的先进性和纯洁性，强化了交通局党委的领导基础。**“三会一课”**　1988～2010年，交通运输局党委坚持“三会一课”、民主生活会、民主评议党员、领导述职等党建制度，充分发扬民主，认真开展批评与自我批评，党委成员勇于坚持真理，面对挑战，虚心倾听群众意见，切实改正缺点，修正错误，党委领导班子团结、开拓、进取。党委成员之间坦诚相见，互不护短，互相信任、互相支持、互相帮助、互相配合，形成了一个强有力的战斗集体，有效地保证各项工作的顺利展开。

2010年“七一”前夕，市交通运输局党委书记、局长管亚光（前）带领局机关和市直单位部分党员干部在新四军纪念馆前重温入党誓词

（2）**思想建设**　1978年，党的十一届三中全会以后，交通局党委根据改革开放中出现的新情况，组织各种学习活动，加强干部、党员、职工思想建设。1987～1989年，开展以制乱平暴、反对资产阶级自由化为中心的马列主义基本理论、党的基本路线、党的基本知识“三基”教育，增强广大党员干部坚持四项基本原则、坚持改革开放的坚强决心和政治上、思想上与党中央保持一致不可动摇的意志。1995年，在市直交通系统中开展“学习孔繁森，争当好公仆”主题教育活动，组织干部党员对照孔繁森先进事迹找差距、议措施、谈行动，掀起了学习孔繁森，争当好公仆的热潮，推动了交通事业不断发展。1998年，在市直交通系统党员中进行“重温入党誓词，牢记远大目标，立足岗位争奉献”活动，实施“党组织凝聚力工程”，深化交通企业改革，帮助下岗职工再就业，让他们继续为社会作奉献。2000年，组织干部职工学习党的十五届五中全会文件，对市直交通系统基层干部进行“致富思源、富而思进”轮训，党员干部的思想被进一步统一到十五大和十五届三中、四中、五中全会精神上来。大家“富而思进”，决心再接再厉，在前进中再创佳绩。2005年，按照党中央部署，在市直交通系统开展以“实践‘三个代表’重要思想”为主要内容的保持共产党员先进性的教育活动，广大党员干部一致认为保持共产党员先进性是马列主义政党的根本任务，是马克思主义政党的根本特征，是马克思主义政党的生命力所在，从而表示要自觉并着力解决自身不符合“三个代表”重要思想要求的突出问题，巩固党的执政基础。2008年，组织市直交通系统党员干部开展“深入解放思想、推动科学发展”教育实践活动，在调查研究，抓住矛盾，解决突出问题的基础上，精心制定体制创新机制，为交通事业的持速、科学发展注入了新的动力。

交通局党委在抓党员干部思想建设的同时,还开展了一系列"创先争优"活动。每年的"七一"前后都召开一次优秀共产党员、优秀党务工作者、先进基层党组织表彰会议。2001 年交通行政体制改革前,每年表彰优秀共产党员 120 人左右,优秀党务工作者 12 人左右、先进基层党组织 15 个左右。交通行政体制改革后至 2010 年,每年表彰优秀共产党员 20 人左右,优秀党务工作者 7 人左右,先进基层党组织 5 个左右。

(3)**制度建设** 1990~2010 年,盐城市交通运输局党委先后重申、补充、新建各种规章、制度 41 项,形成纵横交错网络,整个交通工作有规章可依,有制度可循。**党委议事规则与工作规则** 规则规定,凡重大问题,特别是干部任免、重大改革、投资项目认可、财务管理、职称评定、表彰奖励等方面的决策,都必须在党委会或局务会议上集体讨论,集思广益,民主决策,不搞暗箱操作,不个人说了算。**干部选拔任用制度** 坚持凭现实表现、工作实绩使用干部导向,公开、竞争、择优选拔任用优秀中青年干部,干部队伍的活力不断增强。**交通工程招标制度** 盐城市交通运输局作为行政主管部门,不直接发包工程项目。凡投资 20 万元以上交通建设项目,必须公开招标。为加强管理,盐城市交通运输局专门成立了交通行业与产业项目招投标管理办公室,负责对全市交通建设项目招投标制度执行情况进行检查监督。违者,市交通运输局不予认可,不予拨付建设资金。**工程建设资金管理规定** 工程建设资金实行预算制,资金随项目走,每一笔资金都按工程进度落实到具体项目上,不超前、不滞后、不影响工程进度。工程下拨资金只与各县(市、区)交通运输局发生往来,不与乡镇、企业等外部单位进行资金交割,确保交通建设资金封闭运行。**政务公开实施办法** 通过互联网、广播、电视、报刊、公告栏、公示栏、电子屏幕、电子触摸屏、政务公开指南、办事指南、新闻发布会、新闻通气会、政务公开热线、局长接待日等方式,及时、真实、全面公开:机构设置、职责范围、办公地点、联系方式;市交通局领导成员、各处室(部门)及市直交通具有行政职能的单位负责人姓名、电话;交通法律、法规及其他涉及群众利益的重要政策、措施性文件;全市公路、水路交通发展战略、中长期发展规划,全市港口布局规划、航道规划,交通行政处罚、强制性措施法律依据、种类、标准、程序、管理相对人依法应享有的权利;交通事业性收费项目、依据、标准、批准单位、批准文件;重要专项经费分配、使用情况;纳入招投标范畴的交通基本建设项目、设备、物资采购情况等政务活动,接受社会公众监督。盐城市交通运输局政务公开的指导、协调工作由局政务公开领导小组下设的办公室实施;日常工作由局政策法规处承担;检查、落实工作由市纪委驻市交通运输局纪检组、监察室负责。**交通重点工程建设项目管理实施办法** "十一五"以来,市交通运输局每年都排出一批重点交通建设项目,并将各具体项目建设责任逐一分解到各地各部门,明确责任单位、责任人和工程完工时限。盐城市交通运输局交通行业与产业项目招投标管理办公室,负责对全市交通建设项目招投标制度执行及中标工程进展情况进行跟踪检查监督,及时研究会办,解决工程建设中出现的矛盾和问题,保证重点交通工程项目按时间、按进度、按质量完成任务。对于全优工程的责任单位、责任人及时予以表彰奖励,借以推动交通基础建设的快速发展。

(4)**干部建设** **提升干部从政能力** 通过举办基层党务干部培训班、邀请盐城市委讲师团作学习中央 2 号文件和邓小平南方谈话辅导报告;2000 年,举办市直交通系统"双思教育"骨干轮训班;2009~2010 年,选派县(市、区)交通局长、站所长、市直交通部门科级干部参加交通部、江苏省交通厅和盐城市政府各类培训班以及鼓励自学考试成才等一系列措施,干部的思想政治水平及从政业务能力得到不断提高。**建立干部后备团队** 1991~1996 年,经过推荐、考察筛选,市交通局党委研究确定市直交通系统县处级后备干部共 65 人次,其中作为一把手的后备人选 8 人,作为科级干部后备人选 120 多人次,构成了后备人才库。期间,1994 年,市交通局成立人才预测小组,在江苏省交通厅指导下,运用一元回归数学模型,预测盐城市交通系统 1995 年到 2000 年以及 2001 年到 2010 年所需的各类人才数量,为市交通运输局有计划的培养人才提供依据。**拓宽干部来源渠道** 2009~2010 年,市交通局采取引进、选调、招录等办法,吸纳 3 名博士研究生、13 名公务员和事业单位人员进入市直交通干部行列。同时,先后10多次参加省、市大中专毕业生就业洽谈会和人才智力交流会,接收安置大中专毕业生、转业干部等600多人,扩大了市直交通系统人才队伍。**坚持干部选拔原则** 交通局党委遵循《党政干部选拔使用工作条例》,按照公开、公平、公正的原则选贤用能。2007~2008年,市直交通系统共提拔使用副处职1人、正科职14人、副科职23人。其中2008年12月,市交通局机关6个中层干部岗位,通过组织报名、资格审查、竞职演讲、民主推荐、组织考察、党委研究、任前公示等8道程序竞争产生。2009~2010年,以同样的要求调整充实2个市直交通单位8名领导成员、提拔22名中层干部。经过不懈努力,一支知识结构、年龄结构、能力结构更加合理,责任感、使命感、紧迫感更强劲的交通干部队伍正在建成。**干部换位交流** 依照热点岗位干部交流,促进机关作风转变的要求,2006年,市交通局党委对市直交通系统5个副处级单位的62个中层正副职岗位进行轮岗交流,占中层职位总数的68%。共有119人次参与竞岗,29人通过竞争交流走上中层正职岗位(其中新提拔的11人),33人通过竞争交流走向中层副职岗位(其中新提拔25人)。与此同时一般干部和热点岗位工作人员也进行了竞岗交流,交流率达到了25%以上。竞岗交流使一批优秀青年走上了领导岗位。**激励干部争先创优** 1988~2010年,交通局党委组织开展了"十佳交管所""十佳交通之星""十佳交通服务之星""五大交通优质服务品牌"等争先创优活动,激励交通干部、党员、职工,奋发向上,为交通事业做贡献,涌现了许多先进集体和先进个人。2001~2004年,盐城市交通系统、全市公路、航道、海事、运管系统全部建成江苏省文明行业;市直交通系统连续4年被盐城市委、市政府表彰为文明标兵行业;市交通局连续三年被江苏省交通厅表彰为文明行业创建先进单位。2007年,盐城交通系统被市文明委命名为文明行业;盐城民航站、质监站、交通规划设计院等22个单位被命名为文明单位;盐城民航站被中华全国总工会授予全国"五一"劳动奖状。2010年,涌现了"全国五一劳动奖章"获得者闵文华、"全省交通行业技术能手"获得者张进坤;盐城民航站"飞燕班组"被评为"全国交通运输行业文明示范窗口""全国三八红旗集体"。

(5)**廉政建设** **廉政警示** 定期不定期组织干部党员学习党风廉政建设文件,举办党风廉政建设法律、法规知识讲座,观看党风廉政建设警示教育影片,宣传党风廉政建设先进典型、解剖党风廉政建设反面案例,用身边事教育身边人,在干部党员的脑海中筑起拒腐防变的坚固堡垒。**廉政文化** 2005~2010年,盐城市交通运输局开展了多项廉政交通文化活动。2005年举办"廉政文化周",组织廉政知识竞赛、廉政短信征集评比、廉政书画作品展示,弘扬廉政交通文化;组织机关和市直单位党员干部到挂钩扶贫村、街道社区、困难企业,慰问困难群体,帮助解决生产、生活难题,借以启发党员干部居安思危、居位思为、居权思廉,拒腐防变;组织召开干部家属学习会、座谈会,提高家属对勤奋廉洁与家庭幸福、美满关系的认识,增强她们思廉、倡廉、保廉,当好贤内助、廉内助的积极性。2006年,举办"廉政歌曲大家唱""读文思廉"演讲、廉政文学作品征集评比活动,展示交通系统廉政建设成果,陶冶广大干部党员的廉政情操。2007年,开展"风清气正,政通人和"交通廉政诗歌作品征集与朗诵比赛活动,讴歌新时代涌现出来的交通勤廉兼优的先进典型,弘扬清风正气,抨击不正之风,营造良好的反腐倡廉环境和舆论氛围。2009年,开展"清风颂"勤廉故事征集评比及演讲活动,颂扬交通系统勤廉兼优的先进个人和先进集体。2010年,开展"廉洁从政从我做起"征文活动,主要领导带头撰写文章,领导班子成员及广大干部人人参与,以身作则,以学促行,营造了人人学习、宣传、遵守、执行《廉政准则》,争当勤廉先进的良好风气。**廉政约法** 市交通运输局党委,吸取市交通局原党委书记、局长陶超,局党委委员、副局长孙桂聪,交通工程处原主任王金东未能廉洁自律,走上犯罪道路的教训,强化反腐倡廉、约法三章,研究制定了8大类32项勤政廉政制度。在梳理行政权力、排查岗位风险的基础上,编制成交通行政运行流程图、行政权力廉政风险管理流程图和岗位廉政风险管理表,从"执行、考评、问责"三个环节规范每一个人、每一件事勤政廉洁要求,形成了一个人人遵章守法、个个勤政廉洁的时代风气。**廉政自律** 市交通运输局党政一把手和班子成员分别签订廉洁自律责任状，各自对分管范围的党风廉政建设负总责，实行“阳光工程”和政务公开，推行工程建设、行政审批招投标制；干部选拔民主推荐、公平竞争、公开选拔制；护法、执法公示制。班子全体成员做到不插手工程分包，不插手材料供应，不接受施工及其他单位钱物和有价证券，不为任何施工单位和材料供应商说情打招呼，不为跑官要官的人提供任何可趁机会，不违背政策为家属和身边工作人员提供升迁、经商等便利。尤其党政主要领导以身作则，带头民主决策，公正办事，廉政勤政，没有利用职权干预影响工程招投标，没有违规收送礼金礼品，没有利用职权为配偶、子女、亲属谋私利，没有动用公款旅游、经商办企业等，为交通系统树立了廉政领导形象。**廉政监督**　舆论监督　市交通局在新闻媒体向社会公布《盐城交通窗口行业十项承诺》《盐城市交通行政执法人员十项禁令》；在市广播电台开办“行风热线”和“交通之声”专栏；在《盐阜大众报》开设“盐城大交通”专栏，让社会大众了解交通，关心交通，监督交通，支持交通。纪检、监察监督　盐城市纪律检查委员会派驻市交通局的纪检组和市监察局派驻市交通局的监察室全程参与市交通局党政重大决策及决策实施过程，动态指导帮助相关工作中的党风廉政建设，对发现的问题及时予以解决。人大、政协监督　盐城市人大、政协领导，非常关心交通，每年都要到市交通局视察指导工作。人大代表、政协委员积极向市交通局提建议、提议案，帮助交通部门出谋划策。2001 ~ 2003 年，市交通局承办盐城市人大一次、二次会议代表议案 38 件，其中主办 31 件、协办 7 件。同时，受理并办结各级人大代表意见和建议 116 件。惩治腐败犯罪　对于发生的贪腐案件，市交通局积极配合市纪检、监察、公安、司法部门办案。原盐城市交通局党委书记、局长陶超，任职期间，利用职务之便为他人谋取利益，受贿 96.65 万元，同时有 67.58 万家庭财产不能说明合法来源，严重触犯了刑律。2002 年 9 月 9 日，盐城市中级人民法院以受贿罪、巨额财产来路不明罪，依法判处陶超有期徒刑 17 年。2003 年元月 21 日，盐城市交通局党委（盐市交组〔2003〕4 号文）决定给予陶超行政开除处分。原盐城市交通局党委委员、副局长孙桂聪，利用职务之便，于 1995 年下半年至 2001 年春节期间，在安排工程项目承包等方面，为他人谋利，收受贿赂计人民币 24.45 万元，其行为已构成受贿罪。2003 年 7 月 11 日，江苏省高级人民法院判处孙桂聪有期徒刑 11 年。盐城市交通局党委（盐市交组〔2003〕43 号文）决定给予孙桂聪开除公职处分。盐城市交通工程处原主任王金东于 1994 ~ 1999 年 12 月期间，利用职务之便，在安排工程和提拔使用干部过程中，为他人谋利，收受他人贿送的人民币 10.60 万元，其行为已构成受贿罪。2003 年 8 月省高级人民法院二审判处王金东有期徒刑 10 年，2003 年 12 月盐城市交通局党委（盐市交组〔2003〕49 号文）决定给予王金东开除公职处分。吸取陶超、孙桂聪、王金东贪污受贿的教训，盐城市交通局党委加强了廉政建设力度，2003 ~ 2010 年，盐城市直交通系统党员干部未发生严重腐败犯罪案件。

三、纪检监察

1. 机构沿革

1986 年 7 月，盐城市交通局党委纪律检查委员会成立。1991 年，盐城市交通局监察室成立。1996 年 6 月，市交通局纪委、监察室撤销。同时，盐城市委纪律检查委员会、盐城市监察局分别在市交通局设立纪检组和监察室，住地办公，两块牌子，一套班子，平行接受市纪委、监察局和交通局领导。这种组织形式至 2010 年仍延续保持。

2. 职责范围

负责市交通运输局机关和市直交通单位党内纪律检查及行政监察；协助局党委抓好机关及直属单位党风廉政建设；协助市交通运输局行政部门抓好治理公路、水路“三乱”和纠正行业不正之风工作；完成局党委、市纪委和市监察局交办的其他工作任务。

3. 主要工作

（1）**查处违纪案件**　1988 ~ 2010 年，根据市纪委、监察局及市交通局党政部署和有关文件要求，在市直交通系统查处违反党纪案件，以权谋私、贪污受贿案件，失职、渎职案件等共144件，处分违反党纪、政纪人员142人，其中受到党纪处分的63人（科级干部14人，一般党员干部和普通党员49人）。受到处分的党员干部中，开除党籍的10人，留党察看的9人，严重警告、警告的39人，免于党纪处分的3人。给予行政处分的89人（同时受到党纪处分的10人），其中，开除公职的2人，开除留用的7人，撤销职务的3人，降级的8人，记大过以下的69人。

（2）**受理来信来访** 1988～2010年，纪检监察受理人民来信2128件，其中属于业务范围内的1888件；接待上访人员298人次，其中属于业务范围内的254人次；受理党员干部申诉案件3件。有效保障了党员干部和职工群众的民主权利，及时化解相关矛盾，维护了交通系统大局的稳定。

（3）**整顿行业风气** 1989～1992年，在市交通局统一安排下，组织配合有关职能部门，对汽车运输上的“三私”、船舶运输上的“偷拿货物”、工程建设上的“偷工减料”、行业管理上的“吃拿卡要”等私沾行为，在深入宣传教育，广泛组织自查自纠的基础上，逐一查办败坏风气的典型案件，多名党员干部受到党纪、政纪处分。1995～1999年，组织配合职能部门对公路、航道上乱设卡、乱收费、乱罚款和以岗位谋私的不正之风进行集中整治，先后撤销公路流动检查站6处、水上流动检查站17处、清退私招乱雇执法管理人员60人、收回擅自购买的交通制服54套、清理乱收款额5.80万元、清理截留交通规费70多万元。有关责任人受到纪律处分和经济处罚。与此同时，对损害群众利益的拖欠工程款和农民工工资问题；对乱支、挪用政府还贷收费公路车辆通行费问题；对违规减免“特权车”“人情车”通行费问题；对交通执法人员参与车船经营活动问题等进行专项治理，取得了预期成效。2000～2002年，牵头全市交通系统开展民主评议行风活动。在肯定成绩、找出问题、采取应对措施的基础上，全面推行政务公开、企（厂）务公开制度，接受社会大众检查监督。与此同时，广泛开展文明窗口创建活动，全心全意为经济建设、群众生活提供优交通服务。

（4）**协助党委抓好党风廉政建设** **落实党风廉政建设责任制** 组织党员干部签订《党风廉政责任书》，把党风廉政建设落实到实处。**开展党风廉政教育** 通过签廉政承诺、学廉政法规、读廉政文章、宣勤廉典型、看廉政专片、讲廉政党课、谈廉政心得、办廉政论坛等形式，推动廉政教育的制度化、主动化、经常化。**加强制度建设** 根据局党委部署，牵头开展反腐倡廉制度建设年、推进年、执行年和制度体系框架构建年活动，组织力量对历年形成的各项反腐倡廉制度进行梳理，拾遗补缺，推陈出新，形成一本政策性强、针对性强、可操作性强的《反腐倡廉制度手册》。**抓好源头贪腐防范** 实施重点工程项目纪检监察派驻制、廉政情况调查制和廉政合同考核制、农村公路纪检监察巡查制，对重点工程项目的招投标、征地拆迁资金使用与管理进行监督检查，并积极参与重点工程项目建设矛盾协调，督促建设单位加强工程管理，抓好工程建设专项整治，把党风廉政中的贪腐苗头消灭在萌芽状态，推动交通建设市场秩序不断好转。

1988～2013年10月，历任纪检组组长（纪检书记）见表97。纪检组副组长、监察室主任为：吉电广、阎立群、郑志龙。

四、工委

1. 机构沿革

1983年12月20日，根据盐城市交通局申请，经盐城市总工会批准，盐城市总工会交通工作委员会（简称交通工委）及中国海员工会盐城市委员会、中国公路运输工会盐城市委员会两个产业工会同时成立。盐城市总工会交通工作委员会、中国海员工会盐城市委员会、中国公路运输工会盐城市委员会合并办公，三块牌子一套班子。机构形式一直延至2010年。

交通工委的领导成员，由市交通局党委提名，经市委、市总工会审批产生。

2. 职责范围

切实贯彻党和国家的路线、方针、政策和法令，依据《工会法》《工会章程》独立自主创造性开展工作，发挥工会组织桥梁、纽带作用；围绕交通运输工作中心，系统制定工会工作计划并组织实施；组织并指导基层工会围绕生产、经营、管理开展岗位练兵、技术比武竞赛和提合理化建议活动，推广先进经验，搞好劳模评先、管理和服务工作；团结、教育、组织广大职工积极参与民主管理和民主建设，充分发挥职代会作用，维护职工合法权益；密切联系群众，听取、反映职工的意见和要求，送温暖、扶贫救困，全心全意为职工服务；开展多形式教育和文体活动，丰富职工业余文化生活；强化工会自身建设，抓好工会干部、工会经费管理；完成领导交办的计划生育、妇联等方面的事项。

3. 主要工作

(1)**开展劳动竞赛**　交通工委坚持把建功立业作为工会中心工作的结合点，开展多种形式劳动竞赛活动。1996～1999年，根据江苏省总工会、江苏省交通厅统一部署，交通工委连续组织全系统职工开展建功立业劳动竞赛，涌现了许多典型。盐城市交通道路稽查总队、阜宁县港航监督所、盐城市公路机械化施工处、盐城市中威客车有限公司、盐城市港口集团三公司被省总工会、省交通厅表彰为有功单位；5人被表彰为有功个人。2006年，交通工委组织部分职工参加盐城市总工会举办的盐城市职工技能竞赛。郑恒郁、王亚农两同志分别夺得汽车修理、汽车驾驶竞赛第一名，被市总工会授予盐城市“五一劳动奖章”。2007年组织市公路处机械化施工处职工参加江苏省筑养路机械操作技能竞赛获团体二等奖。2008年，交通工委组织桥梁施工人员参加由盐城市交通局、总工会、劳动和社会保障局联合举办的盐城市交通桥梁工程检测技能竞赛。全市共有10个单位、30名优秀选手参加比赛。盐城市路桥建设工程有限公司获团体一等奖；江苏康泰工程咨询监理公司、盐城公路工程有限责任公司获团体二等奖；盐城市交通建设集团有限公司、盐城市交通规划设计院、响水县公路工程有限公司获团体三等奖；李冰、陈海东、丁献阳三人获得盐城市“五一创新能手”称号。2009年，交通工委组织全市客车驾驶员参加由盐城市交通局、市总工会、市劳动和社会保障局举办的客运汽车驾驶员节油及驾驶技能竞赛。全市共8个单位、24名选手参加比赛。江苏盐阜公路运输集团有限公司获团体一等奖；射阳县交通局、大丰市交通局分获二、三等奖；陈对洋、刘敏、孟庆华获盐城市职工“五一创新能手”、盐城市“技术能手”称号。

(2)**构建平安交通**　交通工委，以人为本，积极参与平安交通建设。2000～2010年，交通工委，连续发动交通系统广大职工参加江苏省交通厅、盐城市总工会和省、市安全监督管理局组织的以建设“平安盐城”，创造和谐社会良好环境为主要内容的“安康杯”竞赛和推广安全“监控法”活动。通过宣传发动；举办各类安全生产教育培训班；组织交通职工说案例，讲述本单位、本行业历史上曾发生过的安全生产事故，以身边事教育身边人，以血的教训警醒人；开设“安康高层论坛”；推行安全“监控法”和“职工安全生产权利义务卡”等举措，进一步落实了“安全第一、预防为主、综合治理”的方针，推动各单位建立和完善安全生产规章制度，提高了广大管理人员安全生产认识、技能和管理水平。10年平安交通建设，盐城市交通系统累计有1738个班组、5.17万人次参加活动。其中，2006年，全市交通系统参赛班组644个、1.17万人次。2007年，市直交通系统参赛班组73个、1075人次。在“安康杯竞赛”和推广“监控法”活动中，涌现了许多先进集体和个人。盐城市航道处被中华全国总工会、国家安全监督管理总局表彰为全国“安康杯”竞赛优胜企业，同时被盐城市总工会、江苏省交通厅分别表彰为推广“监控法”先进单位。盐城市航道处直属航道站、东台市航道站、阜宁县航道站被中华全国总工会、国家安全生产监督管理总局表彰为全国“安康杯”竞赛优胜班组。射阳港船闸被江苏省交通厅表彰为江苏省交通行业“安康杯”竞赛及推广“监控法”先进班组。市交通工委陈志超、徐海红同志，市航道处孙东阳同志被省交通厅表彰为“安康杯”竞赛先进个人。

与此同时，2007～2010年，市交通工委发动盐城市公路客运系统职工参加由国家交通部、中华全国总工会、铁道部、江苏省交通厅、江苏省总工会及上海铁路局组织的春节期间农民工平安返乡(岗)优质服务竞赛活动。4年间，通过9万份材料宣传，120个专用窗口197.65万张售票，5.60万件行包免费寄存，3598辆包车、1990辆车点到点，门对门接送等热情周到服务，平安发送了农民工

360 万人次(其中,2007 年,投入客车 1846 辆,运送农民工 45.5 万人;2009 年,投入客车 1472 辆,运送农民工 62 万人;2010 年,投入客车 1610 辆,运送农民工 68 万人)。4 年春运、平安顺畅,未发生一起安全责任事故,受到社会各界和广大农民工的好评。盐城市交通局 2008 年被江苏省交通厅表彰为全省交通行业"农民工平安返乡"安全优质服务竞赛活动先进集体,局党委副书记、副局长潘进山,局党委委员、交通工委主任陈志超被中国海员建设工会全国委员会表彰为"农民工平安返乡(岗)安全优质服务竞赛先进个人";交通工委徐海红被江苏省交通厅表彰为全省交通系统"农民工平安返乡(岗)安全服务竞赛先进个人"。2010 年盐城市交通运输局被中国海员建设工会全国委员会表彰为"春运农民工平安返乡(岗)安全优质服务劳动竞赛先进集体"。

(3)**弘扬交通文化** 2005~2010 年,市交通工委 5 次参与举办了盐城市交通文化艺术节,围绕"崇尚精神文明,构建和谐交通"的主题,开展丰富多彩、积极向上、催人奋进的文化、艺术和体育活动。交通文化艺术节,是盐城交通系统干部、职工自己的盛大节日,大家积极参与,既当观众,又当交通文化建设成就的展示者。通过交通文化艺术节,向社会公众充分再现了盐城市交通系统精神文明和物质文明建设的丰硕成果,树立了盐城交通全心全意为社会、为人民的美好形象,对于促进交通系统广大干部职工进一步解放思想,转变观念,振奋精神,营造昂扬向上、团结进取、清政廉洁的交通发展环境,继续谱写新篇章,夺取新的更大胜利起着极大的推动作用。

(4)**关心职工冷暖** 交通工委把职工冷暖挂在心上,要求并组织全市交通系统各单位工会深入基层,深入职工家庭,对困难职工,尤其是特困职工生活状况,进行全面调查了解并建立档案,制定救急济难预案,及时为困难职工提供力所能及的帮助。2009 年 8 月,交通工委利用筹集的 55.40 万元资金,走访企业、工地 124 家,农民工 2585 人,送去了防暑降温药品、毛巾、牙刷、书籍等慰问品共 51.33 万元。同时,免费给 1530 名农民工进行了健康检查。2010 年元月,交通工委组织了元旦春节期间"心系职工情,温暖进万家"为主题的送温暖活动。在全市交通系统慰问困难企业 45 个、困难职工 900 户、困难劳模 15 户计 959 人,共发放慰问款、物 131.10 万元。遇到大的自然灾害,交通工委还组织动员交通职工伸出援手。"莫拉克"台风后为台湾募集救济资金 7 万多元;青海玉树地震,向灾区捐款 4.60 万元。

(5)**引领女工创业** 多年来,交通工委配合局妇女工作委员会紧密围绕交通中心工作,以"巾帼建功"活动为主线,大力实施女职工素质提升工程、女职工建功立业工程、女职工爱心帮扶工程,坚持在全市交通系统女职工中开展学习"李瑞班""雷锋车"活动;开展自学提升学历活动;开展懂法维权活动;开展技能培训、岗位练兵、劳动竞赛建功立业活动;开展"平安家庭"创建活动,有效地提升了女工素质,激发了建功立业的积极性,发挥了女工半边天作用,极大地推进了交通事业的和谐发展,一大批女工先进集体、先进个人脱颖而出。2004 年,射阳县航道管理站财务征收股、亭湖区交通局运管处财务科、响水县运政违章处理中心、盐淮新线建湖收费站征稽四班被表彰为江苏省"巾帼示范岗"。2006 年,江苏河海运输股份有限公司女工委员会被江苏省总工会表彰为"先进女工组织";射阳县交通局袁爱兰被省总工会表彰为"五一巾帼标兵"。2007 年,阜宁交通办证服务大厅、盐城市公路处养路费征稽所被江苏妇女联合会、省城镇妇女"巾帼建功"活动领导小组表彰为江苏省"巾帼文明岗";盐城市交通行政许可服务大厅、射阳县收费站监控班被盐城市总工会评为"五一巾帼标兵岗"。2008 年,盐城市交通行政许可服务大厅、射阳县交通运政管理处、建湖县交通局财务票证科、盐城市航道处财务征收科、96196 盐城交通服务热线、盐城市地方海事局组织人事科被表彰为"巾帼文明岗";交通工委副主任徐海红被盐城市总工会表彰为"五一巾帼标兵"。

1988~2013 年 10 月,历任工委副主任为:陈子明、费崇海、招嗄玛(女)、孙茜(女)、徐海红(女)。历任工委主任见表 97。

五、历任领导

1988～2013年10月，市交通运输局历任局长、党委书记4人，历任副局长、党委副书记4人，历任副局长(局长助理)19人，历任纪检组长(纪检书记)4人，历任工委主任6人，具体任职情况如下表：

1988～2013年10月盐城市交通运输局领导名录

表97

局　长	任职时间	党委书记	任职时间
奚惠康	1987.7～1993.4	奚惠康	1987.7～1993.4
陶　超	1993.4～2001.1	陶　超	1993.4～2001.1
刘长青	2001.1～2007.2	刘长青	2001.1～2006.8
管亚光	2007.2～	管亚光	2006.8～2007.2
副局长		刘长青	2007.2～2008.3
孙志宏	1985.11～1995.4	管亚光	2008.3～
程玉林	1987.6～1995.4	**党委副书记**	
徐世春	1987.12～1988.11	杨四海	1986.7～1990.5
杨四海	1988.11～1990.5	陶　超	1990.8～1993.4
陶　超	1990.8～1993.4	张明生	1994.12～2002.10
孙桂聪	1991.1～2003.12(开除公职)	王长年	2003.6～2007.2
姜海昆	1993.1～1999.1	潘进山	2006.6～
唐登国	1995.3～2007.2	管亚光	2007.2～2008.3
周益国	1996.9～2005.10	**纪委书记**	
周启兆	1996.12～1998.3(试用)	杨四海	1986.7～1990.5(兼任)
周启兆	1998.3～2011.3	王胜凡	1990.8～1996.1
张明生	1997.8～2002.10	**纪检组长**	
陆元良	2002.4～2004.6(挂任)	王长年	1996.6～2004.7
周　忠	2003.6～	仇筱云	2004.7～2013.8
苏　用	2004.5～2006.6(挂任)	赵　明	2013.10～
潘进山	2006.6～	**工委主任**	
薛　华	2007.7～2008.12(试用)	杨四海	1986.7～1990.5(兼任)
薛　华	2008.12～	陶　超	1991.1～1993.4(兼任)
葛春宽	2009.10～	程玉林	1993.11～1995.4(兼任)
裴义婷(女)	2012.8～	张明生	1995.9～2002.10(兼任)
崔　花(女)	2012.8～	蒋敬列	2005.1～2005.10
局长助理		陈志超	2005.12～
周纯明	1993.8～1995.1	**总工程师**	
薛　华	2006.4～2007.7(试用)	陈日晓	2011.12～

续表97

调研员	任职时间	党委委员	任职时间
张明生	2002.10~2003.6(正处)	徐世春	1988.11~1994.3
助理调研员		王延虎	1997.10~2001.11
杨汉平	2000.9~2003.6	刘长青	2008.4~2010.8
督导员		裴义婷(女)	2009.10~2012.8
徐世春	1994.3~1997.9	王　铮	2012.11~
孙志宏	1995.4~1997.6	周正雄	2012.11~
王胜凡	1996.1~1997.6		
姜海昆	1999.1~2001.1		
陶　超	2001.1~2003.1(开除公职)		
张明生	2003.6~2007.3		
杨汉平	2003.6~2006.11		
周益国	2005.10~2009.9		
蒋敬列	2005.10~2009.2		
唐登国	2007.2~2010.7		
王长年	2007.2~2010.11		
副调研员			
周启兆	2011.3~		
仇筱云	2013.8~		

说明:历任局长、副局长(局长助理)、纪检组长(纪委书记)、工委主任、总工程师均为局党委委员。

六、机关处室

1. 办公室

办公室成立于1983年5月,时名秘书科。1984年9月,更名为办公室。2010年5月,市政府办公室盐政办发〔2010〕60号文明确其主要职责:组织协调机关行政工作;参与重大政策和重大问题的调查研究;承担综合性文件、报告的起草工作;承担机关文秘档案、机要保密、政务督查、信息公开和信访工作;组织协调有关重要会议、活动;负责全市交通重大活动和重点工程建设的宣传报道;负责机关公务接待、后勤保障、财务管理和安全保卫工作。

1988~2013年10月,办公室历任主任:秦成高、蒋敬列、陈少全、杨汉平、王延龙、薛华、陈建斌(挂任)、刘志军(挂任)。

2. 政策法规处(行政许可服务处)

1996年8月前,法制职能在局办公室。1996年8月,成立宣传法制科,法制职能放在宣传法制科。2001年9月,市交通局机关机构改革后,改称政策法规处。2010年增挂行政许可服务处牌子。主要职责:组织开展交通运输行业有关政策研究,指导交通运输行业体制改革工作;承担规范性文件的规划和起草工作,负责规范性文件的审核与备案;承担法制宣传教育工作;指导交通运输行业行政执法、行政复议、执法监督和执法队伍建设,承办机关行政复议和行政诉讼案件;承担全市交通运输行政执法的协调管理工作;组织实施市级交通运输行政许可统一受理、统一审批、统一送达工作;负责市交通运输行政许可服务大厅(盐城市交通行政许可服务大厅创建服务品牌纪实,详见专记十)的日常管理;负责市直交通系统的社会治安综合治理工作。

1988～2013年10月,政策法规处(科)历任主要负责人:刘湘(女)、祁步华、崔花(女)、陆建平、李金荣。

3. 综合计划处(招投标办公室)

综合计划处成立于1986年,时称工程科,2001年9月局机关机构改革后,改称综合计划处,增挂盐城市交通局"招投标办公室"牌子,与综合计划处合署办公。主要职责:负责全市综合交通运输体系的研究和规划编制;负责拟订交通工程建设发展规划,安排年度建设计划,拟订工程管理办法和实施细则;负责市县公路、航道、港口、站埠等交通重点工程的立项、上报审批并组织实施;组织指导交通工程的养护工作,维护交通建设市场平等竞争秩序;负责编制重点工程进度报表和审核工程预、决算及工程技术资料的收集归档;参与对交通工程质量检查和交竣工验收;组织工程技术力量完成市级重大工程项目建设和技术攻关任务;承担交通运输利用外资和国际交流合作工作;承担有关环境保护、扶贫项目和对口支援工作;负责交通行业和产业项目招标投标监督管理工作;负责施工企业资质申报和评审工作。

1988～2013年10月,综合计划处(科)历任主要负责人:王忠明、周忠、裴义婷(女)、陈日晓(挂任)、丁胜。招标办(2012年6月更名为"建设管理办公室")主任:储骏骅。航空产业处(2012年11月在综合计划处挂牌)处长:刘春兰(女,兼任)。

4. 安全监督处(科技处、应急办公室)

安全监督处成立于1988年1月,时称安全科,1996年8月,更名为安全管理科,2001年9月,市局机关机构改革后,改称安全监督处,增挂"科技处"牌子。2010年增挂应急办公室牌子。主要职责:组织拟定并监督实施公路、水路安全生产工作政策措施和应急预案;负责公路、水路运输安全生产综合监督;指导有关安全生产和应急处置体系建设,监督有关部门和各县(市、区)交通运输部门安全监管工作;依法组织或参与有关事故调查处理工作,监督事故查处的落实情况;承担公路、水路突发公共事件应急管理工作;组织编制交通运输行业科技与信息化发展规划和计划;组织实施重大科技项目攻关、创新技术引进开发和重大科技成果的推广应用;组织并指导交通运输行业标准计量、知识产权、技术交流、行业创新体系建设工作;指导并监督交通行业质量、技术、节能减排工作;指导协调交通运输行业信息化项目建设与管理工作。

1988～2013年10月,安全监督处(科)历任主要负责人:吴胜年(副科长主持工作)、吴永堂、张志明、李金荣、宋长松。

5. 财务审计处

财务审计处成立于1983年5月,时名计划财务科。1997年2月增挂审计科的牌子,与计划财务科两块牌子、一套班子、合署办公。2001年9月,局机关机构改革后改称财务审计处。主要职责:指导交通运输行业财务、会计和审计工作;指导和实施交通运输行业综合统计工作;指导和实施交通运输行业筹融资工作;参与拟订交通运输行业投资政策;组织实施交通运输行业财务收支预算管理工作,承担机关部门预决算工作;承担交通运输资金的申请、拨付及使用监管、会计核算工作;承担机关和直属单位内部审计工作;指导并监督机关和直属单位国有资产管理和政府采购工作;承担信贷、利用外资的有关财务工作;指导交通运输行业的规费征管工作。

1988～2013年10月,财务审计处(科)历任主要负责人:王伯先、杨汉平、陈红旗、陈正华、杨成楼。

6. 组织人事处

组织人事处成立于1983年5月,时称政工科。1996年8月改设组织人事科,2001年9月,局机关机构改革后改称组织人事处。主要职责:指导交通运输行业队伍建设和精神文明建设;承担机关和直属单位的机构编制、组织人事和劳动工资工作;负责局管干部和直属单位领导班子管理;负责局机关和直属单位并指导交通运输行业人才、职称、职业资格和技能鉴定工作；承担机关和直属单位并指导交通运输行业文明创建、教育培训工作；负责局管干部档案和指导基层单位干部档案管理工作；指导机关和直属单位离退休干部的管理工作；承担局属社团、统战工作；承办局机关和直属单位人员出国(境)报批和政审工作。

1988～2013年10月，组织人事处(科)历任主要负责人：沈金芝(女)、朱寿春、周炳学、葛春宽、薛华、许卫。

7. 盐城市国防动员委员会交通战备办公室

盐城市国防动员委员会交通战备办公室(简称市战备办)成立于1988年1月，与盐城市交通局人武部合署办公。主要职责：贯彻执行国家和上级关于国防交通工作的法律、法规和方针、政策，制定本地区交通战备工作的规章和措施；编制国防交通建设、交通战备物资储备计划，制定战时交通保障和运力动员预案，督促检查计划落实；组织协调交通战备工作，参与有关交通工程设施的勘察、鉴定和竣工验收，协调处理有关问题；组织交通战备潜力调查，向交通部门提出新建、改建工程的国防需求；组织学术研究和交流；抓好交通战备干部培训，指导交通专业保障队伍建设；战时提出交通保障和运力动员决心建议，根据本级国动委命令指示，组织实施交通保障和运力动员；承办本级国动委领导和上级交通战备办公室交办的其他工作。

1988～2010年，市战备办被省国防动员委员会表彰为“九五”期间交通战备先进单位，被省交通战备办公室表彰为“正规化建设先进单位”“军事交通保障先进单位”，在省、市联合组织的保桥护路演练中，被市政府、盐城军分区评为先进单位。

1988～2013年10月，盐城市交通战备办公室历任负责人如下：

主任：奚惠康(兼任)、陶超(兼任)、刘长青(兼任)、管亚光(兼任)

副主任(人武部部长)：戴学舜、王树华、孙万余、祁步华、姚立斌。

8. 机关党委

局机关党委成立于1997年，时名机关总支委员会，2008年6月，经市委组织部和市级机关工委批复同意成立“中共盐城市交通局机关委员会”。主要职责是：负责机关党组织贯彻执行党的路线、方针、政策和重要会议精神及上级党组织的各项决定、决议。定期分析研究机关党建工作，制定工作计划并组织实施。负责指导机关党组织抓好党的思想建设、组织建设、制度建设和作风建设。负责组织机关党员干部政治理论和业务知识等方面学习，开展理论调研、岗位练兵、案例分析和实践活动。负责机关党员的教育和管理工作。抓好机关党员的培训工作，入党积极分子培养、教育、审查和预备党员的教育、考察、转正及党费收缴工作。抓好机关党的组织生活，开展党员民主评议、创先争优、表彰优秀党组织和党员等活动。抓好机关党组织自身建设。教育、监督、检查机关党员干部和工作人员严格遵守党规党纪和机关工作纪律。负责机关精神文明建设、工会、共青团、老干部、妇女、扶贫、计划生育、全民健身和文体活动等工作。完成局党委和上级党组织交办的其他各项工作任务。

1997～2013年10月，机关党委历任书记：张明生、王长年、潘进山。历任专职副书记：孙茜(女)、戴启明、陆建平。

9. 团委

共青团盐城市交通运输局委员会成立于1985年，时名共青团盐城市交通局委员会。2010年，改称共青团盐城市交通运输局委员会。主要职责：在市交通运输局党委和上级团委的领导下，贯彻党在社会主义初级阶段的基本路线，坚持四项基本原则，坚持改革开放、自力更生、艰苦创业的前进方向，紧紧围绕党的中心工作，积极开展各项活动，团结带领盐城市交通系统广大团员青年投身现代化交通建设，建功立业、争作贡献。

1988～2013年10月，市交通运输局团委历任书记(副书记)：陈玉年、蔡保佑、薛华、王栩(女)。

七、直属单位

1988 年，盐城市交通局直属单位有市公路管理处、市交通工程处、市航道管理处、市港航监督处、市运输管理处、市汽车维修行业管理处、市交通技工学校、中国联合航空公司盐城公司、江苏省汽车运输公司盐城分公司、盐城轮船运输公司、市航运公司、市港务管理处、市船厂 13 个企事业单位。1991 年起，相继建立市交通工程规划设计室、盐城鸿运有限责任公司、市交通道路稽查总队、盐城交通开发公司、市交通工程质量监督站、盐城轩富客车有限公司、市车辆购置附加费征收管理办公室、市交通局机关服务中心、市交通档案馆、市交通综合服务信息中心 10 个企事业单位。1999 年后，通过事改企减少事业单位 1 个，通过兼并、破产、转股减少企业单位 5 个。2001 年，市交通控股集团有限公司成立后，4 个交通企业全部交其管理。2006 年，撤销、合并事业单位 3 个。至 2010 年年末，市交通运输局直属单位有下列 11 个。

1. 盐城市公路管理处

盐城市公路管理处为全民事业单位。1983 年 4 月，盐城地改市后，盐城地区公路管理处更名为盐城市公路管理处（以下简称市公路处），科级建制。担负盐城市境内公路建设管理、公路养护管理、公路路政管理和公路养路费、公路通行费征收管理等项任务。1984 年 3 月，经盐城市编委批复同意，将原由县（区）交通局管理县级公路管理站的人事、工资关系收归市公路管理处直接管理。1988 年 3 月，经盐城市人民政府盐政复（1988）018 号批复同意，原公路处直属的桥梁工程队、道路工程队、公路机械厂、石灰二厂、汽车队从公路处建制划出组建成立盐城市交通工程处，副处级建制，负责公路建设工作。当年，市公路处升格为副处级建制。1989 年，市公路处直管的各县（市、区）公路管理站人事权下放，由各县（市、区）交通局和市公路处双重管理，以各县（市、区）交通局为主。1997 年 4 月 3 日，中共盐城市委盐委复〔1997〕1 号文同意成立“中共江苏省盐城市公路管理处委员会”。2003 年 9 月，市公路处机关实行机构改革，核定编制 89 人。2007 年，增设安全监督科、农路管理科。2009 年费改税后，撤销养路费征稽科。2010 年年末，市公路处机关内设办公室、路政管理科、工程管理科、养护管理科、财务审计科、信息技术科、组织人事科、收费道路科、政策法规科、安全监督科、农路管理科、中心试验室和纪委、工会、团委，编制 83 人、实有职工 93 人；下辖直属公路管理站（路政大队），盐城市公路工程有限责任公司、宁盐公路有限责任公司、公路机械维修服务中心，G204 刘庄收费站、G204 响水收费站、市公路处劳动服务公司等 7 个直属单位；除亭湖区外，与 8 个县（市、区）交通运输局双重领导 8 个县（市、区）公路管理站。办公地址：2005 年 6 月由市建军东路 9 号迁至青年中路 8 号交通大厦。

市公路处主要职责：承担全市普通国省干线公路的建设、养护及管理工作；负责全市普通国省干线公路路政管理、超限运输治理、标志标线管理、路网运行调度管理，以及公路服务与应急处置工作；负责全市普通干线公路车辆通行费征收站点行业管理；负责全市农村公路建设、养护的行业管理工作。1988 年以来，该处坚持三个文明一起抓，取得了公路建设、养护、管理、征收工作的显著业绩。1997 年起，连续五年荣获“盐城市文明单位”称号，1999 年起，连续六年荣获“江苏省文明单位”称号，2003 年荣获“盐城市文明行业”称号，2004 年荣获“江苏省文明行业”称号。2006 年被省委、省政府表彰为“2003～2006 年度创建平安江苏先进集体”，被省交通厅表彰为“十五”全省公路养护管理有功单位，被市委表彰为“市区三年城市建设整治会战先进集体”。2007 年，被省人事厅、省交通厅表彰为全省交通系统先进集体，被市政府表彰为“2006 年度农村公路建设先进单位”。2008 年，被省交通厅表彰为农村公路工作先进单位、省交通行业“安康杯”竞赛优秀组织单位；被市政府表彰为“2008 年度农村公路建设和养护先进集体”。2009 年被全国“安康杯”竞赛组委会办公室评为全国安全生产督导人员培训先进集体、全国职工安全健康知识竞赛优秀组织单位。被省交通厅表彰为厅属行政事业单位资产清查工作先进单位；被市委、市政府表彰为 2009 年度“脱贫攻坚工作先进单位”“交通重点工程建设先进集体”。

1988～2013 年 10 月盐城市公路管理处领导名录

1988 年 3 月以前(科级建制)

表 98

职　务	姓　名
主任	黄志敏
党总支书记	涂郁文
党总支副书记	蒋连才　周其渭　王胜凡(负责人)
副主任	张中和　任中林　徐振声
工会主席	张忠银

1988 年 3 月～2013 年 10 月(副处级建制)

续表 98

职　务	姓　名
主任	徐振声　项晓晴(女)　陆元良(代)　葛春宽　陈日晓
党总支书记	涂郁文　徐振声
党总支副书记	王胜凡(负责人)　王厚铨
党委书记(1997 年 4 月成立党委)	徐振声　束必专　葛春宽　陈日晓
党委副书记	项晓晴(女)　朱寿春　王延龙　刘志军
副主任	张中和　陆德义　王厚铨　方成祥　刘善一　陈　谦　王延龙　姚立斌　陈日晓　徐　军　秦长国　陈惠民　杨　春
纪委书记	朱寿春　王延龙　颜章林　姜　华(女)
工会主席	张忠银　朱晓明　颜章林　刘志军　唐海峰
总工程师	汤芳宇

2. 盐城市航道管理处(盐城市内河港口管理处)

盐城市航道管理处为全民事业单位,成立于 1979 年 1 月,时名盐城地区航道管理处。1983 年 4 月,盐城建市后改称盐城市航政管理处,1988 年 3 月改称盐城市航道管理处(以下简称市航道处),同年定为副处级单位。担负市辖区内航道建设、养护、管理和规费征收等项任务。2010 年 8 月,增挂“盐城市内河港口管理处”牌子,增设内河港口管理科。2010 年年末,内设办公室、组织人事科、工程养护科、航政法规科、财务征收科、安全机务科、信息技术科、内河港口管理科、纪委、监察室、工会、团委;下辖直属航道站和阜坎南船闸、射阳港船闸管理所 3 个单位;除亭湖区外,与 8 个县(市、区)交通运输局双重领导 8 个县(市、区)航道站,以市航道处为主。编制 370 人,实有 340 人。办公地址:原在市建军中路 22 号,1994 年迁至平安路 5 号,2005 年 6 月迁至青年中路 8 号交通大厦。

市航道处主要职责:承担全市航道、市交通运输部门所属通航船闸的建设和维护工作;承担航政管理工作(除上航执法以外);承担全市内河港口管理工作;编制全市航道、船闸中长期发展规划和年度养护计划;承担市交通运输部门所属船闸规费的征稽管理工作。1988 年以来,该处各项航道工程建设任务按期完成，质量全面创优；航养费征收实绩连续12年全省领先；行业管理水平不断提高，辖区内主要干线航道安全畅通；纵贯盐城南北的通榆河被命名表彰为江苏省"文明样板航道"。该处被江苏省总工会表彰为"模范职工之家"，被中华全国总工会、国家安监局联合表彰为全国"安康杯"竞赛优胜单位，被中国设备管理协会表彰为全国第六届设备管理优秀单位。9个航道站和2个闸管所持续保持"盐城市文明单位"称号，全系统持续保持"盐城市文明行业"称号，2004年被表彰为盐城市文明标兵单位，并在2003年、2005年、2006～2009年度荣获"江苏省文明行业"称号。2009年，被表彰为"全国职工安全健康知识竞赛优秀组织单位"，盐城市文明行业、脱贫攻坚工作先进单位。2010年，荣获江苏省"五一劳动奖状"。

1988～2013年10月盐城市航道管理处领导名录

1988年（科级建制）

表99

职　务	姓　名
主任	金文祖
党总支书记	殷日昌
党总支副书记	成国才
副主任	支　原　黄立清
工会主席	吴德高

1989～2013年10月（副处级建制）

续表99

职　务	姓　名
主任	吴传宝　焦彤存　陈少全　周　忠（兼任）　陈建斌
党委书记	沈金芝（女）　束必专　陈少全　束必专　周　忠（兼任）
党委副书记	王达道　陈少全　周　忠
副主任	金文祖　成国才　任忠林　李功文　陆祥汉　叶仲明　孙　亚　杨　春　王　勤　陈建斌　朱三宝　朱晓明　花　全　徐　军　姜　华（女）
工会主席	黄立清　黄文喜　王达道（兼任）　彭正刚
纪检书记	颜章林

3. 盐城市运输管理处（盐城市交通运输局运政稽查支队）

盐城市运输管理处始建于1984年7月，时名盐城市交通运输管理处，为正科级全民事业单位，隶属市交通局，核定事业编制30人，所需经费在收取的运输管理费中开支。1987年11月更名为盐城市运输管理处（以下简称市运管处），2002年6月前内设办公室、市场管理科、财务统计科、港口管理科、市开发区管理科、陆运管理科、水运管理科、盐城搬运装卸管理所、工会。

盐城市汽车维修行业管理处（以下简称市汽修处）始建于1988年3月，为正科级全民事业单位，隶属市交通局，核定事业编制10人，经费实行自收自支，2002年6月前内设市场监督科、技术质量科。

盐城市交通局运政稽查支队（以下简称市稽查队）始建于1993年7月，时名盐城市交通道路稽查总队，为正科级建制的自收自支全民事业单位，2000年12月更名为盐城市交通局运政稽查支队，

2002 年 6 月前内设办公室、稽查一科、稽查二科。

盐城市机动车驾驶员培训管理处(以下简称市驾培处)成立于 1996 年 8 月,为正科级建制的全民事业单位,隶属市交通局,核定编制 12 人,经费实行自收自支。与原市运管处实行两块牌子一套班子。

2002 年 6 月,根据市政府盐政发〔2001〕242 号《盐城市人民政府关于调整组建盐城市运输管理处的通知》,撤销原市运管处、市驾培处、市汽修处、市稽查队单位建制,合并组建成立副处级建制的盐城市运输管理处,为依照公务员管理事业单位,同时增挂盐城市交通局运政稽查支队牌子,隶属市交通局领导。2006 年 11 月,根据《公务员法》规定和省、市人事部门要求,市运管处申报参照公务员管理事业单位,2007 年 10 月,省人事厅予以确认。2010 年末,市运管处内设办公室、政策法规科、稽查管理科、驾培管理科、客运管理科、货运管理科、财务装备科、车辆管理科、行政许可服务科 9 个科室和工会,其中稽查管理科下辖稽查一大队、二大队、三大队。全处编制 79 人,实有 68 人。办公地址:2005 年 6 月由市开放大道 66 号迁至青年中路 8 号交通大厦。

市运管处主要职责:承担全市道路、水路运输市场监管工作;负责全市运政稽查工作(除上航执法以外);负责道路运输场站的建设和管理工作;参与拟订交通物流业发展规划,承担交通物流市场管理工作;承担机动车维修、营运车辆综合性能检测、机动车驾驶员培训的行业管理工作;承担公共汽车、出租汽车等行业管理工作。1988 年以来,该处各项工作取得较好成绩,被市委、市政府表彰为“抗洪救灾先进单位”“春运工作先进单位”“全市价格工作先进单位”“文明单位”“文明标兵单位”“文明行业”;被省政府、省军区、省交通厅及省相关部门表彰为:“新兵运输工作先进单位”“运输行业抽样调查工作先进单位”“江苏省交通事业发展有功单位”“拥军优属工作先进单位”“法制宣传教育先进单位”“交通运政管理文明单位”“省创建文明行业示范点”“春运工作先进单位”“江苏省文明单位”“文明行业”“全省船型标准化工作先进单位”等;被交通部表彰为“道路运政管理文明单位”。

1988～2002 年 6 月盐城市汽车维修行业管理处领导名录

表 100

职　务	姓　名
主任	陆　进　方仁和
党支部书记	陆　进　方仁和
副主任	陈良云　蔡中冠

1993～2002 年 6 月盐城市交通局运政稽查支队领导名录

表 101

职　务	姓　名
队长	姜海昆(兼任)　吴胜年　仇爱培
党支部书记	吴胜年　仇爱培
副队长	吴胜年　葛建人

1996～2002 年 6 月盐城市机动车驾驶员培训管理处领导名录

表 102

职　务	姓　名
主任	徐国炎(兼任)
副主任	毕长荣

1988～2013 年 10 月盐城市运输管理处领导名录

2002 年 6 月前(科级建制)

表 103

职　务	姓　名
主任	王金坤　徐国炎
党支部书记	王金坤(兼任)　唐玉华　仇爱培　薛　锋
党支部副书记	陆　进
副主任	陆　进　徐国炎　方仁和　高春惠(女)　张本进　王鸣鸣(女)

2002 年 6 月～2013 年 10 月(副处级建制)

续表 103

职　务	姓　名
主任	陈红旗　薛　锋
党总支书记	陈红旗　薛　锋
党总支副书记	薛　锋
副主任	陈华忠　仇爱培　毕长荣　张本进　王鸣鸣(女)　吴少松　方小飞　徐新和　杨惠林(女)　孙根山　胡蒙森
工会主席	葛建人　蔡中冠

4. 盐城市地方海事局(盐城市船舶检验局)

盐城市地方海事局是依照法律法规授权,负责全市内河水上交通安全监督管理和船舶防污染监督管理的主管机关,始建于 1987 年 9 月,时名盐城市港航监督处(以下简称市港监处)。1990 年,定为副处级单位。1992 年,市港监处增挂“盐城市船舶检验处”牌子,与市港监处为一套班子,两块牌子,统一管理。1993 年,市港监处成立“盐城市经济开发区检查站”。1996 年,由市交通局牵头,成立盐城市水上交通稽查支队,以市港监处为主,市运管、航道部门抽调人员参加,与市港监处合署办公。2001 年,市港监处更名为盐城市地方海事局,市船舶检验处更名为盐城市船舶检验局。市城区地方海事处由城区交通局划归市地方海事局直接管理。原由市地方海事局直接管理的“盐城市经济开发区海事所”划归城区地方海事处管理。2003 年,盐城市船舶检验局和下辖 8 个县(市、区)船舶检验处,经国家船检局资质认可,成为首批 B 类资质船检机构。2004 年,根据省交通厅、江苏海事局苏交海〔2004〕6 号文件精神,盐城市沿海及响水灌河大桥以下水域划归新成立的盐城海事局管理,市地方海事局 4 名工作人员调盐城海事局工作。同年,原城区地方海事处更名为亭湖地方海事处,单位级别、职能不变。2006 年 5 月,盐都地方海事处划归市地方海事局直接管理。2010 年末,市地方海事局内设办公室(法制科)、组织人事科、财务装备科、航行监督科、船务管理科、船舶检验科、行政许可服务科，直接管理亭湖、盐都地方海事处，与7个县（市）交通运输局双重领导7个县（市）地方海事处，党务、人事以县（市）为主，业务、财务以盐城市地方海事局为主。市地方海事局编制43人，实有40人；亭湖地方海事处编制24人，实有23人；盐都地方海事处编制20人，实有20人。办公地址：2006年5月由市黄海东路37号迁至开放大道66号。

市地方海事局主要职责：负责全市内河通航水域、内河港口的水上交通安全监管和水上交通事故调查处理；承担救助打捞、防止船舶污染、船舶和船员管理工作；承担船舶和水上设施及船用产品检验工作；承担航政和水上运政的上航执法工作；承担全市重大内河水上人命搜救的组织协调工作。1988年以来，该局认真履行职责，三个文明建设取得优异成绩，被市委、市政府表彰为“创建卫生城市先进单位”“建桥撤渡、渡口达标工作先进单位”“文明单位”“建桥代渡先进单位”“扶贫促小康先进单位”“盐城市文明行业”“市区饮用水源保护工作先进单位”“扶贫开发工作先进单位”“全市危险化学品安全监管工作先进单位”；被省交通厅表彰为“安全生产工作先进单位”“文明港监处”“‘水上运输安全管理年’活动先进单位”“江苏省低质量船舶专项治理活动先进单位”；被省文明委表彰为“江苏省文明单位”“江苏省文明行业”等荣誉称号；被交通部表彰为“全国海事系统文明达标单位”。

1988～2013年10月盐城市地方海事局（港航监督处）领导名录

1988～2002年

表104

职　务	姓　名
主任	刘祖德　秦成高　周炳学
党支部书记	秦成高　周炳学
党支部副书记	严锡林　刘　湘（女）
副主任	陈龙云　赵庆余　严锡林　李功文　吴德胜　马荣飞

2002～2013年10月

续表104

职　务	姓　名
局长	周炳学　陈正华
党总支书记	周炳学
党总支副书记	刘　湘（女）　单永平
副局长	刘　湘（女）　王树华　李功文　胡蒙森　单永平　黄国庆　李建东　杨惠林（女）
工会主席	陈玉年

5. 盐城民航站

1958年，南京军区空军在盐城设机场。1959年12月，民航上海管理局在盐城军用机场附设盐城县民用航空站，隶属江苏省民用航空管理处。1962年5月撤销，1984年8月，国务院、中央军委批准盐城机场为军民合用机场。1985年12月，成立盐城市民用航空营业处，科级建制，隶属市交通局。1988年2月，市政府与中国联合航空公司（简称中国联航）合作成立中国联合航空公司盐城公司，副处级建制，全民企业。1991年6月，改称江苏盐城联合航空公司（简称联航公司），下设办公室、营运部及航空综合经营部。1994年10月，市运管处兴办的盐城市航空机票代售处划归联航公司。1998年7月，动工建设民航盐城站，1999年8月，市政府23号文件明确，盐城民航站与联航公司实行两块牌子，一套班子，合署办公。2001年11月，经市编委批准，盐城民航站为事业单位，副处级建制，核定编制90人，内设8个科室。2005年4月，盐城民航站增设安全办公室、监察室、工会3个机构。2008年增设治安保卫科、设备科。2009年增设市场办公室。至2010年末，民航站编制90人，实有职工106人。内设办公室、安全办公室、市场办公室、计划财务科、治安保卫科、通信导航科、后勤保障科、航行科、运输科、设备科、机务科、安全检查站、监察室、工会等机构，下辖盐城市航空客货服务有限公司、盐城市航空机票代售处。办公地址：盐城南洋机场。驻场单位有：盐城市公安局机场分局、中华人民共和国盐城海关驻机场办事处、中华人民共和国盐城出入境检验检疫局机场办事处、中航油盐城供应站等保障机构。

盐城民航站1988年以来，始终坚持“安全第一，优质服务，讲究信誉，注重效益”的宗旨，主攻航线航班，努力增效挖潜，谋求持续发展，提升服务质量，全力推进民航改革和发展，各项工作取得令人瞩目的成绩。被市委、市政府表彰为“基础设施建设先进单位”“无线电管理工作先进单位”“文明单位”“社会治安综合治理先进集体”“创建中国优秀旅游城市工作先进集体”；被省交通厅表彰为“学习‘华铜海轮’先进集体”“推广监控法先进单位”“江苏交通十大服务品牌”；被省文明委表彰为“江苏省文明单位”，被中国联航表彰为“联航业务先进单位”；被民航华东局表彰为“基建报表编报先进单位”“奥运安保先进单位”，被民航总局表彰为“民航企业财经信息编报工作先进单位”；被省口岸办表彰为“全省口岸工作先进单位”；被省总工会、省安监局表彰为“江苏省安康杯竞赛优胜企业”；被中华全国总工会授予“全国五一劳动奖状”。

1988～2013年10月盐城民航站领导名录

1988～2002年

表105

职　务	姓　名
站长(经理、主任)	肖庆吉　徐世春　蒋敬列
党支部书记	徐世春　蒋敬列
党支部副书记	孙长锦
副站长(副经理、副主任)	肖庆吉　李有来　王学楼　唐修好　刘阳　王达东　王荣军

2002～2013年10月

续表105

职　务	姓　名
站长	蒋敬列　崔花(女)
党总支书记	蒋敬列　崔花(女)
副站长	王学楼　唐修好　刘　阳　王达东　王荣军　谢桂根　唐文明　曹兆祥　潘　晓
工会主席	鲁红专

6. 盐城市交通工程质量监督站

盐城市交通工程质量监督站于1994年5月成立，正科级建制，全民事业单位，隶属市交通局。2002年改为依照公务员管理单位。2010年年末内设综合科、质监科、检测室，编制8人，实有7人。办公地址：2009年5月，由市开放大道66号迁至市平安路5号原市航道处办公楼。

盐城市交通工程质量监督站主要职责：组织拟定并实施交通建设工程质量监督、工程安全监管规定；负责交通建设工程施工、监理、设计、试验、检测以及定额造价的资质资格管理和行业管理；依法组织或参与工程质量安全事故的调查处理。1994 年以来，该站各项工作取得优异成绩，被市政府表彰为“1994 年度交通基础设施建设和服务先进单位”“204 国道盐城北段一级公路建设工程先进单位”“盐城市市区建军东路立交桥工程建设先进集体”“盐城市火车站地段建设改造工程先进单位”；被盐城市总工会授予“盐城市五一劳动奖章”；被省交通厅表彰为“1994 年度工程质量创优活动先进集体”“江苏省 99 年度交通工程质量年活动先进集体”“全省交通行业试验工技能竞赛组织奖”“江苏省交通行业文明质监站”“‘十五’后三年（2003 ~ 2005）交通工程质量创优活动先进集体”；被国家交通部表彰为“交通系统工程质量监督站先进单位”。

1994 ~ 2013 年 10 月盐城市交通工程质量监督站领导名录

表 106

职　务	姓　名
站长	项晓晴（女）　陶　杰
党支部书记	项晓晴（女）　陶　杰
副站长	陶府成　张红兵　高　艺
总工	李洪安

7. 盐城市交通规划设计院

盐城市交通规划设计院成立于 1991 年 8 月 22 日，时名盐城市交通工程设计室，科级建制，是隶属于市交通局的自收自支的全民事业单位。同年 10 月更名为盐城市交通规划设计室，并于当年获得丙级设计资质。1994 年 8 月，建立盐城市交通工程咨询监理有限责任公司，与市交通规划设计室两块牌子，一套班子。1995 年取得丙级监理资质。同年 12 月，市交通规划设计室更名为盐城市交通设计科研所。1998 年 10 月，取得乙级监理资质。2003 年 3 月，取得乙级设计资质。同年 9 月，经市编委批准，更名为盐城市交通规划设计院。2004 年 6 月，市交通工程咨询监理有限责任公司经交通部批准为公路工程甲级监理资质。同年 11 月，市交通规划设计院和市交通工程咨询监理有限责任公司，通过了中国质量认证中心的 GB/T19001 - 2000——ISO9001:2000 质量管理体系认证。2006 年取得咨询和检测丙级资质，同时对内设机构作了重大调整，由原来的 4 科（设计一科、设计二科、监理一科、监理二科）一室（办公室）调整为总工室、综合办公室、设计室（设计一科、设计二科、设计三科）、计划与经营室、监理部（辖监理一部、监理二部、监理三部、试验检测中心）、工会。2008 年 8 月，市交通规划设计院经建设部核准取得公路工程甲级设计资质。2010 年年末，内设院长室、书记室、副院长室、总工室、综合办公室、总工办、计划与经营室、设计部（辖设计一室、设计二室、设计三室）、监理部（辖监理一部、监理二部、监理三部）、试验检测中心、工会。事业编制 33 人、实有 32 人，企业编制 18 人，实有 18 人，外聘 70 人，共有职工 120 人，其中具有高级职称 21 人，注册道路工程师 6 人，涵盖道路、桥梁、

2003 年 9 月 18 日，省、市有关部门领导参加市交通规划设计院揭牌仪式

隧道结构等15类专业。并拥有配套齐全的勘察科研、检测、计算机辅助设计等仪器设备，CAD出图率100%。

市交通规划设计院自成立以来，认真履行交通规划和交通科研职能，主营道路、桥梁、港口、码头、航道的勘察设计、咨询监理工作，取得较好的业绩。一是完成一系列交通规划的编制任务。包括盐城市交通基础设施建设"九五"计划、盐城市公路水路交通"十五"计划和2010年发展规划纲要，盐城市公路水路交通"十一五"发展规划纲要；盐城市公路主枢纽总体布局规划，盐城市农村公路网规划及射阳、响水、阜宁、东台、亭湖、盐都等县（市、区）农村公路网规划。参与盐城市交通运输体系"十二五"规划编制工作。二是完成一大批干线公路和高等级公路的工程可行性研究报告和设计任务，参与盐城境内盐通、盐淮、连盐3条高速公路的建设管理。参与完成盐通高速公路的设计，完成高速公路市开发区、盐城南、青墩、东台、响水等互通连接线的设计；G204盐城北段一级公路技术改造工程可行性研究报告及设计；S231、S234、S326、S328、S329、S331、S229、临海高等级公路射阳段、亭湖段和原S307、S308技术改造的工程可行性研究报告和路桥设计工作；省道S226陈港——李堡公路的工程可行性研究报告及设计；盐城市海堤海防公路工程可行性研究报告及设计。完成G204上冈黄沙港大桥、中山河大桥、丁字港大桥、排灌渠大桥、S331通榆河大桥等21座大型桥梁工程设计。2009年后，完成S329阜宁西段改扩建工程等10条省道大中修工程、9个县（市、区）农村公路及28座大中型桥梁的设计；完成咨询项目4个。除此，还完成路桥港航站场等工程项目设计数百个。三是至2008年，完成23项公路、桥梁工程监理任务。其中市内的11个项目，高速公路21.90公里、一级路112.15公里、二级路85.50公里和市区城市干道及火车站广场；市际的12个项目，高速公路9.36公里、一级路58.27公里、二级路72.20公里和1座大桥。所监理项目工程质量均达良好以上，受到建设单位的好评和表彰奖励。2009年后中标监理项目30多项，已完成10项，主要有：G204盐城北段改扩建工程、S234亭湖段、S229盐都段、临海高等级公路大丰段、射阳段、宿（迁）新（沂）高速公路2标段、盐城市区北环路续建项目等工程。四是试验检测业务外拓发展。2009年，完成省公路局委派的G204苏州、南通、连云港段约200公里，计19次检测任务。完成市质监站交工验收委派的全市干线公路34次质量检测任务，完成全市86座农村公路桥梁质量验收和城南新区18条市政公路检测任务。2010年，完成省公路局、市质监站委派的全市30条干线公路和农村公路试验检测工作；完成城南新区和盐都新区14条市政道路检测以及其他68个单位的试验检测工作。2010年，市交通规划设计院完成产值3171万元（设计1200万元，监理1514万元，检测457万元），比上年增长120%，创历史新高。

1992年以来，盐城市交通规划设计院被市政府表彰为"盐海公路工程建设先进单位""2000年度盐城市科学技术进步二等奖""市级文明单位""2000～2001年度盐城市交通工程质量创优先进集体"；被省交通厅表彰为"2002年度江苏省科技项目优秀成果三等奖"、G204江苏段改扩建工程2007年度省级"优秀监理组"；盐城市海堤海防公路工程可行性研究报告被省经贸委、省发改委、省科委评为江苏省2002～2004年度厂会协作二等奖，S326、S329设计项目被省发改委评为江苏省2008年度优秀工程咨询成果三等奖；S331盐城东段改扩建工程预可行性研究报告、S329阜宁城区改线段工程可行性研究报告分别获得2009年度江苏省优秀工程咨询成果三等奖，S331盐城东段改扩建工程可行性研究报告获2010年度江苏省优秀工程咨询成果三等奖。市交通规划设计院被省精神文明委评为"2007～2009年度江苏省群众性精神文明建设先进单位"。

1992～2013 年 10 月盐城市交通规划设计院领导名录

表 107

职　务	姓　名
院长(主任、所长)	钱士能　周启兆　李洪安　夏春柏
党支部书记	钱士能　夏正贵　方仁和　蔡保佑　陈惠民
副院长(副主任、副所长)	陈红红(女)　李洪安　夏春柏　陈惠民　李书权　蔡二伟

8. 盐城交通技师学院

盐城交通技师学院最早创办于 1959 年 8 月,时名盐城交通邮电学校,经两次停办后,于 1978 年 12 月批准复建,1983 年 4 月,更名为盐城市交通技工学校(以下简称市交校)。1991 年,市交校被江苏省劳动局评定为“江苏省重点技工学校”。1992 年 9 月,经市交通局批准,增挂“盐城市交通局职工培训中心”牌子。1993 年,市交校内设办公室,教务科、总务科、学生科、实习科和教练队、劳动服务公司、汽车修理厂、工会、团委、学生会等机构。1994 年 9 月,经市劳动部门批准,成立“盐城市交通技工学校职业技能监定所”,承担市内汽车驾驶员、汽车修理专业(工种)的初、中、高级工的职业技能鉴定工作。1995 年起,经市交通局授权,负责筹建盐城市交通汽车驾驶员培训中心,并在建成后与市交校实行两块牌子,一套班子。同年 11 月,市交校被省政府批准为省级重点技工学校。1996 年 1 月,市交校被交通部评定为全国交通系统规范化技工学校。1997 年,市交校增设安保科、招生就业指导办公室。1999 年,市交校被市列为机关事业单位改革的试点,对机构设置、人员聘用、劳动工资改革进行了尝试。2000 年,市交校内设党政办公室、教导处、培训处、总务处、财务处、招生就业指导办公室 6 个处室。2002 年,校办企业劳动服务公司与市交校脱钩。同年 8 月,市交校被评为国家重点技校,9 月,经市编委批准,将市交通驾驶员培训中心并入市交校,保留市驾培中心牌子。2003 年 5 月,经国家劳动和社会保障部批准,升格为盐城市交通高级技工学校。2004 年 2 月,经国家劳动和社会保障部授权,江苏省劳动和社会保障厅批准增挂“盐城交通技师学院”校牌。2006 年,盐城交通技师学院顺利通过国家重点技工学校贯标和复评估。2007 年,为策应盐城汽车产业发展需要,盐城交通技师学院在市高职园区征地 33.33 公顷(另预留 4.33 公顷),筹建新校区。同年 8 月,盐城市农机职工学校并入盐城交通技师学院。2010 年年末,投资

2013 年 11 月 7 日,市委书记朱克江(中)在市交通运输局局长、党委书记管亚光(右),盐城交通技师学院院长刘新春(左)陪同下,视察盐城交通技师学院

2.47 亿元，建筑面积 8.48 万平方米的新校区基本建成（另有二期工程中的综合楼 2 万平方米，投资 5864 万元，在建），2011 年 2 月投入使用。至此，盐城交通技师学院共有市开发区东、西校区、市高职园区 3 个校区，总占地面积 39.46 公顷。教学行政大楼、运动场、驾培教练场、宾馆、浴室、食堂、校园超市、学生公寓等基础设施齐全。学院共设近 20 个专业，涉及汽车、船舶、建筑、铆焊、钳工、计算机、商贸、幼儿教育等生产和服务行业，建有汽车类专业、建筑类专业、计算机类专业、商贸类专业等实训室 26 个，教学设备先进，可同时提供实习工位 1200 个。盐城交通技师学院编制 153 人，实有教职员工 144 人，外聘教师 28 人，拥有一支实力雄厚、结构合理的师资队伍。现有专任教师 74 人，其中：高级职称 43 人、中级职称（技师）21 人。另有 B、C 照汽车驾驶教练员 26 人。教师中有国家技工教育专家 4 人，江苏省技工院校专业带头人 2 人，享受市政府一次性特殊津贴 1 人。

1988 年以来，盐城交通技师学院（市交校）坚持正确的技工教育办学方向，毕业生实行“双证制”“多证制”，主动适应市场竞争，提高了学生的就业能力。盐城交通技师学院与南京林业大学等 7 所高等院校开展联合办学，与长三角、安徽、山东等地的 30 多家大型企业和知名度高的用工单位开展校企合作，实现资源共享、优势互补，互相促进、共同发展。2004 年，学院与地方龙头企业——东风悦达起亚共同投资 200 多万元建成汽车类专业实训室 12 个，把学院校企合作推向新阶段，有力地推动了学生校外实习和毕业生就业工作，对口就业、优质就业的比例大幅度提高，毕业生就业率一直保持在 98% 以上，学生就业满意度达 95%。共毕业学生 1.50 万多人，进行职工技能鉴定 2 万多人，为地方经济发展提供了人才支撑和智力保障。

盐城交通技师学院依靠交通行业优势，积极争取主管局和市直交通相关部门的支持，充分利用办学资源，开展多工种培训，取得了良好的社会效益和经济效益。设有汽车驾驶员、汽车指导驾驶员、三四等船员、道路运输从业人员、公路养护工、电工、机械操作工、交通行政执法人员、危货运输从业人员资格、危化品押运员、船员基本安全、水运企业船员业务代办员、乡（镇）交管所所长、退伍军人、新工人岗前培训等 10 多个培训项目。盐城交通技师学院是省人事厅机关事业单位汽车指导驾驶员（技师）培训考试点、全省交通系统科技拥军培训基地、市机关事业单位工人技术等级考核规范化培训点、市交通局职工培训中心、市交通局业余党校、市交通汽车驾驶员培训中心，1988 年以来，共实现各类培训和考试 10 万多人次。2006～2010 年培训汽车驾驶员 3725 名。

盐城交通技师学院坚持交通特色办学，着力培植品牌专业。其汽车专业教学在全市、全省技工教育界有着很高的声誉，建有盐城最早的技工教育汽车专业和盐城最早的汽车驾驶员培训中心，现设 10 多个汽车专业，形成了汽车专业群，涵盖了汽车维护、汽车使用、汽车研发、汽车售后服务等各个方面，有中级工、高级工、技师三个层次的汽车专业学历教育，汽车专业是学院的长线专业、特色专业。学院不仅有多层次的汽车专业学历教育，而且有汽车驾驶员培训，承担着省、市人事部门组织的机关事业单位汽车驾驶员初级工、中级工、高级工和汽车指导驾驶员培训任务。2006 年承办了盐城市首届迎国庆万人职业技能大赛中汽车驾驶、汽车维修两个比赛项目，并分别夺得了这两个比赛项目的第一名；2007 年参加盐城市职业学校师生技能大赛，夺得汽车维修比赛项目的全市第一名。

1988 年以来，盐城交通技师学院（市交校）多次受到上级表彰奖励。被评为“市级文明单位”“学习华铜海轮先进集体”“市级德育先进学校”“交通系统教育先进单位”“省交通系统文明单位”“全省工考先进单位”。

1988～2013 年 10 月盐城交通技师学院（市交校）领导名录

1988～1999 年

表 108

职　务	姓　名
校长	杨文忠　蔡保佑
党支部书记	杨文忠　蔡保佑
党支部副书记	杜祥标　杨文忠
副校长	杜祥标　董国平　徐德良　罗时洋　赵庆余　裔兆华　鲁红专
工会主席	毕长荣　陈建军

2000～2013 年 10 月

续表 108

职　务	姓　名
院（校）长	蔡保佑　刘必仁　刘新春
党总支书记	蔡保佑　李　翔
党总支副书记	刘必仁　刘新春　杨岚亭　孙一明
副院（校）长	裔兆华　鲁红专　杨岚亭　蒋卫民　李　翔　吴成峰　陈益奎
院长助理	袁亦进
工会主席	陈建军　吴建宝

9. 盐城市交通运输局机关服务中心

市交通运输局机关服务中心成立于 1996 年 8 月，为自收自支科级全民事业单位，主要职责：负责局机关行政事务、物业管理、房屋维修、卫生绿化、安全保卫工作；负责局领导和有关部门的公务用车安排；负责局机关有关接待工作、会务保障、后勤服务等项任务。2010 年末，编制 9 人，实有职工 8 人。

1996～2013 年 10 月盐城市交通运输局机关服务中心领导名录

表 109

职　务	姓　名
主任	杨汉平（兼任）　王　勤　薛　华（兼任）　陈剑明　刘　红（女）
副主任	刘红（女）　刘　汉

10. 盐城市交通档案馆

盐城市交通档案馆成立于 2005 年 5 月，为正科级建制全额拨款事业单位。主要职责：集中管理全市省干线公路和其他重要干线公路、桥梁的设计、施工和质量监督的技术资料；全市经营性车辆、船舶和驾驶人员的档案资料；市直交通系统干部人事、财务审计和其他文书档案；负责编撰重要编研资料，对外提供免费查询服务。同时负责市交通直属单位和全市交通系统及市辖区国家、省、市交通重点工程，重大项目档案工作的监督和指导，并参与档案验收；进行档案执法检查，查处违反

《档案法》的行为，推行档案工作标准化、规范化、现代化。2010年末，编制3人，实有职工4人。档案管理工作多次受到省交通厅、省档案局的表彰，被省档案局认定为全省档案管理特一级单位，授予江苏省档案文化精品优秀奖。

2005～2013年10月盐城市交通档案馆领导名录

表110

职　务	姓　名
馆长	刘　红(女)　刘　汉
副馆长	刘　红(女，主持工作)　陈　瑜

11. 盐城市交通综合服务信息中心

盐城市交通综合服务信息中心成立于2008年5月，为相当正科级自收自支事业单位，隶属于市交通局。主要职责：负责盐城交通网站的维护和管理；负责交通系统办公自动化的建设与管理；提供交通资讯服务；负责受理公路、运管、航道、海事方面的质量举报、违章行为举报、执法行为监督举报等，受理车辆抢修、道路桥梁抢修抢险、水上救援等交通资讯服务；定期统计、分析、汇总服务热线(96196)信息及处理情况。2010年末，编制3人，实有职工14人。96196盐城交通服务热线被团省委授予江苏省“青年文明号”，被省妇联表彰为江苏省“巾帼文明岗”。

2008～2013年10月盐城市交通综合服务信息中心领导名录

表111

职　务	姓　名
主任	陆建平　王　栩(女)　谢桂根
副主任	蒋卫民

专记九

铸就历史丰碑　展示交通形象

——盐城交通大厦建设回眸

当漫步在盐城最大的盐渎公园，你就发现一幢显眼的楼宇高耸入云。穿越公园北门，跨过青年中路，进入院落大门，你就觉得庭院宽阔、绿树成荫、花园锦族、芳草萋萋，一片宜人景色。迎着五星红旗、穿过喷泉广场、慢步拾级而上，展现在你面前的是宽阔整洁的环道、笑容可掬的石象、装潢考究的外墙，呈现出舒适的工作环境。穿过高大门厅，踏入高档电梯、跨进高层房间，简洁大方的室内装潢、统一现代的装备设施，温馨舒适的办公环境，一展豪华气派。打开窗口向南眺望，盐渎公园的小桥流水、湖面泛舟、绿色美景一览无余。向北俯视，高楼林立、车水马龙、日新月异的老城区尽收眼底。向东浏览，承载历史、生生不息的盐城母亲河——串场河像一根银色的飘带穿城而过。向西环顾，塔吊林立、高楼崛起、蒸蒸日上的新城区建设历历在目。巍峨屹立在青年中路北侧坐北朝南的这幢高楼就是盐城交通大厦。原在建军中路老汽车站对面凹进街面的那幢不起眼的四层小楼是市交通局的老办公楼。从老楼到新楼，经过了几十年的艰苦努力，实现了几代交通人的梦想。盐城交通大厦的建设，既铸就了历史丰碑，展示了交通形象，又吹响了进军号角，启动了交通发展的新起点。让我们来回顾一下交通大厦建设的历程吧！

盐城市交通综合楼

盐城交通大厦（盐城市交通综合楼）于2003年3月开工建设，2005年5月竣工。盐城交通大厦的建成，实现了几代盐城交通人的夙愿。改革开放以来，盐城交通步入加速发展的快车道，高速公路全面建设，干线公路不断完善，农村公路快速推进，港站航道逐步配套，一个现代化的综合交通运输体系开始形成。在加快推进盐城交通跨越发展的同时，广大交通职工也迫切期盼能有一个与交通发展形势和交通历史地位相适应的属于全体交通人的标志性建筑。新落成的盐城交通大厦气势宏伟，典雅壮观，充满现代气息，构成市区南部一道靓丽的风景，它是盐城交通事业蓬勃发展的历史见证和走向新的辉煌的重要标志。

一、立项背景

盐城市交通局原办公楼坐落于市建军中路26号，为四层砖混结构小楼，总面积不足900平方米，于20世纪80年代初建成，随着形势的发展，已不能满足机关办公需要。一是办公室设施不足，没有功能齐全的会议室。停车场地小，一旦开会，车辆没有办法停泊和调度；二是人均用房面积少，除局长室是单独的办公室（不足18平方米）外，副局长室也是两人一间；三是老楼为四层砖混结构，建设标准较低，导致墙体不均匀下沉和表面开裂；四是周边环境差，楼前是建军商场（原车站商场），整天播放音乐，噪音大，楼后是交通家属区，商业区、办公区、家属区混杂在一起。

2002年初，市委、市政府确定市行政中心南迁战略，以此拉动城市南片开发和建设，达到做大做强盐城市区的目的。市委、市政府决定在盐城南区新建市行政中心办公大楼（26层、近8万平方米），为配合南迁，市政府又动员一批单位南迁新建，包括：盐城中学、市第一小学、盐城军分区、市交通局、供电局、盐阜大众报社等单位。为策应市委、市政府做大做强城市的发展战略，市交通局党委反复讨论确定，并经市发展计划委员会盐市计审〔2001〕051号文批准同意建设盐城市交通综合楼。

二、方案特点

交通综合楼选址红线划定后，市交通局党委班子成员在考察南京、上海、杭州及盐城周边城市的部分类似的在建和新建办公综合楼项目后（尤其重点考察并研究南京海关项目），根据用地位置及周边环境条件，综合建筑造型风格、建筑布局、建筑内部功能组织、建筑结构、建筑材料与设备使用、建设规模、估算投资等诸多定位因素，委托上海现代设计集团进行项目可行性研究和方案设计，按照百年建筑的标准，选用先进、适用、前瞻性的技术，经多次方案优化、深化及调整后确定了最终设计方案，一次性报审并通过了相关政府部门的审批。该建筑方案为简欧风格，外部庄重大气、典雅挺拔、错落有致、体量适中；内部布局合理、功能齐全、简洁大方、宽敞明亮。大楼采光充足、通风优良、节能环保、科技智能。

三、工程概况

交通综合楼位于市青年中路8号，亭湖区北港村八组境内，由盐城市交通局综合楼筹建办公室组织实施。工程占地27167平方米，总建筑面积21450平方米，总投资约9600万元。桩基工程于2003年3月开工，同年6月竣工；土建工程于2003年9月开工，2004年5月竣工；装饰工程于2004年5月开工，2005年5月竣工。该工程项目由盐城市建筑设计院岩土研究院、上海现代设计集团、上海市建筑装饰工程有限公司、上海大华装饰工程有限公司、深圳晶宫装饰设计有限公司负责勘察设计；盐城市建筑总公司桩基公司、盐城二建集团公司、上海大华装饰工程有限公司、深圳晶宫装饰设计有限公司、深圳科源装饰工程有限公司、浙江中程科技有限公司负责施工；连云港市建设监理公司、上海辰星安全系统工程有限公司负责施工监理。在施工过程中，盐城市建设局、建筑业处、建筑工程管理处、质监站、抗震办、城建档案馆、市规划局、消防支队、人防办、环保局等建设行政主管部门对大楼的施工实施了全过程的监督和管理。

2007年4月12日，盐城交通大厦被省建设厅（苏建工〔2007〕130号文）评定为“扬子杯”优质工程奖。

1. 土建工程

该工程地上19层，地下1层，建筑总高度79.75米，其中裙房3层，高度17.85米，建筑平面呈不规则矩形，东西长84米，南北宽23米。工程建筑总面积21450平方米，其中地上建筑面积18732平方米，地下建筑面积2718平方米。该工程采用桩基基础和整板式筏基基础，现浇钢筋砼框架剪力墙结构，填充墙为加气混凝土砖和轻质隔墙。

2. 装饰工程

该工程外墙装饰为毛面花岗岩挂板，窗套为“L”形光面花岗岩板，辅以裙房外墙高大光面花岗岩圆柱和檐口特殊的线条。建筑造型错落有致，简洁明快，壮观豪华，既有中国传统的雄伟坚实的建筑格调，又具有简洁明快的现代化建筑风格。室内装饰格调现代化、新颖美观，地面采用地毯、花岗岩微晶石和高档地板砖；墙面采用乳胶漆、面砖装饰及干挂微晶石；顶篷采用防水石膏板，刷高档乳胶漆。

3. 安装工程

整个建筑工程具有先进的通讯系统、供电系统、电气照明系统、通风空调系统、安全可靠的消防报警控制系统、楼宇自控及综合布线系统、空调系统、高低压给水系统、排水系统等，设四部电梯，其中一部为消防电梯。通过先进的智能化楼宇集成、楼宇自控，使综合楼成为一流的现代化办公大楼。

4. 附属工程

交通综合楼附属工程按园林式单位的标准进行配建，院内功能配备齐全，平面布局合理，交通组织流畅，环境优雅美观，整体绿化覆盖率达42.80%左右。附属工程项目主要有：建筑物包括传达室、交通服务中心综合楼、水上搜救培训中心游泳馆、地下消防泵房、喷泉音控室及自行车棚等；构筑物包括驳岸、喷泉水池、污水处理水池及假山等；场地包括出入口广场、旱式喷泉广场、网球场、篮球场、服务中心综合楼小广场、生态停车场等；综合管网包括雨水、污水、生活给水、消防水、电力、照明、通讯（电信、移动、联通、广电）、小区智能（视频监控、电子巡更、背景音乐、楼宇自控、消防联动等）、热力、燃气等综合管道；以及绿化、道路、围墙、园林小品、标牌标识等附属项目。

5. 工程耗材

交通综合楼主体建筑主要大宗材料用量：钢材3638.90吨，水泥9657.80吨，石子25682.40吨，沙子 19838. 50 吨，木材 178. 60 立方米，加气砼砌块砌体 2256 立方米，轻质空心隔墙板 1653 平方米。

6. 技术创新

该工程开工伊始，市交通局领导就确定创优质工程目标，确保“市优”，力争“扬子杯”。为此，项目参建各方在综合楼建设过程中一方面加强项目的全面质量管理工作，强化全员、全过程的质量控制；一方面十分注重“四新技术”的推广与应用，积极采用先进、适用、可靠、效能、节约型的新技术、新工艺、新材料和新产品，通过新型、领先的技术措施切实保障各项质量目标的实现。项目实施过程中应用的“四新技术”主要有：大体积混凝土温度监测和控制技术，高效复合减水膨胀剂与聚丙烯纤维“双掺法”混凝土裂缝防治技术，后浇带技术，HRB400 钢筋应用技术，粗直径钢筋镦粗直螺纹机械连接技术，悬挑式脚手架应用技术，大尺度（14600 * 900 * 4000）转换梁施工技术，MLC 轻质泡沫混凝土保温技术，FS—LCM 轻质空心隔墙板应用技术，聚氨酯涂膜防水技术，外幕墙 LOW－e 中空镀膜玻璃应用技术，9 米高吊挂大玻璃施工技术，旋转楼梯装修三轴定位放线及异型材料精加工技术，人造微晶石和复合微晶石应用技术。这些新技术的成功应用，大大提高工程建设质量，加快工程建设速度，保证施工安全，有效节约各类资源，同时也锻炼提高各参建单位的管理水平，取得了良好的社会效益和经济效益。

四、楼层布局

交通大厦共有大办公室 70 间（每间面积约 55. 40 ~ 66. 40 平方米，其中精装修的办公室 15 间），小办公室 86 间（每间面积约 27. 70 ~ 33. 20 平方米）、会议室 18 间、接待室 5 间，于 2005 年 6 月开始启用，市交通局机关和市公路处、市航道处、市运管处整体乔迁至交通大厦办公，楼层具体分布如下：

一层：展览厅、展示厅，大办公室 3 间。二层：档案馆，大、小办公室 5 间，会议室 1 间。三层：会议层，会议室 4 间，接待室 1 间。四层到六层：市航道管理处，大、小办公室 30 间，会议室 2 间，接待室 1 间。七层至十层：市运输管理处，大、小办公室 41 间，会议室 3 间，接待室 1 间。十一层至十四层：市公路管理处，大、小办公室 41 间，会议室 3 间，接待室 1 间。十五层至十九层：市局机关，大、小办公室 36 间，会议室 5 间，接待室 1 间。

地下室布局与功能

综合楼地下室为平战结合的人防地下室，兼有平时地下停车库，战时防空地下室的双重功效。地下共设一层，建筑层高 4 米 ~ 5 米，总建筑面积为 2718 平方米，分为人防区域和非人防区域，其中人防区域设 A、B 两个防爆单元，面积分别为 638 平方米和 675 平方米，按六级人防标准设计建造并设有防毒、滤毒、饮水、洗消、进风、排风、扩散、隔声、干厕等特殊功能间，以满足战时防空需求，平时作为地下车库使用，可提供 35 个地下停车位；非人防区域是保证大楼正常运转的核心设备区，设有配电所、空调冷热源机房、生活直饮水机房、消防水力报警机房、排风排烟机房、强弱电管井、水管井、排风排烟管井、电梯基井、疏散楼梯、地下室出入口车行坡道；以及机房值班室、后勤贮藏室等。

五、组织领导

盐城市交通局成立以副局长周益国为组长的交通综合楼筹建领导小组，下设办公室，市局办公室主任薛华兼任主任，并从市局机关、市直交通单位抽调人员具体负责综合楼筹建工作。

（薛　华　姚逢文　方仁和）

专记十

依法行政办许可　热心服务创品牌
——盐城市交通行政许可服务大厅创建服务品牌纪实

一、机构概况

盐城市交通行政许可服务大厅(以下简称服务大厅)位于市开放大道66号海事大楼1楼,于2006年5月19日正式揭牌成立,是盐城市交通运输局集中审批办理交通行政许可项目和对外服务的综合性窗口机构,也是盐城市行政服务中心5个分中心之一。在市交通运输局和市行政服务中心的领导以及各业务主管部门的指导下开展工作,由市局机关派员负责管理,具体工作职能隶属市局政策法规处。服务大厅集中市运管、海事、公路、航道4个管理部门24名工作人员(17名执法人员、7名辅助人员),局机关1名管理人员,计25人,负责51个项目(许可45项、非许可6项)的交通行政许可及日常业务办理工作。另有1个经招投标程序成立的商务中心,为前来服务大厅办理业务的单位和个人提供打字、复印、照相、传真、代填表格等项目服务,是服务大厅的辅助机构。工作上接受服务大厅的统一管理,经济上独立核算、自负盈亏。

服务大厅自成立以来历任负责人:

主　任　招嘎玛(女),副主任　彭培元

二、运作模式

根据市政府要求,市交通运输局将市直交通行政审批工作进行相对集中,实行交通行政许可项目统一归入服务大厅办理,统一申报项目受理,统一依法行政审批、统一送达许可决定。市交通运输局派员按市行政服务中心的模式统一进行监督管理。市地方海事局和市运管处分别成立行政许可服务科,将有关科室审批职能相对归并至行政许可服务科,并成建制进入服务大厅办公。市公路处、市航道处分别在服务大厅设立专门窗口,安排工作人员正常坐班,接件初审。内河港口的申报业务委托市航道处受理。做到一个窗口对外,一个处室办理(需要内部流转的由工作人员负责),一个领导签批,一条龙服务。服务大厅承担交通系统45项行政许可项目的受理、办理、转报(其中公路部门7项,航道部门2项,海事部门10项,运管部门19项,内河港口6项、交通工程质监部门1项)和6项非许可项目的日常业务办理,如运输企业车、船的年审、检验、发证,车、船驾驶人员从业资格的认定、考试发证,法定规费及相关工本费的收缴,交通行政案件和水上交通事故的处理等。服务大厅以公开、便民、规范、高效、廉洁为宗旨,以项目审批为抓手,以服务对象满意为标准,不断创新服务方式,优化办事流程,对进服务大厅的许可事项实行审批内容、办事程序、审批依据、审批主体、材料目录、承诺时间、收

2006年5月19日,盐城市副市长周古城(右二)为市交通行政许可服务大厅和市地方海事局乔迁办公大楼揭牌

费标准和依据、办理结果八公开，接受社会和群众的监督。努力打造工作流程最简、办事速度最快、收费标准最低、服务质量最优的“阳光大厅”。服务大厅的专用电脑和扫描仪均接入盐城市行政权力网，所有行政许可项目均实现网上公开运行，接受纪委、监察部门及广大人民群众的监督。

三、主要成绩

1. 坚持依法行政，倾心服务工作

服务大厅全体工作人员态度端正，责任心强，发挥团队协作精神，倾心做好服务工作。运管和海事窗口的同志放弃休息时间，加班加点，确保群众及时换到新的证件。运管窗口制证人员最忙时一天要打印七八百份从业资格证，不叫苦，不喊累。海事窗口收费人员连续三个月节假日不休息，没有怨言。公路和航道窗口人员顾全大局，帮助其他窗口做些力所能及的工作，做到分工不分家，工作一盘棋。2008 年，大厅办理各类许可及业务事项 15.16 万多件，征收规费 5000 余万元；至 2010 年，共办理 41.83 万件，未发生差错和投诉。

2. 创新工作机制，简化服务流程

服务大厅在对行政许可项目进行清理的基础上，参照兄弟城市的办结时限进行“流程再简化、办件再提速、服务再优化”，进一步减少审批环节，缩短审批时限。力争做到流程最简，时间最短，收费最低。市地方海事局原有的 3 个项目，在已承诺提速为 3 天后，又缩短为当日办结。市运管处的普通货物运输项目由承诺件改为即办件。航道许可项目办结时限由法定的 20 个工作日缩短为 10 个工作日。航政人员积极主动地到项目现场进行勘察，与建设单位沟通，在确保航道安全畅通的前提下，及时作出交通行政许可决定书。凡政策法律没有明文规定的收费项目一分不收，政策法律规定有收费幅度的按最低限度收费。并特别规定凡不予许可的项目必须报市局政策法规处最终审定。

3. 践行服务承诺，提高服务质量

服务大厅积极推行“一门式服务”制、首问负责制、AB 岗制，限时办结制、预约服务制等制度。并公开作出服务限时承诺、服务管理承诺、服务规范承诺、服务监督承诺。通过创建“阳光大厅”交通行政许可服务品牌，力争实现许可审查零失误、承诺时限零超时、许可服务零投诉、许可文书零缺陷。提升服务能力、服务质量、服务效能和社会满意度。使企业和群众走进大厅，就能办完受理、审核、审批、交费、取证等全部事项。根据优质服务的要求，所有窗口工作实行岗位 AB 角制，保证每一个工作岗位有两名熟悉业务的工作人员可以互办业务，保持窗口工作的连续性。在接待群众时，实行主动服务、温馨服务、微笑服务，切实解决“脸难看，事难办”的作风问题，使咨询政策和办理相关业务的业户着急来，满意归。积极推行限时办结制、预约服务制，承诺什么时候办结的必须按时办结。2009 年，服务大厅举办了 1 期手语培训班，要求工作人员掌握常用手语，遇到特殊的服务对象时可以有备无患，提供更周到的服务。2010 年上海世博会期间，进沪旅游车辆猛增，运管窗口人员经常放弃休息时间，随时为客户发放包车标志牌，同时主动实行预约服务，受到企业的好评。海事窗口实行延时服务，免得船民办一件事跑两次腿。同时在上海世博会期间还增加人员负责船检受理业务，严格各项业务的审批办理程序，确保不出任何问题。

4. 完善服务设施，创优服务环境

建立统一、开放、规范的办公大厅，科学设置工作岗位，统一配置办公桌椅和电脑设备。办公物品摆放方便有序、整齐统一。添置必要的服务设施，如为服务对象提供休息、等候和填写表格的桌椅，张贴照片的浆糊、剪刀等。引导指示标志设置合理、规范，公告牌、饮水机、日历、时钟、座椅、痰盂、雨伞、常用药箱等便民设施齐全，禁烟等文明提示醒目、光亮，办公环境赏心悦目。大厅还专设义务导办员引导服务，帮助文化水平低、视力不好的办事人员填写资料、表格，仅 2010 年，提供填表服务达 1873 人次。大厅的液晶显示屏不停滚动显示办事项目、依据、流程、收费标准、通知等，每个窗口都免费提供项目办理指南和示范样本，按月公示许可项目办理情况，接受社会群众监督。为优

化服务环境，还专门聘请2名保安，维持大厅内外秩序，防止“黄牛”干扰服务秩序。

5. 内抓规范管理，外树窗口形象

服务大厅始终坚持学习制度，使大家了解国家、省、市的宏观发展规划和相关政策法规，明确廉洁从政要求，保持清醒头脑和政治上的敏锐性。服务大厅的管理从劳动纪律、现场规范、工作程序和依法行政等方面建立了一整套规章制度，以此规范内部管理。先后制定了《投诉督查管理办法》《工作人员管理制度》《规范化服务标准》《廉政建设制度》《过错责任追究制度》《学习制度》《突发事件应急处理机制预案》等10余项规章制度，并公布上墙。强化目标管理，狠抓责任落实，建立健全监督激励机制，在办公场所设有意见举报箱，公布监督投诉电话。全体工作人员认真执行《江苏省交通行政执法行为规范》《盐城市交通行政执法人员“十项禁令”》，坚持秉公执法、依法行政、热心为民、优质服务，自觉遵章守纪、规范着装、文明用语，抵制各种行业不正之风，整个大厅团结和谐，规范有序。《江苏交通新闻》和盐城电视台对服务大厅“零投诉、零缺陷、零距离”的“一门式”服务工作情况作过专门报道。

6. 开展文体活动，打造文明团队

在提供优质服务的同时，服务大厅开展一系列文体活动，陶冶职工情操，加强精神文明建设，增强队伍的凝聚力。每年召开服务对象代表和行风监督员座谈会，听取意见和建议，接受监督，改进工作。2006年以来，服务大厅先后组织职工参观江阴市华西村社会主义新农村建设活动，参加盐都区郭猛鲜切花基地社会实践活动，举办国画培训及小型画展活动，举办游泳培训班，与市公路处养路费征收大厅举行新春联谊会。“三八”节举行女职工卡拉OK演唱纪念活动，“六一”儿童节组织大厅同志的子女到盐渎公园进行“亲子游”活动和到市交通运输局水上搜救培训中心游泳。除此，还安排大厅工作人员分期分批随所在单位外出学习考察。2008年，服务大厅与市交通综合服务信息中心联合召开加强服务窗口建设工作座谈会，通过相互观摩工作场所，学习交流工作经验，畅谈做好窗口服务工作的心得体会，达到沟通感情，激励信心，互帮互学，共创文明的目的。服务大厅在人员少、工作忙的情况下，还利用业余时间排练舞蹈《溜溜的康定溜溜的情》参加第二届交通文化艺术节的演出，获得优秀节目奖。服务大厅还因地制宜举行羽毛球比赛、圣诞节寻宝等活动，做到工作时间紧张、有序、规范，业余时间团结、活泼、开心，使工作人员保持健康的体魄，旺盛的精力，愉悦的心情，努力做好服务窗口的各项工作。四川汶川大地震发生后，大厅工作人员积极捐款，缴纳特别党费、特别团费，帮助灾区人民渡过难关。2009年春节，服务大厅14名女职工每人亲手织一条围巾，寄给灾区小朋友。2010年上半年大厅的工作人员主动捐款购买食品寄往云南会泽干旱灾区6户特困农户，充分体现了大厅工作人员的爱心和觉悟。通过一系列公益活动，奉献爱心、净化心灵，进一步提高职工的政治使命感和社会责任感。2010年，服务大厅开展读书活动，为每个职工发了一本《致加西亚的信》，要求大家写读后感，并举行“学英雄、讲传统、立足本职争先创优”朗诵演讲活动，达到自我教育的目的。平时，服务大厅领导从生活上关心职工，遇到雨雪天气，路远的同志回不去，就及时安排中午的盒饭。重大节日和高温季节都对窗口工作人员进行慰问，管理工作既按章办事、严格要求，又贯彻以人为本、实事求是的原则，使职工能安心、乐意在大厅工作。

四、获得荣誉

2007年3月，被盐城市妇女联合会评为“巾帼文明岗”；4月，被盐城市总工会评为“盐城市五一巾帼标兵岗”。2008年2月，被盐城市行政服务中心评为2007年度“优质服务大厅”；10月，被市交通局评为“十佳行政执法先进集体”；2008年第三季度至2009年第一、二季度，被市行政服务中心评为“先进分中心”。2009年1月，被市交通局评为全市交通系统“优质服务品牌”（阳光大厅）；4月，被江苏省总工会评为江苏省“工人先锋号”。2010年2月，被盐城市行政服务中心评为2009年度先进分中心。

（招嘎玛）

专记十一

崇尚精神文明 构建和谐交通

——盐城市交通文化节纪实

1988年以来,特别是"十五""十一五"期间,盐城市交通系统广大干部职工在抓紧交通基础设施建设、交通运输服务和交通行业管理的同时,注重精神文明建设,通过举办交通文化节的形式,弘扬新时期交通人奋发向上的进取精神,为盐城交通事业的发展不断加油鼓劲。

崇尚精神文明 构建和谐交通

交通文化节紧紧围绕"崇尚精神文明,构建和谐交通"主题,扎扎实实开展丰富多彩、积极向上、催人奋进的文化、艺术和体育活动,陶冶职工情操,促进交通职工素质全面提高,进一步推动了交通系统的三个文明建设。2005~2010年,盐城交通系统连续举办了五届交通文化节。

一、交通文化节组织领导

每届文化节,盐城市交通运输局都成立了由局领导和市直交通单位有关负责同志组成的交通文化节组委会。组委会主任、副主任由市交通局一、二把手担任。组委会下设办公室,具体负责交通文化节活动的牵头、策划、协调、督察、宣传报导等项工作。

2006~2010年盐城市历届交通文化节组委会领导名录

表112

年份	届次	主 任	党政职务	副主任	党政职务
2006年	一	刘长青	市交通局局长、党委书记	王长年 仇筱云 陈志超	市交通局党委副书记 市纪委驻市交通局纪检组组长 市交通局工委主任
2007年	二	刘长青	市交通局党委书记	潘进山 王长年 仇筱云 陈志超	市交通局副局长、党委副书记 市交通局党委副书记 市纪委驻市交通局纪检组组长 市交通局工委主任
2008年	三	管亚光	市交通局局长、党委书记	潘进山 陈志超 仇筱云 薛 华	市交通局副局长、党委副书记 市交通局工委主任 市纪委驻市交通局纪检组组长 市交通局副局长
2009年	四	潘进山	市交通局副局长、党委副书记	仇筱云 陈志超	市纪委驻市交通局纪检组组长 市交通局工委主任
2010年	五	潘进山	市交通运输局副局长、党委副书记	仇筱云 陈志超	市纪委驻市交通运输局纪检组组长 市交通运输局工委主任

二、交通文化节活动主题

交通文化节活动总的主题思想是：弘扬盐城交通文化，全面提升干部职工素质，充分激发三个文明建设的积极性，不断开创盐城交通发展的新局面。各届交通文化节活动的主题又各有侧重。第一届交通文化节的主题为：崇尚精神文明，构建和谐交通。强调交通建设以人为本，和谐发展。第二、第三届交通文化节的主题为：文明、和谐、拼搏、奋进。强调通过文化节活动，在交通系统广大干部职工中进一步弘扬正气，凝聚人心，鼓舞志气，开拓进取，继续谱写交通发展新篇章。第四届交通文化节的主题为：纪念改革开放三十周年。强调以文艺、体育活动为载体，宣传、歌颂改革开放三十年来，盐城交通人在交通事业的发展中做出的贡献，激励继续向上的斗志。第五届交通文化节主题为：弘扬交通文化，营造文明、和谐、拼搏、进取氛围。强调全力打造交通运输文化品牌，为盐城交通持续发展注入新的动力。

三、交通文化节内容

首届交通文化节，活动内容有6项：

1. 廉政文化周活动

(1)**求智为廉**　组织廉政知识竞赛，廉政短信、廉政书画作品征集、展评。

(2)**访贫思廉**　局机关和市直交通单位党员干部到挂钩扶贫村、社区、困难企业，访贫问苦，排忧解难。

(3)**家庭助廉**　局机关和市直交通单位，专题召开干部职工家属座谈会，宣传、贯彻盐城市纪委、妇联共同发出的大兴廉洁家风，创建幸福家庭倡议书，增强干部特别是领导干部家属思廉、促廉、助廉意识，提高当好贤内助、廉内助的主动性、积极性。

2. “海事杯”卡拉OK歌手演唱比赛

由盐城地方海事局承办。

3. “公路杯”职工篮球比赛

由盐城市公路管理处承办。

4. “运管杯”职工乒乓球比赛

由市运输管理处承办。

5. “民航杯”职工拔河比赛

由盐城民航站承办。

6. “高指杯”职工棋、牌比赛

由市高速公路建设指挥部办公室承办。

第二届交通文化节，活动内容有6项：

1.《交通名人风采》专题宣传

由下而上评选出盐城市交通系统行业劳动模范，勤政、廉政好干部及有突出贡献的交通管理、科技、文明创建人员共10人，对他们的优秀事迹通过文艺表演、媒体报导等多种形式，大力进行宣传，并在第二届交通文化节闭幕大会上予以表彰。

2. 交通文化征文交流

参选文章突出交通文化内涵，反映盐城交通三个文明建设成果，弘扬新时代交通精神，体现交通行业行为准则和价值观念。参选文章经评委评出一等奖2篇、二等奖3篇、三等奖4篇、优秀奖20篇。交通文化节安排一天时间，进行征文大会交流。

3. 交通职工摄影艺术比赛

摄影作品展现了盐城市交通系统广大干部职工在三个文明建设中取得的光辉业绩及平日工

作、学习、生活风采。参展作品经评委评出一等奖1幅、二等奖2幅、三等奖3幅、优秀奖30幅。

4. 廉政文化系列活动

组织廉政歌曲大家唱;"读文思廉"演讲;交通廉政格言、警句、对联、诗歌征集。评委分别评出了一、二、三等奖和优秀奖获得者。

5. 交通歌手演唱比赛

比赛现场,评委评出了一等奖2名、二等奖4名、三等奖6名、优秀奖15名。

6. 职工体育比赛

项目有篮球、乒乓球、拔河、羽毛球、中国象棋。其中,篮球前四名获奖,乒乓球团体前四名,男单前六名、女单前四名获奖,拔河团体前四名获奖,羽毛球男女单打各前四名获奖,中国象棋团体前三名、个人前六名获奖。

第三届交通文化节,活动内容有8项:

1. "交通之星"评选宣传

由下而上,层层评选推荐,最后产生盐城市10名"交通之星"。"交通之星"的先进事迹,通过报纸、电视台、《盐城交通》等媒体宣传报导,扩大社会影响,树立交通人进取向上形象。

2. 交通效能建设、交通作风建设先进事迹巡回报告

由盐城市公路、航道、海事系统和民航站各推荐1个先进典型,运管系统推荐2个先进典型,组团到各交通单位巡回报告。

3. 交通职工摄影艺术比赛

4. 交通职工书画展览

参展作品讴歌盐城市交通发展的新成就;展示交通文化建设的新成果;体现交通系统广大干部职工打造廉政交通、构建和谐交通的工作、学习和生活的新风貌。

2007年12月22日,市交通局隆重举行第三届交通文化节,成功举办了文艺、体育、廉政文化和"交通之星"评选等15项活动,产生了34个团体奖和176个个人奖,8个单位荣获优秀组织奖

5. 廉政文化系列活动

组织"风清气正,政通人和"交通廉政诗歌作品征集及朗诵比赛。参赛的作品,歌颂新时代涌现出来的交通勤廉兼优的先进典型,弘扬清风正气,倡导亲民和谐理念,营造良好的反腐倡廉环境和舆论氛围。同时组织"说一句、献一策、进一言"征文。所有参赛作品经筛选后确定100篇入围,最后由评委评出一等奖、二等奖、三等奖和优秀奖,并汇编成册和在有关媒体上发表。

6. 交通歌手演唱比赛

7. 职工体育比赛

具体项目有篮球、乒乓球、羽毛球、象棋及水上救助技能赛。水上救助技能赛主要是游泳比赛。比赛分个人100

市交通局局长、党委书记管亚光在盐城市第三届交通文化节闭幕式上致辞

米赛、团体 4×50 米接力赛两种。个人赛前 5 名,团体赛前 4 名获奖。

8. 第三届交通文化节文艺演出

晚会有短剧、小品、相声、快板、演唱、诗歌朗诵等,内容紧扣宣传盐城交通三个文明建设成就,讴歌交通人创新、创业、敬业精神,颂扬构建和谐交通、廉政交通、法治交通先进典型,突出鲜明的时代特色。

第四届交通文化节,活动内容有 5 项。

1. “交通之星”“交通品牌”和“交通服务之星”评选与宣传

经由下而上推荐、评选,最后由交通文化节评委确认盐城市交通系统“交通之星”10 个、“交通服务之星”10 个、“交通品牌”5 个。其典型事迹材料除在媒体上宣传外,相关单位和个人还受到了表彰。

2. 廉政文化活动

通过“清风颂”勤廉故事征集、评比、宣讲,讴歌新时代涌现出的盐城市交通系统勤廉兼优的先进典型,激励勤廉建设进一步向前发展。勤廉故事征集和演讲比赛前三名受到奖励。

3. “改革颂”交通系统大合唱比赛

以纪念改革开放 30 周年为主要内容,在盐城市交通局机关、各县(市、区)交通局和市直各交通单位组织“改革颂”全市交通系统大合唱比赛,评委现场评出一等奖 2 个、二等奖 3 个、三等奖 5 个。

4. 职工体育比赛

5. 交通改革开放 30 年文艺汇演

以短剧、小品、相声、快板、演唱、诗歌朗诵等文艺表演形式,展示改革开放 30 年来盐城交通三个文明建设成就及广大交通人立业、创业、敬业精神风貌。

第五届交通文化节,主要活动内容有 5 项:

1. “交通之星”“交通品牌”“交通服务之星”评选与宣传

2. 交通廉政文化征文

围绕《廉政准则》规定的“8 个方面禁止”“52 个不准”,结合盐城市交通廉政建设的实践,组织全系统广大干部职工参与交通廉政文化征文活动。主要领导及领导班子成员带头撰写文章,党员干部、群众紧紧跟上,营造人人学习、宣传、遵守、执行《廉政准则》的良好风气。

3. 交通职工书画、摄影比赛

4. 交通职工文体比赛

内容包括卡拉 OK、合唱、拔河、象棋、“掼蛋”等。

5. 第五届交通文化节文艺汇演

四、交通文化节成果

在一至五届交通文化节中,盐城市交通局累计举办文艺、体育、征文和先进典型评选、宣传活动 57 项次,产生了先进团体 113 个,先进个人 697 人。其中,首届交通文化节,有 640 名干部职工参加了各类活动和比赛,有 18 个代表队和 242 人次获奖。第二届交通文化节,先后举办了文艺、体育、征文和先进典型评选等 15 项活动,产生了 24 个先进团体和 182 个先进个人,有 8 个单位荣获优秀组织奖。第三届交通文化节新增了“交通之星”评选、宣传及水上救助比赛项目,获奖团体 34 个,获奖个人达 176 人,获优秀组织奖单位 8 个。

盐城交通文化节,为盐城市交通系统广大干部职工搭建了文化平台,大家在一起,互相学习、交流、切磋,既增进友谊,又陶冶情操;既凝聚人心,又鼓舞斗志。交通文化节的成功举办,充分展示了盐城市交通人健康向上的人生轨迹和“勇争一流,追求卓越”的精神风貌,充分展示了盐城交通文化建设的可喜成果,大大提升了盐城交通的社会形象,对盐城交通在“十一五”期间实现率先发展、科学发展、和谐发展起到了积极的促进作用。 (李世航 傅臣毅)

第二节 盐城市高速公路建设指挥部

盐城市高速公路建设指挥部(以下简称市高指)1998年2月成立,负责全市高速公路建设的组织领导、现场指挥、质量管理、安全监督、廉政自律和矛盾协调处理工作。盐城市高速公路建设指挥部办公室(以下简称市高指办),于2001年3月成立,为正处级事业单位,隶属盐城市交通局领导。内设综合处、计划处、工程处、技术质量监督处、财物处、督查处6个处室和省纪委派驻市高指纪检组。为更好地担当起"十五"期间全面开工建设盐通、淮盐、连盐高速公路建设管理任务,将市高指办职能强化,设立为盐通、盐淮、盐连3个项目办,下设6个现场管理处,项目办主任分别由市高指3名副指挥兼任。施工高峰期,抽调人员多达100多人。2010年年末,市高指办编制20人,实有13人。办公地址:2005年6月,由市交通高级技工学校东校区迁至市平安路5号原航道处办公楼。

根据江苏省高速公路建设领导小组决策,高速公路建设采用"省高指监管、市高指建设、省交投公司筹资"的建设管理模式,省高指根据国家批准的工程建设规模、概算和有关政策,与市高指签订工程项目总承包协议书。市高指办在市高指的监管下,履行业主代表和总监办事机构的职责。在项目建设过程中,市高指严格遵守基本建设程序,依据国家规范,参照国际通用的FIDIC条款和交通部通用招标文件范本,代省高指制定江苏省高速公路各项施工、监理招标文件,通过国内公开招标选择承包商和驻地监理组。同时,自上而下成立高速公路建设纪检监察机构,实行纪检监察派驻制度,对重点工程建设起到监察和保驾护航作用。高速公路沿线各级政府也相应成立高速公路建设管理机构,协调处理地方矛盾和征地拆迁工作,营造工程施工良好的建设环境。

1998~2008年,盐通、淮盐、连盐高速公路盐城段,宁靖盐高速公路盐城北段计326.33公里(建设里程,其中盐城市境内322.50公里)全部建成通车,工程质量达到优良以上。2008年后,主要是做好质保期的有关工作,档案资料向省有关高速公路公司进行移交以及盐淮高速公路盐城至大丰港段和阜(宁)建(湖)高速公路建设前期准备工作。2004年5月,市高指被省总工会授予省五一劳动奖章,是全省各市高指中唯一获此殊荣的单位。

1998~2013年10月盐城市高速公路建设指挥部领导名录

表113

职务	姓 名
指挥	袁世珠(女,兼任) 周古城(女,兼任)
常务副指挥	张守敬 陶 超 张洪达 刘长青 管亚光
副指挥	孙桂聪 周启兆 顾慧春(女) 周 忠 项晓晴(女) 裴义婷(女)

2001~2013年10月盐城市高速公路建设指挥部办公室领导名录

表114

职务	姓 名
主任	刘长青 管亚光
副主任	顾惠春(女) 项晓晴(女)
党总支书记	束必专

2001～2013 年 10 月盐城市高指办各处(组)、项目办负责人名录

表 115

职务	姓　名
综合处处长	杨汉平　许　卫
综合处副处长	刘春兰(女)　杨岚亭
计划处处长	储骏骅　姚云逸
工程处处长	刘善一　叶仲明
工程处副处长	刘　军　秦长国　姚云逸　吴军
技术监督处处长	李洪安　周正殿
技术监督处副处长	周正殿
财物处处长	徐振声　蔡中冠　尤红梅(女)
财物处副处长	陈　谦　王庚喜
督查处处长	吉电广
督查处副处长	王庚喜
省纪委派驻盐城市高指纪检组组长	王普建　崔桂林
省纪委派驻盐城市高指纪检组副组长	刘训国　张文寰
盐通项目办主任	顾惠春(女,兼任)　周　忠(兼任)
盐通项目办副主任	秦长国
盐淮、盐丰项目办主任	周启兆(兼任)
盐淮、盐丰项目办副主任	叶仲明　姚云逸　陈惠民　姚立斌　张红兵　陈春良
盐连项目办主任	周　忠(兼任)　项晓晴(女,兼任)
盐连项目办副主任	陈谦　李洪安　夏春柏

第三节　盐城市铁路建设办公室

一、机构沿革

盐城市铁路建设办公室(以下简称市铁路办)成立于 1987 年 10 月,时名盐城市铁路筹建办公室,设在市交通局,为全额拨款事业单位,所需人员从交通系统内部抽用。1988 年 5 月,市编委盐市编〔1988〕33 号批复核定市铁路筹建办公室全民事业编制 5 名。1992 年 3 月,市铁路筹建办公室划归市计划经济委员会管理,暂定为副处级建制。10 月,市编委盐市编〔1992〕103 号批复将市铁路筹建办公室更名为新长铁路盐城段筹建处,人员编制由 5 名增加到 15 名。1995 年 5 月,市政府盐政发〔1995〕111 号《关于明确盐城市铁路筹建办公室机构级别等有关问题的通知》,将新长铁路盐城段筹建处更名为盐城市铁路筹建办公室,为副处级建制,归口市计划经济委员会。当年 9 月,市编办同意市铁路筹建办公室内设计财科、工程技术科、物资设备科。1996 年 8 月,盐城市政府办公室盐政办发〔1996〕120 号文印发市铁路筹建办公室职能配置内设机构和人员编制方案,明确市铁路筹建办公室是市政府筹备铁路建设工作的职能部门,为正处级事业单位,内设综合科、协调督查科、规划计划科、工程建设管理科、财务科,暂定事业编制 25 人(含工勤人员)。1997 年 9 月,市编委、

市人事局盐市编〔1997〕86号、盐人〔1997〕28号文明确市铁路筹建办公室为第一批依照公务员制度管理事业单位。2004年3月，市政府专题会办确定对市铁路筹建办公室部分人员进行分流，至当年10月，有6名工作人员被分流至市规划局、市劳动局等部门。2007年8月，市编委盐市编〔2007〕41号文确定将市铁路筹建办公室更名为盐城市铁路建设管理办公室，并入市交通局、保留原单位性质和级别，核定事业编制10名，原经费渠道不变。2010年2月，根据《中共盐城市委盐城市人民政府关于印发〈盐城市人民政府机构改革实施意见〉的通知》（盐委〔2010〕8号文），组建市交通运输局，挂市铁路建设办公室牌子，不再保留市交通局、市铁路建设管理办公室。当年4月，市政府成立连盐铁路盐城段建设指挥部，下设办公室，以市铁路办人员为基础，从市直交通单位抽调10多名人员，在市平安路5号集中办公。2010年年末，市铁路办内设规划计划处、建设工程管理处、质量安全监督处（综合处），事业编制10人，实有10人。办公地址：市世纪大道21号。

二、主要职责

贯彻执行国家有关铁路的方针政策和法律法规，拟订全市合资铁路、地方铁路的中长期规划和年度计划；负责全市合资铁路、地方铁路建设项目的前期工作，配合项目业主实施征地拆迁，协调解决铁路建设管理方面的有关问题；拟订全市铁路建设筹融资办法，筹措并监管全市铁路建设资金；承担全市合资铁路、地方铁路安全生产监管工作；协助铁路营运部门实施铁路两侧水土保持工作和监督管理铁路两侧的建筑设施，配合铁路营运部门开展铁路运输生产和营运管理。

市铁路办建立以来，圆满完成新（沂）长（兴）铁路盐城段157.15公里线路和车站建设的征地、拆迁等前期准备和建设任务；完成盐城火车站改扩建工程的前期准备和建设任务；完成建军东路公路跨铁路立交桥的建设任务；完成盐城铁路发展规划的制订、修编工作；完成连（云港）盐（城）铁路、新长铁路盐城至海安段复线电气化改造以及沿海港口和重点企业铁路专用线前期工作；完成铁路运营的协调工作和路外安全管理工作。1988年以来，市铁路办获得市政府“基础设施建设目标管理奖”、被市政府表彰为“全市铁路建设工作先进集体”“盐城火车站地段改造工作先进集体”；被省铁路办表彰为“全省铁路工作先进集体”。

三、历任领导

1988～2013年10月盐城市铁路建设办公室领导名录

表116

职务	姓　名
主　任	孙志宏（兼任）　孙桂聪（兼任）　吴道明（兼任）　李曙光　管亚光（兼任）　潘进山
党组书记	李曙光　管亚光
副主任	季友凯　李曙光　徐修俊　吴树堂　孙其康　王　铮　郭东成　周正雄
副调研员	王　铮　徐修俊　吴树堂　孙其康　商　颖
主任助理	郭东成

说明：2010年1月，市铁路办党组撤销

四、机关处室

1. 规划计划处

规划计划处的主要职责：组织拟订全市铁路建设规划；组织全市铁路建设项目（包括铁路专用

线）的申报立项等前期工作，参与全市铁路建设项目（包括铁路专用线）的勘测、设计工作；负责铁路项目前期工作资料的收集、整理工作；负责铁路施工的组织协调工作；会同有关部门开展有关设计优化工作。

规划计划处处长：杨华

2. 建设工程管理处

建设工程管理处的主要职责：拟订并组织实施铁路建设征地拆迁计划；指导监督工程沿线县（市、区）的征地拆迁工作；监督并统计工程施工进度；管理铁路建设技术档案；会同工程沿线县（市、区）政府和有关部门协调铁路建设过程中的矛盾。

建设工程管理处处长：惠德林

3. 质量安全监督处（综合处）

质量安全监督处（综合处）的主要职责：组织协调承办机关行政工作和有关会议及活动，起草重要文稿；负责承办机关文电、档案、保密、对外联络等行政后勤事务；拟订全市铁路建设筹融资办法，组织筹措并监管全市铁路建设资金；指导并监督管理全市合资铁路、地方铁路建设的工程质量和安全生产工作；协助铁路营运部门实施铁路两侧水土保持工作和监督管理铁路两侧的建设设施，配合铁路营运部门开展铁路运输生产和营运管理。

质量安全监督处（综合处）副处长：丁娅（女，主持工作）

第四节　盐城市港口管理局

一、机构沿革

盐城市港口管理局于2007年3月正式挂牌成立，为副处级建制，隶属于市交通局管理。2009年8月，成立盐城港港口局（筹），为市政府工作部门，正处级建制，承担盐城港规划、建设、管理等相关行政管理工作，并将市交通局所属的市港口管理局相关职能及行政编制一并划入该局。2010年5月，根据盐委〔2010〕8号《中共盐城市委盐城市人民政府关于印发〈盐城市人民政府机构改革实施意见〉的通知》，设立盐城市港口管理局，挂盐城港港口局牌子，为市政府工作部门。市港口管理局内设综合处、规划建设处（沿海港口项目招标投标办公室）、港务管理处、财务审计处，均为正科级，另按规定设置纪检（监察）机构。2010年行政编制14人，实有11人（含借用6人）。办公地址：大丰市海洋经济区中央大道1号。

二、主要职责

一是贯彻执行国家和省有关沿海港口的方针政策、法律法规和规章，拟定全市沿海港口发展和管理的政策措施并组织实施。二是统一管理全市沿海港口岸线资源。组织编制盐城港总体规划及全市沿海港口发展规划，组织编制并监督实施各港区控制性详细规划和专业规划。三是组织拟定全市沿海港口建设计划，指导并参与沿海各港区公用基础设施的建设、维护和管理工作，参与省、市重大港口项目的前期工作。四是监督管理沿海港口建设市场秩序和经营秩序，监督管理沿海港口工程建设项目的招投标工作，监督管理沿海港口安全生产，指导沿海港口突发事件的应急管理工作。五是负责沿海港口的港政管理。指导和监督沿海港口行政执法工作，负责辖区内船舶引航管理工作，承担沿海港口规费征收工作。六是指导沿海港口的信息化工作，推进沿海港口的科技进步。七是负责协调沿海各港区重点物资、军事及抢险救灾等物资的港口作业管理和服务工作。八是承办市政府交办的其他事项。

三、历任领导

2007 年~2013 年 10 月盐城市港口管理局领导名录

2007 年 3 月~2009 年 8 月(隶属市交通局,副处级建制)

表 117

职务	姓 名
局长	裴义婷(女)
副局长	王世法

2009 年 8 月~2013 年 10 月(列市政府部门,正处级建制)

续表 117

职务	姓 名
局长	朱新龙　葛春宽
党组书记	管亚光
党组副书记	倪尚荣　葛春宽
副局长	倪向荣　裴义婷(女)　诸裕良　赵　飞　周广展
纪检组长	王世法

四、机关处室

1. 综合处

综合处主要职责:组织协调有关重要会议和活动;负责综合性文件、报告的起草工作;负责文秘档案、机要保密、政务督查、信息公开、公务接待、资产管理等机关行政事务和后勤保障工作;负责机关和直属单位的机构编制、组织人事、教育培训和对外宣传工作。

综合处:先后由徐怀聪(副处长)、薛俊主持工作

2. 规划建设处(沿海港口项目招标投标办公室)

规划建设处(沿海港口项目招标投标办公室)主要职责:组织编制盐城港总体规划;拟订各港区控制性详细规划和相关专业规划;拟订并组织实施全市沿海港口发展规划和年度建设计划,指导、督查各港区港口建设工作;负责全市沿海港口岸线资源的管理工作(含港口岸线报批);组织指导并参与沿海各港区公用基础设施的建设、维护和管理工作;组织建设项目的报批、设计文件审查等前期工作;监督管理沿海港口工程建设项目招投标工作,组织参与港口建设项目设计审查、开工备案、质量督查和竣工验收等建设管理工作;负责沿海港口基础设施统计工作。

规划建设处(沿海港口项目招标投标办公室):陈蓉(女)主持工作。

3. 港务管理处

港务管理处主要职责:负责沿海港口安全生产的市场准入管理、危险货物港口作业资质认定和港口设施保安管理等工作;负责港口科技进步、信息化建设、节能减排和环境保护工作;负责协调重点物资、军事及抢险救灾等物资的港口作业管理和服务工作;参与沿海港口建设项目工程安全的监管;负责港口企业(除港口理货企业)的经营许可工作;负责辖区内船舶引航管理工作。

港务管理处:胡大俊主持工作。

4. 财务审计处

财务审计处主要职责：承担财务收支计划、会计核算、财务管理、预算编制、决算报表和财务审计等工作；负责沿海港口规费征收、代征和监管工作。

财务审计处：袁雪梅（女）主持工作

5. 机关党支部

中共盐城市港口管理局机关支部委员会于2010年11月经市级机关工委批复成立。其主要职责：宣传贯彻党的路线、方针、政策和国家的法律法规，执行上级党组织的决议，团结、组织党员干部完成各项工作任务；加强党支部自身建设，负责对党员干部进行教育、培训、管理和监督。按照上级党组织的要求，做好发展党员工作；严格党的组织生活，维护和执行党的纪律，教育党员切实履行义务，保障党员的权利不受侵犯；密切联系群众，了解党员和群众的思想、工作和生活情况，做好经常性的宣传教育工作，维护社会稳定；搞好精神文明建设，做好党员干部的思想政治工作，教育党员干部遵纪守法，保证和促进港口建设与发展。

党支部书记：王世法（兼）；副书记：王浦江。

第五节　盐城市交通控股集团有限公司

盐城市交通控股集团有限公司于2001年12月组建。按照市委、市政府的要求，组建市交通控股集团主要是为了实现政企分开，建立适应盐城交通基础设施建设的投融资体制，实施交通国有资产优势重组，充分发挥资本营运功能，以做大、做强、做优企业为目标，实现国有资产的保值增值。

盐城市交通控股集团有限公司的主要工作内容：一是负责市直交通企业基层党组织和党员的党建工作；二是负责5个交通企业的安全管理、综合治理工作，负责纪检、监察、群团、信访、军转干部、打击邪教“法轮功”等项工作；三是负责原市船务实业总公司破产后的遗留问题处理；四是负责离休干部和市交通建设工程有限公司改制后200多名事业性质退休、内养人员的管理；五是负责已改制的江苏盐阜公路运输集团有限公司、市新阜公路有限责任公司、市交通建设工程有限公司、盐城港口集团的改制后续工作和江苏华通航运集团有限公司的企业清产工作。市交通控股集团有限公司内设党委、行政办公室，人力资源部，财务审计部和投资发展部。2010年年末，有干部职工22人，办公地址：市工农路100号5楼北首。

市交通控股集团有限公司2002年被盐城市委宣传部授予“政工专业人员岗位培训先进集体”；2003年被盐城市总工会授予“先进集体”，被盐城市委、市政府评为“先进集体”；2004年被盐城市委宣传部授予“先进集体”，被盐城市总工会授予“维权工作先进单位”；2005年、2006年被盐城市委、市政府授予“社会治安安全单位”。

2001～2012年11月盐城市交通控股集团有限公司领导名录

表118

职务	姓　名
董事长、党委书记	刘长青
总经理、副董事长、党委副书记	陆　进
副总经理	王延虎　曹兆祥　朱克林

2001～2012 年 11 月盐城市交通控股集团有限公司各部室主要负责人名录

表 119

职务	姓　名
党政办公室主任	姚建中
人力资源部副主任	刘必仁　张志军(主持工作)
财务审计部负责人	陈明华　姚建中(兼任)

说明:2012 年 11 月成立盐城市交通企业服务中心,在市交通运输局机关服务中心增挂牌子,接替履行市交通控股集团职能,由陆建平兼任该中心主任

第六节　盐城市交通投资有限公司

2006 年,盐城市新一轮交通基础设施建设大规模启动,资金压力空前,根据市政府专题会议纪要(2006 年第 16 号)的精神,盐城市交通投资有限公司于 2006 年 3 月 31 日注册成立,为国有独资企业,不隶属于交通部门,但具体运作仍由市交通局负责。公司初始注册资金 0.80 亿元,分别由市财政和交通局投入。2007 年 11 月,为增强公司投融资能力,结合申请土地的需要,公司注册资本调增至 2 亿元,资本结构为现金 0.60 亿元,市政府以出让形式划入公司的火车站地块 17.33 公顷土地评估作价 1.40 亿元。公司的主要职能是:想方设法融通资金,保障政府重点工程的顺利实施,对公路、桥梁、站场、港航基础设施、物流运输、物流设备、工程建设设备、房地产业、交通工业项目的投融资。

2008 年年末,市交通投资有限公司总资产达到 20.50 亿元,负债总额 12.70 亿元,资产负债率 62%。公司自成立以来至 2008 年,累计向金融机构直接融入资金 5.10 亿元,向土地储备中心借款 1.20 亿元。承担的项目主要有 G204 绕城段、火车站地段改造工程、盐城南洋机场扩建工程、沿海高速公路市开发区接线一期拓宽及二期新建工程、S234 新洋港大桥接线、宁靖盐高速公路青墩接线、盐城交通技师学院搬迁工程和市交建集团、港口集团改制费用等。对外投资主要是参股滨海港开发有限公司 100 万元,占总股份的 10%。2009 年 1 月,市政府国有资产监督管理委员会盐国资〔2009〕1 号通知,将盐城民航站国有资产划归市交通投资有限公司,市国资委持有的江苏盐阜公路运输集团有限公司 37.12% 股权一并划归市交通投资有限公司持有。当年,市交通投资有限公司落实贷款 10.10 亿元。2010 年落实贷款 10.23 亿元,借款 0.90 亿元,还贷 8.52 亿元,当年新增贷款和可用资金 4.89 亿元,缓解了交通工程建设的资金压力。

2006～2013 年 10 月盐城市交通投资有限公司领导名录

表 120

职务	姓　名
董事长	张洪达　管亚光
副董事长	刘长青　肖紫英(女)　葛树仁　陈正华　王克源　徐兆军
总经理	刘长青　管亚光
副总经理	曹兆祥　杨　春　张志广　孔德怀　吉电广

第七节　社会组织

一、盐城市交通运输协会

1. 机构沿革

盐城市交通运输协会(以下简称市交协),于1985年由盐城市交通局、邮电局、工商局、物价局、商业局、盐城师范专科学校等单位发起,经盐城市民政局批准注册登记成立,为享有独立法人资格的民间社团组织,是中国交通运输协会、江苏省交通运输协会团体会员、理事单位。2003年,市交协各县(市、区)联络处及邮政分会、客运分会、货运分会相继成立。2005年,市交协工程分会成立。2008年,盐城市民政局批复,同意在盐城市交通运输协会增挂“盐城市道路运输协会”牌子,实行两块牌子、一套班子,合署办公。至2010年,市交协内设办事机构(秘书处)1个及客运、货运、邮政、工程4个分会,下辖县(市、区)联络处9个,共有会员单位227个。

市交协自成立起至2010年止,先后召开过5届理事大会,选举了会长、副会长、秘书长,为协会工作的顺利开展提供了组织保证。

1986～2011年盐城市交通运输协会历届理事会领导名录

表121

年份	届次	会　长	常务副会长	秘书长
1986	一	李涛洪	-	唐兆宏
1990	二	宋寿珍	-	唐兆宏
1996	三	宋寿珍	-	王金坤
2002	四	刘长青	姜海昆	王金坤
2008	五	管亚光	姜海昆	王金坤
2011	五	刘长青	姜海昆	王金坤

2. 职责范围

协助盐城市政府相关部门调查研究,治理整顿,建立统一、开放、竞争、有序的综合运输市场体系;探索盐城市交通(含民航、铁路、港口)、邮政改革思路,推行现代企业制度;收集、整理、研究历史资料,向市政府及行业主管部门提供盐城市交通运输、邮政事业发展战略和相应的经济技术政策建议;配合政府行业管理部门,加强盐城市交通、港口、邮政行业之间横向联系,发展综合运输;承接行业部门、会员单位委托,办理有关项目调研和可行性论证及旨在提高工作效率、经济效益方面咨询服务;开展国内外相关社团、企业交流合作,取长补短,提升协会工作和企业生产经营、管理水平;反映企业诉求,争取政府政策支持,维护行业和会员企业合法权益;帮助行业有关部门和企业培训交通、邮政综合经济、技术业务和经营管理人才;出版协会会刊,传递信息,交流经验,表彰先进,助推交通、邮政行业健康发展;参与行规行约研究、制定,建立行业自律机制,规范行业行为,创造良好的职业道德和行业风尚;完成政府及行业主管部门、会员单位委托办理的其他事项。

3. 主要工作

(1)**开展课题研究**　协会深入实际,针对面上存在的难点、热点问题,展开专题调研。通过走访、询问、座谈讨论、查阅相关信息,掌握大量第一手资料。在此基础上先后撰写了“关于推进盐城物流发展”“城乡公交一体化”“盐城市区客运站布局”“内河水运又好又快发展的对策与思考”“铁路客运快速发展下的公路客运发展策略”“盐城市区公交和盐城市公交总公司现状、问题与对策”“盐城市出租车行业的改革改制”等30多篇调查研究报告，分别报送盐城市政府及有关主管部门、江苏省交通厅，及时向政府和主管部门进言献策，起到参谋助手作用，受到肯定和好评。

(2)**反映企业诉求**　1988～2010年，协会累计召开各类座谈会50多次，300多个会员单位(次)，400多人(次)参加了会议。对会议提出需要解决的问题，协会经过梳理，分别向盐城市交通局及运管、海事、公路、航道、交警、税务等部门作反馈，引起了重视，不少问题都得到解决。其中：建湖县金阳交通设施有限公司在资质申报中遇到困难，协会商请盐城市交通工程质量监督站领导到现场指导，帮助化解了难题。盐城邮政局邮政车，进盐城市汽车客运总站受阻，协会出面协调，矛盾很快得到解决。建湖县一水运企业反映航道上有乱收“护航费”现象，协会及时提请盐城市海事局调查处理，停止了不当收费。盐城交建集团和盐城市路桥工程公司在申报施工资质中，项目经理、工程技术人员归属相互扯皮，协会花了一个多月时间，在摸清情况的同时，多次出面协调，并向盐城市交通局作了汇报，最后两家施工企业的资质都上了一个等级。盐城客运公司和盐城市公交总公司为开农公班车发生冲突，有人准备械斗。知情后，协会主动出面，做双方的思想工作使紧张的情绪被缓和了下来。

(3)**组织交流研讨**　2004～2010年，通过协会牵头，召开各类经验交流会20多次。其中，2004年7月召开了水运企业改革改制、生产经营经验交流会，同年11月份召开了客运企业公司化经营研讨会。2005年7月召开了客运站经营管理现场交流会，同年10月，召开了水陆客货运输企业经营交流会。2006年6月，召开了公路客运安全经验交流会，同年11月，召开了出租车企业经验交流会，12月，召开了交通工程施工项目经理座谈会。2007年9月，召开了交通企业文化建设研讨会，同年12月，召开了施工企业现场管理经验交流会。2008年6月，召开了公路客运应对铁路客运研讨会。通过交流会、研讨会，企业坐到一起，互相交流，互相学习，取长补短，共享成功经验资源，促进企业共同发展繁荣。

(4)**牵头考察学习**　协会经常采用走出去的方法，组织企业到外地淘宝取经，寻找发展的新思路。2003年，组织盐城市盐阜集团及盐城市星宇、神龙客运公司负责人去无锡、苏州、南通考察学习公司化经营经验。2004年，组织盐城市公交总公司和盐都、亭湖区运输管理部门到江苏淮安、浙江嘉兴考察学习城乡公交一体化经营经验。2005年10月，组织盐城市客运站、运管客运管理人员到浙江杭州等地考察学习客运管理工作经验。2009年9月，组织交通工程施工企业到山西悦达集团投资建设的汾平高速公路工程工地，考察学习悦达人开拓进取的创业精神。2010年10月，组织交通工程施工企业负责人，到江苏稳强海洋工程有限公司(驻南通)、江苏华源建设集团(驻苏州)、江苏海洋航务打捞有限公司(驻镇江)、江苏蛟龙打捞航务工程有限公司(驻南京)考察学习水上打捞企业奋发进取做大做强的经验。一系列考察学习活动，让人们扩了眼界，取了经，充了电，为交通业的不断发展增添了新的动力。

(5)**培训从业人员**　2003～2010年，协会共举办各类培训班45期，近7000人次参加了学习。其中，2003年受盐城市交通局委托，承办全市交通安全系统管理人员培训班，84人参加了学习。2004年受盐城市交通局政策法规处委托，举办了2期宣传贯彻《行政许可法》培训班，公路、航道部门210人参加了学习。2005～2010年，受盐城市运输管理处委托，举办了30期道路危险货物运输押运人员培训班，5500多人次参加了学习。同时，举办了危险货物运输从业人员继续教育培训班9期，900多人次参加了学习。

(6)**创办《交邮信息》**　2002年，协会创办《盐城交邮信息》。起初不定期发行，后改为月刊，发行量达300多份。内容主要包括：宣传交通法律、法规，发布水陆运价信息及整个行业运行动态，介绍先进单位、个人典型经验，传达中交协、华东片区交协、省交协有关会议精神，对促进企业依法办事，守法经营，互帮互学，协同发展，起到了积极作用。

(7)**编纂交通志书** 受盐城市交通局委托，协会于2009年1月承担了《盐城市志·交通卷》《盐城市交通运输志》编纂任务。至2011年3月，已完成《盐城市志·交通卷》28.50万字初稿、30.10万字专审稿、20.80万字送审稿和15万字上报稿及《盐城交通运输志》部分章节初稿起草任务。

(8)**搞好自身建设** 协会从四个方面加强自身建设：思想建设上，坚持每周星期二上午组织驻会人员学习邓小平理论，"三个代表"重要思想，科学发展观，党的路线、方针、政策，及中央、省、市有关文件，统一协会成员思想，行动上和党中央保持一致。组织建设上，逐步健全完善协会内部及分支机构，不断壮大协会队伍，仅2010年就新增加32个新会员单位，会员单位总数达到了227个。作风建设上，驻会人员实行每天按时上下班，每周工作5天制度，奉行实事求是、求真务实、团结协作、艰苦创业、乐于奉献的团队精神。制度建设上，严格按照协会章程每5年换届一次；每年召开一次常务理事会或全体理事会议；每半年召开一次联络处主任会议，及时报告协会工作、讨论研究重要事项、通报会费收入及财务支出情况。

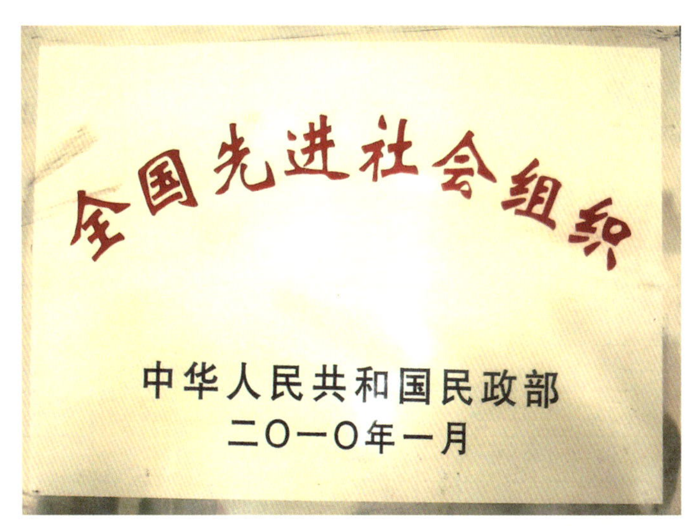

2010年1月，盐城市交通运输协会被民政部表彰为全国先进社会组织

由于领导重视，社会支持，自身奋斗，盐城市交通协会取得了可喜的成绩，多次受到市、省、国家相关部门表彰奖励，成了社团组织中的皎皎者。盐城市交通运输协会并未满足，而是继续朝着更高的目标奋力前进，争取再创新的业绩。

1995～2010年盐城市交通运输协会受表彰奖励情况

表122

年　月	表彰奖励单位	表彰奖励内容
1995年4月	盐城市人民政府	先进社团
2003年2月	江苏省交通运输协会	江苏省国际交通展二等奖
2004年3月	江苏省交通运输协会	2002－2003年度全省交协先进集体
2004年12月	盐城市民政局、人事局	先进社会团体
2007年4月	江苏省民政厅	江苏省百强行业协会
2009年5月	盐城市民政局	全市民间组织争先创优工作先进行业协会
2010年1月	民政部	全国先进社会组织

二、盐城市汽车维修行业协会

1. 机构沿革

1990年3月，经盐城市计划经济委员会盐市经〔1989〕220号和盐城市交通局盐市交汽〔1989〕015号文件批复，盐城市汽车维修行业协会（以下简称市汽修协会）成立，1992年4月，盐城市民政局以盐民社〔1992〕14 号文准予登记认可。1993 年经协会常务理事会研究并报盐城市民政局批准，盐城市各县(市、区)设立了市汽修协会工作委员会。1997 年，市汽修协会增设了市直工作委员会，同时明确各工作委员会为市汽修协会派出机构。市汽修协会为盐城市行政区域内从事汽车维修、检测及相关活动的企业、事业单位和团体、个人在平等、自愿基础上依法成立的具有法人资格的地市级行业协会，是不受部门、地域和所有制限制的非营利性社会团体。

1992 年，市汽修协会有会员单位 95 个，1997 年增至 166 个，2010 年进一步拓展到 203 个。协会按章程规定，每两年召开一次会员代表大会，进行换届选举，至 2010 年召开过 9 届会员代表大会。

1990～2009 年盐城市汽车维修行业协会历届理事会领导名录

表 123

年份	届 次	会 长	秘书长
1990	第一届	陶 超	陈良云
1993	第二届	陶 超	陈良云
1995	第三届	姜海昆	陈良云
1997	第四届	姜海昆	陈良云
1999	第五届	姜海昆	蔡中冠
2001	第六届	唐登国	蔡中冠
2003	第七届	唐登国	张本进
2006	第八届	唐登国	张本进
2009	第九届	唐登国	张本进

2. 职责范围

宣传、贯彻国家有关道路运输业的方针、政策及国家交通行政主管部门关于机动车维修、检测等相应规章、制度；协调沟通机动车维修和检测企业、事业单位与国家交通行政主管部门关系，反映企事业单位意见和要求，维护会员合法权益；开展行业经济技术资料调查、收集、整理和综合研究，向政府主管部门提供制订行业发展规划，经济技术政策、标准和行业法规等意见和建议；参与重大技术引进，技术改造，投资与开发项目前期论证；推动横向联系，协调企业之间生产经营、技术合作关系，促进行业健康发展；积极为道路运输经营者提供运营车辆技术服务，为会员提供相关技术、市场信息；开展技术开发、科技成果推广、专业技术培训、技术交流、技术服务活动，促进行业技术进步；制定机动车维修、检测行规行约，建立行业自律机制，规范行业行为，协调价格、质量争议，维护公平竞争；加强相关社会团体联系，组织开展相互之间经验技术交流和学术研讨活动；开展全行业精神文明建设，倡导良好的职业道德和行业风尚，提高文明服务水平；组织编写与本行业有关的资料、教材，出版发行协会刊物；承担政府部门授权、委托或交办的工作等。

3. 主要工作

(1)**宣传汽修法规** 1992～2010 年，通过报纸专栏、电台广播、广场答疑及《盐城价格信息》交通版等平台，广泛宣传汽车维修行业管理政策、法规、制度，规范维修行业经营行为；宣传行业价格信息，让消费者放心消费；宣传先进典型事迹，促进行业比学赶帮；宣传科学发展观，推动新材料、新技术、新工艺的开发利用。

(2)**组织专业培训** 1992～2010 年，协会先后举办了 126 期汽车维修从业人员培训班，1.25 万人次参加了学习，理论和技术功底明显增强，成了维修行业的中坚力量。与此同时，协会在行业中广泛开展汽车维修岗位练兵和技能竞赛活动，干部职工踊跃参加，形成了接纳新理念、学习新技术、钻研新工艺的浓厚氛围，推动业务技术、技能及服务水平不断迈向新台阶。

(3)**创建“绿色汽修”**　按照汽车维修行业服务标准化、规范化建设要求，协会在行业内持续开展以信誉管理和法制执行相结合、信誉管理和社会广泛参与相结合、信誉管理和动态监管相结合、主动来信和广泛征信相结合为内容的“绿色汽修”创建活动，不断拓展了“放心消费”市场。通过1600 人座谈会、1.30 万份问卷调查、280 人走访、9000 个电话征询，组织汽车维修消费者对维修企业的服务质量等八大项内容进行综合评价，最后确认，相关维修企业的信誉是可靠的、可信的。2010 年，盐城市 100 家汽车维修企业被江苏省交通运输厅、江苏省放心消费创建活动办公室授予“信誉等级”企业称号。

三、盐城市驾驶员培训行业协会

1. 机构沿革

盐城市驾驶员培训行业协会(以下简称市驾培协会)，于 1997 年 7 月成立，为盐城市行政区域内从事机动车驾驶员培训及相关活动的企业、事业单位和团体以及个人在平等、自愿的基础上依法组成的具有法人资格的地市级行业协会，是不受部门、地域和所有制限制的非营利性社会团体。

市驾培协会分别于 1999 年、2004 年召开两次会员代表大会，选举产生了协会理事、常务理事、名誉会长、会长、副会长、秘书长，组成协会理事会和常务理事会，为协会工作正常开展提供了组织保障。

1999 ~2006 年盐城市驾驶员培训行业协会历届理事会领导名录

表 124

年份	会员代表大会届次	名誉会长	会长	副会长	秘书长
1999	第一届	吴正家	唐登国	徐国炎　张振顺 毕长荣	毕长荣
2004	第二届		唐登国	陈红旗　毕长荣	毕长荣
2006	第二届二次会议		唐登国	陈红旗　张本进 毕长荣	毕长荣

2. 职责范围

坚持党的路线、方针、政策，遵守国家宪法、法律、法规和社会道德风尚；尽心服务企业，帮企业所需，维护企业正当权益；规范经营行为，秉持公开竞争，团结、教育、引导从业者依法、守法经营；参与驾培企业、事业单位教学大纲、教学计划、教学规程制定；帮助引进先进教学方法、教学设施、教学人才，努力提高教学质量，为社会培养更多、更优秀的机动车驾驶员。

3. 主要工作

(1)**引导驾培企业联合重组**　驾培行业协会成立时，只有 21 个会员单位，大部分驾培单位因没有获得江苏交通厅颁布发的《驾驶员培训许可证》而游离于协会之外。2000 ~2003 年，协会通过加强驾培许可证、教练员准教证、教练车证和学员证管理，帮助驾培单位完善机制等举措，到 2003 年年底，符合要求的协会会员单位增加到 44 个。2004 ~2006 年，又发展了会员单位 18 家，达到 62 家。驾培业的快速增长，导致培训能力严重过剩，不少单位效益低下，难以维继。对此，协会根据国家有关规定，于 2007 年在盐城市展开驾培单位达标重组工作，引导、激励驾培单位联合重组。各驾培单位立足现状,互相之间不搞重复投资,走资源共享,优势互补,联合重组,做大做强的发展路子。在达标重组工作中,协会坚持高标准,严要求,对未达标的驾培单位一律停止招生,进行整改,促其升格;对于部分暂不具备条件的驾培单位,反复引导、动员其成为条件较好驾培单位的分支机构,实行联合经营;对于少数达标无望,又不愿意参加联合经营的驾培单位,实施停业处理。经过达标重组,盐城市驾培单位由2006年的62家减少到2007年的45家,驾培单位多而弱,培训能力严重过剩的现象得到有效控制,经济效益得到显著提高。

(2)**推进驾培单位规范化管理** 协会根据交通部《机动车驾驶员培训管理规定》和江苏省、盐城市有关文件精神,于2006年、2007年,先后参与制定了《盐城市机动车驾驶员培训教练员申报程序和要求》《盐城市驾培机构教学车辆管理工作规范》《关于进一步规范驾培机构收费行为的通知》等管理制度,对教练员的申报条件、材料、程序进行规范;对教练车的标识、台账、档案及使用进行规范;对从业资格的申报、报班、考试、发证程序与各种表单进行规范,使驾培工作处处有章可循。2008年,协会配合出台了《盐城市驾培机构内部管理工作规范(试行)》,对驾培单位的组织机构管理、经营管理、教学管理、教练车辆管理、教学设备管理、安全管理、教员管理、档案管理等八个方面的工作职责、流程、操作要求进一步作了详细规定;对驾培管理中常用的21种表格及台帐格式也作了统一规定。

(3)**提高从业人员培训质量** 1997年,盐城市运管部门开始对道路运输从业人员进行资格培训。2007年,中交部关于《道路运输从业人员管理规定》(2006年9号令)颁布后,协会协助运管部门,迅速组织贯彻落实,专门编印了《道路运输从业人员管理规定》小册子,发放给相关人员,进行广泛宣传;同时协助在盐城交通技师学院建立道路从业人员考试中心,对道路客货运输从业人员和道路货物运输驾驶员、危险货物押运员和装卸管理人员近3万人次进行无纸化理论考试及安全检视、旅客急救、轮胎更换等项目实践考试。考试中通过网络监控系统对每个考场现场进行实时监控,杜绝作弊现象。考试成绩及时公示,对于排在前6名的人实行增加开班奖励,处于最后1名的人则予以淘汰,充分保证了培训质量。

(4)**促进驾培行业健康有序发展** 1999~2010年,协会始终坚持为会员服务的方向,广泛宣传贯彻中交部、江苏省交通运输厅、盐城市交通运输局相关文件精神,制定驾驶员培训行业规则,实现会员单位管理专业化、规范化;主动联合盐城市物价局价格中心,共同出刊《盐城价格》驾培专辑,明码标示驾培价格,以极高的透明度取信于社会;深入调查研究,针对会员中存在的热点、难点问题,解剖麻雀,找出症疾和应对措施,向政府主管部门建言献策,争取政策支持,为会员单位谋福祉求发展;搞好会员单位精神文明建设,建立行业自律机制,倡导良好的职业道德和行业风尚,及时协调会员单位间培训价格、服务质量争议,维护公平竞争;对于精神文明、物质文明建设中涌现出的先进会员单位和先进个人,及时予以表彰,推动整个驾培行业健康有序的向前发展。

四、盐城市船员管理协会

1. 机构沿革

2002年,盐城市船员管理协会(以下简称船员协会)成立,为盐城市海事机构、企业单位和相关部门以及广大船员自愿参加组成的地方性、行业性、非营利性社会组织,业务上接受盐城市交通运输局、盐城市地方海事局、盐城市民政局领导。2010年,协会有会员单位62个、个人会员802人。办公地点原设在盐城市黄海东路37号,2006年5月迁至盐城市开放大道66号。

2002~2010年,船员协会召开过两次理事大会,通过选举,产生了由名誉会长、会长、副会长、秘书长组成的领导班子。

2002～2008 年盐城市船员管理协会历届理事会领导名录

表 125

时间	届次	名誉会长	会　长	副　会　长	秘书长
2002 年	一	唐登国	周炳学	王树华　刘　湘(女)　李功文　吴德胜　马荣飞	胡蒙森
2008 年	二	薛　华	周炳学	胡蒙森　单永平	李功文

2. 职责范围

牵头对广大船员进行交通法规教育、职业道德教育、遵纪守法教育；督促会员单位加强安全管理，为船舶安全航行创造必要条件；协助海事部门按照考培分开原则，搞好船员培训；组织会员开展安全航行研讨和安全竞赛活动，推广经验，树立典型，表彰先进；提供会员单位、个人申办船舶登记、船舶检验、船员考试、选择船舶制造和修理厂家等技术咨询服务；向会员单位及个人及时通报航道通航、货物集散、港口吞吐等信息情况；定期编发简报，及时反映协会工作情况和会员的意愿与要求，充分发挥好协会的桥梁和纽带作用。

3. 主要工作

(1)**开展多种形式安全教育活动**　2002～2010 年，配合海事部门通过盐城电视台、盐城广播电台、《盐阜大众报》报道，张贴标语，赠阅《中国水运》杂志《中国水运报》，致船员、渡工公开信等形式，广泛宣传《中华人民共和国内河交通安全管理条例》《江苏省渡口管理办法》《长江江苏段船舶定线制规定》等法律法规，形成“安全第一”的良好氛围，广大船户安全意识增强，自觉按照交通部关于内河船舶标准化规定，将挂桨机船更新成四等货轮，安全航行有了物质保障。同时，海事部门在协会协助下对挂桨机船员进行资质升级培训，举办考前学习班 89 期，参加学习人员达 1.96 万人次，为内河船舶标准化工程及航行安全培养了人才。

(2)**帮助航运企业建立、完善安全运行管理体系**　协助盐城市地方海事局对阜宁县第十二航运公司、盐城市振伟航运有限责任公司、东台市超跃运输有限公司、盐城市苏石石油运输有限公司等水运企业实施安全管理体系升级建设，实现船舶安全航行程序化管理，使相关企业顺利通过了国家安全管理达标审核。

(3)**协助海事部门开展渡口安全管理专项整治**　协会和海事局有关职能部门一起深入各县(市、区)对渡口进行普查，建立一渡一档、一船一档管理制度。并就渡船更新改造、码头、候渡亭建设与维护进行考察论证，向海事局领导提出参谋意见。

(4)**参与船检部门整治低质量船舶和危险化学品液货船舶工作**　协助海事局对盐城全市船舶修造企业进行制造修理质量调查，帮助船厂、修理厂培训质检人员、电焊工，从源头上把好船舶制造、维修检验质量关口。同时对低质船舶进行排查，凡有安全隐患的船舶建议停航修理，修理后仍达不到安全要求的予以淘汰处理；对危险化学品液货运输船舶，重点放在突发事故防范及处置能力的提高上，市海事局采纳协会建议，投资 20 多万元，建立 3 个应急设备库，购置了冲锋舟、吸油机、围油栏、消油剂等防污染专用器材，以防不测。

五、盐城市老科技工作者协会交通专业委员会

1. 机构沿革

1998 年，盐城市老年科技工作者协会交通专业委员会(以下简称交专委)成立。交专委由盐城市交通直属部门、单位离退人员中具有中、高级职称的领导、政工师、工程师、经济师和业务骨干组成，为盐城老年科技工作者协会的分支。领导机构为理事会，日常工作由秘书长主持。

交专委成立时，有会员 17 人，2003 年增至 21 人，2008 年上升到 25 人。交专委于 1998 年、2003

年、2008年召开过三届理事会,选举产生了各届理事长和秘书长。

1998～2008年盐城市老年科协交通专业委员会历届领导名录

表126

时间	届次	理事长	秘书长
1998年	一	奚惠康	严汉林
2003年	二	奚惠康	严汉林
2008年	三	姜海昆	严汉林

2. 职责范围

认真学习、贯彻邓小平理论、"三个代表"重要思想和科学发展观;参与交通科技规划、重大交通工程立项、建设决策活动,进言献策,为领导当好参谋;以服务交通、科技咨询、科技创新为重点,承接有关社会调查、课题研究、项目论证等事项;协助兴办服务交通科技实体,助推交通事业发展;组织科技讲座,培养科技人才,为交通科技队伍充电;开展有益于老年科技工作者身心健康的公益活动,为老年科技工作者排忧解难,及时帮助老年科技工作者搞好高级职称的申报、推荐工作。

3. 主要工作

(1)**普及科普知识** 组织人员多次在公园、广场、路旁进行科普知识宣传活动,向社会大众赠送宣传资料,讲解科普知识,解释疑难问题,受到好评。同时,在交通局大院宣传栏上,定期不定期制作《交通建设之窗》科普知识宣传专辑30多期。

(2)**组织考察调研** 带领成员先后深入海堤公路射阳段、S227东海段、S231阜宁段、S226和S333东台段以及苏通大桥、沿海高速公路灌河大桥等工程建设工地,调查研究,和工程技术人员座谈交流,进言献策,释疑解难,备受欢迎。

(3)**协助创办科技实体** 协助部分会员创建"盐城泰康咨询监理公司",并协同公司承揽盐淮高速公路盐都段、射阳县道公路等工程施工监理业务,其中盐淮高速公路盐都段竣工验收后,被评为优良工程。

(4)**撰写学术论文** 与市交通学会合作,出版"盐城市交通科技论文集"三集,刊出论文80多篇。其中有12篇论文先后参加江苏省交通厅在常州、泰州、淮安等地召开的交通学术年会上交流,有一部分论文还在省级刊物上发表。

(5)**为会员服务** 先后帮助4位会员补充完善申报高级职称材料,最终获得了批准。

(6)**参与盐城市交通局交通规划修改** 通过查阅资料、文献以及赴大丰、射阳、滨海、响水港口考察、调研,对盐城市"十一五交通发展规划"及"沿海港口开发规划"草案提出了修改、完善建议,供领导决策参考。此外,交专委中还有5位成员参加了《盐城市志·交通卷》及《盐城市交通运输志》的编纂工作。

六、盐城市港口协会

1. 机构沿革

1989年4月,经盐城市民政局批准,盐城市港口协会成立,时有9个会员单位。协会成立时召开首次会员大会,通过民主协商,推荐产生协会理事、常务理事,组成协会领导机构——理事会。理事会设会长、副会长、秘书长职位。

1996年,协会停止履行职责,自动退出社团组织。

1989～1996年盐城市港口协会领导名录

表127

年份	会长	副会长	秘书长
1989～1996	程玉林	王忠明　王金坤　周其渭	倪翔北

2. 职责范围

收集、整理、研究港口历史资料，为盐城市港口建设提供理论和科学依据；推动港口之间经济合作与经验交流，促进港口技术进步和管理水平提升；培训港口专业技术人才，提高干部、职工专业水平、业务能力和技术素质；编印《盐城港口》会刊，介绍省、市及国际港口发展新的理论、经验和技术；承办盐城市政府、或其他单位委托的事项；协助港口企业拓展市场，扩大横向经济联系；参加跨地区多行业协会交流，取长补短，共同发展。

3. 主要工作

1989～1995年，协会按照《章程》开展工作。每年召开一次年会、两次理事会，总结和部署工作。每年第三季度末召开一次经济活动分析会，各港口主要负责同志赴会，市交通、经济主管部门有关领导受邀参加，共同分析港口经济形势，在肯定成绩的同时，找出存在问题，提出针对性解决问题的建议，及时为港口企业健康发展指明方向。1996年，港口协会自行退出社团组织。

七、盐城市交通学会

1. 机构沿革

1979年，经盐城市科学技术协会批准、盐城市民政局登记许可，盐城市交通学会(以下简称交通学会)成立。交通学会为盐城市交通科学技术及相关科学领域的单位和科技工作者个人自愿结成的学术性、公益性、非营利的社会团体，是党和政府团结、联系广大交通科技工作者的桥梁和纽带，是盐城市科学技术协会的组织部分，是发展交通科技事业的一支重要社会力量。交通学会下设公路、安全、水运、运输4个专业委员会和县(市、区)9个分会。至2010年，交通学会召开过六届理事会，选举产生了各届理事会会长、副会长、秘书长。

1989～2010年盐城市交通学会历届理事会领导名录

表128

时间	届次	名誉理事长	理事长	副理事长	秘书长
1989	三	孙志宏	张中和	钱士能	戴学舜
1996	四	孙桂聪	周启兆　邹必华	徐振声	周　忠
2003	五	周启兆	陆元良	周　忠	裴义婷(女)
2010	六	周启兆	周　忠		陈日晓

2. 主要职责

开展交通科技领域的学术交流，组织学术会议，促进科技发展，推动科技进步；加强与国内外学术组织和科技工作者友好联系，开展民间科技合作与科技交流；普及交通科技知识，推广新技术、新材料、新设备，传播科学思想和方法；编辑交通科技领域的学术、技术和科普书刊，举办各种有益于交通科学技术学科发展，促进科学技术推广的展览、信息发布等活动；接受委托，在业务范围内承担科技咨询、决策论证、政策建议及其他科学技术服务工作；开展交通科技队伍知识更新、技术培训、技术职称评审活动;发现和举荐科技人才,表彰、奖励在交通领域中取得优异成绩的科技工作者及在学会工作中做出突出贡献的工作人员;维护交通科技人员的合法权益,反映会员的意见和要求。

3. 主要工作

(1)**组织学术交流** 交通学会坚持科学发展观,紧紧围绕交通建设,特别是高等级公路建设中关键技术问题,密切结合在建工程、依托工程,充分发挥交通科技人才优势,深入探讨、研究技术难题,有针对性地组织人员撰写带有指导性、前瞻性学术论文,进行多形式、多层次、多方面交流,促进了学术繁荣。1988~2010年,学会累计撰写各类论文2200篇,组织学术交流116次,参加人员达9200多人次。其中,1998~2003年第五届理事会期间,组织学术交流24次,省内外16位专家学者应邀参加,共交流了论文153篇。此间,学会的有关成员还参加了盐城市政府举办的"十五"盐城社会经济发展研讨会及江苏省科协、江苏省交通厅、东南大学联合举办的"江苏省第五届青年学术年会暨第五届海峡两岸青年学术交流会。学会的各专业委员会还积极参加了江苏省交通系统专业学会的学术交流活动。学术论文中,有102篇被收录在第一期、第二期《盐城交通科技论文集》中。周启兆、裔照州合作撰写的《粉煤灰在沥青砼中的应用研究》,周启兆、夏春柏合作撰写的《60m钢——砼预应力简支梁的设计和施工》,孙东祥撰写的《二灰结石底基层施工技术措施》等论文获得省级奖励。2004~2010年第五届理事会期间,学会举办19次学术交流活动,有620篇论文参加了交流,展示了盐城交通行业技术水平的进步和跟踪高新技术发展所取得的成果。论文中有34篇在《公路》《交通科技》《华东公路》等杂志上发表,有173篇获得盐城市自然科学优秀学术论文成果奖及省公路学会优秀论文奖。

(2)**开展科普宣传** 学会及所属专业委员会,以自身人才、技术优势,利用每年全国科技活动周和全国科普月平台,多次开展以"交通跨越发展,推进文明城市创建""科技以人为本,投身'三创'(创业、创新、创优)实践""推广环保技术,建设绿色交通""携手创新,促进和谐"为主题的科普知识宣传、教育活动。1998~2003年间,交通学会在盐城市迎宾公园、街心公园等公共场所设科普知识宣传教育咨询台6个,制作展板36块,发放宣传材料8000份,60多名科技人员参加了宣传、咨询服务,上万人从中受到启发和教育。2004~2010年,围绕全国科技活动周和科普日活动,累计在人员比较集中的公园、广场布设咨询台8个,展示交通科技成果看板47块,散发科普资料1.20万份,前来参观、咨询、索要资料的人络绎不绝,社会反响很大。除此,学会还组织科技小分队下乡镇、进班组、到工地42批次,先后举办科普讲座36场次、技术培训16场次,受益者达4000人次。

(3)**创新施工工艺** "十五"末至"十一五"期间,盐城市交通建设,特别是高速公路建设进入高峰期,一些技术难题不时出现,学会及时组织攻关,保证工程顺利进行。针对盐城水网地区软土层压缩变形大、渗透性差、固结时间长、沉降发生过程慢的缺陷,学会组织8人研究小组与江苏省交通科学研究院有限公司的科技人员一道进行高等级公路软基层研究,找到了控制路段差异沉降的办法,不仅降低了公路建设成本,而且提高了公路建设质量和使用寿命。针对淮盐高速公路穿越射阳湖荡湿地、里下河古泻湖相、滨海相地形地貌特点,学会有关科技人员带着课题,反复进行深层次软基处理研究,探索成功了长板短桩、CFG桩、预应力管桩、水泥粉煤灰桩、真空联合堆载预压等施工工艺,有效解决了湖荡湿地、古泻湖相深厚软土地基处理难问题。针对连盐高速公路路面沥青施工要求,公路部门的学会成员,在进行ATB沥青稳定碎石和级配碎石柔性基层研究试验的基础上,优选了面层总厚20cm的施工工艺,即在中下面层用部分消石灰粉代替矿粉,提高了沥青面层抗水损坏能力和强度;在中面层沥青混合料中掺加聚酯纤维,提高了沥青路面抗车辙能力。此外,对水泥路断板修补剂磷酸镁胶凝材料(MPC)及公路改建中形成的宕渣再利用的研究也取得了成功。

(4)**推广科技成果** "十五"期末,以水泥稳定碎石作为高等级公路底基层、沥青混凝土的下承载层施工新技术诞生,学会倡导在全市干线公路建设中推广使用,并派出专家与施工技术人员一道,对水泥剂量、碎石级配、生产拌制、摊铺碾压、离析处理、成型时间、工后养护等进行全程跟踪控制、监测、把关，保证了形成的路面底基层具有良好的板体性、水稳性、防冻性和抗载性。2005 年，农村公路建设采用粉煤灰水泥路面新技术问世，交通学会成立专门小组，先后在响水县、大丰市加以推广应用，节约了工程造价 300 万元。沥青路面养护剂投入市场后，学会公路专业委员会立即组织技术力量与养护人员一道进行试用，在取得成功经验的基础上广泛推广应用，有效地解决了沥青路面老化、松散、麻面、细小裂缝、渗水等早期病害，提高了通行质量，也节约了道路养护经费。此外，还将《高等级公路沥青罩面性状模型及新技术应用研究》《盐通高速公路中上面层掺加消石灰的沥青混合料抗水损害性能试验研究》《挡板式护岸在盐城航道中的应用》《改性乳化沥青在沥青层间处理上的应用》等一批科学研究成果应用到工程建设中，解决了很多技术难题，保证了交通重点工程的顺利进行。

(5)**参与交通发展规划研究**　第十个五年计划期末，学会与盐城交通规划设计院等单位一起，按照“加强铁路，优化路网，提升水运，开发海港，拓展民航，整合枢纽，完善体系”的总体思路，提出了向南适应上海发展长三角经济圈需求，支撑沿海开发战略实施，重点打造多种运输方式竞相发展、客运货运最为便捷地区；向北加快连通连云港，策应培育亚欧大陆桥南桥头堡，重点打造以高速公路、干线铁路构成的运输骨架网络；对内突出“港城联动、海陆互动”目标，重点打造以港口为龙头的内部网络体系；对空以国家一类航空口岸为突破口，重点打造以盐城为中心的国际航空港的总体设想，参与编制了《盐城市交通“十一五”规划》《盐城市港口发展规划》，为盐城市政府科学决策，构建综合运输体系网络提供了专家服务和技术支持。2003 年，农村公路建设进入高潮，学会超前以农村公路建、管、养体制为主要内容，组织专家深入各县(市、区)进行调查研究，在现场察看、听取汇报、走访群众、专题讨论、广纳民意的基础上，形成了“结合小城镇建设，统筹城乡发展的农村公路建设规划布局，制定科学的农村公路建设标准，确保农村公路质量，建立适用的农村公路管理机制和养护资金筹措政策”等进言，被政府相关部门吸收采纳，出台了《盐城市农村公路建设管理办法》《盐城市农村公路养护管理办法》等法规文件。

第十二章　县(市、区)交通

各县(市、区)交通是全市交通的重要组成部分,改革开放以来各县(市、区)交通都有了很快很大的发展。至2010年全市县道、乡道、村道达1.68万公里,比1988年增加9.39倍,其中2003～2010年新建县道、乡道、村道1.22万公里;客运量达7336.61万人69.58亿人公里,分别比1988年增长2.84倍和8.42倍;货运量达1.46亿吨211.20亿吨公里,分别比1988年增长4.27倍和4.93倍。鉴于各县(市、区)编纂的县(市、区)志中均有交通篇(卷),有的县(市、区)交通运输局还编纂了交通专业志,对交通事业的发展作了全面记述,故本章只作重点记述。

第一节　东台市

一、交通机构

1. 东台市交通运输局

东台市交通运输局是东台市人民政府主管交通运输的行政管理部门,成立于1957年11月,时名东台县交通管理局,1987年撤县建市后,更名为东台市交通局。2010年3月,根据东台市委、市政府印发的《东台市人民政府机构改革实施意见》,改称东台市交通运输局,挂东台市港口管理局牌子。担负着综合交通运输体系规划编制的组织协调,市境内公路、航道、港口建设、养护和管理,水陆客货运输、城市公交、出租车、港口搬运装卸、汽车维修、驾驶员培训和水上交通安全管理以及交通工程质量、交通安全生产监管和指导应急处置等项任务。2010年年末,局机关内设办公室、行政许可服务科(法制科)、安全监督科(科技科、应急办公室)、综合计划科、财务审计科、港口管理科,另设纪检、监察室,编制22人,实有23人。下辖东台市公路管理站、航道管理站、运输管理处、地方海事处、交通工程质量监督站、交通规划设计室、汽车综合性能检测站、船闸管理所、交通工程质量检测中心、汽车运输公司、航运公司、民生公交有限公司和8个中心交管所,全系统干部职工1100多人。

2009年5月16日,东台市委书记祁彪(中)、东台市交通运输局局长秦志水(左)向盐城市委书记赵鹏(右)汇报S333工程建设进展情况

1988～2013年10月东台市交通运输局主要领导名录

表129

局　长	任职时间	局党委书记	任职时间
道克孝	1984.1～1989.5	道克孝	1984.1～1989.5
周进凡	1989.5～1991.5	周进凡	1989.5～1991.5
许松林	1991.5～1993.5	许松林	1991.5～1993.5
陈德林(副局长)	1993.5～1994.4 主持工作	陈德林(副书记)	1993.5～1994.4 主持工作
陈德林	1994.4～1998.5	陈德林	1994.4～1998.5
陆远知(副局长)	1998.6～1999.5 主持工作	陆远知(副书记)	1998.6～1999.5 主持工作
陆远知	1999.5～2004.1	陆远知	1999.5～2004.1
刘冬林	2004.1～2008.3	刘冬林	2004.1～2008.3
秦志水	2008.3～	秦志水	2008.3～

2. 局属管理机构

(1)**东台市公路管理站**　始建于1962年6月,时名盐城养路段东台公路管理站。1978年4月,公路管理业务从东台县公路航道管理站中划出,单独建立东台县公路管理站。1987年东台撤县建市后,更名为东台市公路管理站,副科级建制,全民事业单位,行政为东台市交通运输局主管,业务为盐城市公路管理处主管,条块结合。担负辖区内公路建设、养护、管理和规费征收等项任务。2003年,成立东台市公路路政大队,与公路站两块牌子,一套班子。2010年末,内设办公室、财务审计股、工程养护股、路政安全股,下辖东台市公路工程有限责任公司及其所属的梁垛、曹丿、方塘、三仓、四灶、安丰6个养护工区。共有干部职工155人,其中事业编制103人。

(2)**东台市航道管理站**　1977年5月撤销东台县公路航道管理站,单独建立东台县航道管理站,1987年东台撤县建市后,更名为东台市航道管理站,副科级建制、全民事业单位,属于东台市交通运输局、盐城市航道管理处双管单位,以盐城市航道管理处为主。主要职责是宣传、贯彻、执行国家关于航道管理的法律法规;按照内河通航技术标准,审批临河、跨河、过河建筑物;依法维护航道、查处违章设施、征收航养费等。2010年年末,内设政秘股、财务股、航政航标股、工程机料股,编制24人,实有22人。

(3)**东台市运输管理处**　成立于1984年11月,时名东台县运输管理所,股级建制,全民事业单位。1987年,东台撤县建市后,更名为东台市运输管理所。2002年2月,与东台市汽车维修行业管理所、交通运政稽查大队、出租车管理办公室合并组建东台市运输管理处(挂"东台市交通局运政稽查大队"牌子),升格为副科级建制,参照公务员法管理事业单位。担负辖区内水陆客货运输、城市公交、出租车、港口搬运装卸、汽车维修、驾驶员培训管理、运政稽查执法和规费征收等项任务。2010年年末,内设办公室、财务票据科、法制科、运政稽查科、客运管理科、货运管理科(港口管理科)、车辆管理科、出租车管理科。编制45人,实有40人。

(4)**东台市地方海事处**　成立于1987年11月,时名东台县港航监督所,同年东台撤县建市后,更名为东台市港航监督所,2001年更名为东台市地方海事处,副科级建制,参照公务员法管理事业单位。负责该市水上交通安全监管,水上交通事故调处,水上交通应急、搜救,船舶及船用产品检验发证,船员考试发证,防治船舶污染水域环境等项任务。2010年年末,内设办公室、财务装备科、船舶检验科、航行监督科、船务管理科、海事所,编制人员为20人,实有25人。

(5)**东台市交通工程质量监督站** 成立于1999年4月,为股级建制,参照公务员法管理事业单位。主要职责是:贯彻执行有关法律、法规和技术标准,负责交通工程质量检查监督、安全监管和交通工程设计、施工、监理行业管理。2010年年末,编制3人,实有2人。

(6)**东台市交通规划设计室** 1998年1月,经东台市机构编制委员会批准成立东台市交通规划设计室,股级建制,自收自支,独立核算全民事业单位。核定编制5人,现有3人。主要职责:为公路建设提供规划、勘查、设计等服务。

(7)**东台市汽车综合性能检测站** 1993年1月,经东台市机构编制委员会批准成立东台市汽车综合性能检测站,全民事业单位,内设机构有办公室、技术室、业务室、检测线,核定编制17名,现有在职人员18人。主要职责:对在用运输车辆的技术状况进行检测诊断;对维修车辆进行质量检测;接受委托,对车辆改装、改造、报废及其有关新工艺、新技术、新产品、科研成果等项目进行检测。

(8)**东台市船闸管理所** 1972年向东船闸建成通航,1982年10月经东台县机构编制委员会批准东台县船闸升船机管理所更名为东台县船闸管理所,1987年东台撤县建市后,更名为东台市船闸管理所,地址在东台镇同心村。核定编制25人,实有22人。主要职责:负责船闸的各项业务管理和维修保养工作;负责船闸修理工程的检查验收;负责船舶过闸的组织管理和过闸费的征收、解交工作;负责定期检查、观测船闸技术状况和机电设备的运转情况。

3. 中心交管所

1998年7月,东台市将原有的28个乡镇交管所合并成立8个地区中心交管所,2002年5月,增挂"东台市交通局运政稽查大队××中队"牌子。2006年11月,增挂"东台市公路路政大队××地区中队"牌子。主要职责为:贯彻执行有关交通管理的政策、法规;负责辖区内运输市场检查监督、规费征收;组织协调抗洪救灾等指令性物资运输;协助辖区乡镇管好公路、航道、渡口。2010年年末,8个中心交管所编制总人数为89人,实有78人。

(1)**台城地区中心交管所** 管理范围为:东台镇。2010年年末,编制17人,实有17人。办公地址:台城金海东路28号。

(2)**时堰地区中心交管所** 管理范围为:时堰镇、溱东镇、原台南镇。2010年年末,编制11人,实有10人。办公地址:时堰镇新大街南首。

(3)**廉贻地区中心交管所** 管理范围为:五烈镇的行政区域。2010年年末,编制10人,实有9人。办公地址:原廉贻镇小戴庄。

(4)**安丰地区中心交管所** 管理范围为:安丰、梁垛(不含原台南镇)、富安、南沈灶4个镇。2010年年末,编制12人,实有10人。办公地址:安丰镇弶溱路。

(5)**三仓地区中心交管所** 管理范围为:三仓、弶港(不含原新曹镇)、弶港农场3个镇场。2010年年末,编制10人,实有9人。办公地址:三仓镇新仓西路3号。

(6)**唐洋地区中心交管所** 管理范围为:唐洋、许河、新街3个镇。2010年年末,编制11人,实有9人。办公地址:唐洋镇黄海路。

(7)**曹丿地区中心交管所** 管理范围为:原曹丿、原新曹、新曹农场3个镇场。2010年年末,编制8人,实有6人。办公地址:曹丿镇曹华路。

(8)**头灶地区中心交管所** 管理范围为:头灶镇(不含原曹丿镇)的行政区域。2010年年末,编制10人,实有8人。办公地址:头灶镇S333北侧。

二、交通设施

1. 公路

1988年,东台市拥有公路总里程277.80公里,其中按行政级别分:国道42.10公里,省道35.40公里,县乡道200.30公里。2010年全市拥有公路总里程为3045.60公里。按行政级别分:国道

61.50 公里,省道 90.10 公里,县道、乡道、村道共 2894 公里;按技术等级分:高速公路 35.46 公里、一级公路 42.30 公里、二级公路 387.70 公里、三级公路 236.90 公里、四级公路为 2133.30 公里、等外级公路 210 公里。全市 14 个乡镇、369 个行政村通车率 100%。

(1)**国道**

【G15(沈海高速公路)东台段】 境内 35.75 公里,北起于大丰市交界处,南止于海安县交界处。全线按双向六车道,全封闭全立交设计,征地 232.67 公顷,取土坑 283.73 公顷。2002 年开工建设,拆迁居民住房 606 户,79800 平方米,正线和取土区清障工作基本结束。2004 年完成路面底基层处理和配套桥梁施工,2005 年,实施沥青面层摊铺及防护栏、标志标线、绿化配套附属工程建设,于 10 月底建成通车。

G15(沈海高速公路)盐城段东台入口

【G204(烟沪公路)东台段】 新线境内 26.01 公里。原老路线长 42.10 公里,1928 年修建。1949 年中华人民共和国建国后,先后经过三次大整修。1973～1977 年铺设黑色路面,路况得到明显改善。1990～1993 年,投资 8000 多万元按二级甲型标准进行技术改造,铺筑水泥路面 42.10 公里,改造桥梁 36 座,实现东台高等级公路"零"的突破。2001～2002 年,以创建部级文明样板路为目标,总投资 1.27 亿元,实施路面改造和全线 GBM(标准化美化)工程,2002 年,建成了东台境内第一条部级文明样板路。2007 年实施新一轮国道干线改造,在原路西新建 26.01 公里一级公路,2009 年 8 月建成通车,总投资 6.35 亿元。

(2)**省道**

S333 一级公路东台段

【S333(曹邮仪线)东台段】 起于曹丿镇,途经头灶、四灶乡、东台市区,西接兴化。境内全长 49 公里,沥青混凝土路面,路基宽 12 米～46 米,路面宽 9 米～22.50 米,桥梁总计 33 座,长 1521.88 延米,涵洞 24 道。2001～2002 年,市区接兴化的 K38＋738～K49＋006 新建二级公路(高兴东公路)。2003 年建成东台城北 3.93 公里一级公路(迎宾大道),2004 年东段 21.95 公里改建成二级公路。2005 年扩建市区以东连接 G15(沿海高速公路)的 8.25 公里一级公路。2006 年建成通车。累计投资 1.42 亿元。

【S226(陈李线)东台段】 也称黄海公路,境内全长 35.30 公里。该路始建于 1944 年,为苏北沿海革命根据地交通干线。1958 年 3 月按简易标准修复,称黄海公路。1969 年、1978 年按先北后南,分两期铺设碎砖沙石路面,实现晴雨通车。2001～2002 年,按省道标准化要求进行技术改造,全程铺设沥青混凝土路面,改造公路桥梁 13 座,投资 3500 万元。

【S229(盐锡线)东台段】 1987年建造,时称盐(城)靖(江)公路,东台境内5.80公里,公路等级为二级。1994年进行改造,当年完成路基工程,1995年铺设水泥路面,1996年竣工,改称为盐锡线,2009年大修,改为沥青混凝土路面。

(3)**农村公路(县、乡、村道)** 1985年10月,时(埝)溱(东)公路建成后,东台县(市)30个乡镇全部通公路、通汽车。是年,有县乡公路15条,计157.40公里。1988年,增加到277.8公里。1993年以来,针对原建公路标准较低,路况较差,内外通畅能力较差的实际,东台市先后实施黑色路面工程、网络化工程、村级公路等级化工程,通过三大工程,提高道路等级,使农村公路有了较大的改善。2003~2010年,该市新建农村公路1536.64公里,其中按行政级别分:县道311.74公里,乡道254.54公里,村道970.36公里;按技术等级分:二级公路271.38公里,三级公路46.56公里,四级公路1218.70公里。

2. 桥梁

1987年,东台市境内有公路桥梁182座5425.20延米。1988年以来,随着公路建设步伐的加快,公路桥梁建设也相应快速发展。到2010年年末,该市境内共有公路桥梁2678座8.04万延米,分别比1987年增长了13.71倍和13.82倍。其中:大桥56座1.16万延米,中桥1263座4.32万延米,小桥1359座2.56万延米。

3. 航道

1988年,东台市有航道39条,总里程554.60公里。1993年,东台市新辟通榆河至泰东线连接航道——引江河,增加航道7.50公里。1994年后,丁堡河、三仓河、何垛河、三灶河、老串场河、东台市河先后有过0.30公里~6.20公里不等的延伸。2010年,东台市航道增加至40条,总里程增加至557.30公里。

(1)**省级干线航道** 2010年,东台市有省级干线航道3条,计66.10公里。

【通榆河东台段】 从丁溪起,至古贲乡通盐村止,长36.5公里,其中丁溪至蔡六10.90公里为三级航道,其余为六级航道。

【泰东线东台段】 从通榆河口起,至泰东大桥止,长26.10公里,其中通榆河口至杜沈7.50公里为三级航道,其余为六级航道。

【兴东线东台段】 从丁溪起,至通榆河口止,长3.50公里,为四级航道。

(2)**市级干线航道** 2010年,东台市有市级干线航道2条,计长80公里。

【梁垛河】 从梁垛船闸起,至梁垛河闸止,长53.30公里,为七级航道。

【何垛河】 从谢家湾起,至陈港止,长26.70公里,为等外级航道。

(3)**支线航道** 2010年,东台市有支线航道35条,计长411.20公里,主要有:

【丁堡河】 从丁堡南闸起,至方塘河桥止,长7.80公里,为等外级航道。

【安时河】 从安丰起,至时堰止,长22.60公里,为等外级航道。

【三仓河】 从弶港起,至安丰东坝止,长44.50公里,为七级航道。

【梓辛河】 从三角圩起,至乌金垛止,长10.20公里,为等外级航道。

【串场河东台段】 从丁溪起,至肖家庄止,长34.70公里,为等外级航道。

【东台河】 从川东港闸起,至高峰止,长48.20公里,为等外级航道。

4. 船闸

1988年,东台市境内有向东、东夏、红卫、东风、富安、四灶6座船闸(套闸),20世纪90年代后,小型船闸大部分被废弃。2010年,仅剩向东、富安两座船闸(套闸)。

(1)**向东船闸** 位于梁垛河与通榆河交汇处。1972年建,闸室长110米,宽11米,水深2.30米~2.50米,设计通过能力180万吨/年。2001年、2009年,东台市船闸管理所分别投资20万元和80万元,对船闸进行大修改造。2005~2010年,优良闸次均达99%。

(2)**富安船闸**　(补记)建于20世纪70年代。1993年,因水系调整而报废。1994年择址富安镇园光村重建,1995年竣工。闸室长100米,宽7米,总投资230万元,由东台市水利局、富安镇按股承担,收益亦按股分红。

5. 安丰升船机(补记)(见P183)

6. 渡口

1988年,东台市境内有渡口137道。1994~2008年,东台市实施建桥撤渡战略,多方筹集资金,建了代渡桥55座,加上调整布局撤并渡口,渡口的数量不断减少。2005年降到29道。2010年降到11道,比1988年下降了91.97%。

7. 公路客运站

【盐阜公路运输集团东台汽车客运站】　隶属于江苏盐阜公路运输集团东台有限公司。原位于东台市新东南路12号,1989年迁至东台市望海东路58号。面积1.53万平方米,停车场8000平方米,候车厅980平方米,售票厅120平方米。2007年底投资140万元进行标准化改造。营运线路覆盖京、浙、沪、鲁、皖、豫、辽、陕、闽等9个省市的部分城市,下辖5个乡镇站点。2008年,投资50余万元,按三级客运站标准对安丰客运站进行了改造,建有停车场地1800平方米,候车厅300平方米。除负责本公司车辆进出站经营外,该站作为公用型车站,还接纳外单位车辆进站经营。客运站日发班次360余辆次。日均发送旅客5000余人,高峰期发送旅客1.20万余人。2010年平均日发班车160辆312班,年发送旅客208.50万人。实行联网售票和电子检票,推行快件运输,并在富安、安丰等国道沿线乡镇增设售票网点联网售票。

【东台市汽车客运站】　1983年由东台县(1987年12月改为东台市,下同)汽车运输公司租用东台县(市)新民村0.63公顷土地建站。1984年经主管部门批准从事公路客运业务,建站初期只搭建简易候车棚400平方米,一间售票房8平方米,主要经营东台县(市)内农村公共汽车客运班车。1989年又征用东台镇新民村0.36公顷土地开始正式建站。在此期间,建临时过渡站房896平方米。1991年新站建成,站场面积3000平方米,候车室加售票房共860平方米,主要是供经营省际、市际、县际长途客运线路车辆到发。1999年东台市汽车运输公司在G204东台段的东侧,东台化纤厂南侧征用0.87公顷土地,建成东台市中巴客车总站。该站总建筑面积8600平方米,建有水泥停车场地4200平方米,旅客候车室200平方米和两个售票窗口。2000年有95辆农共客运班车进出站经营,2005年达352辆次。2008年底撤销城东和城南两个中巴车站。至此该市所有经营农共的中巴车全部进入中巴总站经营。

到2010年该市共建成农村客运站7个,农村候车亭78个,客运站牌524块。

8. 内河港区

东台市是盐城水路运输较发达的县(市)之一,大宗物资的进出曾依仗水路运输。1987年除台城设有专业港口外,还设有30个乡镇港,基本上形成一乡(镇)一港(作业区)的格局,主要分布在串场河、安时河、丁堡河、三仓河等干支线航道上,其中:货物装卸业务较大的除东台市港务处、台城运输公司、北郊建材公司三个港口企业六个生产作业区外,还有三仓、安丰、梁垛、弶港、曹丿、唐洋、时堰等乡镇作业区。到2005年该市全社会港口吞吐量为705万吨。2008年为891吨。2010年为1100万吨。

三、交通运输

1. 道路运输

(1)客运

公路客运　1988年,盐阜公路运输集团东台公司拥有客车51辆2245个客位,开行41条客运线路,其中,跨省线路2条3个班次,跨市线路19条32个班次,跨县线路10条50个班次,县(市)

内线路10条12个班次,年完成客运量46.60万人3212.64万人公里。东台市汽车运输公司拥有客运汽车28辆1296个座位,年完成客运量113万人6293万人公里,乡镇办运输企业拥有客车8辆280个座位,年完成客运量27.74万人1279.40万人公里,个体拥有小客车3辆18个座位,年完成客运量0.17万人4.2万人公里。该市除溱东、廉贻两个乡镇外,其余乡镇都开通客运班车。到1990年所有乡镇都开通汽车客运班车。随着公路客运市场全面放开,到1998年,全市境内社会个体大小客车已达到232辆3865个座位,而盐阜公路运输集团东台公司2000年只有客车65辆,年完成客运量104万人1.79亿人公里,东台市汽车运输公司也只有客运汽车36辆1599个座位,年完成客运量62.50万人7759.10万人公里。

东台市新曹客运站

2000年,该市境内的391个行政村通达客运班车。

2001~2002年,根据交通部《道路旅客运输企业经营资质管理规定(试行)》和全省运管工作会议精神,及盐城市运输管理处《关于清理和规范道路客运业户超类别经营县际客运班线的通知》精神,该市唐洋客运队、新街周洋客运站经营的5条省、市际客运班线和5辆客车,个体运输业户经营的9条县际以上线路及运行的12辆客车由东台市汽车运输公司兼并。

2004年12月个体客运业户经营的8条县、市际客运线路及21辆客车并入盐阜集团东台公司,并单独组建巴士公司。

2008年该市共有客运车辆698辆1.04万个座位,经营客运线路148条,其中省际33条29.50班,市际67条123班,县际27条80班,县内21条300班,县城公交车5条430班,年完成客运量322.71万人4.19亿公里。2010年交通专业共有客车165辆6088个座位,其中高级客车49辆2272个座位,经营线路144条244.50班,其中省际线路30条35.50班,市际线路78条113班,县际线路33条90班,县内线路3条6班,全年完成客运量282.73万人4.75亿人公里。

1988~2010年部分年份盐阜公路运输集团东台公司客运情况

表130

年份	客车数(辆)	座位数(个)	经营线路(条)				完成运量(万人)	周转量(万人公里)
			跨省	跨市	市(县)际	市(县)内		
1988	51	2254	2	19	10	10	46.6	3212.64
1990	52	2290	4	23	10	–	41.76	2964.96
1995	58	1980	7	29	10	–	50	7529
2000	65	2190	13	30	11	–	104	17918.80
2008	101	3056	16	34	14	–	229.2	33207.90
2010	93	3450	12	35	15	–	208.5	34357.40

1988～2010年部分年份东台市汽车运输公司（盐城星宇公路运输有限公司东台分公司）客运情况统计

表131

年份	客车数（辆）	座位数（个）	经营线路(条)					完成运量（万人）	周转量（万人公里）
			跨省	跨市	市(县)际	市(县)内	合计		
1988	49	1748	9	32	9	2	52	43.20	1938.80
1990	54	1778	11	33	9	2	55	44.60	2341
1995	57	1836	12	33	10	2	57	37	3178
2000	59	2006	13	34	12	2	61	45.40	6810
2008	68	2215	17	32	13	3	65	72.50	13050
2010	72	2638	14	36	17	3	70	74.23	13180

城市公交客运　1982年东台市陆运公司试经营台城公交，仅运行半年后撤销。1991年年初，东台市汽车运输公司试行经营公交客运，当年购扬州产24座中客一辆，40座大客一辆，因老城区路面狭窄，街面拥挤，乘客稀少等原因，开班仅四个月后因亏损停开。2000年10月，东台市胜利城市公交有限公司成立，城市公交线路经营权使用期限8年，该公司投入公交车47辆，公交线网主要辐射东台镇辖区，兼顾市区周围五烈、廉贻、梁垛等乡镇，营运线路7条，线路总长度145公里，公交站点238个，候车亭39座，平均日发车次430班，年客运量约400万人。至2008年9月底经营期限届满。2009年年初东台市民生公交有限公司成立，该公司先期投入车辆42辆，运行线路8条。当年完成客运量316.67万人，2010年公交车增加到77辆3874个座位，运行10条线路584班，完成客运量339.37万人。

城市出租车客运　1995年东台汽车站站外出现自发出租汽车点，有十多辆小型汽车停靠等客，1996年4月，东台市汽车运输公司成立东台第一家汽车出租公司福安出租分公司，自筹资金购置47辆小客车。1997年5月，东台市东都汽车出租公司成立，自筹资金首次购置轿车25辆。1997年，盐阜公路运输集团东台公司出租汽车分公司成立，购置轿车39辆。1998年，东台市中北汽车出租公司成立，1999年唐洋、三仓、安丰、曹丿、头灶、廉贻、时埝七个乡镇分别成立汽车出租客运服务站，到1999年年底，全市出租汽车总量达268辆。

2001年，对出租车行业进行整顿，清理挂靠，撤销了唐洋、三仓、安丰、曹丿、头灶、廉贻、时埝七个乡镇出租车客运服务站，所有从事经营的出租汽车整合到台城的四家出租车公司。2004～2008年，四家出租车企业拥有出租车376辆。2010年为383辆，其中福安出租公司123辆615个座位，东都出租公司124辆620个座位，盐阜集团东台公司出租公司55辆275个座位，安泰出租公司81辆405个座位。

(2)货运

普货运输　1988年年末至1995年期间，全市拥有货运汽车604辆，2472.80吨。货运拖拉机2395辆2540吨，其他机动车106辆53.55吨。人畜力车710辆261.60吨。完成货运量66.30万吨4676.90万吨公里。1995年，货车发展到1432辆3867吨，年货运量485万吨1.96亿吨公里。2000年，货运汽车达到2804辆6411吨，年货运量592万吨2.61亿吨公里。是年，江苏盐阜公路运输集团东台分公司退出货运市场，市汽车运输公司的货车也由1995年的28辆逐步下降到8辆。个体货运汽车达2796辆，基本占领了东台货运市场。至2005年，该市共有货运汽车3399辆1.54万吨，年货运量832万吨3.36亿吨公里。2008年，该市共有货运汽车3118辆1.99万吨，年货运量984万吨4.01亿吨公里。到2010年该市共有货车5139辆5.40万吨，年货运量640万吨13.80亿吨公里。

危货运输　东台市道路危货运输企业从2001年开始发展起来，均为民营企业。至2008年年底，共有道路危货运输企业5家，有危货运输车辆59辆524.25吨。其中厢式运输车6辆37.09吨，罐式运输车15辆152.63吨，栏板车38辆334.52吨。2010年有危险品运输车辆74辆676.89吨，年货运量10.2万吨1500万吨公里。

2. 水路运输

(1)客运

国营水路客运　中华人民共和国建国初期，苏北内河轮船公司盐城分公司(盐城轮船公司)在东台县(市)台城设了轮船站，东台有了国营水路客运。走过繁荣之后，从1980年开始，水路客运一路下滑。1988年东台轮船站只完成客运量12.14万人。1995年，客运量降到了2.30万人。1999年东台市国营水路客运结束。

乡(镇)水路客运　1979年东台堤西地区一些乡(镇、社)交通管理站在部分航线上开办了小客班。随之东台县在台城下坝河口建立了轮船站，对开往台城的各小客船统一管理、统一售票、统一运价、统一停靠点，一头对外，内部分交管站核算。1988年东台乡(镇)水路客运完成客运量7.70万人。1991年客运量下降到了3.33万人。1995年东台乡(镇)水路客运相继退出市场。

个体水路客运　1983年，东台堤西地区一些个体户，在“有水大家行船”政策的指引下，办起了水路客运。1988年，个体客运业户有小马力客船4艘139个座位，全年完成客运量4.65万人70.60万人公里。1990年客运量增加到5.55万人73.10万人公里。1991年后，客运量逐步下降。2001年，个体水路客运停运。

(2)货运

专业水路货运　1988年东台专业水路货运企业有各类船舶387艘1386千瓦1.61万载重吨，全年完成货运量50.92万吨1.33亿吨公里。1990年专业水路货运量下降到40.95万吨1.10亿吨公里，出现了大额亏损。2000年专业水路货运企业退出了水运市场。

个体水路货运　1988年，东台市个体水路货运有小马力货船2070艘3.75万载重吨，帆船4艘47载重吨，全年完成货运量148.42万吨7747.30万吨公里。1989年后，个体水路货运量逐年小幅下降，1991年减少到122.55万吨。2000年之后，个体业户逐步进入民营水运企业。2010年个体水路货运历史结束。

民营水路货运　2005年，东台市民营水运企业有船舶2129艘28.08万载重吨，全年完成货运量791万吨13.64亿吨公里。2008年，船舶增加到2423艘40.14万载重吨，货运量增加到923万吨15.05亿吨公里。2010年，船舶达到2863艘65.76万载重吨，货运量达到2450.42万吨36.52亿吨公里。船舶数、载重吨、运量、周转量分别比2005年增长了34.45%、134.19%、209.79%和167.74%。

3. 联合运输

东台市联运公司原为东台县联运服务公司，成立于1984年5月，为集体经济性质的企业。当年联运业务量1472票，转运物资4.42万吨，中转联运进口物资264票1.74万吨。1987年完成联运量9.27万吨20.05万吨公里。2001年7月该公司关门歇业。

四、企业选介

1. 陆运企业

【江苏盐阜公路运输集团东台有限公司】　该公司创立于1958年7月，1996年列入省现代企业制试点，为江苏盐阜公路运输集团东台公司，2001年12月改制为江苏盐阜公路运输集团控股的子公司，更名为江苏盐阜公路运输集团东台有限公司。2004年10月，按照国有资产存量入股、民营资本增资扩股的方式,公司改制为投资主体多元化的有限责任公司。公司设安机科、运务科、财务科、办公室4个科室,下辖汽车客运站、93车队、96车队、公车经营车队、汽车修理厂、出租公司、巴士公司、物业公司等8个单位和东台市蓝天旅行社有限公司、东台市东亭旅游汽车服务有限公司、东台市顺达镇村公交有限公司3个全资法人实体,拥有二级汽车客运站——东台汽车站,三级客运站——安丰汽车站。2010年,该公司拥有中、高级豪华客车93辆3450个座位,经营线路74条,其中跨省线路16条,跨市线路42条,县际线路16条。年完成客运量208.50万人3.44亿人公里。

多年来,该公司在全国及省、市交通系统开展的两个文明建设活动中,先后涌现出一批先进人物:仲爱萍,1988年中华全国总工会授予"全国优秀服务员"光荣称号并获得全国"五一"劳动奖章;童云,1990年、1992年被省交通厅表彰为全省交通系统两个文明建设先进个人;石小文,1991年被省交通厅表彰为江苏省交通系统安全先进个人,1992年被交通部安全局、公安部交通局评为红旗车驾驶员;练玉平,2000年被省交通厅评为春运优质运输创一流竞赛活动优胜个人;陈冬生,2010年被江苏省交通厅评为江苏省运输行业"春运农民工返乡(岗)安全优质劳动服务竞赛"先进个人;吴悦明,2010年被江苏省交通厅评为"安康杯竞赛活动"先进个人。

【东台市汽车运输公司】 1988年公司设三科二处一厂,地址在东台镇向阳桥南9号,1991年10月迁到新东东路52号。2002年6月,该公司及盐城市12家县属客运企业组建盐城市星宇公路运输有限公司,该公司同时称为盐城市星宇公路运输有限公司东台分公司。截至2008年,全公司有职工310人,有68辆大客车2215个座位,客运线路65条,其中市际17条、市际32条、县际线路13条、农公线路3条,出租车120辆,货车4辆。2010年有客车72辆2638个座位,客运线路70条,其中跨省14条、跨市36条、县际17条、县内3条,年客运量74.23万人1.32亿人公里。

【东台市长江运输有限公司】 东台市长江运输有限公司成立于2001年9月,有员工45名,拥有危货运输车辆20辆,所有车辆均符合一级车标准,安装了危化品运输标志,安装了GPS卫星定位系统。年货运量4.80万吨616.80万吨公里。

2. 水运企业

【东台市航运公司】 1973年成立,时名"东台县航运公司"。1987年更名为"东台市航运公司"。为市(县)属集体水运企业。1988年公司有拖轮17艘1263千瓦、货驳177艘1.22万载重吨、小马力货轮15艘983载重吨、小马力拖轮5艘123千瓦、小马力拖带驳船16艘440载重吨、帆船157艘2464载重吨,全年完成货运量50.92万吨1.33亿吨公里,实现营收679.10万元、利润12万元。1990年货运量减少到40.95万吨,比1988年同期下降24.35%,亏损116万元。1991年亏损额扩大到194.60万元。为止住滑坡,1992年公司果断进行"分厂制"改革,当年扭亏为盈。1993年,实现利润101.19万元。1994年公司更名为"江苏九龙股份有限公司",利润小幅上升到105.90万元。1995年公司亏损164.17万元。1996年亏损额增加到480万元。1997~1999年,继续大幅度亏损,公司已失去继续生存的能力。2000年5月,公司按照"公退民进"的改革要求,通过资产出售、公转民营等形式,对二级单位进行彻底出售改制,对公司8个租赁制船队,公开竞卖,实行产权转移和职工分流,整体退出了水运市场。

【东台市东航运输有限公司】 2003年成立。2005年有船舶186艘3.69万载重吨,全年完成货运量74万吨1.77亿吨公里,实现营收1591万元、利润3万元。2008年,船舶增加到228艘3.74万载重吨,货运量增加到89万吨21.54亿吨公里,营收、利润增加到1938万元、4万元。2010年船舶达到265艘49.45万载重吨,货运量达到94.70万吨2.83亿吨公里,营收、利润达到2318.60万元、111.80万元。和2005年相比,运量、周转量、营收、利润分别增长了27.97%、59.89%、45.79%和36.27倍。

【东台市东联航运有限公司】 2001年成立。2005年有船舶1050艘9.45万载重吨,完成货运量694万吨9.16亿吨公里。2008年,船舶增加到1200艘11.4万载重吨,货运量增加到704万吨

9.77 亿吨公里。2010 年,船舶达到 1395 艘 29.98 万载重吨,货运量达 783.20 万吨 10.76 亿吨公里,与 2005 年相比,货运量增长了 12.85%,货运周转量增长了 17.47%。

【东台市江淮航运公司】 1959 年成立。2003 年改制成民营企业。2005 年有船舶 320 艘 5.12 万载重吨,全年完成货运量 195 万吨 3.51 亿吨公里。2010 年船舶减少到 283 艘 4.39 万载重吨,货运量减少到 172 万吨 2.58 亿吨公里,实现营收 2745 万元、利润 15 万元。

3. 港务企业

【东台市港务有限公司】 1974 年撤销"东台县搬运公司",成立"东台县陆运公司"和"东台县港务管理处"。1987 年东台市港务管理处有集体职工 934 人,全民职工 45 人,固定资产 190 万元,年完成货物吞吐量 175.76 万吨,操作量 240.03 万吨。1992 年,在下坝新征土地 3.50 公顷,建码头 210 米安装吊车 4 台,新增货场 2310 平方米。2001 年 9 月改制成东台市港务有限公司,下设南门、北关、谢湾、下坝四个作业区。2005 年完成港口货物吞吐量 54 万吨,操作量 89 万吨。2008 年,该公司有陆地使用面积 2053.70 平方米,水域使用面积 25.12 万平方米,自然使用岸线 100 米,码头泊位 100 个,长度 800 延米,年综合通过能力 150 万吨,装卸机械 76 台,堆场 1300 平方米,容量 15 万吨,从业人员 170 人,固定资产原值 214 万元,年完成吞吐量 60 万吨。由于旧城改造和城市内河整治,该公司作业阵地不断萎缩,业务不断下滑,至 2010 年仅有职工 101 人,下辖两个作业区,有岸线 500 米,占地 1 万平方米,有浮吊作业船 4 条,吊机、输送机械设备 12 台(套),全年完成吞吐量 47.20 万吨。

【东台市北郊建材有限公司】 2008 年有装卸从业人员 6 名,固定资产 64 万元,拥有码头泊位 3 个,装卸机械 8 台,货物堆场面积 4000 平方米,容量 23 万吨。自然使用岸线长度 20 米,年综合通过能力 30 万吨,年完成吞吐量 12 万吨。2010 年完成吞吐量 35 万吨。

【磊达运输有限公司】 地点:东台市梁垛镇,截至 2008 年陆地使用面积 11.40 万平方米,水域使用面积 12 万平方米,自然使用岸线长度 500 米,码头泊位长 3800 米,码头设计水深 4 米,维护水深 3.50 米,泊位型式为直立式,泊位所在航道为通榆河,最大靠泊能力 1200 吨,装卸机械 60 台,堆场面积 11.40 万平方米,从业人员 130 人,年吞吐量 1500 吨。2010 年该单位主要进口石灰石,出口为水泥。

【东台市航悦运输公司】 地点:东台市三仓镇沿河路,截至 2008 年陆域使用面积 2900 平方米,水域使用面积 950 平方米,自然使用岸线长度 50 米,码头泊位 1 个,长度 50 米,年综合通过能力 40 万吨,装卸机械 4 台。堆场面积 1200 平方米,容量 1500 吨,从业人数 40 人,完成吞吐量 10 万吨。2010 年该单位歇业。

4. 施工企业

【东台市交通工程有限公司】 1984 年 8 月东台县桥梁工程队成立。1991 年 4 月经东台市机构编制委员会批准(东市编〔1991〕12 号文),由东台县桥梁工程队组建为东台市交通工程处(事业性质、副科级建制)。2002 年 12 月经东台市企业改革发展办公室批准,东台市交通工程处整体改制为东台市交通工程有限公司。职工按"老人老办法,新人新办法"的原则办理好相关手续,原工程处的债权债务、机械设备等资产由新公司全部接受。新公司是具有公路工程三级总承包资质的道路桥梁施工企业。2010 年在职职工 70 人,其中专业技术人员 40 人,另有从业人员 350 人,机械设备 250 台套,年施工产值 5000 余万元。

五、交通管理

1. 路政管理

1991 年夏,东台市境内遭受百年未遇的特大洪涝灾害,公路水毁损失近 300 万元,该市公路管理部门及时组织突击抢修,确保抗洪救灾物资的安全运输,其中交通战备路桥抢修队完成任务成绩突出,被国务院、中央军委交通战备领导小组办公室表彰为抗洪救灾先进单位。1993 年 5 月,成立“东台市人民法院公路巡回法庭”,负责公路案件受理,1995 年 5 月撤销。1999 年,开展公路环境治理,路政人员人均上路巡查 255 天,拆除违法建筑 90 处 260 间 4023 平方米,拆除棚亭 204 处 4000 平方米,清除障碍物 428 处 3628 立方米,清理违章摊点 655 处 1703 平方米,清除悬挂式非交通标牌 92 处 109 块,清理边坡 30 余公里,设置标志标牌 210 块。2001 年,开展路政管理年活动,发放路政管理宣传小册子 500 余本,单页宣传品 600 余张,聘请行风监督员 20 名,全年查处公路案件 22 起。2002 年,创建部级文明样板路 G204 东台段 42.13 公里。2003 年,东台市公路路政大队成立。当年,S333 不仅完成 26 公里绿色通道工程,还建成省级文明样板路;同时,将农村公路纳入管理范围,抓好日常性、预防性、周期性养护。2004 年,开展公路车辆超限超载运输专项治理,在 G204 设立检查点,对“大吨小标”车辆进行现场整顿并限期恢复,年末路面车辆超限降到 6% 以内。2005 年,开展创建“平安大道”活动,全年投入 1000 余万元,新增设各类标志标牌 1730 套、标线 135.76 公里、防撞护栏 10584 米、警示桩 4584 根。并对干线公路环境进行 3 次集中整治,清除违章堆积物 560 立方米,拆除非交通标牌 43 块,清理违章摊点 26 处,取缔马路市场 6 处,整治非法搭接道口 12 处,拔除闲置电线杆 32 根。查处公路案件 104 起,其中处罚 57 件,处理 47 件,并全部公示,没有发生投诉、复议案件。2009 ~ 2010 年,处治病害路面、维修路段 8.93 万平方米,改造县道危桥 26 座,路政巡查 11.20 万公里,制止侵害路产路权事件 328 起,拆除违章建筑 6 处 86 平方米,清除障碍物 844 立方米、摊点 328 个、悬挂式非交通标牌 403 块,保证辖区内道路安全畅通。国省干线公路优良率为 97.20%,超盐城市公路处下达指标的 1.40 个百分点;完成 G204 改线段 26.01 公里省文明样板路创建工作;同时,加强施工路段的安全监管,制定应急疏导方案,保障施工路段秩序井然,安全畅通。

2. 航政管理

1988 ~ 1994 年,东台市航道站完成何垛河、东台河、泰东河驳岸 5660 米,疏浚淤泥 13.04 万立方米,改造碍航桥 18 座,清除碍航物 10 处,泰东河东台段创建成省级文明航道。1995 年,发现梓辛河和通榆河有 2 条沉船后,立即设置标志,责令船主限时完成打捞,保证航道安全畅通。完成串场河驳岸 600 米,疏浚淤泥 4.40 万立方米。2000 年,审批临河、跨河建筑物 4 件,清除碍航违章渔网渔簖 27 处,协助和督促清除沉船 4 艘 140 吨,受理群众投诉 6 起,对市区东窑河清淤、建驳岸 2000 余米。是年 3 月,东台市政府《关于加强河道水面养殖捕捞管理的通知》下发后,该站对固定设置在航道内的渔网渔簖逐一进行清查,凡擅自设置和影响通航安全的,一律予以清除。2003 年,根据交通部《关于开展第二次全国内河航道普查工作的通知》,组织开展内河航道普查,全面系统地掌握内河航道的技术状况,为进一步加强航道管理提供了基础资料。建成向东船闸西引航道南侧驳岸 120 米,东台市航道站被江苏省交通厅表彰为文明航道站、内河航道普查先进集体。2005 年,在通榆河与梁垛河交汇处、泰东河、引江河疏浚淤泥 2.30 万立方米,打捞沉船 27 艘,整治航道 38 公里,被江苏省航道局表彰为“全省航道系统建功立业先进单位”。2009 ~ 2010 年,办理航政许可 7 件,共巡航 580 艇次、2 万余公里,及时发现和制止侵占和损坏航道行为 30 多起,完成扫床 120 公里,拆除违章码头 1 座、清除碍航渔网渔簖 26 处、拔除暗桩 5 根,航标维护正常率达 100%,未发生因管理不善而造成 24 小时以上断航的事故;完善一航一档的相关工作,进一步深化航道网络建设,以适应水运事业的发展。

3. 海事管理

1987 年 5 月,《中华人民共和国水路运输管理条例》颁布后,东台市港航监督所及时组织贯彻实施,深入乡镇发放宣传品 1600 余份,培训船员 3700 人次。1989 年,对该市 70 多家乡镇船厂进行整顿,核发生产技术许可证 17 家;对境内 13 道渡口实行许可证制度,更换渡船 21 艘、渡工 16 名,取缔私渡 8 道。1991 年,对干线航道和台城船舶岸泊点进行秩序整顿,将 100 余艘水上杂船从市区迁至郊区指定的地点停靠，对市区内河实行航行管制。1995 年后，《江苏省内河交通管理条例》和重新修订的《江苏省渡口管理办法》相继下发，该市广泛深入宣传发动，进一步强化了内河交通安全管理。2001 年起，根据江苏省交通厅的部署，开展水上交通安全专项整治，全面修订完善安全生产措施，落实行业管理和监督保障责任，水上交通安全形势进一步好转。审验了 24 家一般水运企业、5 家危化货物运输企业和 1829 艘营运船舶，船舶审验率达 95%。开展农用自备船舶专项整治，评估农用自备船舶 1.57 万艘，其中合格发证 1.04 万艘，取缔或报废不合格农用船舶 5234 艘。对操作人员培训发证 1.06 万份，并建立健全"市、镇、村、船民"四级水上交通安全管理体制，落实长效管理措施。2004 年，根据《中华人民共和国船舶安全营运和防止污染管理规则》，对危险化学品运输采取六项措施，规范运输行为，保障危化物品水路运输安全。同时，根据东台市政府《关于进一步加强镇村渡口安全管理的意见》，实施渡运安全规范化管理。至 2008 年，东台市海事(港监)机构实施船舶建造检验 5081 艘、船舶营运检验 4.54 万艘，培训船员 16.21 万人次，出船、艇 1.96 万艘次、上航 7.25 万人次，排除航道堵塞 289 次，施工安全维护 1270 次，水上救助人员 40 人次、船舶 94 艘次，挽回经济损失 293.60 万元。2009～2010 年，开展水上交通安全专项整治，共出动海巡艇 720 艇次，查处无证运输船舶 240 艘，进一步规范船舶航行、停泊、作业秩序。整改渡运隐患 2 起，对救生、消防设施设备不全的渡口督促按规定配备到位，对所有渡工进行了安全知识培训。成功组织施救满载 800 吨磷肥的皖五河货 0138 号运输船舶，避免了一起船沉货损、水源污染的严重事故；做好上海世博会期间水路交通安保工作，严把"四关"，强化入沪船舶源头管控，确保万无一失。

4. 运输管理

1988 年起，随着运输市场的开放搞活，东台市政府先后印发《关于加强台城搬运装卸市场管理的通告》和《关于加强道路客运市场营运秩序管理的通告》等规范性文件，逐步建立起统一开放、竞争有序的运输市场。1991～1993 年，东台市运管所连续三年被盐城市交通局授予"运输管理排头兵"称号。1995 年，该市道路运输营运证审验率达 98.60%，水路运输许可证换发率达 83.60%，船舶营运证换发率达 90.20%，客运线路审验率达 100%，搬运装卸经营户持证率达 100%。坚持开业条件，对汽车维修企业进行全面考核，注销不合格二类企业 10 家。定期检测车辆 2520 辆，上路上航稽查车辆 6.97 万辆，船舶 2981 艘，对违章车、船补征各种税费 114 万元。2001 年，开展"优化发展环境年"活动，推行交通管理执法公示制，行业服务承诺制，加强客运市场运输管理。全年检查处理外籍客车串线经营 52 辆次、无证货车 18 辆、无证出租车 19 辆，整顿超限超载运输车辆 108 辆次，罚款 306 万元。同时开展"星级文明车"和"文明服务使者"评选活动。2002 年，进行以整顿客运车辆经营行为为主的拉网式检查，依法保存长途客车 52 辆次，查纠无证经营出租客运"黑车"158 辆次，纠正其他违章出租客运车辆 116 辆次，纠正公交车客运违法经营行为 50 辆次，收缴自制路牌 150 多块。经审验全年分两批报废更新 44 辆客运车辆，17 辆超类别经营客车一律兼并到东台市汽车运输公司。2003 年，抗击"非典"期间，运管部门在各个交通卡口昼夜检查，共检查车辆 2.71 万辆次、旅客 12.02 万人次，登记 4.80 万人次，被盐城市委、市政府表彰为防治"非典"工作先进集体。是年，东台市交通局积极探索市内城乡公交一体化客运模式，在台城 3 个城乡结合部的中巴车站内设立公交停车场，实行城市 47 辆公交车与农村 163 辆中巴车直接对接，同时，将城市公交线路延伸到周边的 4 个镇，35 个行政村。当年 8 月，盐城市交通局在东台召开城乡公交一体化现场会，推广东台的做法和经验。2004～2005 年，开展"运输行业管理年"活动，运管部门完成车辆技术等级评定 4506 辆，查处"黑车"249 辆，查纠串线经营、倒发班车、不按核定站点停靠等违章经营行为 709 辆次，收缴罚款 185 万元，补征规费 120 万元，维护了运输市场秩序。

2009 年起，着力调整客货运输结构，提升运输市场监管能力，推进客运班车公司化经营，市、县际班车公司化经营率达 80%；推进城乡公交一体化，投资 840 万元，购置 42 辆公交车，开通 8 条公交线路，覆盖市区和五烈、梁垛、廉贻、台南工业园、城东新区等镇区，日均运送旅客 1 万人左右。加快农村物流发展,已建成试点企业曹丿佳顺物流中心,并逐步培育一批面向农村服务的货运物流企业。农村客运班车通达率97%。投资60多万元,启用驾培智能化管理系统,实行培训计时管理,全市有近1万人通过该系统进行培训。2辆运政执法车安装车载动态监控取证系统,开通“96520”运政服务热线,行政处罚上网率达100%。落实道路运输生产“三把关、一监督”制度,配合安监部门开展安全检查和隐患排查整治35次,水陆客货运输未发生重特大事故。

5. 交通工程质量监督管理

为加强交通工程质量监督管理,东台市交通局始终坚持“质量第一”的方针,通过提前介入,从建设项目的立项、报建、招标文件的编制、投标单位的资格预审、标底审核到投标活动的全过程,掌握中标施工单位的第一手资料。定期不定期地对受监在建工程进行原材料和工程实体进行检查,坚守工程施工一线,有效控制和规范施工操作。实行每月工程质量例会制度,研究解决工程质量通病和重大质量问题。成立交通工程质量检测中心,对受监在建工程的施工质量进行实测实检实地监控。健全交通工程三级质量保证体系,实行工程质量承诺制,确保工程质量责任到人。同时,对施工单位技术难点主动指导,减少事后监督整改,保证工程建设质量。多年来,监管的交通重点工程项目都顺利通过省交通厅、盐城市交通局的检查验收。2009~2010年,G204东台段改线工程、S333东台段一级公路改造工程、农村63公里二、三级公路、镇通村四级公路项目建设工程、北海路西延工程及农村公路危窄桥改造工程等都处于质量受控状态。在交通工程质量监督管理工作中,始终把安全工作作为重中之重,抓好责任、制度、措施落实,确保在建工程不发生重大安全事故,同时抓好交通施工企业和监理行业的管理,使之规范自身行为,不断提升企业资质。

6. 规费征收

东台市交通局及各征管单位十分重视规费征收工作,努力做到应征不漏,不断规范征管行为,严格实行收支两条线,及时足额解缴各项规费。1988~2010年,共征收各项交通规费10.76亿元,有力地保障了交通事业的发展。

1988~2010年东台市交通规费征收实绩统计

表132　　单位:万元

年份	养路费	航养费	车辆购置附加费	运管费	客附费	货附费	五小车辆养路费	船舶港务费	船舶检验费	船舶港监费	合计
1988	384.87	161.63	34.00	72.86	3.10	37.11	25.50	3.00	7.00	1.00	730.07
1989	443.50	165.87	24.00	85.10	4.40	157.31	30.90	3.00	7.00	2.00	923.08
1990	495.69	139.84	20.40	70.76	4.25	116.31	36.50	5.00	13.00	4.00	905.75
1991	572.79	144.53	–	75.09	22.43	141.55	41.00	11.00	70.00	6.00	1084.39
1992	650.08	222.15	17.00	119.74	23.88	160.13	30.00	12.00	80.00	6.00	1320.98
1993	679.72	565.25	39.00	193.61	72.88	180.25	90.00	13.00	99.00	8.00	1940.71
1994	776.05	653.60	80.00	439.02	135.18	345.86	–	21.00	326.00	7.00	2783.71
1995	879.05	1157.96	64.00	443.57	232.28	515.40	144.00	25.00	489.00	16.00	3966.25
1996	1169.19	948.02	–	532.49	214.78	472.90	–	35.00	381.00	14.00	3767.38
1997	1402.44	721.97	–	474.48	246.72	399.69	–	37.00	239.00	13.00	3534.30
1998	1391.63	745.99	38.00	474.78	293.90	472.03	–	43.00	221.00	16.00	3696.33
1999	1545.23	780.56	38.00	518.41	409.54	459.19	222.09	56.00	209.00	12.00	4250.02
2000	2047.98	726.38	16.00	417.75	425.51	513.85	415.05	63.30	181.00	15.00	4821.82

续表 132

年份	养路费	航养费	车辆购置附加费	运管费	客附费	货附费	五小车辆养路费	船舶港务费	船舶检验费	船舶港监费	合计
2001	2162.91	653.28	34.00	444.28	412.48	531.91	474.21	65.40	183.00	11.00	4972.47
2002	2764.88	1014.57	278.00	465.12	426.90	575.72	511.43	76.70	191.00	10.00	6314.32
2003	3027.38	1106.12	293.00	442.27	284.80	607.29	558.38	79.00	219.00	10.00	6627.24
2004	3767.91	1158.11	457.00	488.64	427.03	679.21	622.76	92.00	249.00	9.00	7950.66
2005	5332.01	1301.19	–	570.93	314.65	792.05	1518.45	89.60	219.00	12.00	10149.88
2006	5612.65	1866.80	–	640.38	335.00	875.63	1379.94	87.00	281.50	12.10	11091.00
2007	6741.27	2327.14	–	727.46	299.21	1017.26	1340.61	212.30	15.70	15.10	12696.05
2008	7287.21	2513.63	–	759.45	297.88	1032.95	1384.28	211.20	–	56.60	13543.20
2009	–	–	–	–	–	–	–	260.00	–	–	260.00
2010	–	–	–	–	–	–	–	242.57	–	–	242.57
合计	49134.43	19074.59	1432.40	8456.19	4886.80	10083.60	8825.10	1743.07	3680.20	255.80	107572.18

说明:2005 年后,车辆购置附加费改为车购税,由税务部门征收;表内其他空格因资料缺失,无法统计

第二节 大丰市

一、交通机构

1. 大丰市交通运输局

大丰市交通运输局是大丰市人民政府主管交通运输的行政管理部门,成立于1958 年5 月,时名大丰县交通管理局。1996 年9 月,大丰撤县建市后更名为大丰市交通局。2010 年5 月,根据大丰市委、市政府印发的《大丰市人民政府机构改革实施意见》,大丰市交通局改称大丰市交通运输局,挂大丰市港口管理局牌子。负责综合交通运输体系规划制定并组织实施,担负该市境内公路、航道、港口、码头的建设、养护和管理,水陆客货运输、港口搬运装卸、汽车维修、驾驶员培训、城市客运(含出租车行业)管理和水上交通安全管理及交通安全生产监管等项任务。2010 年年末,局机关内设办公室、政策法规科(行政许可科)、综合计划科(招投标办公室)、安全监督科(科技科、应急办公室)、财务审计科、纪检监察室、人武部、战备办、工会、团委、妇联。行政编制 21 人,实有干部职工 32 人。下辖大丰市公路管理站、航道管理站、运输管理处、地方海事处、交通工程质量监督站和 7 个中心交管所。

2009 年 7 月 16 日,大丰市委副书记、市长倪峰(前排右)深入交通重点工程一线督察指导。大丰市政府副调研员、交通局局长朱学忠(左)等陪同

1988～2013 年 10 月大丰市交通运输局主要领导名录

表 133

局　长	任职时间	局党委书记	任职时间
沈凤高	1987.5～1996.7	缪宝旺	1987.5～1990.3
姜国华	1996.8～2001.10	沈凤高	1990.4～1996.4
朱学忠	2001.11～	姜国华	1996.5～1998.4
		赵学达	1998.5～1999.8
		姜国华	1999.8～2001.4
		朱学忠	2001.5～2001.11
		姜国华	2001.12～2004.3
		杨　兵	2004.4～2010.6
		朱学忠	2010.7～

2. 局属管理机构

(1)**大丰市公路管理站**　成立于 1962 年 8 月,时名大丰县公路管理站,1996 年 9 月更名为大丰市公路管理站,副科级建制,全民事业单位。担负该市境内公路建设、养护、管理和养路费征收等项工作。2001 年,成立大丰市路政大队,与公路站两块牌子、一套班子。2010 年年末,内设办公室、财务科、养护科,下辖养护工程公司、路基工程公司、路面工程公司、机械租赁公司、桥梁工程公司 5 个二级公司。其中养护工程公司下设直属、刘庄、大桥、裕华、小海、三龙、大龙、斗龙 8 个养护工区。2010 年年末,有干部职工 294 人,其中事业编制 146 人。

(2)**大丰市航道管理站**　成立于 1970 年 10 月,时名大丰县公路航道管理站,1977 年 5 月,公路、航道分开管理,成立大丰县航道管理站。1996 年 9 月更名为大丰市航道管理站,副科级建制、全民事业单位,担负该市境内航道建设、养护、管理和航养费征收等项工作。2010 年年末,内设政秘股、财务征收股、航政航标股、工程资料股,编制 23 人,实有职工 20 人。

(3)**大丰市运输管理处**　成立于 1984 年 8 月,时名大丰县交通运输管理所,股级建制,全民事业单位。1996 年更名为大丰市交通运输管理所。2009 年 4 月,将市交通运输管理所、汽车维修行业管理所、运政稽查大队、出租客运管理所合并成立大丰市运输管理处,副科级建制,参照公务员管理。担负该市水陆客货运输、城市客运(含出租车行业)、搬运装卸、汽车维修、驾驶员培训管理、道路运政稽查和运输违章处理、运输行业调查、统计等项工作。2010 年年末,内设办公室、客运科、货运科、车技驾培安全科、法制科、稽查科,编制 40 人,实有 54 人。

(4)**大丰市地方海事处**　成立于 1987 年 10 月,时名大丰县港航监督管理所,为股级建制,全民事业单位。1988 年 12 月,升格为副科级建制,1996 年 9 月更名为大丰市港航监督管理所,2001 年更名为大丰市地方海事处,与大丰市船舶检验处实行两块牌子、一套班子。其主要职责是负责该市境内水上交通安全监督管理,船舶防污监督管理,船舶检验、登记、进出港签证,船员培训考试,水上水下施工作业许可,水上交通事故调查处理,维护航行安全秩序。2010 年年末,编制 15 人,实有 18 人(省编 15 人,县编 3 人)。

(5)**大丰市交通工程质量监督站**　成立于 1999 年 8 月,股级建制,全民事业单位。其主要职能是负责全市交通工程的工程招标、工程质量监督、安全监督及工程竣工核算等工作。并按照分工、协助相关部门做好部分交通重点工程的前期规划和工程建设管理工作。2010 年年末,编制 5 人,实有 5 人。

3. 中心交管所

大丰市乡镇交管所,自1985年7月相继成立。该市1999年将28个乡镇交管所合并成立7个中心交管所。其主要职能:宣传贯彻交通法律法规,负责辖区内水陆客货运输市场监督管理和农村客货运输站场建设管理,做好农村公路、内河港口码头和水上交通安全管理。

(1)**大中中心交管所** 管理区域为大中、新丰2个镇,2010年年末,编制17人,实有16人。办公地址:大中镇黄海西路。

(2)**刘庄中心交管所** 管理区域为刘庄、三圩、龙堤、新团4个乡镇,2010年编制11人,实有11人。办公地址:大中镇新团小街。

(3)**草堰中心交管所** 管理区域为草堰、白驹、三渣、洋心洼、大龙5个乡镇,2010年年末,编制13人,实有12人。办公地址:草堰镇G204东侧。

(4)**小海中心交管所** 管理区域为小海、南团、沈灶、万盈、西团5个乡镇,2010年年末,编制12人,实有12人。办公地址:小海镇新建街27号。

(5)**大桥中心交管所** 管理区域为大桥、草庙、川东、潘丿、川东农场5个乡镇(场),2010年年末,编制13人,实有12人。办公地址:大桥镇沿河西路。

(6)**南阳中心交管所** 管理区域为南阳、裕华、王港、通商、大中农场、东坝头农场、海丰农场、华丰农场、棉花原种场9个乡镇(场),2010年年末,编制12人,实有12人。办公地址:南阳镇红旗桥向东50米。

(7)**三龙中心交管所** 管理区域为三龙、丰富、渔业、金墩、方强、上海农场、方强农场7个乡镇(场),2010年年末,编制12人,实有11人。办公地址:三龙镇黄海南路67号。

二、交通设施

1. 公路

1988年,大丰市(原大丰县)有公路507.40公里,其中国道38公里,省道101.30公里,县乡道路320.20公里,专用公路47.80公里(不含村道)。另有六个农场自建自养公路211公里。

2010年,全市拥有公路总里程2964.70公里。按行政级别分:国道70.40公里,省道116.50公里,县道、乡道、村道共2691.60公里,专用公路86.20公里;按技术等级分:高速公路38.36公里、一级公路111.40公里、二级公路403.90公里、三级公路270.60公里、四级公路1774.96公里、等外级公路365.10公里。全市14个乡镇、214个行政村都公路畅通。

G204大丰段

(1)国道

【G15(沈海高速公路)大丰段】 从龙堤经大丰互通、大龙、洋心洼至大丰南互通,全长38.36公里。2001年7月盐通高速(盐通段)盐城境内大丰先导试验段正式开工。全线于2005年11月建成通车。该路段设计采用全封闭、全立交双向六车道标准,路基宽度35米,设计时速120公里/时,桥梁设计荷载为汽—超20级、挂—120。

【G204(烟沪公路)大丰段】 境内全长32.04公里,从王家涵经大团、刘庄、白驹、草埝等镇(村)至丁溪河口进入东台市。

(2)省道

【S332(大兴金线)大丰段】　起于大丰港，止于金湖县S331，大丰市境内从大丰港经大中镇至白驹镇，全长49.83公里。

【S226(陈李线)大丰段】　起于响水县陈家港，止于海安县李堡镇，大丰市境内从三龙镇经大中、南阳、万盈、大桥四镇进入东台市，全长66.67公里。

(3)农村公路(县、乡、村道)

2002年大丰市农村公路里程为1276.67公里。2003～2010年，新建和改扩建农村公路1411.73公里，其中按行政级别分：县道254.67公里、乡道262.43公里、村道894.63公里；按技术等级分：二级公路241.83公里、三级公路32.70公里、四级公路1137.20公里。总投资5.23亿元。

农民踏上致富路

2. 公路桥梁

1987年，大丰县拥有公路桥梁211座6789.10延米。1988年以来，随着公路建设步伐的加快，公路桥梁建设也进入了发展快车道。除新建外，先后改扩建桥梁160座，至2010年年末，大丰市拥有公路桥梁1894座5.55万延米，分别比1987年增长了7.98倍、7.17倍，其中大桥49座1.02万延米，中桥278座1.31万延米，小桥1567座3.22万延米。

3. 航道

2010年，大丰市有航道42条，总里程721.40公里。

(1)省级干线航道　2010年，大丰市有省级干线航道2条，计长75.70公里。

【通榆河大丰段】　起于丁溪，终于龙堤北桥村，长36.30公里，为三级航道。

【刘大线】　起于刘庄镇，终于王港闸，长39.40公里，为六级至等外级航道，是大丰港的疏港航道。2009年12月，航道部门按四级航道标准对刘大线实施整治，计划2012年竣工。

(2)市级干线航道　2010年，大丰市有市级干线航道1条，长22.80公里。

【川东港】　起于殷灶，终于川东港闸，长22.80公里，为等外级航道。

(3)支线航道　2010年，大丰市有支线航道39条，计长622.90公里。主要有：

【马路河】　起于大中镇，终于刘家灶，长31.40公里，为等外级航道。

【新斗龙港】　起于曹家庙，终于斗龙闸，长52.40公里，为三至五级航道。

【王港河】起于王港闸，终于草堰镇，长45.90公里，为等外级航道。

【大丰干河】起于通商，终于大丰闸，长38.20公里，为等外级航道。

【串场河大丰段】起于草堰丁溪，终于新丰大团，长41.40公里，为等外级航道。

新建的益北代渡桥

4. 渡口

1988年大丰市境内有渡口141道。

1994年,实施建桥撤渡战略,对部分重复设置的渡口进行撤并;对渡运量小且设备老旧的渡口予以淘汰;对要道口来往人员多的渡口,分期分批建桥代渡,渡口的数量不断减少。1997年渡口数降到48道。2005年进一步减少到33道。2010年还剩下15道,和1988年相比,渡口数减少126道,下降了89.36%。

5. 汽车客运站

【大丰汽车客运站】 该站隶属盐阜公路运输集团大丰有限公司。2002年1月盐阜公路运输集团大丰公司、大丰市(1996年8月前为大丰县)汽车运输公司资产重组,成立盐阜公路运输集团大丰有限公司。两公司原有车站继续使用。其中:盐阜公路运输集团大丰公司车站位于大丰市区大刘路75号,占地0.80公顷8000多平方米,建有停车场面积6000平方米,售票厅面积150平方米,候车室面积800平方米,设有4个检票口。1983年平均日发班车170班,日发送旅客2100人。2005年初因大丰市政府规划征用停止使用。部分客运班车移至大丰市区金丰大道南端该公司新建的汽车南站经营;大丰市汽车运输公司客运站位于大丰市城区黄海西路89号,占地1.33公顷,1.30万平方米,占有停车场面积9000平方米,售票厅面积185平方米,候车厅920平方米,其他配套用房3748平方米。由于上述两个汽车客运站原址再次被大丰市政府规划征用,2007年年初经大丰市政府安排,在大丰市开发区内,S332与斗龙路交叉口东南角,按国家一级汽车客运站标准兴建大丰市汽车客运总站。该站占地7.13公顷7万多平方米,投资5000余万元,新车站总建筑面积2.4万平方米,站前广场9000平方米,停车场3.5万平方米,售票厅和候车厅为4075平方米,设售票窗口12个,检票口17个,最高日发送旅客可达2万人。新车站于2007年1月动工,2008年9月26日竣工正式投入使用。从此大丰市所有汽车客运班车全部进入大丰汽车客运站经营,日发班车达1500班次。平均日发送旅客1.1万人。2010年平均日发班车398辆次,发送旅客9850人。

大丰汽车客运站(一级汽车客运站)

【大中农场车站】 2006年建设,2007年使用,投入资金50万元,占地面积500平方米,站房面积300平方米。

【方强农场车站】 2007年建设,2008年使用,投入资金80万元,占地面积660平方米,站房面积360平方米。

【城北客运站】 2006年建设,2008年使用,投入资金700万元,占地面积7000平方米,站房面积1200平方米。

至2010年年底,该市有农村客运站8个,候车亭38个,客运站牌428个。

6. 内河港区

1998年,该市21个乡镇港口(作业区),共有装卸作业码头岸线总长2720延米、泊位76个,生产用仓库5917平方米。2000年,码头总长度达8360延米,建有石驳岸720延米、生产用仓库8920平方米,货物堆场4.2万平方米。时至2010年港口吞吐量达426.35万吨。其中:大中镇港口(1998年被大丰市港务有限责任公司兼并)有泊位48个,固定装卸码头20座,人力装卸码头36座,码头岸线总长868.4延米(石驳岸280米)。此外,还有自然岸坡的作业码头总长3240延米,当年货物吞吐量为81.11万吨。

三、交通运输

1. 道路运输

(1)客运

公路客运　1988年,大丰县(1996年9月为大丰市)共有各种客运汽车182辆6582个座位,国营、集体汽车运输企业开行跨省线路7条11班,市际线路18条34班,县际线路16条47班,县内线路13条51班。城乡个体客运业户以经营县乡客运为主。全年完成客运量564.03万人2.30亿人公里。至1995年,盐阜公路运输集团大丰公司拥有客车291辆7438个座位。其中大型客车100辆4000个座位,小型客车191辆3438个座位。完成客运量320.80万人2.10亿人公里,实现营收936.90万元,利润税费162.91万元。大丰县汽车运输公司1992年完成运量214万人1.01亿人公里。1993年8月公司更名为大丰县汽车运输总公司。1994年11月改制为大丰县汽车运输有限责任公司。1998年完成客运量250.10万人1.40亿人公里。城乡个体客运业户拥有中巴客车121辆,日均运送旅客3938人,最高日发送旅客5370人。2002年盐阜公路运输集团大丰公司和大丰市汽车运输有限责任公司实行强强联合,组建成盐阜公路运输集团大丰有限公司,2003年该市城乡个体客运经营业户经营的所有客运车辆和客运线路收归为盐阜公路运输集团大丰有限公司经营。至2008年,大丰市全市拥有客运车辆313辆7929个座位,其中:大客车52辆2195个座位、中客车74辆2368个座位、小客车187辆3366个座位。经营客运线路73条,其中,省际线路11条20班、市际线路23条73班、县际线路18条25班、县内线路13条156班、县城公交线路8条430班。完成客运量751.27万人4.63亿人公里。2010年开行客运线路83条,其中省际线路11条20班、市际客运线路23条43班、县际客运线路18条75班、县内客运线路19条753班、城市公路线路12条186班。完成客运量786万人4.99亿人公里。

大丰市客运企业在1980~2008年期间,除完成正常旅客运输任务,确保广大群众正常出行外,还运送新兵1.89万人、三峡移民2514人、高考中考学生3.07万人,春节旅客运输190.31万人。

1988~2010年部分年份大丰市公路客运线路、班次统计

表134

线路类别 单位年份		省际线		市际线		县际线		县内线		城市公交线	
		条	班次	条	班次	条	班次	条	班次	条	班次
1988	一汽	5	9	11	22	8	23	4	12		
	二汽	2	2	7	12	8	24	9	39		
1990	一汽	5	9	10	20	8	23	4	12		
	二汽	2	2	8	14	8	24	9	39		
1995	一汽	5	9	10	20	8	24	4	32		
	二汽	2	2	8	14	8	24	9	119		
2000	一汽	5	9	10	20	8	24	4	32		
	二汽	3	3	9	15	8	24	9	124	5	320
2005	联营	10	18	23	52	18	75	13	156	7	400
2008	联营	11	20	23	73	18	25	13	156	8	430
2010	联营	11	20	23	43	18	75	19	753	12	186

城市公交客运　大丰县汽车运输有限责任公司于1996年2月26日成立大丰县城市交通公共汽车公司,相继开辟了3条公交线路,1路车从大丰至新丰,沿途停靠20个站点。2路车从大丰至三纺厂,于1997年将大丰至三纺厂公交班延伸至裕华,沿途停靠25个站点。3路车从大丰至化肥厂,1997年9月延伸至金融广场至新团,沿途停靠9个站点。1997年新增南阳、西团公交班线,由个体户经营。

至2000年年底市内公共汽车计33辆,营运线路总长68公里,年客运量109.20万人。2001年5月,开通了市区至大丰港(6路)公交班线。

2006年11月根据大丰市政府(2006)96号市长办公会议纪要精神,并经行业主管部门行政许可,新购了安凯HFX6111GK21型空调大客5辆,用于市区至大丰中学新校区接送学生,营运线路6条。(其中1条抽调农共客运班车营运)。

2007年11月根据大丰市政府(2007年)58号市长办公会议纪要精神,并经行业主管部门行政许可,新购了悦西牌2JC6730EQ1型2辆客车,开通了市区色织厂至常州工业园,汽车北站至常州工业园2条公交班车。至此城市公交车7辆,营运线路8条。

2008年9月新汽车站启用,新车站远离市区,对42辆公交定线班车的发班时间进行了加密,到2010年公交线路增至12条,日发186班。

城市出租车客运　1984年2月县招待所成立汽车出租公司。1985年7月大中镇成立汽车出租运输公司。此后大丰出租行业又有发展,相继成立了鑫瑞、通联、先科三家出租公司。1989年在第一轮经营权有偿出让时,旅游、通联、通达、先科4家汽车出租公司获得经营权。共有出租车186辆,从业人员180人。2000年出租客运管理所对全市汽车出租公司进行资质审查,淘汰了旅游出租公司,通达公司因无力认购第二轮经营权自行放弃。同年年底,全市共有3家汽车出租公司,即:鑫瑞、通联、先科,拥有各车型出租车216辆,有出租车从业人员216名。上述三家出租车公司2004年已陆续退出运输市场,由上海巴士集团投资5600万元,在大丰成立了"大丰巴士汽车服务有限公司",负责大丰市区出租车的经营与管理,于9月1日顺利投放100辆桑塔纳轿车。2005年1月1日上海巴士集团又投放66辆桑塔纳轿车,合计166辆,至2008年年底,全市共计有出租车从业人员343名,投入桑塔纳轿车200辆。

旅游汽车客运　1984年2月成立大丰教工旅游公司。同年12月24日大丰白驹镇北新河村成立了白驹农民旅游公司。1985年5月草庙乡购买常州产长江牌CT642型客车1辆,与上海市虹口区商业服务公司第四管理所洽谈,联合在上海经营出租、旅游客运业务。1985年6月14日大丰三龙乡亚中村成立了三龙农民旅游公司。1996年5月盐阜公路运输集团大丰公司成立旅游出租公司。1998年3月成立了大丰市银都旅行社,隶属大丰银都大酒店,配备1辆17座依维柯旅游专车。1999年8月8日成立了大丰市中国旅行社。1999年12月30日大丰市汽车运输有限责任公司投资创办了大丰市交通旅行社。

1999年全市旅游景点共接待游客32.80万人。2010年接待旅游人数由大丰市旅游局统计,交通旅行社共接待游客1086人。

(2)货运

普通运输　1988年大丰市境内共拥有货运汽车496辆2891吨,汽挂车3辆14吨,拖拉机3652辆3719吨,其他机动车68辆191.50吨,板车285辆71吨,年完成货运量71.46万吨4352万吨公里。至2000年全市全社会拥有营业性货运汽车2066辆3842.50吨,其他机动车2510辆2510吨,拖拉机2500辆2500吨。其中:河南省永城等地常驻大丰的个体运输户车辆120辆。至2008年该市全社会货运汽车已达2534辆、1.72万吨,年完成运量689万吨16.58亿吨公里。2010年全市货运汽车已达4940辆3.83万吨,完成货运量855.45万吨11.89亿吨公里。

危货运输　1984年有运输车辆21辆232吨。到2002年大丰市安达危货运输公司成立,拥有汽车10辆44吨。2003年大丰市紫云运输公司诞生,有货车44辆109吨。2007年大丰市辉丰物流有限公司也加入到危货运输行列,拥有汽车9辆46吨。主要以运输燃油、农药、液化气等危险货物及化工产品等。

2. 水路运输

(1)**客运(补记)**　大丰境内水路客运,最早可追溯到明朝嘉靖年间(1522~1566年),时靠帮船专事南北杂货和少量乘客运输。到了清代光绪时期(1875~1908年),客运工具由帮船发展成轮船,首开南通经大丰刘庄至盐城客班,后又增加兴化至刘庄、盐城至大中集客班。中华人民共和国建国以后,国家对相关河道进行疏浚、清障、打捞,改善通航条件,并对私营业主进行社会主义改造,将客运轮驳船纳入国营水运企业经营管理渠道。20世纪50年代,大丰境内开通南通至大中集、白驹、兴化和盐城至方强、刘庄、上海农场两条客运航线。60年代,增开了盐城至大中集、东台至草庙、大中集至白驹、兴化至新丰、大中集至三龙、大中集至刘庄、东台至大中农场、东台至庆生渡、草堰至庆生渡、盐城至金墩等航线。到了20世纪70年代后期,陆路客运有了长足发展,水路客运逐渐萎缩,运量大幅下降。1985年11月1日起,大丰市境内的水路客运全部停运。

(2)**货运**

专业水路货运　1988年,大丰市(县)交通专业水路货运有各类货运船舶355艘2191千瓦1.80万载重吨,全年完成货运量53.93万吨1.86亿吨公里。1990年,船舶增加到2.11万载重吨,货运量下降到49.50万吨,利润减少到2万元。其中利润比1988年下降了96.36%。1996~1999年,连续出现大额亏损,企业运转困难。2001年,大丰市交通专业水运退出了水运市场。

个体水路货运　1988年,大丰市(县)个体水路运输业户有小马力货船503艘6115载重吨、帆船41艘404载重吨,全年完成货运量68.92万吨1753.30万吨公里。1990年,个体运输户小马力货船猛增到960艘2.24万载重吨,分别是1988年的1.91倍和3.66倍,全年完成货运量146.50万吨6483.90万吨公里,分别比1988年增长了112.57%和269.81%。和大丰市同期社会水路货运相比,个体水路货运量占社会水路货运总量的33.94%,是交通专业水路货运量的2.94倍。1991年,大丰市个体水运货运量下降至42.50万吨3171万吨公里,不少运输户出现严重亏损。2000年,大丰市对水运市场进行整顿,个体水路货运业户逐步以多种形式进入民营水运企业,接受公司化管理。到2010年,大丰市个体水路货运形式已不复存在。

民营水路货运　2005年,大丰市民营水运企业有各类船舶410艘7.96万载重吨,全年完成货运量370万吨6.21亿吨公里。2008年,船舶减少到306艘7.35万载重吨,货运量降到267万吨4.81亿吨公里。2010年,船舶回升至352艘7.48万载重吨,完成货运量348.96万吨7.43亿吨公里,与2005年相比,货运量下降了5.69%,周转量增长了19.65%。

3. 联合运输

1984年4月由交通局牵头,组建了大丰县联运服务公司。公司成立时只有2万元借款和48平方米简陋办公、营业用房。1986年兴建综合楼及零担房1078平方米,购置货车4辆35吨,有固定资产近40万元。1987年,在大丰县城红花桥东首建75米驳岸,货物装卸码头1座。1990年建办公楼1幢714平方米,高台集装箱库房1053平方米,水泥停车场地2919平方米,固定资产已达900多万元,运输机具及车辆已达10多辆(台)。1991年拥有货车11辆106.50吨。至1995年货运车辆增至21辆206.50吨。公司设有陆运公司、集装箱公司、水运公司、货物配载部、旅游服务公司、客票代售中心、连云港国际货运盐阜货运部、盐城市盐阜国际货运代理公司、美术装潢公司、交通汽修厂、交通汽车配件公司、京丰太阳能真空管厂等十多个二级公司。1995年6月获国家外经部批准为国际货运代理许可权,是全国唯一的能直接承办海运进出口货物的国际运输代理业务资质的县级联运企业。1996年11月创办了通联汽车出租公司。1998年7月创办了交通驾驶员培训中心。2002年2月创办了吉安道路化学危险品货物运输公司。2003年企业改制为民营性质,名称为大丰市联运有限责任公司，有股东11名，注册资本250万元。公司所属汽修厂整体出售。京丰太阳能真空管公司歇业。2004年公司办公楼、集装箱库场和一些经营部门因城市建设全部拆迁，联运业务经营困难，在这样的情况下，该公司进一步调整经营结构，强化国际联运，开拓物流服务，发展驾驶员培训和危化品运输业务。随之设立联运、国际货代、汽车驾培三个分公司。投资250万元，扩建驾培中心教学楼，铺设培训场地1.20万平方米，购置培训车26辆。2005年培训车已达47辆（台），并获一类培训资质。2007年公司投入1000多万元，在公司招待所营业楼原址兴建六层5040平方米国际联运物流中心大厦。公司还完善联运物流体系，对20辆化学危险品运输车辆安装了GPS全球跟踪定位系统等先进管理监控设备。2010年公司有职工61人，占地1.90万多平方米，共完成联运量11.80万吨，其中代理国际进出口物资1.43万吨、水铁联运0.58万吨、公路直达2.10万吨、水运直达4.20万吨、公路危险品运输3.50万吨。驾驶员培训中心培训驾驶员1925人。

四、企业选介

1. 陆运企业

【盐阜公路运输集团大丰有限公司】 1988年盐阜公路运输集团大丰公司拥有固定资产365.13万元，客车143辆5365个座、货车10辆75吨，客运线路53条410个班次，年客运量389.61万人1.39亿人公里、货运量1.24万吨342万吨公里。2002年1月盐阜公路运输集团大丰公司和大丰市汽车运输有限责任公司进行资产重组，成立盐阜公路运输集团大丰有限公司。两家汽车运输公司资产重组时，大丰市汽车运输有限责任公司出资270万元，占49%，投入客车70辆2070个座位，货车7辆70吨；盐阜公路运输集团大丰公司出资280万元，占51%，投入客车87辆2389个座位，货车6辆60吨。当年完成客运量355.69万人2.62亿人公里。2005年公司固定资产4435.26万元，客车310辆7908个座位，货车12辆106吨，客运线路69条1440个班次，年客运量406.16万人3.19亿人公里。2005年公司机关内设行政办公室、党委办公室、安（全）机（务）科、运务科、结算科、计财科6个科室，下设客运总站，长途客运一、二、三公司，农村客运一、二、三公司，货运公司，汽修厂，旅游公司，城市公交公司，加油站，车辆综合性能检测站等经营单位，职工总数432人。2008年公司固定资产为8706.12万元，客车313辆7929个座位，开行省际客运班线11条，投入车辆15辆633个座位；市际客运班线23条，投入客车39辆1459个座位；县际客运班线18条，投入客车52辆2895个座位。市内公交8条线路，投入客车49辆1617个座位。2008年客运量达751.27万人4.63亿人公里。2010年投入客车313辆7929个座位，其中高级客车12辆590个座位，开行线路83条，年完成客运量786万人4.99亿人公里。

2. 水运企业

【大丰市航运股份有限公司（大丰市航运公司）】 1958年11月成立。1974年9月更名为“大丰县航运公司”。1988年，有拖轮20艘2017千瓦、货驳209艘1.63万载重吨、小马力拖轮6艘177千瓦、小马力拖带驳船24艘678载重吨、帆船96艘1223载重吨，全年完成货运量53.93万吨1.86亿吨公里，实现营收976万元、利润59万元。1989～1992年公司年年盈利。1992年，公司和职工共同出资1030万元，合伙购买了1艘5953吨位海轮，新辟了近海货运业务。1993年、1994年，公司连续两年被中国交通企业协会评为“全国集体运输先进企业”，时任董事长兼总经理朱友亮被评为“全国集体运输企业优秀经理”。1996年，公司更名为大丰市航运股份有限公司，效益下滑，当年亏损158万元。1999年亏损额扩大到240万元。2000年亏损上升至348万元。2002年，大丰市航运股份有限公司按照大丰市政府〔2001〕11号文件精神，经职工代表大会表决通过，对公司进行资产重组、人员分流的彻底改革改制。新产生的7位股东以75万元股金获得新生的民营企业生产经营权。大丰市航运股份有限公司则由集体公有经济性质变成民营经济性质。

【大丰市兴航运输有限责任公司】 2001年成立。2005年有船舶22艘2300载重吨，全年完成货运量8.83万吨2349.31万吨公里，实现营收106万元、利润10万元。2010年，船舶增加到30艘4002载重吨，完成货运量16.50万吨5975万吨公里，实现营收420万元、利润30万元。和2005年相比，运量、周转量、营收、利润分别增长了86.86%、154.33%、296.23%和200%。

【大丰市龙堤运输站】 1982年成立。2003年改制成民营企业。2005年，有船舶52艘4680载重吨，全年完成货运量16.85万吨4481.57万吨公里，实现营收202万元、利润20万元。2010年，船舶增加到58艘6880载重吨，货运量增加到50万吨7500万吨公里，实现营收230万元、利润25万元。营收、利润分别比2005年增长了13.86%、25%。

3. 港务企业

【大丰市港务有限责任公司】 1988年前为大丰县港务管理处，下设3个作业区及汽车货运公司、港机厂、青年贸易公司，共有职工610人，固定资产97.15万元。1993年10月更名为"大丰县港务总公司"。1994年1月大丰县港务总公司组织建立了全县唯一的一家大件起重装卸运输公司。同年11月10日经县体制改革委员会批准港务总公司以增量扩股的方式，在原有股份合作的基础上，创立了"大丰县港务有限责任公司"（简称港务公司）。1995年8月港务公司下属工程公司完成二卯酉河105米驳岸工程。至此，港务公司拥有驳岸320米。1996年拥有自然岸坡作业的地段长度3214米，生产仓库总面积5917平方米，生产用堆场4.19万平方米，容量18.72万吨。1996年关停下属的大昌公司重组申大公司。1997年10月港务公司关闭了联谊商场，同时对申大公司限产、停产。1998年港务公司兼并了原大中镇运输公司，出资44.85万元买断王港装卸联合体经营权，在城区大新村1组征地3333平方米，投资60万元，建造了二公司综合码头（旧码头拆迁）。同时出资35万元与港务局合股筹建了大丰港内河装卸有限公司。

2000年年底，大丰市港务有限责任公司形成以港口主业为龙头的搬运装卸，港口工程建筑、货物运输的企业，下属5个装卸储运公司以及汽车货运公司，大件起重安装公司，港埠联运公司，港口工程公司，港机修造厂，劳力调配站12个单位，拥有职工477人，固定资产755万元，净值414万元。

2002年5月，港务公司进行了企业产权制度改革，公司名称仍为大丰市港务有限责任公司。同年，随着市区桥面高度的降低及防洪闸的建成，市区内的码头全部报废，港务公司投资1000万元，分别在城区老斗龙港东侧、益民路西首北侧征地5328平方米建设了一港区；在城区大四河西侧、大新村二组五排五号、六排五号征地6660平方米建设了二港区；在城区新民村八组、航运公司船厂对岸征地23310平方米，建设了三港区。

2006年，港务公司由原大中镇老街迁址到市幸福东路15号，招商引资引进上海顺豪混凝土公司，2007年元月正式投产。

2002～2008年，港务公司先后投资添置各类装卸机具，新添了输送堆高机、配电箱及变压器、吊机8台、3T微型吊车4台、胶带输送机3台，抓斗机械2台。2009～2010年又新添了2台20米输送机，2台10米输送机，2台4米输送机，1台5吨全程变幅吊机，1台2立方米抓斗，1台4立方米抓斗，1台堆高机，大大提高装卸效益。

4. 施工企业

【大丰市恒昌交通建设工程有限公司】 该公司前身为大丰市公路桥梁工程公司，成立于1977年9月，时为集体事业性质，主管部门为大丰县交通局，独立核算。2003年进行股份制改革，公司更名为"大丰市弘达路桥工程有限公司"，由17名股东组成股东会，7人组成董事会，公司人员仍保留事业性质。与此同时由刘静波、康卫等十三人为股东，另组建了"大丰市恒昌路面工程有限公司"，康卫任公司经理，后刘静波等人退出股东序列。由康卫、康士国、陆秀芳等人发起组成新的董事会，公司更名为"大丰市恒昌交通建设工程有限公司"，康卫任董事长兼总经理。2008年为适应市场竞争形势的需要，恒昌交通建设工程有限公司与弘达路桥工程有限公司实行资产整合重组。由恒昌交通建设工程有限公司董事会全额收购了弘达路桥工程有限公司原股东的全部股份及公司办公用房、土地产权、债权债务。重组合并后的企业名称仍为“大丰市恒昌交通建设工程有限公司”。康卫任公司董事长兼总经理,刘静波任公司党支部书记。内设综合部、技术部、财审部、办公室、财务科、养护科等机构,下设路基工程公司、路面工程公司、桥梁工程公司、航道工程公司和交通安全设施工程公司等。

大丰市恒昌交通建设工程有限公司是从事公路路基工程、路面工程、桥梁工程、航道工程、公路养护工程、公路交通安全设施工程、爆破与拆除工程施工的综合型企业。具有公路工程施工总承包二级资质及路面、公路养护、航道工程专业承包二级资质;爆破与拆除工程专业承包三级资质和公路交通安全设施三级资质。公司有员工356人,具有高、中、初级专业技术职称人员195人,其中高级职称13人,中级职称78人。专业一级注册建造师6人,二级注册建造师10人。公司注册资金3058.50万元。拥有各类大型筑路建桥工程施工的机械设备和完整的质量检测试验设备。年施工产值在两亿元以上,经济效益和社会效益在同规模企业中名列前茅。2010年完成施工产值2.47亿元,在大丰境内纳税约800万元。

多年来,公司坚持科学发展,文明建设喜结硕果,先后被中国工程建筑监督管理协会授予“全国工程质量施工安全企业信誉AAA级优秀企业”“全国优质施工企业”,被江苏省建筑市场质量安全跟踪调查办公室、江苏省诚信建设宣传活动办公室等单位、部门授予“重质量保安全守信誉AAA级优秀施工企业”“江苏省建设工程质量、诚信、五星企业”“江苏省十佳优秀施工企业”,被盐城市政府授予“AA级重合同守信用企业”“最佳专业施工企业”,盐城市交通局授予“五大优质工程”“优秀项目部”,大丰市委、市政府授予“文明单位”“安全生产先进单位”,大丰市交通局表彰为交通重点工程建设先进单位、安全生产先进单位等荣誉称号。

五、交通管理

1. 路政管理

20世纪80年代末,该市路政管理推行“三定、三保、一奖”经济责任制(“三定”为定路段、定任务、定要求;“三保”是保证出勤、保证重点、保证畅通;“一奖”是完成上述任务进行奖励),使辖区内公路逐步实现了无路障、无打谷晒场、无违章建筑、无路边种植和路基无挖损、标志绿化无残缺的要求。进入90年代后,贯彻执行国家《行政处罚法》,正确处理路政管理与治理公路“三乱”(乱设卡、乱收费、乱罚款)的关系,加强路产路权维护,保证道路畅通。1996~1997年,拆除G204和S332大刘段两侧非交通标志172处,违章建筑、摊点135处,在盐城市政府组织检查验收中被评为第一名。1998年后,积极开展国道、省道“四项整治”,达到无打谷晒场、无堆积物、无边坡种植、无违章建筑。在国省道环境整治中拆除非交通标牌89块、违章建筑103处、棚亭152个,及时清除路障263处1万多平方米。通过省、市验收,得到充分肯定。2001年,开展“路政管理年”活动,提高了路政管理水平。2004年,坚持建养并重的方针,大丰市政府出台了《镇村公路养护管理办法》,进一步落实镇村公路养护管理责任。同时,以创建文明样板路为抓手,加大路政管理力度。通过全市上下共同努力,S332刘庄至大丰段文明样板路创建工作通过省级验收。

路政人员进行执法训练

2. 航政管理

20 世纪 80 年代末,相继开展“六无航道”“航政管理安全月”和“创建文明航道”等活动。不断加大航道检查、管理力度,查处、纠正航道两岸违章建筑和碍航堆积物,对航道开拓、桥梁施工实行水上交通管制,确保航道安全畅通。至 1993 年,拆除违章建筑 4 处 18 平方米,审批临河建筑 14 处,清除渔网渔簖 149 处。1994～1995 年,航道完成疏浚土方 1.70 万立方米,修复险桥 2 座,干支线航道通航保证率、航标正位率均达 100%,航标发光率达 99%。2000 年,航政管理得到加强,干线航道清除渔网渔簖 21 处,拆除违章码头 1 座。1988～2010 年,航道部门共上航巡航 9.94 万公里,清除渔网渔簖 714 处,打捞沉船 32 艘 832 吨、沉石 224 吨,清除暗桩 64 根、杂物 99 吨,依法处理案件 276 件。

3. 海事管理

大丰市地方海事处,从 1987 年起设立“12395”水上搜救船专门电话,保持 24 小时联络畅通。该处将渡口管理作为水上交通安全重中之重来抓。1993 年取缔私渡 20 道。1994～1995 年,着重抓渡口达标验收和合格渡口的建设,对不符合标准的渡口进行整顿,撤销渡口 18 道,使全县 80 多道渡口合格率达 100%。1997 年,全市 51 道渡口建成盐城市级文明渡口 12 道,其余全部达标。2001 年,开展“水上运输安全管理年”活动,对船员管理秩序、“三无”船舶、乡镇渡口、市河秩序等组织专项整治行动,取得良好效果。2004 年,全市渡口连续 25 年安全无事故,文明渡口创建率超过 30%,被大丰市人民政府评为安全生产工作先进单位。至 2010 年共接警 267 起,救助人员 18 人次、船舶 117 艘次,挽回经济损失 517.50 万元。调查处理小事故 458 起、一般以上小事故 64 起。组织上航 5.34 万人次,出船、艇 3.93 万艘次,巡航里程达 55.72 万公里,排除航道堵塞 1075 次。监装、监卸危险货物船舶 4927 艘 54.93 万吨。危险品码头安全检查 286 次,查处安全隐患 101 次。施工安全维护 110 次 272 天。检验建造船舶 1260 艘,检验营运船舶 1.70 万艘。船舶签证 19.34 万艘次 5763 万吨,其中危险货物船舶 5137 艘次 54.41 万吨。培训船员 100 期 5494 人次。

4. 运输管理

20 世纪 80 年代中后期,主要是加强“三统”管理,即统一计划、统一票据、统一运价,同时抓好各类运输企业的资质条件和年度审验。90 年代着重抓好宏观调控、保持运力、运量相对平衡。客运实行定线定班,货运实行计划管理与市场调节相结合。坚持依法管理、规范经营行为。1995 年,全县货运汽车、搬运装卸、汽车维修等持证率均达 100%,客运车辆持证率达 98%,手扶拖拉机持证率达 85%,船舶持证率达 80%。建立公用型客运车站,使在城乡经营的 100 多辆社会个体客车,实现车进站、人归点,初步形成了开放有序、管理规范、平等竞争的客运市场。1997 年,国家《行政处罚法》颁布后,通过组织辅导、集中培训等形式,规范管理行为,加大交通行政执法力度。使车船“两证”年审率高于往年,并建成恒生、恒大两个货运市场。使货运交易有形化,同时通过整顿外籍常驻大丰经营车辆,换发道路运输证 249 本。1998 年,通过调研、认证,出台市内客运线路实行招标管理的意见,在盐城率先推行市内农共班单车线路经营权拍卖,得到省市主管部门的肯定。1999 年,开展道路客运秩序百日整治活动,坚决制止无证、无线经营等不法行为,从而改善了客运市场秩序。2000 年,开展“交通安全与运输市场管理年”活动,查处出租客运“黑车”78 辆次。与公安部门联手,打击客运市场中强行拉客、宰客、甩客、卖客、串线经营等违章行为,取得明显效果。当年“两证”年审率明显提高,客车达 91.68%、货车达 90.98%、船舶达 90.21%,搬运装卸达 100%。2001 年,开展“道路运输市场秩序管理年”活动,查处非法营运“黑车”158 辆,罚款 15 万元,查补运输规费 20 多万元。2002 年,做好危险货物运输企业重组工作,新成立大丰市安达、吉安两个危险货物专业运输公司,并通过上级管理部门的审核验收。2003 年,以开展“行业树新风、满意在交通”“整顿机关作风、优化发展环境”等活动为契机。进一步建立健全行政执法制度、修订交通行政执法规程、运政执法人员考核记分办法等规章,建立执法文书按季互审制度,规范行政执法行为,并做好防“非典”

期间的运输市场管理和扎口检查工作。配合公安、城管部门开展摩托车和道路危险品运输等专项整治工作。2004 年,主要抓好三项工程:一是农村客运班车通达工程。新建客运站牌 428 块、候车亭 26 座,使该市 186 个行政村通达班车,通车率达 87%。二是船型标准化工程。全市共拆解、改装船舶 108 艘。三是汽车客运站标准化建设工程。完成大丰客运总站标准化建设、调整市区客运站点布局,实现市区客运合理分流。2009 年,运管机构合并后,进一步加大运输市场管理力度,规范运输市场经营行为。

汽车维修行业管理按照"规划、协调、服务、监督"的工作方针,通过纳轨管理、行业整顿,统一维修企业的开业技术条件,维修工艺规范、质量标准、工时定额、收费标准和维修票据、表单、各种规章制度,完成维修类别"四改三"、维护工艺"三改二"工作,组织开展"质量价格信得过""优质修车、优质服务""信誉评定"等活动,使维修行业逐步壮大,经营行为不断规范。1988 年该市维修企业仅有 85 户(其中一类 1 户、二类 4 户)。1996 年 8 月,创办 B 级汽车综合性能检测站 1 个,加强维修质量的跟踪监督。2009 年,运管机构合并后,进一步加大汽修市场管理力度,促进汽修行业健康发展。至 2010 年已发展到 511 户(其中一类 5 户、二类 25 户、4S 店 1 户)。1988 ~ 2010 年完成整车大修 1.24 万辆次、总成大修 1.47 万辆次、二级维护 11.57 万辆次、小修 113.10 万辆次、维修总产值达 5.63 亿元。

出租客运管理始于 20 世纪 90 年代初,一直由交通部门管理。1998 年 3 月大丰市出租客运管理所成立后,对全市出租汽车实行统一经营模式、统一车身颜色、统一顶灯标志、统一服务证件、统一计价器材、统一收费标准。同年,对出租车经营权实行首轮有偿转让。2001 年对 180 辆出租车和 10 辆个体公交车经营权实行第二轮经营权有偿转让。通过两轮经营权转让,为大丰市政府筹集市政设施建设资金 800 多万元,使出租车盲目发展的势头得到有效控制,出租车行业步入健康有序、良性发展轨道。2009 年,运管机构合并后,形成城市客运、出租车行业管理的合力,市场秩序进一步好转,经营行为进一步规范。

驾驶员培训管理根据上级有关文件精神,于 1996 年由公安部门划归交通部门。通过资质审验和达标活动,不断提高行业整体素质。2009 年,运管机构合并后,进一步加大驾培市场管理力度,促进驾培行业健康发展。2010 年年末,大丰市共有 7 家驾校(其中一级 1 家、二级 6 家),教练员 216 人,教练车 211 辆,教练场地 10.30 万平方米。

1992 年 11 月大丰县交通道路稽查队成立,运政稽查开始步入正轨。以运输"五费三单证"为主要稽查内容,通过路头检查、纠正违章,促进源头管理。开展运输市场综合整治、受理人民来信、投诉举报案件的调查处理,不断增强道路检查的社会影响力。1992 ~ 2010 年,共查处道路运输违法案件 6637 件,收缴罚没款 703.06 万元。

5. 规费征收

大丰市交通局及所属各征管部门高度重视交通规费征收工作,视为"生命线工程",坚持按章按标准征收,使用统一票据,强化征收管理,努力做到应征不漏。1988 ~ 2010 年共征收各种交通规费 6.65 亿元,为交通建设、管理提供了强有力的经费支撑。

1988 ~ 2010 年大丰市交通规费征收实绩统计

表 135　　单位:万元

年份	养路费	航养费	车辆购置附加费	运管费	客附费	货附费	五小车辆养路费	船舶港务费	船舶检验费	船舶港监费	合计
1988	253.63	97.81	–	59.96	39.00	58.00	42.90	–	6.00	–	557.30
1989	286.60	100.38	–	67.57	2.77	113.10	48.49	–	6.50	–	625.41

续表 135

年份	养路费	航养费	车辆购置附加费	运管费	客附费	货附费	五小车辆养路费	船舶港务费	船舶检验费	船舶港监费	合计
1990	306.47	103.18	–	68.91	3.35	97.87	49.40	–	9.59	–	638.77
1991	356.10	94.38	–	74.01	13.84	108.20	53.00	–	8.69	–	708.22
1992	549.45	146.64	–	91.42	13.48	124.62	80.83	9.79	13.13	–	1029.36
1993	586.00	234.26	–	158.54	43.58	165.87	105.49	21.99	39.08	–	1354.81
1994	673.45	286.55	60.90	190.34	139.16	236.83	111.94	29.35	78.48	–	1807.00
1995	760.19	335.21	141.68	301.20	181.90	373.20	130.40	40.88	125.85	–	2390.51
1996	973.19	367.20	152.64	280.50	184.90	324.90	130.27	40.99	86.05	–	2540.64
1997	1150.9	323.69	220.11	304.70	227.20	337.10	170.80	46.60	63.94	–	2845.04
1998	1032.99	288.34	90.11	294.27	302.10	315.69	457.20	57.43	48.90	28.44	2915.47
1999	1063.27	266.66	28.90	303.10	469.00	271.70	660.90	46.93	50.95	28.19	3189.60
2000	1181.14	267.50	16.40	193.20	512.90	290.40	619.40	47.69	39.04	19.90	3187.57
2001	1370.74	282.85	87.98	229.50	521.40	314.30	653.20	47.38	52.04	23.26	3582.65
2002	1651.33	237.65	174.96	211.00	554.50	320.50	634.40	48.34	45.39	19.91	3897.98
2003	1715.00	232.38	181.33	198.60	355.40	355.70	702.50	76.64	58.96	11.94	3888.45
2004	2292.81	199.32	395.36	203.10	478.50	380.14	848.80	89.16	77.37	12.55	4977.11
2005	2950.70	191.37	–	212.53	415.00	388.00	1246.48	82.96	18.26	6.50	5511.80
2006	3079.22	249.01	–	215.89	379.41	404.41	1243.46	96.23	124.33	13.03	5804.99
2007	4186.64	265.77	–	287.25	373.45	509.90	1281.40	114.97	23.09	7.74	7050.21
2008	4844.19	192.92	–	312.60	371.40	563.10	1305.00	109.96	4.05	22.42	7725.64
2009	–	–	–	–	–	–	–	90.00	–	28.00	118.00
2010	–	–	–	–	–	–	–	105.00	–	48.00	153.00
合计	31264.01	4763.07	1550.37	4258.19	5582.04	6053.53	10576.46	1202.29	979.69	269.88	66499.53

说明:1992 年之前船舶港务费未征收;1997 年之前船舶检验费和船舶港监费合并征收;车辆购置附加费从 1994 年开始征收至 2005 年,费改税后由国税部门征收。

第三节 盐都区

一、交通机构

1. 盐都区交通运输局

盐都区交通运输局是盐都区人民政府主管交通运输的行政管理部门,负责综合交通运输体系规划编制与组织实施,担负全区公路、航道、港口码头的建设、养护和管理,水陆客货运输、港口搬运装卸、汽修、驾培行业管理和水上交通安全管理及交通安全生产监管等项任务。1996 年 9 月,盐城市郊区交通局更名为盐都县交通局,2004 年 3 月,随着行政区划的调整,更名为盐都区交通局。2005 年 5 月,局办公地址由市建军中路 2 号搬迁至市开发大道 609 号。2010 年 6 月,根据《盐都区人民政府机构改革实施意见》,区交通局改为区交通运输局。2010年末,局机关编制22人,实有职工40人,内设4个职能科(室),即办公室(挂"交通战备办公室"牌子)、财务审计科、综合计划科(挂"招投标办公室"牌子)、安全监督科(挂"政策法规科""行政服务科"牌子)和纪检监察、工会、共青团等组织,下辖区公路管理站、航道管理站、运输管理处、交通工程质量监督站、公路养护管理所和5个中心交管所以及市第二交通工程处。

2013年5月27日,区交通运输局局长顾勇(右一)陪同省交通运输厅厅长游庆仲(右二)、副市长王荣(左二)、市交通运输局局长管亚光(左一)、区长羊维达(右三)、区委常委张瑞卿(左三)视察双新大道

1988~2013年10月盐都区交通运输局主要领导名录

表136

局　长	任职时间	局党委书记	任职时间
李国安	1987. 5 ~ 1990. 5	李国安	1987. 2 ~ 1990. 5
季云峰	1990. 5 ~ 1993. 3	季云峰	1990. 5 ~ 1993. 3
潘吉元	1993. 3 ~ 1996. 12	潘吉元	1993. 3 ~ 1996. 12
沃长忠	1996. 12 ~ 1999. 4	沃长忠	1996. 12 ~ 1999. 4
宋晓峰	1999. 6 ~ 2007. 7	宋晓峰	1999. 5 ~ 2007. 7
桂永跃	2007. 7 ~ 2008. 10	王少忠	2007. 7 ~ 2010. 1
李建华	2008. 10 ~ 2012. 2	唐小荣	2010. 1 ~ 2010. 8
顾　勇	2012. 2 ~	吕明光	2010. 8 ~ 2012. 2
		李建华	2012. 2 ~ 2013. 8
		张兆祥	2013. 8 ~

2. 局属管理机构

(1)**盐都区公路管理站** 成立于1980年,时名盐城县公路管理站。随着行政区划的调整,1983年更名为盐城市郊区公路管理站。1989年3月,升格为副科级建制。1996年,更名为盐都县公路管理站。2002年成立盐都县路政大队,与县公路站两块牌子、一套班子。2004年,更名为盐都区公路管理站。2010年年末,有职工131人,其中事业编制75人。内设办公室、养护管理股、路政管理股、财务审计股和工会、共青团等组织,下辖盐城苏星交通工程有限公司及其所属的学富、北蒋、伍佑3个养护工区。担负辖区内公路建设、养护和管理等项工作。

(2)**盐都区航道管理站** 成立于1979年,时名盐城县航道管理站。随着行政区划的调整,1983年更名为盐城市郊区航道管理站。1988年12月,升格为副科级建制,1996年更名为盐都县航道管理站,2004年更名为盐都区航道管理站。2010年年末,编制32人,实有36人,内设政秘股、工程机料股、航政航标股、财务征收股。担负辖区内航道建设、养护和管理等项任务。

(3)**盐都区运输管理处** 成立于1985年,时名盐城市郊区交通运输管理所,股级建制,全民事业单位。随着行政区划的调整,1996年更名为盐都县运输管理所,2004年更名为盐都区运输管理所。2005 年,原区运输管理所、汽车维修行业管理所、交通局运政稽查大队合并成立盐都区运输管理处,同时升格为副科级建制。2010 年年末,编制 27 人,实有 43 人,内设办公室、财务装备股、客运管理股、货运管理股、车辆技术与驾培管理股、稽查股、法制办、运政服务大厅等 8 个股室。担负全区水陆客货运输、港口搬运装卸、汽车维修和驾驶员培训管理等项任务。

(4)**盐都地方海事处**　成立于 1987 年,时名盐城市郊区港航监督所,1989 年升格为副科级建制。随着行政区划的调整,1996 年更名为盐都县港航监督所,2001 年更名为盐都县地方海事处,2004 年更名为盐都区地方海事处,2006 年,更名为盐城市盐都地方海事处,同时划归盐城市地方海事局管理。2010 年年末,编制 20 人,实有 22 人,内设办公室、计财科、船检科、航监科、船员管理科和龙冈海事所。担负辖区内水上交通安全管理、船舶检验、发证、防污染,船员培训、考试、发证,水上交通事故调查处理和规费征收等项任务。

(5)**盐都区公路养护管理所**　成立于 1999 年 7 月,时名盐都县公路养护管理所,同时撤销县交通职工学校,其编制转入县公路养护管理所。2004 年更名为盐都区公路养护管理所。该所为股级建制,全民事业单位,隶属区交通局,负责全区农村公路养护、管理及计划编制等项工作,2010 年年末核定编制 5 人,实有 7 人。

(6)**盐都区交通工程质量监督站**　成立于 1999 年,为股级全民所有制事业单位。主要职能:监督检查交通施工、监理从业单位资质证书、从业人员上岗资格和勘察、设计文件;监督检查施工质量和施工安全管理,对完工项目进行质量检测和质量鉴定。2010 年年末核定编制 1 人,实有 2 人。

3. 中心交管所

1985 ~ 1989 年,全区 25 个乡镇相继建立交管所,后由于行政区划调整,减少到 20 个交管所。1998 年 9 月,将全区 20 个交管所合并成立 7 个中心交管所。2004 年,伍佑中心交管所(辖伍佑、步凤、便仓)划归亭湖区,其余 6 个交管所调整为 5 个运政稽查中队,保留交管所牌子。各自担负辖区内路政、航政、渡口和运输市场管理、道路稽查、规费征收等项任务。

(1)**一中队(龙冈中心交管所)**　管理范围为龙冈、楼王、学富、中兴、鞍湖、果树良种场 6 个乡镇(场),2010 年年末编制 12 人,实有 11 人,办公地址:龙冈镇毓龙路 2 号。

(2)**二中队(秦南中心交管所)**　管理范围为秦南、义丰、大纵湖、北龙港 4 个乡镇,2010 年年末编制 12 人,实有 9 人,办公地址:秦南镇盐金线 1 号。

(3)**三中队(新区中心交管所)**　管理范围为盐都新区、潘黄、马沟 3 个乡镇,2010 年年末编制 13 人,实有 9 人,办公地址:盐都新区世纪大道 624 号。

(4)**四中队(大冈中心交管所)**　管理范围为大冈、冈中、郭猛 3 个乡镇,2010 年年末编制 8 人,实有 6 人,办公地址:大冈镇富港路 6 巷 153 号。

(5)**直属中队(尚庄中心交管所)**　管理范围为尚庄、北蒋、葛武 3 个乡镇,2010 年年末编制 7 人,实有 6 人,办公地址:尚庄镇盐兴中路 6 号。

二、交通设施

1. 公路

20 世纪 80 年代,盐都区境内道路状况较差,大部分是砖石路面,有的是土路,晴通雨阻,人们出行很不方便。1985 年,区内有干线公路 5 条,支线公路 1 条,县乡道路 13 条,通车里程 278.96 公里,其中沥青路面仅有 93.32 公里。进入 20 世纪 90 年代,盐都区的公路建设速度逐步加快,既抓老路的改造和改建,又抓新路的建设。1990 ~ 1996 年先后完成了对 G204 的改扩建,S233、234、229、331 的改造工程。1998 年动工兴建 S29(宁靖盐高速公路)。从 2003 年起,实施村村通公路工程,经过 5 年的奋斗,至 2010 年,全区公路总里程 1538.10 公里。按行政级别分:国道 22.50 公里,省道 175.70 公里,县道、乡道、村道共 1339.90 公里;按技术等级分:高速公路 58.03 公里、一级公路

72.67 公里、二级公路 168.77 公里、三级公路 116.60 公里、四级公路 1098.63 公里、等外级公路 23.40 公里。全区 15 个乡镇、255 个行政村都通上了汽车。

(1)国道

【G204(烟沪公路)盐都段】南从大丰市交界处刘庄收费站入口,北与建湖县交界处大潭口桥出境,境内长 37.40 公里。1971～1976 年共铺设黑色路面 37.46 公里,全线达到黑色化。1976 年,通榆公路由省道上升为 G204。后经历年裁弯取直,境内长 37.14 公里。1985 年 2 月,省交通厅复函市交通局,同意新建进出口公路,即从南新河桥南至新兴变电所,全长 17.67 公里的地段,按一级公路的技术标准进行修建,至 1990 年相继改造完毕。两次区划调整时,G204 从境内划出。2006 年开始,对盐城市区绕城段进行拓宽改道,按一级公路标准设计,双向四车道,改造后路面宽 40 米,新国道经张庄、潘黄、新区、大冈 4 个镇(区、街道),境内长 22.50 公里。2009 年建成通车。

(2)省道

【S29(宁靖盐高速公路)盐都段】 跨兴盐界河从大冈镇入盐都境,经大冈、新区、潘黄、张庄 4 个镇(区、街道),止于盐城北亭湖区新兴镇龙桥 G204。1998 年 10 月动工兴建,2001 年 11 月竣工通车,境内全长 26.19 公里。大冈、潘黄(马沟)、张庄境内设进出口各 1 处。

【S18(盐淮高速公路)盐都段】 从新区街道伍冈村入盐都境,经新区、大冈、潘黄、郭猛、北蒋、龙冈、秦南 7 个镇(区)21 个行政村,跨盐河入建湖县境。2002 年 8 月动工兴建,2006 年建成通车,境内全长 31.84 公里,设盐城南、秦南互通各 1 处,设盐城西枢纽、郭猛服务区各 1 处。

【S233(射江线)盐都段】 经尚庄、秦南、北蒋、龙冈 4 个镇,境内长 24.74 公里。1983 年,S233 兴盐公路段为沥青路面,宽 7.50 米,路段有桥梁 23 座,明涵 37 座,水管 32 道。后经历年改造,兴盐公路全线达二级公路标准。

【S234 线(盐涟线)盐都段】 南起龙冈镇,北至建湖县建阳镇,境内全长 8.30 公里,路基宽 12 米,路面宽 9 米。1981 年铺设黑色路面 3.30 公里。1998 年龙冈向北至港桥路段黑色路面全部铺设结束。全线为沥青路面,达二级公路标准。

【S229(盐锡线)盐都段】 从兴化市跨兴盐界河入盐都区大冈镇境内,经大冈、郭猛、潘黄 3 个镇,止于串场河大桥,全长 27.30 公里,1994 年 6 月动工兴建,1995 年 11 月竣工通车。全线达到一级公路标准。2004 年,该路被评为省级文明样板路。

1996 年 11 月 8 日,盐金线(S331)建成通车

【S331(丹宝明线)盐都段】 经盐都新区、潘黄、郭猛、北蒋、秦南、义丰、学富、楼王、北龙港 9 个镇(区),跨黄土沟大桥入建湖县境。1993 年 3 月动工兴建,1997 年 10 月全线竣工通车,境内全长 34.18 公里(不包括与宁盐公路共线 17.30 公里),全线达到二级公路标准。2003 年,该路被评为省级文明样板路。

【S231(阜扬线)盐都段】 经秦南(中兴)、学富、义丰 3 个镇,跨兴盐界河入兴化市,境内长 23.15 公里。路基顶宽 24.50 米,双向四车道,2008 年 12 月 12 日开工建设,2010 年 12 月竣工。

(3)农村公路(县、乡、村道) 2002 年之前,盐都区农村公路等级不高,通车里程短,加之养护不到位,路面下沉,坑塘较多,严重影响了交通环境。2003 年,发动全民,大办交通,加快了农村公

乡镇路拓宽改造工程

路建设的速度。至2010年,新建农村公路1267.69公里,其中按行政级别分:县道131.50公里、乡道170.92公里、村道965.27公里;按技术等级分:二级路117.26公里,三级路51.80公里,四级路1098.63公里。工程总投资3.56亿元,其中地方自筹1.69亿元。

2. 公路桥梁

1987年,全区(含亭湖)境内有公路桥梁269座6860.20延米。1988年后,随着公路建设的快速发展,特别是农村公路的快速推进,公路桥梁建设也突飞猛进。2009年后,充分利用省道改扩建和农村公路危桥改造政策,又新建一批公路桥梁。至2010年年底,区内共有公路桥梁2672座6.39万延米,比1987年分别增长了8.93倍、8.31倍,其中特大桥1座1144延米,大桥48座1.28万延米,中桥240座1.10万延米,小桥2383座3.90万延米。

3. 航道

2010年,盐都区有航道30条,总里程361.40公里。

(1)**省级干线航道**　2010年,盐都区有省级干线航道2条,计长60.80公里。

【盐邵线盐都段】　从九里窑起,至古殿堡止,长34.50公里,为五级航道。

【盐宝线盐都段】　从黄土沟起,至龙冈镇止,长26.30公里,为六级航道。

(2)**市级干线航道**　2010年,盐都区有市干线航道2条,计长29.90公里。

【建口线盐都段】　从大潭湾起,至薛家舍止,长7.90公里,为五级航道。

【冈沟河】　从龙冈起,至大冈止,长22公里,为七级航道。

(3)**支线航道**　1988年,盐都区有支线航道30条。因行政区划和航道调整,2010年支线航道降至26条,计长270.70公里。主要有:

【蟒蛇河盐都段】　从龙冈泾口起,至大纵湖止,长28.20公里,为七级航道。

【兴盐界河盐都段】从大纵湖起,至龙灯止,长37.80公里,为等外级航道。

【横塘河】　从黄土沟起,至过河尖止,长17公里,为等外级航道。

【东涡河】从赖陈庄起,至湾刘庄止,长16.70公里,为等外级航道。

【中心河】　从东岗子起,至马厂止,长15.10公里,为等外级航道。

4. 渡口

1988年,盐都区有渡口200道,数量仅次于阜宁县,列盐城市9个县(市、区)第2位。1994年,盐都区实施建桥撤渡战略,至2004年,共投入资金2165.80万元,建代渡桥62座,撤并渡口167道。2006~2008年,因部分行政区域划归亭湖区和实施奖励停渡,先后减少渡口26道。到2010年年底,尚有渡口7道,和1988年相比,渡口减少193道,下降了96.50%,是盐城市9个县(市、区)渡口下降幅度最大的一家。

5. 汽车客运站

全区有汽车客运站5个,候车亭38个,客运站牌200块,其中盐都汽车客运站、神龙汽车客运站在第三章第四节第三目站场中已作记述。

三、交通运输

1. 道路运输

(1)客运

公路客运　1988年盐都区公路客运主要由盐城市第二汽车运输公司、乡镇办运输企业和城乡个体(联户)客运业户的公路客运运力组成,全区境内共有客运汽车96辆3776个座位,其中盐城市第二汽车运输公司拥有客车57辆3499个座位,乡镇办运输企业有客车16辆255个座位,城乡个体(联户)业户有客车23辆277个座位,全区年完成客运量589.1万人1.41亿人公里。1991年盐城市第二汽车运输公司组建旅游出租车队,至1992年9月,从盐城市郊区交通器材公司筹备成立郊区旅游出租公司,1993年3月经市计经委盐市计经(1993)253号文批准更名为盐城市汽车客运公司,直接经营省际、省内旅游出租汽车客运业务和区内部分乡镇的农共班线,1993年开始相继经营部分跨县、跨市、跨省公路客运班线。1993年年底全区共有客运车辆189辆5478个座位,年客运量235.7万人8923.5万人公里。1995年全区客运汽车增至562辆1.08万个座位,到2008年全区客车为332辆8451个座位,经营区内客运班线21条,中长途跨省、跨市班线75条,年客运量为603.91万人6.09亿人公里。2010年底拥有客车345辆8017个座位,经营106条线路1007班。其中,省际线路12条12班,市际线路25条30班,县际线路45条220班,县内线路24条745班。年客运量299.85万人1.96亿人公里。

城市公交客运　101路公交车开行于1999年1月,从盐都新区至鞍湖镇,开始投放10辆客车,每天运行98班,到2005年车辆增加到15辆,班次增加到146班,到2010年投放10辆车运行,班次为98班。年完成客运量84.2万人。

(2)货运　盐都区境内的公路货运,主要由境内非交通部门的物资单位和乡镇运输企业以及个体运输业户承担。1988年盐城市第二汽车运输公司仅有货运汽车8辆75吨,联运公司有货运汽车11辆90吨,非交通部门的企事业单位则拥有货运汽车317辆1263.50吨,拖拉机30辆30吨,其他机动车6辆4吨,无论是车辆数还是吨位数,都远远超过交通专业运输部门,乡镇运输企业和个体运输业户也成为区内运输市场的主力。1988年乡镇运输企业有货车43辆225吨,其他机动车8辆,城乡个体业户有货运汽车28辆122.50吨,拥有拖拉机136辆136吨,人力车35辆21.50吨。随着交通运输事业的发展和运输市场的开放搞活,到2005年,全区共有货运汽车1787辆8935吨,年货运量320万吨6.74亿吨公里。2008年全区货运汽车已达2145辆1.07万吨,年货运量达407.2万吨8.15亿吨公里。2010年全区共有各类货运汽车4289辆3.14万吨,年完成货运量298万吨1.49亿吨公里。

2. 水路运输

(1)客运

国营水路客运　1956年5月,苏北内河轮船公司盐城分公司(盐城市轮船公司)开辟盐城至楼王班轮航线,盐城县(盐都区)有了国营水路客运。之后航运局在伍佑、便仓、新兴、龙冈、大冈、秦南等乡镇增设了轮船站,为旅客出行提供了方便。盐都区国营水路客运随着盐城市轮船公司水路逐步萎缩而走衰。1999年,盐城市华通航运集团(盐城市轮船公司)盐城至镇江最后一条客运航线撤销,盐都区国营水路客运就此结束。

集体水路客运　1960年,盐城县运输公司(盐城县航运公司)开辟盐城至北宋、盐城至楼王集体客货班轮航线。1976年,完成客运量10.10万人180万人公里。1980年,停开盐城至北宋航班,盐城县航运公司经营的集体水路客运结束。其间,1963年,龙冈航运合作社开辟马沟至盐城西门、龙冈至盐城定期班轮航线,盐城县(盐都区)出现了乡镇集体水路客运。20世纪80年代中后期,境内又有一些乡镇办了集体水路客运。1987 年,乡镇集体水路客运完成客运量 1.50 万人 22 万人公里。1990 年,客运量增加到 18.09 万人 562.20 万人公里。乡镇企业产权制度改革后,集体水路客运船舶作价卖给了个人,盐都区乡镇集体水路客运历史随之结束。

个体水路客运　1983 年,盐城县(盐都区)大纵湖公社(大纵湖镇)何吉大队(村)戚太林在盐城县首办了个体水路客运。当年以挂桨机改装的 12 个座位小客船,完成客运量 7200 人 6.48 万人公里。戚太林个体办水路客运的事迹,被多家媒体宣传报导,社会反响很大,许多人跟着效仿,盐都区的个体水路客运发展很快。1988 年,个体业户水路客运拥有客船 46 艘 576 千瓦 1260 个座位,全年完成客运量 36.55 万人 729 万人公里。1990 年,客运量增加到 54.46 万人 971.10 万人公里。1991 年之后,盐都区个体业户水路客运呈大幅下降趋势。1993 年,小客船减少到 22 艘 908 个座位,客运量减少到 24.60 万 248 万人公里。1994 年后,个体业户水路客运逐步被公路汽车客运取代,2001 年退出水运市场。

(2)货运

专业水路货运　1988 年,盐都区(郊区)交通专业水路货运有各种船舶 348 艘 1311 千瓦 1.26 万载重吨,全年完成货运量 49.39 万吨 9203.30 万吨公里。1990 年,船舶减少到 208 艘 9480 载重吨,货运量减少到 30.42 万吨 7903.80 万吨公里。1991～1993 年,盐都区交通专业水路货运企业,多方筹集资金 420 万元,添置 4 个大中型船队,新增运力 4500 载重吨。1992 年,货运量回升到 35.77 万吨 9647.80 万吨公里。1993 年,货运量进一步增加至 39.47 万吨 1.29 亿吨公里。1994 年,货运量再上新台阶,达到 40.90 万吨 1.40 亿吨公里。1995 年,出现了较大额度的亏损,一直到 2000 年都没有好转。2003 年,盐都区交通专业水路货运退出了水运市场。

个体水路货运　1988 年,有小马力货船 1925 艘 3.54 万载重吨、帆船 88 艘 1050 载重吨。1990 年,小马力货船增加到 2643 艘 5.84 万载重吨、帆船减少到 10 艘 120 载重吨,全年完成货运量 166.04 万吨 2 亿吨公里。1991 年货运量上升到 178.57 万吨 2.19 亿吨公里。2000 年,盐都区对水运市场进行整顿,个体业户陆续以各种形式加入民营水运企业。至 2010 年盐都区个体水运业户都进入了合资、股份、合作、代理等民营公司。

民营水路货运　2005 年,盐都区民营水路货运有运力 4.83 万载重吨,全年完成货运量 128.52 万吨 6.43 亿吨公里。2008 年,运力达到 6.35 万载重吨,完成货运量达到 265.76 万吨 13.15 亿吨公里。2010 年,运力增加到 16.03 万载重吨,货运量上升到 478.47 万吨 23.92 亿吨公里。和 2005 年相比,运量增长了 272.29%,周转量增长了 272.16%。

3. 联合运输

1979 年,开展联合运输后,盐城市第二航运公司下属的联运公司实行一次托运,一票到底,代办中转,全程负责,开辟联运线路 6 条,1560 公里。1980 年开辟了徐州、无锡、镇江、南京等 5 个联运中转港站。1981 年开通了扬州、泰州、海安、如皋、南通、淮阴等 7 个水上联运点。1982 年,接通了浦口、镇江、无锡、徐州等 4 个南方铁路线。1983 年,在联合运输方面,主要采取巩固北线,加强南线,发展内线的方法。1984 年,联合运输深入全区农村腹地,接通 11 个乡镇联运线,从潘黄、新兴、龙冈 3 个乡镇开始,逐步实现乡邮化联运网络。1984 年,成立盐城市郊区联运服务公司,和二航实行两块牌子,一套班子,主要经营:运输,承办水、铁、公、江、河、海运往全国各地的整批、零担、集装箱物资联运。1985 年年底,发展联运线路 27 条,有南京、无锡、镇江、扬州、南通、连云港、徐州、邳县、淮阴、如皋、海安、泰州、上海等 14 个中转站,市内有阜宁、射阳、东台、大丰、建湖、滨海 6 个接送点,潘黄、新兴、龙冈等 7 个联运网点,联运里程 3000 余公里,年完成联运物资 176.34 万件,6.93 万吨。1985 年初,区政府将市第二航运公司(简称市二航)列为第二批经理负责制试点单位,5 月份,完成改革任务,组建了新的领导班子,完善了以承包为主要内容的经济责任制,全年货运量 1.38 万吨,实现营业收入 506 万元,利润 11 万元。1986－1991 年,面对水运市场疲软的实际,公司推行经济承包责任制,积极发挥集体和大船队优势,千方百计改善服务态度,巩固老客户,发展新客户,1991年后,多方筹措资金420万元,购置大、中型钢质船队4个,逐步扭转企业亏损势头。1993年区港务处划归联运服务公司,同年更名为郊区联运总公司,有货运汽车19辆175吨,吊车一台,完成货运量2.82万吨830.15万吨公里,营收448.30万元,利润34.10万元。由于公路运输的全面兴起和运输市场竞争激烈,集体运输企业市场占有量逐年下降,企业出现严重亏损,2003年7月,法院宣布二航公司、联运公司同时破产。

四、企业选介

1. 陆运企业

【盐城市第二汽车运输有限公司】 1988年有大型普通客车57辆3499个座位,货车8辆75载重吨,经营客运线路23条,64个班次,其中:市际线路2条2个班次,县际线路12条22个班次,县(区)内线路9条40个班次,完成客运量546.3万人,1.32亿人公里,货运量0.68万吨250.5万吨公里。2005年客运车辆发展到98辆4150个座位,其中大型客车88辆3960个座位,中型客车10辆190个座位,经营51条客运线路164个班次,其中:省际10条10个班次,市际13条13个班次,县际23条46个班次,县(区)内4条20个班次,城市公交1条75个班次,完成客运量320.8万人1.07亿人公里。

2006年12月经盐都区发展和改革委员会〔2006〕47号文批准同意盐城第二汽车运输公司公有资产整体转让出售,职工由改制后的新企业整体接收。2007年1月通过《新华日报》向社会公开招标,由盐城市黄海产权交易所网站对外征召受让单位,至2007年2月仅有盐阜公路运输集团有限公司一家报名,经盐都区政府〔2007〕19号文件批准,盐城市第二汽车公司与盐阜公路运输集团有限公司签订《盐城市第二汽车运输公司公有产权转让协议书》,2007年4月盐都区国资办确认盐城市第二汽车运输公司公有资产以零资产转让给盐阜公路运输集团有限公司,由盐都区政府授权盐都区交通局负责办理具体转让手续,实行资产重组,重组后企业注册为盐城市第二汽车运输有限公司。2008年年底该公司拥有职工511人,其中在册在岗228人,离岗休养106人,离退休177人,公司设置科室为:经理室、书记室、工会、办公室、财计科、运务科、安(全)机(务)科、劳(动)服(务)部,有6个下属单位,即:盐都汽车客运站、长途车队、农公车队、汽车修理厂、油库、驾驶培训队。有各类客车192辆5603个座位,其中:高级大客车76辆3420个座位、中级普通客车96辆1643个座位、中级中型客车20辆540个座位,经营各类线路57条,364个班次,完成客运量286.8万人2.02亿人公里,2010年有各类客车181辆4755个座位,其中:大型客车22辆950个座位,中型客车159辆3805个座位,开行线路70条,日发班车648班,其中:省际线路13条12班,市际线路16条16班,县际线路15条50班,县内线路26条470班,城市公交1条98班,完成客运量249万人1980万人公里,营业收入657.62万元,实现利润21.07万元,上缴税金60.72万元。

该公司除经营公路客运外,也曾经营过公路货运。高峰时期拥有货车11辆80.50吨。1991年改制为单车承包经营,1992年停止货运业务,车辆全部处理给职工个人。

【盐城汽车客运公司】 始建于1992年9月,原名为盐城市郊区旅游出租汽车公司,为区属大集体企业,隶属交通局领导,经营范围为省际、省内旅游出租汽车客运业务。1993年3月更名为盐城汽车客运公司,为集体所有制性质。开通区内5条农共汽车班车,每天发出32个对班,1993年又相继开辟8条跨市县的客运班车24个对班。1993年底有职工18名,完成客运量30万人1000万人公里,营收61.20万元,利润6.06万元。1999年,公司车站迁至黄海路,并对场地进行整修,业务不断扩大,开辟新的班线。2000年,有省际班线1条,市际班线7条,市内班线25条,区内班线11条,当年营收170万元。2005年有中长途51个班线,年营收198万元。2010年,有客车108辆2840个座位,其中高级客车7辆325个座位,盐城市汽车客运站(五星)启用时,车辆并入市客运站,有班线55条,其中:省际线路1条2班,市际线路8条12班,县际线路31条136班,县内线路15条177班,实现营收229万元。

2. 水运企业

【盐城市第二航运实业总公司】 1956年3月成立,时称“盐城县木船运输合作社”,后改称“盐城市第二航运公司”“盐城市第二航运实业总公司”,为县(区)属集体企业。1988年,公司有拖轮18艘1181千瓦、货驳153艘9429载重吨、小马力货轮6艘475载重吨、小马力拖轮8艘130千瓦、小马力拖带驳船56艘910载重吨、帆船107艘1774载重吨,全年完成货运量49.39万吨1.24亿吨公里,实现营收639万元、利润6万元。1990年,公司运力减少到9955载重吨,货运量减少到30.42万吨7903.80万吨公里,当年亏损106万元。1991~1993年,公司多方筹资420万元,添置4个大中型船队,新增4500吨运力,扭转了下滑势头。1994年,货运量回升到40.90万吨1.40亿吨公里,实现5万元利润。1995年公司又进入了亏损状态。1996年亏损额上升到299万元。1997~1999年每年亏损额都在100万元以上。截至2000年,公司累计亏损990万元,加上历史陈账,公司已经资不抵债。2003年7月法院宣布盐城市第二航运实业总公司破产。

【盐都区第二航运公司】 1984年成立。2005年,有船舶41艘3208载重吨。2008年,船舶增至56艘5458载重吨。2010年,船舶达到7118载重吨,全年完成货运量19万吨97万吨公里,实现营收1390万元、利润13万元。

【盐都区第三航运公司】 1993年成立。2005年,有船舶306艘3.67万载重吨,全年完成货运量100.98万吨5.05亿吨公里,实现营收3001万元、利润100.98万元。2008年船舶增至1477艘13.68万载重吨。2010年,船舶减少到543艘8.99万载重吨,全年完成货运量209.69万吨10.48亿吨公里,实现营收1.05亿元、利润368.74万元。其中运量、周转量、营收、利润分别比2005年增长了107.65%、107.52%、249.88%和265.16%。

3. 施工企业

【盐城市第二交通工程处】 该处创建于1974年2月,主要从事公路工程的施工,是一家自收自支的集体事业单位。成立初期,曾为地方道路基础设施建设特别是通乡(镇)黑色化做出了积极贡献。20世纪末,随着建筑市场的放开,单位的综合施工能力有了长足的发展,先后承建了省、市、县(区)多项重点工程,赢得了广泛的社会赞誉,为加快地方经济发展做出了一定的贡献。

至2010年,该处已具备的施工资质为公路工程施工总承包三级,职工人数150余人,拥有专业经济、技术管理人员50余人,有各类大中型机械设施120余台(套),生产经营性固定资产近千万元,年施工能力6000余万元。

五、交通管理

1. 路政管理

1990年后,区政府制发《关于加强公路路政管理工作的意见》等一系列规范性文件,以强化路政管理。区公路管理站层层落实路政管理责任制,并与相关部门建立综合治理网络,实现路政管理群防群治。至1993年,共拆除违章建筑356户512间,临时棚亭252处,查处挖掘、占用、损坏公路案件86起,清除违章堆积物163处364平方米,杂乱标牌175块,铲除路坡种植456公里,设立公路交通标牌125块,埋设公路界桩176根。1995年,国省干线公路养护管理水平有所提高,区乡沙石路面养护管理有所改善,平均好路率达79.20%,超过市公路处下达指标5.60个百分点。1998年后,通过宣传贯彻《公路法》,路政管理得到进一步加强。2002年,路政大队成立后,加大查处侵犯路产路权案件的力度,拆除违章建筑和亭棚摊点12处,并借助G204创建部级文明样板路这一契机,加大上路巡查执法力度,达到绿化、美化、亮化要求,顺利通过交通部部级文明样板路验收。2003年抗洪期间,组织力量突击抢修水毁公路近100公里,桥梁8座,保证道路的安全畅通。2005

盐都区公路站组织养护工人清除新建成的G204路肩违章堆积物

年，区政府出台《盐都区农村公路养护管理暂行办法》，实行以奖代补的办法，每公里奖励1000元，使农村公路的养护管理得到进一步加强。2009年起，积极推行公路生态养护，加大对新工艺、新技术、新材料的使用和推广力度，国省干线公路好路率达96.40%，支线好路率达94.90%，干支线平均好路率达95.90%，列全市前列。共查处超限超载车辆1000多辆，罚款7万多元。积极推行农村公路规范化管理模式，指导乡镇建立公路管理基础台账，发挥中心交管所管好辖区农村公路的职能作用和大冈镇乡村公路管养、安保工程的示范作用，改善全区农村公路通行环境。1988～2010年，区公路站共查处侵犯路产路权案件500多件，拆除违章建筑524处1.21万平方米，处理损毁路面1400多次，拆除非公路标牌1800多块，其中立案查处257件。该站被省委、省政府表彰为“省文明标兵单位”，省总工会授予“江苏省五一劳动奖状”，被交通部、人事部表彰为“全国交通系统先进集体”“全国交通行业文明示范窗口”。

2. 航政管理

1988年起，盐都区航道站负责市城区、郊区境内航道的养护、管理，至1993年，在创建文明航道中，共拆除违章建筑48处，碍航渔网渔簖141处，裁弯切角7处，清除排筏8760立方米，改造桥梁1座，先后建成盐邵线（龙冈至古殿堡30.50公里）、串场河（新兴至大潭口6公里）、新洋港（新民河口至九里窑24.50公里）3条61公里省级文明航道。1995年完成串场河、南新河疏浚3万立方米，完成市区南新河段驳岸815米，巩固文明航道创建成果，确保辖区内43条539.50公里的航道通航率达100%。1997年，市直属航道站成立后，将原城区范围内航道的管理、养护权划归直属航道站。2000年，区航道站全面实行社会承诺、挂牌服务，公开办事程序，接受社会监督，进一步规范航道管理行为。至2008年，共查处偷盗破坏航道设施73起，其中立案处理15起，查处侵占损坏航道行为46件，其中立案处理8件，有效地保护了航产航权。2009年后，共办理航道行政许可20件，组织航道扫床256公里。在航政管理中推行说理式执法，共收取航道赔（补）偿费86万元，制止违章建筑6起，等级航道通航保证率达95%以上。聘请航道沿线责任心强的村民为航道群管员，使航道产权、航标运行始终处于受控状态，保证航道安全畅通。并为江苏华锐风电公司单件500吨的发电机组运输选定安全可靠的绿色水运通道。为江苏大通管输天然气有限公司西气东输的跨越航道的管线实行特事特办，难事帮办，得到相关企业的赞誉。

3. 运输管理

（1）**价票管理与行政许可**　1988年以来，区运管部门加强运价、票据管理。监督运输企业按省、市定价执行，使用税务、交通部门统一印制发放的票据，规范运输经营行为，并配合物价、税务部门开展运价、票据、税收执法检查。2004年后，根据《中华人民共和国行政许可法》和《中华人民共和国道路运输条例》，区运管机构行使道路运输行政许可职能。至2008年年底，共办理行政许可602件，其中客运经营2件，客运站经营2件，货运经营585件，货运站经营1件，三类机动车（摩托车）维修经营12件。

（2）**客货运输管理**　1988年以来，区政府相继批转了区交通局《关于盐城市郊区搬运装卸管理暂行规定》《关于盐城市郊区客、货运输管理暂行办法》等文件，运管部门加强对运输市场的监管。1994年后，交通运（交）管人员加大上路检查执法，查处违章经营、逃漏规费等违章行为的力度，维护运输市场秩序。对客运车辆实行定线路、定班次、定站点,统一售票,统一运价、统一管理,推行进站证制度,实现车进站、人归点。对货运车辆只批不控,满足社会需求。2004 年,《中华人民共和国道路运输条例》颁布实施,进一步明确运输管理职权。当年查处运输违章行为 307 起,罚款 28.43 万元,运输市场秩序明显好转。次年,集中治理车辆外挂(挂外省车牌、长期在本省营运),促使 5 辆外挂农用车、57 辆外挂变型拖拉机办理临时营运证。同时加强运政稽查,全年上路 180 人次,查处车辆 836 辆次,纠正违章 567 辆次,处罚 412 辆次,罚款 54.70 万元,对 12 辆技术状况不合格的车辆,责令进行维修检测。至 2008 年,共发放道路运输经营许可证 1685 本、道路运输证 2507 本,查纠客运违章行为 1.30 万多次,取缔非法从事客运车辆 1500 多辆次,取缔载客机动三轮车 600 多辆,追缴拖欠运输规费 2000 万元,罚款 1200 多万元。2009 年以来,积极应对"燃油税"改革,主动转变职能,整合交通执法资源,大力开展运输秩序专项整治,以高速公路出入口、客运站点、世纪大道等路段为重点,集中力量搞好稽查。至 2010 年,共查处"黑车"75 辆,"黑线""黑班"426 辆(次),其他违章 100 多起。积极推行说理式执法和柔性执法模式,做到执法主体、执法依据、执法程序、执法文书、执法行为五规范。同时,加强水路运输企业核查和道路货运企业质量信誉考核工作,扶持物流企业发展。

(3)**汽车维修行业管理** 1988 年起,对维修企业的经营资质、技术结构、规划布局做到统一管理、严格把关。区内有二类企业 3 家,三、四类企业 3 家和维修店 42 家。1991 年,重点加强汽车维修质量、服务质量、收费标准的监督管理,收费实行明码标价,挂牌收费。1993 年,推行车辆定期检测、强制维护,建立"机动车维修记录"制度和定点维修、合同维修、维修质量检验单、维修质量保证期等质量管理制度。1997 年开始,举办汽修人员培训班,对质检员、结算员、机修、底盘等各专业工种进行业务技能培训,经考试合格后发给相应技术等级证书,实行全员持证上岗。2000 年,引导各种经济成份的维修业户组织行业协会,形成自我管理、自我规范、诚信经营、平等竞争的自我约束机制。2005 年后,积极开展维修市场专项稽查和集中整治,严厉打击乱设维修摊点、超范围经营等违章行为。至 2010 年,全区有汽修业户 52 家(其中一类 6 家、二类 30 家、三类 16 家),占地面积 2.72 万平方米,厂房面积 1.04 万平方米,场地 6890 平方米,从业人员 500 人,维修检测设备 1320 台(套),基本满足区内车辆维修的需要。

(4)**驾驶员培训管理** 1986 年,盐城市第二汽车运输公司汽训队成立,为区内第一家驾驶员培训学校。1996 年,驾培管理职能由公安部门划归交通部门。至 2000 年,市第二供销合作社汽训班、市郊区农机汽训队、盐都交通汽车驾培学校相继成立。区运管所负责办理机动车驾驶员培训、道路运输驾驶员从业资格培训、机动车驾驶员培训教练场的经营许可,并加强行业管理,规范驾培行为,提高教学质量。2005 年后,根据市运管处统一部署,多次开展驾培市场专项整治,重点打击私设培训点,不按规定培训等违章行为,不断规范驾培市场秩序。截至 2010 年,区内有驾校 3 家,教练员 140 人,教练车 136 辆,教练场 4.70 万平方米,共培训驾驶员 9 万余人。

4. 海事管理

1987 年,区港航监督所成立后,认真履行水上交通安全管理职能,鉴于区内大部分运输船舶长年在浙江、上海和苏州一带从事运输,截至 1993 年,区交通局先后 4 次组织由港监、运管和有关乡镇交管人员参加的服务小组,统一到苏州平望镇和浙江嘉兴市开展服务到船头活动,举办机驾人员培训班、年检船舶、年审机驾人员证件和水路运输"两证",为大量的"三无"船舶补办证照,深受广大船民的赞同和欢迎。1994 年后,区政府先后制发《盐城市郊区筹集使用渡船更新资金的规定》《盐城市郊区建桥撤渡三年规划》等规范性文件,两年更新渡船 33 艘,建桥 11 座,撤渡 10 道,加快了建桥撤渡的步伐。同时建立健全渡口安全管理责任制,加强现场督查和指导。1998~2000 年,集中整治"三无"船舶,使船舶持证率达 90%,年审率达 95% 以上。赴苏南为船民检船 4500 艘,为船民节约回盐城检船、年审费用 500 多万元。2003 年,在防"非典"期间,县交通局组织百人会战,集中清理水运企业停靠在市区串场河岸边的老旧船舶197艘,发放补助资金100.65万元,所有船民全部上岸定居生活,既改变了市区河段水域面貌,保护了水源卫生,又改善了水运职工居住条件。截至2004年,区地方海事处共查处水上交通事故16起,督查清除航障200多处1000多米,发放和检验船舶证件5万多件,进行渡口安全检查2300多次,整改各类事故隐患1500多起,出动海事艇检查市区内水资源5200多艘次,保证市河上游没有发生水污染责任事故。到2008年年底,全区渡口从1988年的200道减少到7道,渡工渡船全部达标,年渡运量达10万多人,保障了渡运安全。

5. 交通工程质量监督管理

1999年,区交通工程质量监督站建立后,加强全区交通工程质量的监督管理,至2010年,先后完成了农村公路399个项目1142公里、150多座桥梁改造和步湖路、盐淮高速公路南接线、洪学线改造等工程的质量监督管理任务,区内所有交通工程在省市质量验收中,合格率达100%,优良率达90%以上。葛武、北龙港2个客运站建设质量受控,所有交通工程项目及时交竣工,未发生质量事故。

6. 规费征收

1988~2010年盐都区共征收各种交通规费6.36亿元,为交通建设和交通事业的发展提供了经费支撑。

1988~2010年盐都区交通规费征收实绩统计

表137　　单位:万元

年份	养路费	航养费	运管费	客附费	货附费	五小车辆养路费	船舶港务费	船舶检验费	船舶港监费	合计
1988	311.55	197.98	20.00	1.50	44.00	3.00	4.00	68.00	6.00	656.03
1989	393.59	185.01	108.00	2.10	122.00	4.00	3.00	91.00	5.00	913.70
1990	419.24	176.01	110.00	2.80	126.00	6.00	4.00	59.00	7.00	910.05
1991	499.73	144.74	134.00	3.10	123.00	8.00	5.00	63.00	8.00	988.57
1992	578.28	241.26	123.00	3.40	121.00	9.00	5.00	101.00	9.00	1190.94
1993	608.83	460.26	299.00	74.00	138.00	10.00	12.00	352.00	33.00	1987.09
1994	698.11	546.30	321.00	151.00	172.00	10.00	17.00	245.00	95.00	2255.41
1995	831.63	1050.00	363.00	229.00	312.00	11.00	21.00	183.00	156.00	3156.63
1996	1010.41	935.88	337.00	261.00	255.00	13.00	15.00	116.00	119.00	3062.29
1997	1064.46	602.48	219.00	277.00	212.00	15.00	14.00	144.00	109.00	2656.94
1998	990.12	491.49	203.00	350.00	270.00	71.00	16.00	175.00	106.00	2672.61
1999	1010.01	506.61	197.00	478.00	236.00	142.00	21.00	148.00	76.00	2814.62
2000	1118.62	555.59	225.00	490.00	255.00	233.00	33.00	119.00	69.00	3098.21
2001	1247.26	599.98	244.00	469.00	231.00	301.00	41.00	124.00	72.00	3329.24
2002	1636.95	368.97	197.00	501.00	178.00	413.00	55.00	110.00	66.00	3525.92
2003	1588.49	370.00	167.00	293.00	165.00	478.00	47.00	115.00	65.00	3288.49
2004	1728.97	341.07	182.00	438.00	200.00	441.00	29.00	158.00	64.00	3582.04
2005	2245.58	724.21	193.00	372.00	212.00	412.00	32.00	150.00	39.00	4379.79
2006	2812.20	825.71	310.00	347.00	247.00	508.00	50.00	177.00	41.00	5317.91
2007	3613.91	1114.00	275.00	417.00	322.00	619.00	63.00	98.00	17.00	6538.91
2008	3779.00	1196.70	291.00	508.00	342.00	730.00	85.00	30.00	14.00	6975.70

续表 137

年份	养路费	航养费	运管费	客附费	货附费	五小车辆养路费	船舶港务费	船舶检验费	船舶港监费	合计
2009	–	–	–	–	–	–	86.10	–	51.80	137.90
2010	–	–	–	–	–	–	99.50	–	66.20	165.70
合计	28186.94	11634.25	4518.00	5667.90	4283.00	4437.00	757.60	2826.00	1294.00	63604.69

说明:车辆购置附加费由市交通局统一征收,盐都区没有具体数据

第四节 亭湖区

一、交通机构

1. 亭湖区交通运输局

亭湖区交通运输局是亭湖区人民政府主管交通运输的行政管理部门,其主要职责是:贯彻执行国家有关交通行业发展战略、方针、政策、法令和规章,组织编制全区综合交通运输体系规划,实施交通基础设施建设,负责水陆客货运输、汽车维修、搬运装卸、汽车驾驶员培训等行业管理和运政稽查执法、规费征收及区内农村公路养护管理等项工作。

2009年9月28日,市人大常委会副主任周古城(右二)、区委书记王荣(左四)、区长陈红红(左一)、市交通局局长管亚光(右四)在区交通局局长于正亚(右三)陪同下检查指导交通工作

亭湖区交通运输局,于1988年5月成立,时名盐城市城区交通局,正科级建制。随着行政区划的调整,2003年更名为亭湖区交通局。2010年,行政机构改革时,改称亭湖区交通运输局。2010年末,局机关内设人秘科、财务审计科、工程计划科、法制安全科和纪检监察室、工委,行政编制10人,实有13人。下辖区运输管理处、交通工程质量监督站和6个中心交管所。

1988～2013年10月亭湖区交通运输局主要领导名录

表 138

局　长	任职时间	局党委书记	任职时间
孙东升	1988.8～1999.7	孙东升	1988.8～1999.7
吴爱乡	1999.7～2005.3	吴爱乡	1999.7～2003.5
于正亚	2005.3～2012.6	仓江涛	2003.5～2006.1
孙加刚	2012.6～	于正亚	2006.1～2009.1
		孙加刚	2009.1～2012.6
		于正亚	2012.6～

2. 局属管理机构

(1)**亭湖区运输管理处** 成立于1985年,股级建制,全民事业单位,时名盐城市城区交通运输管理所。2002年12月,与区汽车维修行业管理所、运政稽查大队合并组建盐城市城区运输管理处,升格为副科级建制。区运管处与区运政稽查大队为两块牌子一套班子。2003年,更名为亭湖区运输管理处。履行水陆客货运输、汽车维修、驾驶员培训、搬运装卸等行业管理和运政稽查执法、规费征收等职能。2010年年末内设综合科、财务装备科、营运管理科、车辆安全管理科、法制科、稽查一科、稽查二科、稽查三科、水运中队等9个科队,编制24人,实有30人。

(2)**亭湖地方海事处** 成立于1987年8月,时名盐城市城区港航监督所,在编人数22人,副科级建制,担负辖区内水上交通安全管理。2001年更名为城区地方海事处,同时由城区交通局划归市地方海事局直接管理,2004年更名为亭湖地方海事处。2010年年末,内设办公室、航行监督科、财务装备科,下辖北闸海事所、开发区海事所,编制24人,实有23人。

(3)**亭湖区交通工程质量监督站** 成立于2005年12月,股级建制,全额拨款事业单位,隶属区交通局。主要负责全区交通工程质量监督管理、检查验收,交通工程建设安全管理和交通施工监理行业管理。2010年年末,编制3人,实有2人。

3. 中心交管所

亭湖区交通局1988年组建时只有1个城郊交管所,后随着行政区划的调整,整合成立6个中心交管所,均为股级建制,全民事业单位。各自负责辖区内水陆客货运输市场管理、分级养护的区乡公路的路政管理、渡口安全监督管理和规费征收等项工作。

(1)**直属中心交管所** 由原城区城郊交管所(1986年成立)和张庄交管所(1987年成立,1996年7月,从郊区划入城区)于2000年3月合并组建,时名张庄中心交管所,办公地点在张庄(乡)东升村境内。2003年8月更名为亭湖区交通局直属中心交管所,办公地址移至市黄海东路72号。2010年年末,编制8人,实有8人。管理范围为市区有关街道。办公地址:黄海东路40号。

(2)**南洋中心交管所** 建于1987年7月,时名南洋交管所,原隶属市郊区交通局。1996年,随着行政区划的调整,划归城区交通局,2003年后,随着行政区划的再次调整,更名为南洋中心交管所。管理范围为南洋镇、步凤镇、亭湖开发区、南洋高新园区。2010年年末,编制6人,实有6人,办公地址:南洋镇。

2008年10月,新建成的青墩中心交管所和客运站合一的综合服务楼

(3)**青墩中心交管所**

建于1985年10月,时名青墩交管所,原隶属市郊区交通局。1996年,随着行政区划的调整,划归城区交通局,后更名为青墩中心交管所,管理范围为青墩镇。2010年年末,编制4人,实有4人,办公地址:青墩镇。

(4)**新兴中心交管所**

建于1987年3月,时名新兴镇交管所,原隶属市郊区交通局。1996年,随着行政区划的调整,划归城区交通局。2002年,与永丰交管所合并组建新兴中心交管所,管理范围为新兴镇、永丰镇。2010年年末,编制4人,实有6人,办公地址:新兴镇。

(5)**伍佑中心交管所** 建于1985年8

月,时名伍佑交管所,1998 年 9 月成立伍佑中心交管所,原隶属市郊区交通局。2003 年,随着行政区划的调整,划归亭湖区交通局。管理范围为伍佑镇、便仓镇。2010 年年末,编制 6 人,实有 6 人。办公地址:伍佑镇。

(6)**黄尖中心交管所**　成立于 1985 年,原隶属射阳县交通局,2008 年 4 月,黄尖镇划归亭湖区后,成立黄尖中心交管所。管理范围为黄尖镇、盐东镇。2010 年年末,编制 10 人,实有 11 人。办公地址:黄尖镇。

二、交通设施

1. 公路

亭湖区(前身为城区),是在原盐城县盐城镇的基础上组建发展的。1983 年地改市建区后,建立了交通科,后撤科建局,使区内交通运输逐步纳入正规化管理。从 1996 年以来,区委、区政府逐年对乡村公路、桥梁进行扩建改造,每年承担一部分市交通重点工程。"十一五"期间,全区交通基础设施投入达 1.86 亿元,是建局前的 20 倍,改写了全区没有等级公路的历史。至 2010 年年底,境内有公路总里程 1200.60 公里。按行政级别分:国道 39.94 公里、省道 85 公里,县道、乡道、村道 1075.66 公里。按技术等级分:高速公路 55.40 公里、一级公路 117.70 公里、二级公路 115.70 公里、三级公路 45.30 公里、四级公路 830.10 公里、等外级公路 36.40 公里。全区 12 个乡镇、137 个建制村通达率 100%。

(1)**国道**

【G15(沈海高速公路)亭湖段】　境内 21.49 公里,其中盐通段经南洋镇、步凤镇,长 21.37 公里,并在两镇设有互通两个,2001 年 7 月先导段开工建设,2005 年 11 月建成通车;连盐段经南洋镇 0.12 公里,2002 年 12 月开工建设,2006 年 11 月建成通车。

【G204(烟沪公路)亭湖段】　2006 年前亭湖境内长 21.63 公里,经过亭湖区的新兴镇、伍佑镇、便仓镇,经 1994 年改造和 1999 年创建文明样板路,亭湖和市区境内按一级公路标准,全部建成沥青混凝土路面。G204 盐城市区绕城段新的改造工程亭湖境内长 18.45 公里,经过 3 个镇、21 个行政村。全线按一级公路标准设计,2006 年开工建设,2009 年建成通车。

(2)**省道**

【S29(宁靖盐高速公路)亭湖段】　S29 一期工程,北起新兴,南接盐都区,亭湖境内长 4.99 公里。1998 年 10 月 10 日正式开工建设,2001 年 11 月 30 日建成并投入试运营,是市、区境内第一条高速公路,实现了高速公路"零"的突破。S29 二期工程(盐城北段)是 S29 向东延伸与 G15 相连,亭湖段全长 13.33 公里,在新兴、青墩境内设立互通,工程于 2007 年 9 月全面开工建设,2008 年 8 月建成通车。

【S18(盐淮高速公路)亭湖段】　境内 12.44 公里,途经区内伍佑、步凤两镇。2002 年 8 月 28 日开工建设,2006 年 11 月建成通车。

【S234(盐涟线)亭湖段】　亭湖境内长 5.56 公里。S234 连接线工程是市政府重点工程项目,从西环路至 S234,全长 3.86 公里,在亭湖先锋街道办事处城西村境内约 1.50 公里(西环路—蒲塘沟),按一级公路标准建设,2008 年年底建成通车。

【S331(丹宝明线)亭湖段】　射阳至盐城市区段为 S331 的重要段落,1997 年之前为二级公路。从 20 世纪 90 年代起对该路段进行改扩建,新改造路线起于射阳县黄沙港镇,向西沿线经盐东镇、南洋镇、亭湖经济开发区,止于市区范公路,全长 42.26 公里,亭湖境内长 26.08 公里。线路与 S226、G15、S29 青墩连接线、机场路及 G204 老线等道路交叉,全线按一级公路标准建设,其中 G15 以东为拓宽改造路段,路基宽 26 米,跨越通榆河、下穿新长铁路,采用桥隧组合方案,工程总投资 12 亿元。S331 先导段 2.80 公里于 2008 年 11 月 8 日开工建设,整个工程于 2010 年建成通车。

【S226(陈李线)亭湖段】 亭湖境内长22.60公里,其中一级路5.97公里,二级路16.63公里。是亭湖区盐东镇北接射阳县、南联大丰市的重要通道。2000年开工建设,2002年建成通车。

(3)**农村公路(县、乡、村道)** 1996年,盐都区五个乡镇划归亭湖后,永丰到市区、青墩到市区、南洋到市区及镇与镇之间一般是沙石路面,即使有个别的沥青路面,也是低标准的。有的两镇毗邻却不通公路,如新兴与青墩、青墩与南洋。2003年,掀起了农村公路建设热潮,至2010年年底,全区新建农村公路934.15公里,其中按行政级别分:县道69.91公里、乡道253.21公里、村道611.03公里。按技术等级分:二级公路52.71公里、三级公路51.34公里、四级公路830.10公里。工程总投资3.49亿元,其中地方自筹1.51亿元。

2. 公路桥梁

1988年以来,全区境内主要是城市道路桥梁,据统计,到1993年年底,城区境内共有桥梁63座728延米。从1996年开始,随着行政区划的多次调整和公路建设的快速推进,特别是农村公路建设的步伐加快,公路桥梁数量猛增,质量不断提升。至2010年年末,全区境内共有公路桥梁1442座4.16万延米,其中特大桥2座3893延米,大桥38座1.06万延米,中桥87座4603延米,小桥1315座2.25万延米。

3. 航道

2010年,亭湖区有航道20条,总里程333.90公里。

(1)**省级干线航道** 2010年,亭湖区有省级干线航道2条,计长40.20公里。

【通榆河亭湖段】 从龙堤北桥村起,至潭洋河口止,长36.50公里,为三级航道。

【盐邵线亭湖段】 从登瀛桥起,至九里窑止,长3.70公里,为五级航道。

(2)**市级干线航道** 2010年,亭湖区有市级干线航道2条,计长80.80公里。

【新洋港】 从九里窑起,至新洋港闸止,长67.30公里,为五级航道。

【盐益线亭湖段】 从盐城电厂北串场河口起,至洪桥止,长13.50公里,为七级航道。

(3)**支线航道** 2010年,亭湖区有支线航道16条,计长212.90公里。主要有:

【串场河亭湖段】 从大丰市大团北起,至潭洋河口止,长37.90公里,为六级航道。

【伍佑港】 从串场河起,至仁智河口止,长17.30公里,为等外级航道。

【仁智河】 从西潮河起,至斗龙港止,长12.90公里,为等外级航道。

【新洋向阳河】 从新民河起,至东子午河止,长15.20公里,为等外级航道。

【西潮河】 从新民河起,至东南村止,长45.60公里,为等外级航道。

4. 渡口

1988年,亭湖区有渡口4道。因通榆河拓浚开通和行政区划调整,亭湖区渡口量数不断增加。1996年达到30道。2005年上升至38道。和1988年相比,渡口增加了8.25倍。从2007年起,亭湖区加大建桥撤渡力度,渡口快速减少。2008年,渡口数量降至21道;2010年,尚存13道。

5. 客运站

(1)**盐淮车站** 是城区(亭湖)第一家客运车站,成立于1993年12月,个人独资企业,投入资金为130万元,地处开放大道82号。客运站占地面积6350平方米,停车场5480平方米,候车厅420平方米,平均日发班次250辆次,年客运量120万人。1994年进场经营客运车辆300辆;1995年因市场整顿,停靠车数主要为公司车辆和少量社会车辆,进场经营车辆80辆;2002年二汽客运站停车场搬迁,该站车辆临时进入盐淮车站,使停车数量增为178辆;年客运量150万人;2008年五星客运站建成,市际以上营运车辆全部迁至五星车站。该站主要停靠县际客车和农村客运班车,车辆降为110辆,年客运量120万人。到2010年平均日发班车170辆4590个座位,日发旅客1500多人。

(2)**城北客运站(盐湾)** 占地1.14万平方米,1994年投入使用,停靠车辆主要为北线县际班车和青墩方向客运班车。2010年每天进站车辆14辆,发送旅客5400多人。

(3)**乡镇客运站**　2005 年建成 2 对 4 座候车亭,建客运站牌 24 对 48 块。2008 年建成 4 对 8 座候车亭。截至 2008 年年底辖区内共有候车亭 7 对 14 座,客运站牌 24 对 48 块。到 2010 年全区共建乡镇客运站 3 个,农村候车亭 10 个,农村客运站牌 96 块。

6. 内河港口、码头

1988 年区辖范围内由陆运公司和有关物资单位建有锅炉厂码头、大件二公司码头、盐城市建筑公司码头、大庆桥南盐城市地方轻工业局仓库、盐城市医药公司码头(1973 年投入使用,1993 年停止使用)、黄海港码头、盐城市水利局仓储中心码头、永达装卸公司永达码头、东悦航运公司联鑫码头(2010 年撤销)、北闸劳动服务公司磷肥厂红土码头(2010 年撤销)。

区划调整后,1996 年新兴、青墩、南洋、永丰、张庄 5 乡镇划入,新增新兴粮油加工厂码头、新兴粮管所码头、新兴生资库码头、新兴万源化工厂码头、新兴供销社码头、新兴直属粮库码头、青墩轧花厂码头、青墩油脂公司码头、青墩砖瓦厂码头、青墩粮管所码头、南洋轧花厂码头、市自应力管公司码头;2002 年步凤、伍佑、便仓划入,新增供销社码头、粮管所码头、生产门市码头、建筑公司码头、轧花厂码头、日新公司码头、盐城轧花总厂步凤分厂(三龙)码头、华泰公司码头、明龙棉线厂码头;2008 年黄尖、盐东划入,新增砖瓦厂、生资、粮油、新洋河、轧花厂码头。累计新增码头 26 个。2010 年新兴新界装卸公司经营的直属粮库码头有 13 个泊位,最大靠泊能力 500 吨,码头长度 780 米;结构为直立式,起重机 2 台,主要装卸粮食,服务于国家直属粮库,年吞吐量在 32 万吨左右,公司注册资本 25.4 万元,从业人员 23 人。腾洋公司经营的南洋轧花厂码头有泊位 2 个,最大靠泊能力 300 吨;码头长度 500 米,结构为自然岸坡,起重机 3 台,年吞吐量在 10 万吨左右,公司注册资本 17.3 万元,从业人员 41 人。

三、交通运输

1. 道路运输

(1)**客运**　1983 年盐城撤地建市时,亭湖区(2003 年)原为盐城镇,所辖只有城郊几个村,公路客运发展相对较晚。1988 年 7 月曾成立“盐城市第三汽车运输公司”,仅经营半年即倒闭。直到 1990 年区境内才出现个体客运车辆,是年全区拥有客运汽车 49 辆 348 个座位,均为微型客车,从事市区范围内的汽车出租业务。1992 年 10 月成立盐淮运输有限公司,主要从事汽车客运服务业务。1993 年完成客运量 44.52 万人 805.52 万人公里。1994 年组建小汽车出租公司。1995 年全区有载客汽车 66 辆 1129 个座位,从事区内短途客运,是年完成客运量 98.21 万人 4075.06 万人公里。1997 年年末,随运力结构调整,全区有载客汽车 86 辆 1053 个座位,年客运量 95.03 万人 2904.53 万人公里。2000 年全区有客运车辆 74 辆,均为小型车辆从事短途客运。2004 年区辖范围进一步扩大,到 2008 年,全区所有乡镇通达公路客运班车。2010 年全区共有客车 27 辆 458 个座位,开行县际线路 7 条,日发 120 个班次,年完成客运量 159 万人 1.11 亿人公里。

(2)**货运**　1988 年市区有人力板车 780 辆。城区交管站(1984 年为盐城城区陆上运输公司,2002 年改制为盐城市路驰物流有限公司)有货运汽车 8 辆 110 吨,拖拉机 19 辆 21 吨,人力板车 138 辆 89.70 吨,城乡个体有货运汽车 45 辆 236 吨,拖拉机 18 辆 18 吨,人力板车 170 辆 85 吨。1989 年乡镇运输企业的货运汽车已有 38 辆 180 吨。1993 年全区货运量已达到 83.44 万吨 2345.29 万吨公里。1995 年区属公路货运企业除盐城市路驰物流有限公司外,又成立了新兴交通服务中心,后在此基础上改制为盐城市苏运物流有限公司。至此,亭湖区专业公路货运企业有两家,年货运量达 118.50 万吨 4067.07 万吨公里。到 2005 年全区全社会拥有货运汽车 2501 辆,挂车 8 辆,总载重吨为 1.11 万吨。2008 年城乡个体业户为 1255 户,1281 辆货运车辆,年货运量 79 万吨 9125 万吨公里。到 2010 年全区货运车辆发展到 4986 辆 3.92 万吨。其中交通专业企业 195 辆,完成货运量 7.90 万吨 4500 万吨公里。

2. 水路运输

(1)**乡镇企业水路货运** 20世纪80年代前,亭湖区(盐城镇)没有水路货运。到1990年,乡镇运输企业有小马力货船88艘1239载重吨,全年完成运输量5.27万吨126万吨公里。1991年,运输量增加到26.15万吨217.40万吨公里。随着经济体制改革的深入,乡镇水运企业或公转民营或解体,亭湖区的乡镇水路货运逐步退出市场。

(2)**民营水路货运** 2000年以后,亭湖区的水路货运逐步由民营水运企业经营。2005年,民营水运有船舶201艘4万载重吨,全年完成货运量32万吨9210万吨公里。2008年,船舶降至77艘1.80万载重吨,货运量下降到18.50万吨4900万吨公里。2010年,船舶猛增到553艘14.82万载重吨,全年完成货运量276万吨6.97亿吨公里。其中运量、周转量分别比2005年增长了7.63倍和6.57倍。

四、企业选介

1. 陆运企业

【盐淮汽车运输有限公司】 成立于1992年,成立时只对社会车辆服务,到1995年有客车8辆152个座位,年完成客运量2.40万人156万人公里。2000年客车增至31辆682个座位,年完成客运量9.80万人49万人公里。到2010年客运车辆为53辆,其中:挂靠车25辆490个座位,自有车28辆725个座位,共1215个座位,经营线路31条,日发送旅客1500余人,年完成客运量54.80万人3616.79万人公里。公司拥有职工40人,资产总额达1000万元。

【盐城市路驰物流有限公司】 1988年为盐城陆上运输公司,1994年因经营需要成立分公司,由此企业名称改为盐城陆上运输总公司,当时有在职职工350人,货运汽车20辆,装卸分公司3个,综合商店3个,汽车出租公司1个,占地1万平方米、具有一类修理资质的汽车修理厂1个。1994年6月经省体改委批准,同意组建江苏盐城国贸大厦股份有限公司。1997年10月1日开业,1998年因内部管理不善,加之整个零售商业滑坡,国贸大厦停业。2000年底产权交接结束,售房款到位,人员分流。2002年,根据区委区政府进行企业改制的要求,以"立新重组"的形式,成立了盐城市路驰物流有限公司,主要从事大件起重安装运输、物流配送、港口装卸、汽车货运、小汽车出租、汽车修理等业务。2008年公司拥有固定资产200万元,职工154人,货运汽车39辆,出租车6辆,年产值达374.92万元,2009年完成货运量3.41万吨249.95万吨公里。2010年有货运汽车31辆,其中危险品运输车24辆,完成货运量2.82万吨198.20万吨公里。

【盐城市苏运物流有限公司】 原名为盐城市郊区旧机动车交易服务中心新兴交通服务部,位于盐城新兴镇,创建于1995年11月,为集体所有制企业。1996年因行政区划调整划入盐城市城区管辖,更名为盐城市城区旧机动车交易服务中心新兴交通服务部,1998年企业改制由集体所有制变为股份制企业,名称由旧机动车交易服务中心转变为交通服务中心,专门从事交通服务,2007年12月改为苏运物流公司。

苏运物流有限公司

该公司主要从事普通货运、危险品运输、GPS产品代理销售及安装、货物配载、仓储、停车场等业务,公司成立时只有18辆车,发展到2000年已拥有180辆危险品运输车辆,126辆普通货物运输车辆共1585.75吨,后经整治,挂靠车辆退出和老旧车辆淘汰,2008年年底还有危险品运输车辆68辆,普通货物运输车辆85辆共1235.63吨。到2009年完成货运量13.53万吨6765.30万吨公里。2010年车辆总数164辆,货运量5.08万吨2540万吨公里。

2. 水运企业

【盐城市新洋航运有限公司】 1994年成立。1996年改制成民营企业。2005年,有船舶24艘9370载重吨,全年完成货运量10万吨1900万吨公里,实现营收170万元、利润15万元。2010年,船舶增至29艘1.07万载重吨,货运量增至25万吨6300万吨公里,营收、利润减少到37.80万元、3万元。

【盐城市货物运输股份有限公司】 2009年成立。2010年有船舶98艘1.88万载重吨,全年完成货运量36万吨5644万吨公里,实现营收284万元、利润13万元。

3. 施工企业

【盐城市路桥建设工程有限公司】 该公司原名盐城市城区交通工程公司(队)、盐城市路桥港航工程公司,创建于1988年3月,区属集体企业;1994年区委界定为副科级单位。1997年作为区改制试点单位进行股份制改制,于2001年9月改制成民营企业并挂牌,宋伟宏同志任董事长兼总经理。

路桥公司董事长兼总经理宋伟宏(右三)等陪同副市长丁建奇(右四)视察路桥公司承建的市区解放路工程

该公司从一个"小打小敲"的企业起步,经过22年的不断发展,至2010年有职工253名,其中各类专业技术人员218名(具有高中级职称的128名)。拥有固定资产1.50亿元,各类大中型机械设备438台(套),注册资本10218万元,年施工能力10亿元。2003年通过GB/T9001－2000版质量体系认证,2004年公司施工资质晋升为一级专业承包资质,2009年6月,获得国家"公路工程施工总承包一级资质"。

公司内设董事会、党委会、工会、监事会,党政工组织建全。施工足迹遍及全国十多个省市,先后参与G15、沿江、S29等高速公路和国家、省、市主干道以及盐城、南京市区市政工程等387项工程的施工,完成高速公路路基98公里,等级公路488公里,修建高级路面近1068万平方米,建设桥梁1.89万延米。22年来,公司先后获詹天佑奖1项、部优2项、扬子杯11项、省优30项、市优8项。分别获得:企业管理现代化成果奖,省"AAA"特级资信,重质量、守信用

路桥公司承建的江海高速公路

诚信单位。11 次荣获“江苏省质量管理优秀企业”“江苏省建筑业最佳企业”、全省安康杯竞赛“优胜企业”“全国公路施工优秀企业”等称号。17 次荣获省交通厅、市交通局、市建委、区委、区政府授予“先进集体”“两个文明建设先进单位”、市建安“五强企业”“十强专业”等称号。董事长宋伟宏同志 2010 年获盐城市劳模称号,2011 年获江苏省劳动模范称号。

2006~2010 年,公司完成施工产值累计 33.71 亿元,上缴国家税收 1.40 亿元,在所辖区内入库税收计 2500.30 万元。

五、交通管理

1. 运输管理

(1)**营运管理** 20 世纪 80 年代中后期,主要是培育发展水陆客货运输市场,解决人民群众买票难、乘车难、运货难的问题。同时,管理部门按照有关法规把好发证关、年审关和建档关,并通过源头管理和监督检查相结合的方法,使之走向规范化。1995 年,全区客货运输、搬运装卸业持证率达 95% 以上。多次与公安、工商、城建等部门会办,组建了东闸、盐湾、城西和通榆路 4 个公用型站点,使客运实行了“车进站、人归点”,出现了良好的经营环境和秩序。1996 年,组建市交通道路稽查总队城区分队和城区水上稽查大队,加大了水陆客货运输的检查监督力度。1998~2000 年,在加大行政处罚力度的同时,对新的执法文书使用坚持高标准、严要求,不断规范行业管理和行政处罚行为。以“交通安全与运输市场管理年”活动为契机,搞好水陆运输市场的专项整治,收到明显效果。2001 年,加强执法人员培训,举办各类培训班 26 期,参训人数达 943 人次,参训率 100%。同时搞好从业人员和特种作业人员培训,参训率达 97% 以上。对不符合规划的客运站点进行撤并和调整,并实行驻站管理,通过整顿,取缔 68 辆非法营运车,使全区中巴车达到“四有”(有监督电话、有明码标价、有服务公约、有消防器材)、消灭“三无”(无费、无牌、无证)。2002 年,围绕四个重点进行集中整治。一是管理部门与相关单位逐一签订管理责任状,全面落实搬运装卸业及停车站场源头管理责任。二是抓好经营资质管理。取缔 3 个不具备资质条件的水运业户,对 13 户港口企业、9 艘浮吊装卸船补办、换发了证件。三是开展整治“黑车、黑班、黑线”行动,清理农用中巴车、报废车、老旧检测不达标的客运车辆,对不符合营运条件的车辆责令停运。四是着力解决客运市场存在的服务态度差、站务秩序差、经营环境差的问题,督促各车站完善落实制度、强化源头管理。通过整治,客运秩序明显好转,经营环境明显改善,行业形象明显提升。2003 年,配合市运管处做好上海、南京班线改造试点前期工作。帮助盐淮汽车运输有限公司改造场站,进行资产重组,实现规范运作。完成区内 62 辆客运班车并入市星宇运输公司转户手续。同时实行客运违章行为记分考核,对 38 辆违章车辆共记 167 分。会同有关部门对城郊北港、双元两村和南洋镇、南洋开发区的搬运装卸市场进行集中整治,遏制了强装强卸行为。在防“非典”期间,除督促 3 个客运站做好消毒工作外,还在新兴、张庄两处实行扎口检查,共检查重点疫区来盐车辆 145 辆,发放回收旅客登记表 4200 份,先后将 67 名旅客送至指定地点进行隔离观察,未造成一例“非典”疑似病例输入盐城,受到上级表彰奖励。2004 年,着重抓好船型标准化和农村客运班车通达工程。至 2005 年共拆解改造挂桨机船 28 艘,新建乡镇候车亭 6 个、村组客运站牌 98 个,符合条件的镇村

规范化的运政执法服务大厅

公路客运班车通达率达100%。2005年,运管部门开始实行“一个窗口”对外、“一站式”服务,为运输业户提供便捷、高效、文明的服务。共查处“黑车”73辆次,违章记分328分,规范搬运装卸项目3项,有效地维护了市场秩序。

(2)**汽车维修行业管理**　1988年6月,区汽车维修行业管理所成立以来,全力抓好汽修市场的“规划、协调、服务、监督”工作,为公路运输提供有力的技术保障。1995年,从开业审批、选址布局、资金筹措、技术设备等方面帮助企业排忧解难,使全区汽修业户达到145家,维修产值达628万元,分别比1988年增长了2.54倍、3.05倍。2001年,先后对汽车维修和汽配经营市场进行集中检查整治。对未按期进行技术等级评定和二级维护的车辆,责令其到具有资质的修理厂进行强制二级维护。全区更新客车12辆、货车250辆、淘汰客货车辆12辆,使全区车辆技术状况得到较大改善。2002年运管机构整合后,行业管理力度进一步加大,开展维修市场专项整治,重点打击无证经营、超类别维修、不按技术规范作业、乱收费等违章行为,查处违章经营业户12家。并配合市运管处开展汽车维修企业信誉管理制度试点工作。2002~2008年,举办汽修企业各类人员培训班21期,培训人数达670人次。同时在行业中开展“质量价格信得过”和创“双优”企业评比竞赛活动,促进行业健康发展。2010年末,全区有汽修业户101家(其中一类1家,二类22家,三类78家),年维修产值1310万元,分别比1988年增长1.46倍、7.45倍。

(3)**驾驶员培训管理**　1994年,区运管所配合市运管处搞好区内驾培单位的调查。随后,对驾培单位进行资质审验、发证,纳入交通管理轨道。2001年,对驾培单位经营性收费进行全面清理,没有发现乱收费和超范围收费现象。同时集中执法力量对驾培市场进行检查整治,规范驾培经营行为。2004年起,进一步加强驾校资质管理,加大营运驾驶员培训力度,至2008年,新培训驾驶员3.65万人(B照6500人,C照3万人),营运驾驶员从业资格培训2322人。2010年年末,全区共有驾校5家,教练员201人,教练车173辆,教练场地9.45万平方米。

(4)**交通稽查执法**　亭湖区交通运政稽查大队自1996年6月成立以来,以“五费三单证”为主要检查内容,采取灵活方法,规范检查、严格执法、热情服务,有效地遏制违章经营行为,维护运输市场秩序,促进运输事业健康发展。1999年后,连续两年被市交通局表彰为全市交通系统“行业排头兵”。被省交通厅授予“文明单位”称号。队长陶永成被市政府记二等功一次。2002年,区运管机构整合后,稽查大队牌子保留、稽查队伍不散、稽查力度不减。2003年,组织执法文书培训,落实行政执法责任制、公示制,主动接受社会监督,共查处各类违章案件6575件,无一“三乱”行为。2005年,执法车辆统一配备笔记本电脑和打印机,全面实现网上稽查。同时,制定规范自由裁量权管理办法,建立执法违规行为举报制度,使执法行为更加文明规范,并在全市率先建立执法服务“绿卡”制度,得到有关方面充分肯定,被市交通局表彰为行政执法先进单位。2003~2010年,运政稽查出动1.03万多人次,共检查车辆21.95万辆次,查处违章4.14万起,结案率达85.03%,没有发生一起“三乱”行为,使全区道路违章发案率下降至10.67%,达到历史最低水平。

2. 海事管理

亭湖地方海事处成立以来,认真履行职责,保证辖区水上交通安全。1994~1995年,加大水上交通安全宣传和现场监督力度,并采取多种防范措施,使水上交通未发生恶性事故和航道堵塞事故,一般事故也比过去下降了30%。为船民船舶签证做到随到随签,还主动派人到水运企业和船舶集中地搞好船舶检验和管理服务。1996年后,坚持抓责任落实、抓监督检查、抓重点部位,抓“两客一危”,当年水上交通安全四项指标均比上年下降50%以上,有7道渡口通过市政府“文明渡口”考核验收,同时还积极抓好建桥撤渡工作。2000年,以“交通安全与运输市场管理年”活动为契机,抓好取缔私渡缆渡和“三无”船舶专项整治,坚持24小时值班制度,事故处理及时公正。区港监所被评为省级文明所、市交通系统行业排头兵。2001年,区地方海事处划归市地方海事局直接管理后,区交通局主动抓好渡口安全管理,配合海事部门定期抓好水上交通安全专项整治,保证辖区航道安全畅通。

3. 路政管理

亭湖区交通运输局虽无公路管理机构,但人民北路、永新路、宏大路等县道和乡村道路仍由区交通局负责养护管理。2008年4月,由区交通局主要领导带领局领导班子、机关科室和处所负责人赴大丰、海安进行考察,学习兄弟市交通建设管理模式和公路管养经验,结合亭湖实际,研究制定农村公路管理养护体制改革方案,并得到区政府同意,明确乡村道路由所在乡镇负责养护管理,并建立起“机构精干、职责明确、运转协调、监管有方”的管理养护组织体系和以政府为主及时稳定的资金渠道,努力做到组织制度、标准规范、考核奖惩三到位,队伍、责任、资金三落实,2008年区内农村公路管养覆盖率达100%,好路率达75%。

4. 航政管理

亭湖区交通运输局未设航道管理机构,1997年之前,航政管理由市航道处委托盐都航道站负责。1997年,市直属航道站建立后,由该站负责亭湖区境内的航道管理工作,担负辖区内航道建设、养护、管理和航养费征收等项任务。1997~2008年,市直属航道站在亭湖区境内完成护岸及改造工程2.05万立方米,投入资金251.94万元;完成疏浚工程8.45万立方米,投入资金160.08万元,航养费征收年年超额完成任务,2008年达1092.88万元,比上年增收61%。

5. 交通工程质量监督管理

亭湖区交通工程质量监督站2005年成立以来,认真履行监督管理职能,实行规范化招投标管理制度,严肃查处串标、围标、转包和违法分包行为,避免了工程招标中的舞弊现象。聘请有资质的检测单位对全区交通重点工程按规定抽检,对重点工程的分项工程进行逐项检查。农村公路施工进场时必须接受工程质量监督检查,所有原材料进场时必须经过检测单位检测,不合格的不得进场使用。健全工程质量保证体系,以规范工程质量行为为核心,以工程质量通病治理为重点,改进施工过程的质量监督方式,加强工程造价管理,形成实施前有效控制、实施中严格审查、实施后准确测算的造价管理机制和管理人员全过程现场监管、签字认可责任追究制度。2005年,共组织质量检查105次,检测点近万个,发出质量检查通报8份,整改通知书12份,质量评定意见书6份。2008年,加强公路和交通建设工程安全隐患排查,建立隐患整治督导制度,实行隐患排查和整治、责任追究制度;大力实施“安保”工程,整治公路安全隐患,加强道路、桥梁施工安全监管,督促施工企业落实安全生产的主体责任。

6. 规费征收

亭湖区交通局和相关部门十分重视规费征收工作,采取多种措施,加大稽查力度,保证规费应征不漏。1988~2010年,共征收运管费、客附费、货附费、“五小”车辆养路费、船舶港务费、船舶检验费、船舶港监费1.53亿元,为交通事业的发展和行业管理的开展提供了有力的经费保障。

1988~2010年亭湖区交通规费征收实绩统计

表139 单位:万元

年份	运管费	客附费	货附费	五小车辆养路费	船舶港务费	船舶检验费	船舶港监费	合计
1988	–	–	–	–	8.44	0.38	2.76	11.58
1989	–	–	–	–	11.87	0.42	5.71	18.00
1990	–	–	–	–	11.05	0.44	3.33	14.82
1991	35.00	–	25.00	–	11.56	0.65	5.02	77.23
1992	3.00	5.12	34.61	–	18.67	0.74	5.57	67.71
1993	4.33	46.02	14.74	–	44.70	3.61	21.58	134.98

续表 139

年份	运管费	客附费	货附费	五小车辆养路费	船舶港务费	船舶检验费	船舶港监费	合计
1994	9. 00	47. 17	53. 18	–	58. 23	8. 34	29. 39	205. 31
1995	9. 00	126. 28	63. 87	–	67. 61	16. 90	32. 40	316. 06
1996	63. 67	124. 23	63. 09	–	75. 82	18. 41	31. 87	377. 09
1997	55. 29	168. 70	118. 44	–	91. 10	17. 96	38. 30	489. 79
1998	93. 43	126. 54	121. 49	85. 60	96. 81	13. 84	27. 21	564. 92
1999	113. 83	157. 91	125. 30	106. 71	94. 23	13. 39	22. 92	634. 29
2000	120. 19	159. 71	127. 61	120. 19	101. 16	15. 33	15. 16	659. 35
2001	97. 74	154. 00	123. 99	375. 73	101. 55	–	26. 27	879. 28
2002	101. 05	159. 89	122. 51	131. 77	127. 36	–	25. 90	668. 48
2003	109. 91	105. 20	167. 71	197. 16	142. 74	–	18. 77	741. 49
2004	152. 75	163. 77	233. 94	292. 23	178. 11	–	24. 05	1044. 85
2005	195. 09	161. 54	337. 23	461. 80	202. 46	–	38. 06	1396. 18
2006	208. 84	161. 40	353. 40	583. 07	242. 33	–	53. 26	1602. 30
2007	270. 59	140. 53	448. 92	962. 52	263. 39	–	90. 38	2176. 33
2008	298. 78	244. 06	481. 29	1032. 06	273. 66	–	99. 27	2429. 12
2009	–	–	–	–	274. 03	–	105. 45	379. 48
2010	–	–	–	–	295. 84	–	118. 11	413. 95
合计	1941. 49	2252. 07	3016. 32	4348. 84	2792. 72	110. 41	840. 74	15302. 59

说明:1991 年运管费、货附费数据中含 1988 ~ 1990 年的实绩数;养路费、航养费、车购费无征收机构和征收任务;船舶检验费自 2001 年起由市地方海事局统收

2009 年 3 月 17 日,射阳县交通局局长倪祝青(左一)陪同副市长丁建奇(左二)、县长顾强生(右二)、副县长邱德兵(右一)视察交通工作

第五节　射阳县

一、交通机构

1. 射阳县交通运输局

射阳县交通运输局是射阳县人民政府主管交通运输的行政管理部门,成立于 1964 年 8 月,时名射阳县交通局。2010 年,新一轮行政机构改革中,改称射阳县交通运输局。担负全县公路、航道、港口码头的建设、养护和管理,水陆客货运输、汽车维修、驾驶员培训、港口搬运装卸和水上交通安全管理以及交通安全生产监管等项任务。2010 年年末局机关内设办公室、财务审计科、政

策法规科、综合计划科、安全监督科、纪检监察室和工会、妇联、共青团等3个群团组织，核定编制18人，实有21人。辖县公路管理站、航道管理站、交通运政管理处、地方海事处，交通工程质量监督站。

1988～2013年10月射阳县交通运输局主要领导名录

表140

局　长	任职时间	局党委书记	任职时间
纪龙邦	1982.10～1990.3	纪龙邦	1982.10～1990.3
庄文斌	1990.3～1992.2	庄文斌	1990.3～1992.2
顾金明	1992.11～2001.6	顾金明	1992.11～2001.6
倪祝青	2001.6～2013.3	倪祝青	2001.6～2011.1
唐兆明	2013.3～	唐兆明	2011.1～2013.3
		倪祝青	2013.3～

2. 局属管理机构

（1）**射阳县公路管理站**　建于1955年4月，副科级建制，全民事业单位。担负全县公路建设、养护、管理和养路费征收等项工作。2002年成立路政大队，下设综合股、3个中队和路政执法受理中心，与县公路站两块牌子、一套班子。2010年年末，内设办公室、工程养护股、财务审计股、安全监督股。下辖射阳县路桥建设工程养护公司及其所属的黄沙河、兴桥、振兴、合德、临海、黄尖6个养护工区，有职工172人，其中事业编制149人。

（2）**射阳县航道管理站**　建于1976年，为股级建制，全民事业单位，1988年升格为副科级单位。负责辖区内航道建设、养护、管理、规费征收等项工作，2010年年末内设政秘、航政航标、财务征收、工程机料4个股，编制32人，实有干部职工26人。

（3）**射阳县交通运政管理处**　建于1985年，时名射阳县运输管理所，为股级建制，全民事业单位。2001年10月，射阳县运输管理所、汽车维修行业管理所、交通道路稽查队、渡管所和射阳盐场交管所、6个中心交管所等11个全民事业单位合并成立射阳县交通运政管理处，保留"射阳县交通局运政稽查大队"牌子，履行运输市场管理、监督，规费征收、发放营运证、搬运装卸许可证、操作证，交通稽查等职能。2010年年末内设人秘科、营运管理科、财务审计科、汽修管理科、违章处理中心，下辖运政稽查一中队、二中队和千秋、兴桥、陈洋、盘湾、黄沙港、合德6个运政管理中队，编制115人，实有106人。

（4）**射阳县地方海事处**　建于1987年，时名射阳县港航监督所，股级建制，1989年2月升格为副科级建制。2001年11月，更名为射阳县地方海事处，同时增挂"射阳县船舶检验处"牌子，实行两块牌子、一套班子管理。负责辖区内水上交通安全、事故调查处理、保证航道畅通，水上作业审批，船舶检验发证、违章查处、防污染，船员培训、考试、发证，征收有关规费等项工作。2003年11月，随着国家水监体制改革，有15名工作人员划归国家射阳海事处建制。2010年年末，县地方海事处核定编制15人，实有16人，内设办公室、航监科、船检科、船务科、财务科和陈洋海事所。

（5）**射阳县交通工程质量监督站**　成立于2004年5月，股级建制，全民事业单位，隶属县交通局。主要负责交通工程质量检测、监督，交通工程建设安全监管和交通工程设计、施工、监理行业管理等项工作。2010年年末编制6人，实有7人。

3. 中心交管所

为整合交通管理力量，1999年该县将原来28个乡镇（场）交管所合并成立6个中心交管所。

2001 年,更名为6个“运政管理中队”,隶属县交通运政管理处,各自负责辖区内运输市场管理、监督,规费征收,交通稽查等项工作。

(1)**千秋运政管理中队(河北中心交管所)**　管辖范围为临海镇、千秋镇、临海农场、淮海农场,2010 年年末编制 8 人,实有 8 人。办公地址:千秋镇。

(2)**兴桥运政管理中队(西南中心交管所)**　管辖范围为新坍镇、长荡镇、兴桥镇,2010 年年末编制 7 人,实有 6 人。办公地址:兴桥镇。

(3)**陈洋运政管理中队(西北中心交管所)**　管辖范围为通洋镇、四明镇、阜余镇、海河镇、陈洋镇,2010 年年末编制 8 人,实有 7 人。办公地址:陈洋镇。

(4)**盘湾运政管理中队(西南中心交管所)**　管辖范围为洋马镇、特庸镇、盘湾镇,2010 年年末编制 8 人,实有 7 人。办公地址:盘湾镇。

(5)**黄沙港运政管理中队(东北中心交管所)**　管辖范围为海通镇、黄沙港镇、临港工业区,2010 年年末编制 6 人,实有 5 人。办公地址:黄沙港镇。

(6)**合德运政管理中队(城中中心交管所)**　管辖范围为合德镇、耦耕镇、经济开发区,2010 年年末编制 8 人,实有 7 人。办公地址:合德镇。

二、交通设施

1. 公路

1987 ~ 1991 年射阳县公路总里程 523 公里,因年久失修,不少沙石路面坑塘连坑塘,颠簸十分厉害,有些路段晴通雨阻,人们出行极不方便。1992 年 1 月至 8 月,全国劳动模范、黄沙河道班班长周健,自筹资金将黄沙港至合德 16.50 公里沙石路面建成宽 3.50 米沥青路面,这是射阳县第一条最长的县乡沥青路面。同年 12 月 8 日上午在大兴镇召开表彰命名大会,将此路命名为“模范路”,江苏省公路局局长蒋磊等领导到场祝贺,并颁发了奖金奖牌。

从 1994 年初开始,射阳县十分重视交通基础设施建设。1996 ~ 2008 年,共投入路桥建设资金 20 多亿元,该县公路网络从“三纵七横”增加到“五纵八横”,新建改建各类技术等级公路 1711.97 公里。到 2010 年全县公路总里程达 2436 公里(含 2003 ~ 2010 年新建的农村公路)。按行政级别分:国道 54.40 公里,省道 166.13 公里,县道、乡道、村道共 2215.47 公里;按技术等级分:高速公路 54.40 公里、一级公路 101.70 公里、二级公路 308.70 公里、三级公路 75.90 公里、四级公路 1320.80 公里、等外级公路 574.50 公里。

全县 16 个乡镇、2 个开发区、238 个行政村通车率 100%。

(1)国道

【G15(沈海高速公路)射阳段】　2001 年 1 月放线、测量。特庸先导段 2002 年 12 月开工建设,穿越特庸、盘湾、兴桥、新坍、陈洋、阜余、四明等 7 个镇,全长 54.40 公里。在 S233 兴桥西和 S329 陈洋西各设互通。2006 年 11 月建成通车。

G15(沈海高速公路)射阳段

(2)省道

【S29(宁靖盐高速公路)射阳段】　S29 盐城北段射阳境内长 2.97 公里,2007 年 9 月开工建设,2008 年 8 月建成通车。

【S226(陈李线)射阳段】　境内起于临海镇 K64 +996,止于大丰市交界处 K152 +717,全长

S233 射阳段

客运班车、出租车通到农民家门口

74.33 公里，路经特庸、盘湾、兴桥、合德、耦耕、千秋、临海7个镇，2005年改建，2008年8月建成通车。2008年开工新建射阳绕城段公路10.61公里，2010年建成通车。

【S233（射江线）射阳段】 境内起于兴桥镇K0+000，止于与建湖县上冈镇交界处，全长20公里，2003年10月改建，2004年12月建成通车。

【S328（扁洪线）射阳段】 境内起于扁担港K0+000，止于临海镇渠西K15+275，全长15.28公里，路经六垛镇、淮海农场、临海镇，2001年2月改建，2002年9月建成通车。

【S329（射阜涟线）射阳段】 境内起于临港工业区K0+000，止于与阜宁县交界K39+110处，全长39.11公里，路经临港工业区和海通、耦耕、合德、陈洋、海河5个镇，2004年改建，2008年建成通车。

【S331（丹宝明线）射阳段】 境内起于丹顶鹤保护区K0+000，止于亭湖区K14+440，路经中路港，全长14.44公里（其中与陈李线共线7.40公里），始建于1983年，1997年7月改建，1999年8月建成通车。

（3）**农村公路（县、乡、村道）** 2002年之前，射阳全县农村公路634.94公里。2003～2010年新建农村公路1572.56公里，其中按行政级别分：县道254.35公里、乡道386.47公里、村道931.74公里；按技术等级分：二级公路281.33公里、三级公路13.50公里、四级公路1277.73公里。

2. 公路桥梁

1987年射阳县境内拥有公路桥梁216座7465.40延米，其中还有四分之一限载吨位的危桥。1988年后，随着公路建设的快速发展，特别是农村公路的飞速建设，公路桥梁建设也突飞猛进。至2010年年末，全县有公路桥梁1862座5.44万延米，分别比1987年增长了7.62倍、6.29倍，其中大桥54座1.34万延米，中桥179座9391延米，小桥1629座3.16万延米。

3. 航道

1988年，射阳县有航道55条，总里程856公里。1991年，新建射阳港船闸引航道（利黄河），长1.2公里。2007年，射阳县盐东镇、黄尖镇行政区域并入盐城市亭湖区。2008 年,射阳县根据盐城市苏盐航〔2008〕52 号文件精神,将新洋港及以南 7 条航道,计长 134 公里划归亭湖区。2010 年年底,射阳县航道减少至 49 条,总里程减少至 722.60 公里。

(1)**市级干线航道**　2010 年,射阳县有市级干线航道 5 条,计长 185.40 公里。

【射阳河射阳段】　从双港起,至射阳河闸止,长 86.40 公里,为五级航道。

【黄沙港射阳段】　从小缺口起,至黄沙河闸止,长 37.70 公里,为五级航道。

【冈合线(上冈—合德)射阳段】　从冈东起,至小洋河口止,长 41.20 公里,为六级航道。

【海河】　从通榆河口起,至海河镇止,长 10.10 公里,为等外级航道。

【通洋河】　从通洋环河起,至陈洋镇止,长 10 公里,为六级航道。

(2)**支线航道**　2008 年,射阳县有支线航道 44 条,计长 537.20 公里。主要有:

【战备河】　从临海八丈河起,至特庸止,长 55.90 公里,为等外级航道。

【利民河】　从长荡起,至利民河闸止,长 36.50 公里,为等外级航道。

【运棉河】　从磨家沟起,至运棉河闸止,长 33.80 公里,为等外级航道。

【谭洋河】　从大潭口起,至新洋港止,长 30.60 公里,为等外级航道。

【八丈河】　从便民河起,至双洋闸止,长 21.50 公里,为等外级航道。

4. 船闸

2010 年,射阳县境内有船闸 1 座。

【射阳港船闸】　位于黄沙港西首。1991 年建,闸室长 120 米、宽 10 米、水深 3.50 米,设计通过能力 150 万吨/年,总投资 495 万元。由盐城市航道处负责管理。

5. 渡口

1988 年射阳县有渡口 190 道。从 1995 年开始,通过建桥撤渡、奖励撤渡、协调撤渡等举措,渡口数量不断减少。2005 年尚存渡口 67 道。2010 年渡口数进一步减少到 39 道,和 1988 年相比,渡口数下降了 79.47%。

6. 公路客运站

【射阳汽车客运站】　1988 年射阳县有两个汽车客运站,即盐阜公路运输集团射阳汽车客运站,位于射阳县合德镇南郊城乡结合处,占地 1.19 万平方米,车场 5000 平方米、售票厅 250 平方米、候车厅 800 平方米、加油站 80 平方米,日均发送旅客 2500 人。射阳县汽车客运站(属射阳县万里行客运公司)位于射阳县合德镇南郊、盐阜公路运输集团射阳汽车客运站西侧。占地 1.59 万平方米,车场 7400 平方米,售票厅 150 平方米、候车厅 1060 平方米、行李房 52 平方米、修理间 5800 平方米、加油站 300 平方米,平均日发 3500 人。盐阜公路运输集团于 1989 年对射阳汽车客运站按二级车站标准进行改扩建,于 1991 年建成,该站占地 1.32 万平方米,车场 7500 平方米,售票厅 500 平方米、候车厅 1500 平方米,修理间 800 平方米,加油站 120 平方米。投资 270 万元,其中地方自筹 30 万元,日均发送 3000 人。2005 年,县政府把新建射阳汽车客运站作为全县十件实事工程之一,射阳县万里行客运有限公司、江苏盐阜公路运输集团射阳公司和射阳县汽车运输有限公司三家汽车运输企业,本着“资源整合、优势互补、互利双赢”的原则,签订了站埠、客运整合协议,成立了射阳新城汽车站务有限公司、江苏

射阳汽车客运站(一级汽车客运站)

丹鹤汽车运输有限公司。

新建的射阳汽车客运站位于射阳经济开发区西区境内，总占地面积11.7万平方米，总建筑面积7.77万平方米。其中：候车室1.2万平方米，办公用房5528平方米，停车场5.27万平方米，售票厅3500平方米，行李房60平方米，检票口24个，修理间3780平方米，加油站150平方米。第一、二期工程投入近7000万元，资金来源主要有原来两个车站的拆迁补偿费、省厅补助以及三个股东单位按股比筹集的资金等组成。射阳汽车客运站按一级汽车客运站标准由江苏省城市规划设计研究院设计，分为站房区、停车区、后勤服务区等三个区域。射阳汽车客运站于2006年4月8日奠基，2007年1月1日开工建设，同年11月投入运营，2008年9月被省厅评定为一级汽车客运站。现有员工108人，进站经营车辆217辆，日发近900班次，日均旅客发送量8000人。到2010年平均日发班车1023班，日发送旅客1.30万人，创营收3600万元。

【县城东郊停车场】 射阳县合德镇东郊客运停车场，位于射阳县合德镇解放路东与黄海路交叉口东北角，始建于1995年6月，当年投入运营。占地面积2000平方米，车场面积1200平方米，候车厅面积72平方米，售票厅面积24平方米。管理人员5人，县内营运班车60辆，日发班次120个，日发旅客2700人，日进出3200人。2008年1月撤销，并入射阳县新城站务有限公司。

【县城西郊停车场】 位于县城人民路与S226线交叉口东北角，始建于1996年12月，次年4月投入运营。占地面积1200平方米，车场面积1000平方米，候车厅100平方米，售票厅30平方米。2005年，该场拥有管理人员10人，营运车辆56台，日发班次130个，日发旅客2800人，日进出3400人。2008年1月撤销，并入射阳县新城站务有限公司。

【射阳县新洋港汽车客运站】 始建于2000年5月，占地面积2068平方米，车场面积1552.1平方米，售票厅面积30.40平方米，候车室面积30.14平方米，日发94个班次，日发旅客800人，日进出1200人。到2010年平均日发班车87班1020人。

【射阳县胜利桥汽车客运站】 始建于2008年3月，占地面积2080平方米，车场面积900平方米，售票厅面积45平方米，候车室面积65平方米，过路班线，日发旅客300人，日进出450人。到2010年平均日发送过路班车旅客420人。

【射阳县新洋农场汽车客运站】 始建于2008年2月，占地面积2015平方米，车场1290平方米，售票厅面积15平方米，候车室面积57.50平方米，日发50个班次，日发旅客200人，日进出310人。到2010年平均日发班车48班，发送旅客832人。

至2008年，该县乡镇建有候车亭18个，客运站牌167对。到2010年农村客运站3个，建有候车亭110个，客运站牌158块。

7. 内河港口

射阳县内河港区由两部分组成，一是射阳县城所在地合德镇小洋河一线的码头泊位，二是射阳县各乡镇所设的码头、泊位。1987年年底县城港口作业区西起双庆桥，东迄射阳河，全长约6公里。建有0.50吨吊机7台，1吨吊机2台，3吨固定吊机10台，5吨固定吊机5台，升降机1台，500×10和800×20的输送机8台，年货物吞吐量可达165万吨以上。

1987～1993年，县内乡镇作业区21个。1994年后至2005年前，因县城城市规划需要，横穿合德镇的小洋河有8座桥梁改建为平桥，致船舶无法通航，沿河港口装卸作业区经政府研究决定向东、西两头搬迁。在射阳县城以西成立万春装卸有限公司，隶属射阳县港埠有限公司，建货物堆场1万平方米，设三个装卸作业队(组)，射阳县城以东建海都作业区。1991年射阳县交通主管部门根据有关文件精神，对乡镇作业区进行规范化整治，将原有的21个乡镇作业区调整成14个。2007年，黄尖、盐东镇划归亭湖。2008年12个乡镇港口装卸作业区，共有职工2316人，半机械化运输工具191台(套)，大小船舶493艘，货物堆场24519平方米，装卸码头118座。2008年完成货物吞吐量达131.60万吨，操作量193万吨。到2010年港口吞吐量已达330万吨。

三、交通运输

1. 道路运输

(1)客运

公路客运　射阳县公路客运1988年主要由当时的江苏省汽车运输公司盐城分公司射阳营业处(2001年12月改制为盐阜公路运输集团射阳有限公司)、地方国营射阳县客运公司(2001年改制为民营射阳县万里行客运有限公司)、城乡个体(联户)客运业户承担。1988年以后,个体客运迅速发展,2005年个体客运车辆由1988年的68辆1083个座位增加到187辆3860个座位,年运量达301万人,比1988年增长1.62倍。至2005年9月,盐阜公路运输集团射阳有限公司与射阳县万里行客运有限公司,签订了资源整合协议,分别成立了以客运经营为主的江苏丹鹤汽车运输有限公司,以站埠经营为主的射阳新城汽车站务有限公司。2008年1月起,个体经营公司化,挂靠江苏省丹鹤运输有限公司。2010年该县共有客车352辆8586个座位,其中豪华客车12辆583个座位、大客82辆3026个座位、中巴客车258辆4977个座位,经营线路124条,其中省际线路16条,市际线路28条,县际线路33条,县内线路47条,年客运量475.78万人7.09亿人公里。

1988~2010年部分年份射阳县公路客运情况

表141

年份	职工总数	客运线路									
		省际		市际		县际		县内		小计	
		条	公里	条	公里	条	公里	条	公里	条	公里
1988	45	12	822	14	4508	10	745	18	516	44	6591
1990	470	2	822	16	5213	14	985	18	556	50	7576
1995	564	16	9554	27	8300	22	1473	19	603	84	19950
2000	544	20	11702	37	10971	31	2105	21	667	109	25445
2005	391	21	12652	39	11246	36	2405	23	732	119	27035
2008	343	21	12652	40	11661	36	2405	23	732	120	27450
2010		16	6560	28	9823	33	2432	47	1444	124	20259

表141

年份	车型								年运量		日发班车(辆)	总营收(万元)
	豪华		大客		中巴		小计		年客运量(万人)	年周转量(万人/公里)		
	辆	座位	辆	座位	辆	座位	辆	座位				
1988			64	3300			64	3300	223.60	13359	168	307
1990			82	3895			82	3895	185.71	13591.90	198	639
1995			73	3285	60	1378	133	4663	178.30	20477.50	259	962
2000			98	4410	85	1860	183	6270	205.70	29965.30	351	1408
2005	50	2246	25	1105	142	2952	217	6307	209.40	31223.40	489	2170
2008	50	2246	25	1105	142	2956	217	6307	211.90	31699.70	489	2200
2010	12	583	82	3026	258	4977	352	8586	475.78	70924	1079	11921.81

1988～2008 年部分年份射阳县境内个体客运业户营运情况

表 142

年份	业户数(户)	线路(条)	车辆(辆)	座位(个)	年运量(万人)	年营收(万元)
1988	68	县内	68	108.30	115.58	122.20
1990	112	县内	112	1680	180.06	212.65
1995	193	县内	143	2367	255.67	558.16
2000	226	县内	186	3192	314.15	725.90
2005	187	县内	187	3860	301.05	922.15
2008	–	–	–	–	–	–

城市公交客运　1993 年，县汽车运输公司购买 22 辆公交车，因乘客不多，经营亏损，被迫停运，1994 年，转为农村公共汽车运行。1998 年经县政府批准，县规划建设局客管办，引进外地客商，个人投资购买 20 辆公交车 500 个座位（隶属县规划建设局管理），在县城、二环、三环及附近乡镇 15 条线路上运行。在市区和附近乡镇建立 34 座标准公交牌，64 个招呼站点，为人民群众提供了便捷的乘车条件。2010 年营运线路 8 条，投入公交车 62 辆。

城市出租车客运　县城出租车始建于 1993 年，2001 年经县政府会办决定：一是县城出租车限定为 300 辆，由县规划建设局客管办管辖。二是结合创建文明县城，要求"统一车型、统一绿色、提升县城形象"。2002 年，县规划建设局客管办完成了出租车更型改造工作。到 2010 年新世纪、腾飞、县汽车公司三家出租公司共有出租车 300 辆。

（2）**货运**　1988 年射阳县陆上长短途货运，主要是由当时的江苏省汽车运输公司盐城汽车分公司射阳营业处和射阳县汽车运输公司、射阳县港务管理处以及社会企事业单位自备车辆和城乡个体运输业户等几个方面的各种货运车辆承担。是年拥有货运汽车 413 辆 1826 吨，挂车 5 辆 25 吨，其中个体业户 320 户，有货车 320 辆。其他机动车 80 辆 89.65 吨，拖拉机 2485 辆 2692.50 吨，机动板车 7 辆 13 吨，人力车 336 辆 168.50 吨，年运量为 165.27 万吨 5258.90 万吨公里。其中个体业户年运量 21.84 万吨。随着公路货运市场运输改革的不断深入，1992 年射阳县汽车运输公司实行单车租赁承包责任制，2002 年该公司由地方国营企业改制为民营企业，名称仍为射阳县汽车运输有限公司，至 2005 年该公司货运车辆由 1988 年的 21 辆发展到 85 辆 692 吨，年货运量达 26.13 万吨 7018.12 万吨公里。盐阜公路运输集团射阳有限公司的 7 辆货车划由盐阜公路运输集团货运公司管辖经营，当年个体货运车辆 913 辆 6463 吨，年运量 31.07 万吨。从此，射阳县的陆路货运以城乡个体（联户）运输业户为主体，至 2008 年射阳县全社会拥有货运汽车 1576 辆 7970 吨，其中个体货运车辆 1003 辆。轮式拖拉机 1000 辆 1000 吨。到 2010 年全县全社会拥有货车 2822 辆 2.44 万吨，年完成货运量 405 万吨 6.90 亿吨公里（其中，个体业户 1561 户，有货运车辆 1591 辆 1.03 万吨，年货运量 53.33 万吨 8350.68 万吨公里）。

1988～2010 年部分年份射阳县境内个体货运业户营运情况

表 143

年份	货运			年运量(万吨)	年营收(万元)
	业户数	车辆	万吨		
1988	320	320	0.28	21.84	1216.68
1990	356	356	0.32	25.04	1388.16

续表 143

年份	货运			年运量(万吨)	年营收(万元)
	业户数	车辆	万吨		
1995	534	534	0.37	27.84	2417.64
2000	876	876	0.51	30.72	3228.80
2005	913	913	0.65	31.07	3817.49
2008	1003	1003	0.74	38.40	4688
2010	1561	1591	1.03	53.33	8350.68

2. 水路运输

(1)**客运**　1950 年苏北内河轮船公司盐城分公司(盐城轮船公司)在射阳陈洋设立客运轮船站。1970 年轮船站迁至射阳县合德镇。新站拥有候船室 500 平方米、客运码头 2 座、货运码头 1 座、堆场和仓库面积 1200 平方米。轮船站,在县境内设立陈洋、海河、靠鱼湾、兴桥、小闸口、通洋、五汛、四明、黄沙河 9 个自办站(分站)和中兴桥、老屋基、营防口、大塔、胜利桥 5 个代办站。高峰时运营 9 条客运航线,日进出旅客 3100 多人。节假日和春节期间,旅客每天平均运输量高达 1.80 万多人。1990 年后,射阳县境内水路客运快速被汽车客运取代。2000 年,射阳轮船站运营航线减少到 2 条,每天只发 2 个航班,而且实载率很低,出现了严重亏损。同年 3 月,射阳轮船站客运停运,射阳县境内水路客运宣告结束。

(2)**货运**

专业水路货运　1988 年,射阳县交通专业水路货运有各类船舶 319 艘 2114 千瓦 2.41 万载重吨,全年完成货运量 73.10 万吨 3.14 亿吨公里。1995 年,专业水路货运量上升到 100 万吨 5.23 亿吨公里。2000 年 3 月,从事交通专业水路货运的企业改制成民营企业,射阳县交通专业水路货运方式消失。

个体业户水路货运　1988 年,射阳县个体水路货运业户有小马力货船 1680 艘 3.53 万载重吨,全年完成货运量 101.08 万吨 8697.6 万吨公里。1991 年,个体水运船舶增加到 1901 艘 5.22 万载重吨,但受国民经济调整影响,货运量降到 49 万吨 3080.20 万吨公里。2000 年,射阳县对水运市场进行整顿,个体运输业户接受公司化管理,逐步进入了民营水运企业。2010 年,射阳县个体水路货运已消失。

民营水路货运　2005 年,民营水路货运完成货运量 299 万吨 8.95 亿吨公里。2008 年,货运量上升到 515 万吨 18.20 亿吨公里。2010 年,货运量增至 836.15 万吨 25.37 亿吨公里,分别比 2005 年增长了 1.80 倍和 1.83 倍。

3. 联合运输

经盐城地区计划委员会盐计〔1978〕101 号文件批准,在“射阳县港务管理处”内设联运公司,1986 年为发展联运事业,射阳县交通局决定将县港务管理处下属的联运公司更名为“射阳县联运公司”,隶属关系由县港务处划归射阳县交通局直接管理。

1986～1993 年,射阳县联运公司主要从事水(路)铁(路)、公(路)铁(路)、(内)河海(运)联运业务,在县内淮海、临海、新洋三大农场设有联运中转办事处,有铁(路)、公(路)、水(路)联运经营部、零担部、海运部、联运中转站等 7 个经济实体,与铁路镇江南站、南通港务局互设办事机构,在徐州、邳州、连云港等火车站建立联运点。1993 年完成联运量 3.30 万吨,货运量达 51.84 万吨,完成营收 29.90 万元,创利润 6 万元,上缴税金 1.10 万元。

1993 年后,水陆运输工具的迅猛发展,尤其是陆上货运汽车的增多,货物运输大多采用直达和

“门到门”的运输方式,导致联运业务逐步萎缩,至1995年公司职工转岗的转岗,调离的调离,自谋职业的自谋职业,退休的退休。截至2005年年底,公司只剩4名职工守摊子,靠门面房出租维持生活。

四、企业选介

1. 陆运企业

【盐阜公路运输集团射阳有限公司】 1988年位于射阳县城解放路381号,原为江苏省汽车运输公司盐城分公司射阳营业处。1993年改为盐城汽车运输总公司射阳公司,下辖射阳汽车站、98车队,1996年盐汽总公司改制为国有独资集团公司,射阳公司亦更名为江苏盐阜公路运输集团有限公司射阳公司,下辖射阳汽车站、98车队、981车队、射阳货运站、射阳县霞客旅行社,2001年12月改制为集团公司控股子公司。2005年9月与射阳县万里行客运有限公司进行资产整合组建成江苏丹鹤汽车运输有限公司。

【射阳县万里行客运有限公司】 其前身是射阳县汽车客运公司,成立于1965年,经济性质是地方国营,至1980年,仅有县内7条客运线路,拥有13辆大客车、年客运量为65.30万人,客运周转量2207.50万人公里,日发52班次,公司的办公和车站用房只有6间旧平房,500平方米停车场,至1990年公司投资200多万元在原地新建射阳县客运站,占地2.51万平方米,其中,水泥停车场达3100平方米,建有候车大厅,售票厅和局部七层办公场所,经营省际、市际、县际及县内17条客运线路。2001年改制为民营股份制企业。2005年9月与盐阜公路运输集团射阳有限公司进行资产整合,组建成江苏丹鹤汽车运输有限公司。

【江苏丹鹤汽车运输有限公司】 2005年9月,随着企业改制改革的深入,经县、市两级交通主管部门的同意,将拥有28辆豪华大客车、22辆普通大客车、55辆中巴车计3505个座位和经营省际、市际、县际、县内共53条客运线路的盐阜公路运输集团射阳公司与拥有22辆豪华大客车5辆普通大客车、8辆中巴车计2802个座位的射阳县万里行客运有限公司整合,成立江苏丹鹤汽车运输有限公司。到2010年年末,公司拥有客车352辆8586个座位,其中:豪华大型客车12辆583个座位,大客车82辆3026个座位、中巴车258辆4977个座位,开行省际线路16条日发33班,市际线路28条日发35班,县际线路33条日发204班,县内线路47条600班,年完成客运量475.87万人7.09亿人公里。

【射阳县汽车运输有限公司】 1989年7月,射阳县汽车运输公司迁址解放路18号,拥有职工31人,货运车辆21台200吨。1992年率先推行了单车租赁承包责任制。2002年更名为“射阳县汽车运输有限公司”获道路货物运输三级资质。在此基础上,经市、县运管处、消防大队认可,组建了由18台运输车组成的危险品运输车队。2002年6月该公司又吸纳出租车59辆。2005年,货运车辆达85辆692吨,货运量26.13万吨7018.12万吨公里。2008年,原挂靠的车辆各自找门路自主经营,射阳县汽车运输有限公司,除公司化经营的58辆出租外,货运车辆只有42台310.60吨,货运量5.20万吨1950.71万吨公里。

2. 水运企业 主要有:

【江苏河海运输股份有限公司】 始建于1956年,时名“射阳县木船社”,1977年更名为“射阳县航运公司”。1988年,公司有拖轮26艘2026千瓦、货驳253艘2.29万载重吨、小马力货轮1艘80载重吨、小马力拖轮3艘88千瓦、小马力拖带船36艘1080载重吨,全年完成货运量73.10万吨3.14亿吨公里,实现营收1335万元、利润156万元。1990年,公司加大运力投资,驳船扩展到2.78万载重吨。1992年,公司投入150万元,对现有船舶进行技术改造,实现了运力钢质化,机器系列化,推进器通用化。1993年盈利301万元。1997年后,公司效益出现较大幅度滑坡,至2000年亏损总额高达1270万元。2001年,公司推行产权制度改革,将公有船舶全部作价,卖给内部职工,公

江苏河海运输股份有限公司

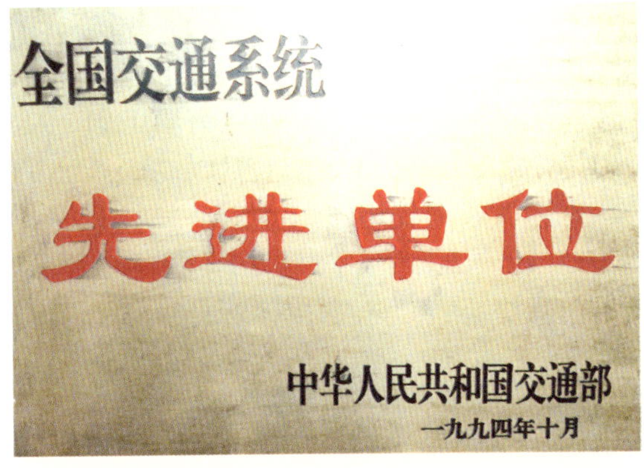

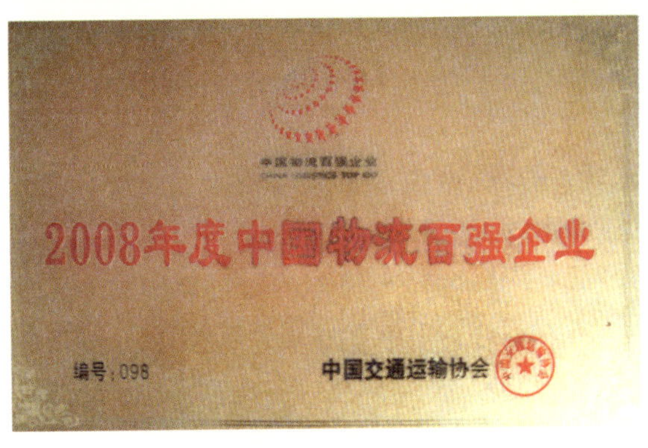

江苏河海运输股份有限公司轮队行驶在大运河上

司改制成非公有股份制企业。2003年扭转了连续亏损局面。2004年,盈利167.79万元,公司进入快速发展时期。2005年,公司运力达到11.78万载重吨,全年完成货运量149万吨5.74亿吨公里,实现利润273万元。2008年,运力增加到19.40万载重吨,完成货运量260.80万吨9.43亿吨公里,利润310万元。2010年,运力上升到29.17万载重吨,货运量上升到637万吨10.70亿吨公里,营收上升到2.26亿元,利润上升到482.56万元。与1988年相比,货运量、货运周转量、营收、利润分别增长了7.71倍、2.41倍、15.93倍和2.09倍。

公司在坚持运输为主的同时,兼顾其他产业开拓,形成水路运输、船舶代理、煤炭销售、船舶修建、宾馆餐饮、商品混凝土六大经济板块,经济总量不断扩大,对社会奉献也随之增加。2002年缴纳地方税105万元。2005年缴纳地方税300万元、各项规费600万元。2010年,缴纳各种税费上升至1141.28万元(其中主要有增值税166.30万元、营业税576.50万元、企业所得税193.56万元、教育附加费21.31万元、个人所得税108.40万元)。

1994年,公司被江苏省委、省政府树为“江苏省水运企业排头兵”,同时获得中国交通部授予“全国交通系统先进单位”称号。之后,又陆续荣获国家AAAA级物流企业、中国物流百强企业、江苏物流50强企业、江苏最具发展潜力企业、盐城市“五一”劳动奖状、盐城市三星级企业、射阳县财税贡献大户等荣誉称号。

【射阳县银河航运公司】 1980年成立。2005年,有船舶113艘1.42万载重吨,全年完成货运量42.60万吨1.22亿吨公里,实现营收2385.60万元、利润11.12万元。2008年,船舶减少到74艘2.15万载重吨,货运量减少到34.50万吨1.21亿吨公里,营收减少到2242.50万元,盈利增加到17.10万元。2010年,船舶增至81艘3.26万载重吨,货运量增至89.88万吨3.15亿吨公里,营收、利润分别增至4673.78万元、76.42万元。和2005年相比,货运量、货运周转量、营收、利润分别增长了110.99%、158.20%、95.92%和587.23%。

【射阳县第二航运公司】 1980年成立。

2001年改制成民营企业,时有船舶196艘1.53万载重吨,全年完成货运量45.90万吨1.47亿吨公里,实现营收2662.20万元、利润16.30万元。2008年,船舶达到247艘1.93万载重吨,货运量达到57.80万吨2.02亿吨公里,营收、利润达到2925.50万元、22.70万元。2010年,船舶增加到339艘4.15万载重吨,货运量增加到73万吨2.04亿吨公里,利润增加到48万元。其中运量、周转量、利润分别比2001年增长了50.04%、38.78%、194.48%。

3. 港务企业

【射阳县港埠有限公司】 1988年年底拥有职工724人,各种起吊机械25台,输送机8台,年完成货物吞吐量188.52万吨,操作量323.92万吨。1994年随着企业改革改制的深入,射阳县港务管理处更名为射阳县港埠总公司,年完成货物吞吐量85.50万吨,操作量130万吨。2001年射阳县港埠总公司改制成立了"射阳县港埠有限公司",下属射阳县万春装卸有限公司,建有货物堆场1万平方米;海通分公司、城东分公司投资100多万元,购置7辆农用货车;海都作业区,面积5000多平方米,驳岸码头270米,安装吊机3台,架设输送线25米。2005年有职工378人,完成货物吞吐量279.7万吨。2008年港口基本形成了海都、海通、陈洋三个物流港区,构建了综合物流服务体系,拥有职工278人,专业技术人员30名,专业物流人员6名,装卸设备20多台套,机械化程度达95%以上,港口作业岸线3000米,年吞吐量146万吨,操作量207万吨。2010年作业区共有职工216人,装卸机械78台(套)、货物堆场4万平方米,装卸码头21座,完成吞吐量165万吨。

4. 施工企业

【射阳县交通建设工程有限公司】 该公司组建于1979年11月,时为射阳县桥梁工程队。1984年5月更名为"射阳县交通建筑工程公司",隶属射阳县交通局,为县属集体所有制企业,具有国家二级公路工程施工资质。

1988年,公司已拥有职工183人,固定资产534万元、机械设备122台套;年施工能力达到4000万元,当年实现利润88万元。

2002年,公司取得了公路路基、路面工程二级专业承包资质,职工已有292人,固定资产增加到2688万元,拥有机械设备187台套,年施工能力达到1亿元,由于受到各种因素的制约和困扰,企业累计仍亏损175万元。

2001年11月,企业根据射阳县政府和交通部门的统一部署,对射阳县交通建筑工程公司进行产权制度改革,建立了现代企业制度,成立了"射阳县交通建设工程有限公司"。2005年,企业通过了ISO9001国际质量体系论证,企业规模不断扩大,固定资产增加到4900万元,机械设备231台套,年施工能力达到5亿元,实现利润310万元。2007年,公司成功申报并被批准全县唯一、全市仅有5家的国家公路工程施工总承包二级施工资质,公路路面、路基工程专业承包二级资质,公路养护工程专业承包三级资质。2010年,公司发展到拥有职工301人,固定资产8690万元,各类机械设备392台套,年施工能力达到10亿元,实现利税过千万元。

五、交通管理

1. 路政管理

1993年前,县内有公路450多公里,为沙石路面,路政管理难度大,道路交通事故时有发生。1994年后,路政管理的路段连年增加,当年就达509.56公里。次年,公路部门对全县干线公路组织一次违章建筑拆除行动,共拆除房屋107处176间、棚亭242个1028平方米。同时针对公路打谷晒场开展"夏季行动",路政人员上路100人次,清理打谷晒粮63处968平方米,清除和移走草堆35座,保证公路安全畅通。1998~2000年,先后申请法院强制执行路政案件4起,拆除违章棚亭101处1431间,清除非交通标牌222块,处理机动车辆损坏路产案件29起,有效地保护了路产路权。

2002年,根据上级统一部署,设立公路超限超载检查点,与公安交警联合行动,上路上线检查超限超载运输车辆,全年共检查车辆1263辆,驳载货物205吨,收取损坏路产赔偿费36万元,同时处理路政案件18起,结案率100%,无一起申诉案件。2003年,清除公路障碍物8715立方米,占道摊点736个,拆除非交通标牌386块,处理路产赔偿案件301起。千秋、兴桥、特庸、盐东等集镇段公路环境达到省公路局整治标准要求。2005年,开展"平安大道"创建活动,路政大队共拆除非交通标牌298块,违章棚亭30间800平方米,清除公路障碍物5977立方米,取缔占道经营摊点87处,处理超限运输车99辆,驳载货物610吨。对全县187公里干线公路的标志牌进行补充和规范,增设交通标牌68块、警示桩120根。2008年,立案查处路政案件44起,其中处罚26起,处理18起。审批路政许可2件。拆除违章建筑20间320平方米,棚亭6间100平方米,非交通标牌104块,清除占道堆积物700多处1.65万立方米,迁移电杆40根、楼板21块,保障道路安全畅通。2009~2010年,加大上路巡查力度,及时发现并预防路政案件200多起,立案查处74起,其中处罚39起。办理路政许可16件,拆除违章建筑65处310平方米,非交通标牌1116块,清除占道障碍物650多处1.69万立方米,迁移违章电杆120根,追缴路产赔(补)偿款48.99万元。

路政人员夜查

2. 航政管理

1988~2008年,航政人员共上航9492人天,打捞沉船156艘4217吨,拆除违章房屋77.50间507.60平方米,清除不规范竹木排筏1.69万平方米,违章护岸13处138米,渔网具752处,废弃物1021.55吨、沉石197吨,危桥1座28米、碍航桥1座28米、碍航抽水口1处11米,拔除碍航暗桩184根,清除浅滩1处300立方米,审批临跨过河建筑物125处,未发生因管理履职不到位而造成的48小时断航事故,等级航道通航保证率达95%以上,创建和巩固了87.50公里文明航道,7座发光标、29座航道标牌,维护正常率达98%。散发航道法规宣传材料3560余份,共处理行政案件218起。2009~2010年,航政人员上航1058人天,巡航2.20万公里,航道扫床516公里,办理行政许可5件,清除违章设置渔网具35处,堆废弃物26处22.50吨,收取航道赔(补)偿费28.82万元,等级航道通航保证率达99%以上。7座发光标、13座指路标牌正常率达99%以上,未发生因航道部门履职不到位造成的24小时断航事故。20多年来,无行政复议撤销变更案件,无行政败诉案件。

3. 运输管理

1988年以来,着力培育整治运输市场,累计查处道路运输违章违法案件2.19万件,其中无证船舶285艘,"黑车"328辆次,无一起行政复议和败诉案件。全面推行行政执法公示制、服务承诺制和执法过错责任追究制,加强运输市场源头管理和"两证"审验,清理整顿外籍车辆串线经营。通过运输市场治理整顿,取得明显成效。1988年,县运输管理所被交通部表彰为运政管理工作先进集体。1995~2005年,10年间举办运政执法人员培训班20期,受训人员达601人次,提高了行业管理和行政执法能力。

(1)**客货运输管理**　20世纪80年代中后期主要是发展培育客运市场,完善宏观调控手段,对客运车辆实行定线路、定站点、定班次,着力解决买票难、乘车难问题,努力做到运力运量相对平衡。90年代后,加大行业管理宣传力度,强化源头管理,坚持发证到源头、收费到源头、管理到源头、服务到源头,并通过路头稽查,促进源头管理。1995年,查处违章车辆1306辆,补征运输规费29.50

万元。相继建立以县客运公司车站为依托的公用停车场、城西客运停车场和16个乡镇公用型停车场，实行了车进站、人归点，使全县客运秩序大为改观。2000年，开展“交通安全与运输市场管理年”活动，用4个月时间，全面调查客货车辆数，及时调整规费征收数据库。2001年，会同有关部门整顿县城南大门交通秩序，取缔3处私设停车场，设置出租车临时停靠站，依法处罚“三无”出租车32辆，对乡镇小型客车实行定线经营、定站停靠，遏制乱停乱靠、揽客超载行为。2002年，通过整顿，全县296辆农用车全部退出客运市场，更新中巴车143辆，从而提高客运的舒适性和安全性。2003年，积极推行客运线路改造，对新增客运线路实行招投标制度，县城及城郊客运班线实现公交一体化。2004年，启动农村班车通达工程、客运站场建设工程和船型标准化工程。全县268个行政村（居），到2005年通达班车的有255个，通达率达95.20%，比计划超出2.20个百分点，走在全市领先位次。完成150个客运站牌和18个客运站亭的制作安装任务。大力推行船型标准化工程，共拆改船舶786艘，超额完成市下达计划的22.20%，承办了华东“五省一市”钢质挂桨机船拆解工作现场观摩会的现场准备。2009～2010年，扎实开展城乡交通秩序集中整治活动，共办理行政处罚案件808起，查处运输车辆违章373起，其中查处无证经营的“黑车”113辆次。

（2）**汽车维修行业管理** 自1988年成立射阳县汽车维修行业管理所后，将汽车维修行业迅速纳入交通管理。1990～1993年，经过四年对汽修行业整顿、考核、培训，提高企业资质和人员素质，先后取缔不合格汽修业户7家，发证件18家（其中一、二类16家）。2001年，运管机构合并后，进一步加强汽修行业管理，严格执行维修价格，规范企业经营行为。2002年年底，射阳县汽车综合性能检测站建成运营后，进一步加强维修质量监督管理，对二级维护以上维修必须上检测线检测，从而提高全县营运车辆技术状况。根据省、市统一要求，2004年后在维修行业开展诚信服务活动，制定《射阳县汽车维修行业信誉管理制度》，通过信誉管理，进一步规范维修市场秩序，提高汽车维修质量和服务水平，树立良好的社会形象。至2010年年末，全县有汽修企业31户，其中一类4户，二类13户，三类14户。

（3）**驾驶员培训管理** 运管部门在抓好驾培企业资质达标的同时，监督驾培企业按教学大纲和教学进度抓好培训，不断提高培训质量。在实际工作中严把“五关”，坚持“六不准”。“五关”即教练员资格审查关、培训收费标准关、培训质量关、服务质量关、勤政廉政关。“六不准”即不准乱收费，不准吃、拿、卡、要，刁难学员，不准接受学员赠送的礼金，不准粗暴对待学员，不准对举报人进行打击报复，不准为学员（找人）代考试卷。2010年年末，全县有驾培企业7家，教练场面积9.30万平方米，拥有教练车132辆，教练员220人，累计培训驾驶员5万多人。

4. 海事管理

1988～1995年，通过抓基础设施建设，抓各级责任的落实，抓港口安全管理，抓渡工教育培训，抓水上现场监管，强化水上交通安全管理，取得明显成效，水上执法无“乱收费、乱罚款、乱摊派”现象，规费征收完成上级下达的指标。1996～2000年，县港监所大力整治船舶违章，取缔“三无”船舶，稳定水上交通安全形势。推进撤渡建桥，总投资2000多万元，建成各类代渡桥18座，撤并渡口87道，创建文明渡口22道。至2008年年末，又建代渡桥61座，撤并渡口180道。2009年以来，举办渡工安全警示教育培训班，受教育144人次，共检查运输船舶2406艘次，建立健全船舶进港报告制，及时消除事故隐患。认真做好上海世博会水运安保工作，共为221艘船舶办理进沪签证手续，为241艘船舶办理特别安全检查，实现零差错，受到省海事部门表彰。至2010年连续15年水上交通安全无事故，连续8年未发生48小时以上航道堵塞事件，连续20年实现海事行政执法零投诉，群众满意度达98%以上。加强海事队伍建设，举办各类培训班，使576人次受培训，实行“365”天天服务制，投资40多万元，创建省三级海事处。加强渡口管理，坚持月查重点，季查全部，交叉监管，查防结合。举办渡工培训班14期，参训910人次，全县38道渡口，38艘渡船（钢质渡船34艘、水泥渡船4艘），渡船达标率100%，渡工持证率100%，救生设备配备率100%，渡口达标率97%以上。采取河道里查、源头上堵的办法,加强船舶管理。查处超载船舶1209艘次,对全县50艘危化品运输船实行进港报告制,及时消除事故隐患。清理劣质船50艘,监控新造船250艘,整治杂船1082艘。

5. 交通工程质量监督管理

县交通工程质量监管部门坚持质量标准,严格执行工程建设五项制度(项目法人制度、招投标制度、工程监理制度、合同管理制度、竣工验收制度),坚持技术标准,制订并执行《射阳县公路建设工程质量控制规程》。强化乡镇分管领导、农路办主任和监理人员培训,先后有185人次参加培训,通过培训,提高业务管理水平。健全监督机制,实行农村公路建设质量公示制度,接受社会监督。严把检测验收关,公路建筑材料都经过县交通工程中心试验室一一检测,不合格的材料不得进场使用。2008年年末,全县建成各类公路2418.33公里,公路、桥梁建设先后开工项目1110项,公开招投标率100%。发现偷工减料的105起,劣质材料0.67万吨,出现弹簧土的98处,路基密实度不合格的28起,沥青摊铺厚度不达标的5公里,石灰含量不足的9处,都一律停工,责令整改并经验收合格后,方可进入下道工序施工。2009年后,实行建设单位、监理单位、施工单位、质监单位"四方签证"制度,坚持现场检测数据,完成全县干线公路、农村公路165个参数2160批3.20万多个样品的现场取样和试验检测工作,使全县干线公路在建项目省、市检查验收一次性合格率保持在90%以上,位于全市前列。发出工程质量整改通知书53份,并全部整改到位,保证干线公路、农村公路建设项目实体合格率稳中有升。同时,县交通工程中心试验室根据验收标准,做好信用评价各项工作,顺利通过省、市主管部门的监定评审。

6. 规费征收

射阳县交通局高度重视交通规费征收工作,各征收单位严格执行征收标准,不断强化征收管理,努力做到应征不漏。1988~2010年共征收各种交通规费7.06亿元,为交通建设和交通事业的发展提供了强有力的保障。

1988~2010年射阳县交通规费征收实绩统计

表144　　　　单位:万元

年份	养路费	航养费	车辆购置附加费	运管费	客附费	货附费	五小车辆养路费	船舶港务费	船舶检验费	船舶港监费	合计
1988	297.68	148.12	8.14	68.60	2.00	18.70	9.20	0.71	1.20	1.25	555.60
1989	362.07	177.90	14.31	81.70	4.90	132.40	11.20	1.13	1.60	1.86	789.07
1990	378.22	153.26	22.09	90.00	6.70	114.80	37.10	1.81	2.30	2.98	809.26
1991	429.77	167.00	40.12	92.50	19.20	109.10	42.50	2.38	5.20	4.31	912.08
1992	446.45	234.45	43.10	126.90	31.60	116.10	54.20	8.00	28.00	19.10	1107.90
1993	502.01	509.61	72.23	161.90	71.40	137.10	61.30	22.00	92.00	85.30	1714.85
1994	629.12	528.13	63.92	250.70	209.60	263.20	76.30	32.00	162.00	102.00	2316.97
1995	695.00	679.27	95.79	304.60	269.90	338.60	87.50	35.00	165.00	103.40	2774.06
1996	907.02	622.61	133.98	282.90	360.80	324.10	98.30	48.00	116.00	77.30	2971.01
1997	1108.92	553.19	243.55	195.20	382.20	325.80	101.30	51.00	148.00	140.61	3249.77
1998	1004.70	485.44	280.51	304.00	418.60	336.00	192.90	49.00	161.00	101.30	3333.45
1999	1146.16	488.51	203.80	270.90	501.00	266.60	212.00	39.00	125.00	82.00	3334.97
2000	1191.17	208.37	178.43	219.80	447.40	283.40	308.80	46.00	112.00	76.40	3071.77

续表144

年份	养路费	航养费	车辆购置附加费	运管费	客附费	货附费	五小车辆养路费	船舶港务费	船舶检验费	船舶港监费	合计
2001	1297.17	536.60	220.70	213.70	465.50	281.70	464.90	40.00	195.00	130.40	3845.67
2002	1620.57	728.70	369.14	291.90	580.70	319.20	584.50	53.00	155.00	110.50	4813.21
2003	1610.91	689.40	663.76	219.20	329.00	310.40	620.30	57.00	162.00	100.90	4762.87
2004	2004.00	703.40	641.49	242.40	555.30	297.90	753.30	59.00	131.00	105.80	5493.59
2005	2589.77	803.15	–	273.30	444.90	378.40	814.40	62.00	143.00	137.00	5645.92
2006	2732.30	701.48	–	269.90	429.80	356.70	1001.40	60.20	166.80	154.70	5873.28
2007	3191.00	830.98	–	285.60	366.60	357.40	1005.10	49.70	81.30	68.60	6236.28
2008	3601.27	1007.97	–	294.80	347.30	401.90	1152.20	41.60	9.00	6.02	6862.06
2009	–	–	–	–	–	–	–	54.50	9.80	–	64.30
2010	–	–	–	–	–	–	–	53.30	16.00	–	69.30
合计	27745.28	10957.54	3295.06	4540.50	6244.40	5469.50	7688.70	866.33	2188.20	1611.73	70607.24

说明:车辆购置附加费2005年实行费改税后由税务部门征收

第六节 建湖县

一、交通机构

1. 建湖县交通运输局

2009年8月1日,建湖县委书记张礼祥(左三)、县长苏冬(左二)现场听取县交通局局长卢乃铨(右一)交通规划汇报

建湖县交通运输局是建湖县人民政府主管交通运输的行政管理部门,始建于1954年4月,时名建湖县航运管理所,后几经变更于1981年3月,更名为建湖县交通局。2010年5月,在新一轮行政机构改革中建湖县交通局改称建湖县交通运输局,挂建湖县铁路办公室牌子。负责全县综合交通运输体系规划编制并组织实施,担负全县公路、航道、港口的建设、养护和管理,水陆客货运输、城市客运(含出租车行业)、汽车维修、驾驶员培训、港口搬运装卸和水上交通安全管理、交通安全生产监管及铁路办等项任务。2010年年末,局机关内设办公室、组织人事科、财务审计科、安全监督科(政策法规科)、综合计划科(交通战备办公室)等5个科(室)和工会等群团组织,另按规定设置纪检(监察)机构,核定行政编制17人,实有25人。下辖县公路管理站、航道管理站、运输管理处、地方海事处、交通工程质量监督站、港口管理处、交通投资有限公司、建新公路实业公司等管理机构。

1988～2013年10月建湖县交通运输局主要领导名录

表145

局长	任职时间	局党委书记	任职时间
荀思悦	1983.9～1989.3	荀思悦	1984.1～1990.1
孙曰泰	1989.3～1995.10	孙曰泰	1990.1～1995.10
李如云	1995.10～2003.5	李如云	1995.10～2001.8
陈兆仿	2003.5～2007.11	孟祥龙	2001.8～2003.1
卢乃铨	2007.11～	李如云	2003.5～2005.1
		孔祥怀	2005.1～2009.7

说明:2009年7月～2013年10月,该局没有正职党委书记,党务工作先后由副书记卢乃铨、王茜(女)主持

2. 局属管理机构

(1)**建湖县公路管理站**　成立于1962年6月,1983年升格为副科级建制,全民事业单位,隶属县交通局。担负县内普通国省干线公路的建设、养护管理、路政管理、公路服务与应急处置,全县农村公路建设、养护的行业管理和规费征收等项任务。2002年5月,成立建湖县路政大队暨路政执法受理中心(内设综合科、路政一中队、路政二中队),与县公路站实行两块牌子、一套班子。2003年,按照事企分离的改革要求,成立"江苏顺达公路工程有限公司",隶属县公路管理站。2010年,内设办公室、财务审计股、养护管理股、县超限治理检测大队、工会,下辖江苏顺达公路工程有限公司及其所属的上冈、颜单、庆丰、近湖等4个养护工区。有职工157人,其中事业编制132人。

(2)**建湖县航道管理站**　成立于1977年6月,全民事业单位,股级建制。1988年12月升格为副科级建制。2010年内设政秘股、财务征收股、航政航标股、工程机料股、工会,编制31人,实有25人。主要职能是编制航道发展规划并组织实施,承担辖区内航道建设、养护、行政管理,审查批准与通航有关的设施的通航标准和技术要求,维护航产航权,查处航政违章案件等项任务。

(3)**建湖县交通运输管理处**　成立于1984年7月,时名建湖县交通运输管理所。2002年6月,县运管所、汽车维修行业管理所、交通道路稽查队、交通职工学校和近湖、上冈、颜单、钟庄、沿河等5个中心交管所合并组建建湖县交通运输管理处(以下简称县运管处),副科级建制,参照公务员管理。2010年5月,建湖县城市客运管理处由县城管局整体划转县运管处,并更名为城市客运管理所,股级建制。县运管处履行水陆客货运输市场管理、监督,发放营运证、搬运装卸许可证、操作证,道路运输场站的建设、管理,参与制定交通物流业发展规划和交通物流市场管理、城市公交出租车行业管理,交通运政稽查等项职能。2010年年末内设办公室、车辆管理科、客运管理科、货运管理科、财务票证科、法规稽查科。下辖城市客运管理所,近湖、上冈、钟庄、沿河、颜单5个中心交管所和稽查一中队、二中队。编制111人,实有112人。

(4)**建湖县地方海事处**　成立于1987年11月,时名建湖县港航监督所,副科级建制、全民事业单位。1991年8月,增设建湖县船舶检验所,与县港监所两块牌子,一套班子,合署办公。1996年10月,内设水上交通稽查队。2001年11月,更名为建湖县地方海事处(建湖县船舶检验处)。2010年内设办公室、航行监督科、船务管理科、船舶检验科、财务装备科和黄土沟海事所,编制20人,实有25人,参照公务员管理。负责全县内河通航水域的水上安全监管、检查和水上交通事故调查处理;承担水上救助打捞、防止船舶污染、船舶和船员管理等项工作。

(5)**建湖县交通工程质量监督站**　成立于1998年10月,股级建制、全民事业单位,隶属县交通局。建站初与县交通设计室合署办公,1999年从交通设计室划出,独立执业,负责全县交通工程质量、定额造价的监督管理和安全监管以及交通建设工程设计、施工、监理、试验、检测的行业管理工

作。2010年年末,核定编制12人,实有10人。

（6）**建湖县港口管理处** 成立于2008年5月,副科级建制,全民事业单位,隶属县交通局,负责对全县港口岸线、水域实施统一管理,组织港口设施建设和港口安全生产、市场秩序、环境保护等实施监督管理。2010年年末,核定编制4人,实有4人。

（7）**建湖县交通投资有限公司** 成立于2008年6月,正科级建制,隶属县交通局,注册资金5.30亿元。县交投公司设立董事会、监事会、经理层,实行总经理负责制,内设办公室、财务审计科、经营管理科。主要从事对公路、桥梁、港口、航道、站埠、码头等交通基础设施建设、房地产项目投资,为交通工程建设项目提供资金服务。2010年年末,核定编制3人,实有5人。

（8）**建湖县建新公路实业公司** 成立于1996年9月,副科级建制,全民事业单位,隶属县交通局。内设办公室、财务票证科、征收科、稽查科,下辖盐淮新线建湖收费站和建宝公路建湖收费站。主要负责两条干线公路建湖段车辆通行费的征收。2009年2月,建宝公路建湖收费站撤销。2010年年末,核定编制77人,实有77人。

3. 中心交管所

为整合交通管理力量,该县于1999年1月将原来18个乡镇交管所合并成立5个中心交管所,各自负责辖区内运输市场管理、监督,规费征收,交通稽查等项工作。

（1）**近湖交通运输管理所** 管理范围为近湖、建阳、高作、庆丰4个镇和开发区,2010年年末编制15人,实有12人。所址:近湖镇明珠路189号。

（2）**上冈交通运输管理所** 管理范围为上冈、冈东、草堰口3个镇,2010年年末编制11人,实有7人。所址:上冈镇新G204上冈大桥南500米。

（3）**钟庄交通运输管理所** 管理范围为钟庄、冈西、宝塔3个镇,2010年年末编制9人,实有5人。所址:钟庄镇府前街28号。

（4）**沿河交通运输管理所** 管理范围为沿河、芦沟2个镇,2010年年末编制9人,实有5人。所址:沿河镇沿河路65号。

（5）**颜单交通运输管理所** 管理范围为颜单、九龙口、恒济3个镇,2010年年末编制6人,实有5人。所址:颜单镇公交路5号。

二、交通设施

1. 公路

建湖交通经过多年艰苦创业,特别是"九五"以来,基础设施建设迅猛发展,2000年年底即"九五"期末,在盐城市率先高质量、高标准全面完成了县乡道路黑色化工程。建湖县交通局连续四年被市委、市政府和省交通厅表彰为基础设施建设先进单位、工程质量先进单位。1996~2002年连续6年被市交通局评为"排头兵"。到2010年,县境内有公路1668.70公里。按行政级别分:国道19.20公里,省道115.40公里,县道、乡道、村道共1534.10公里;按技术等级分:高速公路26.60公里,一级公路95.90公里,二级公路255.20公里,三级公路61.20公里,四级公路1102.90公里,等外路126.90公里。公路密度达143.80公里/百平方公里。全县15个乡镇通黑色公路,232个行政村(居)通水泥路。

（1）国道

【G204(烟沪公路)建湖段】 1993年,在原路不动,旧线路西侧1公里处另辟一条新G204线,境内段长19.20公里,上冈—草埝口为水泥路面,上冈—新潭洋河桥为沥青混凝土路面,主车道宽16米,慢车道宽3.50米;建桥梁24座,全长7574延米。2002年,投入2000万元,上冈北段水泥路面进行全面修复,慢车道进行重新处理后,摊铺沥青面层;上冈南段长8公里基层修补后,新摊铺沥青面层,公路两侧绿化带建成,当年通过交通部文明样板路验收。2009年建湖段按一级公路标准对老路进行改造,2010年12月建成通车。

S18(盐淮高速公路)盐城段建湖入口

(2)省道

【S18(盐淮高速公路)建湖段】境内26.60公里,经过蒋营、颜单、沿河、芦沟4个镇、13个行政村。于蒋营镇新丰段设有"九龙口服务区"、于建宝线相交处设全立交互通及收费站、建射阳湖特大桥一座(全长5.97公里)及其他特大桥4座、大中桥20座、小桥涵49座、分离立交4座、圆管涵14座。工程总投资12亿元,2006年底建成通车。

【S234(连盐线)建湖段】 官渡大桥至宋楼叉口与射江线交界,全长29.79公里。1997年改建建湖农药厂园盘到宋楼交界,全长14公里,建大中桥6座277延米。1998年改建建港桥至官渡大桥,全长11公里,建大中桥11座347延米。改建后全线6公里为沥青路面,路宽17米;23.80公里为水泥路面,路宽24米,一级公路标准。从古基大桥至G204,公路两侧各3.50米宽的绿化带,共投入1.20亿元。2004年,投入2000万元,对该线进行了修复整治,顺利通过省级文明样板路的验收。

【S233(射江线)建湖段】 上冈大洋桥至庆丰洪桥,全长20.36公里,建桥9座529延米。1999年,原冈合线列为射江线。3座桥改良扩建设计荷载为汽—20、挂—100;7.30公里路基路面进行处治,面层加铺一层沥青混凝土。上冈至G204 1公里,进行大修,投入800万元,对该段从排水到绿化,从肩道到桥梁,从路沿石到警示标志逐一整治,2005年顺利通过省级文明样板路的验收。

【S331(丹宝明线)建湖段】 原盐金国防公路,东与盐都区交界,西与宝应县交界,全长4.61公里,桥梁3座181延米,沥青混凝土路面。1996年开工建设,1997年"八一"建军节建成通车,是盐金国防公路全线唯一优质工程。1999年,投入200多万元,对该段绿化、警示标志、路面设施、桥梁伸缩缝,进行了全面整治,顺利通过省级文明样板路验收。

【S231(阜扬线)建湖段】 原S231线路走向于1999年确定,由阜宁经永兴—高作—建湖—黄土沟—盐都—兴化—泰兴—扬中,经建湖县交通部门反复提议,2002年年底经省公路局同意,S231在建湖境内走向为起点接S231阜宁段马泥沟,经宝塔镇西、钟庄镇东,跨越黄沙港、新长铁路至开发区,过近湖镇境内下穿S18,向南跨盐马河,进入盐都区境内,全部改线新建,全长34.04公里,按一级公路标准建设,路基顶宽26米,沥青混凝土路面,其中设中间分隔带宽2米,两侧行车道宽2×11.25米,两侧路肩宽2×0.75米,全线新建黄沙港特大桥1座,大桥6座,中小桥14座,工程总投资6.06亿元。该线以黄沙港大桥为界,分两期施工,其中南段黄沙港大桥至盐都区交界,全长16.64公里,建大中桥涵13座,全长560延米,路宽22.50米,4车道,沥青混凝土路面。2007年奠基,2008年建成通车。是年年底到2009年,对该段绿化、标志牌、路面设施、桥梁伸缩缝,进行全面整治,顺利通过省级文明样板路验收。北段2009年10月建成通车。

S231建湖段

建湖农村公路

(3)**农村公路(县、乡、村道)** 2002年之前,建湖县农村公路仅有89.27公里。从2003年起,全县开始大规模农村公路建设。2003~2008年,共投资3.50亿元,累计新建农村公路839条1229.02公里,其中县道104.47公里、乡道117.80公里、村道1006.75公里。改扩建农村公路桥梁157座,工程合格率100%。农村交通基础设施落后的状况有了明显改观,农村公路服务农村经济社会发展的能力得到显著提升,惠及全县232个村(居),受益群众达80多万人,2004年年底在全省第一家实现农村公路村村通灰黑化、等级化公路的目标,省交通厅公路局专门在建湖召开了首家“村村通”新闻发布会,省、市30多家新闻媒体派员出席发布会。此后,各县相继组团到建湖参观学习。建湖县2003-2004年度分别被省交通厅、市委、市政府表彰为“农村公路建设先进县”,并获“农村公路建设一等奖”。2006-2008年度,连年被省交通厅、市政府表彰为“农村公路建设先进单位”。

2003~2010年,全县新建农村公路1447.83公里,其中按行政级别分:县道202.47公里、乡道117.80公里、村道1127.56公里;按技术等级分:二级公路140.78公里、三级公路81.18公里、四级公路1225.87公里。总投资5.31亿元,其中地方自筹2.60亿元。

2. 公路桥梁

建湖县境内1987年有公路桥梁125座3406.20延米。1988年后,随着公路建设速度的加快,特别是农村公路建设的快速推进,桥梁建设也步入快车道。2009年后,建湖抢抓历史机遇,实施交通基础设施建设大会战,续建新建交通重点工程60多项,改建农村公路桥梁163座。至2010年年末,全县有公路桥梁2120座4.60万延米,比1987年分别增长了15.96倍、12.50倍,其中特大桥1座1431米,大桥39座7662延米,中桥139座6901延米,小桥1941座3万延米。

3. 航道

2010年建湖县有航道51条,总里程529.70公里。

(1)**省级干线航道** 2010年,建湖县有省级干线航道1条,长17.40公里。

【通榆河建湖段】 从友谊河口起,至潭洋河口止,长17.40公里,为三级航道。

(2)**市级干线航道** 2010年,建湖县有市级干线航道6条,计长139.90公里。

【射阳河建湖段】 从马泥沟河起,至收成庄止,长27.70公里,为五级航道。

【黄沙港建湖段】 从建湖县城起,至小龙段止,长27.80公里,为五级航道。

【建口线建湖段】 从建湖县城起,至薛家舍止,长24.30公里,为五级航道。

【冈合线建湖段】 从吴家埝起,至小缺口止,长6.80公里,为七级航道。

【盐益线建湖段】 从洪桥起,至永兴镇止,长40.70公里,为六级航道。

【阜宝线建湖段】 从收成庄起,至大溪河口止,长12.60公里,为等外级航道。

(3)**支线航道** 2010年,建湖县有支线航道44条,计长372.40公里。主要的有:

【串场河建湖段】 从友谊河口起,至潭洋河口止,长19.20公里,为六级航道。

【鱼深河建湖段】 从沈渡起,至吴湾止,长5.90公里,为七级航道。

【建港沟】 从建湖县城起,至顾庄止,长14.10公里,为六级航道。

【东塘河】 从吴湾起,至新河庙止,长27.90公里,为七级航道。

【鸽子河】 从骆庄起,至沙村口止,长13.70公里,为等外级航道。

【裴崔新河】 从南沿河起,至建港沟止,长14.90公里,为等外级航道。

4. 渡口

1988 年,建湖县境内有渡口 147 道。1994 年,响应盐城市委、市政府号召,开始建桥撤渡。至 2003 年,共投入资金 5000 万元,建代渡桥 69 座。2004～2005 年,建代渡桥 15 座。至此,学校、主要集镇、县乡公路干道渡口都建了代渡桥。2005 年建湖境内渡口数减少到 34 道。2008 年,渡口数进一步减少到 29 道。2010 年,尚存渡口 19 道,和 1988 年相比,下降了 87.07%。

建湖县在实施建桥撤渡战略的同时,加大渡口硬件建设力度,更新标准化钢质渡船 40 艘,建造防滑码头 40 座、候渡亭 50 个,渡口通道全部铺成水泥路,形成船、亭、码头、道路一体化、配套化的农村新型渡运,为渡口安全提供了保障。

5. 公路客运站

【建湖县环宇陆运集团汽车客运站】 该站隶属于建湖县环宇陆运集团。1988 年经市、县有关部门批准,在建(湖)宝(应)路和向阳路交叉口东北角,征用建湖镇镇西村 2.68 公顷土地,兴建二级汽车客运站。该站车场面积 1 万平方米,建车站用房 2542 平方米、候车厅 1500 平方米、售票厅 360 平方米、行李房 50 平方米,设检票口 10 个,其他附属设施,如加油站 300 平方米、修理间 500 平方米,总投资 240.73 万元。1990 年 10 月建成投入运营。2005 年平均日发班车 650 个班次,日发旅客 7600 人,日进出旅客 9800 人。2008 年平均日发班车 650 个班次,日发送旅客 1 万人。2010 年 5 月迁入新车站——建湖汽车客运站经营。

【盐阜公路运输集团建湖汽车站】 该站位于建湖县城冠华路 19 号。1988 年为二级汽车客运站,占地面积 1.10 公顷,建有停车场 7100 平方米,站内设售票厅 78 平方米、旅客候车厅 390 平方米、行李房 12 平方米,设检票口 6 个,站内配套设施有加油站 260 平方米、修理间 382 平方米等。日发班车 52 班,进出站旅客 1250 余人。1995 年因县城老城区拆迁改造,原有车站进行了规划调整,调整后车站占地面积为 7470 平方米,其中停车场 4310 平方米、售票厅 80 平方米、候车室 370 平方米、行李房 18 平方米、修理间 970 平方米、加油站 1715 平方米,设检票口 5 个。至 2002 年在车站原址向南征用 0.19 公顷土地扩建停车场。2005 年占地 9322 平方米,停车场为 6162 平方米、候车厅 120 平方米、售票厅 40 平方米、修理间 1548 平方米、加油站 1715 平方米。日发班车 181 班,进出站旅客 3240 余人,截至 2008 年该站有 50 条客运线路的客运班车进站经营,其中,经营省际线路 16 条、市际线路 21 条、市内线路 11 条、县内线路 2 条,日发班车 326 班次,年旅客运输量 126 万人。2010 年 5 月迁入新车站——建湖汽车客运站经营。

【建湖汽车客运站】 该站于 2010 年 5 月建成,它是由盐阜公路运输集团建湖汽车站和建湖县环宇陆运集团汽车客运站合并成一个车站,按一级站标准兴建,位于建湖县近湖镇向阳西路北侧,建宝路西侧,车站占地面积 6.55 公顷,建有停车场 2.66 万平方米,候车厅 1182.80 平方米,设有 6 个售票窗口,11 个检票口,日发班车 284 个,日均发送旅客约 8000 人。

建湖县汽车客运中心(建湖汽车客运站)

【盐阜公路运输集团上冈汽车客运站】 为三级客运站,坐落在上冈镇市中心,1988 年占地面积 2050 平方米,车场面积 1400 平方米、售票厅面积 15 平方米、候车厅面积 145 平方米、2 个检票口。当时老 G204 穿站而过,滨海、阜宁、响水、射阳四县班次大部分进站配载,车站员工近 20 人。由于 G204 改道镇外,使该站客源明显下降。2005~2008年期间车站占地面积为1676平方米,车场面积1000平方米、售票厅面积13平方米,2005年日发班车(过往)72班,日进站850余人。2008年日发班车(过往)76班,进出站900人。2010年占地面积3.19万平方米,停车场面积1.33万平方米、候车厅2000平方米、售票厅500平方米(设售票窗口5个),设检票口10个。平均过往班车1930次,日发送旅客3500人。

2010年,该县有农村客运站8个,候车亭30个,客运站牌464块。

6. 内河港区

20世纪80年代建湖县内河港区由建湖(湖垛)镇、上冈镇、建阳镇以及境内其他乡镇作业区组成。1988年完成港口货物吞吐量102.47万吨、操作量131.70万吨。1991年建湖镇作业区投资50万元,在县面粉厂码头建设机械化吸粮机码头。1995年建湖镇作业区自然岸线长达1.5万米,145个泊位,最大靠泊能力为300吨,码头总长为4332延米,仓库4.20万平方米,货物场地4200平方米,装卸机械37台(套),2002年从县城区内迁往城郊。2008年新建作业区,岸线总长2万延米,建有300吨以上吞吐量码头11座,泊位岸线长6000延米,安装固定吊机15台(套),有8个民营搬运装卸企业,年吞吐量350万吨;上冈作业区拥有3吨固定吊机4台,码头泊位39个,3100延米,仓库1.86万平方米,货物堆场3.50万平方米,人力板车60辆,货运汽车3辆4.50吨,2008年吞吐量80万吨;建阳作业区有装卸吊机4台、码头泊位13个2100延米、仓库1.22万平方米、货场1.77万平方米、人力板车18辆,2008年吞吐量30万吨;其他乡镇作业区,主要靠物资单位自然岸坡码头进行人力装卸作业,2008年吞吐量75万吨左右。至2008年全县内河港口由11个民营搬运装卸企业负责经营,货物吞吐量为234.30万吨。到2010年全县共有民营装卸企业64家,从业人员1100人,拥有大小吊车70余台,可移动龙门吊机2台,年完成港口吞吐量330万吨。

三、交通运输

1. 道路运输

(1)客运

公路客运　1988年建湖县公路客运业务由4个方面组成。①江苏省汽车运输公司盐城分公司建湖营业处,拥有客运汽车36辆1620个座位,经营省际客运线路3条,日发3个班次;市际线路11条日发11班;县际线路8条,日发26班;县内线路6条,日发24班,年完成客运量65.47万人8883.28万人公里。②建湖县汽车运输公司(1996年改制为建湖环宇陆运集团)拥有客运汽车38辆2099个座位,以经营县内17条(日发86班)农村公共汽车线路为主;市际线路仅有2条,日发2班;市内线路5条,日发5班,年运量为286.83万人8164万人公里。③建湖县联运公司拥有客运汽车2辆100个座位,经营建湖至上海客运线路。④乡镇办及城乡个体客运业户拥有客车44辆909个座位,以经营县内城乡客运为主。

1995年,建湖县城乡集体、个体拥有大、小型客运汽车280辆7056个座位。全县开行的省际客运线路15条33班、市际线路19条23班、县际线路14条69班、县内线路6条81班,年客运量578.1万人31234.5万人公里。

2005年建湖城乡客运车辆(集体、个体)已达378辆8910个座位,全县境内公路客运单位开行省际客运线路34条59班、市际43条48班、县际39条147班、县内20条181班、城市公交线路9条50班,年完成客运量565.8万人3.76亿人公里。

2008年该县客运车辆达472辆1.19万个座位,开行省际线路34条61班、市际线路44条47班、县际线路39条149班、县内线路20条197班、城市公交9条60班,年完成客运量638万人4.03亿人公里。2010年全县拥有客车350辆10085个座位。其中,高级客车38辆1727个座位,开行线路92条1000班。其中,省际线路22条31班、市际线路25条42班、县际线路21条170班、县内线路16条437班,城市公交8条320班,年完成客运量663万人3.87亿人公里。

县城公交客运　1991年1月19日,县汽车公司开通县城公交车,是年2月1日正式投入营运,开创全市县城设公交车先河。后因乘客不多、经营亏损,6个月后被迫停运。随着小城镇建设步伐加快,县城人口逐渐增多,1996年10月,县公交公司成立。2000年年底,建湖县公交公司及建湖个体中巴车辆参与营运8条公交线路,参运车辆60辆1200个座位。2005年,县城市公交划归县城管局管理,县汽车公司通过竞标,取得县城公交车的经营权,投入资金,购买了无人售票车,在县城4个城郊结合处的中巴站内设立4个公交停车场,实行城市公交与农共中巴车对接;后又将公交线路延伸到周边4个近郊镇村。在市区建立28座标准公交亭,建立62个招呼站点。2008年,全县有公交车50辆,由于公交公司内部经营管理以及公交线路人流量等因素,导致2000年开通的8条线路部分停运,只有1、2、3、5、8路几条线路正常营运。到2010年营运线路恢复到8条,开行90个班次。

农村公交客运　1987年,全县实现乡乡通公共汽车。1992年开始,个体经营的中巴客运车猛增,原县汽车公司的农共客运,逐步让出营运线路,到2000年全部让出。2004年下半年到2005年上半年,县环宇陆运集团公司通过近一年时间,对全县农共线路班车进行更新改造,实行统一管理,统一经营,投资1200万元购置110辆牡丹牌19座豪华中巴客车投入营运,全县15个乡镇营运公共汽车每隔10分钟一班,准点循环,实现"一线一色、一路一式"。2008年,全县共有农村客运班线20条、班车197辆,行政村班车通达率达97%。2010年农村客运班线发展到22条,开行班车193班。

城镇出租车客运　县城出租车由县交通局1996年发起,首批核发出租车许可证100辆,由县运管所负责行业管理。1998年移交县公安局管理,1999年建湖县成立环宇、长城出租车公司。2004年划归县城管局管理,2005年8月成立县个体出租车协会。城市客运管理处按照"统一车型、提升形象"的原则,完成出租车更型工作,更型后为起亚、千里马、桑塔纳。2010年,全县共有出租车251辆,其中151辆为个体经营,其余100辆为公司经营。

(2)货运

普货运输　建湖县地处水网地区,货物进出绝大部分靠水路运输。20世纪80年代初期,建湖陆路货运较少。1988年,该县有货车380辆,拖拉机310辆、挂车23辆1102吨,年货运量5.8万吨1213万吨公里。1996年以后县内个体货运车辆数每年以20%的速度递增。国营、集体货运企业经过改革改制,大都将货运车辆出售给个人挂靠经营。至2005年全县拥有货运汽车880辆,货运挂车41辆3960吨,拖拉机310辆,年货运量28.5万吨7980万吨公里。2008年货运车辆为1107辆,拖拉机335辆、挂车50辆6262吨,年货运量44.01万吨1.32亿吨公里。到2010年全县货运车辆发展到2098辆1.53万吨,完成货运量76.60万吨2.3亿吨公里。

盐阜公路运输集团建湖有限公司下辖的货运站1988年货运汽车1辆挂车8辆计76载重吨。当年完成货运量0.59万吨348万吨公里。20世纪80年代公路货运市场向全社会开放,社会企事业单位的自备车辆纷纷加入到营业性运输的行列,个体运输户每年以20%以上的增速发展,交通专业公路货运市场份额逐年呈下降趋势。至2005年该公司有货运汽车1辆挂车2辆51吨,年运量只有0.3万吨209万吨公里,2008年公司不再经营公路货运,所有货运车辆出售给个人经营。

危货运输　该县从1995年起就出现从事危险品运输的专业特种货车,至2005年,共有专业货车327辆1705吨,2008年年底,共有专业特种货车347辆1722吨,其中厢式货车336辆1604吨,油罐车11辆118吨。2005年以来,该县危险品运输全部实行了公司化经营,其他个人一律不得从事危化品运输,2008年县内有建农公司、剑牌公司、金鑫公司、华东公司四家专业危险品运输公司,担负县境内危险品运输任务,拥有车辆124辆1365吨,年货运量10.12万吨2529.30万吨公里。2010年全县拥有危险品运输车辆123辆1316吨,年完成货运量11.28万吨3452.32万吨公里。

2. 水路运输

(1)客运

国营水路客运　1950年11月,苏北内河轮船公司盐城分公司(盐城轮船公司)在建湖湖垛镇设立营业处(轮船站),建湖县有了国营水路客运。全盛时期,建湖轮船站在建湖境内下设3个自办站、16个代办站,经营7条航线。1982年以后,公路客运有了发展,加上个体水路客运队伍的壮大,建湖轮船站客运市场逐步缩小,不少航线相继停运。到了1993年,只有建湖至高港1条航线在运营。1994年11月28日,建湖轮船站客运停业。

集体水路客运　1964年7月1日,建湖县运输联社(建湖县航运公司)首开冈西至蒋营客运航线,建湖县境内出现了集体水路客运。1970年,建湖县成为盐城地区第一个实现社社(乡、镇)通客船的先进县。20世纪80年代初,水路客运逐渐萎缩。到了1988年,建湖县集体水路客运还剩客轮2艘、客驳3艘、小马力客轮6艘,计946个座位,全年仅完成客运量65.15万人8916.70万人公里。1995年5月,最后的一条建湖至辛庄航线停开,建湖县集体水路客运结束。

个体水路客运　1988年,建湖县个体水路客运有小马力客船21艘820个座位,全年完成客运量34.43万人614.80万人公里。1996年,个体水路客运小客船增加到30艘、航线增加到22条。1998年以后,陆路客运逐步取代了个体水路客运。2001年5月4日、7月30日,建湖县境内连续发生2起个体水路客运沉船死人重大事故。为保证乘客的人身安全,同时鉴于陆路客运完全可以取代水路客运的实际,建湖县根据江苏省交通厅及盐城市交通主管部门的意见,对境内个体水路客运予以全部取缔。

(2)货运

专业水路货运　1988年,建湖县交通专业水路货运有各类船舶364艘2006千瓦1.80万载重吨,全年完成货运量78.80万吨1.80亿吨公里。1990年,专业水路货运运力增加到2.17万载重吨,货运量下降到67.34万吨,营收下降到1377万元,出现了亏损。1995年亏损额达到226万元。1997年亏损额增加到1786万元。1999年建湖县专业水运企业在改革改制中退出了市场。

个体水路货运　1988年,建湖县个体水路货运有小马力货船2560艘4.61万载重吨,全年完成货运量137.28万吨2.35亿吨公里。1991年,个体水路货运量达到162.95万吨2.17亿吨公里。2000年,运输市场整顿,个体水运业户以挂靠等形式陆续加入民营水运企业。至2010年,建湖县个体水路货运形式已不复存在。

民营水路货运　2005年,建湖县民营水路货运有船舶1380艘27.60万载重吨,全年完成货运量552万吨16.01亿吨公里。2010年,船舶增加到3218艘104.56万载重吨,完成货运量增加到1150万吨28.75亿吨公里,与2005年同期相比,船舶艘数、载重吨、货运量、货运周转量分别增长了1.33倍、2.79倍、1.08倍和0.80倍。

3. 联合运输

建湖县联运公司成立于1984年11月。1985~1987年,为适应联运新格局的需要,县联运服务公司新增货车5辆35吨、客车2辆100个座位。1989年,购买了原近湖乡镇北村亚东灯具厂房屋39间,作县货运配载中心库场场址,计1620平方米,新增大客车、挂车、客货两用车各1辆。1990年县联运公司被国家联运协会正式吸收为会员单位,1991年县联运公司被评为盐城市“先进企业”。1992年建仓库和客货运营业楼,1994年县联运公司进行产权制度改革,9辆大客车全部拍卖给公司职工。1998年3月联运公司对企业进行改制,先后购置2辆金龙、4辆依维柯客车,新开建湖至上海、建湖至盐城快客。1999年6月19日公司股东大会讨论通过联运公司由县环宇陆运集团兼并。

四、企业选介

1. 陆运企业

【江苏盐阜公路运输集团建湖有限公司】　1988年9月前为江苏省汽车运输公司盐城分公司建湖站队,至1993年4月改为建湖营业处,下辖建湖汽车站。1996年4月成立旅游出租公司。同年8月成立房产公司、物贸公司。1997年7月改为盐阜公路运输集团有限公司建湖公司。1998年成立长城旅游社与旅游出租公司合署办公。2001年12月改为江苏盐阜公路运输集团建湖有限公司,下辖建湖汽车站,992、915、995车队,汽车修理厂,长城旅游社(旅游出租公司),交通实业公司(房产公司、物贸公司)、货运站等二级单位。公司资产总额从1988年的269.88万元增至2008年的1602.79万元;客运车辆从1988年的36辆1620个座位增至2008年的102辆3300个座位;客运班线从1988年的28条64班增至2008年的50条226班;客运量从1988年为65.47万人8883.28万人公里增至2008年的193.07万人26198.05万人公里;营业收入从1988年的402.87万元增至2008年的1188.12万元;利润从1988年的6.28万元增至2008年的21.18万元;上缴税金从1988年的13.17万元增至2008年的49.75万元;上缴规费从1988年的50.27万元增至2008年的244.08万元。2010年拥有客车98辆2973个座位,其中高级客车24辆1097个座位,开行线路34条296班,其中:省际线路17条26班、市际线路11条16班、县际线路5条182班、县内线路1条72班,年完成客运量98万人2.94亿人公里。

【建湖县环宇陆运集团】　该集团前身为县陆运公司(县属大集体性质),成立于1976年9月17日。1984年更名为"建湖县汽车运输公司"。1988年建新站,1990年10月搬进新站营业。1991年,县汽车运输公司的客运量为233.63万人,连续4年滑坡。1994年县汽车运输公司对原有营运体制进行改革,将37辆大客车全部承包给个人,实行公车私营。10月,实施产权转让,对客运车辆拍卖,营运线路实行租赁经营,使集体经营转变为私营。

1996年10月,该公司组建了"建湖县环宇陆运集团",集客货运输、汽车出租、汽车修理、驾驶员培训、汽车配件经营为一体。同年成立公交公司、旅游出租公司,拥有长途营运车辆96辆,营运线路35条,日发班车146班。1997年12月,县环宇陆运集团率先完成企业改制任务,改制当年实现扭亏增盈,营收超千万元,利润51万元。1999年兼并了县联运服务公司。2008年,有客运班车147辆,营运线路66条,线路辐射全国50多个大中城市。2010年拥有客车231辆6699个座位,其中:高级客车14辆630个座位,开行线路70条509班,其中:省际线路11条8.50班、市际线路23条23.50班、县际线路19条57班,县内线路17条420班,年完成客运量104万人3.17亿人公里。

【建湖县农建有限公司】　成立于2001年10月,2008年有危货运输车辆20辆154吨,总资产达258.90万元,职工38人。2010年有危货运输车辆17辆,年货运量达1.70万吨550.32万吨公里。

【建湖县剑牌有限公司】　成立于2002年10月,2008年有危货运输车辆34辆378吨,总资产达385万元,职工80人。2010年有危货运输车辆30辆,年货运量达2.63万吨801.10万吨公里。

【建湖县金鑫有限公司】　成立于2001年8月,2008年有危货运输车辆22辆153吨,总资产达150万元,职工54人。2010年有危货运输车辆24辆,年货运量达1.85万吨561.18万吨公里。

【建湖县华东有限公司】　成立于2003年7月,有危货运输车辆48辆680吨,总资产达550万元,职工105人。2010年有危货运输车辆52辆,年货运量达5.10万吨1539.72万吨公里。

2. 水运企业

【建湖县航运公司】　1958年10月27日成立,时名"建湖县运输公司"。1976年改称"建湖县航运公司",为县属集体企业。1988年,公司有客轮2艘207个座位、拖轮18艘1888千瓦、客驳3艘230个座位、货驳200艘1.51万载重吨、小马力客轮6艘509个座位、小马力货轮108艘2395载重吨、小马力拖轮4艘118千瓦、小马力拖带驳船5艘200载重吨、帆船29艘298载重吨,全年完成客运量65.15万人752.10万人公里、货运量78.80万吨1.80亿吨公里,实现营收1441万元、利润49万元。1990~1991年,受国民经济调整影响,货运量明显下降,公司出现了小额亏损。1992年扭亏为盈。1993年盈利89.66万元。1994年,公司多方筹资买船,造成财力大额透支,加上经营管理机制不适应市场经济的矛盾充分暴露,导致1995年出现了224万元亏损。1997年亏损额增加到

545万元。1997年亏损额进一步上升到786万元。1997年年底,公司将所属20个船队全部改制成职工债权转股权、集体不参股的合作制船队,连同职工一起移交给新组建的民营建湖县第二航运公司,建湖县航运公司破产退出水运市场。

【江苏第三航运公司】 1986年5月成立,2003年改制成民营企业。2005年,有船舶230艘6.20万载重吨,全年完成货运量120万吨4.30亿吨公里,实现营收5603.70万元、利润3.34万元。2008年,货运量升至125万吨4.39亿吨公里,营收、利润升至9060.04万元、43.10万元。2010年,货运量增加到128万吨4.50亿吨公里,营收减少到8044.32万元,利润增加到442.89万元。与2005年相比,货运量、货运周转量、营收、利润分别增长了6.67%、4.65%、43.55%和131.60倍。

【建湖县通达航运有限公司】 1999年9月成立。2005年,有船舶118艘2.92万载重吨,全年完成货运量56.30万吨2.32亿吨公里,实现营收1495万元、利润1.10万元。2010年,船舶增加到153艘4.70万载重吨,货运量增加到62万吨2.35亿吨公里,实现营收1914.52万元、利润90.33万元。货运量、营收、利润分别比2005年增长了10.12%、28.60%和81.19倍。

【建湖县恒通航运有限公司】 1998年成立。2005年,有船舶162艘2.87万载重吨,全年完成货运量48.03万吨9786万吨公里,实现营收980万元、利润26万元。2010年,船舶增加到274艘4.99万载重吨,货运量增加到52.25万吨1.18亿吨公里,营收增加到2789.51万元,利润增加到215.70万元。和2005年相比,营收、利润分别增长了184.64%和726.62%。

3. 港务企业

【建湖县港务管理处】 1988年在原有港口生产设备的基础上新增货运汽车2辆10载重吨,新设5吨、3吨吊车各1台。同年6月在近湖乡镇北村8组征地0.27公顷建停车场和综合楼1000平方米,15吨地下油库1座。1991年1月投资50多万元,在建湖县面粉厂建机械化吸粮机码头。到1995年,该处拥有货运汽车17辆135.50载重吨、货运人力车99辆64.30载重吨、装卸人力车40辆25载重吨、起重机械18台、输送机械16台、其他装卸机械2台,固定资产净值429万元。有自然岸线长达15公里,泊位达145个4332延米,最大靠泊300吨级;有货物仓库4.20万平方米、堆场4200平方米;各种装卸机械37台(套),完成货物吞吐量30万吨,操作量61万吨,实现营收335万元,利润5万元。1998年改制为集体不参股的股份合作制企业,港务处、港务总公司两块牌子一套班子。1999年在上海浦东开发区北蔡镇川洋河畔建吊机码头,投入机具300余套,承包给处内职工经营。2000年港务总公司按经营对接市场的要求,将原来三个作业区,分别更名为建湖县镇南搬运装卸有限公司,建湖县镇北装卸有限公司,建湖县桥东搬运装卸有限公司,实行自主经营、自负盈亏、自我发展、自我约束,2003年因经营管理不善均已破产。

4. 施工企业

【建湖县交通工程处】 该处成立于1990年5月28日,建湖县人民政府建政人〔1990〕27号文批复,副科级建制,全民事业单位,隶属县交通局领导与管理。该处主要承建公路工程和港口驳岸工程,成立之初仅有职工20余人,固定资产30万元,通过几年的发展壮大,1994年获国家二级资质等级证书,拥有固定资产2000万元,流动资金700万元,年施工能力达8000万元。2000年年初,有职工403人,实际参与施工615人(含技术临工),其中具有高中级技术、经济职称的145人,占职工总数的36%;拥有先进机械设备516台套(包括大型压路机、铲车、挖掘机、架桥机、装卸机、道路摊铺机等),装备5个桥梁工程施工队,1个道路工程施工队,机械化操作程度在全市同行中领先。随着市场竞争的日趋激烈,由于经营不善,该处于2004年11月宣告破产,并于2007年破产终结。

五、交通管理

1. 路政管理

1988年以来,建湖县公路部门相继制订《养护招投标管理办法》《养护标段考核细则》《养护巡查考核细则》等管理制度,加强公路的养护和管理,使好路率达92.72%,其中国省干线好路率达94.30%,县道好路率达91.12%,县委托养护的乡村道路好路率达65%。1990年以来,广泛宣传《公路法》及有关公路养护知识。县交通道路稽查队成立后,按"路政、运政、稽征"三合一工作职能上路执法检查,及时制止、处理各种侵占、破坏公路设施及占路等行为,取缔马路市场,使"坐商归店、摊贩归区、农贸归市",保障公路完好无损,安全畅通。2002年建湖县路政大队组建后,建立省道每天、县道每周、乡道每月不少于一次的公路巡查机制,发现问题,及时处置。开展创建省级文明样板路、治理超限运输,整治主要干支线公路环境,查处路政案件9起、超限运输车辆726辆次,卸货3485吨,使超限超载车辆大幅下降,公路环境明显好转,S331、S233、S234、S231线建湖段创建成省级文明样板路。2008年,县公路站将S234线庆丰镇北秦村作为"路政管理示范村",与该村签订协议书,向沿线居民发放护路公约800份,签订门前公路"三包"责任书900份,张贴宣传标语5幅,提高公路沿线群众参与路政管理的积极性。2009年以来,开展养护、管理争先创优活动,干线公路优良率达90.21%,超出市公路管理处下达指标的2.71个百分点。加强公路巡查,至2010年,共查处路政案件750起,收取赔(补)偿款96.50万元,罚款37.60万元,查处超限车辆631辆,收取补偿费36.50万元,罚款10.50万元。办理路政许可1件,清理路边堆积物328处2206立方米,非交通标牌315块,摊点、棚亭85个,取缔马路市场3处。

2. 航政管理

1988年以来,县航道部门主要是清污除障保畅通,共清理杂船320艘,调整、迁移船舶停泊点7个,创建省级文明航道88.57公里,清障438处、除污147处。保障干线航道安全畅通。查处"三无"船舶19艘,超载船舶110余艘、取缔全县6个小客班,保证水路运输安全。2000年以来,县航道站审批9处临跨河建筑,避免航道违章建筑的产生。坚持巡航制度,干线航道每天巡航一次,支线航道每周巡航一遍,发现问题及时处理,有效维护航产航权。共清除违章码头3座、吊机1台、房屋3处近100平方米、堆放废弃物12处255立方米、暗桩22根,打捞沉船32艘137吨,除污147处。2005~2008年,坚持每年航道扫床500多公里,全县干线航道未发生因管理不善而造成48小时以上断航事故。2009~2010年,共巡航388次3.50万多公里,查纠违章210多起,清除碍航设施18处816吨,渔网渔簖32处,拔除暗桩269根,航标正常使用率、干线航道通航率均达100%。

3. 运输管理

1988年以来,县运管部门在运价管理方面,协助物价部门对乱涨价、擅自抬价等行为进行打击,与物价部门联合行文规范运价行为,客运车辆全部明码标价,并在车内醒目位置张贴。对革命伤残军人享受票价优惠等政策,严格督查执行。春运、黄金周等客运高峰期,配合相关部门,加大检查执法力度,监督运价政策的执行。在票据管理方面,根据上级文件精神,1995年,县地方税务局、交通局联合发出《关于加强运输发票管理的实施意见》,对运输票据的印制、发放、保管、使用、核销、计税依据与标准等都作了具体规定,并监督执行。在汽车维修行业管理方面,先后出台《服务承诺制》《汽修行业管理文明优质服务标准》《维修业户申请开业程序》《维修卡签证程序》等规章制度,规范汽修经营行为。在行政许可方面,注意发挥乡镇交管所的作用,着重抓好营运的源头管理。自1997年1月起,凡新增车船运输证件、新批客运线路、事故车辆(船舶)规费减征等,都必须经乡镇交管所签注意见,否则一律不予办理。2002年,县交通运输管理处成立后,对重大行政许可事项实行处务会集体研究会办制度。2005年以来,以维修行业信誉考核制度的施行和"江苏快修"品牌创建为抓手,进一步加大汽车维修行业的监管力度,使全县维修经营行为不断规范。在驾培管理方面,以驾培智能管理和教练车IC卡系统安装为契机,以资质达标重组为着力点,进一步整合全县驾培市场,使之逐步迈入规范化、制度化、法制化轨道。2005年7月,建湖县行政服务中心成立,县运管处作为首批进驻单位,将客、货营运证件发放、年审,驾培管理、车辆二级维护签证、规费征收、违章案件处理等事项全部纳入县行政服务中心专门窗口办理,进一步规范行政许可行为,方便办事群众。在客货运输管理方面,以“两证”年审为手段,加强监管职能。仅2008年,审验客车370辆、货车1107辆,审验率达100%,从源头上规范运输业户的经营行为。2009年,运管部门查处各类违章650起,查扣非法营运车辆324辆。推进公司化经营改造步伐,市际、县际客运班车公司化经营率达80%以上,危货运输公司化管理达100%。加快农村客运通达工程,全县246个行政村(居)已有238个通上客运班车,通达率达97%,居全市前列。2010年出动稽查人员3890人次,稽查车辆1050辆次,查处违章482起。配合县港口管理处等部门开展搬运装卸市场和砂石场检查整顿,取得良好效果。

4. 海事管理

1987年以来,县港航监督所(地方海事处)完成建造检验船舶6350艘,营运检验船舶7.47万艘,培训船员153期4408人次,港监人员现场监督2.72万人次,维护水上交通安全。1995年,检查各类船舶3640艘次,纠正违章984艘次,为126艘小型“三无”船舶进行检验发证,派出5批人员到苏南跟踪管理和服务。筹资23万元,更新标准化渡船60艘,添置渡口标牌384块,渡船达标率由上年的42.60%提高到90%,沿河口和向阳渡口更新钢质机动渡船。全县投资238万元,建代渡桥5座,撤销渡口8道。1997年,加强载客渡船管理,共检验各类船舶4000余艘,参加现场监督和水上稽查6259人次,检查船舶6359艘次,纠正违章2086艘次。全县干线航道上的16艘客班船全部钢质化,110道渡口经市验收全部达标,20%渡口达到了文明渡口标准。2000年,检查船舶3890艘,查处“三无”船舶158艘,查纠违章超载船舶773艘,取缔私渡、缆渡9道,文明渡口创建率达30%。2002年,开展“水上运输安全管理年”活动,先后进行3次拉网式检查,发出整改通知书39份,取缔私渡5道,消除无证渡运、请人代渡、救生设备不齐全等渡运安全隐患。取缔安全保障措施不合格的水上加油船12艘,消除各类事故隐患38起。2004年,加强乡镇船舶管理,登记乡镇农用自备船舶2468艘,评估发证达85%,对全县38道渡口进行6次拉网式检查,取缔私渡3道,创建文明示范渡口6道。2009~2010年,海事部门参与现场监督1.05万余人次,检查船舶1.81万艘次,查纠超载违章3500艘次,实施处罚案件885起,收缴罚款56.90万元。实施船舶装运危险货物核准46艘次。组织渡运检查270人次,检查渡口250道次。同时推进渡口渡船标准化改造,全县10道渡口、20艘渡船已全部达到标准化、钢质化。

5. 交通工程质量管理

实行规范化的招投标管理制度,推行最低价中标法,严肃查处串标、围标、转包和违法分包行为,避免工程招投标中的舞弊行为。健全工程质量保证体系,以规范工程质量管理行为为核心,以治理工程质量通病为重点,改进施工过程中的质量管理和监督方式。加强工程造价管理,形成实施前有效控制,实施中严格审查,实施后准确核算的造价管理机制和管理人员全过程现场监管、签字认可的责任追究制。2005年,共组织质量检查121次,钻取砼芯样386个,检测数据上万个,发出质量检查通报12份,整改通知16份,质量评定意见书6份,所有受监工程均被评为优良工程,特别是在G204、S231、233、234、331等施工的关键时期,组织多批次、大密度的反复检查、检测,对个别施工队的偷工减料行为,在严厉处罚的同时,责令返工,严把质量关口,境内国省道全部顺利通过省文明样板路的验收。2008年后,加强公路、水路和交通建设工程安全隐患排查,建立隐患整治督导制度,实行隐患排查和整治责任追究制。大力实施“安保”工程,整治公路安全隐患,加强道路、桥梁施工安全监管,督促施工企业落实安全生产主体责任。

6. 规费征收

1988~2010年,建湖县共征收各种交通规费6.10亿元,为交通建设与交通事业的发展提供了有力的经费保障。

1988～2010年建湖县交通规费征收实绩统计

表146 单位:万元

年份	养路费	航养费	车辆购置附加费	运管费	客附费	货附费	五小车辆养路费	船舶港务费	船舶检验费	船舶港监费	合计
1988	210.00	165.00	–	34.00	15.00	30.00	0.20	15.00	173.00	65.00	707.20
1989	285.00	177.00	–	64.00	12.00	75.00	2.50	15.00	207.00	73.00	910.50
1990	312.00	152.00	–	68.00	11.00	93.00	2.20	17.00	198.00	76.00	929.20
1991	365.00	153.00	13.00	101.00	33.00	75.00	2.00	16.00	204.00	82.00	1044.00
1992	405.00	222.00	12.00	141.00	41.00	90.00	3.00	16.00	194.00	107.00	1231.00
1993	453.00	204.00	54.00	155.00	38.00	119.00	8.00	17.00	211.00	116.00	1375.00
1994	509.00	603.00	143.00	232.00	179.00	189.00	10.00	24.00	263.00	128.00	2280.00
1995	583.00	1043.00	167.00	232.00	217.00	274.00	14.00	39.00	163.00	121.00	2853.00
1996	745.00	983.00	146.00	236.00	211.00	276.00	7.00	27.00	130.00	98.00	2859.00
1997	879.00	721.00	188.00	280.00	263.00	293.00	40.00	32.00	112.00	160.00	2968.00
1998	842.00	777.00	101.00	277.00	394.00	401.00	97.00	38.00	110.00	125.00	3162.00
1999	890.00	679.00	25.00	290.00	467.00	255.00	130.00	40.00	99.00	83.00	2958.00
2000	984.00	724.00	24.00	304.00	433.00	274.00	97.00	39.00	91.00	72.00	3042.00
2001	1151.00	781.00	24.00	303.00	412.00	272.00	155.00	35.00	98.00	70.00	3301.00
2002	1170.00	737.00	28.00	241.00	460.00	382.00	78.00	42.00	98.00	67.00	3303.00
2003	1280.00	827.00	28.00	277.00	336.00	294.00	201.00	42.00	110.00	44.00	3439.00
2004	1470.00	771.00	36.00	350.00	491.00	385.00	252.00	40.00	170.00	54.00	4019.00
2005	1846.00	1049.00	–	383.00	387.00	431.00	247.00	68.00	126.00	41.00	4578.00
2006	1947.00	990.00	–	355.00	346.00	424.00	311.00	73.00	181.00	48.00	4675.00
2007	2272.00	1229.00	–	375.00	343.00	465.00	346.00	74.00	139.00	24.00	5267.00
2008	2571.00	1310.00	–	372.00	425.00	455.00	439.00	81.00	68.00	29.00	5750.00
2009	–	–	–	–	–	–	–	103.34	50.40	16.05	169.79
2010	–	–	–	–	–	–	–	94.46	80.00	23.94	198.40
合计	21169.00	14297.00	989.00	5070.00	5514.00	5552.00	2441.90	987.80	3275.40	1722.99	61019.09

说明:车辆购置附加费1991年开征,2005年费改税后,由税务部门征收

第七节 阜宁县

一、交通机构

1. 阜宁县交通运输局

阜宁县交通运输局是阜宁县人民政府主管交通运输的行政管理部门,成立于1981年5月,时名阜宁县交通局。2010年4月,行政机构改革时,改称阜宁县交通运输局。负责综合交通运输体系规划编制和组织实施,担负全县公路、航道、港口的建设、养护和管理,水陆客货运输、城市客运(含

出租车行业)、港口搬运装卸、汽车维修、驾驶员培训管理和水上交通安全、交通安全生产管理以及县铁路办公室工作等项任务。2010 年年末,局机关内部机构设有办公室、行业管理科(行政许可科)、财务审计科、工程建设与管理科,核定行政编制 20 人,实有 23 人。另按规定设置县交通战备办公室、纪检(监察)等机构。下辖县公路管理站、航道管理站、运输管理处、地方海事处、交通工程质量监督站、交通投资有限公司。负责管理县交通战备办、县铁路办、县港口管理局(县口岸办)。

2010 年 7 月 15 日,阜宁县政协副主席、交通运输局局长陈志国(左一)陪同市委书记赵鹏(中)、县委书记王锦胜(右一)视察阜宁港

1988～2013 年 10 月阜宁县交通运输局主要领导名录

表 147

局　长	任职时间	局党委书记	任职时间
朱月林	1986. 1～2000. 2	朱月林	1986. 1～2000. 2
刘长武	2000. 2～2006. 2	刘长武	2000. 2～2006. 2
陈志国	2006. 3～2012. 8	陈志国	2006. 3～2010. 4
蔡跃虎	2012. 8～	蔡　刚	2010. 4～2012. 8
		孙　超	2012. 8～

2. 局属管理机构

(1)**阜宁县公路管理站**　为担负县辖区内公路建设、养护、管理、规费征收等项任务的全民事业单位,副科级建制,建于 1953 年 9 月,1983 年 4 月划为盐城市公路管理处直接管理,1989 年 3 月下放人事权到县交通局管理,业务工作和养护经费拨付由市公路管理处负责。2003 年,成立阜宁县公路路政大队,与县公路站实行两块牌子、一套班子,合署办公。路政大队设综合股、路政一中队、二中队及路政执法管理中心。2009 年 1 月,国家实行燃油税后,撤销养路费征稽分所,部分人员考入税务部门工作,其余人员转入本站其他岗位工作。2010 年年末,县公路站内设办公室、财务审计股、工程养护股、安全监督股、路政综合股、路政一、二中队,工会。下辖阜宁县公路养护工程有限公司及其所属的干线公路养护工区(阜城、益林、马河工区)和工程公司(工程队、机械队)。有职工 198 人,其中事业编制 198 人。

(2)**阜宁县航道管理站**　建于 1979 年,股级建制,全民事业单位。1989 年升格为副科级建制。担负辖区内航道建设、养护、管理和规费征收等项工作。2010 年年末,内设政秘股、工程股、航政股、财务股,编制 36 人,实有职工 32 人。

(3)**阜宁县运输管理处**　成立于 1985 年 2 月,时名阜宁县运输管理所,为股级建制的全民事业单位。2001 年 12 月,由县运输管理所、交通道路稽查队、汽车维修行业管理所、搬运装卸管理所、交通职工学校、劳动服务站及各中心交管所合并成立阜宁县运输管理处,同时挂“阜宁县交通稽查大队”牌子,实行两块牌子、一套班子,副科级建制,全民事业单位,负责全县运政管理,包括水陆客货运输、城市客运(含出租车行业)、汽车维修、驾驶员培训、运输服务业的行业管理,道路稽查和规费征收等项工作。2008 年 1 月,参照公务员管理。2010 年年末,编制 121 人,实有 117 人,内设办公室、财务装备科、客运管理科、货运管理科、维修管理科、驾培管理科、综合执法科、城市客运管理科、市场监督管理科、违章处理科。下辖阜城、益林、沟墩、东沟、羊寨 5 个中心交管所。

(4)**阜宁县地方海事处**　成立于 1987 年 10 月,时名阜宁县港航监督所,股级建制,全民事业单位。1988 年 12 月,明确为副科级单位。1991 年 8 月,增挂阜宁县船舶检验所牌子。1993 年 2 月,县渡船管理所撤并到县港航监督所,内部增设渡口安全监督股。1996 年 12 月,增挂阜宁县交通局水上交通稽查大队牌子。2001 年 9 月,更名为阜宁县地方海事处,同时挂阜宁县船舶检验处牌子。2010 年年末,内设办公室、财务装备科、船舶检验科、船务管理科、航行监督科,下辖阜宁县腰闸海事所,编制 20 人,实有 21 人。负责辖区内水上交通安全监管、事故调查处理、水上作业审批,船舶检验发证、违章查处、防止船舶污染,船员培训、考核、发证,规费征收等项工作。

(5)**阜宁县港口管理局**　成立于 2007 年 9 月,时名阜宁县港口管理办公室,副科级建制,全额拨款事业单位,隶属于县交通局。2008 年 4 月,更名为阜宁县港口管理局,同时成立阜宁县口岸办公室,在港口管理局挂牌,实行两块牌子、一套班子。2009 年 2 月,经批准为参照公务员管理单位,内设办公室和港政监督科。2010 年年末,编制 5 人,实有 4 人。负责编制并组织实施全县港口发展规划,对港口岸线、水陆地域实施统一管理;负责港口公用基础设施的建设、维护和管理工作,港口工程项目和港区重大配套工程项目的审核、报批工作。监管港口建设市场秩序、工程质量、港口经营秩序、安全生产、环境保护和经营性收费项目、价格;负责征收行政性收费、港口信息、统计等项工作。

(6)**阜宁县铁路办公室**　成立于 1997 年 12 月,正科级建制,全额拨款事业单位,负责县境内铁路两侧水土保持和建筑设施的监督管理,承担地方铁路筹建、征地拆迁、矛盾协调和上情下达等项工作。2010 年年末,实有在编人员 5 人。

(7)**阜宁县交通工程质量监督站**　成立于 2010 年 8 月,为正股级建制,全额拨款事业单位,担负全县交通工程质量监督管理职能。负责交通工程勘察、设计、建设、施工、监理等责任主体单位的质量、安全行为的全过程监督管理及施工、监理的行业管理,负责交通工程建设的原材料、路基、路面及结构物进行抽查检测工作。2010 年年末,内设办公室、质量监督科、安全监督科,其中质量监督科下设试验检测中心,人员编制在县交通运输局内部调剂,实有 5 人。

3. 中心交管所

为整合交通管理力量,该县于 1999 年 1 月将原来 26 个乡镇交管所,合并成立 5 个中心交管所(交通稽查中队),各自负责辖区内运输市场的监督、管理、规费征收、交通稽查和配合海事、公路、航道部门加强辖区内渡口、公路、航道管理等职能。

(1)**阜城中心交管所**　管理范围为阜城、三灶、新沟、阜宁经济开发区、澳洋工业园区等 5 个镇(区),2010 年年末编制 9 人,实有 9 人。所址:阜城镇射河北路 117 号。

(2)**益林中心交管所**　管理范围为益林、古河、罗桥 3 个镇,2010 年年末编制 13 人,实有 13 人。所址:益林镇一帆大道 82 号。

(3)**沟墩中心交管所**　管理范围为沟墩、陈良、金沙湖开发区 3 个镇(区),2010 年年末编制 8 人,实有 8 人。所址:沟墩镇阜阳东路 4 号。

(4)**东沟中心交管所**　管理范围为东沟、板湖、陈集 3 个镇,2010 年年末编制 5 人,实有 5 人。所址:东沟镇阜淮路 18 号。

(5)**羊寨中心交管所**　管理范围为羊寨、芦蒲 2 个镇,2010 年年末编制 7 人,实有 7 人。所址:羊寨镇镇东居委会。

二、交通设施

1. 公路

1988年以前,全县只有一条37.01公里沥青路面,即G204阜宁段,其余是砂石路、土路。1988年以后至1999年,投入资金8亿多元,实现县乡公路黑色化,新建和改造等级公路460多公里,铺设硬质村道1190公里。2003~2010年又抢抓机遇,加强了农村公路建设。至2010年,全县公路通车里程1786.90公里。按行政级别分:国道33.83公里,省道138公里,县道、乡道、村道共1615.07公里;按技术等级分:一级公路92.50公里、二级公路246.60公里、三级公路84.90公里、四级公路1003.90公里、等外路359公里。全县16个镇(区)、340个行政村(居),镇镇村村通公路。

(1)国道

【G204(烟沪公路)阜宁段】 南与建湖草堰口交界,北与通榆河东堆接线,全长33.83公里。途经5个乡镇39个村。1977~1978年全线实施了油路铺筑工程。1993~1996年全线实施了一级水泥混凝土路面铺筑工程。该项工程分两个阶段实施:第一阶段为1993年11月23日至12月31日,阜宁县发动10万民工,实施了G204改建阜宁段土方工程。征用土地113.33公顷,挖废土地93.33公顷,压挖土地200公顷。全线拆迁285户、1135间、2.23万平方米,以及猪圈、厕所、水井、沼气池、围墙等附属物,拆除电线杆、电话杆、广播杆88根。补助拆迁费用130万元,土地征用费、青苗补助费、地面附作物补助费50万元;第二阶段按一级公路标准改建,1996年建成通车。其中阜宁县城段11.15公里为新建路段,双向六车道,快慢车道分离,路基宽36.50米~43米,2009年开工建设,2010年12月建成通车。

(2)省道

【S234(盐涟线)阜宁段】 境内自古河洋桥口至公兴,长30.06公里。1958年为砖子路面,1976~1983年5月,为泥结碎砖路面。1996年改建为简易沥青路面,1999年实施拓宽改善工程,2006年建成省级文明样版路。

【S328(扁洪线)阜宁段】 境内自古河洋桥口至天沟,长45.04公里,1965年铺筑为3.5米宽泥结碎砖路面,1998年按二级公路标准改建为宽7米的沥青路面。2007年5月至11月,对其中的7.30公里按二级公路标准进行大修。工程总投资1115万元。

【S329(射阜涟线)阜宁段】 境内自阜宁与射阳交界处至阜宁与涟水交界处,全长48.40公里。其中,东段12.52公里(一级公路)为G15阜宁连接线的一部分,于2007年4月开工,2008年8月竣工通车,工程总投资2.20亿元。中段有19.58公里为阜宁城区绕城改线。2008年开工建设,2009年11月底建成通车。西段阜城西至羊寨16.30公里,双向六车道一级公路,其中一期工程长9.44公里,起于阜益公路与S329阜宁城西段交叉处,沿S329阜宁城西段继续向西,终止于S328。工程采用BT形式建设,总造价1.29亿元,2008年11月24日启动拆迁,2010年5月18日前建成通车。二期工程东起致富大桥,止于废黄河大桥,全长6.86公里,该工程由于入海道将提升为航道,桥梁与接线暂缓实施,实际实施长度约为5.30公里,2010年3月21日启动拆迁,2011年5月18日前建成通车。

S329阜宁段

S231阜宁段金沙湖大桥

阜宁县益林镇农村公路

【S231(阜扬线)阜宁段】　境内长14.50公里,起于县城城南九路与迎宾大道交叉点处,经城南九路,向南跨渔深河,沿途经施庄、陈良两镇,止于陈良镇三烈村与建湖县宝塔镇裴桥村交界处的马泥沟桥。全线按双向四车道一级公路标准建设,路基顶宽24.50米,设计行车速度80公里/小时。工程总投资3.20亿元,2008年1月1日开工,2009年7月建成通车。

(3)**农村公路(县、乡、村道)**　1996年,实施了以县乡公路黑色化为重点的交通基础设施建设大会战,从而加快了农村公路建设的步伐。2003~2010年,新建农村公路1248.49公里,其中按行政级别分:县道183.67公里、乡道202.53公里、村道862.29公里;按技术等级分:二级公路175.36公里、三级公路33.70公里、四级公路1039.43公里。工程总投资4.79亿元。公路交通干支相连,内外衔接,四通八达。

2. 公路桥梁

阜宁县境内1987年有公路桥梁127座3537.20延米。1988年以后,随着公路建设的快速推进,公路桥梁建设也加快了速度。至2010年年末,全县有公路桥梁1130座3.29万延米,比1987年分别增长了7.90倍、8.31倍,其中大桥53座1.07万延米、中桥227座8254延米、小桥850座1.40万延米。

3. 航道

2010年,阜宁县有航道45条,总里程585公里。

(1)**省级干线航道**　2010年,阜宁县有省级干线航道2条,计长66.60公里。

【通榆河阜宁段】　从草埝口起,至三灶西徐止,长28.70公里,为三级航道。

【淮河入海水道阜宁段】从苏咀起,至天沟止,长37.90公里,为三级航道,暂未通航。

(2)**市级干线航道**　2010年,阜宁县有市级干线航道5条,计长122.20公里。主要有:

【射阳河阜宁段】　从永兴起,至合利止,长42.60公里,为五级航道。

【苏北灌溉总渠阜宁段】　从苏咀起,至刘簖止,长39公里,为五级航道。

【小中河】　从阜宁船闸起,至射阳河口止,长17.40公里,为六级航道。

(3)**支线航道**　2010年,阜宁县有支线航道38条,计长396.20公里。主要有:

【串场河阜宁段】　从草埝口起,至射阳河边止,长20.90公里,为六级航道。

【渔深河阜宁段】　从沈渡起,至射阳河口止,长19.80公里,为等外级航道。

【恒河】　从杨桥起,至潮河边止,长20.30公里,为等外级航道。

【大沙河】　从射阳河口起,至东沙港止,长18.50公里,为七级航道。

4. 船闸

2010年,阜宁县境内有船闸1座。

【阜宁船闸】 位于陈集镇闸东村。1972年开工,1975年建成。闸室三向,长135米、宽10米、水深3米,设计通过能力150万吨/年,总投资350万元。由阜宁县水利局负责管理。

阜宁船闸

5. 渡口

1988年,阜宁县境内有渡口203道,是盐城市渡口最多的一个县。1993年,阜宁县北沙乡以股份制形式建成中山河桥,撤掉了孟滩等3道渡口。1994年,盐城市政府受阜宁北沙经验启示,在全市实施建桥撤渡战略。阜宁县积极响应,广泛发动群众,多方筹措资金,当年建桥7座,撤渡10道。1995年,建代渡桥7座,撤并渡口12道。1998年,阜宁县开展“建桥年”活动,在40米以上航道上建了12座代渡桥,撤并渡口31道。1993~2008年15年时间,阜宁县累计投入资金1.31亿元,共建代渡桥62座,连同布局调整合并渡口、政策奖励停运渡口等在内,共撤渡168道。2010年只剩渡口32道,和1988年相比,下降了84.24%。

6. 汽车客运站

【江苏省阜宁汽车站】 隶属于江苏盐阜公路运输集团阜宁有限公司,车站等级二级。1981年3月动工兴建,1982年8月1日启用,位于阜宁县阜城大街1号,车站面积2700平方米。1983年年底对原车站周边进行了改扩建,新建了修理厂、加油站,车站占地面积达6360平方米,其中车场2900平方米、售票厅90平方米、候车厅420平方米、行李房16平方米、修理厂110平方米、加油站120平方米,检票口6个。1996年5月份停止使用,整体搬迁至被盐阜公路运输集团阜宁公司兼并的阜宁县汽车运输公司阜宁县汽车站。该车站位于阜宁县阜城通榆北路69号,1987年5月兴建,1989年10月峻工,占地面积1.01万平方米。为贯彻落实江苏省汽车客运站标准化建设体系,2004~2005年对车站进行了改造,车站占地面积达1.02万平方米。2008年对现车站又进行了扩建改造,新征土地0.67公顷,车站现占地面积已达1.56万平方米,其中车场5647.85平方米、售票厅140平方米、候车厅765平方米、行李房98平方米、修理厂1400平方米、加油站360平方米,检票口7个。投入改扩建建设资金300万元,全部由企业自筹。该站建成时日发250个班车,发送旅客6800人,到2010年车站占地面积1.88万平方米,其中停车场1.4万平方米,车站用房900平方米(候车厅580平方米,设检票口7个,售票厅178平方米,设售票窗口6个)。平均日发班车310班,发送旅客7600人。

【阜宁县第一汽车运输有限公司长途车站】 始建于1990年9月,1991年元月建成投入使用,地址位于通榆北路34号城北运输公司院内,占地面积3470平方米,原名阜宁县社会客运服务中心,隶属城北乡人民政府。1996年城北运输公司更名为阜宁县第一汽车运输公司,阜宁县社会客运服务中心同时更名为阜宁县第一汽车运输公司车站,站级为三级。2002年6月公司改制为民营阜宁县第一汽车运输有限公司,隶属阜城镇人民政府,因县城总体规划需要,该公司车站面积缩小至1254平方米,已无法容纳车辆进站经营,迁址至阜城镇向阳西路1号(原城北乡政府大院),2002年8月进行改造,当年年底正式投入使用,车站更名为阜宁县第一汽车运输有限公司长途车站,占地面积4380平方米,售票厅、候车厅、办公设施等一应俱全。2008年平均日发班车61辆,旅客2240人,到2010年日发82辆班车,发送旅客3980人。原通榆北路阜宁县第一汽车运输公司车站停止客运使用,改为货运站场。

【阜宁县城南客运站】 隶属于江苏盐阜公路运输集团阜宁有限公司,位于阜宁县施庄镇黄舍村一组,1998 年 11 月兴建,2000 年 3 月启用,车站等级为三级。占地面积 1.97 万平方米,车场 5000 平方米,售票厅 70 平方米,候车厅 200 平方米,行李房 30 平方米,检票口 3 个。由于车站设施简陋,2009 年投入 180 万元对车站进行改造,改造后占地面积 1.85 万平方米,建停车场 3500 平方米,候车厅 40 平方米,设检票口 2 个,有售票厅 20 平方米,设有 2 个售票窗口。平均日发班车 45 班,发送旅客 250 人。到 2010 年平均日发班车 56 辆,发送旅客 280 人。

阜宁农村客运站

【阜宁县阜城客运站】 隶属于阜宁县第一汽车运输有限公司,位于阜宁县阜城镇新桥村十一组,始建于 1999 年 4 月,2000 年元月正式投入使用,车站等级三级。原名阜宁县汽车西站,2007 年更名为阜宁县阜城客运站,接纳阜宁县羊寨、北沙、芦蒲、陈集等乡镇农共班车及城市公交车辆进站经营,占地面积 1.56 万平方米,其中车场 1.5 万平方米、候车厅 48 平方米,年发送旅客 102 万人。2009 年进行改造建设,投入建设资金 150 万元,其中部省市补助 50 万元,改造工程于年底竣工。2010 年平均日发班车 48 辆,日发送旅客 3900 人。

【阜宁县益林汽车站】 隶属于江苏盐阜公路运输集团阜宁有限公司,位于阜宁县益林镇人民北路 87 号,1982 年 3 月兴建,1983 年 5 月启用。占地面积 1800 平方米,其中车场 1200 平方米、售票厅 20 平方米、候车厅 80 平方米、行李房 5 平方米、修理厂 90 平方米,检票口 4 个。确定车站等级为四级。1998 年对原车站进行了扩建改造,车站占地面积已达 3165.2 平方米,其中车场 2318 平方米、售票厅 32 平方米、候车厅 423.6 平方米、行李房 8 平方米、修理厂 160 平方米,检票口 4 个。2000 年车站等级升为三级。2008 年日发班车 62 辆,发送旅客 1200 人,到 2010 年平均日发班车为 64 辆,发送旅客 1300 人。

7. 内河港区

阜宁县地处射阳河畔、串场河北端、港埠历史悠久。1988 年全县乡镇作业区共有货物装卸码头 47 座,分布于射阳河、串场河、小中河、苏北灌溉总渠等主要干线航道。1989 年全县有各种搬运装卸组织 62 个,从业人员达 2481 人。年吞吐量为 74.77 万吨、操作量为 135.71 万吨。1995 年完成货物吞吐量 95.97 万吨,操作量 169.66 万吨,机械化和半机械化水平为 62.20%,县级港口实现营收 656 万元。2000 年全县完成货物吞吐量 106.58 万吨、操作量 158.04 万吨,机械化半机械化水平为 69.46%。2005 年全县有专职装卸工人 154 人,年完成货物吞吐量 142.92 万吨。2008 年完成货物吞吐量 202.56 万吨,2010 年完成货物吞吐量 240.60 万吨。

三、交通运输

1. 道路运输

(1)客运

公路客运 1988 年阜宁县境内公路客运业务主要由盐阜公路运输集团阜宁有限公司(当时为江苏省汽车运输公司盐城分公司阜宁营业处)和阜宁县汽车运输公司以及少量的个体客运经营业户承担,全县境内共有载客汽车 63 辆 3003 个座位。

1993 年年末,阜宁县境内有客车 189 辆 6282 个座位,其中大客车 97 辆 4886 个座位、中巴车 27

辆537个座位、小型客车65辆859个座位。全县24个乡镇通客运班车的占96%，农村公共汽车由原来的大客车定时定线定班运行转变为中巴车招手即停，就近上下客的形式运行；长途班车有阜宁直达盐城市内7个县（市、区）和省内各个直辖市。跨省、市的有开往北京、天津、上海、杭州、青岛、临沂、泰安、枣庄、烟台等20多个大中城市。1993年7月阜宁县汽车运输公司拥有的客运车辆和经营的客运线路全部合并给盐阜公路运输集团阜宁有限公司统一经营；是年社会及个体客运业户的客运车辆已发展到130辆3297个座位，占全县客车总数的68.78%和52.48%，分布在境内县城和公路沿线的乡镇，使全县70%以上的乡镇有长途客运班车的始发站。1996年在阜宁城北运输公司的基础上成立阜宁县第一汽车运输公司（2002年6月改制为阜宁县第一汽车运输有限公司）。到2000年年末，全县境内载客汽车已发展到343辆5156个座位，经营省际线路10条、市际线路10条、县际线路17条、县内线路14条，日发班车97个班次，平均发送旅客8000多人。2008年全县客车总数为349辆1.01万个座位，经营客运线路117条，其中，省际线路29条、市际线路40条、市内线路24条、县内线路24条。年客运量115.36万人，13.61亿人公里。2010年全县客车总数达386辆1.03万个座位，开行客运线路131条，其中省际线路33条48班、市际线路49条、67个班次、县际线路25条309个班次、县内线路24条796班次，年完成旅客运输量603.13万人5.41亿人公里。

城市公交客运　1995年5月阜宁县城首次开通城市公交车，由当时的盐城汽车运输总公司阜宁公司（后为盐阜公路运输集团阜宁有限公司），投入4辆大客车，每天从早上5点至晚上8点，在县城内主要街道开通4条公交线路。开行至1998年年底全部撤出改作农共车，至此阜宁县城市公交由外商投资经营。2010年县城公交投入62辆，开行4条公交线路。

城市出租车客运　1995年12月阜宁县陆运公司购置10辆昌河牌面包车，在县境内经营出租汽车客运业务。随后盐城汽车运输总公司阜宁公司（后为盐阜公路运输集团阜宁有限公司）和阜宁县级机关汽车出租公司也分别购“的士”车加入到城市出租车行业。1997年年末城市出租汽车已发展到66辆403个座位。2003年阜宁城市出租车已发展到157辆，2006年城市出租车已增加到233辆，年完成客运量11.70万人。2010年阜宁县出租汽车只有玉环汽车出租公司一家经营，拥有出租汽车200辆800个座位。

（2）**货运**

普货运输　1988年阜宁县境内拥有货运汽车342辆1378.50载重吨，其中：盐阜公路运输集团阜宁有限公司7辆70载重吨、阜宁县汽车运输公司1辆10载重吨、阜宁县港务处18辆156.50吨、个体运输业户12辆56吨、非交通运输部门的社会企事业单位304辆1086吨。除此，阜宁县港务处有平板车5辆4.50吨、人力车346辆178.50吨，从事县城内短途运输。个体运输业户有拖拉机223辆223载重吨、其他机动车153辆151.50吨，从事城乡农副产品、建筑材料等物资运输，全县年总货运量11.35万吨3213.10万吨公里。1995年，全县货运汽车增至743辆，货运拖拉机增至912辆1674吨，其中：有箱式货车35辆54吨。2005年全县货运汽车1422辆、货运拖拉机1414辆、货运挂车8辆，共4661吨，其中箱式货车达221辆766吨、油罐车10辆101吨。2008年全县货运车辆总数为1239辆、货运拖拉机1606辆、货运挂车42辆，共6469吨，年完成货运量182.30万吨1.70亿吨公里。2010年全县全社会共有货运汽车2435辆1.72万吨，完成货运量445万吨7.80亿吨公里。

危货运输　2005年阜宁县境内有2家危货运输企业，即：阜宁县华盛气体有限公司（后改为江苏华盛气体有限公司）、阜宁县兴扬气体有限公司。危货运输企业从业人员72人，有危货运输车辆28辆257.80吨，年完成运量5.90万吨492.99万吨公里。2008年危货运输企业从业人员增至85人，危货运输车辆增至34辆296.83吨，年危货运输量5.41万吨537.40万吨公里。2010年有从业人员90人，危险品运输车32辆296吨，完成货运量4.20万吨280万吨公里。

2. 水路运输

(1)客运

国营水路客运 1950年7月,苏北内河轮船公司盐城分公司(盐城轮船公司),在阜宁设立轮船营业处(轮船站),并先后在阜宁县境内下设沟墩等16个自、代办站,开通了盐城至阜宁、盐城至益林、阜宁至宝应、阜宁至镇江等9条客运航线。20世纪70年代,阜宁轮船站年客运量达到30万人以上。1983年客运量降到24.40万人。1984年客运量只有21.30万人。1993年,阜宁轮船站水路客运停业,阜宁县境内的国营水运客运随之结束。

个体水路客运 1988年,阜宁县个体水路客运有小客船19艘910个座位,经营阜宁至陈良、沟墩至陈桥等17条航线,全年完成客运量28.80万人432万人公里。1990年,小客船增加到21艘1307个座位,全年完成客运量33.13万人917.10万人公里。1991年,客运量进一步上升至37.40万人931.20万人公里。随着公路客运的发展,个体水路客运逐步萎缩。2001年,阜宁县个体业户小客班船停业整顿。2002年12月,全部退出客运市场。

(2)货运

专业水路货运 1988年,阜宁县交通专业货运有各种船舶647艘2097千瓦2.31万载重吨,全年完成货运量53.42万吨1.85亿吨公里。1990年,货运量减少到44.67万吨1434.30万吨公里。1995年,货运量回升到60.87万吨2.50亿吨公里。2000年,企业改革改制,交通专业水运企业退出水路货运。

个体水路货运 1988年,阜宁县个体水路货运有小马力货船1773艘3.72万载重吨,全年完成货运量130.54万吨1.14亿吨公里。1990年,个体水路货运船舶猛增到2873艘8.47万载重吨,分别比1988年上升了62.04%和127.69%。1991年,完成货运量170.95万吨2.03亿吨公里,分别占阜宁县全社会水路货运量和货运周转量的75.30%和51.26%。2000年,阜宁县对水运市场进行整顿,个体水运业户陆续进入了民营水运企业。至2010年,个体水路货运业户全部挂靠到了民营水运企业。

民营水路货运 2005年,阜宁县民营水路货运有运力27.39万载重吨,全年完成货运量249万吨4.28亿吨公里。2008年,运力增至37.97万载重吨,货运量增至343万吨7.70亿吨公里。2010年,运力达到54.70万载重吨,货运量达到1358.80万吨25.14亿吨公里。其中货运量、货运周转量分别比2005年增长了4.46倍和4.87倍。

3. 联合运输

1976年元月成立阜宁县港务管理处联运中转站。1984年8月,更名为阜宁县联运服务公司。1988年,完成货物联运量0.92万吨,其中整批0.47万吨,零担0.45万吨,并代理货物运量0.38万吨。1989年完成货物联运量0.68万吨,其中整批0.31万吨,零担0.37万吨,并代理货物运量0.28万吨。1991年9月,阜宁县联运服务公司从县港务管理处划出,直属县交通局领导,独立核算,自负盈亏。1991年全年完成货物联运量0.38万吨,其中整批0.05万吨,另担0.31万吨,集装箱0.02万吨,并代理货物运量0.20万吨,1992年亏损7.70万元,1993年亏损6.6万元,1994年虽盈余0.10万元,亦杯水车薪,1995年亏损26.50万元。2003年5月,该司在职人员43人,退休工人33人。总资产71.48万元,总负债116.67万元,资产负债率163.22%。是年9月,阜宁县人民法院(2003)阜民破字第10—1号民事裁定书裁定该司破产还债。

四、企业选介

1. 陆运企业

【盐阜公路运输集团阜宁有限公司】 1987年前为江苏省汽车运输公司盐城分公司阜宁站队,位于阜宁县阜城大街1号。1987年10月变更为江苏省汽车运输公司盐城分公司阜宁营业处。

1988年有客车36辆1260个座位,总资产163.19万元,经营省内外客运线路35条,年客运量90.55万人1.08亿人公里,营业收入370.32万元,实现利润16.56万元。1993年2月更名为盐城汽车运输总公司阜宁公司。1993年8月整体兼并了阜宁县汽车运输公司。2001年12月改制为盐阜公路运输集团阜宁有限公司,成为其控股子公司。2002年1月经市工商局注册登记,成为独立法人企业。2004年8月经二次改制成投资主体多元化的有限责任公司,下辖13个经营实体,即:阜宁汽车客运站、城南汽车客运站、益林汽车客运站、东沟汽车客运站、90车队、901车队、农共客运公司、阜宁县汽车服务公司、汽车货运站、汽车修理厂、兴阜旅行社、向阳加油站、汽车配件总汇等。2008年年底有职工260名,拥有大、中、小型客车257辆6416个座位,经营跨省客运线路12条18班、市际线路30条39班、县际线路13条67班、县内线路15条138班,日发262个班次,客运线路基本覆盖全县所有乡镇和全省各大中城市及京、沪、杭、汉等地。2010年完成客运量526.47万人6.74亿人公里,分别是1988年的5.81倍和6.24倍。实现营收1674.27万元,利润83.74万元,分别是1988年的4.52倍和5.07倍,上缴税金127.43万元,规费721.48万元,分别是1988年的9.86倍和3.02倍。

【阜宁县汽车运输公司】 1988年拥有载客汽车22辆1163个座位,主要经营县内18条线路日发35个班次的农村公共汽车。出现连年亏损:1988年亏11.03万元、1989年亏27.20万元、1990年亏11万元、1991年亏53.27万元、1992年亏32.80万元,企业在亏损中越陷越深,1993年8月被盐阜公路运输集团阜宁公司(当时为盐城汽车运输总公司阜宁公司)整体兼并。

【阜宁县第一汽车运输有限公司】 原为阜宁县城北运输公司,隶属阜宁县城北乡人民政府,位于阜宁县城通榆北路34号,1996年更名为阜宁县第一汽车运输公司。2002年由集体所有制改制为民营企业,同时为盐城市星宇公路运输有限公司阜宁分公司,搬迁至阜宁县阜城向阳路1号。2005年注册资金为100万元,有职工280人,经营省际客运线路6条,日发9个班次;市际线路4条,日发6个班次;县际线路11条,日发43个班次;县内线路9条,日发224个班次。2008年公司职工为305人,拥有客运汽车87辆2125个座位,经营客运线路31条,日发2629个班次,其中省际7条、市际4.50条、县际11条、县内9条。2010年拥有客车87辆2263个座位,开行客运班线33条,其中省际线路7条11班、市际线路6条7班、县际线路11条38班、县内线路9条169班,年完成客运量11.15万人8505.23万人公里。

【盐城市神龙运输有限公司阜宁分公司】 为股份制企业。2005年成立注册资金为371万元,有职工150人,拥有客运车辆26辆1170个座位,经营省际和市际客运线路15条。2008年客运车辆调整为24辆1176个座位,经营的客运线路较2005年没有发生变化。2010年有客车24辆1200个座位,开行客运线路15条20班,年完成客运量2.92万人8760万人公里。

【江苏华盛气体有限公司】 原名阜宁县华盛气体有限公司,位于阜宁县阜城镇工业集中区,成立于1998年8月,属民营企业,主要从事工业和医用气体生产,兼营危险、化学品运输。2008年有职工188人,其中各类专业技术人员39人,注册资金4200万元,拥有危货运输车辆21辆,普通货运车辆6辆,年营运总收入6800万元。为五级货运资质,主要经营压缩气体、易燃液体、腐蚀性物品运输。2010年有危险品运输车20辆146吨,完成货运量2.50万吨150万吨公里。

【阜宁县宏鹏运贸运输有限公司】 成立于2005年12月,位于阜宁县益林工业园区,拥有营运牵引车16辆、挂车14辆,共405吨,主要经营油罐车运输和普通货物运输以及沥青储存与经营。2010年完成货运量1.80万吨160万吨公里。

2. 水运企业

【阜宁县航运公司】 1957年成立,时名“阜宁县木船运输合作社”。1976年改称“阜宁县航运公司”,为县属集体企业。1988年,公司有拖轮22艘1784千瓦、货驳215艘1.43万载重吨、小马力货轮287艘6322载重吨、小马力拖轮11艘313千瓦、小马力拖带船77艘2179载重吨、帆船35艘

369 载重吨,全年完成货运量 53.42 万吨 1.85 亿吨公里,实现营收 1157 万元、盈利 42 万元。1990~1992 年,效益下滑,其中 1991 年亏损了 94.80 万元。1993~1995 年,情况转好,稍有盈利。从 1996 年开始,公司再度陷入亏损困境,至 1999 年 4 年共亏损了 662 万元,仅 1996 年就亏了 309 万元。1999 年,公司加大改革力度,将下属各乡镇水运、工业、商业、服务行业改制成民营企业,公司本身在资产重组、职工身份置换后依法于 2000 年破产。

【盐城市中朝石化运输有限公司】 1993 年成立。2005 年有船舶 110 艘 1.45 万载重吨,全年完成货运量 139 万吨 2.65 亿吨公里,实现营收 3615 万元、利润 8.95 万元。2010 年,有船舶 79 艘 3.82 载重吨,货运量增加到 154.50 万吨 2.71 亿吨公里,营收增加到 4800.34 万元,利润降至 6.38 万元。

【阜宁县第八航运公司】 1994 年成立。2005 年有船舶 11 艘 653 载重吨,全年完成货运量 7000 吨 196 万吨公里,实现营收 4.80 万元、利润 4000 元。2010 年船舶猛增至 368 艘 7.62 万载重吨,货运量升至 88.40 万吨 9462 万吨公里,营收、利润分别升至 2633.90 万元、3.60 万元。其中营收、利润比 2005 年增长了 547.73 倍和 8 倍。

【阜宁县通达运输有限公司】 2006 年成立。2010 年有船舶 109 艘 3.91 万载重吨,全年完成货运量 71.80 万吨 1.44 亿吨公里,实现营收 1404.90 万元、利润 19 万元。

3. 港务企业

【盐城港阜宁港区东港作业区】 (简称“阜宁港”),位于阜宁经济开发区射阳河与通榆河交汇处,2008 年 4 月开工建设,当年 11 月被省人民政府批准为国家二类水路口岸。至 2010 年 7 月该作业区已建成驳岸 2000 米,其中公用锚地 1000 米,散货泊位 6 个,件杂货泊位、重件泊位、集装箱泊位各 2 个,散杂货堆场 2 万平方米,重件集装箱堆场 6 万平方米,码头靠泊能力达 3000 吨以上。安装散杂货吊机 5 台,100 吨龙门吊 1 台,40 吨集装箱吊机 1 台,150 吨地磅 2 台,累计投入 2.60 亿元。2010 年 7 月 15 日,举行了开港仪式。当年完成货物吞吐量 180 万吨。

2010 年 7 月 15 日阜宁港举行开港仪式,市委书记赵鹏出席开港仪式,并宣布开港

【阜宁县金港实业有限公司】 原为阜宁县港务管理处,1974 年由阜城、益林、东沟三个搬运站联合组建而成,下设益林、东沟、阜城第一、第二共 4 个作业区,1 个机动车队,1 个港机厂,共有装卸工人 373 人。1988 年阜宁港务处拥有货运汽车 18 辆 156.50 吨,机动板车 5 辆 4.50 吨,平板车 346 辆 178.50 吨。1995 年,阜城两个作业区码头总长度为 119 米,泊位 21 个,最大靠泊能力 350 吨级。益林和东沟作业区码头总长 48 米,泊位 13 个,最大靠泊能力 100 吨级,职工人数 967 人。四个

阜宁港 DSC 集装箱码头

作业区共有起重机械 31 台(最大起重能力为 5 吨),输送机 14 台(143 米),平板车 108 辆,固定资产总额为 452 万元。全处年吞吐量能力在 10 万吨以上的作业区 2 个(益林、阜城),10 万吨以下的作业区 1 个(东沟)。全年共完成货物吞吐量 95.97 万吨,操作量 169.60 万吨,机械半机械化操作占 62.20%,人力操作占 37.80%,港口主营实现营业收入 478.53 万元。

1995 年阜宁港务处机关设党总支委员会、共青团总支委员会、工会委员会,行政上设主任室、办公室、计财科、经营科、安技科,生产上除设四个装卸作业区外,还设有陆上运输公司、雄峰商场、电线电缆厂、矿山电器设备厂、大件起重队,同时进行驾驶员培训和汽车出租客运,可谓集“港、工、商、运”于一身。

1995 年以后,对下属的企业进行改制或破产。大件起重队于 2000 年 7 月总负债 231 万元,整体出售给阜城镇崔弯村二组的周国法。陆上运输公司 2001 年 3 月经公司股东大会投标表决,同意整体出售给北京世纪海业经贸有限公司祝仁生,出售后改名为阜宁县京城运输有限公司。第一作业区、第二作业区,2001 年 12 月与香港客商张国侨达成协议,由其收购组成阜宁县金港实业有限公司。2008 年共完成货物吞吐量 102.36 万吨,2010 年完成吞吐量 240.60 万吨。雄峰商场总负债 22 万元,2001 年停营息业,关门走人。电线电缆厂 2003 年破产还债,由阜宁县东沟镇曙光村六组徐益林以 16.50 万元购得该厂全部财产。益林装卸储运公司,2003 年总负债 44.46 万元,是年 9 月公司职工大会一致通过整体出售。2004 年 1 月,由益林镇杨园街杨正勇、汪塘巷王志斌购买。东沟作业区 2004 年 8 月被东沟镇嵩乳村孙寿银整体收购。

五、交通管理

1. 路政管理

阜宁县公路管理站担负全县境内国省干线公路和县乡道路的养护、管理工作。1988 ~ 2001 年,着力维护路产路权,保障道路安全畅通,巩固、发展公路无“三乱”成果。以“创建文明样板路”活动为载体,加强公路养护,对养护管理人员进行定员、定岗、定责任,全部竞争上岗,实行工效挂钩。对公路沿线乱堆乱放、乱搭乱建、乱停乱靠、公路街道化等问题进行重点整治,全县干支线公路平均好路率达 71.70%,超过市公路管理处下达指标 0.20 个百分点。2002 ~ 2004 年,积极投入防“非典”、抗洪救灾,组织抢修水毁公路 3500 多平方米,累计调土达 5000 多立方米。集中治理超限超载,共查处超限车辆 1155 辆,卸载 8357 吨。以创建“平安公路”为载体,在 G204 铺设反光道路 1000 米,在国省道增设警示标牌 7 块,并审批搭接道口 7 处。以部省级文明样板路创建为示范,大力整治公路环境,累计完成 S328 线路面中修 16 公里,G204 板块修补 4000 多平方米,整修路肩、边坡 3 万平方米,清理水沟、边沟 2 万米,清除路肩边坡杂草 1.20 万平方米,完成缺土地段路肩边坡培土 1000 立方米,新砌挡土墙、护坡 2 公里,建成 S328 和 S234 阜宁段绿色通道。2009 ~ 2010 年,突出执法队伍建设,进一步开展公路环境整治,共清理马路市场 7 处、路边堆积物 1094 立方米、摊点 761 个、边坡种植 8660 平方米、打谷晒场 148 处,拆除非交通标志牌 954 块,违章建筑 22 处 235 平方米、围墙 50 米。查处超限运输车辆 228 辆、驳载货物 2594 吨,使超限车辆降至 5%。办理路政许可 23 件,查处违章 265 起,收取路产赔(补)偿费 113.80 万元,罚没款 16.06 万元。

2. 航政管理

1988 ~ 2002 年,这一阶段主要是依托沿线乡村、渡工和人民群众,形成航道联防联保机制,保证航道安全畅通。进一步规范行政执法行为,巩固和发展航道“三乱”(乱设卡、乱收费、乱罚款)的整治成果。加强对县城市区河道部分水域船舶乱停乱靠治理,共清理杂船 150 多艘,保证了市区航道畅通无阻。2003 年,防“非典”、抗洪救灾期间,加大水上检查力度,共检查船舶 5800 余艘,纠正船舶违章 1400 余艘次,取缔“三无”(无船籍、无船名、无航行簿)船舶 12 艘,实施行政处罚 1000 余起。清理杂船 200 多艘,阻水杂草 1.20 万多平方米,保证航道及时行洪。2009 年以来,继续巩固通榆河省级文明样板航道创建成果,在全县航道沿线聘请17名协管员,加强群众性航道管理。2010年6月,更换一体化航标5座,全面实现航标数字化管理,保证航标正常率达100%。两年来,办理航政许可13件,上航484天,巡航里程2.70万多公里,扫床241公里,清除碍航渔网渔簖31处,清理废弃物45吨,处理违章1起,收缴罚款50元,收取航道赔(补)偿费22.50万元。

3. 运输管理

客运市场管理。1989年7月,建立"社会客运服务中心",使社会客运车辆统一进站归点。1991年4月,建立"阜宁县个体客运管理服务站",对全县个体客运面包车实行统一调度、统一售票、统一管理。1995年6月,阜宁县汽车站社会客运中心开业,全县社会和个体经营中短途客运车辆全部进入该中心,实行定线路、定价格,统一排班、依次发车、公平竞争。2007年,精心组织实施城乡客运一体化工程。在行政村班车通达率达96%的基础上,实施农村班车和城市公交客运的合理衔接。2008年,完成益林站所合一建设、渠西客运站改建任务,并投入营运生产。同时加快推进客运班车公司化经营改造,重点改造苏州方向市际班车19辆、乡镇至盐城方向县际班车4辆,县内班车有177辆实行公司化经营,占县内班车总数的60%以上。盐城市运管处在阜宁县召开了推进客运站亭建设暨客运管理现场会。2009年,按一级客运站标准,投资8000万元的阜宁汽车客运总站开工建设。至2010年,农村行政村客运通达率达98%,城乡客运一体化率达64.3%,阜宁汽车客运站与县城其他客运站及4个农村客运站实施联网售票,3家客运企业被评为AAA级客运企业。

鼓励发展物流,帮助古河镇粮食交易市场,创办集运输、装卸、仓储为一体的物流中心,扶持阜宁古河粮食仓储物流有限公司做大做强做优。2010年,重点培植益林火车站江苏泽州有限公司苏北农资物流市场。按照"四统一"(车辆资产统一、经营调度统一、劳动关系统一、财务核算统一)要求,对全县危险货物运输企业经营资质、公司化经营情况进行全面调查,对危货运输车辆进行逐车检查,认真把好安全关。开展货运企业质量信誉考评工作,全面推进阜宁至无锡、阜宁至南京"江苏快货"运输服务品牌建设。道路货运被评为AAA级企业5家、AA级企业20家、A级企业1家。水路货运被评为AAA级企业4家、AA级企业22家、A级企业3家。维修企业获得AAA级1家,AA级4家,A级5家。驾培企业获得AA级1家、A级3家,其中春鸣驾校被评为"全市十佳"品牌驾校。同时实施上海大众汽车阜宁特约维修站、东方汽修厂两家"江苏快修"服务品牌建设。

加强运输市场监管,全面实现网上稽查,执法车辆安装GPS监控系统和车载视频监控系统。"十一五"期间,查处运输违章3282起,罚款380万元,其中取缔"黑车"858辆,有效地净化了运输市场,规范了经营行为。

4. 海事管理

渡口管理。1990年沟墩新建渡口发生翻船死亡4名学生的重大事故,1992年芦蒲童营渡口发生沉船死亡9人的恶性事故。为从根本上改变渡口管理的落后面貌,县政府成立由分管县长任组长、交通局等相关部门负责人为成员的"阜宁县渡口安全监督指导小组",各乡镇也成立相应的领导小组。1993年,县交通局等7个部门组成联合检查组,用50天时间,对全县210道渡口逐一进行全面检查。此后,每年都坚持搞一次联合检查,对重大节日等特殊时段还进行重点查、突击查、反复查。1994年,开展文明渡口创建活动。是年10月,盐城市政府在阜宁召开了渡口管理工作会议,组织参观了北沙乡建桥撤渡现场,有力地推动了渡口达标和建桥撤渡工作。1997年后,有3道渡口被市政府评为文明示范渡口。从2005年开始,开展为期二年的渡口安全管理专项整治,召开全县有渡口的行政村负责干部参加的专题会议,参观三份港渡口现场,使大家比有样板、赶有目标、治有方向。至2010年,累计开展180多次大规模渡口安全检查,检查渡口1.20万道次,查纠违章1260多起,取缔私渡120多道次,实现1993年以来连续18年全县渡口安全渡运无事故。全县创建文明示范渡口10道,占渡口总数的31.25%,渡口达标率达100%。

船舶管理。1996年~2002年11月,对所有在阜宁检验发证的船舶进行所有权、船籍登记。在干线航道设立固定签证点,除此还设立多个流动签证点,为船民提供签证服务。2007年6月后,船舶检验发证由市地方海事局负责。2009年以来,共签证船舶7000多艘次。上海世博会期间,辖区共有60艘次船舶入沪,世博安检58艘次,签证60艘次,无一船舶带病出航,圆满完成了世博会期间辖区水上安保任务。

船员管理。2001年开始实行船员培训与考试发证分离制度,使船员管理档案完整、台账齐全、统计报表及时规范。2007年6月后,船员登记发证由市地方海事局负责。

港航监督。从1993年起连续18年,县政府与各乡镇签订水上交通安全责任状,落实安全责任。2009年在全县范围内开展8次大规模水上交通安全检查。全年“12395”水上交通应急电话接警140多起,排除堵挡60多次,排险和搜救成功率达100%。检查营运货船8000余艘次,派驻水工作业现场安监人员1540多人次,值守9600多工时。巡航里程1万多公里,全年过往船舶4万余艘次,安全运送货物900多万吨。2010年,共巡航1.10万多公里,排除堵挡40多次、水上交通险情20多起。实施海事行政处罚850多件,未发现违纪和腐败现象,未发生行政复议和行政诉讼案件。开展“清源”行动,加强饮用水源保护区的监管力度,未发生较大水体污染事故。至2010年,辖区连续18年未发生48小时以上航道堵塞事故和重大沉船亡人事故,有效地维护了水上交通安全。

5. 交通工程质量监督管理

阜宁县交通工程质量监督站自成立以来,一是加强质监队伍建设,提高在职人员思想业务素质。二是加强质量监督,开展定人定点定线的“三定”管理。在实际工作中,加强交通工程质量通病的预防和薄弱环节的控制,并通过组织交流,提高参建单位的施工管理水平。三是加强安全管理,开展交通工程安全隐患排查,落实在建工程安全责任,实施全面、全过程、全方位安全监管。四是加强试验检测机构的日常考核,规范施工监理单位工地试验室的试验检测行为,提高现场质量控制和评判数据的准确性。

6. 规费征收

1988~2010年,阜宁县征收各种交通规费6.14亿元,为交通建设和交通事业的发展作出了较大贡献。

1988~2010年阜宁县交通规费征收实绩统计

表148

单位:万元

年份	养路费	航养费	车辆购置附加费	运管费	客附费	货附费	五小车辆养路费	船舶港务费	船舶港监费	合计
1988	99.08	146.00	12.10	21.48	–	426.17	3.60	–	–	708.43
1989	212.26	185.00	6.30	52.68	–	64.62	5.71	–	–	526.57
1990	237.59	174.00	2.50	61.88	127.11	114.63	6.41	–	–	724.12
1991	279.49	180.00	5.01	70.47	134.27	142.74	7.43	–	–	819.41
1992	302.37	273.00	4.83	74.56	154.19	184.27	9.24	8.97	44.23	1055.66
1993	336.51	522.00	22.03	200.05	254.28	204.46	14.22	15.40	137.80	1706.75
1994	382.62	685.00	68.75	200.15	267.25	242.69	29.42	25.30	256.90	2158.08
1995	450.23	1000.00	129.99	200.20	271.48	262.76	37.17	31.00	292.30	2675.13
1996	617.78	981.00	119.63	200.24	294.82	254.13	72.42	35.80	223.10	2798.92
1997	672.20	850.00	130.41	200.46	316.27	246.19	110.24	45.30	217.00	2788.07

续表148

年份	养路费	航养费	车辆购置附加费	运管费	客附费	货附费	五小车辆养路费	船舶港务费	船舶港监费	合计
1998	624.54	862.00	84.23	201.42	372.18	239.22	192.62	35.00	195.20	2806.41
1999	656.19	857.00	22.01	201.04	402.92	227.41	211.83	40.30	220.80	2839.50
2000	654.57	859.00	15.80	201.11	437.46	221.11	270.27	35.20	200.20	2894.72
2001	778.59	848.00	67.75	194.72	440.27	234.21	294.27	39.30	180.10	3077.21
2002	970.55	908.00	65.32	189.24	449.12	248.75	318.16	38.10	174.40	3361.64
2003	1062.19	872.00	47.86	234.24	464.83	250.88	326.68	37.70	154.80	3451.18
2004	1566.66	831.00	22.79	234.24	447.83	321.83	397.68	63.10	220.10	4105.23
2005	1980.50	1003.00	–	257.16	450.44	344.67	427.30	100.70	161.60	4725.37
2006	2166.16	1026.00	–	273.57	450.92	360.90	575.31	101.00	263.90	5217.76
2007	2608.64	1433.00	–	361.11	453.56	458.96	616.38	106.00	110.10	6147.75
2008	2904.39	1330.00	–	386.72	452.03	486.88	671.64	130.00	35.60	6397.26
2009	–	–	–	–	–	–	–	128.20	78.30	206.50
2010	–	–	–	–	–	–	–	97.30	148.30	245.60
合计	19563.11	15825.00	827.31	4016.74	6641.23	5537.48	4598.00	1113.67	3314.73	61437.27

说明：车辆购置附加费2005年费改税后由税务部门征收；船舶港监费内含船舶检验费征收数；其他空白栏目无资料

第八节　滨海县

一、交通机构

1. 滨海县交通运输局

滨海县交通运输局是滨海县人民政府主管交通运输的行政管理部门，成立于1958年5月，时名滨海县交通局。2001年11月，滨海港建设管理办公室职能并入县交通局，并挂“滨海港建设管理办公室”牌子，成立县口岸管理办公室，在交通局挂牌。2004年2月，成立滨海县港口开发指挥部办公室，撤销滨海港建设管理办公室。2010年3月，根据滨海县委、县政府印发的《滨海县人民政府机构改革实施意见》，改称滨海县交通运输局，挂滨海县港口管理局牌子，为县政府工作部门。将原县交通局职责、原县建设局的城市客运（含出租车行业）管理职责，整体划归交通运输局，增加港口管理职

2009年5月26日，滨海县委书记王斌（中）督查指导交通重点工程，县交通局局长王亚平（右二）汇报工作

能,将口岸管理办公室职责划给县政府办公室。县交通运输局负责综合交通运输体系规划编制的组织协调,担负全县公路、航道、港口的建设、养护和管理,水陆客货运输、城市客运(含出租车行业)、港口搬运装卸、汽车维修、机动车驾驶员培训和水上交通安全管理以及交通工程质量、交通安全生产监管,指导应急处置、地方铁路建设等项任务。2010 年年末,局机关内设办公室、政策法规科、财务审计科、交通工程与计划管理科、安全监督科、港口管理科 6 个科室及纪检(监察)、工会等机构,核定行政编制 23 人,实有 24 人,后勤服务人员编制另行核定。辖县公路管理站、地方海事处、航道管理站、运输管理所、汽车维修行业管理所、交通运政稽查大队、交通工程管理监督站和 8 个中心交管所。

1988~2013 年 10 月滨海县交通运输局主要领导名录

表 149

局　长	任职时间	局党委书记	任职时间
陈乃远	1988.3~1997.3	陈乃远	1988.3~1997.2
蒋　峰	1997.3~2002.2	黄明连	1997.2~2001.6
邢怀斌	2002.2~2002.12	邓成蔚	2001.6~2002.12
李文赋	2002.12~2007.1	李文赋	2002.12~2007.1
王亚平	2007.1~	赵九水	2007.1~2010.3
		龚清和	2010.3~

2. 局属管理机构

(1)**滨海县公路管理站**　建于 1955 年 5 月,为股级建制,全民事业单位。1990 年 1 月,升格为副科级建制。2004 年 3 月,组建滨海县道路桥梁工程有限公司,实行事企分离。同年 8 月,成立滨海县路政大队,与县公路管理站实行两块牌子、一套班子。2010 年年末,县公路管理站内设办公室、养护管理股、财务审计股、资料管理股、安全监督股、路政综合股和路政一中队、二中队,下辖县道路桥梁工程有限公司及其所属的东坎、通榆、蔡桥、振东、滨淮、界牌 6 个养护工区,有职工 211 人,其中事业编制 152 人。担负全县境内公路建设、养护、管理等项工作。

(2)**滨海县地方海事处**　成立于 1987 年 10 月。时名滨海县港航监督所,和滨海县船舶检验所两块牌子,一套班子合署办公。1992 年 10 月,经县政府批准为副科级全民事业单位。1997 年 12 月,成立滨海县交通局水上交通稽查队,与县港航监督所合署办公,两块牌子、一套班子。2002 年 1 月,更名为滨海县地方海事处和滨海县船舶检验处,明确为依照国家公务员管理的事业单位。同时成立滨海县地方海事处丁字港海事所。2010 年年末,内设综合财务股、船务股、航行监督股、船检股、渡监股,下辖滨海县丁字港海事所。省定编制 19 人,实有 26 人。负责内河水上通航秩序管理;船舶载运危化品安全管理和船舶污染水域的防治监督管理;全县渡口和乡镇农用自备船的安全监管;水上交通事故调查处理、规费征收等项工作。

(3)**滨海县航道管理站**　成立于 1987 年 8 月,前身为滨海县桥渡管理所。1988 年 12 月,经盐政发〔1988〕200 号文件批准为副科级全民事业单位。担负县辖区内航道建设、养护、管理和规费征收等项工作。2010 年年末,内设政秘、工程机料、航政航标、财务征收 4 个股和工会,编制 33 人,现有干部职工 27 人。

(4)**滨海县运输管理所**　成立于 1984 年 6 月,股级建制,全民事业单位。担负全县水陆客货运输、搬运装卸、驾驶员培训管理,规费征收等项职能。2010 年年末,编制 24 人,实有 32 人。

(5)**滨海县汽车维修行业管理所**　成立于 1988 年,股级建制,全民事业单位。担负全县汽车维修行业管理、车辆技术管理等项职能。2010年年末,编制5人,实有6人。

(6)**滨海县交通运输局运政稽查大队**　建于1993年9月,前身为交通检查站。1997年12月,正式成立滨海县交通道路稽查队,同时撤销交通检查站。股级建制,全民事业单位,隶属县交通局。2000年12月,更名为滨海县交通局运政稽查大队。2010年更名为滨海县交通运输局运政稽查大队。2010年年末,编制7人,实有7人,担负县境内道路稽查、运政案件查处等项职能。

(7)**滨海县交通工程管理监督站**　成立于2007年4月,股级建制,全民事业单位,经费自收自支,隶属县交通局。2010年年末,编制5人,实有1人。担负交通工程质量监督管理、交通工程安全和交通工程设计、施工、检测、试验、监理行业管理。

3. 中心交管所

为整合交通管理力量,1998年年底将原25个乡镇交管所合并成立8个中心交管所,2002年7月增挂"交通运政稽查中队"牌子,各自负责辖区内运输市场管理、监督,规费征收、交通稽查等项工作。编制116人,2010年年末实有131人(不含提前离岗35人,停薪留职10人)。

(1)**五汛中心交管所**　管理范围为五汛镇、蔡桥镇。2010年年末,编制13人,实有14人,办公地址:五汛镇西街26号。

(2)**正红中心交管所**　管理范围为正红镇。2010年年末,编制12人,实有10人,办公地址:正红镇孟陶路。

(3)**通榆中心交管所**　管理范围为通榆镇。2010年年末,编制10人,实有14人,办公地址:通榆镇通化路1号。

(4)**城南中心交管所**　管理范围为原坎南乡、陈涛乡、天场乡、原新港乡。2010年年末,编制20人,实有26人,办公地址:东坎镇阜东路99号。

(5)**城北中心交管所**　管理范围为原坎北乡、东坎镇、大套乡、果林乡。2010年年末,编制22人,实有25人,办公地址:东坎镇环城路。

(6)**界牌中心交管所**　管理范围为界牌镇、樊集乡、八巨镇。2010年年末,编制12人,实有13人,办公地址:界牌镇陆集小街镇政府西侧100米。

(7)**八滩中心交管所**　管理范围为八滩镇、振东乡、原淤尖乡。2010年年末,编制15人,实有14人,办公地址:八滩镇原5008路大铜马旁。

(8)**滨淮中心交管所**　管理范围为滨淮镇、滨海港镇、新滩盐场、滨淮农场、头罾化工园区。2010年年末,编制12人,实有15人,办公地址:滨淮镇新岭小街。

二、交通设施

1. 公路

1988年以来,滨海县的公路建设速度较快,至1993年在抓好老路改造的同时,新建县城环城公路5公里,新建县乡公路95.57公里。全县拥有公路25条,总里程428.38公里。1995~1997年按一级公路标准完成了对G204 20.75公里的改造和改建,新国道路基宽28米,水泥混凝土路面宽22米。在此期间又狠抓了县、乡、村公路的改建和黑色化工程。至2010年,全县公路总里程达2065.30公里,按行政级别分:国道47.95公里,省道149.80公里,县道、乡道、村道共1867.55公里(不包括322.48公里无路面公路);按技术等级分:高速公路27.30公里、一级公路96公里、二级公路71.30公里、三级公路341.60公里、四级公路1228.10公里、等外公路301公里。全县15个乡镇、269个行政村都通了汽车。

(1)**国道**

【G15(沈海高速公路)滨海段】　境内全长27.25公里,起于东坎镇中山河村,经东坎、界牌、正红3个镇,止于蔡桥镇水港村,进入射阳县。

【G204（烟沪公路）滨海段】 境内全长20.70公里，起于与响水相接的中山河大桥，经大套乡、东坎镇、蔡桥镇，止于正红镇味洋村。

（2）省道

【S226（陈李线）滨海段】 起于中山河，经滨淮、八滩、五汛3个镇，进入射阳县。境内全长40.78公里。

【S327（八涟线）滨海段】 起于滨海港镇三洪村，经滨淮镇、八滩镇、八巨镇、东坎镇、大套乡，进入涟水县。境内全长72公里。

【S328（扁洪线）滨海段】 起于五汛镇漠湾村，经五汛镇、蔡桥镇，止于通榆镇刘簖村。境内全长37.02公里。

（3）农村公路（县、乡、村道）

在2002年之前滨海县农村公路仅有652.08公里。2003～2010年新建农村公路1537.97公里，其中按行政级别分：县道84.43公里、乡道435.40公里、村道1018.14公里；按技术等级分：二级公路87.73公里、三级公路48.16公里、四级公路1402.08公里。工程总投资4.93亿元，其中地方自筹2.30亿元。

S327 滨海绕城段

2. 公路桥梁

1987年，滨海县有公路桥梁67座2894.50延米。1988年后，随着公路建设的快速发展，公路桥梁建设也步入快车道，2009年后，主要是改造新建S327和农村公路桥梁，使之提高承载能力，改善通行条件。至2010年年末，全县有公路桥梁505座2.48万延米，比1987年分别增长了6.54倍、7.55倍，其中特大桥2座2339延米，大桥67座9339延米，中桥248座9713延米，小桥188座3363延米。

滨海县东坎镇三烈小学的学生在上学途中，高兴地奔跑在新建成的农村水泥路上

3. 航道

2010年，滨海县境内有航道28条，总里程468.50公里。

（1）**省级干线航道** 2010年，滨海县有省级干线航道2条，计长38.50公里。

【通榆河滨海段】 从河西（滨海阜宁界）起，至长法止，长21.90公里，为三级航道。

【淮河入海水道滨海段】 从天沟起，至通榆河滨海枢纽止，长16.60公里，为三级航道，暂未通航。

（2）**市级干线航道** 2010年，滨海县有市级干线航道2条，计长92.40公里。

【苏北灌溉总渠滨海段】 从天沟起，至六垛闸止，长52.30公里，为五级航道。通榆河滨海枢纽工程建成后，总渠滨海段被分割成东西两部分。

【中山河】 从果林起，至头罾止，长40.10公里，为等外级航道。

(3)**支线航道** 2010年,滨海县有支线航道24条,计长337.60公里。主要有:

【张家河】从东坎镇起,至花坎止,长23.90公里,为等外级航道,按七级航道标准维护。

【丁字港】从红旗起,至三里止,长4.50公里,为六级航道。

【北八滩渠】从东坎镇起,至振东闸止,长48.60公里,为等外级航道。

【中八滩渠】从东坎镇起,至二罾止,长46.30公里,为等外级航道。

4. 船闸

2010年,滨海县境内有船闸4座,主要有:

【阜坎南船闸】 位于通榆镇,1954年12月建。闸室长100米、宽12米、水深2.50米,通过能力300万吨/年,总投资151万元。由盐城市航道处负责管理。2010年12月1日零时被永久性关闭断航。

【坎响南船闸】 位于东坎镇,1973年1月建。闸室长120米、宽12米、水深2.5米,通过能力150万吨/年,总投资102万元。由滨海县水利局负责管理。

【大套船闸】 位于大套乡,1997年12月建。闸室长220米、宽16米、水深3.30米,通过能力1726万吨/年,总投资4579.60万元。由盐城市通榆河枢纽工程管理处负责管理。

另八滩渠上建有通航节制闸1座。

5. 渡口

1988年,滨海县有渡口155道。1994年实施建桥撤渡战略。通过财政挤一点、地方筹一点、社会捐一点等办法,1997~2008年,共组织资金2500万元,建成各类代渡桥29座,连同调整布局、政策奖励等措施在内,共撤掉渡口100道。至2010年全县尚有渡口53道,与1988年相比,下降了65.81%。与此同时,加强在册渡口设施建设,实现了渡船钢质化、候渡篷亭化、码头台阶化、道路硬质化。在渡的53道渡口中,有钢质渡船47艘、水泥道路9500延米,砖砌候渡亭69个,不锈钢篷候渡亭18个,有效地保障了乘客的方便与安全。

6. 汽车客运站

【滨海县汽车客运站】 该站隶属于滨海县汽车运输公司。1993年前滨海县汽车运输公司无正规固定的汽车客运站,客运班车发班基本处于马路车场,旅客购票、候车设施十分简陋,仅有700余平方米的临时简易候车室和80多平方米的车站办公用房。1993年10月在江苏省交通厅、盐城市交通局和滨海县交通局的支持下,在滨海县东坎镇人民路4号征地1.36公顷,按二级客运站标准建成滨海县汽车客运站。该站建成后铺设水泥停车场地3000平方米,旅客候车、购票、检票、车辆加油、维修等设施俱全,日发班车250班。2008年平均日发班车250班,日发旅客7000人。2009年滨海县汽车运输公司与盐阜公路运输集团滨海有限公司合并,成立江苏海滨汽车运输有限公司,滨海县汽车客运站停止使用。

海滨汽车客运站(一级客运站)

【盐阜公路运输集团滨海汽车站】 隶属于盐阜公路运输集团滨海公司,该公司位于滨海县城阜东中路39号。1958年建站,历经几次改扩建至1985年,占地1.8万平方米,其中停车场地1.28万平方米、候车厅面积400平方米、售票厅面积120平方米,设4个检票口。站内建有车辆维修和加油设施。日发90个班次2300多人。1995年被省评为二级汽车客运站，车站用房1295平方米，日发班车131班次，日发旅客3800余人。2005年检票口增至9个，日发班车增至188班，日发旅客达1.18万余人。2008年年末，日发270个班次，1.38万人。2009年盐阜公路运输集团滨海公司和滨海县汽车运输公司合并，组建成江苏海滨汽车运输有限公司，盐阜公路运输集团滨海汽车站停止使用。

【海滨汽车客运站】 隶属江苏海滨汽车运输有限公司，位于滨海县人民北路589号S327线交汇处，属一级汽车客运站，占地7.06万平方米，其中停车场2.79万平方米、候车厅2.30万平方米，设12个售票窗口，行李房、修理间、加油站等配套设施齐全，总投资6000万元，新站于2010年8月18日开业，平均日发班车271班，发送旅客5600多人。

2010年，该县有农村汽车客运站1个，候车亭38个。

7. 内河港区

滨海县内河港区的主要装卸作业区，主要集中在滨海县东坎镇、八滩镇、通榆镇和通航的有关乡镇，以东坎、八滩、通榆三镇为主。1977年全县拥有货物装卸码头28座，专用码头4座，百吨级以下泊位48个，河道石驳岸165米，货物堆场3.34万平方米，仓库（含物资单位）1.80万平方米，有吊车23台，总起重吨位85吨，最大起重能力5吨，输送机38台，总长度490米。年货物吞吐量192.70万吨，操作量291.1万吨。1986～1993年，全县有11个乡镇作业区，共有岸坡码头87座，主要分布在张家河、响坎河、苏北灌溉总渠、通榆河等干支航道上。较大的作业区有5个，装卸码头26座，专用码头2座，建块石驳岸1641.40米，货物堆场8355.14平方米，仓库1.80万平方米（含物资单位仓库），各种装卸运输机具73台（套），人力平板车133辆。2000年3月经县人民政府和盐城市交通局批准，开挖通榆河支流——丁字港，同时在该港建作业区。至2000年年底，该县有港口装卸泊位61个，其中100吨级以上泊位46个，块石混凝土驳岸1650米，货物堆场3.14万平方米，装卸机械吊车2台，总起重吨75吨，输送机23台。2005年全县港口货物吞吐量181.06万吨。2008年货物吞吐量221.38万吨。2010年全县港口吞吐量为217万吨。

三、交通运输

1. 道路运输

（1）客运

公路客运　1988年全县公路客运车辆123辆5363个座位。1989年～1998年客运车辆发展趋于稳定。1999年公路客运进入快速发展期，当年全县客车达200辆4700个座位。到2002年客车总量比前两年增加一倍，达470辆6200个座位。到2008年客车总量突破800辆1.6万个座位（含小型客车）。2010年共有客车455辆12951个座位，经营客运班车线路185条，其中省际26条、市际62条、县际47条、县内50条，覆盖县内所有乡镇、市内各县（市、区）、省内省外有关大中城市。客运量438万人2.98亿人公里。

城市公交客运　滨海县城曾于1995年8月首开1路、2路城市公交车。2007年由舒捷公司经营，共投入41辆，经营4条线路，每天开行10个班次，年运量516.60万人。2010年共投入客车62辆，年完成客运量892.80万人。2010年以前城市公交由城建部门管理，2010年1月份划归交通部门管理。

城市出租车客运　滨海县从2002年开始有出租车经营公司，到2010年全县共有出租汽车300辆1200个座位，其中海天汽车出租公司102辆408个座位、悦海汽车出租公司104辆416个座位、县公交出租公司94辆376个座位，主要从事城市汽车出租业务。2010年以前城市出租车由城建部门管理，2010年1月划归交通部门管理。

（2）货运

普货运输　1988年全县共有货运汽车229辆1170吨，汽挂车17辆84吨、拖拉机1156台1368

吨、其他机动车90辆57吨、平板车3辆4吨、人力车217辆66.40吨。其中:盐阜公路运输集团滨海有限公司下辖原95车队有货运汽车32辆、挂车12辆,共225吨;滨海县港务处有货运汽车8辆、挂车4辆共75吨,平板车、人力车220辆共70.40吨;乡镇运输企业、城乡个体运输业户有货运汽车37辆206吨、拖拉机和其他机动车1053辆1206吨;非交通部门有货运汽车151辆739吨、拖拉机及其他机动车193辆219吨。年货运量72.43万吨5547.10万吨公里。到2000年全县货运汽车为1077辆4749吨、拖拉机566辆622吨,由于公路货运市场全面开放,城乡大量个体运输业户占据了货运市场,致交通专业运输企业的货运车辆都实行转让或承包给个人,盐阜公路运输集团滨海有限公司所辖的95车队在1997年基本退出公路货运市场。滨海县汽车运输公司则只经营公路客运业务。2000年全县公路货运量为116.20万吨1.81亿吨公里。"十五"期间(2001~2005)滨海货运市场出现第二个快速增长期(第一个快速增长期为"七五"期间),运输车辆是"九五"的454.80%,2006年以后货运市场主体95%左右为城乡个体运输业户和民营公路运输企业。2008年年末有货车2910辆、拖拉机2620台,共2.64万吨位,年完成货运量217.6万吨3.45亿吨公里。至2010年全县社会共有货运汽车5536辆6.09万吨,年完成货运量304万吨4.86亿吨公里。

危货运输　滨海县专业从事化学、危险品货物运输始于2004年,是年3月滨海县驰骋运输有限公司成立,公司拥有危货运输车辆30辆667吨,从业人员60名。2006年6月滨海县诚和化学危险品有限公司成立,该公司位于G204滨海段大套工业园区,有职工268人,拥有危货运输车辆28辆368吨。至2010年年末,该县共有危险品运输车77辆1.45万吨,完成运量9.70万吨2720万吨公里。

2. 水路运输

(1)**客运**

国营水路客运　1956年,苏北内河轮船公司盐城分公司(盐城市轮船公司)在滨海通榆设立轮船站,滨海县有了国营水路客运。1969年,通榆轮船站迁至东坎镇,先后开通东坎—六垛、东坎—阜坎—邵伯—镇江等客班航线。20世纪70年代中后期,滨海县陆路客运逐步取代了水路客运。1980年4月21日,东坎至阜宁最后一条航线停航,滨海县国营水路客运结束。

个体水路客运　1988年,滨海县个体水路客运有小马力客船5艘200个座位,全年完成客运量0.34万人8.10万人公里。1990年,客运量降到0.31万人7.20万人公里。1993年,个体水运只剩下小马力客船3艘94个座位,经营五汛镇至北坍乡和陈铸乡至阜宁县城2条航线。2002年,滨海县个体水路客运退出市场。

(2)**货运**

专业水路货运　1988年,滨海县交通专业水路货运有各类船舶399艘1594千瓦1.73万载重吨,全年完成货运量45.69万吨1.50亿吨公里。1990年,货运量减少到32.58万吨1.02亿吨公里。2001年,滨海县交通专业水路货运企业,因资不抵债而破产,滨海县交通专业水路货运随之结束。

个体水路货运　1988年,滨海县个体业户水路货运有小马力货船2823艘7.47万载重吨,全年完成货运量119.83万吨1.50亿吨公里。1990年,货运量下降到101.59万吨9791.60万吨公里。1991年,货运量回升至108万吨1.22亿吨公里。2000年,滨海县对运输市场进行整顿,个体水路货运业户陆续以多种形式加入了民营水运企业。到2010年,个体运输业户已不复存在。

民营水路货运　2005年,滨海县民营水路货运有各类船舶729艘4.7万千瓦10.77万载重吨。2008年,船舶达到827艘13.57万载重吨,全年完成货运量126.8万吨5.02亿吨公里。2010年,船舶增加到1034艘20.92万载重吨,货运量增加到239.92万吨9.58亿吨公里。和2008年相比,货运量、货运周转量增长了89.21%、90.84%。

3. 联合运输

滨海县联运工作起步较晚，于1988年10月才成立滨海县联运公司。该公司主要从事公路、铁路、水路货物联运业务。1995年在县境内设立联运网点3个，拥有专用码头1座，货物堆场5000平方米，房屋及仓库3000平方米。1994年~1995年共完成联运量1.10万吨，实现营收20万元。1998年8月，经过财务审计、资产评估、验收、报批等手续程序，核准采取资产买断，增量扩股的形式改制为滨海县联合运输有限公司，公司选举产生股东会、董事会和监事会。下设办公室、财计科、生产安全科、两个营业部（联运营业部、海运营业部）、1个停车场。联运营业部负责原有联运业务，海运营业部负责公司一艘4000吨级海轮的近海沙石运输业务。1998年完成近海货运量0.80万吨，1999年完成1.30万吨，完成营收98.15万元，实现利润1.89万元。2000年实现利润2.05万元，到2005年公司由于联运渠道不畅，业务停滞，连年亏损，职工下岗自谋职业，企业处于歇业状态。

四、企业选介

1. 陆运企业

【盐阜公路运输集团滨海有限公司】 1988年前为江苏省汽车运输公司盐城分公司滨海汽车站，1988年3月改为江苏省汽车运输公司盐城分公司滨海营业处。有客车48辆2532个座位，经营省际线路3条3班、市际线路18条15班、县际线路16条283班、县内线路9条18班，完成客运量218万人1.85亿人公里。1994年11月改为盐城市汽车运输总公司滨海公司，1999年4月改制为盐阜公路运输集团滨海公司，2001年1月改制为盐阜公路运输集团滨海有限公司。2005年客车总数139辆4536个座位，经营线路76条，其中省际线路13条、市际线路32条、县际线路24条、县内线路7条，完成客运量313.40万人3.86亿人公里。2008年年底公司职工为266人，下辖滨海汽车站、94、95车队（客）、快客车队、汽车保养场，交通实业公司。拥有客车155辆5364个座位，经营客运线路78条，其中：省际线路13条、市际线路33条、县际线路24条、县内线路8条。2009年与滨海县汽车运输有限公司合并，组建成江苏海滨汽车运输有限公司。

【滨海县汽车运输公司】 1988年有客车25辆1567个座位，主要从事县内农村公共汽车客运，年完成客运量165.62万人7770.30万人公里。2007年改制为滨海县汽车运输有限公司，拥有客车117辆3144个座位，年完成客运量131.4万人2.25亿人公里，2009年与盐阜公路运输集团滨海有限公司合并，成立江苏海滨汽车运输有限公司。

【江苏海滨汽车运输有限公司】 2009年有客运车辆276辆8892个座位，客运线路109条，日发540班，其中省际18条、市际线路45条、县际线路28条、县内线路18条。2009年完成客运量156万人。2010年经营113条线路，日发494班，其中：省际18条、市际49条、县际28条、县内18条，完成客运量198万人4.20亿人公里。

【滨海县天场物运有限公司】 该公司前身是天场乡徐丹村物资运输车队。1988年在县委驻村扶贫工作队的大力支持下，成立了全县首家货物专业运输车队，即滨海县天场物运车队。2003年5月经过改制成立了滨海县天场物运有限公司，实现了股份制公司化管理。该司现有重型运输车辆650余辆，货运总资产达7500万元，年营运收入8500多万元，上交税费223万元，利润3360万元，拥有职工1500人。到2010年公司除去挂靠车辆，自有车辆为222辆4665吨，完成货运量44.78万吨716.54万吨公里。

【滨海丰安运输有限公司】 该公司成立于2003年10月，经营范围为公路普通货物运输、工程机械租赁、车辆信息咨询、汽车及配件销售，拥有普通货车、集装箱运输车辆45辆600吨，员工80人。2010年货运汽车31辆549吨，完成运量5.27万吨84.33万吨公里。

【滨海县志远运输车队】 从2000年组建以来，已发展为江苏省苏北地区较具规模的货运企业。经营场地面积达3.36万平方米，至2008年拥有包括挂靠车辆在内共1000辆货运车辆，其中自有车辆286辆5127吨。2010年完成货运量49.22万吨787.51万吨公里。

2. 水运企业

【滨海县航运公司】 1956年成立,时名“滨海县木船运输合作社”。1962年更名为“滨海县航运联社”。“文化大革命”后期,更名为“滨海县航运公司”,为县属集体企业。1988年,公司有拖轮17艘1535千瓦、货驳174艘1.14万载重吨、小马力拖轮2艘59千瓦、小马力拖带驳船8艘288载重吨、帆船198艘5572载重吨,全年完成货运量45.69万吨1.50亿吨公里,实现营收574万元、盈利12万元。1990年,货运量降到32.58万吨1.02亿吨公里,营收减少到453万元,出现了90万元亏损。1991年后连续亏损,截至2000年,公司累计亏损了1210.80万元。其中1996年一年就亏损了279万元。2000年,公司依法向地方法院提出破产申请,2001年获准。船舶等资产以抵债的形式,出售给职工,滨海县航运公司就此破产。

【滨海县振航运输有限公司】 2003年成立。2005年有船舶162艘2.24万载重吨,全年完成货运量26.64万吨9363万吨公里,实现营收985.60万元、盈利88.70万元。2008年船舶增至293艘5.10万载重吨,全年完成货运量56.65万吨。2010年,船舶数上升到440艘10.10万载重吨,货运量上升到120.8万吨4.83亿吨公里,营收、利润分别上升到2759.16万元、248.40万元。和2005年相比,货运量、货运周转量、营收、利润分别增长了3.90倍、4.14倍、1.80倍、1.80倍。

【滨海县第三航运公司】 1995年成立。2005年有船舶153艘1.99万载重吨,全年完成货运量21.88万吨8315万吨公里,实现营收918万元、利润88.13万元。2010年,船舶增加到193艘3.99万载重吨,货运量增加到43.89万吨1.76亿吨公里,营收、利润分别增加到1128万元、97.50万元,与2005年相比,货运量、货运周转量、营收、利润分别增长了100.59%、112.04%、22.88%、10.63%。

3. 港务企业

【滨海县汇中港务有限公司】 前身为滨海县港务管理处。1987年建成直立式块石混凝土驳岸100米,货物堆场3835平方米。有职工755人,其中集体性质739人,完成货物吞吐量95.50万吨,操作量164.60万吨,营业收入242.50万元,实现利润8万元。1990年经省、市、县交通主管部门批准为滨海县面粉厂等级粉车间装卸配套,投资60.79万元建造吸粮机码头,1991年5月建成,码头占地面积192平方米,建有钢筋混凝土挑梁桩式码头和凹式输送机坑道,坑道长31米,钢架玻璃钢防雨棚292.80平方米,XCY-30型双轨道移动式风加吸粮机两台,650橡胶带、摆线针轮滚筒输送机两节31米,年吞吐量可达25万吨。2002年5月滨海县港务管理处改制为滨海县汇中港务有限公司。当年完成货物吞吐量32万吨、操作量39.40万吨。当年该公司与县水利局在滨海县工业园区港城西路南端共同征用了3.33公顷土地。于2004年9月投资186万元开工兴建丁字港作业区一期工程,设计年吞吐量能力可达80万吨。2005年建成两座栈桥式12米×7.40米码头,500吨级泊位两个,港池及砌石挡墙130米,5吨回转变幅吊车2台,20米堆高输送机2台80米。2005年汇中港务有限公司有职工119人,下辖城南、城北、丁字港、八滩四个作业区,完成货物吞吐量24万吨,操作量35.90万吨,机械化、半机械化程度达51%,实现营收103万元。2008年该公司有职工65人、完成营业收入101万元,货物吞吐量28万吨,操作量39万吨,货物运输量87.5万吨3.51亿吨公里。2010年完成吞吐量30万吨。

4. 施工企业

【滨海县道路桥梁工程有限责任公司】 该公司组建于1999年3月4日,由县公路管理站划分组建的以公路养护与路桥建设为职能的施工企业,公司共有在职职工175人,拥有固定资产1428万元,企业资质为道路施工二级,计有各类施工机具36台套,公司经营形式为自主经营,独立核算,自负盈亏。2005~2010年,公司不仅承担了滨海境内153.80公里国省干线公路的养护任务,而且还代养农村公路280余公里,养护优良路率连年完成与超额完成上级下达的考核指标。同时,公司还充分利用自身优势参加县内路桥建设的招投标,完成了路桥承建任务,公司年平均产值达5037万元。

【滨海县交通工程公司】 始建于1993年2月,全民企业单位,隶属县交通局,职工总数30人,主要从事公路铺设、桥梁改造、码头和驳岸等工程建筑。1997年,由于管理不善,造成集体资产流失,导致企业严重亏损,企业名存实亡,以致破产。

五、交通管理

1. 路政管理

1988年后,路政管理主要是整治公路环境,维护路产路权,保障道路安全畅通。1998~2000年,坚持依法治路,清除各类障碍物1208处27.53万立方米,违章建筑72户1890平方米,违章搭建113处229平方米,非交通标志悬挂物151块。收取路产赔(补)偿费35.88万元,提高道路的好路率。2001年,开展创建省、市文明样板路和标准化路段活动,拆除红线内违章建筑828间6778平方米,清除各种堆积物296处6994平方米,违章棚亭134个,非交通标牌113块,铲除边坡种植28公里。整治县以上等级公路118公里,审批公路搭建道口5处,全年未发生一起责任堵车事故。G204滨海段达省级文明样板路标准,坎滩、坎振线达市级文明示范路标准。2002年,对G204滨海段实施美化、亮化工程,投资近1000万元,在国道两侧和入城地段进行大规模改造,栽植树木80万株,铺设草坪14万平方米,修筑花池174座,达部级文明样板路标准。2004年,县公路管理站检查险桥险段60次,在所有三类桥梁两端树立限载5吨禁令标志。查处超限车辆273辆次,教育放行180辆次,卸载货物780余吨。2009年以来,路政管理坚持"依法治路、保障畅通"的方针,2010年,为迎接国检(迎接交通部公路检查),相继开展公路环境整治与治理公路超限运输百日竞赛活动,优化境内干线公路的通行环境,在全市公路系统中被列为迎国检工作示范单位和示范路段。两年来,共清除非交通标牌861块、违章设施棚亭192处、路面障碍物6804立方米。查处路政案件373起,其中处理298起,处罚75起,结案率达100%,错案和行政复议数均为零,共收取路产赔(补)偿费12.98万元。

2. 航政管理

1988年起,航道管理主要以提高通航能力为目标。1994~1995年,耗资10万元,建造航道驳岸157米,疏浚航道2.30万立方米,打捞沉船12艘420吨,清除块石、垃圾330余吨,审批临、跨河建筑4件,拆除违章建筑、设施5处。同时,加大航查力度,航政艇上航540艘次,管理人员上航2160人次,保证境内航道畅通。1998~2000年,审批临、跨河建筑3件,清除航道障碍物505处,打捞沉船4艘,查处案件6起,拆除违章搭建20平方米,清除废弃物65平方米,航道通航率100%,航标正常率、发光率均达99%。2004年,县航道站上航1300余人次,累计检查航道2903公里,维护航标78次,航标功能正常率达100%。2009~2010年,共巡航270天、1.90万公里,纠正违章2起,清除堆、弃废物6处,汛期配合防汛部门清除渔网渔簖85处,处理违章2起,收取航道赔(补)偿费20.80万元。航标正常率达99%,保障航道安全畅通。

3. 运输管理

1988年后,着力培育运输市场,搞好运输行业纳轨管理,促进运输市场能量平衡、协调发展。对公路客运实行定线路、定站点、定班次。对水陆货运实行计划管理和市场调节相结合,保证货畅其流。对汽车维修行业主要是抓资质审查、持证修理,抓维修质量,规范经营行为。1994~1995年,强化源头管理,对本地车船进行重新调查、登记造册,健全基础台账,同时抓运输市场治理整顿,会同相关部门两次联手检查,打击无证经营、欺行霸市、哄抬票价、野蛮待客等违章行为,核发、补发证件62份,补征运输规费40多万元,使全县客运车辆持证率达95%以上。县城公交车开通后,加强检查监督,规范其经营行为,为旅客提供安全优质服务。汽车维修行业管理坚持开业条件、坚持年审标准、坚持监督经营、坚持票据检查、坚持咨询服务，较好地解决了开业无条件、维修无定额、收费无标准、作业无规范、质量无保证的“五无”现象。1996年后，加强坎北停车场的管理，实行车进站、人归点，克服了客运车辆乱停乱靠、揽客抢客现象。1998年后，对汽车维修市场集中检查整治12次，规范经营行为，树立维修行业的良好形象。加强业务技术人员培训，仅2000年，就举办培训班6期，参训达200多人次，其中新培训技术工人120人，车辆维修人员持证上岗率达85%以上。县运政稽查大队上路检查9982人天，纠正各种违章车辆2.43万辆次。2003年，完成运政信息管理系统的硬件建设和通讯组网，实现运输市场管理手段跨越式提升。在防“非典”期间，加强车辆检查力度，全年检查车辆6176辆，处罚违章车辆1075辆，取缔无证修理点4个，强制保存维修作业机具86台(套)。2004年起，推进农村客运班车通达工程，全县投放客车177辆，已通班车行政村246个，占91.45%；推进船型标准化工程，到2005年，全县累计拆解营运钢质挂桨机船330艘、落舱改造22艘；推进汽车客运站标准化建设工程，按照部颁二级客运站标准，督促有关客运企业对车站进行改造或重建。严格执行客运班线使用权合同，对17个县内、县际经营主体实施合同管理。对市际15条、省际14条线路全部纳入高速公路公司化经营管理。同时，加大稽查力度，打击非法营运“黑车”，使客运市场秩序明显好转，投诉率比上年下降13个百分点。2009～2010年，新增1条公交线路。整合、延伸3条公交线路，完成新一轮农村客运线路经营权转让合同续签工作，查处道路运输违章案件近800起，其中“黑车”160余辆次，进一步规范城乡客运市场秩序。

4. 海事管理

1987年，县港航监督所成立以来，始终抓住水上交通安全监督检查。1993年，港监艇上航260天，累计1950小时，上航1734人次，检查各类船舶7914艘次，纠正违章1123艘次，培训机驾人员(渡工)1669人，合格率达98%，持证率达95%。1997～2000年，县港监所累计上航686天(艇)、4860人次，检查各类船舶6548艘次，纠处违章302艘次，行政处罚136起，其中一般程序22起，简易程序114起。2002年，开展“水上运输安全管理年”活动，重点抓好四个规范，即规范水上运输秩序，控制市场准入关；规范船检秩序，提高船检质量；规范船员秩序，完善管理体系；规范通航秩序，实现有效监管。2009年，创新工作举措，实施行政处罚412起，辖区内未发生航道堵塞和水域污染事件。2010年，检查危化品运输船舶238艘次，纠正违章60起，危化品实船签证率达100%。出动安全检查车船460辆(艘)次2900人次，巡航5000多公里，检查营运货船1.49万艘次，纠正违章1328艘次。培训渡工132名，查纠渡运安全隐患42起，现场整改到位36起，限期整改6起，更新渡口守则牌12块，添置板报设备8件(套)，办理水上作业许可8件，进行特种维护35次，检查水工作业点105人次。20多年来，海事部门除搞好船舶检验、登记、签证和船员培训外，重点抓好渡口管理，出台规范性文件，建立组织机构，健全各项规章制度，完善渡运安全责任体系，始终坚持不间断检查督促，做到季查全面，月查重点，特殊时段突击检查，重大活动重点排查。达到组织机构、安全责任、规章制度、经费保障四落实，实现渡船钢质化、渡工合格化、码头台阶化、候渡亭标准化、管理制度规范化，全县渡口连续35年安全无事故。

5. 交通工程质量监督管理

滨海县交通工程管理监督站自2007年4月成立以来，注重建章立制，抓好基础工作。几年来，重点对G204滨海段改建工程、S327滨海段新建工程、滨海北疏港公路和八振线等县内农村公路工程项目质量进行检查监督，共出具监督报告77份，保证在建工程质量达标。

6. 规费征收

1988～2010年，滨海县征收各种交通规费6.64亿元，为交通建设和交通事业发展提供了强有力的经费保障。

1988～2010年滨海县交通规费征收实绩统计

表150　　　　单位:万元

年份	养路费	航养费	车辆购置附加费	运管费	客附费	货附费	五小车辆养路费	船舶港务费	船舶检验费	船舶港监费	合计
1988	243.00	127.10	–	41.50	–	69.21	14.26	6.26	56.70	71.48	480.81
1989	280.00	120.90	–	57.15	–	86.42	17.87	7.62	73.25	89.45	544.47
1990	279.00	116.60	–	57.39	–	94.38	0.55	8.73	79.93	96.82	547.37
1991	280.00	113.60	–	58.04	–	100.20	–	9.25	88.22	105.23	551.84
1992	301.00	155.10	–	74.26	–	65.84	–	8.86	64.25	89.92	596.20
1993	298.00	320.30	21.95	112.85	–	110.39	–	10.40	110.61	133.30	1007.19
1994	292.00	374.00	96.31	181.75	133.99	169.52	–	15.46	163.89	212.21	1639.13
1995	352.00	631.60	92.18	242.32	168.21	274.97	–	15.30	102.75	181.87	2061.20
1996	432.00	515.80	156.18	226.79	190.45	166.39	–	13.29	88.92	167.30	1957.12
1997	555.00	490.10	291.95	227.32	259.50	251.03	–	16.13	90.37	159.57	2336.97
1998	601.00	499.10	156.46	258.67	355.35	304.31	104.13	17.82	77.54	135.38	2509.76
1999	777.00	441.60	12.57	268.21	444.87	272.86	161.12	16.31	76.06	121.72	2592.32
2000	1015.00	451.90	4.00	272.66	361.87	306.44	193.22	24.99	93.58	150.97	2874.63
2001	1202.00	423.30	60.83	270.62	487.07	376.20	244.13	32.75	105.25	152.89	3355.04
2002	1450.00	659.00	73.75	356.30	428.36	589.65	355.67	33.15	120.48	173.80	4240.16
2003	1801.00	624.10	20.51	427.31	320.70	704.78	426.02	43.16	121.02	169.55	4658.15
2004	2912.00	580.60	164.28	547.47	410.15	834.55	613.24	79.99	119.60	164.94	6426.82
2005	3213.00	602.30	–	455.89	347.94	698.34	769.80	93.32	153.14	207.92	6541.65
2006	3400.00	585.50	–	394.65	299.41	591.08	619.40	86.01	270.86	310.78	6302.27
2007	4100.00	680.60	–	483.36	310.32	735.68	142.85	70.69	137.12	156.95	6637.57
2008	4290.00	708.50	–	473.99	324.47	724.64	113.94	55.36	46.95	87.59	6929.61
2009	–	–	–	–	–	–	–	70.76	–	89.06	159.82
2010	–	–	–	–	–	–	–	72.84	–	82.75	155.59
合计	28073.00	9221.60	1150.97	5488.50	4742.66	7526.88	3776.20	808.45	2240.49	3311.45	66440.20

说明:车辆购置附加费1993年开征,2005年费改税后由税务部门征收;其他空格无统计资料

第九节　响水县

一、交通机构

1. 响水县交通运输局

响水县交通运输局是响水县人民政府主管交通运输的行政管理部门,成立于1966年4月,时名响水县人民委员会公交办公室,后几经变更,于1981年4月更名为响水县交通局。2010年3月,根据响水县委、县政府印发的《响水县人民政府机构改革实施意见》,响水县交通局更名为响水县交

通运输局,同时挂响水县港口管理局牌子。主要职责是:加强综合交通运输体系规划编制的组织协调,负责全县公路、航道、港口等交通基础设施建设、养护和管理,水陆客货运输市场、城市客运(含出租车行业)、港口搬运装卸、汽车维修、机动车驾驶员培训、水上交通安全、交通工程质量管理监督和交通安全生产监管、指导应急情况处置以及地方铁路建设监管等项工作。2010 年年末,内设办公室、财务审计科、综合计划科(招投标办公室)、安全监督科(科技信息科)、政策法规科、港口规划科 6 个科(室)和工会、妇联、共青团、关工委、战备办公室及直属的响水县交通工程质量监督站和响水县农村公路管理养护办公室、县交通职校、港口稽查大队等事业单位,2010 年年末行政编制 13 人,事业编制 15 人,实有 41 人(行政 24 人、事业 17 人)。辖县公路管理站、航道管理站、运输管理处、地方海事处和响水县汽车运输公司、江苏乾丰工程建设有限公司、响水县交通建筑有限公司 3 个企业单位。

2010 年 5 月 5 日,响水县委书记潘道津(右二)视察 S326 改扩建工程,县交通运输局局长张建成(左二)等陪同

1988～2013 年 10 月响水县交通运输局主要领导名录

表 151

局长	任职时间	局党委书记	任职时间
刘耀铭	1987.4～1989.5	刘耀铭	1987.4～1989.5
陈启富	1989.5～1997.1	陈启富	1989.5～1995.10
糜士湘	1997.1～2010.2	吴　亮	1995.10～1997.1
张建成	2010.2～	糜士湘	1997.1～2007.2
		张晓海	2007.2～2008.2
		糜士湘	2008.2～2009.1
		张建成	2009.1～

2. 局属管理机构

(1)**响水县公路管理站**　成立于 1966 年 7 月,全民事业单位。1990 年 2 月,人事划归地方管辖,隶属响水县交通局,同年升格为副科级建制。1999 年,县公路站原工程公司、养护公司合并组建响水县公路养护工程处,具有独立法人资格。2002 年 6 月,成立响水县路政大队,与县公路站实行两块牌子,一套班子,合署办公。县公路管理站主要负责县辖区内公路建设、养护、管理,路产路权维护、路政行政许可及案件查处等项工作。2010 年年末,内设办公室、财务审计股、工程养护股、安全监督股、工会,下辖响水县公路养护工程处及其所属的小尖、运河、南河、大有 4 个养护工区。现有在职干部职工 130 人。

(2)**响水县航道管理站**　成立于 1976 年,原属地方管理。1984 年 3 月人事、工资关系划归盐城市航道管理处管辖,1988 年 12 月明确为副科级全民事业单位,党组织隶属响水县交通局党委。

担负县辖区内航道及其设施建设、养护、管理，航政许可、行政执法、航道产权维护和规费征收等项任务。2010 年年末，内设政秘股、航政航标股、财务征收股、工程机料股和工会，编制 22 人，实有 18 人。

(3)**响水县运输管理处**　成立于 1987 年 12 月，时名响水县运输管理所。2002 年 6 月，与县汽车维修行业管理所、县交通局运政稽查大队等单位合并成立响水县运输管理处，保留响水县交通局运政稽查大队牌子，为副科级建制，全民事业单位，依照公务员管理。2010 年年末，内设综合股、客货运输管理股、财务装备股、车技驾培股、稽查法规股，编制 27 人，实有 27 人，下辖响水、小尖、大有、陈港 4 个中心交管所，履行全县辖区内水陆客货运输、城市客运(含出租车行业)、港口搬运装卸、汽车维修、驾驶员培训管理和运政稽查、执法等项职能。

(4)**响水县地方海事处**　成立于 1987 年 12 月，时名响水县港航监督所，1990 年 2 月，升格为副科级建制，2001 年 12 月更名为响水县地方海事处，是法规授权行使水上交通安全监督管理的职能机构，参照公务员管理的全民事业单位，隶属响水县交通局。负责全县通航水域及乡镇渡口的水上交通安全监督管理，船舶检验、登记、签证、防污染，船员培训、考试、发证、航道水下施工审批、水上交通事故查处、规费征收等项工作。2004 年 11 月，根据交通部和江苏省人民政府关于江苏省沿海沿江海事管理机构体制改革有关协议精神，响水县 G204 灌河大桥以下灌河水域及县地方海事处 17 名人员、2 艘海巡艇装备和陈家港海事所房产划归连云港国家海事局管理。2010 年年末，内设综合、船舶检验、船务航行监督 3 个股，下辖陈家港海事所，编制 15 人，实有 16 人。

(5)**响水县交通工程质量监督站**　1999 年 7 月成立，股级建制，全民事业单位，负责全县交通工程的质量监督管理、检测评定、交通工程建设安全监管和交通工程施工、监理的行业管理。2010 年年末，编制 2 人，实有 2 人。

(6)**响水县农村公路管理养护办公室**　2007 年 7 月成立，股级建制，全民事业单位，行使全县农村公路管理养护职能，贯彻执行有关政策和技术标准，对全县农村公路养护管理工作进行检查、验收、考核，组织协调乡镇政府和开发区管委会做好农村公路路产路权的维护。2010 年年末，编制 4 人，实有 4 人。

3. 中心交管所

为整合交通管理力量，1999 年将 10 个乡镇(场)交管所合并成立 4 个中心交管所，各自承担辖区内运输市场管理、监督，规费征收，运政稽查和乡村公路路政管理、等外级航道管理、协助地方海事部门查处违章等项职能。

(1)**响水中心交管所**　管理范围为响水镇。2010 年年末编制 18 人，实有 18 人。办公地址：响水镇 G204 响水供电公司对面。

(2)**小尖中心交管所**　管理范围为小尖、周集、老舍、张集、黄圩、运河 6 个乡镇。2010 年年末编制 19 人，实有 19 人。办公地址：小尖镇 G204 西侧。

(3)**大有中心交管所**　管辖范围为大有、六套、七套 3 个乡镇及黄海农场。2010 年年末编制 18 人，实有 18 人。办公地址：大有镇大有街。

(4)**陈港中心交管所**　管理范围为陈港、南河、双港 3 个乡镇和灌东盐场。2010 年年末编制 18 人，实有 18 人。办公地址：陈港镇进口路。

二、交通设施

1. 公路

1988 年以前，响水县的交通设施相当薄弱，全县能够正常通车的公路仅有 5 条，全长 150 公里，而且路况很差，全部是沙石路面，交通处于闭塞状态。1988 年以后，基础设施建设逐步有所起色，直到 1995 年，才真正进入快速发展阶段。至 2010 年，先后完成 G15 响水段建设工程，G204 改扩建工程,S326、226、原 S307、308 等改扩建工程,尤其是农村公路建设更是突飞猛进。全县公路总里程达 1709.50 公里,按行政级别分:国道 52.23 公里,省道 76.70 公里,县道、乡道、村道共 1573.17 公里,专用公路 7.40 公里;按技术等级分:高速公路 26.90 公里、一级公路 67.60 公里、二级公路 212.50 公里、三级公路 122.70 公里、四级公路 1196.30 公里、等外级公路 83.50 公里。全县 13 个乡镇(区)、144 个行政村全部通上水泥路,通达率 100%。

(1)国道

G15(沈海高速公路)盐城段响水互通

【G15(沈海高速公路)响水段】 境内全长 26.89 公里。穿越县境内响水经济开发区和双港、老舍、运河、六套等乡镇。沿线景观优美自然,有开阔迷人的田园风光,树木环绕的村庄等。全线突出"黄金海岸""听潮""观海"景观,同时利用原有的取土坑和河流营造水景,呼应沿海大通道,使沿线景观丰富、重点突出。该段工程于 2003 年 10 月开工建设,2006 年 10 月全线建成通车。

G204 响水段

【G204(烟沪公路)响水段】 自北向南纵贯全县,与县内 S326、原 S307、308、响陈公路交汇联网。境内全长 25.34 公里,起于灌河大桥北侧,止于中山河北侧。随着国民经济的迅速发展,车流量大幅增加,原路已不堪重负。1993 年,盐城市政府决定对市境内 G204 按一级公路标准进行全线改造。年底开始启动,组织第一期土方工程,对沿线的供电、邮电、广电"三杆"进行迁移。1994 年 4 月经市交通部门批准,小尖段 1.40 公里试铺工程开始启动,同年 11 月底完工。1995 年 5 月开始全线施工,至 1997 年年底完成主体工程,1998 年 1 月建成通车。

2007~2010 年,根据省交通厅〔2007〕15 号批文要求,对 G204 在原有的基础上进行第二轮全线改造,响水境内 25.34 公里,按双向四车道(集镇段按双向六车道)一级公路标准建设,设计速度 80 公里/小时,路基宽度 26 米,并按"GBM"工程标准实施配套。该项目由响水县交通运输局具体实施,2009 年 4 月开工建设,2010 年 12 月建成通车,并通过验收,交付使用。

(2)省道

【S326(陈沭线)响水段】 境内全长 52.55 公里,是响水灌河南岸由东向西的一条重要干线公路。其中 G204 向西至响水与灌南县交界处长 9.60 公里,G204 向东至陈家港长 42.95 公里,是沟通 G204 与宁连高速公路连接的纽带。1996 年 5 月,响水、灌南两县达成

S326 响水东延段

共识,共同投资建设 G204 以西部分 9.60 公里的道路,使 G204 与宁连高速公路相连接。盐城、连云港两市交通主管部门联合向江苏省交通厅申报立项。1997 年 3 月 18 日,江苏省交通厅在灌南扶贫现场会议上宣布,决定实施这一项工程。设计标准为二级甲型。1997 年响水县交通局完成了道路线型和中小桥涵设计,1998 年年底前完成前期准备工作,同时完成 14 座大、中桥梁和 15 道涵洞的配套设施。1999 年随着通榆河大桥建成,全线正式通车。G204 向东至陈家港 29.80 公里,按二级公路标准(其中 7.20 公里为一级路标准)进行改造,沥青混凝土路面,于 2003 年开工,2006 年竣工通车,计投资 1.80 亿元。2006 年 5 月 S326 东延工程(从陈家港到海边)13.15 公里一级公路全面开工,2008 年 10 月建成通车,计投资 2.30 亿元。2009 年 3 月,S326 从 G15 到陈家港 22.60 公里按一级公路标准实施改扩建,2010 年 11 月完成主体工程,投资 4.20 亿元。

【S226 线(陈李线)响水段】 境内全长 24.15 公里,起于陈家港,止于大有头罾,按二级公路标准进行改造,沥青混凝土路面宽 9 米。7 厘米沥青面层加下封层加 15 厘米二灰碎石加 30 厘米石灰土。于 2000 年动工,2003 年竣工,计投资 3600 万元。于 2003 年由原 S204 更名为 S226 线。

(3)**农村公路(县、乡、村道)** 1988 ~ 1995 年期间,乡道寥寥无几,而且路况很差,全部是砖石或沙石路面,晴通雨阻,更无通车村道,人车不便于行,交通闭塞。1995 年后,按照省、市"县乡道路黑色化、村通公路硬质化"的要求,在抓好 9 条县道改扩建工程的同时,乡村道路建设开始起步,并迅速发展。1996 ~ 2000 年建成乡村四级沙石公路 510 公里,5 年累计投入 4800 万元。1999 年年底,全县 254 个行政村基本实现村村通沙石公路。2003 ~ 2010 年,新建和改建农村公路达 1282.05 公里,其中按行政级别分:县道 85.10 公里、乡道 118.85 公里、村道 1078.10 公里;按技术等级分:二级公路 84.73 公里、三级公路 7.42 公里、四级公路 1189.90 公里。总投资 4.76 亿元,其中地方自筹 2.70 亿元。

2. 公路桥梁

1987 年,响水县境内有公路桥梁 52 座 1619.69 延米。1988 年后,随着公路建设速度的加快,特别是农村公路建设的快速推进,桥梁建设也突飞猛进。2009 年以后,实施工程项目 13 个,新建改建干线公路桥梁 20 座,改建农村公路危桥 72 座。至 2010 年年末,全县有公路桥梁 586 座 2.60 万延米,比 1987 年分别增长了 10.27 倍、15.03 倍,其中特大桥 1 座 1819 延米、大桥 26 座 7676 延米、中桥 255 座 1 万延米、小桥 304 座 6465 延米。

3. 航道

2010 年,响水县有航道 9 条,总里程 205.50 公里。

(1)**省级干线航道** 2010 年,响水县境内有省级干线航道 2 条,计长 71.70 公里。

【灌河响水段】 西起一帆河口,东止燕尾港,长 46.10 公里,为三级航道。

【通榆河响水段】 南起中山河口,北止响水镇,长 25.60 公里,为三级航道。

(2)**支线航道** 2010 年,响水县有支线航道 7 条,计长 133.80 公里。主要有:

【坎响河】 从响水镇起,至中山河口止,长 24.90 公里,为等外级航道。

【黄响河】 从响水镇起,至黄圩乡止,长 23.80 公里,为等外级航道。

【南潮河】 从陈港镇起,至小尖镇止,长 31.60 公里,为等外级航道。

4. 船闸

2010 年,响水县境内有船闸 2 座。

【响坎河北船闸】 位于运河镇,1971 年建成。闸室长 120 米、宽 12 米、水深 3 米,通过能力 150 万吨/年,总投资 98.50 万元。由响水县水利局负责管理。

【通榆河响水船闸】 位于响水镇,2000 年 12 月建成,2001 年正式通航。闸室长 220 米、宽 16 米、水深 3.30 米,通过能力 1826 万吨/年,总投资 1.04 亿元。由盐城市通榆河枢纽工程管理处负责管理。

此外,响水县境内还有通航节制闸7座,分别为:一帆河节制闸,黄响河节制闸,唐响河节制闸,响坎河节制闸,南潮河节制南闸、北闸,民生河节制闸。

5. 渡口

1988年,响水县境内有渡口22道。1994年盐城市政府实施建桥撤渡战略,响水县积极响应。1996~2007年共投入3040万元,建了6座代渡桥,连同调整渡口布局及转移渡口管辖权,共撤掉渡口8道。到2008年,境内灌河南岸7道渡口划归连云港海事局灌河海事处管辖。2010年,响水县监管的渡口尚存7道。与1988年相比,渡口数下降了68.18%。响水县在建桥撤渡的同时,加强在运渡口硬件建设,所有的木质、水泥船全部更换成钢质船,其他配套设施也相应跟上,渡运安全有了可靠的保证。

6. 公路客运站

【盐阜公路运输集团响水汽车站】 原位于响水县城灌河中路145号,占地0.67公顷。1997年5月,整体搬迁至1986年兴建的新汽车客运站。新站位于响水县城G204段以东、双园东路以南,双园东路1号。新车站占地1.67公顷,停车场地1.38万平方米,候车厅648平方米,售票厅144平方米,加油站1000平方米,修理间630平方米,设9个检票口。该站除服务于盐阜公路运输集团客运车辆进站经营外,还接纳19户社会客运车辆进站经营。日发班车215辆次,日发送旅客3600余人。至2008年社会车辆进站经营达23辆39班次,车站日平均总发班车39次,日发送旅客785人。2010年进站经营车辆达159辆(次),日发班车250辆,日发送旅客为2500人左右。

【响水县汽车客运站】 该站隶属于响水县汽车运输公司。位于响水县城黄海路77号,1984年兴建,占地6532平方米。2000年8月搬迁至黄海路131号,占地4700平方米,日发班车497辆次,年发送旅客532万余人。2004年9月公司又于响水县城北隅、灌河大桥南首,G204与公园路交汇处,按省定二级汽车客运站标准兴建新的客运站,于2007年年底建成。新车站占地1.67万平方米,车场面积1.10万平方米,候车厅648平方米,设有4个售票窗口,2个检票口,行李房15平方米,修理间827.70平方米,加油站540平方米,与黄海路131号老站一并使用,占地面积2.27万平方米,车场面积1.60万平方米,候车厅780平方米,设11个检票口、售票厅201平方米,设6个售票窗口,修理间1208.70平方米,加油站540平方米,日发班车1440班,日发旅客2.29万人。

【陈家港客运站】 建于2008年,位于陈家港镇人民东路北侧,四级客运站。2010年平均日发295班,发送旅客5100人左右。

【黄圩客运站】 建于2008年,位于黄圩镇黄南居委会北侧,采取客运站、交管所综合利用格式,四级客运站。2010年平均日发班车180辆,发送旅客2400余人。

【大有客运站】 建于2007年,位于大有镇开发区2号,建设主体为响水县大有客运有限公司,四级客运站,2008年投入使用。2010年平均日发班车147辆,日发送旅客1970人左右。

2010年,该县有农村客运站3个,候车亭95个,客运站牌204块。

7. 内河港区

响水县地处灌河南岸,境内有坎响河、通榆河航道串通。1987年除县城以外沿河乡镇有7个搬运装卸作业区,共有码头29座。由于灌河可直接通海,5000吨级海轮可抵达响水镇。因此,沿灌河各作业区既可称为内河港,又可称为海港。1988年货物吞吐量为22.3万吨,2005年货物吞吐量107万吨。2008年货物吞吐量67.76万吨。2010年货物吞吐量122.60万吨。

三、交通运输

1. 道路运输

(1)**客运** 1988年全县有客车33辆1320个座位(其中个体中巴3辆48个座位),客运量84.5万人2561万人公里(其中个体客运量4.30万人)。20世纪90年代初,响水县公路客运逐步得到发展。1993年该县有大客车106辆,中巴车4辆计4744个座位,公路客运线路跨省的1条、跨市的11条、跨县的5条。县内16个乡镇中陈港、响水、大有、小尖由响水县汽车运输公司经营,其余12个乡镇由个体中巴车以及机动三轮车经营,年客运量210万人4574万人公里。1995年该县拥有大客车99辆4431个座位,其中:盐阜公路运输集团响水有限公司为28辆1375个座位,年客运量165.18万人8225.68万人公里。进入21世纪,随着公路建设的快速发展,响水县的公路客运也得到相应的发展。2008年年底,有客车194辆(个体客车65辆),其中高级客车24辆、中级客车110辆、普通客车60辆。截至2010年底,响水县境内共有6家公路客运企业及个体客运业户从事客运,有客车412辆1万个座位(其中个体客运车辆62辆372个座位)。除经营县内城乡客运外,还经营跨省线路20条,跨市线路46条,跨县线路18条,全县有70个行政村开通客运班车。年客运量934.70万人3.59亿人公里(其中个体客运量92.25万人2.77万人公里)。

(2)**货运**

普货运输 1988年,全县参与公路货运的汽车694辆2170吨、其他机动车38辆40吨、拖拉机31辆77.50吨、平板车98辆49吨。进入21世纪响水公路货运市场主体已全部被城乡个体和民营运输企业以及社会企事单位的货运车辆占领。2000年全县货运汽车已发展到608辆、挂车46辆,共8152吨,另有拖拉机125辆。到2008年响水县共有货运汽车1067辆、拖拉机148辆、挂车124辆,共2.14万吨,公路货运企业已发展到12家,均为民营企业。除此,全县有个体运输业户650户,拥有706辆货运汽车3206吨,2008年全县公路货运量达93万吨1.19亿吨公里。2010年全县共有货运企业67家,拥有货车2996辆3.21万吨,其中通过招商引资落户响水的运输公司有:盐城市汗马运输有限公司,拥有货运车辆256辆;盐城市顺达货物运输有限公司,拥有货运车辆314辆;盐城市吉盛运输有限公司,拥有货运车辆20辆;盐城市瑞丰运输有限公司,拥有货运车辆152辆;盐城市众益运输有限公司拥有货运车辆76辆;盐城市恒运运输有限公司,拥有货运车辆34辆;盐城畅泰运输有限公司,拥有货运车辆40辆。这些公司对响水的运输业起到了很大的推动作用,为响水的经济发展做出了很大的贡献。年完成货运量395万吨5.60亿吨公里。

危货运输 该县2010年有危险品货物运输企业4家,其中盐城市苏龙运输有限公司坐落在响水县经济开发区,占地面积1.20万平方米,注册资金160万元,拥有危化品运输车辆14辆,危化品运输船舶28艘。公司有职工95人,其中管理人员11人。江苏神龙经达物流有限公司,经营地址:响水县陈家港镇化工集中区,注册资金300万元;占地面积5696.20平方米,拥有危化品运输车辆35辆,公司有职工73人,其中管理人员3人、驾驶员35名、押运员35名。盐城通化物流有限公司,经营地址:响水县陈家港镇化工集中区,占地面积1.50万平方米,注册资金100万元,拥有运输车辆7辆,有职工27人,其中管理人员13人。江苏裕廊化工有限公司车队,系江苏裕廊化工有限公司直属部门,经营地址在响水县陈家港化工集中区,拥有危化品运输车辆7辆,有职工16人,其中管理人员2人。

2. 水路运输

(1)**客运** 响水县水路客运始于1951年,当时国营淮阴地区(市)轮船公司开辟了灌河客运航线,753号客轮往返其间,承担响水口至陈家港沿途旅客运输业务。1959年,淮北盐务局将灌河客运航线从陈家港延伸到燕尾港,由淮盐1号客轮运营,因客源不足等原因,不长时间即告停业。1985年,淮阴市轮船公司退出了灌河水路客运,响水县水路客运就此结束。

(2)**货运**

专业水路货运 1988年,响水县交通专业水路货运有各类船舶175艘1122千瓦1.01万载重吨,全年完成货运量24.29万吨9380.70万吨公里。专业水路货运量占响水县社会水路货运量的比例,由历史上的100%降到了1988年的25.37%。1991年,专业水路货运量进一步降到12万吨48万吨公里的新低,出现了连续多年较大幅度亏损。1998年8月,企业倒闭,响水县交通专业水路

货运结束。

个体水路货运　1988年,响水县个体水路货运有小马力货船12艘720载重吨。1990年,小马力货船增加到598艘1.64万载重吨,全年完成货运量16.58万吨5849万吨公里。1991年,货运量上升到21.20万吨7095万吨公里。2001年,响水县对水路货运市场进行整顿,个体水运业户逐步被纳入公司化管理,至2010年,个体业户全部加入了民营水运企业。

民营水路货运　2005年,响水县民营水路货运有船舶546艘6.44万载重吨,全年完成货运量81万吨3.01亿吨公里。2008年,船舶达到1808艘37.17万吨位,全年完成货运量124万吨4.15亿吨公里。2010年,船舶进一步增至2141艘51.2万载重吨,货运量升至425万吨7.40亿吨公里。与2005年相比,船舶艘数、载重吨数增长了2.92倍、6.95倍,货运量、货运周转量增长了2.43倍、1.46倍。

四、企业选介

1. 陆运企业

【盐阜公路运输集团响水有限公司】　1988年1月前名为盐城汽车运输公司响水营业处。1993年3月更名为盐城汽车运输总公司响水公司。1996年12月随盐城汽车运输总公司改制更名为盐阜公路运输集团响水公司。2001年12月盐阜公路运输集团二次改制,响水公司为盐阜公路运输集团控股子公司,名为盐阜公路运输集团响水有限公司。2004年10月,按照国有资产存量入股,民营资本增资扩股组成有限责任公司,下辖响水汽车站,91、910、919三个车队和汽车修理厂及黄海岸旅行社。1988~2008年,该公司总资产从135.82万元增加到2453.48万元;客运车辆从20辆1015个座位增加到91辆3292个座位;营运线路从12条增加到36条;年客运量从149.88万人5743.89万人公里增加到268.24万人4.17亿人公里;营业收入从214.75万元增加到951.95万元;实现利润从10.76万元增加到18.03万元;上缴税金从6.89万元增加到63.30万元;缴纳规费从34.30万元增加到222.75万元。2010年公司总资产为2000万元,客车87辆3512个座位,开行35条线路,日发146班,其中省际7条14班,市际22条46班,县际6条86班,完成客运量250万人3.75亿人公里。

【响水县汽车运输有限公司】　公司前身为响水县汽车运输队,1984年经响水县计划经济委员会批准更名为响水县汽车运输公司,为集体经济性质,1988年则以客运为主,客车发展至12辆550个座位,经营县内客运线路3条,实行循环发班,年客运量达40万人1040万人公里。公司于2000年5月21日改制为股份合作制企业,改制后于2001年采取社会融资、集体投资、运输户出资的形式,先后筹集资金200万元,购置22辆牡丹牌中巴车,运行于响水至双港、响水至海安集、响水至陈家家、响水至灌南县北六等农共班线,一举改变农共班车车况老化、车型复杂、票价不一、秩序混乱的状况。2002年7月公司改制为民营企业,公司名称为响水县汽车运输有限公司。至2005年客车总数达198辆4424个座位,客运线路增至36条,其中:省际6条、市际17条、县际6条、县内7条,年客运量达478.5万人3.96亿人公里。2008年客车发展到199辆,其中:大客车32辆1593个座位、中客车20辆579座、小客车147辆2205个座位,年运量达518.4万人4.06亿人公里。2010年公司拥有客车203辆5279个座位,其中大客车44辆2029个座位、中客159辆3250个座位,开行线路37条692.50班,其中省际线路6条11班、市际线路19条133.50班、县际线路5条24班、县内线路7条524班。年完成客运量604万人4.82亿人公里。

2. 水运企业

【响水县航运公司】　1975年5月份成立,为县属集体企业。1988年,公司拥有拖轮13艘1122千瓦,货驳116艘8634载重吨,小马力货轮46艘1416载重吨,全年完成货运量24.29万吨9380.70万吨公里,实现营收477万元、盈利57万元。1989年,公司经济效益进一步提高,利润上升到79万元,创历史最好水平。1991 年,货运量降到 18.70 万吨 8692.30 万吨公里,出现了 59.10 万元的亏损。1992 年、1993 年,扭亏为盈。1994 年,货运量降到 14.70 万吨 7975 万吨公里,亏损达到 147.54 万元。1995 年,公司亏损额上升到 220 万元。1996 ~ 1997 年继续大额亏损。1998 年,公司停业改制,将船舶等资产以抵债的方式卖给职工个人,响水县航运公司转换成从事船舶业务代理的民营企业。

【盐城市中川运输有限公司】 2005 年成立,时有船舶 33 艘 1.05 万载重吨,全年完成货运量 9.40 万吨 1524.60 万吨公里,实现营收 207 万元、利润 11 万元。2010 年船舶增加到 360 艘 8.97 万载重吨,货运量增加到 79.60 万吨 2.06 亿吨公里,营收、利润增加到 1910.40 万元、46 万元。货运量、货运周转量、营收、利润分别比 2005 年增长了 7.47 倍、12.73 倍、8.23 倍和 3.18 倍。

【盐城市华川运输有限公司】 2006 年成立。2010 年有船舶 269 艘 5.72 万载重吨,完成货运量 190 万吨 8208 万吨公里,实现营收 5165 万元、利润 3.60 万元。

3. 港务企业

【响水县港务管理处(内河港部分)】 1978 年 8 月在响水县搬运站和陈家港搬运站的基础上组建而成,为股级建制,全民企业性质,下设三个作业区(县城二个,陈家港一个)。平板车队和港机修理组,隶属响水县交通局,负责响水县城及灌河沿线港口码头的搬运装卸业务。1988 年 5 月在原响水县港口开发办公室的基础上成立响水县港务管理局,原响水县港务管理处三个作业区,隶属响水县港务管理局,为政企合一体制。1993 年 4 月经响水县人民政府批准又另成立响水县港务管理处,副科级建制,下辖三个作业区、汽修厂、汽车性能检测站、燃油储运站、水晶工艺厂、霓虹灯厂、招待所、矿石经销站、海运公司、港口建设费征收所、搬运装卸管理稽查队、沙石经销、检查站等企事业单位。负责灌河沿线港口码头(含陈家港)的搬运装卸和行政管理业务,有职工 830 余人,隶属响水县交通局、响水县港务管理局领导。该处 1987 年完成货物吞吐量 31.70 万吨、操作量 42.4 万吨,实现营收 62 万元。1995 年完成货物吞吐量 23 万吨、操作量 32 万吨,实现营收 163 万元。2005 年该处完成货物吞吐量 31.48 吨。2008 年 12 月企业破产改制结束,与响水县港务管理局脱钩,不良资产被响水县政府交通投资公司收购。2010 年全县完成港口吞吐量 67.76 万吨,其中出口 18.26 万吨。

4. 施工企业

【江苏乾丰工程建设有限公司】 原为响水县交通工程有限公司,始建于 1987 年 11 月。1997 年年底企业率先在全县成功地进行了股份制改革试点。该公司为路基、路面及养护专业承包二级资质,爆破与拆桥专业三级资质,二级总承包正在申报中。2004 年 9 月通过 ISO9001 -2008 版质量体系认证。

公司现有干部员工 248 人,各类专业技术人员 188 人,其中具有高级职称 12 人,中级职称 46 人,初级职称 130 人。企业注册资本 3015 万元,企业资产总额达 4000 多万元。拥有沥青拌和楼、大型稳定土拌和设备、平地机、水泥混凝土施工设备、国产摊铺机、进口摊铺机、装载机、推土机、挖掘机、路拌机、翻斗车、沥青洒布车、洒水车、各式压路机、旋耕机、正循环钻孔机、发电机组等各类型机械设备。2008 年年底该公司投资 1200 万元新建 3000 型沥青拌和楼。当年工程施工产值达 1.10 亿元。

该公司连续多年荣获县“文明单位”和“重合同守信用单位”,市、县“先进企业”称号。公司先后参加省内外 10 余条高等级公路建设。经过多年的锻练和积累,造就了一支施工经验较丰富、装备良好、技术过硬,特别能战斗的施工队伍。

五、交通管理

1. 路政管理

1988 年以来,路政管理主要是维护路产路权、整治公路环境、保证道路畅通。1998 年,《中华人民共和国公路法》颁布实施后,每年在县城搞一次宣传日活动,宣传公路管理法规,解答群众有关政策咨询。共悬挂宣传横幅432幅,印发宣传材料3万多份,并在响水电视台、《今日响水》报开辟专栏,宣传公路法律、法规。

2001年,开展“路政管理年”活动,组织较大规模整治活动6次,清除障碍物、摊点310余处,拆除非交通标志、标牌110块,查处路政案件23起,收取路产赔(补)偿费100万元。通过整治,县城和集镇路段交通秩序明显好转,G204等主要干线公路初步实现“坐商归店、摊贩归区、农贸归市”。2002年,开展G204创建文明样板路活动。全年清除障碍物547立方米,拆除违章棚亭53处,取缔非交通标志牌94块,查处路政案件7件,收取路产赔(补)偿费16.30万元。通过验收,G204响水段达部级文明样板路标准。2003年,以治理超限超载为重点,强化路政管理,共查处超限超载车辆3000辆次,收取路产赔(补)偿费70万元。2005年,以国省干线公路养护检查和创建省级文明样板路为契机,严厉打击非法超限运输行为,全年查处超限车辆2600余辆,保证了路况良好,使辖区国省干线公路好路率达91%,超市公路管理处下达指标2个百分点。2007年,按照省创建文明样板路实施细则要求和具体标准,一步一个脚印抓好落实,将S326响水段创建成省级文明样板路。2008年,全县公路好路率达79.60%。2009~2010年,大力推行“管养一体化”模式,实施路政巡查11万余公里,清除各类违章设施450余处,拆除非交通标志牌93块,立案处理路政案件940起,查处超限车辆2100余辆,收取路产赔(补)偿费150余万元,罚款30余万元,响水公路超限检测站建成并投入使用。

2. 航政管理

1988年以来,县航道管理部门坚持巡航制度,每月上航10~15艇次,出动80人次。通过巡航,将法制宣传、规费征收、航政管理三者有机结合,发现问题,及时研究解决方案。如遇台风暴雨、抗洪救灾等特殊情况,则组织专业队伍随时上航督查,为航道排障,为船民预警,为有关部门提供航道水位信息。同时,对通榆河、响坎河航道每年进行2次扫床,保证航道安全畅通。2004年起,开展文明航道创建活动。在航道护坡、人口集中区书写大幅标语12条,散发宣传材料100份,市、县关于通榆河专项整治通告450份。共拆除碍航栈桥、码头12座,违章建筑11处210平方米,清理草堆26座、垃圾40多吨,打捞沉船11艘、沉物180吨。2005年起,联合灌南县航道站、连云港灌河海事处、响水县地方海事处对灌河航道组织9次综合治理,涉航项目管理互动130次,查处违章违法案件51起,拆除碍航物26处,对航标进行全面检查,使灌河航道环境得到很大改善。2006年起,通过巡航宣传、办事宣传、定点咨询、送法上门等形式,开展航道法规宣传。至2008年,向社会、船民、涉航企事业单位散发航道法规宣传材料2000份,悬挂宣传横幅14条,与响水电视台联合举办航道管理法规专题讲座,受教育达10万多人次。通榆河响水段创建成省级文明样板航道。同时,深入到盐城市穗兴粮库、大和碱厂、勤丰船厂等20多家招商企业,62次上门宣传航道法规,协助有关企业办理涉航项目100多件,其中亿元以上项目16件。

2009年后,共巡航218天、1.21万公里,纠正违章90多起,办理航政许可项目11件,对在建8项涉航项目进行跟踪督查,办理航道赔(补)偿案件32件,收取航道赔(补)偿费28.90万元,先后4次,派出50人次参与涉航集中专项整治,散发各类宣传材料500多份,查处、纠正违章30多起,拆除违章码头2座。

1988~2010年,共查处航道违法案件186起,结案率100%,清除违章码头、栈桥38座,碍航垃圾20处2100吨,打捞沉船59艘3600吨,及时查处重大涉航案件11起,维护了航产航权。

3. 运输管理

(1)**客运管理**　一是实行公司化改造。按客运线路,通过股份制、资产重组、分立等形式予以规范,成立松散型企业。对原挂靠经营的个体户,在个人愿意的基础上,通过线路和产权纽带转换成股东,实行统一规范经营,一体化管理。二是重点整顿盐城班线。以盐阜公路运输集团响水有限公司为响水至盐城班线经营主体，其他客运企业委托经营，实行统一管理、统一站点、统一发车、统一票价，每月按投入车辆结算分红，从而解决无序竞争的紊乱局面。三是规范经营行为。对长途班线确定3个站点，实行统一管理、统一发车、统一票价。县内班车以县汽车运输有限公司为经营主体，达到统一站点、统一票价、统一发车、统一车身颜色、统一管理。四是优化运力结构。逐步淘汰一批车型落后的老旧车辆，更新一批大中型高级客车，全面提升客运竞争能力和服务水平。2009年后，进一步推进农村客运班车通达工程和城乡公交一体化。至2010年，全县有70个行政村通达客运班车，通达率达60%。

（2）**货运管理** 一是公路货运通过调整结构逐步上规模，共有公路货运企业12家，营运车辆达1.20万吨，兴办2个危险货物运输企业，有危险货物运输车41辆1030吨，服务于化工园区和沿海经济区的经济发展。二是扶持水运业迅猛发展。至2008年，共有水运企业16家，船舶吨位达39.93万载重吨。新办盐城远华海运有限公司，新上3000吨级海船1艘，填补响水海运业的空白。三是推进船型标准化工程。2004～2007年，共拆改船舶973艘、注销566艘，优化了水运工具结构。2009年后，推进水陆货运快速发展，至2010年全县有货运企业68家，货车1554辆。其中危货运输企业4家，货运汽车63辆1535吨。

（3）**汽车维修行业管理** 1988年，全县汽车维修企业已发展到25家，其中一类3家，二类5家。管理部门实行纳轨管理，规范经营行为，更好地为公路运输业服务。1994～1995年，在县法制、工商、税务部门的支持下，对县城18家无证经营业户采取了多次清理，补办汽车维修许可证15家，取缔3家不符合经营条件的厂点。使持证率从1993的36%提高到98%，并与556辆营运汽车签订车辆技术管理责任书，占全县营运车辆总数的81.40%。两年共查处违章车辆87辆次。1996年后，对汽车维修行业坚持开业条件，坚持年审标准、强化监督检查、提供咨询服务。当年在汽修市场检查整治中，共查处违章经营15起，补办证件6家，取缔占道经营户9家。1999年，由县港务处筹资兴办汽车综合性能检测站，从而方便县内营运车辆的定期维护检测。次年，加强车辆技术管理，查处违章车辆250辆次，罚款4万余元，从而提高车辆定期维护、上线检测的自觉性。2008年全县完成整车大修8辆次，总成大修19辆次、二级维护3600辆次，小修2850辆次，维修总产值达2100万元。2009～2010年，进一步加强车辆技术管理，强化驻检测站管理，共检测车辆5744辆次，使运输车辆技术状况大为提高。

（4）**驾培行业管理** 响水县驾培行业起步较晚，于2004年才办起第一所驾校。2008年，发展到4所驾校，其中一级1所、二级3所，共有教练车115辆，教练员120人，累计培训243期，培训学员1.58万人，合格率98%。2009年后，进一步规范驾培管理，至2010年，全县两年共培训合格学员9000人，合格率90%，获得从业资格证1168人。

（5）**运政稽查** 响水县交通道路稽查队自1993年12月成立以来，认真履行职责，至2008年，在维护运输市场秩序方面，出动稽查车辆5372辆次、稽查人员1.01万人次，查处"黑车"1870辆次，罚款710万元，全部结案。查处"反包车"122辆，其中通过法院强制执行97件，罚没款310万元。在纠正违法违章方面，累计查处案件2.06万件，结案1.94万件，结案率达94%。其中查处无证经营客车2125辆、货车1632辆，结案率100%。在行业管理方面，查处无证非法从事驾驶员培训的51件，纠正超范围经营的89户。在行风监督方面，共接处人民来信、来访198件，结案率100%。共查补规费74.96万元。保持15年行政执法无败诉案件、公路无"三乱"。2009年后，进一步加大运输市场监管力度，两年来，共查处各类违章案件1116件，收缴罚没款183万元，使市场秩序和经营行为不断规范。

4. 海事管理

（1）**水上安全管理** 县海事（港监）部门1988年以来，坚持巡航检查制度。每月出航不少于28艇次，上航120人次。每年纠正违章不少于950起，检查消除隐患200多起，努力把水上交通事故机率降到最低限度。落实领导责任制,强化源头管理,把工作做到船头、人头。1998~2008年,共举办船员安全学习班46期,参学达2400人次,举办业务技能、职务证书考前培训63期,参培7083人次。印制安全法规和安全资料1.50万份发放到船头,同时开展一系列安全活动,充分发挥规章制度的保证和约束作用,保持20年水上交通无事故。2009年,投入资金近60万元,购置趸船1艘,完善设施后,于2010年8月投入使用,从而提高水上安全监管能力。并在全市率先实施海事、水警、船闸联合办公机制,为强化通榆河水上交通安全秩序发挥了积极作用。2010年,为保证上海世博会顺利举办,共出动执法车(艇)104辆(艇)次、226人次,发放世博会水上交通管控宣传册336本,实施世博会专项安全检查27艘次,查纠各类缺陷189个,船舶进世博会专项签证50艘次(其中途经核心管制区水域船舶10艘次),核对船员身份142人,经该处办理世博会专项安检和签证的船舶合格率达100%。两年来,出动车(艇)1683辆(艘)次,巡航5.26万公里,检查各类船舶3.05万艘次,查处违章2568艘次。核查过境危化品运输船舶1450艘次,监卸50艘次。办理签证4195艘次,实施安全检查708艘次,合格率均达100%。成功施救1艘海船起火、1辆滑入通榆河半挂货车,挽回经济损失230多万元。

(2)**船舶检验防污**　每年对船舶进行一次年检,检验合格后方可投入营运,否则限期修理改造或报废停运。从2002年7月30日起,停止对水泥船的检验发证,使水泥船逐步退出水运市场。2004年以来,累计为船舶安装接油托盘、油水分离器1400余件(套)。取缔无资质、无防污设备的水上加油站点5个。同时加强水上危险货物运输安全的监管。多年来,辖区内未发生船舶污染水面事故和水上危险货物运输事故。2004~2007年,推行船型标准化工程,共拆解改造钢质挂桨机船973艘。2007年6月,全市船检权收归市地方海事局,县级海事机构不再承担船检工作。2010年5月,苏宿货408危化品运输船在船闸下游搁浅,响水县地方海事处及时出警,现场组织脱浅,成功避免辖区水域污染事件的发生。

(3)**渡口安全管理**　20多年来,海事部门把渡口管理作为水上交通安全管理的重中之重来抓。坚持月查重点、季查全面、重大节日、汛期及恶劣天气等非常时期进行突击检查,发现问题,及时纠正,把事故隐患消灭在萌芽状态。从2005年开始,开展文明渡口创建活动,至2008年,已建成2道文明渡口。1988~2010年,全县渡口渡运安全无事故。

5. 交通工程质量监督管理

1999年以来,对于造价30万元以上的交通工程项目,严格按照有关规定实施公开招投标,并坚持公开、公平、公正的原则,择优中标单位。强化工程质量监督,把好施工企业、从业人员资质关,设计文件技术标准关,施工设备、材料进场关,施工质量检验检测关。县内新建、改建公路168条,经检查验收,一次性合格率达100%,优良率达85%以上。工程安全监督坚持防范在前。将工程建设的安全生产设施、费用纳入招投标环节,对危险性较大的分部分项工程,必须编制专项实施方案,确保安全。每月对各施工单位进行一次全面检查,及时发现消除安全隐患。建立安全管理网络。并加强沟通、定期交流、互通信息,保证安全工作的有效运转。同时,加强安监人员培训,自办安全培训班4期,参培达104人次。还与县安监、劳动部门联合举办安全培训班8期,参培达257人次,提高安全管理人员的安全生产意识和业务素质。20多年来,全县交通工程建设安全无事故。

6. 规费征收

1988~2010年,全县共征收各种交通规费3.70亿元,为交通建设和交通事业的发展做出了重要贡献。

1988～2010年响水县交通规费征收实绩统计

表152 单位:万元

年份	养路费	航养费	车辆购置附加费	运管费	客附费	货附费	五小车辆养路费	船舶港务费	船舶港监费	合计
1988	128.69	65.70	3.82	34.87	–	26.55	23.26	2.49	3.82	289.20
1989	170.92	73.70	4.57	36.04	–	41.20	13.67	3.42	4.57	348.09
1990	183.25	55.50	5.14	38.09	–	57.02	11.60	4.96	5.14	360.70
1991	213.71	56.80	7.32	50.64	–	46.96	11.12	5.02	7.32	398.89
1992	229.59	87.60	7.72	50.17	–	105.85	8.40	9.00	7.72	506.05
1993	244.50	125.80	17.76	62.07	79.11	139.10	21.73	22.39	17.76	730.22
1994	268.67	141.60	49.17	104.60	153.17	211.63	15.06	28.55	49.17	1021.62
1995	323.95	160	63.11	120.44	156.48	239.06	16.33	25.73	63.11	1168.21
1996	355.43	144.20	49.68	102.74	208.58	99.08	8.05	25.03	49.68	1042.47
1997	370.25	144.20	82.50	108.32	271.70	108.45	29.66	33.18	82.50	1230.76
1998	482.75	150.10	84.18	126.01	311.63	109.91	95.34	35.30	84.18	1479.40
1999	557.15	144.40	86.38	125.86	510.12	146.29	117.05	23.69	86.38	1797.32
2000	635.77	146.70	80.71	139.29	499.19	147.69	133.13	30.12	80.71	1893.31
2001	718.08	163.60	91.17	141.92	567.74	141.07	187.95	26.61	91.17	2129.31
2002	807.62	285.10	11.38	170.30	467.51	182.64	246.86	23.49	113.81	2308.71
2003	744.94	297.40	114.39	167.95	276.76	199.34	309.75	18.84	114.39	2243.76
2004	1113.80	347.00	132.08	190.43	417.12	222.63	347.72	21.22	132.08	2924.08
2005	1231.58	390.20	–	208.21	471.32	229.43	386.72	15.69	121.32	3054.47
2006	1365.40	399.30	–	257.78	540.25	280.93	387.07	17.26	183.30	3431.29
2007	1653.58	480.00	–	338.93	469.18	389.77	448.09	19.72	104.37	3903.64
2008	2183.06	525.00	–	413.35	442.66	498.64	505.51	14.58	26.07	4608.87
2009	–	–	–	–	–	–	–	25.22	23.08	48.30
2010	–	–	–	–	–	–	–	38.38	45.77	84.15
合计	13982.69	4383.90	891.08	2988.01	5842.52	3623.24	3324.07	469.89	1497.42	37002.82

说明:车辆购置附加费自2005年实行费改税,由税务部门征收;客附费1988～1992年未开征,无数据;船舶检验费无征收实绩。

第十三章　人物·荣誉

盐城交通事业的发展,各项成绩的取得都离不开盐城交通人的奉献。本章记述的交通人物是全市交通系统广大干部职工的杰出代表,包括市以上党代表、人大代表、政协委员、模范人物,受到部省级以上表彰的先进个人和高级人才。集体荣誉是指全市交通系统各级、各单位,除创建成各级文明单位、文明行业外,受到部省级以上表彰奖励的先进单位(集体)。

第一节　交通人物

一、代表　委员

1988～2010年,全市交通系统当选市以上党代表11人,人大代表31人(次),政协委员9人(次),具体情况如下表。

1988～2010年盐城市交通系统当选市以上党代表、人大代表、政协委员情况

表153

序号	姓　名	所在(统计)单位名称	当选时任单位职务	当选何级何届(次)何项职务	当选年份	备注
1	仲爱萍	盐阜公路运输集团	东台汽车站服务员	省第八次党代表代表	1989	女
2	刘长青	市交通运输局	局长、党委书记	省第十一次党代会代表	2005	
3	管亚光	市交通运输局	局长、党委书记	省第十二次党代会代表	2011	
4	潘进山	市交通运输局	东台市委常委、组织部长	市第四次党代会代表	2001	
5	姚焕平	射阳县公路管理站	兴桥工区主任	市第四次党代会代表	2001	
6	洪正刚	盐都区公路管理站	工程处党支部副书记	市第四次党代会代表	2001	
7	葛春宽	市交通运输局	市公路管理处党委书记	市第五次党代会代表	2006	
8	沙惠林	盐阜公路运输集团盐城汽车总站	服务班班长	市第五次党代会代表	2006	女
9	丁荣俊	东台市交通规划设计室	主任	市第五次党代会代表	2006	
10	管亚光	市交通运输局	局长、党委书记	市第六次党代会代表	2011	
11	陈志国	阜宁县交通运输局	县政协副主席、交通运输局局长	市第六次党代会代表	2011	
12	江　波	大丰市港口管理局	副局长	第十届全国人大代表	2003	
13	孙志宏	市交通运输局	副局长	第八届省人大代表	1993	
14	仲爱萍	盐阜公路运输集团	东台汽车站服务员	第八届省人大代表	1993	女
15	刘长青	市交通运输局	建湖县委副书记、县长	第九届省人大代表	1997	

续表153

序号	姓　名	所在(统计)单位名称	当选时任单位职务	当选何级何届(次)何项职务	当选年份	备注
16	刘长青	市交通运输局	局长、党委书记	第十届省人大代表	2003	
17	管亚光	市交通运输局	盐都县县委副书记、县长	第十届省人大代表	2003	
18	沙惠林	盐阜公路运输集团盐城汽车总站	服务班班长	第十一届省人大代表	2008	女
19	江　波	大丰市港口管理局	副局长	第十一届省人大代表	2008	
20	仲爱萍	盐阜公路运输集团	东台汽车站服务员	第二届市人大代表	1988	女
21	刘兆凤	市港务管理处	四公司经理	第三届市人大代表	1993	女
22	刘兆凤	盐城港口集团	六公司经理	第四届市人大代表	1998	女
23	仲爱萍	盐阜公路运输集团	东台汽车站服务员	第四届市人大代表	1998	女
24	黄蕴东	东台市公路管理站	站长助理	第四届市人大代表	1998	
25	刘兆凤	盐城港口集团	六公司经理	第五届市人大代表	2003	女
26	刘冬林	东台市交通运输局	局长、党委书记	第五届市人大代表	2003	
27	朱殿明	东台市交通运输局	副局长	第五届市人大代表	2003	
28	姚焕平	射阳县公路管理站	兴桥工区主任	第五届市人大代表	2003	
29	胥兰凤	建湖县交通工程质量监督站	站长	第五届市人大代表	2003	女
30	陈金荣	滨海县汽车综合性能检测中心	县联运公司副经理	第五届市人大代表	2003	
31	王立新	滨海县交通运输局	副局长	第五届市人大代表	2003	
32	糜世湘	响水县交通运输局	局长、党委书记	第五届市人大代表	2003	
33	夏春柏	市交通规划设计院	院长	第六届市人大代表	2008	
34	刘兆凤	盐城港口集团	六公司经理	第六届市人大代表	2008	女
35	朱殿明	东台市交通运输局	副局长	第六届市人大代表	2008	
36	秦志水	东台市交通运输局	局长、党委书记	第六届市人大代表	2008	
37	姚焕平	射阳县公路管理站	兴桥工区主任	第六届市人大代表	2008	
38	胥兰凤	建湖县交通工程质量监督站	站长	第六届市人大代表	2008	女
39	陈志国	阜宁县交通运输局	局长、党委书记	第六届市人大代表	2008	
40	王亚平	滨海县交通运输局	局长	第六届市人大代表	2008	
41	张建成	响水县交通运输局	党委书记、副局长	第六届市人大代表	2008	
42	褚国栋	大丰市港口管理局	局长、党委书记	第六届市人大代表	2008	
43	徐乃健	盐城交通技师学院	教务科副科长	第二届市政协委员	1988	
44	张明生	市交通运输局	副书记、副局长	第四届市政协委员	1998	
45	唐登国	市交通运输局	副局长	第五届市政协委员	2003	
46	王鸣鸣	市运输管理处	副主任	第五届市政协委员	2003	女
47	腾国珍	盐城港口集团	女工委副主任	第五届市政协委员	2003	女
48	管亚光	市交通运输局	局长、党委书记	第六届市政协委员	2008	
49	王鸣鸣	市运输管理处	副主任	第六届市政协委员	2008	女
50	徐　明	盐城民航站	办公室副主任	第六届市政协委员	2008	
51	彭　尧	市交通规划设计院	检测中心负责人	第六届市政协委员	2008	

二、模范人物

1. 全国劳动模范和五一劳动奖章获得者(8人)

全国劳动模范——周健　男,汉族,1938年10月生,初中文化,中共党员,江苏省海门市人,1956年3月参加工作,历任射阳县公路管理站黄沙河道班班长、工区主任、公路管理站副站长。他任公路养护工区主任时,公路养护成绩显著,并自筹资金修建黄沙河至县城16.50公里长当时射阳县唯一的一条沥青路面,受到省交通厅、县政府的嘉奖。30多年来,他省吃俭用,慷慨解囊,扶贫济困,先后资助敬老院31位老人,资助贫困学生36名,累计40多万元。特别是资助西藏姑娘卓吉3万多元读完重庆交通大学,一藏一汉结下了父女之情。《人民日报》《新华日报》《中国交通报》等十几家报刊报道了这一事迹。1986年10月,被全国总工会评为全国先进班组长,授予全国五一劳动奖章。1989年10月,被评为全国劳动模范。1991年10月荣获“全国优秀养路工”称号。

全国劳动模范——朱贤才　男,汉族,1936年11月生,小学文化,中共党员,江苏省建湖县人,1955年3月应征入伍,1959年11月退伍,先后在南京梅山铁矿、淮海农场任汽车驾驶员。1970年8月,调至省汽车公司盐城分公司92车队任客车驾驶员。他自学成才,练就了一副修车不求人的本领。他一心扑在工作上,几十年如一日。在一次出车途中,家中长子因病去世,未能见上儿子最后一面,成为他一生的遗憾。20多年来,他安全行车160万公里,上缴“黄鱼”票款10万元,节约汽油和各种配件材料价值达27万元。1991年获江苏省总工会立功奖章,被交通部评为全国交通系统劳动模范。1995年5月,被评为全国劳动模范。

全国劳动模范——姚焕平　男,汉族,1955年12月生,高中文化,中共党员,江苏省射阳县人,1976年2月应征入伍,1984年7月转业到射阳县公路管理站工作,1997年2月任射阳县公路管理站兴桥养路工区主任,2006年3月任射阳公路管理站副站长。他在平凡的岗位上,干出了不平凡的业绩。兴桥工区在1997年之前,是全市的落后工区,自1997年初,姚焕平担任工区主任后,带领职工大干苦干了3年,全市年终评比时,一跃成为全市闻名的优胜工区。十多年来,养护工区好路率年年超过市、县下达指标。他“舍小家、顾大家”,所得的奖金不仅一分钱没揣进自己的口袋,还拿出自己工资5万多元,为工区添置了办公、生活、文化设施,改善职工工作环境,为乡亲扶贫济困。帮助工区附近的敬老院、学校、长江三峡移民铺建简易沥青路面3.50公里,累计资助30多万元。2001年被评为江苏省劳动模范,2003年获得全国五一劳动奖章,2005年被评为全国劳动模范。先后当选射阳县十二、十三届,盐城市五届、六届人大代表,盐城市第四次党代会代表。

全国五一劳动奖章获得者——仲爱萍　女，汉族，1952年1月生，初中文化，中共党员，江苏省东台市人，1973年1月参加工作，退休前为盐阜公路运输集团东台汽车客运站党支部书记。仲爱萍1973年到东台汽车站工作。在服务员岗位上，她不怕苦，不怕脏，不怕累，坚持全心全意为人民服务的宗旨，只要旅客需要，她总是冲在最前面，热情为旅客服务，深受广大旅客和社会的广泛好评。在领导岗位上，她坚持原则，强化管理，对于各种违章违纪行为，敢于动真碰硬，不回避，不敷衍，不迁就。她连续多年被集团公司授予"优秀共产党员"和"先进工作者"光荣称号；1984年被省交通厅授予"文明职工"称号；1988年被评为省交通系统服务明星、省劳动模范，同年被全国总工会评为全国优秀服务员，授予全国五一劳动奖章；1989年被省交通厅表彰为省交通系统两个文明建设先进个人，被交通部表彰为全国交通系统劳动模范，并当选为省第八次党代会代表；1990年、1993～1995年被交通部表彰为全国公路旅客运输先进工作者；1997年被省交通厅表彰为省交通客运系统先进个人。

全国五一劳动奖章获得者——刘兆凤　女，汉族，1948年10月生，初中文化，中共党员，江苏省盐城市盐都区人，1964年8月参加工作，从搬运装卸工干起，历任盐城港口集团四公司、六公司经理。她从事码头装卸30年如一日，以港为家，拼搏奉献。1988年11月被省妇联授予省"三八红旗手"称号；1991年8月在抗洪救灾中因表现突出，被市委、市政府记功一次；同年10月被全国总工会授予全国五一劳动奖章；1992年10月1日作为全国总工会获奖代表应邀参加天安门城楼观礼，并受到党和国家领导人的亲切接见。1993年起，连续当选盐城市三、四、五、六届人大代表。

全国五一劳动奖章获得者——王延虎　男，汉族，1952年8月生，大学文化，中共党员，江苏省射阳县人，1966年5月参加工作，高级经济师，高级政工师，现任盐城市交通控股集团副总经理。1988～1994年，他相继担任3个企业一把手，7年中使射阳县港务处、射阳县航运公司、盐城市华通实业总公司3个亏损企业扭亏为盈。射阳县港务处1990年被评为市级先进企业。射阳县航运公司1992年被省交通厅树为全省水运企业排头兵，1993年被交通部表彰为全国交通系统先进企业。盐城市华通实业总公司1995年被评为市文明单位。他每到一个企业都能不怕困难、大胆改革，勤奋工作，乐于奉献。他超前意识强，工作有特色。不怕摊子烂，勇于挑重担；不怕冒风险，善于拼命干；不怕基础差，敢于创一流，有一定的企业管理经验。1993年5月，被全国总工会评为全国优秀经营管理者，授予全国五一劳动奖章，1996年5月，被评为省劳动模范，还相继被表彰为"十一五"中国交通运输企业绿色低碳行动非常领导者、省交通厅建功立业一等功臣、市劳动模范、市十大杰出青年企业家。

全国五一劳动奖章获得者——洪正刚 男，汉族，1963年4月生，高中文化，中共党员，江苏省盐城市盐都区人，1982年11月参加工作，现任盐城市盐都区公路管理站副站长。参加工作以来，他抛家别子，长年奋战在公路工程施工第一线，风餐露宿，修桥铺路。他以主人翁的姿态，处处以身作则，带领施工人员克服困难，团结拼搏，争创一流。10多年来，他参加组织施工的所有工程合格率为100%，优良率达95%以上，为国家节约资金300余万元，为公路事业做出了突出贡献。1995年，被评为盐城市劳动模范。2001年4月，被评为江苏省劳动模范，同年被评选为盐城市第四次党代会代表。2002年5月，被全国总工会授予全国五一劳动奖章，2006年，被市交通局评为“交通之星”。

全国五一劳动奖章获得者——闵永华 男，汉族，1955年7月生，大学文化，中共党员，江苏省建湖县人，高级政工师。1970年11月参加工作，历任建湖县航运公司司机、内勤，县交通局人秘股秘书，县运管所所长。1998年调市航道管理处任政工科副科长，2004年任市航道管理处直属站站长、书记后，航养费征收连创新高，航政管理进一步加强，辖区航道安全畅通，通航保证率、航标功能正常率达标，航道工程项项创优，综合工作连续多年在全市航道系统获得第一名。该站先后被表彰为市三个文明建设先进单位，省航道系统建功立业先进单位，省“学习型组织示范点”“学习型班组”，省“安康杯”竞赛活动优秀单位，省“五一文明班组”，被全国总工会授予“全国五一劳动奖状”。他本人2005年被省航道局表彰为航道系统建功立业先进个人，被市总工会授予五一劳动奖章，被省总工会、省安监局表彰为江苏省“安康杯”竞赛活动优秀组织个人；2006年被省总工会表彰为“知识型职工”；2007年被评为市劳动模范；2008年4月被全国总工会授予全国五一劳动奖章。

2. 部、省劳动模范和五一劳动奖章获得者（26人）

江苏省劳动模范——郝宝林 男，汉族，1949年12月生，初中文化，中共党员，江苏省盐城市盐都区人，1968年3月应征入伍，1977年3月转业至盐城市第二汽车运输公司任客运汽车驾驶员。几十年来，他积极支持和拥护公司的各项改革举措，时刻牢记全心全意为人民服务的宗旨，自觉遵守职业道德规范，文明驾驶，礼貌待客，拾金不昧，敢于抵制不正之风，年年超额完成生产任务，累计安全行车160万公里。连续多次被公司及交通主管部门评为先进工作者和优秀共产党员，连续两次被评为盐城市劳动模范，1991年12月，被评为江苏省劳动模范。

江苏省劳动模范——葛锦华　男,汉族,1948年10月生,大专文化,中共党员,经济师,江苏省建湖县人,1965年4月参加工作,历任村书记,县丝绸织锦厂厂长、书记,近湖镇工业公司经理、党支部书记,近湖镇副镇长,上冈镇镇长,建湖县交通局党委副书记。他在担任厂长、经理期间,制定出一套"目标成本控制法",在全县推广;担任副镇长、镇长期间,在全县率先按照"抓大放小"政策,大刀阔斧地进行乡镇企业产权制度改革,其成功经验在全市交流推广,使近湖镇一跃成为苏北第一镇。在交通局工作期间,认真调研,开拓创新,使亏损严重的航运公司、联运公司、天捷集团成功实施了改制,成为全市交通系统国有企业改革的典范,经验在全市交通系统得以推广。1989年被评为江苏省优秀企业家,1990年5月,被评为盐城市劳动模范,1991年12月,被评为江苏省劳动模范。

江苏省劳动模范——陆其俊　男,汉族,1956年8月生,高中文化,中共党员,江苏省滨海县人,1972年2月参加工作,现任滨海县汇中港务公司丁字港作业区副主任。他参加工作20多年来,始终如一,爱岗敬业。先后15次受上级表彰。作为一名港务装卸职工,优秀共产党员,他以忘我的工作热情,全心全意为人民服务,安全、及时、优质、高效地完成了各项装卸任务。在1991年抗洪抢险工作中,他身先士卒,带头冲在第一线,充分展现了一名优秀共产党员的风采,被盐城市委、市政府记一等功。同年12月被评为江苏省劳动模范。

交通部劳动模范——孙成千　男,汉族,1944年3月生,初中文化,中共党员,江苏省建湖县人,1965年3月参加工作,历任建湖县乡水利工程员、县工程营工程组长、县公路管理站司务长、路桥工程队队长、副站长。该同志干一行成一行,在和公路相伴的26年中,尤其在担任工程队长期间,领导的工程队所承建的一道道桥梁,一条条公路,都以工程工期提前、质量优良而受到好评,为市、县公路系统争得了荣誉。他的先进事迹在《江苏工人报》《中国交通报》《盐阜大众报》等报刊作过多次报道。由于他的贡献突出,年年被站上评为先进个人,省、市、县政府和部门多次表彰他为"双十佳"养路工、行业排头兵、优秀党员,1994年10月被交通部评为全国交通系统劳动模范。1995年5月,应邀出席全国劳模和先进工作者表彰大会,受到党和国家领导人的接见。

江苏省劳动模范——张连友　男，汉族，1948年1月生，小学文化，中共党员，江苏省东台市人，1965年1月参加工作，是一名公路养护工。1989年，他被调至东台市公路站曹丿养护工区任东蹲公路农场养护队西班班长。他到任后，首先选了36K最难养护的次级路段由自己养护，同时搞好传帮带，带领4名养路临时工一起干。时值夏收农忙季节，更是沙石路养护的关键时段，张连友为了及时养护好公路，使家中两亩麦子没能及时收割，一场大暴雨使几百斤麦子发了芽。在东台站开展的“公路全面养护百日赛活动”中，他连续7个星期日不休息，感冒发烧至39℃仍带领大伙继续干，终于摘取了“公路全面养护百日赛”第一名的桂冠。1995年，他被评为盐城市劳动模范，用得到的1000元奖金为工区每个养路工买了一双东北保暖皮鞋。1996年10月，他被评为江苏省劳动模范。

江苏省劳动模范——蒋峰　男，汉族，1947年8月生，大专文化，中共党员，江苏省滨海县人，1964年参加工作，历任滨海县公路管理站养路道工、生产组长、副站长、站长、县交通局副局长、局长。自参加工作以来，他一直坚持认真学习并自学修完大专课程，从一个普通的养路工人成长为技术员、助工、工程师。多年来，一直坚持以路为家，爱岗敬业，经常吃住在工地，全身心地投入交通工程建设。患病后，他带病坚持工作，曾做过4次手术，甚至在身患癌症的情况下，仍然关心交通工程建设，深受社会各界好评。他多次受到省、市交通部门表彰，1996年被评为盐城市劳动模范，当年10月被评为江苏省劳动模范，1998年被滨海县委、县政府评为“十佳公仆”。

交通部劳动模范——于广善　男，汉族，1953年12月生，初中文化，中共党员，江苏省滨海县人，1976年4月参加工作，1987年9月调江苏盐阜公路运输集团响水公司91车队工作。于广善自1989年驾驶大客车以来，连续安全运行106万公里车辆无大修，创下了当年全国公路客车大修里程最高记录（当时国家规定汽车大修里程为30万公里，报废里程为70万公里），累计为国家节约大修、保养及油材料费50余万元。他对待旅客像春天一样温暖，文明服务、礼貌待客，先后受到旅客表扬百余次，拾金不昧数十次，折合人民币3万余元，被旅客誉为活“雷锋”。1997年被盐城市委授予“优秀共产党员”称号，同时还获得盐城市总工会颁发的五一劳动奖章；1998年4月，被省总工会授予省五一劳动奖章，同年9月被人事部、交通部评为全国交通系统劳动模范。

江苏省劳动模范——费如淦　男，汉族，1947年3月生，初中文化，中共党员，江苏省滨海县人，1963年8月参加工作，为滨海县航道管理站航养费征收员。费如淦是盐城市航道系统也是全省航道系统航养费征收状元。他从事航道养护费征收工作16年，累计为国家征收规费1000多万元，特别是2000年以来，每年征收金额都达100多万元，是上级下达计划数的4倍多，开票数和结证率在全市航道系统名列第一。他创立的"费如淦征收法"作为盐城市交通系统唯一品牌，入选全省交通系统"十大服务品牌"评选活动，并获提名奖。1997年被省交通厅授予"江苏省交通系统包起帆式先进个人"，同年被省航道局命名为"江苏省航道系统建功立业十佳标兵"；1999年被省总工会、省交通厅授予江苏省交通系统建功立业有功个人；2000年荣获盐城市五一劳动奖章；2001年4月被评为江苏省劳动模范。

江苏省劳动模范——陈根峰　男，汉族，1961年1月生，高中文化，中共党员，江苏省大丰市人，1978年应征入伍，1983年退伍，安排在大丰汽车公司任客车驾驶员，现为盐阜公路运输集团大丰有限公司客运公司负责人。1992年，陈根峰所在的运输公司研究偿试实行预交线路抵押金单车实载率承包制。作为共产党员的他为支持公司改革，推迟购房，冒着风险带头交了3万元承包抵押金，率先承包大丰至常熟客运线路，做了公司改革路上第一个吃"螃蟹"的人。20多年来，陈根峰以雷锋为榜样，视旅客为亲人，先后拾到密码箱、高档手表、照相机、现金等旅客失物折合人民币20多万元，都想方设法一一送还失主。1998年被评为盐城市劳动模范，1999年荣获省交通厅春运"百佳先进个人"称号，2001年4月被评为江苏省劳动模范。2002年元月，经资产重组成立江苏盐阜公路运输集团大丰有限公司。他服从组织决定，放弃正在经营效益较好的杭州班线，当了一名客运公司的安全员。在新的工作岗位上，他兢兢业业，任劳任怨，取得了安全无事故的好成绩。2004年，组织上让他担任客运公司负责人。

交通部劳动模范——黄镇玉　男，汉族，1946年9月生，高中文化，中共党员，江苏省大丰市人，1962年7月，知青回乡务农，1980年9月落实政策安排工作。1992年7月任大丰市王港建港领导小组办公室（筹备）副主任，1993年3月任大丰市港务管理局副局长，参加了大丰港前期论证、测量、勘探、数学模型、物理模型等全过程，多次参加了专家评估、论证、审查会议。从1998年开始实施大丰港一期工程，围垦、引堤、栈桥、码头、仓储、机械，至2005年10月18日大丰港一期码头建成通航，每项工作都倾注了他的心血。他多次随市县领导去南京、北京，争取补助资金，一期码头建设总投资3.20亿元，向上争取资金就达1.50亿元，他在其中发挥了重要作用，吃尽了千辛万苦。2001年11月，被人事部、交通部评为全国交通系统劳动模范。

全国建设系统先进工作者——方小飞　男，汉族，1959年8月生，高中文化，中共党员，江苏省盐城市盐都区人，1977年1月参加工作，现任盐城市运输管理处副主任、盐城市城市客运交通管理处主任。1998年，该同志任盐城市拆迁办副主任（次年更名为盐城市房屋拆迁大队，先后任副大队

长、大队长），负责房屋拆迁工作。他恪尽职守，任劳任怨，无论严寒酷暑，坚持和工作人员一起一户户登门做工作，仅用40天时间就完成了市政重点工程黄海公园的拆迁工作。他坚持“以人为本”的工作理念，面对拆迁户的种种不解，总是耐心细致地做好解释工作，帮拆迁后的孤寡老人联系住进福利院，给拆迁后的无业人员帮找工作。他不为名利所动，严于律己，多次退还拆迁户送的财物。在他的主持和带领下，市房屋拆迁大队3年共完成拆迁总面积达18万平方米，搬迁居村民2600户，占市区拆迁总量的60%。连续9年，拆迁总面积位列驻城7家拆迁实施单位榜首。2003年2月，他被国家人事部、建设部表彰为全国建设系统先进工作者，享受省劳动模范待遇。2007年起，他开始负责市城市客运管理工作，积极推进城市客运行业健康稳定快速有序发展。城市公交实现跨越式发展，全省第二、苏北首家的快速公交运行良好，公交车辆数大幅度增长。2008年一举刹住市区出租车春节期间“乱涨价、乱收费”的顽症歪风，至2009年，市区共新增200辆出租车，首开城市出租车公车公营经营管理先河。2011年运管、城市客管机构整合后，又分管道路客运管理工作，先后整合80多条客运线路、300多辆营运客车，使全市道路客运结构得到进一步优化，得到了省、市主管部门领导的充分肯定。同时，大力推动城乡客运一体化进程，目前，大市区及周边乡镇已实现公交全覆盖。近年来，他还多次被评为市级和系统内先进个人、交通之星。

全国拥政爱民模范——杨加前　男，汉族，1974年9月生，大学文化，中共党员，江苏省盐城市盐都区人。他1992年12月应征入伍，在部队历任战士、学员、代理艇长，为四级士官，2008年11月转业地方工作，现为市亭湖地方海事处办事员。他在部队期间严格履行军人职责，在平凡的工作岗位中努力建功立业，两次荣立三等功。1997年以来，先后资助5名失学儿童（响水黄圩3人，建湖上冈2人），使他们其中2人考入大专，3人考入高中，先后共资助资金达9.80万余元。这一感人事迹被中央电视台、中央人民广播电台、《人民日报》等10多家国内主流新闻媒体宣传和报道，在国内引起强烈反响。2004年1月，被全国双拥工作领导小组、国家人事部、国家民政部、中国人民解放军总政治部联合表彰为全国拥政爱民模范（享受省劳动模范待遇），受到江泽民、温家宝等中央领导的接见。2004年12月，被中国人民解放军海军作战支援舰第二支队记二等功一次、被浙江省舟山市评为“十大杰出青年”。2006年12月，出席中国人民解放军海军第十次党代会，作为英模代表，受到了中共中央总书记、中央军委主席胡锦涛的接见。2007年4月，被中国人民解放军海军评为“优秀士官人才”。转业到地方后，他发扬部队的优良作风，工作出色，成为基层海事部门独挡一面的技术骨干。2013年7月，与其他两名同志一起获得市地方海事局岗位练兵活动团体第一名。2013年9月，与其他3名同志一起参加全省交通运输行业公务艇操作技能竞赛，取得团体三等奖，个人荣获“江苏省交通技术能手”荣誉称号。

江苏省优秀党务工作者——周正雄　男，汉族，1966年11月生，在职研究生学历，中共党员，江苏省阜宁县人，1987年8月参加工作，现任盐城市交通运输局党委委员、市铁路建设办公室副主任。该同志在阜宁县益林镇任县政协副主席兼镇党委书记期间，十分重视基层党组织建设，在民营企业党建、党员远程教育和党员示范岗创建中取得显著成绩，镇党委连续6年被评为市、县“五好乡镇党委”。其个人先后多次受到盐城市委、市政府及阜宁县委、县政府表彰，记二等功一次，三等功两次；

2004年6月，被江苏省委表彰为优秀党务工作者，享受省劳动模范待遇。近两年来，主要分管市交通投资公司和铁路工程建设等工作。在分管市交投公司方面，先后完成了南新河船厂、五星工业园、西城中央、机场改扩建和南北林地块的拆迁工作，共拆除房屋面积近10万平方米；收储土地200多公顷，完成30多亿元融资任务，为交通重点工程建设提供了有力地保证。在铁路工程建设方面，重点推进连盐铁路的拆迁安置和征地让地工作。共建成安置小区18个，建成总建筑面积6万平方米。连盐铁路全线进入实质性施工状态。积极参与推进徐宿淮盐铁路及新长铁路电气化改造等前期工作，力争全市铁路建设在新一轮全国铁路建设中取得长足的发展。

全国交通系统先进工作者——糜世湘 男，汉族，1953年10月生，大专文化，中共党员，江苏省滨海县人，1968年9月参加工作（知青插队），1972年12月应征入伍，1977年退伍，1997年1月，由响水县政府办公室副主任兼房改办主任，调任响水县交通局局长、党委书记，2005年12月，当选响水县政协副主席。他担任交通局长10多年来，牢记“两个务必”，坚持与时俱进、创新创业，为响水县交通运输事业的发展作出重大贡献。积极跑市、跑省争取建设项目，先后通过省、市交通公路部门引进公路建设资金2.5亿元，组织实施10多项公路新建和改造工程，总里程达380多公里，为响水改善投资环境、经济跨越发展发挥重要作用。坚持“两手抓、两手都要硬”的方针，在全县交通系统组织开展一系列创建文明活动，先后有18个单位进入省、市、县文明单位行列，达标率达91.80%，该县交通局创建成盐城市文明行业。坚持勤政廉政，在建立健全党风廉政责任制的同时，率先垂范、身体力行，叫响“从我做起，向我看齐，对我监督”的口号，做到“常在河边走，就是不湿鞋”。对系统内违纪违规案件敢抓敢管，维护党纪党规的严肃性。糜世湘在任期间，响水县交通局各项工作取得显著成绩，成为盐城市交通行业排头兵。他本人多次受到上级表彰奖励，荣立二等功一次，先后被评为县优秀领导干部、项目大突破功臣、“振响富民”精英，全市行风建设先进个人，全省治理公路河道“三乱”先进个人，盐城市劳动模范、五届人大代表，2005年3月，被人事部、交通部表彰为全国交通系统先进工作者（享受省部级先进工作者待遇）。

江苏省劳动模范——沙惠林 女，汉族，1969年3月生，大专文化，中共党员，江苏省盐城市亭湖区人，1990年3月参加工作，现任江苏盐阜公路运输集团有限公司盐城汽车客运站“沙惠林服务班”班长。该同志始终以一名共产党员的标准严格要求自己。作为“沙惠林服务班”班长，她凭着对交通事业执着追求和无限热爱，把岗位当作奉献爱心的平台。近几年来，累计加班近1800小时。她自己收入不高，丈夫也没有固定工作，可她时常用有限的收入帮助一些需要帮助的人。由她倡导设立的“特困旅客助行资金”，已累计资助困难旅客800多人次，计2万余元。多年来，沙惠林先后26次参加义务献血15500CC。2001年3月加入“造血干细胞自愿捐献者”行列。在服务过程中，她坚持工余时间学习理论知识，学习英语、韩语，学习哑语，不断提高服务能力和服务水平。同时她还不定期组织本班组的工作人员进行学习，努力提高班组人员的政治思想素质和整体服务水平。以她姓名命名的

"沙惠林服务班"自成立以来,共计帮助旅客排忧解难万余次,收到旅客表扬信件、意见2000余封(条),锦旗20面,多次被国家、省、市各级组织表彰。她本人1999年被盐城市总工会、盐城市女职工委员会评为"岗位女明星"。2001年荣获盐城市"十大文明使者"提名奖、同年被江苏省交通厅、团省委评为"青年岗位能手"。2002年被团市委授予"盐城市十大杰出青年志愿者"称号。2003年被团市委表彰为"新长征突击手"。2004年被评为盐城市劳动模范。同年被江苏省委表彰为优秀共产党员。2006年当选为市第五次党代会代表,被评为江苏省劳动模范,被中华全国总工会表彰为"建功立业标兵"。2007年被评选为江苏省"十大杰出青年"。2008年当选为江苏省十一届人大代表。

江苏省先进工作者——吉电广 男,汉族,1951年6月生,大专文化,中共党员,江苏省阜宁县人,1972年12月应征入伍,1993年转业至市交通局工作,历任市交通局监察室主任、纪检组副组长、市高指办督查处处长。该同志为市交通系统的纪检监察和高速公路建设中的矛盾协调、征地拆迁等工作做出了较为突出的贡献。1997年被省交通厅评为全省交通系统治理公路河道"三乱"先进个人;1998年被省交通厅党组评为全省交通系统先进纪检监察干部;1999年被市委、市政府评为1996~1999年工程建设专项治理先进个人;2001年被市政府授予"二等功臣"。在担任市高指办督查处处长期间,带领全处人员经常起早摸黑,一天工作十几个小时,步行几十公里,先后对4条高速公路沿线的47个乡镇、160多个行政村的征地拆迁户逐一丈量、仔细核查,共落实征用土地7300多公顷、拆迁房屋5440多户,拆房面积62.40万平方米,迁移各种杆线5100多道,全部按时达到征地红线内房屋清、杆线清、青苗树木清、全线通视的要求。他办事公开、公平、公正,及时化解地方矛盾,解决阻工难题,督促征地拆迁补偿资金及时、足额发放到位,保证高速公路顺利施工、安全施工、提前竣工、质量创优。2003年被省总工会评为全省重点工程建设"功臣个人";被市委市政府评为2002年度八类十大重点工程先进个人;2004年被市政府授予"盐城市劳动模范"称号,2006年4月被省政府表彰为省先进工作者(享受省劳动模范待遇)。

江苏省劳动模范——王德健 男,汉族,1972年2月生,大学文化,中共党员,江苏省阜宁县人,工程师职称,1994年8月参加工作,现任盐城市公路机械化施工处设备科副科长。他立足公路工程施工一线拼搏奉献。1995年年底,盐城市公路管理处从美国进口了一台价值320万元的沥青摊铺机。他经过多次试验,终于摸索出成功的操作方法。2000年9月,正在盐金线上紧张作业的摊铺机发生了故障。王德健判断是机械离合器的磨擦片烧坏了,如向美国厂家订购至少要一个月时间才能到货。他亲手设计,做出制造磨擦片的模具,大胆采用石棉材料代替美国的玻璃纤维,终于成功了。只花了5天时间,以原件四分之一的造价生产出了自己的磨擦片,安装到美国产的摊铺机上,工程很快恢复了施工。经过这次成功的尝试,王德健一发而不可收。摊铺机的传感器折断了,想到昂贵的价格及半个月的供货时间,他又迎难而上自制解决。他自学成才,凭自己的聪明才智和无私的奉献精神,解决了施工机械中的许多技术难题,为单位避免和减少了一次次的经济损失,创造了可观的经济效益。他多次被评为"红旗机手""优秀文明职工",2001年被盐城市总工会授予五一劳动奖章,2004年荣获江苏省交通行业"金桥奖",2006年被评为全市交通系统

“十大交通之星”。2009年4月，获得江苏省五一劳动奖章，2011年4月被评为江苏省劳动模范。

江苏省劳动模范——宋伟宏　男，汉族，1954年11月生，大学文化，中共党员，江苏省建湖县人，1973年3月参加工作，高级工程师，一级建造师，现任盐城市路桥建设工程有限公司党委书记、董事长、总经理。他率领盐城市路桥建设工程有限公司干部职工经过20多年的奋力拼搏，使企业由1988年创建时的十几个人、七八辆小板车的运输队发展成为拥有近3亿元资产的全市唯一具有国家公路工程施工总承包壹级资质的施工企业。路桥公司先后参加南京禄口机场、沿江、连霍、盐通、江海、江六、宿新高速公路等多项国家、省、市重点工程的建设，曾荣获部优奖2项、詹天佑奖4项、扬子杯8项、省优工程36项、市优8项，优良率达98%。2010年中标江六高速、宿新高速等4个项目，合同价近10亿元，实现结算产值6.5亿元，上交国家税收2881万元（其中亭湖区入库税收466.30万元）。当年9月作为盐城市企业代表在全省构建和谐企业交流会上进行了典型经验介绍；公司并购省农垦化肥厂，以民营企业回报社会、回报地方的强烈社会责任感成功地化解了老国企破产中尖锐复杂的矛盾，没有发生过一起职工上访事件和职工违法犯罪行为，先后被省总工会、市有关部门授予“模范职工小家”“和谐企业”。公司连年受到省、市行业主管部门和市、区人民政府的表彰。由他独创的“无拉杆施工工艺”被全省推广应用。他本人受到省政府、省交通厅连年嘉奖，享受盐城市人民政府及亭湖区人民政府特殊津贴。2010年被评为盐城市劳动模范，2011年4月被评为江苏省劳动模范。

江苏省劳动模范——徐爱华　男，汉族，1972年10月生，在职研究生学历，中共党员，江苏省阜宁县人，1997年9月参加工作，高级工程师，历任阜宁县公路管理站技术员、副站长、站长。该同志相继负责和参与40多个市、县交通重点工程项目建设，完成工程量达2.12亿元，创利1300多万元，经上级质监部门检查验收，每项工程质量优良率均达100%，取得工程建设质量高、安全好、效益佳的良好业绩。他在公路养护管理工作中，创造性地提出“精益求精、注重细节、追求精致”的工作思路，并在养护实践中具体为八化标准，即路肩草坪化、边坡线条化、路田分隔化、路面清洁化、行车舒适化、道口标准化、养护机械化、管理信息化，从而提高了养护水平和养护质量，始终保持县内公路安全、畅通、完好、整洁。市公路处总结了该同志的“八化”精细养护，在全市继而在全省获得推广。他2009年被授予市五一劳动奖章，2010年被评为市劳动模范，2011年4月被评为江苏省劳动模范。

江苏省五一劳动奖章获得者——孙昌聘　男,汉族,1944 年 5 月生,初小文化,中共党员,江苏省阜宁县人,1964 年 10 月参加工作,原任江苏华通航运集团有限公司二公司 161 船队船长。多年来,在政治上积极要求进步,业务上能虚心向老同志学技艺,努力提高自己的业务水平,坚持"安全第一、预防为主"的安全工作方针,团结和带领轮船驾驶一班人抓好安全生产,用制度规范轮船驾驶工作,连续安全驾驶 20 万公里无事故,创造了明显的社会效益和经济效益,多次被评为先进个人、优秀党员、先进生产者。1997 年 4 月被省总工会授予省五一劳动奖章。

江苏省五一劳动奖章获得者——秦长国　男,汉族,1963 年 2 月生,大学文化,中共党员,江苏省滨海县人,1982 年参加工作,高级工程师,现任盐城市公路管理处副主任。秦长国从事公路工程建设管理工作近 30 年,无论是在高速公路建设中,还是在普通干线公路建设中,他都以"专业、严谨、认真"著称,曾作为技术专家被盐城市委组织部选派到悦达集团参加外建项目。近年来,他主要负责 S331 后期、南环三期、城市快速路网等重大工程建设管理工作,始终坚持质量第一原则,从细节入手,狠抓工程建设中质量通病的防治,确保工程合格率 100%。他立足"一流的管理文化、一流的内在质量、一流的外观工艺、一流的市政设施、一流的环境景观、一流的档案资料"目标,把"安全生产零事故、工程质量零缺陷、时序进度零延误、项目投资零浪费、生态环境零影响、廉政建设零腐败"贯穿工程管理和劳动竞赛始终,取得了显著成效,将 S331 建成了精品工程、示范工程,为全市干线公路建设树立了标杆,受到了市领导和社会各界的广泛赞誉,在"十一五"全国干线公路检查中,得到了检查组的充分好评。2001 年被省总工会授予省五一劳动奖章。近年来秦长国先后被表彰为全省公路系统争先创优先进个人,全省混凝土质量通病治理和"两创三比"活动先进个人、全市重点工程建设劳动竞赛先进个人。

江苏省五一劳动奖章获得者——葛春宽　男,汉族,1966 年 1 月生,在职研究生学历,中共党员,江苏省建湖县人,1984 年 8 月参加工作,现任盐城市交通运输局副局长,市公路管理处党委书记、主任。他结合公路交通实际,立足岗位,敬业奉献,强化管理,开拓创新,全力抓好公路建设、养护、路政、征收管理,公路好路率逐年提高,9 个公路站全部建成标准化路政大队,规费征收年年超额完成省市目标任务;突出抓好干线公路建设和农村公路建设。除了正常上班处理日常事务外,大部分时间和星期天、节假日都泡在工地上,现场会办解决问题,强化督查指导。公路建设管理目标任务年年超额完成,公路事业发展不断登上新的台阶。全市累计完成干线公路建设投资 127 亿元,建成通车里程 800 公里;完成农村公路建设投资 56 亿元,建成农村公路 1.16 万公里,改造农村公路危桥 1689 座,全市 9 个县(市、区)、138 个乡镇、1927 个行政村全部通上等级公路。他 2005 年被市委、市政府记二等功一次,2006 年被推选为中国共产党盐城市第五次代表大会代表,2007 年被省交通厅推选为江苏省交通行业"100 人才",2008 年被市总工会授予市五一劳动奖章,2009 年 4 月被省总工会

授予省五一劳动奖章，同年 12 月被中国海员建设工会全国委员会授予全国公路交通系统金桥奖章。

江苏省五一劳动奖章获得者——严正春 男，汉族，1967 年 2 月生，大学文化，中共党员，江苏省建湖县人，1988 年 8 月参加工作，现任建湖县航道管理站副站长。2007 年 10 月被调到连云港港疏港航道工程指挥部项目办工作，负责航道工程 5 个标段的施工现场管理。严正春有强烈的责任心，工作认真负责。他坚持深入现场，解决设计、监理、施工、拆迁工作关系，及时掌握工程施工信息，有针对性地抓好施工管理，有效协调解决施工中各种矛盾，使工程质量、安全、进度和费用得到有效控制。五、六标段是新型生态护岸，他与参建单位一起择优施工方案，使工程质量达到优良等级。十一标是传统重力式护岸，他针对质量通病积极研究预防措施，实行精细化管理，建成传统护岸的典范工程。八标地处灌云城区，征地拆迁工作难度极大，他积极帮助协调各方关系，很快打开了局面。他刻苦钻研业务，由他主持制订的《连云港港疏港航道整治工程质量检验补充评定标准》顺利通过审批，并被省交通厅以《江苏省内河航道整治工程质量检验评定标准补充标准》（苏交质〔2009〕3 号）文下发推广执行。他严格遵守法律法规和廉政规定，多次拒绝礼品和宴请，受到施工单位好评。2010 年 4 月被省总工会授予省五一劳动奖章。

江苏省五一劳动奖章获得者——管亚光 男，汉族，江苏省阜宁县人，1960 年 11 月生，党校研究生学历。1977 年 9 月参加工作，1978 年 10 月入党，现任盐城市交通运输局局长、党委书记，盐城市港口局党组书记，盐城市委委员。1988 年 12 月任盐城市城区统计局副局长、局长；1992 年 11 月任盐城市城区财政局局长；1994 年 9 月任盐城市城区财政局局长、地税局局长、党组书记；1995 年 3 月任盐城市城区区长助理、财政局局长、地税局局长；1996 年 3 月任盐城市城区政府副区长；1997 年 4 月任盐城市城区区委常委、常务副区长（1997 年 9 月至 2000 年 9 月东南大学经济与科技研究生班学习）；2001 年 1 月任盐都县县委常委、常务副县长（2001 年 9 月至 2002 年 9 月江苏省委党校经济与科技专业学习）；2002 年 12 月任盐都县县委副书记、代县长、县长；2004 年 3 月任亭湖区区委副书记、代区长、区长（2004 年 9 月至 10 月美国城市规划建设学习）；2006 年 6 月任盐城市政府副秘书长、政府办党组成员；2006 年 8 月任盐城市交通局党委书记；2007 年 2 月任盐城市交通局局长、党委副书记兼市铁办主任、党组书记；2008 年 3 月任盐城市交通局局长、党委书记、市铁办主任党组书记；2009 年 8 月任盐城市交通局局长、党委书记、市铁办主任、党组书记、盐城港港口局党组书记；2010 年 2 月任盐城市交通运输局局长、党委书记、盐城港港口局党组书记、盐城市委委员。省十届人大代表，省十二次党代会代表，市五、六次党代会代表，市三、四届人大代表，市六届、七届政协委员，盐城市委候补委员、委员。

管亚光自任市交通局局长、党委书记以来，坚持科学发展观，全力以赴推动盐城交通运输事业跨越式发展。组织制定盐城交通运输“十一五”“十二五”发展规划，并认真抓好落实。2007 ~ 2013 年，完成交通基础建设投资 522.84 亿元，新改建公路 2270.20 公里，其中新增一级公路 850.69 公里、二级公路 680.47 公里。2013 年，全市公路总里程达 1.91 万公里，形成“一纵一横一联”高速公路主骨架，建成 6 条横向通海一级公路，实现沿海五大经济节点与高等级公路直接相连。全线开工建设连盐铁路盐城段,全力推进新长铁路盐城至海安段复线电气化改造、徐宿淮盐铁路盐城段、盐泰锡宜城际铁路盐城至泰州段前期工作。刘大线航道、连申线东台段航道建成通航,使全市内河航道实现“通江达海”。加快盐城港口建设,“一港四区”发展格局已经形成,2013 年货物吞吐量达 5010 万吨。盐城南洋机场已建成国家一类开放口岸,开通了 13 个国际国内航班。盐城大市区快速公交 BRT 形成“一主一环五支”新格局,2013 年新增公交车 319 辆。大力推进城乡公交一体化,惠及城乡数百万人口。带领全市交通系统广大干部职工勇于争先创优,精神文明建设实现新的提升。市交通运输局连续 7 年荣获全市目标任务绩效考核综合先进奖,多次被评为市精神文明建设先进集体,建成市文明行业标兵、省文明单位标兵。他严于律己,倾力党风廉政建设,打造阳光和谐交通。市交通运输局多次被市评为党风廉政建设先进集体和“五好班子”,被省交通运输厅评为作风建设先进集体,并在全省作典型经验介绍。他本人连续 7 年获市委、市政府目标任务综合考核先进个人,2013 年 4 月,荣获江苏省五一劳动奖章。

江苏省五一劳动奖章获得者——唐兆明　男,汉族,1963 年 11 月生,大学文化,中共党员,江苏省射阳县人,1982 年 7 月参加工作,现任射阳县交通运输局局长、党委副书记。他立足岗位,求真务实,创新创优,敬业奉献,根据射阳交通工作实际,紧扣“服务发展”主题,主攻项目促发展、提升服务惠民生、深化改革促转型、转变作风树形象,为射阳实现跨越赶超发展提供了强有力的交通支撑。2011 ~2013 年,累计完成交通基础设施投入近 20 亿元,新改扩建公路 450 多公里。使该县境内以海堤公路、临海高等级公路、S226、沈海高速、四长线为“五纵”和以 S328、S329、S233 为“三横”的“五纵三横”骨干路网基本形成。农村路网在“村村通”的基础上不断延伸和加密。特别是在临海高等级公路建设中,积极倡导交通工程建设精细化管理的理念,实现工程质量优质化、安全生产常态化、施工管理标准化、廉政建设制度化,在省、市临海高等级公路建设管理办公室综合考核中连续多次获得第一名。他 2011 年被盐城市政府表彰为全市基础设施建设先进个人,2012 年被省交通运输厅表彰为全省交通运输行业“百名先锋模范党员”,2013 年 4 月,被省总工会授予省五一劳动奖章,同年 10 月被盐城市国防动员委员会表彰为“支持国防建设十佳领导”。2013 年,他所在的射阳县交通运输局党委被盐城市委表彰为“先进基层党组织”。

江苏省五一劳动奖章获得者——范鹏　男,汉族,1974 年 5 月生,大学文化,江苏省连云港市人,1993 年 8 月参加工作,工程师职称,现任盐城公路工程试验检测中心副主任、盐城城市快速路网工程管理办公室工程科副科长。他从事交通工作 20 多年来,始终埋头奋战在工程管理第一线,近年来先后参加了 G204 盐城段、S331 盐城东段、大市区南环路、临海高等级公路和城市快速路网工程建设。无论在什么项目上,他都勤勤恳恳、任劳任怨地做好领导分配的每一项工作。特别是对大桥、特大桥的监管,技术难度大、质量安全风险高,他主动请缨,干中学,学中干,以争先创优为立足点,以新技术、新工艺、新材料推广运用为手段,狠抓现场标准化、规范化建设,圆满地完成了一座又一座大桥建设任务,其中 S331 跨通榆河大桥还获得了“扬子杯”奖,他被大家亲切地称为“范大桥”。目前正在实施的范公路工程位列全市“三重项目”之首,包括特大桥 2 座,其中新洋港大桥塔高 63.50 米,主跨 216 米,不仅是盐城大市区“第一桥”,也是苏中、苏北地区城市范围内最大跨径的斜拉桥,为了做好

监管工作,他在协助科长抓好全线施工的同时,反复研究特大桥的图纸、资料,主动向业内专家登门请教,与施工单位一起研究制定施工方案,并在工作中严格监查落实质量、安全保障措施,确保了项目推进的平稳有序。目前,项目全线工程质量检验合格率100%,无一起安全事故发生,受到了上级和社会各界的广泛好评。他本人因此多次受到市交通主管部门的表彰,2013年4月,被省总工会授予省五一劳动奖章。

3. 市(厅)劳动模范(含享受市劳模待遇)和五一劳动奖章获得者(77人次)

1988~2013年盐城市交通系统市(厅)劳动模范和五一劳动奖章获得者统计

表154

序号	姓　名	表彰时所在单位及职务	表彰单位	表彰项目	表彰时间
1	招嘎玛	市交通局工委副主任	市政府	市劳动模范	1998.11
2	吉电广	市交通局纪检组副组长、监察室主任	市政府	市劳动模范	2004.4
3	秦长国	市公路管理处副主任	市政府	市劳动模范	2013.5
4	闵永华	市航道管理处直属航道站站长	市政府	市劳动模范	2007.4
5	周正殿	市高指办技监处副处长	市政府	市劳动模范	2001.5
6	崔　花	盐城民航站站长	市政府	市劳动模范	2010.4
7	王延虎	市华通实业总公司总经理	市政府	市劳动模范	1995.5
8	陆　进	盐阜公路运输集团总经理、党委书记	市政府	市劳动模范	1998.11
9	沙惠林	盐阜公路运输集团盐城汽车站服务班长	市政府	市劳动模范	2004.4
10	陈竹祥	盐阜公路运输集团汽车修理公司修理班班长	市政府	市劳动模范	2010.4
11	张海霞	盐阜公路运输集团盐城汽车客运站服务班班长	市政府	市劳动模范	2013.5
12	金菊花	市公交总公司	市政府	市劳动模范	1995.10
13	沈小平	市公交总公司	市政府	市劳动模范	2001.9
14	石兆伯	市公交总公司	市政府	市劳动模范	2003.2
15	刘　飞	市公交总公司驾驶员	省人社厅 省交通运输厅	省交通运输系统劳动模范	2013
16	张连友	东台市公路管理站	市政府	市劳动模范	1995.5
17	袁小兵	东台市交通工程质量监督站	市政府	市劳动模范	2013.5
18	陈根峰	大丰市汽车运输公司驾驶员	市政府	市劳动模范	1998.11
19	宁汉兴	大丰港务局	市政府	市劳动模范	1998.11
20	黄正付	大丰市航运公司船长	市政府	市劳动模范	2001.5
21	郝宝林	市第二汽车公司驾驶员	市政府	市劳动模范	1991.5
22	洪正刚	盐都区公路管理站站长助理	市政府	市劳动模范	1995.5
23	王振林	盐都区公路管理站路政大队副大队长	市政府	市劳动模范	2001.5
24	高照明	盐都区公路管理站站长	市政府	市劳动模范	2005.5
25	苗久成	盐都区交通运输局	市政府	市劳动模范	2013.5
26	宋伟宏	盐城市路桥建设工程有限公司董事长	市政府	市劳动模范	2010.4
27	符庆涛	建湖县环宇集团	省交通厅	省交通系统劳动模范	1988.3

续表154

序号	姓　名	表彰时所在单位及职务	表彰单位	表彰项目	表彰时间
28	葛锦华	建湖县交通局党委副书记	市政府	市劳动模范	1991.5
29	顾成玉	建湖县交通工程处	市政府	市劳动模范	1991.5
30	李如云	建湖县交通局局长	市政府	市劳动模范	1999.4
31	胥兰凤	建湖县交通工程质量监督站	市政府	市劳动模范	2007.4
32	卢乃铨	建湖县交通运输局	市政府	市劳动模范	2013.5
33	陈　垒	射阳县港务局	市政府	市劳动模范	1998.11
34	王仁义	江苏河海运输股份有限公司	市政府	市劳动模范	1998.11
35	陈仁友	江苏河海运输股份有限公司董事长	市政府	市劳动模范	2004.4
36	肖广和	江苏河海运输股份有限公司副总经理	市政府	市劳动模范	2010.4
37	戴启楼	射阳县客运公司经理、党总支部书记	市政府	市劳动模范	2001.9
38	曹恒昌	射阳县交通建筑工程公司经理、党总支部书记	市政府	市劳动模范	1995.10
39	徐爱华	阜宁县公路管理站站长	市政府	市劳动模范	2010.4
40	蒋　峰	滨海县交通局局长	市政府	市劳动模范	1995.5
41	糜世湘	响水县交通局局长	市政府	市劳动模范	2004.4
42	张晓海	响水县交通局党委书记	市政府	市劳动模范	2006
43	费崇海	市交通局工委副主任	市总工会	市五一劳动奖章	1996.5
44	王德健	市公路管理处	市总工会	市五一劳动奖章	2002
45	葛春宽	市公路管理处主任、党委书记	市总工会	市五一劳动奖章	2008.4
46	李　冰	市公路工程有限责任公司	市总工会	市五一劳动奖章	2009.3
47	杨永忠	市航道管理处	市总工会	市五一劳动奖章	2009.4
48	宋绍华	市航道管理处	市总工会	市五一劳动奖章	2012
49	薛　锋	市运输管理处党总支副书记	市总工会	市五一劳动奖章	2011
50	于广善	盐阜公路运输集团响水公司驾驶员	市总工会	市五一劳动奖章	1997
51	蔡　禹	盐阜公路运输集团中威客车制造厂经理	市总工会	市五一劳动奖章	1999.5
52	吉曼青	盐阜公路运输集团工会主席	市总工会	市五一劳动奖章	2003.5
53	李树辉	盐阜公路运输集团快客公司机务负责人	市总工会	市五一劳动奖章	2006.5
54	张海霞	盐阜公路运输集团盐城汽车客运站服务员	市总工会	市五一劳动奖章	2009.5
55	陈对洋	盐阜公路运输集团快鹿公司客车驾驶员	市总工会	市五一劳动奖章	2010.5
56	杨金山	盐阜公路运输集团东台有限公司	市总工会	市五一劳动奖章	2012
57	王亚农	盐城交通技师学院	市总工会	市五一劳动奖章	2005.5
58	郑恒郁	盐城交通技师学院	市总工会	市五一劳动奖章	2005.5
59	樊　峰	大丰市汽车运输公司驾驶员	市总工会	市五一劳动奖章	1998.4
60	王德凤	盐都区公路管理站	市总工会	市五一劳动奖章	1998.4
61	张光俊	阜宁县公路管理站	市总工会	市五一劳动奖章	2001
62	徐爱华	阜宁县公路管理站站长	市总工会	市五一劳动奖章	2009.5
63	朱义林	阜宁县航道管理站工会主席	市总工会	市五一劳动奖章	2005.5

续表 154

序号	姓　名	表彰时所在单位及职务	表彰单位	表彰项目	表彰时间
64	宋　辉	阜宁县公路养护工程有限公司	市总工会	市五一劳动奖章	2011
65	费如淦	滨海县航道管理站	市总工会	市五一劳动奖章	2001
66	戴古祥	滨海县汽车有限公司	市总工会	市五一劳动奖章	2011
67	刘善一	市公路管理处副主任	市政府	G204 盐城北段建设功臣(享受市劳模待遇)	1997.12
68	刘　军	市公路管理处机械化施工处	市政府	G204 盐城北段建设功臣(享受市劳模待遇)	1997.12
69	叶仲明	市航道管理处副主任	市政府	G204 盐城北段建设功臣(享受市劳模待遇)	1997.12
70	铁步昌	盐城新阜公路有限责任公司总经理	市政府	G204 盐城北段建设功臣(享受市劳模待遇)	1997.12
71	刘长青	市交通局局长、党委书记	省人事厅、省交通厅	高速公路建设突出贡献奖(享受市劳模待遇)	2006
72	阎立群	市交通运输局纪检组副组长、监察室主任	省委、省政府	省纪检监察先进工作者(享受市劳模待遇)	2011.6
73	潘进山	市交通运输局副局长、党委副书记	省人社厅、省交通运输厅	省交通系统先进工作者(享受市劳模待遇)	2013.
74	钱敏红	市地方海事局	省人社厅、省交通运输厅	省交通系统先进工作者(享受市劳模待遇)	2013
75	施晓钟	大丰市港口管理局	省人社厅、省交通运输厅	省交通系统先进工作者(享受市劳模待遇)	2013
76	周　展	建湖县公路管理站	省人社厅、省交通运输厅	省交通系统先进工作者(享受市劳模待遇)	2013
77	张建成	响水县港口管理局局长	省人社厅、省交通运输厅	省交通系统先进工作者(享受市劳模待遇)	2013

三、先进个人

1988～2013 年,全市交通系统受部、省级以上表彰的先进个人 99 人(次),参加各类竞赛、论文交流获奖 12 人(次)。

1988～2010 年盐城市交通系统受到部省级以上表彰的先进个人统计

表 155

序号	先进个人姓名	所在单位及职务	表彰单位	表彰项目	表彰时间	备注
1	葛定山	市交通局史志办副主任	交通部	公路史编写先进工作者	1991.4	
2	戴学舜	市交通战备办公室副主任	国家交通战备办公室	先进个人	1992.5	
3	王树华	市交通局人武部长	省政府、省军区	民兵工作先进个人	1992.6	
4	王树华	市交通战备办公室副主任、人武部长	省国防动员委员会	盐金国防公路建设先进个人	1997.5	
5	王树华	市交通战备办公室副主任、人武部长	省国防动员委员会	“九五”交通战备工作先进个人	2001.3	

续表155

序号	先进个人姓名	所在单位及职务	表彰单位	表彰项目	表彰时间	备注
6	招嘎玛	市交通局工委副主任	省妇联	省三八红旗手	1993.11	
7	招嘎玛	市交通局工委副主任	省总工会	工会工作先进工作者	1997.2	
8	招嘎玛	市交通局工委副主任	省“巾帼建功”领导小组	“巾帼建功”先进个人	1998.3	
9	招嘎玛	市交通局工委副主任	全国总工会	全国优秀工会工作者	1998.10	
10	招嘎玛	市交通局工委副主任	省总工会	省先进女职工工作者	2003.7	
11	招嘎玛	市交通局工委副主任	全国总工会	全国优秀工会工作者	2003.9	
12	杨汉平	市交通局计财科长	交通部	车购费征管工作先进个人	1995	
13	费崇海	市交通局工委副主任	中国海员工会全国委员会	第五届“金锚奖”优秀工会工作者	1996.8	
14	王长年	市交通局纪检组组长	省委、省政府	全省纪检监察先进工作者	1999.1	五年表彰一次
15	秦永宏	市车辆购置加费征收办公室主任	交通部	全国车购费征管工作先进个人	2000.8	
16	陈日晓	市公路管理处主任助理	交通部、国家统计局	第二次全国公路普查工作先进个人	2002.6	
17	陈日晓	市公路管理处副主任	省总工会、省交通厅	江苏省重点工程建设劳动竞赛功臣个人	2008.7	
18	陈日晓	市公路管理处副主任	省绿化委员会、省林业局	2001年度绿色江苏建设暨国土绿化先进工作者	2011.1	
19	刘长青	市交通局局长、党委书记	省人事厅、省交通厅	高速公路建设突出贡献奖	2006	
20	徐海红	市交通局工委副主任	省总工会	省优秀工会工作者	2008.5	
21	徐海红	市交通运输局工委副主任	全国总工会	优秀工会工作者	2013	
22	阎立群	市交通运输局纪检组副组长、监察室主任	省委、省政府	省纪检监察先进工作者	2011.6	
23	陈志超	市交通运输局工委主任	中国海员建设工会	全国交通建设系统优秀工会工作者	2011	
24	陈志超	市交通运输局工委主任	省总工会	省优秀工会工作者	2011	
25	陈献东	市公路管理处	省政府	“八五”期间绿化先进工作者	1996.2	
26	徐　军	市公路管理处	交通部	2007年全国农村公路通达情况专项调查先进个人	2007.6	
27	葛春宽	市公路管理处主任、书记	中国海员建设工会全国委员会	第九届“金桥奖”	2009.12	
28	颜章林	市航道管理处纪检书记	省政府	全省治理公路河道“三乱”工作先进个人	2002.5	
29	梁同好	市航道管理处	交通部	第二次全国内河航道普查先进个人	2004	
30	袁士永	市航道管理处	交通部	全国交通系统文明职工	2007	
31	刘亚梅	市航道管理处	省总工会	省五一巾帼标兵	2012	
32	闵永华	市航道管理处直属航道站站长	全国争创活动领导小组	2006年度全国知识型职工先进个人	2007.1	
33	张　虎	市航道管理处直属航道站	省总工会	江苏省知识型职工	2007	
34	傅臣毅	市航道管理处直属航道站	省总工会	省优秀工会积极分子	2013	
35	王鸣鸣	市运输管理处副主任	交通部	京杭运河船型标准化示范工程推进工作先进个人	2006	
36	孙根山	市运输管理处科长	省委、省政府	江苏省参与2010年上海世博会先进个人	2011.2	

续表 155

序号	先进个人姓名	所在单位及职务	表彰单位	表彰项目	表彰时间	备注
37	薛建明	市运输管理处	省总工会	省文明职工	2012	
38	王星可	市港监处	交通部	无线电管理先进个人	1990	
39	项晓晴	市交通工程质量监督站站长	交通部	全国交通系统优秀工程质量监督工程师	1995	
40	陶　杰	市交通工程质量监督站站长	交通部	全国交通系统优秀工程质量监督工程师	1999. 8	
41	吉电广	市高指办处长	省政府	江苏省先进工作者	2006. 8	
42	丁献阳	市交通规划设计院	交通运输部	全国交通技术能手	2010. 3	
43	仲爱萍	盐城汽车分公司东台汽车站	交通部	1993 -1995 年度全国公路旅客运输先进工作者	1995	
44	石小文	盐汽分公司东台营业处驾驶员	交通部、公安部	全国红旗车驾驶员	1992	
45	杨金山	盐阜公路运输集团东台汽车站站长	中国道路运输协会	全国道路运输站场优秀站长	2010. 11	
46	郭立菊	盐城汽车分公司汽车站	省政府	“巾帼建功”先进个人	1993	
47	郭立菊	盐城汽车分公司汽车站	全国总工会	全国先进女职工	1995. 3	
48	朱贤才	盐城汽车分公司驾驶员	交通部、公安部	全国红旗车驾驶员	1992	
49	陈根年	盐城汽车分公司汽车保养厂	省政府	省先进生产者	1995	
50	沙惠林	盐城汽车分公司汽车站	全国总工会	建功立业标兵	2006. 4	
51	贾秀全	盐阜公路运输集团有限公司副总经理	中国交通企业管理协会	交通行业 2008 年度质量管理小组活动卓越领导者	2008	
52	贾秀全	盐阜公路运输集团有限公司副总经理	中国交通企业管理协会	全国交通运输企业文化建设先进个人	2009. 12	
53	陆　进	盐阜公路运输集团有限公司总经理	省国防动员委员会	“九五”期间交通战备先进工作者	2001. 3	
54	陆　进	盐阜公路运输集团有限公司董事长	《中国质量万里行》市场调研中心	中国质量信用建设企业家	2010	
55	卞敬友	盐阜公路运输集团有限公司总经理	《中国质量万里行》市场调研中心	中国质量信用建设企业家	2010	
56	汪　沛	盐阜公路运输集团有限公司副总经理	省总工会	省优秀工会工作者	2013	
57	刘荣生	盐阜公路运输集团驾培中心班长	省总工会、经信委、国资委、工商联	省企事业优秀班组长	2011	
58	苗　娟	市轮船公司组织科科长	省总工会	抗洪救灾先进个人	1991. 9	
59	王延虎	射阳县航运公司经理	省总工会	省“八五”奉献杯先进个人	1992	
60	王延虎	盐城市华通实业总公司总经理	省政府	省交通事业建功立业功臣	1995	
61	梅步旺	市港埠实业总公司党委书记	省政府	两个文明建设先进个人	1986	
62	刘兆风	市港埠实业总公司第四公司经理	省委、省政府	抗洪救灾先进个人	1991. 11	
63	周其谓	市港埠实业总公司总经理	中国海员工会、中国公路运输工会	交通系统抗洪救灾先进个人	1992. 3	
64	冯长春	市交通工程处	省政府	在沪宁二级公路建设中成绩突出立功	1992. 4	
65	张容华	市交通工程处	省政府	在沪宁二级公路建设中成绩突出立功	1992. 4	
66	邹必华	市交通工程处副主任	省政府	在宁沪二级公路建设中成绩突出立功	1992. 4	
67	黄志敏	市交通工程处副主任	省政府	在宁沪二级公路建设中成绩突出立功	1992. 4	

续表155

序号	先进个人姓名	所在单位及职务	表彰单位	表彰项目	表彰时间	备注
68	蒋连才	市交通工程处副主任	省政府	在宁沪二级公路建设中成绩突出立功	1992.4	
69	丁桂文	东台市运输管理处运管员	省政府	抗击“非典”工作先进个人	2003	
70	郁志石	大丰县汽车运输公司驾驶员	交通部、公安部	全国红旗车驾驶员	1991	
71	朱友亮	大丰县航运公司经理	中国交通企业管理协会	优秀经理	1993.11	
72	樊　峰	大丰市航运公司工会主席	全国总工会	全国优秀工会工作者	1998	
73	丁荣安	大丰市交通运输局	省总工会	省优秀工会工作者	2013	
74	纪作仁	盐都区航道站	交通部	从事航标工作三十年荣誉证章	1993	
75	宋伟宏	盐城市路桥港航工程公司经理	省政府	在宁沪二级公路建设中成绩突出立功奖状	1992.4	
76	李　玉	射阳县交通局人秘股副股长	交通部	全国交通系统优秀通讯员	1991	
77	周德富	射阳县汽车运输公司驾驶员	交通部、公安部	全国红旗车驾驶员	1992	
78	张耀开	射阳县公路站工会主席	全国总工会	全国优秀工会积极分子	2003.9	
79	杨杰宏	射阳县客运公司驾驶员	交通部、公安部	全国红旗车驾驶员	1995	
80	王卫门	射阳县交通局副局长、地方海事处主任	交通部	交通工作先进个人	2006	
81	袁爱兰	江苏河海运输股份有限公司	省总工会	“五一”巾帼示范标兵	2008	
82	袁爱兰	江苏河海运输股份有限公司	省总工会	省优秀工会积极分子	2013	
83	陈仁友	江苏河海运输股份有限公司董事长	中国海员建设工会	第十三届“金锚奖”	2012	
84	谢怀农	建湖县交通局副局长	省政府	先进个人	1988	
85	谢怀农	建湖县交通局副局长	省国防动员委员会	盐金国防公路建设先进个人	1997.12	
86	张铁军	建湖县公路站	省政府	公路绿化先进个人	1988.1	
87	何云香	建湖县汽车运输公司驾驶员	交通部	全国红旗车	1991	
88	孙曰泰	建湖县交通局局长	交通部	抗洪救灾先进个人	1991	
89	顾成玉	建湖县交通工程处副主任	省政府	宁沪二级公路建设先进个人	1992	
90	顾成玉	建湖县交通工程处副主任	省政府	沪宁高速公路常州段质量创优先进工作者	1996	
91	李如云	建湖县交通局局长	省国防动员委员会	盐金国防公路建设先进个人	1997.12	
92	张木生	建湖县交通工程处	省国防动员委员会	盐金国防公路建设先进个人	1997.12	
93	陈宜军	建湖县公路站	省国防动员委员会	盐金国防公路建设先进个人	1997.12	
94	戴根龙	阜宁县航道站站长	交通部	全国航道系统先进个人	2002	
95	缪为胜	阜宁县公路站	省总工会	省五一创新能手、省技术能手	2007	
96	缪为胜	阜宁县公路站	交通部	全国交通技术能手	2007	
97	陈柏森	滨海县交通运输局	省总工会	省优秀工会工作者	2013	
98	糜世湘	响水县交通局局长	交通部	全国交通系统先进工作者	2005.3	
99	程杰军	响水县公路管理站	交通部	全国交通技术能手	2007	

1988~2013 年盐城市交通系统参加部省以上各类竞赛论文交流获奖个人情况

表 156

序号	姓　名	所在单位及职务	奖励单位	奖励项目	奖励时间	备注
1	祁步华	市交通战备办公室副主任、人武部长	南京军区交通协会	“海上民运船团组建设之我见”论文被评为三等奖	2008.12	
2	王延龙 顾　枫	市公路管理处	省政府	《我省交通行业文化建设现状调查》获省第十届哲学社会科学优秀成果奖	2008.11	2 人次
3	刘志军	市公路管理处副书记	全国“安康杯”竞赛组委会	全国职工安全健康知识竞赛三等奖	2009.12	
4	刘　泉、 张　虎、 袁士永	市航道管理处	全国总工会、国家安监总局、卫生部、公安部等	全国职工安全卫生消防知识竞赛二等奖	2005.7	3 人次
5	孙东阳	市航道管理处	全国“安康杯”竞赛组委员	全国职工安全健康知识竞赛三等奖	2009.12	
6	孙东阳	市航道管理处	全国“安康杯”竞赛组委员	全国职工职业安全卫生知识竞赛优秀奖	2011	
7	马中秀	市航道管理处	全国总工会	女职工劳动保护特别规定知识竞赛活动优秀个人	2013	
8	王建明	市运输管理处工会副主席	交通运输部	2011 年春运农民工平安返乡(岗)安全优质服务竞赛先进个人	2011	
9	汪霞	市公交总公司	全国总工会	女职工劳动保护特别规定知识竞赛活动优秀个人	2013	

四、高级人才

1988~2010 年，全市交通系统入选省交通行业“100 人才”12 人，市有突出贡献中青年专家 4 人，享受政府特殊津贴 5 人，具备高级以上职称的各类专业技术人才 291 人，其中教授(研究员)级高级工程师 5 人，高级工程师 125 人，高级经济师 57 人，高级政工师 38 人，高级会计师 19 人，高级统计师 1 人，高级审计师 1 人，副研究馆员 3 人，高级讲师 29 人，中学高级教师 4 人，高级实习指导教师 2 人，副主任医师(护师)4 人，特级飞行员 2 人，一级飞行员 1 人，具体情况如下表。

1988~2010 年盐城市交通系统入选省交通行业 100 人才、市有突出贡献的

表 157

序号	姓名	所在(统计)单位名称	时任职务	入选省交通行业 100 人才年度	入选市有突出贡献中青年专家时间	享受政府特殊津贴情况	备注
1	周　忠	市交通运输局	副局长	2005-2006			
2	葛春宽	市交通运输局	市公路处主任、党委书记	2005-2006			
3	陈日晓	市公路管理处	副主任	2005-2006	2008.12		
4	夏春柏	市交通规划设计院	院长	2005-2006			

续表157

序号	姓名	所在(统计)单位名称	时任职务	入选省交通行业100人才年度	入选市有突出贡献中青年专家时间	享受政府特殊津贴情况	备注
5	薛　华	市交通运输局	副局长	2007－2008			
6	崔　花	盐城民航站	站长、书记	2007－2008			女
7	裴义婷	盐城港港口局	副局长	2007－2008			女
8	倪雪峰	盐城交通技师学院	教务处副主任	2007－2008			
9	陈建斌	市交通运输局	办公室主任	2009－2010			
10	陈正华	市地方海事局	局长	2009－2010			
11	张红兵	市交通工程质量监督站	副站长	2009－2010			
12	陈惠民	市交通规划设计院	书记、副院长	2009－2010	2011.12		
13	秦长国	市公路管理处	副主任		2006.12		
14	邹必华	市交通工程处	副主任			1992年起终身享受国务院特殊津贴	
15	徐振声	市公路管理处	主任		1995.10	1995年起终身享受市政府特殊津贴	
16	宋伟宏	市路桥建设工程有限公司	董事长、总经理			2004年一次性享受市政府特殊津贴	
17	栾加友	射阳县口岸管理委员会	副主任			2005年一次性享受市政府特殊津贴	
18	夏春柏	市交通规划设计院	院长			2006年一次性享受市政府特殊津贴	

说明：省交通行业“100人才”由省交通运输厅于2005年设立，每2年一次在全省交通系统推荐入选100名管理、技能、专业技术等各类人才，为实现交通现代化提供人才支撑

1988～2010年盐城市交通系统具备高级以上职称专业技术人才情况

(一)教授(研究员)级高级工程师

表158

序号	姓　名	所在(统计)单位名称	评定时任单位职务	审批机关	审批时间	备注
1	邹必华	中城建第二工程局集团有限公司	市交通工程处副主任	省交通工程技术高级职务任职资格评审委员会	1998.9	
2	仇肇堂	盐城交通技师学院	市农机职工学校校长	省人事厅	2001.9	2007年8月并入盐城交通技师学院
3	凌锦文	盐城交通技师学院	市农机职工学校书记	省人事厅	2002.9	
4	夏正海	盐城交通技师学院	市农机职工学校校长	省人事厅	2006.12	
5	周启兆	市交通运输局	副局长	省人社厅	2010.12	

(二)高级工程师

续表158

序号	姓 名	所在(统计)单位名称	评定时任单位职务	审批机关	审批时间	备注
1	奚惠康	市交通运输局	局长、党委书记	市职称改革领导小组	1990.12	
2	孙志宏	市交通运输局	副局长	市职称改革领导小组	1990.12	国家注册土木工程师(道路工程)
3	姜海昆	市交通运输局	阜宁县副县长	市职称改革领导小组	1990.12	
4	王忠明	市交通运输局	工程科科长	市职称改革领导小组	1990.12	
5	戴学舜	市交通运输局	交通战备办公室副主任	市职称改革领导小组	1990.12	
6	周 忠	市交通运输局	副局长	省人事厅	2002.12	
7	汤芳宇	市公路管理处	总工程师	市职称改革领导小组	1986.12	
8	张中和	市公路管理处	副主任	市职称改革领导小组	1988.7	
9	徐振声	市公路管理处	主任	省交通工程技术高级职务任职资格评审委员会	1992.12	
10	曹征禄	市公路管理处	机料科科长	省人事厅	1995.11	
11	罗桂岚	市公路管理处	工程科科长	省人事厅	1997.10	女
12	项晓晴	市公路管理处	主任	省人事厅	1997.12	女
13	刘善一	市公路管理处	副主任	省人事厅	1998.12	
14	李增芹	市公路管理处	试验室副主任	省人事厅	1999.12	女
15	秦长国	市公路管理处	副主任	省人事厅	2000.9	
16	陈日晓	市公路管理处	副主任	省人事厅	2002.12	
17	陈惠民	市公路管理处	市交通科研所副所长	省人事厅	2002.12	
18	孙东祥	市公路管理处	养护科科长	省人事厅	2002.12	
19	肖宏祥	市公路管理处	工程科科长	省人事厅	2005.12	
20	唐海峰	市公路管理处	试验中心主任	省人事厅	2006.12	
21	顾建国	市公路管理处	试验检测中心主任	省人社厅	2010.12	
22	缪正兵	市公路管理处	路网中心主任	省人社厅	2010.12	
23	孙奇	市宁盐公路有限责任公司	总经理	省人社厅	2010.12	
24	孙烨	市公路机械化施工处	副主任	省人社厅	2010.12	
25	蔡 建	市公路机械化施工处	项目经理	省人社厅	2010.12	
26	任忠林	市航道管理处	副主任	省职改领导小组办公室	1994	
27	李洪安	市航道管理处	副主任	省人事厅	1997	
28	孙美荣	市航道管理处	副科长	省人事厅	1998	女
29	杨 春	市航道管理处	副主任	省人事厅	2002	
30	梁同好	市航道管理处	科长	省人事厅	2003	
31	花 全	市航道管理处	科长	省人事厅	2005	
32	李贤弼	市航道管理处	股长	省人事厅	2005	
33	朱三宝	市航道管理处	副主任	省人事厅	2009	

续表158

序号	姓　名	所在(统计)单位名称	评定时任单位职务	审批机关	审批时间	备注
34	吴　懈	市航道管理处	科长	省人事厅	2009	
35	顾俊旺	市航道管理处	副科长	省人事厅	2009	
36	王维龙	市航道管理处	副站长	省人社厅	2010	
37	陈洪华	市航道管理处	股长	省人社厅	2010	
38	葛建人	市运输管理处	市交通局道路稽查支队副支队长	省人事厅	2001.12	
39	顾明堂	市运输管理处	科员	省人事厅	2002.9	
40	潘卫明	市运输管理处	车辆技术科科长	省人事厅	2003.12	
41	陈龙云	市地方海事局	市港监处副主任	省职称改革领导小组办公室	1999.9	
42	吴福群	市地方海事局		省人事厅	2005.11	
43	王荣军	盐城民航站	副站长	省人事厅	2002.11	
44	徐峻江	盐城民航站	副科长	省人事厅	2009.11	
45	徐治国	盐城民航站	机务员	省人事厅	2009.11	
46	陶　杰	市交通工程质量监督站	站长	省人事厅	2000	
47	张红兵	市交通工程质量监督站	副站长	省人事厅	2004	
48	刘其良	市交通工程质量监督站	副主任科员	省人事厅	2009	
49	钱士能	市交通规划设计院	市船厂厂长	市职称改革领导小组	1988.6	
50	朱爱民	市交通规划设计院	工会副主席	省人事厅	1999.12	
51	夏春柏	市交通规划设计院	院长	省人事厅	2000.8	
52	吉汉均	市交通规划设计院	监理科科长	省人事厅	2005.11	
53	陈建华	市交通规划设计院		省人事厅	2005.11	
54	蔡二伟	市交通规划设计院	副院长	省人事厅	2006.12	
55	裔兆洲	市交通规划设计院	监理科科长	省人事厅	2006.12	
56	刘　敏	市交通规划设计院		省人事厅	2007.12	女
57	何申明	市交通规划设计院	设计室副主任	省人事厅	2008.12	
58	孙春权	市交通规划设计院	监理科副科长	省人事厅	2008.12	
59	李书权	市交通规划设计院	副院长	省人社厅	2010.12	
60	徐其亮	市交通规划设计院	监理科副科长	省人社厅	2010.12	
61	董爱山	盐城交通技师学院	市农机职工学校副校长	省人事厅	1994.10	2007年8月并入盐城交通技师学院
62	李　翔	盐城交通技师学院	市农机职工学校校长	省人事厅	2005.12	
63	吴成峰	盐城交通技师学院	副院长	省人事厅	2009.1	
64	陈　兰	盐城交通技师学院	副主任	省人事厅	2009.1	女
65	周正殿	市高指办	副处长	省人事厅	2004.12	
66	姚云逸	市高指办	副处长	省人事厅	2004.12	
67	吴　军	市高指办	科员	省人事厅	2005.12	
68	陈　红	市高指办	科员	省人事厅	2005.12	女

续表158

序号	姓　名	所在(统计)单位名称	评定时任单位职务	审批机关	审批时间	备注
69	陈春良	市高指办	科员	省人事厅	2007.1	
70	胡大俊	市港口管理局	科员	省人事厅	2005.11	
71	陈　蓉	市港口管理局	科员	省人事厅	2009.11	女
72	袁雪梅	市港口管理局	办事员	省人事厅	2009.11	女
73	孙仲喜	江苏盐阜公路运输集团有限公司	总工程师	省人事厅	1994.6	
74	陆　进	江苏盐阜公路运输集团有限公司	董事长、总经理、党委书记	省人事厅	1997.10	
75	陈宏元	江苏盐阜公路运输集团有限公司	中威客车有限公司副总经理	省人事厅	1998.12	
76	孟凡成	江苏盐阜公路运输集团有限公司	中威客车有限公司副科长	省人事厅	2001.12	
77	黄志敏	中城建第二工程局集团有限公司	市交通工程处副主任	省交通工程技术高级职务任职资格评审委员会	1993.5	
78	曹子龙	中城建第二工程局集团有限公司	市交通工程处工程科副科长	省人事厅	2000.5	
79	张容华	中城建第二工程局集团有限公司	市交通工程处副总工程师	省人事厅	2002.12	
80	刘　军	中城建第二工程局集团有限公司	副总裁	省人事厅	2002.12	
81	陈琪柱	中城建第二工程局集团有限公司	副总裁	省人事厅	2007.12	
82	秦立俊	中城建第二工程局集团有限公司	执行总裁	省人事厅	2009.12	
83	陈桂华	中城建第二工程局集团有限公司	副总裁	省人事厅	2009.12	女
84	陈利国	中城建第二工程局集团有限公司		省人事厅	2009.12	
85	孙开军	中城建第二工程局集团有限公司	副总裁	省人社厅	2010.12	
86	杨龙安	中城建第二工程局集团有限公司	副总工程师	省人社厅	2010.12	
87	姚　远	中城建第二工程局集团有限公司		省人社厅	2010.12	
88	孙成龙	东台市公路管理站	工程养护股股长	省职改领导小组	1995.7	
89	周旭辉	东台市地方海事处	东台市港监所所长	省人事厅	1998.12	
90	韩　宇	东台市公路管理站	站长、书记	省人事厅	1999.8	
91	彭桂祥	东台市地方海事处	东台市港监所副所长	省人事厅	2001.12	
92	丁爱春	东台市汽车综合性能检测站	副站长	省人事厅	2001.12	
93	丁荣俊	东台市交通规划设计室	主任	省人事厅	2006.12	
94	张裕乡	东台市地方海事处	科长	省人事厅	2006.12	
95	袁小兵	东台市交通工程质量监督站	站长	省人社厅	2010.1	
96	曹志峰	大丰市交通运输局	副局长	省职改办	1988	
97	程　华	大丰市公路管理站	大丰市路桥工程总公司副总经理	省人事厅	2005	
98	刘中海	大丰市交通工程质量监督站	站长	省人事厅	2006	
99	单东明	大丰市恒昌交通建设工程公司	总工程师	省人事厅	2009	
100	冯小兵	大丰市恒昌交通建设工程公司	副总工程师	陕西省人事厅	2009	
101	丁同权	大丰市公路管理站	站长	省人社厅	2010	
102	陈金玉	盐都区交通运输局	副局长	省职改办	1990.12	

续表158

序号	姓　名	所在(统计)单位名称	评定时任单位职务	审批机关	审批时间	备注
103	葛光华	盐都区公路管理站	副站长	省人事厅	2006.7	
104	黄文武	盐都区公路管理站	站长	省人事厅	2006.12	
105	朱德芳	亭湖区交通运输局	质检站站长	省人事厅	2002.5	女
106	宋伟宏	市路桥建设工程有限公司	董事长、总经理	省人事厅	2004.5	
107	徐　猛	沈海高速滨响管理处	主任	省人事厅	2007.2	
108	栾加友	射阳县口岸管理委员会	副主任	省人事厅	2003.10	
109	陈洪华	射阳县航道管理站	副站长	省人事厅	2009.12	
110	王维龙	射阳县航道管理站	副站长	省人事厅	2009.12	
111	徐立国	建湖县公路管理站		省人事厅	1993.6	
112	胥兰风	建湖县交通工程质量监督站	站长	省人事厅	2004.1	女
113	李　健	建湖县交通工程质量监督站		省人事厅	2004.1	
114	瞿鸿飞	建湖县交通工程质量监督站	副站长	省人事厅	2006.1	
115	孙环芳	建湖县港口管理处	主任	省人事厅	2006.12	女
116	王其标	阜宁县运输管理处	县汽配厂厂长	省职称改革领导小组	1993.6	
117	成守义	阜宁县公路管理站	工程养护股副股长	省职称改革领导小组	1993.9	
118	张法之	阜宁县公路管理站	工程养护股股长	省职称改革领导小组	1993.9	
119	胡先春	阜宁县地方海事处	副处长	省人事厅	2003.12	女
120	杨　康	阜宁县交通运输局	副科职	省人事厅	2004.11	
121	张光俊	阜宁县公路管理站	副站长	省人社厅	2010.2	
122	李秀成	滨海县交通运输局	副局长	市职称改革领导小组	1982.12	
123	顾巧兰	滨海县城市客运管理所	县建设监理公司总经理	省人事厅	2002.10	女
124	张文连	滨海县交通工程质量监督站	县道路桥梁工程公司总工程师	省人社厅	2010.12	
125	程学胜	响水县公路管理站	养护工程处总工程师	省人事厅	2007.11	

(三)高级经济师

续表158

序号	姓　名	所在(统计)单位名称	评定时任单位职务	审批机关	审批时间	备注
1	程玉林	市交通运输局	副局长	省职称改革领导小组办公室	1993.5	
2	蒋敬列	市交通运输局	盐城民航站站长、书记	省人事厅	2004.12	
3	焦彤存	市公路管理处	市交通工程处党委书记	省人事厅	1993.5	
4	陆德义	市公路管理处	副主任	省人事厅	1999.12	
5	刘志军	市公路管理处	工会主席	省人事厅	2005.12	
6	姜　华	市公路管理处	征稽科科长	省人事厅	2007.11	女

续表158

序号	姓　名	所在(统计)单位名称	评定时任单位职务	审批机关	审批时间	备注
7	曹　华	市宁盐公路有限责任公司	总经理助理	省人社厅	2010.12	
8	吴传宝	市航道管理处	主任	省科学技术局	1989	
9	陆祥汉	市航道管理处	副主任	省人事厅	1996	
10	彭正刚	市航道管理处	科长	省人事厅	2000	
11	王　勤	市航道管理处	副主任	省人事厅	2006	
12	徐国炎	市运输管理处	主任	省人事厅	1998.11	
13	方仁和	市运输管理处	市汽车维修行业管理处主任	省人事厅	1999.8	
14	张本进	市运输管理处	副主任	省人事厅	2001.8	
15	陈华忠	市运输管理处	副主任	省人事厅	2002.12	
16	吴少松	市运输管理处	办公室主任	省人事厅	2003.9	
17	徐新和	市运输管理处	科长	省人事厅	2003.9	
18	孙根山	市运输管理处	科长	省人事厅	2003.9	
19	陈红旗	市运输管理处	主任	省人事厅	2004.12	
20	高理春	市运输管理处	副科长	省人事厅	2005.11	
21	秦成高	市地方海事局	市港监处书记	省人事厅	1996.10	
22	周炳学	市地方海事局	局长	省人事厅	2002.10	
23	曹兆祥	盐城民航站	副站长	省人事厅	1998.11	
24	谢桂根	盐城民航站	副站长	省人社厅	2010.11	
25	程　乾	市交通工程质量监督站	科员	省人社厅	2010	
26	徐　涛	市交通规划设计院		省人事厅	2007.11	
27	周　瑶	盐城交通技师学院	主任	省人事厅	2005.12	
28	李曙光	市铁路办	盐汽总公司总经理	省职称改革领导小组办公室	1993.5	
29	王　铮	市铁路办	副主任	省人事厅	1998	
30	王浦江	市港口管理局	科员	省人事厅	2007.11	
31	王延虎	市交通控股集团有限公司	市华通实业总公司总经理、党委书记	省职称改革领导小组办公室	1992.12	
32	杨元霄	江苏盐阜公路运输集团有限公司	市轮船运输公司副经理	省职称改革领导小组办公室	1989.7	
33	李　军	江苏盐阜公路运输集团有限公司	副总经理	省人事厅	1996.6	
34	卞敬友	江苏盐阜公路运输集团有限公司	副董事长、副总经理、党委副书记	省人事厅	2005.11	
35	王学军	江苏盐阜公路运输集团有限公司	副总经理	省人事厅	2005.11	
36	武建春	江苏盐阜公路运输集团有限公司	人力资源部副经理、团委副书记	省人事厅	2005.11	女
37	邢健康	江苏盐阜公路运输集团有限公司	副总经理	省人事厅	2006.11	
38	孙亦波	江苏盐阜公路运输集团有限公司	董事、党委副书记	省人事厅	2006.11	
39	蔡　禹	江苏盐阜公路运输集团有限公司	董事	省人事厅	2007.11	
40	贾秀全	江苏盐阜公路运输集团有限公司	副总经理	省人事厅	2007.11	

续表158

序号	姓　名	所在(统计)单位名称	评定时任单位职务	审批机关	审批时间	备注
41	张成	江苏盐阜公路运输集团有限公司	科员	省人事厅	2007.11	
42	张建华	江苏盐阜公路运输集团有限公司	运行监督部经理	省人社厅	2010.11	
43	宋培欣	江苏盐阜公路运输集团有限公司	科员	省人社厅	2010.11	女
44	李世航	中城建第二工程局集团有限公司	市华通实业总公司总经理	省职称改革领导小组办公室	1993.12	
45	朱克林	市新阜公路有限责任公司	董事长	省人事厅	1999.7	
46	铁步昌	市新阜公路有限责任公司	总经理	省人事厅	2001.12	
47	杨宏根	东台市公路管理站	站长、书记	省人事厅	2007.11	
48	程　群	大丰市公路管理站		省人事厅	2008	
49	陈仁友	江苏河海运输股份有限公司	董事长、党委书记	省人事厅	2005.11	
50	宋震涛	射阳县公路管理站	办公室主任	省人事厅	2006.11	
51	顾　枫	射阳县公路管理站	办公室副主任	省人事厅	2007.11	
52	袁　泽	射阳县公路管理站	副书记	省人事厅	2007.11	
53	崇加斌	射阳县交通建设工程有限公司	董事长	省人事厅	2009.9	
54	周广信	射阳县港埠有限公司	董事长	省人事厅	2009.9	
55	王国先	江苏河海运输股份有限公司	总经理	省人社厅	2010.10	
56	孙曰泰	建湖县交通运输局	局长	省职改办	1992.12	
57	杨　康	阜宁县交通运输局	副科职	省人事厅	2005.11	

(四)高级政工师

续表158

序号	姓　名	所在(统计)单位名称	评定时任单位职务	审批机关	审批时间	备注
1	杨四海	市交通运输局	副局长、副书记	市职称改革领导小组	1990.6	
2	王厚铨	市公路管理处	副书记	省政工专业高级职务评委会	1993.4	
3	刘达浪	市公路管理处	市轮船运输公司党委书记	省政工专业高级职务评委会	1993.7	
4	周其渭	市公路管理处	市港务管理处主任	省政工专业高级职务评委会	1993.7	
5	陈　谦	市公路管理处	副主任	省人事厅	1996.12	
6	陆为东	市公路管理处	办公室主任	省人事厅	1999.9	
7	朱寿春	市公路管理处	纪委书记	省人事厅	1999.12	
8	王延龙	市公路管理处	副书记	省人事厅	2003.12	
9	王学红	市公路管理处	组织人事科科长	省人事厅	2006.9	
10	胡伟斌	市公路管理处	市交通医院院长、党支部书记	省人事厅	2006.9	
11	沈金芝	市航道管理处	党委书记	省政工专业高级职务评委会	1993.	女

续表 158

序号	姓　名	所在(统计)单位名称	评定时任单位职务	审批机关	审批时间	备注
12	朱晓明	市航道管理处	市公路处工会主席	省政工专业高级职务评委会	1995	
13	朱善广	市航道管理处	科长	省人事厅	1997	
14	陈少全	市航道管理处	主任	省人事厅	1998	
15	闵永华	市航道管理处	副科长	省人事厅	2001	
16	宗秀霖	市航道管理处	机关工会主席	省人事厅	2002	
17	陈建斌	市航道管理处	副主任	省人事厅	2005	
18	王仰红	市航道管理处	办公室主任	省人事厅	2005	
19	陈玉年	市地方海事局	办公室主任	省人事厅	2000.2	
20	刘必仁	盐城交通技师学院	华通公司科长	省人事厅	2002.9	
21	王延虎	市交通控股集团有限公司	市华通实业总总经理、党委书记	省政工专业高级职务评委会	2000.10	
22	姚建忠	市交通控股集团有限公司	盐汽总公司总经理助理	省政工专业高级职务评委会	2000.9	
23	裴道庄	江苏盐阜公路运输集团有限公司	宣传科长	省政工专业高级职务评委会	1992.5	
24	孙亦波	江苏盐阜公路运输集团有限公司	副总经理兼北方公司总支书记	省政工专业高级职务评委会	1998.12	
25	贾秀全	江苏盐阜公路运输集团有限公司	华通航运集团总经理、党委副书记、董事	省政工专业高级职务评委会	2000.8	
26	张选公	江苏盐阜公路运输集团有限公司	组宣处副处长(正处)	省政工专业高级职务评委会	2002.9	
27	徐桂勋	盐城港口集团	市港务处工会主席	省政工专业高级职务评委会	1992.6	
28	朱学源	盐城港口集团	党委副书记	省政工专业高级职务评委会	1999.7	
29	徐维林	中城建第二工程局集团有限公司	市交通工程处党委书记	省政工专业高级职务评委会	1993.4	
30	韦步才	中城建第二工程局集团有限公司	市交通工程处工会主席	省政工专业高级职务评委会	1998.11	
31	沈海琛	中城建第二工程局集团有限公司	市交通工程处桥队干事	省政工专业高级职务评委会	2004.11	
32	陈德利	东台市公路管理站	办公室主任	省政工专业高级职务评委会	1999.8	
33	朱　艳	大丰市公路管理站	秘书	省人事厅	2009	
34	霍贺平	射阳县公路管理站	财务审计股股长	省人事厅	2006.7	
35	张耀开	射阳县公路管理站	副站长	省人事厅	2008.8	
36	周　展	建湖县公路管理站	站长、书记	省人事厅	2008.12	
37	周为公	建湖县公路管理站	副站长、副书记	省人事厅	2009.11	
38	陈旭光	阜宁县交通运输局	县地方海事处主任	省政工专业高级职务评委会	2004.11	

(五)高级会计师

续表158

序号	姓　名	所在(统计)单位名称	评定时任单位职务	审批机关	审批时间	备注
1	王伯先	市交通运输局	计财科科长	市职称改革领导小组	1990.12	
2	杨成楼	市交通运输局	财务审计处副处长	省人事厅	2005.9	
3	徐　军	市公路管理处	副主任	省人事厅	2006.9	
4	周德铮	市公路管理处	办事员	省人事厅	2007.8	
5	姚　萍	市宁盐公路有限责任公司	财务科副科长	省人事厅	2009.12	女
6	郑丽华	市航道管理处	科长	省人事厅	2002	女
7	王鸣鸣	市运输管理处	副主任	省人事厅	1999.8	女
8	陈正华	市地方海事局	市交通运输局财务审计处处长	省人事厅	2004.10	
9	徐维卿	市地方海事局	财务科科长	省人事厅	2004.12	
10	崔　花	盐城民航站	站长、书记	省人事厅	2005.11	女
11	池小虎	盐城民航站	副科长	省人社厅	2010.10	
12	徐绍兴	盐城交通技师学院	市农机职工学校科长	省人事厅	2005.10	2007年8月并入盐城交通技师学院
13	尤红梅	市高指办	科员	省人事厅	2006.10	女
14	陈明华	江苏盐阜公路运输集团有限公司	运行监督部经理	省人事厅	2004.11	
15	崔　斌	江苏盐阜公路运输集团有限公司	运行监督部副经理	省人事厅	2008.10	
16	王　志	盐城港口集团	计财处处长	省人事厅	2004.11	
17	陆元和	市轮船运输公司	计财科科长	市职称改革领导小组	1990.12	
18	张玉琴	市华通实业总公司	计财处副处长	省人事厅	2001.8	女
19	张桂华	东台市公路管理站	财务股股长	省人事厅	2007.10	

(六)高级统计师

续表158

序号	姓　名	所在(统计)单位名称	评定时任单位职务	审批机关	审批时间	备注
1	郑国良	东台市运输管理处	东台市运管所副所长	省人事厅	1997.1	

(七)高级审计师

续表158

序号	姓　名	所在(统计)单位名称	评定时任单位职务	审批机关	审批时间	备注
1	沈　荣	江苏盐阜公路运输集团有限公司	办事员	省人事厅	2006.8	

(八)副研究馆员

续表 158

序号	姓　名	所在(统计)单位名称	评定时任单位职务	审批机关	审批时间	备注
1	蔡保佑	市航道管理处	市交通技工学校校长	省人事厅	2000.9	
2	顾成湖	市公路管理处	办公室主任	省人事厅	2009.10	女
3	刘　红	市交通档案馆	馆长	省人社厅	2010.2	女

(九)高级讲师

续表 158

序号	姓　名	所在(统计)单位名称	评定时任单位职务	审批机关	审批时间	备注
1	董国平	盐城交通技师学院	副校长	省人事厅	1993.12	
2	张衍礼	盐城交通技师学院	教师	省人事厅	1993.12	
3	王锡昌	盐城交通技师学院	教师	省人事厅	1994.10	
4	裔昭华	盐城交通技师学院	副校长	省人事厅	1998.9	
5	余维奇	盐城交通技师学院	教师	省人事厅	2001.11	
6	徐德良	盐城交通技师学院	副院长	省人事厅	2002.8	
7	秦兆华	盐城交通技师学院	主任	省人事厅	2002.8	女
8	邱清月	盐城交通技师学院	教师	省人事厅	2002.8	女
9	鲁红专	盐城交通技师学院	副院长	省人事厅	2003.8	
10	杨岚亭	盐城交通技师学院	副院长	省人事厅	2003.8	
11	吴建宝	盐城交通技师学院	主任	省人事厅	2003.8	
12	蔡红兵	盐城交通技师学院	主任	省人事厅	2004.8	
13	罗文华	盐城交通技师学院	副主任	省人事厅	2004.8	
14	张红卫	盐城交通技师学院	总账会计	省人事厅	2004.8	女
15	王　建	盐城交通技师学院	教师	省人事厅	2004.8	
16	陈　慧	盐城交通技师学院	教师	省人事厅	2005.1	
17	石玉华	盐城交通技师学院	教师	省人事厅	2005.8	女
18	韩桂华	盐城交通技师学院	副主任	省人事厅	2006.8	
19	蔡海存	盐城交通技师学院	副主任	省人事厅	2006.8	
20	陈瑞芬	盐城交通技师学院	教师	省人事厅	2006.8	女
21	嵇道专	盐城交通技师学院	教师	省人事厅	2006.8	
22	马鹏程	盐城交通技师学院	教师	省人事厅	2006.8	
23	洪　霞	盐城交通技师学院	教师	省人事厅	2008.8	女
24	卞德高	盐城交通技师学院	教师	省人事厅	2008.8	
25	吕怀浪	盐城交通技师学院	教师	省人事厅	2008.8	
26	柯才亚	盐城交通技师学院	教师	省人事厅	2008.8	
27	沈步楼	盐城交通技师学院	教师	省人事厅	2009.8	
28	蒋卫民	盐城交通技师学院	副院长	省人社厅	2010.10	
29	高培林	盐城交通技师学院	教师	省人社厅	2010.10	

（十）中学高级教师

续表 158

序号	姓　名	所在（统计）单位名称	评定时任单位职务	审批机关	审批时间	备注
1	袁亦进	盐城交通技师学院	市盐南职校副校长	省人事厅	2002. 10	
2	刘新春	盐城交通技师学院	市盐南职校校长	省人事厅	2005. 10	
3	陈益奎	盐城交通技师学院	射阳职高副校长	省人事厅	2005. 10	
4	王艳蓉	盐城交通技师学院	市盐南职校教师	省人事厅	2006. 10	女

（十一）高级实习指导教师

续表 158

序号	姓　名	所在（统计）单位名称	评定时任单位职务	审批机关	审批时间	备注
1	徐乃健	盐城交通技师学院	副科长		1994. 10	
2	周建国	盐城交通技师学院	主任		2006. 8	

（十二）副主任医师（护师）

续表 158

序号	姓　名	所在（统计）单位名称	评定时任单位职务	审批机关	审批时间	备注
1	施成因	市新阜公路有限责任公司	市轮船运输公司职工医院院长	市职称改革领导小组	1988. 10	副主任护师
2	王正池	市新阜公路有限责任公司	市轮船运输公司职工医院内科医生	市职称改革领导小组	1991. 5	副主任护师
3	陈秀珍	市新阜公路有限责任公司	市交通医院副院长	省人事厅	2006. 7	女 副主任护师
4	杨　宁	市新阜公路有限责任公司	市交通医院住院部主任	省人事厅	2008. 9	女 副主任护师

（十三）特级（一级）飞行员

续表 158

序号	姓　名	所在（统计）单位名称	评定时任单位职务	审批机关	审批时间	备注
1	徐世春	市交通运输局	空军航空兵 31 师副师长	济南军区空军司令部	1985. 7	特级
2	周益国	市交通运输局	空军航空兵 39 师副参谋长	沈阳军区空军司令部	1992. 8	特级
3	孙永林	中城建第二工程局集团有限公司	空军航空兵 39 师副参谋长	沈阳军区空军司令部	1988. 8	一级

第二节 集体荣誉

1988~2013年，全市交通系统受到部、省级以上表彰的先进单位(集体)152个(次)，参加部省以上各类竞赛、论文交流获奖单位(集体)27个，具体如下表。

1988~2013年盐城市交通系统受到部省级以上表彰的先进单位(集体)统计

表159

序号	先进单位(集体)名称	表彰单位	表彰项目	表彰时间	备注
1	市交通局	省春节运输领导小组	2004年度春运工作先进集体	2004.3	
2	市交通局	省“两争一树”活动领导小组	省“两争一树”活动先进集体	2005.6	
3	市交通局	省治理车辆超限超载工作领导小组	治理车辆超限超载工作先进集体	2005.8	
4	市交通局机关	交通部	2008年度全国交通依法行政示范单位	2009.1	
5	市交通战备办公室	省国防动员委员会	“九五”期间交通战备先进单位	2001.3	
6	市交通行政许可服务大厅	省总工会	江苏省“工人先锋号”	2009.4	
7	96196盐城交通服务热线	省城镇妇女“巾帼建功”活动领导小组	省巾帼文明岗	2011	
8	市临海高等级公路建设工程监督管理办公室计划管理科	省总工会	省“工人先锋号”	2011	
9	市刘大线航道整治工程建设指挥部项目管理办公室	省总工会	省“工人先锋号”	2013	
10	市公路管理处	省国防动员委员会	“九五”期间交通战备先进单位	2001.3	
11	市公路管理处	省治理车辆超限超载工作领导小组	治理车辆超限超载先进集体	2006.5	
12	市公路管理处	省委、省政府	2003-2006年平安江苏创建先进集体	2006.9	
13	市公路管理处	省总工会	江苏省学习型组织标兵单位	2007.10	
14	市公路管理处	全国“安康杯”竞赛组委会办公室	全国安全生产督导人员培训先进集体	2009.12	
15	市公路管理处人防招待所	省人民防空委员会	“七五”期间人防建设先进单位	1992.4	
16	市公路管理处养路费征稽所	省妇联	2005~2006年度全省“巾帼建功”先进集体	2007.10	
17	G204刘庄收费站	全国总工会	全国模范职工之家	2005.6	
18	市公路机械化施工处LM1标项目经理部	中国海员建设工会	2011年度全国交通建设系统“工人先锋号”	2011	
19	市公路处直属公路管理站204国道养护工区	省总工会	省“工人先锋号”	2012	
20	市航道管理处	中国设备管理协会	第六届全国设备管理优秀单位	2003	

续表159

序号	先进单位(集体)名称	表彰单位	表彰项目	表彰时间	备注
21	市航道管理处	交通部	第二次全国内河航道普查先进集体	2004	
22	市航道管理处	省总工会	省五一劳动奖状	2010.4	
23	市航道管理处直属航道站	全国总工会	全国五一劳动奖状	2006.4	
24	市航道管理处直属航道站	省总工会、省文明办	省五一文明班组	2006	
25	市航道管理处直属航道站	全国总工会	全国职工书屋示范点	2008	
26	市航道管理处直属航道站	中国海员建设工会、交通部交通安全委员会	2008年度全国水运系统安全优秀班组	2009.5	
27	市航道管理处直属航道站	全国总工会	2010年度全国“工人先锋号”	2011	
28	市航道管理处工会	全国总工会	2011年度全国模范职工之家	2011	
29	市航道管理处江苏航政209艇	中国海员建设工会	2010年度全国水运系统安全优秀船舶	2011	
30	市运输管理处	省政府、省军区	拥军优属工作先进单位	1995.7	
31	市运输管理处	交通部	道路运政管理文明单位	1997.9	
32	市运输管理处	省依法行政领导小组	2010～2011年省级依法行政示范点	2010.1	
33	市地方海事局	交通部	全国海事系统文明达标单位	2006	
34	市地方海事局行政服务大厅	省总工会	省五一劳动奖状	2013	
35	市交通工程质量监督站	交通部	交通系统工程质量监督站先进单位	1999.8	
36	盐城民航站	中国联航	1995年度联航业务先进单位	1996.3	
37	盐城民航站	中国联航	1996年度联航业务先进单位	1997.3	
38	盐城民航站	中国联航	1997年度联航业务先进单位	1998.3	
39	盐城民航站	中国联航	1998年度联航业务先进单位	1999.1	
40	盐城民航站	省政府口岸办公室	全省口岸先进单位	2007.1	
41	盐城民航站	全国总工会	全国五一劳动奖状	2007.4	
42	盐城民航站	民航总局	2007年民航企业财务信息编报工作先进单位	2008.10	
43	盐城民航站“飞燕班组”	省总工会、省经贸委、中小企业局等	江苏省用户满意服务明星	2007.8	
44	盐城民航站“飞燕班组”	省妇联	江苏省三八红旗集体	2009.6	
45	盐城民航站“飞燕班组”	全国妇联	全国三八红旗集体	2009.9	
46	盐城民航站“飞燕班组”	全国总工会	全国模范职工小家	2010.1	
47	盐城民航站“飞燕班组”	交通运输部	全国交通运输行业文明示范窗口	2010.9	
48	盐城民航站“飞燕班组”	省城镇妇女“巾帼建功”活动领导小组	省巾帼文明岗	2011	
49	盐城民航站“飞燕班组”	全国妇联	2013年度全国巾帼文明岗	2013	
50	盐城市高速公路建设指挥部	省总工会	省五一劳动奖章	2004.5	

续表 159

序号	先进单位(集体)名称	表彰单位	表彰项目	表彰时间	备注
51	盐阜公路运输集团有限公司	中国交通企业管理协会	交通行业质量管理小组活动 27 周年优秀企业特别奖;交通行业 2008 年度质量管理小组活动优秀企业	2008	
52	盐阜公路运输集团有限公司	中国交通企业管理协会、交通行业优秀企业管理成果评审委员会	全国交通运输企业文化建设优秀单位	2009. 11	
53	盐阜公路运输集团有限公司	中国工业合作协会、企业改革与发展研究会、工业企业信用评价办公室	中国最佳诚信企业	2010. 1	
54	盐阜公路运输集团有限公司	中国道路运输协会	中国道路运输百强诚信企业	2010. 5	
55	盐阜公路运输集团有限公司	《中国质量万里行》市场调研中心	中国质量信用企业	2010. 5	
56	盐阜公路运输集团有限公司	中国交通运输协会地方客运协作工作委员会	全国交通运输客运行业优质服务示范企业	2010. 5	
57	盐阜公路运输集团有限公司	中国交通企业管理协会	全国交通行业质量管理小组活动先进企业	2010. 12	
58	盐阜公路运输集团有限公司	中国交通企业管理协会、交通行业优秀企业管理成果评审委员会	全国交通运输企业文化建设优秀单位	2010. 12	
59	盐阜公路运输集团有限公司	中国保护消费者基金会	全国维护消费者权益——诚信服务满意单位	2011. 1	
60	盐城汽车站	省政府	先进集体	1991	
61	盐城汽车站	交通部	文明汽车站	1991	
62	盐城汽车站	交通部	文明汽车站	1993	
63	盐城汽车站	交通部	全国文明客运汽车站	1995	
64	盐城汽车站	交通部	文明汽车站	1997	
65	盐城汽车站	交通部	文明汽车站	1999	
66	盐城汽车站	交通部	文明汽车站	2001	
67	盐城汽车客运站	中国道路运输协会	全国道路运输百强诚信客运站	2009. 9	
68	盐城汽车站沙惠林班	全国城镇妇女巾帼建功领导小组	全国“巾帼示范岗”	2001	
69	盐城汽车站 QC 小组	中国质协、全国总工会、共青团中央、中国科协	全国优秀质量管理小组	2004	
70	盐城汽车站 QC 小组	中国交通企业管理协会	交通行业 2008 年度优秀质量管理小组	2008	
71	盐城汽车客运站 QC 小组	中国交通企业管理协会	全国交通行业优秀质量管理小组	2009. 8	
72	盐城汽车客运站票务营销中心“金点子”QC 小组	中国交通企业管理协会	全国交通行业优秀质量管理小组及成果奖	2010. 8	
73	盐城市车辆综合性能检测站	交通部	文明汽车检测站	1997	
74	盐阜公路运输集团南方公司 QC 小组	中国交通企业管理协会	交通行业 2008 年度优秀质量管理小组	2008	

续表 159

序号	先进单位(集体)名称	表彰单位	表彰项目	表彰时间	备注
75	盐阜公路运输集团南方公司修理厂	中国交通企业管理协会	交通行业2008年度优秀质量管理小组	2008	
76	盐阜公路运输集团南方公司“人车路”QC小组	中国交通企业管理协会	全国交通行业质量管理优秀成果奖	2009.8	
77	盐阜公路运输集团南方公司“人车路”QC小组	中国交通企业管理协会	全国交通行业优秀质量管理小组及成果奖	2010.8	
78	盐阜公路运输集团北方公司运务科	中国交通企业管理协会	交通行业2008年度优秀质量管理小组	2008	
79	盐阜公路运输集团北方公司运务科QC小组	中国交通企业管理协会	全国交通行业质量管理优秀成果奖	2009.8	
80	盐阜公路运输集团北方公司运务科QC小组	中国交通企业管理协会	全国交通行业优秀质量管理小组及成果奖	2010.8	
81	盐阜公路运输集团北方公司安机科	中国交通企业管理协会	交通行业2008年度优秀质量管理小组	2008	
82	盐阜公路运输集团北方公司安机科QC小组	中国交通企业管理协会	全国交通行业质量管理优秀成果奖	2009.8	
83	盐阜公路运输集团北方公司安机科QC小组	中国交通企业管理协会	全国交通行业优秀质量管理小组及成果奖	2010.8	
84	盐阜公路运输集团汽车技术服务公司培训中心	中国道路运输协会	全国文明诚信优质服务驾校	2009.1	
85	盐阜公路运输集团车辆修理公司“金板手”QC小组	中国交通企业管理协会	全国交通行业优秀质量管理小组	2009.8	
86	盐阜公路运输集团车辆修理公司“金板手”QC小组	中国交通企业管理协会	全国交通行业优秀质量管理小组及成果奖	2010.8	
87	盐阜公路运输集团联运公司“城乡音符”QC小组	中国交通企业管理协会	全国交通行业优秀质量管理小组及成果奖	2010.8	
88	江苏快鹿盐城汽车运输有限公司盐沪班组	省总工会	省“工人先锋号”	2012	
89	盐阜公路运输集团东台汽车站	交通部	文明车站	1988	
90	盐阜公路运输集团东台汽车站	交通部	文明车站(1988－1990)	1991	
91	盐阜公路运输集团东台汽车站	交通部	文明客运汽车站(1993－1995)	1996	
92	江苏盐阜公路运输集团东台公司工会	省总工会	省模范职工小家	2013	
93	阜宁汽车站学雷锋小组	省委宣传部、省政府办公厅、省军区政治部、团省委	江苏省学雷锋活动先进集体	1993	
94	阜宁汽车站学雷锋小组	省委宣传部、省文明办、团省委	江苏省首届十大杰出服务集体	2003.2	
95	盐阜公路运输集团阜宁公司QC小组	交通部	全国交通行业2000年优秀QC质量管理小组	2000.9	

续表 159

序号	先进单位(集体)名称	表彰单位	表彰项目	表彰时间	备注
96	盐阜公路运输集团阜宁公司QC小组	中国交通企业管理协会	2008年度交通行业优秀质量管理小组	2008.12	
97	盐阜公路运输集团阜宁有限公司农共客运公司QC小组	中国交通企业管理协会	全国交通行业优秀质量管理小组	2009.8	
98	盐城市新阜公路有限责任公司	中国建设银行江苏省分行企业信用等级评定委员会	省AAA级信用企业	1999.	
99	盐城市交通运输协会	民政部	全国先进社会组织	2010.1	
100	盐城苏源电气实业总公司汽车修理厂	交通部	2000－2001年度汽车维修文明企业	2001	
101	盐城苏源电气实业集团有限公司汽车修理厂	中国汽车维修行业协会	2005年度全国汽车维修行业诚信企业	2005	
102	东台市交通局	国务院、中央军委交通战备领导小组	交通战备工作合格单位	1991.3	
103	东台市交通局	南京军区交通战备领导小组	交通战备工作先进单位	1992.6	
104	东台市公路站交通战备路桥抢修队	国务院、中央军委交通战备领导小组	抗洪救灾先进单位	1991	
105	东台市航道站	中国海员建设工会、交通部交通安全委员会	2009年度全国水运系统安全优胜班组	2010.12	
106	上海大众汽车东台特约维修站	交通部	1998－1999年度文明单位	1999	
107	上海大众汽车东台特约维修站	中国汽车维修行业协会	2005年度全国汽车维修行业诚信企业	2005	
108	东台市汽车综合性能检测站	交通部	2000－2001年度文明汽车检测站	2001	
109	东台市汽车运输公司工会	省总工会	省模范职工之家	2013	
110	大丰市交通局	国务院、中央军委交通战备领导小组	交通战备工作正规化建设合格单位	1991.3	
111	大丰市交通战备办公室	省国防动员委员会	“九五”交通战备先进单位	2001.3	
112	大丰市航运公司	中国交通企业协会集体运输企业管理委员会	全国集体运输行业先进集体	1994	
113	大丰市航运公司	国家体委	全国体育先进集体	1997	
114	大丰市恒昌交通建设工程有限公司	省建筑市场质量安全跟踪调查办公室、省诚信建设宣传活动办公室	AAA级优秀施工企业	2005.11	
115	大丰市恒昌交通建设工程有限公司	中国工程建设监督管理协会	全国工程质量施工安全企业信誉AAA级优秀企业	2006.12	
116	大丰市恒昌交通建设工程有限公司	省建设工程(招投标)监督管理办公室、省建筑市场质量安全跟踪调查办公室、省企业诚信调查评估委员会	江苏省十佳优秀施工企业	2010.5	
117	大丰市恒昌交通建设工程有限公司	中国工程建设监督管理协会、全国高科技建筑建材产业化委员会信用工作委员会	全国优秀施工企业	2010.6	

续表159

序号	先进单位(集体)名称	表彰单位	表彰项目	表彰时间	备注
118	盐都区公路管理站	交通部、人事部	全国交通系统先进集体	1998.5	
119	盐都区公路管理站	省总工会	省五一劳动奖状	2000	
120	盐都区公路管理站	交通部	全国交通行业文明示范窗口	2005	
121	盐都区航道管理站	中国海员建设工会	2012年度全国水运系统安全优秀班组	2013	
122	盐都区交通运输局工会	省总工会	省模范职工之家	2013	
123	盐城市路桥建设工程有限公司工会	省总工会	省模范职工之家	2013	
124	射阳县公路站兴桥工区	省总工会	省五一劳动奖状	2007	
125	射阳县公路站兴桥工区	省总工会	省工人先锋号	2008	
126	射阳县公路站兴桥工区	全国总工会	全国工人先锋号	2008	
127	射阳县公路站兴桥工区	全国总工会	全国五一劳动奖状	2008	
128	射阳县航道管理站工会	省总工会	省模范职工之家	2013	
129	射阳县运管所	交通部	运政管理工作先进集体	1988	
130	射阳县运政管理处行政服务窗口	省妇联	省巾帼示范岗	2009	
131	江苏河海运输股份有限公司	交通部	全国交通系统先进单位	1994.10	
132	江苏河海运输股份有限公司	中国交通运输协会	中国物流百强企业	2008	
133	江苏河海运输股份有限公司	国家物流与采购联合会	国家AAAA级物流企业	2008	
134	江苏河海运输股份有限公司	全国总工会	全国职工书屋示范点	2010.5	
135	江苏河海运输股份有限公司	省总工会	省五一劳动奖状	2012	
136	江苏河海运输股份有限公司36号船队	交通部	全国水上交通安全先进班组	1995.1	
137	江苏河海运输股份有限公司108号船队	全国总工会	2010年度全国“工人先锋号”	2011	
138	建湖县交通局	省委	党员学习党章学理论活动先进单位	1995	
139	建湖县交通局	省委	党员学习党章学理论活动先进单位	1997	
140	建湖县交通局	省国防动员委员会	盐金国防公路工程先进集体	1997.12	
141	建湖县交通局	省政府	2001年度全省交通系统政务信息工作先进集体	2002.5	
142	建湖县公路站	省国防动员委员会	盐金国防公路工程先进集体	2003.1	
143	建湖县公路站	省总工会	江苏省“模范之家”	2010.10	
144	建湖县航道管理站政秘股	省城镇妇女“巾帼建功”活动领导小组	省巾帼文明岗	2013	
145	阜宁县交通局团委	省文明委	2008～2009年度省级青年文明号	2010.11	
146	阜益盐淮公路阜宁收费站	团中央、交通部	全国“青年文明号”	2007	

续表 159

序号	先进单位(集体)名称	表彰单位	表彰项目	表彰时间	备注
147	阜宁县运管处收费大厅	省妇联	省巾帼示范岗	2010.2	
148	响水县交通局	省依法行政工作领导小组	省依法行政示范点	2010.1	
149	响水县公路站	交通部	G204 文明样板路创建先进单位	2003	
150	响水县公路站	团省委	省“青年文明号”	2008.1	
151	响水县航道站江苏航政067艇	交通部、国家海员工会	安全优秀船舶	2005	
152	响水县运政稽查队	团省委、省交通厅	省“青年文明号”	2000.5	

1988~2013 年盐城市交通系统参加部省以上各类竞赛论文交流

表 160

序号	获奖单位(集体)名称	奖励单位	奖励项目	奖励时间	备注
1	市交通局	省总工会、省安监局	2005 年度全省“安康杯”竞赛优秀组织单位	2006.3	
2	331 省道养护改善工程	中国海员建设工会	“全国加快交通基础设施建设重点工程领导竞赛”优质工程奖	2011	
3	331 省道东段改造工程	中国海员建设工会	“全国加快交通基础设施建设重点工程劳动竞赛”优质工程奖	2012	
4	市公路管理处	全国“安康杯”竞赛组委会办公室	全国职工安全健康知识竞赛优秀组织单位	2009.12	
5	市公路管理处	全国总工会、国家安监总局	全国“安康杯”竞赛优秀组织单位	2013	
6	市公路管理处《防范重于泰山》	省总工会、省安监局	全省职工“安全在我心中、我身边的安全事故”演讲优秀表演奖	2013	
7	市航道管理处	全国总工会、国家安监总局	2005 年度全国“安康杯”竞赛优胜单位	2006	
8	市航道管理处	全国“安康杯”竞赛组委会办公室	全国职工安全健康知识竞赛优秀组织单位	2009.12	
9	市航道管理处	中华全国总工会、国家安监总局	2009 年度全国“安康杯”竞赛优胜单位	2010.4	
10	市航道管理处	全国“安康杯”竞赛组委会办公室	全国职工职业安全卫生知识竞赛优秀组织单位	2011	
11	市航道管理处《航道安全记在心》	省“安康杯”竞赛组委会	全省职工“安全在我心中，守护安全——安全歌唱大家唱”演唱优秀奖	2011	
12	市航道管理处	全国“安康杯”竞赛组委会办公室	全国职工安全卫生知识竞赛优秀组织单位	2012	
13	市航道管理处《安全航道梦想起航》	省总工会、省安监局	全省职工“安全在我心中、我身边的安全事故”表演唱二等奖	2013	
14	市航道管理处直属航道站	全国总工会、国家安监总局	全国“安康杯”竞赛优胜班组	2009.1	
15	市航道管理处直属航道站	全国“安康杯”竞赛组委会办公室	全国班组安全建设与管理优秀成果展示二等奖	2013	
16	市地方海事局	全国“安康杯”竞赛组委会办公室	全国职工安全卫生知识竞赛优秀组织单位	2012	

续表 160

序号	获奖单位(集体)名称	奖励单位	奖励项目	奖励时间	备注
17	盐城民航站	省总工会、省安监局	江苏省“安康杯”竞赛优胜单位	2007.3	
18	盐城民航站	全国“安康杯”竞赛组委会办公室	全国职工安全卫生知识竞赛优秀组织单位	2012	
19	盐城汽车站	全国总工会、国家安监总局	全国“安康杯”竞赛优胜单位	2007	
20	盐阜公路运输集团东台汽车站	全国总工会、国家安全生产监督管理总局	全国“安康杯”竞赛优胜班组	2010.2	
21	东台市航道站	全国总工会、国家安监总局	2009 年度全国“安康杯”竞赛优胜班组	2010.4	
22	大丰市公路管理站	全国“安康杯”竞赛组委会办公室	2010 年度全国“安康杯”竞赛优胜班组	2011	
23	大丰市航道管理站	全国“安康杯”竞赛组委会办公室	2010 年度全国“安康杯”竞赛优胜班组	2011	
24	阜宁县航道站	全国总工会、国家安监总局	2009 年度全国“安康杯”竞赛优胜班组	2010.4	
25	滨海县公路管理站	省总工会、省安监局	省“安康杯”竞赛优胜单位	2010.5	
26	响水县航道站	全国总工会、国家安监总局	全国“安康杯”竞赛优胜班组	2009.1	
27	响水县运输管理处客货运管理股	全国“安康杯”竞赛组委会办公室	2010 年度全国“安康杯”竞赛优胜班组	2011	

附　　录

一、地方有关交通规范性文件选编

盐城市汽车维修行业管理暂行办法

盐政发〔1988〕67号　1988年4月

第一章　总　则

第一条　根据交通部、国家经委、国家工商行政管理局颁发的《汽车维修行业管理暂行办法》和江苏省交通厅、计划经济委员会、工商行政管理局颁发的《江苏省汽车维修行业管理暂行办法》的精神，为加强我市汽车维修行业的管理，维护汽车维修企业、个体维修户和用户的正当权益，保证交通安全，提高公路运输及社会综合效益，特制定本办法。

第二条　凡在本市行政区域内从事各种汽车（包括挂车、半挂车、特种车、摩托车等）修理、保养和专项修配的各种经济成份的企业（以下简称汽车维修经营者，包括全民、集体、联营、合资企业，户办、联户办企业，以及部队对外承修，各行政企事业单位自修，为各汽车修造厂车辆售后维修服务的）和汽车检测站、点均属汽车维修行业管理范围，都应遵守本办法的各项规定，自觉服从行业管理部门的管理、指导和监督。

第三条　汽车维修行业分为营业性维修和非营业性维修两种：

营业性维修：指为社会提供服务，发生各种方式费用结算的汽车维修经营者。

非营业性维修：指仅服务于本单位，不发生费用结算的汽车维修。

第四条　盐城市交通局是对全市汽车维修行业行使行政管理职能的主管部门，下设盐城市汽车维修行业管理处，负责全市汽车维修行业的归口管理。各县（市、区）交通局是本县（市、区）汽车维修行业的主管部门，其下设的汽车维修行业管理所业务上受市汽车维修行业管理处指导。

第二章　开业与歇业

第五条　凡需从事汽车维修的单位和个人，必须履行审批手续，经批准后方可开业。办理审批手续的程序为：申请从事汽车维修的单位持主管部门的批件，个人持户籍所在的街道办事处或乡镇人民政府的证明，到所属市或所属县（市、区）汽车维修行业管理机关领取并填写汽车维修许可证申请表，经出具证明的机关在申请表有关栏目签署意见后，由汽车维修行业管理机关根据社会需要和申请单位的机械设备、技术力量以及场地、厂房、经济实力、经营条件等情况进行审核，签发相应承修类别的汽车维修许可证。从事营业性维修的单位或个人持申请表和汽车维修许可证向所属工商行政管理部门申办登记，核发营业执照；向银行办理开户手续；向税务部门办理登记手续；上述手续办完后方可营业。

第六条　对现已开业的汽车维修经营者,也须按上述程序重新审查登记。对不合格者,应限期整顿,整顿后仍不合格的,根据情况予以调整维修范围或由工商行政管理部门吊销营业执照。

第七条　汽车维修许可证和营业执照,一律不得转让、转租、涂改、伪造。凡无汽车维修许可证和营业执照的一律不得承接汽车维修业务。

第八条　汽车维修经营者的营业地点或维修范围需变更时,应向市或县(市、区)汽车维修行业管理机关、工商行政管理机关以及税务机关申请办理变更手续,经审核批准后,方可变更。

第九条　汽车维修经营者要求停业,应在一个月前向所属汽车维修行业管理机关提出申请,经审查同意,缴销汽车维修许可证,结清票据;向工商行行政管理部门缴销营业执照和公章;到税务机关交清税款,撤销银行账户,方可停业。临时歇业一至五个月者,应向所属汽车维修行业管理机关报告暂停原因和起止时间,经审查批准后方可歇业。

第三章　汽车维修企业开业考核条件

第十条　汽车维修经营类别,按其规模和开业条件分为四类:

一类:汽车大修(含二、三、四类维修项目);

二类:汽车总成大修、三级保养(含三、四类维修项目);

三类:一、二级保养及小修(含四类维修项目);

四类:汽车专项修理(指专门从事汽车车身修理和喷漆补漆、扳金、电气设备、蓄电池、蓬布座垫、散热器、轮胎修理及冲气,更换汽车门窗玻璃及遮阳膜、汽车空调器修理,摩托车修理等业务)。

第十一条　汽车维修经营者必须具备以下条件:

(一)有与经营类别相适应的厂房、停车场地(不准占用街道和公共场所)、维修设备和资金;

(二)有与经营类别相适应的组织机构、规章制度、财务和核算制度;

(三)有与经营类别相适应的工程技术人员、技术工人和管理人员;

(四)有与经营类别相适应的检测仪器、质量检验制度和质量检验人员。检测仪器必须经法定计量检定机构进行周期检定,并取得合格证。试车检验员必须持正式驾驶证并有二年以上安全行车的驾驶员担任;

(五)在安全、消防、“三废”处理方面必须符合公安和环保部门的法规要求。

具体技术条件与标准,由市交通局会同有关部门负责制定。

第十二条　从事一类汽车维修经营者由市汽车维修行业管理处审查,报省交通厅核准;从事二、三类汽车维修经营者由县(市、区)汽车维修行业管理所初审,报市汽车维修行业管理处核准;从事四类汽车维修经营者由所在县(市、区)汽车维修行业管理所审核批准,报市汽车维修行业管理处备案。

第四章　汽车维修技术质量管理

第十三条　汽车维修业必须严格执行国家标准局发布的汽车维修技术标准(GB3798~3803-83、GB5336-85、GB7258-87)和交通部颁发的汽车修理技术标准(JT 3101-81),并必须符合公安车辆管理部门的安全检验标准。

第十四条　凡汽车大修、总成大修和二、三级保养必须签订承托修合同,竣工的车辆出厂时,承修单位应向送修单位提供使用材料明细表和出厂检验合格证等技术文件,同时实行保修制度。大修车辆保修期为二个月或行驶六千公里;二、三级保养车辆保修期为半个月或行驶一千五百公里。保修期内出现故障,经检验确属修理质量责任,应由承修者免费返修。

第十五条　各汽车维修厂、点,必须做到不合格的原材料不使用,不合格的零部件和总成不装配,修理不合格的车辆不出厂。

第十六条 配件的更换,要严格执行系列化、通用化、标准化的原则,严禁乱改乱代、以假充真、以旧充新、以次充好,损害用户利益。

第十七条 对尚未制订国标或部标的进口车辆和国产车维修技术标准的,可参照该车的使用说明书和有关技术资料执行。

第五章 维修车辆的管理

第十八条 维修车辆出厂前的路试,必须在当地公安部门指定的路线进行,并悬挂核发的试车牌照。

第十九条 承修交通事故车辆和在用车辆的改装,须经公安车辆管理等部门批准,禁止用维修配件拼装汽车和承修报废车辆。

第六章 汽车维修行业管理机关的职责

第二十条 市、县(市、区)汽车维修行业管理机关的职责是:

(一)认真贯彻执行党的方针、政策和政府有关规定,抓好汽车维修行业的管理,研究制定本行业的规划,强化服务,促进汽车维修行业的横向联合,走专业化生产的道路;

(二)组织汽车维修行业职工的技术培训,负责考核和颁发有关证件;提供行业内的各类技术咨询服务,推广维修新技术、新标准;

(三)对各维修厂、点的维修质量进行检查、评定,进行行业职业道德教育;

(四)会同标准计量、工商、物价、公安、税务等部门对汽车维修经营者进行检查和监督,对汽车维修承托双方的纠纷进行调解、仲裁和处理。

第七章 价格及票证的管理

第二十一条 从事营业性的汽车维修经营者必须执行省交通厅、省物价局制定的《江苏省汽车修理行业工时定额、收费标准和结算办法》。

第二十二条 从事营业性的汽车维修经营者修理车辆使用的翻新旧件(符合质量标准),其价格可按现行价的70%收费,自加工件按实际价值计算,辅助材料费按核定的范围和金额计算。

第二十三条 从事营业性的汽车维修经营者在结算修理费和材料费时,必须使用《江苏省盐城市汽车维修业统一发票)},不得使用其他票据作为维修费用的结算凭证,否则送修单位的财务部门有权拒付,银行不予划拨。

第二十四条 统一发票由市汽车维修行业管理机关报经市税务局批准后,到指定印刷厂印制,并按规定负责发放和管理,发票一律套印税务监制章。

第二十五条 购领汽车维修统一发票的单位和个人应填报《江苏省盐城市汽车维修业统一发票购领申请表》,经所在地税务机关批准,到汽车维修行业管理机关购领汽车维修统一发票。统一发票实行审旧领新制度。市、县(市、区)汽车维修行业管理机关要建立健全统一发票印、领、销、存台帐,并定期向各级税务部门进行结报。

第二十六条 统一发票只限于经营者在经营修理范围内使用,严禁转让、代开、出卖或升级使用。违者按全国统一发票管理条例有关规定给予处罚。

第八章 管理费的征收

第二十七条 汽车维修行业管理费由市、县(市、区)汽车维修行业管理处、所根据国家规定,向从事经营汽车维修的单位和个人征收,其他单位不得征收。

第二十八条　凡在我市行政区域内从事营业性的汽车维修经营者，不分隶属关系和经济性质，一律按营业额（包括工时、材料费等）的百分之一征收管理费，缴纳单位可将管理费纳入成本。

第二十九条　凡应缴纳汽车维修行业管理费的经营者，应于每月终了后十天内按上述规定一次缴清，逾期不缴纳的，每拖欠一天按应缴纳数额的1%加收滞纳金。

第三十条　各县（市、区）汽车维修行业管理所征收的汽车维修行业管理费，按总数的40%于每月后的十五天内，缴市汽车维修行业管理处。

第三十一条　管理费主要用于汽车维修行业管理机构专职人员的经费；业务开支和管理费用；固定资产购置和添置服务设施；智力开发、技术考核培训，推广新技术、新标准的费用；按财政规定允许支付的其他费用。管理费必须实行计划管理，专款专用，不得挪作他用。

第九章　处罚与奖励

第三十二条　对汽车维修业中违反规定，不执行技术标准、规范、乱拆滥修；维修质量低劣，用户反映大；擅自增加工时，肆意要价，变相加价，多收费用；擅自提高修理类别和无证承修及搞其他不正当经营活动者，视其情节轻重，分别给予警告、经济制裁、停业、吊销汽车维修许可证和营业执照等处罚。

第三十三条　对认真执行本办法，文明生产，科学管理，优质服务，确保维修质量等方面成绩显著的经营者，由市、县（市、区）交通局等有关部门或申报上级有关部门给予表彰和奖励，并在生产定点、修理类别升级、技改资金贷款等方面予以优先。

第三十四条　汽车维修行业管理机构的工作人员应做到：忠于职守，严格管理，秉公执法，不谋私利。对利用职权、营私舞弊者，予以批评教育和行政处分；情节恶劣，触犯刑律的，移交司法机关依法追究刑事责任。

第十章　附　则

第三十五条　本办法由市交通局负责解释，自发布之日起执行。

盐城市搬运装卸业管理实施细则

盐政发〔1994〕88号　1994年4月26日

第一章　总　则

第一条　为加强搬运装卸业管理，保护承托双方合法权益，维护搬运装卸秩序，促进搬运装卸事业的发展，实现港站畅通，货畅其流，根据国家有关法律、法规和《江苏省搬运装卸业管理办法》，结合我市实际情况，制定本细则。

第二条　凡在本市行政区域内从事搬运、装卸、排筏拆做、起重、吊装、仓储、理货、非机动车货物运输等作业的单位和个人，不论其隶属关系、经济性质，都必须遵守本细则。

第三条　本细则所称搬运装卸作业活动是指为社会提供劳务，发生各种方式费用结算（包括将搬运装卸费计入产品、商品、工程成本或运费结算等）的营业性搬运装卸活动。

第四条　市、县（市、区）交通局是搬运装卸业的行政主管部门，市、县（市、区）运输管理处（所）负责对搬运装卸业的日常管理工作，具体负责本细则的实施。

第二章　开业和停业管理

第五条　从事营业性搬运装卸业的单位，必须具备下列条件：

(一)有相对稳定的货源,为社会所需要;

(二)有与作业相适应的工具、设备和场所,租用他人的,应有一年以上合法有效的租赁合同。起重作业机械应有县级以上劳动行政主管部门发给的技术检验合格证书;

(三)有经营管理的组织机构、办公场所、业务章程及安全、质量、分配等管理制度;

(四)有与经营活动相适应的自有流动资金,并具备商务事故赔偿能力;

(五)有相对固定的从业人员和与经营项目相适应的技术人员、技术工人和管理人员,企业所有从业人员均应依法签订劳动合同,起重、吊装、危险品货物装卸业务作业人员必须持有岗位培训合格证书和相应的特种作业人员操作证。

从事搬运装卸业的个人,除应具备本条第一款第一、二、四项条件外,须向运输管理处(所)缴纳每人100—300元的从业保证金。从事搬运装卸业的个人停(歇)业时,从业保证金应当退回。

第六条　申请从事营业性搬运装卸业的单位和个人必须履行以下手续,方可开业:

(一)持申请报告及有关证件向经营所在地运输管理处(所)提出申请;

(二)运输管理处(所)在收到申请后30日内,对申请单位或个人进行开业条件资格审查,符合条件的,发给搬运装卸经营许可证,不符合条件的,不予办理并说明理由;

(三)持搬运装卸经营许可证,向工商行政管理部门、税务部门办理工商登记和税务登记,领取营业执照和税务登记证;

(四)持搬运装卸经营许可证、营业执照、税务登记证,到劳动行政主管部门领取从业人员务工许可证,到运输管理处(所)领取江苏省搬运装卸作业证。从事搬运装卸的机动、非机动车和起重设备(车辆),必须按照国家有关规定,向运输管理处(所)申报办理有关营运证照手续;

(五)临时从事营业性搬运装卸业的单位和个人,应向经营所在地运输管理处(所)提出申请,经审核批准后,发给临时经营许可证,方可经营。经营时间超过3个月的,应办理正式开业申请手续。

第七条　搬运装卸业实行年度审验制度。凡在本细则颁发前,尚未办理本细则规定的有关手续的单位和个人,应对照开业条件在规定时间内补办有关手续,否则,视为无证经营论处。

第八条　从事营业性搬运装卸业的单位和个人,如需变更经营项目和作业范围的,应报原批准开业的运输管理处(所)审核同意,并办理变更手续。要求停(歇)业的,应提前30日向原批准的运输管理处(所)申报,并办理注销手续,缴还原发的各种证照,方可停(歇)业。

第九条　搬运装卸经营许可证的审批:跨市、县(市、区)的搬运装卸单位、市属及以上的搬运装卸单位开业,由市运输管理处审批;县(市、区)属及以下的搬运装卸单位和个人开业,由经营所在地县(市、区)运输管理所审批。

第三章　经营管理

第十条　从事营业性搬运装卸业的单位和个人,必须按照运输管理处(所)核准的作业区域范围进行作业:

(一)交通主管部门所属的专业搬运装卸企业以及经运输管理处(所)审核批准从事营业性搬运装卸业的单位和个人,必须按审批的作业区域范围,面向全社会承接业务。对港口、车站等中转枢纽的货物,各装卸单位应作为主要任务积极承担;

(二)铁路、海运、内河、公路、民航等运输企业组织内部职工,从事搬运装卸作业,原则上应在各自的车站、港口、码头、机场上直接从事对火车、船舶、汽车、飞机的装卸作业,其作业超出上述基本分工,组织外来劳力或委托其他搬运装卸队伍从事车站、港口、码头、机场的装卸作业,均应纳入交通运输行业管理;

(三)厂矿企事业单位自办的搬运装卸组织进行营业性搬运装卸活动,应纳入交通运输行业管理；

(四)农村副业的搬运装卸组织和零散搬运装卸的从业人员，只能在当地乡镇从事为生产建设和生活服务的搬运装卸，由运输管理处(所)指定作业地点，如需超越本乡镇范围从事搬运装卸业务，应报运输管理处(所)统筹安排。

第十一条　从事营业性搬运装卸的单位应当建立健全各项规章制度，严守操作规程，改善服务态度，保证装卸质量。

第十二条　凡超重、剧毒、危险品物资的搬运装卸，按《公路危险品货物运输规则》及国家有关规定办理。

第十三条　搬运装卸业人员应持省交通厅统一制发的江苏省搬运装卸业作业证进行作业。

第十四条　国家指令性计划物资和县级以上人民政府确定的重点港、站物资的疏运，由交通主管部门负责统筹安排。各类从事搬运装卸业的单位和个人，均应服从调度和指挥，确保指令性物资疏运任务的完成，保证重点港、站畅通。

第十五条　搬运装卸承托双方(以下简称"承托双方")应根据《中华人民共和国经济合同法》及《水路货物运输合同实施细则》《公路货物运输合同实施细则》的规定，签订搬运装卸合同：

(一)承托双方签订合同，必须使用规范的合同文本，搬运装卸、起重等项目使用 JSF－93－0402《江苏省搬运装卸合同》；

(二〕承托双方签订合同，必须符合国家法律、法规和政策的要求，符合平等互利、等价有偿的原则，任何单位和个人不得利用合同进行违法活动，扰乱装卸市场秩序，损害国家和社会公共利益；

(三)承托双方签订的搬运装卸合同，应报当地运输管理处(所)备案。

第十六条　依法签订的搬运装卸合同具有法律约束力，承托双方必须全面履行合同规定的义务，任何一方不得擅自变更或解除合同，确需变更或解除的，应由双方签订书面协议，并报运输管理处(所)备案。

第十七条　营业性搬运装卸单位应建立内部合同管理制度，设立兼职合同管理员，负责单位内部的合同管理。

第十八条　从事搬运装卸业的单位和个人自主确定用工计划，报劳动行政主管部门备案，并到劳动行政主管部门办理劳动合同鉴证、养老、待业保险等有关手续。因搬运装卸需招用农村合同制劳动力的，应经当地劳动行政主管部门批准。

第十九条　厂矿企事业单位(包括企业自备、专用码头、部队对外经营码头、各大物资仓库)、商店等雇用劳动力从事搬运装卸作业，必须到当地运输管理处(所)办理有关手续。

第二十条　外来搬运装卸劳动力的管理：

(一)外来搬运装卸劳动力，必须持有当地乡镇以上人民政府(街道办事处)证明、本人居民身份证或户籍证明，成建制的外来搬运装卸组织还必须具有合法的营业执照、搬运装卸经营许可证以及当地交通主管部门同意跨地区经营搬运装卸作业的许可证明；

(二)用工单位招用外来劳动力从事搬运装卸作业，必须向运输管理处(所)申报，经审核同意后，到劳动、公安、计划生育等部门办理有关手续；

(三)用工单位使用外来劳动力，必须按国家有关规定与劳动者签订劳动合同；

(四)在市区、县城从事搬运装卸的外来劳力，由市、县(市)运输管理处(所)统一协调行业管理。

第四章　价格与收费的管理

第二十一条　各级物价部门会同运输管理处(所)实施对搬运装卸业价格与收费的检查、监督。

第二十二条　从事营业性搬运装卸业的单位和个人，必须使用统一的搬运装卸力资发票，按规定缴纳交通规费及税金。

第二十三条　用工单位使用外来搬运装卸劳动力发生的装卸费用，凭搬运装卸合同和运费结算卡到运输管理处（所）开具搬运装卸力资发票，办理结算手续。其他任何票据不得用于结算，财务部门一概不予报销。

第二十四条　搬运装卸承托双方应共同执行省、市及县（市）有关搬运装卸收费标准。

第二十五条　从事营业性搬运装卸业的单位和个人，应建立健全各类财务账册，加强内部财务管理，并按时向当地运输管理处（所）填报有关统计资料。

第二十六条　搬运装卸业户的运输管理费，按搬运装卸营业收入的1.50%计征，无法按营业收入计征的人力车及搬运装卸，按每辆或每人每月5元计征。具体征收和使用办法，按省交通厅、财政厅、物价局《关于颁发“江苏省运输管理费征收和使用办法”的通知》的规定执行。

第五章　监督检查

第二十七条　各级交通主管部门和政府其他有关部门，要按照各自的职责，依法对从事搬运装卸业的单位和个人进行监督检查，保护合法经营，取缔非法经营。

第二十八条　从事搬运装卸业的单位和个人，应自觉接受检查，如实提供经营活动情况，不得弄虚作假。

第二十九条　检查人员在执行公务时，应向被检查单位或个人出示有效证件。

第六章　奖励与处罚

第三十条　对执行本细则成绩显著的单位和个人，由县级以上交通主管部门给予表彰和奖励：

（一）从事搬运装卸业的单位和个人，服从行业管理，遵守操作规程，文明装卸，全年无货损货差，无伤亡事故的，年终通报表扬，并给予一定的奖励；

（二）用工单位严格遵守用工规定，认真履行搬运装卸合同各项条款，内部管理制度健全，全年无伤亡事故，工作成绩突出的，年终可评为先进单位，同时，对单位和经办人员给予表扬和奖励。

第三十一条　对违反本细则规定的单位和个人，有下列行为之一的，由县级以上交通主管部门、工商行政管理部门、税务部门按照各自职责分别给予处罚：

（一）对未经批准擅自从事搬运装卸活动或擅自变更经营范围的单位和个人（包括厂矿企事业单位自办的搬运装卸组织），责令其停业，没收其全部非法收入，并处以当月营业收入10%至30%的罚款；

（二）以不正当手段经营，欺行霸市，强装强卸的，予以取缔，没收非法所得，并处以500元到1000元的罚款；

（三）违反操作规程，野蛮装卸，造成货损的除责令赔偿损失外，处以货损额10%至30%的罚款；情节严重的，责令停业整顿；整顿无效的，吊销经营许可证和营业执照；

（四）违反使用统一发票管理规定，弄虚作假，偷漏税费的，责令其补缴税费，并按有关规定罚款；

（五）经营许可证或作业证在规定期限内未经年度审验继续使用的，处以100元的罚款。

第三十二条　罚款统一使用财政部门印制的票据，并按期全额上缴同级财政。

第三十三条　当事人对行政处罚决定不服的，可在收到处罚通知书之日起15日内向上一级交通主管部门申请复议；对复议决定不服的，可以在接到复议决定之日起15日内，向人民法院提起诉讼。当事人也可在接到处罚通知书之日起15日内直接向人民法院起诉。逾期不申请复议，也不向人民法院起诉又不履行处罚决定的，由做出处罚决定的行政主管部门申请人民法院强制执行。

第三十四条　监督管理人员违反本细则，滥用职权或超越职权行事的，除向当事人赔礼道歉，予以纠正外,由所在单位给予行政处分,直至开除公职。构成犯罪的,提请司法机关依法追究刑事责任。

第七章　附　则

第三十五条　本细则由盐城市人民政府法制局会同盐城市交通局解释。

第三十六条　本细则自颁发之日起施行。

盐城市公路两侧非交通标牌设置及其管理的规定

盐政发〔1994〕146 号　1994 年 7 月 22 日

为维护公路路产路权,创造良好的公路环境,保证公路安全畅通,现对我市行政区域内的公路及公路两侧非交通标牌的设置、管理作下列规定:

一、本市行政区域内的公路(包括上空)及公路两侧建筑红线控制范围内,任何单位和个人未经公路管理部门批准,不得擅自设置非交通标牌(包括自行制作的厂牌、地名牌、宣传广告牌)。经批准设置的非交通标牌,必须遵循"保障畅通,美化公路"的原则,符合公路的技术规范。各级公路管理部门是公路两侧非交通标牌的管理部门,根据国家、省的有关法律、法规和本规定对非交通标牌实施管理。

二、非交通标牌设置的标准、位置及要求。

(一)全市公路两侧非交通标牌按统一标准进行设置。国、省道干线一律为铝合金牌面;县、乡公路可采用玻璃钢材料;牌面颜色一律为绿底白字;板面尺寸为 2 米 ×1 米(广告标牌例外);立柱(悬臂)漆划为灰色。

(二)有快慢车道、人行道的路段,设置在慢车道与人行道交界处人行道内侧,用单杆悬臂竖牌外挂,标牌下沿与路面距离为 3 米。

(三)无慢车道的路段,设置在公路两侧路缘石外 3 米处,采用立杆,标牌下沿与公路路面距离为 3 米;个别远离城镇的标牌,且公路为堤坝路段,可设置在公路肩道外侧,用单杆悬臂竖牌外挂,标牌下沿与公路路面距离为 3 米。

(四)对同类群体服务区可在进出两头公路两侧边沟以外(无边沟的在坡脚线 2 米以外)采用多块牌子组合立杆式,标牌下沿与路面距离为 1.50 米。

(五)非交通标牌设置必须远离交通标志牌前后、交叉道口前后及公路桥梁两头各 200 米。

(六)大型广告宣传牌可由公路管理部门划定区域,在公路两侧坡脚线 3m 以远统一设置广告群。牌面与公路边线平行,规格一般为 5 米 ×2.50 米、5 米 ×4 米、6 米 ×3 米等,下沿与路面距离为 1.50 米。

三、非交通标牌设置的管理:

(一)在国、省级公路及公路两侧建筑红线控制范围内设置非交通标牌(包括大型广告群)的单位和个人须向当地的县(市、区)公路管理部门申请,审核后报市公路管理部门批准,并由市公路管理部门统一组织制作,安装施工;在县、乡公路及公路两侧建筑红线控制范围内设置非交通标牌,须经当地县(市、区)公路管理部门审核批准,并由县(市、区)公路管理部门统一组织制作,安装施工;在国、省道干线上设置横跨公路"龙门架"式非交通标牌,须经市公路管理部门审核批准,由市公路管理部门负责制作,安装施工。

(二)在公路及公路用地范围内(包括上空)设置非交通标牌,公路部门应根据《江苏省公路、公路设施损坏、挖掘、占用赔偿标准》(苏交公(1989)第 46 号文)、《江苏省公路、公路设施损坏、挖掘、占用赔偿补充项目及标准》(苏价费函〔1992〕第48号文)的规定向设置非交通标牌的单位和个人收取合理的费用。

(三)鉴于公路广告必须依附公路才能发挥广告效应的实际情况,考虑市交通重点工程建设资金的需要,对G204、盐宁一级公路和省道公路两侧设置的宣传广告牌增收市交通重点工程建设资金,其具体标准为:在城区范围(含开发区)内的公路两侧设置广告牌,第一次需交开办费1000元,以后按每月15.00元/平方米计交;在城区范围以外的公路两侧设置广告牌,第一次需交开办费500元,以后按每月9.00/平方米计交。此项经费由公路管理部门代收,全部解交市财政,作为市交通重点工程建设资金,专户存储,任何单位和个人均不得截留或挪作他用。

(四)合资、股份、独资建成的公路,按照谁投资谁受益的原则,在此路段设置的非交通标牌,原则上由产权拥有者实施管理,但必须在公路管理部门的指导下,符合路政管理的要求。

(五)对本规定实施前已设置的非交通标志牌,当地公路管理部门要认真清理登记,按本规定要求重新设置。对不接受公路管理部门管理、未按规定要求设置的非交通标牌,由公路管理部门按违章设施予以清除。今后,凡违反本规定,擅自在公路及公路用地(包括上空)范围内设置各种非交通标牌均属侵犯公路路权行为,必须在规定期限内自行拆除,未按要求自行拆除,公路管理部门有权依法采取强制措施,并追究设置单位和个人的法律、经济责任。

盐城市建桥代渡实施办法

盐政发〔1995〕28号　1995年4月17日

第一章　总　则

第一条　为鼓励全社会投资建桥代渡,保障人民群众生命财产的安全,促进经济和社会的发展,根据上级有关规定和要求,结合我市实际情况,制定本办法。

第二条　凡是以撤渡为前提所建造的桥梁,统称代渡桥。在命名时,一律在桥名后冠以"渡桥"二字,以区别其他桥梁。

第三条　建桥代渡工作目标:

(一)凡设置在正常水位时河宽40米以下的河道上的渡口,所在乡镇在3年内实现建桥代渡;

(二)设置在河面较宽,客流量较大,且不在主航道上的渡口,5年内实现建桥代渡;

(三)设置在河面较宽,客流量较大,且在主航道上的渡口,5年内建桥代渡数不少于10%;

(四)经过努力,争取在本世纪末用建桥代渡和调整渡口布局的办法撤掉渡口50%以上。

第二章　代渡桥分类

第四条　股份桥。系指用股份形式筹措代渡桥资金,其产权为全体股东所有。

第五条　捐资桥。系指以单位或者个人名义无偿捐献资金所建造的桥梁,其产权为地方人民政府所有。

第六条　集资桥。系指按"谁受益谁出资"的原则,并依据受益程度的大小按区域或者人口数量筹措的代渡桥资金所建造的桥梁,其产权为集体所有。

第七条　合资桥。系指根据区域性水利、交通规划,由渡口所在乡镇出资,部分群众集资和政府有关部门给予一定补助所建造的桥梁,其产权按出资的比例确定。

第八条　独资桥。系指个人单独筹措资金所建造的桥梁,其产权为个人所有。

第三章　收费与管理

第九条　代渡桥(除国家、集体无偿投资或者单位与个人捐资为主体的桥梁外)实行有偿使用,允许收取过桥费,其标准可参照人力渡和机动渡收费标准执行。收费年限原则上在收回建桥投资本息后,再收费5—10年。

代渡桥由所在乡镇人民政府负责日常管理和监督,交通部门负责行业管理,公安部门负责社会治安管理,物价部门负责代渡桥收费价格的管理。

第四章　补偿与分配

第十条　凡允许收费的代渡桥,必须坚持经济效益和社会效益相结合的原则,合理分配,滚动发展。

第十一条　股份桥实行利益共享,风险共担,按股分红。

第十二条　有政府部门参加集资的代渡桥收费所得,先偿还个人和集体部分,然后偿还政府部门。还本付息后的收入可用于原桥的维修和新代渡桥的建设。

第十三条　个人独资桥自负盈亏,提倡再作贡献。

第五章　激励措施

第十四条　在股份建桥、独资建桥、捐资建桥、集资建桥、合资建桥中凡符合下列情形之一者,由市、县(市、区)、乡镇人民政府用其单位名称或者姓名(含外省市及海外的单位和个人)命名所建桥梁:

(一)不论何种代渡桥,一次性出资30万元以上,占桥梁总投资50%以上者,由市人民政府命名;

(二)不论何种代渡桥,一次性出资10万元以上,占桥梁总投资50%以上者,由县(市、区)人民政府命名;

(三)不论何种代渡桥,一次性出资2万元以上,占桥梁总投资50%以上者,由乡镇人民政府命名。

第十五条　凡符合下列情形之一者,由乡镇人民政府在桥头建永久性光荣榜,发给《光荣册》予以褒扬:

(一)在股份桥中所投股金占总股金15%者;

(二)在捐资桥中所捐资金占建桥总额5%者;

(三)在集资桥中所集资金占集资总额10%者。

第十六条　凡一次性捐款建桥2.50万元以上者,经市人民政府批准,可解决一个农转非指标。

第十七条　在代渡桥建设过程中,少数做出特殊贡献的老年农民群众,经市人民政府批准,对其身后意愿予以特许。

第十八条　鼓励单位和个人经乡镇人民政府、县(市、区)人民政府、市人民政府批准在本市境内跨地域建造代渡桥,并按本办法规定收取过桥费。所在县(市、区)、乡镇、村、组应予支持和保护。

第十九条　凡无偿建造的代渡桥,各行政管理部门和管理机构在审批时,一律免收费用,施工单位原则上只收取工人工资,土方工程由代渡桥所在乡镇的村组免费提供义务劳动。有偿建造的代渡桥也要尽可能给予优惠。

第二十条　水利、交通、城建部门搞农田水利基本建设和城乡道路建设,应当尽量减少原有渡口数量和不增加新渡口。乡镇人民政府和地方群众自筹资金在等级航道和县乡公路沿线上建造代渡桥的,水利、航道、公路管理部门要积极予以支持。

第二十一条　第十六条、十七条激励措施的审批程序:申请人提出申请,经乡镇人民政府审核,送县(市、区)交通部门办理证书,由县(市、区)人民政府召集民政、公安、交通等部门会办提出意见,报市人民政府审批,交有关部门办理。

第二十二条　符合第十六条、十七条规定的特殊激励对象,只能享受其中一项待遇。

第六章　责任制度

第二十三条　乡镇人民政府对建桥代渡工作负有直接责任,负责本乡镇行政区域内代渡桥建设的宣传发动、规划设计和组织实施工作,完成上级人民政府下达的代渡桥建设任务。

第二十四条　跨区域渡口的建桥工作责任人为:单方设渡的所在乡镇人民政府为责任人;两方设渡的由上级政府确定其责任人。

第二十五条　各级交通、水利、城建、土管、公安、民政等部门有责任积极协助乡镇人民政府完成代渡桥的建设任务,为其提供各种服务。

第二十六条　奖励办法:

(一)对提前一年完成本办法第三条第一款,提前二年完成本办法第三条第二、三款规定的建设目标的乡镇人民政府主管领导、分管领导和有功人员记功和发放一次性奖金4000~6000元;

(二)按期完成本办法第三条规定的建设目标的乡镇人民政府主管领导、分管领导和有功人员给予综合奖5倍(无年度综合奖的单位奖上述人员年职务工资的1~2倍)的奖励并记功;

(三)对在完成本办法第三条规定的建设目标过程中做出突出贡献的有关部门的主管领导、分管领导和有功人员,视其贡献大小分别给予年终综合奖3~5倍(无年度综合奖的单位奖上述人员年职务工资1~1.50倍)的奖励并分别给予记功。

第二十七条　惩处办法:

(一)未按本办法第三条规定的期限完成代渡桥建设目标和管理失职发生事故的乡镇人民政府主管领导、分管领导和有关人员,追究其领导责任和相关责任。发生重大事故的,除追究肇事者的责任外,还要追究乡镇人民政府领导的领导责任;

(二)对在完成建桥代渡目标任务过程中,有推倭、拖延等失职行为的各级政府部门的领导和工作人员要追究其领导责任和相关责任。

第二十八条　承担扶贫任务的各有关部门,要把帮助被扶地区建好代渡桥作为重要任务。

第二十九条　建桥代渡实行目标管理,列入各级人民政府及其部门领导的政绩考核内容。由交通部门负责对建桥代渡年度任务和目标任务的完成情况进行检查验收,提出奖惩意见,由市、县(市、区)人民政府奖惩。

第七章　附　则

第三十条　本办法适用于代渡桥。

本办法由市交通局负责解释。

本办法自颁发之日起施行。

盐城市汽车配件经营行业管理办法

盐政发〔2000〕125号　2000年5月26日

第一章　总　则

第一条　为加强汽车配件(含摩托车配件和汽车保修检测设备,下同)经营行业管理,建立汽车配件市场经营秩序,维护经营者和消费者合法权益,根据国家有关规定,结合本市实际,制定本办法。

第二条　凡在本市行政区域内从事汽车配件经营的公民、法人和其他经济组织(以下简称汽配经营业户),均应遵守本办法。

第三条　市、县(市、区)交通行政主管部门是汽车配件经营的行业主管部门,其所属的汽车维修行业管理机构具体负责本行政区域内汽车配件经营行业的日常管理工作。

第四条　工商、税务、物价、质量技术监督等部门应按照各自的职责范围,配合交通行政主管部门做好对汽车配件经营行业的监督管理工作。

第五条　汽车经营行业管理应坚持“规划、协调、服务、监督”的方针,遵循“统一管理、多家经营、协调发展”的原则,保护正当竞争,禁止非法经营。

第六条　汽配经营业户必须守法经营,公平竞争,服务用户。

第二章　开业与歇业

第七条　凡申请开业的汽配经营业户,应持有关经营条件的证明材料,向所在地汽车维修行业管理机构书面申请领取经营汽车配件技术条件合格证(以下简称合格证)。市直企业直接向市汽车维修行业管理机构申请。

第八条　汽车维修行业管理机构应当在接到申报材料之日起三十日内审核完毕,并答复申请单位或个人。经技术条件审核合格的,发给相应类别的合格证。

第九条　汽配经营业户按经营规模和技术条件分为三类:

一类:可以经营各类国产、进口汽车配件的批发和零售业务。应具备下列条件:

(一)营业用房和仓库总面积不少于二百平方米;

(二)注册资金不少于五十万元;

(三)配有相应的专职持证质检、核价、财务、仓储、营销等员工;

(四)备有电器万能测验仪、硬度计、探伤仪、百分表、千分尺、游标卡尺等检测器具。计量工作必须达到《江苏省企业计量合格确认规范》的要求。

二类:可以经营国产、进口汽车配件的批发和零售业务,但不得经营发动机、变速器、驱动桥、从动桥、车身、车架及方向机等七大总成件。应具备下列条件:

(一)营业用房和仓库总面积不少于八十平方米;

(二)注册资金不少于二十万元;

(三)配有相应的专职持证营销和兼职持证的质检、核价、财务等员工;

(四)备有与经营品种相适应的常用检测器具。

三类:可以经营七大总成件以外的国产、进口汽车配件的零售业务。应具备下列条件:

(一)营业用房和仓库总面积不少于二十平方米;

(二)注册资金不少于五万元;

(三)配有专职持证营销和兼职持证的核价、质量、计量等员工;

(四)备有与经营品种相适应的必要检测器具。

第十条　汽配经营业户合格证的审批权限为:一、二类汽配经营业户,由市汽车维修行业管理机构审批;三类汽配经营业户,由县(市、区)汽车维修行业管理机构审批。

第十一条　汽配经营业户变更经营类别、业户名称和经营地址的,应当向原发证的汽车维修行业管理机构提出变更申请。

第十二条　申请停业或歇业的汽配经营业户,应在一个月前向原发证的汽车维修行业管理机构提出书面申请,缴销合格证,并到工商、税务部门办理注销手续。

第十三条　本办法施行前已开业的汽配经营业户应当自本办法颁发之日起六个月内,到所在地汽车维修行业管理机构申请补办合格证。

第三章　配件经营

第十四条　汽配经营业户从事配件经营,应当遵守有关法律、法规的规定,保证配件质量,提高服务水平。

第十五条　汽配经营业户不得销售国家明令淘汰车型的配件,不得销售无产品标准、伪造或选用他人厂名厂址、伪造或冒用认证标志、名优标志等质量标志和掺杂、掺假、以假充真、以旧充新、以次充好的配件。

第十六条　汽配经营业户对购进的配件,必须执行下列验收程序:

(一)验明产品标识是否有中文标明的产品名称,生产厂厂名、厂址、合格证明,产品标准编号,商标等;

(二)购进的计量检测产品是否符合有关技术标准;

(三)运用仪器检测产品是否符合有关技术标准;

(四)填写验收单,验收人员要签署姓名和验收日期。

第十七条　汽配经营业户必须使用统一的价格标签,实行明码标价,按规定收费,不得重复收费或擅自提高收费标准。

第十八条　售出的配件有下列情形之一的,汽配经营业户应当负责修理、更换、退货:

(一)不具备产品应当具备的使用性能而事先未作说明的;

(二)不符合在产品或者其包装上注明采用的产品标准的;

(三)不符合以产品说明、实物样品等方式表明的质量状况的。

第十九条　汽配经营业户与用户发生质量纠纷时,当事人可以通过协商或者调解解决,当事人不愿通过协商、调解解决或者协商、调解不成的,可以根据当事人各方的协议向仲裁机构申请仲裁;当事人各方没有达成仲裁协议的,可以向人民法院起诉。

第二十条　汽配经营业户应按时向汽车维修行业管理机构报送统计报表,建立健全各类财务账册,依法纳税。

第四章　监督管理

第二十一条　汽车维修行业管理人员执行公务时,必须出示行政执法证件,秉公执法。

第二十二条　汽车维修行业管理机构应向汽配经营业户宣传国家有关法律、法规,组织从业人员进行法制等方面的教育和培训。

第二十三条　汽车维修行业管理机构应及时发布汽车配件方面技术信息,制定技术培训计划,定期培训和考核经营管理,加强对汽配经营业户的技术条件、配件质量检查监督。

第二十四条　汽车维修行业管理机构应当会同物价部门对汽车配件经营行业价格和收费进行

监督管理。

第二十五条　汽车维修行业管理机构应对汽配经营业户的合格证每年进行一次年度审验。

第五章　奖励与处罚

第二十六条　对执行本办法成绩显著的单位和个人,由市、县(市、区)交通行政主管部门给予表彰和奖励。

第二十七条　汽配经营业户违反本办法具有违法经营行为的,由有关部门依法进行处罚。

第二十八条　对违反本办法,无理阻挠汽车维修行业管理人员执行公务尚不构成犯罪的,依法给予治安管理处罚;构成犯罪的,依法追究刑事责任。

第二十九条　汽车维修行业管理人员玩忽职守、滥用职权、徇私舞弊的,依法给予行政处分;情节严重构成犯罪的,由司法机关依法追究刑事责任。

第六章　附　则

第三十条　本办法由盐城市交通局负责解释。

第三十一条　本办法自颁发之日起施行

盐城市航道管理办法

盐政发〔2001〕5号　2001年3月24日

第一章　总　则

第一条　为了加强航道管理,改善通航条件,确保航道畅通,充分发挥内河航运在国民经济中的作用,根据《中华人民共和国航道管理条例》及其实施细则、《江苏省内河交通管理条例》《江苏省航道管理条例实施办法》等有关规定,结合本市实际,制定本办法。

第二条　本办法适用于本市行政区域内的国家航道、地方航道和专用航道,航道设施及与通航有关的设施。

第三条　本市航道实行统一领导,分级管理。各级人民政府应加强对航道管理工作的领导,统筹规划航道建设发展。各级交通主管部门应认真履行《中华人民共和国航道管理条例》及其实施细则规定的职责,切实搞好航道的规划和管理工作。

第四条　市、县(市)交通主管部门设置的航道管理机构负责对航道及航道设施实行统一管理。

第二章　航道管理机构及其职责

第五条　国家航道及其航道设施由省交通主管部门设置的航道管理机构负责管理。

地方航道及其航道设施由省、市、县(市)交通主管部门设置的航道管理机构按照各自权限负责管理。

专用航道及其航道设施则由专用部门负责管理,除军事专用航道外,其他专用航道应接受当地航道管理机构的业务监督和指导。

第六条　各级航道管理机构的主要职责是:

(一)贯彻执行国家、省有关航道建设养护管理的方针、政策和法律、法规、规章及通航技术标准;

(二)根据航道发展需要、防洪标准和通航标准要求,编制航道发展规划,拟订航道技术等级,组织实施建设、养护计划；

（三）审查批准与通航有关的设施的通航标准和技术要求；

（四）负责航道养护费的征收、稽查和使用管理；

（五）负责与有关部门协商处理水资源综合利用中与航道有关的事宜；

（六）负责对本辖区从事航道疏浚、打捞的社会工程船舶的管理；

（七）负责航道及航道设施的保护，制止偷盗和破坏航道设施、侵占损坏航道的行为，查处航道管理范围内的一切违章设施。

第三章　航道规划和建设

第七条　编制航道发展规划应依据统筹兼顾、综合利用的原则，在服从防洪的总体安排下，结合国家、省、市水资源综合规划和有关专业规划制订。

第八条　编制航道发展规划时，涉及水利、城建、铁路、公路、水产、供电、邮电等部门的，应征得水利、城建、铁路、公路、水产、供电、邮电等部门的同意。水利、城建、铁路、公路、水产、供电、邮电等部门在编制各自发展规划时，涉及航道的，应征得航道管理机构的同意。

第九条　交通部门应当根据内河通航标准、防洪标准和航运发展需要，划定航道技术等级，并按照规定报经批准。已经批准的航道技术等级不得随意变更，如确需变更的，必须报原批准机关核准。

航道技术等级是航道管理和确定航道、设施建设标准的依据。

第十条　航道、航道设施的建设应当符合航道技术等级标准、防洪标准和国家基本建设程序等有关规定。

第四章　航道的保护

第十一条　航道和航道设施受国家保护，任何单位和个人不得侵占或破坏。

第十二条　兴建临河、跨河、过河等与通航有关的设施，应当符合航道技术等级标准和防洪标准，并事先经交通、水利部门批准。涉及城市防洪排涝、堤防安全的，还应当经有关部门批准。

第十三条　兴建水利工程以及与通航有关的设施，降低航道技术等级标准的，建设单位应当采取补救措施；危及航道设施安全的，应当予以纠正；损坏航道设施的，应当予以补偿或者修复。造成航道临时或者永久改道的，其改道费用由建设单位承担。

第十四条　建造码头、驳岸、桥梁等临河、跨河建筑设施，其位置应按航道等级规划，并结合以下规定划定：

（一）驳岸、渡口、抽水站（井）、水位观察井，应设置在划定的通航水域之外，并应满足安全通航要求，不得侵占航道水域；

（二）吊机、码头、栈桥等临河建筑设施，其外边线与航道中心线最小距离，应为该航道等级标准船舶宽度5倍以上，不得恶化原有通航和行洪条件；

（三）水上过河建筑物的选址和通航孔设计必须符合《内河通航标准》；

（四）房屋、厂房等临河建筑设施，应在河道坡肩外向岸内伸进10米，或从现有驳岸边线向岸内伸进5米；航标周围20米范围内禁止设置影响助航、导航、交通安全的标志、标牌和其他设施；

（五）铺设过河水下电缆、涵管、管道、隧道等必须设置在远离浅滩、锚地的稳定河段，其深度不小于规划航道底标高以下1.5米；

（六）架设跨越航道的电力、电信线（缆）的净空标准应符合省交通厅、省电力局、省邮电局共同规定的要求。

第十五条　在通航河段上或者其上游兴建水利控制工程或者引走水源，建设单位应当保证航道和船闸所需的通航流量。特殊情况下因控制水源或者大量引水影响通航时，水利、交通部门应当采取相应的措施，必要时报同级人民政府协调解决。

第十六条　通航河流上桥梁年久失修，妨碍通航或者危及航行安全需要修复或者改建的，除有特别情况由当地政府协调解决外，属于交通部门管理的，由交通部门负责；属于铁路、城建、企业等专用的，由所属单位负责；属于农用桥或者人行桥的，由所在县（市）、乡（镇）、村负责；因交通、水利发展需要改建或者拆除的，由交通、水利部门负责。

第十七条　禁止在航道上设置妨碍交通秩序、影响交通安全、过水能力的拦河设施。

禁止在干线航道上设置寄泊站（区）、固定渔具、拦河网具和种植水生物、围河养殖。

每年9月底至次年4月底非汛期在其他通航水域内设置固定渔具、拦河网具，种植水生物、围河养殖的，不得降低航道技术等级标准和妨碍船舶航行以及影响蓄水行洪，并经交通、水利部门批准后，到渔政部门办理捕捞（养殖）许可证；设置寄泊站（区）的，经交通、水利部门同意后，报同级人民政府批准。

第十八条　从事装卸作业的水上浮吊和长期停泊的船舶，其外边线距航道中心线的距离应大于二分之一航宽加1倍标准船宽。

第十九条　在防洪、排涝、抗旱时，综合利用水利枢纽过船建筑物，应当服从防汛抗旱指挥机构的统一安排。

第二十条　助航、导航设施和测量标志是关系到水运交通安全的公共设施，所在地人民政府对其设置占地，应给予支持。

第二十一条　为确保航道完好畅通，禁止下列侵占和损坏航道的行为：

（一）向航道内倾倒垃圾、沙石、泥土、粪便和废弃物；

（二）在航道管理范围内任意挖土、采沙、采石、种植及堆放建材等物；

（三）损坏驳岸、护坡、拦杆、助航标志、宣传标牌、坡岸绿化；

（四）在航道两侧岸坡擅自设点装卸废渣、杂物、妨碍通航。

第二十二条　任何单位在通航水域进行工程建设，施工完毕必须按通航要求及时清除遗留物，如围埝、残桩、沉箱、废墩、锚具、沉船残体等，并经航道管理机构验收认可。没有清除的，航道管理机构有权责成其限期清除，对拒不清除的，采取强制措施予以清除，其清除费用由工程建设单位承担。

第二十三条　在航道内进行疏浚、清障、打捞等营业性作业的，施工单位和个人必须持有效证照，提供施工图等资料，落实废弃物弃置地点，经交通、水利部门核准。

第五章　内河航道养护费

第二十四条　内河航道养护费是国家按照“以航养航”的原则，规定由航道管理机构征收的事业费，其他任何单位、部门不得征收。

第二十五条　凡在本市内河航道上航行、作业的各种船舶，除按规定免征的以外，均应按规定缴纳内河航道养护费。

第二十六条　专用航道的养护费，由专用部门自行解决。

第六章　法律责任

第二十七条　对侵占、损害和破坏航道及其设施的行为，按照“谁造成碍航谁负责恢复通航”的原则，根据情节轻重由交通主管部门按下列规定处罚：

（一）凡侵占、损害和破坏航道及其设施的，应责令其纠正违法行为，限期补救，并可处以5000元以下的罚款；

（二）未经交通主管部门同意，擅自设置专用航标的，应责令其限期补办手续或者拆除标志，并处以1000元以上2000元以下罚款。未按主管部门意见设置必要的航标的，责令其限期补设，并处以500元以上2000元以下的罚款。因未设航标造成航行事故的，需承担法律责任；

（三）凡违反本办法擅自在航道管理范围内进行拦、临、跨航道建筑设施建设，以及设置碍航网簖，围河养殖，停放排筏，堆放物资的，应责令其限期清除，并可处以500元以上3000元以下的罚款，逾期不清除的，依法申请人民法院强制清除，清除费用由责任单位和个人承担；

（四）凡违反本办法向航道内倾倒垃圾、污物、泥土、粪便的，应责令其限期清除，逾期不清除的，依法强制清除，并可处以500元以上3000元以下的罚款，清除费用由违法者承担；

（五）凡违反本办法拖欠、拒交、逃漏航养费的，按照有关航养费管理的法律、法规、规章的规定处罚。

第二十八条　对违反本办法构成违反治安管理行为，应给予治安管理处罚的，由公安机关依照《中华人民共和国治安管理处罚条例》处罚。构成犯罪的，提请司法机关依法追究刑事责任。

第二十九条　当事人对处罚决定不服的，可以依法申请复议。对复议决定不服的，可以依法向人民法院起诉。当事人逾期不申请复议，也不起诉，又不履行处罚决定的，作出处罚决定的交通主管部门可以申请人民法院强制执行。

第七章　附　则

第三十条　本办法所称“航道”“国家航道”“专用航道”“航道设施”“与通航有关的设施”适用《江苏省航道管理条例实施办法》第二条规定的含义。

第三十一条　本办法由盐城市交通局负责解释。

第三十二条　本办法自颁发之日起施行。盐城市人民政府1993年9月4日颁发的《盐城市航道管理暂行办法》（盐政发〔1993〕210）同时废止。

盐城市交通建设工程质量监督规定

盐政发〔2001〕173号　2001年8月21日

第一章　总　则

第一条　为加强交通建设工程（以下简称交通工程）质量的监督管理，确保交通工程质量，提高投资效益，根据国务院《建设工程质量管理条例》、交通部《水运工程质量监督规定》和《公路工程质量监督暂行规定》等有关规定，结合本市实际，制定本规定。

第二条　在本市行政区域内实施交通工程质量监督，适用本规定。

第三条　本规定所称交通工程，指公路、公路桥梁、航道、船闸、港口、站埠及其附属设施建设项目等交通专业工程。

本办法所称交通工程质量，是指有关交通工程建设的法律、法规、规章、技术标准、设计文件以及合同对交通工程的安全、适用、经济、美观等特性的综合要求。

第四条　市、县（市、区）交通主管部门负责本行政区域内交通工程质量管理工作；其下设的交通工程质量监督机构（以下简称质监机构）受其委托具体承担交通工程质量监督工作。

第五条　交通工程的建设单位、勘察设计单位、施工单位、工程监理单位应当按国家有关规定建立完善质量保证体系，依法对交通工程质量负责。

交通工程在设计使用年限内实行质量终身负责制。

第六条　任何单位和个人应当支持交通主管部门、质监机构依法实施交通工程质量监督，不得拒绝或者阻挠。

对交通工程的质量缺陷、质量事故，任何单位和个人都有权向交通主管部门、质监机构和其他有关部门控告、检举。

第二章　质监机构和质监人员

第七条　质监机构的交通工程质量监督工作受同级交通主管部门领导，并接受上级质监机构的业务指导。

第八条　受同级交通主管部门的委托，市、县（市、区）质监机构交通工程质量监督的主要职责是：

（一）贯彻执行国家、省有关工程质量管理的法律、法规、规章和强制性技术标准；

（二）负责监督检查交通工程设计、监理、施工单位的工程质量保证体系及相关人员的工作；

（三）依据国家标准、规范、设计文件、施工合同、监理合同，负责组织工程质量检查，定期发布工程质量动态；

（四）负责受监工程质量评定和鉴定，参加工程的交、竣工验收；

（五）参与交通工程项目的设计会审；

（六）参与交通工程质量事故的调查、处理；

（七）参与优秀勘察、优秀设计、优质工程"三优"交通工程的核验；

（八）组织质监人员、监理人员、项目经理和试验人员的业务培训。

第九条　质监机构履行交通工程质量监督职责时，可以采取下列措施：

（一）要求被监督单位提供有关文件和资料；

（二）进入被监督单位的施工现场和其他有关场所进行检测、检查、拍照、录像；

（三）发现有工程质量缺陷或者质量隐患的责令其改正；

（四）向有关单位和个人调查有关情况，并取得证明材料。

第十条　质监机构必须建立健全质量监督工作机制，完善监督手段，增强质量监督的公正性、权威性和有效性。

第十一条　质监人员的配备应按照精简、效能、专业结构合理的原则，由从事相应专业施工、设计或者管理工作的工程技术人员担任。

第十二条　质监人员须经省级以上交通工程质监机构考核并取得证书后，方可从事工程质量监督工作。

第十三条　质监人员必须认真学习和贯彻执行国家有关建设工程质量管理的法律、法规、规章和质量标准，熟悉所监督的工程项目，坚持原则，依法行政，秉公办事。

第十四条　交通工程质量监督实行执法公示制，任何单位和个人都可以对质监机构和质监人员的执法情况进行监督，对违法失职行为予以举报。

第三章　质量监督内容

第十五条　交通主管部门和其委托的质监机构依据国家有关法律、法规、规章和本规定实施以下监督工作：

（一）对交通工程参建单位和人员的资质、资信进行监督；

（二）对交通工程参建单位执行国家和行业强制性标准的情况进行监督；

（三）对交通工程参建单位工程质量保证体系进行监督；

（四）对交通工程项目试验检测工作的规范性、准确性、客观性进行监督；

(五)对交通工程使用的材料、中间产品、设备及施工工艺进行监督;

(六)对交通工程实体质量进行监督,作出工程质量鉴定和评定;

(七)对交通工程质量缺陷、质量事故依照有关规定进行调查、处理;

(八)对交通工程质量档案资料的完整性、规范性、客观性进行监督。

第十六条　交通工程建设各方必须按有关规定向质监机构报告交通工程建设质量情况,提供有关资料。

第四章　质量监督程序

第十七条　实行招标的交通工程项目,自招标公告发布之日或者投标邀请书发出之日起至工程保修期届满为止,为交通工程质量监督期。

不需要实行招标的交通工程,自申请办理交通工程监督手续之日起至工程保修期届满为止,为交通工程质量监督期。

第十八条　建设单位在领取施工许可证或者办理开工报告前,应当按规定向质监机构申请办理交通工程质量监督手续,填写《交通建设工程质量监督申请书》,并在规定的时间分阶段向质监机构提供下列文件资料;

(一)交通建设工程注册登记表;

(二)初步设计批复文件、地质水文勘察资料,设计文件;

(三)招标文件,设计、施工、监理合同副本;

(四)勘察、设计、施工、监理、检测单位的资质、资信证明材料;

(五)施工组织设计,施工单位质量自检程序和施工工地试验室装备清单;监理规划、监理程序和监理工地试验室装备清单;

(六)被监督工程的主要设计人员、施工技术负责人、施工质量自检人员、工程监理人员、施工和监理工地试验人员、施工单位项目经理的名单及资格证书;

(七)工程建设计划进度安排、建设管理机构框图;

(八)国家规定必须提供的其他文件和资料。

第十九条　质监机构自收到《交通建设工程质量监督申请书》和有关文件、资料之日起十五日内,对所收到的文件和资料及施工现场进行核实,确定工程质量监督人员。制定质量监督计划,并向建设单位和其他有关单位发送《交通建设工程质量监督通知书》。

未办理工程质量监督手续的,交通主管部门不得批准开工。

第二十条　工程开工后,质监机构按《交通建设工程质量监督通知书》和以下内容实施质量监督:

(一)检查交通工程项目经理部、现场监理机构工作程序和工作质量;

(二)抽查分部、分项工程以及其他影响使用功能、安全性能的重要部位、主要部件和主要施工工序;

(三)抽查工地试验室及试验检测方法;

(四)检查国家规定必须检查的内容。

第二十一条　质监机构应加强对工程质量进行专项检查、随机抽查或者检验,在监督检查中发现有下列行为之一的,质监人员应及时向有关参建单位发送《交通工程质量抽查意见通知书》,责令改正:

(一)不按照工程设计图纸或者施工技术规范、规程、标准施工的;

(二)在施工中偷工减料或者使用的原材料、半成品、成品没有试验和检验证明,或者经试验、检测达不到技术和质量要求的;

（三）违法转包、分包的；

（四）管理混乱，工程质量低劣的；

（五）有其他影响工程质量行为，造成工程质量缺陷的。

有关单位应当按《交通工程质量抽查意见通知书》提出的要求，采取有效措施，消除质量隐患，并将处理意见及时反馈有关质监机构。

第二十二条　交通工程发生质量事故，有关单位应当在二十四小时内向当地交通主管部门或者其委托的质监机构报告。交通主管部门或者其委托的质监机构收到质量事故报告后，应当督促有关单位保护现场，采取有效措施防止损失进一步扩大，并初步断定事故性质，及时向上级交通主管部门报告有关情况。

交通工程质量事故的调查程序按照国家有关规定执行。

第二十三条　交通工程完工后，由建设单位提交《交通建设工程质量评定申请书》，质监机构在收到申请书后，组织工程交工前的质量检测，形成《交通建设工程质量评定书》，提交交通验收委员会进行审议和确认。

交通工程竣工验收时，由质监机构提交工程项目质量监督工作报告，对经竣工验收合格以上的工程签发《工程质量鉴定书》。

未经质监机构进行质量评定、鉴定或者评定、鉴定不合格的工程不能组织交工、竣工验收。

第二十四条　质监机构必须对出具的评定、鉴定和监督报告的客观性、公正性负责。

第二十五条　质监人员进入施工现场及其他有关场所检查或者向有关单位和人员进行调查时，应当出示行政执法证。

第五章　法律责任

第二十六条　建设、设计、监理、施工单位违反本规定的，由交通主管部门按照《建设工程质量管理条例》等有关法规、规章进行处罚。

第二十七条　交通工程质量监督行政处罚程序按交通部发布的《交通行政处罚程序规定》执行。

第二十八条　造成交通工程特大安全事故的，依照《国务院关于特大安全事故行政责任追究的规定》，对有关地方政府领导人、部门负责人及直接负责的主管人员和其他直接责任人员给予行政处分；构成犯罪的，依法追究刑事责任。

第六章　附　则

第二十九条　本规定由盐城市交通局负责解释。

第三十条　本规定自发布之日起施行。

盐城市乡镇船舶交通安全管理规定

盐政发〔2001〕234号　2001年12月4日

第一章　总　则

第一条　为加强乡镇船舶安全管理，切实保障人民生命财产安全，促进内河交通运输业健康、有序地发展，依据《中华人民共和国内河交通安全管理条例》《江苏省内河交通管理条例》《江苏省渡口管理办法》等法规、规章以及国家交通部、经贸委《关于进一步加强乡镇船舶交通安全管理责任制意见》,结合本市实际情况,制定本规定。

第二条　本规定适用于在本市行政区域内内河通航水域航行、停泊、作业的乡镇船舶及其所有人、经营人和有关主管部门、人员。

第三条　乡镇船舶是指乡镇机关、企事业单位、社会团体或其他组织所有或经营的船舶以及乡村个人或合伙所有或经营的船舶,主要包括:货运船舶、客渡船、水上作业船舶、水上加油船、农业生产用船、企业内部生产用船、殡葬用船等。

第四条　乡镇船舶交通安全由地方各级人民政府负责,各级人民政府应加强对乡镇船舶交通安全工作的领导,制定和落实安全管理责任制。

各级交通主管部门对乡镇船舶交通安全实施行业管理。各级地方海事机构是对内河交通安全实施统一监督管理的主管机关,负责对乡镇船舶实施安全监督和对乡镇船舶安全管理人员实施指导。

各级农业、林业、渔业、水利、公安、工商等管理部门,在各自职责范围内实施行业管理,促进乡镇船舶的安全运营。

第二章　安全管理责任

第五条　各县(市、区)人民政府乡镇船舶安全管理职责:

(一)制定本县(市、区)乡镇船舶安全管理目标;

(二)与乡(镇)人民政府签订安全责任书,落实乡镇船舶安全管理责任制;

(三)督促有关部门和乡(镇)人民政府宣传、贯彻内河交通安全法规,检查乡镇人民政府的乡镇船舶安全管理工作;

(四)对乡镇船舶安全工作实行综合治理,协调各有关部门之间的工作。及时组织交通、公安、安全等部门实施专项检查,通报情况、查处失职和违法人员;

(五)定期部署总结乡镇船舶安全管理工作,督促整改重大安全隐患。

第六条　乡(镇)人民政府乡镇船舶安全管理职责:

(一)对本乡(镇)的乡镇船舶安全管理负直接领导责任,乡(镇)政府要明确一名领导分管乡镇船舶交通安全管理,并指派专人负责辖区内的乡镇船舶安全管理工作;

(二)制定本乡(镇)乡镇船舶安全管理目标,落实管理责任的具体措施,每年与村级组织和相关单位签订乡镇船舶安全管理责任书,层层落实安全管理责任制;

(三)乡镇主要负责人为乡镇船舶安全第一责任人,分管乡镇船舶安全的负责人必须每季度对本辖区的乡镇船舶进行安全检查,并督促和要求村(居)委会有关人员每月对所辖渡口进行安全检查(不少于一次),并在安全检查记录簿上作出记录;

(四)建立乡镇船舶管理基础台账资料;

(五)主动配合地方海事机构查处本行政区域内所属乡镇船舶的违章行为和交通事故。督促渡口的责任人员按照地方海事部门签发的违章通知书的要求,及时整改、消除事故隐患。并及时向有关部门反馈整改意见。

第七条　各级交通主管部门乡镇船舶安全管理职责:

(一)认真宣传、贯彻、落实国家和省、市有关乡镇船舶安全管理的规定;

(二)协助政府制定和落实乡镇船舶的安全管理责任制;

(三)及时报告乡镇船舶安全管理情况和事故隐患,协助政府监控和落实整改措施;

(四)总结和推广本行政区域内乡镇船舶安全管理的先进经验。

第八条　各级地方海事机关要依法加强对乡镇船舶的安全监督,严格办理船舶登记、船员考试、船舶签证和船舶检验等业务。

(一)宣传贯彻国家、省、市有关内河交通安全的法律、法规、规章和政策措施;

(二)督促有关主管单位纠正乡镇船舶各类违章行为;

(三)对乡镇船舶的安全隐患要责令整改,对屡纠不改的乡镇船舶从业人员及责任单位要依法给予行政处罚;

(四)接到乡镇船舶事故报告后要立即赶赴现场进行调查,救助和处理。

(五)定期组织人员到盐城籍乡镇运输船舶集散地加强管理,主动搞好服务。

第九条　乡镇船舶的所有人、经营人对其所有或所经营船舶的安全负直接管理责任。

(一)学习、宣传和严格执行有关内河交通安全的法律、法规、规章和政策;

(二)认真履行安全管理责任书所明确的职责;

(三)对从业人员加强内河交通安全教育,督促所属船舶的从业人员遵守内河交通安全法规;

(四)所属船舶发生事故应积极协助有关部门进行处理。

第三章　船舶和人员

第十条　乡镇船舶的船体、设备必须符合内河交通安全法规规定的技术条件要求。

第十一条　乡镇船舶进入通航水域航行,必须遵守《内河避碰规则》和有关航行规章。

第十二条　乡镇船舶应当按照规定向有关主管机关申请办理手续,在核定的航区、范围、期限内航行、停泊和作业,服从地方海事机关的内河交通秩序维护和管理。

第十三条　禁止无乘客定额证书的船舶搭载乘客。

第十四条　乡镇船舶装运危险货物,必须取得相应运输资质,经船舶检验部门检验和地方海事机关核准,并严格遵守危险货物内河交通运输有关规定。

第十五条　乡镇船舶的从业人员必须熟悉内河交通安全航行法规,掌握安全操作基本技能。营运船舶的从业人员必须取得相应的适任证书。

第四章　奖　罚

第十六条　对认真执行国家有关内河交通安全法规和本办法,并对乡镇船舶交通安全作出显著成绩的单位和人员,由县(市、区)、乡(镇)人民政府表彰奖励。

第十七条　对严重违反有关内河交通安全法规和本办法的乡镇船舶的所有人、经营人以及船员,海事、公安机关应当依法给予行政处罚或采取强制措施。

第十八条　乡镇船舶发生重特大安全事故,除追究当事人的责任外,将依照《国务院关于特大安全事故行政责任追究的规定》追究各级政府各有关部门及人员责任。

第五章　附　则

第十九条　除公安、工商等部门依法执行公务和查处违法犯罪行为以外,由海事机关按照国家统一规定执行对乡镇船舶的检查和处罚,其他单位不得擅自拦截船舶进行检查、收费和处罚。

第二十条　本规定由盐城市交通局负责解释。

第二十一条　本规定自颁布之日起施行。

盐城市公路路政管理办法

盐政发〔2002〕11 号　2002 年 1 月 17 日

第一章　总　则

第一条　为加强公路路政管理,保障公路完好畅通,充分发挥公路在现代化建设中的经济效益和社会效益,根据《中华人民共和国公路法》《江苏省公路条例》和有关法律、法规、规章的规定,结合本市实际,制定本办法。

第二条　公路路政管理,是指交通主管部门依法为保护公路、公路用地、以及公路附属设施(以下简称公路路产),保障公路完好畅通,控制公路两侧建设所实施的行政管理。

第三条　本办法适用于本市行政区域内国道、省道、县道、乡道(含公路收费站区〕的路政管理。

在建公路、专用公路的路政管理可以参照本办法执行。

第四条　市、县(市、区)交通主管部门是本行政区域内公路路政管理的主管部门。

各级公路管理机构依法行使公路路政管理职责。

市公路管理机构,负责国道、省道的管理和监督。

县(市、区)公路管理机构负责县道以及乡道的管理和监督。

第五条　各级地方人民政府应当加强对公路路政管理工作的领导。

规划、建设、公安、城管、土地、水利、工商、物价等部门,以及公路沿线的乡(镇)、村、有关单位应积极支持配合公路管理机构,协助做好公路路政管理工作。

第六条　公路路产受国家法律保护,任何单位和个人不得破坏、损坏或者非法占用公路路产。

禁止任何单位和个人在公路上非法设卡、收费、罚款和拦截车辆。

第二章　公路管理机构的职责

第七条　各级公路管理机构行使下列职责:

(一)宣传、贯彻实施有关公路路政管理的法律、法规和规章;

(二)负责管理和保护公路路产;

(三)依法实施公路路政检查,制止和查处各种违反路政管理的行为;

(四)依法对公路两侧建筑控制区实施管理;

(五)维护公路养护和施工作业现场的正常秩序;

(六)审批公路超限运输,并对其进行监督检查;

(七)审批有关地下、地面及上空穿(跨)越公路的各种设施的建设事项;

(八)负责公路标志、标线管理;

(九)法律、法规和规章规定的其他职责。

第八条　路政管理人员依法在公路、建筑控制区、车辆停放场所、车辆所属单位等进行监督检查时,任何单位和个人不得阻挠;

公路经营者、使用者和其他有关单位、个人,应当接受公路路政管理人员依法实施的监督检查,并为其提供方便。

第九条　公路路政管理人员执行公务时,应当按国家规定统一着装、佩戴标志、持证上岗。

用于路政管理、检查的专用车辆,应当设置统一的标志和示警灯。

第三章　公路和公路用地管理

第十条　公路及公路用地范围内禁止下列行为：

(一)利用公路桥梁进行带缆、牵拉、吊装等施工作业，设置不符合标准的高压电力线和易燃易爆的管线；

(二)在公路桥梁桥孔内堆放易燃易爆物品、明火作业、搭建各类设施；

(三)倾倒渣土、垃圾，焚烧各类废弃物；

(四)集市贸易、摆摊设点、堆放物品、打谷晒场、设置障碍；

(五)挖沟引水、利用公路边沟排放污物，堵塞公路排水沟渠、填埋公路边沟；

(六)损坏、污染公路或者影响公路畅通的其他行为。

第十一条　任何单位和个人不得擅自占用、挖掘公路、公路用地。确因工程建设需要占用、挖掘公路、公路用地或者使公路改线的，应当事先经公路管理机构批准；影响交通安全的，还须征得公安机关的同意。

第十二条　修建穿(跨)越公路的各种桥梁、渡槽或者架设、埋设管线、电缆等设施的，以及在公路用地、公路两侧建筑控制区范围内架设、埋设管线、电缆等设施的，应事先经公路管理机构批准；影响交通安全的，还须征得公安机关的同意。所修建、架设或者埋设的设施应当符合公路工程技术标准的要求。

第十三条　除农业机械因当地田间作业需要在公路上短距离行驶外，履带车、铁轮车以及其他可能损害公路路面的运输机具，不得在公路上行驶。确需行驶的，必须经公路管理机构批准，并采取有效保护措施；影响交通安全的，还应当经同级公安机关批准。

第十四条　机动车辆制造、修理厂和其他单位不得将公路作为检验制动性能的试车场地。

第十五条　禁止在国道进行车辆驾驶教练、考试。

在省道和主要县道进行车辆驾驶教练、考试的，必须在公路管理机构和公安机关指定的路段和时间内进行。

第十六条　公安机关在处理车辆违章或者交通事故时，发现公路路产被损坏的，应当及时通知公路管理机构处理公路路产赔偿事宜。

第十七条　改建、扩建公路以及进行公路维修的，施工单位应当在施工路段两端设置明显的施工标志，合理安排施工时间，遵守公路施工现场的施工秩序，保障车辆安全、畅通。对影响交通安全的，公路管理机构应函告当地公安机关制定交通管理方案，并及时向社会公告。

施工现场的施工秩序由公路管理机构负责管理、监督。施工现场的交通秩序由公安机关负责管理、监督。

第十八条　在公路上行驶的车辆，其单轴轴载质量须符合交通部(2000年)第2号令的规定。车货总高度从地面算起不得超过4米、车货总长度不得超过18米、车货总宽度不得超过2.50米。公路管理机构可按规定在本市行政区域内公路上设立检查超限运输检测点。

第十九条　超过公路、公路桥梁或者汽车渡船的限载、限高、限宽、限长标准的车辆，不得在有限定标准的公路、公路桥梁上行驶，不得使用汽车渡船。超过公路或者公路桥梁限载标准确需行驶的，必须经市公路管理机构批准，并按要求采取有效的防护措施；影响交通安全的，还应当经同级公安机关批准。运载不可解体超限物品的车辆，应当按照指定的时间、路线、时速行驶，并悬挂明显标志，必要时应当有引导车开道。

运输单位不能按照前款规定采取防护措施的，由公路管理机构帮助其采取防护措施，所需费用由运输单位承担。

第二十条　利用、占用、挖掘、损坏公路路产的，公路管理机构应当按照有关规定收取赔(补)偿费,赔(补)偿标准按照国家和省有关规定执行。

第二十一条　公路、公路用地范围内已有的,未经批准设置的管线设施,其产权单位或个人应在本办法实施之日起,主动持产权证或者有关证明文件、资料到公路管理机构办理审批、登记手续;借故拖延不办的,依法处理。

第二十二条　严禁盗砍、盗伐、损坏公路行道树和公路花草绿地,严禁在公路行道树上悬挂广告牌、招幌及其他物品。

供电、邮政、电信、广播电视等部门需对公路行道树进行修剪的,应当先报经公路管理机构批准。

第四章　公路建筑控制区和管理控制区的管理

第二十三条　从公路边沟(坡脚线)外缘起,没有边沟、坡脚的路段一律以路缘石向外5米起,国道不少于20米、省道不少于15米、县道不少于10米、乡道不少于5米的区域为公路建筑控制区范围。

公路建筑控制区范围内原有的建筑物、构筑物以及因公路新建、改建或者建筑控制区调整等,被划入公路建筑控制区范围内的建筑物和构筑物,未经公路管理机构同意,不得扩建。对在建公路两侧建筑控制区应当加强管理,避免形成违法建筑。

对改道前的原国、省道路由交通主管部门依法作出控制的具体规定。

第二十四条　从公路边沟(坡脚线)外缘起,没有过沟、坡脚的路段一律以路缘石向外5米起,国道不少于50米、省道不少于40米、县道和乡道不少于30米的区域为公路管理控制区。在公路弯道内侧、平交道口附近、城市出入口及公路穿过集镇地段的公路管理控制区内不得修建任何永久性建筑。

第二十五条　规划和新建村镇、开发区、厂矿、学校、集市贸易场所等建筑群,其外缘与公路用地界外最小间距:国道、省道不少于200米,县道不少于100米,乡道不少于50米,并应当避免在公路两侧对应进行,防止造成公路街道化,以保障公路的运行安全与畅通。

在公路两侧新建小城镇、中心村,只能规划在公路一则,按块形集中布局,单向垂直与公路连接,采用专用公路或辅道来解决内部的交通问题;已在公路两侧布局的集镇(村),只能按规划要求在一侧发展,禁止在原集镇(村)两侧沿线延伸;有的路段已形成街道的,应调整规划,逐步向外拆移;公路两侧分散的建筑也要按规划要求,分批分期迁移到规划区域内。

第二十六条　公路两侧小城镇和中心村建设规划必须由建设部门会同交通、公安、国土资源、工商等部门联合审查并报政府批准。公路沿线建设项目必须在批准的规划区域内进行建没,国土资源部门凭建设和公路管理部门的共同审批意见批征土地。办理建设许可证时,应先由公路管理部门签署意见,建设部门方可签发建设许可证。

在公路建筑控制区和管理控制区范围内,任何单位和个人均不得越权或违法批准修建任何永久性和临时性建筑设施,违者按照“谁批准谁负责”的原则,追究领导者和相关人员的责任。

第二十七条　在公路上增设平交道口应当严格控制。确需增设的,应当按照管理权限报经相应的公路管理机构和公安机关批准。属于经营性公路的,还应当征求公路经营企业的意见。

增设的平交道口,应当满足行车视距的要求,按照批准的设计图纸和公路工程技术标准修建。与公路搭接的平交道口不少于100米路段的路面应当采取硬化措施。

第二十八条　对与公路连接的连片房屋,当地人民政府和交通主管部门应当对其采取必要的隔离措施,只在两端设置出入道口。

所有与公路连接的道口必须符合低(基面低于公路)、平(场地平整)、畅(公路排水畅通)、硬(路面硬化)、美(绿化达标)的要求。

第五章　公路标志和非公路标志的管理

第二十九条　对建成的公路，交通主管部门和公路管理机构应当按照国务院交通主管部门的规定，设置明显的符合 GB5768－1999 国标的标志、标线，在危险路段和复杂路段设置安全警示和防护设施。

第三十条　公路交通安全设施受法律保护，未经公路管理机构同意，任何单位和个人不得拆除、移动、涂改。

第三十一条　任何单位和个人未经公路管理机构批准，不得在公路用地范围内设置公路标志以外的其他标志。

第三十二条　确需在公路用地和建筑控制区范围内设置非公路标志的，须报经公路管理机构批准，在一定的路段，按统一的标准进行设置。

国道、省道不得设置过路门式架牌。

第六章　法律责任

第三十三条　违反本办法规定的，由交通主管部门和公路管理机构依照《中华人民共和国公路法》《江苏省公路条例》等有关规定，予以查处。

第七章　附　则

第三十四条　本办法下列用语含义：

"公路"：是指经公路主管部门验收合格，交付使用的城间、城乡间、乡间能行驶汽车的公共道路。公路包括公路的路基、路面、桥梁、涵洞。

"公路用地"：是指从公路两侧边沟外缘起，没有边沟的从公路坡脚线外缘起，不少于 1 米范围的土地。

"公路附属设施"：是指为保护、养护公路和保障公路安全畅通所设置的公路防护、排水、养护、管理、服务、交通安全、渡运、监控、通信、收费等设施、设备以及专用建筑物、构筑物等。

"专用公路"：是指由企业或者其他单位建设、养护、管理，专为或者主要为本企业或者本单位提供运输服务的道路。

"永久性建筑设施"：是指在公路两侧建筑控制区和管理控制区范围内，采用耐久性建筑材料（如钢、钢筋砼、水泥、砖、木、石及其他材料等）构筑的，使用期限在半年以上的各种构造物或设施。

第三十五条　本办法由盐城市交通局负责解释。

第三十六条　本办法自颁布之日起施行。过去本市政府的有关文件与本办法不一致的，以本办法为准。

盐城市高速公路建设征地拆迁和现场协调暂行办法

盐政发〔2003〕108 号　2003 年 7 月 1 日

第一章　总　则

第一条　为配合"十五"期间我市大规模高速公路建设，做好高速公路征地、拆迁和现场协调工作，根据省有关规定，结合我市实际，在总结宁靖盐高速公路建设管理经验的基础上，制定本暂行办法。

第二条　高速公路征地、拆迁、现场协调工作，由工程沿线各县(市、区)人民政府负责，工程所在地乡(镇)人民政府具体实施。

第三条　各县(市、区)要参照盐城市高速公路建设领导小组的模式，成立相应的高速公路建设领导小组，负责领导本辖区内高速公路的征地、拆迁和现场协调工作，领导小组下设办公室，为非常设机构，负责本县(市、区)高速公路征地、拆迁和现场协调的日常工作。

第四条　工程沿线乡、镇成立专门的服务协调小组，负责本辖区内的征地、拆迁服务和现场协调工作。服务协调小组由乡、镇党政负责人及土管所、村镇建设办、水利站、交管所、派出所等单位负责人和有关行政村一名主要领导人组成。

第二章　征地拆迁

第五条　盐城市高速公路建设指挥部(以下简称市高指)根据工程建设计划以及工程实施的具体情况，对征地、拆迁和现场协调工作进行部署；各县(市、区)高速公路建设领导小组办公室负责实施辖区内的征地、拆迁工作。

第六条　县(市、区)高速公路建设领导小组办公室在征地拆迁过程中具体开展以下工作：

(一)按照施工图设计要求的征地、拆迁的项目、数量，认真细致地做好调查、核实工作，拆迁的全部资料按单位分户、分类登记造册，并由调查人员、被拆迁项目产权人或单位负责人签字后作为原始资料归档。发现与施工图提供的拆迁数量有出入的，由市高指和设计单位现场核实认可并办理相应手续。核定的拆迁项目、数量、补偿标准等应当公示。

(二)征地和取土用地必须满足施工图设计要求，取土坑的位置原则上应当是施工图确定的位置，面积按实际取土面积计算。但是，在满足工程建设技术规范要求、不增加工程投资的提前下，结合地方农田规划，本着就近和方便群众的原则，可以作适当调整，并办理相关手续。工程其他临时用地应当满足工程实际需要。

(三)负责办理征用土地和临时用地手续，做好工程征地、拆迁后土地的调整、群众宅基地的安排工作，进行征地补偿费、土地复垦费等各项补偿费用的分解落实，组织相关部门和单位及时做好小型农田排灌设施、乡村道路等恢复调整工作，及时协调处理因征地、拆迁引发的其他各种矛盾，完成征地、拆迁其他临时性任务。

第七条　征地、拆迁工作依据《省政府批转省国土资源厅等部门关于全省公路水运等重点交通基础设施建设项目征地拆迁工作的意见的通知》(苏政发〔2000〕77 号，以下简称《意见》)，和《盐城市人民政府关于筹措我市“十五”期间境内高速公路建设资本金的通知》(盐政发〔2001〕264 号)的有关规定执行。

第三章　现场协调

第八条　凡要求参与高速公路工程建设和材料供应的都必须参加省、市统一组织的招投标。

第九条　施工机械和劳动力等生产要素由施工单位自行确定并组织，任何单位或个人不得以任何理由阻挠。

第十条　工程施工材料设备的装卸和转运，凡由施工单位自行组织的，任何单位和个人不得以任何理由和名目阻碍作业和收取管理费。如确需当地劳动力装卸和转运的，按同质同价优先的原则，由施工单位与所在乡(镇)会商，由乡(镇)统一组织实施，并签定合同，确保装卸和转运的时间和质量。

第十一条　工程沿线村(居)民反映房屋因施工机械震动而受损，要求进行质量鉴定和赔偿的，由本人书面申请，并预缴鉴定费；由乡(镇)政府牵头，请有资质的部门进行现场鉴定。如确系施工原因造成房屋损坏的，由建设单位支付鉴定费，并按鉴定部门的意见给予补偿，不是施工原因造成房屋损坏的不予补偿，所发生的鉴定费由申请人承担。

第十二条　对地方提出的确需变更的工程项目，由乡（镇）政府及时向县（市、区）政府申请，说明变更理由，经县（市、区）政府认定，报省、市高指按规定程序审批。无论变更是否批准，任何单位和个人不得以任何理由阻止工程的正常施工。

第十三条　建设单位应当尽量减少施工过程中噪音、粉尘、断航断流等问题对周围村（居）民的影响，配合地方政府做好宣传、解释工作。

第十四条　建设单位缴纳征地拆迁补助费、工程临时用地补助费、取土坑（堆土区）复垦补助费、土地管理费、耕地占用税和耕地开垦费后，各级政府和各有关部门不得再收取其他任何费用。

第十五条　任何单位和个人不得在高速公路用地范围内栽种农作物、挖运泥土、打谷晒场、搭建临时棚舍以及堆放秸秆、杂物等，不得在高速公路构造物上乱贴、乱写广告。

第十六条　施工期间，非施工车辆和人员不得在高速公路施工路段上通行。

第十七条　偷盗、哄抢、敲诈、毁损高速公路建设物资和设施的，依法予以打击。

第四章　监督管理

第十八条　县（市、区）征地拆迁工作经费以经过审查的施工图设计文件中征地拆迁数量和工程实施过程中现场发生的与设计文件不符且经设计单位和市高指现场认定的数量，并按《意见》规定的项目和补偿标准确定的补偿费用为基数，乘以2%后得出的数额。

第十九条　征地、拆迁工作经费采用报帐制的形式，经市高指审核把关后，根据征地拆迁工作进度分期拨付。征地、拆迁工作经费包干使用，超支不补。

第二十条　严格按工程设计要求和建设需要征用和临时使用土地，严禁擅自扩大征地、拆迁范围和弄虚作假、虚报冒领征地、拆迁补偿费等行为。

第二十一条　征地、拆迁经费要专户储存、专款专用，不得随意截留和挪用。所有经费的使用，都要接受审计、监察部门的审计和监督。

第二十二条　服务协调组织和人员应主动、及时地协调处理征地、拆迁和工程建设过程中发生的各种矛盾。如因工作失职，发生阻碍施工、聚众闹事等事件影响工程建设的，视情节轻重追究其相应责任。

第二十三条　各级监察部门要切实加强监督检查，严防违法行为的发生。

第五章　附　则

第二十四条　本办法由市交通局负责解释。

第二十五条　本办法自颁发之日起施行。

盐城市高速公路建设征地拆迁补助资金使用管理暂行规定

盐政发〔2003〕147号　2003年7月7日

第一章　总　则

第一条　为加强对高速公路征用土地、拆迁和取土坑用地复垦补助资金（以下统称征地拆迁补助资金）的管理，确保征地拆迁补助资金的规范、安全使用，根据《江苏省土地管理条例》和省政府苏政发〔2000〕77号文件规定，在总结和借鉴市内外高速公路建设专项补助资金使用管理经验的基础上，制定本暂行规定。

第二条 高速公路征地、拆迁、现场协调的组织工作，按市政府盐政发〔2002〕108号文件规定执行。

第二章 补助资金管理

第三条 高速公路征地拆迁补助资金由省高速公路建设指挥部根据工程建设需要统一下拨，市高速公路建设指挥部根据高速公路征地、拆迁和取土进度分期拨付。市及工程沿线各县（市、区）高速公路建设指挥部为征地拆迁补助资金的管理机关，接受有关部门的监督、审计和检查。

第四条 征地拆迁补助资金的管理与使用，必须严格执行国家和省、市相关政策规定，实行专户储存、专款专用、封闭运行，任何单位和个人都不得挤占、截留和挪用。

第五条 征地拆迁补助资金的申领、支付，必须严格按财务管理规定完备有关手续，由专人负责审批。

第三章 补助资金使用

第六条 高速公路建设征地拆迁补助资金包括征用土地补助费、拆迁补助费和取土坑用地复垦补助资金。征用土地补助费包括青苗补偿费、劳动力安置补助费、小型农田排灌设施恢复费、土地补偿费等四部分；拆迁补助费包括因工程需要按规定拆除的集体、个人房屋和附属设施、杆线及其他构筑物等补助费用。

第七条 征用土地补助费依据施工图设计文件中规定的用地数量，按照省政府文件规定的补助标准计算金额，同时结合工程建设用地的时序进度，由市高速公路建设指挥部分批拨付给县（市、区）高速公路建设指挥部，县（市、区）高速公路建设指挥部按照相同的程序分批拨付给沿线乡（镇）。其中直接补助给群众的费用，市、县（市、区）两级高速公路建设指挥部必须及时足额拨付到位。

第八条 征用土地补助费的各项具体费用标准为：

（一）青苗补偿费。一般按一季产值计算，市对县按平均每亩1000元补助标准包干。在补助时，对被征用土地应按其种植粮食或经济作物等不同类型进行分类测算，根据种植（养殖） 收益情况，确定具体补助数额，但每亩补助最低不得少于500元。

（二）劳动力安置补助费。补助标准为每亩2000元。如无调田情况，全部发放给被征用土地的农民。

（三）小型农田排灌设施恢复费。由乡（镇）政府管理，县（市、区）人民政府监督使用。原则上每亩补助1000元。对水系破坏严重的地区，须征得被征用土地村民会议三分之二以上成员或者三分之二以上村民代表同意，经批准后，可适当提高补助标准，但最高不得超过2000元。

（四）土地补偿费。如农村集体经济组织无法从机动田中调整出数量和质量相当的土地继续给农民承包经营的，应将剔除上述三项费用后的剩余部分，按70%的比例发放给被征用土地的农民。

可调田的地区，应根据被调土地面积，将劳动力安置补助费、土地补偿费按比例测算发放给被调土地的农民。如所调土地属农村集体经济组织所有的，劳动力安置补助费、土地补偿费可作为农村集体经济组织积累，用于发展集体经济。

第九条 征用土地补助工作实行“二公开一协议”制度。根据征用土地的红线图和勘界丈量，由国土资源部门代表县级人民政府，将用地范围、面积、补助标准、办理补助的期限等内容，在被征用土地所在地的乡镇、村组予以公告。村组拟订补助费分配方案，经被征用土地的农民同意后，报乡（镇）政府审批。

实际补助时，村组应根据工程用地的红线，在用地前逐户丈量被征用土地，同时经承包人签字确认后，将征用土地的面积、种植情况、补助标准予以公示，有关各方无异议后，由村组与被征用土地的农民签订补助协议，明确现金补助金额和调田补助办法，在下发征地通知的同时，发放应给农民的补助费用。

第十条　征用土地补助费中应当直接补助给农民的青苗补偿费、土地补偿费、劳动力安置补助费，由各县（市、区）高速公路建设指挥部根据规定标准和本县（市、区）境内高速公路沿线乡（镇）的征用土地数量，一次性拨付到指定的乡（镇）金融机构，同时将所拨资金总数及构成情况报市高速公路建设指挥部备案，作为市高速公路建设指挥部定期内部跟踪审计的依据。乡（镇）金融机构根据村组与群众签定的补助协议，经乡（镇）政府确认并盖章后，直接将补助费用支付给被征用土地的农民。

第十一条　由县（市、区）监督乡（镇）政府统筹调度使用的小型农田排灌设施恢复费，必须专项用于高速公路沿线水系、道路、桥梁等设施的恢复，不得挪作他用。

第十二条　取土坑复垦补助资金的分配标准。由于我市高速公路取土坑深度全部超过 2 米，无法复垦为耕地，大部分可调整产业结构，作为其他农用地使用。取土坑用地对农民的补助标准应参照征地补助标准分配。如取土坑深度超过 3 米的将办理征地手续，增加的补助费用按征地标准进行分配。

第十三条　高速公路建设拆迁补助工作，按照《省政府批转省国土资源厅等部门关于全省公路水运等重点交通基础设施建设项目征地拆迁工作的意见的通知》精神进行，产权属个人的拆迁补助费用直接补助给个人，产权属集体的拆迁补助费用归集体所有。

第十四条　在拆迁现场的丈量核实工作中，市、县（市、区）两级高指和乡（镇）、村（组）两级负责人以及产权人或产权单位五方代表都要到场，同时对拆迁项目和数量予以签认，经过评估后公示拆迁的项目、数量、补助等三方面标准，无异议后签定拆迁协议，资金管理单位按照拆迁进度分批支付拆迁补助资金。实体拆迁结束后，有关单位必须做好现场的清障工作，在清除完现场遗留杂物且通过专项验收后结清所有拆迁补助资金。

第十五条　拆迁物产权属集体的，其拆迁补助费用由权属单位合理使用，权属单位必须按照公开、公平、公正的原则，向干部群众公开资金使用方案和财务收支情况，以接受本单位职工的监督。

第四章　资金使用监督

第十六条　高速公路建设征地拆迁补助资金使用的监督管理实行年度审计、定期审计和不定期检查相结合的方法。市政府组织对征地拆迁补助资金使用管理情况进行年度审计。市、县（市、区）两级高速公路建设指挥部应成立专门机构，定期对征地拆迁补助资金使用情况进行跟踪审计。各级监察、国土、审计、财政部门应适时组织对征地拆迁补助资金进行专项检查。

第十七条　各有关单位和个人必须积极配合有关部门的审计与检查，积极为征地拆迁补助资金的使用监督创造良好的条件。

第十八条　对审计和检查中发现的征地拆迁补助资金违规使用行为，有关方面不仅要督促相关单位按照上述条款规定的要求及时整改到位，并采取组织和纪律措施，追究责任单位负责人的领导责任和责任人的管理责任，触犯法律的要依法处理。

第五章　附　则

第十九条　本暂行规定由市国土资源局、市交通局负责解释。

第二十条　本暂行规定自印发之日起施行。

盐城市内河交通安全管理办法

盐政发〔2008〕122号　2008年7月2日

第一章　总　则

第一条　为加强内河交通安全管理，维护内河交通秩序，保障人民生命财产安全，根据《中华人民共和国安全生产法》《中华人民共和国内河交通安全管理条例》《江苏省内河交通管理条例》等有关法律、法规的规定，结合我市实际，制定本办法。

第二条　本办法适用于本市行政区域内河通航水域船舶航行、停泊、作业以及与内河交通安全有关活动的管理。

第三条　内河交通安全管理遵循“安全第一、预防为主，方便群众、依法管理”的原则，保障内河交通安全、有序、畅通。

第四条　各级人民政府应当加强内河交通安全工作的领导。

交通管理部门主管内河交通安全管理工作，海事管理机构依据职责权限具体实施内河交通安全监督管理事务。

财政部门应当在财力允许的情况下落实安全管理经费，加强对安全生产基础设施建设的投入。

安全生产监督管理部门应当加强内河交通安全管理工作的监督、指导、协调和服务。

环境保护管理部门对水污染防治实施统一监督管理，将船舶污染防治纳入本地区环境保护规划，积极争取有利于船舶污染防治的财政、经济、技术政策和措施。

城市市容和环境卫生管理部门负责船舶污染物接收、贮存、运输和处置工作的监督管理。

公安部门依照《江苏省水上治安管理办法》实施水上治安管理，协助相关部门维护内河交通安全。

第五条　各级人民政府和有关部门要积极推进营业性运输船舶向公司化管理的模式发展，支持组建各种体制的水路运输企业、船员协会等，大力推广应用先进水运安全生产技术。

第六条　各级人民政府和有关部门对内河交通安全管理工作成绩显著的单位和个人应给予表彰和奖励。

第二章　管理职责

第七条　县（市、区）人民政府内河交通安全管理职责：

（一）负责本行政区域内河交通安全管理工作，建立、健全内河交通安全管理制度和办法，督促有关部门及乡（镇）人民政府、街道办事处履行内河交通安全管理职责，协调、解决内河交通安全管理的重大问题，组织内河交通安全检查，适时开展专项治理，消除重大安全隐患，及时将新增通航水域纳入安全管理。

（二）制定县（市、区）、乡（镇）人民政府和街道办事处内河交通安全管理目标和责任制，落实县（市、区）、乡（镇）人民政府、街道办事处、村（居）委会、村民组、船主的安全责任。

（三）制定内河交通发展规划，落实乡（镇）人民政府和街道办事处内河交通安全管理机构、人员、经费，建立工作考核和责任追究制度。

（四）审批渡口的设置、迁移与撤销，指定乡（镇）人民政府、街道办事处、村（居）委会负责渡口管理，督促海事管理机构对渡运安全实施监督检查，制定撤渡建桥计划，安排专项补助经费。

（五）组织指挥内河交通遇险救助工作，认真做好内河交通事故的善后处理工作。

第八条　乡（镇）人民政府和街道办事处内河交通安全管理职责：

（一）结合实际制定汛期、节假日、集会、集市、农忙、学生上（放）学及学生旅游活动等内河交通安全管理制度和办法，建立、健全乡（镇）人民政府、街道办事处、村（居）委会、村民组和船主（船员、渡工）的内河交通安全管理责任制。落实内河交通安全管理的专门人员。

（二）宣传内河交通安全法律、法规，努力提高广大群众的安全意识，督促船舶所有人、经营人和从业人员遵守有关内河交通安全的法律、法规和制度。

（三）实施对农用自备船舶内河交通安全日常管理，组织开展安全检查，制止和纠正违章行为，督促消除安全隐患。

（四）负责渡口的维护与管理。落实"五定"（定渡口、定渡船、定载额、定渡工、定制度）工作，维护渡运秩序，组织相关部门依法打击、取缔私设的渡口。

（五）安排并多渠道筹集资金，组织实施撤渡建桥计划。

（六）负责船长12米以下农用自备船舶的检验、登记、发证和管理。

（七）协助有关部门处理船舶、船员的违法行为；组织内河交通遇险救助，认真做好内河交通事故的善后处理工作。

第九条　村（居）委会、村组内河交通安全管理职责：

（一）建立内河交通安全管理领导机构，明确职责，落实村（居）委会、村组安全管理人员，开展日常安全管理。

（二）落实汛期、节假日、集会、集市、农忙、学生上（放）学及学生旅游活动等值班监控制度；建立无证船舶和私渡举报制度及船舶、船员违章举报制度；制定和落实村民红白喜事用船管理制度；建立村民遵守内河交通安全承诺制度；督促村（居）民自觉遵守农用自备船舶管理制度等。

（三）分解落实安全生产责任制，与船主、船员、渡工逐一签订内河交通安全责任状。

第十条　交通管理部门内河交通安全管理职责：

（一）主管内河交通安全管理工作，贯彻执行内河交通安全管理的法律、法规、规章。

（二）协调相关部门和周边地区内河交通安全管理工作；承担除渔船、农用自备船舶外的内河交通事故控制指标考核管理任务。

（三）海事管理机构负责实施内河交通安全监督和船舶防污染管理；负责船舶法定检验、船舶登记和发证；组织开展船员技术安全培训，负责船员考试、审验、发证；负责内河水上水下施工水域通航安全管理行政许可；负责内河加油站点作业资质许可，督促安全生产；负责对渡口和渡运安全实施监督检查，督促落实渡运安全管理制度，督查、指导县（市、区）和乡（镇）人民政府、街道办事处开展渡口安全管理和渡口设施及渡船的维护管理；负责内河交通事故的调查处理。

（四）运输和港口管理机构负责水路运输行业安全管理；负责水路运输、港口企业资质条件审核、许可，维护水路运输、港口（码头）安全生产秩序；督促、指导水路运输、港口（码头）装卸企业建立、健全安全生产管理体系，督促消除安全隐患。

第十一条　渔业管理部门内河交通安全管理职责：

（一）负责渔业船舶的内河安全监督管理和防污染管理。

（二）贯彻执行国家渔业船舶安全管理法律、法规；负责渔业船舶的检验、登记管理以及船员培训考试发证。负责对渔业船舶航行、停泊和作业的安全实施监督管理。

（三）制止渔业船舶擅自改变用途；制止在通航水域设置捕养设施，维护通航环境；负责组织清除碍航捕养设施，确保航道畅通。

（四）负责渔业船舶内河安全事故的调查处理和统计上报，承担渔业船舶安全事故的考核管理责任，参与渔业船舶与其它船舶内河安全事故的调查处理，在当地政府的领导下做好事故善后处理工作。

第十二条　农业管理部门内河交通安全管理职责：

（一）负责农用自备船舶内河交通安全行业管理。

（二）指导、督促乡（镇）人民政府、街道办事处开展农用自备船舶的检验、登记、发证和船员的安全管理，制止农用自备船舶参与社会运输、超定额载人等违章现象。

第十三条　旅游管理部门内河交通安全管理职责：

（一）负责内河旅游、游乐、漂流等船舶及浮动设施的内河交通安全行业管理。

（二）保障内河旅游、游乐、漂流项目符合安全资质开业条件，督促相关船舶、浮动设施及从业人员按有关规定进行检验、登记及培训考试。

第十四条　水利管理部门内河交通安全管理职责：

管理河道及其配套工程设施。在汛期泄洪期间应按规定及时向海事管理机构和社会发布有关航道安全的水文信息，在泄洪航道的上下游设立安全警示标志。

第十五条　各级人民政府和各相关部门应建立内河交通事故、渡运事故和险情应急救援预案，并纳入政府应急反应体系。

各相关部门应建立本行业船舶、船员的安全管理责任制，制定管理制度，落实安全措施，组织开展安全检查，督促消除内河交通安全隐患。

第十六条　各级人民政府和相关部门应建立健全安全检查制度，定期对职责范围内的内河交通安全情况进行督查，每季度至少安排一次安全检查。

第十七条　船舶、浮动设施的所有人、经营人，以及涉及内河交通安全作业（活动）的责任单位（人员）是内河交通安全管理的责任主体，负责船舶、浮动设施、作业（活动）的安全管理，建立、健全相应的安全管理制度，遵守内河交通安全管理法律、法规和规章，保证船舶、浮动设施安全适航；负责船员及从业人员的技术培训和安全教育，接受有关部门的监督检查，及时消除安全隐患。

第十八条　营运船舶船员应经内河交通安全专业培训以及特殊培训，经海事管理机构考试合格，取得相应的适任证书和其他适任证件。船员应当遵守职业道德，提高业务素质，严格依法履行职责，服从管理，接受监督检查。

第十九条　共管水域的各有关政府和部门应加强协调，明确共管水域的内河交通安全管理责任。

第三章　安全管理

第二十条　营运船舶具备下列条件，方可航行：

（一）经船舶检验机构依法检验，并持有合格的船舶检验证书；

（二）经海事管理机构依法登记，并持有船舶登记证书；

（三）按规定配备适任的船员或渡工、驾长及其他人员；

（四）按规定配备必要的航行资料和设备。

第二十一条　浮动设施具备下列条件，方可从事有关活动：

（一）经船舶检验机构依法检验，并持有合格的检验证书；

（二）经海事管理机构依法登记，并持有登记证书；

（三）按规定配备掌握内河交通安全技能的人员。

第二十二条　营运船舶应持有运输管理机构核发的水路运输许可证、船舶营业运输证。具备条件的还应当投保船舶险。

第二十三条　高速客船（快艇）、漂流船、游乐船（艇、筏）应按乘客定额和船员总人数配备救生设备，船上人员应穿戴救生设备后，方可开航。内河游乐设施应经质监、旅游等管理部门许可合格后在海事管理机构指定的水域和岸线航行、停泊。

第二十四条　渔业船舶具备下列条件,方可从事有关活动:

(一)经渔业船舶检验机构检验合格,持有渔业船舶检验证书;

(二)经渔业管理部门登记,持有渔业船舶登记证书;

(三)按规定配备合格的船员;

(四)按规定配备救生、消防设备和安全防护工具。

第二十五条　渔业船舶不得从事客货运输或者搭乘无关人员。

渔业船舶在内河通航水域内进行捕捞作业,不得影响其他船舶的航行、停泊、作业。

在内河通航水域从事水产养殖的单位和个人应向县级渔业管理部门申请,征得海事管理机构同意,经县级人民政府审定后,办理水面养殖许可证。

第二十六条　船长小于12m的农用自备船舶应当经乡(镇)人民政府、街道办事处检验、登记、发证。船长大于12m的农用自备船舶,应当申请船舶检验机构检验、登记,取得相应证书。水泥船舶、挂桨机船舶应根据有关政策逐步淘汰、销毁。

农用自备船舶必须遵守内河交通安全管理规定,不得超越核定水域航行,不得载客和从事营业性运输。

第二十七条　船舶航行应当遵守《中华人民共和国内河交通安全管理条例》《中华人民共和国内河避碰规则》等规定,确保航行安全。

第二十八条　船舶载运易燃、易爆、有毒、有害危险物品,应按有关规定办理相关手续。载运危险货物船舶进出港口应主动申请安全检查。严禁装运国家禁止在内河运输的危险货物。客(渡、货)船不得载运危险货物。船舶载运危险货物应经海事管理机构同意,并接受监督管理。禁止船舶向水域排放油污。生活污水和固体废弃物。

第二十九条　涉及通航安全的内河水上水下施工作业在进行可行性研究时应当征求海事管理机构的意见,施工作业的建设者或施工作业者应在规定的期限内向施工所在地的海事管理机构提出施工作业通航安全申请,接受海事管理机构的审核批准后方可施工作业。

第四章　渡口管理

第三十条　渡口的设置、迁移与撤销,应由设置单位提出申请,经乡(镇)人民政府或街道办事处审核同意,征求海事管理机构意见,报县级人民政府批准。跨行政区域渡口的设置、迁移与撤销,由相关县级人民政府协商后审批。协商不成的,报上一级人民政府决定。渡口的安全管理由渡口设置县(市、区)的相关部门负责,共管水域设置的渡口可按双方协议办理。

第三十一条　渡口设置选址应当在水流平缓、视线开阔、不影响行洪排涝和堤防安全、无碍其他船舶正常航行、适宜渡船停靠、群众上下方便的地方。不得在危险品生产、装卸、堆放的场所和货物装卸码头以及禁止船舶停泊的区域设置渡口。严禁在通航河道上设置缆渡。

第三十二条　渡口设置应包括渡船、码头设施、渡船系泊设施、货物装卸堆场、乘客行走的便道及候船房(棚)等设施。

第三十三条　渡口两岸应在醒目的位置设置《渡口告示牌》和《渡口守则牌》、标明渡口审批、监督、管理的责任单位。

第三十四条　渡船应持有合格的船舶检验证书、船舶登记证书,配齐救生设备,并在两舷栏杆上设置《安全责任牌》方可投入渡运。渡船所有人、经营人、渡工应当加强渡船的维护保养。乡(镇)人民政府、街道办事处应当加强渡船的使用管理,保持渡船安全适航。渡工需经海事管理机构培训、审核考试合格,持有有效适任证书,方可从事渡运工作。

第三十五条　渡口所有人、经营人、渡工应当遵守《江苏省渡口管理办法》和有关安全规定。严禁客货混装、严禁人与大牲畜混装、严禁夜间渡运、严禁在封渡时渡运、严禁酒后渡运。渡船在渡运时,应当注意避让过往船舶,不得抢航或者强行横越。遇有洪水或者大风、大雾、暴雨、大雪等恶劣天气,应当停止渡运。渡船渡运大牲畜时,除看管人员外,不得搭载乘客。任何单位和个人不得将渡船调离渡口从事其他运输,不得擅自改变渡船用途。

第三十六条　有学生经过的渡口,渡口所在地的乡(镇)人民政府、街道办事处应当建立对学生过渡的安全管理制度,并严格执行。相关学校要切实加强学生过渡安全知识教育。

第三十七条　完善以县(市、区)、乡(镇)人民政府、街道办事处负责制为核心、以相关部门管理为重点、以海事执法监督为保证的渡口渡船安全管理机制,明确管理主体和管理责任。

第五章　事故救助及处理

第三十八条　船舶、浮动设施发生内河交通事故或遇险,应当采取一切有效措施组织自救,船舶所有人或经营人、船员必须立即向就近的乡(镇)人民政府、街道办事处和海事管理机构报告,并做好现场保护工作。涉及渔业船舶的,应同时向渔业主管部门报告。事故现场和附近的船舶、人员,在不危及自身安全的情况下,应当积极投入救助。

第三十九条　地方人民政府和相关部门在获悉发生内河交通事故或遇险后,应启动内河交通事故险情应急救援预案,动员各方力量立即组织救助。同时按照有关规定逐级上报,发生船舶污染事故的还应通报环境保护管理部门,开展事故调查,做好事故善后处理工作,严格依法追究有关责任。对客船超定额载人、非客船载客等严重违法行为的船舶所有人或经营人、船员以及危害内河交通安全的人员,由公安机关依法实施治安处罚,情节严重的移交司法部门处理,直至追究刑事责任。

第四十条　海事管理机构在调查处理内河交通事故过程中,应当采取有效措施,保证航路畅通,防止发生其他事故。特大内河交通事故的报告、调查和处理,按照有关规定执行。

第六章　附　则

第四十一条　本条例下列用语的含义:

(一)内河通航水域,是指由海事管理机构认定的可供船舶航行的江、河、湖泊、水库、运河等水域。

(二)船舶,是指各类排水或者非排水的船、艇、筏、内河飞行器、潜水器、移动式平台以及其他水上移动装置。

(三)浮动设施,是指采用缆绳或者锚链等非刚性固定方式系固并漂浮或者潜于水中的建筑、装置。

(四)内河交通事故,是指船舶、浮动设施在内河通航水域发生的碰撞、触碰、触礁、浪损、搁浅、火灾、爆炸、沉没等引起人身伤亡和财产损失的事件。

(五)农用自备船舶,是指乡(镇)人民政府、街道办事处、个人所有,用于农业生产和农民生活服务,航行于本乡(镇)或邻乡(镇)水域船长小于12米的机动或非机动船舶和航行于本市水域范围内船长大于12米的机动或非机动船舶。

第四十二条　本办法自公布之日起执行。

二、专文选编

以科学发展观为指导
正确处理好公路发展中的八个关系

——江苏部分公路单位的调查与思考

王延龙　郭玉新　王永宁　刘国明

胡锦涛同志指出:科学发展观是"指导发展的世界观和方法论的集中体现"。公路事业作为国民经济和社会发展的一个重要组成部分,必须在深刻领会科学发展观理论真谛的同时,将是否符合科学发展观的要求作为检验我们工作是否成功的主要标尺。结合江苏部分公路单位的调查,我们感到,要实现江苏公路的科学发展,尤其要注意正确处理好以下八个关系:

一、正确处理好加快发展与量力而行的关系,自觉按照客观规律的要求办事

加快发展是实现公路事业兴旺发达的基础所在。实现公路事业的加快发展,不仅是促进和保证经济社会加快发展、方便人民群众出行的迫切需要,而且也是公路工作践行以人为本理念、体现自身价值、展示自身形象的迫切需要。因此,我们必须继续坚持既定的发展速度、发展目标不动摇,坚定加快发展的信心,千方百计地筹措建设资金,保证各项经过充分论证的公路建设项目及时开工建设,按期投入使用。与此同时,我们又要注意处理好加快发展与量力而行的关系,把握好发展的速度、建设的力度与发展能力的可承受程度,区分轻重缓急,尊重客观规律,既要尽力而为,也要量力而行,使公路建设负债的额度不超过还债能力的承受程度。对项目的论证决策,既要考虑满足公路交通持续增长的需要,又要考虑当前交通量的实际状况,科学地规划和实施公路建设项目,切实避免出现一些公路项目因为一次规划不到位带来的二次征地、二次拆迁、投资成本加大的问题;也不能出现一些公路项目规划过度超前,征用一级路的土地、建了一级路的桥涵,而路面按二级路施工建设、造成严重的资金浪费、资源浪费的问题。真正把老百姓切实需要的"民心工程",事关经济社会发展大局、有助于解决人民群众生产生活困难的重点工程办实办好。对那些贪大求洋、脱离实际的面子工程和形象工程,则应尽量防止克服,以减轻不必要的负债压力,使我们的工作更加符合科学发展观的要求。

二、正确处理好服务地方经济与增强自身实力的关系,进一步理顺公路管理体制

公路行业既是国民经济和社会发展的一个重要组成部分,又对国民经济和社会发展起着十分重要的促进和保障作用。从本质上讲,公路自身发展与服务地方经济建设的关系,是局部与整体的关系。局部只有融入整体之中,承担好整体赋予的职责和功能,才能发挥应有的作用,局部才有可能得到长足的发展。当前,我国、我省和我市经济社会发展已经走上了"快车道","经济要发展,交通要先行"又使得公路部门的地位和任务更加重要和艰巨。这就要求公路部门应当义不容辞地担负起历史赋予的重任,按照科学发展观的要求,转变服务观念,拓宽服务内涵,着力提高惠民便民的能力、突发事件应急处置的能力和公路防灾抗灾能力,继续组织实施好公路安保工程和危桥改造工程,让公路用户以最小的成本便捷地使用公路设施。与此同时,我们也要清醒地看到,公路部门由于在经济上实行条条相对独立的管理体制,公路部门所有的收入来源,除了要用于列入计划项目的公路建设、公路管养等生产性开支外,还要用于系统内部各方面建设和职工工资、福利、保障等方面的开支。在收入来源有限的条件下,只有减少生产性支出,生活性支出才会增多;如果生产性支出多了,生活性支出就会减少。多年来,江苏一些地方政府在上级没有立项、资金没有落实的情况下,将公路项目下达给公路站去做,这就出现了一方面公路建设成就很大,一方面负债压力加大,公路部门自身实力减弱、一线职工收入较低的问题。一些县级公路站,不仅负债较多,拖欠职工工资、拖欠社会保障资金现象严重,而且不需要的人员强行安置多,需要的人才进不了,直接影响公路部门的稳定和可持续发展。基层的同志认为,要破解这一难题,上级交通和公路部门应采取必要的手段,如在公路立项、资金拨付上进行制裁等办法,严格限制地方政府在公路建设、人员安排等方面的非理性、非秩序行为,使基层公路部门轻装上阵,更好地为地方经济社会发展服务。

三、正确处理好公路建设的速度、质量与效益的关系,真正把有限的资金用在刀口上

公路工作要较好地适应经济社会发展的大局,必须以一定的速度为前提。如果公路建设的速度滞后于经济发展的速度,势必会制约经济社会的发展,不仅地方政府不满意,人民群众也会不满意。但是,公路建设所要的速度,必须是有质量、有效益的速度。有质量,就是我们负责建设的公路工程要经得起时间的检验,设计寿命多少年,就要达到多少年;有效益,就是我们所建公路的等级标准要基本符合车流、人流、物流的实际需求,既不能一级公路的建设标准,只有二、三级公路的使用效率,也不能只有二、三级公路的建设标准,却需要通过一级公路以上的车流、人流和物流。要适度超前,但不能过度超前。过度超前了,不仅建设成本大,而且养护、管理的成本也会加大。因此,要实现公路又快又好地发展,必须正确处理好速度、质量与效益的关系,既要保持一个与经济社会发展相适应的发展速度,又要牢固树立"百年大计,质量第一"的思想,狠抓各项规章制度的落实,规范招投标市场,强化施工监管和质量监督,做到没有质量的进度一寸也不要,将加快公路建设的速度建立在确保质量的前提下。当速度与质量发生矛盾时,速度必须服从质量,决不能留下质量隐患。我们在强调公路为公众服务、注重公路社会效益的同时,亦要把握行业自身的发展规律,兼顾行业的自身利益。要切实注意解决类似于一边是收费站承担较高的还贷额度,难以还本付息,一边又重复投资建设可以绕行收费站的公路,使公路部门利益受到严重损害的问题。要采取切实有效的措施,使公路建设的规划、规模更加有利于公路使用效益的最大化,更加有利于行业自身的可持续发展。把公路部门有限的资金用到危桥改造、安保工程、职工政策性待遇兑现等急需用钱的刀口上,实现社会效益与公路部门效益的良性互动。

四、正确处理好公路建设与养护管理的关系,最大限度地延长公路的使用寿命

一条公路使用寿命的长短,不仅取决于建设质量的优劣,同时也取决于后续养护质量的好坏。因此,对已建公路进行积极的、良好的养护,是延长公路使用寿命、降低路桥设施的周期成本、提高公路使用效益的最重要的措施和手段。公路的寿命长了,投资建设的综合成本就低了,说明投资的效益也高了。同时,也可避免因为公路失养必须提前进行大中修或改造建设而需要巨额投资带来的困难。因此,在公路行业树立科学发展观,必须真正坚持"建设是发展,养护管理也是发展,而且是可持续发展"的理念,正确处理好公路建设与养护管理的关系,切实纠正一些地方存在的重建轻养甚至挤占养护资金的不良倾向。当公路建设与养护管理发生矛盾时,应把养护管理工作摆在优先的位置,进一步强化管养意识,加大公路养护资金投入。国省干线公路,要在认真解决养护企业与公路部门分离以后,预防性养护、经常性养护不够到位问题的同时,进一步提高养护规范化、机械化和专业化水平,改进管理方式,完善规章制度,提高养护质量。要全面推行预防性养护,实现全寿命周期公路养护成本最小化。要在公路养护中积极推广应用有利于保护环境、节约资源的新材料、新工艺,促进公路养护与自然生态的和谐。继续推进公路养护机械化进程,支持、引导公路养护单位和企业加大养护设备投入,加快机械化养护进程。农村公路要积极争取各级政府财政预算内资金对养护资金的投入,切实解决"有路不养"的问题。要继续组织实施"公路安全保障工程""危桥改造工程",着力提高行车安全性、公路抗灾能力和服务水平。有条件的地方,应逐步解决县乡公路安全防护措施不足、危病桥数量多、抗灾能力弱的突出问题。交通部已把治超工作作为由重建设向重管理转变的里程碑，我们要以此为契机，把治超工作抓好、抓实，抓出成效，通过狠抓治超，减少超限超载车辆对路面的破坏，从而降低建设养护的成本，延长公路的使用寿命。

五、正确处理好发达地区与欠发达地区的关系，努力实现全省公路事业的均衡发展

从江苏全省公路发展的情况来看，苏南与苏北之间存在较大的差距，目前苏南地区不管是高速公路、干线公路还是农村公路，都基本进入了一个高水平的发展阶段，或者说已进入一个“锦上添花”的阶段。而苏北地区虽然高速公路网已经基本形成，但主干公路仍显不足，尚滞后于地方经济发展的需要，特别是县乡公路与农村公路的建设速度和质量与省厅、省局的要求仍有较大的差距。统筹谋划苏南公路与苏北公路发展的关系，实现江苏全省公路事业的均衡发展，应当是公路部门坚持和落实科学发展观的应有之义。必须按照全省公路发展一盘棋、逐步实现全省发达地区和欠发达地区公路均衡发展、良性互动的思路，采取必要的政策措施，逐步缩小地区之间公路事业发展差距不断扩大的趋势。应该肯定，苏南是我省经济发展最活跃、最具国际竞争力的地区，公路发展应当优先满足其经济社会快速发展的需求，使之为实现全省的“两个率先”做出更大的贡献。但是，没有苏北的小康就没有全省的小康；没有苏北的现代化就没有全省的现代化。当前，苏北地区公路发展面临的任务更艰巨，困难更严重，特别是要求地方政府配套资金的项目，实施起来困难重重。因此，要解决好全省公路事业发展不平衡性的问题，应当进一步争取省有关部门研究和合理制订对苏北公路项目的地方配套资金政策。否则，现有的要求地方政府在公路建设中分担部分配套资金的政策，对苏北地区的公路部门不仅不是“雪中送炭”，反而可能是“雪上加霜”，这将严重影响全省公路的良性互动和均衡发展。

六、正确处理好公路运输方式与其他运输方式的关系，努力实现多种交通运输方式的统筹发展

在我国现有的交通运输方式中，公路、铁路、航道、航空、管道等都不同程度地承担着全社会的人流、物流重担。而不可否认的一个事实是，公路在整个运输方式中始终处于中流砥柱的位置，扮演着五种运输方式中的“大哥大”角色。其主要原因一是公路与所有人群居住密集的场所有着直接的联系，存在着出行便捷、可以门到门对接的优势。二是一些地区缺乏或不重视其他如航道等运输方式的发展，使得公路需求量的骤增、公路寿命缩短。同时也加大了公路建设资金的投入，加重了公路部门的负债压力。因此，公路部门在加快自身事业发展、更好地满足人民群众生产生活需要的同时，也应建议上级政府和有关部门从交通的现状出发，按照十届全国人大四次会议通过的《国民经济和社会发展第十一个五年规划纲要》中关于“建设便捷通畅、高效安全的综合运输体系”的目标要求，加快其他几种运输方式的基础设施建设，不断扩张其他运输方式的功能。从我省、我市来看，要特别注意制止一些地方任意降低桥梁净空、使一些等级航道或等外级航道废弃的错误做法，发挥好水运优势，从而全方位地提高多形式综合型运输体系的承载能力，减轻公路长期超负荷运行的压力，改善因公路建设所造成的占用土地过多、运输成本较大、汽车尾气排放、影响生态平衡等不利于提高交通综合效益的不良状况。使全社会真正形成一个公路、铁路、航道、航空、管道等多种运输方式统筹发展、合理分流的良好格局。

七、正确处理好公路事业的发展与队伍建设的关系，为促进江苏公路事业又好又快发展提供人才保障

事业发展，关键在人。要实现江苏公路事业又好又快的发展，必须有一支高素质的公路职工队伍，为公路事业的健康持续发展提供强有力的人才保障和智力支持。必须认真分析公路行业的发展需求，研究制定行业人才规划，有计划、有步骤地改善职工队伍的文化层次和学历水平。要努力改善职工队伍的知识结构，采取积极措施，营造良好环境，吸收一批懂经济、懂管理、懂法律的专业人才充实公路执法管理队伍。同时，要加大岗位培训力度，采取长期培训、脱产半脱产进修、业余培训等多种形式，组织职工进行科学文化、岗位技能、更新知识的继续教育。要以学习型、创新型、服务型行业创建为载体，深入开展社会主义荣辱观教育，大兴求实创新之风，大兴读书学习之风，大兴调查研究之风，大兴文明服务之风，坚持不懈地加强行业文明建设，大力弘扬具有行业特色的“铺路石”精神，让“公路建设塑造文明，公路养护展示文明，公路管理延伸文明，规费征收传递文明”成为每一个公路职工的自觉行动，让公路使用者能更好地亲身感受到公路行业以人为本的服务理念和文明服务的新风尚。要进一步关心职工生活，想方设法改善职工的生产生活条件，积极解决他们的后顾之忧，使公路职工能够切身感受到公路交通现代化建设带来的养护生产方式和组织形式的转变，带来的服务观念的提升以及职工自身生活水平的提高，进一步激发公路职工的积极性和创造性，更好地发挥他们的聪明才智，为公路行业的又好又快发展贡献力量。

八、正确处理好部门行为与政府行为的关系，营造全社会关注公路、支持公路发展的良好局面

公路是公共产品，公路事业也是一项公益事业。公路部门履行建、养、管、征职能的目的是为经济社会发展服务，为公众的生产、生活服务。从这个意义上说，公路发展问题不仅仅是公路部门的问题，而且是全社会的问题。仅靠公路部门的自身力量，要实现公路行业的科学发展也是远远不够的。所以，我们在充分发挥行业自身主动性、积极性、创造性的同时，必须采取必要的、有效的措施，努力使公路部门自身想为而难为、不能为的工作变成政府行为和社会行为。在日常工作中，公路部门不仅要处理好上下条条的关系，更要处理好与当地政府之间的关系，协调好与地方各部门之间的关系，做到多尊重、多协调、多沟通，争取各部门的认同和支持，合力推进公路工作。在规范公路执法行为的过程中，要以促进经济和社会发展、营造良好投资环境为基本立足点，正确处理好执法管理的原则性和灵活性、部门执法和社会形象之间的关系，努力建设“和谐公路”。要加大宣传力度，使各级党委政府和人民群众都能认识到公路的建设、管理和养护不仅是公路部门的事，更是关系各方面和每个人切身利益的大事，以争取社会各个方面对公路工作的支持，促进和保证江苏公路事业按照科学发展观的要求又快又好地向前发展。

（作者单位：盐城市公路管理处、阜宁县交通运输局。2007 年 3 月）

费改税后水上交通管理体制改革的思考与建议

陈建斌

费改税是中央政府实施积极的财政政策的一项重要内容，是理顺分配关系、增强宏观调控能力和加强党风政风建设的重大举措。交通行业实行费改税必将加速交通行业实行两个根本性转变的进程。

一、变化与影响

交通实行费改税，即将公路养路费、公路客货运附加费、公路运输管理费、内河航道养护费、水运客货运附加费和水路运输管理费等六费改为向全国用油者统一开征燃油税。在这改为燃油税的 6 个费种中，有 3 种费收是水上交通规费。而在这 3 种费收中，又数航养费改税后对水上交通管理的影响最大，这主要是由航养费的征收总额、征收方式和使用途径决定的。一是征收数额大，仅“八五”期间江苏省即征得航养费 12. 70 亿元，此后每年都在 3 亿元以上。二是根据船舶流动性大的特点，航养费征收一直是采用坐征、走征、查征多种方式互相配合，以提高航养费实征率，多年来已经形成了一支庞大的征收队伍。改税后，征收人员如何转岗将是航道部门面临的最大难题。三是航养费历来是航道建设、养护和管理的主要资金来源，特别是对江苏这样的水运大省而言，航养费对水运事业的发展起着举足轻重的资金保证作用。改税后，国家虽以转移支付的方式补偿了这部分费用，从理论上讲不应产生多大影响。但是在实际操作过程中，如果转移支付的资金低于原有的征收水平，或因转移支付的环节增多而造成资金到位迟缓，势必会对水上交通管理的全局产生重大的负面效应。概言之，费改税对水上交通管理体制的影响主要有三点。

1. 征收职能的消失使航道部门人员过剩问题突出

长期以来，由于航养费在航道建养管工作中的特殊位置，航道部门一直把规费征收当作一切工作的重中之重，誉之为生命线工程，并形成了一支具有一定规模的征收稽查队伍。如江苏全省就有740多名专业征收人员和大量的征收稽查艇。费改税后，这部分征收人员将失去工作岗位，妥善安置和分流这部分人员是航道部门面临的最为迫切的问题。而航道部门转岗分流的难度主要集中在三个方面：一是多年来航道部门一直是一个行业管理单位，没有经济实体或商业部门，施工装备也仅能满足航道正常养护的需要，内部转岗安置的余地和空间十分有限；二是航道规费征收队伍占整个航道职工队伍的比例较大，征收人员一般都要占到总人数的1/3以上，在没有新的就业岗位的情况下现有的岗位无法分流安置这些人员；三是按照以往的支出方式，绝大部分征收人员没有人头经费，其工资支出主要靠征收业务费和分成经费。费改税后，征收业务费和分成经费不复存在，要保证这部分人员的基本生活，必须增加管理经费支出。也就是说，实行转岗分流，不仅有一个岗位问题，而且还有经费问题。

2. 职能结构改变后，水上各交通管理部门职责交叉将更加严重

江苏的水上交通管理有四个部门，即航道、港监、运管和水上稽查队。四个部门的上航职责虽然各有分工，但由于有些职能无法明确区分，因而职能交叉和多头管理、重复执法现象时有发生。如沉船打捞问题，航道部门无沉船打捞的法律责任，但却有确保航道安全畅通的义务。港监部门有督促船主清理沉船的法律责任，但倘若船主弃船而去，港监部门则束手无策，无所作为，打捞无主沉船的经济负担最后又转嫁到航道部门头上。再如船舶运量的发展问题，港监部门希望办证船舶越多越好。而运管部门从规范运输市场的角度出发，则希望船舶的运力同水运市场货物运量相适应，两者也出现了明显的不协调。这些年江苏水运出现了运力严重大于运量的现象，社会船舶急剧增长，造成船舶运输量供大于求，导致水运市场疲软，专业水运企业营运受到巨大冲击，导致这些现象发生的重要原因就是运输船舶发展失控。再如船舶的检验问题，港监部门为了吸引船舶在本籍港办船检，常常采取大船小簿子、一船多簿子或为旧船办初检的方法。这些方法迎合了船民逃缴航养费、过闸费的心理，但却给航道部门和船闸管理所的征费工作带来了难度，如大船小簿子就为船舶少缴航养费和过闸费打开了方便之门，仅苏北运河10道船闸每年因此漏征的过闸费就达数千万元。以上这些问题都是由于多头管理、各自为了维护本系统本部门的利益而造成的。另外，多头管理、重复执法也给船民造成了不良印象，容易引发水上“三乱”行为。费改税以后，航道部门必将进一步加大航政执法力度，由此形成的职能交叉、多头管理问题将会更加明显地显露。理顺水上交通管理关系十分迫切。

3. 航道养护与建设工程的市场化，使航道系统的养护建设队伍面临新的挑战

航道养护和航道建设工程，过去除投资数额较大的重点工程外，一般都是以上级养护计划为依据，完成年度养护任务。航道系统的养护队伍是全民所有制性质，习惯了工程靠计划、经费靠拨款的生产经营方式，在资质等级、技术装备和管理方式上同工程建设的市场化趋势有着较大的差距和较大的不适应。而费改税以后，航道工程建设与养护项目必须走向市场，实行面向社会的公开招投标，这也就意味着航道系统的专业施工队伍不可能再按计划承担工程建设项目，而必须走向市场，同社会工程建设队伍展开公平的竞争。从目前航道系统施工队伍的整体状况来看，适应这一要求是比较困难的，其主要问题是没有资格证书或资格证书的等级较低。

二、建议与设想

综合分析费改税后航道系统乃至整个水运管理体制面临的新情况，建议采取以下调整和改革措施。

1. 事企剥离

将航道系统现有的疏浚工程队伍和机具设备从系统中剥离出去，使其完全实行企业化管理和

运作方式。以剥离出来的航道系统现有施工队伍为主体，通过横向联合，添置设备等多种方法，使之成为一个具有相当资质和规模的航道工程建设与养护实体，足以占领航道工程建设与养护市场的主要份额。这样，一方面可以增强这些施工实体自求发展的能力，确保同事业单位完全剥离后能够立足于市场；另一方面也可以分流安置航道系统一部分富余人员。

2. 培育市场

剥离了企业后的航道系统成为纯粹的行业管理部门，在强化航道行政执法管理的同时，还要强化对水运市场的管理，逐步建立健全规范的运行机制，目前需健全和开发的市场主要有：

(1)航道工程建设市场。包括航道部门投资的航道重点工程和船闸建设工程，这个市场须进一步规范运作，使之与我国建筑工程市场，公路、桥梁工程市场的管理方式接轨。此外，地方投资建设的航道工程或干线航道的临跨过河设施工程也是一个具有开发前景的市场。由于这些工程在施工前都必须经航道部门履行审批手续。航道部门在无偿提供审批服务的同时，也掌握了这类工程建设的市场信息。监理、施工实体可依照信息发挥自身优势，参与工程建设的招投标竞争。

(2)航道养护工程市场。养护工程是每年必须履行的维护航道安全畅通的微利型工程。根据公路养护走向市场的经验和做法，航道养护工程走向市场、引入竞争机制有利于提高养护质量，降低养护工程的投入。但是，养护工程走向市场以后的管理与监督工作至关重要。如何分割养护费用，按养护区段精选养护队伍，并加强养护工程全过程的质量监督，是航道部门行业管理的一项经常性工作。

(3)船舶打捞市场。目前航道中的沉船打捞缺乏统一规范的管理，出现了职责不清的问题。培育船舶打捞市场，一是要加强对航道中沉船事故的监控，尽量减少无主沉船和废弃船，以减轻航道部门无偿打捞无主沉船的负担；二是要建立沉船打捞信息系统，特别是要加强对社会打捞船的统一管理，强化价格和作业安全监督，将整个打捞业纳入到规范的管理体系之中。

(4)航道资产开发市场。一是因费改税而形成的航道闲置设备的开发利用。如房产、地产和船艇的开发等；二是航道设施的有偿使用。目前，公路部门对在高等级公路沿线利用路产路权进行服务业、广告业经营的活动已开始纳入管理的范畴，航道部门在这方面也应当有所作为。如对整治后的航道沿线的广告标牌的设置、加油站点的设置和船舶泊位的设置等应进行统一规划和综合开发，使航道资产保值增值。

3. 职能归并

收费职能取消后，航道、运管、港监部门都成了纯粹的行业管理部门，水上执法职能归并，实行水上行业管理一头对外的时机已经成熟，建议将航道、港监两部门以及运管部门的水上管理职能合并成立水运管理局，其职能结构如下图所示。

依照事企分开的原则，水运管理局对六大市场的管理应着眼于培育、监控和规范运作。建立在六大市场基础上的经营性企业和施工企业应具备独立的法人资格，在实力逐步壮大后应同水运管理局脱钩，防止形成新的事企不分的管理格局。

三、现实意义

实行水上交通管理体制改革，是费改税新形势对水运管理的新要求，是水运管理行业适应两个根本性转变的具体行动，从总体上看，有利于水运管理的健康发展，具体而言：

1. 符合我国事业单位改革的总体思路。通过事企分开，强化行业管理，规范市场竞争，有利于从根本上压缩事业单位的规模，提高其执法管理的职能，促进其集中精力搞好行业管理。施工队伍与事业剥离，有利于摆脱束缚，通过参与竞争来促进其进行合理的结构调整，符合市场经济的公平竞争法则。在航道建设与养护工程中全面引入竞争机制，有利于优选施工队伍，节省工程经费，提高工程质量。

2. 通过组建实体和培育市场，能促使航道产业走自我发展、自我壮大的路子，有效地避免过去

“国家投资,社会和地方无偿使用,损坏还需国家修复”的不合理体制,有利于促进国有资产保值增值。

3. 通过职能归并,有利于壮大水上执法队伍,变多头管理为一头对外,规范水上执法行为;避免了过去航道、港监部门因职能交叉而产生的部门冲突,变职能交叉为职能互补;同时也能够合理地调配和利用航道部门闲置的人力、艇力,增加港航监督的网点布置和航政管理的执法力度,实现水上交通管理的良性循环。

(作者单位:盐城市航道管理处。1999 年 7 月)

让道口经济成为未来发展的新引擎

——加快发展高速公路“道口经济”的几点思考

陆建平　周正殿

目前,我市境内高速公路、铁路已建的和规划建设的道口数量 50 个以上。这些道口通向市区、各个县(市、区)和沿线重要经济区。随着以高速公路、铁路进出口和交叉口为主要特征的道口总量不断增加,道口地区带动人流、物流、资金流、信息流的集聚效应不断凸显。充分发挥道口的综合优势,发展各具特色的“道口经济”,使之成为盐城经济发展的增长极,将对优化我市生产力布局、促进重点区域开发和提升经济发展水平具有重要意义。

一、发展道口经济的重要意义

国外高速公路发展的经验表明,一条高速路在通车后 3 ~ 5 年,在其主要道口,以一小时可达到的区域内形成产业带,5 ~ 10 年形成带状经济。高速公路沿线互通口的巨大带动效应,充分说明了发展道口经济的可行性、必要性和紧迫性。发展道口经济,对于发挥道口区域的集聚效应,加快推进城乡一体化具有十分重要意义。

*一是有利于推动城市化进程。*全市现有高速公路道口 27 个,分布在全市 9 个县(市、区),通过发挥资源、区域、产业、人文“四大比较优势”,强化项目带动、产业集群带动、港口带动、品牌带动“四大带动引擎”,有利于加快建设我市 12 家省级开发园区、2 家化工园区等“八大特色产业区域”,全面建设成为我市重要的综合交通枢纽、沿海新型的工业基地,重要的土地后备资源开发区,生态环境优美、人民生活富足的宜居区。市委、市政府明确提出了要集中精力培植壮大支柱产业和大力度拓展成长型产业,即重点培育汽车、纺织、机械装备、化工四大支柱产业和风电及其装备、环保、农产品深加工、物流四大成长型产业。近期争取把四大支柱产业培育成千亿元级产业、四大成长型产业培育成五百亿元级产业发展目标。

*二是有利于统筹城乡发展。*高速公路建设与通行在促进产业发展和社会进步的同时,在更高层次、更大范围改变了政府的规划决策。如盐城经济开发区正致力打造国家级开发区,各类开发区和工业集中区成为经济发展的重要载体,还使得原来由于交通不畅,虽早已发现但一直无法全面开发的石油天然气、农产品资源,由于交通的改善特别是高速公路的联网,直接形成了化工园区、工业园区、生态园区,彻底改变了市产业布局,朝着建设苏北中心城市迈上新的台阶。实践表明,高速公路轴线出入口延伸的积聚与扩散效应应为距离高速公路出入口 10 ~20 公里左右。一条高速公路建成 3 ~5 年后,其两端的大城市沿高速公路走向延伸发展,在各出入口附近形成一系列的卫星城镇、经济开发区、工业园区、物流市场,并以高速公路的轴线,形成高速公路产业带,或“经济走廊”,把沿海地区的中心镇建成规模适度、布局科学、功能合理、环境整洁、各具特色的小城镇,加快推动城乡一体化进程。

*三是有利于发展现代物流业。*充分利用高速公路的快速度、远辐射、高效益的特点,利用港口、

机场、铁路等交通枢纽、重要节点和重点站场,建设物流园区,发展物流产业。盐城要加快港口物流、专业物流、配送物流的发展,重点建设2个综合物流通道、10个专业物流中心、4个物流配送网络和发展一批重点物流企业,把我市建设成为苏中、苏北之间主要的商品出口通道和长三角北翼重要的物流基地。

二、盐城高速公路道口经济发展存在的不足

事实表明,高速公路道口带来的“高速经济”效应是非常显著的,高速公路道口已成为盐城经济发展的助推器。但目前,我市道口经济区域在抢抓机遇、加快发展上尚存有诸多制约因素。

1. 道口经济发展总体规划缺失。目前,全市高速公路道口附近县区和镇已提出各自发展道口经济设想、初步制定规划。全市尚未出台一个统一的高速道口经济发展规划,这不利于做大做强高速公路道口经济。高速公路道口区域部分镇区希望市、县政府能出台一个统一规划,合理布局,以利于优势资源充分科学发展。

2. 产业结构有待进一步提升。目前盐城沿高速公路地区仍以传统产业为主,多为初级产品加工,附加值低。企业规模小,布局分散,企业间产品互补性差,配套能力弱。高新技术产业较少,高技术含量、高加工度、高附加值产品制造能力不强。

3. 人口和环境、发展与资源的矛盾日益加剧。盐城是人口大市,沿高速公路地区为盐城人口密集区,人均资源占有量少,环境与资源约束性大,在经济发展的同时坚持可持续发展战略,环境治理的成本较高。

4. 基础设施有待进一步改善。盐城沿高速公路产业带建设还需进一步加强,应坚持高起点规划、高标准建设,多方筹集资金,加快基础设施建设,为产业带的建设提供良好的平台。

三、加快发展道口经济的建议

围绕“三港联动、海河并举、滩涂造地、产业兴市”的发展思路,坚持科学布局、合理分工、保护环境和开放合作,促进集聚、一体化、可持续和共同发展,进一步提升道口区域的综合竞争力,促使道口经济成为未来发展的新引擎。

1. 科学合理规划,着力突破沿海重大产业项目。树立全市“一盘棋”思想,制定科学的总体发展规划,根据各个道口的发展现状、优势产业及发展潜力依据等,形成特色优势,防止过度竞争和低水平重复建设,提高沿线道口经济区的产出效益和资源利用率。围绕建设全国重要的能源基地、新型工业基地目标,加快实施响水裕廊100万吨重油裂解、滨海煤化工、射阳益海粮油二期、大丰港木材加工、东台新材料等20个重大产业项目。大力推进陈家港电厂、射阳港电厂“上大压小”工程建设,基本建成沿海100万千瓦陆上风电场,开工建设滨海港区中电投储配煤中心和东台国华、大丰华电及龙源等海上风电场,加快东台、大丰、射阳、响水等地面光伏电站建设。实施市开发区太阳能电池、盐都5兆瓦海上风机等一批重大项目。加强临港经济区建设,积极推进沿海风电、船舶、盐化工、泵阀、港口机械、碳纤维、海洋医药、海洋食品等产业园区建设。

2. 抢抓发展机遇,大力发展新兴产业和特色产业。坚持以加快发展为第一要务,集中力量培育一批战略性新兴产业,重点发展新能源和节能环保产业,积极发展电动汽车和海洋生物产业,鼓励发展电子信息和新材料、新医药产业。着力打造市区、大丰、阜宁、东台4个风电产业园,在东台、大丰、射阳、响水规划建设沿海风光互补产业示范基地。到2012年,全市风电装机容量力争达到250万千瓦,光伏并网发电装机容量150兆瓦,新能源产业形成500亿元销售规模。推进市环保产业园建设,全力引进龙头企业和关键项目,加快形成环保研发、工程总承包、技术服务和装备制造的产业链,提高产业发展层次,打造国内一流的环保产业基地。深入研究电动汽车、海洋生物和电子信息、新材料、新医药等产业的发展方向,找准切入点,积极创造条件实现新的突破。大力发展县域经济特色产业,按照规划引领、园区支撑、龙头带动、品牌提升的思路,引导各县(市、区)集中要素资源,努力培植21个百亿元级特色产业。推进特色产业集群化、园区化,把省级开发区、工业集中区和中小企业园建成全市各地特色产业发展的重要载体。50个重点镇按照“一镇一品”的要求,进一步明确工业集中区和中小企业园的产业定位,加强园区公共配套服务,加快特色产业发展。

3. 完善功能配套,提高物流、旅游业服务水平。以交通为重点的全市基础设施建设取得新突破。新G204南段、S331市区段基本建成,S326响水东延段、S327滨海段、沿海高速公路阜宁连接线、S231建湖和阜宁段、S332大丰段建成通车,一级公路竣工里程全省最多。2010年度计划将实施交通基础设施项目48项。据统计,日本新建工厂中有40%在高速公路入口10公里的范围内,50%建在高速公路20公里范围内。高速公路轴线吸引物流设施区位选择的直接距离为10公里。物流设施分布在5公里以内占75.50%,10公里以内占97.10%,高速公路轴线对不同业主的吸引距离,依基础原材料生产、加工装配、生活用品制造以及批发、零售等业务性质的不同而呈渐进趋势。因此,不断完善道口地区的基础设施配套,积极引入金融、住宿、餐饮、车辆养护和维修,开展运输、仓储、配送、中转、包装、报关等综合性物流服务,提高服务质量水平,增强道口区的物流效益。发展滨海休闲旅游业。以“水绿盐城、湿地之都”为主题,大力发展生态旅游,适度建设运动场所,将盐城建成我国东部沿海重要的旅游城市和湿地生态旅游地。

4. 加强联动合作,推动沿路经济一体化。沿路开发是一项系统工程,需要各方面达成思想共识,创新工作思路。充分发挥沿途道口乡(镇)、村的积极性,形成左右协作、上下联动、共同促进道口经济发展的工作格局。道口是发展经济的最佳集点。政府应牵头组织举办“道口经济论坛”,理顺三个关系;即“线与带、点与块、碗与饭”的关系。“线与带”就是以高速路或铁路为依托,向公路两边辐射,实现企业与沿线地方资源的整合互动,加大沿线开发力度,促进沿路经济带的形成;“点与块”,就是加大对沿线旅游景点,道口经济的开发,由据点经济,发展成块、成片、成网,带动区域经济的发展;“碗与饭”,就是企业自身创造条件,构筑平台,优化环境,强化竞争优势,就等于吃饭有了碗,就具备了竞争条件,可以先人一步占据市场。发挥道口发展经济的区位优势,倡导沿线政府和企业互动发展,展示良好的发展前景。

5. 推动沿线建设与发展,加快城乡一体化进程。随着高速路网的建成,高速公路出入口附近地域的经济优势已经明显凸现。国内外高速公路发展经验表明,一条高速公路建成3~5年后,其两端的城市将沿高速公路向两侧延伸发展,在沿线每个互通口形成一条经济开发带,并以高速公路为轴线形成一条经济走廊。全市宁靖盐、沿海、盐徐高速公路和连接线的建成,大大改善了全市9个县(市、区)27个互通口附近集镇的交通条件,促进区域投资环境和生活居住环境的改善,加速人口向互通口附近区域流动,推动沿线、特别是高速公路互通口附近城镇的建设与发展,加快城乡一体化进程,并为地方经济发展插上腾飞的翅膀,使高速公路成为我市重要的经济走廊。

(作者单位:盐城市交通运输局、盐城市高速公路建设指挥部。2010年11月)

关于推进我市城乡公交一体化的调研报告

盐城市交通运输协会

城市化战略是我市经济发展的重要战略之一。今年随着我市新一轮建设现代化百万人口大城市步伐的加快和城乡道路网络的不断完善,为推进城市化战略重要内容之一的城乡公交一体化(指市本级,即含亭湖区、盐都区、开发区,下同)创造了有利条件。但我市目前现有的管理体制严重地制约了城乡公交一体化的发展。一方面城市公交范围随着城市的扩大要求相应扩大,市民迫切要求公交车延伸,另一方面,亭湖区、盐都区乡镇客运为农村客运班车所经营,农民途中转车换乘进城十分困难。而且城市公交和农共班车双方的隶属关系不一,执行的规章不同,经营模式、交纳的规费也不一样。如果城市公交范围扩大,势必和农村客运班车产生尖锐的磨擦,我市已经多次出现了城市公交与农村客运为出城和进城产生的矛盾,已成了社会各界和新闻媒体普遍关注的突出问题,这样的状况,长此下去,势必难以适应建设百万人口大城市和满足城乡居民出行的需要,难以适应全面建设小康社会的需要,同时,也会直接影响到我市城市环境的优化。为此,为认真践行“三个代表”重要思想,全面落实科学发展观,我会就如何推行我市城乡公交一体化这个问题进行了调研。为了搞好这个调研,我会成立了以交协客运分会为主的调研小组,深入到各有关管理部门、各有关企业以及部分乡镇、市民和农民群众进行调研,还到本省淮安市和浙江省嘉兴市作了考察学习。现将调研情况报告如下:

一、目前市区本级城乡公交现状和存在的问题

(一)经营现状

1. 盐城市区本级城市公共交通经营主体是市公交总公司,隶属于市建设局。现有员工1000人,营运车309辆,下属四个客运分公司,经营29条营运线路,公交线路不仅覆盖市区主要道路、住宅小区,而且已通达亭湖、盐都两区的南洋、张庄、新兴、永丰、龙冈、青墩、伍佑、马沟、鞍湖、潘黄、便仓共十一个乡镇政府所在地。

2. 市本级内的亭湖、盐都两区农共客运班车行业管理隶属交通管理部门。上述的十一个乡镇和秦南、大冈、郭猛、尚庄、北蒋、大纵湖、义丰、楼王、葛武、步凤等十个乡镇经营的农村客运班车,共有中巴车320多辆,每年两区交通局向其征收交通规费320多万元。这些农共班车属于盐城第二汽车运输公司和盐城客运公司和一部分个体户经营。盐城二汽公司还经营由鞍湖经龙冈到盐都新区的101公交,盐城客运公司经营从冈中的吴港村到盐都汽车客运站的“803公交”。

3. 盐城公交公司的经营线路有许多线路同盐城二汽公司、盐城客运公司所经营的线路重复交叉,如龙冈至盐城线和二汽的101线大多路段都是同线。由于同线经营,企业间执行规章、运输价格、交纳规费、经营的模式不一,导致相互无序竞争,矛盾不断,小打小闹时有发生,甚至出现剑拔弩张的局面。加之由于体制的原因对产生的矛盾难管理、难协调、难解决。这种状况使我市居民进城下乡难的问题凸显。

(二)存在的问题

1. 管理体制不统一。目前我市城市公交和出租车由城市建设部门管理,道路运输即长途客运、县乡农村客运班车由交通部门负责管理。由于两个主管部门对城市公交管理的有关政策、规章往往不统一,这给统一管理带来了很大困难,产生了许多矛盾,制约了公交事业的发展和城乡公交一体化的进程。

2. 缺乏统一规划。建设百万人口的大城市,其城市公交也应有相应的规划。在对市区公交作出规划的基础上,还要对城乡公交一体化作出相应规划。据了解,这样的规划我市还没有部门去做。由于对城市公交和城乡公交没有统一规划,造成重复建设,产生许多矛盾甚至冲突。在城市道路改造时,没有考虑给公交车留有港湾式场地,严重影响城市道路的畅通,同时公交车始发站和终点站大都没有站场,影响公交车的回转。

3. 经营主体单一。目前我市城市公交和城乡公交一体化还没有形成多方参与、规模经营、有序竞争的格局,体现不出社会主义市场经济竞争原则,社会资源没有得到充分的利用和发挥。我们在调研中了解到,无论是浙江的嘉兴,还是我省的苏州、淮安等都是多个经营主体(当然要符合公交客运准入条件)在从事城乡公交一体化经营,打破了由一家单独经营的垄断局面。

4. 经营矛盾多,社会反响激烈。由于同城经营,同线竞争,公交车下不了乡,农共车进不了城,经营矛盾不断,如鞍湖经龙冈至盐都新区的公交线路,市公交总公司从79年起陆续投放了26辆营运车,99年市第二汽车运输公司又投放了15辆营运车,造成资源的严重浪费,双方还经常发生矛盾。引起了媒体重视,在客运公司开通“803公交”后,《盐城晚报》曾连续在主要版面上报到了该线路开通后引发的争议和矛盾,盐城电视台也曾就公交公司增开南洋生物技校车辆受阻一事作了连续报道。

二、淮安、嘉兴等城市城乡公交一体化的主要做法

如何加快城市公交事业的发展,如何在现有体制条件下实施城乡公交一体化,这是每个城市都面临的问题。淮安、嘉兴两城市根据自身实际大胆探索,在这方面取得了明显的成就,特别是嘉兴的经验得到了浙江省主要领导和交通部领导的充分肯定,若干省市到该市考察学习城乡公交一体化的经验。他们的成功做法对我市有较大的借鉴和参考价值。

1. *树立大交通、大公交理念*。这两个城市都把城乡公共交通作为政府的公共资源,按市场化理念运作,开放公交市场,合理配置资源。对此,淮安市专门成立了以市政府分管领导为组长的各有关部门参加的领导小组,加强对实施城乡公交一体化的组织领导。嘉兴市更是把实施城乡公交一体化连续两年作为政府为人民办的十件实事工程之一来抓。该市把实施城乡公交一体化作为嘉兴市委根据城乡统筹发展要求提出的实现城乡一体化的第一个突破口来抓,可见位置的重要。嘉兴市人民政府专门发了《关于印发嘉兴市全面实施城乡公交一体化若干意见的通知》。明确提出了坚持六个原则(统一协调、公交优先、有序推进、便民利民、划区经营、集约经营)和实施六个统一(公交管理体制、发展规划,资源配置、税费政策、运行价格、服务标准)。市领导多次召开会办会,并形成会办纪要,明确目标,责任到部门,落实到人头,保证了城乡公交一体化这一实事工程的顺利实施。

2. *理顺管理体制,由一个部门实施统一管理*。为便于实施城乡公交一体化的统一管理,淮安市政府于2002年将城市公交总公司由市建设局划归市交通局管理(该市的出租车原来就由交通局管理)。2002年嘉兴市政府决定,将城市公交和城市出租车划归交通部门管理。关系的理顺,减少了各种不应有的矛盾,有利于实施城乡公交一体化的统一规划和管理,为发展大交通、大公交铺平了道路。

3. *科学合理规划*。淮安市请清华大学对该市市区公交线路网络,农共班线网络进行了统一规划,形成了以市区为中心,辐射市辖五区各乡镇的城乡公交一体化大交通格局。嘉兴市对全市行政区内的公交网络作了统一规划,制定了《嘉兴市本级城乡公交一体化实施规划》,打破了城市公交和农村客运二元分割的局面,形成了城乡公交资源共享、相互衔接、布局合理、方便快捷、畅通有序的客运网络,体现了全市公交一体化、村村通公交的目标。

4. *线路覆盖广泛*。淮安市目前实施城乡公交一体化范围主要是在市本级即市属五区,并有一条公交线路开到县城。在中心城区周边建六个旅客集散中心,形成旅客在城市公交和农村客运相互间换乘时无缝衔接,便利群众。嘉兴市城乡公交一体化已覆盖嘉兴市整个行政区,即两个区、5个县,两个开发区。形成了中心城市(市本级)—副中心城市(各县城)—中心乡镇—行政村的三级公交网络。

5. *改变经营模式*。淮安市对市属五区内的农村中巴车营运按城市公交的要求实行改造,即统一发车,统一票价,统一车型、统一站点,统一标识、统一服务承诺,形成与城市公交相一致的运营模式,达到两种客运方式在服务环节上的高度统一,推进城乡交通整体服务质量的提升。嘉兴市完全打破了城乡二元结构的格局,打破了行政区划界限,在全市5区5县范围内从市区到乡村,村村通公交,该市按公交的要求,经市区到自然村,建设了公交枢纽站、中转换乘站、港湾式停靠站、沿途简易停靠(招手)点、终点回车场五类站场,所有公交车按"五定、四统一,两保"(定线路、定班次、定时间、定票价、定站点、统一排班、统一调度、统一结算、统一票价、保零距离换乘、保安全有序运行)的要求和"公司化"经营的方式规范运行。

6. *市场化运作*。　两市在推进城乡公交一体化工作中,都按照尊重历史、合理分工、划区经营、冷热线路搭配的原则,市区公交仍由市公交总公司经营为主,市周边的线路按公交的要求进行了适当的调整。调整中,两市都采用了市场化运作方式,使有资质的公司通过竞争、收购、股份合作等多种形式获得经营权,保证了城乡公交平衡有序的运行。

7. 降低客运票价。为从广大人民利益出发,利民为先的原则,嘉兴市较大幅度地减征了行驶于乡镇间车辆的养路费、客票附加费,使农共运价得以降低,保持城乡公交票价水平基本一致。淮安市也采取了一些优惠政策,适当降低了农公票价。这种做法使广大农村居民得到实惠,得到了老百姓的热烈欢迎。

淮安、嘉兴两市实施城乡公交一体化,大大地方便了城乡老百姓,促进了城乡经济发展,体现了以人为本、城乡协调发展、科学发展观。

三、对我市推行城乡公交一体化的初步设想

通过调研,结合我市实际,我们对我市推行城乡公交一体化提出如下初步设想。

总的指导思想是:以"三个代表"重要思想和科学发展观为指导,以实现城乡公交一体化为目标,用2~3年时间,按市场化理念运作,改革现有城乡客运管理模式,打破城市公交与农村客运二元分割的局面,构筑从市区到乡镇、村直至较大规模自然村(组)的城乡公交网络,建立城乡资源共享,相互衔接、布局合理、方便快捷、畅通有序的公交客运网络运行机制,为推进我市城乡统筹发展进程,全面建设小康社会,加快实现现代化提供交通保障。具体做法:

1. 尊重历史,执行新规定。对市公交总公司经营的现有29条营运线路继续由市公交总公司经营,但须执行统一的城乡公交线路运行政策和规划。

2. 按市场化动作,引入竞争机制。对现在还未开通到乡镇政府所在地的秦南等10个乡镇的公交车按市场化理念运作,采用招投标的办法,由符合条件的客运企业(如市公交总公司、盐阜公路运输集团、市第二汽车公司、盐城市客运公司、神龙运输有限公司、星宇公路运输有限公司等)通过竞争,取得线路经营权。

3. 实施公司化经营,集约化管理。对亭湖、盐都两区农共班线按公交运作模式进行改造,实行公司化经营,集约化管理,不得承包,挂靠或变向挂靠。对原个体户经营车辆根据线路经营年限,按自愿原则,通过股份制改造或公司收购模式妥善处理,如已由符合条件的客运企业经营的通过招投标竞争办法取得经营资格的可继续经营。

4. 划区域经营,实施冷热线互补。为确保村村通公交,以及冷热线路搭配等因素,将企业的经营范围由原先的按线路划定改为按区域划定,实施以热线补冷线,解决支线旅客出行难的问题,为此管理部门对划片经营要作出科学的统一规划。

5. 建立集散中心,零距离换乘。在市区周边建立相应的站场,作为城市公交和农村客运班车集散地,实现零距离换乘,就我市目前实际情况看,可以将盐湾停车场、城西停车场、盐都客运站、福才客运站作为城乡公交一体化的集散中心,即城市公交车和农村客运班车按方向开到这些站场,然后在这些站场进行换乘。

6. 实施政策优惠和扶持。农村客运市场存在高风险,高成本现象。为鼓励和扶持农村客运班车进行城乡公交化改造,对从事城乡公交一体化的车辆的养路费、客票附加费作适当减征,对城乡公交票价在原农共班车票价基础上作适当降低。对市、区交通部门由此而减少的规费收入,建议市、区财政作适当补助,或由行业管理部门削减规费征收指标。

7. 规范停靠站点。对农村公交线路沿线设置若干停靠站点,目前可先设置简易站点即招呼站(竖一个站牌),将来条件具备建立港湾式停靠站。

四、对推行我市城乡公交一体化的几点建议

1. 市政府要将实施城乡公交一体化作为一件为民办实事的大事来抓。市政府要将实施城乡公交一体化列入市政府每年为民办实事的项目中去,花2~3年时间做好这件事,具体实施时,要建立以常务副市长或分管副市长为组长的各有关部门领导参加的领导小组,加强领导和协调。

2. 理顺管理体制,实施城乡公交一体化统一管理。根据淮安、嘉兴以及其他市的经验,凡是城乡交通一体化搞得好的,都是由一个部门统一管理,一般情况下,都是由交通部门统一管理。为此建议市政府将城市公交和城市出租车的行业管理,划归交通部门。

3. 对城乡公交作出统一规划。一是对市区公交线路作出规划,二是对亭湖、盐都两区农村公交线路作出规划;三是对站场建设作出规划。以上几点,最好由一个部门负责,避免政出多门,互相扯皮,资源浪费。

4. 出台鼓励城乡公交一体化的有关政策。如公交车辆上牌、乘员核定政策,规费征收政策,税收政策,公共资源共享政策,打破部门规定,冲破行业壁垒。

5. 制定城市公交一体化的具体实施和管理办法。

6. 进一步完善乡村交通基础设施建设,保证城乡公交畅通无阻。

以上报告,仅供参考。

(执笔:姜海昆　2005 年 5 月)

行政执法的趋利化研究

李金荣

行政执法是公共管理的重要组成部分,追求的应当是公共利益的最大化。目前的行政执法趋利行为已成为一些行政执法机关的一大痼疾和顽症。所谓行政执法的趋利化,是指具有行政执法职能的部门,在履行国家赋予的行政执法职责过程中,运用行政权力谋求或追求本地区、本部门甚至个人不恰当利益的现象。行政执法的趋利化,严重扭曲了行政执法的既定的目标追求,严重损害了依法执法的基本原则,造成执法行为与执法目的背离。

一、行政执法的趋利化的主要表现

1. 重财产罚,轻申械罚、行为罚、人身罚。行政处罚法按照处罚的对象可分为人身罚(行政拘留、劳动教养)、行为罚(责令停产停业,暂扣、吊销营业执照)、财产罚(罚款、没收违法所得和非法财物)、申械罚(警告、通报批评)四种类型。在实际行政执法中,往往重财产罚,轻其他罚,甚至以财产罚取代其他罚的现象普遍存在。

2. 乱收费、乱罚款。一些地方和部门甚至在国家和省、市三令五申禁止下达罚没和收费指标的情况下,仍对下属机构下达罚没收费任务,并将完成情况列入考核目标,从而产生了大量的行政违法行为。少数政府执法部门凭借权力直接违法收费和不执行国家的收费政策。

3. 选择性地执法。从狭隘的利益出发,对中央的政策有选择的执行,对本地方、本部门有利的政策就执行,不符合本地、本部门利益的政策就不执行。

4. 部门唯利联手。执法部门行政职能设置交叉重叠,同一违法现象往往可以依据不同的法规由处罚标准不一的不同主体进行处罚。处罚标准不一的部门之间经过协商形成利益共同体,案件经初步调查后,由处罚标准低的部门移交到处罚标准高的部门实施处罚,由处罚高的部门给予一定补偿,这样既符合了“一事不两罚”的原则,又能在自身利益不受影响的前提下兼顾了其他部门的利益。

5. 执法缺乏“人性化”。有一些地方的执法人员,在行政执法中,只要行政相对人违法事实清楚、证据确凿,就不顾其标的物是否涉及生命安全、是否会腐烂变质、是否会造成货损,只要不能交足罚金,就予以暂扣,往往造成了不必要的损失。

二、行政执法趋利化的危害

一是乱收费、乱罚款造成社会资源单位化、国家资源部门化,严重损害了国家和人民的利益。二是造成执法行为与执法目的背离,严重损害了依法执法的基本原则。三是催生了不少“乱作为”

或“不作为”现象。有利可图的,就“严格”执法甚至“抢着”执法,无利可图的,则视“法”不见,敷衍推诿,当管的也不去管。四是趋利执法还导致了行政机关千方百计争夺行政处罚权。因为争到了这种处罚权,一方面可表明自己部门的重要,使自己在政府机构改革中能保住一席之地;另一方面,则可给部门多多“创收”。五是易于形成诸侯割据,影响中央和法律的权威。六是官商利益共生结构更加稳定,腐败问题将会更加严重。行政执法趋利化实质是行政权力对经济实施不当干预,这种不正当干预为不正之风提供了便利条件,是滋生官商勾结、权钱交易的温床。行政相对人不得不通过“寻租”减轻逃避处罚,从而导致腐败行为增多。官商结构一体,又进一步加剧腐败问题。所以说行政执法趋利化对腐败现象有推波助澜的作用。八是行政执法趋利化往往与环境污染,破坏生态环境,重大安全事故相生相伴。

三、行政执法趋利化产生的根源

1. 行政执法趋利化产生的理论根源

(1)行政执法趋利化是行政执法部门追求利益最大化的必然要求。行政执法部门是一个独立的行为主体,它有自己的利益。行政执法部门的独特利益性决定了它总是会本能地采取积极措施,获得它在行政权力的行使中可能得到的利益。

(2)行政执法趋利化是行政执法部门对资源稀缺性的一种“利己”的自觉行为。行政执法趋利化之所以产生就是因为资源数量有限,一般来讲,一个行政执法部门只能对其辖区内某一方面的违法行为实施处罚。

(3)行政执法趋利化是地方政府对市场经济供求规律的“本能”利用。在一定时期产品的需求是一个定量,而生产和供给从整体上来看,具有无限扩大之势。为了尽可能多地占有定量市场份额,每一个地区都会为争夺资源和市场展开激烈的竞争,从本地区、本部门的利益出发,通过行政执法来保障经济发展目标的实现。

鉴于上述分析,笔者认为只要是市场经济,只要各地区之间存在竞争,只要资源的有限性、需求的有限性存在,行政执法趋利化就不能彻底根治。这是不以人的意志为转移的,也是不能从根本上消灭的,只能尽最大可能予以遏制。

2. 行政执法趋利化体制根源

(1)经济体制上,政府和行政执法部门的职能定位不清,使行政执法趋利化不可避免。行政执法部门设置过多过细,职能交叉重叠的现象突出。部门常常越位,替代市场,微观干预市场。由于管理职能没有准确的定位,而政府和行政执法部门又不可能主动削弱自己的权利,反而会利用这种模糊性强化已有的权利。错位的权利在利益最大化的目标导向下,行政执法趋利化就不可避免。

(2)政治体制上,干部选任考核体制加剧了行政执法趋利化。行政执法部门干部政绩的评价与考核过分强调与其执法业绩直接挂钩,又主要以一些标志性成绩,如办理了多少项行政许可,征收了多少规费,罚没案件及款项增长了多少等等。

(3)中央与地方的分权制是行政执法趋利化的主要制度原因。分权制使地方有一定的制度安排权,为地方行政部门趋利执法提供了必要的条件。地方政府承担了过多的事权,财政压力过大,造成了事权与财权的分离,地方政府往往有事权,但是财力不够,而这些事权又是刚性,不办不行,这就会诱使行政部门执法趋利化,以尽可能的为地方增加财政收入。行政执法趋利化与谋求地方预算外资金有关。预算外资金不受财政预决算的约束,不受任何财务和上级有关部门的监督,是地方政府及其部门的“小钱柜”。为了最大程度地获取预算外资金,地方政府不仅用行政手段向本地市场企业和居民征收,还利用地方制度或者政策来达到增加预算外资金的目的。

3. 行政执法趋利化的历史根源

我国公共财政保障体制的长期滞后,公共财政对行政执法机关的经费保障存在着不保障、保障不好或者虽有保障但难以到位等问题,很容易形成趋利化倾向。在这种以“自找皇粮、自种皇粮”为特征的经费保障模式主导下，出于维护自身利益特别是保证生存、提高生活质量的客观需要，不可避免地要发生种种带有趋利动力的行政执法行为。如：突出部门利益，为罚款而执法办案；罚与不罚的尽量罚，少罚与多罚的尽量多罚，单罚与并罚的尽量并罚；以罚没款多少考评办案力度；滥用自由裁量权等。

四、遏制行政执法趋利化的对策思路

1. 积极培育行政执法人员的法治理念。行政执法人员是一切行政活动的最终实施者。为此，我们在推进依法行政，建设法治政府的进程中，必须十分重视通过各种途径努力提高行政执法人员的责任意识、法治意识和综合素质，端正执法动力和执法行为，要坚决纠正重财产罚轻申诫罚、行为罚的现象。

2. 坚持以公共财政保障为取向，重构行政执法的利益机制。现行行政体制特别是执法的财政经费保障机制和行政执法体制已经成为当前推进依法行政的重大障碍，这个障碍如果不清除，遏制行政执法趋利化只能是一句空话。行政执法的趋利化倾向与执法机关经费保障模式有着密切的联系。尽管目前财政已实行“收支两条线”原则，但本质上还没有摆脱“以收定支”的模式。按比例返还或超过基数返还的办法，决定了有收才有支，且多收多支，少收少支。这就在实际上形成了规费、罚款数额与单位预算、个人待遇之间的紧密联系。要消除行政执法的趋利化倾向，确保执法公正、廉洁，就必须由国家财政来承担其经费保障。杜绝以罚代收，要杜绝罚款提存的趋利行为只有对行政执法机关经费供给上保障到位且保障好，才能彻底解除行政执法部门在经费问题上的后顾之忧，有效割断行政执法机关及其行政行为同利益之间的“纽带”，堵住因利益驱使而衍生出的制度、机制、体制上的漏洞。要解决财政保障问题就需要合理划分财权，建立规范的中央对地方的行政执法人员经费的转移支付制度。当然财政保障机制实施后也要防止不作为的问题。

3. 从源头上整治趋利执法倾向。要按照职权法定的原则，规范执法主体的职责权限，形成执法主体资格及职权范围的法定化和公开化，坚决纠正部分地方将执法行为与执法者利益挂钩，实行收入与经费、奖励挂钩，甚至搞执法“派任务”，罚款“下指标”的不正确的做法。

4. 加强对执法人员的培训教育。教育各级行政执法人员特别是领导干部自觉地在法律之下提出问题、思考问题和解决问题，始终绷紧法治与责任这两根弦，真正成为对人民负责、对法律负责的强有力的“奉法者”。

5. 建立科学合理的考核体制。在用人制度和政绩考核方面，必须改变过去主要考核执法直观指标的做法，把考核重点转到严格法律实施、履行法定职责、维护法制统一和政令畅通、创造良好的投资环境和法治环境上来，把评议的重点放到行政相对人的满意度、社会对执法单位从事行业监管的满意度上来。

6. 完善监督机制，强化行政执法监督。监督必须具有权威，使监督者能够行使监督权、敢于行使监督权、自觉行使监督权。要采取有效措施，整合监督职能和资源，建立科学有效的监督网络体制，以形成监督合力。要建立监督责任制度，从制度上明确监督者的监督职责以及不履行监督职责的机构和人员的责任，真正做到“监督者受监督、负责任”，促使监督者自觉行使监督责任。大力推进监督的民主化，行政监督过程的公开、民主，既是法治建设的内在要求，也是保障监督公正性、有效性的重要基础。为此，必须从制度构建、工作落实两个方面入手，注重充分发挥人民群众、新闻媒体、民主党派、人民团体和各种社会组织的监督作用，增进监督的公开性，保障公众的知情权、参与权，从而达到促进公正监督、提高监督效能的目标。

（作者单位：盐城市交通运输局。2008 年 10 月）

港政刍议

郭阿宏

所谓港政，指港口行政管理，它应与航政、路政、运政等并列，作为交通行政管理的一个组成部分。行政管理是对国家政务和公共事务的管理，最常见的有市政、财政、工商行政、邮政、医政、药政、渔政、水政。行政管理应由国家行政机关或法律、法规授权的机构和行政机关依法委托的机构去执行。此文拟对港政管理概念和设立港政管理机构，进行一些剖析、议论和建议。

港口是供船舶靠停、旅客上下、货物装卸，进行水水或水陆集散、中转、输运的场所，是非常重要的交通基础设施。但目前港口的管理远未到位。笔者认为，从依法治港、依法行政、以法兴交通的角度，应当确立港政管理概念，建立港政管理机构。

一、被忽视、被遗忘的角落

我们国家对于港口的管理，不能说不重视，但是位置有偏差。在计划经济年代，在临水有港口的城市及县府所在的城镇，往往都设有“港务局”或“港务管理处”；并且“局”一级的都是全民性质，“处”一级的也是“下集体、上全民”。在五六十年代的县城，全民性质的单位廖廖无几，可见港口的地位颇为显赫。然而，当时无论是“局”还是“处”，本质上都属于企业，在过去它就管不了市或县一个地方上的“港务”；在改革开放以后，更加明确其没有行政管理职能。

相比较而言，路政、航政的概念在改革以前就有，但路、航政的管理机构体制都是在改革开放中逐步建立健全的。与此同时，运政的概念也逐步明确，运政机构则从省直至乡镇，建立得更加完备。而港政则严重滞后，在“七五”“八五”期间，各级人大和政府制定了不少法律、法规，其中也有一些关于港口管理的法规和地方法规，但是，港政的概念至今尚未确立，机构更加朦胧。不能说绝对没有，但它远未承担起应有的职责，有的仅在运管中聊备一格而已，如加设个“搬运装卸管理站”等科室组织。因此说，市、县及乡镇港口的管理始终没有受到应有的重视，没有摆上恰当的位置。

二、混乱的、尴尬的现状

港口的管理，由于认识没有到位，机构职责不够明确，致使港口的现状混乱无序。改革开放以前，港口的管理是政企不分，以企代政。改革开放以来，市县的港务处，逐步改制为公司、总公司、实业公司、集团公司，自动放弃了“港务管理”的虚衔，港务管理的职责实际上处于落空状况。1996年某省政府以省长令发布该省《港口管理办法》，其第六条明确“省、市、县交通主管部门为同级人民政府管理港口的职能部门，其所设置的运输管理机构具体负责本行政区域内的港口管理工作”。其后给港口管理规定了7项主要职责：贯彻执行有关法律法规政策，港口规划、港区划分，港埠业务管理、行业管理，集疏运，征收规费，港口统计，还有按照规定负责国家投资的港口基础设施和重大设备管理。

这个管理办法，已能明确港口管理的部门，但还没有明确确立港政概念，也没有专设港政机构，另外管理职责过于宽泛。港埠业务属于运输业务的一种，给运管部门管理是可以的，但港口的规划建设就不是运管部门管理得了的，且港口的设施、设备则是港口企业自己的事，运管部门则不必管。管理过多，不该管的管不了，该管的又管不好。

如港口的规划、建设问题，审批权上上下下，一度下放到市、县。很多城市“以港兴市”，互相攀比，以长官意志、地方观念随意选址，造成盲目布点，重复建设，密度过高。有的码头跟项目走，一是交通部门管不了，二是不向交通部门报。长江自南京向东入海，有390公里，已建成万吨级码头106个，其中交通部门47个，占44%，非交通部门59个占56%。货主码头过多，码头设备过剩，造成岸线资源浪费。沿海也是这样，几乎一县要建一个海港。有条件的上，没有条件的也上。花大钱投资治沙疏航浚深。再如港口业务问题，也乱得很：一是有些港口间距不远，货源腹地互相交叉，压价竞争严重,价格下浮至部颁标准的50%～60%,扰乱市场,两败俱伤;二是一些河边乡镇单位乱装卸、抢业务,苏州市每年有80万～100万吨货物在航道两岸被抢装乱卸,造成物流紊乱,严重影响交通、影响市容。1997年,市政府不得不专门发文,进行整治。

三、不可或缺的环节,不可替代的职责

港口是水陆交通的枢纽,既可以在水上连通海洋与内河,又可以连接陆上的公路和铁道。乡镇的小码头是城乡交流的纽带,都市的大口岸是国际贸易的桥梁。人类自古就是逐水而居,世界名城往往以港而兴,其例毋庸列举。港口在社会进步、经济发展中具有重要而独特的地位,在交通运输体系中,更是不可或缺的环节,由此,也决定了港政管理职责的不可替代性。

港政的管理对象是港口,港口属交通基础设施,因此,港政与路政、航政相仿。航政管航道,港口的码头是航道岸边的临河建筑设施,建筑码头要经过航政审批,但港口规划航政管不了;许多港口建在自有航道中或建在海岸边,更不要航政去管。因此,概念上,航政不同于港政;实践上,航政也不能替代港政。水运执法还有个部门称港航监督或港务监督,实际上管的是船舶机驾人员和航务安全,它也不能代替港政,所以港政应当独自设立管理机构。

港埠业务是运输业务的一种,和公路运输、水上运输并列。它可以归并到水运行政机构管理,也可归并到统一的一个水陆统管的运政机构去管,当然也可以由港政管理机构统管。

港政的独特性源自港口的独特地位。凡建设和建成的港口都是属于业主的,不像公路、航道是社会公共的。因此,港口可以类比于企业厂矿的专用公路、专用航道,它们无须交通行政管理机构去组织养护和建设。但这不能成为取消和不设港政的理由,反而成为强化港政的理由,因为港口面广量大,必须给这些众多的业主设立统一的规范、准则。实施统一科学的管理,包括经营方面、也包括建设养护方面,还要有专职的管理监督机构。

因此,港政的管理内容主要如下:其一,依据国家的有关法律、法规、规章、政策制定港口管理的法律、法规、政策和技术标准,上报有关职权机构批准颁布,并具体负责贯彻执行。其二,负责港口的规划,这个规划包括岸线使用、港区划分,并要与一个区域、一个城市、一个地方的发展规划相统一,要与水陆、铁路运输总体系的发展规划相统一。其三,负责建港的审批。其审批权必须归口在港政部门,其审批的基础就是上述港口规划。归口审批才能保证规划得到一致遵守,最终得以实现;并加强宏观调控,避免滥建、重建现象的发生。其四,监督港口建设的技术规范的实际执行情况,确保规划和方案变成现实。其五,征管港口规费。其六,可以兼管从事营业性港埠业务的业主和行业的管理,包括从业资格的审查批准、规范经营行为、作业秩序、安全质量、价格政策等。在特定情况下,组织港口的集疏运,保障港口正常营运(这部分职能也可由运管部门统管)。

四、体制改革中的前途,大交通中的位置

九届人大以后,政府机构的改革力度很大,步伐很快,国家机构大规模压缩,人员大量削减。在这种形势下,提出港政概念,增设港政机构,是否适宜?笔者认为,这是不矛盾的,实质上是一致的。

政府机构的改革并不是单纯的缩编减人,而是转变职能,理顺关系,服务于经济建设并促进经济的发展。这次体制改革国家部委有撤有并,也有增设。交通部门在这次改革中全部保留,航空、铁道和交通部并立,但这不等于交通部门不需要改革。笔者认为在水运行政中应当包括水运运政管理部门、航道行政管理部门、港口行政管理部门、港航监督部门、船舶检验部门。这样,管理网络才周全完整;补上当地港政缺失的一环,是省市交通部门就可以做到的。

从以法治国的角度上看,国家法律法规逐步健全,依法治交通正在走上正轨,各级政府的交通部门自然是管理交通事务的职能部门,但各有关的具体行政执法工作是要委托给有关事业单位执行的,如《公路法》主要由路政管理部门去执行。如上所述,港政也必须有他自己的执法部门,不应由其他单位代管或由交通部门"直接管"而至落空。交通系统内《公路法》已率先出台,建议尽快制定、颁布《港口法》。

再从另一方面看，过去在经济体制改革中，交通部和地方政府经常强调“一城一港”，而往往行不通，为什么呢？就因为没有明确港政的概念，没有设立港政管理机构。“一城一港”，应该是一城一个港政管理系统，可以分级设立机构，这是行得通的而且是必须的。而港口企业决不能限定只有一个，这既没有必要，也行不通。因为城市环境各异，地位不同，一个城市可能有海港、江港、河港，也可能有省部属大港务局、市县属港务处、乡镇居委会装卸搬运队，这些都互不统属，无法拢到一起去。现在是市场经济，一个企业尚要划出许多独立核算的小公司，互相竞争；企业自然地可以联合、兼并，组成集团，甚至跨地区，但这与行政管理是两回事。

五、从企业管理、行业管理到行政管理

从根本上说，港政或港口管理的地位，是整个经济建设指导思想的折射。计划经济年代，以政府指令办事，以为设立“港务处”就能代行港政，能以企业管理代行政管理。现在社会主义市场经济体系尚在构建，所以还有把行政管理混同于行业管理的现象，以“搬运装卸管理站”代行港政，管了许多不该管、管不好的事，而丢弃了该管的职责。随着经济建设的发展，政府机构改革的深入，这些现象会逐步扭转。小政府、大社会模式的建立，必将带来大交通的管理格局，其中港政有着独特的位置。这场改革我们可以从上至下一以贯之；也可以由下而上，试行推广，互相促进。为保证港口事业的顺利发展，进而促进水运事业、交通事业的发展，各级领导都可以有所作为。

（作者单位：盐城市航道管理处。1998 年 12 月）

说明：该文发表于《上海港口》(1998. 2)，《综合运输》(1998. 12)、《交通企业管理》(1999. 1)，并呈送交通部黄镇东部长、胡汉湘司长。1998 年 7 月 20 日，部司领导专门委托水运司杨华雄同志联系作者，7 月 24 日作者按领导要求寄一份给国务院法制办，供港口立法作参考。

内河航运企业转变经济发展方式的探索

胡立友

内河航运具有运能大、占地少、能耗低、污染轻、成本相对廉的优势，在国民经济发展中发挥着不可替代的作用，是符合资源节约、环境友好的绿色低碳运输方式，在新形势下面临着新一轮的发展机遇。我国正处在加快转变经济发展方式的关键时期，回顾内河航运企业的发展轨迹，内河航运企业同其他行业一样，加快内河航运企业转变发展方式已成当务之急，是“十二五”期间推动内河水运健康发展的关键环节。笔者结合江苏省内河航运企业的现状和内河航运龙头企业之一的江苏河海运输股份有限公司的实际，就如何加快转变经济发展方式的对策作一初探：

内河航运企业面临的现状

尽管面临着国民经济快速发展的机遇，但由于内河航运的失衡发展和正在进行的综合交通运输体系的建设，江苏省内河航运发展仍面临着严峻的形势。

1. 运力与运需的严重失衡，在一定时期内将依然存在

根据今年江苏省国内生产总值测算，现有水运运力明显大量过剩。即使在全省国民经济保持 8% ~10% 增长速度所带来的物流量不断增加的情况下，运力严重大于运量。运力需与求的严重失衡，导致水运市场的竞争仍将异常激烈，并且竞争的层次不断提高，将不再是粗放经营时期的低水平价格竞争，而是科技、人才、实力的综合竞争。

2. 大交通格局的形成和综合运输体系的建设、内河航运所占比重将继续下降

江苏省拥有得天独厚的水运优势，水运一直是全省物流的主要承载工具和运输方式。随着公路、铁路、民航、管道等运输方式的发展，大量物流弃水登陆，内河运输所完成的货运量只占全社会

货运量的26.50%，水路货运量所占的比重仍将继续呈下降趋势。内河航运不仅承受着行业内部的激烈竞争，还承受着铁路等运输方式的新挑战。

3. 内河航运企业现有的船舶状况、资金、人才等生产要素严重匮乏，不能适应先进水运生产力的要求

由于水运运能的严重失衡，内河航运持续跌入了低谷。有的企业全部被迫停航，甚至卖船走人。如此严重的连续亏损，航运企业资金短缺，连简单的再生产也难以维继，更谈不上更新船舶。同时，航运企业的人才不断外流，人员素质下降，不能适应水运发展的需要。内河航运要适应国际航运业介入国内水运市场的竞争，仅靠现有的人才状况是无法适应的。

4. 内河航运缺乏一个更加宽松、和谐的良好环境支撑，使得在市场竞争中处于不利地位

当前，制约内河航运生存发展的根本原因，就是运力严重大于运需，虽然交通主管部门加大运输市场的管理力度，但由于宏观调控难度大，致使运力无序增加，恶性竞争加剧，造成货源缺、运价跌、成本增。一是运输价格倒挂。水运价格由市场供求关系调节决定，随着柴油价格多次调高，燃油成本迅猛增加，而运输价格不升反降，运输成本与运价严重倒挂。二是航道制约成为瓶颈。随着船舶运力向着标准化、大型化不断发展，航道等级和船闸条件适应不了生产力的发展要求，船难行、行船难的矛盾十分突出。如泰州、南通、扬州（部分航道）和盐城四个省辖市的沿江沿运河船闸及航道状况，不仅制约着航运业的发展，而且严重影响上述四个地区GDP的增长。三是企业负担沉重。内河航运企业大多数是有几十年历史的老企业，现在普遍存在历史性负担。以河海公司为例，现有在职职工800人，而离退休职工达1008人。职工退休后生病住院慰问、死亡吊唁的额外费用全部由企业承担。

内河航运企业转变经济发展方式的对策

面对内河航运企业的严峻形势，只有加快转变经济发展方式，推动产业结构优化升级，才能在激烈的市场竞争中实现内河航运企业的振兴。

1. 加快船舶结构调整由小吨位向大吨位转变

我国内河运输船舶单船的平均吨位只有372吨，仅为美国的三分之一、德国的四分之一。随着水运市场竞争的加剧，小吨位船舶的市场竞争能力越来越小，职工的收益也越来越难保证。为增加竞争优势，近年来，河海公司千方百计扶持职工发展，调优船舶结构，发展大吨位驳船，采取"高融低借"低息贴息借款给职工达7000多万元，引导职工按照京杭运河船型标准化的要求，圆了职工的"购船梦""技改梦""更新梦"，船舶更新实现"三级跳"、运力规模由改制时的3.80万吨增加到30万吨，单船吨位由120吨增加到750吨，居全省内河水运企业前列。

2. 加快经营方略由传统运输向现代物流转变

内河水路运输长期以来只承担"运输"这项单一的职能，随着经济全球一体化进程的不断加快，内河航运企业迎来了快速发展的机遇，内河航运已经实现从传统货流到客流、货流、商流、资金流、技术流、信息流的大流通，正由"运输中心"向"物流中心"发展，是货物、资金、技术、人才、信息的聚焦点，具有发展成为物流生产要素整合所需的资源优势。河海公司的物流已发展成为业务辐射上至四川、重庆下至上海的长江流域和京杭运河，年物流收入近亿元的专业物流公司，形成金峰、徐州、沿海物流区域"三足鼎立"的物流发展新格局，成为公司最重要的经济增长极，公司荣获全国物流百强企业称号。

3. 加快运输方式由内河运输向沿海运输转变

海洋运输借助天然航道进行，不受道路、航道的限制，具有通过能力强、载运量大、运费低廉等优点，特别是随着长三角地区和沿海地区大开发，国家发展战略的一体化，极大改善了长江万吨级海轮的通航条件，成为海进江、海进厂煤炭及大量物资的沿海运输的重要通道，既为沿海运输注入

了强劲的生机和活力,又为内河航运企业转变经济发展方式,实现从内河走向海洋创造了重要条件。

4. 加快货源结构由流通型客户向终端生产型客户转变

货源是内河航运企业的生命,俗话说,巧妇难为无米之炊。要敢于参与市场竞争,赢得市场先机;敢于创造竞争优势,才能使企业立于不败之地。要以客户创造价值为中心,客户满意就是企业的工作标准,不断提高服务水平,通过为客户提供质优价廉的服务来实现企业长足发展。一以贯之推行大客户发展战略,寻求长期稳定的货物来源,增强大客户服务意识,为大客户提供多样化、定制化、个性化的优质服务,赢得大客户的肯定和欢迎。河海公司近年来将货源结构以中间商流通型客户占80%逐步调整为以终端生产型客户占80%的格局,凭借公司的规模、品牌、管理三大优势,着力与重点客户签订年货运量达100万吨以上的长期战略合作协议,为公司又好又快发展奠定更加牢固可靠的货源保障基础。

5. 加快质量管理由运输质量、服务质量向品牌经济建设转变

品牌建设是企业的无形资产,是企业实力、活力和魅力的体现。市场经济发展到今天,已不是传统意义上的单纯价格的竞争。而是企业形象的综合竞争。河海公司强化管理创新、实施"开创品牌经济,迅速发展河海"的品牌建设战略。一是强化品牌推进、提升企业形象。公司有着良好的品牌建设传统,注重企业形象建设,注重经营信誉和服务质量,在全省内河水运企业首推运输服务五项承诺,并在业务部和各办事处上墙公布,让客户监督。二是强化服务功能,提升服务水平。随着客户需求层次的上升,传统的服务质量标准已不能使客户满意,运输服务内容由原来的"港到港"服务,提升到"门到门"和上门征求客户意见为客户创造价值等综合服务,并向全过程物流服务迈进。三是强化督查考核、确保品牌质量。公司成立了综合督查办公室,督查人员常年随船督查运输质量和服务。促进运输质量提升由点带面向纵深推进。

6. 加快构建和谐企业由改制成果惠及职工向职工共同致富转变

河海公司改制以来,确立了"为国家多增税,为企业资产多增值,为职工收人多增加"的三增理念,时刻注重把关爱民生、民心、民利放在更加突出的位置,真正让改制成果惠及职工,造福职工。

7. 加快安全管理由安全生产向安全发展转变

安全是最大的效益,事故是最大的浪费。行话说,行船走马三分险。河海公司不断调整安全发展思路,创新安全管理手段,实现从安全生产到安全发展、从要我安全到我要安全的转变。一是加大安全投入,实现科技兴安。针对轮船机械操纵舵劳动强度大的特点,公司投入20多万元为轮船安装了液压操纵舵,既减轻了劳动强度,又增强了安全系数;投入10多万元为所有船队安装了GPS定位仪,成为船队安全航行的"千里眼"。二是建立"1+3"安全管理的长效机制。"1"是指事故隐患和职业危害监控法,"3"是指建立事故隐患和职业危害的动态管理、评价机制和持续改进三项机制,形成安全管理纵向到底、横向到边,一级抓一级,层层抓落实的约束机制。三是推行安全生产事前问责制。在安全管理上,不仅要"事后问责",更要注重事前预控,对不称职的责任人实施事前问责,对安全事故隐患设立A、B、C、D四个危险源点,对各个危险源点整改不到位或不及时的责任单位和责任人实施责任追究,达到防患于未然的效果。

8. 加快财务管理由业务管理向财务创造财富转变

在财务管理上,注重营运资本预控管理,努力提升经济运行质量和效益最大化。一是严控成本支出。倡导财务创造财富的理念,坚持管好"钱"袋子,握紧"笔杆子",严格实行支出申报审批制,费用定额包干制、大额发票会签制。二是严格规范资金预控管理。优化资产结构,重抓现金流的管理,加强应收账款的清收,积极拓展融资渠道,谨慎投资扩张,保持较低的资金负债率,以确保资金链的安全。严控脆弱水运经济的经营风险,实现财务资本的高效安全运营。

总之,加快转变经济发展方式是推进内河航运企业又好又快发展的金钥匙,只有坚持科学发

展，推进产业结构优化升级，外树形象拓市场，内抓管理增效益，振兴江苏内河航运企业的发展目标一定会实现。

（作者单位：江苏河海运输股份有限公司。2011 年 1 月）

关于海事船检执法人才队伍建设的几点思考

周炳学

党的十七届四中全会的召开和江苏沿海大开发上升为国家战略，对盐城海事船检发展规划带来深刻影响，水上交通安全监管执法将面临严峻的形势，同时，交通执法体制势必有较大的变革，海事管理也将面临新的课题和新的形势。最近，省、市交通主管部门出台的《队伍建设指导意见》，强调人才队伍建设是交通部门发展的基础，没有一支高素质的人才队伍，交通工作的高标准、高效益，只能是空中楼阁和一个美好的愿望。水上交通安全监督管理也是如此，虽然近几年，党和国家十分重视水上交通安全工作，各级地方海事队伍建设的力度明显加大，一支能打善战、英勇顽强的海事队伍，正脱颖而出，成为服务国家发展大局，有效保护人民生命财产安全的有生力量。然而由于受历史原因等诸多因素的制约和影响，基层队伍素质不高，能力不强的现象，还普遍存在，明显滞后于经济快速发展的需要，加强和提高海事船检人才的培养层次，已成为摆在我们面前的一个迫在眉睫的问题。

现状和问题

海事队伍的现状由于各地的海事部门多是 1987 年后才相继成立的一个职能部门，虽然在规模和编制上各有千秋，但人员的构成却大同小异。据笔者对省内部分县处调查了解到，其人员构成主要有四部分：一是原交通监理股移交过来的部分人员；二是成立处、局之初从其它单位调整调入的部分人员；三是分配进入的军队转业干部；四是新招聘的大学生。目前，所有人员虽然都通过不同的方式，达到了大专以上文化程度，但基层海事船检监督管理的专业知识相对匮乏，却是一个不争的事实。

海事船检人才培养面临的问题由于地方海事船检监督管理部门，是这 20 年来才独立出来的，以往是交通部门的一个股室，人才培养的力度相对较弱。面对当前严峻的水上交通安全形势，只好干中学，学中干，这虽然解决了一时之急，但难以从根本上解决人才培养上的深层次问题，对于海事船检工作的健康发展，保证工作的高水平、高质量，十分不利。

*一是海事船检人才主要靠自己在工作中培养，决定了只能在低层次循环。*常言道名师出高徒，没有现代的思维和现代的手段，很难打造出一支现代化的海事船检人才队伍。许多县（市）的海事船检骨干力量，还是过去“股办”的老底子，他们虽然在多年的实践中积累了一定的工作经验，但由于受文化程度、成长环境等多方面因素的制约，水上交通安全监管的理论功底具有一定的局限性，这就决定了很难为新人提供更好的指导和发展平台。

*二是有责任心的思想觉悟，一旦缺少相应技能的支撑，就成为无本之木。*据笔者调查了解到，战斗在基层海事船检岗位上的同志，对水上交通安全监督管理工作的认识很高，责任心也都很强，但在发现问题和解快问题的能力上，却相对滞后。随着我国经济的飞速发展，水上交通安全生产领域的新情况，新问题也应运而生，海事船检人员知识的更新，明显跟不上发展要求。就是一些新进入的大学生，由于现行的体制是从新毕业的大学生中直接招考，目前，在招聘中所设置的专业条件，也只能是他们曾经学过的相关专业。再是由于他们缺少必要的实践经历，尽管文化程度是一流的，但发现隐患，解决问题的实际能力却明显不足。在具体工作中，检查人员一般应当具备高于被检查

者的相关知识,让一个从未上过船、进过企业的人,一下去就能发现里面的安全隐患,确实也是有点为难他们。就是有时他们根据自己所学的理论发现了一些隐患,但也难以说服被检查的对象。

三是选人机制的刚性要求,无形中"抬高"了海事船检人才的入口。在世人的心目中,一提到人才,便想到了硕士生、博士生,其实在海事船检监督管理中,还存在着这样一个必不可少的人才群体,那就是既有一定文化知识,也有丰富的一线实践经验的技术人员。尽管他们的文化水平没有那些能考上公务员、事业编制的大学生们高,但他们在生产实践中所积累出的丰富经验,往往是一般的大学生一辈子也无法比拟的。不论人们承认也好,不承认也罢。目前海事船检行业的诸多单位的实际情况,只是在能应付日常工作的层次上,要想真正高标准地履行好海事船检监督和管理的职能,有效预防安全事故的发生,还有较大的差距。我们现行的"专家查隐患",这对于一些重大事项、突击活动是可行、也是有效的,但在日常监管中,特别是在县(市)、区级这一个层面上,可操作性相对较弱。"专家"不是那么好请不说,在市场经济的条件下,各种费用开支是也一个问题。也许有人说给谁查隐患就让谁出资金,这里面的动作难度之大,不是一般人所能了解的。因此,许多本应进行的检查、会诊,往往就流于形式,起不到预定的效果,为安全生产埋下隐患。只有不断强化人才培养,把每个海事船检人员都打造成本专业的行家里手,才能真正发挥政府职能部门对海事船检工作应尽的职责。

四是人员老化,知识结构、年龄结构不合理,与海事监管工作的高要求不相适应。现在船越造越大,化工园区越建越多,危化品运输监管人员缺乏,验船人员专业结构、资质等级与船舶种类、规模的要求不相匹配。海事船检专业人才缺乏,本身编制又少,缺编急需引进的专业人员却进不来。再加上,海事实行的条块结合双重管理的体制,管事的不管人,管人的不管事,对工作及其人员缺乏有效的统一的领导和部署、检查、监督、考核、奖惩机制。比如,盐城9个县(市、区),有4500公里通航里程,营运船舶1.50万艘,船员有2万~3万人,渡口228道,危化品运输船舶365艘。全市海事船检人员编制仅211人,其中市局机关43人,2007年全市船检机制改革后,80%以上的海事船检行政许可工作导都在市局,绝大部分同志工作虽很努力,但海事船检队伍的政治思想和业务素质与海事船检监管工作的高要求不相适应的矛盾比较突出。

对策与建议

不断拓展海事船检人才培养的有效途径,是一个长期、艰苦和系统性很强的工作,是一个前人栽树、后人乘凉的基础工程。只有站在历史的高度,抱着对党和人民的事业高度负责的精神,才能把它列入日程,使之真正摆到应有的位置。

一是从学校抓起,把海事船检监督管理的人才培养,列入国家教育规划。大专院校是培养人才的最好场所,国家或省市有相关职权的部门,应当采取必要的措施,在部分院校设立和完善海事船检监管的相关专业,让学生当作一个专业、一个学科来学习和研究,以确保海事船检人才后继有人,渊源长流。

二是对于现职人员加大培训力度,每年要有部分人员,完成一个月以上的离职培训。学习、交流、实践,是提升海事船检水平的最好方法。很多地区的海事船检同行们,在工作实践中都积累了相当丰富的有效经验,一些新的政策法规也需要及时地进行学习和消化。就目前的现状而言,没有硬性的规定,单凭各单位自行组织学习,本身层次不够不说,由于事务性工作较多,时间上也难以真正保障,学习的效果更无从谈起。

三是对新进入海事船检部门的人员,要进行半年以上的专业技能培训。不论是军队转业干部,还是大学毕业生,都是国家难得的宝贵人才,他们有着强烈的责任心和使命感,给他们一个支点,真的能够撬动地球。但目前对于新进入海事船检系统的人员,多数单位没有进行专门的培训。虽然在定岗后也让他们参加一些本系统的相关学习,但往往不能照顾到他们"新入门"这个初学层面,对他们迅速掌握必要的安全监管知识，发挥他们应有的能力产生不良的影响。

四是明智决策，积极扩展不同地区、行业的学术和工作经验交流。尽管目前党和国家高度重视水上交通安全监管工作，但海事船检部门人才断档，基础薄弱，这是一个不争的事实，因此积极扩展不同地区和行业的交流，已成为具有先见之明的领导决策。

五是从相关专业的工作一线，吸收部分具有实践经验的高素质人才。特殊的工作，就要用特殊的办法来解决，要探索和制定海事船检等紧缺人才特聘机制。在编制紧缺的情况下，通过人事代理的方式，向社会特聘一定数量具有特长、资质的海事船检人员，对特聘人员可参照同行业同等人才薪酬标准，给予相应的报酬。把一个真正能够解决问题的海事船检人才安排到应有的岗位上，所产生的经济和社会效益，往往是无法估量的，这才是真正对党和人民的事业负责。

六是不断强化海事船检人员的自主学习意识，努力在工作实践中丰富自己，提高自己。对工作的热爱和对事业的执着，最好的体现就是在于不断提高自己胜任本职工作的能力和水平上。发现隐患，减少事故，是一门永无止境的科学，每一个海事船检人员，都应牢固树立终生学习，不断实践的信念，掌握丰富的安全知识，造就科学的安全理念，发挥好自身应有的作用。只有这样，海事船检人才上了档次，人人具备一双发现隐患的慧眼，才能更好地立足现实，着眼长远，为我国经济的高速发展和全面建设小康社会，做出应有的贡献。远离事故，共享和谐，才能成为美好的现实。

七是扎实推进人才队伍的精神文明建设，全面提升地方海事文明服务水平。以深入开展科学发展观学习教育实践活动和认真贯彻落实党的十七届四中全会精神为主线，按照省局出台《全省地方海事船检系统队伍建设指导意见》，大力加强海事政风建设和文明创建工作，提升海事船检人才队伍整体素质，增强便民服务意识，提高海事船检文明服务水平。加强对全体海事船检人才的政治思想、职业道德教育，突出思想教育培训，使他们讲全局、讲大局，从本质上关心单位建设，引导他们用科学发展观指导海事工作，谋划海事发展，把握工作规律，探索管理新路；扎实开展海事船检业务法规培训和岗位练兵，坚持学用结合，严格考核评估，做到一专多能，努力提高海事船检人才队伍执法能力，加强岗位交流，促进复合型人才成长；加强海事船检专业人才队伍的引进和培养，配合人事部门做好专业人才的招考录用工作，加强新录用人员的岗位培训，增强海事船检事业持续发展的活力和后劲；加强勤政廉洁建设。深入开展反腐倡廉教育，加强监督检查，加快推行行政问责制，把行政不作为、乱作为和严重损害群众利益的行为作为问责重点；强化文明创建工作。加大海事船检文明品牌培树力度，突出抓好“文明机关”和“文明执法窗口”创建工作，开展“引领发展的带头人”“人民满意的执法官”“爱岗敬业的奉献者”“检验优质的验船师”和“勇于创新的开拓者”等先进典型评比表彰活动。继续深入推进“窗口”规范化管理，提升窗口服务质量；加强作风和行风建设。认真落实便民措施、服务承诺和轻微违法行为免予行政处罚等举措，切实减轻航运企业和船民负担。坚持明查暗访、跟踪督查和行风通报制度，严格《海事工作人员行为规范》和《验船人员工作规范》的执行力，切实解决执法不规范、不公正问题，全面提升海事船检人才队伍清廉形象。

（作者单位：盐城市地方海事局　2009 年 1 月）

加强流动党员思想政治工作浅探

王祥君

我们交通系统内的交通工程建设与养护、水陆运输等单位都属于松散型的企业，施工现场分散、队伍进出频繁、人员流动较快，甚至有的工程项目部、客货运输车（船）队的个别党员组织关系不在本支部。这样就使这些单位党员思想政治教育工作处于“四难”境地：一是党员分散，思想政治教育难以开展；二是企业内部组织形式不同，活动方式难以统一；三是党员之间见面少、相互之间难以沟通;四是企业内部利益主体多,关联度小,党员教育管理难以约束。切实加强对这些流动党员的思想政治教育管理工作,不但是社会主义市场经济条件下党的建设不可分割的重要组成部分,而且是增强基层党组织战斗力,提高流动党员整体素质,发挥流动党员先锋模范作用的重要保证。如何针对基层党建工作中出现的新情况、新问题,积极有效地开展好党员思想政治教育,我们认为当前必须努力做到以下几点:

一、确立"围绕"意识是做好流动党员思想政治工作的重要前提

确立"围绕"意识就是要求思想政治工作必须紧紧围绕确保完成交通任务这一中心来展开。由于工程建设和水陆运输点多、线长,客观上形成党员分布面广,流动性大,在这种情况下,我们要真正解放思想,因势而动,确立哪里有党员,哪里就有党组织的新思路。根据各施工点和运输车(船)党员数量状况,采取挂靠、合并等方法,及时在施工点和车(船)建立流动临时小组,临时支部,实行规范化管理,切实做到工地发展到哪里,车(船)行驶到哪里,党员思想政治教育工作就开展到哪里,哪里有党员、有入党积极分子,哪里就有党员的思想政治教育。鉴于流动党员的特殊性和复杂性,在选配临时小组长和临时支部负责人时,应拓宽视野,广辟渠道,坚持标准,确保素质;并按规定落实好有关待遇,充分调动他们的工作积极性,使他们在流动党员教育管理工作上既有"位',更有"为"。另外,还要切实强化流动党员队伍的教育管理措施,完善档案台帐,规范党员进出程序。对在工程项目部工作两个月以上的党员临时工,要求其接转临时组织关系,建立管理卡片。对从事车(船)运输的流动党员,要定期向党组织汇报思想状况,交流工作情况,保持相对正常的沟通渠道。与此同时,基层党委要对这些临时小组、支部首先要通过党员轮训班、党员干部学习会等注重强化党员干部的"围绕"意识,通过制定一系列的政策、法规、文件、签订党员教育管理责任状等形式,明确要求、落实责任,确保做到管而不死,活而不乱,分而不散,聚而有力。

二、坚持"贯穿"实践是做好流动党员思想政治工作的中心环节

由于流动党员分散性和广泛性,造成一些单位放松了对这一些党员的教育管理力度,有些单位党组织干脆把材料发给党员自学,以此来代替集中教育,使正常的党员教育,成了"业余化""随意化"的教育。教育的内容难以落实,教育的效果难以保证,针对普通党员缺乏系统的理论学习和片面要求经济利益等特点,事实上,在工程施工或出车出航中,一般都要经历出发前的"思想动员"、开工时的"情绪稳定"、过程中的"精神激励"和家属中的"排忧解难",这就要求我们在流动党员管理中,需要增加思想政治工作的力度和广度。为此,加强流动党员思想政治工作,我们就必须将思想政治工作贯穿于工作任务的全过程,就必须将它作为团结、教育和激励职工顽强拼搏实现工作目标的关键而一以贯之的抓紧抓好。首先要在施工点设立党员活动室,在车(船)站点提供必要的学习场所和资料。在时间安排上利用雨天或工序转换间歇、车(船)进站后,做到见缝插针,有的放矢。坚持忙时少学、闲时多学,尽量减少集中上大课,办长班的次数,适时开展组织生活;其次,在教育内容上要注重"实际、实在、实用"三原则,抓好思想政治教育、党性教育、市场观念教育、法制教育和业务技能教育,用"三个代表"重要思想武装广大党员头脑,教育党员同志带头讲学习、讲政治、讲正气,确立开拓创新的观念,适时组织党员学习市场经济知识和业务知识,因地制宜地组织岗位技能和实用技术培训,使他们成为岗位、本行业的生产骨干、技术行家。

三、开展"形象"活动是做好流动党员思想政治工作的有效载体

大张旗鼓地开展各类塑造党员形象活动,是思想政治工作与经济工作和三个文明建设的最佳结合点之一。针对流动党员的实际情况,我们要在加强流动党员的形象建设上,要注重活动方法的灵活多样,要紧密结合单位工作的实际,坚持因人制宜,因时制宜,有针对性地确定主题,把整个党员教育管理工作同党员的个别细致工作结合起来,力求以点带面;要始终不懈地按照党建工作的要求,努力在提高质量上花力气,在活动方式上坚持"四个为主":即集中与分散相结合以分散为主;活动时间以业余为主;教育手段以函授自学、撰写心得、结对竞赛等简易方式为主;活动载体以特色性主题活动为主。要通过对党员状况的认真分析，针对不同类型、不同岗位的不同对象确定活动的不同内容、不同要求、不同方法，以激发党员教育管理工作的活力，要在流动党员中广泛、深入、持久地开展“党员示范岗”“评先创优”“做合格党员、为党旗增辉”等特色活动，以活动为纽带，把党员同志的思想统一起来；以活动为契机，及时开展党员的党性教育，增强党性意识；以活动为载体，锻炼党员的组织纪律性，提高党组织的凝聚力，为发挥党员作用提供舞台，在社会上，在普通职工中树立党员良好形象。

四、突出“榜样”作用是做好流动党员思想政治工作的必要措施

共产党员的作用是表现在多方面的，不仅在三个文明建设中要起到先锋模范作用，而且在思想政治工作中也应该体现先锋模范作用。要突出流动党员先锋模范作用的发挥，在于落实“五个关键”：

一是关键人物有党员帮扶。交通建设与运输行业的特点，决定着建设队伍和运输队伍构成的复杂性。对此，我们要有组织、有计划地制定党员帮扶措施，明确帮扶目标，时刻掌握职工队伍中出现带有倾向性的苗头和问题，及时采取措施，促进转化，以保证职工队伍的稳定和工作任务的完成。对一些思想进步、工作出色、技术过硬、上进心强的青年人，要在坚持标准、严格程序的前提下，适时把握机会，指定培养对象，落实培养措施，从各方面加强培养和考核，使其思想更加成熟，并按组织程序做到成熟一个发展一个，为党组织培养中坚力量，增添新鲜血液。

二是关键工程由党员承担。党员是一面旗帜，每项的任务都应首先考虑党员同志承担，在工程创优夺牌活动中，要着力发挥党员的先锋模范作用，力求在党员的带动下，广大职工都能一起出主意、想办法、精心组织施工，强化质量管理，创建一批批优质工程，精品工程。

三是关键岗位由党员负责。党员不同于普遍群众，他们有较高的思想觉悟和较强的事业心、责任感。要注重把党员骨干推荐到财务审计、材料供应、质量管理等关键岗位上去，以他们在各自的工作中乐于奉献、勇挑重担的精神面貌，树立起党组织的良好形象。

四是关键工序由党员把关。“百年大计、质量第一”，关键工序关系着整体建设质量。让党员把握每道工序的过程和施工质量，既缓解管理干部不足的矛盾，更增强了党员的责任感与工作积极性。从而使各工序的衔接紧张有序，为工程创优打下坚实基础。

五是关键时刻由党员顶着。身教重于言教，在工程施工抢工期决战和特殊运输任务等活动中，在集体利益与个人利益发生矛盾的情况，号召党员同志以身作则，勇挑重担，可以增强队伍的凝聚力和战斗力。在“非典”防治、“禽流感”预防、以及先进性教育活动中，交通系统各级党组织和党员同志都奋勇争先，率先垂范，充分发挥了党组织的战斗堡垒和共产党员的先锋模范作用，既弘扬了奋勇争先的优良风尚，又树立了交通行业的良好的社会形象。

（作者单位：响水县交通运输局。2006 年 5 月）

三、著作书目

1988~2012年盐城交通系统职工出版著作书目选录

表161

书名	编著者	编著者单位	出版单位	出版年月	字数(万)	备注
内河挂桨(机)船员通俗读本	周旭辉	东台市港监所	南京大学出版社	1988.5	29.10	
家庭教育成败百例	陈建斌	市航道管理处	南京大学出版社	1991.2	24	与俞润生合著
今夜设有单行道	裴道庄	市汽车总公司	《影剧月报》	1991.4	6	剧本在央视二套播放
家教漫话	陈建斌	市航道管理处	江苏盐城	1992.12	14.70	与陈绍武合著
市场经济与农民教育	陈建斌	市航道管理处	矿业大学出版社	1994.1	20.20	与谷容先合著
初衷	裴道庄	市汽车总公司	《人、车、路》	1995.8起	10	连载中篇小说
今宵月又圆	江　正	射阳县交通局	黄河出版社	2001.2	40	戏曲作品集
走向市场经济的思考	王延龙	市交通局	中国商业出版社	2002.3	28.70	获省府三等奖
玉兰花	江　正	射阳县交通局	黄河出版社	2002.5	21	戏曲作品集
新世纪新春联	江　正	射阳县交通局	香港天马出版社	2003.1	8.80	
墨香诗集	严汉林	市交通规划设计院	中国文史出版社	2006.6	6	
交通行政执法人员岗位培训教材——航道分册	花　全 郭阿宏	市航道管理处	人民交通出版社	2007.1	24.50	与仲天荐等合编
社会主义市场经济若干问题研究	王延龙	市公路管理处	金盾出版社	2007.5	45	
浮城	彭正刚	市航道管理处	江苏文艺出版社	2011.3	30	长篇小说
安全的呼唤	宋长松	市交通运输局	中国建筑工业出版社	2011.11	20.40	
诗歌集	江　正	射阳县交通局	中国文化出版社	2012.1	10	
中国近现代瓷壶图典	周旭辉	东台市海事处	上海浦江教育出版社	2012.4	18	▲

▲此书作者周旭辉毕业于上海海事大学,高级工程师,曾在中国远洋运输公司任船舶驾驶员,后任东台市港监所所长。三十多年来,他孜孜以求,节衣缩食,锲而不舍,收藏近现代民间瓷壶2000余把,在“中国博物馆之乡”苏州昆山锦溪创立“千壶馆”。在此基础上,他勤钻深悟,出版了《中国近现代瓷壶图典》一书。

家庭教育成败百例析
南京大学出版社

家教漫话

市场经济
与当代农民教育

社会主义市场经济
若干问题研究
金盾出版社

·校园文艺·
玉兰花
曲艺·戏剧作品选
江 正 著
YU LAN HUA

当代中华诗词丛书
墨香诗集
严汉林 著
中国文史出版社

浮城

安全的
呼唤
——交通安全讲座专辑
宋长松 编著

江 正 著
诗歌集
中国文化出版社

江 正 著
今宵月又圆
【曲艺·戏曲作品选】

通行政执法人员岗位培训教材
江苏省交通厅
angdao Fence

中国近现代瓷壶图典

四、媒体宣传

1988～2010 年盐城交通系统职工在省级以上媒体及全国性交通行业刊物上发表的文章选录

表 162

新闻标题	报刊网络名称	日期/期号	作者	作者单位
清明节勿忘清廉	《人民日报》	1984.4.1	王国华	盐阜公路运输集团大丰有限公司(以下简称:盐阜集团大丰公司)
三业并举谋发展	《人民日报》	2001.8	孙亦波	盐阜公路运输集团有限公司(以下简称:盐阜集团)
射阳海事综合整治边缘化船舶	《人民日报》	2007.7.1	王卫门	射阳县海事处
临海高等级公路开工	《中国日报》	2010.6.2	徐　铁	市公路管理处
还城市客运市场“蓝天白云”	《人民政协报》	2003.8.18	王国华	盐阜集团大丰公司
江苏大丰安全送民工回家	《人民公安报》	1998.1.22	王国华	盐阜集团大丰公司
进城打工者乘车须谨慎	《检察日报》	1998.2.13	王国华	盐阜集团大丰公司
检查少来呼拉圈	《工人日报》	1999.12.12	王国华	盐阜集团大丰公司
“在这儿打工挺好的”	《工人日报》	2007.9.12	顾　枫	市公路管理处
千里省城一日还	《中国妇女报》	1999.7.13	王国华	盐阜集团大丰公司
爱心接力 12 年	《中国妇女报》	2005.11.21	王国华	盐阜集团大丰公司
行政执法“过错追究”好	《中国建设报》	2001.12.3	王国华	盐阜集团大丰公司
盐城布下天罗地网看牢水运安全	《中国安全生产报》	2008.1.17	陈玉年	市地方海事局
江苏盐城建钢质渡船保渡口安全	《中国安全生产报》	2008.7.13	赵树海	市地方海事局
祖孙三代人　接力船老大	《中国安全生产报》	2009.9.22	赵树海	市地方海事局
开拓者的襟怀	《新华日报》	1993.1.11	胡生祥	市港口集团
阜宁一步迈入高速公路网	《新华日报》	2006.10.6	刘龙球	阜宁县公路站
204 国道盐城绕城段冒雨进行施工作业	《新华日报》	2007.8.6	顾　枫	市公路管理处
盐城“六个一”保障航道零污染	《新华日报》	2009.3.6	陆建平	市交通局
盐城危化品运输船 GPS 全覆盖	《新华日报》	2009.8.10	宋晓华	市地方海事局
水滴石穿的精彩	《新华日报》	2009.9.27	赵树海	市地方海事局
祖孙三代养路工见证公路发展	《新华日报》	2009.10.31	姜　卫	市公路管理处
盐城 6000 万投资推进低碳绿色运输	《新华日报》	2010.9.1		市运输管理处
阜宁公路站描绘跨越新篮图	《新民晚报》	2006.6.30	刘龙球	阜宁县公路站
万达物流荣获 2006 年度中国物流最具成长企业 100 强	《新民晚报》	2007.2.7		神龙控股集团
阜宁大交通带来发展新机遇	《新民晚报》	2008.9.28	刘龙球	阜宁县公路站

续表162

新闻标题	报刊网络名称	日期/期号	作者	作者单位
分秒必争攻坚克难　奋勇争先再创辉煌	《新民晚报》	2009.8.25	孙宏连	亭湖交通局
规范执法暖民心　水运发展帆正扬	《新民晚报》	2010.2.4	陈玉年	市地方海事局
机关效能提升年活动扎扎实实	《新民晚报》	2010.3.4	孙宏连	亭湖交通局
不以股份论短长　为聚人气兴企业	《中国交通报》	1998.2	吴仕奎	建湖县交通局
企业改制不损害职工利益	《中国交通报》	1998.2	吴仕奎	建湖县交通局
强制持股上岗不可取	《中国交通报》	1998.2	夏澄宇	建湖县联运公司
路边"黑车"坐不得	《中国交通报》	1999.2.27	王国华	盐阜集团大丰公司
交管所长抢救乘客	《中国交通报》	1999.8.28	王国华	盐阜集团大丰公司
大丰汽车运输公司有个恶劣天气"110"	《中国交通报》	2000.2.17	王国华	盐阜集团大丰公司
大丰交通有一支"乌兰牧骑"	《中国交通报》	2000.7.21	王国华	盐阜集团大丰公司
莫做表面文章	《中国交通报》	2001.5.10	王国华	盐阜集团大丰公司
县里的出租车怎么管	《中国交通报》	2001.9.21	王国华	盐阜集团大丰公司
为客运市场打出诚信牌叫好	《中国交通报》	2002.2.5	王国华	盐阜集团大丰公司
感谢你们救了我	《中国交通报》	2003.4.17	王国华	盐阜集团大丰公司
阜宁"死盯"桥梁损坏情况	《中国交通报》	2004.2.6	王永宁	阜宁县公路站
阜宁建立农村公路建设监管机制	《中国交通报》	2004.11.2	戴启永	阜宁县公路站
阜宁治超执法人性化	《中国交通报》	2005.2.21	王永宁	阜宁县公路站
阜宁农村公路建养一体化	《中国交通报》	2005.7.18	王永宁	阜宁县公路站
窗口征稽人员韩语问候往来韩商	《中国交通报》	2005.8.17	王永宁	阜宁县公路站
最大亮点在交通	《中国交通报》	2005.12.12	孙东阳	市航道处
防止公路街道化应从村镇规划入手	《中国交通报》	2006.3.1	刘龙球	阜宁县公路站
射阳地方海事"365服务天天在线"	《中国交通报》	2006.10.9	赵树海	市地方海事局
大丰市民工接待站送上家的温暖	《中国交通报》	2007.2.9	王国华	盐汽大丰公司
盐城力推路政示范县创建	《中国交通报》	2008.2.23	姜　卫	市公路管理处
盐城地方海事向困难职工献爱心	《中国交通报》	2008.2.28	赵树海	市地方海事局
盐城"四统一"船检改革赢得98%满意率	《中国交通报》	2008.3.11	赵树海	市地方海事局
客车的变迁	《中国交通报》	2008.4.26	张　成	盐阜集团
盐城年内建内23条危化品水运通道	《中国交通报》	2008.7.11	陈文昌	市地方海事局
盐城交通建设绘出"财富地图"	《中国交通报》	2008.11.2	顾　枫	市公路管理处
盐城地方海事给船民送灭火器	《中国交通报》	2009.2.18	袁茂高	市地方海事局
盐城开展公路环境综合整治	《中国交通报》	2009.4.20	徐　铁	市公路管理处
盐城"一港四区"提速	《中国交通报》	2009.6.16	陆建平	市交通局
花国花船话变迁	《中国交通报》	2009.7.17	顾　枫	市公路管理处
交通厅长听老区人民对公路建设意见	《中国交通报》	2007.7.20	徐　铁	市公路管理处
盐城公路通到农民集中居住点	《中国交通报》	2009.7.20	姜　卫	市公路管理处
盐城航空物流渐成气候	《中国交通报》	2009.8.4	顾　枫	市公路管理处

续表162

新闻标题	报刊网络名称	日期/期号	作者	作者单位
江苏干线公路建设质量管理全覆盖	《中国交通报》	2009.8.20	姜　卫	市公路管理处
盐城在建公路全面提速	《中国交通报》	2009.9.11	陆建平	市交通局
盐城“四等式”机制监管农村渡运	《中国交通报》	2010.1.12	陈文昌	市地方海事局
大写“六字经”扬帆通海路	《中国交通报》	2010.1.25	顾　枫	市公路管理处
盐城加快交通基础设施建设	《中国交通报》	2010.3.1	顾　枫	市公路管理处
盐城打造6条通海绿色通道	《中国交通报》	2010.3.22	姜　卫	市公路管理处
盐城文化探路闻鹤鸣	《中国交通报》	2010.5.1	顾　枫	市公路管理处
盐城数字交通保平安	《中国交通报》	2010.5.19	陈建斌	市交通局
经济效益生态效益双丰收	《中国交通报》	2010.6.17	陈建斌	市交通局
吞旧路吐新路	《中国交通报》	2010.6.24	顾　枫	市公路管理处
盐城首批AIS护航入沪船舶	《中国交通报》	2010.8.4	卞华斌	市地方海事局
盐城市地方海事督办整改加油船隐患	《中国交通报》	2010.8.12	邵安林	市地方海事局
盐城建成现代化路网管理应急指挥系统	《中国交通报》	2010.9.1	赵树海	市地方海事局
领导干部要学会算帐	《中国水运报》	2001.5.28	王国华	盐阜集团大丰公司
射阳船民点题学技术	《中国水运报》	2007.4.23	王卫门	射阳县交通局
“江苏样板渡”投用	《中国水运报》	2007.5.28	王卫门	射阳县交通局
零距离服务江苏船检驻点服务出成效	《中国水运报》	2008.1.28	周炳学	市地方海事局
政府实行奖励赎买制盐城撤销75道渡口	《中国水运报》	2008.3.3	赵树海	市地方海事局
献绵薄之力　尽关爱之心	《中国水运报》	2008.5.23	张正亮	市地方海事局
通榆河变脸记	《中国水运报》	2008.8.4	赵树海	市地方海事局
响水崛起百亿船舶产业群	《中国水运报》	2008.8.11	周炳学	市地方海事局
三叔家的船长大了	《中国水运报》	2008.10.17	赵树海	市地方海事局
滨海47道渡口实现五化	《中国水运报》	2008.11.7	杜以春	市地方海事局
盐城地方海事保驾中国海盐文化节	《中国水运报》	2008.11.21	陈文昌	市地方海事局
阜宁乡镇渡口渡船全部达标	《中国水运报》	2008.12.1	朱国华	市地方海事局
盐城开辟26条重点物资特别通道	《中国水运报》	2009.1.19	周炳学	市地方海事局
盐城超载船舶同比下降61%	《中国水运报》	2009.2.16	陈玉年	市地方海事局
阜宁水上安全监管延续春运四种模式	《中国水运报》	2009.3.2	陈旭光	市地方海事局
盐城建一座桥　撤三道渡　了百姓十年愿	《中国水运报》	2009.3.25	陆建平	市交通局
盐城两轮驱动力保公铁水空交通大发展	《中国水运报》	2009.5.18	陆建平	市交通局
射阳地方海事为考点周边静音	《中国水运报》	2009.6.3	张雪冬	市地方海事局
盐城爱心船队接送考生	《中国水运报》	2009.6.10	赵树海	市地方海事局
前线保畅通　后方献爱心	《中国水运报》	2010.4.21	赵树海	市地方海事局
盐城力保水上交通旅游安全	《中国水运报》	2010.5.17	袁茂高	市地方海事局
盐城渡改桥富民600万	《中国水运报》	2010.8.16	赵树海	市地方海事局
盐城建成392座“彩装”候渡亭	《中国水运报》	2010.10.13	赵树海	市地方海事局

续表162

新闻标题	报刊网络名称	日期/期号	作者	作者单位
江苏盐城GPS护航水运危化品	《新华网》	2008.6.17	王雅楠	市地方海事局
撤渡建桥让百姓走上安全幸福路	《中国水运网》	2008.12.19	综合稿	市地方海事局
射阳按“星”监管船舶	《中国交通新闻网》	2007.10.12	赵树海	市地方海事局
盐城倾力打造苏北第二条大运河	《中国交通新闻网》	2008.11.24	赵树海	市地方海事局
盐城两年内再建代渡桥36座	《中国交通新闻网》	2009.3.26	陆建平	市地方交通局
盐城海事开展绿色行动加强饮用水源保护	《中国央视网》	2009.6.9	赵树海	市地方海事局
盐城地方海事培训大型海船急需人才	《中国船检网》	2009.8.12	赵树海	市地方海事局
盐城市防治船舶污染水域	《新华报业网》	2009.6.9	邵建华	市地方海事局
盐城培训179名内贸危货申报员	《新华报业网》	2010.4.8	卞华斌	市地方海事局
盐都整治水源保护船舶	《新华报业网》	2010.5.27	王勇军	市地方海事局
整治内河危货运输	《新华报业网》	2010.6.28	张正亮	市地方海事局
展示海事风采	《江苏电视台》	2010.7.2	薛　华	市交通局
盐城加强危险品水运源头监管整改隐患	《中国新闻网》	2010.10.29	陈玉年	市地方海事局
盐城力保丹顶鹤旅游节水上游客安全	《中国新闻网》	2010.11.24	唐　铮	市地方海事局
江苏实时监管成品油水运安全畅通	《中国新闻网》	2010.12.1	段妮娜	市地方海事局
盐城开辟“绿色通道”助鲜活农水产品运畅行	《中国新闻网》	2010.12.3	唐　铮	市地方海事局
盐城为冬季电煤运输开辟“绿色通道”	《中国新闻网》	2010.12.15	唐　铮	市地方海事局
开展票据校核查堵规费漏洞	《交通财会》	2001.8	郭阿宏	市航道管理处▲
引船归籍　定船定票　便于核查　堵塞漏洞	《交通财会》	2002.4	郭阿宏	市航道管理处
浅析多头管理水运的弊端	《综合运输》	1996.11	郭阿宏	市航道管理处
开拓经营占市场　强化管理练内功	《综合运输》	1998.1	张　成	盐阜集团
转变航道基础设施建设投资体制的实践与思考	《综合运输》	1999.5	陈建斌	市航道管理处
走向成功的道路	《综合运输》	2000.6	张　成	盐阜集团
响水渡口44年无事故	《中国城市经济》	2010.3	葛玉华	响水县交通局
“保壳卖瓤”办法好	《中国河运》	1994.11	杨元霄	市交通运输协会△
小航运企业也能办大事	《中国河运》	1994.11	孙曰泰	建湖县交通局
精卫难填海　“大件”可移山	《中国河运》	1994.11	胡生祥	市港务处
抓住源头　强化管理	《中国河运》	1994.11	徐国炎	市运输管理处
即将升起的新星——中山港	《中国河运》	1994.11	梁克祥	滨海县交通局
灌河——苏北的黄浦江	《中国河运》	1994.11	陈启富	响水县交通局
待开发的处女港——王港	《中国河运》	1994.11	黄镇玉	大丰市港务局
“丑小鸭”变成“白天鹅”	《中国河运》	1994.11	田　凯	滨海县港务处
监督不忘服务　管理促进发展	《中国河运》	1994.11	秦成高	市港航监管处
踏浪弄潮显风采	《中国河运》	1994.11	陆仁发	大丰县运输公司

续表 162

新闻标题	报刊网络名称	日期/期号	作者	作者单位
掉转船头，全凭“三篙子”	《中国河运》	1994.11	费国钧	东台市航运公司
星月争辉	《中国水运》	1995.11	郭阿宏	市航道管理处
全民共建通榆河	《中国水运》	1996.5	郭阿宏	市航道管理处
四轮齐转　推进改制	《中国水运》	1998.11	唐登国	市交通局
关于建立电脑网络管理水运的构想	《中国水运》	1998.9	郭阿宏	市航道管理处
把情感融入事业的人	《中国水运》	2005.11	胡生祥	市港口集团
盐城打造零污染航道	《中国海事》	2009.3	赵树海	市地方海事局
打造廉洁责任海事	《中国海事》	2010.4	薛　华	市交通局
浅谈水运业的结构调整	《中国港口》	2000.11	郭阿宏	市航道管理处
航道体制改革刍议	《水运管理》	1995.3	郭阿宏	市航道管理处
认真履行行业管理职能切实抓好交通系统安全	《水运管理》	1998.8	姜海昆	市交通局
明明白白执法	《中国公路》	2006.8	刘龙球	阜宁县公路站
盐城公路处为职工送“大礼”	《中国公路》	2007.2	徐　铁	市公路管理处
江苏盐城处治路面病害	《中国公路》	2010.3	仇金留	盐都县公路站
宁可自己麻烦千遍不让旅客一时为难	《中国道路运输》	2004.9	张　成	盐阜集团
在路上	《中国道路运输》	2009.7		市运输管理处
“丹鹤”在腾飞	《中国道路运输》	2010.4	丁晓硕	盐阜集团
浅谈汽车运输企业安全管理	《交通企业管理》	1997.9	方成林	盐阜集团
服务协调与企业管理	《交通企业管理》	1999.3	张　成	盐阜集团
道路企业文化建设的实践与思考	《交通企业管理》	2000.2	张　成	盐阜集团
费改税后水运管理体制改革之断想	《交通企业管理》	2000.3	郭阿宏	市航道管理处
三步活了满盘棋	《交通企业管理》	2003.2	葛春宽	市交通局
关于长三角水运发展之浅见	《交通企业管理》	2003.11	郭阿宏	市航道管理处
国企改制中员工思想工作实践与思考	《交通企业管理》	2005.3	张　成	盐阜集团
航养费稽查案例处置	《交通企业管理》	2005.11	郭阿宏	市航道管理处
对绿色运输现状的分析与思考	《交通企业管理》	2008.3	王国华	盐阜集团大丰公司
文化建设企业腾飞的翅膀	《交通企业管理》	2008.4	贾秀全	盐阜集团
道路运输企业资产重组的探索与实践	《交通企业管理》	2008.4	贾秀全	盐阜集团
公路客运企业应对铁路竞争的策略	《交通企业管理》	2009.12	张建华	盐阜集团

备注：

△《中国河运》1994 年 11 期为盐城交通专刊，集中编发了盐城交通的经营管理、行政执法、开发建设、安全管理、科技兴航文章 28 篇。1995 年中期，此刊改称《中国水运》。

▲该文一个系列计 8 篇文章，由浅入深、全面地分析了当时航养费征收管理中的问题及根源，并提出对策措施。文章分批寄呈省航道局局长王元春，他极为重视，2001 年 7 月 11 日王元春建议省局财务科组织召开专题研讨会，最终出台江苏省交通厅苏交航〔2001〕13 号《关于加强航养费征收稽查的通知》。《通知》重申船籍地征收原则，实施后整顿了征收秩序，全省航养费收入不断上升，彻底扭转了收入逐年下滑的趋势。此后，省局又委托作者执笔编写航养费征收教材，并在省交通执法人员培训班执教、讲授航养费征收。

编纂始末

《盐城市交通运输志》(1988~2010)的编纂工作自2009年1月启动至2014年5月完成出版稿。

盐城市交通运输局党委十分重视《盐城市交通运输志》的编纂工作,成立了以局党委书记、局长管亚光为主任的编纂委员会,由局党委副书记、副局长、市铁路建设办公室主任潘进山,副局长陈日晓分管这项工作。市直交通各单位和各县(市、区)交通运输局均组建了相应的班子,做到了领导分工、组织机构、编修人员、所需经费、办公设施落实五到位,为编纂工作创造了良好的条件。

《盐城市交通运输志》是在《盐城市志·交通卷》(1983~2005)的基础上编纂的,《盐城市交通运输志》的资料征集是和《盐城市志·交通卷》资料征集同时进行的,但全面编纂是在完成《盐城市志·交通卷》编纂任务以后。《盐城市志·交通卷》的编纂自2009年1月至2011年3月完成上报稿(共有交通规划、公路交通、水路交通、铁路交通、民用航空、港口、交通管理7章,27节105目,14万字),历时2年3个月。大体经历了考察学习和目录编写、动员部署和资料征集、整理资料和初稿撰写、初稿自审和形成专审稿、通过专审和形成送审稿、召开评审会和完成上报稿6个阶段。在完成《盐城市志·交通卷》上报稿后,于2011年4月全面进入《盐城市交通运输志》的编纂。在编纂的过程中,对目录进行了10次大的修改,先后进行了6次大范围的征集资料活动,其中召开市交通运输局机关各处(室)、市直交通各单位、各县(市、区)交通运输局、市高速公路建设指挥部办公室、市港口管理局及各港区、市铁路建设办公室、市交通控股集团有限公司、市交通投资有限公司有关领导和资料员参加的资料征集工作会议4次,以市交通运输局局办发通知的形式征集资料2次。收集和查阅的资料近800万字,于2012年4月形成志书初稿。初稿形成后,编纂委员会专门召开会议,对初审作出部署,提出明确要求,并将初稿切块分发编纂委员会各成员单位,对初稿进行对口初审。在广泛听取初审意见的基础上,对初稿全文进行修改,于2012年10月形成了内审稿(供市交通运输局内部评审的稿子)。2012年11月编纂委员会召开评审会,对内审稿进行评审并通过评审,根据评审意见,对内审稿进一步作了修改,于2013年5月形成评审稿。《盐城市交通运输志》编纂委员会于6月下旬召开了有市方志办公室领导和专家参加的《盐城市交通运输志》评审会,对评审稿进行评审并通过评审。会后,根据评审会上领导、专家和市交通运输局领导的意见,进一步修改完善,于2014年5月形成出版稿。《盐城市交通运输志》较《盐城市志·交通卷》增加了卷首(序、凡例、图照等)、大事记、卷尾(附录、编纂始末)和交通环境、交通工业、交通改革、组织机构、各县(市、区)交通、人物·荣誉6章(全志共13章60节201目),有关章节中还增加了专记(共11篇),附录中收录了志书断限期间盐城市政府发布的地方交通规范性文件(选编)、专文选编、著作书目以及刊登在部省以上报纸、刊物和网络上的文章选录。计112万字。

《盐城市交通运输志》是继1990年出版的首部《盐城市交通志》(上溯以有文字资料始,下讫1987年12月)后的第2部盐城交通专业志,它翔实地记述了1988~2010年盐城交通基础设施建设和交通运输取得的巨大成就,同时还记述了精神文明建设取得的丰硕成果,以及交通行政和行业管理、交通企业产权制度等重大变革,对盐城交通未来的发展提出了期望。

《盐城市交通运输志》是集体智慧的结晶,在编纂的过程中,得到了市地方志办公室领导和专家的精心指导,得到了市直交通各单位、各县(市、区)交通运输局、市高速公路建设指挥部办公室、市铁路建设办公室、市港口管理局和各港区、市交通控股集团有限公司、市交通投资有限公司、市交通运输局各处室的大力支持和帮助,特别是各位资料员尽心尽力收集和整理资料,各位审稿员一丝不苟地认真审稿,对此我们表示真诚的感谢和崇高的敬意。这里我们还要感谢泰州市交通运输局、扬州市交通运输局、徐州市交通运输局、苏州市交通运输局、无锡市交通运输局给我们提供的宝贵经验。参加编纂工作的几位老同志(姜海昆、王金坤、徐维林、李世航等均70多岁,方仁和60多岁)本着对历史、对当今、对未来高度负责的精神,不用扬鞭自奋蹄,甘当小学生,在实践中学习修志,认认真真、勤勤恳恳、兢兢业业、一丝不苟、善始善终,即使在修志办公场所装修期间,仍然继续工作,未停一天,从而保证了志书保质保量如期完成。

《盐城市交通运输志》和大家见面了。历时5年多的编纂工作使我们深深体会到:各级领导重视、落实“五个到位”是如期完成志稿的关键;上下密切配合、发动众人参与是完成志稿的基础;依托市交通运输协会、发挥老同志骨干作用是完成志稿的有效途径;虚心求教、在实践中学习修志是完成志稿的法宝;求真务实、高度负责是完成志稿的动力;坚持精益求精、发扬团队精神是完成志稿的重要保证。

由于我们水平有限,经验不足,难免有错漏之处,敬请读者批评指正。